V&R

Schriftenreihe
der Historischen Kommission bei der
Bayerischen Akademie der Wissenschaften

Band 71

Jürgen Müller

Deutscher Bund und deutsche Nation 1848–1866

Vandenhoeck & Ruprecht

Die Schriftenreihe wird herausgegeben vom
Sekretär der Historischen Kommission:
Dietmar Willoweit

Bibliografische Information Der Deutschen Bibliothek

Die Deutsche Bibliothek verzeichnet diese Publikation in der
Deutschen Nationalbiografie; detaillierte bibliografische Daten sind
im Internet über <http://dnb.ddb.de> abrufbar.

Zugl.: Frankfurt a. M., Univ., Habilschr., 2003

ISBN 3-525-36064-9

Gedruckt mit Unterstützung der Franz-Schnabel-Stiftung.

© 2005, Vandenhoeck & Ruprecht GmbH & Co. KG, Göttingen / www.v-r.de
Alle Rechte vorbehalten. Das Werk und seine Teile sind urheberrechtlich geschützt.
Jede Verwertung in anderen als den gesetzlich zugelassenen Fällen bedarf der vorherigen schriftlichen Einwilligung des Verlages. Hinweis zu § 52a UrhG: Weder das
Werk noch seine Teile dürfen ohne vorherige schriftliche Einwilligung des Verlages öffentlich zugänglich gemacht werden. Dies gilt auch bei einer entsprechenden Nutzung
für Lehr- und Unterrichtszwecke. Printed in Germany.

Gesetzt aus der 9.25/11 Punkt Garamond auf SINIX PageOne
Satz: Dörlemann Satz, Lemförde
Druck und Bindung: Hubert & Co., Göttingen

Gedruckt auf alterungsbeständigem Papier

Inhalt

Vorwort 9

Einleitung. 15

Teil A: Föderative Nation

I. „Der Bund ist, wie er ist"? Bundesreformideen im Vormärz (1815–1848) 33

II. „Das gesetzliche Organ der nationalen und politischen Einheit Deutschlands". Der Deutsche Bund in der Revolution (Februar–Juli 1848) 41

III. „Die Bedürfnisse der Nation". Vom Ende der Paulskirche bis zur Dresdener Konferenz (1849–1851) 53

IV. „Der alte oder der neue Bund"? Die wiederhergestellte Bundesversammlung und die Reformfrage (Mai–Dezember 1851) 69

V. „Rückwärts!" Die reaktionären Maßnahmen des Deutschen Bundes (1851–1865) 90

VI. „Erhaltung der deutschen Einigkeit". Von der Zollvereinskrise zur Krimkriegskrise (1851–1855) 146

VII. „Bundesreform im nationalen Sinne". Von der Krimkriegskrise zur „Neuen Ära" (1855–1858) 197

VIII. „Reform der Gesamtverfassung Deutschlands". Von der „Neuen Ära" zum Frankfurter Fürstentag (1859–1863) 276

IX. „Eine neue lebensfähige Schöpfung". Das Ende des Deutschen Bundes (1863–1866) 361

Teil B: Nationales Recht

I. „Dem nationalen Bedürfnisse legislativer Einheit zu entsprechen". Die Rechtsvereinheitlichung als Element der Integration im Deutschen Bund 391

II.	„Eine Verschmelzung der materiellen Interessen". Versuche zur wirtschaftlichen Integration des Deutschen Bundes	402
III.	„Eine der Nation würdige Deutsche That". Das Allgemeine Deutsche Handelsgesetzbuch	412
IV.	„Auch eine Einheitsfrage". Das Gesetz über die gegenseitige Rechtshilfe	419
V.	„Ein Werk wirklich national-deutscher Rechtsbildung". Die Allgemeine Deutsche Zivilprozeßordnung	421
VI.	„Eine Wohlthat und ein Bedürfniß". Das Gesetz über die Rechtsgeschäfte und Schuldverhältnisse	432
VII.	„Ein Gegenstand von dringender Nothwendigkeit". Die Einführung gleicher Münzen, Maße und Gewichte	435
VIII.	„Im Interesse der Menschheit, der deutschen Einheit und der Wissenschaft". Allgemeine deutsche Pharmakopöe und Medizinalgewicht	452
IX.	„Für die geistigen Interessen der deutschen Nation". Nachdruckschutz und Urheberrecht	457
X.	„Fortschritt der deutschen Einheit". Das Patentrecht	496
XI.	„Das Recht jedes Deutschen". Heimatrecht und Auswanderungsgesetzgebung	512
	1. Der Ausschuß für Heimatverhältnisse und Ansässigmachung 1856–1866	542
	a) Die Bundesversammlung und der Gothaer Vertrag	542
	b) Die Vereinheitlichung der Ansässigmachung (Staatsangehörigkeit)	548
	2. Der Ausschuß zur Organisation der Auswanderung 1856–1866	551

Schlußbetrachtung: Möglichkeiten und Grenzen einer nationalen Bundespolitik 565

Anhang 572
    1. Die Mitglieder des Deutschen Bundes 1860 572
    2. Die Bundestagsgesandten 1850/51–1866 574
    3. Wichtige Ausschüsse und Kommissionen der Bundesversammlung 1851–1866 577
    4. Zeittafel 588

Verzeichnis der Abkürzungen und Siglen 592
Quellen- und Literaturverzeichnis 593
   1. Ungedruckte Quellen 593
   2. Gedruckte Quellen 595
   3. Literatur 600
Register 619

Vorwort

„Je tiefer ich übrigens in meinen Stoff eindringe, desto mehr erschrecke ich vor der Kühnheit des Unternehmens, diese wirrenreiche Geschichte von 30 Staaten darzustellen."[1] Mit diesen Worten brachte am 8. April 1866 Heinrich von Treitschke in einem Brief an seinen Vater das wachsende Unbehagen zum Ausdruck, das ihn angesichts seines Vorhabens ergriff, eine deutsche Geschichte des 19. Jahrhunderts zu schreiben.

Ein ähnliches Gefühl der Unzulänglichkeit ergriff zuweilen auch den Autor der vorliegenden Studie, als er sich anschickte, die Geschichte des Deutschen Bundes, in dem jene über dreißig Staaten Sitz und Stimme hatten, zu untersuchen und darzustellen. Nicht einfacher wurde dieses Unternehmen dadurch, daß ich, im Gegensatz zu Treitschke, die Bundesgeschichte nicht als eine völlig verfehlte, zum Scheitern verurteilte Entwicklung betrachtete, welche schließlich ihre heilsame Wendung durch die Beseitigung des Staatenbundes und die als Erfüllung der deutschen Geschichte verstandene preußisch-kleindeutsche Reichsgründung von 1866/71 fand. Vielmehr behandelt dieses Buch die Geschichte des Deutschen Bundes als einen offenen, zur Weiterbildung grundsätzlich fähigen historischen Prozeß, der mit der deutschen Nationsbildung nicht a priori unvereinbar gewesen ist. Richtig ist, daß dieser Prozeß nicht zu einem aus Sicht des Bundes glücklichen Ende geführt wurde. Falsch erscheint mir hingegen, aus dem Scheitern die historische Illegitimität des Deutschen Bundes abzuleiten und die Geschichte des Bundes und der in ihm verbundenen deutschen Einzelstaaten als einen historischen Irrweg abzuqualifizieren. Der Deutsche Bund spielte, so hoffe ich zu zeigen, eine wichtige und in mancher Hinsicht konstruktive Rolle bei der Ausbildung der deutschen Nation in den ersten zwei Dritteln des 19. Jahrhunderts. Gewiß, am Ende konstituierte sich die Nation gegen und ohne den Bund. Aber folgt daraus auch, daß sie sich nur in der tatsächlich eingetretenen Form bilden konnte, daß alles, was die Nation von 1871 ausmachte, dem Bund wesensfremd war, gegen ihn erkämpft worden war, mit der fünfzigjährigen Bundesgeschichte nichts zu tun hatte?

*

Die vorliegende Studie ist aus dem Forschungsprojekt „Quellen zur Geschichte des Deutschen Bundes" hervorgegangen, das im Jahr 1988 von der Historischen Kommission bei der Bayerischen Akademie der Wissenschaften ins Leben gerufen wurde. Ich bin der Historischen Kommission zu großem

---

[1] *Treitschke*, Briefe, Bd. 2, S. 466.

Dank verpflichtet dafür, daß sie die materiellen und wissenschaftlichen Voraussetzungen geschaffen hat, welche die Entstehung meiner Untersuchung erst ermöglicht haben. Meine besondere Anerkennung und mein herzlicher Dank gebührt dem ehemaligen Präsidenten der Historischen Kommission, Professor Dr. Eberhard Weis, und seinem Nachfolger, Professor Dr. Lothar Gall, ferner den Sekretären der Historischen Kommission, Professor Dr. Dieter Albrecht (†), Professor Dr. Winfried Schulze und Professor Dr. Dietmar Willoweit. Unter den Mitgliedern der Historischen Kommission habe ich ferner besonders Herrn Professor Dr. Karl Otmar Freiherr von Aretin und Herrn Professor Dr. Dieter Langewiesche zu danken, die diese Arbeit begutachtet und mir wertvolle Empfehlungen gegeben haben. Die Historische Kommission hat die Studie dankenswerterweise in ihre Schriftenreihe aufgenommen und trägt, zusammen mit der Franz-Schnabel-Stiftung, die Kosten der Publikation.

Für die hervorragende jahrelange Zusammenarbeit danke ich ganz herzlich dem Geschäftsführer der Historischen Kommission, Herrn Georg Kalmer, der für alle meine Anliegen immer ein offenes Ohr hatte und sich tatkräftig dafür einsetzte, meine Wünsche zu erfüllen. Gleiches gilt für die immer freundlichen und zuvorkommenden Mitarbeiterinnen der Geschäftsstelle.

Herr Professor Lothar Gall trägt als Leiter des Projekts „Quellen zur Geschichte des Deutschen Bundes" nicht nur die allgemeine wissenschaftliche Verantwortung für das Forschungsvorhaben, sondern er hat auch insbesondere den Fortgang meines Teilprojekts, das sich mit der Zeit von 1850 bis 1866 befaßt, durch seine vielfältige Unterstützung und seine wohlwollende Kritik nachhaltig gefördert. Dafür möchte ich ihm meinen herzlichen Dank aussprechen.

Ein sehr kollegiales Arbeitsverhältnis verband mich mit den beiden anderen Mitarbeitern des Forschungsprojekts, Dr. Eckhardt Treichel und Dr. Ralf Zerback. Für die frühe Bundesgeschichte, die ich selbst nur in eingeschränktem Maße archivalisch erforschen konnte, haben sie mir wertvolle Hinweise sowohl auf die relevanten Quellen als auch auf die politischen Entwicklungen und Zusammenhänge gegeben.

Insbesondere mit Eckhardt Treichel verbindet mich eine lange gemeinsame berufliche Laufbahn, und ich habe von der Arbeit mit ihm und seinen intensiven Kenntnissen – nicht nur über den Deutschen Bund – außerordentlich profitiert. Professor Dr. Dieter Hein hat seit vielen Jahren ein offenes Ohr für alle meine Fragen und war immer bereit, mir mit Rat und Tat weiterzuhelfen – ich kann mich nicht erinnern, ihn jemals vergeblich in Anspruch genommen zu haben. Von Dr. Jonas Flöter habe ich viel über den Deutschen Bund gelernt, und seine eigenen Arbeiten über dieses Thema bilden eine wertvolle Grundlage für manches, was in diesem Buch behandelt wird.

Naturgemäß sind in diese Arbeit auch jene Erfahrungen eingeflossen, die ich im Laufe der Zeit aus dem Kontakt mit meinen akademischen Lehrern und Kollegen gewonnen habe. Nennen möchte ich hier an erster Stelle Frau Professor Dr. Elisabeth Fehrenbach, die nicht nur vor Jahren meine Doktorarbeit betreut, sondern auch die Studie über den Deutschen Bund aufmerksam gelesen und viele hilfreiche Hinweise zur Verbesserung des Manuskripts gegeben hat. Sehr zu Dank verpflichtet bin ich ferner Frau Dr. Ilse Spangenberg, Professor Dr. Hans-Werner Hahn, Professor Dr. Andreas Schulz, Dr. Barbara Wolbring, Dr. Andrea Hopp und Dr. Carsten Kretschmann. Eine große Hilfe war Frau Jennifer Stähle, die beim Korrekturlesen und bei der Erstellung des Registers mitwirkte.

Am Frankfurter Historischen Seminar haben sich Frau Gerhild Müller und Frau Monika Hahn besondere Verdienste erworben, indem sie durch ihre Zuvorkommenheit, Heiterkeit und menschliche Wärme ein sehr angenehmes „Betriebsklima" schufen, das gerade in Zeiten starker Arbeitsbelastung eine entspannende Wirkung hatte und hat. Ihnen gebührt wie allen anderen vorgenannten Kollegen und Freunden mein herzlicher Dank.

Bei den umfassenden und intensiven Quellenstudien, die mich im Rahmen des Projekts in über dreißig Archive und Bibliotheken geführt haben, standen mir zur Auffindung, Erschließung und Bereitstellung der umfangreichen Quellenbestände mehrere Dutzend Mitarbeiter der entsprechenden Einrichtungen hilfreich zur Seite. Ihnen allen danke ich für die jahrelange Unterstützung und Kooperation bei der zuweilen auch körperlich anstrengenden Bewältigung der Aktenberge.

*

Im Rahmen des Editionsprojekts „Quellen zur Geschichte des Deutschen Bundes" liegen bislang vier Bände im Druck vor. Die Entstehung des Deutschen Bundes 1813–1815 wird in einem von Eckhardt Treichel bearbeiteten monumentalen Band dokumentiert. Ralf Zerback hat Anfang 2003 einen Band über die Bundesgeschichte von der Julirevolution bis zur Wiener Ministerialkonferenz 1830–1834 vorgelegt. Zur Bundesgeschichte von 1850 bis 1858 wurden in den Jahren 1996 und 1998 zwei von mir bearbeitete Quellenbände veröffentlicht. Neben der hier vorgelegten Monographie befindet sich ferner eine umfassende Darstellung von Eckhardt Treichel über die Entstehung und Frühgeschichte des Deutschen Bundes in Vorbereitung. Geplant ist darüber hinaus die Fortsetzung der Edition mit weiteren Quellenbänden. Die vorliegende Untersuchung ist von daher als Teil eines umfangreicheren „work in progress" zu verstehen, welches in den kommenden Jahren auf editorischer wie auf monographischer Ebene fortgesetzt werden wird. Damit soll nicht die Eigenständigkeit meiner Studie in Frage gestellt und die Verantwortung des Autors für die in ihr präsentierten Ergebnisse und Thesen relativiert werden. Indessen erscheint es mir wichtig, die Aufmerksamkeit des Lesers zum einen auf den Projektkontext zu lenken und zum anderen die Tatsache ins Bewußtsein zu rufen, daß die nachfolgenden Untersuchungen nicht mehr beanspruchen können, als eine erste schmale Schneise in das dichte und häufig verwirrende Gestrüpp der Bundesgeschichte zu schlagen.

Der Weg, der hier gewählt wird, weicht bewußt von den ausgetretenen Pfaden der Forschung ab. Er führt in eine Richtung, welche bei vielen, die sich mit der deutschen Geschichte des 19. Jahrhunderts beschäftigen, auf Skepsis oder gar Ablehnung stoßen wird. Ich habe den Versuch unternommen, bei der Erforschung der deutschen Nationsbildung nicht, wie bisher, den Deutschen Bund weiträumig zu umgehen, sondern in den Block, den man 1815 der Nation in den Weg zu legen schien, einen tiefen Stollen zu treiben, um festzustellen, ob sich in seinem Innern neben der großen Masse an reaktionärem Stein nicht doch auch „nationales Erz" auffinden läßt. Ich glaube, solches tatsächlich aufgespürt zu haben. Über die Frage, ob sich daraus nationales Kapital schlagen ließ, das den Vergleich mit der gängigen kleindeutsch-preußischen Münze aushält, wird, soll und muß man streiten können. Denn die Auseinandersetzung darüber, ob den Deutschen Bund mit der deutschen Nation mehr verband als die gegenseitige Abneigung, kann dazu beitragen, eine neue Perspektive auf die deutsche Geschichte des 19. Jahrhunderts zu erschließen und einige vermeintliche Gewißheiten über den Lauf der Dinge in Frage zu stellen.

Auf die wissenschaftliche Gretchenfrage: „Wie hältst Du es mit der Nation?" gab es bisher eine eindeutige Antwort. Die Forschung folgte mehrheitlich der Auffassung, die Heinrich von Gagern 1856 niederschrieb, daß nämlich die „Natur des Bundes" (heute würde man sagen die „Struktur") mit den Bedürfnissen der Nation unvereinbar sei. Ich glaube indessen, daß diese Antwort nicht das Ende der Diskussion sein darf und daß es sich lohnt, die Bundesgeschichte aus einer Perspektive zu untersuchen, die Heinrich von Gagerns älterer Bruder Friedrich von Gagern in seinem 1825/26 verfaßten Aufsatz „Die Parteien" skizzierte. Darin äußert sich der „Föderalist", der den Deutschen Bund verteidigt, gegenüber dem „Unitarier", der ein einheitliches Deutsches Reich favorisiert, folgendermaßen:

„Ich bekenne gern, daß ich diesen Bund nie für vortrefflich, nie für die beste Verfassung hielt, wohl aber für die beste, die unter den gegebenen Umständen ohne Bürgerkrieg und ungeheures Blutbad zu erlangen wäre […] Ich sah in der Entwicklung des Bundes, wenn die Nation lebhaften Antheil daran genommen hätte, ein Mittel, vielleicht nach und nach in der fernen Zukunft unblutig dasselbe Ziel zu erreichen, wohin Sie durch so gewaltsame und gefährliche Mittel gelangen wollen. Wir wollen in Deutschland immer gleich das Ziel, aber nicht den Weg zum Ziel."[2]

Ich denke, es ist an der Zeit, diesen Ansatzpunkt ernst zu nehmen und nach mehr als einem Jahrhundert den Vorhang aufzureißen, der sich in der Folge von 1866/71 vor der Bundesbühne herabsenkte: Vorhang auf – und alle Fragen offen!

Frankfurt am Main, im März 2005 *Jürgen Müller*

---

[2] *Gagern*, Leben des Generals Friedrich von Gagern, Bd. 1, S. 371.

Es frommt nicht, ... in allerhand wohlgemeinten Theorien dem Bunde einen nationalen Inhalt beizulegen.

Heinrich von Treitschke, Bundesstaat und Einheitsstaat (1864), S. 109

Alles heutige Nachdenken über Wege – oder Irrwege – deutscher Geschichte muß Treitschkes Determinismus hinter sich lassen und in die unbefangene Würdigung der Vielfalt deutscher Geschichtswege eintreten.

Heinrich Lutz, Zwischen Habsburg und Preußen (1985), S. 199

Einleitung

Als Karl Fischer im Jahr 1880 sein Buch „Die Nation und der Bundestag" veröffentlichte, das bis heute eine der wenigen Gesamtdarstellungen über den Deutschen Bund bildet, zog er gleich in der Einleitung den Sinn seiner Bemühungen in Zweifel. „Es wäre töricht", so schrieb er, „die Geschichte des Bundestags schreiben zu wollen, denn was während seines Bestehens in Deutschland geschehen ist, ist der Regel nach entweder außer ihm oder trotz ihm gethan worden, was in ihm oder durch ihn geschehen ist, entstammt in der Regel weder seiner Initiative, noch entspricht es immer seinen Interessen."[1] Auf mehr als 500 Seiten legte Fischer im folgenden dar, daß der Deutsche Bund für die nationale Entwicklung in Deutschland nichts geleistet habe, daß er vielmehr ein Verhinderer größerer nationaler Einheit gewesen sei.

Die bereits bei den Zeitgenossen weitverbreitete Auffassung, daß der Deutsche Bund und die deutsche Nation in einem unvereinbaren Gegensatz gestanden hätten, ist seither in der historischen Forschung zu einem weithin akzeptierten Paradigma geworden, dem nur selten und mit wenig Resonanz widersprochen worden ist. Bei aller Differenzierung im einzelnen bleibt doch, was den Mainstream der Forschung betrifft, das wissenschaftliche Gesamturteil über den Deutschen Bund dabei stehen, daß dieses aus dem Wiener Kongreß von 1815 hervorgegangene föderative Gebilde den historischen Tendenzen der deutschen Geschichte des 19. Jahrhunderts nicht entsprochen habe, indem es insbesondere dem säkularen Prozeß der modernen Nationsbildung[2] ausschließlich als hemmender und störender Faktor entgegengetreten sei. Dieser Befund geht im Grunde nicht über das hinaus, was Heinrich von Treitschke in seiner 1864 verfaßten polemischen Schrift „Bundesstaat und Einheitsstaat" als ein unverrückbares Axiom festgesetzt hatte. Der Bund sei, so hieß es dort, aufgrund seiner inneren Struktur und Verfassung unreformierbar, es sei unmöglich, ihn „durch das Ausbessern einzelner Theile des Bundesrechts in einen nationalen Staat zu verwandeln", vom dynastischen Bund zum nationalen Staat gelange man nur durch einen „Sprung".[3]

---

[1] *Fischer*, Die Nation und der Bundestag, S. IV.
[2] Zum Begriff und zur Theorie der modernen Nation und Nationsbildung sei hier nur verwiesen auf: *Alter*, Nationalismus; *Anderson*, Die Erfindung der Nation; *Deutsch*, Nationalism and Social Communication; *Deutsch/Foltz* (Hg.), Nation-Building; *Fehrenbach*, Verfassungsstaat und Nationsbildung; *Fehrenbach*, Nation; *Gellner*, Nationalismus; *Hobsbawm*, Nationen und Nationalismus; *Langewiesche*, Nation, Nationalismus, Nationalstaat; *Schulze* (Hg.), Nation-Building in Central Europe; *Schulze*, Staat und Nation in der europäischen Geschichte; *Winkler* (Hg.), Nationalismus.
[3] *Treitschke*, Bundesstaat und Einheitsstaat, S. 109–111.

Ohne Anspruch auf Vollständigkeit zu erheben, sei im folgenden auf einige gewichtige Stimmen in der neueren Forschung verwiesen, die sich in das skizzierte Interpretationsmuster einfügen.[4] In einer 1985 erschienenen Darstellung charakterisierte Hagen Schulze den Deutschen Bund als einen illegitimen Nachfolger des alten Heiligen Römischen Reiches deutscher Nation, der mit seiner anachronistischen Verfassung dem „Normalfall" des nationalen Machtstaats als ein lediglich retardierendes „vorsintflutliches Monstrum" entgegengestanden habe.[5] Der Deutsche Bund erscheint hier als eine bereits bei ihrer Gründung überholte politische Ordnung, die ebenso quer zur allgemeinen historischen Entwicklung stand wie vordem das Alte Reich. Wie dieses Samuel Pufendorf als einem Monstrum gleich (*monstro simile*) vorgekommen war[6], weil es einen krassen Gegensatz zur rationalistischen Staatsauffassung der Frühmoderne bildete, so gilt Hagen Schulze der Deutsche Bund als eine zum Scheitern verurteilte „entschlossene Verneinung des Nationalitätsprinzips"[7].

Auch jene, die nicht wie Hagen Schulze dem kleindeutschen „Weg zum Nationalstaat" eine fast unausweichliche historische Logik attestieren, sehen im Deutschen Bund den „Gegentypus zum Programm des Nationalstaats", wie es Thomas Nipperdey prägnant formuliert hat.[8] Zwar urteilt Nipperdey wesentlich nuancierter über die innere Verfassung des Deutschen Bundes und stellt auch die Frage nach ihren Entwicklungsmöglichkeiten, doch gelangt er zu dem Fazit, daß der Staatenbund am Ende „nicht mehr im Sinne der Zeit Staat sein konnte"[9], weil er nicht in der Lage war, das nationale Bedürfnis nach bundesstaatlichen Einrichtungen zu erfüllen. Der Deutsche Bund in seiner großdeutsch-föderalistischen Form konnte demnach aufgrund des in ihm geltenden monarchischen Prinzips, des einzelstaatlichen Partikularismus und des ausgeprägten Dualismus zwischen Österreich und Preußen die von der liberalen Bewegung erstrebte demokratisch begründete deutsche Einheit nicht herbeiführen. Der Bund war nach einer weit verbreiteten Auffassung, um noch einmal Nipperdey zu zitieren, „keine Ordnung der Freiheit und keine der nationalen Einheit, er war eine Barriere gegen die Bewegung der Zeit, ja gegen die Zukunft, gegen jede Veränderung, war eine Bastion der Restauration [...], eine Blockade auch des friedlichen Wandels".[10]

Die historische Tatsache, daß vom Deutschen Bund kein direkter Weg zum deutschen Nationalstaat führte, sondern daß dieser gegen den Bund durchgesetzt wurde, hat in jüngster Zeit einen der besten Kenner der deutschen

---

[4] Um Mißverständnisse zu vermeiden, sei ausdrücklich festgestellt, daß damit keineswegs beabsichtigt ist, die im folgenden erwähnten neueren Arbeiten und ihre Verfasser in eine Tradition mit Heinrich von Treitschke und seinem borussianischen Geschichtsbild zu stellen.
[5] *Schulze*, Der Weg zum Nationalstaat, S. 73 f.
[6] *Pufendorf*, De statu imperii germanici, S. 94.
[7] *Schulze*, Staat und Nation in der europäischen Geschichte, S. 217.
[8] *Nipperdey*, Der Föderalismus in der deutschen Geschichte, S. 69.
[9] Ebd., S. 79.
[10] *Nipperdey*, Der deutsche Föderalismus zwischen 1815 und 1866 im Rückblick, S. 5.

Verfassungsgeschichte dazu veranlaßt, den Deutschen Bund als einen „Ausreißer" aus dem allgemeinen Trend der deutschen Verfassungsentwicklung zu bezeichnen.[11] Nach Ansicht von Hans Boldt stellte der Übergang zum Staatenbund 1815 „keineswegs eine normale Entwicklung"[12] dar, sondern vielmehr ein Abweichen von einer historischen Einheitstradition, deren Wurzeln im alten Heiligen Römischen Reich deutscher Nation lägen und die über die Stationen 1849, 1871, 1919 und 1949 zum modernen, freiheitlich-demokratischen nationalen Verfassungsstaat geführt habe. Der Deutsche Bund erscheint in dieser Perspektive als ein Irr- und Abweg der deutschen Geschichte, als historische Sackgasse, deren Beschreiten den eigentlichen, den ‚normalen' Entwicklungsgang hin zu größerer nationaler und staatlicher Einheit lediglich für eine gewisse Zeit blockiert habe.

Der geringe Stellenwert, welcher dem Deutschen Bund vom Gros der historischen Forschung im Rahmen der deutschen Nationalgeschichte bislang zugewiesen wurde, ist nur von vergleichsweise wenigen Historikern hin und wieder in Frage gestellt worden. Dabei wurde in Anknüpfung an die bereits Mitte des 19. Jahrhunderts formulierten Mitteleuropaideen, die vor allem von Constantin Frantz zu einem großdeutschen Föderativsystem konzeptualisiert wurden, der Deutsche Bund als eine positive Alternative zur kleindeutsch-preußischen Reichsgründung mit ihren problematischen Folgen gesehen. Diese in den dreißiger und vierziger Jahren unseres Jahrhunderts von Heinrich von Srbik[13] und Franz Schnabel[14] entwickelte Interpretation fand und findet bis heute vor allem unter österreichischen Historikern Zustimmung. So sieht etwa Helmut Rumpler im Deutschen Bund einen „Alternativwert, der besser als die Idee des nationalen Einheitsstaates die äußere und innere Stabilität Deutschlands zu sichern imstande gewesen wäre".[15] Der Deutsche Bund wird nach dieser Vorstellung nicht als ein Hindernis für die deutsche Einheit, sondern als eine „Chance für Mitteleuropa" wahrgenommen.[16]

---

[11] *Boldt*, Die Reichsverfassung vom 28. März 1849, S. 56.
[12] Ebd.
[13] *Srbik*, Deutsche Einheit.
[14] *Schnabel*, Das Problem Bismarck.
[15] *Rumpler*, Einleitung, S. 11.
[16] *Rumpler*, Eine Chance für Mitteleuropa. – Auf das von österreichischer Seite immer wieder als positive Alternative ins Spiel gebrachte „Projekt Mitteleuropa", das seit über 150 Jahren Politiker wie Historiker beschäftigt, kann hier nicht näher eingegangen werden. Mir scheint auch eine Diskussion darüber wenig sinnvoll, denn die österreichischen Mitteleuropaideen sind im Deutschen Bund nie auf Resonanz gestoßen und haben keinen realistischen Beitrag zu einer Stärkung des Bundes im Sinne nationaler Integration geleistet. „Mitteleuropa" war ein österreichisches Projekt und kein deutsches – denjenigen, die den Deutschen Bund erhalten und reformieren wollten, ging es aber eben nicht um Mitteleuropa, sondern um Deutschland und die deutsche Nation. – Die mit dem Namen von Helmut Rumpler und anderen verbundene historiographische Linie, die das Konzept einer mitteleuropäischen Föderation gegen die Bismarcksche Nationalpolitik in Stellung brachte, wird jetzt von Carsten Kretschmann einer sehr harten

Diese These hat indessen keine breite Zustimmung gefunden. Mit einigem Recht wird ihr entgegengehalten, daß die großdeutsch-föderalistischen Pläne weder den machtpolitischen Realitäten noch den ökonomischen Interessen und Bedürfnissen entsprachen und daß sie sowohl das nationale Einheitsstreben wie auch die gesellschaftlichen Partizipationsforderungen unberücksichtigt ließen. „Eine Alternative waren sie nur, wenn man auf den Nationalstaat verzichtete, oder historisch gesagt: wenn man den Nationalstaat für eine historisch überspringbare Form der politischen Existenz hält."[17]

Dieses kaum zu widerlegende Argument von Thomas Nipperdey versuchten einige andere Historiker dadurch zu umgehen, daß sie den Deutschen Bund nicht am Nationalstaatsparadigma des 19. Jahrhunderts maßen, sondern ihn statt dessen mit den supranationalen politischen Organisationen des 20. Jahrhunderts verglichen. Aus dieser Perspektive, die nach dem Zweiten Weltkrieg vor allem von französischen und amerikanischen Autoren eingenommen wurde, erscheint der Deutsche Bund nicht in erster Linie als ein antiquierter Gegenentwurf zum herkömmlichen Nationalstaat, sondern als ein zukunftsweisendes Modell internationaler Kooperation und Konföderation. Der Deutsche Bund wird demnach als Vorläufer des Völkerbundes von 1920 gesehen[18], als Vorbild für die Einigung Europas[19] oder als „a prototype of the present United Nations"[20], mithin als ein früher staatenübergreifender Zusammenschluß, von dessen Erfahrungen die heutige Völkergemeinschaft profitieren könne.

Eine ähnliche Tendenz zur politisch-historischen Aktualisierung des Deutschen Bundes manifestierte sich in der Mitte der 1960er Jahre geführten Diskussion darüber, ob der Bund als Modell für eine Lösung der deutschen Frage dienen könne.[21] Diese ursprünglich von Politikern und Publizisten entfachte Debatte wurde in den achtziger Jahren von wissenschaftlicher Seite aufgenommen und kulminierte in dem Bestreben, aus der Geschichte des Deutschen Bundes Handlungsanleitungen für eine „bündische Vereinigung der beiden Staaten in Deutschland" zu gewinnen, die unter einem internationalen Garantiesystem „ähnlich dem des Wiener Kongresses" ein „gemeinsames Haus für die deutsche Nation" bilden sollte.[22] Daß dies nicht bloße

---

Kritik unterzogen, indem sie als Ausdruck eines realitätsfremden, teilweise ideologisch belasteten österreichischen Geschichtsbildes, in dem sich nationalösterreichische Traumata mit vergangenheitsorientierten Utopien verbinden, interpretiert wird; *Kretschmann*, Bismarck und das deutsch-österreichische Problem, ebd. auch die einschlägige Literatur.

[17] *Nipperdey*, Deutsche Geschichte 1800–1866, S. 709.
[18] *Dupuis*, La Conféderation germanique et la S. D. N.; *Semper*, Deutscher Bund und Völkerbund als Organisationen zur Friedenssicherung.
[19] *Lang*, The Germanic Confederation and a European Confederation today.
[20] *Kraehe*, A History of the German Confederation, S. III; vgl. *ders.*, The United Nations in the Light of the Experiences of the German Confederation.
[21] Vgl. dazu *Gruner*, Der Deutsche Bund und die europäische Friedensordnung, S. 235–239; *Handzik*, Der Deutsche Bund. Ein Modell für die Regelung der innerdeutschen Beziehungen.
[22] *Gruner*, Der Deutsche Bund – Modell für eine Zwischenlösung?, S. 67; *ders.*, Die Verfassungsordnung des Deutschen Bundes – Modell für die Wiedervereinigung?

journalistische beziehungsweise akademische Spekulation blieb, sondern zumindest für einen kurzen historischen Augenblick als eine konkrete politische Option angesehen werden konnte, zeigt der im November 1989 nach dem Zusammenbruch des SED-Regimes in der DDR von Bundeskanzler Helmut Kohl im Deutschen Bundestag präsentierte Zehnpunkteplan, in dem unter Berufung auf die „historischen Erfahrungen" vorgeschlagen wurde, als Vorstufe zur deutschen Vereinigung „konföderative Strukturen" zwischen den beiden deutschen Staaten zu entwickeln.[23]

Der Grund dafür, daß der Deutsche Bund in der zweiten Hälfte des 20. Jahrhunderts als Modell und Vorbild für die internationale Staatengemeinschaft beziehungsweise für die Lösung der deutschen Frage in Anspruch genommen werden konnte, liegt vor allem in seiner friedenssichernden Funktion im Rahmen des europäischen Mächtesystems und innerhalb Deutschlands selbst, die 1815 eines der stärksten Motive zur Schaffung eines Staatenbundes anstelle von Nationalstaaten in Mitteleuropa gebildet hatte. Schon die Zeitgenossen wußten diese Rolle des Bundes als „Friedensstaat von Europa"[24] zu würdigen, doch verfiel diese positive Aufgabe in dem Maße immer stärker der Geringschätzung, in dem sich das historisch-politische Bewußtsein nationalisierte und das Streben nach nationalem Prestige und nationaler Machtentfaltung die Idee und das System des internationalen Gleichgewichts verdrängte. Erst nach den vom zügellosen Nationalismus verursachten Katastrophen des 20. Jahrhunderts gerieten die Verdienste der Wiener Ordnung von 1815 und damit auch des Deutschen Bundes für den Frieden in Europa wieder in das Blickfeld von Politikern und Historikern. In der wissenschaftlichen Forschung hat sich seither die Erkenntnis allgemein durchgesetzt, daß der Deutsche Bund trotz aller inneren Schwächen und Mängel eine zentrale Rolle für die Erhaltung der Stabilität und des Friedens in Europa spielte. In diesem Zusammenhang ist heute vom Deutschen Bund in positiver Weise als „Schlußstein des europäischen Friedens"[25] und als „passiver Ordnungsfaktor"[26] die Rede.

Man kann demnach mit guten Gründen den Deutschen Bund als eine „Vorform staatsübergreifender Friedenssicherung und Ordnungswahrung"[27]

---

[23] Zehn-Punkte-Programm zur Überwindung der Teilung Deutschlands und Europas, vorgelegt von Bundeskanzler Helmut Kohl in der Haushaltsdebatte des Deutschen Bundestages am 28. November 1989, in: Europa-Archiv 44, 1989, Dokumente, S. 728–734, Zitate S. 732 f.; vgl. *Küsters*, Entscheidung für die Deutsche Einheit, S. 63–65, sowie Dokumente zur Deutschlandpolitik. Deutsche Einheit. Sonderedition aus den Akten des Bundeskanzleramtes 1989/90, Dok. 101: Schreiben des Bundeskanzlers Kohl an Präsident Bush, 28. November 1989, S. 572 f.

[24] *Heeren*, Der Deutsche Bund in seinen Verhältnissen zu dem Europäischen Staatensystem, S. 14.

[25] *Gruner*, Die deutsche Frage, S. 73 ff.

[26] *Doering-Manteuffel*, Die deutsche Frage, S. 116, in Anlehnung an *Schroeder*, The 19th-Century International System; vgl. auch: *Schroeder*, The Transformation of European Politics, S. 547: der Bund sei die bestmögliche Lösung im Sinne der internationalen Sicherheit und des Friedens gewesen; *ders.*, Europe and the German Confederation in the 1860s.

[27] *Seier*, Der Deutsche Bund als Forschungsproblem, S. 58.

charakterisieren. Zu weit ginge es meines Erachtens jedoch, ihn „trendwidrige Präfiguration einer postnationalen Grundordnung"[28] aufzufassen. Ein solcher Ansatz, der den Deutschen Bund als fortschrittlichen Prototyp und zukunftsweisendes Modell von staatlicher und zwischenstaatlicher Ordnung begreift, läßt die konkreten Entstehungsbedingungen und Gestaltungsprinzipien außer acht, die den Bund erheblich stärker mit dem Alten Reich und dem frühmodernen Gleichgewichtsdenken verbinden als mit den internationalen Organisationen unseres Jahrhunderts. Der Deutsche Bund als modernes „Modell" ist eine ebenso unhistorische Perspektive wie die oben skizzierte Sichtweise des Bundes als rückständiges „Monstrum". In beiden Fällen wird der Deutsche Bund als unzeitgemäßer Gegenentwurf zum historisch legitimen Nationalstaatsparadigma aus dem ‚normalen' Gang der deutschen und internationalen Geschichte des 19. Jahrhunderts hinausdefiniert, das eine Mal mit negativer, das andere Mal mit positiver Akzentuierung.

Die Folge davon ist, daß der Deutsche Bund nur noch als Antithese zur Nation, als ein außerhalb der nationalen Tradition stehendes Gebilde wahrgenommen wird. Damit erledigt sich dann auch die Frage, wie sich denn das Verhältnis zwischen dem Bund und der Nation im konkreten historischen Ablauf gestaltete und entwickelte. Dieses Verhältnis war viel differenzierter und ambivalenter, als es die herrschende Forschungsmeinung wahrhaben will. Wie ich in diesem Buch zeigen möchte, gab es zwischen der Bundespolitik der deutschen Regierungen und der Tätigkeit der Bundesversammlung auf der einen Seite und dem Nationalismus der liberalen Bewegung auf der anderen Seite vielfältige Interaktionen und Interdependenzen. Die Entwicklung des Deutschen Bundes und der deutschen Nationalbewegung waren in einem dynamischen Prozeß miteinander verflochten. Konkret bedeutet dies, daß der nationale Diskurs sich nicht bloß außerhalb des Bundes entfaltete, sondern von Anfang an – wenn auch nicht kontinuierlich – im Deutschen Bund, das heißt in der Bundesversammlung und ihren Ausschüssen geführt wurde, und zwar nicht ausschließlich im Hinblick auf die Unterdrückung des nationalen Einheitsstrebens, sondern häufig auch im positiven Sinne einer Förderung der nationalen Bedürfnisse und Interessen. Es war demnach keine unvermeidliche, in seiner Organisationsstruktur und Verfassung begründete Entwicklung, daß der Deutsche Bund am Ende „nur als hohler, nicht ausgefüllter Torso"[29] dastand.

Gewiß, der Deutsche Bund erschien bereits vielen Zeitgenossen als ein „Gebilde ohne Perspektive"[30], das ihm zugrunde liegende föderative Prinzip galt als „ein zentrales Hindernis für den politischen und wirtschaftlich-sozialen Fortschritt"[31] in Deutschland. Es herrschte weithin die Ansicht vor, daß

---

[28] Ebd.
[29] *Siemann*, Vom Staatenbund zum Nationalstaat, S. 424.
[30] *Gall*, Der Deutsche Bund als Institution und Epoche der deutschen Geschichte, S. 259.
[31] *Rumpler*, Föderalismus als Problem der deutschen Verfassungsgeschichte des 19. Jahrhunderts, S. 220. – Rumpler argumentiert meines Erachtens zu Recht, daß die Reformblockade

Staatenbund und Nation beziehungsweise Nationalstaat zwei grundsätzlich unvereinbare politische Gebilde seien. Aus diesem Grund lehnten es die Regierungen, allen voran die österreichische, lange Zeit ab, den Bund im Sinne der nationalen Forderungen zu reformieren, weil dies nach ihrer Ansicht zur Selbstaufgabe des Bundes und seiner Prinzipien führen mußte. Umgekehrt glaubte auch die Mehrheit der nationalen und liberalen Kräfte in Deutschland nicht an die Reformierbarkeit des Deutschen Bundes und setzte statt dessen auf die ohne und gegen den Bund zu bewirkende Schaffung des Nationalstaats – so bereits 1848/49 und erneut in den 1860er Jahren.

Die Fixierung auf das nationalstaatliche Paradigma, das zum „Normalfall" deklariert wird, verstellt indessen den Blick auf einige wichtige Entwicklungsprozesse und Wirkungszusammenhänge der deutschen Geschichte des 19. Jahrhunderts im allgemeinen und der sogenannten ‚Reichsgründungszeit' im besonderen. Vor allem die bis heute von den meisten Historikern als letztlich alternativlos dargestellte Form der kleindeutschen Nationalstaatsgründung durch Bismarck[32] marginalisiert in unangemessener Weise die Rolle Österreichs in der deutschen Geschichte[33] und den Anteil des Deutschen Bundes an der inneren Nationsbildung[34].

Insbesondere der zuletzt genannte Zusammenhang ist bisher nicht einmal in Ansätzen thematisiert worden, denn es schien festzustehen, daß, wie Erich Brandenburg 1916 schrieb, der Deutsche Bund „für die innere Entwicklung Deutschlands nicht den geringsten Nutzen" gehabt habe und seine Existenz „geradezu ein Hindernis für die Weiterbildung der nationalen Einrichtungen" gewesen sei.[35] Die Geschichte des Bundes liefert in der Tat viele Beispiele für die Unzulänglichkeit der staatenbündischen Ordnung, die sich der nationalen Herausforderung letzten Endes nicht gewachsen zeigte und eklatant scheiterte. Gewiß wurde am Frankfurter Bundestag allzuhäufig „nur leeres Stroh gedroschen"[36], gleichwohl läßt sich insbesondere die letzte

---

sich nicht unmittelbar aus dem föderativen Prinzip und der Bundesverfassung ergab, sondern eine Folge der Politik Österreichs und Preußens war, deren Doppelhegemonie über den Bund dessen Ausgestaltung zu einem echten Föderativsystem verhindert habe.

[32] James Sheehan spricht von der weithin akzeptierten „historiographical legitimacy of the settlement of 1871"; *Sheehan*, What is German History?, S. 3. – Ein schlagendes Beispiel für diese Sichtweise bietet Hans-Ulrich Wehler, der einer der schärfsten Kritiker des Reiches von 1871 ist und in dieser Lösung der deutschen Frage dennoch eine folgerichtige Entwicklung sieht, zu der die Bundesreform ebensowenig eine Alternative geboten habe wie die „föderativen Wunschträume"; *Wehler*, Deutsche Gesellschaftsgeschichte, Bd. 3, S. 331–335, Zitat S. 334.

[33] Vgl. dazu *Langewiesche*, Deutschland und Österreich: Nationswerdung und Staatsbildung in Mitteleuropa im 19. Jahrhundert; *ders.*, Reich, Nation und Staat in der jüngeren deutschen Geschichte.

[34] Zum Konzept der inneren Nationsbildung siehe *ders.*, „Revolution von oben"? Krieg und Nationalstaatsgründung in Deutschland; *Fehrenbach*, Verfassungsstaat und Nationsbildung, S. 106–109.

[35] *Brandenburg*, Die Reichsgründung, Bd. 1, S. 88.

[36] Schreiben des bremischen Bundestagsgesandten Johann Smidt an den Lübecker Bürgermeister Heinrich Brehmer, Bremen, 27. Mai 1852, in: QGDB III/2, S. 141.

Phase von der Wiederherstellung der Bundesversammlung im Jahr 1850/51 bis zu ihrer Auflösung 1866, um die es in diesem Buch vor allem geht, nicht einseitig als „Bundessiechtum"[37], als eine lediglich destruktive „zweite Restauration"[38] charakterisieren. Diese anderthalb Jahrzehnte standen vielmehr „im Zeichen von Reaktion *und* Reform"[39], denn neben den bekannten Unterdrückungsmaßnahmen unternahm der Deutsche Bund erhebliche Anstrengungen, um seine Verfassung zu reformieren, seine Gesetzgebung auf allgemein nationale Gegenstände auszudehnen, die wirtschaftliche Einigung Deutschlands vorzubereiten und die Rechtsvereinheitlichung voranzutreiben.

Im folgenden sollen diese Reformbemühungen im einzelnen dargestellt werden, wobei vor allem danach gefragt wird, welche Motive den Reformplänen zugrunde lagen, wie die Bundesreformdebatte sich in den 1850er und 1860er Jahren entwickelte, welche konkreten Reformen auf den Weg gebracht wurden und wie die Reformbilanz am Ende des Deutschen Bundes 1866 ausfiel. Als leitendes Erkenntnisinteresse steht dabei im Hintergrund das Problem, ob und wenn ja, in welcher Weise der föderal strukturierte Staatenbund zur inneren Nationsbildung in Deutschland beitragen konnte.

Mit diesem Ansatz eröffnen sich neue Perspektiven für die historische Positionierung des Deutschen Bundes. Er stellt nicht die theoretische, von der geschichtlichen Entwicklung längst eindeutig negativ beantwortete Frage, ob der großdeutsch-föderal organisierte Staatenbund eine Alternative zur Bismarckschen kleindeutsch-hegemonialen Reichsgründung hätte bilden können. Er sucht auch nicht nach einem sogenannten „Dritten Weg" zwischen Habsburg und Preußen, zwischen Metternich und Bismarck, der zwar intensiv diskutiert wurde, aber letztlich eine mit den politischen Fakten unvereinbare Fiktion blieb. Die Forschung hat meines Erachtens viel zu lange die Antagonismen von Staatenbund und Bundesstaat, von föderalem Bund und nationalem Reich, von Dualismus und Trias, von Einheit und Partikularismus thematisiert. Sie hat dabei nicht selten den Deutschen Bund zu einem Fremdkörper im historischen Trend des 19. Jahrhunderts erklärt und auf diese Weise – gewollt oder ungewollt – einem bis heute noch virulenten Geschichtsmythos Vorschub geleistet, wonach die Reichsgründung von 1870/71 der einzige Weg gewesen sei, um den lähmenden Immobilismus in Deutschland zu überwinden und die Modernisierung der Nation zu ermöglichen.

Dieser Interpretation soll im folgenden eine andere Auffassung gegenübergestellt werden, die den Deutschen Bund nicht als ein von Natur aus rückständiges, todgeweihtes Ancien Régime begreift, sondern als eine trotz vieler Schwächen und Unzulänglichkeiten in mancher Hinsicht doch entwicklungsfähige Ordnung, die etliches von dem vorbereitete und initiierte, was

---

[37] *Zwiedineck-Südenhorst*, Deutsche Geschichte von der Auflösung des alten Reichs bis zur Errichtung des neuen Kaiserreiches (1806–1871), Bd. 3, S. 130 ff.
[38] *Wehler*, Deutsche Gesellschaftsgeschichte, Bd. 3, S. 197 ff.
[39] *Siemann*, Vom Staatenbund zum Nationalstaat, S. 395 (meine Hervorhebung).

bis heute dem preußisch-deutschen Reich als nationale Errungenschaft gutgeschrieben wird. Die deutsche Reichsgründung hat, so könnte man in Anlehnung an Tocquevilles Beurteilung der Französischen Revolution sagen, „weit weniger Neuerungen gebracht, als man gewöhnlich annimmt"[40], und den alten Deutschen Bund verbindet mehr mit der modernen deutschen Nation, als es das vorherrschende Verständnis wahrhaben will.

Der Deutsche Bund wurde, zumal in seiner letzten Phase nach der Revolution von 1848/49, hineingezogen in den nationalen Integrationsprozeß: Eine den sogenannten „nationalen Bedürfnissen" – ein Begriff, den nun auch konservative Minister ständig im Munde führten – entsprechende umfassende Bundesreform fand in den Jahren seit 1850 bei immer mehr deutschen Einzelregierungen grundsätzliche Zustimmung; die auf der Dresdener Konferenz von 1850/51 begonnene Reformdiskussion blieb nicht auf diplomatische Denkschriften beschränkt, sondern erfaßte die Öffentlichkeit, die sich inner- und außerhalb der Parlamente, in der Presse, in den Vereinen, auf Versammlungen und Festen zur Frage der Bundesreform äußerte; der Bund sah sich schließlich während des Italienischen Kriegs 1859 und dann vor allem in der Schleswig-Holstein-Frage 1863/64 zum Adressaten eines überbordenden nationalen Enthusiasmus gemacht, was ihn gewiß überforderte, aber andererseits deutlich macht, daß die Bundesversammlung sich nicht mehr gegen den nationalen Strom stemmen konnte, sondern mit ihm treiben lassen mußte. Daneben entwickelte aber auch die Bundesversammlung aus sich heraus nationale Initiativen besonders auf dem Gebiet der Rechtsvereinheitlichung in Deutschland, die seit Mitte der 1850er Jahre zu einem Schwerpunkt der Bundestätigkeit wurde.

All dies rechtfertigt es meines Erachtens, die Rolle des Deutschen Bundes im Prozeß der inneren und äußeren Nationsbildung in den Blick zu nehmen. Damit werden zum einen bisher weitgehend unbekannte Facetten der Bundespolitik erkundet, zum anderen wird der Bund mit seinen Organen und Repräsentanten in einen Diskussions- und Handlungszusammenhang mit den vorherrschenden politisch-sozialen und ökonomischen Bewegungskräften gesetzt, und schließlich werden neben den bekannten historischen Grenzen des Deutschen Bundes auch seine Möglichkeiten und Entwicklungsperspektiven ausgelotet.

Ein solcher Forschungsansatz kann letztendlich dazu führen, den Deutschen Bund aus der historischen Quarantäne zu befreien, der er seit langem unterliegt – als eine die moderne Nationalstaatsbildung blockierende reaktionäre Macht, die dem historischen Fortschritt ebenso entgegengestanden habe wie das alte Heilige Römische Reich deutscher Nation in der Frühen Neuzeit. Was das Alte Reich betrifft, so vollzieht sich indessen in der jüngeren Forschung ein bemerkenswerter Wandel, indem das Reich immer stärker auf seine nationalintegrativen und staatsbildenden Funktionen hin untersucht

---

[40] *Tocqueville*, Der alte Staat und die Revolution, S. 36.

wird.⁴¹ Konzeptionell unterfüttert wird dieser Neuansatz durch den jüngst in die historische Debatte neu eingeführten Begriff des „föderativen Nationalismus" beziehungsweise der „föderativen Nation". Dieser Begriff, so Dieter Langewiesche, macht auf eine Entwicklungslinie in der deutschen Geschichte aufmerksam, „die es nicht gestattet, den Wunsch nach nationaler Einheit mit der Forderung nach einem Nationalstaat gleichzusetzen".⁴² Er ist dazu geeignet, den „föderativen Grundzug" der deutschen Geschichte stärker ins Bewußtsein zu rücken und die vom Einheitsmythos von 1871 verdrängte Erinnerung „an die föderativen Wurzeln der Idee einer deutschen Nation" wiederzubeleben.⁴³ Der föderative Nationalismus entstand im Heiligen Römischen Reich deutscher Nation und hinterließ in der deutschen Geschichte bleibende Spuren, die im herrschenden Geschichtsbild, das sich am kleindeutschen Nationalstaat von 1871 orientiert, zu Unrecht ignoriert werden: „Die Entwicklung verlief zwar in diese Richtung, am Ende der deutschen Nationsbildung stand der kleindeutsche Nationalstaat, doch nicht alle zuvor beschrittenen Wege führten dorthin und die nicht zu Ende gegangenen müssen keine historischen Sackgassen gewesen sein."⁴⁴

In jüngster Zeit hat Dieter Langewiesche seine Kritik an dem auf 1871 konzentrierten Geschichtsbild noch einmal verschärft. Mit der Reichsgründung sei „eine radikale Umdeutung der deutschen Geschichte" verbunden gewesen, bei der „ältere nationale Traditionen" einem bewußt konstruierten „Gründungsmythos" einverleibt wurden. Die „Geschichtskonstruktion" des neuen Deutschen Reiches war nach Langewiesche ein „Bruch mit der Geschichte", bei dem das bis dahin vorherrschende „Grundmuster deutscher Staatlichkeit" zerstört wurde. Der Deutsche Bund war demnach keine Abnormität in der historischen Entwicklung, er gehörte vielmehr in die „Haupttradition deutscher Geschichte", die vom kleindeutsch-preußischen Nationalstaat gewaltsam beseitigt und dann auch ideologisch entsorgt wurde: „Die deutsche Nation erfand sich, als sie staatlich geeint war, eine neue Geschichte, um diesen Geschichtsbruch als sinnvolles Ergebnis der Geschichte verstehen und rechtfertigen zu können."⁴⁵

---

⁴¹ Siehe dazu vor allem *Schmidt*, Geschichte des Alten Reiches; *ders.*, Deutschland am Beginn der Neuzeit; ferner: *Burgdorf*, Reichskonstitution und Nation; sowie die Überlegungen von *Krüger*, Auf der Suche nach Deutschland – Ein historischer Streifzug ins Ungewisse. – Die vor allem von Georg Schmidt entwickelten Thesen vom „Reichs-Staat" und von der „Reichsnation" sind indessen sehr umstritten und haben sich noch nicht durchsetzen können. Zur Kritik siehe nun *Schilling*, Reichs-Staat und frühneuzeitliche Nation. Zum Stand der Reichsforschung unmittelbar *vor* der von Schmidt ausgelösten Kontroverse siehe *Neuhaus*, Das Reich in der Frühen Neuzeit.
⁴² *Langewiesche*, Föderativer Nationalismus, S. 215.
⁴³ Ebd.
⁴⁴ Ebd.
⁴⁵ Alle Zitate in: *Langewiesche*, Was heißt ‚Erfindung der Nation', S. 610–612, 615f.; vgl. *ders.*, Vom Wert historischer Erfahrung.

Das Konzept der föderativen Nation bietet mithin die Möglichkeit, den historischen Mythos von 1871 zu hinterfragen und die deutsche Geschichte vor der Reichsgründung zu untersuchen, ohne ihr ein Geschichtsbild überzustülpen, das allzuhäufig nicht als zeitgebundene Konstruktion, sondern als gewissermaßen logischer Entwicklungspfad ausgegeben wurde und wird. Untersucht man den Deutschen Bund, der ja 1815 ausdrücklich als ein die deutschen Staaten umfassendes „nationales Band" gegründet wurde, im Hinblick auf seine föderativen Entwicklungschancen und seine nationalintegrativen Potentiale, so ergeben sich neue Erkenntnisse, welche das vorherrschende historische Urteil über den Verlauf der deutschen Geschichte im 19. Jahrhundert zumindest teilweise revidieren.

Dieser Ansatz ist nicht völlig neu. Bereits Leopold Ilse setzte sich in seiner mehrbändigen, 1861 erschienenen „Geschichte der deutschen Bundesversammlung" das Ziel, „die Geschichte der Bundesversammlung mit vorzugsweiser Berücksichtigung ihres Verhaltens zu den großen deutschen Nationalfragen, zu den bleibenden Interessen des deutschen Volkes zu schreiben".[46] In dem unvollendeten, teilweise unübersichtlichen, aber sehr materialreichen Werk finden sich bemerkenswerte Ausführungen darüber, wie sich der Deutsche Bund in den ersten Jahren seines Bestehens um die Förderung nationaler Interessen vor allem in wirtschaftlicher und kultureller Hinsicht bemühte. Die Arbeiten Ilses stießen indessen nicht auf Resonanz, denn sie wurden zu einem Zeitpunkt publiziert, als die öffentliche Kritik an der nationalen Unzulänglichkeit des Deutschen Bundes ihren Höhepunkt erreichte. Auch später, nach der Gründung des Deutschen Reiches, wurden Ilses Forschungen kaum rezipiert, weil die Geschichte, wie es schien, die historische Unangemessenheit des Bundes und die Untauglichkeit seiner inneren Politik erwiesen hatte. Im übrigen hatte sich Ilse auf einige wenige Aspekte der frühen Bundespolitik konzentriert und war aus diversen Gründen nicht in der Lage gewesen, die gesamte Bundespolitik seit 1815 im Zusammenhang darzustellen und ihre integrativen, nationsbildenden Tendenzen stringent herauszuarbeiten.

Zu einer solchen Darstellung der Geschichte des Deutschen Bundes und seiner Politik unter der Perspektive der inneren Nationsbildung möchte die vorliegende Untersuchung einen Beitrag leisten. Sie versteht sich als ein Baustein zu einer allgemeinen Bundesgeschichte in ihrem Zusammenhang mit der Entwicklung Deutschlands zur Nation. Sie geht davon aus, daß, worauf jüngst Harm-Hinrich Brandt hinwies, „die latente Existenz der Gesamtnation" schon im Vormärz und erst recht in der nachrevolutionären Phase bewirkte, „daß Bundespolitik immer auch ein Stück gesamtdeutscher Innenpolitik darstellte".[47]

---
[46] *Ilse*, Geschichte der deutschen Bundesversammlung, insbesondere ihres Verhaltens zu den deutschen National-Interessen, Bd. 1, S. V.
[47] *Brandt*, Deutsche Geschichte 1850–1870, S. 52.

Ein solcher Ansatz kann sich stützen auf ein reichhaltiges Quellenmaterial, das jedoch zu einem großen Teil bislang noch kaum erschlossen wurde. Nicht selten blieben die Akten, welche die innere Bundespolitik betreffen, seit über 150 Jahren unberührt. So fehlen zu nahezu allen Aspekten, die nicht mit der politischen Unterdrückung der liberalen und nationalen Opposition zu tun haben, bis heute grundlegende Vorarbeiten. Von einigen Studien zu speziellen Einzelproblemen abgesehen sind bisher weder die wirtschaftspolitischen Maßnahmen des Deutschen Bundes Gegenstand umfassender Untersuchungen gewesen noch seine rechtspolitischen Initiativen oder seine kulturpolitischen Aktivitäten. Die Tätigkeit der Bundesversammlung und ihrer vielen Ausschüsse, die intensiven Arbeiten der vom Bundestag eingesetzten Sachverständigenkommissionen, die diplomatischen Beratungen über bundespolitische Maßnahmen auf dem Wege der Korrespondenz und der Konferenzen sind in der Regel nur dann näher untersucht worden, wenn sie die repressive und restaurative Politik des Bundes betreffen. Nur wenig Beachtung fanden demgegenüber die Debatten über die weitere Ausbildung, Fortentwicklung und Ergänzung der Bundesverfassung, die Pläne und Initiativen zur Reform der Bundesinstitutionen, die Versuche, den Bund durch eine einheitliche Gesetzgebung stärker in Einklang mit den Bedürfnissen und Wünschen der deutschen Nation zu bringen.

Besonders nach der Revolution von 1848/49 standen diese Themen permanent auf der bundespolitischen Tagesordnung. Bei der Mehrzahl der deutschen Regierungen setzte sich die Ansicht durch, daß der Bestand des Deutschen Bundes auf Dauer nur dann gesichert werden konnte, wenn die Bundesversammlung die im Vormärz überwiegend praktizierte einseitig reaktionäre Politik hinter sich ließ und sich im Rahmen ihrer Möglichkeiten für die Förderung nationaler Bedürfnisse einsetzte. Dazu besann man sich auf die lange Zeit ungenutzt gelassenen Möglichkeiten, welche einzelne Bestimmungen der Bundesgrundgesetze von 1815/20 zur Herbeiführung allgemeiner bundeseinheitlicher Maßnahmen und Gesetze boten. Darüber hinaus wurde in zahlreichen persönlichen Gesprächen, Konferenzen, Denkschriften, zunehmend auch über eine in den Landtagen, der Presse und der Publizistik geführte öffentliche Diskussion die Frage ausgelotet, wie die Bundesorgane umzugestalten und ihre Kompetenzen zu erweitern, schließlich welche neuen Bundeseinrichtungen zu schaffen seien, um den Deutschen Bund zu einer politischen Föderativordnung weiterzuentwickeln, welche in der Lage war, der kleindeutschen Nationalbewegung durch eine nationalintegrative Reformpolitik Paroli zu bieten. Das Ziel war es, den Deutschen Bund zum Gehäuse einer föderativ geeinten deutschen Nation auszubauen[48], einer Nation, die nicht als Nationalstaat konstituiert war, sondern als ein Bund von Einzelstaaten, welche aber die Regelung der nationalen Belange neuen,

---

[48] Vgl. dazu *Langewiesche*, Föderativer Nationalismus, S. 220–223.

nach föderativen Prinzipien zusammengesetzten Organen (Bundesexekutive, Bundesgericht, Bundesvolksvertretung) anvertrauen sollte.

Die allgemeine Bundesreformdebatte, bei der es um die Fortbildung der Bundesverfassung durch neue Bundeseinrichtungen und erweiterte Bundeskompetenzen ging, bildet das Thema des ersten Hauptteils der vorliegenden Untersuchung. Der Schwerpunkt liegt dabei auf der Zeit nach der Revolution von 1848/49, in welcher diese Debatte besonders intensiv geführt wurde. Die Wurzeln der Diskussion über eine Reform des Deutschen Bundes lagen indessen in seiner Gründungsgeschichte sowie in einigen Initiativen, welche während des Vormärz eingeleitet worden waren. Auf diese Zusammenhänge wird in den ersten Kapiteln von Teil A eingegangen, um die Reformdebatte im Kontext der gesamten Bundesgeschichte zu verorten. In den 1850er und 1860er Jahren gewann dann das nationale Argument, das zuvor nur in den ersten Jahren nach der Bundesgründung und im letzten Jahr vor der Revolution aufgegriffen und in der übrigen Zeit ein bundespolitisches Anathema gewesen war, eine immer größere Bedeutung in der Bundesreformdebatte. Diese Tatsache wurde von der bisherigen Forschung übersehen, die, sofern sie überhaupt Kenntnis von den Reformbemühungen nahm, diese als unrealistisch und undurchführbar beurteilte, womit auch die Frage nach der Kapazität des Bundes zur Lösung der deutschen Frage beantwortet schien. Kaum gestellt wurde die Frage, inwieweit die Bundesreformpläne eine nationale Dimension hatten, das heißt, ob ihnen nationale Motive zugrunde lagen, ob sie einheitsstiftend hätten wirken können, ob ihnen eine nationsbildende Kraft innewohnte. Von der Beantwortung dieser Fragen hängt die Bewertung des Deutschen Bundes als „Institution und Epoche der deutschen Geschichte" (Lothar Gall) entscheidend ab.

Eine zunehmend wichtigere Rolle spielte in der bundespolitischen Auseinandersetzung nach 1850 die Öffentlichkeit, welche sich immer wieder in die Reformdiskussion einschaltete, sie mehrfach sogar wieder neu anfachte und vorantrieb. Es bedarf näherer Erklärung, welche Erwartungen die Opposition an die Reform der Bundesverfassung knüpfte, in welchem Maße sie überhaupt dem Bund eine Lösungskapazität zubilligte und wann und mit welchen Gründen sie die staatenbündische Ordnung endgültig verwarf. Daraus kann Aufschluß gewonnen werden über die Entwicklung des deutschen Nationalismus insbesondere in den 1850er Jahren, die bislang weit weniger erforscht worden ist als die der nachfolgenden ‚Reichsgründungszeit'.

Schließlich kann die Untersuchung der Bundesreformdebatte dazu beitragen, den Stellenwert des nationalstaatlichen Paradigmas in der deutschen Geschichtsschreibung zu relativieren. Das von den Kategorien Reich, Nation und Staat geprägte Geschichtsbild bedarf der Ergänzung durch die Kategorie Bund, denn es blieb bis 1866 offen, ob „die deutsche Nation in einer Vielzahl von Staaten mit mehr oder weniger lockerer staatenbündischer Verklammerung fortbestehen oder sich zu einem Nationalstaat zusammenschließen würde".[49] In dieser offenen Situation hatte angesichts der nationalen Herausforderung die Bundesreformdebatte auch die Funktion, das Föderalisierungspotential und die Modernisierungschancen des Bundes auszuloten, um den kleindeutsch-bundesstaatlichen Plänen eine tragfähige staatenbündisch-föderative Alternative entgegenzustellen.

Neben der allgemeinen Bundesreformdebatte gab es einen zweiten Handlungsstrang, auf dem sich, immer wieder aufgefordert und angetrieben von der liberalen Opposition, der öffentlichen Meinung und schließlich auch den wirtschaftlichen Interessenverbänden, kulturellen Pressure groups, Berufsvertretungen und wissenschaftlichen Vereinigungen die deutschen Regierungen, die einzelstaatlichen Ministerialbürokratien, die Bundestagsgesandten und die Bundesversammlung selbst intensiv mit praktischen Maßnahmen zur inneren Integration des Bundes beschäftigten. Diese Aktivitäten lassen sich ebenfalls bis in die Gründungsgeschichte des Bundes zurückverfolgen. Sie fanden ihren verfassungsrechtlichen Anknüpfungspunkt zum Teil in den „Besonderen Bestimmungen" der Bundesakte, welche in Artikel 18 und 19 „gleichförmige Verfügungen" über die Militärpflicht, die Freizügigkeit, die Pressefreiheit, den Schutz der Rechte der Schriftsteller und Verleger sowie bundeseinheitliche Regelungen des Handels-, Verkehrs- und Schiffahrtswesens in Aussicht gestellt hatte. Überdies war durch die mit Artikel 6 der Bundesakte und Artikel 64 der Wiener Schlußakte geschaffene Möglichkeit von sogenannten „gemeinnützigen Anordnungen" der Bundesversammlung ein weites, die gesamten wirtschaftlichen und rechtlichen Verhältnisse umfassendes Feld für bundeseinheitliche Maßnahmen und Gesetze eröffnet worden. Daß diese Maßnahmen per se einen nationalen Zweck hatten, wurde schon bei der Bundesgründung offen ausgesprochen. Bereits in den ersten Jahren des Bundes wurden einige Projekte zur Vereinheitlichung des Rechts und zur Erleichterung des wirtschaftlichen Verkehrs in Deutschland angeregt und in Angriff genommen. Nur weniges davon konnte im Vormärz in Bundesbeschlüsse umgesetzt werden, und es blieb auch in diesem Bereich der nachrevolutionären Zeit vorbehalten, die Harmonisierung des Rechtswesens und der Wirtschaftspolitik zu einem zentralen Thema der Bundespolitik zu machen. Mit den vielfältigen Initiativen in dieser Richtung befaßt sich der zweite Hauptteil der vorliegenden Studie, wobei auch hier versucht wird, die jeweiligen Einzelmaßnahmen sowohl in ihrer Entwicklung während der gesamten Bundesgeschichte als auch im Hinblick auf ihre nationalpolitische Bedeutung darzustellen.

Beide Bereiche, die Bundesreformdebatte und die praktische Reformpolitik sind natürlich untrennbar miteinander verbunden, und es lassen sich von daher vielfache Überschneidungen und Querbezüge zwischen den beiden

---

[49] *Langewiesche*, Reich, Nation und Staat in der jüngeren deutschen Geschichte, S. 206, die Thesen James J. Sheehans resümierend. Vgl. *Sheehan*, German History; Sheehan spricht von einer nachträglichen „construction of the national past" (ebd., S. 914), welche die Offenheit der Entwicklung negiere. Siehe auch *ders.*, What is German History?

Teilen der Darstellung nicht vermeiden. Die separate Behandlung der beiden Reformfelder erfolgt rein aus darstellerischen Gründen in der Hoffnung, aus dem dichten Geflecht der Bundespolitik einige signifikante Stränge herauszupräparieren, um auf diese Weise neue Perspektiven auf die Geschichte des Deutschen Bundes zu eröffnen. Wenn es gelingt, dem Leser die Erkenntnis zu vermitteln, daß der Deutsche Bund weder ein geschichtlich illegitimes, antinationales Monstrum noch ein postnationales Modell gewesen ist, sondern eine aus den föderativen Traditionen der deutschen Geschichte entstandene und in den Prozeß der inneren und äußeren Nationsbildung Deutschlands vielfach einbezogene politische Ordnung darstellte, welche zwar letztendlich scheiterte, aber nicht von vornherein zum Scheitern verurteilt war – wenn dies gelingt, dann hat die nachfolgende Untersuchung ihr Ziel erreicht.

Teil A
Föderative Nation

I. „Der Bund ist, wie er ist"?

Bundesreformideen im Vormärz (1815–1848)

Die Auffassung, daß der Deutsche Bund keine starre, der Ausbildung der Nation feindliche Ordnung sein dürfe, sondern im Gegenteil die Bestimmung habe, als Garant der deutschen Nationalität, Ausdruck der nationalen Zusammengehörigkeit und Förderer des nationalen Wohls aktiv zur föderativ-nationalen Entwicklung in Deutschland beizutragen, ist so alt wie der Deutsche Bund selbst. Während der Verhandlungen über die Gründung des Bundes in den Jahren 1814/15 und in den nachfolgenden ersten Jahren seines Bestehens äußerten viele der leitenden Diplomaten und Minister die Auffassung, daß es eine der wichtigsten Aufgaben des Deutschen Bundes sei, die deutsche Nationalität zu stärken und den nationalen Zusammenhalt zu fördern.[1] Der österreichische Bundespräsidialgesandte Johann Rudolf Graf von Buol-Schauenstein bezeichnete es in seiner bemerkenswerten Rede zur Eröffnung der Bundesversammlung am 5. November 1816 als einen „heiligen Zweck" der Bundesakte, neben der Unabhängigkeit der einzelnen Regierungen auch die Sicherung und Entwicklung „des großen Nationalbandes" zu gewährleisten:

„In dieser Art halten wir uns fest auf dem Gipfel, wo ein großes Volk in der Mannichfaltigkeit seiner bürgerlichen Formen, der großen Bestimmungen der Menschheit und seiner Entwicklung frey entgegengeht; zugleich aber ein einziges Ganzes in nationeller Beziehung ausmacht. [...] So wird es unsere Sache seyn, die Deutschen in der Erkenntniß zu befestigen, daß mit Annahme einer geeigneten Ordnung, ein solcher Staatenbund eben so wohlthätig für den Einzelnen, als ehrenvoll für die Nation im Staatenvereine von Europa seyn könne."[2]

Konkret bedeutete dies, wie Buol wenige Tage später darlegte, daß die Tätigkeit der Bundesversammlung darauf gerichtet sein müsse, auf der Grundlage der Bundesakte „das Gebäude des großen National-Bundes" zu vollenden. Die „organische Gesetzgebung des deutschen Bundes" sollte vervollkommnet werden, indem zunächst die diesbezüglichen Ankündigungen in den entspre-

---

[1] Siehe dazu jetzt die Einleitung von *Eckhardt Treichel* zu dem von ihm bearbeiteten Quellenband über die Entstehung des Deutschen Bundes: QGDB I/1, hier vor allem S. CXXXIV-CXXXVII über die national-föderativen „Intentionen der Bundesstifter" (S. CXXXV). Bereits Otto Dann wies darauf hin, daß der Deutsche Bund aus der Perspektive von 1815 als eine entwicklungsfähige „nationale Organisation" zu betrachten sei. Es gab, so bekräftigte Dann jüngst in einem Aufsatz, am Anfang durchaus eine „nationale Grundidee des Bundes"; vgl. *Dann*, Nation und Nationalismus in Deutschland, S. 80; *ders.*, Der deutsche Weg zum Nationalstaat, S. 58.
[2] Rede von Buol-Schauenstein zur Eröffnung der Bundesversammlung am 5. November 1816, ProtDBV 1816, § 4, S. 5–9, Zitate S. 8.

chenden Artikeln der Bundesakte umgesetzt wurden.³ Buol gab damit der weit verbreiteten Ansicht Ausdruck, daß die Deutsche Bundesakte vom 8. Juni 1815, auf die sich die Bevollmächtigten der deutschen Regierungen im Frühjahr 1815 in großer Hast verständigt hatten⁴, nicht als endgültige, alle Fragen umfassend regelnde Grundverfassung des Staatenbundes zu verstehen sei, mit welcher die innere Neuordnung Deutschlands abgeschlossen sei. Die Bundesakte war ihrem Charakter wie der Intention nach vielmehr ein eher dürres Organisationsstatut, das die wichtigsten Prinzipien, Zwecke und Einrichtungen des neugegründeten Deutschen Bundes festlegte, dessen weitere innere Ausgestaltung aber ausdrücklich den nach der Konstituierung der Bundesversammlung einzuleitenden Verhandlungen vorbehielt. „Das erste Geschäft der Bundesversammlung nach ihrer Eröffnung", so hieß es in Artikel 10 der Bundesakte, „wird die Abfassung der Grundgesetze des Bundes und dessen organische Einrichtung in Rücksicht auf seine auswärtigen, militärischen und inneren Verhältnisse seyn."⁵

Wilhelm von Humboldt, der als preußischer Bevollmächtigter auf dem Wiener Kongreß maßgeblich zur Entstehung der Bundesakte beigetragen hatte, sah es als eines der wichtigsten Ziele der künftigen Bundespolitik an, die nach seiner Auffassung lückenhafte Bundesverfassung fortzuentwickeln. In seiner am 30. September 1816 vorgelegten Denkschrift „Ueber die Behandlung der Angelegenheiten des Deutschen Bundes durch Preußen" schrieb er dazu:

„Diese Verbesserung und Erweiterung der Bundesacte in Absicht aller inneren Einrichtungen, welche das Recht zu sichern und Willkür zu entfernen bezwecken, wohin festere Ständeverfassung, Bundesgericht, Garantie der Mediatisirten u. s. f. gehören, muss immer ein Hauptaugenmerk des preussischen Bundestagsgesandten bleiben."⁶

Tatsächlich entfaltete die Bundesversammlung in den Jahren von 1817 bis 1819 eine Reihe von Aktivitäten, um den Ausbau des Bundes im national-föderativen Sinne voranzutreiben. Dies sollte zum einen mithilfe von allgemeinen Bundes*gesetzen* geschehen, um jene rechtlichen und wirtschaftlichen Integrationsmaßnahmen zu verwirklichen, auf die bereits in der Bundesakte verwiesen worden war. Darüber hinaus gab es in den frühen Jahren des Bundes aber auch Anregungen zur Fortbildung der Bundes*verfassung*, die nach dem Verständnis der Gründer des Bundes bislang nur in Grundzügen existierte und ergänzungsbedürftig war. Zwei Motive waren es vor allem, die diesen Bestrebungen zur Weiterentwicklung der Bundesverfassung zugrunde lagen. Zum einen ging es darum, den Bund zu einem wahrhaft föderativen politi-

---

³ Vortrag von Buol-Schauenstein vom 11. November 1816, ProtDBV 1816, § 7, S. 36–42, Zitate S. 37 u. 38.
⁴ Zur Entstehung der Bundesakte jetzt: QGDB I/1, S. XXIX–CXXXVII. Ausführlich zur Bundesgründung, wenn auch zuweilen fragwürdig in den Bewertungen: *Huber*, Deutsche Verfassungsgeschichte, Bd. 1, S. 475–582.
⁵ QGDB I/1, Dok. 250, S. 1512.
⁶ *Humboldt*, Werke, Bd. 4, S. 347–417, hier S. 355.

schen System auszubilden, in dem die nach wie vor sehr starken partikularen Interessen der Einzelstaaten auf der Ebene des Bundes zusammengeführt und zum Ausgleich gebracht wurden mit dem Ziel, die innere Einheitlichkeit des Staatenbundes zu fördern. Auf diese Weise sollte, und das war der zweite Beweggrund für die Initiativen zur Verfassungsergänzung, der Deutsche Bund in die Lage versetzt werden, die nationalen Interessen wahrzunehmen, welche von der deutschen Öffentlichkeit immer wieder eingefordert wurden. Insgesamt ging es darum, den Deutschen Bund zu einem stärker integrierten politischen System zu entwickeln, das über die in der Bundesakte formulierten primären Bundeszwecke – die Erhaltung der äußeren und inneren Sicherheit Deutschlands und der Unabhängigkeit und Unverletzbarkeit der Einzelstaaten – hinaus als ein „föderatives Band", wie es im Ersten Pariser Frieden von 1814 geheißen hatte,[7] die Angleichung der inneren Verhältnisse in Deutschland in politischer, wirtschaftlicher, rechtlicher und gesellschaftlicher Hinsicht vorantrieb. Teilweise knüpfte man dabei an Traditionen des 1806 untergegangenen Alten Reiches an, in dem es bereits Ansätze zur Entwicklung des Konzepts einer „föderativen Nation" gegeben hatte.[8] Zu den Reminiszenzen an die einigenden Elemente der Reichsverfassung kam der moderne Nationsgedanke hinzu, der in Deutschland durch die Französische Revolution und die Befreiungskriege großen Auftrieb gewonnen hatte.[9] Die Befürworter eines Ausbaus des Deutschen Bundes versuchten diese beiden Stränge zu verbinden im Konzept einer nationalen Integration auf föderativer Grundlage.

Um den Bund in die Lage zu versetzen, diese Aufgabe der inneren Vereinheitlichung wahrzunehmen, war es erforderlich, ihn mit den entsprechenden Institutionen auszurüsten. Diese hätten bestehen sollen a) in einer wirksamen und handlungsfähigen Exekutivgewalt zur Durchführung der Bundesbeschlüsse und -gesetze (,Regierung'), b) in einem obersten Bundesgericht zur Herstellung der allgemeinen Rechtseinheit und Rechtssicherheit, und c) einer Vertretung des Volkes zur Beteiligung der ,Nation' an der legislativen Ausgestaltung des Bundes. Während die Frage der Bundesexekutive weder in den ersten Jahren des Bundes noch im weiteren Verlauf des Vormärz zum Gegenstand einer intensiveren Diskussion wurde, gab es wiederholt Vorstöße zur Einführung des Bundesgerichts und der Volksvertretung.

Diese beiden Organe waren in der Bundesakte nicht vorgesehen, doch wurde ihre nachträgliche Einführung schon unmittelbar nach der Eröffnung der Bundesversammlung 1816 von verschiedenen Seiten gefordert. Das Bun-

---

[7] QGDB I/1, Dok. 27, S. 158.
[8] Vgl. dazu jetzt *Langewiesche/Schmidt* (Hg.), Föderative Nation.
[9] Zur Verbindung von Reichstradition und moderner Nationalidee siehe *Bernay*, Reichstradition und Nationalstaatsgedanke (1789–1815); *Angermeier*, Deutschland zwischen Reichstradition und Nationalstaat; *ders.*; Nationales Denken und Reichstradition am Ende des alten Reiches; *Dann*, Die Tradition des Reiches in der frühen deutschen Nationalbewegung; *Duchhardt/Kunz* (Hg.), Reich oder Nation? Mitteleuropa 1780–1815.

desgericht verkörperte in der Reformdebatte die alte Reichstradition. Unter Berufung auf die ehemaligen Reichsgerichte (Reichskammergericht und Reichshofrat) war auf dem Wiener Kongreß die Schaffung einer obersten Rechtsinstanz für den gesamten Deutschen Bund mehrfach angeregt worden. Auch in der publizistischen Debatte, welche die diplomatischen Verhandlungen in Wien begleitete, war die Notwendigkeit betont worden, durch ein Bundesgericht die allgemeine Rechtssicherheit zu gewährleisten.[10] Der Plan für ein Bundesgericht war jedoch am Widerstand der Mittelstaaten gescheitert, die ihre in der Rheinbundzeit gewonnene Souveränität nicht durch ein allgemeines, der einzelstaatlichen Kontrolle entzogenes oberstes Justizorgan einschränken lassen wollten.[11] Auf Bundesebene konnte man sich lediglich auf die Verabschiedung einer sogenannten Austrägalordnung (1817) verständigen, welche die Möglichkeit schuf, „für jeden vorkommenden Fall" von Streitigkeiten zwischen verschiedenen Einzelstaaten ein Austrägalgericht einzuberufen, um „dem Bedürfnisse des Augenblicks abzuhelfen".[12]

Im Jahr 1819 brachte dann der österreichische Präsidialgesandte das Thema eines ständigen, unabhängigen und mit weitreichender Kompetenz ausgestatteten allgemeinen Bundesgerichts auf die Tagesordnung der Bundesversammlung. Er erklärte es für dringlich, „definitive Beschlüsse" zu fassen über „eine permanente Instanz, um den öffentlichen Rechtszustand im Bunde zu sichern".[13] Der von der Bundesversammlung daraufhin gefaßte Beschluß, die Sache „zu schneller Entscheidung zu bringen"[14], führte jedoch nicht zum Erfolg. Ein neuer Anlauf wurde erst auf der Wiener Ministerialkonferenz von 1834 unternommen, doch kam es auch diesmal nicht zur Einsetzung eines permanenten Bundesgerichts, sondern es wurde in den sogenannten „Sechzig Artikeln" lediglich die – in der Praxis niemals genutzte – Möglichkeit geschaffen, bei Verfassungskonflikten zwischen den Regierungen und ihren Landständen ein fakultatives Bundesschiedsgericht einzuberufen.[15] Dem Ziel eines allgemeinen, die Grenzen der Einzelstaaten übergreifenden und auf das gesamte Bundesgebiet bezogenen Rechtsschutzes für alle Bürger war man damit keinen Schritt nähergekommen. Erneute Anstrengungen dazu wurden erst nach der Wiedererrichtung des Bundes 1850/51 unternommen, wobei man sich sowohl auf die alten Reichsge-

---

[10] Vgl. etwa die 1815 veröffentlichte Schrift von *Berlepsch*, Über die Notwendigkeit der Anordnung eines deutschen Reichs- und Bundesgerichts. Eine kurze Skizze der diversen Vorschläge für ein Bundesgericht gibt *Real*, Von Bemühungen um die Errichtung eines Bundesgerichts zur Zeit des Wiener Kongresses.
[11] Zum Bundesgericht siehe *Müller-Kinet*, Die höchste Gerichtsbarkeit im deutschen Staatenbund; *Jugler*, Entstehungsgeschichte.
[12] *Huber*, Deutsche Verfassungsgeschichte, Bd. 1, S. 625–631; ders. (Hg.), Dokumente, Bd. 1, S. 114–116.
[13] ProtDBV 1819, § 219, S. 201–203.
[14] Ebd.
[15] *Huber*, Deutsche Verfassungsgeschichte, Bd. 1, S. 623–625; Druck der „Sechzig Artikel" in: ders. (Hg.), Dokumente, Bd. 1, Nr. 47, hier Art. 3–13, S. 138 f.; auch in: *Droß* (Hg.), Quellen zur Ära Metternich, Dok. 59, S. 222–224; Neuedition jetzt in: QGDB II/1, Dok. 95, S. 552–576.

richte als auch auf die Verhandlungen des Wiener Kongresses von 1815 wie der Wiener Ministerialkonferenz von 1834 berief.

Das andere Organ, dessen Einrichtung ebenfalls schon in der Frühzeit des Deutschen Bundes mehrfach gefordert wurde, war die Volksvertretung bei der Bundesversammlung. Auf das Bedürfnis, gewählte Abgeordnete des deutschen Volkes an der inneren Entwicklung des Bundes durch legislative Maßnahmen zu beteiligen, wurde seit 1816 in Flugschriften, Petitionen und parlamentarischen Anträgen immer wieder hingewiesen.[16] Im Unterschied allerdings zum Bundesgericht fand der Vorschlag einer Volksvertretung bei den deutschen Regierungen während des gesamten Vormärz keine Unterstützung, und so unterblieb auch jegliche diesbezügliche Initiative in der Bundesversammlung.

Es kam mithin in den ersten drei Jahrzehnten des Deutschen Bundes weder zu der in der Bundesakte angekündigten und sogar in der Wiener Schlußakte von 1820[17] nochmals als möglich dargestellten Ausgestaltung der Bundesverfassung, noch entwickelte sich in dieser Zeit innerhalb des Bundes beziehungsweise auf Regierungsseite eine über die punktuellen Anregungen hinausgehende anhaltende Diskussion darüber. Verantwortlich dafür war die 1819/20 eingeleitete reaktionäre Wende der Bundespolitik, die den Staatenbund von 1815 zum Teil gegen den Willen mancher an seiner Gründung beteiligten Regierungen und diplomatischen Vertreter zu einem ausschließlich auf die Unterdrückung der liberalen und nationalen Bestrebungen ausgerichteten Instrument machte – unter Verzicht auf die in den sogenannten Bundesgrundgesetzen durchaus vorhandenen positiven Gestaltungsmöglichkeiten in föderativer und nationalintegrativer Richtung.

Vorschläge zur Reform des Deutschen Bundes im Sinne einer Erweiterung der Bundesverfassung um nationalintegrative und partizipatorische Elemente gingen bis 1847 ausschließlich von Vertretern der liberalen Opposition aus, und sie verfielen als solche sogleich dem Verdacht, sie zielten nicht auf die Weiterentwicklung des Bundes ab, sondern auf seine Unterminierung und schließliche Zerstörung zugunsten des nationalen Bundesstaates. Es setzte sich auf diese Weise ganz im Gegensatz zu den ursprünglichen Erwartungen und Absichten, die bei der Entstehung des Bundes von vielen Regierungen und ihren Vertretern geäußert wurden, bei den deutschen Staatsführungen die für den Bund letztlich verhängnisvolle Auffassung fest, daß eine Reform des Bundes, die über den 1815/20 festgeschriebenen Zustand hinausführte, unmöglich sei. Metternich brachte diese Sicht der Dinge, an der er während seiner Zeit als österreichischer Staatskanzler unbeirrt festgehalten hatte, noch sieben Jahre nach seinem Sturz auf die jeden Zweifel beiseitewischende und jedes föderative Entwicklungspotential leugnende Formel: „Der Bund

---

[16] Eine gewiß unvollständige Zusammenstellung findet sich in meiner Einleitung zu QGDB III/1, S. L, Anm. 129; ebd. auch weitere Literaturhinweise.
[17] WSA, Art. 4.

ist, wie er ist, und er könnte nicht anders sein als er ist, ohne aufzuhören zu sein."[18]

Als der im Exil lebende einstige Architekt des bundesweiten Repressionssystems diesen Satz im Herbst 1855 zu Papier brachte, folgten ihm, im Unterschied zum Vormärz, nur noch wenige deutsche Regierungen. Die Ansichten über den Weg, welche die Bundespolitik einzuschlagen habe, und die Einschätzung des Reformproblems hatten sich seit der Revolution von 1848/49 grundlegend gewandelt. Erste Anstöße zu einer Umorientierung waren schon Mitte der 1840er Jahre erfolgt, als sich vor allem der außenpolitische Berater des preußischen Königs, Joseph Maria von Radowitz, dafür aussprach, die langjährige Reformblockade aufzugeben und eine Bundesreform in Angriff zu nehmen.[19] Seine Ideen stießen zunächst vor allem bei der badischen Regierung auf Resonanz, die sich einer immer stärkeren inneren Opposition von seiten der liberalen Kammer gegenübersah. Der badische Minister von Dusch erblickte in der von Radowitz angeregten Bundesreform eine Möglichkeit, die angegriffene Autorität der Regierung wiederherzustellen „durch die Förderung gemeinsamer Institutionen auf nationalem Gebiet, durch die Belebung der produktiven Tätigkeit des Bundes".[20]

Die Zeit zum Handeln schien gekommen, als sich die vorrevolutionäre Krise im Herbst 1847 zuspitzte. Beinahe zeitgleich sprachen sich badische und preußische Diplomaten dafür aus, den bundespolitischen Kurs grundlegend zu ändern und statt der bislang praktizierten einseitigen Repression liberaler und nationaler Tendenzen den Deutschen Bund zu einem Träger und Förderer nationaler Politik zu machen. Am 27. November 1847 wandte sich der badische Bundestagsgesandte Friedrich Freiherr von Blittersdorff in einem Schreiben unmittelbar an den österreichischen Präsidialgesandten Joachim Graf von Münch-Bellinghausen. Darin appellierte er an Österreich, „für Deutschland das deutsche Banner zu entfalten" und „für den Bund die practische Ausübung des Rechtes der Gesetzgebung in den gemeinsamen Angelegenheiten Deutschlands [zu] vindiciren".[21] Angesichts der immer stärker werdenden liberalen und nationalen Strömung in Deutschland hielt es Blittersdorff für unumgänglich, in der Bundesversammlung eine aktivere, „das Nationalgefühl der Deutschen"[22] berücksichtigende Politik einzuschlagen: „Mit den Cabinetten allein, ich wiederhole es, läßt sich die Sache nicht mehr machen."[23] Um der „radicalen Partei" nicht ganz das Feld zu

---

[18] Denkschrift Metternichs vom 10. November 1855, GStA Berlin, III. HA, Nr. 146, fol. 123–126, Zitat fol. 125v; Druck in: Historische Zeitschrift 58, 1887, S. 381–384.
[19] Zu Radowitz siehe *Meinecke*, Radowitz, und *Hassel*, Radowitz; jetzt auch *Steinhoff*, Preußen und die deutsche Frage, S. 19–32.
[20] Zitiert nach *Hassel*, Radowitz, S. 395 f.
[21] *Blittersdorff*, Mappe, S. 65; zu Blittersdorffs Reformanstößen von 1846 bis 1850 siehe *Hippel*, Blittersdorff, S. 142–151.
[22] *Blittersdorff*, Mappe, S. 66.
[23] Ebd.

überlassen, müsse der Bund, so Blittersdorff, unter der Leitung Österreichs eine Politik betreiben, die unter „Anwendung der bundesgesetzlichen Normen"[24] die immer unwiderstehlicheren Bestrebungen zur nationalen Einigung Deutschlands unterstütze. Die Absicht Blittersdorffs ging dahin, den anschwellenden nationalen Strom zu kanalisieren und ihn in das ausgetrocknete Bett des Deutschen Bundes zu leiten. Auf diese Weise hoffte er, den Untergang des Staatenbundes und seine Ersetzung durch einen Bundesstaat zu verhindern und die monarchische Souveränität gegen die auf eine Parlamentarisierung drängenden bürgerlich-liberalen Kräfte zu verteidigen.

Inzwischen hatte auch Radowitz seine Vorstellungen über eine Reform des Deutschen Bundes in nationalem Sinne konkretisiert und zu einem politischen Handlungskonzept ausgearbeitet. Am 20. November 1847 legte er dem preußischen König eine „Denkschrift über die vom deutschen Bunde zu ergreifenden Maßregeln"[25] vor. Darin kritisierte er heftig den übertriebenen Partikularismus im Deutschen Bund, und er machte eine Reihe von Vorschlägen für eine Bundesreform, welche „die Sehnsucht nach einem, an innerer Gemeinsamkeit wachsenden Deutschland" erfüllen und damit den Bestand des Bundes sichern sollte. Im einzelnen regte Radowitz an, die Zensur abzuschaffen und die Protokolle der Bundesversammlung zu veröffentlichen, das Bundesmilitärwesen zu vereinheitlichen, ein oberstes Bundesgericht einzusetzen, die bundesweite Rechtsvereinheitlichung in Angriff zu nehmen und die Regulierung der sogenannten materiellen Interessen herbeizuführen, wobei unter anderem die Ausdehnung des Zollvereins auf den Deutschen Bund gefordert wurde. Zur Vorbereitung der Reformen sollte ein Kongreß der 17 Stimmen des Engeren Rates der Bundesversammlung einberufen werden, dessen Aufgabe darin bestand, „die Linie festzustellen, auf welcher der Bund sein neues Leben finden soll". Die konkrete Durchführung der Reformen sollten dann Bundeskommissionen unter Beteiligung von Sachverständigen „aus allen Theilen Deutschlands" in die Hand nehmen. Über den unmittelbaren praktischen Nutzen hinaus, den sich Radowitz von den diversen Reformen versprach, bestand das übergeordnete politische Ziel darin, im Rahmen des Deutschen Bundes Institutionen zu schaffen, „in welchen die Nation sich und Anderen als ein Ganzes erscheint und fühlt".

Im Auftrag des preußischen Königs unternahm Radowitz im November/ Dezember 1847 sowie im März 1848 zwei Missionen nach Wien, um die dortige Regierung für seinen Bundesreformplan und die Eröffnung von entsprechenden Verhandlungen zu gewinnen. Das Ergebnis war eine am 10. März 1848 abgeschlossene Punktation, in der sich Preußen und Österreich auf ein

---

[24] Ebd., S. 64.
[25] Druck in: *Radowitz*, Gesammelte Schriften, Bd. 3, S. 314–337, die nachfolgenden Zitate ebd., S. 319, 326, 331, 337. Zur Entstehung des Programms von Radowitz siehe *Hassel*, Radowitz, S. 452 ff., sowie *Meinecke*, Radowitz, S. 50–58.

gemeinsames Vorgehen in der Bundesreformfrage einigten. Am 15. März erging die Einladung der beiden Regierungen an die übrigen Bundesmitglieder zu einer Ministerkonferenz in Dresden, welche am 25. März beginnen sollte.[26] Diese Initiativen erfolgten bereits unter dem Einfluß der revolutionären Ereignisse, welche seit Ende Februar 1848 die Existenz des Staatenbundes grundsätzlich in Frage stellten.

---

[26] Vgl. dazu *Huber*, Deutsche Verfassungsgeschichte, Bd. 2, S. 587–589; *ders.* (Hg.), Dokumente, Bd. 1, S. 331 f.; *Radowitz*, Gesammelte Schriften, Bd. 3, S. 351 f.

II. „Das gesetzliche Organ der nationalen und politischen Einheit Deutschlands"

Der Deutsche Bund in der Revolution (Februar–Juli 1848)

Während Preußen und Österreich in Analogie zur vormärzlichen Praxis die Reform der Bundesverfassung einer Ministerkonferenz übertragen wollten, nahm die Bundesversammlung selbst unmittelbar nach dem Ausbruch der Revolution in Deutschland die Debatte über die zukünftige deutsche Verfassung auf. In den ersten Wochen und Monaten des revolutionären Umbruchs machte die während des gesamten Vormärz in verfassungspolitischen Fragen untätige Bundesversammlung den bemerkenswerten, von der Forschung bislang kaum beachteten Versuch, sich an die Spitze des Strebens nach nationaler Einigung zu stellen.[1] Bereits am 29. Februar 1848 reagierte die Bundesversammlung auf den Umsturz in Frankreich und die davon ausgehenden Auswirkungen im Süden und Westen Deutschlands mit der Einsetzung eines Ausschusses, dem aufgetragen wurde, unverzüglich einen Bericht über die Lage Deutschlands und die vom Bund zu ergreifenden Maßnahmen zu erstatten.[2] Schon am nächsten Tag, dem 1. März, erstattete der Ausschußvorsitzende, der preußische Bundestagsgesandte Dönhoff, in der Bundesversammlung einen Vortrag, in dem als erste Maßnahme vorgeschlagen wurde, dem in der deutschen Öffentlichkeit allerorten geäußerten dringenden „Verlangen nach Einigung aller nationalen Kräfte" unverzüglich einen „legalen Anhaltspunct" zu geben: „Dieser Anhaltspunct ist aber nur der Bundestag selbst, und es wird sich mithin nur darum handeln, dieß öffentlich auszusprechen."[3] Noch am gleichen Tag wurde in den Frankfurter Zeitungen eine offizielle Bekanntmachung der Bundesversammlung veröffentlicht, mit der sich diese „als das gesetzliche Organ der nationalen und politischen Einheit Deutschlands" an die deutschen Regierungen und das deutsche Volk wandte. Darin wurde zur Aufrechterhaltung der gesetzlichen Ruhe und Ordnung aufgerufen, zugleich aber versprochen, der Bund werde mit allen Kräften für die äußere Sicherheit Deutschlands „sowie für die Förderung der nationalen Interessen und des nationalen Lebens im Innern" sorgen. Um das Vertrauen der Öffentlichkeit zu gewinnen, hob der Bundestag am 3. März 1848 die 1819

---

[1] Einen kurzen Abriß der Reaktionen der Bundesversammlung auf die Märzrevolution gibt *Huber*, Deutsche Verfassungsgeschichte, Bd. 2, S. 595–598. Eine umfassende Darstellung über die Politik des Deutschen Bundes in der Revolution liegt bislang leider nicht vor.

[2] ProtDBV 1848, § 103, S. 172f., hier zitiert nach dem Abdruck in: *Fenske* (Hg.), Quellen zur deutschen Revolution, S. 45f.

[3] ProtDBV 1848, § 108, S. 179f.; *Fenske* (Hg.), Quellen zur deutschen Revolution, S. 46f.; ebd. auch die folgenden Zitate.

eingeführte Pressezensur auf⁴, am 9. März erkannte er die Farben schwarz-rot-gold als Bundesfarben an⁵, und am 2. April wurden alle seit 1819 erlassenen Ausnahmegesetze förmlich außer Kraft gesetzt⁶.

Unter dem Eindruck der in den ersten Märztagen rasch an Dynamik gewinnenden revolutionären Bestrebungen in den deutschen Staaten versuchte die Bundesversammlung, die Kontrolle über den politischen Prozeß zu behalten. Sie bot sich in völliger Abkehr von ihrer während des gesamten Vormärz eingenommenen Haltung nun der deutschen Öffentlichkeit als ein Partner bei dem anstehenden Werk der nationalen Einigung an. Und sie beließ es nicht bei bloßen Absichtserklärungen, sondern traf unverzüglich Vorbereitungen für eine Bundesreform, welche im Einklang mit den Zielen der Nationalbewegung stehen sollte. Im Namen des am 29. Februar eingesetzten Ausschusses berichtete am 8. März 1848 der badische Gesandte Blittersdorff über die Lage des Deutschen Bundes und die angesichts der kritischen Situation einzuschlagende Richtung der Bundespolitik.

Der Bericht stellte eine schonungslose Abrechnung mit der bisherigen Bundesgeschichte dar. Blittersdorff konstatierte ohne Umschweife, „daß der Deutsche Bund und sein Organ, die Bundesversammlung, längst schon das allgemeine Vertrauen in ihre gedeihliche Wirksamkeit verloren haben".⁷ Dieses Vertrauen, so hieß es, sei aber die „Grundbedingung des Fortbestandes einer jeden politischen Institution". Blittersdorff listete sodann in seinem Vortrag die hauptsächlichsten „Gebrechen des Bundes" auf: die „mangelhafte und ungenügende" Grundverfassung des Bundes; das aus dem Prinzip der Einstimmigkeit sich ergebende Unvermögen, „die zu einem wahren und kräftigen Bunde unentbehrlichen Institutionen" auszubilden; die Abhängigkeit der Bundestagsgesandten von den speziellen Instruktionen ihrer Regierungen und die dadurch begründete „Unmöglichkeit der Entwicklung irgend einer selbstständigen Thätigkeit" der Bundesversammlung; die „mangelhafte Geschäftsordnung", die ein zielgerichtetes, erfolgsorientiertes Handeln der Bundesversammlung verhinderte; die häufige Abwesenheit des Bundespräsidialgesandten, die eine rasche Erledigung der Geschäfte erschwerte; die Unfähigkeit, einmal gefaßte Bundesbeschlüsse in allen Bundesstaaten zu vollziehen, beziehungsweise der Versuch der Einzelstaaten, ihre partikulare Souveränität auf Kosten des Bundes zu erweitern. All dies habe dazu geführt, daß der Bund jegliches Ansehen in der deutschen Öffentlichkeit verloren haben. Die niederschmetternde Bilanz von dreißig Jahren Bundespolitik lautete demnach:

„Ein solcher Bund konnte die Sympathieen der deutschen Völker nicht für sich gewinnen. Für das Versinken des Bundes konnten die Bemühungen vieler deutschen Regie-

---

⁴ ProtDBV 1848, § 119, S. 201–203.
⁵ ProtDBV 1848, § 137, S. 234f.
⁶ ProtDBV 1848, § 214, S. 326f.
⁷ ProtDBV 1848, § 133, S. 228–231, hier zitiert nach *Fenske* (Hg.), Quellen zur deutschen Revolution, S. 58–62.

rungen, durch Separatvereine dasjenige zu erzielen, was Ersterer nicht zu gewähren vermochte, keinen hinreichenden Ersatz bieten. Diese Vereine dienten vielmehr dazu, die Unvollkommenheit und Mangelhaftigkeit des Bundes noch augenscheinlicher zu machen. Es wurde dadurch einer Hauptforderung der deutschen Völker nicht genügt, der der Entwicklung und des Schutzes nationaler Interessen in den inneren und äusseren Beziehungen Deutschlands."[8]

Angesichts dieser Situation sah Blittersdorff die Gefahr, daß das Übergreifen der revolutionären Ereignisse von Frankreich nach Deutschland zu einer völligen, mit dem bisherigen Bundessystem unvereinbaren Umgestaltung der inneren Verhältnisse führen werde. Er befürchtete, daß letztlich sogar die monarchische Ordnung auf dem Spiel stehe, denn hinter „den gemäßigten Männern des Fortschrittes" stünde schon die „Partei der Ultraradikalen" bereit, die nach einer allgemeinen deutschen Republik strebe. Um dies zu verhindern, sei es mit den bisherigen Maßnahmen zur Beendigung des vormärzlichen Unterdrückungssystems nicht getan, sondern es bedürfe vielmehr einer Revision der Bundesverfassung „auf breiter nationaler Grundlage". Nur wenn diese umfassende Reform rasch eingeleitet werde, sei es möglich, „die Augen der deutschen Nation" auf die Bundesversammlung zu ziehen und der Gefahr eines weiteren Umsturzes vorzubeugen.

Der hier von Blittersdorff vorgeschlagene radikale Bruch mit der bisherigen Bundespolitik wirkte auf die Bundesversammlung wie ein Schock, denn der badische Gesandte verwarf die jahrzehntelang befolgte Linie und empfahl statt dessen, den Deutschen Bund zum Motor und Vorkämpfer eben jener nationalen Einigung zu machen, die seit 1819/20 von den Regierungen für unvereinbar mit der Existenz des Deutschen Bundes gehalten worden war. Wie schwer diese Kehrtwendung den Bundestagsgesandten, welche zu diesem Zeitpunkt noch nicht durch neue, liberale Repräsentanten ersetzt worden waren, fallen mußte, läßt die Formulierung im Protokoll erahnen, wonach erst „nach ausführlicher Erörterung des Vortrags"[9] ein Beschluß gefaßt wurde. Dieser fiel dann allerdings im Sinne des Ausschußberichts aus: Die Bundesversammlung sprach die Überzeugung aus, „daß eine Revision der Bundesverfassung auf wahrhaft zeitgemäßer und nationaler Grundlage nothwendig sey" und beauftragte den Ausschuß, unverzüglich Vorschläge über die Art und Weise der beabsichtigten Revision zu erarbeiten.

Schon zwei Tage später machte der Ausschuß in der Bundesversammlung seine Vorschläge für das Reformverfahren.[10] Der Referent, Blittersdorff, legte dar, daß die beabsichtigte Revision der Bundesverfassung in der aktuellen politischen Situation keinen Erfolg haben könne, wenn sie sich auf das in der Bundesakte festgelegte Prozedere beschränke, welches vorsah, daß Än-

---

[8] Ebd., S. 60.
[9] Ebd., S. 62.
[10] ProtDBV 1848, § 140, S. 237f.; vgl. *Fenske* (Hg.), Quellen zur deutschen Revolution, S. 65f.

derungen der Bundesgrundgesetze im Engeren Rat vorbereitet und von diesem sowie dem Plenum jeweils einstimmig verabschiedet werden mußten. Es sei vielmehr erforderlich, Männer herbeizuziehen, „die das allgemeine Vertrauen genießen".[11] Die Bundesversammlung beschloß demnach, die Einzelregierungen aufzufordern, bis Ende März für jede der 17 Stimmen des Engeren Rats eine Persönlichkeit nach Frankfurt abzuordnen, welche das Vertrauen der deutschen Öffentlichkeit und des liberalen Bürgertums besaß.

Dies war ein beispielloser Vorgang in der Geschichte des Deutschen Bundes, für den das geltende Bundesrecht bei strikter Auslegung keine Handhabe bot. Schon in rein verfassungsrechtlicher Hinsicht betrat die Bundesversammlung mit ihrem Schritt somit Neuland. Noch gravierender war indessen die politische Bedeutung des Beschlusses vom 10. März. Die Bundesversammlung gab damit zu, daß sie aus eigener Autorität und Kraft nicht mehr in der Lage war, die notwendigen Reformmaßnahmen durchzuführen. Sie räumte überdies der liberalen Opposition, aus der ja nach Lage der Dinge die „Männer des öffentlichen Vertrauens" kommen mußten, ein Recht zur Mitwirkung an der Umgestaltung des Deutschen Bundes ein. Eben jene Kräfte, die in der Vergangenheit von den Behörden des Bundes unterdrückt, verfolgt und kriminalisiert worden waren, sollten nun dabei helfen, die Existenz des Bundes zu sichern und ihn im nationalen Sinne zu erneuern.

Unter diesen Vorzeichen waren die Erfolgsaussichten des von der Bundesversammlung eingeschlagenen Weges von vornherein sehr gering. Es war der verzweifelte Versuch, in einem fortschreitenden revolutionären Prozeß den eigenen Bestand zu sichern und die politische Kontrolle über eine Entwicklung wiederzugewinnen, die an der noch pro forma bestehenden Bundesordnung vorbei auf eine völlig neue Gestaltung der staatlichen Ordnung Deutschlands – den nationalen Bundesstaat – hinsteuerte. Die Vorbereitung einer Bundesreform, die vor der Revolution gewiß die Aufmerksamkeit einer auf nationale Fortschritte hoffenden deutschen Öffentlichkeit erregt hätte, fand nach dem Beginn des Umsturzes keine Resonanz mehr. Bemerkenswert bleibt jedoch, daß die Bundesversammlung schon zu einem Zeitpunkt Anstalten machte, auf den fahrenden Zug der nationalen Revolution aufzuspringen, als etliche Regierungen, allen voran die von Preußen und Österreich, noch hofften, der Lage Herr werden zu können. Bezeichnend dafür ist etwa die Haltung des konservativen preußischen Außenministers Karl Wilhelm Ernst Freiherr von Canitz und Dallwitz, der dem Bundestag nach dem Beschluß vom 10. März vorwarf, „total die Besinnung verloren zu haben": „der politische Ausschuß hat ein Verdammungsurteil *contra se ipsum* ausgesprochen".[12]

Canitz sah in dem von der Bundesversammlung gefaßten Beschluß einen Akt der politischen Selbstaufgabe. Seine Kritik richtete sich dabei nicht gegen

---
[11] Ebd., S. 65.
[12] Canitz an Radowitz, 12. März 1848, in: *Fenske* (Hg.), Quellen zur deutschen Revolution, S. 66.

die angekündigte Revision der Bundesverfassung als solche, sondern gegen die Beteiligung der politischen Opposition. Der preußische Außenminister setzte statt dessen darauf, im Sinne des von Radowitz entworfenen Reformplans eine Umgestaltung des Deutschen Bundes auf dem für den 25. März in Dresden angesetzten Kongreß der deutschen Minister zu bewerkstelligen – also ohne die Hinzuziehung von liberalen Persönlichkeiten, die das Vertrauen des Volkes hatten. Mit der Ministerkonferenz verband Canitz die Hoffnung, daß sie „die Strömung der jetzigen allgemeinen Sympathien für einheitliche nationale Institutionen in ein legales Bett leiten und dem sog. Volksparlamente, welches sich am Ende dieses Monats in Frankfurt versammeln will, durch Ergreifung der Initiative in heilsamer Weise zuvorkommen werde".[13] Für Canitz war es das Wesentlichste, „das die Regierungen die Sache in der Hand behalten".[14]

Die von Canitz vertretene Absicht, die Revolution gewissermaßen aufzufangen und die Bildung einer konstituierenden Nationalversammlung von unten durch eine allein in den Händen der Regierungen liegende „kräftige Reorganisation des Bundes" und „die Bildung einer zweckmäßigen Institution zur Vertretung der Nation am Bundestage" zu verhindern[15], wurde von etlichen mittleren und kleineren deutschen Regierungen, die sich schon in den ersten Märztagen dem Druck der Revolution hatten beugen müssen, für illusionär gehalten. Bayern, Württemberg, Hessen-Darmstadt, Nassau und andere Staaten lehnten die Beteiligung an der Dresdener Konferenz ab.[16] Sie setzten vielmehr darauf, daß es bei den von der Bundesversammlung in Frankfurt eingeleiteten Verhandlungen über die Bundesreform gelingen werde, die nationalen Ansprüche zu befriedigen, ohne dabei die Bundesverfassung, die monarchische Souveränität und die einzelstaatlichen Verfassungen völlig aufgeben zu müssen.[17] So sehr die Monarchen und ihre Regierungen hofften, dabei möglichst viel von ihrer bisherigen Stellung bewahren zu können, so wenig gaben sie sich der Illusion hin, daß dies ohne erhebliche Konzessionen an die revolutionäre Bewegung möglich sein werde. Zu deren Kernforderung, der Schaffung eines aus freien Wahlen hervorgehenden allgemeinen deutschen Parlaments, hatten sich die meisten Fürsten schon in der ersten Märzhälfte bekennen müssen. Sie versuchten nun, die Nationalvertretung in das bestehende Gehäuse des Deutschen Bundes zu integrieren, und dieses Ziel schien nur dann erreichbar, wenn der Deutsche Bund im Reformprozeß mit den gemäßigten Kräften der Revolution zusammenarbeitete.

---

[13] Canitz an den preußischen Bundestagsgesandten Dönhoff, 16. März 1848, in: *Fenske* (Hg.), Quellen zur deutschen Revolution, S. 75.
[14] Canitz an Radowitz, 15. März 1848, in: *Fenske* (Hg.), Quellen zur deutschen Revolution, S. 74.
[15] Ebd., S. 75.
[16] *Huber*, Deutsche Verfassungsgeschichte, Bd. 2, S. 596.
[17] *Fenske* (Hg.), Quellen zur deutschen Revolution, S. 79 f.

Der Siebzehnerausschuß schien dazu die Möglichkeit zu bieten. Zur inhaltlichen Ausrichtung der von ihm vorzubereitenden Reform gab es im Laufe des März eine ganze Reihe von Anregungen seitens der deutschen Regierungen. Diese gingen grundsätzlich von der Erhaltung des Deutschen Bundes aus, der zwar um nationale Komponenten ergänzt, aber nicht in einen voll ausgebildeten Bundesstaat umgewandelt werden sollte. Die Absicht ging dahin, ein möglichst hohes Maß an monarchischer Souveränität und partikularstaatlicher Eigenständigkeit zu bewahren, und dies schien sich am besten in der Beibehaltung einer föderativen Bundesordnung verwirklichen zu lassen. Diese Stoßrichtung bestimmte die öffentlichen und nichtöffentlichen Äußerungen der deutschen Regierungen im März 1848. Als erste stellte am 9. März die badische Regierung in der Bundesversammlung einen Antrag „zur vollkommen Ausbildung des Organs des Deutschen Bundes" durch „weitere Einrichtungen, insbesondere eine ständische Vertretung der deutschen Bundesländer bei der Bundesversammlung". Ein entsprechender Bundesbeschluß, so hieß es hoffnungsvoll,

„würde ohne Zweifel den großen Erfolg haben, daß die Bundes-Centralbehörde, von dem allseitigen Vertrauen umgeben, die volle nationale Kraft in sich vereinigte und fühlte, deren sie bedarf, um einer naturgemäßen freien und geordneten Entwicklung der deutschen Völker mit ihren gemeinsamen Interessen vorzustehen, und zu allen Zeiten durch die Kraft der Einigkeit und eines höhern geistigen Aufschwungs der Nation, deutsches Glück und deutsche Ehre nach allen Seiten hin zu schützen und zu bewahren."[18]

Die bayerische Regierung instruierte am 16. März 1848 ihren Bundestagsgesandten über die Grundsätze, nach denen bei der bevorstehenden Bundesreform zu verfahren sei. Der „Hauptgrundsatz" war danach,

„daß die Partikular-Landesverfassungen nicht weiter verändert und insoweit vollkommen aufrecht erhalten werden sollen als der große Zweck der Errichtung eines parlamentären Mittelpunktes zur Kräftigung der deutschen Einheit gebietet".

Die Souveränität der deutschen Bundesfürsten sei aufrechtzuerhalten, das bestehende politische Verhältnis zwischen Thron und Volk solle nicht erschüttert werden. Die dem Deutschen Bund beizuordnende Nationalvertretung solle nicht aus allgemeinen Wahlen hervorgehen, sondern die Volksvertreter sollten von den einzelstaatlichen Kammern aus ihrer Mitte gewählt und als Delegierte nach Frankfurt geschickt werden. Die Kompetenzen der Nationalvertretung seien „mit dem Bundeszweck überhaupt abzustimmen", welcher über die in der Bundesakte getroffenen Bestimmungen hinaus zu erweitern sei

„auf den Schutz der Nationalität, Schutz der Verfassung, gemeinsame Gesetze über bürgerliches und peinliches Recht, über Handels- und Wechselrecht, eine allgemeine teutsche Wehrverfassung, ein Merkantil- und Zollsystem u. s. w."

---

[18] ProtDBV 1848, § 136, S. 233f.; vgl. *Fenske* (Hg.), Quellen zur deutschen Revolution, S. 62f.

Wurde somit der ‚nationale Gehalt' des Deutschen Bundes erheblich gesteigert, so sollte dies teilweise kompensiert werden durch eine Stärkung der Bundesexekutive, die nach wie vor allein in den Händen der Regierungen bleiben sollte. Nach den Vorstellungen Bayerns sollte das Bundespräsidium zukünftig „abwechselnd von den größeren Staaten Teutschlands ausgeübt und mit angemessenen Attributen ausgestattet werden".[19]

Diese stark föderalistisch eingefärbten Konzeptionen, die möglichst wenig an der alten staatenbündischen Verfassung ändern wollten und vor allem die Beibehaltung der bisherigen Stellung der Einzelstaaten anstrebten, wurden ab Mitte März von der politischen Entwicklung rasch überholt. Die nationale Bewegung war an einer bloßen Reform des Bundes schon längst nicht mehr interessiert, sondern steuerte auf die Bildung einer völlig neuen politischen Ordnung in Form des nationalen Bundesstaates zu. Nach dem Sieg der Revolution in Berlin sah sich auch der preußische König Friedrich Wilhelm IV. genötigt, die staatenbündische Ordnung als Ganzes zur Disposition zu stellen. In seinem Patent vom 18. März 1848 verlangte er, „daß Deutschland aus einem Staatenbund in einen Bundesstaat verwandelt werde". Dies sollte durch eine „Reorganisation der Bundesverfassung" erfolgen, die nur „im Verein der Fürsten mit dem Volke" ausgeführt werden könne.[20] Während der Verweis auf die Bundesverfassung als Ausgangspunkt der Neugestaltung kaum mehr war als ein schwacher Versuch, die Preisgabe der staatenbündischen Ordnung zu verschleiern, zog der preußische Monarch mit dem Beharren auf der Vereinbarung der angestrebten Bundesstaatsverfassung zwischen den Fürsten und dem Volk eine neue Rückzugslinie, an der er die Revolution aufzuhalten versuchte.

Es ist bemerkenswert, wie sehr sich das Vorgehen und die schließlich vorgelegten Ergebnisse des Siebzehnerausschusses im Rahmen der von Friedrich Wilhelm IV. gemachten Zielvorgabe hielten. Die am 10. März 1848 beschlossene Berufung der 17 Männer des allgemeinen Vertrauens war zunächst ausgesetzt worden[21], weil sich Österreich und Preußen am gleichen Tag auf die Einberufung einer Bundesreformkonferenz nach Dresden verständigt hatten. Als sich jedoch herausstellte, daß die Konferenz wegen der Ablehnung einiger Staaten und infolge des Sturzes der alten Regierungen in Wien und Berlin nicht verwirklicht werden konnte, setzte die Bundesversammlung den Beschluß vom 10. März am 25. März erneut in Kraft.[22] Wenige Tage später, am 29. März, erfolgte zusätzlich zur Berufung des Siebzehnerausschusses die Einsetzung eines siebenköpfigen Revisionsausschusses aus der Mitte der Bundesversammlung.[23] Dieser Ausschuß, dem die Bundestagsgesandten von Öster-

---

[19] *Fenske* (Hg.), Quellen zur deutschen Revolution, S. 75–77.
[20] Ebd., S. 77.
[21] ProtDBV 1848, § 142, S. 240f.
[22] Ebd., § 180, S. 278f.
[23] Ebd., § 198, S. 303f.

reich, Preußen, Bayern, Sachsen, Hannover, Baden und Bremen angehörten, sollte mit dem Siebzehnerausschuß bei der bevorstehenden Umgestaltung der Bundesverfassung zusammenwirken.[24] Die beiden Ausschüsse hielten am 30. März 1848 ihre erste gemeinsame Sitzung ab und verständigten sich dabei auf den noch am gleichen Tag von der Bundesversammlung gefaßten Beschluß, mit welchem die Einzelstaaten aufgefordert wurden, allgemeine Wahlen zur Bildung einer Nationalvertretung anzuordnen. Diese sollte baldmöglichst am Sitz der Bundesversammlung in Frankfurt zusammentreten, „um zwischen den Regierungen und dem Volke das deutsche Verfassungswerk zu Stande zu bringen".[25] Die Modalitäten, nach denen die Wahlen vorgenommen werden sollten, präzisierte die Bundesversammlung in einem ebenfalls von den „Männern des öffentlichen Vertrauens" vorbereiteten Beschluß vom 7. April 1848. Dieser sah ein möglichst weitgefaßtes Wahlrecht ohne Zensusbestimmungen und religiöse Einschränkungen vor und faßte den 1. Mai als Termin für die Eröffnung der Nationalversammlung ins Auge.[26]

Mit diesen Beschlüssen, die nahezu zeitgleich mit den Verhandlungen des Vorparlaments erfolgten, das vom 31. März bis 4. April in Frankfurt tagte, dokumentierte die Bundesversammlung ihren Anspruch, die Initiative in der deutschen Verfassungsfrage in der Hand zu behalten. Die Einberufung des Siebzehnerausschusses schien dem Deutschen Bund die Möglichkeit zu geben, „nicht nur an seinen legalrechtlichen Befugnissen festzuhalten, sondern sich zum eigentlichen Träger der nationaldeutschen Verfassungsreform aufzuwerfen".[27] Zwar gelang es letztlich nicht, diesen Anspruch durchzusetzen, doch wurde die Bundesversammlung für einige Zeit immerhin zu „einer wichtigen Schaltstelle zwischen liberaler Bewegung und monarchischer Exekutive in allen nationalen Fragen".[28] Die Bundesversammlung vermochte auf diese Weise zumindest in den ersten Monaten des Umbruchs ihre weitere Beteiligung am politischen Prozeß sicherzustellen. Es war ein nicht zu vernachlässigender Aspekt des von ihr seit Anfang März eingeschlagenen Kurses, daß damit der Versuch unternommen wurde, eine Legitimitätsbrücke von der vorrevolutionären in die zukünftige, neu zu schaffende Ordnung zu bilden. Wenn sich auch der Deutsche Bund mit seinen inhaltlichen Vorstellungen über die Umgestaltung der nationalen Verfassung nicht durchsetzen konnte, so hatte sein Verhalten im Frühjahr 1848 immerhin den Effekt, daß nach dem Scheitern der Revolution 1849 in konservativen Kreisen von einer formalrechtlichen Kontinuität der Bundesverfassung ausgegangen und an die Bundesreformpläne von 1848 angeknüpft werden konnte.

---

[24] Vgl. *Huber*, Deutsche Verfassungsgeschichte, Bd. 2, S. 596.
[25] ProtDBV 1848, § 209, S. 313–317; *Huber*, Deutsche Verfassungsgeschichte, Bd. 2, S. 598.
[26] ProtDBV 1848, § 238, S. 348–353.
[27] *Huber*, Deutsche Verfassungsgeschichte, Bd. 2, S. 598.
[28] *Hein*, Die Revolution von 1848/49, S. 33.

Das Nebeneinander der verschiedenen Gremien im März und April 1848 dokumentierte mithin den zu dieser Zeit noch nicht endgültig entschiedenen Streit über die legitimatorische Grundlage der Neuordnung in Deutschland. Die Bundesversammlung, die sich als Sachwalter der föderativen Interessen der Einzelstaaten verstand, der Siebzehnerausschuß, der von den neuen Märzregierungen mit Repräsentanten des gemäßigten Liberalismus beschickt wurde, und das von der bürgerlichen Nationalbewegung aus revolutionärem Recht berufene Vorparlament wetteiferten über die Form und die Richtung, welche die weitere Entwicklung nehmen sollte. Dabei spielte insbesondere der Siebzehnerausschuß eine merkwürdige Rolle. Seine politische Ausrichtung wurde bestimmt von gemäßigten Liberalen wie Dahlmann, Bassermann, Jordan, Droysen, Schmerling, Gervinus und Max von Gagern.[29] Einige wie Dahlmann, Jordan und Bassermann gehörten gleichzeitig dem Vorparlament an. Sylvester Jordan vereinigte in seiner Person sogar die drei Funktionen des kurhessischen Bundestagsgesandten, des kurhessischen Vertreters im Siebzehnerausschuß und des Abgeordneten im Vorparlament. Anders als das Vorparlament war der Siebzehnerausschuß seinem Ursprung nach keine revolutionäre Einrichtung, sondern ein noch von der alten Bundesversammlung eingesetztes Gremium. Seine Mitglieder waren jedoch führende Vertreter der bürgerlich-nationalen Revolutionsbewegung, die das Vertrauen des Volkes und der neu gebildeten liberalen Märzregierungen, von denen sie abgeordnet wurden, besaßen. Je nach politischem Standort konnte man im Siebzehnerausschuß ein Organ des Deutschen Bundes zur Wahrung seines Einflusses, eine vermittelnde Einrichtung beim Übergang von der alten staatenbündischen in die neue bundesstaatliche Ordnung oder eine Agentur des gemäßigt-revolutionären Liberalismus zur Durchsetzung seiner verfassungspolitischen Ziele erblicken.

Die Rolle, die der Siebzehnerausschuß im April und Mai 1848 dann spielte, spiegelt seine politische Zwitterhaftigkeit wider. Im Auftrag der Bundesversammlung nahm er nach seiner förmlichen Konstituierung am 3. April die Beratungen über eine neue Verfassung auf und griff damit im Grunde der vom Vorparlament beschlossenen Übertragung der Verfassungsgebung an die noch zu wählende Nationalversammlung vor. Auf der anderen Seite hielt sich der Siebzehnerausschuß nicht damit auf, auf der Grundlage der bestehenden Bundesverfassung eine Reform derselben zu versuchen, sondern er entwarf eine völlig neue Reichsverfassung, welche mit der Wiener Ordnung von 1815 nichts mehr gemeinsam hatte. Der Siebzehnerausschuß konzipierte vielmehr einen nationalen Bundesstaat, dessen Verfassung die bestehenden Bundesgrundgesetze vollkommen ignorierte und statt dessen eine eigenständige Schöpfung auf der Basis der liberalen Grundsätze darstellte.

---

[29] Verzeichnis der Mitglieder des Siebzehnerausschusses in: ProtDBV 1848, Beilage zum Protokoll der 42. Sitzung vom 27. April 1848, S. 493; vgl. *Huber*, Deutsche Verfassungsgeschichte, Bd. 2, S. 596.

In nur drei Wochen stellten die „siebzehn Männer des öffentlichen Vertrauens" den Entwurf für ein „Deutsches Reichsgrundgesetz" fertig, den sie am 26. April 1848 der Bundesversammlung überreichten.³⁰ Er hatte den ausdrücklichen Zweck, „an die Stelle des bisherigen Deutschen Bundes eine auf Nationaleinheit gebaute Verfassung" zu setzen.³¹ Von Ernst Rudolf Huber als „eine hervorragende staatsrechtlich-politische Leistung" gepriesen, welche die spätere Verfassungsentwicklung in Deutschland nachhaltig beeinflußt habe³², erwies sich der Siebzehnerentwurf aber als ein Fehlschlag, der weder die ungeteilte Zustimmung der Liberalen noch der Regierungen und Monarchen fand. Ein wesentlicher Grund dafür lag darin, daß der Entwurf es allen – dem „Volk", den „Dynastien", den Einzelstaaten, den Regierungen und der Nationalbewegung – recht machen wollte. Charakteristisch für den Entwurf war, daß er sich aus übertriebener Sorge vor innerem Zwiespalt darum drückte, klare verfassungspolitische Entscheidungen zu treffen. Bezeichnend für seine harmonisierende Tendenz ist der Appell am Schluß des in beschwörendem und warnendem Ton gehaltenen Vorworts:

„Wenn Deutschlands einträchtiger Fürstenrath der großen Maiversammlung zu Frankfurt am Main einen deutschen Fürsten seiner Wahl als erbliches Reichsoberhaupt zur Annahme zuführt, dann werden Freiheit und Ordnung auf deutschem Boden sich versöhnt die Hände reichen und fürder nicht voneinander lassen."³³

Hier wurde das vom bürgerlichen Liberalismus favorisierte Vereinbarungsprinzip bei der Schaffung der neuen Verfassung so weit getrieben, daß dabei genuin liberale Prinzipien unter die Räder zu kommen drohten. Der Siebzehnerentwurf blieb damit hinter den Erwartungen vieler Liberaler zurück und fand doch andererseits auch nicht die ungeteilte Zustimmung der Fürsten, denen die Beschränkung der einzelstaatlichen Souveränität zugunsten des Reichs in manchen Punkten zu weit ging. Der Entwurf ist insofern nicht nur ein Dokument des Scheiterns für die von der Bundesversammlung intendierte politische Kanalisierung und Legalisierung der Revolution, sondern auch ein Beleg für die Untauglichkeit des Versuchs, die Verfassungsgebung einem kleinen, auf seltsame Weise zustande gekommenen Ausschuß zu übertragen, anstatt sie aus den Verhandlungen der frei gewählten, allgemeinen deutschen Nationalversammlung hervorgehen zu lassen.

Die Reforminitiative der Bundesversammlung vom März 1848 hatte sich als eine Sackgasse erwiesen. Der Siebzehnerentwurf war weder dazu geeignet, die Bundesverfassung zu reformieren, noch war er ein Mittel, um den Staatenbund in einen Bundesstaat umzuwandeln, noch erfüllte er die Erwar-

---

[30] ProtDBV 1848, S. 477; Druck des Entwurfs: ebd., S. 485–493, sowie in *Huber* (Hg.), Dokumente, Bd. 1, S. 352–359; zum Inhalt und zur Beurteilung des Entwurfs siehe *Huber*, Deutsche Verfassungsgeschichte, Bd. 2, S. 767–773.
[31] *Huber* (Hg.), Dokumente, Bd. 1, S. 354.
[32] *Huber*, Deutsche Verfassungsgeschichte, Bd. 2, S. 759.
[33] *Huber* (Hg.), Dokumente, Bd. 1, S. 354.

tungen der revolutionären Nationalbewegung im Hinblick auf die neue Verfassung Deutschlands. Hinzu kam ein gravierendes formales Problem, das sich nach der Präsentation des Entwurfs in aller Deutlichkeit stellte. Dieses bestand darin, daß das Verfahren, die neue Verfassung durch die Organe des alten Deutschen Bundes herbeiführen zu wollen, mit dem Anspruch des souveränen Volkes kollidierte, sich selbst durch gewählte Vertreter eine neue, Freiheit und Einheit verbürgende Verfassung zu geben. Wie unangemessen der von der Bundesversammlung gewählte Modus in der revolutionären Situation war, zeigt die weitere Entwicklung im Mai 1848. Nach der Vorlage des Siebzehnerentwurfs in der Bundesversammlung wurde er an die einzelnen deutschen Regierungen zur Stellungnahme übermittelt. Diese gaben daraufhin ihre Erklärungen in der Bundesversammlung ab, die dann an den Revisionsausschuß zur weiteren Verhandlung überwiesen wurden.[34] Es mußte geradezu grotesk wirken, daß die Bundesversammlung an ihrem herkömmlichen schwerfälligen Gesetzgebungsverfahren festhielt, während sich gleichzeitig in Frankfurt die deutsche Nationalversammlung konstituierte. Gegenüber dem von dieser am 24. Mai 1848 gewählten, dreißig Abgeordnete zählenden Verfassungsausschuß erschien die Legitimation des aus sieben Gesandten der Regierungen bestehenden Revisionsausschusses der Bundesversammlung, über die Verfassung der Nation zu beraten, mehr als fragwürdig. Auch wenn inzwischen liberale Persönlichkeiten die alten konservativen Bundestagsgesandten abgelöst hatten, bildete die Bundesversammlung spätestens seit dem Zusammentritt der Nationalversammlung kein Forum mehr, das einen Anspruch auf Mitwirkung bei der Begründung der neuen Staats- und Verfassungsordnung erheben konnte. Keine der vom Deutschen Bund seit dem Ausbruch der Revolution für die weitere Entwicklung bevorzugten Optionen ließ sich durchsetzen. Das ganz am Anfang favorisierte Konzept einer Bundesreform scheiterte ebenso wie die Absicht, die Umwandlung des Staatenbundes in einen Bundesstaat in eigener Regie durchzuführen, und schließlich erwies sich auch die Hoffnung auf eine Beteiligung von Bundesorganen an der Schaffung einer neuen Reichsverfassung als unhaltbar.

Die Verfassungspolitik des Deutschen Bundes im Frühjahr 1848 lief somit ins Leere. Das gleiche gilt für die Bestrebungen der Bundesversammlung, für die Zeit bis zum Abschluß der Verfassungsberatungen eine provisorische Bundesexekutivgewalt einzusetzen. Zwar wurde auf Antrag des neuen badischen Bundestagsgesandten Welcker am 3. Mai 1848 die Berufung einer dreiköpfigen, „der Nation wie den Regierungen" verantwortlichen „Vollziehungsbehörde" beschlossen[35], doch kam es wegen des Protests des vom Vorparlament eingesetzten Fünfzigerausschusses und der Unentschlossenheit der Regierungen

---

[34] ProtDBV 1848, § 513, S. 611–613; vgl. *Fenske* (Hg.), Quellen zur deutschen Revolution 1848–1849, S. 94 f.
[35] ProtDBV 1848, § 406, S. 532–534.

nicht zur Ausführung des Beschlusses.³⁶ Die Schaffung der provisorischen Zentralgewalt blieb somit ebenso der Paulskirche vorbehalten wie die Ausarbeitung und Verabschiedung der neuen Reichsverfassung. Mit diesen Weichenstellungen wurde der Deutsche Bund vollends delegitimiert und damit überflüssig gemacht. Die logische Konsequenz davon war seine Abschaffung, die durch das von der Nationalversammlung am 28. Juni 1848 verabschiedete Gesetz über die Einführung einer provisorischen Zentralgewalt für Deutschland erfolgte. Darin hieß es: „Mit dem Eintritte der Wirksamkeit der provisorischen Zentralgewalt hört das Bestehen des Bundestags auf."³⁷ Die Bundesversammlung selbst übertrug ihre bis dahin ausgeübten Befugnisse am 12. Juli 1848 auf den neugewählten Reichsverweser und erklärte „ihre bisherige Tätigkeit" für beendet.³⁸

---

[36] Vgl. *Huber*, Deutsche Verfassungsgeschichte, Bd. 2, S. 623 f.
[37] *Huber* (Hg.), Dokumente, Bd. 1, S. 340 f.
[38] ProtDBV 1848, S. 756; vgl. *Huber* (Hg.), Dokumente, Bd. 1, S. 341 f. Zu den verfassungsrechtlichen Implikationen dieses Vorgangs siehe *Huber*, Deutsche Verfassungsgeschichte, Bd. 2, S. 631–633.

III. „Die Bedürfnisse der Nation"

Vom Ende der Paulskirche bis zur Dresdener Konferenz (1849–1851)

Nach dem Scheitern der Paulskirche kam es in den zwei Jahren vom Frühjahr 1849 bis zum Frühjahr 1851 zur Wiedererrichtung des Deutschen Bundes in seiner vormärzlichen Gestalt. Die Rückkehr zum Staatenbund in der Form, die er durch die Bundesakte und die Wiener Schlußakte von 1815/20 erhalten hatte, markierte im Mai 1851 das Ende der Pläne und Provisorien der Revolutionszeit sowie der ihr folgenden Phase, in der die deutschen Regierungen mit ganz unterschiedlichen Konzepten versucht hatten, das von der fehlgeschlagenen Revolution hinterlassene verfassungspolitische Vakuum zu füllen. Dabei war ursprünglich von keiner Seite an eine einfache Restauration des vorrevolutionären Bundessystems gedacht worden. Die deutschen Regierungen, die nach dem Ende der Frankfurter Paulskirche höchst unterschiedliche Vorstellungen über die künftige Ordnung in Deutschland hatten, waren sich in den Jahren 1849 bis 1851 immerhin darin einig, daß es eine unveränderte Wiederbelebung der Wiener Ordnung von 1815 nicht geben könne. Während Preußen und die mit ihm verbündeten Staaten die Errichtung eines kleindeutschen, mit Österreich in einer Union verbundenen Bundesstaates anstrebten, favorisierten die süddeutschen Mittelstaaten Bayern und Württemberg, ab 1850 dann auch Sachsen und Hannover sowie Österreich eine staatenbündische Ordnung in Mitteleuropa, die aber im Innern wesentlich stärker ausgebaut sein sollte als der alte Deutsche Bund.

Den ersten konkreten Plan zu einer durchgreifenden Bundesreform in diesem Sinne legte am 9. Dezember 1849 die bayerische Regierung vor.[1] Auf der Grundlage dieser Vorschläge schlossen am 27. Februar 1850 die Regierungen von Bayern, Sachsen, Württemberg und Hannover in München das „Vierkönigsbündnis" ab, dem Österreich am 13. Mai 1850 beitrat.[2] Die Übereinkunft erkannte die Revision der Bundesverfassung als ein „dringendes Bedürfniß" an und formulierte die Grundzüge einer Reform, die ausdrücklich darauf abzielte, „diejenigen Zusagen zu erfüllen, welche sämmtliche Bundesregierungen der Nation" im Frühjahr 1848 gegeben hatten.[3] Zu diesem Zweck sollten die Bundeskompetenzen beträchtlich erweitert werden, indem der Bund unter anderem die völkerrechtliche Vertretung Deutschlands gegenüber dem Ausland und die „Oberaufsicht" über das Handels-, Zoll- und Verkehrswe-

---

[1] Vgl. dazu und zum Folgenden *Doeberl*, Bayern und das Preußische Unionsprojekt, S. 44–61, ebd. S. 143–146 Druck der Reformdenkschrift Pfordtens vom 9. Dezember 1849.
[2] *Huber*, Deutsche Verfassungsgeschichte, Bd. 2, S. 893 f.
[3] *Huber* (Hg.), Dokumente, Bd. 1, S. 568.

sen erhielt. An die Stelle der bisherigen Bundesversammlung sollten als neue Bundesorgane eine Bundesregierung, eine gewählte Nationalvertretung und ein Bundesgericht treten.[4]

Wenn auch dieser Plan weit hinter den bundesstaatlichen Projekten der Paulskirche und der preußischen Union zurückblieb, so ging er doch auf der anderen Seite ebensoweit über den alten Deutschen Bund hinaus. Mit der Einführung der Nationalvertretung wurde das Recht des Volkes auf Partizipation an den politischen Angelegenheiten Deutschlands anerkannt. Was ihre Befugnisse betraf, so stand die Nationalvertretung, die von den Abgeordneten der einzelstaatlichen Landtage gewählt wurde, kaum hinter dem späteren Reichstag des Kaiserreichs zurück: Ihre Zustimmung war zu allen Bundesgesetzen erforderlich, insbesondere auch zur Feststellung der Bundesausgaben und der zu erhebenden Matrikularumlagen; überdies hatte sie das Recht zur Gesetzesinitiative.

In den Münchener Grundsätzen schlug sich die Überzeugung der mittelstaatlichen Regierungen nieder, daß die künftige Ordnung Deutschlands die Wünsche der Nationalbewegung, insbesondere das Streben nach parlamentarischer Mitwirkung, erfüllen müsse. Sowohl der bayerische Minister Ludwig von der Pfordten wie auch seine Kollegen Friedrich Ferdinand von Beust in Dresden und Bertram von Stüve in Hannover bekräftigten seit 1849 immer wieder ihre Auffassung von der Notwendigkeit einer zeitgemäßen, den Bedürfnissen des Volkes entsprechenden Reform. Beust und Stüve waren zunächst sogar bereit gewesen, die nationale Frage in Form eines kleindeutschen Bundesstaates zu lösen und hatten sich im Frühjahr 1849 dem preußischen Unionsprojekt angeschlossen. Die sächsische Regierung wollte damit, wie Beust am 30. August 1849 schrieb,

„ihrem eigenen Volke gegenüber den ernsten und aufrichtigen Willen bethätigen die bezüglich der Umgestaltung der d. B. Verfassung ertheilten Zusagen redlich zu erfüllen und den thatsächlichen Beweis liefern daß sie auch schwere Opfer zu bringen wisse um das von allen Parteien als dringend erkannte deutsche Verfassungswerk zu fördern und das angestrebte Ziel deutscher Einheit erreichen zu helfen".[5]

Auch als die sächsische Regierung im Herbst 1849 von der Union abrückte[6] und sich wieder den staatenbündischen Plänen Bayerns und Österreichs zuwandte, hielt sie an der Auffassung fest, daß der alte Bundestag nicht wiederhergestellt werden könne und ein Weg gefunden werden müsse, um der Zusicherung, „dem Volke eine Mitwirkung bei den Deutschen Angelegenheiten zu gewähren", zu entsprechen.[7]

---

[4] Ebd., S. 568–570.
[5] Beust an Zeschau, Dresden, 30. August 1849, HStA Dresden, AM 913, fol. 4–24, Zitat fol. 10.
[6] Zur Haltung Sachsens gegenüber der Union siehe *Rumpler*, Die deutsche Politik des Freiherrn von Beust, vor allem S. 117–291, sowie *Müller*, Vom Dreikönigsbündnis zum Vierkönigsbündnis. Sachsen und die Erfurter Union 1849/50.
[7] Zeschau an Beust, Berlin, 15. Oktober 1849, HStA Dresden, AM 913, fol. 318b–f.

Unverkennbar hatte sich als Folge der Revolution von 1848/49 die politische Rhetorik und bei etlichen Regierungen darüber hinaus auch die Einstellung zur nationalen Frage geändert. Allerorten führten seither die Minister und Diplomaten in vertraulichen Korrespondenzen wie in öffentlichen Verlautbarungen die „Bedürfnisse der Nation" und die „Wünsche des Volkes" im Munde. Die „Nation" wurde nun bis weit in die Reihen der regierenden konservativen Kräfte hinein als eine politische, soziale, ökonomische und kulturelle Kategorie anerkannt, der mit bloßer Repression oder Negation auf die Dauer nicht beizukommen war. Weder auf der Ebene der Einzelstaaten noch auf der des Bundes konnten sich die Regierenden in der nachrevolutionären Ära der fortschreitenden „Nationalisierung des politischen Lebens"[8] entziehen. Anders als im Vormärz war nun die deutsche Frage nicht mehr bloß ein Problem der Machtbalance zwischen den deutschen Groß-, Mittel- und Kleinstaaten einerseits und der Stellung des deutschen Staatenverbands innerhalb des europäischen Mächtesystems andererseits. Die deutsche Frage war nun auch für die Regierenden eine nationale Frage in dem Sinne, daß eine Form gefunden werden mußte, in welcher „eine wirksame Thätigkeit der Regierungsgewalt mit der freien Entwicklung des Volksgeistes durch eine Nationalvertretung sich zum Wohle des Ganzen" verbinden ließ, wie es die am Vierkönigsbündnis beteiligten Regierungen in einer Kollektivnote an die Regierungen von Österreich und Preußen formulierten.[9] Die Suche nach einer solchen Lösung wurde seit 1849 zu einem Grundanliegen vieler mittel- und kleinstaatlicher Regierungen, die sich dann während und nach der Rekonstituierung der Frankfurter Bundesversammlung 1850/51 bis 1866 im Wege diplomatischer Korrespondenzen und im Bundestag selbst nahezu unablässig bemühten, eine die politische Teilhabe des Volkes wie auch die Souveränität der Monarchen gewährleistende Bundesreform einzuleiten.

Der erste große Versuch einer praktischen Durchführung der Bundesreform wurde auf der Dresdener Konferenz unternommen, zu der sich vom 23. Dezember 1850 bis zum 15. Mai 1851 die Bevollmächtigten aller Mitglieder des alten Deutschen Bundes einfanden.[10] Hier wurde das gesamte Spektrum denkbarer und wünschenswerter Reformen der Bundesverfassung intensiv diskutiert, und wenn auch die Konferenz insgesamt scheiterte, so brachte sie doch eine Vielzahl von Entwürfen und Vorlagen hervor, die in der Folgezeit bis 1866 den Referenzpunkt für die weiteren Reformberatungen bilde-

---

[8] *Gall*, Europa auf dem Weg in die Moderne, S. 45.
[9] HStA München, Nachlaß von der Pfordten, Nr. 53, fol. 107 f.
[10] Zur Dresdener Konferenz siehe: *Weiskirchner*, Die Dresdener Konferenzen; *Schoeps*, Von Olmütz nach Dresden; *Mößle*, Bayern auf den Dresdener Konferenzen; Edition der Dokumente jetzt in: QGDB III/1, ebd. Einleitung S. XI–LXXVI zur Vorgeschichte und zum Ablauf der Konferenz. Einen umfassenden Überblick über die diversen Aspekte der Dresdener Konferenz gibt jetzt der Sammelband von *Flöter/Wartenberg* (Hg.), Die Dresdener Konferenz 1850/51.

ten. Ausdrückliches Ziel der Beratungen war eine umfassende Revision der Bundesverfassung, die den gerechten „Wünschen der Nation" Genüge tun sollte.[11] Die Kernelemente der beabsichtigten Reform waren: 1. die Bildung einer starken Bundesexekutivgewalt mit erweiterten Kompetenzen, 2. die Einrichtung einer Volksvertretung beim Deutschen Bund, 3. die Schaffung eines obersten Bundesgerichts und 4. die Vorbereitung einer allgemeinen deutschen Zoll- und Handelsunion.

Die Bundesexekutive sollte den bisherigen Engeren Rat der Bundesversammlung ersetzen und die rasche und einheitliche Durchführung der Bundesbeschlüsse gewährleisten. Über ihre Zusammensetzung gab es lange Auseinandersetzungen, einig war man sich lediglich darin, daß die Exekutivbehörde aus möglichst wenig Mitgliedern bestehen sollte, um ihre Effektivität zu erhöhen. Die damit befaßte Konferenzkommission schlug eine Exekutive mit neun Mitgliedern und elf Stimmen vor, wobei zwar alle Staaten beteiligt sein, aber nur Österreich, Preußen und die vier kleinen Königreiche über Virilstimmen verfügen sollten.[12] Die Bundesexekutive war als eine selbständige Behörde konzipiert, welche die Beschlüsse der Bundesplenarversammlung umgehend umzusetzen hatte, wobei sie ihre Anordnungen immer mit einfacher Mehrheit fassen sollte.[13] Mit einer derartigen regierungsähnlichen Behörde hätte der Deutsche Bund einen erheblichen Zuwachs an Handlungspotential in den inneren, äußeren und militärischen Verhältnissen Deutschlands erfahren. Eine Verschleppung der Ausführung von Bundesbeschlüssen, deren Verwässerung oder gänzliche Ignorierung durch einzelne Regierungen wäre, anders als im Vormärz, nun nicht mehr ohne weiteres möglich gewesen. Dies war um so bedeutsamer, als die Befugnisse des Bundes erheblich erweitert werden sollten und insbesondere die bundeseinheitliche Regelung der sogenannten „materiellen Interessen" – Handel, Zollwesen, Verkehrswesen, Gewerberecht, Münzen, Maße und Gewichte, Patentschutz[14] – unter Hinzuziehung einer Volksvertretung in Aussicht genommen wurde. Alle diese projektierten Maßnahmen und Beschlüsse des Bundes sollten schließlich unter den Rechtsschutz durch ein ständiges Bundesgericht gestellt werden, das sowohl in politischen als auch in privatrechtlichen Auseinandersetzungen als oberste Rechtsinstanz in Deutschland fungieren sollte.[15]

Zusammengenommen liefen die Dresdener Reformpläne darauf hinaus, den Deutschen Bund wesentlich stärker zu integrieren und ihn zu einer Zen-

---

[11] Einladungen Österreichs und Preußens an die deutschen Regierungen vom 12. Dezember 1850, QGDB III/1, Dok. 1 u. 2, Zitat S. 4 u. 7.

[12] Bericht der 1. Kommission der Dresdener Konferenz vom 12. Februar 1851, QGDB III/1, Dok. 52, S. 216.

[13] Bericht der 2. Kommission der Dresdener Konferenz vom 13. Februar 1851, QGDB III/1, Dok. 53, S. 231–234.

[14] Bericht der 3. Kommission der Dresdener Konferenz, QGDB III/1, Dok. 83.

[15] Bericht der 4. Kommission der Dresdener Konferenz vom 28. April 1851, QGDB III/1, Dok. 86.

tralinstanz der deutschen Politik zu machen, die aktiv die gemeinsamen Interessen wahrnahm und die innere Vereinheitlichung Deutschlands vorantrieb. Auf diese Weise glaubten die mittelstaatlichen Regierungen, deren Bevollmächtigte in Dresden besonders engagiert waren und die meisten Kommissionsentwürfe redigierten, das Ansehen des Bundes in der Öffentlichkeit zu verbessern. Wenn es gelänge, den Deutschen Bund durch die Einführung „zeitgemäßer nationaler Institutionen"[16] zu einer respektierten, für das nationale Ganze arbeitenden Einrichtung zu machen, so hoffte man, würde es auch möglich sein, die 1848/49 unerfüllt gebliebenen nationalen Wünsche wenigstens teilweise zu befriedigen, damit die Legitimität des Staatenbundes zu erhöhen und erneuten revolutionären Ausbrüchen mit ihren unabsehbaren Folgen vorzubeugen.

Diese vornehmlich von den Mittelstaaten, allen voran Sachsen, Bayern und Württemberg entwickelte Zukunftsperspektive wurde jedoch längst nicht von allen deutschen Regierungen geteilt. Viele kleine Staaten reagierten darauf mit Mediatisierungsängsten. Während sie bereit gewesen waren, in der preußischen Union ihre staatliche Eigenständigkeit zugunsten eines voll entwickelten, parlamentarischen *Bundesstaates* aufzugeben, sträubten sie sich im *Staatenbund* gegen eine Einschränkung ihrer Souveränität zugunsten eines Machtzuwachses der vier kleinen Königreiche, die nach den Dresdener Plänen zusammen mit den Großmächten künftig die Stimmenmehrheit im Bundesplenum und in der Bundesexekutive gehabt hätten.

Die Befürchtung der Kleinstaaten, daß Österreich und die Mittelstaaten versuchten, sie zu „nullificiren"[17], war nicht unberechtigt, wie viele diesbezügliche Äußerungen im Umfeld der Dresdener Konferenz belegen. König Wilhelm I. von Württemberg forderte, die kleinen Staaten mit den größeren „politisch, finanziell und administrativ" zu verbinden[18]: „Wer nicht den Muth hat, die Mediatisirung der kleinen deutschen Staaten auszusprechen, der wird auch nichts dauerhaftes in Deutschland gründen".[19] Der bayerische Außenminister von der Pfordten ging zwar nicht so weit, offen die Mediatisierung der Kleinstaaten zu fordern, empfahl aber, „das Eisen [zu] schmieden, wenn es warm ist" und den kleinen Regierungen die Einwilligung in ihre Ausschließung von der Bundesexekutive durch das Angebot abzupressen, ihnen in diesem Fall ihre Stimme im Bundesplenum zu lassen.[20]

---

[16] Entwurf für eine Übereinkunft der Regierungen von Bayern, Württemberg, Sachsen und Hannover vom 17./18. Dezember 1850, QGDB III/1, Dok. 6, S. 17.
[17] Bericht des mecklenburgischen Staatsministers Hans Adolf Karl von Bülow an Großherzog Friedrich von Mecklenburg-Schwerin, Dresden, 3. Januar 1851, QGDB III/1, Dok. 24, S. 127.
[18] „Politisches Programm Seiner Majestät des Königs [von Württemberg] auf den Conferenzen zu Dresden", Stuttgart, 17. Dezember 1850, QGDB III/1, Dok. 4, S. 9.
[19] König Wilhelm I. von Württemberg an den Bevollmächtigten in Dresden, Neurath, Stuttgart, 30. Dezember 1850, QGDB III/1, Dok. 16, S. 86.
[20] Pfordten an König Maximilian II. von Bayern, Dresden, 28. Dezember 1850, QGDB III/1, Dok. 14, S. 68.

Die Bevollmächtigten der kleinstaatlichen Regierungen wehrten sich, ermuntert von Preußen, in Dresden energisch gegen den Plan, „in Deutschland einen Unterschied zwischen großen und kleinen Staaten aufzustellen", und verlangten, den im Wesen des Staatenbundes liegenden Grundsatz der Gleichberechtigung aufrechtzuerhalten.[21] Sollte an die Stelle der bundesrechtlich garantierten Gleichheit der Rechte aller Bundesmitglieder eine „nach den Machtverhältnissen zu bemessende Rechtsungleichheit treten,

[...] so würde damit der Staatenbund aufhören. Die Selbstständigkeit der deutschen Einzelstaaten, und nicht allein der kleineren, sondern auch der großen, würde aufgehoben sein. Ihr Recht im Bunde würde fortan kein selbstständiges, sondern ein nach numerischen Verhältnissen zu ermittelnder Bruchtheil einer Einheit, eines Bundesstaates sein, der jedoch zur Zeit nur principiell erstehen würde, ohne daß ihm die wesentlichen Bedingungen sofortiger Lebensfähigkeit als Einheitsstaat beigelegt wären."[22]

Der Bremer Bevollmächtigte Johann Smidt äußerte die Ansicht, daß die Pläne Österreichs und der Mittelstaaten die „Principien eines Staatenbundes" verließen und „zu denen eines Bundesstaats" übergingen, wobei allerdings die beabsichtigte Reform „einen großen Theil der Genossen des ersteren von den aus solchen Principien hervorgehenden Vortheilen factisch ausschlösse, ohne ihnen durch consequente Ausbildung des letzteren genügenden Ersatz dafür zu gewähren".[23]

Die Stellungnahmen machen zweierlei deutlich: Zum einen waren die Regierungen der kleinen Staaten nicht grundsätzlich gegen einen deutschen Bundesstaat eingestellt, sondern gaben vielmehr indirekt zu erkennen, einer solchen Lösung zugeneigt zu sein, sofern sie nur konsequent durchgeführt würde. Zum anderen zweifelten sie gerade daran, daß es in Dresden gelingen werde, eine den nationalen Bedürfnissen entsprechende Bundesreform durchzuführen. Weil sie aber nicht gesonnen waren, Opfer zu bringen, wenn diese „nicht der Gesammtheit des Vaterlandes, sondern einzelnen ihrer bisherigen mit ihnen gleichberechtigten Genossen" zugute kommen würden[24], weigerten sie sich, ihre bundesgesetzlich verbürgten Rechte aufzugeben.

Die Skepsis der kleinen Staaten gegenüber den Dresdener Reformplänen war berechtigt, denn die Beratungen schlugen schon früh eine Richtung ein, die von dem oben skizzierten Gesamtkonzept eines grundlegend erneuerten, die nationalen Wünsche berücksichtigenden und unter Hinzuziehung von Volksvertretern handelnden Deutschen Bundes sehr stark abwich. Dafür war vor allem die Haltung der Großmächte Österreich und Preußen verantwortlich, die sich aus unterschiedlichen Gründen dem ‚nationalen' Kernstück der

---

[21] Protokoll der 4. Sitzung der Dresdener Konferenz, 23. Februar 1851, Erklärung des Hamburger Bevollmächtigten Edward Banks, QGDB III/1, Dok. 54, S. 292 f.
[22] Ebd., S. 278 f., Erklärung des Frankfurter Bevollmächtigten Eduard Ludwig von Harnier.
[23] Ebd., S. 281, Erklärung des Bremer Bevollmächtigten Johann Smidt.
[24] Ebd., S. 289 f.

Bundesreform, nämlich der Volksvertretung beziehungsweise Nationalrepräsentation entgegenstellten.

Die Habsburgermonarchie hatte sich seit dem Sieg der Gegenrevolution unter der Regierung des Fürsten Schwarzenberg energisch gegen alle nationalen, bundesstaatlichen und parlamentarischen Tendenzen in Mitteleuropa gewandt.[25] Österreich beharrte auf seiner unauflöslichen Verbindung mit Deutschland, lehnte aber eine bundesstaatliche Einigung ab, weil diese die staatsrechtliche Trennung seines Vielvölkerreiches vorausgesetzt hätte, und strebte statt dessen schon seit dem Frühjahr 1849 die Reanimierung des Deutschen Bundes an, der nach Auffassung Schwarzenbergs immer noch rechtsverbindlich bestand, „wie ihn die Tractate schufen".[26] Dieser Bund sollte nach den Plänen Schwarzenbergs und seines Handelsministers Karl Ludwig von Bruck durch den Eintritt aller österreichischen und preußischen Provinzen zu einem mitteleuropäischen Staatenbund erweitert und durch eine allgemeine Zoll- und Handelsunion zu einem einheitlichen Großwirtschaftsraum ausgebaut werden.[27]

Ganz im Gegensatz zu den mittelstaatlichen Vorstellungen hatte das österreichische Konzept keinerlei nationalen Impetus. Gewiß, Österreich ließ in den Jahren 1849/50 des öfteren in mehr oder minder verklausulierter Form erkennen, daß es willens sei, sich auf eine Form der Volksvertretung beim Deutschen Bund einzulassen, doch war dies nur ein taktisches Zugeständnis, wie sich im Laufe des Jahres 1850 erweisen sollte. Dem Vierkönigsbündnis vom 27. Februar 1850 trat die österreichische Regierung vor allem deshalb bei, weil sie darin eine Möglichkeit erblickte, im Verein mit den Mittelstaaten ihren Plan eines vergrößerten Deutschen Bundes gegen die preußischen Unionsbestrebungen durchsetzen zu können. Davon, daß das kaiserliche Kabinett die Münchener Vorschläge „vollkommen" billige, wie es in der offiziellen Erklärung vom 13. Mai 1850 hieß[28], konnte keine Rede sein. Schwarzenberg äußerte bereits am 8. März 1850 die Ansicht, das Münchener Programm enthalte „manches Absurde und vieles Unnöthige, was man aber zur Zeit noch in Deutschland für vortrefflich und wesentlich hält" – gemeint war hier in erster Linie die Nationalrepräsentation – und man habe sich lediglich „herbeigelassen, bis auf einen gewissen Punkt mit den Wölfen zu heulen".[29]

---

[25] Zur österreichischen Deutschlandpolitik in dieser Zeit siehe *Srbik*, Deutsche Einheit, Bd. 2, S. 7–142; *Friedjung*, Österreich von 1848 bis 1860, Bd. 1; *Höbelt*, Österreich und die deutsche Revolution.
[26] Schwarzenberg an Anton von Schmerling, den österreichischen Paulskirchenabgeordneten, Wien, 5. April 1849, HStA Dresden, AM 911, fol. 107–110, Zitat fol. 109.
[27] Zur den österreichischen Mitteleuropaplänen und der historiographischen Debatte darüber siehe *Sondhaus*, Schwarzenberg, Austria, and the German Question; *Kretschmann*, Bismarck und das deutsch-österreichische Problem.
[28] *Huber* (Hg.), Dokumente, Bd. 1, S. 570.
[29] Schwarzenberg an Prokesch, Wien, 8. März 1850, Druck in: *Friedjung*, Österreich von 1848 bis 1860, Bd. 2/1, S. 513–515, Zitat S. 514; vgl. *Huber*, Deutsche Verfassungsgeschichte, Bd. 2, S. 894; *Siemann*, Vom Staatenbund zum Nationalstaat, S. 394.

In den Sondierungen mit der preußischen Regierung vom Sommer 1850 äußerte Schwarzenberg gegenüber Prinz Wilhelm von Preußen, es falle Österreich nicht ein, den Unsinn des Vierkönigsbündnisses zu vertreten.[30] Offiziell wurde zwar immer wieder der Reformwille der kaiserlichen Regierung beteuert, die sich zu einer „zeitgemäßen Revision der Bundesverfassung" bekannte.[31] Gleichzeitig hob Wien die weitere Rechtsverbindlichkeit der Bundesakte von 1815 und der Wiener Schlußakte von 1820 hervor, welche die Grundlage jeder Umgestaltung des Bundes bilden müßten.[32] Die Münchener Vorschläge der vier kleinen Königreiche fanden demgegenüber keine Erwähnung, auch das Wort „national" war in den österreichischen Depeschen dieser Zeit nicht enthalten. Insbesondere von der Einführung einer Volksvertretung beim Deutschen Bund, dem Herzstück einer ‚zeitgemäßen' Bundesreform, wollte die kaiserliche Regierung nichts wissen. Im Gegenteil, die Verhinderung einer Volksvertretung war ein Essential, auf das Schwarzenberg sich im Sommer und Herbst 1850 mit den konservativen Kritikern der Radowitzschen Politik in Preußen verständigte.[33]

Schon vor Beginn der Dresdener Konferenz erteilte somit die österreichische Regierung einem zentralen, für die Akzeptanz jeder Bundesreform in der deutschen Öffentlichkeit unerläßlichen Element eine Absage. In den ausführlichen Instruktionen für die österreichischen Bevollmächtigten bei den Dresdener Verhandlungen kommt der Widerwille gegen alles „Nationale" klar zum Ausdruck.[34] Die Einheit Deutschlands wird darin als revolutionäre politische Schwärmerei abgetan[35], die Schaffung einer Volksvertretung und eines Bundesgerichts gelten als Forderungen des zu bekämpfenden „herrschende[n] Zeitgeist[s]"[36], das Verlangen nach einer Zentralvolksvertretung, so heißt es, gehöre zu den „Krankheiten der Zeit"[37], die Einsetzung eines Bundesgerichts sei „doppelt bedenklich"[38]. Das „einzige wahrhaftige Bedürfniß, welches bei der Revision der Bundesverfassung Berücksichtigung verdiene, sei „die Bildung einer kräftigen und wirksamen Executiv-Gewalt, welche die Durchführung der Beschlüsse des Bundesorganes zu sichern vermöchte". Mit einer Reform des Bundes im Sinne nationaler Wünsche hatte dies nichts mehr zu tun, die Absichten Österreichs gingen vielmehr in die entgegengesetzte Richtung – der Deutsche Bund sollte zum Werkzeug der Reaktion ge-

---

[30] Vgl. *Srbik*, Deutsche Einheit, Bd. 2, S. 49.
[31] Zirkulardepesche Schwarzenbergs vom 26. April 1850, HHStA Wien, PA V 60.
[32] Zirkulardepesche Schwarzenbergs vom 19. Juli 1850, HHStA Wien, PA V 60.
[33] Vgl. *Huber*, Deutsche Verfassungsgeschichte, Bd. 2, S. 901 f.; QGDB III/1, Einleitung, S. XXI.
[34] Instruktionen für die österreichischen Bevollmächtigten bei der Dresdener Konferenz, Wien, 20. Dezember 1850, QGDB III/1, Dok. 9a–c.
[35] Ebd., S. 27.
[36] Ebd., S. 29.
[37] Ebd., S. 34.
[38] Ebd., S. 35.

macht werden: „Wiederherstellung gesetzlicher Ordnung und deren ungefährdete Erhaltung thut vor Allem Noth."[39]

Auch die preußische Regierung war nicht bereit, sich bei den Dresdener Verhandlungen für die Einführung einer Volksvertretung einzusetzen.[40] Auf die Wiederherstellung des Staatenbundes und die Revision der Bundesverfassung hatte sich Preußen erst unter massivem Druck Österreichs und Rußlands, der zur Aufgabe der Unionspläne Preußens im Oktober/November 1850 führte, eingelassen. Nachdem damit der Versuch, eine kleindeutsch-bundesstaatliche Ordnung unter preußischer Vorherrschaft in Deutschland zu errichten, fehlgeschlagen war, kam es Preußen im wesentlichen darauf an, auf der Dresdener Konferenz die volle Gleichberechtigung mit Österreich („Parität") im Deutschen Bund durchzusetzen, eine starke Bundesexekutive zu schaffen und das freie Unierungsrecht ungeschmälert zu erhalten.[41] Dagegen wurde der innere Ausbau des Bundes durch neue Organe wie Volksvertretung und Bundesgericht, gemeinsame Gesetzgebung und wirtschaftliche Einigung strikt abgelehnt. Preußen war nicht daran interessiert, den Staatenbund, der als Grundlage der österreichischen Hegemonie angesehen wurde, zu stärken. Auf keinen Fall sollte der Bund in die Lage versetzt werden, in die inneren Verhältnisse Preußens, seine Gesetze und seine Verfassung einzugreifen. Schließlich galt es zu verhindern, daß die handelspolitische Vorherrschaft Preußens im Zollverein durch bundeseinheitliche Handels- und Zollbestimmungen, wie sie von den Mittelstaaten und Österreich beantragt wurden, beeinträchtigt würde.

Hinzu kommt noch ein weiteres. Die im November 1850 nach dem Sturz von Radowitz neu gebildete preußische Regierung um Otto von Manteuffel distanzierte sich von der Union, die von Bismarck Ende 1850 „als ein zwitterhaftes Produkt furchtsamer Herrschaft und zahmer Revolution"[42] verspottet wurde und Anfang 1851 als „ein Bündniß mit der Revolution"[43] erschien. Der 1849/50 von Radowitz favorisierte Weg, durch partielle Konzessionen an die Nationalbewegung die revolutionäre Unruhe einzudämmen und die Stellung Preußens in Deutschland zu verbessern, erschien den preußischen Konservativen nun als ein Irrweg, der Preußen an den Rand des Krieges gebracht hatte. Von einer ‚nationalen' Politik wollte man in Berlin nichts mehr wissen, es galt vielmehr, die besonderen preußischen, vor allem aber – im Zeichen konservativer Solidarität – die gemeinsamen Interessen der beiden deutschen Großmächte zu vertreten. Hier fand die preußische Re-

---

[39] Ebd.
[40] Preußische Erklärung im provisorischen Fürstenkollegium der Union, Berlin, 19. Dezember 1850, QGDB III/1, Dok. 8, S. 25.
[41] Ebd.
[42] Rede Bismarcks in der preußischen zweiten Kammer, 3. Dezember 1850, *Bismarck*, Gesammelte Werke, Bd. 10, S. 101–110, Zitat S. 108.
[43] Geheime preußische Denkschrift über die innere und äußere Politik, Berlin, 11. Februar 1851, QGDB III/1, Dok. 50, Zitat S. 203.

gierung ein begrenztes Feld der Übereinstimmung mit Österreich in der Unterdrückung aller revolutionären Tendenzen einerseits und der Stärkung Deutschlands gegenüber dem Ausland andererseits:

„Die Neugestaltung Deutschlands zu einem geschlossenen, mächtigen Ganzen gegenüber dem Auslande wie gegenüber der Revolution, und die Bekämpfung der Letzteren: das sind die großen gemeinsamen Interessen und Ziele beider Großmächte, das ist das gemeinsame Feld ihres Handelns."[44]

Indem Preußen sich zur gemeinsam mit Österreich zu bewirkenden „Konsolidirung Deutschlands auf konservativen Basen"[45] bekannte, rückte es ab von allen weitergehenden Reformvorhaben, die ihm lediglich geeignet erschienen, die ‚Revolution' zu begünstigen und die Stellung Preußens in Deutschland zu beeinträchtigen.

Unter diesen Voraussetzungen waren die Aussichten, auf der Dresdener Konferenz zu einer umfassenden, die nationalen Wünsche berücksichtigenden Reform der Verfassung des Deutschen Bundes zu gelangen, von vornherein gering. Gleichwohl versuchten die Mittelstaaten, allen voran die Königreiche, die Großmächte für ihr Reformprogramm zu gewinnen und eine einfache Rückkehr zum alten Deutschen Bund ebenso zu verhindern wie eine bloß auf Repression ausgerichtete partielle Revision der Bundesverfassung. Mit besonderem Nachdruck setzten sich die Regierungen von Sachsen und Württemberg für die Einführung einer Volksvertretung beim Deutschen Bund ein. Als der württembergische Bevollmächtigte von Neurath seinem König Wilhelm I. am 2. Januar 1851 berichtete, daß Schwarzenberg ihm gegenüber „auf das Bestimmteste" eine Volksvertretung abgelehnt habe[46], nahm dies der württembergische König zum Anlaß, in einem persönlichen Schreiben an Schwarzenberg auf die „moralischen Bedürfnisse der Nation" und die Notwendigkeit eines gesamtdeutschen Parlaments hinzuweisen.

„Wenn Wir der Nation", so Wilhelm, „den ihr gebührenden Selbstantheil an den obersten Angelegenheiten ihres staatlichen Gesammtlebens vorenthalten, so dürfen Wir nicht hoffen, sie mit der Bundesverfassung auszusöhnen und eben so wenig die Revolution in Deutschland zum Stillstand zu bringen [...] Die Ausführbarkeit eines allgemeinen parlamentarischen Bandes bestreiten, heißt, nach Meiner Anschauungsweise, nichts Anderes als den Bund selbst mit dieser Zeit unvereinbar und auf die Dauer für unmöglich halten [...] als Deutscher und als Regent Meines Landes kann ich nach Gewissen und Ueberzeugung eine Bundesrevision nicht als eine zeitgemäße, genügende und definitive erkennen, welche den gerechten Ansprüchen der Nation nicht die gebührende Rechnung trägt."[47]

---

[44] Ebd., S. 204.
[45] Ebd., S. 205.
[46] Neurath an König Wilhelm I. von Württemberg, Dresden, 2. Januar 1851, QGDB III/1, Dok. 23, S. 119.
[47] König Wilhelm I. von Württemberg an Schwarzenberg, Stuttgart, 18. Januar 1851, QGDB III/1, Dok. 39, Zitate S. 161 f.

Der Brief König Wilhelms wurde Anfang März 1851, noch während der Dresdener Konferenz, in mehreren deutschen Zeitungen veröffentlicht[48] und bildete in den folgenden Jahren den von liberaler Seite immer wieder zitierten Bezugspunkt für ihre in den Landtagen und der Presse vorgebrachten Reformforderungen. Schwarzenberg wies dagegen die Forderungen König Wilhelms umgehend als „Aberrationen" zurück, von denen er sich nicht beirren lassen werde[49], doch konnten die österreichischen Bevollmächtigten in Dresden nicht verhindern, daß die Frage der Volksvertretung auf der Konferenz intensiv beraten und kontrovers diskutiert wurde. Bereits am 15. Januar 1851 setzte die 2. Kommission der Konferenz eine Subkommission ein mit dem Auftrag, die Gründe für und gegen eine Volksvertretung beim Deutschen Bund zusammenzustellen. Die Subkommission legte im Februar 1851 einen ausführlichen Bericht vor[50], in dem sie sich unter vielen Vorbehalten für die Einrichtung einer „Vertretung am Bunde"[51] und ihre Beteiligung an der Bundesgesetzgebung aussprach. Um zu verhindern, daß die Volksvertretung den „Charakter einer allgemeinen deutschen National-Repräsentation"[52] annehme, sollte sie aus Delegierten der einzelstaatlichen Landtage bestehen, die nur bei „Erlassung *einzelner* Bundesgesetze"[53] einberufen werden und nicht regelmäßig zusammentreten sollten. Auf der anderen Seite plädierte die Subkommission dafür, die Gesetzgebungskompetenz des Bundes insgesamt zu erweitern, um unter Beteiligung der Volksvertretung die „Entwicklung im Sinne national-*föderativer* Gemeinsamkeit"[54] voranzutreiben.

Das blieb nicht nur weit hinter den Wünschen der nationalen Bewegung zurück, sondern auch hinter dem konstitutionellen Standard in den meisten Einzelstaaten. Gleichwohl hätte selbst eine derart verkümmerte und eingehegte Volksvertretung einen Fortschritt gegenüber der bisherigen Bundesverfassung bedeutet, indem sie die Möglichkeit eröffnet hätte, unter Einbeziehung landständischer Abgeordneter einheitliche Bundesgesetze insbesondere über die sogenannten „materiellen Interessen" zustande zu bringen und auf diese Weise ein konkretes Stück *nation-building* zu betreiben. Auch war keineswegs ausgeschlossen, daß die Volksvertretung, wenn sie einmal eingerichtet war, über die ihr gesetzten Grenzen hinausdrängte und ein erhebliches politisches Gewicht gewann. Dies befürchteten jedenfalls die Gegner der Volksvertretung in der 2. Konferenzkommission, die am 26. Februar 1851 über den Bericht ihrer Subkommission debattierte. Dabei äußerte der holsteinische

---

[48] Ebd., S. 160, Anm. 1.
[49] Schwarzenberg an Buol, Wien, 25. Januar 1851, HHStA Wien, PA II 92. Deutscher Bund. Dresdener Konferenz 1851. Weisungen politischen Inhalts an Grafen Buol, fol. 18.
[50] Darlegung der Gründe für und gegen die Einführung einer Volksvertretung am Bunde, QGDB III/1, Dok. 82b.
[51] Ebd., S. 454.
[52] Ebd.
[53] Ebd., S. 453f.
[54] Ebd., S. 454.

Bevollmächtigte von Bülow die Ansicht, eine Volksvertretung, „wie immer sie auch zusammengesetzt sei", werde stets nach Einheit streben und, „nach der natürlichen Schwerkraft der Dinge, in einer Weise auf den Bund zurückwirken, welche dessen rechtliche Natur alteriren werde".[55] Gegen diese Auffassung hob der sächsische Minister Beust die positiven Folgen der Einrichtung einer Volksvertretung hervor.[56] Er betonte die „Popularität der Idee der Vertretung"[57], die dem Bund einen Vertrauenszuwachs einbringen und ihn zugleich in die Lage versetzen würde, eine konservative Gesetzgebung einzuleiten. Verweigere man indessen die Volksvertretung, so werde sich das Bedürfnis nach nationaler Einigung auf anderen, gefährlicheren Wegen Geltung zu verschaffen suchen.

Um die in der Kommission geäußerten Einwände gegen die Volksvertretung zu überwinden, verfaßte Beust einen weiteren Bericht mit detaillierten Vorschlägen über die Zusammensetzung und die Kompetenzen einer Volksvertretung bei der deutschen Bundesversammlung, der am 19. April 1851 fertiggestellt und als Beilage zum Abschlußbericht der 2. Kommission gedruckt wurde.[58] In diesem Bericht hob Beust nachdrücklich hervor, daß es nicht darum gehen könne, „den zweiten Versuch eines Nationalparlaments zu machen" und „ein der Nationalversammlung von 1848 und dem von derselben beschlossenen Parlament ähnliches Institut ins Leben zu rufen".[59] Gleichwohl bestehe aus mehreren Gründen ein „wirkliches Bedürfniß" nach einer „Vertretung der Ständekammern beim Bunde"[60]. Zum einen werde es wesentlich leichter fallen und dem Ansehen des Bundes erheblich weniger abträglich sein, wenn die „Bundesbeschlüsse an die Zustimmung einer angemessenen Vertretung der Ständekammern beim Bunde" geknüpft würden.[61] Dies zielte vor allem auf die „Epuration der Verfassungen"[62] der Einzelstaaten von den in der Revolutionszeit hinzugefügten, mit der Bundesverfassung und dem monarchischen Prinzip nicht zu vereinbarenden Bestimmungen ab.

Mit dieser reaktionären Stoßrichtung verbanden sich jedoch auch positive Reformimpulse zur Weiterentwicklung des Deutschen Bundes. Die Notwendigkeit der Vertretung gründete sich für Beust auch „auf das allgemein gefühlte und anerkannte Bedürfniß einer gleichförmigen Gesetzgebung der deutschen Bundesstaaten".[63] Beust dachte dabei an gemeinsame Gesetze

---

[55] Bericht des badischen Bevollmächtigten von Meysenbug an Staatsminister Rüdt, Dresden, 27. Februar 1851, GLA Karlsruhe, 48/1594.
[56] Zu Beusts Reformkonzepten vgl. *Müller*, Reform statt Revolution, S. 232–237, sowie *Flöter*, Beust und die Reform des Deutschen Bundes, S. 71–89.
[57] Bericht des badischen Bevollmächtigten von Meysenbug an Staatsminister Rüdt, Dresden, 27. Februar 1851, GLA Karlsruhe, 48/1594.
[58] „Specialbericht, die Vertretung am Bunde betreffend, an die zweite Kommission im besondern Auftrage erstattet von dem Königlich Sächsischen Bevollmächtigten", QGDB III/1, Dok. 82c.
[59] Ebd., S. 457.
[60] Ebd.
[61] Ebd., S. 458.
[62] Ebd.
[63] Ebd., S. 459.

über den Schutz des geistigen Eigentums, das Patentwesen, die Freizügigkeit, das Heimat- bzw. Auswanderungsrecht, den Vollzug richterlicher Urteile usw., nach seiner Ansicht alles Gegenstände, „welche nicht politischer Natur im eigentlichen und, wenn man so sagen darf, gefährlichen Sinne des Wortes sind".[64] Die Tätigkeit der Volksvertretung sollte demnach auf den Bereich der sogenannten „gemeinnützigen Anordnungen", die nach Artikel 6 der Bundesakte und Artikel 64 der Wiener Schlußakte zu den Aufgaben des Bundes gehörten, beschränkt werden. Dies entsprach gewiß nicht den Erwartungen der liberalen Nationalbewegung und blieb auch hinter den Bestimmungen der Münchener Übereinkunft von 1850 zurück, welche vorsahen, daß alle Bundesgesetze der Zustimmung einer ständigen, mit dem Recht zur Gesetzesinitiative und einem eingeschränkten Budgetrecht versehenen Nationalvertretung unterliegen sollten. Der von Beust projektierten, aus Delegierten der Landtage zu bildenden und nicht regelmäßig, sondern „nur in einzelnen ausnahmsweisen Fällen" einzuberufenden Vertretung sollte dagegen „alle und jede Initiative verfassungsmäßig entzogen" werden, ihre Verhandlungen sollten zudem nicht öffentlich sein. Auf diese Weise hoffte er auszuschließen, daß die Versammlung „zu einer zweiten Paulskirche" würde.[65]

Gemessen an dem voll ausgebildeten, auf dem Prinzip der Volkssouveränität beruhenden modernen Parlament, wie es in der Frankfurter Nationalversammlung von 1848/49 verwirklicht und in der Reichsverfassung postuliert wurde, erscheint die von Beust vorgeschlagene Einrichtung als „Zerrbild einer Volksvertretung"[66] oder „Pseudo-Parlament"[67]. Die Kritik an diesem wie auch den übrigen Bundesreformvorschlägen der 1850er und 1860er Jahre läßt jedoch einige wichtige Faktoren außer acht. Zum ersten übergeht sie die Tatsache, daß das parlamentarische Maß, das 1848/49 in der Paulskirche gesetzt wurde, in Deutschland bis 1919 nicht mehr erreicht wurde, weder im Norddeutschen Bund von 1867 noch im Kaiserreich von 1871, deren Bedeutung für die innere Nationsbildung erheblich wohlwollender beurteilt wird als die diesbezügliche Bilanz des Deutschen Bundes. Auch die „glanzvolle Reformzeit"[68] der Dekade von 1866/67 bis 1876/77 ging inhaltlich nicht wesentlich über das in den 1850er Jahren entwickelte, wenn auch nicht realisierte Programm des Bundes zur wirtschaftlichen und rechtlichen Integration hinaus, sie griff sogar teilweise auf konkrete Vorarbeiten des Deutschen Bundes zurück.[69]

---

[64] Ebd.
[65] Ebd., S. 460f.
[66] *Holldack*, Untersuchungen zur Geschichte der Reaktion in Sachsen, S. 197.
[67] *Mößle*, Bayern auf den Dresdener Konferenzen, S. 180.
[68] *Wehler*, Deutsche Gesellschaftsgeschichte, Bd. 3, S. 311.
[69] Hinweise dazu ebd., S. 310; zur Gesetzgebung des Norddeutschen Bundes, die vielfach auf Vorlagen aus der Zeit des Deutschen Bundes zurückgriff, siehe *Pollmann*, Parlamentarismus im Norddeutschen Bund, S. 433–501.

Zum zweiten waren die liberalen Kräfte in Deutschland zur Zeit der Dresdener Konferenz und auch in den folgenden Jahren noch nicht vollkommen und durchgängig von der grundsätzlichen Reformunfähigkeit des Deutschen Bundes überzeugt. Zwar bedauerten sie die Rückkehr zum Staatenbund von 1815, doch gab es bei aller Skepsis auch gedämpfte Hoffnungen auf positive Reformschritte. So forderten im Vorfeld der Dresdener Konferenz die Landtage von Sachsen und Baden ihre jeweiligen Regierungen auf, sich bei den Verhandlungen für eine Volksvertretung beim Deutschen Bund einzusetzen[70], und Teile der liberalen Presse äußerten ebenfalls die Hoffnung, es möge gelingen, „den durch die Bundesacte gegebenen leeren Rahmen zu füllen und materielle Grundlagen der Einheit festzustellen"[71]. Immer wieder verlangten in den 1850er Jahren liberale Abgeordnete und Publizisten von den deutschen Regierungen, für die Reform der Bundesverfassung einzutreten. Die Auffassung, daß der Deutsche Bund grundsätzlich reformunfähig sei, setzte sich allgemein, endgültig und unwiderruflich erst seit 1859 durch.

Zum dritten gilt es bei aller Kritik an dem Beustschen Plan für eine Volksvertretung beim Deutschen Bund zu bedenken, daß eine einmal eingerichtete und in Tätigkeit getretene Volksvertretung durchaus entwicklungsfähig gewesen wäre. Die Erfahrung des Vormärz hatte gezeigt, daß parlamentarische Versammlungen sich selten mit der ihr von der Regierung zugewiesenen Rolle zufrieden gaben und eine auf die sukzessive Ausweitung ihres Einflusses abzielende Eigendynamik entwickelten.[72] Eine Evolution der Versammlung der Delegierten der einzelstaatlichen Landtage hin zu einer Art von gesamtdeutschem „Parlamentarischen Rat" mit wirklichen Gesetzgebungskompetenzen war nicht von vornherein ausgeschlossen, zumal der Beustsche Entwurf vom April 1851 der Vertretung mit dem Bereich der „gemeinnützigen Anordnungen" ein weites und grundsätzlich fast auf die gesamte innere Gesetzgebung ausdehnbares Arbeitsfeld zuwies.

Schließlich müssen zum vierten staatenbündische Ordnungen nicht a priori und für alle Zeit auf übergreifende legislative und judikative Institutionen verzichten, wie der aktuelle europäische Einigungsprozeß zeigt. Das Mißlingen der Bundesreform beweist nicht ihre Unmöglichkeit, wie es immer wieder behauptet worden ist. Es ist keineswegs auszuschließen, daß auch der Deutsche Bund Entwicklungsperspektiven hin zu einer stärker ausgeprägten gesamtdeutschen Einheit, wenn auch nicht in der Form des 1871 gegründeten Deutschen Reiches, besaß. Richtig ist vielmehr, daß der innere Ausbau des Bundes in der angegebenen Richtung eine Grundvoraussetzung

---

[70] Mittheilungen über die Verhandlungen des ordentlichen Landtags im Königreiche Sachsen während der Jahre 1850 und 1851, Zweite Kammer, Bd. 1, S. 1129 (Sitzung vom 4. Dezember 1850); Verhandlungen der Stände-Versammlung des Großherzogtums Baden in den Jahren 1850 und 1851, Protokolle, S. 176f. (Sitzung vom 19. Dezember 1850).

[71] Artikel „Die Reconstruction des Bundes" in der Weser-Zeitung vom 30. Dezember 1850, QGDB III/1, Dok. 17b, S. 91.

[72] Vgl. *Fehrenbach*, Verfassungsstaat und Nationsbildung, S. 9–17.

seiner weiteren Existenz war. Eine einfache Rückkehr zu den vormärzlichen Verhältnissen war nach 1848 im Deutschen Bund auf Dauer ebensowenig möglich wie in den Einzelstaaten. Die Bundespolitik mußte nun auf die gesellschaftlichen Kräfte und wirtschaftlichen Entwicklungen eingehen, um den Fortbestand des Staatenbundes zu sichern. Dieser mußte danach streben, zumindest einiges von dem, was Robert von Mohl 1856 als das „eigentliche Leben der Nation"[73] bezeichnete – die öffentlichen Rechtsverhältnisse und Gesetze –, nicht länger den Einzelstaaten zu überlassen, sondern zu einer Bundesangelegenheit zu machen, damit nicht „das einmal vorhandene Bedürfniß der Einigung sich auf andern, ungeordneten Wegen Geltung zu verschaffen suchen werde"[74].

Über den angesichts der nationalen Herausforderung und der immer noch als latent empfundenen revolutionären Bedrohung einzuschlagenden Weg der Bundespolitik war jedoch weder auf der Dresdener Konferenz noch in der Folgezeit eine Übereinstimmung unter den deutschen Regierungen herzustellen. Für Österreich und Preußen kam eine Bundesreform im Sinne nationaler Gesamtinteressen nicht in Frage, der gemeinsame Nenner ihrer Bundespolitik lag in den 1850er Jahren lediglich in der Unterdrückung nationaler, liberaler und revolutionärer Tendenzen. Insbesondere die österreichische Regierung verstand unter der Revision der Bundesverfassung ausschließlich die Stärkung des Repressionspotentials der Bundes. In seiner vormärzlichen Form war der Deutsche Bund nach Auffassung von Schwarzenberg den Anforderungen der Zeit nicht lange gewachsen:

„Meiner unmaßgeblichen Ansicht nach ist der alte Bundestag ein schwerfälliges, abgenütztes, den gegenwärtigen Umständen in keiner Weise genügendes Zeug. Ich glaube sogar, daß die gründlich erschütterte sehr wackelnde boutique beim nächsten Anstoß von Innen oder Außen schmählich zusammenrumpeln wird."[75]

Doch auch Österreichs Ziel, die Schaffung einer starken Bundesexekutive, ließ sich in Dresden ebensowenig durchsetzen wie die Volksvertretung, das Bundesgericht und die Einigung über die „materiellen Interessen". Der Grund dafür war in erster Linie die österreichische Weigerung, Preußen, das sich als gleichberechtigte europäische Großmacht „keiner Superiorität in Deutschland" mehr unterordnen wollte, die volle „Parität" in der Leitung des Bundes zuzugestehen.[76] In der Frage der Bundesexekutive gab es, wie auch bei den übrigen Reformprojekten, eine Vielzahl von divergierenden Interessen, die

---

[73] *Mohl*, Die Geschichte und Literatur der Staatswissenschaften, Bd. 2, S. 286.
[74] Erklärung Beusts in der 2. Kommission am 26. Februar 1851, zitiert nach dem Bericht des badischen Bevollmächtigten von Meysenbug an Staatsminister Rüdt, Dresden, 27. Februar 1851, GLA Karlsruhe, 48/1594.
[75] Schwarzenberg an Prokesch, Wien, 29. März 1851, QGDB III/1, Dok. 73, S. 388.
[76] Manteuffel an Schwarzenberg, Berlin, 27. Februar 1851, QGDB III/1, Dok. 56a und b, Zitate S. 305 u. 306. – Zu den Auseinandersetzungen über die Frage der „Parität" siehe vor allem *Schoeps*, Von Olmütz nach Dresden, passim u. S. 152–158.

eine Einigung verhinderten. Obwohl die Notwendigkeit von Bundesreformen allseits anerkannt wurde, obwohl von vielen die Wünsche und Bedürfnisse der Nation zur Richtschnur der Reformberatungen erklärt wurden, behielt doch letztendlich ein „partikularistisches Denken"[77] die Oberhand, wenn es um konkrete Änderungen der Bundesverfassung ging. Die Sonderinteressen der kleinen, mittleren und großen Staaten im Deutschen Bund waren noch zu ausgeprägt, als daß es hätte gelingen können, im und mit dem Deutschen Bund eine gesamtdeutsche Reformpolitik zu betreiben. Hier lag eine wesentliche Ursache für die „Reformblockade"[78], die auf der Dresdener Konferenz und in der Folgezeit bis 1866 eine große, die Bundesverfassung als solche umgestaltende Bundesreform vereitelte.

---

[77] *Mößle*, Bayern auf den Dresdener Konferenzen, S. 42.
[78] *Langewiesche*, Deutschland und Österreich, S. 186.

IV. „Der alte oder der neue Bund"?

Die wiederhergestellte Bundesversammlung und die Reformfrage
(Mai–Dezember 1851)

Mit dem Fehlschlag der Dresdener Konferenz war auch der Versuch, durch eine Umgestaltung des Deutschen Bundes eine politische Neuordnung in Deutschland herbeizuführen, gescheitert. Nach den erfolglosen Bestrebungen Preußens, einen kleindeutschen Bundesstaat unter seiner eigenen Führung zu schaffen, sowie Österreichs, einen vergrößerten, wirtschaftlich geeinten mitteleuropäischen, von der Habsburgermonarchie dominierten Staatenbund zu gründen, hatte sich nun in Dresden auch das Konzept einer durchgreifenden Reform des Deutschen Bundes an den politischen Realitäten gebrochen. Es war nicht gelungen, die von vielen Seiten geforderte Anpassung des Deutschen Bundes an die seit der Revolution veränderte Situation durchzusetzen. Die Befriedigung der sogenannten „nationalen Bedürfnisse" im und durch den Deutschen Bund hatte sich als unvereinbar mit den divergierenden Intentionen und Interessen der dem Bund angehörenden Einzelstaaten erwiesen.

Die Gründe dafür waren vielfältig. Von besonderer Bedeutung war die bislang von der Forschung noch wenig beachtete Tatsache, daß die revolutionären Ereignisse von 1848/49 in den deutschen Einzelstaaten zu sehr unterschiedlichen Ergebnissen und Erfahrungen geführt hatten. Das Ausmaß, in welchem die Revolution die zuvor bestehenden politischen und sozialen Verhältnisse verändert hatte, variierte von Staat zu Staat. Die konstitutionelle, legislative und administrative Entwicklung der Einzelstaaten war keineswegs im Gleichschritt verlaufen. Jene Monarchen und Regierungen, in deren Herrschaftsbereichen die liberalen, demokratischen und nationalen Kräfte stärker gewesen, die Revolution mithin tiefere Spuren hinterlassen hatte als anderswo, zogen daraus nach der Konsolidierung ihrer Regime andere Konsequenzen als diejenigen, die in ihrer Existenz weniger bedroht gewesen waren. Die heterogenen Revolutionserfahrungen beeinflußten zu einem erheblichen Teil die Art und Weise, wie die Regierungen in der nachfolgenden Zeit reagierten, sowohl im Hinblick auf die innere Politik in den Einzelstaaten als auch in bezug auf die übergreifende allgemeine „deutsche" Politik. Während manche glaubten, es sei damit getan, lediglich das von der revolutionären Welle auf ihren Stränden hinterlassene Treibgut zu beseitigen, waren andere von der Notwendigkeit überzeugt, kräftige Deiche gegen eine erneute Sturmflut aufschütten zu müssen, während eine dritte Gruppe dafür plädierte, der elementaren Brandung teilweise nachzugeben und sie in neu anzulegende Auffangbecken zu leiten.

Über die konkreten machtpolitischen Interessen hinaus waren es diese unterschiedlichen Konzepte und Strategien für den gegenüber der nationalrevolutionären Herausforderung einzuschlagenden Kurs, welche auf den Verhandlungen in Dresden eine Einigung über die Reform des Deutschen Bundes erschwerten und schließlich verhinderten. Nachdem somit auch dieser Neuordnungsversuch mißlungen war, blieb als einzige Option die Rückkehr zum Zustand vor 1848 – zum alten Deutschen Bund in seiner Verfassung von 1815/20. Damit waren selbst unter den deutschen Regierungen nur wenige wirklich zufrieden, sieht man einmal von einigen Kleinstaaten ab, die angesichts der vor und in Dresden diskutierten Pläne eine nicht unberechtigte Angst vor der Mediatisierung oder doch der Einschränkung ihrer Rechte hatten und von daher in der alten Bundesverfassung eine Garantie ihrer eigenständigen souveränen Existenz erblickten. Mancher Vertreter der mindermächtigen Staaten gewann so sehr rasch die Überzeugung, „daß wir am günstigsten abkommen, wenn möglichst wenig an der alten Bundesverfassung geändert wird", wie der nassauische Bevollmächtigte in Dresden, Freiherr von Dungern, schon zu Beginn der Verhandlungen am 27. Dezember 1850 seinem Herzog schrieb.[1]

Eine solche Perspektive, die sich auf den eigenen kleinen Herrschaftsbereich beschränkte und die nationale Dimension ignorierte, welche sich 1848/49 ungeachtet der Niederlage der Paulskirche unwiderruflich Bahn gebrochen hatte, wurde indessen von der großen Mehrzahl der deutschen Regierungen – zumal derjenigen der großen und mittleren Staaten, aber auch in vielen kleineren Ländern – weder zu Beginn der Dresdener Konferenz noch an ihrem ergebnislosen Ende geteilt. Daß die Revision der Bundesverfassung nicht zustande kam, wurde vor allem von den mittelstaatlichen Regierungen als ein großes Versäumnis und eine Enttäuschung empfunden. Das unbefriedigende Ende der Dresdener Konferenz war somit eine Quelle für die in den nachfolgenden Jahren immer wieder neu entfachte Debatte um die Bundesreform, die niemals völlig zum Stillstand kam und die gesamte letzte Phase der Bundesgeschichte von 1850/51 bis 1866 begleitete.

Die Fortsetzung der Bundesreformdebatte war aber nicht allein der bei vielen Regierungen verbreiteten Erkenntnis von der Unzulänglichkeit des bestehenden Bundessystems angesichts der nationalen Herausforderung wie auch angesichts der immer stärker ins Blickfeld rückenden ökonomischen Erfordernisse zu verdanken. Die Frage der politischen Ordnung in Deutschland bildete auch nach der Revolution einen der Schwerpunkte der öffentlichen Diskussion, welche zunächst vor allem in der Presse, der Publizistik und den Landtagen, seit der zweiten Hälfte der 1850er Jahre zusätzlich und in stark zunehmendem Maße auch wieder in politischen und kryptopolitischen Vereinen, in öffentlichen Versammlungen und auf Festen geführt wurde. Anders als im Vormärz bildeten der Deutsche Bund, seine Verfassung und Gesetze, seine innere und äußere Politik nun einen ständigen Gegen-

---

[1] Dungern an Herzog Adolf, Dresden, 27. Dezember 1850, HStA Wiesbaden, Bestand 130 II, Nr. 2123n, fol. 1–3; vgl. QGDB III/1, Dok. 18, S. 92; Dok. 27, S. 133 f.

stand der öffentlichen Debatte. Daran konnten weder die repressiven Maßnahmen in den einzelnen Staaten noch die von der Bundesversammlung selbst gefaßten reaktionären Beschlüsse, so hart sie sich in vielen Einzelfällen auch auswirken mochten, grundsätzlich etwas ändern – zumal insbesondere die Bundesreaktionsbeschlüsse in einer Reihe von Staaten entweder überhaupt nicht umgesetzt oder seit 1858/59 in zunehmendem Maße von den Regierungen selbst ignoriert wurden.[2]

Die deutsche Öffentlichkeit hatte schon an den Verhandlungen der Minister in Dresden, obwohl diese vertraulich geführt werden sollten, regen Anteil genommen. In den Parlamenten, in der Tagespresse, in Flugschriften, Broschüren und politischen Zeitschriften wurden die Erwartungen, Hoffnungen und Befürchtungen geäußert, die sich an die Dresdener Konferenz knüpften. Diese vielstimmige und intensive öffentliche Auseinandersetzung mit der deutschen Frage im allgemeinen und der angestrebten Reform des Deutschen Bundes im besonderen setzte sich nach dem ergebnislosen Ende der Konferenz und der Rückkehr zur alten Bundesverfassung fort. Sowohl die Bundesversammlung als Ganzes wie auch die einzelnen deutschen Regierungen sahen sich dadurch einerseits unter ständigen Rechtfertigungs- und Reformdruck gesetzt, und sie wurden andererseits mit einem nicht mehr abebbenden, sondern im Laufe der Jahre durch außenpolitische Krisen und innere Politikdefizite zusätzliche Schubkraft gewinnenden Diskurs über die nationale Zukunft Deutschlands konfrontiert.

Die Bundespolitik wurde auf diese Weise zu einer Angelegenheit, mit der sich die liberal und national gesinnte deutsche Öffentlichkeit permanent befaßte. Zum leitenden Kriterium wurde dabei die Frage, wie sich die konkreten politischen Maßnahmen der Bundesversammlung und die gesamte innere Entwicklung des Deutschen Bundes zu dem Problem der deutschen Nationaleinheit verhielten. Im Unterschied zum Vormärz, als die konservativen Regierungen das Streben nach der politischen Einigung der Nation weitgehend kriminalisiert und mit der staatenbündischen Ordnung für unvereinbar erklärt hatten, gelang es der deutschen Öffentlichkeit, die Idee der nationalen Einigung auch nach dem Scheitern der Revolution als die den politischen Diskurs beherrschende Kategorie zu etablieren, der sich die fürs erste siegreichen konservativen Obrigkeiten nicht mehr entziehen oder verweigern konnten.

Auf das Ende der Dresdener Konferenz und die allgemeine Wiederanerkennung des Deutschen Bundes in seiner alten Verfassung reagierte die deutsche Öffentlichkeit mit Enttäuschung, beißendem Spott über die Unfähigkeit der Regierungen zur Durchsetzung der angekündigten Bundesreform, harter Kritik an der befürchteten Zurückdrehung des Rades der Geschichte auf den Stand von 1815 und der eindringlichen Aufforderung, es nicht bei diesem

---

[2] Zu den Reaktionsmaßnahmen des Bundes siehe das folgende Kapitel.

Fehlschlag bewenden zu lassen, sondern unverzüglich weitere Anstrengungen zur Reform des Bundes im Sinne der nationalen Interessen zu unternehmen.

Welchen Weg der Deutsche Bund anstelle der Rückkehr zu den alten Bundesverhältnissen einschlagen mußte, wenn er den Interessen der Nation entsprechen wollte, legte ein Mitte 1851 anläßlich der Wiedereröffnung des Bundestages in der renommierten Deutschen Vierteljahrsschrift unter dem Titel „Der neue und der alte Bundestag" veröffentlichter ausführlicher Artikel dar.[3] Darin wurden heftig das vormärzliche Schweigen und die Untätigkeit des Deutschen Bundes im Hinblick auf „die tiefsten Interessen des Vaterlandes" kritisiert.[4] Durch seine „Rath- und Tathlosigkeit nach innen und außen", so hieß es, ging der alte Bund zugrunde, und ein gleiches Ergebnis sei zu befürchten, wenn er sich bei seiner „Wiederbelebung" abermals seiner „Pflicht" zur Wahrnehmung der nationalen Interessen verweigere.[5]

„In dieser für Wiederbelebung eines alten, unter den ungünstigsten Verhältnissen wieder entstandenen, mit allen Anforderungen und allen Erwartungen im Widerspruche gestandenen Instituts, bleibt nur Ein Weg übrig und dieser besteht darin, daß der neue Bund mit dem alten Bunde brechen müsse."[6]

Nur dann könne er weiter Bestand haben, denn das Verharren in der „Lethargie für das Vaterland" würde bedeuten, daß er „zum zweiten- und letztenmal nicht mehr seyn kann".[7] Die einzige dauerhafte Existenzgrundlage für den Deutschen Bund war demnach seine Fähigkeit und Bereitschaft, sich zum Sachwalter der Nation und ihrer Bedürfnisse zu machen:

„Der Bund kann nichts anderes seyn als die Vertretung der gesammten allgemeinen Interessen der gesammten Bundesstaaten Deutschlands. Wo und so oft diese Bundesstaaten nicht die durch ihre naturgemäßen Sonderinteressen eigenen Angelegenheiten zu regeln und zu ordnen haben, so oft es sich also um solche Gegenstände handelt, welche alle Staaten auf gleiche Weise angehen, so oft also Fragen vorliegen, in denen das Ganze als solches den Gegenstand bildet, eben so oft ist die Sache eine Bundesangelegenheit."[8]

Von dieser Voraussetzung ausgehend, skizzierte der Artikel die Bereiche der inneren und äußeren Politik, welche durch eine neue „Bundessatzung" der Zuständigkeit der Bundesversammlung zugewiesen werden sollten, um sie zur „obersten Staatsbehörde deutscher Nation" zu machen.[9] Im einzelnen wurden dabei die folgenden Punkte angesprochen[10]:

---

[3] Deutsche Vierteljahrsschrift 1851, Heft 3, S. 273–309; im folgenden zitiert nach dem Abdruck in: QGDB III/2, S. 6–38.
[4] Ebd., S. 9.
[5] Ebd., S. 13.
[6] Ebd., S. 14.
[7] Ebd., S. 7.
[8] Ebd., S. 14.
[9] Ebd., S. 15.
[10] Ebd., S. 16–35.

Die wiederhergestellte Bundesversammlung und die Reformfrage 73

– Das Militärwesen sollte „weit selbstständiger als es bisher der Fall war, vom Bund in die Hand genommen werden", um die Sicherheit und Macht Deutschlands nach außen hin zu gewährleisten.[11]
– Aus dem gleichen Grund sollten die bisher nicht dem Deutschen Bund angehörenden außerdeutschen Provinzen der Habsburgermonarchie in das Bundesgebiet aufgenommen werden, denn der freiwillige Verzicht auf diese Besitzungen würde das Vaterland „dem Feinde" und „dem Spotte" preisgeben.[12]
– Das gesamte Territorium Deutschlands und Österreichs sollte durch „das Band einer Zolleinigung" auch wirtschaftlich untrennbar miteinander verbunden werden, wobei im Innern die „vollste Handelsfreiheit" gewährt, nach außen aber zunächst noch ein „Schutzsystem" aufrecht erhalten werden sollte.[13]
– Die Verfassung des Bundes sollte zu einer Gesamtstaatsverfassung ausgebaut werden, die sowohl im Einklang mit den Einzelstaatsverfassungen stand als auch mit den Erwartungen der Nation.
– Als wichtigstes Element der Neugestaltung des Bundes wurde die Schaffung einer Volksvertretung, gebildet aus Delegierten der Einzelparlamente, vorgeschlagen, die an der Gesetzgebung des Bundes mitwirken sollte. Begründet wurde dies unter anderem damit, daß man ohne eine Beteiligung des Volkes „bei einer gewissen Bildungsstufe des Volkes nicht mehr regieren könne".[14]
– Als besonders dringlich wurde es empfunden, daß der Deutsche Bund nun endlich die schon 1815 versprochene Befreiung der Flußschiffahrt von Zollschranken und anderen Hindernissen durchsetzte. Eine der ersten Handlungen des neuen Bundes sollte ferner die Einleitung von Verhandlungen über die Vereinheitlichung von Münzen, Maßen und Gewichten in Deutschland sein.
– Mit dem letztgenannten Punkt waren bereits Gegenstände angesprochen, die zu einem Bereich gehörten, auf die sich fortan die Aufmerksamkeit des Bundes besonders richten sollte: „die deutsche Nationalgesetzgebung".[15] In dieser finde das bisher zugunsten des Partikularismus vernachlässigte „Gemeinsamdeutsche" seinen Ausdruck und seine Verwirklichung. Indem der Bund sich dieses „Gemeinsamdeutschen" annehme, das bislang „kein Vaterland", „keine Vertretung" und seit langer Zeit „keine Geschichte" gehabt habe, schaffe er sich ein Leben, „das auch Fleisch und Blut"[16] habe, er gewinne an Ansehen und Vertrauen in der Bevölkerung, und er verhindere schließlich die weitere Zersplitterung des Rechts mit ihren so nachteiligen Folgen für das Leben und Wirtschaften in Deutschland.

---

[11] Ebd., S. 16.
[12] Ebd., S. 18.
[13] Ebd., S. 23.
[14] Ebd., S. 26.
[15] Ebd., S. 32; ebd. auch die folgenden Zitate.
[16] Ebd., S. 33.

Der übergeordnete Bezugspunkt der Argumentation waren das Nationale, das Gemeinsamdeutsche, das Wohl des Vaterlandes und die Bedürfnisse der deutschen Bürger. Zu ihrem Nutzen sollte der Deutsche Bund wirken, und nur, wenn er dies tat, konnte er auf Dauer Bestand haben:

„Denn wer immer an die Spitze der deutschen Angelegenheiten mit Erfolg sich stellen will, muß an die Spitze der Bedürfnisse sich stellen und diese wahrhaft zum allgemeinen Besten zu befriedigen suchen."[17]

Hier wurde ein nationaler Imperativ proklamiert, der die berechtigten Ansprüche der bürgerlichen Gesellschaft auf die politische, rechtliche und ökonomische Integration Deutschlands über die Partikularinteressen der Einzelstaaten, das Souveränitätsdenken der Monarchen und die Machtrivalitäten der deutschen Großmächte stellte. Die unzweifelhaft bestehenden gravierenden Gegensätze zwischen den Einzelstaaten, welche eine Gefahr für das Vaterland darstellten, sollten durch eine gemeinsame Anstrengung langsam abgebaut werden. Ihr Zentrum sollte diese nationale Gemeinsamkeit im Deutschen Bund finden, dem nicht länger die Mittel zu einer das allgemeine deutsche Interesse fördernden praktischen Politik vorenthalten werden sollten:

„Die Zeit verzehrt die Gegensätze. Baut nicht alles auf Theorie, leitet nicht alles für Leben und Staat aus Begriffen ab. Wie viele Schroffheiten wurden durch den Zollverein beseitigt, wie viele werden durch die Volksvertretung beim Bunde beseitigt werden? Aber ebendeshalb macht mit dem Bunde keinen Schein, gebt ihm, was ihm gehört, und sehen wir zu, ob nichts daraus wird. [...] Baut so stückweise aus den Bedürfnissen des Lebens heraus, es verwächst sich besser, befriedigt mehr und verletzt keine Begriffe. Aber um's Himmelswillen laßt den Streit von Preußens Ehre und Oesterreichs Croatien in Ruhe, freut euch, daß ihr beides habt. Schafft uns was Praktisches, verschont uns mit Redensarten und Geschäftsordnungen."[18]

Dem in der Deutschen Vierteljahrsschrift veröffentlichten leidenschaftlichen Appell, nicht wieder zu der alten, von Stagnation und Streit gekennzeichneten Bundespolitik zurückzukehren, entsprach auf der Seite der Regierungen die von einigen mittelstaatlichen Ministern und Diplomaten im unmittelbaren Anschluß an die Dresdener Konferenz verfolgte Absicht, die Reformanstrengungen trotz des bisherigen Mißerfolgs fortzusetzen. Zwar erwarteten manche derjenigen, die an den fruchtlosen Dresdener Verhandlungen teilgenommen hatten, „von der Wirksamkeit des wieder auftretenden Bundestags nichts dauerndes und nichts Ersprießliches"[19], doch ist es andererseits bemerkenswert, wie viele Regierungsvertreter an der Hoffnung auf eine Bundesreform festhielten und auf die Einleitung entsprechender Schritte durch die Bundesversammlung drängten. So instruierte beispielsweise die hannover-

---

[17] Ebd., S. 35.
[18] Ebd., S. 37f.
[19] Eisendecher an Berg, Dresden, 19. Mai 1851, StA Oldenburg, 31-13-19-85 B, fol. 503f.

sche Regierung ihren Bundestagsgesandten schon am 18. Mai 1851, seine besondere Aufmerksamkeit unter anderem „auf die völlige Entwicklung der Verfassung des Bundes in der durch die Bundes-Akte gegebenen Form zur Befriedigung wahrhaft gemeinsamer Bedürfnisse" zu richten. Insbesondere wurde Wert gelegt „auf die Ausbildung der Verfassung des Bundes zu größerer Festigkeit durch Anbahnung eines allgemeinen Deutschen Bundesrechts und durch Gewährung allseitigen Rechtsschutzes mittelst des baldigst herzustellenden Organs eines ständigen Bundesgerichts" sowie „auf die Einrichtung einer Repräsentation aus den Stände-Cammern der einzelnen Bundesstaaten, behuf Vertretung anderer wahrhaft gemeinsamer Bedürfnisse und behuf erleichterter Erhaltung des nöthigen Einklanges zwischen den Grundgesetzen des Bundes und der Verfassung und Gesetzgebung der einzelnen Bundesstaaten".[20]

Zur gleichen Zeit drängte der Bundespräsidialgesandte Graf Thun seine Regierung in Wien dazu, nicht in die alte bundespolitische Passivität zurückzufallen, sondern durch „eine erhö[h]te Kraftanwendung" von seiten Österreichs „eine gewisse Thätigkeit und Thatkraft in die Maschine" zu bringen. Sein Vorschlag ging insbesondere dahin, die Ausschüsse der Bundesversammlung zu aktivieren und durch sie „wirklich praktische, nützliche Neuerungen" vorbereiten zu lassen. Zwar glaubte Thun nicht an die Möglichkeit, mit den „stumpfen Handwerkszeugen" der bestehenden Bundesverfassung „wesentliche Verbeßerungen und prinzipielle Neuerungen" bewirken zu können, doch wollte er dennoch den Versuch unternehmen, durch eine dynamische Bundespolitik, welche sich den nationalen Bedürfnissen widmete, die deutsche Öffentlichkeit zu beeindrucken. Thun hoffte dabei zum einen auf die Überwindung der Reformblockade durch eine Verständigung zwischen Österreich und Preußen über den Kurs der deutschen Politik, zum anderen wollte er demonstrieren, daß nicht die Bundesversammlung und die Präsidialmacht Österreich den inneren Stillstand zu verantworten hatten:

„Immer muß aber, glaube ich, *das* offen vor die Augen eines jeden Unparheiischen gelegt und der ganzen Welt gezeigt werden wer hindernd wirkt, wer in allem Nützlichen und wahrhaft Nothwendigen, ohne Scheu vorangeht. Die Nazion wünscht in ihrer Mehrheit eine kräftige Regierung, und wenn man sich vor einzelnen Polizei-Maßregeln, die in ihrem Resultate doch höchstens Paliative sind in Acht nimmt, aber ein ganzes System streng verfolgt, so wird man sich immer Achtung und Anerkennung verschaffen."[21]

Das Urteil der „Nation" wurde offensichtlich sogar bei dem Frankfurter Vertreter der Habsburgermonarchie zu einem der wichtigsten Faktoren bei der Ausrichtung der nachrevolutionären Bundespolitik. Thun konnte sich indessen mit seiner Auffassung gegenüber seinem Ministerpräsidenten Schwar-

---
[20] Münchhausen an Schele, Hannover, 18. Mai 1851, QGDB III/2, S. 40f.
[21] Thun an Schwarzenberg, Frankfurt, 19. Mai 1851, QGDB III/2, S. 43–45.

zenberg nicht durchsetzen. Dieser ignorierte wie bereits auf der Dresdener Konferenz alle Initiativen zu einer Bundespolitik, welche die Interessen der Nation und der bürgerlichen Gesellschaft zur Richtschnur nahm, und konzentrierte sich statt dessen darauf, in vertraulichen Verhandlungen mit Preußen ein ganzes Bündel von repressiven Bundesbeschlüssen vorzubereiten. Das Dresdener Reformpaket, über das ja in der Bundesversammlung weiter verhandelt werden sollte, spielte im Kalkül Schwarzenbergs keine Rolle mehr. Thun übte daran in einem Bericht vom 30. Juni 1851 kaum verhohlene Kritik, indem er sich darüber beklagte, daß die Dresdener Vorlagen immer noch nicht der Bundesversammlung übermittelt worden waren. Thun machte Schwarzenberg darauf aufmerksam, „wie sehr das Publikum sowohl als die Mehrzahl meiner Kollegen anfängt über diesen die Erwartung bedeutend überschreitenden Aufschub unmuthig und – mißtrauisch zu werden". Er warnte davor, die öffentliche Meinung zu vernachlässigen und den Eindruck entstehen zu lassen, „daß der Bundestag in seine alte Trägheit und Geschäftsunthätigkeit zurückkehre".[22]

Manche waren schon davon überzeugt, daß ebendies das Resultat der Politik Österreichs und Preußens sein werde, die in den zwei Monaten nach dem Ende der Dresdener Konferenz über die Köpfe ihrer Bundesgenossen hinweg in bilateralen Verhandlungen die weiteren Schritte vorbereiteten. Der lübeckische Bundestagsgesandte Brehmer berichtete am 30. Juni aus Frankfurt, Österreich sei dagegen, den Schwerpunkt der deutschen Angelegenheiten in die Bundesversammlung zu verlegen:

„Wer daher noch Hoffnung auf eine, den Bedürfnissen der Deutschen Nation entsprechende Thätigkeit der Bundesversammlung hat, mag diese aufgeben. Wenn die Bundesversammlung nicht zu einem bloßen Werkzeug herabgedrückt wird, können sich nur Dresdener Situationen wiederholen."[23]

Vor allem in den Mittelstaaten stieß das Vorgehen der beiden deutschen Großmächte auf Kritik. Zum einen befürchtete man eine „dualistische" Verständigung der Kabinette von Wien und Berlin ohne Rücksicht auf die Interessen und Absichten der übrigen deutschen Staaten. Hinzu kam die berechtigte Sorge darüber, die Idee der Bundesreform könne völlig beiseite geschoben und statt dessen eine reine Reaktionspolitik eingeschlagen werden. Der dänische Bundestagsgesandte Bülow gab einer weitverbreiteten Überzeugung Ausdruck, als er seiner Regierung am 8. Juli 1851 schrieb, es sei „mit bloßen Repressiv-Maßregeln" in Deutschland nicht getan.[24] Wenn der Deutsche Bund sich abermals darauf beschränkte, die liberale Opposition und die na-

---

[22] Thun an Schwarzenberg, Frankfurt, 30. Juni 1851, HHStA Wien, PA II 21, fol. 191–194, Zitate fol. 191v.
[23] Brehmer an Curtius, Frankfurt, 30. Juni 1851, Archiv der Hansestadt Lübeck, Altes Senatsarchiv, DB, B 29, Fasz. 1.
[24] Bülow an von Reedtz, Frankfurt, 11. Juli 1851, Rigsarkivet Kopenhagen, Bestand Udenriksministeriets, det tyske forbund, depêcher 1851–52, Bericht Nr. 19.

tionalen Bestrebungen zu unterdrücken, wenn er darauf verzichtete, die ökonomischen, legislativen und politischen Integrationsbedürfnisse wenigstens teilweise zu befriedigen, dann war er nach der Auffassung vieler maßgebender Regierungspolitiker auf Dauer nicht zu halten. Diese Auffassung war ein wichtiges Motiv dafür, daß auch konservative Minister und Diplomaten seit 1850 dafür plädierten, am und mit dem Deutschen Bund eine Politik der „defensiven Modernisierung" einzuleiten.

Der vielfach geäußerte Reformwille hatte aber noch eine andere Wurzel als die Angst vor dem Untergang der bestehenden politischen Ordnung. Er war nicht nur auf die Erhaltung des nach vielen Wirren mühsam wieder in Kraft gesetzten monarchischen Staatenbundes bedacht, sondern beinhaltete darüber hinaus eine dynamische, auf fortschreitende föderativ-nationale Entwicklung gerichtete Komponente. Wie stark diese inzwischen das Denken und die politischen Absichten mancher Regierungen prägte, zeigt die Auseinandersetzung über die Frage des Austritts der preußischen Landesteile Ost- und Westpreußen sowie Deutsch-Posen aus dem Deutschen Bund. Diese Gebiete waren im April/Mai 1848 in den Bund aufgenommen worden, doch beantragte Preußen im Sommer 1851 die Aufhebung der entsprechenden Bundesbeschlüsse, da sie nicht mit dem Bundesrecht vereinbar seien.[25]

Das Vorgehen der preußischen Regierung wurde von vielen Bundesgenossen als ein deutliches Anzeichen dafür angesehen, daß Preußen sich von der „Entwicklung des föderativen Lebens" in Deutschland abwandte und wieder mehr zu einer partikularistischen Politik hinneigte.[26] Der sächsische Außenminister Beust beklagte die hemmende Rückwirkung „auf der Verfolgung *des* Weges, den wir ganz im Gegensatz zu dem früher betretenen, jetzt eingeschlagen sehen möchten". Gemeint war damit der von Beust ausdrücklich befürwortete Übergang von einer antinationalen und partikularistischen zu einer nationalen und föderativen Bundespolitik:

„Wir haben nie aufgehört anzuerkennen, daß die nationale Frage Ausfluß eines wirklichen Bedürfnisses, daher eine bleibende, practische sei, welche mit den bestehenden Verhältnissen in Einklang gebracht, der Revolution entwunden und auf Bundesboden gelöst werden muß."[27]

Gewiß, auch Beust hob den prophylaktischen Aspekt einer derartigen Politik hervor, der darin bestand, die „bundesstaatlichen Tendenzen" abzuwehren und die Dynastien zu sichern.[28] Gleichwohl hatte sein Politikentwurf einen erstaunlich offensiven Charakter, wenn er seinen Gesandten in der Bundesversammlung erklären ließ, es gehe darum, dem Bund eine erhöhte politische Geltung zu verschaffen, die nationale Frage auf dem Boden des

---

[25] Vgl. dazu *Huber*, Deutsche Verfassungsgeschichte, Bd. 2, S. 641–643; ProtDBV 1848, S. 379–381, 447–449; ProtDBV 1851, § 45, S. 61, § 149, S. 336, § 178, S. 421–423.
[26] Meysenbug an Rüdt, Berlin, 11. Juli 1851, GLA Karlsruhe, 48/2648.
[27] Beust an Nostitz, Gastein, 7. Juli 1851, HStA Dresden, AM 923, fol. 22–24, Zitat fol. 22.
[28] Ebd.

Bundesrechts zu lösen und den positiven Effekt des föderativen Prinzips zu demonstrieren.[29]

Ähnlich wie Beust erblickte auch der württembergische Bundestagsgesandte Reinhard im Austritt der preußischen Ostprovinzen aus dem Deutschen Bund einen Rückschritt von der „bisherigen historischen Entwickelung der inneren wie äußeren Verhältnisse Deutschlands" und eine Negation des „deutschen Bedürfnisses" nach „*allmähliche[r]* Ausbildung des Deutschen Bundes zu einer föderativ-einheitlichen handelspolitischen Großmacht". In diesem Zusammenhang äußerte Reinhard die Auffassung, es sei „im hohen Grade wünschenswerth, daß der Bund mehr inneren Gehalt, als bisher, erhalte und dadurch, daß mehr Angelegenheiten zu allgemein deutschen gestempelt werden, so zu sagen, im bundesstaatlichen Sinne weiter entwickelt werde".[30]

Zu dieser Neuausrichtung der Bundespolitik, die im Frühsommer 1851 in der deutschen Öffentlichkeit und von seiten einiger mittelstaatlicher Regierungen verlangt wurde, kam es indessen nicht. Spätestens im Juli 1851 stellte sich heraus, daß der Deutsche Bund nach dem Willen der beiden Großmächte keinen neuen Weg im Sinne einer national-föderativen und integrativen Entwicklung einschlagen, sondern in die alten Gleise der repressiven Ordnungspolitik zurückkehren sollte. Der nach der revolutionären Zäsur wiederbelebte Bund wandelte sich nicht zu dem von vielen erhofften *neuen* Bund – er nahm vielmehr sehr rasch wieder die Züge des *alten* Bundes an. Abermals sollte nicht die Förderung von nationalen und bürgerlichen Interessen den Schwerpunkt seiner Tätigkeit bilden, sondern gerade im Gegenteil die Unterdrückung des nationalen Einheits- und Freiheitsstrebens, die Aufrechterhaltung der monarchischen Autorität und einzelstaatlichen Souveränität (insofern sie sich der Bekämpfung der Revolution und ihrer Folgen verschrieb). In mancher Hinsicht ging die Absicht stärker noch als im Vormärz dahin, den Bund zu einer mächtigen Agentur der Reaktion zu machen: Geplant waren restriktive Bundesgesetze über die Presse, das Vereins- und Versammlungswesen, eine neue Bundespolizeibehörde, tiefe Eingriffe in die Verfassung und Gesetzgebung der Einzelstaaten durch spezielle Ausschüsse der Bundesversammlung.

Dieses Programm der Reaktion konnte zwar, wie im folgenden Abschnitt gezeigt wird, nicht in dem Maße durchgesetzt werden, wie es insbesondere Österreich und Preußen wünschten, und viele seiner Instrumente blieben verhältnismäßig stumpf. Gleichwohl führte es im Sommer 1851 sehr rasch dazu, daß die Bestrebungen, die in Dresden diskutierte national-föderative Bundesreform auf die Tagesordnung der Bundesversammlung zu setzen und

---

[29] Sächsische Erklärung in der Bundestagssitzung vom 3. Oktober 1851, ProtDBV 1851, § 178, S. 421.
[30] Reinhard an König Wilhelm, Frankfurt, 7. Juli 1851, HStA Stuttgart, E 65, Verzeichnis 57, Büschel 314.

Die wiederhergestellte Bundesversammlung und die Reformfrage 79

entsprechende Schritte einzuleiten, schon im Keim erstickt wurden. Bezeichnend für die Prioritäten, die der Bund setzte, waren die Ereignisse und Ergebnisse der 14. Sitzung des Bundestags vom 8. Juli 1851.[31] Zunächst legte der österreichische Präsidialgesandte Thun der Versamlung die Vorlagen und Ausarbeitungen der Dresdener Konferenz vor. Als einziges konkretes Resultat der Konferenz konnte die in Dresden getroffene Vereinbarung über die rasche Bereitstellung eines bestimmten Militärkontingents zur Durchsetzung der Bundesbeschlüsse als „bundesgesetzlich verpflichtende Norm" verabschiedet werden.[32] Alle übrigen in Dresden verhandelten Gegenstände wurden auf Vorschlag Österreichs mit allseitiger Zustimmung zur weiteren Beratung in Ausschüsse verwiesen. Insgesamt wurden vier Ausschüsse eingesetzt[33]:

1. Ein Ausschuß für die Änderung der Geschäftsordnung der Bundesversammlung, der beauftragt wurde, einen definitiven Bundesbeschluß zur Umsetzung der ebenfalls bereits in Dresden getroffenen Übereinkunft über die Beschränkung der Frist zur Instruktionseinholung zu formulieren.

2. Ein aus sieben Mitgliedern bestehender politischer Ausschuß, dem die Arbeiten der 1. und 2. Kommission der Dresdener Konferenz über die Reorganisation der obersten Bundesbehörde und ihre Kompetenzen übergeben wurden.

3. Ein ebenfalls sieben Mitglieder umfassender handelspolitischer Ausschuß, der mit der Prüfung der Arbeiten der 3. Dresdener Kommission über „Einrichtungen zur gemeinsamen Förderung der materiellen Interessen"[34] beauftragt wurde.

4. Ein fünf Mitglieder zählender Ausschuß für das oberste Bundesgericht, der die entsprechenden Vorschläge der 4. Dresdener Kommission bearbeiten sollte.

Im Kontrast zu dieser formellen, ohne weitere inhaltliche Kommentierung erfolgenden Behandlung der Bundesreformfrage stand die unmittelbar anschließende Initiative von Österreich und Preußen zur Einleitung von „Maaßregeln zur Wahrung der öffentlichen Sicherheit und Ordnung im Deutschen Bunde".[35] In einem gemeinsam von den beiden Großmächten vorgelegten Antrag, auf den sie sich bereits Anfang Juni verständigt hatten[36], wurde es als die dringendste Aufgabe des Bundes bezeichnet, „daß der innere Friede

---

[31] ProtDBV 1851, § 67 u. 68, S. 127–133.
[32] Ebd., S. 127. Der Beschluß lautete: „Die sämmtlichen Bundesglieder verpflichten sich – für jetzt und bis zu weiterer Beschlußnahme – um die Vollziehung der Bundesbeschlüsse auf das Schleunigste stets bewirken zu können, eine Militärmacht von zwei Fünftel des im § 28 der Bundes-Kriegsverfassung vom 12. April 1821 bestimmten Contingents binnen 8 Tagen nach der ersten vorläufigen Benachrichtigung Seitens der Bundesversammlung in völliger Marschbereitschaft zu halten".
[33] Ebd., S. 128f.
[34] QGDB III/1, S. 63.
[35] ProtDBV 1851, § 68, S. 129–133.
[36] QGDB III/2, Dok. 8, S. 55–59.

Deutschlands befestigt, den Kräften der Zerstörung, die ihn seit den Ereignissen des Jahres 1848 zerrütteten, Einhalt gethan werde".[37] Der Stabilisierung der inneren Verhältnisse, der Herstellung von Ruhe und Ordnung, der Beseitigung der Folgen der Revolution, der Unterdrückung der noch vorhandenen revolutionären Tendenzen wurde der absolute Vorrang vor einer inneren Reform des Bundessystems und einer die allgemeinen Bedürfnisse fördernden Bundespolitik gegeben. In völliger Umkehrung dessen, was seit 1849 von den Reformbefürwortern als Voraussetzung für eine erfolgreiche Bundespolitik diskutiert worden war, proklamierten Österreich und Preußen nun, daß an eine erfolgreiche Tätigkeit der Bundesversammlung zum allgemeinen Nutzen Deutschlands gar nicht zu denken sei, bevor nicht der „innere Friede", das heißt die konservativ-monarchische Autorität im gesamten Bundesgebiet wiederhergestellt sei:

„Vergeblich würde dann der Bund an eine lebendigere Pflege der wahrhaft gemeinsamen Volksinteressen auch nur die Hand zu legen versuchen."[38]

Dieser Politikansatz stellte eine dezidierte Absage an das Konzept dar, durch eine Reform der Revolution vorzubeugen, und erklärte statt dessen die Gegenrevolution zur Vorbedingung jeglicher Reform. Es lief darauf hinaus, die politische Opposition zum Schweigen zu bringen, bevor man darüber nachdachte, was denn dem Volk und der Nation zugestanden werden könne. Hier wurde ein vormärzliches Politikverständnis reaktiviert, das die Chancen des Deutschen Bundes, sich in Einklang mit den auf nationale Integration drängenden Kräften zu setzen, erheblich schmälerte.

Wie schon im Vormärz, genoß der „Sicherheitszweck"[39], wie es hieß, absolute Priorität, und zu seiner Durchsetzung schlugen Österreich und Preußen eine Reihe von militärischen, polizeilichen und legislativen Maßnahmen vor, die von der Bundesversammlung beschlossen und durchgeführt werden sollten. Während es im Hinblick auf die militärischen und polizeilichen Vorkehrungen zunächst bei der bloßen Ankündigung von speziellen Anträgen blieb, schlugen die Großmächte als „schleunigst" umzusetzende Maßregeln vor[40]:

1. Die in etlichen Staaten immer noch geltenden „Grundrechte des deutschen Volkes" sowie die in der Revolutionszeit eingeführten liberalen Verfassungen und Gesetze sollten förmlich aufgehoben werden, um die „öffentliche Ordnung" der Einzelstaaten „mit den Grundgesetzen des Bundes, und mit der bundesmäßigen Verpflichtung, die allgemeine Sicherheit nicht zu gefährden, in Uebereinstimmung zu bringen".

2. Zur Überwachung der den Einzelregierungen vom Bund aufgetragenen Verfassungsrevision sollte ein Bundesausschuß bestellt werden, der, wenn

---
[37] ProtDBV 1851, S. 130.
[38] Ebd.
[39] Ebd.
[40] Ebd., S. 132 f.

nötig, durch die Entsendung von Bundeskommissaren die Durchführung der reaktionären Maßnahmen sicherstellen sollte.

3. Die Bundesversammlung wurde aufgefordert, ein Verbot von Zeitungen und Zeitschriften zu beschließen, „welche socialistische oder communistische, oder auf den Umsturz der Monarchie gerichtete Zwecke verfolgen".

Diese Anträge wurden „zur schleunigen Begutachtung" eben jenem politischen Ausschuß überwiesen, der nur wenige Minuten zuvor mit der Aufgabe betraut worden war, die Beratungen über die Reform der Bundesverfassung weiterzuführen. Der politische Ausschuß – wie im übrigen auch die Ausschüsse für die Handelspolitik und das Bundesgericht – befaßte sich in der Folgezeit mit den ihm gestellten Aufträgen in einer Art und Weise, welche das einstweilige Scheitern des Bundesreformkonzepts besiegelte.

Die drei genannten Ausschüsse sowie auch der Ausschuß für die Änderung der Geschäftsordnung wurden am 10. Juli 1851 gewählt.[41] Der politische Ausschuß setzte sich zusammen aus den Bundestagsgesandten von Österreich (Thun), Preußen (Rochow), Bayern (Xylander), Sachsen (Nostitz), Hannover (Schele), Baden (Marschall) und Hessen-Darmstadt (Münch), als Stellvertreter fungierten die Gesandten von Württemberg (Reinhard) und der 15. Kurie (Eisendecher). Die Tätigkeit des Ausschusses konzentrierte sich ganz überwiegend auf die Vorbereitung der von Österreich und Preußen am 8. Juli beantragten Reaktionsmaßnahmen. Thun sorgte als Ausschußvorsitzender durch eine geschickte Regie dafür, daß die Beratung der Dresdener Reformvorlagen in den Hintergrund gedrängt und schließlich sogar ganz eingestellt wurde. In der ersten Sitzung des Ausschusses, die am 22. Juli 1851 stattfand, wurde beschlossen, das umfangreiche Dresdener Material in zwei Teile zu zerlegen und je einen Referenten mit der Bearbeitung zu beauftragen. Die Aufteilung erfolgte in der Weise, daß das Gros derjenigen Vorschläge der 1. und 2. Dresdener Kommission, welche auf eine Umgestaltung der obersten Bundesbehörden und eine Neuordnung ihrer Kompetenzen abzielten, dem hannoverschen Gesandten Schele übertragen wurden, während seinem sächsischen Kollegen Nostitz die Berichterstattung darüber zugewiesen wurde, wie der Bundesbeschluß vom 2. April 1848 über die Aufhebung der vormärzlichen Ausnahmegesetze zu interpretieren sei (1), welche Vorkehrungen zur Aufrechterhaltung der in Artikel 14, 15 und 17 der Bundesakte gewährten Privilegien zu ergreifen seien (2) und was im Hinblick auf die in Dresden vorgeschlagene Schaffung einer ständischen Vertretung beim Deutschen Bund zu unternehmen sei (3).

Das Motiv für diese inhaltlich wenig einleuchtende Aussonderung einiger disparater Gegenstände lag offenbar in der Absicht begründet, die Vorbereitung der ins Auge gefaßten Reaktionsmaßnahmen von den Beratungen über das Dresdener Reformpaket zu trennen, um sie zügig und ohne Verknüpfung

---

[41] ProtDBV 1851, § 76, S. 164f.

mit einer nach den bisherigen Erfahrungen kaum realisierbaren und von den Großmächten auch nicht mehr gewünschten Reform der Bundesverfassung durchsetzen zu können. Darauf deutet jedenfalls die Tatsache hin, daß die preußisch-österreichischen Anträge vom 8. Juli nicht dem Referenten Schele übertragen wurden, obwohl sie inhaltlich in enger Verbindung mit den von ihm bearbeiteten Dresdener Vorschlägen vor allem im Hinblick auf die Übereinstimmung der einzelstaatlichen Verfassungen und Gesetze mit dem Bundesrecht und die Abgrenzung der Kompetenzen zwischen den Bundesbehörden und den Einzelregierungen standen. Statt dessen erhielt auf Veranlassung Thuns Nostitz den Auftrag, die angeregten Maßregeln zur „Wahrung der öffentlichen Sicherheit und Ordnung" zu begutachten.[42]

Dabei spielte auch das Kalkül eine Rolle, die bereits von mehreren deutschen Regierungen geäußerten Bedenken gegen eine zu starke Beeinträchtigung der einzelstaatlichen Rechte durch die beabsichtigten Bundesbeschlüsse zu umgehen, indem man die Anträge nicht einer langwierigen verfassungsrechtlichen Erörterung mit ungewissem Ausgang überließ, sondern sie als unerläßliche Sofortmaßnahmen zur Beseitigung der revolutionären Bedrohung darstellte. Nach dem Muster der Reaktionsbeschlüsse von 1819/20 und 1832/34 versuchten Österreich und Preußen abermals, unter Verzicht auf rechtliche Grundsatzdebatten, die Bundesversammlung zum Instrument einer repressiven Politik zu machen – und sie waren mit dieser Taktik erneut erfolgreich, wie der weitere Fortgang der Angelegenheit zeigt.

Im politischen Ausschuß wurden bereits Anfang August 1851 zwei Vortragsentwürfe vorgelegt, die sich mit der Frage der Umsetzung der von Österreich und Preußen beantragten Maßnahmen befaßten.[43] Der Entwurf von Schele begutachtete sie vor dem Hintergrund der in Dresden geführten Verhandlungen und plädierte dafür, so weit wie möglich an den bisherigen Grenzen der Bundesgewalt gegenüber den Rechten der Einzelregierungen festzuhalten. Nostitz hingegen ging in seinem Entwurf kaum auf die verfassungsrechtlichen Probleme ein, sondern hob statt dessen die Dringlichkeit hervor, angesichts der großen Gefahren die beantragten Maßnahmen sofort zu ergreifen. Den Grund dafür erblickte der bayerische Gesandte Xylander in den inneren Zuständen Sachsens und in der großen „Dienstbeflissenheit" der sächsischen Regierung gegenüber Österreich.[44] Obwohl der bayerische Gesandte wie auch die Vertreter von Hannover und vermutlich auch Baden und Hessen-Darmstadt eher dazu neigten, die innere Ordnung mit solchen Mitteln herzustellen, „welche sich auf den Rechtszustand gründen, als mit solchen, welche an den Zustand erinnern, wo die Gewalt vorherrschen mußte"[45], und obwohl ihre Regierungen weniger an den Maßnahmen selbst als an den von Nostitz

---

[42] Xylander an König Maximilian II., Frankfurt, 9. August 1851, HStA München, MA 1399.
[43] Ebd.
[44] Ebd.
[45] Ebd.

dafür angeführten Motiven Anstoß nahmen[46], setzten die Großmächte ihre Linie im politischen Ausschuß durch. Nachdem sich ihre Regierungen für den Entwurf des sächsischen Gesandten ausgesprochen hatten, zog Schele Mitte August sein auf die Dresdener Konferenzergebnisse gestütztes Gutachten zurück. Thun setzte daraufhin unverzüglich einen Termin für die Abstimmung über den zum Ausschußantrag erklärten Nostitzschen Entwurf in der Bundesversammlung fest.[47] Bereits am 16. August trug Nostitz im Namen des Ausschusses den von ihm verfaßten Beschlußentwurf vor[48], und nur eine Woche später, am 23. August 1851, fand in der Bundesversammlung die Abstimmung statt. Der Antrag wurde mit der Mehrheit von 13 der 17 Stimmen des Engeren Rates zum Bundesbeschluß erhoben, während vier Gesandte erklärten, wegen fehlender Instruktionen noch kein Votum abgeben zu können.[49]

Im Gegensatz zu der Aktivität, welche der politische Ausschuß bei der Vorbereitung des Reaktionsbeschlusses vom 23. August 1851 entfaltete, kam er seinem zweiten Auftrag, der Beratung der Dresdener Vorlagen über die Bundesreform, nicht nach. Verhandlungen darüber wurden offenbar nie geführt, ein Ausschußgutachten kam nicht zustande, und demzufolge unterblieb auch jegliche Berichterstattung in der Bundesversammlung. Nur hin und wieder gibt es in den ansonsten reichlich sprudelnden Quellen einen Hinweis auf die liegengelassene Aufgabe, sich der von Dresden übermittelten „schätzbaren Materialien" anzunehmen. Bezeichnenderweise künden diese kargen Belege von dem anhaltenden Bemühen, die Aufnahme von Beratungen über die Bundesreform zu blockieren. So wandte sich Bismarck am 20. September 1851 vorsorglich an Ministerpräsident Manteuffel, um dessen Einverständnis zur kategorischen Ablehnung einer Volksvertretung beim Bund einzuholen für den Fall, daß der Ausschuß diese Angelegenheit aufgreifen sollte.[50] Diese Eventualität trat indessen niemals ein. Der politische Ausschuß widmete seine Tätigkeit ausschließlich der Vorbereitung reaktionärer Maßnahmen wie der Einschränkung der Pressefreiheit von seiten des Bundes, mit der er sich seit August 1851 über mehrere Jahre hin befaßte.

Während der politische Ausschuß den ihm gestellten Auftrag, über eine Umgestaltung der Bundesverfassung, insbesondere die Erweiterung seiner Institutionen und Kompetenzen zu beraten, völlig ignorierte, gingen die

---

[46] Rüdt an Marschall, Karlsruhe, 15. August 1851, GLA Karlsruhe 49/430; Pelkhoven an Xylander, München, 19. August 1851, HStA München, Bayerische Gesandtschaft Bundestag, Nr. 267.
[47] Pelkhoven an König Maximilian II., München, 19. August 1851, HStA München, MA 1399.
[48] ProtDBV 1851, § 116, S. 254–264.
[49] ProtDBV 1851, § 120, S. 269–272. Nicht instruiert waren die Gesandten der Niederlande, der großherzoglich und herzoglich sächsischen Häuser, der 15. Kurie (Oldenburg, Anhalt, Schwarzburg) und der 17. Kurie (Freie Städte).
[50] Bismarck an Manteuffel, Frankfurt, 20. September 1851, in: *Bismarck*, Gesammelte Werke, Bd. 1, S. 55.

beiden anderen am 10. Juli gewählten Ausschüsse an die Arbeit und bemühten sich, auf der Grundlage der Dresdener Entwürfe die Verhandlungen über die Frage des Bundesgerichts und die handelspolitische Integration voranzubringen.

In den „Ausschuß für die vorgeschlagene Einsetzung eines obersten Bundesgerichts" wurden am 10. Juli 1851 die Gesandten von Österreich, Hannover, Großherzogtum Hessen, Braunschweig und Nassau sowie Mecklenburg gewählt.[51] Die Ausarbeitung des Gutachtens übernahm der mecklenburgische Gesandte von Oertzen, der am 25. September einen umfangreichen Vortragsentwurf fertigstellte[52], in dem er auf der Grundlage der Dresdener Materialien der 4. Kommission noch einmal detailliert die Fragen erörterte, die sich im Hinblick auf die Organisation und die Kompetenzen eines obersten Bundesgerichts stellten.[53] Zu den Ausführungen Oertzens erstellte sein Kollege Schele ein ausführliches Korreferat, in dem viele Einwände gegen die vorgeschlagenen Regelungen erhoben und zahlreiche Änderungsvorschläge gemacht wurden.[54] Dieser Vorgang dokumentiert, daß unter den deutschen Regierungen immer noch kein Konsens darüber herrschte, wie das Bundesgericht gebildet und wie seine Befugnisse gegen die Rechte der Einzelstaaten abgegrenzt werden sollten. Gegenüber den darüber in Dresden geführten Diskussionen war kein Fortschritt zu erkennen. Im Gegenteil, die Befürchtungen, das Bundesgericht könne zu selbständig werden, sich der Kontrolle der Bundesversammlung entziehen und über Gebühr in die Souveränität der Einzelstaaten eingreifen, waren eher größer als kleiner geworden.

Das entscheidende Hindernis für eine erfolgreiche Tätigkeit des Ausschusses war jedoch nicht der Streit um die Einzelheiten, sondern die Abneigung der Regierungen von Österreich und Preußen, die Pläne für ein Bundesgericht weiterzuverfolgen. Dies wurde offenkundig, als der Ausschußvorsitzende Thun die Referate Oertzens und Scheles, verbunden mit eingehenden inhaltlichen Kommentaren seinerseits, nach Wien weiterleitete. Nachdem er auf sein erstes Schreiben vom 17. Oktober 1851 keine Antwort erhalten hatte, wandte er sich am 17. Dezember 1851 nochmals an Schwarzenberg, um eine Instruktion für das weitere Vorgehen in der Frage des Bundesgerichts zu erbitten.[55] Thun ging dabei davon aus, daß die Notwendigkeit eines obersten Bundesgerichts im Bericht der 4. Dresdener Kommission vom 28. April 1851[56] „erschöpfend nachgewiesen" sei und wies darauf hin, daß sich Österreich in

---

[51] ProtDBV 1851, § 76, S. 165.
[52] Die Vortragserstattung im politischen Ausschuß erfolgte erst am 25. November 1851; das Gutachten Oertzens war aber schon zuvor von Thun nach Wien übermittelt worden; Marschall an Rüdt, Frankfurt, 26. November 1851, GLA Karlsruhe, 48/1479.
[53] BA Koblenz, DB 1/70, fol. 93–134.
[54] Ebd., fol. 135–151. Die Ausarbeitung Scheles ist auf den 21. Oktober 1851 datiert.
[55] Thun an Schwarzenberg, Frankfurt, 17. Dezember 1851, HHStA Wien, PA II 21. Weisungen 1851, fol. 871–903 (fol. 884–901 eine Abschrift des Scheleschen Korreferats vom 21. Oktober 1851).
[56] Vgl. QGDB III/1, Dok. 86.

der Abschlußsitzung der Dresdener Konferenz am 15. Mai 1851 „für die Verleihung einer solchen obersten Bürgschaft bezüglich der Handhabung des Rechts in Deutschland ausgesprochen"[57] habe. An konkreten Schritten zur Verwirklichung dieser Zusage, die schon bei der Gründung des Deutschen Bundes 1815 erfolgt war, hatte Schwarzenberg im Herbst 1851 keinerlei Interesse mehr. Eine Instruktion an Thun erfolgte nicht, und so blieben die Ausschußberatungen zum Jahresende 1851 stecken.

In den folgenden Jahren scheiterten mehrere Versuche, die festgefahrenen Verhandlungen wieder aufzunehmen. Eine am 22. März 1852 vom neuen hannoverschen Bundestagsgesandten im Auftrag seiner Regierung an Thun gerichtete Aufforderung, „das Sachgemäße zur Förderung der Berathungen des Ausschußes einleiten zu wollen"[58], blieb ebenso wirkungslos wie ein Vorstoß von Thuns Nachfolger Prokesch im April 1853. Prokesch teilte der Regierung in Wien mit, er sei kurz nach seinem Eintreffen in Frankfurt von den Gesandten Hannovers, Mecklenburgs und anderer Staaten an das Bundesgericht erinnert worden und fügte hinzu, es sei während seiner kurzen Amtsführung in Frankfurt bereits vorgekommen, daß wegen des Fehlens dieser Einrichtung „völlig berechtigte Kläger zum großen Nachteil des Ansehens des Bundes geradezu rechtlos gestellt blieben".[59] Aber auch „das höhere politische Interesse" ließ es Prokesch „für ernstlich geboten" erscheinen, „die Institution des Bundes durch ein Bundesgericht zu ergänzen".[60] Zur Begründung erinnerte er an die Ereignisse von 1848 bis 1850, „an die Ursachen, welche die Bundesinstitution auch in den Augen so vieler wohlmeinender und einsichtsvoller Männer als eine unzureichende erscheinen machten, an den Eifer, womit die Union die Lücke auszufüllen bestrebt war und wie gerade diese Bestrebung die Meinung so vieler dem Reiche und der Union zuführte".[61]

Die eindringlichen Formulierungen Prokeschs sind ein weiterer Beleg dafür, wie sehr selbst bei konservativen Regierungsvertretern und ganz besonders in der Bundesversammlung nach der Revolution die Auffassung an Boden gewann, daß man nicht einfach zum alten Bund zurückkehren dürfe, sondern das in Dresden diskutierte Reformprogramm zumindest teilweise umsetzen müsse. Nicht am Sitz der Bundesversammlung in Frankfurt fehlte es am Reformwillen, sondern in den Schaltzentren der Macht in Wien und Berlin. Auf seine Frage, „ob Oesterreich überhaupt ein Bundesgericht will?"[62], erhielt Prokesch bezeichnenderweise keine Antwort, und so war er

---

[57] Thun an Schwarzenberg, Frankfurt, 17. Dezember 1851, HHStA Wien, PA II 21. Weisungen 1851, fol. 872v; vgl. QGDB III/1, S. 508.
[58] Bothmer an Thun, Frankfurt, 22. März 1852, HHStA Wien, PA II 23.
[59] Prokesch an Buol, Frankfurt, 22. April 1853, QGDB III/2, Dok. 66, S. 290.
[60] Ebd., S. 290.
[61] Ebd.
[62] Ebd., S. 293. – Daß dies der springende Punkt war, verdeutlicht die offenbar vom Adressaten des Schreibens, Graf Buol, vorgenommene Anstreichung dieses Satzes.

nicht in der Lage, die seit anderthalb Jahren ausgesetzten Ausschußberatungen wieder aufzunehmen. Die Frage des Bundesgerichts blieb infolgedessen bis 1857 liegen, als sie von der badischen Regierung erneut aufgegriffen wurde.[63]

Auch der dritte am 8. Juli 1851 eingesetzte Ausschuß, der mit der weiteren Beratung der Dresdener Vorlagen über die sogenannten materiellen Interessen beauftragt wurde, vermochte es nicht, die ihm gestellte Aufgabe zu erfüllen und eine Einigung über bundeseinheitliche Zoll- und Handelsbestimmungen sowie die Angleichung der die Wirtschaft betreffenden Rechtsordnungen herbeizuführen. Der handelspolitische Ausschuß, der mit den Gesandten von Österreich, Preußen, Bayern, Hannover, Württemberg, den großherzoglich und herzoglich sächsischen Häusern sowie der freien Städte hochkarätig besetzt war[64], nahm zwar unverzüglich seine Tätigkeit auf, mußte seine Reformbemühungen aber ebenso wie der politische Ausschuß und der Ausschuß für das Bundesgericht alsbald erfolglos einstellen. Verantwortlich dafür war in erster Linie die preußische Regierung, die schon auf der Dresdener Konferenz die Pläne für eine allgemeine deutsche Zoll- und Handelseinigung im Rahmen des Deutschen Bundes zurückgewiesen hatte. Nach dem erzwungenen Verzicht auf seine kleindeutschen Unionspläne wollte Preußen unter keinen Umständen auch noch die wirtschaftspolitische Führungsrolle in Deutschland aus der Hand geben. Statt einer Erweiterung der Kompetenzen des Bundes auf dem Gebiet der Handels-, Zoll- und Verkehrspolitik strebte Berlin den Ausbau des von ihm kontrollierten Zollvereins durch den Hinzutritt des norddeutschen Steuervereins bei gleichzeitiger Verweigerung der Aufnahme Österreichs an. Die Entwicklung der deutschen Handels- und Zollpolitik sollte keineswegs dem Deutschen Bund übertragen werden. In diesem Sinne teilte der preußische Ministerpräsident Manteuffel dem Bundestagsgesandten Rochow am 8. August 1851 mit, es liege keine Veranlassung vor, den Beratungen des handelspolitischen Ausschusses „einen raschen Impuls zu geben". Dem preußischen Interesse entspreche es vielmehr, wenn sich der Gesandte im Ausschuß „auf eine wesentlich beobachtende Stellung" beschränke.[65]

Zunächst jedoch schien der Ausschuß durchaus entschlossen, die Verhandlungen rasch voranzutreiben. Schon einen Monat nach seiner Einsetzung erstattete der Gesandte der freien Städte im Namen des Ausschusses in der Bundesversammlung einen ausführlichen Vortrag.[66] Der Referent rekapitulierte darin eingehend den Verlauf und die Ergebnisse der Beratungen der 3. Kommission der Dresdener Konferenz und gelangte zu dem Schluß, daß

---

[63] Vgl. dazu unten S. 245 ff.
[64] ProtDBV 1851, § 76, S. 165.
[65] Manteuffel an Rochow, Berlin, 8. August 1851, GStA Berlin, I. HA, Rep. 75A, Nr. 1196, fol. 18.
[66] ProtDBV 1851, § 112, S. 235–248.

Die wiederhergestellte Bundesversammlung und die Reformfrage 87

durch die Dresdener Vorarbeiten eine Grundlage gegeben sei, „auf welcher mit Aussicht auf günstigen Erfolg" weitergebaut werden könne.[67] Der Ausschuß wies ferner auf die von Österreich während der Dresdener Konferenz geäußerte Ansicht hin, „daß Deutschlands wahre Einigung und somit auch Deutschlands Macht und Größe zunächst durch die günstige Lösung der die materiellen Interessen betreffenden Fragen zu erreichen seyn werde, und daher wohl erwartet werden dürfe, daß keine Regierung bei dem ersten Schritte auf dem zu diesem Ziele führenden Wege zurückbleiben wolle".[68]

Als das wichtigste und schon fast beschlußreife Ergebnis von Dresden bezeichnete der handelspolitische Ausschuß den „Entwurf einer Uebereinkunft der deutschen Bundesstaaten zur Beförderung des Handels und Verkehrs".[69] Um die bereits in Dresden begonnene Revision des Entwurfs, zu dem bislang nur wenige, einzelne Details betreffende Einwände erhoben worden seien, bald abschließen zu können, beantragte der Ausschuß, diejenigen Regierungen, welche noch keine Erklärung über den Entwurf abgegeben hatten, zu einer entsprechenden Stellungnahme binnen vier Wochen zu ersuchen. Alsdann sollten zur weiteren Beratung des Entwurfs sowie der übrigen in Dresden zu Bundesaufgaben erklärten materiellen Interessen – das Handels- und Seerecht, die Münz-, Maß- und Gewichtsvereinheitlichung, der Patentschutz und das Urheberrecht sowie das Versicherungswesen – Sachverständige hinzugezogen werden. Die Bundesversammlung genehmigte diese Anträge und ebnete damit den Weg zur Fortsetzung der Verhandlungen.

Bis Ende September gaben insgesamt zehn Regierungen in der Bundesversammlung die angeforderte Erklärung zum Entwurf über das Handels- und Verkehrsabkommen ab: Bayern am 6. September, Österreich, Großherzogtum Hessen, Dänemark, die Niederlande und Sachsen-Meiningen am 20. September sowie Oldenburg, Anhalt, Schwarzburg und Hamburg am 30. September.[70] Obwohl sich damit noch längst nicht alle Regierungen geäußert hatten, berief der handelspolitische Ausschuß wenig später die bereits in Dresden tätig gewesene Sachverständigenkommission wieder ein. Diese tagte vom 16.–21. Oktober in Frankfurt und legte einen revidierten Entwurf für das Handels- und Verkehrsabkommen vor, der am 7. November vom Ausschuß in der Bundesversammlung vorgelegt und von dieser den Einzelregierungen mit der Bitte übermittelt wurde, „innerhalb vier Wochen in so bestimmter Weise sich zu erklären, daß die Uebereinkunft und ihre Anlagen zum Abschluß gebracht werden können".[71] Diesem Beschluß leisteten jedoch nur zwei Regierungen Folge: Württemberg stimmte dem Entwurf am 27. De-

---
[67] Ebd., S. 245.
[68] Ebd.; vgl. QGDB III/1, S. 507 f. (österreichische Erklärung in der 9. Plenarsitzung der Dresdener Konferenz am 15. Mai 1851).
[69] Druck in: QGDB III/1, Dok. 83b, S. 468–479.
[70] ProtDBV 1851, § 136, S. 296, § 148, S. 333–336, § 164, S. 382 f.
[71] ProtDBV 1851, § 210, S. 473; ebd. S. 497–509 das Protokoll der Sachverständigenkommission.

zember 1851 zu, und Bremen erklärte sein Einverständnis am 7. Januar 1852.[72] Alle übrigen Regierungen ignorierten den Beschluß vom 7. November 1851 und brachten damit die Tätigkeit des handelspolitischen Ausschusses zum Stillstand. Der Entwurf des Handels- und Verkehrsabkommens verschwand in den Akten und wurde nie mehr hervorgeholt. Auch die anderen dem handelspolitischen Ausschuß zugewiesenen „materiellen Interessen" blieben unerledigt. Die in Aussicht genommenen Verhandlungen über Handelsrecht, Münz-, Maß- und Gewichtswesen, Patentrecht und Urheberrecht kamen nicht zustande, und die von vielen Seiten als dringend erachtete bundeseinheitliche Regelung dieser Gegenstände wurde jahrelang auf Eis gelegt. Erst 1856 kam die Bundesversammlung darauf zurück und beauftragte den handelspolitischen Ausschuß sowie diverse Spezialkommissionen mit der Ausarbeitung von Bundesgesetzen zur Vereinheitlichung des Wirtschaftsrechts in Deutschland.[73]

Das seit 1850 von den Mittelstaaten und Österreich verfolgte Ziel, durch den Deutschen Bund eine allgemeine Vereinbarung über die deutsche Zoll- und Handelspolitik herbeizuführen, endete mit einem völligen Fehlschlag, der dazu führte, daß dieses Thema vom Bund nie wieder aufgegriffen wurde. An die Stelle einer durch die Bundesversammlung vermittelten föderativen Lösung kam es seit dem Herbst 1851 zu einem harten Kampf zwischen Österreich und Preußen um die wirtschaftliche Führung in Deutschland, den Preußen frühzeitig und nachhaltig für sich entschied. Der Weg zur wirtschaftlichen Einigung Deutschlands auf Bundesebene wurde dadurch, wie es scheint, schon zu Beginn der 1850er Jahre unwiderruflich versperrt.[74]

Als das Jahr 1851 zu Ende ging, hatte der Reformimpuls, der die Debatte über den Deutschen Bund seit dem Ende der Paulskirche geprägt hatte, immer noch keine Früchte getragen. Eine außerordentlich breite Palette von Vorschlägen zur Umgestaltung und Ergänzung der Bundesorgane, zur Erweiterung der Bundeskompetenzen, zur Beteiligung einer Volkvertretung an der Bundesgesetzgebung, zur Ausweitung und Intensivierung dieser legislativen Tätigkeit auf das gesamte Feld der nationalen Bedürfnisse, zur wirtschaftlichen Einigung, zur bundesweiten Rechtsvereinheitlichung, zur Schaffung von allgemeiner Rechtssicherheit durch ein oberstes Bundesgericht war monatelang diskutiert worden. Nichts davon war verwirklicht worden. Die in der deutschen Öffentlichkeit verbreitete Hoffnung, „daß etwas Andres als der alte Bundestag herauskommen werde"[75], hatte sich, wie die Sächsische Constitutionelle Zeitung in ihrem Jahresrückblick am 31. Dezember 1851

---

[72] ProtDBV 1851, § 270, S. 672 f.; ProtDBV 1852, § 6, S. 15 f.
[73] Siehe dazu Teil B dieser Studie.
[74] Vgl. dazu *Franz*, Der Entscheidungskampf um die wirtschaftspolitische Führung Deutschlands; *Böhme*, Deutschlands Weg; *Hahn*, Der Deutsche Zollverein, S. 140–180; *Hahn*, Mitteleuropäische oder kleindeutsche Wirtschaftsordnung, S. 206–214.
[75] QGDB III/2, Dok. 24, S. 106.

enttäuscht schrieb, als vergeblich erwiesen. Das vergangene Jahr habe, sekundierte die Weser-Zeitung an Neujahr 1852, nicht die erhofften Reformen, sondern „die Vollendung der bloß *verneinenden Reaction* gebracht". Unter allen Maßregeln des Jahres 1851 befand sich, so das vernichtende Urteil, „kaum irgendwo eine positive Schöpfung, kaum irgendwo der Anfang zu neuen lebensfähigen Gestaltungen. Wir sehen nur Sterbefälle, aber keine Geburten."[76] Statt eines neuen, sich reformierenden und seine Möglichkeiten zu national-föderativer Entwicklung nutzenden Deutschen Bundes sah sich die Öffentlichkeit mit einem „alten, von den Todten wieder auferstandenen Bundestag" konfrontiert, der weder den inneren noch den äußeren Erfordernissen der deutschen Politik gerecht zu werden schien.[77] „Die Lage des deutschen Bundes und seine Zukunft", wie ein zweiteiliger Artikel der Augsburger Allgemeinen Zeitung vom 11. und 13. September 1851 überschrieben war[78], bot ein wenig verheißungsvolles Bild. Die Augsburger Allgemeine Zeitung hatte gewiß Recht, wenn sie schrieb, Deutschland sei „nicht mehr ein bloßes Territorium", sondern „ein lebendiger Körper"; die Ansicht allerdings, daß der Bund durch die „Schöpfung gemeinsamer großer Institute für die Entwicklung des materiellen Lebens nach allen Seiten hin" sein Wesen als die „Gesammtheit von Staats- und Volksinteressen" zum Ausdruck bringen könne, fand angesichts der Erfahrungen von 1851 keine große Resonanz. Der Deutsche Bund hatte statt dessen am Ende des Jahres einen Tiefpunkt im öffentlichen Ansehen erreicht, weil er offensichtlich nicht in der Lage war, mit seiner bisherigen Tradition zu brechen und sich der nationalen Entwicklung und Integration zu widmen – anstatt der nationalen Unterdrückung.

---

[76] QGDB III/2, Dok. 25, S. 114.
[77] „Weltlage", in: Hannoversche Volkszeitung Nr. 83 vom 15. Oktober 1851.
[78] Augsburger Allgemeine Zeitung Nr. 254 u. Nr. 256 vom 11./13. September 1851, Zitate ebd., S. 4049.

V. „Rückwärts!"

Die reaktionären Maßnahmen des Deutschen Bundes (1851–1865)

Die bundespolitischen Maßnahmen des Jahres 1851 bestätigten die Befürchtungen, mit welchen Teile der deutschen Öffentlichkeit auf das Scheitern der Dresdener Verhandlungen über die Bundesreform und die Rückkehr Preußens und seiner ehemaligen Unionsverbündeten in die Bundesversammlung Mitte Mai 1851 reagiert hatten. Eine besonders düstere Prognose stellte das bekannte Berliner Satireblatt „Der Kladderadatsch". Vier Tage, nachdem der neue preußische Bundestagsgesandte Rochow in seiner Antrittsrede in der Bundesversammlung verkündet hatte, es sei die Absicht seiner Regierung, „durch vereintes Streben" mit den übrigen Regierungen auf „das ausschließliche Ziel", nämlich „die Einigkeit, den Ruhm, die Größe und das innere Glück des gemeinsamen Vaterlandes" hinzuwirken[1], demaskierte der Kladderadatsch dies als hohle Rhetorik, welche mit den tatsächlichen Absichten der deutschen Regierungen im Widerspruch stand. In einer am 18. Mai 1851 veröffentlichten satirischen Umdichtung der 1814 von Ludwig Uhland zur Anfeuerung der deutschen Befreiungskrieger verfaßten Verse hieß es, statt „Vorwärts" (gegen Napoleon) wie bei Uhland, sei die Parole jetzt: „Rückwärts!", zurück zum Bundestag; so „lallte" es Preußen, so tat es das „lahme" Österreich, so folgten das „alte" Sachsenland und die übrigen deutschen Staaten, so wollten es auch die europäischen Großmächte Rußland und Frankreich, die damit abermals der deutschen Nation die Marschrichtung vorgaben.[2]

Hier wurde unterschwellig ein Leitmotiv angeschlagen, auf das die Nationalbewegung in den kommenden Jahren während der europäischen Krisen und Kriege mehrfach zurückkam und das sich im übrigen Bismarck in den 1860er Jahren im Zuge der Reichsgründung auf seine Weise nutzbar machen sollte: die Überzeugung nämlich, daß man es nicht anderen Nationen überlassen dürfe, die Richtung und die Grenzen der deutschen Nationalpolitik vorzugeben. Der Anspruch auf eine eigenständige, von den Vorgaben fremder Mächte freie Entwicklung der Nation vertrug sich nicht mit den traditionellen Rolle, welche der Deutsche Bund in der europäischen Politik bisher gespielt hatte. Nicht von ungefähr wurde die aus der Sicht der Nationalbewegung unangemessene Außenpolitik des Bundes, die statt der deutschen Nationalinteressen das Gleichgewicht der Mächte im Auge hatte oder gar nur ein Ausdruck der Rivalität zwischen Österreich und Preußen war, zu einem ständigen Stein des Anstoßes in der deutschen Öffentlichkeit, die im außenpolitischen ‚Versagen' des Bundes ein weiteres Argument für seine Reformbedürftigkeit erblickte.

---

[1] ProtDBV 1851, § 25, S. 36f.; QGDB III/2, S. 5f.
[2] QGDB III/2, S. 38f.

Gut zwei Monate später, am 29. Juli 1851, warnte die Sächsische Constitutionelle Zeitung mit dem Hinweis auf die inzwischen von Österreich und Preußen in der Bundesversammlung gestellten Anträge vor dem „neue[n] Bundesabsolutismus", welcher eintreten werde, wenn „die reactionairen Bestrebungen der beiden deutschen Großmächte" verwirklicht würden.[3]

In der Tat lag der Schwerpunkt der Bundestätigkeit im Sommer 1851 nicht in der Fortsetzung der Reformverhandlungen, die lediglich in die Ausschüsse verwiesen und dort, wie oben gezeigt, in den kommenden Monaten endgültig begraben wurden. Vielmehr konzentrierte sich die Bundesversammlung auf die Umsetzung eines umfassenden Reaktionsprogramms, von dem große Teile in relativ kurzer Zeit verwirklicht werden konnten. Die treibenden Kräfte waren dabei die beiden deutschen Großmächte Österreich und Preußen. Sie fanden in der Bekämpfung der „Revolution", der Beseitigung der liberalen Gesetze und Einrichtungen von 1848/49, der Wiederherstellung von „Ruhe und Ordnung", der Kräftigung der monarchischen Autorität den einzigen gemeinsamen Nenner ihrer Bundespolitik. Zu einer Fortentwicklung des Bundes in national-föderativer Richtung wegen ihrer unvereinbaren Machtinteressen nicht in der Lage, widmeten sie sich mit um so größerem Elan der gegenrevolutionären Politik mit dem Ziel, jegliche politische Opposition in Deutschland zu ersticken. Es ging, wie der preußische Ministerpräsident Manteuffel in einem schon am 23. Mai 1851 an Schwarzenberg übermittelten Entwurf für einen Antrag im Bundestag formulierte, um die „Vernichtung" der „Partei des Umsturzes" und ihrer Organe, namentlich der republikanischen Presse, gegen die „ein offener Vertilgungskrieg" geführt werden müsse.[4]

Schwarzenberg stimmte dem angeregten „gemeinsamen Auftreten Oesterreichs und Preußens in der Bundesversammlung [...] im Interesse der conservativen Sache" hocherfreut zu und gab der Angelegenheit überdies noch eine besonders perfide Wendung, indem er vorschlug, die entsprechenden Anträge auf die Vorlagen der Dresdener Konferenz zu stützen und sie mit den darin enthaltenen Grundsätzen zu motivieren. Er hoffte auf diese Weise, die zu erwartenden „bundesrechtlichen Scrupel" der übrigen Staaten und ihren „Souveränitätsstolz" zu überwinden und sie für die beabsichtigten tiefgreifenden Bundesmaßnahmen zu gewinnen:

„Zu diesem Zwecke ist uns namentlich die Berufung auf die in den Dresdener Vorlagen ausgesprochenen Grundsätze erforderlich erschienen, die zum Theile die eigenen Ansichten und Vorschläge dieser Regierungen enthalten, oder doch von ihnen im allgemeinen bereits gebilligt worden sind, und in denen ja ohnehin für die definitive Verfassungsrevision das Angetragene schon vollständig liegt."[5]

---
[3] QGDB III/2, Dok. 11, S. 70.
[4] QGDB III/2, Dok. 6, S. 50 u. 52.
[5] Schwarzenberg an Manteuffel, Wien, 6. Juni 1851, QGDB III/2, Dok. 7, S. 53f.

Das Kalkül Schwarzenbergs bestand darin, auf diese Weise doch noch denjenigen Teil des in Dresden Verhandelten durchzusetzen, der von jeher im Zentrum der österreichischen Bestrebungen gestanden hatte: die Kräftigung der Bundesexekutive zum Zwecke einer wirksamen Bekämpfung der liberalen und nationalen Opposition. Dieser Gegenstand war in Dresden allerdings nicht isoliert, sondern im Zusammenhang mit der durchgreifenden Reform der obersten Bundesbehörde diskutiert worden. In der 1. und besonders in der 2. Kommission der Dresdener Konferenz war zwar ein ganzer Katalog von reaktionären Maßnahmen vorgeschlagen worden, doch sollten auf der anderen Seite auch die Zusammensetzung der Bundesexekutive neu geregelt, ihre Befugnisse im Hinblick auf eine national-föderative Politik stark erweitert, allgemeine bürgerliche Rechte für sämtliche deutschen „Untertanen" verbrieft und eine Volksvertretung an der deutschen Nationalgesetzgebung beteiligt werden.[6] Schwarzenberg löste das Reaktionsprogramm aus diesem Kontext heraus, ließ den ihm nicht zusagenden größeren, der Bundes*reform* gewidmeten Teil des Dresdener Pakets unter den Tisch fallen und ‚verkaufte' den *reaktionären* Rest als ein legitimes, im Prinzip schon allseitig anerkanntes Ergebnis der Dresdener Konferenz. Bezeichnend für diese einseitige Auslegung des in Dresden Verhandelten war das von Schwarzenberg vorgeschlagene und dann auch tatsächlich befolgte Verfahren: Er regte an, „den gemeinsamen dringlichen Antrag Oesterreichs und Preußens unmittelbar auf den formellen Akt der durch das Präsidium zu bewirkenden Übergabe der Dresdener Verhandlungen an die Bundesversammlung folgen zu lassen".[7]

So geschah es dann auch. Am 8. Juli 1851 brachten Österreich und Preußen ihren gemeinsamen Antrag zur Ergreifung von Bundesmaßregeln „zur Wahrung der öffentlichen Sicherheit und Ordnung im Deutschen Bunde" ein.[8] Darin hieß es, die Dresdener Verhandlungen hätten eine Grundlage geschaffen, auf welcher „der Bund die ihm von seinen Stiftern gegebene Bestimmung nach allen Richtungen hin, mit den Anforderungen der Gegenwart zu vereinigen vermögen" werde. Schon im nachfolgenden Satz wurde dann die Richtung angegeben, welche die Bundesversammlung vor allem anderen einzuschlagen habe:

„Es ist aber die dringendste dieser Anforderungen, daß der innere Friede Deutschlands befestigt, den Kräften der Zerstörung, die ihn seit den Ereignissen des Jahrs 1848 zerrütteten, Einhalt gethan werde."[9]

Diesen Kräften entgegenzutreten, so hieß es weiter, sei „unaufschieblich"[10], um die innere Sicherheit des Bundes wie auch der einzelnen Staaten wiederherzu-

---

[6] Zur Diskussion über die Bundesexekutive auf der Dresdener Konferenz siehe *Müller*, „… das dringendste Bedürfniß für Deutschland".
[7] QGDB III/2, S. 54.
[8] ProtDBV 1851, § 68, S. 129–133. Der Antrag war nahezu identisch mit dem von Schwarzenberg am 6. Juni 1851 an Manteuffel gesandten Entwurf; vgl. QGDB III/2, Dok. 8, S. 55–59.
[9] ProtDBV 1851, § 68, S. 130.
[10] Ebd.

stellen. Im einzelnen seien dazu militärische, polizeiliche und politische Maßnahmen erforderlich. Österreich und Preußen kündigten an, zu den notwendigen „militärische[n] Anordnungen des Bundes" in Kürze besondere Anträge zu stellen. Zur Effektivierung der polizeilichen Überwachung und Verfolgung der Opposition sollte ebenfalls „baldmöglichst" ein Antrag zur „Bildung einer Central-Bundes-Polizei" in der Bundesversammlung gestellt werden.[11]

Gegenstand des aktuellen Antrags waren die politischen Sofortmaßnahmen zur Herstellung der „öffentlichen Sicherheit". Diese sei, so wurde argumentiert, so lange bedroht, wie in einzelnen Staaten Einrichtungen bestünden, „welche mit den Gesetzen des Bundes in Widerspruch stehen, oder seine wesentlichsten Zwecke zu vereiteln drohen".[12] Unter Berufung auf die Dresdener Verhandlungen wurde deshalb beantragt, die Bundesversammlung solle die Einzelstaaten auffordern, ihre „Verfassungen und Gesetze, so wie ihr eigenes Verhalten in Fragen der öffentlichen Ordnung, mit den Grundgesetzen des Bundes, und mit der bundesmäßigen Verpflichtung, die allgemeine Sicherheit nicht zu gefährden, in Uebereinstimmung zu bringen".[13] Um sicherzustellen, daß die Einzelregierungen dieser Verpflichtung nachkamen, sollte ein Ausschuß der Bundesversammlung eingesetzt werden, der befugt sein sollte, die verlangten Maßnahmen, falls nötig, durch die Entsendung von Bundeskommissaren, ausgestattet „mit geringerer oder größerer Machtbefugniß"[14], in den Einzelstaaten durchzusetzen. Schließlich sollte die Bundesversammlung „sofort ein grundsätzliches Verbot aller derjenigen Zeitungen und Zeitschriften" beschließen, welche sozialistische, kommunistische oder auf den Sturz der Monarchie gerichtete Zwecke verfolgten.[15]

In der Woche darauf fügten Österreich und Preußen diesen Anträgen einen weiteren hinzu, indem sie am 17. Juli 1851 einen förmlichen Bundesbeschluß zur Aufhebung der 1848 von der Paulskirche beschlossenen „Grundrechte des deutschen Volkes", die in etlichen Einzelstaaten per Gesetz eingeführt und von daher noch gültig waren, verlangten. Die Abstimmung darüber sollte innerhalb von nur drei Wochen erfolgen.[16]

Das energische Vorgehen der beiden deutschen Großmächte rief bei etlichen deutschen Regierungen Bedenken hervor. Ein besonders empfindlicher Punkt war die Absicht, den Bund zu direkten Eingriffen in die einzelstaatlichen Verfassungen und Gesetze zu ermächtigen und der Bundesversammlung die Mittel zur gewaltsamen Durchsetzung der restaurativen Maßnahmen an die Hand zu geben. Nachdem die österreichisch-preußischen Anträge, von denen vorab nur die Regierungen von Bayern, Sachsen, Hannover und

---
[11] Ebd., S. 130f.
[12] Ebd., S. 132.
[13] Ebd.
[14] Ebd.
[15] Ebd.
[16] ProtDBV 1851, § 81, S. 183f.

Württemberg offiziell Kenntnis erhalten hatten[17], am 8. Juli 1851 in die Bundesversammlung eingebracht worden waren, erhoben sich kritische Stimmen dagegen, wie hier die Bundesversammlung zum Instrument der Reaktion gemacht werden sollte. Der badische Außenminister Rüdt erklärte sich zwar mit der Intention der Anträge einverstanden, hielt aber den von den Großmächten vorgeschlagenen Weg für falsch. Er warnte davor, die Tätigkeit der Bundesversammlung „mit neuen *Ausnahmsgesetzen*" zu beginnen und empfahl statt dessen, sich auf die konsequente Anwendung der bestehenden Grundgesetze des Bundes zu beschränken. Ferner wandte er sich gegen die seiner Auffassung nach dem Antrag zugrundeliegende Absicht, „nur gegen gewisse kleine Staaten einzuschreiten und in den größeren die Widersprüche fortbestehen zu lassen, die in ihren Verfassungen, wie z.B. der preußischen, gegenüber der Bundesgesetzgebung bestehen". Ein solches Verfahren stand offenkundig nicht im Einklang mit der Gleichberechtigung aller Bundesstaaten und bedrohte überdies die bundesrechtlich verbriefte Unabhängigkeit und Unverletzlichkeit der einzelnen Staaten. Der österreichisch-preußische Antrag war dazu geeignet, so Rüdt, diese Grundsätze zu verletzen und „gleichsam ein neues Bundesrecht" zu schaffen.[18]

Scharfe Kritik an den Vorschlägen der Großmächte übte auch der sachsen-weimarische Staatsminister Watzdorf. Er war ebenfalls der Ansicht, die Fassung des die Verfassungsrevision in den Einzelstaaten betreffenden Antrags überschreite die Grenzen des bestehenden Bundesrechts und beeinträchtige in unzulässiger Weise die Souveränität der Einzelstaaten. Des weiteren wies Watzdorf darauf hin, daß eine ausschließlich reaktionären Zwecken dienende Ausdehnung der Bundeskompetenzen nicht zur Festigung der monarchischen Autorität, sondern ganz im Gegenteil zu deren weiterer Schwächung führen werde:

„Man muß dem gestellten Antrag gegenüber dringend daran erinnern, daß Deutschland kein Bundesstaat ist, sondern ein Staatenbund, daß alle über die Grenzen dieser Verfassungsform hinausgehenden Maaßregeln die Grundlage selbst erschüttern würden und wie zweckmäßig sie in ihrer ersten Anwendung auf der einen oder andern Seite erscheinen möchten, doch in ihrer weiteren Consequenz zu Resultaten führen müßten, welche schwerlich, vielleicht am wenigsten von Seiten der Antragsteller, als heilsam angesehen werden, daß sie insbesondere, weit entfernt das monarchische Princip in seiner richtigen und heilsamen Auffassung zu stützen und zu befestigen, nur dazu dienen könnten, dieses Princip in seinem innersten Bestande zu gefährden und allmählig weiter gehend zu schwächen, als dieß durch die Vorgänge der letzten Jahre ohnedieß schon von der entgegengesetzten Seite geschehen."

---

[17] Selbst der größte der nichtköniglichen Mittelstaaten, Baden, wurde vorab nicht förmlich informiert und erhielt nur aus nicht genannter vertraulicher Quelle Ende Juni Kenntnis von den geplanten Anträgen. Vgl. die Berichte von Marschall an Rüdt, Frankfurt, 28. Juni 1851, und von Meysenbug an Rüdt, Berlin, 27. Juli 1851, GLA Karlsruhe, 48/1479 und 48/2648.
[18] Rüdt an Marschall, Karlsruhe, 12. Juli 1851, QGDB III/2, Dok. 10, Zitate S. 67.

Das vernichtende Fazit Watzdorfs lautete, die Ausführung der österreichisch-preußischen Anträge erschiene ihm als der sicherste Weg, „‚den inneren Frieden Deutschlands' vollends zu untergraben, statt zu ‚befestigen'."[19]

Ähnliche Bedenken hegte die württembergische Regierung, die dafür plädierte, ein Eingreifen des Bundes in die inneren Verhältnisse der Einzelstaaten nur als „seltene Ausnahme" zuzulassen.[20] Hannover wandte sich ebenfalls gegen eine Ausdehnung des Interventionsrechts des Bundes gegenüber den Einzelstaaten und wollte dem Antrag nur unter dem Vorbehalt zustimmen, daß eine derartige Auslegung des Antrags ausgeschlossen wurde.[21]

Großes Gewicht hatte die Stellungnahme der bayerischen Regierung, die als eine der ersten Kenntnis von den österreichisch-preußischen Anträgen erhalten hatte. Außenminister von der Pfordten hatte den Bundestagsgesandten Xylander schon am 20. Juni 1851 angewiesen, dem Antrag zur Verfassungsrevision nur unter zwei Voraussetzungen zuzustimmen: Erstens sollte die Bezugnahme auf die Vorschläge der 2. Dresdener Kommission unterbleiben, „weil es zu keinem Beschlusse über diese Vorschläge gekommen ist", und zweitens müsse es jeder Regierung überlassen bleiben, zur verlangten Angleichung ihrer konstitutionellen und gesetzlichen Verhältnisse an die Bundesgesetze „den durch die Verfassung ihres Landes vorgeschriebenen Weg einzuschlagen".[22]

Die sächsische Regierung schließlich hatte zwar keine Bedenken, die vorgeschlagenen Reaktionsmaßnahmen mit den Verhandlungen auf der Dresdener Konferenz in Verbindung zu bringen, warnte aber vor einem übereilten Eingreifen des Bundes, der nicht der „eigenen selbstständigen Thätigkeit" der Einzelregierungen vorgreifen dürfe. Es sei sehr zu wünschen, schrieb Beust an Nostitz, „daß die Aktion des Bundes hier nicht mit Übereilung erfolge, sondern daß den betreffenden Regierungen die Füglichkeit geboten werde, der Aufforderung der Bundesversammlung durch eigene Maßregeln Genüge zu leisten".[23]

Die diversen Einwände der Mittelstaaten, die im politischen Ausschuß, welcher über die Anträge der Großmächte zu beraten hatte, über die Mehrheit verfügten, führten dazu, daß der Entwurf einige wichtige redaktionelle Änderungen erfuhr. Der von dem sächsischen Bundestagsgesandten Nostitz formulierte Beschlußentwurf, der am 16. August 1851 in der Bundesversammlung vorgelegt[24] und eine Woche später unverändert zum Bundesbe-

---

[19] Watzdorf an Fritsch, Weimar, 31. Juli 1851, QGDB III/2, Dok. 12, Zitate S. 72 f.
[20] Neurath an Reinhard, Stuttgart, 7. Juli 1851, HStA Stuttgart, E 65, Verzeichnis 40, Büschel 60.
[21] Münchhausen an Schele, Hannover, 14. Juli 1851, HStA Hannover, Dep. 103, Bestand VI, Nr. 4042.
[22] Pfordten an Xylander, München, 20. Juni 1851, HStA München, MA 1399.
[23] Beust an Nostitz, Dresden, 21. Juni 1851, HHStA Wien, PA V 17. Varia 1851, fol. 120–123, Zitate fol. 121r u. v.
[24] ProtDBV 1851, § 116, S. 254–264.

schluß erhoben wurde²⁵, wich in mehreren entscheidenden Punkten von dem ursprünglichen Antrag ab. Von der Dresdener Konferenz war, wie es Bayern verlangt hatte, keine Rede mehr, so daß der Beschluß entgegen der ursprünglichen Absicht Schwarzenbergs nicht als ein Resultat der Dresdener Verhandlungen angesehen werden konnte. Es entfiel ferner die ominöse Klausel, wonach Bundeskommissionen „mit geringerer oder größerer Machtbefugniß" ausgestattet werden sollten, um die Revision der einzelstaatlichen Verfassungen und Gesetze durchzusetzen. Zwar wurde die Entsendung von Bundeskommissionen ausdrücklich vorbehalten, falls die verlangten Verfassungsänderungen auf Hindernisse stoßen sollten, doch wurde ihre eventuelle Berufung strikt an die „verfassungsmäßige Einwirkung" der Bundesversammlung und ihre sorgfältig zu prüfende „Competenz" gebunden.

Die damit erreichte Entschärfung des österreichisch-preußischen Antrags war ein nicht zu unterschätzender Erfolg vor allem für die mittleren und kleineren Einzelstaaten, welche die Gewähr erhielten, daß sich die Eingriffe des Bundes in ihre inneren Verhältnisse in streng kontrollierten Bahnen halten würden. Die ‚Reinigung' der Verfassungen und Gesetze von den Zutaten der Revolution blieb zunächst den Einzelregierungen überlassen, der Bund hielt sich mit unmittelbaren reaktionären Eingriffen zurück. In diesem Sinne faßte auch der mit der Durchführung des Beschlusses vom 23. August 1851 beauftragte, am 3. Oktober 1851 eingesetzte sogenannte Reaktionsausschuß²⁶ seine Aufgabe auf. Er überwachte in den Jahren bis 1857 die in zahlreichen deutschen Staaten stattfindenden Verfassungsrevisionen, war in einigen Fällen auch aktiv an den diplomatischen Verhandlungen hinter den Kulissen beteiligt und bereitete mehrere Bundesbeschlüsse vor, mit welchen Druck auf einzelne Regierungen ausgeübt wurde.

Der Reaktionsausschuß machte es sich allerdings zur Regel, wie der württembergische Bundestagsgesandte Reinhard am 4. Mai 1852 berichtete, nur dann tätig zu werden, „wenn es die betreffende Regierung [eines Einzelstaats] wünscht und solches in irgendeiner Weise zu erkennen gibt". Die Absicht war, in vertraulichen Verhandlungen mit den Einzelstaaten „das wirkliche Eingreifen des Bundes unnöthig zu machen". Der Reaktionsausschuß nahm infolgedessen nicht den Charakter eines „geheimen Inquisitionstribunals" an, „welches ex officio und nach Gutdünken in innere Verfassungs Angelegenheiten sich einmischen könnte".²⁷ Nur ein einziges Mal kam es zur Entsendung eines Bundeskommissars, und zwar bei der Revision der Verfassung in Bremen von 1852 bis 1854. Aber selbst in diesem Fall lag die Initiative nicht beim Reaktionsausschuß, der eine renitente Regierung zur Räson bringen mußte. Vielmehr war die Berufung des Bundeskommissars mit dem Bre-

---

[25] ProtDBV 1851, § 120, S. 269–272; QGDB III/2, Dok. 14, S. 83f.
[26] Mitglieder waren die Gesandten von Österreich, Preußen, Bayern, Sachsen und Großherzogtum Hessen; ProtDBV 1851, § 179, S. 423.
[27] QGDB III/2, Dok. 31, S. 134.

mer Senat, der in Frankfurt durch den langjährigen, bereits an der Gründung des Bundes 1815 beteiligten Bürgermeister Johann Smidt vertreten wurde, sorgfältig koordiniert. Der Bundeskommissar spielte in Bremen keine eigenständige Rolle, sondern diente dem Senat, der vollkommen Herr des Verfahrens blieb, lediglich als ein Druckmittel zur Einschüchterung der demokratischen Bürgerschaft.[28]

Wie begrenzt die reaktionäre Durchschlagskraft des Bundes war, macht auch das Schicksal des von Österreich und Preußen gleichfalls am 8. Juli 1851 gestellten Antrags zum sofortigen Verbot der oppositionellen Presse deutlich. Diese Maßnahme fand bei vielen Regierungen und bei der Mehrheit des politischen Ausschusses keinerlei Resonanz. Der bayerische Außenminister Pfordten lehnte ein allgemeines Verbot als „unausführbar" ab und sprach sich statt dessen für die Einsetzung eines Bundesausschusses zur Vorbereitung einer „allgemeinen deutschen Preß-Gesetzgebung" aus.[29] Württemberg schloß sich diesem Vorschlag an und verwies dabei auf die in der Bundesakte in Aussicht gestellte Ordnung des Pressewesens. Anders als sein bayerischer Kollege von der Pfordten hatte der württembergische Außenminister Neurath aber keine grundsätzlichen Einwände gegen das Verbot von oppositionellen Presseerzeugnissen. Er riet jedoch davon ab, entsprechende Maßnahmen unmittelbar von der Bundesversammlung ausgehen zu lassen. Diese sollte vielmehr nur die allgemeinen Rahmenbedingungen setzen, die konkrete Ausführung jedoch den einzelstaatlichen Behörden überlassen.[30]

Die badische Regierung hielt den von Österreich und Preußen angeregten Bundesbeschluß zum Verbot der oppositionellen Presse für unnütz. Nach ihrer Auffassung gaben die bestehenden Gesetze in den Einzelstaaten bereits die Handhabe zur Unterdrückung von Druckerzeugnissen, welche die von den Großmächten genannten sozialistischen, kommunistischen oder antimonarchischen Ziele propagierten. Notwendig sei es vielmehr „die durch den Bundesbeschluß vom 3. März 1848 verlangte Garantie gegen den Mißbrauch der Preßfreiheit" durch ein Bundespressegesetz zu verwirklichen. Daß die Pressepolitik des Deutschen Bundes dabei auf keinen Fall einfach zum vormärzlichen Repressivsystem zurückkehren dürfe, machte der badische Außenminister Rüdt unmißverständlich klar: „Von der Wiedereinführung der Censur kann, wie sich von selbst versteht, nicht die Rede sein."[31]

---

[28] Vgl. dazu *Biebusch*, Revolution und Staatsstreich, sowie *Schulz*, Vormundschaft und Protektion, S. 537–572; einige wichtige Dokumente zur Bremer Verfassungsangelegenheit sind abgedruckt in: QGDB III/2, Dok. 30, 32 u. 50; weitere Dokumente zur Beteiligung des Reaktionsausschusses bei den Verfassungsrevisionen in Waldeck, Frankfurt, Hamburg, Hannover und Luxemburg ebd., Dok. 22, 31, 37, 56, 57 u. 60. – Eine eingehende Untersuchung der Tätigkeit des Reaktionsausschusses fehlt bislang.
[29] Pfordten an Xylander, München, 20. Juni 1851, HStA München, MA 1399.
[30] Neurath an Reinhard, Stuttgart, 7. Juli 1851, HStA Stuttgart, E 65, Verzeichnis 40, Büschel 60.
[31] Rüdt an Marschall, Karlsruhe, 12. Juli 1851, QGDB III/2, Dok. 10, Zitate S. 67f.

In die gleiche Kerbe schlug der hannoversche Außenminister Münchhausen, der seinem Bundestagsgesandten Schele am 14. Juli 1851 mitteilte, der Vorschlag der Großmächte sei nicht „der geeignete Weg", um „der Zügellosigkeit einer freien Presse" Einhalt zu gebieten. Ein grundsätzliches Verbot von Zeitungen und Zeitschriften durch die Bundesversammlung komme einer Wiedereinführung der Zensur nahe und widerspreche „dem Grundsatz der Preßfreiheit, welcher durch den Bundesbeschluß vom 3ten May [sic] 1848 für zulässig erklärt, und seitdem in die große Mehrzahl der bestehenden Verfassungen ausdrücklich aufgenommen [worden] ist". Allgemeine Zeitungsverbote verletzten demnach geltendes Bundes- und Landesrecht, und sie waren geeignet, Verfassungskonflikte in den Einzelstaaten auszulösen, ohne daß man nach den mit den Karlsbader Beschlüssen gemachten Erfahrungen davon ausgehen könne, das angestrebte Ziel zu erreichen. Aus diesen Gründen war auch Münchhausen der Überzeugung, „daß eine Sicherung gegen die Auswüchse der freien Presse wirksam nur *unter Beibehaltung des Grundsatzes der Preßfreiheit*" durch ein allgemeines Bundespressegesetz erreicht werden könne.³²

Die politischen und rechtlichen Argumente, welche von vielen mittleren und kleineren Staaten gegen ein allgemeines, vom Bund ausgehendes Verbot unliebsamer Presseerzeugnisse vorgebracht wurden, verfehlten ihre Wirkung nicht. Der sächsische Gesandte Nostitz faßte sie in seinem Vortrag, den er im Auftrag des politischen Ausschusses am 16. Juli 1851 in der Bundesversammlung erstattete, noch einmal zusammen und kam zu dem Schluß,

„daß in diesem Augenblick von einer directen Einwirkung der Bundesversammlung auf die Presse abzusehen, sie vielmehr den hohen Bundesregierungen zu überlassen [sei], dagegen ohne Verzug Einleitungen zu baldiger Herstellung eines Bundes-Preßgesetzes getroffen werden möchten".³³

Damit war das von Österreich und Preußen gewünschte unmittelbare Einschreiten des Bundes gegen die Presse vom Tisch. Die Bundesversammlung faßte am 23. August 1851 den Beschluß, den politischen Ausschuß zu beauftragen, unter Hinzuziehung von Sachverständigen möglichst bald Vorschläge für allgemeine Bundesbestimmungen über die Presse auszuarbeiten, und richtete an die Einzelregierungen die Aufforderung, „durch alle gesetzlichen Mittel" für die Unterdrückung derjenigen Zeitungen und Zeitschriften zu sorgen, welche atheistische, sozialistische, kommunistische oder auf den Umsturz der Monarchie gerichtete Zwecke verfolgten.³⁴ Die Maßnahmen gegen die Presse blieben damit den deutschen Einzelstaaten vorbehalten, und der Versuch, den Deutschen Bund zum Instrument einer reaktionären Pressepolitik zu machen,

---

³² Münchhausen an Schele, Hannover, 14. Juli 1851, HStA Hannover, Dep. 103, Bestand VI, Nr. 4042.
³³ ProtDBV 1851, § 116, S. 263.
³⁴ ProtDBV 1851, § 120, S. 271 f.; QGDB III/2, S. 84.

war vorerst gescheitert. Es sollte bis zum Sommer 1854 dauern, bevor die Bundesversammlung einen Beschluß zustande brachte, der allgemeinverbindliche Bestimmungen zur sogenannten „Verhinderung des Mißbrauchs der Presse" in Deutschland enthielt.[35]

Erfolgreicher waren Österreich und Preußen mit ihrem Antrag zur Aufhebung der „Grundrechte des deutschen Volkes". Diese Maßnahme war bereits auf der Dresdener Konferenz erörtert und empfohlen worden, wobei allerdings die damit befaßte 2. Kommission dafür plädiert hatte, „daß der Bund nicht nur negativ einwirke und das Schädliche beseitige, sondern auch positiv Bestimmungen ausspreche, zu welchen in diesen Beziehungen alle Bundesstaaten sich vereinigen".[36] Von positiven Rechtsgarantien des Bundes für die „Unterthanen aller deutschen Bundesstaaten"[37], wie sie die 2. Kommission vorgeschlagen hatte, war jedoch in dem Antrag, den Österreich und Preußen am 17. Juli 1851 in der Bundesversammlung stellten, keine Rede mehr. Hier ging es lediglich darum, die angebliche „Rechtsunsicherheit" zu beseitigen, indem die Grundrechte, deren „materieller Inhalt mit den ausgesprochenen Bundeszwecken und den Grundgesetzen des Bundes in Widerspruch" stehe, im gesamten Bundesgebiet für ungültig und aufgehoben erklärt wurden.[38]

Dieser Antrag entsprach offenbar einem weitverbreiteten Bedürfnis, denn er wurde ohne weitere Beratung und in unveränderter Form am 23. August 1851 mit 16 zu 1 Stimmen von der Bundesversammlung angenommen.[39] Die deutschen Regierungen bedienten sich in dieser Frage gerne der Unterstützung des Bundes, um die Rückgängigmachung einer sowohl in materieller wie auch in symbolischer Hinsicht besonders bedeutsamen Errungenschaft der Revolution gegen die innere politische Opposition durchzusetzen. In manchen Staaten waren darüber schon scharfe Konflikte zwischen der Regierung und dem Landtag entbrannt, bei denen es der Obrigkeit gelegen kam, wenn das höchste Organ des Deutschen Bundes die Nullifizierung der Grundrechte verlangte. In Württemberg etwa hatte die Kammer der Abgeordneten am 28. Juni 1851 dem König und seiner Regierung das Recht bestritten, die Grundrechte einseitig aufzuheben. Die Parlamentarier beharrten darauf, daß die gesetzlich eingeführten Grundrechte

---

[35] Siehe dazu unten S. 117.
[36] QGDB III/1, S. 431.
[37] Ebd., S. 437.
[38] ProtDBV 1851, § 81, S. 183 f.
[39] ProtDBV 1851, § 121, S. 272–274; QGDB III/2, Dok. 15, S. 85. Die Zustimmung zu dem Beschluß versagte nur der Gesandte der großherzoglich und herzoglich sächsischen Häuser, der sich dafür aussprach, den Antrag zur Beratung an den politischen Ausschuß zu verweisen. Im übrigen bestritt der Gesandte nicht das Recht der Bundesversammlung, die Grundrechte aufzuheben, beharrte aber darauf, daß die Grundrechte dort, wo sie landesgesetzlich eingeführt worden waren, auch nur „nach selbsteigenem Ermessen auf landesverfassungsmäßigem Wege" wieder revidiert werden könnten; ProtDBV 1851, S. 273.

nur auf verfassungsmäßigem Wege, das heißt mit Zustimmung des Landtags, aufgehoben oder abgeändert werden könnten.[40] Einige Abgeordnete gingen sogar noch weiter und erklärten die Grundrechte für unantastbar, weil sie „unveräußerliche" Menschen- und Bürgerrechte seien, zu deren Entzug keine staatliche Macht und auch nicht die parlamentarische Majorität befugt sei.[41] Indem die Bundesversammlung die Grundrechte „in allen Bundesstaaten als aufgehoben" erklärte und den Regierungen auftrug, jene Landesgesetze außer Wirksamkeit zu setzen, mit welchen grundrechtliche Bestimmungen in den Einzelstaaten eingeführt worden waren, lieferte sie besonders jenen Regierungen, die sich noch mit liberalen Kammermehrheiten konfrontiert sahen, eine Handhabe zur Durchsetzung der monarchischen Autorität.

Die politische Offensive der Bundesversammlung gegen die Folgen von 1848 wurde ergänzt durch militärische und polizeiliche Maßnahmen, welche ebenfalls von Österreich und Preußen eingeleitet wurden. Die militärischen Dispositionen konzentrierten sich auf Frankfurt, das nicht nur der Sitz der Bundesversammlung war, sondern, wie Manteuffel am 24. Juli 1851 an den preußischen Gesandten in Wien schrieb, auch „ein Hauptsitz der Propaganda der Anarchie, ein Ausgangs und Vereinigungs Punkt für die Emissäre der Umsturzpartei". Da die Stadtregierung dem nicht wirksam entgegentrete, sondern „theils aus Schwäche, theils aus Neigung" mit der Revolutionspartei liebäugele, müsse die Bundesversammlung die nötigen Vorkehrungen für die öffentliche Sicherheit treffen. Dazu sollte eine „angemessene Militairmacht" gebildet und in Frankfurt stationiert werden. Darüber hinaus sollte die Bundesversammlung durch einen entsprechenden Beschluß die Voraussetzungen dafür schaffen, daß erforderlichenfalls der militärische Belagerungszustand über Frankfurt verhängt und gleichzeitig die örtlichen Behörden suspendiert werden konnten.[42]

Auf den letztgenannten Vorschlag ging die österreichische Regierung nicht ein. Der Bundespräsidialgesandte Graf Thun, der die preußische Auffassung vom desolaten Zustand der Frankfurter Polizei und dem schlechten „Geist der Behörden" teilte, riet dringend davon ab, einen Antrag in die Bundesversammlung zu bringen mit dem Ziel, den Bund zur Verhängung des Belagerungszustands über Frankfurt zu ermächtigen:

„Wer nur die geringste Kenntniß von dem Geiste hat, der die Mehrzahl der deutschen Regierungen beseelt, wird überzeugt sein, daß ein solcher Antrag jetzt, wo kein eklatant dazu nöthigender Akt vorliegt, kaum zu erreichen sein wird, und wäre er zu er-

---

[40] Adresse der Kammer der Abgeordneten an den König, Stuttgart, 28. Juni 1851, HStA Stuttgart, E 65, Verzeichnis 57, Büschel 293.
[41] Rede des demokratischen Abgeordneten Eduard Süskind (28. Juni 1851), in: Verhandlungen der württembergischen Kammer der Abgeordneten im Jahre 1851, Bd. 1, S. 532 f.
[42] Manteuffel an Arnim, Berlin, 24. Juli 1851, HHStA Wien, Bundespräsidialgesandtschaft Frankfurt, Nr. 18.

langen, so geschähe es doch gewiß nur unter solchen Bedingungen und Restriktionen, daß wir in unserer Handlungsweise mehr gehindert wären als jetzt."[43]

Die Großmächte beschränkten sich infolgedessen darauf, am 6. September in der Bundesversammlung zu beantragen, ein Armeekorps von 12000 Mann „zum Schutze der Bundesversammlung und der freien Stadt Frankfurt" aufzustellen und es in der Nähe der Stadt zu stationieren. Die unter preußischem Oberkommando stehende Truppe sollte die öffentliche Ruhe sicherstellen und „die ungestörte Thätigkeit der höchsten Behörde des Bundes" verbürgen.[44] Der Antrag wurde am 30. September 1851 in leicht revidierter Form zum Bundesbeschluß erhoben, wobei die sächsischen Herzogtümer und die 15. Kurie Zweifel an der Notwendigkeit der Maßnahme geltend machten.[45]

Damit waren die militärischen Repressionsmaßnahmen des Bundes fürs erste nahezu erschöpft. Sieht man von den schon 1850 beschlossenen und sich bis 1852 hinziehenden Bundesinterventionen in Kurhessen und Holstein ab, mit denen die Souveränität der legitimen Landesherren gegen die liberale und nationale Opposition wiederhergestellt wurde[46], so gab es 1851 nur noch einen Fall, in dem die Bundesversammlung eine gegenrevolutionäre militärpolitische Entscheidung traf. Diese betraf die Hansestadt Hamburg, deren Senat sich bei der Bundesversammlung über die militärische Besetzung St. Paulis durch 1500 österreichische Soldaten im Juni 1851 beschwerte. Der Anlaß dazu waren blutige Zusammenstöße zwischen einer Volksmenge und Soldaten der in Hamburg im Zuge der Bundesintervention in Holstein stationierten österreichischen Truppen am 8. Juni 1851 gewesen, bei denen neun Menschen getötet und 27 zum Teil schwer verletzt worden waren. Die Beschwerde Hamburgs gegen die daraufhin von Österreich vorgenommene Einquartierung zusätzlicher Truppen wurde von der Bundesversammlung, die keine Veranlassung sah, eine Reduzierung der militärischen Präsenz in Hamburg anzuordnen, am 30. Juli 1851 zurückgewiesen.[47]

Während die militärischen Dispositionen des Bundes auf wenige Einzelmaßnahmen beschränkt blieben, unternahmen die beiden deutschen Führungsmächte Österreich und Preußen seit dem Frühjahr 1851 den Versuch, den Deutschen Bund mit einem schlagkräftigen Polizeiorgan auszustatten. Das Ziel war die Bildung einer zentralen Bundespolizeibehörde, die befugt

---

[43] Thun an Schwarzenberg, Frankfurt, 11. August 1851, HHStA Wien, PA II 21, fol. 429–436, hier fol. 431r u. 432v.
[44] ProtDBV 1851, § 133, S. 290–292, Zitate S. 291f.; vgl. QGDB III/2, Dok. 16.
[45] ProtDBV 1851, § 163, S. 380–382; vgl. QGDB III/2, S. 88f., Anm. 4.
[46] Vgl. dazu *Huber*, Deutsche Verfassungsgeschichte, Bd. 1, S. 631–634, Bd. 2, S. 906–912, 926–935.
[47] ProtDBV 1851, § 69, S. 133–140, § 77, S. 165f., § 98, S. 208–216; QGDB III/2, S. XLVIf., 110, Anm. 4.

sein sollte, im gesamten Bundesgebiet selbständig Ermittlungen vorzunehmen und sogar polizeiliche Aktionen ohne vorherige Verständigung der einzelstaatlichen Regierungen durchzuführen.[48]

Den Anstoß zur Schaffung einer Bundespolizei gab die preußische Regierung. Der von ihr mit den geheimpolizeilichen Ermittlungen gegen die revolutionären und demokratischen Bestrebungen beauftragte Berliner Polizeipräsident Karl Ludwig Friedrich von Hinckeldey hatte in einem Promemoria an den preußischen Innenminister vom 2. Juni 1851 die Schaffung „einer deutschen Zentral-Polizei" angeregt, um das weitverzweigte „Getriebe der Demokratie Deutschlands" effektiv bekämpfen zu können.[49] Die Regierung in Berlin griff diesen Vorschlag unverzüglich auf und übermittelte am 17. Juni 1851 eine Denkschrift über die Gründung einer zentralen Bundespolizeibehörde an die österreichische Regierung.[50] Darin hieß es, den „aller Enden in Deutschland" zutage tretenden „revolutionaire[n] Erscheinungen", die unter „einer gemeinsamen oberen Leitung" stünden, könne nur durch „die Gründung einer polizeilichen Central-Behörde für den ganzen Umfang des Deutschen Bundesgebiets" wirksam begegnet werden.[51] Bei der augenblicklichen Zersplitterung des Polizeiwesens in Deutschland würden die Ermittlungen dadurch behindert und verzögert, daß keine gemeinsamen, die Grenzen der Einzelstaaten übergreifenden polizeilichen Aktionen möglich seien beziehungsweise deren Koordinierung zwischen den verschiedenen beteiligten Behörden so schwierig und zeitraubend sei, daß rasche Maßnahmen unmöglich seien. Um dem abzuhelfen, solle die Bundesversammlung eine „Central-Bundes-Polizei-Behörde" einsetzen, „deren Bestimmung es wäre, in Beziehung auf die polizeiliche Ermittelung revolutionairer Unternehmungen, so wie auf die Beaufsichtigung der politischen Verbrecher und der revolutionairen Parteien überhaupt die oberste Leitung in die Hand zu nehmen".[52]

Der österreichische Ministerpräsident Schwarzenberg reagierte sofort auf den preußischen Vorschlag und erklärte seine grundsätzliche Zustimmung zu dem Plan. Er hielt es allerdings, wie er am 29. Juni 1851 nach Berlin mitteilte, nicht für opportun, einem Bundestagsausschuß „die Frage der Organisation und Competenz einer solchen Behörde" zu überlassen.[53] Vielmehr sei ein Erfolg der Verhandlungen nur dann zu erwarten, wenn „auch in dieser Hin-

---

[48] Einen kurzen Überblick über das Bundespolizeiprojekt gibt *Siemann*, „Deutschlands Ruhe", S. 247–254.
[49] Dokumente aus geheimen Archiven, Bd. 5, Nr. 3, S. 7–18, Zitate S. 7 u. 12.
[50] Manteuffel an Arnim, Berlin, 17. Juni 1851, GStA Berlin, I. HA, Rep. 81, Wien I, Nr. 186¹, fol. 40–45; Druck der Denkschrift in: QGDB III/2, Dok. 9, S. 60–65; Dokumente aus geheimen Archiven, Dok. 4, S. 19–22 (nach einer Abschrift im GStA Berlin, I. HA, Rep. 75A, Nr. 575, fol. 4–10).
[51] QGDB III/2, S. 60.
[52] Ebd., S. 60 f.
[53] Schwarzenberg an Prokesch, Wien, 29. Juni 1851, HHStA Wien, Bundespräsidialgesandtschaft Frankfurt, Nr. 18.

sicht schon der Antrag Oesterreichs und Preußens in den Hauptpunkten maßgebend wäre".[54] Wie bei den anderen im Sommer 1851 eingeleiteten Reaktionsmaßnahmen setzte Schwarzenberg auch bei der Frage der Bundespolizei darauf, durch einen konkreten Entwurf, auf den sich die Großmächte im vorhinein verständigten, langwierige Verhandlungen in der Bundesversammlung zu vermeiden und auf diese Weise der Verwässerung der geplanten Maßnahme durch einzelstaatliche Bedenken vorzubeugen. Einmal mehr bediente sich Schwarzenberg, um seine Pläne in der Bundesversammlung durchzusetzen, der alten metternichschen Strategie, die übrigen deutschen Regierungen durch eine Vorverständigung der Großmächte über angeblich dringend notwendige Maßnahmen zur Aufrechterhaltung der inneren Sicherheit gegen revolutionäre Bedrohungen vor vollendete Tatsachen zu stellen. Die preußische Seite ging darauf ein, und so entstand in vertraulichen Verhandlungen zwischen Österreich und Preußen ein detaillierter Entwurf, welcher gleichzeitig mit der Antragstellung in der Bundesversammlung vorgelegt und zur Grundlage der Beratungen gemacht werden sollte.

Der Entwurf, den Schwarzenberg am 4. August 1851 zusammen mit der Antragsbegründung an Manteuffel schickte[55], sah vor, eine aus fünf Mitgliedern bestehende, regelmäßig tagende Zentralpolizeistelle in Leipzig zu errichten. Den Vorsitz und die Leitung des ständigen Büros der Zentralstelle sollte ein sächsischer Beamter übernehmen, die übrigen vier Mitglieder waren von je einer deutschen Regierung zu ernennen. Die Aufgabe der Zentralpolizeistelle sollte darin bestehen, „den Zusammenhang und die möglichste Übereinstimmung der polizeilichen Maßregeln der Bundesregierungen zur Erforschung und Unterdrückung der revolutionären Bestrebungen in Deutschland zu vermitteln".[56] Zu diesem Zweck war sie befugt, im gesamten Bundesgebiet „polizeiliche Daten von allgemeinem Interesse zu sammeln", staatenübergreifende Ermittlungen und Polizeiaktionen zu koordinieren und die Ausführung von Bundesbeschlüssen „im Gebiete der Polizei" zu überwachen. In besonders dringenden Fällen sollte die Zentralstelle das Recht haben, ohne den zeitraubenden Umweg über die obersten Polizeibehörden der Einzelstaaten „unmittelbare Nachrichten und Requisitionen an untergeordnete Behörden gelangen zu lassen", die Vollziehung der angeordneten Maßnahmen durch Kommissare „an Ort und Stelle" zu überwachen und gegebenenfalls durch ihre Kommissare „selbstständig einzuschreiten".[57]

Der Plan der beiden deutschen Großmächte lief darauf hinaus, ein neues, zeitlich unbefristetes Bundesorgan zu schaffen, das die Polizeihoheit der Einzelstaaten beseitigt hätte. Wenn auch Österreich und Preußen diesen Effekt bestritten und die Zentralpolizeistelle nicht als neue, die Zustimmung aller

---

[54] Ebd.
[55] Schwarzenberg an Prokesch, Wien, 4. August 1851, QGDB III/2, Dok. 13a–c, S. 73–83.
[56] Ebd., S. 79.
[57] Ebd., S. 80 f.

Regierungen erfordernde Bundesinstitution darstellten, sondern nur als eine aus den allgemeinen Bundeszwecken abgeleitete „Maßregel"[58], so waren sie sich doch über die Brisanz ihres Vorschlags im klaren. Während sie über die Formulierung ihres Antrag verhandelten, unterließen sie es mit Bedacht, die übrigen deutschen Regierungen zu informieren. Lediglich Sachsen, auf dessen Territorium die Zentralstelle ihren Sitz nehmen sollte, wurde im Sommer 1851 in die Verhandlungen einbezogen. Mit der Zusage, die neue Bundesbehörde in Leipzig anzusiedeln und einem sächsischen Beamten die Leitung zu überlassen, konnte die anfänglich skeptische Regierung in Dresden für die Unterstützung des Plans gewonnen werden. Beust sprach sich zunächst gegen die Einsetzung einer Bundespolizeibehörde aus und empfahl statt dessen die Koordinierung der Polizeiarbeit durch einen Bundesausschuß.[59] Schon wenige Tage später ließ er indessen seinen Gesandten in Wien der dortigen Regierung vertraulich mitteilen, daß Sachsen, sofern es mit einem ständigen Mitglied in der Zentralstelle repräsentiert sei, sich dem „höheren Interesse" unterordnen werde.[60]

Der Auffassung Beusts, daß auf diese Weise nicht nur seinem eigenen Land gegenüber die Form gewahrt, sondern auch den übrigen Regierungen eine „große Beruhigung" gewährt werde[61], vermochten sich insbesondere seine Kollegen in den Mittelstaaten nicht anzuschließen. Einige machten grundsätzliche Einwände gegen die beabsichtigten Eingriffe in die Verwaltung und Gesetzgebung der Einzelstaaten sowie die einseitig reaktionäre Tendenz der angekündigten Maßnahmen geltend. So schrieb der badische Bundestagsgesandte Marschall, nachdem er Ende Juni 1851 von den preußisch-österreichischen Plänen erfahren hatte, an seinen Außenminister, man werde nur dann über die gravierenden Folgen der vorgeschlagenen Maßnahmen für die Einzelstaaten hinwegsehen können, „wenn gleichzeitig mit einem energischen Einschreiten gegen die wühlerische Parthey Bundes Institutionen gewährt würden, welche die Gutgesinnten, die wahrhaft Konservativen zu befriedigen, ihr Vertrauen für den wieder aufgerichteten Bundestag zu begründen geeignet wären". Marschall nannte in diesem Zusammenhang ausdrücklich die Volksvertretung beim Bundestag und das Bundesgericht. Nur wenn diese Einrichtungen gleichzeitig mit den Maßnahmen gegen die politische Opposition eingeführt würden, werde bewiesen, „daß den getroffenen Maasregeln nicht die Gewalt, sondern das Recht zur Grundlage diene". Das von den Großmächten offenbar beabsichtigte einseitig reaktionäre Vorgehen sei dagegen nicht geeignet, „den öffentlichen Frieden und die Staatsordnung auf die Dauer zu begründen".[62]

---

[58] So die Antragsbegründung, ebd., S. 75f.
[59] Beust an Nostitz, Dresden, 21. Juni 1851, HHStA Wien, PA V 17. Varia 1851, fol. 120–123, hier fol. 123v.
[60] Beust an Könneritz (Wien), Dresden, 24. Juni 1851, HStA Dresden, AM 926, fol. 1–5.
[61] Ebd., fol. 5.
[62] Marschall an Rüdt, Frankfurt, 28. Juni 1851, GLA Karlsruhe, 48/1479.

Die reaktionären Maßnahmen des Deutschen Bundes 105

Ähnlich argumentierte der hannoversche Außenminister von Münchhausen. Ihm erschien die Bildung eines Bundeszentralpolizeiorgans „namentlich als eine der ersten allgemeineren Maßnahmen des reactivirten Bundestags – in hohem Grade bedenklich, und der mutmaßliche Erfolg einer solchen Maßregel dem beabsichtigten Zwecke entgegen".[63]

Heftigste Kritik an dem formalen Vorgehen der Großmächte und Sachsens sowie an den materiellen Bestimmungen des preußisch-österreichischen Entwurfs übte die bayerische Regierung, die bei den vorbereitenden Beratungen übergangen worden war. Außenminister von der Pfordten war hellauf empört, als er am 28. September 1851 von Xylander darüber informiert wurde, daß Thun und Bismarck die baldige Antragstellung im Bundestag angekündigt und mitgeteilt hatten, die Bundespolizeibehörde solle unter sächsischer Leitung in Leipzig eingerichtet werden.[64] Pfordten beschwerte sich in Dresden über das sächsische Verhalten, in dem er einen Vertrauensbruch zu Lasten der übrigen Königreiche und insbesondere Bayerns erblickte. Er erinnerte Beust daran, daß Bayern sich bereits anläßlich der am 9. und 13. April 1851 in Dresden abgehaltenen Polizeikonferenzen, an denen lediglich Vertreter von Österreich, Preußen, Hannover und Sachsen beteiligt waren[65], nachdrücklich dagegen verwahrt hatte, „ohne sein Vorwissen in den Kreis fremder polizeilicher Thätigkeit" gezogen zu werden.[66]

Was die inhaltliche Seite betraf, so machte Pfordten, nachdem ihm der preußisch-österreichische Antragsentwurf am 8. Oktober von Xylander übermittelt worden war, sofort seine ablehnende Haltung sowohl gegen die vorgesehene Zusammensetzung der Polizeibehörde als auch gegen ihre Kompetenzen deutlich. Er kritisierte, daß Bayern kein ständiger Sitz in der Polizeibehörde zugesagt war und erklärte es mit der „Selbständigkeit und Würde" der Einzelstaaten für unvereinbar, „daß direkte Befehle und Weisungen von Leipzig in andere Bundesstaaten ausgehen, und die Landesbehörden durch Sendung von Commissarien hinsichtlich des Vollzuges controlirt und getrieben werden".[67]

Ließen diese energischen Stellungnahmen schon wenig Aussicht auf eine Durchsetzung des Plans der Großmächte, so besiegelte das weitere Vorgehen von Wien und Berlin endgültig das Scheitern ihres Vorhabens. Ohne die bayerischen Einwände zu beachten, brachten Österreich und Preußen am 11. Oktober 1851 ihren Antrag in die Bundesversammlung.[68] Sie schlugen darin die Bildung einer zentralen Bundespolizeibehörde in Leipzig als „Hülfsbe-

---
[63] Münchhausen an Schele, Hannover, 3. Juli 1851, HStA Hannover, Dep. 103, Bestand VI, Nr. 4042.
[64] Xylander an Pfordten, Frankfurt, 28. September 1851, HStA München, MA 1403.
[65] Vgl. dazu Dokumente aus geheimen Archiven, Bd. 5, Dok. 1, 2, 5 u. 6, S. 3–6, 29–35; Siemann, „Deutschlands Ruhe", S. 244–247, 258 ff.
[66] Pfordten an Gise, München, 5. Oktober 1851, QGDB III/2, Dok. 17, S. 90.
[67] Pfordten an Xylander, München, 13. Oktober 1851, QGDB III/2, Dok. 18, S. 92.
[68] ProtDBV 1851, § 185, S. 431–434.

hörde der Bundesversammlung" zur Unterdrückung der Demokratie und der staatsfeindlichen Parteien vor. Deren konkrete Ausgestaltung sollte durch einen Ausschuß der Bundesversammlung auf der Grundlage des von Österreich und Preußen vorgelegten Entwurfs beraten werden. Die Wahl des Ausschusses wurde auf Vorschlag des Präsidialgesandten unverzüglich vorgenommen. Gewählt wurden die Gesandten von Österreich, Preußen, Sachsen, Kurhessen und Mecklenburg, während der bayerische Gesandte lediglich zum Stellvertreter bestimmt wurde.[69]

Die bayerische Regierung wurde auf diese Weise nicht nur von den Beratungen über den Entwurf der Großmächte ausgeschlossen, sondern zusätzlich noch dadurch brüskiert, daß Thun und Bismarck sich weigerten, dem bayerischen Gesandten wenigstens den Entwurf zur Übermittlung nach München zu übergeben.[70] Pfordten reagierte darauf, indem er den Regierungen in Wien, Berlin und Dresden auf diplomatischem Wege mehrfach mitteilte, er werde niemals die Einmischung einer Bundesbehörde in innere Verwaltungsangelegenheiten zulassen, noch werde er „jemals eine Behörde anerkennen, in welcher Bayern nicht eine ständige Stimme habe".[71] Sollte in diesen beiden Punkten der Entwurf, den Xylander am 17. Oktober endlich nach München senden konnte[72], nicht modifiziert werden, so könne Bayern ihm keinesfalls zustimmen, teilte Pfordten dem sächsischen Gesandten in München mit, wobei er zur Bekräftigung hinzufügte, er werde eher zurücktreten, als in die Mediatisierung Bayerns einzuwilligen.[73]

Als der bayerische Bundestagsgesandte Xylander anläßlich der am 24. Oktober eröffneten Ausschußberatungen über die Polizeibehörde berichtete, es habe den Anschein, „als beabsichtige man wirklich, die Sache in der begonnenen Art *durchdrücken* zu wollen"[74], stellte sich die bayerische Regierung auf den Standpunkt, daß es sich bei der Bundespolizeibehörde um eine „organische Einrichtung" handele, die nach den Bundesgrundgesetzen die Zustimmung aller Bundesmitglieder erfordere.[75] Überdies erklärte Bayern die Angelegenheit nicht nur formal zu einer Verfassungsfrage, sondern auch inhaltlich. Der vorliegende Entwurf, so hieß es, stehe mit dem „Grundcharakter des Bundes in directem Widerspruche", weil er die in der Bundesakte und der Wiener Schlußakte garantierte Unabhängigkeit der Einzelstaaten verletzte:

---

[69] Ebd., S. 434.
[70] Thun an Schwarzenberg, Frankfurt, 11. Oktober 1851, HHStA Wien, PA II 21, fol. 653–655, hier fol. 654v; vgl. den Bericht von Xylander an Pfordten, Frankfurt, 11. Oktober 1851, HStA München, MA 1403.
[71] Bose an Beust, München, 15. Oktober 1851, HStA Dresden, AM 926, fol. 24.
[72] Xylander an König Maximilian II., Frankfurt, 17. Oktober 1851, HStA München, MA 1403.
[73] Bose an Beust, München, 24. Oktober 1851, HStA Dresden, AM 926, fol. 59.
[74] Xylander an Pfordten, Frankfurt, 24. Oktober 1851, HStA München, MA 1403.
[75] Pfordten an Xylander, München, 9. November 1851, QGDB III/2, Dok. 20, S. 95.

„Es würde offenbar als ein Eingriff in die Souveränitätsrechte erscheinen müssen, wenn z. B. ohne Vorwissen der bayer. Regierung fragliche Centralbehörde einen Commißär nach Nürnberg oder Würzburg schickte, und durch diesen dortselbst Verhaftungen, Haussuchungen und polizeiliche Akte jeder Art vornehmen ließe, wozu sie nach dem Entwurf nur noch bedürfte, dem Ministerium des Innern in München gleichzeitig Anzeige zu machen, die aber wohl erst post Factum einträfe."[76]

Gegen den für Bayern indiskutablen Plan der Großmächte brachte Pfordten nun einen eigenen Vorschlag ins Spiel, der darauf abzielte, die Zentralpolizeistelle in „den einzig zulässigen Grenzen"[77] einzuführen. Statt einer Polizeibehörde in Leipzig sollte eine Zentralkommission des Bundes in Frankfurt eingerichtet werden. Diese sollte zur Sammlung von Daten über revolutionäre Bestrebungen berechtigt sein, ihre Erkenntnisse den obersten Landespolizeibehörden mitteilen und mit ihnen bei polizeilichen Ermittlungen und Aktionen kooperieren. Abweichend vom preußisch-österreichischen Plan sollte die Bundeskommission nicht unmittelbar mit untergeordneten Polizeibehörden in Kontakt treten dürfen, sondern nur mit den Landesregierungen beziehungsweise deren Ministerien. Sie war nicht berechtigt, Befehle zu erteilen, sondern durfte nur „Ersuchschreiben" erlassen, „welche auf die bestehenden Gesetze Rücksicht zu nehmen haben".[78] Nur in besonders dringenden Ausnahmefällen sollte die Entsendung von Bundeskommissaren gestattet sein, deren Befugnisse eng begrenzt wurden:

„Einem solchen Abgeordneten darf jedoch keine Befugniß zugestanden werden, selbstständig zu handeln und unmittelbar auf die Handhabung der Polizei einzuwirken: viel mehr muß dessen Wirksamkeit auf die Verhandlung mit der obersten Landesstelle beschränkt bleiben."[79]

Schließlich verlangte Bayern einen ständigen Sitz in der Bundespolizeikommission, die im übrigen vorläufig nur für die Dauer eines Jahres eingerichtet werden sollte.

Dieser Vorschlag lief der ursprünglichen Intention der Großmächte zuwider, die gehofft hatten, durch die Bundespolizeibehörde nicht nur bundesweite Ermittlungen, sondern auch rasche Aktionen vor Ort ohne den zeitraubenden Umweg über die einzelstaatlichen Regierungsbehörden durchführen zu können. Die Realisierung des Plans von Österreich und Preußen hätte in der Tat eine zentrale, der Kontrolle der mittleren und kleinen Staaten weitgehend entzogene Bundespolizeistelle geschaffen, deren Möglichkeiten zu eigenständiger Tätigkeit erheblich größer gewesen wären, als dies bei der Zentraluntersuchungskommission von 1819[80] und der Zentralbehörde für politische

---

[76] Ebd., S. 96.
[77] Ebd., S. 97.
[78] Ebd., S. 98.
[79] Ebd.
[80] *Huber* (Hg.), Dokumente, Bd. 1, S. 104f.; *Weber*, Die Mainzer Zentraluntersuchungskommission; *Siemann*, „Deutschlands Ruhe", S. 76–86.

Untersuchungen von 1833[81] der Fall gewesen war. Mit der Bundespolizeibehörde wäre der Nukleus einer zentralisierten politischen Geheimpolizei in Deutschland geschaffen worden – ein Reaktionsorgan im nationalen Maßstab. Einen ähnlichen Plan zu einer politischen Polizei für ganz Deutschland hatte es bereits in den 1830er Jahren gegeben, doch war er auch damals am Widerstand Bayerns gescheitert.[82]

Zu dem gleichen negativen Ergebnis führte die Initiative der Großmächte im Jahr 1851. Die intensiven diplomatischen Bemühungen der bayerischen Regierung, die übrigen mittelstaatlichen Regierungen und insbesondere diejenigen unter ihnen, welche im Ausschuß für die Bundespolizeibehörde vertreten waren, auf ihre Seite zu ziehen, hatten letztlich Erfolg. In den Wochen nach der Bundestagssitzung vom 11. Oktober 1851 sammelte Bayern, wie Bismarck an Manteuffel berichtete, „um sich die Opponenten", so daß nach Einschätzung des preußischen Bundestagsgesandten nur eine „schwache Majorität" für den Antrag zu finden sein werde.[83] Der bayerische Gesandte Xylander rechnete bereits am 24. Oktober damit, daß es bei entsprechenden Anstrengungen gelingen könne, acht der siebzehn Stimmen des Engeren Rats für die Ablehnung des Entwurfs zu gewinnen, nämlich neben Bayern noch Hannover, Württemberg, Baden, Luxemburg, die großherzoglich und herzoglich sächsischen Häuser, die 15. Kurie (Oldenburg, Anhalt, Schwarzburg) sowie die freien Städte.[84]

In der Tat formierte sich seit Ende Oktober ein breiter Widerstand insbesondere gegen die Absicht, die Bundespolizeibehörde zu einem eigenständigen, unmittelbar in die Einzelstaaten eingreifenden Organ zu machen. Eine ganze Reihe von Regierungen stellte zentrale Punkte des preußisch-österreichischen Plans in Frage:

– Württemberg sah die Gefahr, daß ein kleines Beamtenkollegium „sich eine Oberleitung in den polizeilichen Angelegenheiten der einzelnen Staaten anmaßte" und damit die bundesgesetzlich verbürgte Unabhängigkeit der Einzelstaaten verletzte.[85]
– Hannover fragte besorgt, ob die Bundespolizeibehörde „nicht in ihrer natürlichen Entwicklung auf eine aggressive Stellung gegen die Selbstständigkeit der einzelnen Bundesregierungen angewiesen sein werde" und regte an, statt einer Zentralbehörde eine bessere Koordination der polizeilichen Tätigkeit durch eine intensive Kommunikation der einzelstaatlichen Polizeiorgane untereinander zu vereinbaren.[86]

---

[81] *Huber* (Hg.), Dokumente, Bd. 1, S. 135 f.; *Siemann*, „Deutschlands Ruhe", S. 93–99.
[82] *Siemann*, „Deutschland Ruhe", S. 102–106; ders., Wandel der Politik, S. 69.
[83] Bismarck an Manteuffel, Frankfurt, 24. Oktober 1851, in: *Bismarck*, Gesammelte Werke, Bd. 1, S. 79.
[84] Xylander an Pfordten, Frankfurt, 24. Oktober 1851, HStA München, MA 1403.
[85] Bericht von Außenminister Neurath und Innenminister Linden an den König, Stuttgart, 29. Oktober 1851, HStA Stuttgart, E 9, Büschel 61.
[86] Münchhausen an die hannoverschen Gesandtschaften, Hannover, 1. November 1851, GStA Berlin, III. HA, Nr. 96, fol. 279f, Zitat fol. 279.

- Baden lehnte „ein direktes Einmischen" in die Polizeiverwaltung der Einzelstaaten ebenfalls ab und sprach sich dafür aus, statt eines kostspieligen Instituts, das nur Aufsehen erregen und zu Mißdeutungen Anlaß geben werde, ein einfaches Polizeibüro in Frankfurt zu errichten.[87]
- Sachsen-Altenburg wollte dem Antrag nur dann zustimmen, wenn der Entwurf so abgeändert wurde, daß die Zentralpolizeibehörde „unter keiner Bedingung" unmittelbare Anordnungen an die einzelstaatlichen Behörden erlassen durfte.[88]
- Sachsen-Meiningen verlangte, die Behörde in Frankfurt anzusiedeln und sie „in steter Abhängigkeit" von der Bundesversammlung zu halten, um eine Beeinträchtigung der Selbständigkeit der Einzelstaaten auszuschließen.[89]
- Sachsen-Weimar sah es ebenfalls als unzulässig an, der Bundespolizeibehörde eine den einzelstaatlichen Polizeistellen übergeordnete Position zu geben und wünschte eine dementsprechende Modifikation des Entwurfs, wobei insbesondere die Ermächtigung zum selbständigen Eingreifen wegfallen sollte. Wie Bayern war auch Sachsen-Weimar der Auffassung, daß die Bundespolizeibehörde als eine organische Bundeseinrichtung nur durch einen einstimmigen Beschluß des Plenums der Bundesversammlung ins Leben gerufen werden durfte. Zudem sollte die Wirksamkeit der Behörde nur auf ein Jahr befristet sein und eine eventuelle Verlängerung nur mit Zustimmung aller Bundesregierungen zulässig sein.[90]
- Der Hamburger Senator Merck schrieb am 5. November 1851 an seinen Bremer Kollegen Smidt, man müsse dem Antrag „ganz entschieden entgegentreten", weil er die kleineren Staaten „halb" mediatisiere.[91] Wenig später teilte Merck dem hamburgischen Bundestagsgesandten Kirchenpauer mit, im Senat herrsche eine sehr große Abneigung gegen das Projekt einer Zentralpolizeibehörde. Es handele sich dabei um eine organische Bundeseinrichtung, für die Einstimmigkeit erforderlich sei. Kirchenpauer wurde instruiert, im Verein mit gleichgesinnten Regierungen alles daranzusetzen, „daß die Sache mindestens in der jetzt vorgeschlagenen Modalität nicht zur Ausführung komme".[92]

Gegen diese breite Ablehnung ließ sich die Bundespolizeibehörde nicht durchsetzen. Zwar hielt Schwarzenberg den Kritikern vor, sie hegten „übertriebene Besorgnisse", und unternahm, ebenso wie die preußische Regierung,

---

[87] Rüdt an Marschall, Karlsruhe, 7. November 1851, GLA Karlsruhe, 49/428.
[88] Graf Beust an das herzoglich sächsische Staatsministerium in Gotha, Altenburg, 7. November 1851, StA Gotha, Staatsministerium, Dep. I, Loc. 5*a, Nr. 11.
[89] Wechmar an Galen, Meiningen, 7. November 1851, GStA Berlin, III. HA, Nr. 96, fol. 307 f.; vgl. auch Wechmar an Fritsch, Meiningen, 12. November 1851, StA Gotha, Staatsministerium, Dep. I, Loc. 5*a, Nr. 11.
[90] Watzdorf an Galen, Weimar, 11. November 1851, GStA Berlin, III. HA, Nr. 96, fol. 315–317.
[91] Merck an Smidt, Hamburg, 5. November 1851, StA Bremen, 2–B.5.a.7, Vol. 3.
[92] Merck an Kirchenpauer, Hamburg, 14. November 1851, StA Hamburg, 132–5/5, Gesandtschaft Bundestag II d 5.

erhebliche diplomatische Anstrengungen, um durch „unmittelbare Einwirkung"[93] auf die dissentierenden Regierungen den Plan der Großmächte doch noch durchzusetzen. Die grundsätzlichen Einwände vieler wichtiger Regierungen konnten aber dadurch nicht überwunden werden. Der mit der Berichterstattung über den Antrag beauftragte kurhessische Bundestagsgesandte Trott ließ, als die im November geführten Verhandlungen mit den übrigen Bundestagsgesandten zu keinem Resultat führten, die Sache liegen. Der Ausschuß für die Bundespolizeibehörde stellte seine Tätigkeit stillschweigend ein, ein Ausschußbericht in der Bundesversammlung wurde niemals erstattet. Das Projekt einer zentralen Bundespolizeibehörde scheiterte wie so manches andere Vorhaben zur Erweiterung der Bundeskompetenzen am Widerstand der Einzelstaaten, die sich in ihre inneren Angelegenheiten nicht hineinregieren lassen wollten.

Das Mißlingen des Plans der Großmächte markiert sehr deutlich die Grenzen einer reaktionären Bundespolitik. Trotz einiger durchaus gravierender Maßnahmen zur Unterdrückung der politischen Opposition gelang es nicht, eine neue Bundesinstitution mit der Möglichkeit zu einer selbständigen Repressionspolitik zu schaffen. Statt dessen waren die an einer staatenübergreifenden Koordination der politischen Polizei interessierten Regierungen darauf angewiesen, sich außerhalb des Deutschen Bundes im sogenannten „Polizeiverein" eine gemeinsame Plattform zu schaffen. An den Konferenzen des Polizeivereins beteiligte sich indessen nur eine Minderheit der deutschen Staaten, und der Verein fungierte vornehmlich als Informationsbörse, auf der die teilnehmenden Regierungen ihre Erkenntnisse austauschten und über die zu ergreifenden Maßnahmen berieten, deren Ausführung aber ausschließlich den einzelstaatlichen Polizeiorganen vorbehalten blieb.[94] Die von Wolfram Siemann für die 1850er Jahre konstatierte „entfesselte Polizeistaatlichkeit"[95] gewann damit allenfalls im Hinblick auf die Ermittlung und Überwachung oppositioneller Bestrebungen eine länderübergreifende Dimension, blieb in der Durchführung polizeilicher Aktionen aber an die Einzelstaaten gebunden. Die polizeiliche Unterdrückung war somit letztlich, dies macht das Beispiel der gescheiterten Bundespolizeibehörde deutlich, nicht vom Deutschen Bund zu verantworten, sondern von den Einzelstaaten, wobei im übrigen die Intensität der Repression sehr stark variierte.

Das Fiasko des Bundespolizeiprojekts hatte gezeigt, daß eine reaktionäre Bundespolitik, der die meisten einzelstaatlichen Regierungen im Grundsatz

---

[93] Schwarzenberg an Prokesch, Wien, 4. November 1851, HHStA Wien, PA III 44. Weisungen 1851, Nr. 12, fol. 53–66, Zitate fol. 53r u. 53v.
[94] Die Protokolle der Polizeikonferenzen mit den Beilagen sind ediert in: Dokumente aus geheimen Archiven, Bd. 5; eine umfassende Dokumentensammlung zur Tätigkeit des Polizeivereins bietet ferner *Siemann* (Hg.), Der „Polizeiverein" deutscher Staaten.
[95] *Siemann*, Die deutsche Revolution, S. 7.

durchaus zustimmten, nur im Rahmen der bestehenden Bundesgesetze möglich war. Die Einführung neuer, selbständiger Bundesorgane mit zentralstaatlichen Kompetenzen stieß auf breiten Widerstand bei den mittleren und kleinen deutschen Staaten. Sie waren um so weniger bereit, neuen Repressionsorganen zuzustimmen, als ihr vielfach geäußerter Wunsch nach einer institutionellen Ergänzung des Bundes durch ein Bundesgericht und eine Volksvertretung von den Großmächten auf die lange Bank geschoben beziehungsweise ignoriert wurde. Eine Stärkung des sicherheitspolitischen Apparats des Deutschen Bundes über die gegebenen Möglichkeiten hinaus wurde von etlichen Regierungen, allen voran Bayern, grundsätzlich abgelehnt, andere wie etwa Württemberg, Baden, Hannover oder Sachsen-Weimar wären dazu eventuell unter der Voraussetzung bereit gewesen, daß gleichzeitig die auf der Dresdener Konferenz diskutierten Reformen hinsichtlich der Bundesexekutive, der Bundesgesetzgebung und der Rechtsprechung auf den Weg gebracht worden wären.

Daß, wie das Bundespolizeiprojekt erwiesen hatte, die Reaktionsmaßnahmen des Bundes bestimmte Grenzen nicht überschreiten konnten, traf auch auf die weiteren Schritte zu, welche die Bundesversammlung in den nachfolgenden Jahren unternahm. Die größte Aufmerksamkeit galt dabei der Kontrolle der Presse, die in vielen deutschen Staaten auch zwei Jahre nach dem Ende der Revolution immer noch einen weit über die vormärzlichen Verhältnisse hinausgehenden Freiraum besaß, und des politischen Vereinswesens, das 1848/49 einen starken Entwicklungsschub erhalten hatte, dessen Auswirkungen den Regierungen vielerorts immer noch Sorgen bereiteten.

Was zunächst die Presse betraf, so wollten sich die meisten deutschen Regierungen auf ein direktes, von der Bundesversammlung ausgesprochenes Verbot von bestimmten Zeitungen und Zeitschriften, wie es Österreich und Preußen im Juli 1851 vorgeschlagen hatten, nicht einlassen. Sie favorisierten statt dessen eine bundeseinheitliche Regelung des Presserechts durch ein allgemeines Bundespressegesetz, weil, so die hannoversche Regierung, die radikale Presse „auf dem Wege der Landesgesetzgebung" allein nicht in den Griff zu bekommen sei.[96] Ein solches Bundesgesetz war bereits von der 2. Kommission der Dresdener Konferenz in ihrem Abschlußbericht vom 25. April 1851 vorgeschlagen worden. Gedacht war daran, „unter Beseitigung der Censur" allgemeine Anordnungen „zum Schutze gegen den Mißbrauch der Presse" zu treffen.[97] Die Aussichten für eine rasche Einigung darüber schienen zunächst günstig, denn etliche Regierungen drängten seit dem Sommer 1851 auf den baldigen Beginn entsprechender Verhandlungen, mit deren Vorbereitung am 23. August der politische Ausschuß beauftragt worden war. Der vom Ausschuß zur Ausarbeitung eines Entwurfs für ein Bun-

---

[96] Schele an Bothmer, Hannover, 18. Februar 1852, QGDB III/2, Dok. 27, S. 118; Neurath an Reinhard, Stuttgart, 16. November 1851, HStA Stuttgart, E 65, Verzeichnis 40, Büschel 61.
[97] QGDB III/1, S. 437.

despressegesetz berufene sogenannte Fachmännerausschuß trat jedoch erst am 8. Dezember 1851 zusammen, um seine Beratungen aufzunehmen.[98]

Die Fachmänner waren der österreichische Sektionsrat Eduard von Lakkenbacher, der preußische Regierungsrat Karl Ludwig Zitelmann, der sächsische Hofrat Ernst Gotthelf Gersdorf und der hessen-darmstädtische Ministerialrat Friedrich von Bechthold. Die Verhandlungen der vier Fachmänner dauerten über sechs Monate und führten nicht zu einem einheitlichen, von allen Beteiligten angenommenen Ergebnis. Vielmehr enthielt der am 23. Juni 1852 dem politischen Ausschuß übergebene Schlußbericht der Fachmänner zwei konkurrierende Entwürfe: dem von Lackenbacher, Bechthold und Gersdorf erarbeiteten Entwurf für ein „Bundespressegesetz" setzte der preußische Vertreter Zitelmann einen Entwurf für „gleichförmige Bestimmungen gegen den Mißbrauch der Preßfreiheit" entgegen.[99]

Schon die Benennung der beiden Entwürfe gibt die gegensätzlichen Auffassungen zwischen Preußen und den übrigen Staaten über den Charakter des anzustrebenden Bundesbeschlusses über die Presse zu erkennen. Auf preußischer Seite hatte sich die von Bismarck bereits im September 1851 vertretene Ansicht durchgesetzt, daß ein allgemeines, unmittelbar wirkendes Bundespressegesetz verhindert werden solle, weil dies der Bundesversammlung die Möglichkeit für „ein grundsätzliches Eingreifen in jede, also auch die preußische Preßgesetzgebung" gebe.[100] Statt dessen solle die Bundesversammlung lediglich Vorkehrungen treffen, um in jenen Staaten die obrigkeitliche Kontrolle der Presse durchzusetzen, in denen keine hinreichenden gesetzlichen Garantien gegen den sogenannten Mißbrauch der Pressefreiheit bestanden. Die preußische Regierung insistierte darauf, „die Erlassung eigentlicher Preßgesetze" den Regierungen der Einzelstaaten zu überlassen, berichtete der hannoversche Gesandte in Berlin am 25. Februar 1852 an Außenminister Schele. Der Bundestag sollte sich darauf beschränken, „gewisse allgemeine Normen festzustellen und die Schranken zu bezeichnen, innerhalb welcher die Presse sich zu bewegen habe, deren Beobachtung alsdann von Seiten des Bundes streng zu überwachen sei".[101] Es ging Preußen und, wie sich später zeigen sollte, auch Österreich weniger darum, ein einheitliches Bundesrecht zu schaffen, das auch für die Großmächte selbst verbindlich war, sondern darum, eine bundesrechtliche Grundlage für das Eingreifen in den kleineren und mittleren Staaten zu gewinnen, welche der Presse noch unerwünschte Freiräume gewährten.

---

[98] BA Koblenz, DB 1/334; vgl. *Kohnen*, Pressepolitik des Deutschen Bundes, S. 37, ebd. S. 37–67 eine Darstellung der nachfolgenden Verhandlungen, die zum Bundespressebeschluß von 1854 führten.
[99] Die beiden Entwürfe sind gedruckt in: ProtDBV 1852, Beilage 8 zu § 220 des Protokolls der 20. Sitzung der deutschen Bundesversammlung vom 5. August 1852, S. 1–56; jetzt auch ediert in: QGDB III/2, Dok. 34 u. 36.
[100] Bismarck an Manteuffel, Frankfurt, 6. September 1851, in: *Bismarck*, Gesammelte Werke, Bd. 1, S. 38; vgl. *Kohnen*, Pressepolitik des Deutschen Bundes, S. 35.
[101] Knyphausen an Schele, Berlin, 25. Februar 1852, QGDB III/2, Dok. 28, S. 120.

Die Vorstellungen darüber, in welcher Form dieses Ziel erreicht werden konnte, gingen schon zu Beginn der Beratungen der Fachmänner weit auseinander. Es gelang nicht, eine Einigung über die grundlegende Frage herbeizuführen, ob die Bundesversammlung nur allgemeine Normen, welche den einzelstaatlichen Pressegesetzen als Richtschnur dienten, oder ein Bundesgesetz mit „unmittelbarer gesetzlicher Kraft"[102] beschließen sollte. Letzteres favorisierten manche mittlere und kleine Staaten, deren Regierungen bei einer Verschärfung ihrer Pressegesetze harte Konflikte mit den Landtagen und der liberalen Öffentlichkeit zu befürchten hatten. Sie zogen es deshalb vor, die Unterdrückung der Presse durch ein Bundespressegesetz, das nicht der Zustimmung der Kammern bedurfte, zu bewerkstelligen. Maßnahmen gegen die Freiheit der Presse wären auf diese Weise nicht von den Regierungen der Einzelstaaten direkt zu verantworten gewesen, sondern von ihnen lediglich in Erfüllung einer Bundespflicht ausgeführt worden. Der Versuch, die gegensätzlichen Zielsetzungen dadurch zu überbrücken, daß das preußische Pressegesetz vom 12. Mai 1851 zum Ausgangspunkt der Beratungen genommen wurde, führte nicht zu einer Verständigung, die zusätzlich noch durch gegenseitiges Mißtrauen und persönliche Animositäten der Fachmänner erschwert wurde. So kam es nicht zu einer schnellen Einigung der im Deutschen Bund vertretenen Regierungen über die Regulierung der Presse, sondern zur offenen Spaltung innerhalb des Ausschusses und damit auch in der Bundesversammlung.

Die Konfliktlinie verlief dabei zwischen der Bundespräsidialmacht Österreich und deren mittelstaatlichen Verbündeten auf der einen sowie der zweiten deutschen Großmacht Preußen auf der anderen Seite. Bei den Verhandlungen über die im Grundsatz von allen Seiten befürwortete Unterdrückung der Presse bildete sich somit kaum mehr als ein halbes Jahr nach dem Ende der Dresdener Konferenz und der Rückkehr zum alten Bundestag eine Konstellation heraus, welche zu einer nur ganz selten suspendierten Konstante der Bundespolitik der 1850er und 1860er Jahre werden sollte: Der letztlich machtpolitisch motivierte Interessengegensatz zwischen Österreich und Preußen, der vom preußischen Bundestagsgesandten Bismarck scharf konturiert wurde[103], ließ eine gemeinschaftliche, auf die Stärkung des Deutschen Bundes als deutsche Gesamtmacht abzielende Bundespolitik nur in den wenigen Fällen zu, wo dies mit den speziellen Interessen der beiden Großmächte zusammenfiel. In der Regel jedoch standen sich gegensätzliche Auffassungen über den einzuschlagenden bundespolitischen Kurs gegenüber, wodurch nicht nur die Reform des Bundes in föderativ-nationalintegrativer Richtung behindert,

---

[102] So der sächsische Fachmann Gersdorf in der Sitzung vom 8. Dezember 1851, zitiert nach *Kohnen*, Pressepolitik des Deutschen Bundes, S. 38.
[103] Zur Bundespolitik Bismarcks in den 1850er Jahren und zu seiner Haltung gegenüber dem Deutschen Bund insgesamt siehe neben der älteren Monographie von *Meyer*, Bismarcks Kampf, vor allem die Biographien von *Gall*, Bismarck, und *Pflanze*, Bismarck, sowie den Aufsatz von *Müller*, Bismarck und der Deutsche Bund.

sondern auch reaktionäre Bundesmaßnahmen erheblich verzögert und in ihrer Wirkung beeinträchtigt wurden.

Der Verlauf und das Ergebnis der Verhandlungen über die Presseangelegenheit machen dies sehr deutlich. Die beiden Entwürfe, welche die Fachmänner dem politischen Ausschuß im Frühjahr 1852 vorlegten, wiesen große Unterschiede auf – sowohl im Hinblick auf manche Detailbestimmungen als auch vor allem in der jeweiligen Motivierung und Intention. Der Mehrheitsentwurf von Österreich, Sachsen und Großherzogtum Hessen war erheblich umfangreicher und detaillierter als der vom preußischen Fachmann Zitelmann eingereichte Entwurf. In 32 Paragraphen legte der Entwurf die Modalitäten für die Veröffentlichung und den Vertrieb von Presseerzeugnissen fest, wobei gleichzeitig ein umfangreicher Strafkatalog für den Fall der Verletzung des Presserechts aufgestellt wurde. Das komplizierte Regelwerk war darauf ausgerichtet, die Presse in ein enges rechtliches Korsett einzuschnüren und so die Verbreitung von unerwünschten Nachrichten und Ansichten einem hohen Risiko von staatlicher Verfolgung auszusetzen. Die Bestimmungen über die Konzessionserteilung, die Pflicht zur Einreichung von Belegexemplaren, die Hinterlegung von Kautionen und die angedrohten Sanktionsmaßnahmen, welche von Geld- und Gefängnisstrafen für die verantwortlichen Redakteure bis zur Beschlagnahme von Einzelausgaben, dem grundsätzlichen Verbot von Zeitungen und Zeitschriften sowie der Unterbindung ihrer Verbreitung durch den Entzug des Postdebits reichten, liefen darauf hinaus, ohne eine unmittelbare inhaltliche Zensur einen „Zustand der zensurfreien Presse*un*freiheit"[104] herbeizuführen, bei dem die Angst vor strafrechtlichen Konsequenzen und wirtschaftlichem Ruin als ‚Schere im Kopf' die Schere des staatlichen Zensors überflüssig machte.

Der Mehrheitsentwurf war nicht als „ein eigentliches Bundes-Preßgesetz" konzipiert, wie der politische Ausschuß bei seiner Vorlage in der Bundesversammlung am 5. August 1852 klarstellte. Das Ziel war es vielmehr, „jene Grundsätze und Vorschriften" festzustellen, welche für die einzelstaatlichen Pressegesetze maßgebend sein sollten.[105] Gleichwohl sah es die Ausschußmehrheit als notwendig an, dem Entwurf einige „allgemeine Bundesvorschriften" beizugeben. Zur Begründung hieß es, das angestrebte Ziel könne „auf dem Wege der Partikulargesetzgebung" allein nicht erreicht werden, sondern nur durch „ein Zusammenwirken der einzelnen Bundesstaaten bezüglich der Handhabung der Strafrechtspflege gegen den Mißbrauch der Presse".[106] Um dies zu gewährleisten, enthielt der Mehrheitsentwurf eine Reihe von Bestimmungen, welche einen unmittelbaren und die Einzelregierungen bindenden bundesrechtlichen Charakter hatten. Unter anderem sollten die Regierungen dazu verpflichtet werden, jeder anderen deutschen Re-

---

[104] *Kohnen*, Pressepolitik des Deutschen Bundes, S. 186.
[105] ProtDBV 1852, § 220, S. 908.
[106] Ebd., S. 909.

gierung administrative und rechtliche Hilfe in Preßangelegenheiten zu geben sowie die in einem anderen Staat gefällten gerichtlichen Urteile zur Unterdrückung der Presse auch im eigenen Territorium zu vollziehen.[107]

Wesentlich klarer noch als im Vortrag des politischen Ausschusses in der Bundesversammlung waren die Gründe für diese Vorschriften und ihre Auswirkungen in der Motivierung ausgeführt worden, welche die hinter dem Mehrheitsentwurf stehenden Fachmänner dem Ausschuß am 1. Mai 1852 vorgelegt hatten.[108] Darin hieß es, man müsse „die Autorität der obersten Bundesbehörde" in Anspruch nehmen, um die mit den vorgeschlagenen Bestimmungen verfolgten Ziele zu erreichen. Gleichförmige Bestimmungen bedürften einer „gleichförmige[n] Handhabung" und „gemeinsamen Durchführung", um die erstrebte Wirkung zu haben. Es ist charakteristisch für den nachmärzlichen bundespolitischen Diskurs, daß man es nicht bei diesem Hinweis auf die praktischen Notwendigkeiten beließ, sondern ausdrücklich auf den grundsätzlichen *nationalen* Zweck verwies, den der Deutsche Bund mit seiner Politik zu verfolgen habe:

„Bei der Gemeinsamkeit der Sprache und Literatur, der politischen und socialen Bewegung, der staatlichen Einrichtungen und Interessen der deutschen Nation handelt es sich bei der Handhabung der Preßgesetze nicht um eine particulare Angelegenheit, sondern um die Herstellung eines gemeinsamen Rechtsschutzes."[109]

Klarer konnte man kaum zum Ausdruck bringen, daß Bundespolitik nationale Politik sein sollte, wenn auch hier nicht im liberalen, sondern im konservativ-monarchisch-restaurativen Sinne. Das Gemeinsam-Nationale, die wie auch immer definierten „Interessen der deutschen Nation" wurden somit sogar bei den beabsichtigten Reaktionsmaßnahmen des Deutschen Bundes als der nicht nur geographische, sondern auch kulturelle, politische und soziale Rahmen gesehen, an dem sich die Bundespolitik zu orientieren und den sie letztlich auszufüllen hatte.

Gegen eine solche Ausrichtung der Bundespolitik im allgemeinen und die Ausgestaltung des Pressenrechts im besonderen stemmte sich indessen die preußische Regierung. Sie wollte es nicht zulassen, daß der Deutsche Bund eine wie auch immer geartete nationale Dimension gewann, noch war sie bereit, solchen Bundesbeschlüssen zuzustimmen, welche unmittelbare Einwirkungen des Bundes in die innere Politik und Verwaltung Preußens ermöglichten. Die Verhandlungen über die vom Bund zu ergreifenden Maßregeln zur Unterdrückung der Presse warfen somit die grundsätzliche Frage auf, ob die Bundesversammlung rechtlich befugt und politisch legitimiert war, un-

---

[107] Vgl. die Paragraphen 23–26 des Mehrheitsentwurfs, ProtDBV 1852, S. 925. Zu diesen „internationalen Bestimmungen" siehe *Kohnen*, Pressepolitik des Deutschen Bundes, S. 42.
[108] „Motive zu dem Entwurfe des Bundes-Preßgesetzes", Beilage 8 zu § 220 des Protokolls der 20. Sitzung der deutschen Bundesversammlung vom 5. August 1852, S. 7–31 (separate Paginierung), ProtDBV 1852, S. 1027–1082.
[109] Ebd., S. 26.

mittelbar wirkende Bundesgesetze zu beschließen, oder ob sie lediglich allgemeine Rahmenbedingungen festschreiben durfte, deren gesetzliche Durchführung den Einzelstaaten vorbehalten blieb. Die Mehrheit der Fachmänner und des politischen Ausschusses vertrat in einer ihrem Pressegesetzentwurf beigegebenen „Denkschrift über die Competenz des Deutschen Bundestags zur Erlassung eines Bundes-Preßgesetzes" die Auffassung, die Bundesgrundgesetze und deren bisherige Auslegung bestätigten „die Behauptung, daß die Bundesversammlung zur Erlassung eines vollständigen Bundes-Preßgesetzes competent sey".[110]

Dem hielt der preußische Fachmann Zitelmann entgegen, daß durch die Bundesverfassung keineswegs der Erlaß eines Bundespressegesetzes, sondern nur die Herbeiführung möglichst gleichförmiger Bestimmungen über die Pressefreiheit vorgeschrieben worden sei. Selbst diese gleichförmigen Verfügungen bedürften nach der Wiener Schlußakte (Artikel 65) der Zustimmung aller Bundesmitglieder. Die Regelung der Presseverhältnisse durch den Deutschen Bund könne demnach nicht durch Majoritätsbeschlüsse herbeigeführt werden, sondern nur durch „die freiwillige Zustimmung und das Einverständniß eines jeden Bundesglieds". Nach den Erfahrungen, die man in der vorrevolutionären Zeit gemacht habe, sei eine allgemeine Zustimmung und damit eine Regelung des Pressewesens durch den Deutschen Bund nur zu erreichen, „wenn man sich von vornherein auf die Festsetzung der leitenden Normen und maaßgebenden Grundsätze beschränkt; alle Detailbestimmungen aber den einzelnen Regierungen zu treffen überläßt".[111] In diesem Sinne beschränkte sich der preußische Entwurf auf 11 Punkte, die bewußt knapp gehalten waren und auf jegliche Festlegung im Detail ebenso verzichteten wie auf die Setzung unmittelbaren Bundesrechts.[112]

Da der preußische Vorschlag, wie Zitelmann in seinem Gutachten hervorhob, „von wesentlich verschiedenen Prinzipien"[113] ausging als der Mehrheitsentwurf, war eine rasche Einigung über den angestrebten Bundespressebeschluß im Sommer 1852 nicht möglich. Zwar beschloß die Bundesversammlung am 5. August, den vom politischen Ausschuß vorgelegten Antrag den Regierungen mit der Maßgabe zu übermitteln, darüber innerhalb von zwei Monaten ihre Erklärung abzugeben, doch verzichtete die Präsidialmacht Österreich vorerst darauf, die Presseangelegenheit erneut auf die Tagesordnung der Bundesversammlung zu setzen, weil sie einerseits davor zurückscheute, den Antrag gegen den Widerstand Preußens durchzusetzen, und weil sich andererseits abzeichnete, daß auch etliche andere Regierungen erhebliche Änderungs-

---

[110] ProtDBV 1852, Beilage 8 zu § 220 des Protokolls der 20. Sitzung der deutschen Bundesversammlung vom 5. August 1852 (separate Paginierung), S. 33–43, Zitat S. 33.
[111] Ebd., S. 45–54: „Gutachten des Königlich-Preussischen Fachmannes in der Bundes-Preßangelegenheit", Zitat S. 46 und 50; vgl. QGDB III/2, Dok. 34a, S. 149 u. 152.
[112] QGDB III/2, Dok. 34b, S. 158f.
[113] QGDB III/2, Dok. 34a, S. 145.

wünsche hatten. Statt dessen wurde zu Beginn des Jahres 1853 der bayerische Bundestagsgesandte Schrenk als Mitglied des politischen Ausschusses beauftragt, unter Berücksichtigung der diversen Einwände von seiten der Regierungen einen neuen Entwurf zu erarbeiten.[114]

Schrenk legte im April 1853 seinen Kompromißentwurf vor, den er im Namen des politischen Ausschusses am 4. August 1853 in die Bundesversammlung einbrachte.[115] In dem neuen, nur noch 26 Paragraphen umfassenden Entwurf waren alle jene Bestimmungen gestrichen, welche von Preußen als unzulässige Eingriffe in die Landesgesetze beanstandet worden waren. Obwohl damit die nicht nur von Preußen, sondern auch von einigen anderen Staaten gehegte Befürchtung, der Bund könne zum Instrument einer zentralisierten Presseunterdrückung werden, gegenstandslos geworden war, dauerte es noch ein weiteres Jahr, bis der Bundespressebeschluß endlich verabschiedet werden konnte. Bei der am 24. November 1853 vorgenommenen ersten Abstimmung in der Bundesversammlung gaben zwar 21 Regierungen ihre Einwilligung zu dem Entwurf, doch verlangten viele Regierungen weitere Abänderungen, darunter auch die österreichische, die in vielen Details „eine Rückkehr zu den Bestimmungen des frühern Entwurfs" wünschte, und die preußische, welche umgekehrt die Entschärfung von weiteren Einzelbestimmungen beantragte.[116] Der Beschlußentwurf wurde deshalb nochmals an den politischen Ausschuß überwiesen, verbunden mit der Aufforderung, die verlangten Änderungen einzuarbeiten. Der abermals modifizierte Entwurf wurde schließlich am 18. Mai 1854 vorgelegt[117] und konnte am 6. Juli 1854 endlich mit der Zustimmung aller Bundesmitglieder zum Bundesbeschluß erhoben werden.[118]

Es waren mithin fünf Jahre seit dem Ende der Paulskirche und mehr als drei Jahre seit der allgemeinen Wiederanerkennung der Bundesversammlung vergangen, bis es gelang, einen Bundesbeschluß zur Regelung des Pressewesens herbeizuführen. Von den ursprünglichen Zielen, unmittelbare bundesweite Verbote von bestimmten Zeitungen und Zeitschriften auszusprechen beziehungsweise ein eigenständiges Bundespressegesetz mit direkter Wirkung zu erlassen, war man im Laufe der Zeit immer weiter abgerückt. Übriggeblieben war lediglich ein Beschluß über „Allgemeine Bestimmungen zur Verhinderung des Mißbrauchs der Presse", der die leitenden Grundsätze enthielt, welche in das Presserecht der Einzelstaaten aufzunehmen waren.

Die von der Bundesversammlung als allgemeinverbindlich beschlossenen Grundsätze waren ihrer materiellen Substanz nach durchaus geeignet, die

---

[114] *Kohnen*, Pressepolitik des Deutschen Bundes, S. 51.
[115] ProtDBV 1853, § 227, S. 700–740.
[116] ProtDBV 1853, § 301, S. 901–918, Zitat S. 904; vgl. dazu auch den Bericht Pfordtens an König Maximilian II., München, 24. Dezember 1853, QGDB III/2, Dok. 49, S. 218–220.
[117] ProtDBV 1854, § 157, S. 422–441.
[118] ProtDBV 1854, § 213, S. 619–624; QGDB III/2, Dok. 51, S. 236–241.

Freiheit und Unabhängigkeit der Presse vollkommen zu beseitigen. Die Unterdrückung von Nachrichten und Meinungen, welche den Regierungen unwillkommen waren, sollte dabei nicht durch eine inhaltliche Vorzensur erreicht werden, sondern durch ein ganzes Bündel von administrativen und technischen Maßnahmen sowie von harten Strafandrohungen, welche die berufliche und ökonomische Existenz der Verleger, Redakteure, Drucker und Buchhändler bedrohten. Für alle Gewerbe, die mit der Herstellung, dem Vertrieb, ja selbst mit der bloßen Ausleihe von Büchern, Zeitungen, Zeitschriften, Flugschriften und bildlichen Darstellungen befaßt waren, war eine staatliche Konzession erforderlich, die „im Falle des Mißbrauchs des Gewerbebetriebes" eingezogen werden konnte, und zwar nicht nur durch ein Gerichtsurteil, sondern „auch auf administrativem Wege".[119] Alle Druckschriften unter 20 Bogen unterlagen der Pflicht zur Einreichung eines Belegexemplars bei den Behörden vor Beginn des Vertriebs[120]; für regelmäßig erscheinende Zeitungen und Zeitschriften mußten hohe Kautionen hinterlegt werden[121]; jeder an der Herstellung und dem Vertrieb Beteiligte konnte für den Inhalt von Druckschriften strafrechtlich belangt werden[122]; der strafbare Mißbrauch der Pressefreiheit wurde so weit ausgedehnt, daß letztlich alles kriminalisiert werden konnte, was der Obrigkeit oder einzelnen ihrer Vertreter nicht gefiel: neben dem Aufruf zum Hoch- oder Landesverrat oder zur Mißachtung von Gesetzen waren künftig unter anderem auch „Angriffe auf die Religion", die „Grundlagen des Staates" sowie die im Dienste des Staates stehenden Personen strafbar; um jeder mißliebigen Kritik einen Riegel vorzuschieben, wurde verfügt:

„Als strafbarer Angriff ist jeder anzusehen, welcher durch Kundgabe erdichteter, oder entstellter Thatsachen, oder durch die Form der Darstellung den Gegenstand des Angriffs dem Hasse oder der Mißachtung auszusetzen geeignet ist."[123]

Der Katalog der Strafmaßnahmen reichte vom Entzug der Konzession und der Einbehaltung der Kaution über die Beschlagnahme und Vernichtung von Presseerzeugnissen und der zu ihrer Herstellung erforderlichen Vorlagen („Platten und Formen") bis hin zum Verbot von Druckschriften und zur Verurteilung von ihren „Urhebern oder Theilnehmern" zu Geld- und Gefängnisstrafen.

Trotz dieser weitreichenden Bestimmungen blieb der Bundespressebeschluß von 1854 eine „zahnlose" Maßnahme[124], die im Unterschied zu den Karlsbader Beschlüssen von 1819 keine durchschlagende reaktionäre Wirkung

---

[119] § 2, ebd., S. 236f.
[120] § 5, ebd., S. 237.
[121] § 9–12, ebd., S. 238f.
[122] § 19, ebd., S. 241.
[123] § 17, ebd., S. 240.
[124] So *Kohnen*, Pressepolitik des Deutschen Bundes, S. 57, im Anschluß an *Nipperdey*, Deutsche Geschichte, S. 685.

entfaltete. Dies lag daran, daß er keine unmittelbaren Bundesnormen enthielt und daß er überdies darauf verzichtete, einen ständigen Bundesausschuß zur Durchsetzung des Beschlusses einzurichten, wie es die Fachmänner aus Österreich, Sachsen und Hessen-Darmstadt im Jahr 1852 verlangt hatten[125]. Wie gering infolgedessen die Fähigkeit zur bundesweiten einheitlichen Durchsetzung des Beschlusses von 1854 war, zeigt die Entwicklung in den folgenden Jahren.[126] Die in § 25 von allen Bundesmitgliedern eingegangene Verpflichtung, ihr Presse- und Strafrecht mit den Grundsätzen des Bundespressebeschlusses baldmöglichst in Übereinstimmung zu bringen und dies der Bundesversammlung mitzuteilen, wurde von elf Regierungen vollkommen ignoriert. Neben etlichen Kleinstaaten unterließen es auch die drei wichtigsten Bundesmitglieder Österreich, Preußen und Bayern, den Beschluß in ihren Staaten zu veröffentlichen und damit förmlich in Kraft zu setzen. Nur zehn Regierungen setzten den Pressebeschluß schon im Jahr 1854 um, sieben weitere folgten 1855, fünf Staaten, darunter Württemberg, ließen sich mit der Veröffentlichung bis 1856 Zeit, und Baden entschloß sich dazu erst 1857.[127]

Die Gründe für diese Entwicklung, welche den nach jahrelangen Verhandlungen mühsam zustande gebrachten Bundesbeschluß vielerorts unwirksam bleiben ließ und die Hoffnung auf eine bundeseinheitliche Handhabung des Presserechts zunichte machte, waren vielfältig. Manche Staaten hatten ihre Pressegesetze schon zu Beginn der 1850er Jahre in eigener Regie verschärft und sahen keine Notwendigkeit, die hinter dem geltenden Landesrecht zurückbleibenden Bestimmungen des Bundespressebeschlusses förmlich in Kraft zu setzen. Dies galt etwa für die Habsburgermonarchie, welcher der Bundesbeschluß nicht weit genug in der Unterdrückung der Presse ging. In anderen Staaten hätte die konsequente Durchführung des Bundesbeschlusses Änderungen der Landespressegesetze erfordert, vor denen die Monarchen von Preußen und Bayern gegen den ausdrücklichen Wunsch ihrer Regierungen aus Sorge um ihre Souveränität zurückscheuten. Hingegen verweigerte der liberal gesinnte Herzog von Sachsen-Coburg und Gotha die Vollziehung des Bundespressebeschlusses, weil er reaktionäre Maßnahmen des Deutschen Bundes grundsätzlich ablehnte. In einigen Staaten schließlich stieß die Veröffentlichung und Durchsetzung des Bundesbeschlusses auf den Widerstand der Kammern, welche verfassungsrechtliche Bedenken gegen die Übernahme der Bundesbestimmungen in das Landesrecht erhoben.

In Württemberg, wo der Beschluß von 1854 am 7. Januar 1856 durch eine königliche Verordnung eingeführt wurde[128], kam es am 9. August 1858 in der

---

[125] „Motive zu dem Entwurfe des Bundes-Preßgesetzes", ProtDBV 1852, Beilage 8 zu § 220 des Protokolls der 20. Sitzung der deutschen Bundesversammlung vom 5. August 1852, S. 30.
[126] Vgl. dazu ausführlich die Darlegungen von *Kohnen*, Pressepolitik des Deutschen Bundes, S. 57–67.
[127] „Uebersicht der von nachbenannten Bundesstaaten erfolgten Anzeigen zur Vollziehung des BB. v. 6. Juli 1854 zur Verhinderung des Mißbrauchs der Preßfreiheit", BA Koblenz, DB 1/334.
[128] Regierungs-Blatt für das Königreich Württemberg, Nr. 2 vom 11. Januar 1856, S. 9–26.

Kammer der Abgeordneten zu einer ausführlichen Debatte über den Bundespressebeschluß. Dabei wurde kritisiert, daß der Beschluß auf dem Weg der Verordnung zum Landesrecht erhoben worden war, und es wurde die Rechtmäßigkeit dieses Verfahrens angezweifelt.[129] Der in Nürnberg erscheinende liberale „Korrespondent von und für Deutschland" nahm diesen Vorgang zum Anlaß, darauf hinzuweisen, daß ein Vorgehen wie in Württemberg nach der bayerischen Verfassung nicht zulässig sei und die Inkraftsetzung des Bundespressebeschlusses nur durch ein Gesetz mit Zustimmung der Kammern erfolgen könne:

„Man sieht also, daß in Bayern, wenn überhaupt daran gedacht wird, den Bundesbeschluß vom 6. Juli 1854 zum Vollzuge zu bringen, die Beobachtung der verfassungsmäßigen Formen *etwas Selbstverständliches* ist."[130]

Die sehr unterschiedliche Art und Weise, wie die deutschen Einzelstaaten mit dem Bundespressebeschluß von 1854 umgingen, setzte der praktischen Durchsetzung seiner Bestimmungen enge Grenzen. Vollends wirkungslos wurde der Beschluß, wenn es darum ging, seinen Grundsätzen über die Grenzen der Einzelstaaten hinaus Geltung zu verschaffen. Ein frappierendes Beispiel dafür bietet ein Fall, der Ende 1855/Anfang 1856 zwischen Hannover und Preußen verhandelt wurde. Der Anlaß war ein Artikel in der Kreuzzeitung, in dem nach Auffassung der Regierung von Hannover die Bundesversammlung beleidigt wurde. Unter Berufung auf Paragraph 17 des Bundespressebeschlusses, wonach Angriffe auf die Regierungen und Obrigkeiten strafbar waren, forderte die hannoversche Regierung die preußische Regierung zum Eingreifen auf. Diese erstattete zwar Anzeige gegen die Kreuzzeitung, doch entschieden die preußischen Gerichte, daß die Beleidigung der Bundesversammlung nach preußischem Recht nicht strafbar war und demnach nicht verfolgt werden konnte.[131]

Entscheidend für das Versagen des Bundespressebeschlusses, der sein erklärtes Ziel, allgemeinverbindliche Grundsätze für die staatliche Kontrolle der Presse bundesweit durchzusetzen verfehlte und statt dessen zu Auseinandersetzungen innerhalb der Einzelstaaten wie auch zwischen verschiedenen deutschen Regierungen Anlaß gab, waren letztlich nicht rechtliche Divergenzen, sondern politische Interessengegensätze. Es gab unter den Mitgliedern des Deutschen Bundes kein gemeinsames Interesse an einer zentralen oder doch zumindest gleichförmigen und bundesweit durchschlagenden Kontrolle der Presse. Besonders die größeren deutschen Staaten waren nicht gewillt, ihre eigene Presse, derer sie sich in zunehmendem

---

[129] Verhandlungen der Württembergischen Kammer der Abgeordneten in den Jahren 1856 bis 1858, Bd. 3, S. 1732–1766.
[130] Korrespondent von und für Deutschland, Nürnberg, 21. August 1858, in: QGDB III/2, Dok. 62, Zitat S. 274.
[131] *Kohnen*, Pressepolitik des Deutschen Bundes, S. 67.

Maße als politisches Propagandainstrument bedienten, der Überwachung oder Repression von außen auszusetzen. Die intensive Lenkung und Beeinflussung der Presse auf einzelstaatlicher Ebene, die dazu diente, Zeitungen und Zeitschriften als Waffe im innerdeutschen Meinungskampf einzusetzen[132], vertrug sich nicht mit einer einheitlich gehandhabten Pressekontrolle auf Bundesebene. Die Pressepolitik des Deutschen Bundes scheiterte somit vor allem auch daran, daß es im Unterschied zum Vormärz keine einheitliche Front der Regierungen gegen die nationale und liberale Opposition mehr gab und daß sich neue Konfliktlinien zwischen den Regierungen selbst über die Entwicklung der innerdeutschen Verhältnisse ergeben hatten.

Das unifizierende Potential des Bundespressebeschlusses hielt sich demnach in Grenzen. Die Bestimmungen vom 6. Juli 1854 markierten im Grunde nicht den Beginn einer homogenen Pressepolitik in Deutschland, sondern sie ließen in den nachfolgenden Jahren nur um so deutlicher den Vorrang der einzelstaatlichen Regelungen gegenüber dem Bundesrecht hervortreten. Eine bundesweit einheitlich gehandhabte Überwachung und Kontrolle der Presse fand nicht statt.

Die Art und Weise, wie die Einzelstaaten mit dem Bundesbeschluß umgingen, demonstrierte der Bundesversammlung einmal mehr die Grenzen ihres Einflusses. Unfähig seinen Beschlüssen durchgreifende Wirksamkeit zu verschaffen, verfiel der Deutsche Bund in den Jahren nach 1854 in pressepolitischer Hinsicht in Untätigkeit und Resignation. Der politische Ausschuß, welcher in § 26 des Beschlusses beauftragt worden war, nach zwei Jahren über den Erfolg der Bestimmungen gegen den „Mißbrauch" der Pressefreiheit und eventuell erforderliche weitere Maßnahmen zu berichten, ließ diese Frist verstreichen und nahm auch in den folgenden Jahren die Presseangelegenheit nicht mehr auf. Statt der 1854 ins Auge gefaßten Verschärfung des Bundesbeschlusses für den Fall, daß er sich als ungenügend erweisen sollte, kam es schließlich in den 1860er Jahren zu mehreren Anträgen, welche die Abmilderung einzelner Bestimmungen beziehungsweise die völlige Rücknahme des Beschlusses über die Presse und des ebenfalls im Juli 1854 gefaßten Bundesbeschlusses über das Vereins- und Versammlungswesen bezweckten.[133]

Die fast zeitgleich mit dem Bundespressebeschluß von der Bundesversammlung erlassenen Rahmenrichtlinien für das Vereins- und Versammlungswesen waren ebenfalls das späte und hinter den ursprünglichen Absichten zurückbleibende Ergebnis langjähriger Verhandlungen. Wie bei der Presse, so war auch im Hinblick auf die Vereine und öffentlichen Versammlungen schon auf der Dresdener Konferenz über entsprechende „nähere Vor-

---

[132] Vgl. dazu ausführlich ebd., S. 135 ff.; *Piereth*, Propaganda, S. 32–42.
[133] Zu den Revisionsanträgen siehe unten S. 132 ff.; vgl. *Kohnen*, Pressepolitik des Deutschen Bundes, S. 77–89.

schriften" von seiten des Bundes beraten worden. Einige dabei zu beachtende Grundsätze hatte die 2. Kommission in ihrem Bericht vom 25. April 1851 schon ausformuliert. Danach sollte das Versammlungsrecht im allgemeinen garantiert werden, doch sollten gleichzeitig alle Regierungen verpflichtet sein, „Versammlungen zu politischen Zwecken zu überwachen". Die Bildung von Vereinen sollte ebenfalls grundsätzlich erlaubt sein, „unbeschadet jedoch der Befugniß der Behörden, die Fortdauer jedes einzelnen Vereins, dessen Zweck oder Thätigkeit auf politische oder kirchliche Angelegenheiten sich bezieht, dann zu untersagen, wenn er der öffentlichen Sicherheit und Ordnung gefährlich erscheint".[134] In den Erläuterungen zu diesen allgemeinen Grundsätzen war die 2. Kommission sogar noch weiter gegangen und hatte im einzelnen empfohlen, solche Vereine, die sich mit politischen, religiösen und kirchlichen Angelegenheiten befaßten, generell der „Erlaubniß und Aufsicht des Staates" zu unterstellen. Auch sollte für politische und religiöse Vereine ein allgemeines Affiliationsverbot gelten, ihre Mitglieder sollten nicht verpflichtet werden dürfen, sich den Vereinsbeschlüssen auch außerhalb der reinen Vereinstätigkeit zu unterwerfen, den Beamten und Militärangehörigen sollte von ihren vorgesetzten Behörden der Eintritt in politische Vereine untersagt werden dürfen, Soldaten sollten sich im Dienst wie auch außerhalb nur „auf Befehl" ihrer Vorgesetzten versammeln dürfen.[135]

Die Bundesversammlung kam indessen nach ihrer allgemeinen Wiederanerkennung im Mai 1851 zunächst nicht auf diese Vorschläge der Dresdener Konferenz zurück. Weder in den diplomatischen Verhandlungen, die Österreich und Preußen seit Ende Mai zur Vorbereitung von reaktionären Bundesbeschlüssen führten, noch in den im Juli 1851 im Bundestag gestellten Anträgen der Großmächte, noch in den dadurch ausgelösten Verhandlungen im Plenum und in den Ausschüssen wurde das Vereins- und Versammlungsrecht zur Sprache gebracht. Es bedurfte mehrfacher Anregungen dazu, bevor die Bundesversammlung das Thema im Jahr 1853 aufgriff und den politischen Ausschuß beauftragte, einen Bundesbeschluß zu Maßnahmen gegen die Arbeitervereine vorzubereiten. Ein von Preußen im November 1851 unternommener Vorstoß, sich über diese Angelegenheit zunächst mit Österreich zu verständigen, um sie dann in die Bundesversammlung zu bringen, war ebenso im Sande verlaufen, wie der im Februar 1852 von Hannover ausgehende Versuch, den Bund zu einem Vorgehen gegen die politischen Vereine zu veranlassen.[136] Erst eine erneute Initiative der preußischen Regierung vom Januar 1853 führte schließlich dazu, daß sich der Bund der Angelegenheit annahm. Den Ausgangspunkt bildete ein von Ministerpräsident Manteuffel an

---

[134] QGDB III/2, S. 437f.
[135] QGDB III/2, S. 427f.
[136] Zu diesen Initiativen siehe Manteuffel an Arnim, Berlin, 13. Januar 1853, sowie Schele an Bothmer, Hannover, 12. Februar 1852, in: QGDB III/2, Dok. 26, S. 116f., Dok. 38, S. 191.

den österreichischen Außenminister Graf Buol übermittelter Vorschlag, durch den Deutschen Bund „ein allgemeines Verbot sämmtlicher Arbeiter-Verbände" in Deutschland aussprechen zu lassen. Begründet wurde dies damit, daß die bisher von den einzelnen Regierungen ergriffenen Maßregeln nicht zu einer vollständigen Unterdrückung der Arbeitervereine geführt hatten und immer noch in mehreren deutschen Staaten derartige Organisationen bestanden, welche „auf den Umsturz aller staatlichen und socialen Ordnung" gerichtete Ziele verfolgten. Um dem ein Ende zu bereiten, schlug Manteuffel vor, baldmöglichst einen entsprechenden gemeinsamen Antrag der Großmächte in der Bundesversammlung zu stellen.[137]

Offenbar ohne Kenntnis dieses Vorschlags wandte sich wenig später die Regierung von Hannover an Preußen und Österreich, um für einen Bundesbeschluß gegen die „mißbräuchliche Benutzung des Vereinsrechts" zu plädieren. Auch in Hannover dachte man dabei in erster Linie an die Arbeitervereine, welche verdächtigt wurden, „unter dem Einflusse und der Leitung von Communisten" zu stehen und den politischen Umsturz in Deutschland vorzubereiten. Um dem zu begegnen, war es nach hannoverscher Ansicht erforderlich, „den Weg der Bundeslegislation zu betreten", und zwar aus zwei Gründen: zum einen, um den zu erwartenden Widerstand der Landtage gegen eine Verschärfung der einzelstaatlichen Vereinsgesetze zu umgehen, zum anderen, um der national organisierten Vereinsbewegung mit einheitlicher Kraft wirksam entgegentreten zu können.[138]

Die österreichische Regierung erklärte sich am 22. März 1853 mit dem preußischen Vorschlag zu einem bundesweiten Verbot der Arbeitervereine einverstanden. Neben dieser Sofortmaßnahme zur Unterdrückung „dieses stehenden Heeres der Revolutionspartei" sollten weitere Verhandlungen eingeleitet werden, um einerseits allgemeine bundesgesetzliche Bestimmungen über das Vereinswesen insgesamt herbeizuführen und andererseits eine bundesweite Überwachung der Handwerksgesellen sowie der Arbeiterschaft sicherzustellen.[139] Am 14. April 1853 stellten Österreich und Preußen in der Bundesversammlung zunächst den Antrag, den politischen Ausschuß mit der Berichterstattung „über die im Interesse der gemeinsamen Sicherheit gegen die Arbeitervereine zu ergreifenden Maßregeln zu beauftragen".[140] Der Antrag fand die Zustimmung sämtlicher Regierungen und bildete den Ausgangspunkt für intensive Beratungen über das Vereinsrecht, die im Sommer 1854 zur Verabschiedung des Bundesbeschlusses über das Vereins- und Versammlungsrecht führten.

---

[137] Manteuffel an Arnim, Berlin, 13. Januar 1853, QGDB III/2, Dok. 38, Zitate S. 191.
[138] Schele an die hannoverschen Gesandtschaften zu Berlin und Wien, Hannover, 5. März 1853, HStA Hannover, Dep. 103, Bestand VI, Nr. 2241 bzw. Nr. 4061; hier zitiert nach der Weisung an die Berliner Gesandtschaft, ediert in: QGDB III/2, Dok. 39, S. 192–194.
[139] Buol an Prokesch, Wien, 22. März 1853, QGDB III/2, Dok. 40, Zitat S. 196.
[140] ProtDBV 1853, § 102, S. 312f.; QGDB III/2, Dok. 41, S. 198f.

Schon bald stellte sich aber heraus, daß bei der Verwirklichung des Vorhabens, das Vereinsrecht bundesweit einzuschränken, die gleichen Gegensätze über Form und Inhalt der Bundesbestimmungen hervortraten, wie dies bei den Maßnahmen gegen die Pressefreiheit der Fall war. Die von dem bayerischen Bundestagsgesandten Schrenk in Anlehnung an die Vorschläge der 2. Kommission der Dresdener Konferenz formulierten Entwürfe für Bundesbeschlüsse über Maßnahmen gegen die Vereine und die Handwerksgesellen[141], welche Anfang Juni 1853 an die Mitglieder des politischen Ausschusses verteilt wurden[142], gingen der preußischen Regierung viel zu weit. Anstatt allgemeine Grundsätze für die Landesgesetzgebungen festzuschreiben, hatte der die Vereine betreffende Entwurf nach preußischer Auffassung „die Form eines in den Bundesstaaten zu publicirenden Gesetzes, durch welches eine Landesgesetzgebung über diesen Gegenstand so gut wie ausgeschlossen wird".[143] Auch in materieller Hinsicht gingen die vorgeschlagenen Bestimmungen über das hinaus, was Preußen mit seiner inneren Gesetzgebung für vereinbar hielt.

Ein derart detailliertes Bundesgesetz war für Preußen nicht akzeptabel, weil es Ausdruck eines unmittelbaren, allgemeinverbindlichen Bundesrechts und einer gesamtdeutschen Legislativgewalt des Deutschen Bundes gewesen wäre. Dies widersprach der preußischen Interpretation der Bundesgrundgesetze, welche sich aus dem politischen Interesse herleitete, eine Fortbildung des Bundes zu einer nationalen Föderativordnung mit gesamtstaatlicher Kompetenz zu verhindern. Nach der Vorstellung der preußischen Staatsführung durfte die Bundesversammlung keinesfalls zu einer legislativen Instanz für Deutschland insgesamt werden. Sie sollte vielmehr lediglich als eine Agentur bei der Verständigung der souveränen Regierungen über „möglichst wenige und einfache Grundzüge" fungieren, „deren nähere Ausführung und Anwendung der Landesgesetzgebung überlassen bliebe".[144]

Österreich ging auf der anderen Seite der bayerische Entwurf zum Vereinswesen nicht weit genug. Ein von dem Präsidialgesandten und Vorsitzenden des politischen Ausschusses, Freiherr von Prokesch, vorgelegtes Gutachten empfahl, das Vereinswesen durch einige knappe Grundsätze zu regeln. Zwar sollte deren Ausführung den Einzelstaaten überlassen sein, doch waren die 8 Paragraphen des österreichischen Entwurfs inhaltlich so rigide gefaßt, daß sie auf eine vollständige Knebelung des Vereinswesens hinausliefen, die den Einzelstaaten

---

[141] „Entwurf eines Bundes-Beschlußes zu Verhütung des Mißbrauches des Vereins- u. Versammlungsrechtes, insbesondere von Seite der Handwerks-Gesellen u. Handarbeiter, – mit Rücksicht auf den Vortrag der zweiten Commission der Dresdener Ministerial-Conferenz d. dto. 25. April 1851"; „Entwurf zu modifizirter Erneuerung des Bundes-Beschlußes vom 15. Jänner 1835 (§ 36) u. vom 3. Dezember 1840 (§ 310) welche gleichzeitig mit dem Erlasse von Bestimmungen über das Vereinswesen zu erfolgen haben möchte", BA Koblenz, DB 1/448, fol. 46–47.
[142] Ebd., fol. 45.
[143] Ysenburg an Schele, Hannover, 8. Juli 1853, QGDB III/2, Dok. 44, Zitat S. 205f.
[144] Ebd., S. 206.

kaum noch gesetzliche Spielräume ließ. Schon der erste Paragraph beinhaltete einen politischen Rundumschlag, welcher von kaum einer deutschen Regierung gutgeheißen werden konnte: „Alle Vereine sind aufgehoben."[145]

Darauf wollten sich selbst jene Staaten nicht einlassen, die für ein unmittelbares Bundesvereinsgesetz plädierten, wie etwa Hannover, welches sich bemühte, die preußischen Einwände zu entkräften. Durch die Beschränkung auf bloße Grundsätze, antwortete der hannoversche Außenminister Schele an Preußen, sei gar nichts gewonnen, „weil ihre Durchführung in der Mehrzahl der deutschen Bundesstaaten zuvörderst die Zustimmung der Ständeversammlungen erforderlich macht, welche schwerlich allenthalben und keinenfalls in übereinstimmender Weise zu erreichen sein wird". Um das gemeinsame Ziel zu erreichen, müsse man „particuläre Interessen" zurückstellen und dem zu fassenden Bundesbeschluß den Charakter „einer nach ihrer Verkündigung durch die betr. Regierungen unmittelbar *gültigen dispositiven* Norm" beilegen.[146]

Ebenso wie Hannover stimmten auch die beiden anderen im politischen Ausschuß vertretenen Mittelstaaten Baden und Hessen-Darmstadt den bayerischen Entwürfen im Grundsatz zu, nicht ohne allerdings eine Reihe von inhaltlichen Präzisierungen und redaktionellen Änderungen zu befürworten. Die Folge davon war, daß der vom bayerischen Gesandten überarbeitete und am 4. August 1853 der Bundesversammlung vorgelegte Beschlußentwurf[147] in manchen Bestimmungen eine Verschärfung gegenüber dem ursprünglichen Entwurf erfahren hatte. Dies galt insbesondere für den ersten Teil des Antrags, der die Bedingungen für die Bildung, Beaufsichtigung und Auflösung von Vereinen betraf. Das im ersten Entwurf ausdrücklich ausgesprochene positive Recht zur Gründung von Vereinen[148] war in eine reine Prohibitivklausel umformuliert worden[149]. Eine strengere Fassung hatte auch der letzte Paragraph des Entwurfs erhalten, der die Schließung von Vereinen und die Bestrafung ihrer Mitglieder betraf. Hier wurde nun ausdrücklich die Verantwortlichkeit der Vereinsmitglieder und insbesondere der Vorstände und Leiter für die Einhaltung der Vorschriften festgehalten und „jede Außerachtlassung" mit Strafe bedroht.[150]

---

[145] Gutachten des Freiherrn von Prokesch, BA Koblenz, DB 1/448, fol. 63–65, Zitat fol. 64v.
[146] Schele an die preußische Gesandtschaft in Hannover, Hannover, 20. Juli 1853, QGDB III/2, Dok. 45, Zitate S. 209.
[147] ProtDBV 1853, § 228, S. 743–746; QGDB III/2, Dok. 46, S. 210–214.
[148] „Die Staatsangehörigen aller Bundesstaaten haben das Recht Vereine zu bilden, deren Zwecke den Bundes- u. Landes-Gesetzen nicht zuwiderlaufen, u. deren Wirksamkeit die öffentliche Ordnung u. Sicherheit nicht gefährdet." BA Koblenz, DB 1/448, fol. 46r.
[149] „Es dürfen keine Vereine gebildet werden, deren Zweck den Bundes- oder Landesgesetzen zuwiderläuft oder deren Wirksamkeit die öffentliche Ordnung und Sicherheit gefährdet." ProtDBV 1853, § 228, S. 743; QGDB III/2, S. 210.
[150] ProtDBV 1853, § 228, S. 745; QGDB III/2, S. 212. – Die verschärften Bestimmungen basierten auf den Vorschlägen des hessen-darmstädtischen Ausschußmitglieds Münch; BA Koblenz, DB 1/448, fol. 60–61.

In einem zweiten Abschnitt machte der politische Ausschuß Vorschläge für eine Einschränkung des Wanderns der deutschen Handwerksgesellen und „Handarbeiter". Dadurch sollte die Bildung und Ausbreitung von Arbeitervereinen innerhalb des Bundesgebietes wie auch im Ausland unterbunden werden. Eine bundeseinheitliche Regelung erschien den Regierungen notwendig, um einerseits zu verhindern, daß deutsche Arbeitervereine im Ausland weiteren Zulauf erhielten, und um andererseits die Nischen zu schließen, welche sich durch die unterschiedliche gesetzliche und administrative Praxis in den einzelnen Bundesstaaten ergaben:

„Je enger die Schranken für die politische Thätigkeit der Vereine dahier gezogen werden, desto mehr werden sich die revolutionären Kräfte und Bestrebungen in jenen Staatsgebieten concentriren, in denen ihre Thätigkeit kein Hinderniß findet, und sie werden eine um so größere Anziehungskraft auf alle Individuen ausüben, welche Neigung zu politischen Umtrieben in sich tragen."[151]

Dagegen, so der politische Ausschuß, helfe nur das generelle Verbot des Wanderns in die entsprechenden ausländischen Staaten. Innerhalb Deutschlands sollten die wandernden Handwerksgesellen und Arbeiter einer strengen polizeilichen Aufsicht unterworfen werden. Jenen, die sich in unerlaubten Vereinen betätigten, sollten die Wanderbücher und Reisepässe entzogen werden. Ferner waren sie in dem Staat, wo sie ergriffen wurden, zu bestrafen, „nach überstandener Strafe mit gebundener Reiseroute in ihre Heimath zu verweisen, und dort unter Aufsicht zu stellen, sonach in keinem anderen Bundesstaate zur Arbeit zuzulassen".[152] Mit diesen Bestimmungen hoffte die Bundesversammlung zu verhindern, daß Gesellen und Arbeiter, welche in einem deutschen Einzelstaat wegen der Beteiligung an illegalen Arbeitervereinen verfolgt und bestraft wurden, „anderwärts, wo sie noch nicht bekannt sind, ihr Beginnen wieder […] erneuern".[153]

Diese Vorschriften knüpften unmittelbar an die vormärzliche Repressionspolitik gegen die Handwerkerassoziationen und Arbeitervereine an, welche auf Bundesebene zu zwei entsprechenden Beschlüssen vom 15. Januar 1835 und vom 3. Dezember 1840 geführt hatten.[154] Der am 4. August 1853 vorgelegte Antrag des politischen Ausschusses reproduzierte diese Beschlüsse, die teilweise 1848 von der Bundesversammlung förmlich aufgehoben worden waren[155], nahezu wörtlich.

Die Bundesversammlung übermittelte die Anträge zum Vereinswesen und zum Wandern der Handwerksgesellen an die einzelnen deutschen Regierun-

---

[151] ProtDBV 1853, § 228, S. 743.
[152] ProtDBV 1853, § 228, S. 746; QGDB III/2, S. 214.
[153] ProtDBV 1853, § 228, S. 743.
[154] ProtDBV 1835, § 36, S. 56, auch in *Huber* (Hg.), Dokumente, Bd. 1, S. 150f., sowie in *Droß* (Hg.), Quellen zur Ära Metternich, S. 247f.; ProtDBV 1840, § 310, S. 529–531.
[155] ProtDBV 1848, § 214, S. 326f.; *Huber* (Hg.), Dokumente, Bd. 1, S. 330 mit Anm. 6.

gen mit der Maßgabe, sich darüber binnen drei Monaten zu erklären.[156] Es dauerte allerdings genau vier Monate, bevor die Angelegenheit in der Bundesversammlung wieder auf die Tagesordnung kam. Am 8. Dezember 1853 hielt der Bundespräsidialgesandte eine sogenannte „Umfrage" über die beiden Anträge vom 4. August.[157] Dabei traten erhebliche Differenzen zutage, welche eine Beschlußfassung unmöglich machten. Zu einer bedingungslosen Zustimmung zu den Anträgen des politischen Ausschusses verstanden sich lediglich die Regierungen von Hannover, Sachsen-Meiningen, Sachsen-Altenburg, Anhalt-Dessau-Köthen, Anhalt-Bernburg, Schwarzburg-Rudolstadt, Liechtenstein, Reuß, Lippe, Hessen-Homburg, Hamburg und Bremen. Baden, Sachsen-Weimar, Lübeck und Frankfurt stimmten dem Antrag zur Regelung des Vereinswesens zu, hatten aber noch Änderungswünsche zu dem das Wandern der Handwerksgesellen betreffenden Antrag. Etliche Staaten, darunter Sachsen, Württemberg und Hessen-Darmstadt brachten zum Teil kleinere, zum Teil aber auch ausführlichere Änderungswünsche vor. Die Regierung der Niederlande erklärte rundheraus, die Anträge für das Herzogtum Limburg in keinem Fall annehmen zu können. Ohne Instruktionen war neben den Gesandten von Dänemark, den Niederlanden (für Luxemburg), Sachsen-Coburg und Gotha, Mecklenburg-Schwerin und Mecklenburg-Strelitz sowie Schaumburg-Lippe auch der Vertreter von Bayern, der ja den Beschlußentwurf mit den Anträgen selbst verfaßt hatte![158]

Schon unter den mittleren und kleineren Staaten herrschte eine große Uneinigkeit über die Anträge. Manchen gingen einzelne Bestimmungen zu weit, wie etwa Sachsen, das anregte, die nicht politischen Vereine ausdrücklich von der staatlichen Genehmigungspflicht auszunehmen, oder Württemberg, das sogar bei politischen Vereinen die Genehmigungspflicht ablehnte und sie durch eine bloße Anzeigepflicht bei der Vereinsgründung ersetzen wollte. Konträr dazu schlug Nassau vor, die Unterscheidung in politische und nichtpolitische Vereine ganz aufzugeben und das gesamte Vereinswesen der staatlichen Überwachung zu unterstellen. Eine weitere Verschärfung einzelner Bestimmungen verlangten auch Kurhessen und Hessen-Darmstadt, die dafür plädierten, Militärangehörigen grundsätzlich die Teilnahme an politischen Vereinen und Versammlungen zu verbieten.

Ähnliche Gegensätze gab es hinsichtlich des Antrags zu Maßnahmen gegen das Wandern der Handwerksgesellen. Während etwa Baden hier für eine stärkere Bundeskompetenz eintrat und anregte, nicht den Landesregierungen, sondern der Bundesversammlung die Entscheidung darüber

---

[156] ProtDBV 1853, § 228, S. 746; QGDB III/2, S. 214, Anm. 3.
[157] ProtDBV 1853, § 318, S. 957–970.
[158] Der bayerische Gesandte erklärte am 22. Dezember 1853 nachträglich die Zustimmung seiner Regierung zu den Anträgen des politischen Ausschusses; ProtDBV 1853, § 332, S. 1000.

zu überlassen, nach welchen Ländern das Wandern generell zu verbieten sei, äußerte Frankfurt Zweifel daran, ob es überhaupt notwendig sei, das Wandern zu beschränken. Sachsen-Weimar wollte lediglich einer Überwachung der Handwerker zustimmen, hielt ein Verbot des Wanderns dagegen für politisch zwecklos und wirtschaftlich schädlich. Auch Württemberg sprach sich „auf das allerentschiedenste" gegen die Beschränkung der Wanderfreiheit aus, denn diese Maßnahme sei „nicht gerechtfertigt und unnöthig", und sie habe überdies gravierende wirtschaftliche Nachteile zur Folge:

„Ein derartiges Verbot des Verkehrs der deutschen Handwerker mit allen diesen Staaten[159] wäre aber zuverlässig für das Aufblühen aller vaterländischen Industrie von höchstem Nachtheil."[160]

Die württembergische Stellungnahme läßt schlaglichtartig aufscheinen, wie die politische Repression in den 1850er Jahren immer wieder mit den wirtschaftlichen Prozessen und Interessen in Konflikt geriet. Bezeichnenderweise wogen nun häufiger die ökonomischen Argumente schwerer als die politischen, während im Vormärz die politischen Unterdrückungsmaßnahmen durch wirtschaftliche Erwägungen nicht gebremst worden waren.

Waren schon die Mittel- und Kleinstaaten sehr unterschiedlicher Auffassung über die beantragten Maßnahmen gegen die Vereine und Handwerker, so brachte der Interessengegensatz zwischen Österreich und Preußen den Entwurf des politischen Ausschusses endgültig zu Fall. Die Bundespräsidialmacht Österreich wollte den Anträgen unter der Voraussetzung zustimmen, daß einige Bestimmungen eine noch schärfere Fassung erhielten. Die Bildung von Vereinen sollte demnach schon dann unzulässig sein, wenn der Vereinszweck „in den Bereich der Gesetzgebungsgewalt eingreift oder den Anordnungen der Executivgewalt hindernd entgegentritt". Im Hinblick auf die zu ergreifenden Maßregeln gegen das Wandern der Handwerksgesellen forderte die österreichische Regierung eine unmittelbare Befugnis der Bundesversammlung, auf die von einzelnen Regierungen erlassenen oder beantragten Wanderverbote einzuwirken.[161] Ein solches allgemeines Recht zur „Einwirkung" auf die Herbeiführung und Ausführung einzelstaatlicher Verwaltungsanordnungen hätte der Bundesversammlung eine direkte Kontrollfunktion gegenüber den Einzelstaaten verschafft und damit die Souveränität der betreffenden Regierungen beeinträchtigt. Der Deutsche Bund hätte abermals, wie bereits in der vormärzlichen Zeit, die Rolle eines Wächters übernommen, der die konsequente Durchsetzung der Repressionsmaßnahmen im ge-

---
[159] Gemeint sind die Schweiz, England, Belgien, Frankreich, ja sogar Nordamerika, wo in Deutschland verbotene Vereine und Versammlungen von Handwerkern und Arbeitern geduldet wurden.
[160] ProtDBV 1853, § 318, S. 964f.
[161] Ebd., S. 957.

samten Bundesgebiet überwachte und bei Bedarf den nötigen Druck auf jene Regierungen ausübte, die nicht mit der gebotenen Strenge gegen die politische Opposition vorgingen.

Was in der Ära Metternich geglückt war, war indessen in der nachrevolutionären Phase nicht mehr durchsetzbar. Die Absicht, die Bundesversammlung wiederum zur Zentrale der Unterdrückung auszubauen, stieß auf den Widerstand Preußens, das zwar bereit war, von Frankfurt aus allgemeine Rahmenrichtlinien für die reaktionäre Politik der Einzelstaaten ergehen zu lassen, sich aber strikt weigerte, dem Bund unmittelbare Eingriffsmöglichkeiten in die legislative, administrative und juristische Praxis der einzelnen Mitgliedsstaaten zu geben. Wie bei dem Bundespressebeschluß beharrte die preußische Regierung darauf, lediglich „allgemeine Normen" beziehungsweise „allgemeine Grundlagen" für die Landesgesetzgebung zu vereinbaren.[162] Die detaillierten Anträge des politischen Ausschusses gingen nach preußischer Auffassung weit darüber hinaus und waren deshalb nicht akzeptabel. Der preußische Gesandte Bismarck wischte sie kurzerhand vom Tisch und legte einen konkreten Gegenentwurf vor.

Darin wurde vorgeschlagen, zwei getrennte Beschlüsse zu fassen. Im ersten sollten sich die deutschen Regierungen verpflichten, die in ihrem Gebiet bestehenden Arbeitervereine aufzuheben und die Neubildung solcher Vereine zu verbieten. Zur Begründung hieß es, dies sei das Ziel des Antrags vom 14. April 1853 gewesen, und die vom politischen Ausschuß vorgeschlagenen Maßnahmen gegen das Wandern der Handwerksgesellen und Handarbeiter gingen über den damals „beabsichtigten Zweck" hinaus, weshalb Preußen nicht zustimmen könne. Im einzelnen wurde ausgeführt, daß ein Wanderverbot für andere Länder als die Schweiz nicht nötig sei, und daß ferner durch die Einbeziehung der Handarbeiter tiefer in die „Verkehrsverhältnisse" eingegriffen werde, als es gerechtfertigt sei. Im übrigen habe es jede Regierung selbst in der Hand, das Wandern „in das Ausland so weit zu beschränken, wie sie es für nöthig erachtet".[163]

Der zweite zu fassende Beschluß sollte nach der Absicht Preußens die „Grundsätze für die landesgesetzliche Regulirung des Vereinswesens" aufstellen.[164] Bismarck legte dazu einen im Vergleich zum Antrag des politischen Ausschusses erheblich abgespeckten Entwurf vor, der in der Tat nur allgemeine Prinzipien enthielt und auf jegliche Details der administrativen Praxis verzichtete. Im einzelnen sah der preußische Vorschlag folgende Bestimmungen vor: 1. In allen deutschen Staaten sollten nur noch solche Vereine bestehen dürfen, deren Zweck mit den Bundes- und Landesgesetzen im Einklang stand und welche die öffentliche Sicherheit und Ordnung nicht gefährdeten. Die Regierungen hatten die nötigen Vorkehrungen zu treffen, um die Bildung und Tätigkeit

---
[162] Ebd., S. 958.
[163] Ebd., S. 959.
[164] Ebd., S. 958; zum Folgenden ebd., S. 958f.

„eines jeden Vereins" zu überwachen; 2. die Regierungen hatten das Recht, auch solche Vereine, die keiner staatlichen Anerkennung und Genehmigung bedurften, zu überwachen, und darüber hinaus waren die Behörden befugt, Vereinsversammlungen jederzeit aufzulösen, sofern formale oder inhaltliche Verstöße gegen das Vereinsrecht festgestellt wurden; 3. bei politischen Vereinen sollten zusätzlich „nach Maßgabe der Umstände vorübergehende besondere Beschränkungen und Verbote" erlassen werden können. Versammlungen und Vereine von Militärangehörigen durften nur „auf Befehl" erfolgen. Minderjährigen, Lehrlingen und Schülern war die Beteiligung an politischen Vereinen zu untersagen. Die Verbindung mit anderen Vereinen war nicht zulässig.

In diesen knappen Bestimmungen erblickte die preußische Regierung „dasjenige Maß von Beschränkungen", welches sie nach den inneren Verhältnissen Preußens für anwendbar hielt. Sollten weitergehende Vorschriften von Bundesseite beantragt werden, so kündigte Bismarck vorsorglich an, bedürften diese nach Artikel 53 und 64 der Wiener Schlußakte der „freien Zustimmung" Preußens, um verbindlich zu werden. Wie schon bei der Presseangelegenheit verwahrte sich Preußen damit frühzeitig gegen jeden Versuch, durch eine Mehrheitsentscheidung detaillierte Bundesbeschlüsse zu fassen. Eine solche Majorisierung war nach preußischer Ansicht unzulässig, weil damit die in den Bundesgrundgesetzen verbürgte Unabhängigkeit der Einzelstaaten verletzt und die in Artikel 53 der Wiener Schlußakte ausdrücklich ausgeschlossene „Einwirkung des Bundes in die innere Staats-Einrichtung und Staats-Verwaltung"[165] ermöglicht worden wäre.

Angesichts der Unvereinbarkeit der Vorstellungen, welche in der Bundesversammlung hinsichtlich des Vereinswesens, der Arbeitervereine und der Wanderverbote zutage trat, blieben nur zwei Optionen. Entweder konnte man die Angelegenheit ganz fallenlassen, oder versuchen, sich auf dem kleinsten gemeinsamen Nenner, der hinter den ursprünglichen Zielen weit zurückblieb, zu einigen. Die Bundesversammlung entschied sich für die zweite Möglichkeit und beauftragte am 8. Dezember 1853 den politischen Ausschuß, unter Berücksichtigung der von den Regierungen abgegebenen Erklärungen einen neuen Entwurf zu erarbeiten.[166] Diese Aufgabe wurde wiederum von dem bayerischen Ausschußmitglied Schrenk übernommen, der am 27. April 1854 in der Bundesversammlung einen neuen Entwurf einbrachte. Dieser hielt sich weitgehend an den preußischen Vorschlag vom 8. Dezember 1853, dessen Formulierungen zum Teil wörtlich übernommen worden waren. Bei der am 22. Juni 1854 erfolgenden Abstimmung über den neuen Entwurf sahen sich nahezu alle Regierungen in der Lage, ihre grundsätzliche Zustimmung zu geben.[167] Nachdem noch einige kleinere Änderungswünsche und redaktionelle Modifikationen vorgenommen worden wa-

---

[165] *Huber* (Hg.), Dokumente, Bd. 1, S. 98.
[166] ProtDBV 1853, § 318, S. 970.
[167] ProtDBV 1854, § 194, S. 561–564.

ren, konnten schließlich am 13. Juli 1854 die „Maßregeln zur Aufrechthaltung der gesetzlichen Ordnung und Ruhe im Deutschen Bunde, insbesondere das Vereinswesen betreffend" verabschiedet werden.[168]

Ähnlich wie im Fall des Bundespressebeschlusses war auch beim Bundesvereinsbeschluß die Einigung durch einen Verzicht auf jegliche direkte Einwirkung des Bundes in die einzelstaatliche Politik und Verwaltung erkauft worden. Der reaktionäre Charakter der Maßnahme war offensichtlich, doch erhielt die Bundesversammlung nicht die Möglichkeit, ihrem Beschluß die konsequente Durchführung und Beachtung im gesamten Bundesgebiet zu sichern. Die förmliche Verkündigung und Inkraftsetzung des Beschlusses wurde bis 1858 von 23 Staaten in der Bundesversammlung angezeigt, es fehlten jedoch neben etlichen kleineren Staaten die drei wichtigsten Bundesmitglieder Österreich, Preußen und Bayern.[169] Zwar übten die zuletzt genannten Staaten eine rigide Kontrolle des Vereinswesens aus, die hinter den Bestimmungen des Bundesbeschlusses nicht zurückblieb, doch wurde gleichwohl das ursprünglich gesteckte Ziel, insbesondere die politischen Vereine bundesweit und bundeseinheitlich zu unterdrücken, verfehlt. Es gelang der Bundesversammlung nicht, die Nischen vollkommen zu beseitigen, welche die Gesetzgebung und Verwaltungspraxis der Einzelstaaten dem oppositionellen politischen Vereinswesen schufen. Wie begrenzt die Reaktionspolitik des Bundes in dieser Hinsicht blieb, belegt die seit 1859 erheblich intensivierte Aktivität der liberalen und nationalen Opposition in unzähligen Vereinen und öffentlichen Versammlungen. Gegen die auf diesen Foren vielfach geäußerte massive Kritik an den Zuständen in Deutschland und am System des Deutschen Bundes fand die Bundesversammlung nicht zu einer konsequenten gemeinsamen Linie.[170]

Die begrenzte Reichweite der Bundesreaktionspolitik manifestierte sich am deutlichsten darin, daß sie die Bildung und Ausbreitung eines nationalen politischen Vereins, der die Beseitigung des Staatenbundes und seine Ersetzung durch einen nationalen Bundesstaat propagierte, nicht verhindern konnte. Die Gründung des Nationalvereins und seine große Ausdehnung vor allem über das nördliche und mittlere Deutschland[171] war möglich, weil sich einige Regierungen weigerten, den Bundesvereinsbeschluß gegen den Natio-

---

[168] ProtDBV 1854, § 219, S. 635–637; QGDB III/2, Dok. 52, S. 243–245. – Lediglich Dänemark und Oldenburg gaben noch keine zustimmende Erklärung ab, reichten diese aber nach; die niederländische Regierung blieb bei ihrer schon 1853 dargelegten Position, den Beschluß für Limburg nicht anzuwenden.

[169] „Uebersicht der von nachbenannten Bundesstaaten erfolgten Anzeigen wegen Publication des BB. v. 13. Juli 1854, 21. Sitz. § 219, das Vereinswesen betr.", BA Koblenz, DB 1/448.

[170] Zur Ausbreitung des politischen und kryptopolitischen Vereinswesens seit Ende der 1850er Jahre siehe *Klenke*, Nationalkriegerisches Gemeinschaftsideal; zum gegenwärtigen Stand der sehr intensivierten Vereinsforschung siehe *Seier*, Liberalismus und Bürgertum in Mitteleuropa 1850–1880, S. 187–195.

[171] Zum Nationalverein siehe *Na'aman*, Nationalverein; *Biefang*, Politisches Bürgertum, S. 66–206; *Biefang* (Bearb.), Der Deutsche Nationalverein.

nalverein anzuwenden. So nahm der Nationalverein, als die Stadt Frankfurt ihm die Genehmigung versagte, seinen Sitz in Coburg, wo die Regierung von Sachsen-Coburg und Gotha den Beschluß von 1854 völlig ignorierte und die in der Verfassung von 1852 garantierte Vereinsfreiheit unangetastet ließ und wo der liberal gesinnte Herzog Ernst II. den Verein protegierte.[172] Auch die Gründung des Allgemeinen Deutschen Arbeitervereins 1863 in Leipzig stand im offenen Widerspruch zum Bundesbeschluß von 1854, der ja gerade die Aufhebung der bestehenden Arbeitervereine verlangte und in dem sich die Regierungen verpflichtet hatten, die Neubildung von Arbeitervereinen zu unterbinden.

Die ungehinderte Tätigkeit, die der Nationalverein seit 1859 in vielen deutschen Staaten entfalten konnte, veranlaßte die großherzoglich hessische Regierung im Januar 1861 zu einer Intervention in der Bundesversammlung. Sie legte dar, daß nach ihrer Auffassung der Nationalverein nach § 1 des Bundesbeschlusses von 1854 verboten werden müsse. Auf dieser Grundlage sei in Hessen gegen den Nationalverein eingeschritten worden, doch hätten die „meisten deutschen Bundesstaaten" ihn demgegenüber bisher ungestört tätig werden lassen. Mit Recht machte Hessen-Darmstadt auf die Unhaltbarkeit dieses Zustandes aufmerksam, der sowohl die Autorität des Bundes wie auch das öffentliche Ansehen der hessischen Regierung untergraben mußte. Die großherzogliche Regierung forderte deshalb die Bundesversammlung auf, ihre Auffassung „über den Sinn des gedachten Bundesbeschlusses in seiner Anwendung auf den sogenannten Nationalverein" darzulegen.[173]

Mit dieser am 5. Januar 1861 abgegebenen Erklärung eröffnete die Regierung von Hessen-Darmstadt eine kontroverse Debatte über die Revision beziehungsweise die vollständige Aufhebung der Bundesbeschlüsse von 1854 über das Vereinswesen und die Presse. Mehrere Regierungen, die jene Beschlüsse in ihren eigenen Staaten befolgten, kritisierten in der Folgezeit die ungleiche, ja gegensätzliche Handhabung des Presse- und Vereinsrechts in Deutschland, die sich aus der Nichtbeachtung der Bundesbeschlüsse durch eine Reihe von Staaten ergab. Die darüber von 1861 bis 1865 in der Bundesversammlung und im politischen Ausschuß geführten Verhandlungen zeigen, daß die Bundesversammlung zu einem einheitlichen Handeln in diesen Fragen gar nicht mehr in der Lage war, sondern vielmehr nur noch ein Forum bildete, auf dem sich die kraß divergierenden politischen Positionen und Interessen der Einzelstaaten unversöhnlich gegenüberstanden.

Schon die Reaktion der Regierung von Sachsen-Coburg und Gotha, die sich durch den hessen-darmstädtischen Vorstoß besonders angesprochen fühlen mußte, machte dies deutlich. Als der politische Ausschuß zu dem hessischen Antrag auch nach über vier Monaten noch keine Stellungnahme abgegeben hatte, verlangte der Gesandte von Sachsen-Coburg und Gotha am

---

[172] *Scheeben*, Ernst II., S. 104 u. S. 213, Anm. 422; *Biefang*, Politisches Bürgertum, S. 79.
[173] ProtDBV 1861, § 5, S. 4.

16. Mai 1861 in der Bundesversammlung eine baldige Erledigung der Angelegenheit. Die Regierung des Herzogtums wollte „den unverschleierten Vorwurf", daß sie durch die Zulassung des Nationalvereins ihre Bundespflichten verletzt habe, nicht auf sich sitzen lassen. Ganz im Gegensatz zu Hessen-Darmstadt hielt es Sachsen-Coburg und Gotha für nicht angebracht, einen Verein zu unterdrücken,

„der wenigstens bis jetzt nicht nur die durch die Bundesgesetzgebung vorgezeichneten Grenzen innegehalten hat, sondern dessen Bestrebungen auf die Kräftigung des nationalen Bandes gerichtet sind und mit den Wünschen der großen Mehrzahl der Nation zusammenfallen".

Der hessen-darmstädtische Gesandte konterte darauf mit der Bemerkung, seine Regierung habe keinen bestimmten Vorwurf in ihrem Antrag erhoben, „und wenn ein solcher indirect darin gefunden werden wollte, so ist dieß nicht die Schuld des Antrages".[174] Diese offene Konfrontation zwischen zwei Regierungen spiegelt die innere Zerklüftung wider, welche im Hinblick auf die nationale Frage in der Bundesversammlung herrschte und diese zunehmend daran hinderte, ihre Aufgabe als Organ des Willens und Handelns der Gesamtheit der deutschen Staaten wahrzunehmen. Wie hilflos der Bund als Organ der Reaktion geworden war, illustriert eine Äußerung des württembergischen Außenministers Hügel, der seinem Bundestagsgesandten Reinhard schrieb, es sei besser, auf eine Anwendung des Bundesvereinsbeschlusses gegen den Nationalverein zu verzichten, „da die Drohung von keiner entsprechenden Action begleitet wäre".[175] Ähnlich äußerte sich die Regierung in Wien, wie der sächsische Gesandte Könneritz berichtete. Zwar habe man in Wien keinen Zweifel, daß der Nationalverein unter den Bundesbeschluß von 1854 falle, doch sei unter den aktuellen Verhältnissen bei einem Eingreifen des Bundes ein negativer „moralische[r] Effekt" zu befürchten, der die Autorität der Bundesversammlung weiter schwächen werde.[176]

Die Verhandlungen im politischen Ausschuß über den Antrag Hessen-Darmstadts bestätigten die Handlungsunfähigkeit des Bundes. Lediglich Sachsen unterstützte die Forderung von Hessen-Darmstadt, den Bundesbeschluß gegen den Nationalverein anzuwenden, während Österreich, Preußen, Bayern, Württemberg und Baden dafür plädierten, diese Angelegenheit den einzelnen Regierungen zu überlassen.[177] Der bayerische Bundestagsgesandte von der Pfordten legte am 9. März 1861 einen in diesem Sinne abgefaßten Vortragsentwurf vor. Darin wurde argumentiert, der Voll-

---

[174] ProtDBV 1861, § 137, S. 382f.
[175] Hügel an Reinhard, Stuttgart, 9. Februar 1861, HStA Stuttgart, E 65, Verzeichnis 40, Büschel 66, fol. 52.
[176] Könneritz an Beust, Wien, 26. Januar 1861, HStA Dresden, AM 934, fol. 89f., Zitat fol. 89v.
[177] Reinhard an Hügel, Frankfurt, 6. März 1861, HStA Stuttgart, E 65, Verzeichnis 57, Büschel 249.

zug des Bundesbeschlusses von 1854 sei ausschließlich Sache der Einzelregierungen, und ein Eingreifen des Bundes sei nur dann gerechtfertigt, wenn ein einzelner Staat die Erfüllung seiner Bundespflichten unterlassen sollte. Völlig übergangen wurde dabei die offenkundige Tatsache, daß ebendieses bundeswidrige Verhalten von Sachsen-Coburg und Gotha sowie einigen anderen Staaten praktiziert wurde. Statt dessen behauptete Pfordten, es bestehe noch eine große Unklarheit über die Natur und die Ziele des Nationalvereins, um dann in einer merkwürdigen Wendung auf die „gewaltigen Bewegungen und Gährungen aller nationalen und staatlichen Elemente in Europa" hinzuweisen, in deren Mitte die deutsche Nation stehe, welche ihre „Existenz und Zukunft nur durch ein Zusammenfassen aller ihrer Kräfte, wie sie der deutsche Bund umschließt, nicht aber durch eine Zersplitterung derselben" sichern könne.[178]

Diese Beschwörung der nationalen Einigkeit im Deutschen Bund entsprach weder den Interessen Preußens noch denen Österreichs, und so ist es nicht verwunderlich, daß der Pfordtensche Vortrag im politischen Ausschuß nicht weiter beraten wurde.[179] Der Ausschuß wollte offenbar weitere fruchtlose Auseinandersetzungen über die Auslegung des Vereinsbeschlusses und die damit verbundenen politischen Ansichten über die innerdeutsche Entwicklung im allgemeinen vermeiden.

In ähnlicher Weise versuchte der politische Ausschuß in der Folgezeit, alle weiteren Anträge auf Interpretation, Revision oder Aufhebung der Bundesreaktionsbeschlüsse von der Verhandlung in der Bundesversammlung fernzuhalten. Ebenso wie den hessen-darmstädtischen Antrag zum Vereinswesen ließ er auch eine württembergische Erklärung vom 28. Februar 1861 liegen, in welcher die Bundesversammlung um eine „authentische Interpretation" des § 2 des Bundesbeschlusses von 1854 über die Presse ersucht wurde. Die darin enthaltene Bestimmung, daß der Entzug von Konzessionen für Buchhändler und Drucker durch eine administrative Anordnung ohne gerichtliches Verfahren erfolgen konnte, war in Württemberg 1856 in die Landesgesetzgebung aufgenommen worden. In anderen Staaten wie Preußen und Braunschweig war die administrative Konzessionsentziehung indessen nach geltendem Landesrecht nicht möglich, und auch in Sachsen und Österreich galten, wie Württemberg darlegte, „wesentlich mildere Vorschriften" für die Konzessionierung. Die Bundesversammlung wurde deshalb gebeten, klarzustellen, „daß es von dem Ermessen der einzelnen Staaten abhänge, ob sie die Administrativentziehung der Concession in ihren Gesetzen für zulässig erklären wollen oder nicht".[180] Auf diese Weise sollte der württembergischen Regierung die Möglichkeit gegeben werden, ihr Presserecht zu liberalisieren, ohne jedoch, wie es die Kammern verlangten, den Bundesbeschluß vollständig außer Kraft

---

[178] BA Koblenz, DB 1/448, fol. 6–11, Zitat fol. 10v.
[179] BA Koblenz, DB 1/448, fol. 2r.
[180] ProtDBV 1861, § 60, S. 90f.

zu setzen.¹⁸¹ Die Bundesversammlung hielt es jedoch nicht für opportun, in Verhandlungen über eine Neuinterpretation der fraglichen Klausel einzutreten – die österreichische Regierung sorgte sich um eine weitere Untergrabung der „Bundesautorität"¹⁸² – und behandelte die württembergische Erklärung nicht als einen förmlichen Antrag, sondern lediglich als eine „Anzeige", die dem politischen Ausschuß überwiesen wurde, wo sie dann liegenblieb.

Auf Dauer ließ sich aber die Debatte über die Pressepolitik in der Bundesversammlung nicht unterdrücken. Zu dem wachsenden Unbehagen über die unterschiedliche Handhabung des Bundesbeschlusses in den Einzelstaaten kam hinzu, daß die Notwendigkeit einer reaktionären Presse- und Vereinspolitik grundsätzlich in Zweifel gezogen wurde. Die badische Regierung, die schon seit 1849 eine „recht milde Restriktionspolitik" betrieben hatte, und die sich seit der liberalen Wende von 1859/60 für eine nationale Bundesreformpolitik einsetzte¹⁸³, unternahm 1862 einen Vorstoß zur völligen Beseitigung der Bundesbeschlüsse von 1854. Ihr neuer Bundestagsgesandter Robert von Mohl stellte am 10. Juli 1862 zwei Anträge, mit denen die Bundesversammlung aufgefordert wurde, die Beschlüsse über die Presse und das Vereinswesen außer Kraft zu setzen.¹⁸⁴

Baden begründete dies zunächst damit, daß eine repressive Politik nicht mehr zeitgemäß sei, weil die nachrevolutionäre „Periode der Gesetzlosigkeit" und staatlichen Ohnmacht vorbei sei: „Die Gründe, welche das Bundespreßgesetz vom Jahre 1854 hervorriefen, sind nicht mehr." Die badische Regierung ging aber noch weiter, indem sie die reaktionäre Bundespolitik grundsätzlich in Frage stellte. Sie gab zu bedenken, ob der Bundespressebeschluß nicht dem „Geiste der Bundesgrundgesetze" widerspreche, wobei insbesondere das in Artikel 18 der Bundesakte gegebene Versprechen gemeint war, gleichförmige Verfügungen über die Pressefreiheit herbeizuführen. Die badische Regierung ließ durchblicken, daß nach ihrer Auffassung dieser Bestimmung der Bundesakte „in ihrer wahren Bestimmung" besser entsprochen würde, „wenn die Bundesversammlung sich auf die Aufstellung allgemeiner Grundsätze über das Minimum der zu gewährenden Preßfreyheit beschränkte" anstatt die Pressefreiheit zu beeinträchtigen.¹⁸⁵

Im Hinblick auf das Vereinswesen sprach Baden dem Bund generell die Befugnis ab, darüber zu verfügen:

„Zu diesen der regelmäßigen Competenz der Bundesversammlung unterstellten Gegenständen gehört aber das Vereinswesen überall nicht."

---
[181] *Kohnen*, Pressepolitik des Deutschen Bundes, S. 83.
[182] Rechberg an Kübeck, Wien, 9. März 1861, zitiert nach *Kohnen*, Pressepolitik des Deutschen Bundes, S. 84.
[183] *Gall*, Der Liberalismus als regierende Partei, Zitat S. 80.
[184] ProtDBV 1862, § 228 u. 229, S. 389–392.
[185] ProtDBV 1862, S. 390.

Die Bundesgewalt, so hieß es, sei nicht befugt, unmittelbar in ein Gebiet einzugreifen, welches der verfassungsmäßig geregelten „Gesetzgebungs- und Executivgewalt des einzelnen Staates" unterstehe. Im übrigen seien die Bestimmungen des Bundesbeschlusses, der in einer Ausnahmesituation gefaßt worden sei, „absolut unvereinbar" mit den leitenden Grundsätzen, welche inzwischen in der Mehrzahl der deutschen Staaten im Hinblick auf die Presse und das Gewerbewesen befolgt würden.[186]

Die Reaktion auf die badischen Anträge fiel zunächst sehr unterschiedlich aus. Der österreichische Präsidialgesandte Kübeck war empört und warf Baden vor, sich mit einem „populären Knalleffect" in der deutschen Öffentlichkeit profilieren zu wollen.[187] Die preußische Regierung zeigte sich andererseits erfreut darüber, daß Baden sich auf den von Preußen schon immer eingenommenen Standpunkt stellte, daß die eigene Landesgesetzgebung durch Bundesbeschlüsse „in *keiner Weise beengt oder gar durchbrochen werden dürfe*". Außenminister Bernstorff teilte dem Bundestagsgesandten Usedom mit, Preußen werde es nicht unterlassen dürfen, den badischen Anträgen seine „entschiedenste Unterstützung zu leisten".[188] Das Motiv dafür lag keineswegs in der Absicht, die staatliche Repression abzumildern. Vielmehr hoffte Bernstorff darauf, Baden als Verbündeten gegen die Ausdehnung der gesetzgeberischen Tätigkeit des Bundes als solche zu gewinnen. Konkret ging es dabei um die zahlreichen Vorhaben zur Vereinheitlichung des deutschen Rechts, die von der Bundesversammlung seit Beginn der 1860er Jahre gegen den Widerstand Preußens vorangetrieben wurden.[189]

Die bayerische Regierung, welche ebensowenig wie Österreich und Preußen den Bundespressebeschluß in ihrem Staat eingeführt hatte, lehnte die Aufhebung der Bundesbeschlüsse ab, wollte aber einer Revision einzelner Bestimmungen nicht entgegentreten.[190] In einer ersten Reaktion auf die Anträge vertrat der bayerische Ministerpräsident Schrenk überdies die aufschlußreiche Meinung, es sei Heuchelei zu behaupten, daß die Presse und das Vereinswesen durch die Bundesbeschlüsse von 1854 beschränkt wären.[191]

Württemberg, dessen im Vorjahr geäußerter Wunsch nach einer authentischen Interpretation des zweiten Paragraphen des Bundesbeschlusses bisher nicht berücksichtigt worden war, sah durch die badische Initiative die Möglichkeit gegeben, den politischen Ausschuß nun endlich zur Aufnahme diesbezüglicher Beratungen zu veranlassen. Die Forderung Badens, den Bundespressebe-

---

[186] ProtDBV 1862, S. 391 f.
[187] Kübeck an Rechberg, Frankfurt, 10. Juli 1862, zitiert nach *Kohnen*, Pressepolitik des Deutschen Bundes, S. 85.
[188] Bernstorff an Usedom, Berlin, 20. Juli 1862, GStA Berlin, III. HA, Nr. 97, fol. 11–13, Zitate fol. 12r u. 13r.
[189] Siehe dazu Teil B dieser Arbeit.
[190] Schrenk an Pfordten, München, 1. Oktober 1862, HStA München, MA 307.
[191] Perponcher an Bernstorff, München, 25. Juli 1862, zitiert nach *Kohnen*, Pressepolitik des Deutschen Bundes, S. 85, Anm. 275.

schluß insgesamt aufzuheben, wies der württembergische Bundestagsgesandte Reinhard jedoch als „unzeitgemäß" zurück, weil der Beschluß für die innere Sicherheit Deutschlands nach wie vor erforderlich sei.[192]

Einige Regierungen waren einer Revision insbesondere des Bundespressebeschlusses nicht gänzlich abgeneigt. Von der Sache her wäre es durchaus sinnvoll gewesen, den Paragraphen 2 zu entschärfen und den administrativen Konzessionsentzug in das Belieben der Einzelstaaten zu stellen. Auf diese Weise wäre der offenkundige Widerspruch zwischen dem Bundesrecht und etlichen Landespressegesetzen beseitigt worden. Gleichwohl scheuten die meisten der im politischen Ausschuß vertretenen Regierungen davor zurück, förmliche Beratungen über die badischen Anträge einzuleiten, weil die Wiederaufnahme der Presseangelegenheit kein positives Ergebnis, sondern nur neue Auseinandersetzungen und damit einen weiteren Ansehensverlust des Bundes wie auch der einzelnen Regierungen erwarten ließ. Der politische Ausschuß kam deshalb am 8. Dezember 1862 überein, die Berichterstattung über die Anträge Badens einstweilen auszusetzen.[193]

Die badische Regierung wollte sich damit jedoch nicht zufriedengeben und erinnerte mehrfach an ihren Antrag, so daß sich der politische Ausschuß doch noch genötigt sah, tätig zu werden. Der hessen-darmstädtische Bundestagsgesandte von Biegeleben verfaßte einen Vortragsentwurf, der Mitte März 1863 den übrigen Ausschußmitgliedern vorgelegt wurde. Biegeleben kam in seinem Gutachten zu dem Ergebnis, daß die badischen Anträge „nach keiner Richtung hin als stichhaltig anerkannt werden" könnten und empfahl der Bundesversammlung, den Anträgen auf Aufhebung der Beschlüsse von 1854 „keine Folge zu geben". Hinsichtlich des Paragraphen 2 des Bundespressebeschlusses sollte im Sinne des württembergischen Wunsches von 1862 immerhin erklärt werden, daß es den einzelstaatlichen Regierungen überlassen bleibe, auf die administrative Konzessionsentziehung zu verzichten.[194]

Das Gutachten Biegelebens wurde jedoch vom politischen Ausschuß nicht in die Bundesversammlung gebracht, weil es den Großmächten immer noch widerstrebte, auf diesem Forum über die Presse und das Vereinswesen zu verhandeln. Dagegen protestierte im Sommer 1863 die sächsische Regierung, indem sie dem Ausschuß ein Separatvotum übermittelte, worin sie „angesichts der Ungleichheit in der Ausführung der betreffenden Bundesbeschlüsse" verlangte, wenigstens diejenigen Bestimmungen aufzuheben,

---

[192] Reinhard an Hügel, Frankfurt, 21. Juli 1862, HStA Stuttgart, E 65, Verzeichnis 57, Büschel 155.
[193] Notiz zu den Akten, Frankfurt, 8. Dezember 1862, BA Koblenz, DB 1/334.
[194] „Entwurf eines Vortrags des politischen Ausschusses, die Anträge der Großherzoglich Badischen Regierung auf Wiederaufhebung des Bundesbeschlusses vom 6. Juli 1854 zur Verhinderung des Mißbrauchs der Preßfreiheit und des Bundesbeschlusses vom 13. Juli 1854 über das Vereinswesen betreffend", BA Koblenz, DB 1/334.

"welche entweder den jetzigen Verhältnissen überhaupt nicht mehr entsprechen, oder welche deßhalb, weil jene Bundesbeschlüsse nicht in allen deutschen Staaten zur Anwendung kommen, diejenigen Regierungen, die sie beschlußgemäß ausführen, in eine schwierige Lage und in mannigfache Verlegenheiten versetzen".[195]

Aber auch der sächsische Vorstoß rief keine Reaktion des politischen Ausschusses hervor. Er ignorierte das Separatvotum ebenso wie die badischen Anträge von 1862 und unterließ sowohl weitere Beratungen über die verlangte Revision bzw. Abschaffung der Bundesbeschlüsse als auch die Einbringung des Vortrags von Biegeleben in die Bundesversammlung. Es waren die Großmächte Österreich und Preußen, welche, so Richard Kohnen, „mit aller Macht"[196] eine Behandlung der Angelegenheit im Ausschuß und in der Bundesversammlung verhinderten. Obwohl sie selbst die Reaktionsbeschlüsse von 1854 in ihren Staaten nicht förmlich eingeführt hatten und noch nicht einmal die darin niedergelegten Grundsätze konsequent beachteten, lehnten sie es ab, erneut in Frankfurt über das Presse- und Vereinswesen zu verhandeln. Die inzwischen scharf ausgeprägten deutschlandpolitischen Gegensätze zwischen den beiden Großmächten verhinderten somit die gleichförmige Ausführung der reaktionären Bundesbeschlüsse.

Daß es in der Reaktion gegen die politische Opposition keine Einheit auf der Ebene des Deutschen Bundes gab, sprach die sächsische Regierung schließlich in der Bundesversammlung offen aus. Sie gab am 26. Januar 1865 eine Erklärung ab, in der sie abermals eine Revision der Bundesbeschlüsse von 1854 verlangte und sogar ankündigte, die Beschlüsse im Königreich Sachsen „in naher Zeit" völlig außer Kraft zu setzen, sofern die Bundesversammlung die beantragten Abänderungen nicht „ungesäumt" vornehmen werde. Begründet wurde dies zum einen damit, daß manche Bestimmungen weder angemessen noch notwendig seien. Zum anderen wies Sachsen darauf hin, daß wegen der ungleichmäßigen Ausführung der Bundesbeschlüsse die ursprünglich gehegte Erwartung auf eine bundeseinheitliche Behandlung des Presse- und Vereinswesens enttäuscht worden sei:

„Als im Jahre 1854 die Bundesbeschlüsse zur Verhinderung des Mißbrauches der Presse und in betreff des Vereinswesens zu Stande kamen, glaubte die Königlich-Sächsische Regierung um deßwillen einen besonderen Werth darauf legen zu dürfen, weil sie annahm, daß damit eine gemeinsame Grundlage für die Uebereinstimmung der deutschen Gesetzgebung gewonnen worden sei. Allein diese Voraussetzung hat sich nicht als zutreffend erwiesen."[197]

Die Bundesbeschlüsse hatten demnach nicht zur gleichförmigen Unterdrückung von Presse und Vereinen geführt. Sie hatten aber dem Ansehen des

---

[195] Nostitz an Kübeck, Frankfurt, 18. Juli 1863, BA Koblenz, DB 1/448, fol. 325, ebd. fol. 327–331 das Separatvotum, Zitate fol. 328r.
[196] *Kohnen*, Pressepolitik des Deutschen Bundes, S. 89.
[197] ProtDBV 1865, § 30, S. 32f.

Bundes geschadet und brachten überdies diejenigen Regierungen in Mißkredit, welche sich an die 1854 beschlossenen Normen hielten und „deßhalb angegriffen und wegen angeblich zu großer Strenge getadelt" wurden, wie sich Sachsen beklagte.[198]

Der politische Ausschuß, an den die sächsische Erklärung überwiesen wurde, ließ sich dadurch nicht von seiner indolenten Haltung abbringen. Über die Presse und das Vereinswesen wurde auf der Ebene des Deutschen Bundes nicht mehr verhandelt. Die 1854 gefaßten Beschlüsse blieben formal bis 1866 in Kraft, erlangten aber in etlichen Staaten niemals gesetzliche Geltung und wurden deshalb seit den 1860er Jahren auch von einigen anderen deutschen Regierungen nicht mehr zur Richtschnur ihrer Presse- und Vereinspolitik genommen. So wurden in Württemberg die reaktionären Bundesbeschlüsse vom Juli 1854 zum Jahresende 1864 durch eine königliche Verordnung förmlich außer Kraft gesetzt und statt dessen wieder die zuvor gültigen Landesgesetze, unter anderem das Pressegesetz von 1817, zur Anwendung gebracht.[199] Der Versuch, die 1848 durchgesetzten Rechte zur freien Meinungsäußerung und zur freien Assoziation durch ein gleichförmiges Bundesrecht zu beschneiden, war gescheitert. Die Unterdrückung der Presse und der Vereine blieb den Einzelstaaten überlassen, die dabei aufgrund ihrer spezifischen politischen Interessen sehr unterschiedlich und teilweise selektiv vorgingen.

Die Geschichte der Bundesbeschlüsse von 1854 über die Presse und das Vereinswesen dokumentiert, daß es nicht gelang, die Bundesversammlung zu einem handlungsfähigen Organ der Reaktion zu machen, das in der Lage gewesen wäre, eine gleichförmige Unterdrückungspolitik bundesweit durchzusetzen. Die Rolle der Bundesversammlung blieb in der nachrevolutionären Phase im wesentlichen darauf beschränkt, eine Verständigung über gewisse Mindeststandards der jeweiligen einzelstaatlichen Unterdrückungsmaßnahmen herzustellen, deren bundesweite Durchsetzung dann allerdings an der politischen Verweigerung einiger Regierungen scheiterte. Im Kampf gegen die politische Opposition konnte die Bundesversammlung letztlich nur mittelbar tätig werden, indem sie als Forum diente, auf dem sich die Einzelstaaten über multilaterale Vereinbarungen zu speziellen Fragen verständigen konnten. Auf dem Feld der politischen Repression wurde dieses Verfahren in den frühen 1850er Jahren in einem Fall mit Erfolg angewandt. Es handelte sich dabei um die am 26. Januar 1854 von der Bundesversammlung beschlossenen „Bestimmungen wegen gegenseitiger Auslieferung gemeiner Verbrecher auf dem deutschen Bundesgebiete".[200]

Die Verhandlungen darüber waren wie diejenigen über die Presse schon 1851 in der Bundesversammlung eröffnet worden. Den Ausgangspunkt bil-

---

[198] Ebd., S. 33.
[199] Staatsanzeiger für Württemberg Nr. 307 vom 28. Dezember 1864, S. 2693.
[200] ProtDBV 1854, § 25, S. 41–44.

dete ein von Österreich und Preußen am 20. Dezember 1851 gemeinschaftlich eingebrachter Antrag, einen Bundesbeschluß über die gegenseitige Auslieferung sogenannter „gemeiner Verbrecher", das heißt nicht-politischer Krimineller herbeizuführen.[201] Der Antrag hatte auf den ersten Blick keine Bedeutung für die politische Repression, sondern diente vor allem dazu, die polizeiliche und juristische Bekämpfung der ‚gewöhnlichen' Kriminalität zu koordinieren und zu verhindern, daß sich Straftäter durch die Flucht in einen anderen Mitgliedsstaat des Bundes der Verfolgung und Bestrafung entziehen konnten. Im Laufe der anschließenden Verhandlungen gewann die beabsichtigte Maßnahme jedoch insofern indirekt eine reaktionäre Qualität, als sie in Zusammenhang gebracht wurde mit dem Bundesbeschluß vom 18. August 1836 „über Bestrafung von Vergehen gegen den Deutschen Bund und Auslieferung politischer Verbrecher auf deutschem Bundesgebiete". In diesem Beschluß hatten sich die deutschen Staaten verpflichtet, „jedes Unternehmen gegen die Existenz, die Integrität, die Sicherheit oder die Verfassung des Deutschen Bundes" als Hoch- und Landesverrat zu bestrafen. Ferner hatten die Regierungen vereinbart, jede Person, die sich an Unternehmen beteiligte, welche sich gegen den Souverän, die Existenz, Verfassung oder Sicherheit eines anderen Bundesstaats richteten, an den betreffenden Staat auszuliefern.[202]

Der am 27. Dezember 1851 zur Bearbeitung des preußisch-österreichischen Antrags eingesetzte Ausschuß[203] legte am 17. Juli 1852 einen neun Artikel umfassenden Entwurf zu einem Bundesbeschluß über die gegenseitige Auslieferung von Verbrechern vor.[204] Der Beschluß wurde als eine gemeinnützige Anordnung des Bundes zur Förderung der „Rechtspflege" und der öffentlichen Sicherheit dargestellt. Im Entwurf war der im ursprünglichen Antrag benutzte Ausdruck „gemeine Verbrecher" bewußt vermieden worden, weil es nach Auffassung des Ausschusses darauf ankam, die Auslieferungspflicht „auf alle Uebelthäter zu erstrecken […], welche der strafrechtlichen Verfolgung verfallen sind".[205] Die deutschen Staaten sollten sich demnach dazu verpflichten, alle Individuen, gegen die in einem anderen Staat ein Haftbefehl oder ein Strafurteil ergangen war, an den betreffenden Staat auszuliefern. Die Verpflichtung zur Auslieferung sollte sich jedoch nicht auf Steuerdelikte („Abgabendefraudationen") und Übertretungen der Polizei- und Finanzgesetze erstrecken.

Die Absicht des Bundesversammlung, binnen sechs Wochen die Erklärungen der Regierungen zu dem Entwurf einzuholen, ließ sich indessen nicht

---

[201] ProtDBV 1851, § 261, S. 652 f.
[202] ProtDBV 1836, § 226, S. 561 f.; Druck in: *Huber* (Hg.), Dokumente, Bd. 1, S. 152.
[203] Mitglieder waren die Gesandten von Bayern, Großherzogtum Hessen und Mecklenburg; ProtDBV 1851, § 273, S. 687.
[204] ProtDBV 1852, § 187, S. 722–726.
[205] Ebd., S. 723.

realisieren, und es dauerte bis zum 23. Dezember 1852, ehe der Präsidialgesandte die Abstimmung vornehmen ließ.[206] Dabei stimmten die meisten Regierungen dem Entwurf im Grundsatz zu, doch wurde neben einer Reihe von redaktionellen Änderungswünschen von einigen Regierungen ein substantieller Klärungsbedarf geltend gemacht, der sich auf die nähere Definition der Verbrechen bezog, die eine Auslieferungspflicht begründen sollten. Bayern machte auf die „äußerst schwankende Bedeutung des Begriffs der ‚gemeinen' Verbrechen"[207] aufmerksam, welcher es zweifelhaft lasse, ob damit auch die militärischen, politischen und presserechtlichen Vergehen sowie die Übertretungen der Polizei- und Finanzgesetze gemeint seien. Sachsen-Weimar hingegen monierte den Wegfall des Begriffs „gemeine Verbrechen" im Beschlußentwurf und wollte diesem nur unter der Voraussetzung zustimmen, daß die Auslieferungspflicht auf „gemeine", das heißt Verbrechen im Sinne des Kriminalstrafrechts beschränkt blieb.[208] Die dänische Regierung warnte vor möglichen Mißverständnissen und beantragte, den Beschluß so zu formulieren, daß klar unterschieden wurde zwischen „bloße[n] polizeiliche[n] Contraventionen" und kriminellen Delikten.[209] Oldenburg wollte alle vor der Publikation des zu fassenden Bundesbeschlusses begangenen politischen Verbrechen von der Auslieferungspflicht ausgenommen wissen, und Lübeck verlangte eine Ausnahme für diejenigen Pressevergehen, welche nicht unter den Bundesbeschluß von 1836 fielen.

Die preußische Regierung machte in ihrem Votum Vorschläge, welche geeignet waren, die von den übrigen Regierungen aufgeworfenen Fragen zu klären. Sie regte an, eine klare Unterscheidung zwischen „Verbrechen" und „Uebertretungen" zu treffen und letzteren Begriff überall dort durch ersteren zu ersetzen, wo er gleichbedeutend mit „strafbaren Handlungen" war. Auch sollten im Entwurf die Kriterien präzisiert werden, nach denen eine Auslieferungspflicht gegeben war. Danach sollten nur solche Personen unter die Auslieferungspflicht fallen, welche von einem Gericht desjenigen Staats, in dem das Verbrechen begangen worden war, verurteilt oder unter Anklage gestellt worden waren oder gegen die ein Haftbefehl vorlag. Ging es hier um die juristische Abgrenzung zwischen Straftaten und nichtkriminellen Verstößen, so hatte ein weiterer von Preußen eingebrachter Vorschlag eine erhebliche politische Brisanz. Bismarck stellte nämlich im Namen seiner Regierung den Antrag, in den Bundesbeschluß „ausdrücklich die Bestimmung aufzunehmen, daß es in Betreff der Auslieferung der politischen Verbrecher bei den Anordnungen in dem Bundesbeschlusse vom 18. August 1836 sein Bewenden behalte".[210]

---

[206] ProtDBV 1852, § 301, S. 1354–1361.
[207] Ebd., S. 1355.
[208] Ebd., S. 1360.
[209] Ebd., S. 1359 f.
[210] Ebd., S. 1354.

Mit der Aufnahme dieser Klausel in den Bundesbeschluß über die gegenseitige Auslieferung von Verbrechern wurde einerseits sichergestellt, daß die Auslieferungspflicht sowohl bei kriminellen Handlungen ohne politischen Hintergrund als auch bei politischen Vergehen bestand. Die Bundesversammlung griff damit ganz bewußt auf ein Mittel der Unterdrückung zurück, das zu dem nach der Julirevolution vom Bund geschaffenen System der politischen Verfolgung gehörte. Mit dieser Aktualisierung des vormärzlichen Bundesbeschlusses wurde eine Tradition der Repression von politischen Opponenten über die Schwelle von 1848/49 hinaus begründet.

Der im Sinne der preußischen Vorschläge nach weiteren Umarbeitungen schließlich am 26. Januar 1854 gefaßte Bundesbeschluß über die Auslieferung von Verbrechern war aber der einzige Fall, in dem ein vormärzliches Ausnahmegesetz als immer noch unverändert gültiges Bundesrecht bestätigt wurde. Eine weitere Einschränkung ergibt sich daraus, daß zwar 1854 bestimmt wurde, für die Ausführung der 1836 „bezüglich der Auslieferung politischer Verbrecher getroffenen Anordnungen" seien „die folgenden Artikel gleichfalls in Anwendung zu bringen".[211] Keine Rede war jedoch von dem ersten Artikel des Beschlusses von 1836, wonach jeder Angriff auf die Existenz, die Sicherheit und die Verfassung des Deutschen Bundes ein politisches Verbrechen darstellte, welches in allen deutschen Staaten zu ahnden war. Die Wirkung des Bundesbeschlusses von 1854 erstreckte sich somit in erster Linie auf unpolitische Kriminalität und auf solche politischen Vergehen, welche sich gegen einzelne Staaten und ihre Regierungen richteten.

Die politische Opposition gegen den Deutschen Bund und seine Organe als solche bundesweit zu kriminalisieren, gelang nach 1850 demgegenüber nicht mehr. Seit der Revolution von 1848/49 war es möglich, den Deutschen Bund öffentlich zu kritisieren, ohne sogleich gerichtlich belangt und bestraft zu werden. In der Presse, den Landtagen, in Flugschriften und Büchern, seit 1859 auch verstärkt in öffentlichen Versammlungen und auf Festen wurde der Bund in teilweise äußerst scharfer Form als eine überholte Einrichtung dargestellt, welche mit dem Wohl der deutschen Nation unvereinbar sei. Die Bundesversammlung selbst hatte keine Möglichkeit, dagegen direkt einzuschreiten, und die Einzelstaaten duldeten häufig die Angriffe gegen den Bund, teils weil es den politischen Interessen ihrer Regierungen entsprach, teils weil die Landesgesetze keine Handhabe boten.

Soweit sich feststellen läßt, wurde nur in einem einzigen deutschen Staat ein Gesetz erlassen, das den Versuch zur Beseitigung der staatenbündischen Ordnung unter Strafe stellte. Dies geschah in Württemberg, wo am 25. Mai 1853 ein „Gesetz in Betreff der Bestrafung der Verbrechen gegen den deutschen Bund" verabschiedet wurde. In enger Anlehnung an die Formulierungen des Bundesbeschlusses von 1836 bedrohte das Gesetz den „Angriff gegen

---

[211] ProtDBV 1854, § 25, S. 42.

das Daseyn, gegen die Integrität oder gegen die Verfassung des deutschen Bundes" mit hohen Zuchthausstrafen.[212] In der Debatte über das Gesetz in der württembergischen Kammer der Abgeordneten wies der liberale Abgeordnete Moriz Mohl es als eine „Zumuthung" zurück, durch harte Strafen die Fortdauer eines Zustandes zu sichern, der dem „Nationalzwecke" und dem „nationalen Bedürfniß" nicht entspreche und von daher „nur ein provisorischer" sein könne.[213]

Im übrigen konnte das Gesetz nicht verhindern, daß der Deutsche Bund und seine Politik auch in Württemberg weiterhin heftig kritisiert wurden. Bereits 1855 hielt die Kammer der Abgeordneten der Regierung vor, daß die Bundesversammlung in den vergangenen Jahren statt der versprochenen Reform nur den früheren Zustand wiederherzustellen versucht habe. Dagegen machten die Abgeordneten das Bedürfnis geltend, eine „Neugestaltung der öffentlich-rechtlichen Verhältnisse Deutschlands im Sinne der Einheit und der aktiven Theilnahme des deutschen Volkes an der Leitung seiner gemeinsamen Angelegenheiten" in Angriff zu nehmen.[214] Noch schärfere Angriffe richteten württembergische Abgeordnete im Jahr 1858 gegen den Deutschen Bund. Sie warfen ihm völliges Versagen im Hinblick auf die nationalen Interessen vor und prognostizierten das baldige gewaltsame Ende des Bundes, wenn „dem gerechten Verlangen des deutschen Volkes" nach nationaler Einheit und bürgerlicher Freiheit nicht bald nachgegeben werde. Der Abgeordnete Franz Hopf ging dabei sogar so weit, „dem Bundestag zu erklären, daß er gar nicht zu Recht bestehe, daß er nur im Wege der Gewalt sich eingesetzt habe, daß er nur im Wege der Gewalt bestehe und auch im Wege der Gewalt fallen müsse".[215]

Strafrechtliche Konsequenzen scheint dieser kaum verhüllte Aufruf zur gewaltsamen Beseitigung des Deutschen Bundes nicht gehabt zu haben. Ebenso wie die repressiven Bundesbeschlüsse hatte das württembergische Gesetz von 1853 vornehmlich deklaratorischen Wert. Die Maßnahmen dokumentierten den Willen zur Reaktion und brachten damit die Regierungen und den Deutschen Bund in Mißkredit. Eine konsequente Anwendung der Instrumente der Unterdrückung unterblieb jedoch. Durchschlagende Wirkung hatte reaktionäre Bundespolitik in den 1850er Jahren nicht als umfassendes System, sondern nur in wenigen konkreten Einzelfällen wie bei den Thronwechseln in Hannover und Waldeck im Herbst und Winter 1851, als Österreich und Preußen starken diplomatischen Druck ausübten, um die neuen Monarchen zu einer reaktionären Politik (Ministerwechsel, Verfassungsrevi-

---

[212] QGDB III/2, Dok. 43, S. 202 f.
[213] Verhandlungen der Württembergischen Kammer der Abgeordneten in den Jahren 1851–1853. Bd. 6, S. 5478 f.; QGDB III/2, Dok. 42, S. 199–201.
[214] Verhandlungen der Württembergischen Kammer der Abgeordneten in den Jahren 1854 und 1855. Bd. 3, S. 1697; QGDB III/2, Dok. 70, S. 312 mit Anm. 1.
[215] Verhandlungen der Württembergischen Kammer der Abgeordneten in den Jahren 1856 bis 1858. Bd. 3, S. 1655–1659; QGDB III/2, Dok. 137, S. 653–663, Zitate S. 655 u. 657.

sion) zu veranlassen und dabei neben einer Anwendung der Reaktionsbeschlüsse vom 23. August 1851 auch eine direkte militärische Intervention in Aussicht stellten.[216]

Zieht man eine Bilanz der reaktionären Maßnahmen des Deutschen Bundes in der nachrevolutionären Epoche, so kann von einem neuen „Bundesabsolutismus", wie ihn die Sächsische Constitutionelle Zeitung im Sommer 1851 befürchtete[217], keine Rede sein. Die in der neueren historischen Forschung vertretene Auffassung, es hätten im Deutschen Bund in der nachmärzlichen Zeit wie bereits im Vormärz „eindeutig jene zentralen Kontrollinstanzen" dominiert, „welche die Gesamtmacht des Bundes nach innen verstärkten und vom föderativen Weg fortführten"[218], scheint mir angesichts der vielfach zu konstatierenden mangelnden Durchschlagskraft der reaktionären Maßnahmen nach 1851 nicht gerechtfertigt zu sein. Die Reaktionspolitik hatte auf der Ebene des Bundes nur begrenzten Erfolg, die Unterdrückung der politischen Opposition war vor allem das Werk der Einzelstaaten, die in dieser Hinsicht aber nicht mit einheitlichen Maßstäben vorgingen.

Die im Sommer 1851 in der Deutschen Vierteljahrsschrift aufgeworfene Frage, ob es eine Rückkehr zum „alten" oder vielmehr einen Aufbruch zu einem „neuen" Deutschen Bund geben werde, läßt sich im Hinblick auf die Reaktionspolitik nicht eindeutig entscheiden. Einerseits wurde seit der Dresdener Konferenz ein breites Spektrum von reaktionären Maßnahmen diskutiert und manches davon in der ersten Hälfte der 1850er Jahre auch in Bundesbeschlüsse gefaßt. Andererseits wurden diese Beschlüsse nicht im gesamten Bundesgebiet konsequent und gleichförmig durchgeführt, so daß die politische Opposition gegen den Bund nicht flächendeckend unterdrückt wurde. Das Zentrum der Reaktion lag in der nachrevolutionären Phase, wie Richard Kohnen anhand des Pressewesens feststellte, „nicht mehr in Frankfurt, auch wenn durch die Bundesversammlung deutliche Impulse dazu ausgingen, sondern bei den einzelnen Regierungen und den zwischenstaatlichen Koordinationsmechanismen".[219]

In der Reaktionspolitik gab es mithin trotz vieler Bemühungen keine Wiederaufrichtung des umfassenden vormärzlichen Systems der Unterdrückung. Wenngleich somit die Bundesversammlung nicht zu den „alten" Zuständen zurückkehrte, so vollzog sie dennoch nicht den Übergang in eine „neue" Politik, die auf politische Unterdrückungsmaßnahmen gänzlich verzichtet hätte. Die innere Politik der Bundesversammlung blieb zwiespältig, indem sie weder einen entschieden reaktionären Kurs noch eine dezidiert reforme-

---

[216] Vgl. Prokesch an Langenau, Berlin, 15. November 1851, QGDB III/2, Dok. 21, S. 99–101; Schwarzenberg an die Fürstregentin Emma zu Waldeck und Pyrmont, Wien, 17. November 1851, QGDB III/2, Dok. 22, S. 101–104.
[217] QGDB III/2, S. 70.
[218] *Siemann*, Wandel der Politik, S. 73.
[219] *Kohnen*, Pressepolitik des Deutschen Bundes, S. 59.

rische Richtung einschlug. Der während des Vormärz gegebene bundespolitische Konsens war nicht mehr vorhanden. Die reaktionären Maßnahmen des Bundes blieben deswegen halbherzig, führten aber dazu, den Bund und die Regierungen in Mißkredit zu bringen. Vielen Regierungen war bewußt, daß die ungleichmäßige Ausführung der bundespolitischen Vorgaben die Autorität des Bundes weiter untergrub, anstatt sie, wie beabsichtigt, zu stärken. Sie konnten sich dennoch nicht zu einer konsequenten Anwendung der Instrumente der Unterdrückung entschließen, was nicht zuletzt daher rührte, daß sie selbst nicht mehr daran glaubten, eine Bundespolitik des reaktionären Stillstands auf Dauer durchhalten zu können, sondern den weiteren Bestand des Bundes nur durch dessen innere Weiterentwicklung im nationalen Sinne gewährleistet sahen.

VI. „Erhaltung der deutschen Einigkeit"

Von der Zollvereinskrise zur Krimkriegskrise (1851–1855)

Die im Sommer 1851 unter dem beherrschenden Einfluß der beiden deutschen Großmächte eingeschlagene Richtung der Bundespolitik konzentrierte sich darauf, die unerwünschten Folgen der Revolution von 1848/49 im gesamten Bundesgebiet zu beseitigen und die liberalen und nationalen Bestrebungen zu unterdrücken. Dies rief nicht nur in der deutschen Öffentlichkeit große Enttäuschung hervor, sondern auch bei vielen Vertretern der mittleren und kleineren deutschen Regierungen, die es lebhaft beklagten, daß die Pläne zum inneren Ausbau des Bundes und zur Reform seiner Verfassung nicht weiter verfolgt wurden. Der badische Gesandte in Berlin, Meysenbug, stellte schon am 30. Juli 1851 in einem Bericht an Außenminister Rüdt fest, der Partikularismus sei offenbar stärker als die „Einheits-Idee", und fügte mit kritischem Unterton hinzu:

„Die einzelnen Staaten richten sich wieder auf und suchen in sich selbst neue Wurzeln zu fassen. Von einem Gefühle für den *Bund* ist nur so weit zu sprechen, als derselbe als Mittel zu bestimmten particularen Zwecken dienlich ist. Eine selbstständige Kraft, eine Entwicklung zu einer Centralgewalt, wird demselben nicht gegeben werden. Hier sowohl als in Wien ist man weiter als je von föderativen Gesinnungen entfernt."[1]

Vergeblich werde man, so Meysenbug weiter, auf eine „Erneuerung des föderativen Lebens" hoffen, denn die „Deutsche Idee" sei aufgegeben zugunsten der „speciellen Wünsche und der particularen Interessen". Österreich strebe nach der Übermacht in Deutschland, Preußen wolle sich ausdehnen und richte schon die Augen auf seine Nachbarstaaten, Bayern glaube an die „eigene Wichtigkeit" und werde „nicht das Mindeste dafür thun, dem jetzigen Systeme neues Leben einzuhauchen". Für die Zukunft des Bundes verhieß dies nichts Gutes, statt einer Verschmelzung der Interessen sei eine Lockerung der „jetzigen Bande" und die Ersetzung des Bundes durch rein völkerrechtliche Allianzen zu erwarten. In diesem Falle könnten nur noch wenige Staaten überleben, die Kleinen und Schwachen würden dann mediatisiert.[2]

Dergleichen Befürchtungen über die desintegrierenden Wirkungen des offen zutage tretenden einzelstaatlichen Partikularismus wurden in den folgenden Jahren vielfach geäußert. Sie schienen angesichts der Tatsache nicht unbegründet, daß die deutschen Staaten sich darauf konzentrierten, ihre je eigene politische und wirtschaftliche Situation zu konsolidieren, wobei sie

---

[1] Meysenbug an Rüdt, Berlin, 30. Juli 1851, QGDB III/2, Dok. 141, S. 692–694, Zitat S. 692.
[2] Ebd., S. 693f.

ihre partikularen Interessen über das Wohl des Bundes als Gesamtheit stellten. Die dahinterstehende Haltung, welche nach dem Fehlschlagen der Bundesreform bei vielen Regierungen die Oberhand gewann, charakterisierte der hamburgische Ministerresident in Wien, Carl von Graffen, in einem Bericht vom 21. Oktober 1851, mit der plastischen Metapher: „Der Bund ist eine Lotterie, worin alle gewinnen aber Niemand einsetzen will!"[3]

Selbst jene Diplomaten, die sich in Frankfurt weiterhin für eine positiv gestaltende Bundesreformpolitik einsetzten, berichteten in den Jahren ab 1851 häufig in resigniertem Ton über die Erfolglosigkeit ihrer Bemühungen. Der württembergische Gesandte Reinhard klagte über den schwerfälligen Mechanismus des Bundes, der keine erfolgreiche Tätigkeit der Bundesversammlung zulasse: „Denn wir arbeiten viel ohne etwas zu schaffen."[4] Sein sächsischer Kollege Nostitz sah die bundespolitische Misere nicht so sehr in den „mangelhafte[n] Institutionen und Formen" begründet, sondern in dem Fehlen der „föderativen Gesinnungen" vor allem bei den mächtigeren Staaten und hier besonders Preußens.[5]

In der Tat betrieb die preußische Regierung seit dem Herbst 1851 eine Politik, die sich der angestrebten Reform der Bundesinstitutionen strikt verweigerte, jegliche innere Entwicklung des Deutschen Bundes konterkarierte und die Wahrnehmung gesamtdeutscher Interessen durch die Bundesversammlung verhinderte. Preußen bekämpfte alle Ansätze zu einer nationalintegrativen Bundespolitik und widmete sich statt dessen der Durchsetzung seiner eigenen politischen und ökonomischen Interessen, die es für unvereinbar hielt mit der Absicht, den Deutschen Bund zu einer ‚föderativen Nation' auszubauen. Besonders offenkundig wurde die preußische Haltung in der Zoll- und Handelspolitik, die in der Zeit von 1851 bis 1853 im Zentrum der deutschen Politik stand. Die sogenannte Zollvereinskrise, die im September 1851 durch den von Preußen ohne Absprache mit den übrigen Zollvereinsstaaten abgeschlossenen Zollvertrag mit Hannover und die wenig später erfolgende Kündigung der Zollvereinsverträge durch Preußen zum Jahresende 1853 ausgelöst wurde, torpedierte die seit der Dresdener Konferenz gemachten Versuche, den Deutschen Bund zum Motor der wirtschafts- und handelspolitischen Einigung Deutschlands zu machen. Während die Bundesversammlung mit ihren Bemühungen scheiterte, bundeseinheitliche Regelungen für die sogenannten „materiellen Interessen" herbeizuführen, gelang es Preußen, den Eintritt Österreichs in den Zollverein zu verhindern. Der Versuch der Wiener Regierung, im Verein mit den Mittelstaaten eine vollständige Zolleinigung in Deutschland vorzubereiten oder, falls Preußen sich dem verweigerte, eine separate österreichisch-mittelstaatliche Zollunion ohne Preußen herbeizuführen, scheiterte daran, daß die Mittelstaaten aus wirtschaftlichen Gründen auf einen Verbleib im Zollverein mit Preußen angewiesen

---

[3] Graffen an Merck, Wien, 21. Oktober 1851, QGDB III/2, Dok. 143, S. 698.
[4] Reinhard an Neurath, Privatschreiben, Frankfurt, 15. August 1851, HStA Stuttgart, Q 3/11, 96.
[5] Denkschrift Nostitz, Frankfurt, 28. Juli 1852, QGDB III/2, Dok. 155, Zitat S. 745.

waren. Die Zollvereinskrise endete mit einem Sieg Preußens, dem es gelang, die Aufnahme des norddeutschen Steuervereins (Hannover, Oldenburg, Schaumburg-Lippe) in den Zollverein durchzusetzen. Österreich hingegen konnte sein Ziel einer alle Bundesstaaten umfassenden mitteleuropäischen Zollunion nicht verwirklichen und mußte sich mit dem Abschluß eines Handelsvertrages zwischen der Habsburgermonarchie und dem Deutschen Zollverein begnügen.

Der Erfolg Preußens, das seine „zollpolitische Führungsrolle"[6] behaupten konnte, war aber auch eine eklatante Niederlage des Deutschen Bundes. Die Bundesversammlung war bei den diplomatischen Auseinandersetzungen über die zoll- und handelspolitische Organisation Deutschlands völlig übergangen worden. Der Verlauf und der Ausgang der Zollvereinskrise hatten abermals die politische Schwäche der Bundesversammlung demonstriert, und damit war auch in der Öffentlichkeit der Eindruck verfestigt worden, daß vom Deutschen Bund für die Einigung Deutschlands oder doch wenigstens für die Wahrnehmung seiner gemeinsamen Interessen nichts zu erwarten sei.

Die Verantwortung für den bundespolitischen Stillstand lag in erster Linie bei Preußen, das sich weder auf dem Gebiet der „materiellen Interessen" noch in anderen Fragen auf eine von der Bundesversammlung vorangetriebene Politik der Integration und der föderativen Entwicklung einlassen wollte. Vielmehr war Preußen entschlossen, seinen Einfluß in Deutschland „ausserhalb des Bundes zu begründen".[7] Der Grund für diese starke Abneigung gegen eine integrative Bundespolitik war die Überzeugung der preußischen Regierung, daß ihre politischen Interessen in Frankfurt nicht angemessen berücksichtigt würden. Die Bundesversammlung, so berichtete Bismarck nahezu unaufhörlich nach Berlin, sei eine Institution, in der Preußen ständig benachteiligt werde, in der es nicht die ihm als Großmacht gebührende Stellung habe, in der sein Einfluß durch die Mehrheit der anderen deutschen Staaten beschränkt würde. Die Enttäuschung darüber, daß es auf der Dresdener Konferenz nicht gelungen war, für Preußen die Parität mit Österreich im Bund zu erlangen, und die angesichts der Politik Schwarzenbergs nicht unbegründete Befürchtung, Österreich werde den Bund zur Durchsetzung seiner Hegemonie in Deutschland benutzen, verhinderten, daß Preußen sich auf eine Politik einließ, welche die Bundesversammlung zum Forum für eine gemeinsame Politik der deutschen Staaten machen wollte. Statt dessen bildete die Bundesversammlung seit 1851 den Kampfplatz, auf dem Österreich und Preußen die Auseinandersetzung um ihre Macht in Deutschland und Europa austrugen. Dieser unüberwindliche machtpolitische Antagonismus der beiden Großmächte stellte eine schwere Belastung dar, welcher sich der Bund in den kommenden Jahren mehrfach nicht gewachsen zeigte und an der er schließlich zerbrechen sollte.

---

[6] *Hahn*, Geschichte des Deutschen Zollvereins, S. 150.
[7] Denkschrift Nostitz, Frankfurt, 28. Juli 1852, QGDB III/2, Dok. 155, Zitat S. 746.

Schon zum Ende des Jahres 1851 gewann die Diskrepanz in den Zielen und Interessen der beiden Großmächte eine solche Ausprägung, daß eine positiv gestaltende Bundespolitik immer unrealistischer erschien. Während Schwarzenberg bei den Mittelstaaten dafür warb, den Bund zu einer „Kraft des Widerstands" gegen die preußischen Expansionsbestrebungen in Deutschland zu entwickeln[8], sah Bismarck in der österreichischen Politik den Versuch, mit Hilfe der Majorität in der Bundesversammlung die Stellung Preußens zu untergraben und sich selbst zum Herrn Deutschlands zu machen. In den Verhandlungen des Bundestags, so Bismarck, werde der Kampf „um die materielle und formelle Kräftigung der Stellung Östreichs in Deutschland" eingeleitet, „und zwar mit Erfolg, denn im Fall einer etwaigen Divergenz zwischen Östreich und Preußen ist die Majorität der Bundes-Versammlung bei der jetzigen Sachlage für Östreich gesichert".[9] Die Unterwerfung unter die Mehrheit der Bundesversammlung war jedoch für Bismarck mit der politischen Stellung Preußens nicht vereinbar, und so empfahl er schon kurz nach Beginn seiner Tätigkeit in Frankfurt, in der Bundesversammlung eine passive und dilatorische Haltung einzunehmen und nicht zuzulassen, daß die Kompetenz des Bundes über die in der Bundesakte ausdrücklich genannten unmittelbaren Bundeszwecke hinaus ausgedehnt werde.

Bismarck nutzte nahezu jeden Anlaß, um die Gegensätze in der Bundesversammlung zuzuspitzen. Schon im Herbst und Winter 1851 kam es in der Bundesversammlung und ihren Ausschüssen mehrfach zu harten Kontroversen, als Preußen die von der Mehrheit gefaßten Beschlüsse in Frage stellte, weil sie seinen eigenen politischen Absichten nicht entsprachen. Ein Beispiel dafür bildete die Auseinandersetzung über die Veröffentlichung der Protokolle der Bundesversammlung. Deren Verhandlungen waren bis 1824 „mit Ausnahme weniger zur Publizität nicht geeignet befundener Gegenstände" veröffentlicht worden.[10] Von 1824 bis 1828 waren zwei Ausgaben der Protokolle gedruckt worden, eine öffentliche und eine nichtöffentliche für den internen Gebrauch. 1828 war dann die öffentliche Ausgabe eingestellt worden, weil die Zahl und Wichtigkeit der darin abgedruckten Protokolle immer weiter abnahm „und damit auch das Interesse hieran schwand". Seither wurden nur noch einzelne Verhandlungen und Beschlüsse durch die Frankfurter Zeitungen amtlich publiziert. Erst am 26. März 1847 beantragte die württembergische Regierung, wieder zur nahezu vollständigen Veröffentlichung, wie sie bis 1824 gehandhabt worden war, zurückzukehren, und ein entsprechender Beschluß wurde schließlich unter dem Eindruck der Revolution am 7. April

---

[8] Schwarzenberg an König Wilhelm I. von Württemberg, Wien, 5. November 1851, in: QGDB III/2, Dok. 144, S. 699.
[9] Bismarck an Manteuffel, Frankfurt, 22. Dezember 1851, in: *Bismarck*, Gesammelte Werke, Bd. 1, S. 113–116, hier zitiert nach: QGDB III/2, Dok. 146, Zitat S. 705.
[10] Zur Geschichte der Veröffentlichung der Bundesprotokolle siehe den Ausschußbericht vom 31. Oktober 1851, ProtDBV 1851, § 202, S. 453–459, Zitat ebd., S. 453.

1848 gefaßt. Dieser Beschluß stand formell auch nach der Wiedererrichtung der Bundesversammlung 1850/51 noch in Kraft, wurde aber nicht praktiziert.

Mit dem Anspruch des Deutschen Bundes, die Leitung der gemeinsamen deutschen Angelegenheiten wieder in die Hand zu nehmen, war es nach der Revolution weniger denn je vereinbar, seine Verhandlungen vor der Öffentlichkeit geheimzuhalten. Wenn sich der Deutsche Bund mit Erfolg als Vertretung der nationalen Interessen profilieren wollte, so war es unerläßlich, die Öffentlichkeit umfassend über seine Tätigkeit zu informieren. Nur wenn die Allgemeinheit Einsicht in das erhielt, was in Frankfurt von den Regierungen verhandelt und beschlossen wurde, konnte es gelingen, die Bundesversammlung ins Zentrum des politischen Prozesses zu rücken. Allerdings gab es auch 1851 eine große Unsicherheit darüber, in welcher Form und in welchem Ausmaß die Protokolle zu publizieren seien. Schon der entsprechende österreichische Antrag vom 21. Juni 1851[11] deutete darauf hin, daß nicht an eine vollständige und wortgetreue Veröffentlichung der Protokolle gedacht war. Die Mehrheit der Bundesversammlung beschloß demgemäß am 7. November 1851, die Verhandlungen nur „ihrem wesentlichen Inhalte nach mit möglichster Beschleunigung durch die hiezu auserschenen Tagesblätter" veröffentlichen zu lassen. Preußen stimmte gegen diesen Beschluß, weil es „unter den gegenwärtigen Verhältnissen eine regelmäßig fortlaufende Veröffentlichung der Bundesverhandlungen nicht für rathsam" hielt.[12]

Bismarck wollte nicht hinnehmen, daß sich die Mehrheit über die preußischen Einwände hinwegsetzte und in Ausführung des Bundesbeschlusses damit begann, Resümees über die Verhandlungen der Bundesversammlung zu veröffentlichen. Er setzte in den folgenden Wochen und Monaten alles daran, den Beschluß vom 7. November 1851 zu kippen. Schon die erste Veröffentlichung nahm Bismarck zum Anlaß für einen scharfen Protest gegen den Redaktionsausschuß, der von der Bundesversammlung mit der Auswahl und Redigierung der zu publizierenden Resümees der Bundestagsverhandlungen beauftragt worden war. Diesem Ausschuß gehörte zwar der österreichische Präsidialgesandte, nicht aber der preußische Bundestagsgesandte an, was Bismarck auf eine Intrige des Präsidialgesandten Thun zurückführte, der die Wahl Bismarcks in den Ausschuß angeblich hintertrieben hatte. Dieses Verfahren rief bei Bismarck den Verdacht hervor, Österreich beabsichtige, „gestützt auf die Majorität, aus den amtlichen Publikationen ein Parthei-Organ zu machen", und er fand sich darin bestätigt durch den Inhalt der ersten Veröffentlichung, die nach seiner Auffassung eine „Verherrlichung der Handelspolitik Östreichs und des Bundes" darstellte und die preußische Zollpolitik in ein schlechtes Licht rückte.[13]

---

[11] ProtDBV 1851, § 55, S. 92f.
[12] ProtDBV 1851, § 208, S. 470–472, Zitate S. 470f.
[13] Bismarck an Manteuffel, Frankfurt, 22. Dezember 1851, in: *Bismarck*, Gesammelte Werke, Bd. 1, S. 113–116, hier zitiert nach: QGDB III/2, Dok. 146, Zitate S. 708f.

Um eine solche parteiische Anwendung des Beschlusses vom 7. November 1851 zu verhindern, vollzog die preußische Regierung nun eine Kehrtwendung und beantragte am 21. Februar 1852, die Protokolle der Bundesversammlung künftig nicht in redigierten Auszügen, sondern ungekürzt und „unmittelbar durch die Bundesversammlung" zu veröffentlichen. Nur so könne sichergestellt werden, daß nicht irrtümliche und entstellende Mitteilungen an die Öffentlichkeit gelangten, sondern die ganze Bandbreite der in der Bundesversammlung vertretenen Auffassungen und damit eben auch jene, welche in der Minderheit geblieben seien, dokumentiert würden:

„So lange das Princip der Oeffentlichkeit von der Bundesversammlung anerkannt wird, hat jede Regierung den Anspruch, die Veröffentlichungen so eingerichtet zu sehen, daß die Art der Mitwirkung der einzelnen Regierungen, besonders da, wo abweichende Auffassungen statt finden, erkennbar bleibe, und daß namentlich auch diejenigen Ansichten, welche bei Abstimmungen in der Minderheit geblieben sind, in den Darstellungen berücksichtigt werden."[14]

Diese Form der öffentlichen Darstellung der Tätigkeit der Bundesversammlung, die nach Lage der Dinge dazu führen mußte, die Allgemeinheit über die in Frankfurt ausgetragenen Konflikte und die daraus entstehende Lähmung des Deutschen Bundes ins Bild zu setzen, war indessen nicht im Sinne Österreichs und der Mittelstaaten, die alles vermeiden wollten, was das Ansehen und die Autorität des Bundes zusätzlich beeinträchtigen konnte. Der Redaktionsausschuß, in den nun auch die Bundestagsgesandten von Preußen und Bayern eintraten, konnte sich nicht auf eine Durchführung des preußischen Antrags verständigen. Auf der anderen Seite war durch die Mitgliedschaft Bismarcks in dem Gremium gewährleistet, daß die Publikation weiterer Resümees der Verhandlungen der Bundesversammlung forthin unterblieb. Erst ab 1858 wurden wieder rudimentäre Auszüge aus den Protokollen veröffentlicht.[15]

Anstatt die Position des Deutschen Bundes in der Öffentlichkeit zu stärken, hatte der Versuch, die Verhandlungen der Bundesversammlung zu veröffentlichen dazu geführt, die Gegensätze zwischen den deutschen Regierungen über die Bundespolitik hervortreten zu lassen. Spätestens zur Jahreswende 1851/52 wurde für jedermann erkennbar, daß die Entwicklung in Frankfurt nicht darauf hinauslief, die Bundesversammlung zum Zentrum einer gemeinsamen deutschen Politik zu machen. Vielmehr machten insbesondere die Großmächte Österreich und Preußen den Bund zu einer „Arena für ihre Zwistigkeiten", wie es der Bundestagsgesandte der thüringischen Herzogtümer Fritsch im Jahr 1853 formulierte.[16]

Daß nicht der Deutsche Bund und sein Organ, die Bundesversammlung, die treibende Kraft der politischen Entwicklung bildeten, sondern die deut-

---

[14] ProtDBV 1852, § 39, S. 247–249.
[15] Vgl. *Meisner*, Protokolle, S. 7–11; *Huber*, Deutsche Verfassungsgeschichte, Bd. 1, S. 764, Bd. 3, S. 133; *Sybel*, Die Begründung des Deutschen Reiches, Bd. 2, S. 11.
[16] Fritsch an Seebach, Frankfurt, 16. Juli 1853, QGDB III/2, Dok. 160, S. 766.

schen Großmächte mit ihren unterschiedlichen und teilweise ganz unvereinbaren Interessen, war eine Erkenntnis, die in diesen Jahren von vielen ausgesprochen wurde. Die Hoffnung auf eine Tätigkeit des Bundes im nationalen und föderativen Interesse, auf einen „neuen Bund", wie er 1851 in der Deutschen Vierteljahrsschrift beschworen worden war, schien eine unrealistische Illusion gewesen zu sein. Die Historiographie ist dieser Auffassung lange Zeit gefolgt und hat die letzten fünfzehn Jahre des Deutschen Bundes als eine Sackgasse dargestellt, aus der es im Grunde keinen anderen Ausweg gegeben habe als die dann in den 1860er Jahren tatsächlich eingetretene Entwicklung. Eine solche Perspektive lag indessen der Mehrheit der politisch Handelnden der fünfziger und frühen sechziger Jahre fern. Trotz oder gerade wegen der vielfach gestellten niederschmetternden Diagnosen über die Paralyse der Bundesversammlung, der seit 1851 ständig präsenten Befürchtungen über eine baldige Auflösung des Deutschen Bundes, der in den großen Krisen (Krimkrieg, Italien, Schleswig-Holstein) mehrfach dokumentierten innen- und außenpolitischen Schwäche des Bundes wurden nahezu ununterbrochen Vorschläge darüber gemacht, wie der Bund zu erhalten, zu stärken und weiterzuentwickeln sei, um die Einigkeit in Deutschland wiederherzustellen und die nationalen Belange zu fördern.

Insbesondere die Vertreter der mittleren und kleinen Staaten Deutschlands versuchten, die Lähmung der Bundesversammlung zu überwinden, indem sie seit 1851 immer wieder auf die Notwendigkeit der Bundesreform aufmerksam machten. Dabei griffen sie inhaltlich häufig auf die bereits auf der Dresdener Konferenz diskutierten Reformkonzepte zurück. In zahlreichen Denkschriften, Korrespondenzen und Besprechungen wurde erörtert, wie man eine durchsetzungsfähige Bundesexekutive, eine Volksvertretung und ein Bundesgericht schaffen könne. Teilweise wurden Gesamtpakete für eine umfassende Umgestaltung der Bundesverfassung geschnürt, teilweise griff man einzelne Elemente heraus, um sie separat durchzusetzen.

Die Bundesreformüberlegungen entstanden unter dem Druck der öffentlichen Diskussion, die trotz aller Versuche der einzelnen Regierungen wie auch der Bundesversammlung, sie durch legislative, administrative und polizeiliche Maßnahmen einzuhegen, einen politischen Faktor von außerordentlicher Bedeutung bildete. Die staatliche Repressionspolitik konnte nicht verhindern, daß die bereits bestehenden traditionellen Organe und Foren der Öffentlichkeit wie die Presse, die Publizistik und die Vereinsbewegung ihren Wirkungskreis erweiterten. Zusätzlich entstanden neue Institutionen und Formen wie die Berufs- und Interessenverbände mit ihren Kongressen und Jahrestagungen, auf denen Debatten über nationale Belange geführt und entsprechende Resolutionen gefaßt wurden. Parallel dazu intensivierte sich der Lobbyismus, der zunächst auf der einzelstaatlichen Ebene ansetzte, aber in zunehmendem Maße auf nationale Integrationsmaßnahmen gerichtet war und sich seit Mitte der 1850er Jahre direkt an die Bundesversammlung und ihre Organe wandte.

Der nationale Bezugsrahmen, den die öffentliche politische Debatte 1848/49 gewonnen hatte, wurde keineswegs aufgegeben, sondern ganz im Gegenteil über das während der Revolutionszeit dominierende Politische hinaus immer stärker mit nationalkulturellen und nationalwirtschaftlichen Vorstellungen und Erwartungshaltungen aufgefüllt. Das Denken in nationalen Kategorien bildete ein immer dichteres Wurzelwerk in der deutschen Gesellschaft aus, was zu einem erheblichen Teil auch dadurch bewirkt wurde, daß neue, scheinbar unpolitische Medien zur Verbreitung liberaler und nationaler Ideen beitrugen. Ganz deutlich wurde dies bei der neu entstehenden Populärwissenschaft mit ihren „national eingefärbten" Organen wie Zeitschriften und naturkundlichen Vereinen.[17]

Der Diffusion nationaler Kategorien konnten sich die konservativen deutschen Regierungen in den Einzelstaaten auf Dauer ebensowenig entziehen wie die Bundesversammlung in Frankfurt, die sich immer wieder mit Fragen von nationaler Bedeutung konfrontiert sah – auf den unterschiedlichsten Feldern wie dem der europäischen Politik, der innerdeutschen und internationalen Wirtschaftsbeziehungen, der Verkehrsinfrastruktur, des bürgerlichen wie des Strafrechts, des Wirtschaftsrechts, der Auswanderungspolitik usw. In allen diesen Fragen wurden nationale Regelungen, welche das gesamte Bundesgebiet umfaßten, immer drängender. Und immer deutlicher zeigte sich, daß das Instrumentarium, das die Bundesgrundgesetze von 1815/20 zur Verfügung stellten, den Anforderungen, welche die dynamische soziale und ökonomische Entwicklung der 1850er Jahre stellte, nicht mehr genügte. Anders gewendet: Die fortschreitende Modernisierung und nationale Verdichtung von Gesellschaft und Wirtschaft war mit einem Stillstand oder gar Rückschritt des politischen Prozesses, mit einem Verharren im Partikularismus auf Dauer nicht vereinbar. Hier lag neben dem genuin politischen Verlangen nach nationaler Einigung die zweite wichtige Antriebskraft für das Streben nach einer Bundesreform, welche den Deutschen Bund befähigen sollte, die „Gesamtinteressen des Vaterlandes", wie es häufig hieß, wahrzunehmen.

Die skizzierte bundespolitische Problemlage veranlaßte vor allem die Minister und Bundestagsgesandten der mittleren und kleineren deutschen Staaten dazu, sich auch nach dem Fehlschlag von Dresden für eine umfassende Reform der Verfassung und der Institutionen des Deutschen Bundes einzusetzen. Das Ziel war es, den Bund zum politischen Zentrum für die gemeinsamen deutschen Interessen zu machen. Die Reformdebatte wurde somit trotz der Wende zur Reaktion im Sommer 1851 niemals völlig abgebrochen. Gewiß, sie bildete zunächst nicht mehr den Schwerpunkt der politischen Diskussion, die sich in den Jahren von 1851 bis 1854 neben den Repressionsmaßnahmen vor allem auf die Auseinandersetzung über die handels- und

---

[17] Vgl. dazu *Daum*, Wissenschaftspopularisierung; *ders.*, Naturwissenschaften und Öffentlichkeit, S. 71 (Zitat).

wirtschaftspolitische Organisation Deutschlands konzentrierte, die durch die preußische Zollvereinspolitik und die dadurch ausgelöste österreichisch-mittelstaatliche Gegenoffensive ausgelöst wurde. Aber auch in dieser Zeit wurde darüber nachgedacht, wie man dem Bund eine größere Rolle in der deutschen Politik geben könne, um den föderativen Gedanken zu beleben und damit ein Gegengewicht zum „Dualismus" der Großmächte zu schaffen.

Die erste ausführliche Auseinandersetzung mit diesem Problem stammt von dem hannoverschen Bundestagsgesandten Bothmer, der am 8. September 1852 eine umfangreiche Denkschrift an König Georg V. richtete, in der er Vorschläge für die Überwindung des reformpolitischen Stillstands machte.[18] Als Ursache dafür identifizierte Bothmer den Gegensatz zwischen Österreich und Preußen, der im Bundestag „in seiner vollen Blüthe" stehe und dazu geführt habe, daß sich der Bund auf „repressive Maßregeln" beschränke, während seine „schaffende Thätigkeit" gelähmt sei.[19] Der Dualismus stand einer schöpferischen Bundespolitik zur Förderung wichtiger gemeinsamer Interessen entgegen, und diese Situation schwächte den Bund, zu dem es nach Auffassung Bothmers keine wünschbare politische Alternative gab:

„Denn, will man nicht die Rechnung auf die Ergebnisse großer Catastrophen, auf Revolution oder allgemeinen Krieg bauen, so ist der Bund das einzig mögliche Deutschland umschlingende Band."[20]

Der Bund mußte demnach unbedingt erhalten werden, und dies wiederum war nach Bothmer nur möglich, wenn er reformiert wurde:

„Das Jahr 1848 und andere trübe Erfahrungen älterer und neuerer Zeit haben bewiesen, daß der Deutsche Bund in seiner jetzigen Verfassung, mehr aber noch in der bisherigen Handhabung derselben der Aufgabe nicht gewachsen ist, welche die eigenen Grundgesetze ihm stellen."[21]

Dies hätten auf den Dresdener Konferenzen alle deutschen Staaten anerkannt, und wenn auch die bisherigen Versuche, „etwas Besseres zu schaffen" gescheitert seien, so dürfe man doch nicht alle Reformbemühungen einstellen, sondern müsse versuchen „auf allmähligem und langsamem Wege vorzugehen".[22] Allerdings riet Bothmer angesichts der gemachten Erfahrungen von der „Wiederholung solcher Versuche, wie sie in Dresden gemacht sind", ab.[23] Statt der großen Reform der Verfassung und Institutionen, die wegen der Gegensätze der Großmächte nicht möglich schien, sollte ein „gemeinsames Handeln" der Mittel- und Kleinstaaten in Bundesangelegenheiten die Lähmung des Bundestags überwinden helfen:

---

[18] QGDB III/2, Dok. 63, S. 277–283.
[19] Ebd., S. 280 u. 283.
[20] Ebd., S. 282.
[21] Ebd., S. 277.
[22] Ebd., S. 277f.
[23] Ebd., S. 283.

„Dazu gehört vor Allem, daß die Mittel- und kleinen Staaten das wirkliche Centrum ihrer Politik im Bunde und in seinen Organen suchen, daß sie ihn auf jede Weise zu stärken und seine Organe in wirksamem Gange zu erhalten, alles Gemeinsame gerade durch sie zur Erledigung zu bringen streben."[24]

Auf diese Weise hoffte Bothmer einerseits, praktische Reformmaßnahmen etwa bei der Bundesmilitärorganisation oder im Münzwesen durchzusetzen, während er andererseits darauf setzte, sich dem übergeordneten Ziel zu nähern, „in dem Gesammtgewichte der Mittel- und kleinen Staaten das, den Dualismus der Großmächte vermittelnde Princip aufzustellen".[25]

Hier taucht wieder der in der Frühzeit des Bundes besonders virulente Gedanke des „Dritten Deutschland" auf[26], das als vermittelnde Instanz zwischen den beiden deutschen Großmächten wirken sollte. Bothmer dachte dabei nicht an eine formelle Trias, die als eine feste „dritte Potenz" in den Organen und Behörden des Bundes eine gleichberechtigte Stellung mit beziehungsweise zwischen den beiden Großmächten einnähme.[27] Nicht auf direktem Wege, das heißt durch eine neue, das Dritte Deutschland mit eigenständigem Stimmrecht ausstattende Zusammensetzung der Bundesbehörden sollte die Reformblockade im Bund überwunden werden, sondern durch „ein engeres Zusammentreten der Mittel- und kleinen Staaten auf indirectem Wege".[28]

Bothmer skizzierte damit ein politisches Konzept, das in den nachfolgenden Jahren bis zur Auflösung des Deutschen Bundes mehrfach erprobt wurde und dessen praktische Anwendung der ausschlaggebende Grund dafür war, daß die Bundespolitik nicht vollends in der Konfrontation der Großmächte erstarrte. Ohne einen festen Verband der Mittel- und Kleinstaaten zu konstituieren, entwickelten die sogenannten ‚reindeutschen' Staaten verschiedene Formen der Kooperation im Deutschen Bund mit dem Ziel einer Intensivierung der Bundestätigkeit – mit der erklärten Absicht, durch föderative Einigkeit die nationalen Interessen zu fördern. Die Zusammenarbeit reichte von der diplomatischen Verständigung über gemeinsame Anträge und koordinierte Abstimmungen in der Bundesversammlung über diverse Ministerkonferenzen der Mittelstaaten zur Beratung wichtiger bundespolitischer Probleme bis hin zu den mehrfach vorgebrachten und intensiv diskutierten Plänen, durch institutionalisierte regelmäßige Ministerkonferenzen eine ständige Plattform für das vereinte bundespolitische Handeln der Staaten des Dritten Deutschland zu schaffen.

Die treibende Kraft bei dem Versuch, die wichtigsten Mittelstaaten – neben den vier Königreichen Bayern, Sachsen, Württemberg und Hannover

---

[24] Ebd., S. 282.
[25] Ebd., S. 281.
[26] Vgl. dazu vor allem *Albrecht*, Triaspolitik; *Aretin*, Triasgedanke; *Burg*, Die deutsche Trias in Idee und Wirklichkeit; *ders.*, Die Triaspolitik im Deutschen Bund.
[27] QGDB III/2, S. 280.
[28] Ebd., S. 281.

zählten dazu die Großherzogtümer Baden und Hessen-Darmstadt sowie Kurhessen – auf eine gemeinsame bundespolitische Linie zu bringen und auf diese Weise die Reformblockade zu überwinden, war der sächsische Außenminister Beust. Er war seit 1850 von der Notwendigkeit einer umfassenden Bundesreform überzeugt und gab auch nach dem Scheitern der Dresdener Konferenz seine diesbezüglichen Bemühungen nie auf.[29] Zwar trug er die reaktionären Maßnahmen der Bundesversammlung seit 1851 mit, doch plädierte er gleichzeitig dafür, den Bund „zu etwas besserem als einer bloßen Polizeianstalt zu machen". Für Beust war es letztlich eine Existenzfrage des Bundes, ihn „auch zu anderen Zwecken lebensfähig zu machen".[30] Das Mittel dazu erblickte er in einer engen politischen Zusammenarbeit der Mittelstaaten, für die er seit 1852 in zahlreichen persönlichen Gesprächen, diplomatischen Korrespondenzen und Denkschriften bei den übrigen mittelstaatlichen Regierungen warb.

Als institutioneller Rahmen, in dem die Verständigung der Mittelstaaten über eine gemeinsame Politik stattfinden sollte, schwebte Beust die Einberufung regelmäßiger Konferenzen der leitenden Minister vor. Auf höchster politischer Ebene sollten sich die Mittelstaaten über eine einheitliche Haltung gerade auch zu jenen zentralen Fragen der deutschen Politik verständigen, welche in der Bundesversammlung wegen der Rivalität der Großmächte vernachlässigt wurden. Eine solche Form der Koordination wurde im Frühjahr 1852 anläßlich der Auseinandersetzungen über die Zollpolitik erstmals praktiziert, als die Minister einiger Mittelstaaten in separaten Konferenzen eine gemeinsame politische Linie verabredeten. Der Ausgangspunkt dazu war ein Treffen der Minister Pfordten, Beust und Neurath, die am 25. März 1852 in Bamberg über die Zollpolitik berieten[31] und beschlossen, auf einer Konferenz mit weiteren mittelstaatlichen Ministern eine einheitliche Strategie der Mittelstaaten bei den anstehenden Zollverhandlungen in Berlin und Wien festzulegen. In der wenige Tage später von Bayern ausgehenden Einladung, sich am 4. April 1852 in Darmstadt zu einer Ministerkonferenz einzufinden, wurde dieses Vorgehen unter anderem folgendermaßen begründet:

„Es ist die Aufgabe der Mittelstaaten, den Gegensatz zwischen Oesterreich und Preußen, wo er hervortritt auszugleichen; dieser Aufgabe werden sie aber nur genügen können, wenn sie fest verbunden und einig handeln."[32]

---

[29] Die Beustsche Bundesreformpolitik von 1850 bis 1866 ist kürzlich in einer Dissertation von Jonas Flöter ausführlich dargestellt worden: *Flöter*, Beust und die Reform des Deutschen Bundes; vgl. auch: *ders.*, Föderalismus als nationales Bedürfnis; *Müller*, Reform statt Revolution.

[30] Beust an Könneritz, Dresden, 16. Februar 1852, QGDB III/2, Dok. 150, S. 723.

[31] Zum Resultat dieser Konferenz siehe die Aufzeichnung vom 25. März 1852, HStA Stuttgart, E 36, Verzeichnis F, Büschel 80, bzw. HStA München, MA 469; HHStA Wien, PA II 23, fol. 454–460.

[32] Pfordten an die Regierungen von Baden, Kurhessen, Hessen-Darmstadt und Nassau, München, 29. März 1852, HStA München, Bayerische Gesandtschaft Bundestag, Nr. 268.

An der Darmstädter Konferenz vom 4.-6. April 1852 nahmen neben Bayern, Sachsen und Württemberg noch Baden, Kurhessen, Hessen-Darmstadt und Nassau teil, und sie einigten sich darauf, bei den anstehenden Zollverhandlungen in Berlin nur dann einer Erneuerung und Erweiterung des Zollvereins zuzustimmen, wenn gleichzeitig Verhandlungen über die Aufnahme Österreichs in den Zollverein eingeleitet wurden.[33] Obwohl die Mittelstaaten ihre in den Darmstädter Übereinkünften vereinbarten Ziele nicht durchsetzen konnten, sah insbesondere Beust die in Darmstadt formierte sogenannte „Koalition" der Mittelstaaten als ein Modell für die weitere Zusammenarbeit an.

Beust setzte sich bereits im Sommer 1852 dafür ein, die Ministerkonferenzen zu institutionalisieren und künftig regelmäßige Treffen zu veranstalten. Seine diesbezüglichen Sondierungen bei den übrigen Mittelstaaten zeigten jedoch, daß seine Kollegen nicht geneigt waren, darauf einzugehen. Der württembergische Außenminister Neurath wollte solche Zusammenkünfte nur dann eintreten lassen, „sobald ein passender Anlaß dazu vorliegt", wandte sich aber gegen regelmäßige Konferenzen, weil diese den Eindruck erwecken müßten, als wollten die Mittelstaaten „einen Bund im Bunde" bilden. Schon der Anschein von Separatbündnissen werde Verstimmungen bei den Großmächten und auch bei anderen Staaten sowie Kritik in der Presse hervorrufen.[34] Eine ähnliche Auffassung herrschte in Hannover vor, wo man zwar ebenfalls für eine Verständigung der Mittelstaaten plädierte – vor allem, um Preußen „in den Schranken zu halten".[35] Ministerpräsident Schele lehnte es aber ab, sich auf formelle Konferenzen und Konventionen einzulassen, und schlug statt dessen vor, die Übereinstimmung durch informelle und vertrauliche Besprechungen herbeizuführen.[36]

Beust ließ sich von der zurückhaltenden Reaktion auf seinen Vorschlag nicht entmutigen und versuchte im Sommer 1853 erneut, seine Kollegen in den Mittelstaaten für eine Ministerkonferenz in Frankfurt zu gewinnen. Er verwies auf die seiner Meinung nach erfolgreiche Darmstädter Koalition des Vorjahres und erklärte die Fortsetzung „jener engeren Einigung" für wünschenswert. Auch wenn Beust beteuerte, kein „unnöthiges Aufsehen" erregen und keine „formelle Einigung", sondern nur eine „einige Handlung" herbeiführen zu wollen, hätte eine solche Zusammenkunft am Sitz der Bundesversammlung den Charakter einer politischen Demonstration gehabt. Beust selbst wies darauf hin, daß die Einigkeit der Mittelstaaten Eindruck auf die Großmächte und die öffentliche Meinung machen und einen moralischen Druck erzeugen werde, der vielleicht die Lösung bundespolitischer Probleme

---

[33] Darmstädter Übereinkünfte vom 6. April 1852, HStA Stuttgart, E 70b, Büschel 56; Druck der Übereinkünfte bei *Werner*, Zollvereinspolitik, S. 148–152; vgl. dazu *Hahn*, Geschichte des Deutschen Zollvereins, S. 146f.
[34] Linden an Beust, Berlin, 14. Juli 1852, QGDB III/2, Dok. 154, S. 742.
[35] Meysenbug an Rüdt, Berlin, 11. Juni 1853, QGDB III/2, Dok. 157, S. 752.
[36] Ebd., S. 755.

ermögliche.³⁷ Der sächsische Außenminister war sich darüber im klaren, daß die von ihm projektierte Kooperation der Mittelstaaten nicht den Beifall Österreichs und Preußens finden würde, die eine handlungsfähige dritte Kraft im Bund nicht wünschten. Beust war jedoch davon überzeugt, daß es nötig sei, sich über die Einwände der Großmächte ebenso hinwegzusetzen wie über die in Teilen der Presse zu erwartende Kritik. Die Verständigung der Mittelstaaten diente nämlich nicht partikularen Interessen, sondern sie hatte, wie Beust darlegte, den höheren Zweck, bei der „Behandlung der gemeinsamen Angelegenheiten Deutschlands"³⁸ durch den Deutschen Bund Fortschritte zu erzielen. Die Kollegen Beusts in den wichtigeren Mittelstaaten stimmten der Idee „im Prinzip" zu, daß der österreichisch-preußische Dualismus „im Interesse der Gesammtheit der Milderung durch einen 3ten Facktor" bedürfe³⁹, scheuten aber davor zurück, sich auf regelmäßige Ministerkonferenzen einzulassen.

Eine unerläßliche Bedingung für die Verwirklichung der Absichten Beusts war die Zustimmung Bayerns, das als größter Mittelstaat eine führende Rolle in der deutschen Politik beanspruchte. Eine Vereinigung der Mittelstaaten zu einer Koalition war im Grunde nur denkbar, wenn die bayerische Regierung dabei eine aktive und leitende Rolle übernahm. Bayern war eine treibende Kraft bei den Bundesreformbemühungen seit 1850 gewesen, und sein Ministerpräsident von der Pfordten hatte sich sehr enttäuscht über das Scheitern der Dresdener Konferenz und die Rückkehr zur alten Bundesverfassung gezeigt. In der Diagnose der bundespolitischen Misere infolge der Gegensätze zwischen den Großmächten stimmte die Regierung in München mit den Kabinetten in Dresden, Hannover, Stuttgart und anderswo im Grundsatz überein. Der „reine Dualismus", so schrieb Pfordten am 8. Mai 1852 in einer Zirkulardepesche an die bayerischen Gesandtschaften, sei auf Dauer in Deutschland unmöglich, und es sei die Aufgabe der Mittelstaaten mit Bayern an der Spitze, zwischen Österreich und Preußen zu vermitteln, um „den politischen Gesammtverband der deutschen Nation" zu erhalten.⁴⁰

Noch wichtiger als die Erhaltung der Bundesverfassung als nationales Band und die föderative Weiterentwicklung des Bundes war für die bayerische Regierung jedoch die Bewahrung der eigenen Selbständigkeit und der Stellung Bayerns in Deutschland und Europa. In einer großen Denkschrift vom 2. März 1852 führte Pfordten aus, daß Bayern sich nicht dem Bund und seinen Beschlüssen unterwerfen dürfe, weil es damit seine Unabhängigkeit und Souveränität preisgebe. Statt dessen müsse Bayern sich auf seine eigene Kraft verlassen und diese weiterzuentwickeln versuchen:

---

³⁷ Linden an Neurath, Dresden, 23. Juni 1853, QGDB III/2, Dok. 158, Zitate S. 756 u. 757.
³⁸ Ebd., S. 756.
³⁹ So Linden, ebd., S. 758.
⁴⁰ QGDB III/2, Dok. 152, Zitat S. 731.

„Wir können hier von Preußen lernen. Dieses war vor 150 Jahren nicht größer, als Bayern jetzt ist; aber seine Unabhängigkeit vom Reiche hat es größer gemacht."[41]

Nicht nationalintegrative Reformpolitik im Rahmen des Deutschen Bundes war demnach das prioritäre Ziel der bayerischen Regierungspolitik, sondern die Stärkung der bayerischen Eigenstaatlichkeit. Und dabei mußte sich Bayern nach der Auffassung Pfordtens an den Großmächten Österreich und Preußen messen und nicht an den deutschen Mittelstaaten. Diesem Anspruch wurde die von Beust und anderen immer wieder eingeklagte föderative Gesinnung geopfert:

„Die einzelnen deutschen Staaten lassen sich in ihrem Verhältnisse zum Bunde in zwei Klassen abtheilen, nämlich in solche durch die der Bund besteht, und in solche, die durch den Bund bestehen. In die erste Klasse gehören entschieden Oesterreich, Preußen und Bayern, in die zweite wahrscheinlich alle übrigen. Bayern hat zwar nicht dieselbe Stellung, wie Oesterreich und Preußen, die als europäische Großmächte dem Bunde nicht mit allen ihren Gebietstheilen angehören, und dadurch jedenfalls von den Bundesbeschlüssen unabhängig bleiben; aber es hat sich eine ähnliche Unabhängigkeit durch seine Verfassung mit Vorbedacht begründet und bisher consequent bewahrt. Das mag formell als eine Verletzung des Bundesvertrages erscheinen; aber deshalb haben wenigstens Oesterreich und Preußen kein Recht, uns Vorwürfe zu machen, da sie selbst niemals ausgesprochen haben, daß sie sich den Beschlüssen des Bundes unterwerfen, und da die neue preußische Verfassung genau denselben Standpunkt einnimmt, wie die bayrische. Wollte man also jetzt die bayrische Verfassung in dieser Beziehung abändern, und sie schlechthin unter die Bundesbeschlüsse stellen, so läge darin ein Herabsteigen aus einer freien Stellung in eine unfreie, ein Versetzen Bayerns aus der oben bezeichneten ersten Klasse der deutschen Staaten in die zweite."[42]

Die Folge dieser Grundeinstellung war, daß Bayern den Plänen Beusts, eine feste mittelstaatliche Koalition zu etablieren und diese zu bundespolitischen Fortschritten zu benutzen, mit großer Skepsis begegnete. Zwar bekannte sich auch Pfordten dazu, es sei die „Hauptaufgabe" Bayerns, der drohenden Auflösung des Deutschen Bundes und der Zerreißung Deutschlands entgegenzuarbeiten, doch motivierte ihn dabei weniger die föderative Entwicklung Deutschlands als das partikulare Interesse Bayerns:

„Jede politische Gestaltung, in welcher nur die eine der beiden Großmächte an der Spitze steht, gefährdet die Selbständigkeit Bayerns, jede Gestaltung aber, in welcher beide Großmächte sich die Wage [sic] halten, sichert dieselbe, und hebt den Einfluß Bayerns, wenn es, von beiden unabhängig, sein Gewicht je nach seinem Interesse benützt, den Ausschlag zu geben."[43]

Der Gegensatz zwischen Österreich und Preußen erschien aus dieser Perspektive nicht so sehr als eine Existenzbedrohung des Deutschen Bundes, sondern eher als eine Bedingung für die Selbständigkeit und Unabhängigkeit

---

[41] Ebd., Dok. 151, S. 724–731.
[42] Ebd., S. 729.
[43] Denkschrift vom 2. März 1852, QGDB III/2, S. 730f.

Bayerns. Der politische Ansatz Pfordtens lief demnach vor allem darauf hinaus, die Gegensätze zwischen den Großmächten auszubalancieren „und im System des Dualismus, in einer geräumigen Nische, die Existenz der Mittelstaaten zu sichern".[44] In diesem Konzept, das für die bayerische Politik in den Jahren zwischen der Dresdener Konferenz und dem Krimkrieg bestimmend wurde, nahm der Deutsche Bund letztlich nur eine untergeordnete Rolle ein. Seine Funktion wurde in erster Linie darin gesehen, die Eigenständigkeit der Mittelstaaten zu sichern, indem er die Machtbalance zwischen den Großmächten herstellte und den hegemonialen Bestrebungen einer von ihnen – hier dachte Pfordten wie die meisten seiner mittelstaatlichen Kollegen vor allem an Preußen – einen Riegel vorschob. Von den Plänen zu einer Stärkung des Bundes im nationalintegrativen und föderativen Sinne schien Pfordten indessen abgerückt zu sein, denn er beteiligte sich bis Mitte der 1850er Jahre nicht mehr an der Bundesreformdebatte. So entschieden er sich auf der Dresdener Konferenz für eine Fortbildung des Bundes eingesetzt hatte, so eindeutig setzte er nun auf die Konsolidierung der Einzelstaaten. Der Bund war dabei nicht unwichtig, aber er hatte nur noch eine sekundäre, subsidiäre Rolle: „Wo die eigne Kraft nicht ausreicht, da sollte der Bund ergänzend eingreifen."[45]

Zu eben der Zeit, als Pfordten diese Worte an den bayerischen Gesandten in Wien schrieb, deutete sich allerdings bereits an, daß sein Konzept, sich auf das einzelstaatliche Interesse zurückzuziehen und den Bund nur da, wo es nötig schien, tätig werden zu lassen, erhebliche Gefahren in sich barg. Gewiß war es möglich, in den Einzelstaaten ohne Rückgriff auf die Autorität des Deutschen Bundes zu regieren, und umgekehrt konnte man diese Autorität in jenen wenigen Fällen, wo die einzelstaatliche Obrigkeit der inneren Opposition nicht aus eigener Kraft Herr wurde, in Anspruch nehmen, um eine konservative Politik durchzusetzen. Den Bund auf eine solche subsidiäre Funktion zu beschränken hieß jedoch auch, ihn als Vertreter von übergeordneten, gemeinsamen deutschen Interessen faktisch aufzugeben. Welche negativen Folgen dies für die politische Legitimität des Bundes in der deutschen Öffentlichkeit, die Stabilität der deutschen und europäischen Staatenordnung und damit auch den Status der Mittel- und Kleinstaaten haben konnte, demonstrierte seit dem Herbst 1853 die durch den Krimkrieg ausgelöste außenpolitische Krise, die erhebliche Auswirkungen auf die innerdeutsche Politik hatte.

Der Krieg an der europäischen Peripherie, der im Sommer 1853 als eine Auseinandersetzung zwischen Rußland und der Türkei begann, weitete sich durch den Kriegseintritt von Frankreich und Großbritannien am 28. März 1854 zu einem europäischen Konflikt aus, der das internationale Gleichgewicht der Mächte bedrohte. Damit tangierte er auch die Stellung des Deut-

---

[44] Vgl. dazu *Glaser*, Zwischen Großmächten und Mittelstaaten, S. 177.
[45] Pfordten an Lerchenfeld, München, 24. Oktober 1853, HStA München, MA 1406.

schen Bundes, dem in der 1815 etablierten Ordnung eine besondere Rolle bei der Bewahrung des Friedens in Europa übertragen worden war. Der Krimkrieg hatte überdies direkte Auswirkungen auf die Mächtekonstellation innerhalb des Deutschen Bundes: Während die Präsidialmacht Österreich die russische Expansion als eine potentielle Bedrohung ihrer eigenen geostrategischen Interessen in Südosteuropa erblickte und versuchte, die politische und militärische Macht des Bundes zur Sicherung dieser Interessen gegen Rußland einzusetzen, beharrte Preußen, das keine Interessen in Südosteuropa hatte und seine guten Beziehungen zu Rußland nicht für die politischen Ziele seines Rivalen Österreich opfern wollte, auf einer strikten Neutralität des Deutschen Bundes in der sogenannten orientalischen Krise.[46]

Die Divergenz der beiden deutschen Großmächte deutete sich schon im November 1853 an, als sich die Bundesversammlung erstmalig mit dem russisch-türkischen Krieg befaßte. Preußen verweigerte sich dabei dem Ende Oktober 1853 lancierten österreichischen Vorschlag, in der Bundesversammlung eine gemeinsame Erklärung der beiden Mächte zu dem Konflikt im Orient abzugeben. Zunächst hatte die Regierung in Berlin die Anregung positiv aufgenommen, in Frankfurt zu erklären, daß die beiden deutschen Großmächte neutral seien und danach strebten, die weitere Ausbreitung des Krieges zu verhindern. Schon nach wenigen Tagen rückte Preußen jedoch von dieser Haltung ab, weil, wie Bismarck seinem bayerischen Kollegen in Frankfurt sagte, die österreichische Absicht, eine offizielle Erklärung in der Bundesversammlung abzugeben, „das Werk einer in Wien theilweise vorhandenen russenfeindlichen Gesinnung" sei, die nicht vereinbar sei mit dem Wunsch Rußlands, bei den beiden deutschen Großmächten „moralische Unterstützung" zu finden.[47]

Die am 10. November 1853 stattfindende Debatte in der Bundesversammlung über „die Angelegenheiten im Orient"[48], in der sich der Deutsche Bund

---

[46] Zum Krimkrieg siehe allgemein die neue Monographie von *Baumgart*, The Crimean War 1853–1856; einen knappen Überblick mit ausführlichen Literaturhinweisen gibt ders., Europäisches Konzert und nationale Bewegung, S. 336–351. Zu den Interessen der deutschen Staaten vgl. ders., Österreich und Preußen im Krimkrieg; ders., Die deutschen Mittelstaaten und der Krimkrieg; immer noch sehr informativ, wenn auch in vielen Voraussetzungen und Urteilen durch die neuere Forschung überholt, ist die ältere Darstellung von *Eckhart*, Die deutsche Frage und der Krimkrieg; während die Politik der Einzelstaaten in der Krimkriegskrise relativ gut erforscht ist (*Borries*, Preußen im Krimkrieg; *Senner*, Preußens Strategie im Krimkrieg; *Friedjung*, Der Krimkrieg und die österreichische Politik; *Unckel*, Österreich und der Krimkrieg; ders., Österreichs Politik im Krimkrieg; *Husen*, Hannovers Politik während des Krimkrieges; *Simon*, Die Außenpolitik Hessen-Darmstadts während des Krimkriegs; *Straube*, Sachsens Rolle im Krimkrieg; *Krusemarck*, Württemberg und der Krimkrieg), bildet eine moderne Gesamtdarstellung der Haltung des Deutschen Bundes im Krimkrieg ein Desiderat. Einen kurzen Überblick, in dem auch die bundespolitischen Entscheidungen skizziert werden, bietet *Huber*, Deutsche Verfassungsgeschichte, Bd. 3, S. 224–247; die sicherheitspolitischen Vorkehrungen des Deutschen Bundes in der Krimkriegskrise wurden jüngst untersucht von *Angelow*, Von Wien nach Königgrätz, S. 165–190.
[47] Schrenck an Pfordten, Frankfurt, 2. November 1853, HStA München, MA 580.
[48] ProtDBV 1853, § 271, S. 853–855.

erstmals offiziell mit der außenpolitischen Krise beschäftigte, ließ erkennen, daß der Begriff der Neutralität nur eine Chiffre darstellte, hinter der sich ganz widersprüchliche politische Interessen verbargen. Österreich erklärte in der Bundesversammlung seinen Willen zum Frieden und zur „Ausgleichung des Streites", bekräftigte aber gleichzeitig, gegebenenfalls „mit Entfaltung aller seiner Kräfte" für die Wahrung seiner Interessen als europäische Macht wie als „deutsche Bundesmacht" einstehen zu wollen.[49] Der preußische Gesandte reagierte darauf mit dem Hinweis auf die Absicht seiner Regierung, sich „die Freiheit der Entschließung" bewahren zu wollen.[50] Damit stellte Berlin die Friedenssicherung und „Neutralität" ebenso unter den Vorbehalt der eigenen politischen Interessen wie Wien. Einen anderen Akzent setzten die Vertreter der mittel- und kleinstaatlichen Regierungen. Sie hatten keine Machtansprüche zu verteidigen, weder auf europäischer noch auf innerdeutscher Ebene, sondern ihnen lag vor allen Dingen an „der Erhaltung des allgemeinen Friedens und damit der Wahrung der wohlverstandenen Interessen des Deutschen Bundes".[51]

Die Bundestagssitzung vom 10. November 1853 offenbarte einen Gegensatz zwischen den beiden Führungsmächten des Bundes über die Behandlung der aktuellen außenpolitischen Krise, und sie begründete damit ein Dilemma für die übrigen deutschen Regierungen, die befürchten mußten, daß die Bundesversammlung für andere als die allgemeinen Interessen Deutschlands – so unklar auch blieb, was diese sein mochten – instrumentalisiert werden könnte. Zum erstenmal in der Bundesgeschichte drohte die Haltung des Bundes in der Außenpolitik zum Gegenstand des Streits zwischen Österreich und Preußen zu werden. Eine solche Konstellation, die in den Bundesgrundgesetzen nicht vorgesehen war, stellte eine existentielle Herausforderung für den Bund dar – und zwar auf mehreren Ebenen. Zum einen wurde seine Funktion als Garant der europäischen Sicherheit in Frage gestellt, wenn er wegen der außenpolitischen Uneinigkeit der deutschen Großmächte handlungsunfähig wurde. Zum anderen bestand die Gefahr, daß sich der bundespolitische Dualismus zwischen Österreich und Preußen zur offenen Konfrontation steigerte, wenn die Gegensätze in der Außenpolitik in die Bundesversammlung hineingetragen wurden. Bei einer solchen Entwicklung wäre sogar die Auflösung des Bundes in greifbare Nähe gerückt, was naturgemäß bei den mittleren und kleineren deutschen Staaten große Besorgnis über ihre Zukunft auslöste. Schließlich war die Krimkriegskrise dazu geeignet, der deutschen Öffentlichkeit einmal mehr zu demonstrieren, daß der Deutsche Bund nicht in der Lage war, die nationalen Interessen Deutschlands im Konzert der europäischen Mächte wahrzunehmen.

---
[49] Ebd., S. 854.
[50] Ebd.
[51] Ebd., S. 855.

Alle diese Rückwirkungen des Krimkriegs hatten die leitenden Minister der deutschen Mittelstaaten im Blick, als sie sich seit Herbst 1853 in intensiven diplomatischen Kontakten darum bemühten, eine einheitliche Position in der orientalischen Frage zu finden. Der gemeinsame Ausgangspunkt war dabei das Bestreben, einerseits eine Konfrontation der Großmächte zu vermeiden und andererseits sicherzustellen, daß der Deutsche Bund an den außenpolitischen Entscheidungen beteiligt wurde. Das Mittel, um diese Ziele zu erreichen, war die Wiederbelebung der mittelstaatlichen Koalition durch eine Ministerkonferenz. Den Anstoß dazu gab erneut Beust, der am 26. November 1853 in München eintraf, wo er mit seinem Amtskollegen Pfordten und den diplomatischen Vertretern anderer deutscher Staaten konferierte. Gegenüber dem württembergischen Gesandten in München äußerte Beust, zur Reise in die bayerische Hauptstadt habe ihn „die trostlose Gestaltung der Dinge in Frankfurt" veranlaßt.[52]

Pfordten stimmte diesmal mit Beust überein, daß die Mittelstaaten nicht länger tatenlos zusehen durften, wie der Deutsche Bund lahmgelegt und die orientalische Krise möglicherweise von Preußen benutzt würde, um wieder auf seine alten Unionspläne zurückzukommen. Die beiden Minister einigten sich darauf, im Januar 1854 ein Treffen der leitenden Minister der Mittelstaaten herbeizuführen. Die Krimkriegskrise veranlaßte somit die bayerische Regierung dazu, von ihrem in den Jahren zuvor entwickelten Konzept, Bayern eine selbständige Stellung „zwischen Großmächten und Mittelstaaten" zu verschaffen, vorübergehend abzuweichen. Bayern engagierte sich nun wieder stärker für die allgemeinen Belange des Deutschen Bundes. Die Frage, welche Stellung der Bund zum Krieg im Orient einnehmen solle, lieferte den Anstoß dafür, daß Bayern in den folgenden Jahren aktiv an den Bemühungen teilnahm, die innere Entwicklung des Bundes voranzutreiben und die gemeinsamen Interessen zu fördern. Von daher ist die These überzogen, wonach es Bayern lediglich um die Erhaltung des Status quo gegangen sei, es kein „Solidarisierungspotential" gehabt und Pfordten sich „gegen den geschichtlichen Wandel" gestemmt habe.[53] Die realpolitischen Gegebenheiten in Deutschland verwiesen auch Bayern auf die Notwendigkeit einer Bundesreformpolitik im Verein mit den übrigen Mittelstaaten.

Die treibende Kraft der mittelstaatlichen Kooperation war indessen weiterhin Beust. Nachdem er Pfordten für seinen Konferenzplan gewonnen hatte, kündigte er zur inhaltlichen Vorbereitung des geplanten Ministertreffens eine Denkschrift an, in der die anstehenden politischen Fragen erörtert werden sollten.[54] Auf dieser Grundlage sollte eine Einigung über die Hauptpunkte

---

[52] Degenfeld an Neurath, München, 1. Dezember 1853, QGDB III/2, Dok. 162, S. 770.
[53] *Glaser*, Zwischen Großmächten und Mittelstaaten, S. 162, 188.
[54] Diese Denkschrift lag indessen erst im Februar 1854 vor, als sich die Hoffnungen Beusts auf eine Ministerkonferenz vorerst zerschlagen hatten; Reinentwurf der Denkschrift mit kleineren Korrekturen im HStA Dresden, AM 974, fol. 224–230. Die Ausarbeitung Beusts wurde nicht an seine mittelstaatlichen Kollegen übermittelt, stellte aber offenbar für Beust selbst eine wichtige Argumentationsgrundlage dar.

erfolgen, um alsdann „förmliche Anträge" für das weitere Vorgehen der Mittelstaaten zu entwerfen.⁵⁵

In den Wochen nach dem Münchener Treffen mit Pfordten bemühte sich Beust intensiv darum, die Zustimmung der übrigen Mittelstaaten für eine Ministerkonferenz zu erlangen. Sehr eindringlich wies er auf die Notwendigkeit hin, daß die Mittelstaaten die Dinge nun endlich selbst in die Hand nähmen. Die inneren Zustände in Deutschland waren seiner Auffassung nach unhaltbar geworden und drohten unter dem Einfluß der europäischen Krise, welche der Konflikt im Osten heraufbeschworen hatte, außer Kontrolle zu geraten. Gegenüber dem hannoverschen Diplomaten Knesebeck, mit dem Beust in Dresden über den Konferenzplan sprach, zeichnete der sächsische Außenminister ein düsteres Bild der politischen Lage. Die „undeutsche Gesinnung" in Preußen habe alle bundespolitischen Fortschritte verhindert, das Berliner Kabinett torpediere systematisch die föderativen Bemühungen Österreichs, in Frankfurt gemeinschaftliche Beschlüsse zustandezubringen, der Bund werde nicht an der europäischen Politik beteiligt, und es erscheine bei dem Stand der europäischen Angelegenheiten nicht unmöglich, „daß ein neues Jahr 1848 in Aussicht stehe".⁵⁶ Neben den drohenden inneren Unruhen sah Beust auch die Gefahr, daß die einzelnen deutschen Staaten in Auseinandersetzungen miteinander gerieten und „mit den Köpfen zusammenrennen".⁵⁷

Anstatt angesichts dieser Situation in Resignation zu verfallen, empfahl Beust eine „Zusammenkunft der Minister", um sich über einen „gemeinsamen Gang der Politik" zu verständigen.⁵⁸ Er dachte dabei zunächst an Maßnahmen gegen die innere Opposition in den Einzelstaaten, denen die Bundesversammlung keinen ausreichenden Schutz gewährte. Die Absicht ging dahin, solche gemeinsamen Maßregeln zu beschließen, „worüber in Frankfurt keine Einigung zu erreichen gewesen sey und welche daher jede einzelne Regierung suchen müsse, auf verfassungsmäßigem Wege in ihrem eignen Staate durchzuführen"⁵⁹ – gemeint war damit die Unterdrückung der Presse, der Vereine und der demokratischen beziehungsweise sozialistischen Bestrebungen, über die in Frankfurt seit einiger Zeit ergebnislos beraten wurde. Die Mittelstaaten sollten also durch eine gemeinsame Politik jene Defizite in der Repressionspolitik kompensieren, welche die Uneinigkeit in der Bundesversammlung hervorgerufen hatte. „Der ganze Zweck", so berichtete Knesebeck über die Absichten von Beust, „sey lediglich die Fortdauer der Staaten und ihrer Dynastien möglichst sicher zu stellen und denselben wenigstens einigen Ersatz für die Sisyphus-Arbeit des Bundestages zu gewähren."⁶⁰

---

⁵⁵ Degenfeld an Neurath, München, 1. Dezember 1853, QGDB III/2, Dok. 162, S. 771.
⁵⁶ Knesebeck an Lenthe, München, 13. Dezember 1853, QGDB III/2, Dok. 165, Zitate S. 776.
⁵⁷ Ebd.
⁵⁸ Ebd., S. 777.
⁵⁹ Ebd.
⁶⁰ Ebd., S. 778.

Doch blieb Beust nicht dabei stehen, die Einigung der Mittelstaaten nur zum Zweck der inneren Repression benutzen zu wollen. Er betonte, daß es darum gehe, „in Deutschen Angelegenheiten eine Einigung zu erzielen", und zwar „in ächt föderativer Weise".[61] Nicht partikulare, sondern gemeinschaftliche Interessen waren es, die durch die Lähmung der Bundesversammlung Not litten und die deshalb durch die Koalition der gleichgesinnten Mittelstaaten in Angriff genommen werden sollten.

Die Bestrebungen Beusts, „die Darmstädter Coalition [von 1852] wieder aufleben" zu lassen[62], stießen sofort auf energischen Widerstand der Großmächte. Der preußische Ministerpräsident Manteuffel beschuldigte Beust, er wolle durch die Stiftung eines politischen Schutz- und Trutzbündnisses zwischen den deutschen Mittelstaaten eine politische Spaltung im Bund herbeiführen. Die Vorbereitungen zu einer mittelstaatlichen Konferenz waren nach Auffassung Manteuffels anarchische und bundeswidrige „Umtriebe", mit denen Beust den Bestrebungen der Regierungen von Preußen und Österreich zur Wahrung des europäischen Friedens und der inneren und äußeren Ruhe im Deutschen Bund in den Rücken fiel.[63] Auch die Wiener Regierung war gegen „abgesonderte Verabredungen zwischen den deutschen Mittelstaaten", weil diese nach der Auffassung von Buol den angegebenen Zweck, „die Einheit des Handelns des gesammten Bundes" sicherzustellen, eher beeinträchtigen als fördern würden.[64] Einen zusätzlichen Dämpfer erhielten die Bemühungen Beusts durch die langwierige Erkrankung des bayerischen Ministerpräsidenten Pfordten, der Anfang Januar 1854 seine Amtsgeschäfte dem Staatsrat von Pelkhoven übergeben mußte und erst wieder am 1. Mai 1854 in der Lage war, die Leitung der bayerischen Außenpolitik persönlich wahrzunehmen.[65] In Abwesenheit des Ministers, dessen Prestige unerläßlich war für den Versuch, „die Mittelstaaten in die erwünschte Bewegung zu setzen"[66], war an eine aktive Rolle Bayerns in der deutschen Politik nicht zu denken.[67] Der Konferenzplan, dem im Prinzip auch die Regierungen von Württemberg und Hannover zustimmten, mußte vorerst auf Eis gelegt werden.[68]

---

[61] Ebd., S. 778f.
[62] Degenfeld an Neurath, München, 28. November 1853, HStA Stuttgart, E 73, Verzeichnis 61, Büschel 32, fol. 36.
[63] Manteuffel an Savigny, Berlin, 11. Dezember 1853, QGDB III/2, Dok. 164, S. 773f.
[64] Buol an Kuefstein, Wien, 10. Februar 1854, HStA Dresden, AM 974, fol. 150f., Zitat fol. 151r.
[65] Berichte des österreichischen Legationsrats Zwierzina an Buol, München, 7. Januar, 4. März, 1. Mai 1854, HHStA Wien, PA IV 22, fol. 5, 59f., 105–107.
[66] Degenfeld an Neurath, München, 12. Januar 1854, HStA Stuttgart, Q3/11, 91.
[67] Pelkhoven blockierte monatelang die von Beust angestrebte mittelstaatliche Konferenz mit dem Argument, ein „zu frühes Einlassen auf Separatverhandlungen" würde die Stellung „der sogenannten Coalitions-Staaten compromittiren, ohne ihnen zu nützen"; Pelkhoven an König Maximilian II., München, 5. Februar 1854, HStA München, MA 581.
[68] Neurath an Beust, Stuttgart, 20. Februar 1854, HStA Stuttgart, E 65, Verzeichnis 57, Büschel 325.

Da der Weg zu einer bundespolitischen Initiative der Mittelstaaten zunächst versperrt schien, mehrten sich seit Jahresbeginn 1854 die Stimmen, die angesichts der krisenhaften Entwicklung im Orient verlangten, die bislang in dieser Frage passive Bundesversammlung selbst als politische Akteurin ins Spiel zu bringen. Die einflußreiche Augsburger Allgemeine Zeitung schrieb in einem großen Artikel vom 22. Februar 1854: „Aus dem russisch-türkischen Zerwürfniß ist eine europäische Verwicklung geworden." Deshalb sei es an der Zeit, daß der Bund als eine die „Interessen Deutschlands" wahrnehmende „politische Einheit" sich mit der Krise im Orient befasse und die von Österreich und Preußen „gegenwärtig angenommene Politik, die unabhängige und bedingte Neutralität als das zur Zeit für die Erhaltung der Selbständigkeit und äußern Sicherheit Deutschlands tauglichste Mittel, als jenes Mittel durch welches sein Gebiet vor den Gräueln des Kriegs völkerrechtlich bewahrt werden kann, zum Bundesbeschluß" erhebe.[69] Von der nicht zutreffenden Voraussetzung ausgehend, daß Österreich und Preußen in der orientalischen Frage eine deckungsgleiche Haltung „der Neutralität, gleich unabhängig gegen den Westen wie den Osten" einnähmen, folgerte die Allgemeine Zeitung, daß es im Interesse Deutschlands sei, wenn sich der Bund nun offen zu dieser Richtung bekenne. Die außenpolitische Krise erfordere es, entsprechend den in der Bundesakte und der Wiener Schlußakte definierten Bundeszwecken, „die politische Einheit des deutschen Bundes als Gesammtmacht nach außen" zu demonstrieren.

Die Allgemeine Zeitung blieb nicht bei dieser bundesrechtlichen Begründung stehen. Sie verwies auch auf „das nationale Element Deutschlands", welches sich im Deutschen Bund verkörpere und das gerade von Österreich seit jeher in hohem Maße gefördert worden sei. Die „politische Einheit des Bundes" sei kein leerer Begriff, sondern eine anerkannte Tatsache; die Einheit, welche Deutschland seit der Bundesgründung nach außen gezeigt habe, sei größer und fester gewesen als im alten Reichsverband; und schließlich sei es sogar möglich, sie noch fester zu begründen:

„Wir geben die Möglichkeit des Fortschrittes, die Nothwendigkeit der Ausbildung zu. Wir halten mit unserer Ansicht nicht zurück daß dieß im Sinn, im Geist der Bundesverfassung geschehen müsse."

Die Allgemeine Zeitung skizzierte hier eine Fortentwicklung des Bundes zu einem die nationale Einheit Deutschlands nach außen hin verbürgenden Föderativsystem, das die allgemeinen deutschen Interessen wahrnahm. Die Profilierung der Bundesversammlung als das „Gesammtorgan" der deutschen Staaten sah auch die Kasseler Zeitung in einem nur einen Tag später erscheinenden Artikel als eine dringende Notwendigkeit an.[70] Nur durch das treue

---

[69] „Der deutsche Bund und die orientalische Frage", in: Augsburger Allgemeine Zeitung Nr. 53 vom 22. Februar 1854, S. 834f.; die nachfolgenden Zitate ebd.
[70] Kasseler Zeitung Nr. 46 vom 23. Februar 1854, S. 181; die nachfolgenden Zitate ebd.

Festhalten am Bunde könne einerseits die Selbständigkeit und Unabhängigkeit der Mittel- und Kleinstaaten gesichert und andererseits verhindert werden, daß das „deutsche Vaterland" wie in der Zeit des alten Reiches zum Spielball der europäischen Mächte werde:

„Die kräftigste Manifestation der Bundestreue wird darin bestehen, daß ein jedes Sonderinteresse in den Hintergrund tritt, sobald das Interesse der Gesammtheit seine Ansprüche erhebt. Wo aber ist seit dem deutschen Befreiungskriege eine Veranlassung gewesen, das Gesammtinteresse so fest ins Auge zu fassen, als im gegenwärtigen Augenblicke?"

Der Wiener Lloyd, ein offizielles Organ der österreichischen Regierung, erinnerte am 26. Februar 1854 daran, „daß es noch eine deutsche Frage gibt".[71] Die Politik Schwarzenbergs, so hieß es, habe nach 1848 darauf abgezielt, durch eine „gründliche Reform" des Deutschen Bundes „die deutsche Einigung im Innern und die deutsche Einheit nach Außen auf einem unverrückbaren Fundamente festzustellen". Dies sei leider mißlungen, und so stelle sich jetzt angesichts des Krimkriegs erneut die Frage, ob der Deutsche Bund Deutschland in den Tagen der Gefahr zu schützen vermöge:

„Der Krieg, welcher jetzt ausbricht, schreckt Europa aus dem falschen Gefühl der Sicherheit und wird hoffentlich zur Folge haben, daß die Ruhe des Welttheils, insbesondere Mitteleuropas, in Zukunft auf kräftigeren Institutionen, wie bisher, sich stützen wird."[72]

Die politische Krise im Orient, die den Frieden in ganz Europa bedrohte, löste auf diese Weise in der deutschen Öffentlichkeit eine Debatte über die nationale Verantwortung des Deutschen Bundes aus, der sich als „politischer Körper" aufgerufen sah, für die Interessen „Deutschlands" einzustehen. Der Gedanke, daß der Bund eine nationale Aufgabe habe, blieb jedoch nicht auf die Presse und die politische Opposition beschränkt, sondern beeinflußte in zunehmendem Maße auch die Vertreter der Regierungen. Die Krimkriegskrise wirkte hier als ein Katalysator, der dafür sorgte, daß die von 1849 bis 1851 geführten Debatten über eine nationalföderative Bundesreform wieder aufgenommen und intensiviert wurden. Der oldenburgische Bundestagsgesandte Eisendecher schrieb am 23. Februar 1854 an seine Regierung, es sei angesichts der europäischen Krise geboten, die „nationale Grundlage" zu stärken, um die Einigkeit Österreichs und Preußens zu erhalten:

„Da dies dermalen nur durch das gemeinsame Organ des Bundes geschehen kann, so erscheint es als eine der nothwendigsten Aufgaben gerade der großen deutschen Staaten dieses Organ zu erhalten und zu beleben, anstatt es herabzudrücken und zu neutralisiren."[73]

---

[71] Wiener Lloyd Nr. 47 vom 26. Februar 1854.
[72] Ebd.
[73] QGDB III/2, Dok. 68, S. 307.

Angesichts der „critischen Zeitumstände" sprach sich der sachsen-weimarische Staatsminister Watzdorf für die baldige Einleitung einer Reform der Bundesverfassung aus, und er ging dabei soweit, sogar die Souveränität der kleineren Monarchen in Frage zu stellen:

> „Deutschland bedarf der Reorganisation, es werden dabei einzelne Souverainetätsrechte, die ich nicht beklage, zum Opfer fallen, ja vielleicht Mediatisirungen in größerem Maßstab eintreten. Ich verhehle dem Großherzog diese Eventualität nicht und sage ihm, daß er sich in Zeiten mit dem Gedanken einer Abfindung durch Gewährung der Civilliste mit 280000 Thaler in Capital vertraut machen möge."[74]

Der Ruf nach der „Förderung des deutschen Bundes auch in dem nationalen Sinne"[75] war eine direkte Folge der Krimkriegskrise, welche in der deutschen Öffentlichkeit wie bei den mittel- und kleinstaatlichen Regierungen Befürchtungen über den bevorstehenden Zerfall des Deutschen Bundes hervorriefen. Wenn es nicht gelang, die Interessen Österreichs und Preußens an das als gegeben angesehene Gesamtinteresse Deutschlands anzubinden, das hieß konkret, die Großmächte in eine gemeinsame bundespolitische Linie einzubeziehen, dann drohte der Verlust der einzigen Institution, welche alle deutschen Staaten zusammenhielt, ihren Bestand und ihre Unabhängigkeit garantierte und eine Plattform für die Harmonisierung der politischen, wirtschaftlichen und rechtlichen Verhältnisse in Deutschland darstellte. Die Krise im Orient erzeugte ebenso wie die wenige Jahre später eintretenden Krisen in Italien und in Schleswig-Holstein einen enormen Nationalisierungs- und Reformdruck, der eine Politik der bloßen Beharrung oder gar der Reaktion auf Dauer nicht zuließ.

Die Dringlichkeit, den Deutschen Bund als politischen Faktor angesichts der Zuspitzung der Lage im Orient ins Spiel zu bringen, sorgte im ersten Halbjahr 1854 für erhebliche Unruhe insbesondere bei den mittelstaatlichen Regierungen. Die württembergische Regierung sah es schon am 8. Februar 1854 als unumgänglich an, einen Antrag auf Neutralität im russisch-türkischen Krieg in der Bundesversammlung zu stellen, falls es nicht bald gelingen sollte, eine Einigung unter den Mittelstaaten herbeizuführen.[76] Dem schloß sich wenig später die Regierung von Hannover an, die der preußischen Regierung am 18. Februar 1854 mitteilen ließ, sie halte es für nötig, in der Bundesversammlung, welche „die rechte und die zuständige Stelle" sei, einen Beschluß zu fassen, durch welchen „in selbständiger Willensbestimmung" die Neutralität Deutschlands im orientalischen Konflikt festgestellt werde.[77] Nur zwei Wochen später sah die hannoversche Regierung durch die Entwicklung

---

[74] Carlowitz an Beust, Weimar, 5. März 1854, HStA Dresden, AM 974, fol. 298f, Zitate fol. 298v.
[75] So Eisendecher, QGDB III/2, S. 307.
[76] Neurath an Ow, Stuttgart, 8. Februar 1854, HStA Stuttgart, E 9, Büschel 62, fol. 22f.
[77] Lenthe an Graf zu Inn- und Knyphausen, Hannover, 18. Februar 1854, HStA Hannover, Dep. 103, Bestand VI, Nr. 401.

im Orient den „Wendepunkt für die Politik Deutschlands" gekommen, der es erforderlich mache, unverzüglich einen Bundesbeschluß über die weitere Haltung des Bundes herbeizuführen:

„Der deutsche Bund muß dafür sorgen, daß das Verhängniß, von welchem das gemeinsame Vaterland bedroht ist, dasselbe nicht unvorbereitet und wehrlos antreffe; daß Deutschland gegen alle Eventualitäten gerüstet dastehe; daß Es bei der gegenwärtigen Frage den Platz einnehme, den natürliche Verhältnisse, Gesetz und Recht ihm in der Europaeischen Staatengesellschaft anweisen."[78]

Etwa zur gleichen Zeit plädierte Beust ebenfalls dafür, die Bundesversammlung nun endlich mit der orientalischen Frage zu befassen. Die Argumente dafür hatte er schon Anfang Februar 1854 in der Denkschrift ausgearbeitet, die ursprünglich als Vorlage für die beabsichtigte, aber nicht zustande gekommene mittelstaatliche Ministerkonferenz gedacht war.[79] Darin hatte Beust beklagt, daß der Deutsche Bund in der orientalischen Krise bislang „vollständig unberücksichtigt" geblieben sei.[80] Es sei nun aber an der Zeit, den Bund am Krisenmanagement zu beteiligen. Um entsprechende Verhandlungen in der Frankfurter Bundesversammlung vorzubereiten, sei es erforderlich, daß sich zuerst die Mittelstaaten über die Eckpunkte der einzuschlagenden Politik einigten:

„Nur ein collectives vereintes Auftreten der übrigen deutschen Regierungen, und insbesondere der Mittelstaaten kann eine Bedeutung erlangen."[81]

Die Aufgabe der Mittelstaaten bestand nach Auffassung Beusts darin, „den reindeutschen Standpunkt zu vertreten". Das bedeutete konkret, daß sich der Bund bereiterklären sollte, die Bundespflichten nach Artikel 2 der Bundesakte zu erfüllen und das Bundesgebiet gegen einen „fremden Angriff" zu verteidigen. Dagegen könne „von einem Angriffskriege des Bundes selbst" keine Rede sein.[82]

Beust bezog damit deutlich Stellung gegen eine Politik, welche den Deutschen Bund für die Interessen der einen oder anderen deutschen Großmacht instrumentalisierte. Der Bund sollte eine eigenständige, das übergeordnete Interesse Deutschlands wahrende Rolle übernehmen. Dieses Interesse bestand laut Beust vor allem darin, durch eine neutrale Stellung den Frieden zu erhalten.[83]

---

[78] Lenthe an Knesebeck, Hannover, 4. März 1854, HStA Hannover, Dep. 103, Bestand VI, Nr. 400.
[79] Siehe oben S. 163.
[80] Denkschrift Beusts vom Februar 1854, HStA Dresden, AM 974, fol. 224–226 (Reinentwurf mit kleineren Korrekturen und dem Datierungsvermerk: pr. den 7. Februar 1854), bzw. fol. 227–230 (Reinschrift, datiert „Dresden im Februar 1854" und mit dem Zusatz von der Hand Beusts: „Programm für die diesseits beantragte aber nicht zu Stande gekommene Conferenz Februar 1854"). Zitat fol. 224v. bzw. 228r.
[81] Ebd., fol. 225r bzw. 228v–229r.
[82] Ebd., fol. 226r bzw. 229v–230r.
[83] Ebd., fol. 226v bzw. 230v.

Noch deutlicher akzentuierte Beust die Aufgabe des Deutschen Bundes in einer ausführlichen Darlegung, die er am 28. Februar 1854 dem Kabinett in Wien übermittelte. In einer langen Depesche an den sächsischen Gesandten am Wiener Hof verteidigte er energisch die von ihm in den vergangenen Wochen und Monaten betriebene Politik, welche bei den Großmächten so viel Mißtrauen und Ablehnung hervorgerufen hatte, und er skizzierte eine Bundespolitik, welche nicht partikularen Interessen, sondern dem allgemeinen Interesse Deutschlands diente.[84]

Zunächst beklagte sich Beust darüber, daß der Bund bei den intensiven Verhandlungen, welche zwischen den europäischen Großmächten geführt wurden, weder beteiligt war noch offiziell davon in Kenntnis gesetzt wurde. Er warnte davor, den Bund weiterhin zu ignorieren, die Verhandlungen lediglich auf die Großmächte zu beschränken und die übrigen deutschen Regierungen vor vollendete Tatsachen zu stellen. Eine solche Politik, so legte Beust nahe, schürte gegenseitiges Mißtrauen, gab partikularen Tendenzen Raum und schuf somit eine allgemeine Unsicherheit im innerdeutschen wie im europäischen Rahmen. Um dies zu verhindern, war die Einbeziehung der Bundesversammlung in den politischen Prozeß erforderlich. Diesem Ziel habe auch der von Wien und Berlin so scharf kritisierte Plan einer Konferenz der Mittelstaaten gedient. Die „Koalition" verstehe sich keineswegs als Sonderbund, sondern „als Mittel zu Erhaltung der deutschen Einigkeit, also zu Förderung der Zwecke der Gesammtheit".[85] Als einen solchen Zweck sah Beust die Beteiligung des Bundes am europäischen Krisenmanagement an, und er rechtfertige gegenüber dem Wiener Kabinett seine bundespolitischen Initiativen der zurückliegenden Monate mit den davon zu erwartenden Vorteilen:

„Es war vor Allem ein entschiedener Gewinn, wenn auf diese Weise die Bedeutung der Bundesverfassung und die den einzelnen deutschen Regierungen, als Gliedern einer politischen Gesammtmacht, zukommende Stellung dadurch in der öffentlichen Achtung gehoben, und der in der allgemeinen Meinung sich so scharf ausprägende Schein vermieden wurde, als sei die Bundesverfassung nur eine leere Form und als bildeten die übrigen deutschen Staaten neben den beiden deutschen Mächten eine Art zweites Aufgebot, bestimmt den beiden Mächten zur Verfügung gestellt zu werden."[86]

Mehrere Kollegen von Beust in den Mittelstaaten sprachen dem sächsischen Minister ihre Anerkennung für diese energische Vertretung des allgemeinen Bundesinteresses aus, wobei sie ausdrücklich den nationalen Aspekt hervorhoben. Dalwigk meinte, die sächsische Depesche würde, falls sie veröffentlicht werde, „der Nation den Beweis liefern, bei welchen Regierungen sie die aufrichtigste Theilnahme an ihren Interessen, den wahrhaft deutschen Sinn,

---

[84] Beust an Könneritz, Dresden, 28. Februar 1854, QGDB III/2, Dok. 167, S. 782–795.
[85] Ebd., S. 784.
[86] Ebd., S. 793.

zu suchen hat".⁸⁷ Der württembergische Außenminister Neurath stimmte Beust zu, daß die Mittelstaaten „vor Allem berufen erscheinen, im Sinne einer nationalen Entwicklung der deutschen Verhältnisse auf kräftige Handhabung der Bundesverfassung und fruchtbarere Thätigkeit des Bundes-Organs hinzuwirken".⁸⁸ Der badische Minister Rüdt war gleichfalls der Meinung, daß „die hergebrachte beschränkte Thätigkeit des Bundestages den drohenden Gefahren der Zukunft nicht gewachsen" sei und leitete daraus die Notwendigkeit der Bundesreform ab: „um ihm neues Leben einzuflössen, müsse an die Dresdner Conferenzen wieder angeknüpft werden".⁸⁹

Die Argumente Beusts und seiner Kollegen hatten jedoch auf die Regierungen in Wien und Berlin keinerlei Wirkung. Die Großmächte wollten sich ihre außenpolitische Entscheidungsfreiheit keineswegs durch bundespolitische Vorgaben beschneiden lassen und blieben deshalb bei ihrer Ablehnung sowohl der mittelstaatlichen Konferenzpläne als auch der Einbeziehung der Bundesversammlung in die europäischen Verhandlungen. Buol wandte sich am 14. März 1854 in einer Depesche nach Dresden erneut entschieden gegen „abgesonderte Verhandlungen" der Mittelstaaten und sah andererseits den Zeitpunkt noch nicht für gekommen, um den Bund „in seiner Eigenschaft als Gesammtmacht" mit der orientalischen Frage zu befassen.⁹⁰ Auch Manteuffel lehnte es ab, dem Bund eine eigenständige Rolle zu geben und beharrte darauf, zunächst in „Vorverhandlungen" mit Österreich eine Verständigung der Großmächte herbeizuführen und erst danach die Bundesversammlung einzuschalten. Die Absicht Hannovers, einen Bundesbeschluß über die Haltung zur orientalischen Krise zu beantragen, wies Manteuffel schroff zurück, weil ein solches Vorgehen „ein unbegründetes Mißtrauen gegen unser Einverständniß mit Östreich, und dem Auslande gegenüber eine Spaltung der deutschen Bundesglieder offen darlegen müßte".⁹¹

Die Zweifel der Mittelstaaten an der Einigkeit der deutschen Großmächte in der orientalischen Frage waren indessen keineswegs unbegründet. Schon die Bundestagssitzung vom 10. November 1853 hatte deutlich werden lassen, daß die Interessen von Berlin und Wien nicht deckungsgleich waren, und die Entwicklung im Winter 1853/54 hatte gezeigt, daß die von beiden Regierungen behauptete neutrale Stellung mit durchaus unterschiedlichen politischen Strategien verbunden war. Jede der beiden deutschen Großmächte war entschlossen, ihre eigenen machtpolitischen Interessen zu verfolgen. Weder für

---

⁸⁷ Dalwigk an Beust, Darmstadt, 9. März 1854, HStA Dresden, AM 974, fol. 331r.
⁸⁸ Neurath an Beust, Stuttgart, 15. März 1854, HStA Dresden, AM 974, fol. 334f., Zitat fol. 334v.
⁸⁹ Bericht des bayerischen Gesandten in Karlsruhe, Verger, an Pelkhoven, 13. März 1854, HStA München, MA 582 (Auszug).
⁹⁰ Buol an Kuefstein, Wien, 14. März 1854, HHStA Wien, Bundespräsidialgesandtschaft Frankfurt, Nr. 22.
⁹¹ Manteuffel an Prinz von Ysenburg, Berlin, 19. März 1854, GStA Berlin, III. HA, Nr. 116, fol. 41.

Österreich noch für Preußen kam es in Frage, ihren Großmachtstatus durch den Deutschen Bund beeinträchtigen zu lassen, und gleichzeitig war jede Seite darauf bedacht, sich nicht von der anderen in das Schlepptau ihrer Außenpolitik nehmen zu lassen. Die Rivalität der beiden Großmächte und ihr Streit um die jeweilige Stellung in Deutschland wurden während der Krimkriegskrise zu bestimmenden Faktoren der deutschen Politik. Aus der Sicht der Großmächte sollte der Deutsche Bund in dieser Auseinandersetzung nicht eine eigenständige, das Gesamtinteresse Deutschlands verfolgende Rolle spielen, weil dies bedeutet hätte, die außenpolitische Souveränität Österreichs und Preußens durch eine Bundespolitik zu beschränken, welche dem zunehmenden Druck ausgesetzt war, sich zum Sachwalter von Interessen zu machen, die einer zwar nicht politisch verfaßten, aber doch als existent vorausgesetzten deutschen Nation zugeschrieben wurden.

Nachdem Österreich und Preußen bereits zu Anfang der orientalischen Krise festgestellt hatten, daß sie nicht zu einer gemeinsamen bundespolitischen Linie finden konnten, verhinderten sie über Monate hinweg eine Beteiligung der Bundesversammlung am außenpolitischen Prozeß. Sie führten intensive bilaterale Verhandlungen und standen in ständigem diplomatischen Kontakt mit den übrigen europäischen Mächten, ließen jedoch den Deutschen Bund, der ja eines der zentralen Elemente der europäischen Friedensordnung von 1815 bildete, außen vor. Beust beklagte sich im Februar 1854 in Wien bitter darüber, daß die deutschen Großmächte es noch nicht einmal für nötig hielten, den Bund und ihre Bundesgenossen über die Grundlagen für die Beendigung des russisch-türkischen Krieges zu informieren, auf die sie sich zur Jahreswende 1853/54 in Wien mit England und Frankreich verständigt hatten.[92]

Bei den deutschen Regierungen, ihren diplomatischen Vertretern in der Bundesversammlung und bei den europäischen Höfen sowie in der deutschen Presse löste das Verhalten der Kabinette in Wien und Berlin große Unsicherheit aus. Noch größer als die Sorge, von den Großmächten vor vollendete Tatsachen gestellt zu werden, war die Angst vor einer Spaltung zwischen Österreich und Preußen, die unabsehbare Auswirkungen auf das Bundesverhältnis und damit auf die gesamte politische Ordnung in Deutschland haben mußte. Als sich die Krise im Orient im März 1854 durch den bevorstehenden Kriegseintritt der Westmächte zuspitzte und immer noch keine

---

[92] „Ich erinnere an die Wiener Protokolle vom 5. December, welche ein vollständiges Programm für die Zukunft enthielten; ich erinnere auch daran, wie ich zu jener Zeit Veranlassung nahm, gegen Ew. p. mein schmerzliches Bedauern darüber auszudrücken, daß die erste Mittheilung jener Vereinbarungen uns durch den Gesandten einer nichtdeutschen Macht zutheil ward." Beust an Könneritz, Dresden, 28. Februar 1854, in: QGDB III/2, S. 792; zu den Wiener Protokollen und den weiteren Verhandlungen der europäischen Mächte im Winter 1853/54 siehe *Schroeder*, Austria, Great Britain, and the Crimean War; *Unckel*, Österreich und der Krimkrieg; Druck der Wiener Protokolle vom 5. Dezember 1853 und 13. Januar 1854 in: Aktenstücke zur orientalischen Frage, Bd. 1, S. 206–208 u. 230f.

Klarheit bestand, wie sich Österreich und Preußen sowie der Deutsche Bund verhalten würden, nahm die Unruhe in Deutschland sowohl in der Öffentlichkeit als auch hinter den diplomatischen Kulissen noch einmal zu. Die Neue Münchener Zeitung berichtete unter dem 17. März 1854 aus Frankfurt, man sehe am Sitz der Bundesversammlung die orientalische Frage als eine „wahre Feuerprobe des Bundes" an. Bewähre er sich diesmal nicht, so drohten neue revolutionäre Erschütterungen und innere Spaltungen:

> „Es ist zum erstenmale, daß der deutsche Bundestag seit seiner Stiftung im Jahre 1815 vielleicht über Krieg und Frieden abzustimmen haben wird. Eben darum hat Deutschland, wie mir scheint, ein erhöhtes Interesse, daß es sich bei einer so mächtigen Frage nicht gespalten, sondern einmüthig zeige; denn das Eine wie das Andere wird von unberechenbarem Eindruck auf den Osten und Westen sein. Allen Stürmen kann der deutsche Körper standhaft Trotz bieten, ob sie nahe oder ferne brausen, wenn seine einzelnen Glieder fest zusammenhalten, und wenn die deutschen Großmächte an den Tag legen, daß ihre Interessen von denen des übrigen Deutschlands nicht verschieden sind."[93]

In Hannover gewann zur gleichen Zeit die Regierung die Überzeugung, daß Österreich und Preußen in der orientalischen Frage *„nicht mehr"* einig" seien, sondern gegensätzliche Interessen verfolgten. Während Österreich im Verein mit den Westmächten die russische Machtexpansion einzudämmen versuche, verfolge Preußen „Sonderbestrebungen", indem es eine „Stellung der Neutralität quand même" einnehme und dabei auf die Abneigung der deutschen Regierungen und Ständevertretungen gegen eine Kriegsbeteiligung Deutschlands setze. Analog zur Unionspolitik von 1849 wolle Preußen offenbar „unabhängig und mit Ausschluß von Oesterreich […] Sich zum Leiter der politischen Geschicke Deutschlands" aufwerfen. Um dies zu verhindern, gelte es, „ohne Zaudern mit dem Systeme des Temporisirens" zu brechen und durch die Einbeziehung des Deutschen Bundes „mit der vereinten Kraft Oesterreichs und der Ihm ergebenen Mittelstaaten Preußen auf den graden Weg des Bundesrechts zurückzuführen".[94]

Es ist eine bemerkenswerte und von der bisherigen Forschung weitgehend ignorierte Tatsache, daß in der regierungsinternen wie in der öffentlichen Debatte während der Krimkriegskrise die Orientierung am Bundesrecht sehr häufig als das Mittel zur Wahrung von nationalen Interessen Deutschlands bezeichnet wurde. Manche gingen sogar so weit, Bundespolitik und nationale Politik zu synonymisieren, wie der badische Gesandte in Berlin, Meysenbug. Er sah Anfang März 1854 den Moment gekommen, daß sich die deutschen Großmächte „im Vereine mit allen deutschen Staaten" über die Haltung Deutschlands zum sich anbahnenden europäischen Krieg verständigten. Eine solche „bundesgemäße, nationale Politik" könne vielleicht zu

---

[93] Neue Münchener Zeitung Nr. 68 vom 21. März 1854, S. 650.
[94] Lenthe an Stockhausen, Hannover, 20. März 1854, HStA Hannover, Dep. 103, Bestand VI, Nr. 287.

Entwicklungen führen, „welche die gegenwärtige Crisis als eine segensreiche Prüfung erscheinen lassen".[95]

Das von mittelstaatlicher Seite während der Krimkriegskrise immer wieder formulierte Postulat, „die foederative Einheit Deutschlands" im Rahmen des Deutschen Bundes herzustellen[96], ließ sich jedoch in der politischen Realität nicht verwirklichen. Die angemahnte Nationalisierung der Bundespolitik blieb eine von vielen gewünschte, aber letztlich nicht wirklich tragfähige Option, die während des Krimkriegs ebenso an den innerdeutschen Machtrivalitäten scheiterte wie in den außenpolitischen Krisen von 1859 und von 1864. „Wäre der Bund", so schrieb der hamburgische Senator Merck am 26. März 1854 an den Gesandten der Hansestadt in Frankfurt, Kirchenpauer, „was er sollte und was er nie werden wird, ein wirklich *nationales* Institut und genöße *Achtung* und *Vertrauen*, so würde der Entschluß sehr leicht sein, man könnte dann fest zusammenstehen, es wäre wirklich eine Einheit da und man könnte von einer effectiven Neutralität sprechen."[97] Statt dessen aber, so Merck weiter, benutzten Österreich und Preußen den Bund „nur als *Mittel* zu *ihren* Zwecken".[98]

In der Tat stellten die deutschen Großmächte während der Krimkriegskrise schon frühzeitig Überlegungen über die einzuschlagende Strategie für den Fall an, daß es ihnen nicht gelang, sich auf eine gemeinsame Haltung zu verständigen. Wenn Österreich und Preußen uneins waren, so formulierte es im März 1854 der österreichische Außenminister Buol, sei es zu erwägen, ob es

„unserer Stellung in Deutschland angemessen sein dürfte, eine Verhandlung am Bundestage zu provociren oder sogleich uns an die einzelnen Bundesstaaten zu wenden. In beiden Fällen haben wir sicherlich starke Hebel anzusetzen, wenn wir klarstellen, daß unser Beistand und unsere Freundschaft als der Preis einer Beitritts-Erklärung zur activen Allianz mit uns erscheinen wird".[99]

Die hier unverblümt angekündigte Absicht, den Deutschen Bund für die Durchsetzung der eigenen Politik zu instrumentalisieren, gewann im weiteren Verlauf der orientalischen Krise eindeutig die Oberhand über alle Bestrebungen, die Bundesversammlung als Vertreterin nationaler Gesamtinteressen zu profilieren. Einer solchen Politik verweigerten sich Österreich und Preußen, und sie bemühten sich in den Jahren von 1853 bis 1856, sowohl die Bundesversammlung als auch die Regierungen der Einzelstaaten für die Unterstützung ihrer divergierenden Partikularinteressen zu gewinnen. In der

---

[95] Meysenbug an Rüdt, Berlin, 2. März 1854, GLA Karlsruhe, 48/2651.
[96] Reinhard an Neurath, Frankfurt, 22. März 1854, HStA Stuttgart, E 65, Verzeichnis 57, Büschel 325.
[97] Merck an Kirchenpauer, Privatschreiben, Hamburg, 26. März 1854, StA Hamburg, 111-1 Senat Cl. I. Lit Sc., Nr. 2, Vol. 74c.
[98] Ebd.
[99] Buol an Prokesch, Wien, 15. März 1854, HHStA Wien, Bundespräsidialgesandtschaft Frankfurt, Nr. 22.

Krimkriegskrise trafen somit zwei unvereinbare politische Konzeptionen aufeinander: Der von der Öffentlichkeit herbeigesehnten Nationalisierung der Bundespolitik, die von den führenden Mittelstaaten in die Forderung nach einer eigenständigen Rolle des Deutschen Bundes als Vertreter der Gesamtinteressen Deutschlands umgemünzt wurde, stellten die beiden Großmächte die wenn auch nicht offen zugegebene, aber in der politischen Praxis doch rücksichtslos ausgeübte Instrumentalisierung der Bundespolitik für ihre spezifischen Interessen gegenüber.

Daß dem Deutschen Bund und seinem Organ, der Bundesversammlung, eine eigenständige Rolle von Wien und Berlin konsequent verweigert wurde, macht der weitere Verlauf der Krimkriegskrise deutlich. Zunächst schien das befürchtete Auseinanderdriften von Österreich und Preußen durch das Schutz- und Trutzbündnis vom 20. April 1854 abgewendet zu werden. In diesem Allianzvertrag garantierten sich die beiden Mächte gegenseitig „den Besitz Ihrer deutschen und außerdeutschen Länder"; darüber hinaus verpflichteten sie sich, „die Rechte und Interessen Deutschlands gegen alle und jede Beeinträchtigung zu schützen". Die übrigen deutschen Regierungen wurden aufgefordert, dem Bündnis beizutreten.[100]

Die durch das Bündnis demonstrierte Einigkeit zwischen Österreich und Preußen konnte indessen kaum darüber hinwegtäuschen, daß die beiden Vertragspartner mit dem Aprilvertrag durchaus unterschiedliche Erwartungen verbanden. Während Preußen hoffte, damit Österreich auf dem Kurs der Neutralität zu halten und Wien vom Eintritt in den Krieg gegen Rußland abzuhalten, eröffnete der Vertrag für Österreich die Aussicht, im Falle der Verletzung seiner Interessen auf dem Balkan die politische und militärische Unterstützung Preußens und des Deutschen Bundes in Anspruch nehmen zu können.

Davon abgesehen warf der Aprilvertrag für den Deutschen Bund eine ganze Reihe von gravierenden Problemen auf, die nach Auffassung der übrigen Bundesmitglieder einen vorbehaltlosen Anschluß des Bundes an das Bündnis der Großmächte nicht zuließen. Mit dem Vertrag wurde, so legte der oldenburgische Gesandte in Berlin, Liebe, in einem Bericht an seine Regierung dar, „eine der schwierigsten Stellen des Bundesrechts berührt". Der von den Großmächten gewünschte Beitritt der übrigen deutschen Regierungen verlangte nämlich eine Entscheidung darüber, ob bei der weiteren Behandlung der orientalischen Krise dem föderativen oder dem partikularen Interesse der Vorzug gegeben wurde. Liebe skizzierte die Alternative folgendermaßen:

„Entweder die Sache wird zur reinen Bundesangelegenheit, die Convention zwischen Oestreich und Preußen wird zu einem Bundesbeschlusse, und der Bund tritt nunmehr als Großmacht berathend und beschließend auf. Damit ist dann das Fortbestehen einer besonderen östreichischen und preußischen Politik schwer vereinbar. Oder

---

[100] *Huber* (Hg.), Dokumente, Bd. 2, S. 12 f.; vgl. *Angelow*, Von Wien nach Königgrätz, S. 174 f.

es bleibt die Convention und der Beitritt dazu dem Bunde entzogen, so daß immer nur ein Alliancevertrag der einzelnen Staaten neben dem Bunde vorläge."[101]

Eine „stricte bundesmäßige Behandlung der Sache" wurde durch den Umstand erschwert, daß der Vertrag vom 20. April 1854 inhaltlich über die Grenzen des Bundesrechts hinausging. Nach der Wiener Schlußakte erstreckte sich der Bundesschutz nur auf diejenigen Gebiete, welche dem Bund angehörten, nicht aber auf die außerdeutschen Territorien der Großmächte. Eine Schutzzusage für diese Landesteile, wie sie der Aprilvertrag ausdrücklich vorsah, ging über den sicherheitspolitischen Auftrag des Deutschen Bundes hinaus. Auf der anderen Seite herrschte in großen Teilen der deutschen Öffentlichkeit wie auch bei manchen mittel- und kleinstaatlichen Regierungen die Auffassung, daß es im nationalen Interesse liege, das militärische Potential des Bundes auch dann einzusetzen, wenn eine der beiden Großmächte – im vorliegenden Fall Österreich – in seinen außerdeutschen Provinzen bedroht würde.

Die Frage, wie sich die deutschen Regierungen und der Bund zum preußisch-österreichischen Bündnis verhalten sollten, löste bei den Mittelstaaten seit Anfang Mai 1854 intensive diplomatische Aktivitäten aus. Dabei ging es um zwei Punkte: Zum einen sollte sichergestellt werden, daß nicht jede Regierung einzeln, sondern der Bund als Gesamtheit dem Aprilvertrag beitrat. Wenn darüber nicht in der Bundesversammlung beraten und entschieden würde, so werde durch ein solches Verfahren die „Autorität des Bundes" geschwächt, schrieb der hessen-darmstädtische Minister Dalwik an seinen württembergischen Kollegen Neurath.[102] Zum zweiten sahen die Mittelstaaten die Notwendigkeit, sich über ihre Haltung „innerhalb und außerhalb der Bundesversammlung" zu verständigen.[103] Auch die bayerische Regierung, die nun wieder von Pfordten geleitet wurde, zögerte nicht länger und lud am 5. Mai 1854 die Minister von Sachsen, Hannover, Württemberg, Baden, Hessen-Darmstadt, Kurhessen und Nassau zu einer Konferenz nach Bamberg ein.[104] Ein persönliches Zusammentreffen der Minister, so Pfordten, sei „im Interesse des gemeinsamen Vaterlandes sowohl als der einzelnen Staaten". Zweck der Konferenz sei es, sich über den baldmöglichen Beitritt „des gesammten übrigen Deutschlands" zu dem preußisch-österreichischen Bündnis zu verständigen, „damit der Deutsche Bund als Gesammtmacht diejenige Stellung einnehme und denjenigen Einfluß übe, welcher ihm rechtlich und thatsächlich zukommt". Allerdings sei eine einfache Beitrittserklärung ohne

---

[101] Liebe an das oldenburgische Staatsministerium, Berlin, 5. Mai 1854, StA Oldenburg, 31-13-12-34a I, fol. 21-23, Zitate fol. 21v.
[102] Dalwigk an Neurath, Darmstadt, 4. Mai 1854, HStA Stuttgart, Q 3/11, Büschel 89.
[103] Ebd.
[104] Erlaß Pfordtens an die bayerischen Gesandten in Dresden, Hannover, Stuttgart, Karlsruhe, Darmstadt, Kassel und Wiesbaden, München, 5. Mai 1854, HStA München, Gesandtschaft Bundestag, Nr. 160.

vorherige Verhandlungen nicht möglich, denn es müsse erörtert werden, „nach welchem Ziele hin die Gesammtmacht des Deutschen Bundes zu wirken berufen werden soll". Nach Auffassung der bayerischen Regierung könne es nur darum gehen, den europäischen Frieden „unter Wahrung der allgemeinen deutschen Interessen im Oriente" wiederherzustellen, wobei auch ein „actives Auftreten" des Bundes nicht völlig ausgeschlossen wurde.[105]

Die Ausführungen Pfordtens sind ein Beleg dafür, daß in der Krimkriegskrise dem Deutschen Bund in der Außenpolitik eine ausgedehntere Wirksamkeit als bisher verschafft werden sollte. Er sollte zusätzlich zu seiner bisherigen Funktion als Garant des europäischen Gleichgewichts und des Friedens nun auch dafür sorgen, daß die „deutschen Interessen" durchgesetzt wurden. Als „vereinigte Gesammtmacht"[106] von Österreich, Preußen und den übrigen deutschen Staaten sollte er im Konzert der europäischen Mächte eine eigenständige und aktive Rolle übernehmen – zum Nutzen nicht nur der Einzelstaaten, sondern zum Wohle des als Nation gedachten deutschen „Vaterlands".

Gewiß war es ein wichtiges Motiv der Mittelstaaten, sich nicht von den beiden Großmächten immer wieder vor vollendete Tatsachen stellen zu lassen und ihre eigene souveräne Stellung innerhalb des Staatenbundes zu behaupten. Und sicherlich war der „Selbsterhaltungstrieb"[107] eine treibende Kraft bei dem Bemühen der Mittelstaaten, sich untereinander über die einzunehmende Haltung in der orientalischen Krise zu verständigen und dadurch zu verhindern, daß sie selbst wie auch der Bund zu bloßen Werkzeugen der europäischen Politik Österreichs oder Preußens wurden. Schließlich kann auch nicht übersehen werden, daß die Einigungsversuche der Mittelstaaten durch einzelstaatliche Prestigesucht und Eifersüchteleien untereinander behindert wurden.[108] Es ist meines Erachtens aber unzutreffend, in diesen partikularistischen Motiven allein die Antriebskräfte der mittelstaatlichen Politik zu sehen. Die politischen Aktivitäten der Mittelstaaten während der Krimkriegskrise hatten daneben auch einen unverkennbar nationalen Impuls, indem sie den Deutschen Bund als diejenige Institution zu profilieren versuchten, welche sich nicht den Interessen einer einzelnen deutschen Macht dienstbar machte, sondern dem nicht näher definierten, aber als existent vorausgesetzten allgemeinen Interesse Deutschlands.

Nicht nur um ihre eigene Selbständigkeit und ihr Mitspracherecht ging es also den Mittelstaaten, sondern auch um die „Selbständigkeit Deutschlands", wie es die Augsburger Allgemeine Zeitung in einem Leitartikel vom

---
[105] Ebd.
[106] Ebd.
[107] *Baumgart*, Die deutschen Mittelstaaten und der Krimkrieg, S. 361.
[108] Vgl. dazu ebd., S. 369 ff.; *Fuchs*, Die deutschen Mittelstaaten und die Bundesreform, S. 18–21.

4. Mai 1854 formulierte.[109] Darin wurde mit großer Emphase hervorgehoben, daß Deutschland im Krimkriegskonflikt „zum erstenmal in der neuen Geschichte als ein selbständiges, geschlossenes Ganze auftritt". Die deutschen Staaten, so hieß es weiter, bildeten „ein durch gemeinschaftliche Interessen eng verbundenes Ganze". Seine Kräfte seien ausreichend, „um allen Eventualitäten die Spitze bieten und die Interessen unseres weiten, herrlichen Vaterlands unter allen Umständen vertreten zu können". Der Krimkrieg markiere einen glücklichen Wendepunkt in der deutschen Politik, die nun endlich Abschied zu nehmen scheine von der inneren Zerrissenheit und Stagnation, welche die bisherige Bundespolitik gekennzeichnet hätten:

„Wer nur einen Funken von Nationalstolz besitzt, muß einen solchen Rollenwechsel in der Politik des deutschen Volks freudig und mit gesteigerter Hoffnung auf eine mächtige, glückliche Zukunft begrüßen."

In der aktuellen Krise habe sich Deutschland entschlossen, „die Rolle zu übernehmen welche seiner Lage entspricht – die Rolle der Entscheidung zwischen dem Osten und dem Westen". Deutschland sei nicht mehr „im Schlepptau einer fremden Politik", sondern die deutschen Regierungen handelten nun „selbständig und nur unter Berücksichtigung der deutschen und der Welt-Interessen". Geradezu mit rhetorischen Siebenmeilenstiefeln überwand hier die Augsburger Allgemeine die tiefe Kluft zwischen der bisherigen außenpolitischen Bedeutungslosigkeit des innerlich zerstrittenen Deutschen Bundes und einem einigen, selbstbewußten und starken Deutschland, das nicht nur als europäische Großmacht auftreten, sondern sogar im Weltmaßstab mit England und Frankreich konkurrieren sollte. Von der nationalen Demütigung zur nationalistischen Überspannung war es nur ein kurzer Weg, und schon wurde der Anschluß der kleinen mitteleuropäischen Staaten an Deutschland projektiert, namentlich von Belgien, das „seinen Interessen nach" zu Deutschland gehöre.

Mit der Forderung nach außenpolitischer Machtsteigerung Deutschlands wurde ein potentiell gefährlicher Weg beschritten, indem der nationale Machtstaatsgedanke das bisher verbindliche Konzept des europäischen Gleichgewichts in den Hintergrund zu drängen begann. In innenpolitischer Hinsicht korrespondierte damit die Wiederaufnahme der Bundesreformdebatte, welche die bestehende staatenbündische Ordnung kaum minder erschütterte. Das preußisch-österreichische Aprilbündnis sei, so schrieb die in Leipzig erscheinende Deutsche Allgemeine Zeitung am 11. Mai 1854, „ein Schritt Bundesreform".[110] Die Einigkeit der Großmächte biete die Möglichkeit, Deutschland wieder „auf die eigenen Füße" zu stellen und „statt des particu-

---

[109] Augsburger Allgemeine Zeitung Nr. 124 vom 4. Mai 1854, S. 1969 f.; die nachfolgenden Zitate ebd.
[110] Deutsche Allgemeine Zeitung Nr. 109 vom 11. Mai 1854, S. 921 f.; die nachfolgenden Zitate ebd.

laren österreichischen oder preußischen ein gemeinsames und daher deutsches Interesse" ins Auge zu fassen. Damit werde die bisherige Schwäche des Deutschen Bundes überwunden und gleichzeitig der Weg geebnet für die „Lösung des großen Problems von Deutschlands Neugestaltung". Die Richtung, welche dabei einzuschlagen sei, wurde unmißverständlich angegeben:

„Die Bundesverfassung wird früher oder später dahin abzuändern sein, daß jene Principien, welche Oesterreich und Deutschland naturgemäß trennen, als solche ausdrücklich anerkannt werden, damit der Buchstabe dem Thatbestande nicht ferner störend und hindernd in den Weg trete und das übrige Gemeinsame der beiden Staatseinheiten nicht weiter beirre."

Dies bedeutete nichts anderes als die Schaffung eines unter preußischer Führung stehenden deutschen Bundesstaates, der mit Österreich in ein spezielles Bundesverhältnis treten sollte – eine Wiederaufnahme der Gagernschen und Radowitzschen Pläne von 1849/50.

Der Krimkrieg gab somit den Anlaß dafür, neben der außenpolitischen Stellung Deutschlands auch über dessen innere Verfassung wieder nachzudenken. Weder in der Öffentlichkeit noch bei den Regierungen konnte man sich länger Illusionen darüber machen, daß ohne eine grundlegende Reform des Deutschen Bundes „Deutschland" keine Aussicht darauf hatte, als politischer Faktor in Europa ernstgenommen zu werden. Für spezifisch österreichische oder preußische Interessen wollten die übrigen deutschen Regierungen weder sich noch den Deutschen Bund einspannen lassen. Darin waren sich die Kabinette der Mittel- und Kleinstaaten einig, auch wenn sie im übrigen sehr unterschiedliche Auffassungen darüber hatten, ob und inwieweit sich der Bund in der orientalischen Frage überhaupt engagieren sollte. Während einige – wie etwa Württemberg – für eine strikte Neutralität des Bundes eintraten und sich keinesfalls in den Krieg hineinziehen lassen wollten, plädierten andere – wie der Herzog von Sachsen-Coburg und Gotha – energisch dafür, sich auf die Seite der Westmächte zu stellen und notfalls selbst in den Krieg einzugreifen. Gemeinsam war jedoch allen die Absicht, die deutschen Großmächte zu veranlassen, nun endlich den Deutschen Bund mit dem Konflikt im Osten Europas zu befassen und in der Bundesversammlung einen Beschluß über die Haltung Deutschlands herbeizuführen. Auf diese Weise hoffte man, den Bund zum Vertreter der Interessen der Gesamtheit und damit zugleich zum „Hemmschuh" für die Partikularinteressen Österreichs und Preußens zu machen.[111]

Mit der bayerischen Einladung zu einer Konferenz der Mittelstaaten von Anfang Mai war das diplomatische Ringen darüber eröffnet worden, ob dem Deutschen Bund diese eigenständige Rolle in der deutschen Politik verschafft

---

[111] König Wilhelm von Württemberg: „Bemerkungen über den letzten Vertrag zwischen Oesterreich und Preußen, die Orientalischen Angelegenheiten betr.", Mitte Mai 1854, HStA Stuttgart, Q 3/11, Büschel 86.

werden oder ob er lediglich als Erfüllungsgehilfe der von Wien und Berlin vorgegebenen Politik dienen sollte. Die Großmächte versuchten, den Mittelstaaten zuvorzukommen, indem sie am 9. Mai die Einzelstaaten aufforderten, dem Aprilvertrag separat beizutreten. Sie hielten es derzeit nicht für opportun, das Aprilbündnis durch einen Bundesbeschluß förmlich sanktionieren zu lassen, sondern kündigten lediglich eine gemeinsame Erklärung in der Bundesversammlung über ihre bisherige Politik in der orientalischen Krise an und verbanden damit den Antrag, der Bund solle das Verhalten der Großmächte billigen und zugleich „die eventuelle Zusage seiner Mitwirkung" bei den weiteren Schritten aussprechen, welche sich aus den Wiener Verhandlungen der europäischen Großmächte und dem Aprilbündnis ergeben mochten.[112] Dies bedeutete nichts anderes, als den Bund auch weiterhin aus den Beratungs- und Entscheidungsprozessen herauszuhalten, ihn aber gleichzeitig auf eine Unterstützung der Politik der deutschen Großmächte zu verpflichten.

Auf ein solches Verfahren wollten sich nur einige wenige kleinere deutsche Staaten einlassen. Lediglich die Regierungen von Liechtenstein, Hessen-Homburg, Reuß, Schwarzburg-Sondershausen und Anhalt-Dessau ließen Mitte Mai den Kabinetten in Wien und Berlin ihren Beitritt zum Vertrag vom 20. April 1854 mitteilen.[113] Die größeren Staaten beharrten demgegenüber darauf, daß man sich auf den gewünschten „Separat-Anschluß" nicht einlassen dürfe, sondern die Entscheidung über den Beitritt der „freie[n] verfassungsmäßige[n] Berathung und Entschließung innerhalb der Bundesversammlung" vorbehalten müsse.[114] Geradezu empörend fanden es einige Regierungen, daß Österreich und Preußen einen bedingungslosen Anschluß an ihre Politik verlangten. Der Präsidialgesandte Prokesch berichtete am 9. Mai 1854, „die meisten Bundestagsgesandten" sähen es als „eine Beseitigung des Bundes" an, daß Österreich und Preußen in direkten Verhandlungen untereinander die wichtigen Entscheidungen trafen und die Bundesversammlung nur nachträglich zur Zustimmung aufforderten.[115] Der hannoversche Minister Lenthe beklagte sich in Berlin über die „Zumuthung", binnen weniger Tage den verlangten Beitritt zum Aprilvertrag auszusprechen:

„Solches hieße, nachdem Preußen und Oesterreich zu ihrer Entscheidung doch mehrere Monate in Anspruch genommen hätten, Oesterreichischer Seits nun den Regierungen der deutschen Mittelstaaten die Pistole auf die Brust setzen."[116]

---

[112] Zwei Zirkularnoten Buols, Wien, 9. Mai 1854, HHStA Wien, Bundespräsidialgesandtschaft Frankfurt, Nr. 22.
[113] GStA Berlin, III. HA, Nr. 117, fol. 311–321.
[114] Bernstorff an Oertzen, Strelitz, 13. Mai 1854, LHA Schwerin, Mecklenburgische Gesandtschaft, Nr. 176b.
[115] Prokesch an Buol, Frankfurt, 9. Mai 1854, HHStA Wien, PA II 30, Berichte Prokesch, fol. 60f.
[116] Ysenburg an Manteuffel, Hannover, 14. Mai 1854, GStA Berlin, III. HA, Nr. 117, fol. 245.

Die bayerische Regierung war zwar bereit, dem Bündnis vom 20. April „möglichst bald" beizutreten, stellte aber zwischen dem eigenen Beitritt und der „Zustimmung in Frankfurt" ein Junktim her: Das eine ließe sich ohne das andere nicht denken, teilte Pfordten am 13. Mai 1854 in einem Gespräch mit den Gesandten Österreichs und Preußens mit.[117] Pfordten beharrte ferner auf der angekündigten Konferenz der Mittelstaaten, denn es gebe einen Beratungs- und Abstimmungsbedarf im Hinblick auf die vom Bund einzunehmende Haltung in der orientalischen Frage. Die Mitglieder des Bundes und insbesondere die Mittelstaaten dürften sich nicht dazu hergeben, lediglich „Nullen hinter Ziffern" und „bloße Werbbezirke" der beiden Großmächte zu sein, „denen man vollbrachte Thatsachen zur Einregistrirung vorlegt".[118]

Ebenso entschieden wie Pfordten verteidigte Beust die von Wien und Berlin kritisierten Separatverhandlungen der Mittelstaaten. Das Ziel der Konferenz sei es gerade, den Beitritt der Einzelstaaten wie des Bundes zum Aprilvertrag zu vereinbaren; ein vorbehaltloser Anschluß an die Politik der Großmächte sei dagegen nicht zu erwarten; „pure [...] würde der Beitritt nicht erfolgen".[119]

Die Absicht der Großmächte, die Bundesversammlung aus den Entscheidungsprozessen herauszuhalten, stieß auch bei jenen Staaten, welche den mittelstaatlichen Konferenzplänen kritisch gegenüberstanden, auf Ablehnung. Der oldenburgische Gesandte sah das Bündnis der Großmächte als „ein höchst erwünschtes und glückliches Ereigniß" an und hielt es für „ein Gebot der patriotischen Pflicht, des inneren Bedürfnisses und der politischen Klugheit", sich dem Bündnis so rasch wie möglich anzuschließen. Gleichwohl war auch er der Ansicht, daß die Beitrittserklärung in der Bundesversammlung erfolgen sollte.[120] Ähnlich argumentierte der Großherzog von Baden. Die Bamberger Konferenz hatte nach seiner Auffassung den „eigentliche[n] Zweck", Bayern und Sachsen eine Sonderstellung im Deutschen Bund zu verschaffen. Deshalb gab er sich „die größte Mühe", die Konferenz, an der Baden ja teilnehmen sollte, „zu hintertreiben". Er war entschlossen, in Bamberg „antinationale Bestrebungen" notfalls dadurch zu verhindern, daß er sich aus der Konferenz zurückzog und die Gründe dafür in der Presse veröffentlichte. „Der Fehler", so Friedrich, ging indessen von den Großmächten aus, „indem es besser gewesen wäre eine Bundessache auch sogleich direct an den Bund zu bringen, statt, wie es geschehen ist, die einzelnen Regierungen zum Beitritt aufzufordern, ohne sich derselben vorher versichert zu haben". Aus der Tatsache, daß „die nationale Politik [...] in allen Theilen Deutsch-

---

[117] Appony an Buol, München, 14. Mai 1854, HHStA Wien, PA IV 22. Bayern. Berichte 1854, fol. 132–136, Zitate fol. 133r.
[118] Ebd., fol. 134r.
[119] Kuefstein an Buol, Dresden, 14. Mai 1854, HHStA Wien, PA V 20. Sachsen. Berichte 1854 I-VIII, fol. 195–199, Zitat fol.198r.
[120] Eisendecher an Staatsministerium, Frankfurt, 16. Mai 1854, StA Oldenburg, 31-13-12-34a I, fol. 83–86, Zitat fol. 85r.

lands" immer mehr an Boden gewann, folgerte Friedrich, daß nun in *Frankfurt* „mit Entschiedenheit" gehandelt werden müsse.[121]

Während zwischen den Großmächten, den Mittelstaaten und den kleineren Bundesmitgliedern noch über den Sinn und Zweck der geplanten Konferenz der mittelstaatlichen Minister gestritten wurde, stellte sich immer klarer heraus, daß es in der Sache selbst keine politisch tragfähige Alternative zum Anschluß der übrigen deutschen Staaten an das österreichisch-preußische Bündnis gab. In der deutschen Presse herrschte weitgehend Einigkeit über die Notwendigkeit des Beitritts der einzelnen Staaten wie des Bundes insgesamt zum Aprilvertrag. Die Verständigung der Großmächte wurde als ein Schritt im „deutschen Interesse" gewertet, gegen den eine Opposition nicht zulässig sei.[122] So sahen es weite Teile der deutschen Öffentlichkeit, so sahen es natürlich die Großmächte selbst, und so sah es die überwiegende Mehrheit der übrigen Regierungen. Der nassauische Minister Wittgenstein brachte die allgemeine Stimmung auf den Punkt, als er gegenüber dem preußischen Gesandten äußerte, er halte es kaum für möglich, daß in Bamberg „über eine von den beiden Großmächten abweichende Politik beraten werden solle".[123] Selbst Pfordten sah sich inzwischen genötigt, den diplomatischen Rückzug anzutreten. Auf die Vorhaltungen aus Wien, das den Konferenzplan energisch bekämpfte, reagierte er mit der beruhigenden Versicherung, es gehe in Bamberg nicht darum, den Großmächten Schwierigkeiten zu bereiten, sondern das Ziel sei es, den übrigen Staaten den Beitritt zum Bündnis zu „erleichtern".[124]

Die Bamberger Konferenz war somit, schon bevor sie überhaupt zusammentrat, in ihrem ursprünglichen Anspruch gescheitert, der Stimme der reindeutschen Staaten und des Deutschen Bundes in der europäischen Krise ein eigenständiges, von den deutschen Großmächten unabhängiges Gewicht zu verleihen. Gegen den Willen von Wien und Berlin war eine freie und ergebnisoffene Beratung deutscher wie auch europäischer Angelegenheiten nicht möglich – weder auf mittelstaatlichen Ministerkonferenzen noch im Rahmen der Bundesversammlung. Durch den intensiven Druck auf die einzelnen Regierungen hatten es die Großmächte vermocht, wie die Augsburger Allgemeine Zeitung schrieb, die Bamberger Konferenz zu torpedieren und damit auch dem Bundestag die Bedeutung zu nehmen. „Der Tag von Bamberg", so wurde prognostiziert, werde ohne Resultat bleiben, doch habe er eine große Bedeutung für die Geschichte der Bundesverfassung:

---

[121] Großherzog Friedrich an Herzog Ernst II. von Sachsen-Coburg und Gotha, Baden, 19. Mai 1854, StA Coburg, LA A 7169, fol. 166 u. 169.
[122] Vgl. dazu die Kasseler Zeitung Nr. 117 vom 19. Mai 1854, S. 461.
[123] Perponcher an Manteuffel, Frankfurt, 17. Mai 1854, GStA Berlin, III. HA, Nr. 117, fol. 305.
[124] Appony an Buol, München, 19. Mai 1854, HHStA Wien, PA IV 22. Bayern. Berichte 1854, fol. 144–146, Zitat fol. 145v.

„Er beweist wie fruchtbar der Boden für den Samen ist der seit drei Jahren ausgestreut wurde, und wie praktisch die seit drei Jahren aufgestellte Maxime ist: in dem Bund und durch den Bund nichts zu Stande kommen zu lassen."[125]

Was die außenpolitische Rolle des Deutschen Bundes im Hinblick auf den Krimkrieg betraf, so hatte die Augsburger Zeitung durchaus recht, wie die weitere Entwicklung zeigte. Es gelang den Mittelstaaten nicht, den Deutschen Bund als Vertreter der Gesamtinteressen „Deutschlands" in das Spiel der europäischen Mächte einzubringen. Die diesbezüglichen Beschlüsse, welche von den acht Mittelstaaten während der vom 26.–30. Mai 1854 andauernden Verhandlungen in Bamberg gefaßt wurden, konnten nichts daran ändern, daß am Ende der Auseinandersetzungen über den Aprilvertrag lediglich die von den deutschen Großmächten vorgegebene politische Linie durch die Bundesversammlung ratifiziert wurde. Von den in Bamberg formulierten Grundsätzen, welche in gleichlautenden Noten an die Kabinette in Wien und Berlin übermittelt werden sollten, blieb schließlich kaum etwas übrig. Im Entwurf der Note[126] wurde die Erwartung ausgesprochen, „daß das abgeschlossene Bündniß auch in seiner weiteren Ausdehnung deutsche Eintracht, Treue und Kraft zum Segen des gemeinsamen Vaterlandes in heilbringender Weise bethätigen werde". Dies sollte sich ebenso als Illusion herausstellen wie die beschworene „Unabhängigkeit und Selbstständigkeit Deutschlands". Nicht durchsetzen konnten sich die Mittelstaaten mit ihren Bedenken über jene Artikel des Aprilvertrags, welche die Grenzen des Bundesrechts überschritten. Ihre Forderung, die Zustimmung dazu mit entsprechenden Garantien von seiten Österreichs und Preußens zu verbinden, wurde nicht erfüllt. Im Bundestagsausschuß für die orientalischen Angelegenheiten, der am 24. Mai, unmittelbar vor Beginn der Bamberger Verhandlungen, endlich eingerichtet worden war, gelang es den Großmächten in den Wochen nach Bamberg endgültig, die Beteiligung des Bundes in die ihnen genehme und einzig akzeptable Form zu gießen: den bedingungslosen Anschluß an die von Wien und Berlin gemachten Vorgaben. Der Beitritt des Bundes zum Aprilbündnis, so stellte der österreichische Minister Buol klar, könne nicht mit Bedingungen verknüpft werden, der Bund dürfe nicht eigenständig handeln, sondern „nur innerhalb der Richtung, welche Oesterreich und Preußen in Verbindung mit anderen europäischen Mächten zu verfolgen haben würden".[127]

Weiter untergraben wurde die Absicht der „Bamberger", in der Bundesversammlung den Kollektivbeitritt nach ihren Bedingungen auszuhandeln, durch den separaten Beitritt etlicher deutscher Regierungen zum österreichisch-preußischen Bündnis.[128] Die Mittelstaaten mußten erkennen, daß ihre

---

[125] Augsburger Allgemeine Zeitung Nr. 141 vom 21. Mai 1854, S. 2243.
[126] Beilage A zum Protokoll der Bamberger Konferenz vom 30. Mai 1854, HStA München, MA 586; die nachfolgenden Zitate ebd.
[127] Lerchenfeld an König Maximilian II., Wien, 20. Juni 1854, HStA München, MA 586.
[128] Vgl. die Berichte Schrenks an Pfordten vom 8. und 9. Juni 1854, HStA München, MA 586.

Position unhaltbar werden würde, wenn sie den Anschluß des Bundes an das Bündnis weiter verzögerten. Sie drohten in der deutschen Staatenwelt wie in der Öffentlichkeit isoliert zu werden und jegliche Möglichkeit zu verlieren, auf den Gang der Ereignisse einzuwirken. Ende Juni, nur vier Wochen nach dem Treffen von Bamberg, ließen die Mittelstaaten den Regierungen in Wien und Berlin kleinlaut mitteilen, daß sie bereit seien, dem Beitritt des Bundes zum österreichisch-preußischen Schutz- und Trutzbündnis „ohne Vorbehalt" zuzustimmen.[129]

Am 24. Juli 1854 wurde in der Bundesversammlung der entsprechende Beschluß gefaßt, wobei die zuvor geäußerten bundesrechtlichen Bedenken fallengelassen wurden. Der Beitrittsbeschluß erklärte es für legitim, „die Gesammtinteressen Deutschlands, auch über das Bundesgebiet hinaus, mit vereinter Macht gegen jede Beeinträchtigung zu schützen".[130] Völlig unklar blieb dabei, was die deutschen Interessen waren, wer sie definierte und welche praktischen Konsequenzen sich daraus für den Bund im Hinblick auf die europäische Krise ergeben mochten. Mit dem Beschluß vom 24. Juli stellte die Bundesversammlung den Großmächten gewissermaßen einen Blankoscheck aus, ohne daß für seine Deckung im Falle der Einlösung eine sichere, allgemein akzeptierte Grundlage geschaffen worden wäre. Die selbst unter den Mittelstaaten zum Teil sehr unterschiedlichen Auffassungen darüber, ob und wie weit sich der Deutsche Bund überhaupt über seine eigenen Grenzen hinaus engagieren sollte[131], waren dabei noch das kleinere Übel. Weit bedenklicher war, daß der Bundesbeschluß von der unzutreffenden Voraussetzung ausging, es gehe den beiden Großmächten um die Wahrung der allgemeinen deutschen Interessen. Als sich im Herbst 1854 herausstellte, daß die politischen Ziele und Strategien Österreichs und Preußens in der orientalischen

---

[129] Note Pfordtens an die bayerischen Gesandten in Wien und Berlin, Lerchenfeld und Malzen, München, 29. Juni 1854, HStA München, MA 586. Dieser Mitteilung schlossen sich die übrigen „Bamberger" an.

[130] ProtDBV 1854, § 233, S. 729–737, Zitat S. 733; vgl. *Huber* (Hg.), Dokumente, Bd. 2, S. 14f. – Im auf der Bamberger Konferenz von den Mittelstaaten vereinbarten Entwurf für einen Bundesbeschluß war der Beitritt zum Aprilbündnis noch an „Erklärungen und Zusicherungen" der Großmächte gebunden gewesen: „eingedenk der hohen Berufes, die Gesammtinteressen Deutschlands, deren Gebiet keineswegs auf den engern Kreis der rein deutschen Besitzungen der genannten beiden Großmächte beschränkt erscheint, nach allen Seiten hin gegen jede Beeinträchtigung zu schützen, geleitet von dem Wunsche, durch den Beitritt zu dem erwähnten Bündnisse deutsche Eintracht, Treue und Kraft zum Segen des gemeinsamen Vaterlandes zu bethätigen und im vertrauensvollen Hinblick auf die von den höchsten Regierungen von Oesterreich und Preußen zugleich mit der oben erwähnten Vorlage gegebenen Erklärungen und Zusicherungen über den Zweck, den Inhalt und den Vollzug jenes Bündnisses"; Beilage B zum Protokoll der Bamberger Konferenz vom 30. Mai 1854, HStA München, MA 586.

[131] Wie gravierend die Meinungsunterschiede trotz „Bamberg" blieben, zeigt die teilweise Abkehr des württembergischen Königs von den Bamberger Vereinbarungen ab Mitte Juni 1854. Wilhelm befürchtete, der Bund werde von Österreich in einen Krieg gegen Rußland hineingezogen. Die Haltung des Königs führte Anfang Juli 1854 zum Rücktritt von Außenminister Neurath. Vgl. dazu im einzelnen *Krusemarck*, Württemberg und der Krimkrieg, S. 45–55.

Krise keineswegs kongruent waren, geriet die Bundesversammlung in die problematische Lage, sich für eine der beiden Mächte entscheiden zu müssen. Der daraus entstehende Konflikt führte im Januar 1855 in eine tiefe Krise des Bundes, der sich somit im Krimkrieg nicht, wie von vielen erhofft, als Wahrer der Interessen Deutschlands profilieren konnte, sondern ganz im Gegenteil einmal mehr seine innere Uneinigkeit und das Unvermögen demonstrierte, die verschiedenen Partikularinteressen zu einem politischen Gesamtwillen der ‚föderativen Nation' zu verschmelzen.

Auf der anderen Seite blieben die Bemühungen der Mittelstaaten, den Deutschen Bund aus der reformpolitischen Passivität der vergangenen Jahre herauszuführen, nicht gänzlich folgenlos. In Bamberg hatte man nämlich nicht bloß darüber verhandelt, welche außenpolitische Haltung der Bund einnehmen sollte, sondern auch darüber, wie seine innere Entwicklung vorangetrieben werden könne. Der Anstoß dazu war von Beust ausgegangen[132], der nun endlich die Gelegenheit gekommen sah, seinen seit zwei Jahren immer wieder aufgeschobenen Plan für regelmäßige Konferenzen der Mittelstaaten über allgemeine Bundesangelegenheiten zu realisieren. In einem gesonderten Protokoll vom 30. Mai 1854 vereinbarten die acht anwesenden Minister, sich für eine „Belebung der Bundesthätigkeit" einzusetzen.[133] Um eine „kräftigere Förderung" der „gemeinsamen Angelegenheiten" durch die Bundesversammlung einzuleiten, sollten die Minister der Mittelstaaten zu periodischen Konferenzen zusammentreten, auf denen entsprechende Anträge vorbereitet werden sollten. Die erste derartige Zusammenkunft wurde für die erste Augusthälfte 1854 ins Auge gefaßt. Mit diesem Beschluß schien nun endlich die Möglichkeit gegeben, die nach dem Scheitern der Dresdener Konferenz auf Eis gelegte innere Weiterentwicklung des Bundes durch die Aufnahme konkreter diesbezüglicher Verhandlungen wieder aufzunehmen.

Bereits in Bamberg nahmen die versammelten Minister die Gelegenheit wahr, ihre Haltung im Hinblick auf einige zur Entscheidung anstehende Bundesangelegenheiten zu koordinieren. Sie verständigten sich darauf, in der Bundesversammlung die Beschlußfassung über die vorliegenden Anträge zur Regelung des Presse- und Vereinswesens zu fördern, um endlich die jahrelangen Verhandlungen darüber zum Abschluß zu bringen und damit durch den Bund „Abhülfe" bei den zum Teil „elend[en]" Verhältnissen in der einzelstaatlichen Gesetzgebung zu schaffen.[134] Neben diesen repressiven Maßnah-

---

[132] Neurath an König Wilhelm von Württemberg, Stuttgart, 31. Mai 1854, HStA Stuttgart, E 14, Büschel 845, fol. 263–266, hier fol. 264v–265r; vgl. *Flöter*, Beust und die Reform des Deutschen Bundes, S. 130–135.

[133] QGDB III/2, Dok. 168, S. 795–797, Zitat S. 796. – Der hannoversche Minister v. Lenthe erklärte zwar, wegen mangelnder Instruktion auf diesen Gegenstand nicht eingehen zu können, unterzeichnete aber das Protokoll und sagte zu, es seiner Regierung „zur Kenntnißnahme und Entschließung" vorzulegen (ebd. S. 797).

[134] Neurath an König Wilhelm von Württemberg, Stuttgart, 31. Mai 1854, HStA Stuttgart, E 14, Büschel 845, fol. 263–266, hier fol. 265r.

men wurden in Bamberg aber auch noch einige Materien erörtert, welche eine integrativ-nationalpolitische Zielrichtung hatten. Der württembergische Außenminister Neurath regte an, das Privatrecht bundeseinheitlich zu kodifizieren, wobei er vor allem auf das Handels- und Obligationenrecht hinwies. Seine Kollegen stimmten dem Vorschlag im allgemeinen zu und vereinbarten, darüber auf der nächsten mittelstaatlichen Konferenz zu verhandeln. Als weiteren Beratungsgegenstand brachte Bayern die Frage einer allgemeinen Regelung zur Beschränkung der Auswanderung auf die Tagesordnung. Diese sollte dafür sorgen, so Pfordten, „daß der deutschen Auswanderung mehr eine Concentration gegeben werde, damit die Auswanderer deutsche Sitten pp sich erhalten, und weniger als bisher aller Verbindung mit ihrem alten Vaterlande entfremdet werden".[135]

Mit der Rechtsvereinheitlichung und der mit nationaldeutschen Argumenten motivierten Auswanderungspolitik waren zwei Gegenstände angesprochen worden, welche die Bundesversammlung in den folgenden Jahren intensiv beschäftigen sollten.[136] Sie gehörten zu der breiten Palette von praktischen Reformmaßnahmen, die schon auf der Dresdener Konferenz als dringend notwendig erkannt worden waren und die sich vor allem deshalb für eine baldige Durchführung zu eignen schienen, weil sie innerhalb des bestehenden bundesrechtlichen Rahmens ergriffen werden konnten. Den im Bamberger Protokoll verabredeten periodischen Ministerkonferenzen war ausdrücklich die Funktion zugedacht, die Position der Mittelstaaten im Hinblick auf die angestrebte Vereinheitlichung der Gesetzgebung und Verwaltungspraxis in Deutschland zu harmonisieren.

Darüber hinaus verbanden sich mit dem Plan von regelmäßigen Ministerkonferenzen weitergehende reformpolitische Erwartungen und Hoffnungen. Fest institutionalisierte Zusammenkünfte der Mittelstaaten hätten diese als eine dritte Gruppe innerhalb des Bundes konstituiert, die neben den beiden Großmächten Österreich und Preußen eine stärkere Geltendmachung der ‚reindeutschen' Interessen ermöglicht hätten. Wenn die mittelstaatlichen Konferenzen im Bamberger Protokoll „als ein Mittel zu mehrerer Erfüllung der Bundeszwecke und festerer Ausbildung des Bundesverhältnisses"[137] deklariert wurden, so wurde damit eine allgemeine Reformperspektive eröffnet, welche Raum ließ für das gesamte, seit 1850/51 diskutierte bundespolitische Spektrum.

Die Konferenz von Bamberg hätte auf diese Weise den „Auftakt zur Bundesreform"[138], den Anfang vom Ende der langen bundespolitischen Stagnation bilden können. Die Abhaltung regelmäßiger Ministerkonferenzen der Mittelstaaten, auf denen alle bundespolitischen Fragen und insbesondere

---

[135] Ebd., fol. 265v–266r.
[136] Vgl. dazu unten Teil B.
[137] QGDB III/2, S. 796.
[138] *Flöter*, Beust und die Reform des Deutschen Bundes, S. 130.

auch die innere Entwicklung des Bundes thematisiert werden könnten, schien in greifbare Nähe gerückt. Erstmals seit dem Sommer 1851 bestand damit die Aussicht, die Bundesreform wieder an die Spitze der politischen Tagesordnung zu setzen und den Reformstau, der das Ansehen des Bundes in der deutschen Öffentlichkeit sehr belastete, endlich zu beenden. Diese Chance wurde aber nicht genutzt, weil sich mehrere Souveräne der in Bamberg vertretenen Staaten weigerten, den vereinbarten periodischen Ministerkonferenzen zuzustimmen. Nur Bayern, Sachsen und Hessen-Darmstadt hielten an diesem Plan fest, während sich Hannover, Württemberg, Baden, Kurhessen und Nassau entschieden gegen regelmäßige Treffen der Minister aussprachen und lediglich bereit waren, „in Folge besonderer Verabredungen" und „in besonders wichtigen Fällen" an Ministerkonferenzen teilzunehmen.[139] Während bei den konservativen Monarchen von Kurhessen und Nassau eine generelle Ablehnung gegen den Versuch von Bundesreformen vorherrschte, motivierte die Regierung in Hannover ihre Haltung mit der Befürchtung, die vorgesehene Periodizität könne den Konferenzen „die scheinbare Natur einer organischen Einrichtung" verleihen; ferner bestünde, sofern die Konferenzen nicht in Frankfurt stattfänden, die Gefahr einer „partikularistische[n] Deutung".[140]

Unter diesen Umständen blieb der bayerischen Regierung nichts anderes übrig, als den Plan periodischer Konferenzen fallenzulassen. Pfordten kündigte am 28. Juli 1854 in einer Depesche an seine Kollegen an, nur dann den Zusammentritt der Minister vorzuschlagen, wenn ein bestimmter Beratungsgegenstand vorliege. Da von keiner der in Bamberg vertretenen Regierungen ein solcher Gegenstand genannt worden sei, werde die bayerische Regierung derzeit davon absehen, eine Einladung zu einer Ministerkonferenz auszusprechen. Damit war die für August ins Auge gefaßte Konferenz, für die ja in Bamberg durchaus eine Reihe von möglichen Themen angeregt worden waren, vom Tisch.[141] Abermals war es nicht gelungen, eine engere und dauerhafte Verbindung der Mittelstaaten herzustellen und diese zur Förderung der inneren Entwicklung des Bundes einzusetzen. Mangelnde Einsicht in die Notwendigkeit von Reformen, partikularistische Vorbehalte, fehlendes Selbstvetrauen und verfassungsrechtliche Bedenken verhinderten, daß von Bamberg ein nachhaltiges Signal für die föderative Bundesreform ausging.

Der Versuch, die Bundesreform auf die politische Tagesordnung zu setzen, führte somit erneut in eine Sackgasse. Nach dem Scheitern der Bamberger

---

[139] Rüdt an Pfordten, Karlsruhe, 14. Juli 1854, HStA München, MA 470; Wittgenstein an Rüdt, Wiesbaden, 18. Juli 1854, GLA Karlsruhe, 48/1601. Siehe ferner: Lenthe an Pfordten, Hannover, 18. Juli 1854, Linden an Pfordten, Stuttgart, 20. Juli 1854, von Meyer an Pfordten, Kassel, 29. Juli 1854, alle HStA München, MA 470.

[140] Lenthe an Pfordten, Hannover, 18. Juli 1854, HStA München, MA 470.

[141] Pfordten an die leitenden Minister von Sachsen, Württemberg, Hannover, Baden, Kurhessen, Großherzogtum Hessen und Nassau, München, 28. Juli 1854, QGDB III/2, Dok. 169, S. 797–799.

Initiative verschwand das Thema für ein ganzes Jahr in der Versenkung, ehe es im Sommer 1855 unter dem Druck der deutschen Öffentlichkeit erneut aufgegriffen und zum Gegenstand einer über mehrere Jahre anhaltenden intensiven Debatte gemacht wurde. Den tieferen Grund dafür, daß die Bundesreformdebatte trotz der ergebnislosen und entmutigenden Verhandlungen von 1854 schon im Jahr darauf mit neuer Energie und in einer bis dahin nicht gekannten Intensität wiederaufgenommen wurde, bildete die durch die orientalische Krise bewirkte nationale Aufwallung in Deutschland. Immer drängender wurde seit dem Frühjahr 1854 die Frage gestellt, wie die deutschen Nationalinteressen in dem aktuellen europäischen Mächtekonflikt gewahrt werden könnten, und mit immer größerer Sorge wurde von vielen Seiten die Befürchtung geäußert, Deutschland könne abermals, wie zu Zeiten des Alten Reiches, zum Spielball der auswärtigen Mächte und ihrer Interessen werden. Die offenkundige Tatsache, daß die Bundesversammlung zu keiner eigenständigen europäischen Politik in der Lage war, welche die Interessen Deutschlands als Ganzes im Auge hatte, löste in den Mittel- und Kleinstaaten, auf seiten der Regierungen wie auch bei der politischen Opposition, in der Presse und Publizistik anhaltende Spekulationen über das weitere Schicksal der Nation aus.

Besonders zugespitzt wurde die Situation Deutschlands in der Presse dargestellt. Für die Kasseler Zeitung war für den Deutschen Bund im Sommer 1854 der Augenblick gekommen, „zu beweisen, daß er nicht blos ein fiktiver staatlicher Begriff, sondern eine mit allen Bedingungen der Lebensfähigkeit ausgerüstete europäische *Potenz* ist". Die außenpolitische Entwicklung erfordere nun eine grundsätzliche Entscheidung über den Status der deutschen Nation, und dabei drehe sich die Wahl „nur darum, ob Deutschland beim Schmieden des Eisens der *Hammer oder der Ambos* sein soll".[142]

Ganz ähnlich war auch die Weser-Zeitung am 14. Juni 1854 zu dem Schluß gekommen, in dem gegenwärtigen europäischen Konflikt ginge es „ganz nackt und einfach um die Behauptung der deutschen Nationalität inmitten der Stürme eines Weltkrieges". Die Weser-Zeitung zog indessen daraus eine andere Konsequenz als die Kasseler Zeitung. Sie appellierte nicht an den Deutschen Bund, seine nationale Potenz unter Beweis zu stellen, sondern sah im Gegenteil die langsame und träge Bundesversammlung als „vollkommen ungeeignet" zur Bewältigung der Krise an. Nur die Großmächte Österreich und Preußen hätten die Mittel, die deutschen Interessen „in dem Conflicte der großen Nationen" zu vertreten, sie seien „die *einzigen* möglichen Vorkämpfer des deutschen Namens".[143] Die Weser-Zeitung gab damit der in den kleineren Staaten weit verbreiteten Ansicht Ausdruck, daß der mittelstaatliche Versuch, dem Bund eine eigenständige außenpolitische Rolle zu geben, der Sache Deutschlands eher schadete als nutzte.

---

[142] Kasseler Zeitung Nr. 201 vom 28. August 1854.
[143] Weser-Zeitung Nr. 3270 vom 14. Juni 1854.

Unter den deutschen Fürsten war es vor allem der Herzog von Sachsen-Coburg und Gotha, der die „Sonderpolitik" der Mittelstaaten und ihre Absicht, ein Drittes Deutschland zu konstituieren, als ein gefährliches Vorhaben für die „Zukunft Deutschlands" kritisierte.[144] Die logische Konsequenz einer solchen Argumentation war, daß es den mittleren und kleineren Staaten nicht anstand, eigene nationalpolitische Konzepte zu entwickeln und deren Durchführung auf bundesverfassungsmäßigem Weg anzustreben. Die einzelnen deutschen Staaten und die Bundesversammlung waren nach der Überzeugung Ernsts II. von Sachsen-Coburg und Gotha vielmehr dazu bestimmt, sich der von Österreich und Preußen vorgegebenen Politik anzuschließen. „Die ganze Bundesverfassung", schrieb der Herzog an Buol, „hat gar keine Bedeutung, wenn man nicht als ihre Grundidee annimmt, daß bei vollständiger Uebereinstimmung der Großmächte die übrigen Staaten betreffenden Maßregeln ihre Theilnahme nicht versagen können."[145]

Nun bestand aber gerade in der orientalischen Krise weder eine Übereinstimmung zwischen Österreich und Preußen über die einzunehmende Haltung, noch gab es einen Konsens darüber, welches denn die deutschen Nationalinteressen seien. Während die Mittelstaaten darauf setzten, die politischen Gegensätze durch eine stärkere Aktivität des Bundes auszugleichen und die Bundesversammlung zum Koordinator einer *deutschen* Politik zu machen, bemühten sich Ernst II. und andere Kritiker der mittelstaatlichen Koalition beziehungsweise Trias darum, die Großmächte zu einer Einigung über die deutsche Politik zu veranlassen. In diesem Sinne warb der coburgische Herzog im Juni 1854 in Wien dafür, daß Österreich sich der „deutschen Nationalinteressen" annehme und legte dabei „die allgemeinen Wünsche" der liberalen Partei dar:

„1. ein festes inneres Band, 2. eine kräftige Vertretung nach Außen, 3. ein Schutz der deutschen Handelsinteressen durch Seemacht, 4. eine größere Gleichmäßigkeit in dem allgemeinen Regierungsprincip (Gesetzgebung pp), 5. womöglich eine ständische Vertretung am Bunde."[146]

Inhaltlich gab es hier manche Gemeinsamkeiten mit dem Bundesreformprogramm der Mittelstaaten, doch war der Ansatzpunkt ein anderer: Nationale Politik sollte nicht von seiten der Bundesversammlung initiiert und betrieben werden, um der liberalen Nationalbewegung den Wind aus den Segeln zu nehmen. Vielmehr appellierte Ernst II. direkt an die deutschen Großmächte, sich der nationalen Interessen anzunehmen und sie im Zusammenwirken mit den „deutschen Patrioten"[147] durchzusetzen. Letztere als nationale Partei zu

---
[144] Ernst II. an Buol, o. O., 15. Juni 1854, StA Coburg, LA A, Nr. 7170, fol. 88-90, Zitate fol. 88v u. 89r.
[145] Ebd., fol. 88v.
[146] Promemoria Herzog Ernsts II. von Sachsen-Coburg und Gotha über seine Gespräche in Wien, Juni 1854, QGDB III/2, Dok. 69, S. 310-312, Zitate S. 311.
[147] Ebd., S. 311.

organisieren, war das Ziel eines bereits im Juni 1853 auf Initiative Ernsts II. gegründeten Vereins, der zunächst vor allem über eine intensive Pressearbeit darauf hinwirken sollte, „die Gefühle der Vaterlandsliebe, des Selbstvertrauens und des Stolzes auf viele unserer Institutionen und der Zusammengehörigkeit aller Deutschen [zu] nähren", die Anhänger der nationalen und liberalen Ideen „in Regierung und Kammern" zu unterstützen und ihre Tätigkeit „der Nation verständlich und werth zu machen".[148] Unter dem Eindruck der Krimkriegskrise beschloß der Verein im Spätsommer 1854, seine besondere Aufmerksamkeit darauf zu richten, „das nationale deutsche Interesse auch bezüglich der gegenwärtig brennenden Fragen der äußeren Politik zum Bewußtsein der Nation und dadurch zur Geltung zu bringen".[149]

Der Krimkrieg löste auf diese Weise eine nachhaltige Nationalisierung der politischen Debatte aus. In zahlreichen Broschüren aus den unterschiedlichsten politischen Lagern wurden die Rückwirkungen des Konflikts auf *Deutschland* erörtert und Handlungsstrategien für eine Politik im Sinne deutscher Nationalinteressen entworfen. Als einer der ersten hatte bereits im Jahr 1853 der seit dem Herbst 1854 vom coburgischen Herzog protegierte württembergische Demokrat Gustav Diezel in seiner Schrift „Rußland, Deutschland und die östliche Frage" heftige Kritik an der außenpolitischen Impotenz Deutschlands geübt und eine national-deutsche Interessenpolitik gefordert.[150] Zu einer ganz ähnlichen Schlußfolgerung gelangte der bayerische Kammerabgeordnete Ludwig Fürst zu Oettingen-Wallerstein, der im Vormärz bayerischer Innenminister und unmittelbar vor der Revolution Ministerpräsident gewesen war. Auch er sah in der von ihm im September 1854 anonym veröffentlichen Schrift „Deutschlands Aufgabe in der orientalischen Verwickelung" durch die russische Politik vitale Interessen Deutschlands bedroht und plädierte dafür, durch eine aktive Politik die „nationale Würde" zu wahren. Zu lange seien Deutschland von außen Gesetze vorgeschrieben worden, nun sei es an der Zeit zu handeln, damit „der politische Beruf Deutschlands als des Mittelpunktes von Europa" erfüllt werde. Bemerkenswerterweise forderte Wallerstein ausdrücklich das „Bundesorgan" auf, sich dieses „welthistorischen Be-

---

[148] Denkschrift Ernsts II. von Sachsen-Coburg und Gotha, Coburg, 3. Juni 1853, in: QGDB III/2, Dok. 67, Zitate S. 305; zur Gründung und Tätigkeit des Vereins siehe *Ernst II.*, Aus meinem Leben, Bd. 2, S. 305–334; *Eichmeier*, Anfänge liberaler Parteibildung, S. 282–292; *Brütting*, Fürstlicher Liberalismus, S. 32 f.; *Scheeben*, Ernst II., S. 92–96. In der Forschung ist der Verein unter der Bezeichnung „Literarisch-politischer Verein" bekanntgeworden.

[149] Protokoll einer von Ernst II. einberufenen Sitzung des Vereinsausschusses, Reinhardsbrunn, 3. September 1854, StA Coburg, LA A, Nr. 7168, fol. 96.

[150] *Diezel*, Rußland, Deutschland und die östliche Frage. – Diezel griff in dieser Schrift Argumente wieder auf, die er bereits in der im September 1852 anonym veröffentlichten umfangreichen Abhandlung „Deutschland und die abendländische Civilisation" vorgetragen hatte. Darin hatte er sowohl Österreich als auch Preußen wegen ihrer egoistischen, das deutsche Nationalinteresse mißachtenden Politik heftig angegriffen und die Hoffnung geäußert, daß „eine wahrhaft nationale, weil auf Geschichte und Vernunft basirte Bewegungspartei" (S. 396) die Geschicke Deutschlands in die Hand nehmen werde.

rufes" anzunehmen. Die orientalische Krise stellte nach seiner Auffassung Deutschland unter anderem die Aufgabe, „die Kräftigung des deutschen Bundes in der Richtung schneller, kräftiger und einheitlicher Entfaltbarkeit der Gesammtmacht" herbeizuführen.[151]

Der Zusammenhang zwischen der inneren Verfassung Deutschlands und der Geltendmachung seiner nationalen Interessen wurde in etlichen weiteren Broschüren, die aus Anlaß des Krimkrieges veröffentlicht wurden, immer wieder hervorgehoben.[152] Die daraus abgeleiteten Forderungen im Hinblick auf die politische Organisation Deutschlands waren jedoch sehr verschieden. Die von Wallerstein gewünschte stärkere Rolle des Deutschen Bundes war dabei nur eine Option, die sich nun erstmals wieder seit 1849/50 – jedenfalls was die öffentlich geführte Debatte betraf – mit vollkommen anderen nationalpolitischen Konzepten konfrontiert sah. Die liberale und demokratische Nationalbewegung appellierte an das deutsche „Volk" und seine nationalen Instinkte, die zu einem dezidierten Nationalbewußtsein entwickelt und dann erneut in eine nationale Einigungsbewegung von unten eingespeist werden sollten. Vereinzelt gab es in diesem Sinne schon 1854 geradezu eruptive persönliche Bekenntnisse, wie dasjenige des liberaldemokratischen Abgeordneten Seeger im November 1854 in der württembergischen zweiten Kammer. Nach einer allgemeinen Klage über die unbefriedigenden politischen Zustände äußerte Seeger die Hoffnung, „daß in der gegenwärtigen großen politischen Krisis die deutsche Klein- und Vielstaaterei dem allgemeinen Drange des deutschen Volkes nach Nationaleinigung weichen und eine Reichsverfassung zu Stande kommen werde".[153]

Brach sich hier das Streben nach der Überwindung des föderativen Staatenbundes durch eine bundesstaatliche Einigung nach dem Vorbild der Paulskirche Bahn, so setzten andere Stimmen auf die Verständigung zwischen Österreich und Preußen, denen das „gesammte Deutschland" folgen werde. Dies, so argumentierte die Schrift „Deutschland und die orientalische Frage", sei der beste Weg, um Deutschland aus seiner unbefriedigenden Stellung im aktuellen europäischen Konflikt herauszuführen und ihm den gebührenden Einfluß zu verschaffen. Jedenfalls sei gegenwärtig nicht der geeignete Zeitpunkt, „um den alten, aber etwas verbleichten Lehrsatz von der Verbesserung unserer Bundesakte nach Welker'schem Zuschnitte aus der Rumpelkammer getäuschter Hoffnungen hervorzusuchen".[154] Die Bundesreform, welche

---

[151] Deutschlands Aufgabe in der orientalischen Verwickelung, S. 10, 11 u. 16.
[152] Vgl. etwa: Deutschland unter dem Einfluß der Westmächte, Frankfurt am Main 1854; Deutschlands und Österreichs Beruf bei der gegenwärtigen Weltlage, Augsburg 1854; Deutschland und die orientalische Frage, Nürnberg 1855.
[153] Verhandlungen der Württembergischen Kammer der Abgeordneten in den Jahren 1854 und 1855, Bd. 3. Hier zitiert nach dem Bericht des preußischen Gesandten Seckendorff an König Friedrich Wilhelm IV., Stuttgart, 28. November 1854, GStA Berlin, III. HA, Nr. 781, fol. 45–49, Zitat fol. 47r.
[154] Deutschland und die orientalische Frage, S. 183.

Beust und seine mittelstaatlichen Kollegen gerade angesichts der Erfahrungen der Krimkriegskrise forcieren wollten, um die politische Paralyse des Bundes zu beenden, wurde auch hier als ein ungeeignetes Mittel zur Durchsetzung einer nationalen Interessenpolitik angesehen. Nicht „genau ausgezirkelte Bundesformen" konnten demnach die deutsche Misere beheben, sondern nur ein lebendiger nationaler „Geist", der, „sofern er zu praktischem Bewußtsein gelangt ist, zuletzt auch die ihm entsprechenden Formen herauszufinden weiß". An welche Formen man dabei dachte, wurde nicht verschwiegen:

„Die Stellung Deutschlands wäre längst in diesem Sinne [gemeint ist ein Anschluß an die Westmächte in bezug auf die orientalische Politik] entschieden, wenn wir in dem Besitze einer einheitlichen Verfassung wären, durch deren Vermittlung die Interessen der gesammten Nation ungebrochen und in organischem Zusammenhange zur Lebensäußerung gelangen könnten."[155]

Die mannigfachen, aus den verschiedensten politischen Lagern kommenden Äußerungen zur Stellung Deutschlands im Hinblick auf den Krimkrieg im allgemeinen und zur deutschen Frage im besonderen lassen erkennen, daß seit 1854/55 wieder verstärkt über Alternativen zur Verfassung und Politik des Deutschen Bundes nachgedacht wurde. Der Bund geriet dadurch zunehmend unter einen nationalen Legitimationsdruck, und vereinzelt wurde sogar schon eine neue politische Gestaltung Deutschlands jenseits der staatenbündischen Ordnung projektiert. Dies war eine alarmierende Entwicklung, die jene Verfechter des Bundes nachdrücklich bestätigte, die in den Jahren 1850/51 eindringlich, wenn auch vergeblich, darauf hingewiesen hatten, daß die Wiederaufrichtung des Bundessystems nach der Überwindung der Revolution nur dann von Dauer sein könne, wenn dabei den Wünschen, Bedürfnissen und Interessen der Nation Rechnung getragen werde.

Der in der Krimkriegskrise von den deutschen Großmächten unternommene Versuch, den Deutschen Bund als bloßes Hilfsorgan zur Durchsetzung partikularer Ziele zu benutzen, hatte einen vielstimmigen Protest hervorgerufen. Mittelstaatliche Politiker, Abgeordnete und Journalisten wandten sich gegen eine Politik, die die Bundesversammlung als föderatives Organ Deutschlands ignorierte, ihr die Wahrnehmung der sogenannten nationalen Interessen unmöglich machte und dadurch eine angemessene Beteiligung Deutschlands an der europäischen Politik verhinderte. Die Krimkriegskrise legte schonungslos die nationalen Defizite des Deutschen Bundes offen und demonstrierte dessen Handlungsunfähigkeit in Fragen, die das Wohl Deutschlands als Ganzes betrafen. Befürchtungen über die baldige Auflösung des Bundes wurden in dieser Zeit von Vertretern der Mittel- und Kleinstaaten häufig geäußert. Der bayerische Ministerpräsident Pfordten meinte in einem Gespräch mit dem österreichischen Gesandten im Herbst 1854, als sich der Gegensatz zwischen Österreich und Preußen immer stärker auch in der Bundesversamm-

---

[155] Ebd., S. 182f.

lung zeigte, der Bund habe sich „bei der jetzigen politischen Krisis als nicht lebensfähig erwiesen".[156] Die deutschen Großmächte verfolgten ihre jeweiligen machtpolitischen Interessen und bedienten sich dabei der „deutschen Interessen" nur als Vorwand.[157] Die Großmachtrivalität verhinderte eine aktive und eigenständige Bundespolitik – „une politique véritablement allemande", wie der hannoversche Bundestagsgesandte Kielmannsegge am Jahresende 1854 seinem König schrieb.[158]

Statt der von vielen Seiten erhofften Nationalisierung der Bundespolitik behielt somit in der Krimkriegskrise die Instrumentalisierung des Bundes durch Österreich und Preußen die Oberhand. Ganz deutlich wurde diese Haltung in Äußerungen wie derjenigen des österreichischen Bundespräsidialgesandten Prokesch, der nach dem Bundesbeschluß vom 9. Dezember 1854, mit dem die Beistandspflicht des Bundes gegenüber Österreich noch über den Vertrag vom 20. April ausgedehnt wurde[159], seinem Außenminister Buol in triumphierendem Tonfall berichtete: „der Bund liegt seiner Majestät, unserem Kaiserlichen Herrn, zu Füßen".[160] Nicht einmal zwei Monate später, als Österreich für seinen Antrag auf Mobilisierung der Bundeskontingente in der Bundesversammlung keine Mehrheit gewinnen konnte[161], brüstete sich die preußische Regierung damit, „daß Preußen, und nicht Österreich, über den Deutschen Bund verfügen könne".[162]

Die Bundesversammlung wurde auf diese Weise nicht zum Organ eines außen- und nationalpolitischen Konsenses, sondern vielmehr zum Schauplatz harter machtpolitischer Auseinandersetzungen zwischen den beiden deutschen Großmächten. Einer der wichtigsten Bundeszwecke, die Erhaltung der äußeren Sicherheit Deutschlands, wurde zum Gegenstand des Streits. Indem der bis dahin herrschende Sicherheitskonsens innerhalb des Deutschen Bundes während der Krimkriegskrise in Frage gestellt wurde, lockerten sich die allgemeinen politischen Bindungen im Bund.[163] In diplomatischen Kreisen wurde mehrfach von der „Auflösung des Bundes"[164] gesprochen, die Großmächte untereinander sowie die

---

[156] Appony an Buol, München, 10. Oktober 1854, HHStA Wien, PA IV 21. Bayern. Varia 1854, fol. 18–21, Zitat fol. 19v.

[157] Ebd., fol. 20r.

[158] Kielmannsegge an Georg V., Frankfurt, 24. Dezember 1854, HStA Hannover, Dep. 103, Bestand VIII, Nr. 374.

[159] ProtDBV 1854, § 368, S. 1130–1137; Druck in: *Huber* (Hg.), Dokumente, Bd. 2, S. 16; vgl. dazu *Huber*, Deutsche Verfassungsgeschichte, Bd. 3, S. 243.

[160] Prokesch an Buol, Frankfurt, 9. Dezember 1854, HHStA Wien, PA II 30. Berichte Prokesch, fol. 392.

[161] Vgl. dazu *Huber*, Deutsche Verfassungsgeschichte, Bd. 3, S. 244f.; *Angelow*, Von Wien nach Königgrätz, S. 181–188.

[162] Bericht des hamburgischen Gesandten Rücker an Syndikus Merck, Berlin, 30. Januar 1855, StA Hamburg, 111-1 Senat, Cl. I, Lit. Sd, Nr. 2, Vol. 4b.

[163] *Angelow*, Von Wien nach Königgrätz, S. 190.

[164] So der hannoversche Gesandte Kielmannsegge, zitiert nach *Angelow*, Von Wien nach Königgrätz, S. 188.

Mittelstaaten und die Großmächte warfen sich gegenseitig „Bundesbruch" vor[165]. Als Österreich Mitte Januar 1855 die deutschen Staaten in ultimativer Form aufforderte, in der Bundesversammlung für die von Wien verlangte Mobilisierung des Bundesheers und die Wahl eines Bundesfeldherrn zu stimmen und dabei deutlich machte, daß es andernfalls seine Ziele außerhalb des Bundes verfolgen müsse[166], versetzte dies die mittleren und kleineren deutschen Staaten in höchste Alarmstimmung. Es schien sich, wie der oldenburgische Gesandte Liebe aus Berlin berichtete, in Deutschland eine „Katastrophe" vorzubereiten, da die Spaltung zwischen Österreich und Preußen zur Auflösung des Bundes führen könnte.[167]

Die von Beust im Vorjahr als so dringlich bezeichnete „Erhaltung der deutschen Einigkeit" war nun ernstlich bedroht, und es gelang in den ersten beiden Monaten des Jahres 1855 nur mühsam, den Zerfall des Bundes zu verhindern. Von dem Ziel, innerhalb der Bundesversammlung einen Konsens über die deutschen Interessen herzustellen und diese durch eine aktive Rolle des Deutschen Bundes in der europäischen Politik zur Geltung zu bringen, war man weiter denn je entfernt.

Mit der Ausprägung der machtpolitischen Gegensätze, welche den Bund zu sprengen drohte, korrespondierte auf der anderen Seite eine erhebliche Intensivierung des nationalen Diskurses. Selbst die Regierung der Habsburgermonarchie, die sich seit 1848 kaum mehr nationaler Argumente bedient hatte, sah sich während des Krimkriegs veranlaßt, auf „das oberste Interesse der deutschen Nation und ihrer Fürsten" zu verweisen, um die österreichische Politik zu legitimieren.[168] Auch in Wien wurde die durch den Krimkrieg wiederbelebte öffentliche Debatte über die nationale Frage aufmerksam registriert, man schaute auf die Reaktionen des „deutschen Publikum[s]" und warf den übrigen deutschen Regierungen vor, sie hätten „durch ihre zweideutige, unschlüssige Politik, in einer Frage welche die nächsten und wichtigsten Interessen der Zukunft Deutschlands berührt, die Unzufriedenheit der Nation erregt, und ein gewisses Verlangen nach einer Neugestaltung der Dinge wachgerufen".[169]

---

[165] Vgl. etwa den Bericht Apponys an Buol, München, 10. Januar 1855, HHStA Wien, PA IV 23. Berichte aus München, fol. 9–11. Danach hatte Pfordten sich über die österreichische Politik beschwert, die den Bund und die Mittelstaaten immer wieder vor „vollbrachte Thatsachen" stelle: „Ich kann dies Benehmen Oesterreichs nicht anders bezeichnen als: es ist ein *Bundesbruch*!" Appony gab den Vorwurf des Bundesbruchs an die „Bamberger Politik" und die „zweideutige Haltung Preußens" zurück, die dafür verantwortlich seien, daß nicht längst schon „ein für alle Theile ehrenhafter Friede" auf der Krim zustande gekommen sei (ebd., fol. 10).
[166] Geheime österreichische Zirkulardepesche, Wien, 14. Januar 1855, HHStA Wien, Bundespräsidialgesandtschaft Frankfurt, Nr. 23.
[167] Liebe an Rössing, Berlin, 29. Januar 1855, StA Oldenburg, 31-13-12-34a II, fol. 380–382, Zitat fol. 380r.
[168] Österreichische Zirkulardepesche, Wien, 14. Januar 1855, HHStA Wien, Bundespräsidialgesandtschaft Frankfurt, Nr. 23.
[169] Appony an Buol, München, 22. Februar 1855, HHStA Wien, PA IV 23. Bayern. Varia 1855, fol. 10–13, Zitat fol. 12v.

Die Krise schärfte das Bewußtsein dafür, daß die Jahre der inneren und äußeren Ruhe seit 1851 nur ein Zwischenspiel gewesen waren. Das Problem der politischen Ordnung Deutschlands, das Schicksal der Nation war nur für einige Zeit in den Hintergrund ge(d)rückt worden. Seit 1854/55 und nicht erst 1858/59 nahm dieses Thema auf der politischen Tagesordnung wieder einen bevorzugten Platz ein. Die deutschen Kabinette erinnerten sich an die bereits 1850/51 verbreitete, seither aber oft verdrängte Erkenntnis, daß es auf Dauer nicht genügte, die „durchlöcherte deutsche Einigkeit" lediglich notdürftig zu „flicken". Es bedürfe, so äußerte der badische Minister Rüdt im Februar 1855, nicht nur der Erhaltung, sondern der „Kräftigung des Bundes", denn ein bloßes „Flickwerk" werde allenfalls ein paar Jahre halten, und währenddessen würden „nach und nach ganz andere Bande gewoben".[170]

Bei vielen herrschte allerdings Ratlosigkeit darüber, was zu tun sei, um die befürchtete „gänzliche Umgestaltung der deutschen Verhältnisse"[171], das heißt die Auflösung des Deutschen Bundes und seine Ersetzung durch zwei verfeindete, um die Großmächte Österreich und Preußen gruppierte Bündnissysteme zu verhindern. Die Frage der Bundesreform wieder anzuregen, erschien wenig erfolgversprechend angesichts der scharfen Gegensätze, die in der Bundesversammlung im Hinblick auf die Handhabung der orientalischen Krise aufgetreten waren. Die Alternative, die darin bestand, sich auf die „moralischen Kräfte in der Nation" zu stützen und die „Deutsche Nation [...] in eine handelnde Rolle zu stoßen", um die bestehenden „unseligen politischen Gestaltungen" zu verändern, schien selbst liberalen Politikern wie Roggenbach, dem Berater des badischen Großherzogs und späteren Außenminister, als ein so gewagtes Unternehmen, daß er seine Ausführung lieber anderen überlassen wollte.[172]

Obwohl es offenkundig geworden war, daß der Bestand des Deutschen Bundes immer stärker davon abhängig gemacht wurde, ob es ihm gelang, die deutschen Nationalinteressen wirksam zu vertreten, zögerten selbst die engagiertesten Verfechter einer Bundesreform wie der sächsische Außenminister Beust nach dem Fiasko des Jahres 1854, die Frage der Bundesreform wiederaufzunehmen. Die leitenden Politiker der Mittelstaaten konzentrierten sich in der ersten Jahreshälfte 1855 statt dessen darauf, den Konflikt zwischen Österreich und Preußen zu entschärfen und dadurch den drohenden Bundesbruch abzuwenden. Dies gelang ihnen auch, doch wurden damit weder die Erwartungen auf eine aktive und eigenständige Rolle des Bundes in der deutschen Außenpolitik erfüllt noch die Hoffnungen in der deutschen Öffentlichkeit auf eine adäquate Beteiligung der Nation am europäischen Krisenmanagement.

---

[170] Rüdt an Berckheim, Karlsruhe, 9. Februar 1855, GLA Karlsruhe, 49/38, fol. 55–57, Zitate fol. 55r u. v.

[171] Ebd., fol. 55v.

[172] Privatschreiben Roggenbachs an Samwer, Monrepos, 15. Oktober 1854, LA Schleswig, Abt. 399.52, Nr. 75, fol. 39–43, Zitate fol. 40v u. 43r.

Eine Bundespolitik, die sich auf die bloße Sicherung der staatenbündischen Verfassung und die Ausgleichung der divergierenden Großmachtinteressen beschränkte, wurde indessen nicht mehr schweigend hingenommen. Das politische Klima in Deutschland veränderte sich während der Krimkriegskrise grundlegend. Die liberalen und nationalen Kräfte, die nach dem Sieg der Gegenrevolution für einige Jahre in den Hintergrund gedrängt wurden, meldeten sich, je länger die orientalische Krise andauerte, immer häufiger und nachdrücklicher zu Wort. Sie kritisierten die nationale Ohnmacht des Deutschen Bundes und forderten die Bundesversammlung auf, ihre nationalpolitische Tatenlosigkeit zu beenden und sich endlich der Interessen Deutschlands anzunehmen. Das Forum, auf dem diese Forderungen zuerst vorgebracht wurden, waren die Presse und die Publizistik, in denen bereits 1854 ein nationales Engagement des Deutschen Bundes eingefordert worden war. Dieser öffentliche Appell wurde schließlich im Frühjahr und Sommer 1855 unmittelbar in den politischen Prozeß selbst eingebracht, indem die Parlamente der Einzelstaaten sich formell mit der nationalen Frage zu befassen begannen und ihre Regierungen dazu drängten, eine den Nationalinteressen entsprechende Ausrichtung der Bundespolitik zu veranlassen. In einer Serie von Anträgen verknüpften die Kammern der Abgeordneten das Problem der Bundesreform mit der nationalen Frage, und sie lösten dadurch eine intensive Debatte über die Veränderung der konstitutionellen und institutionellen Strukturen des Staatenbundes aus. Im Gegensatz zu den Verhandlungen und Erörterungen, die seit 1852 auf diplomatischer Ebene über die Bundesreform geführt worden waren, ließ sich die 1855 eröffnete Diskussion über den Deutschen Bund und die deutsche Nation nicht mehr eindämmen. Vielmehr wurde, ausgelöst durch die Krimkriegskrise, eine auf diplomatischer, parlamentarischer und öffentlicher Ebene geführte Auseinandersetzung über Reformen eingeleitet, welche bis zum Ende des Deutschen Bundes 1866 nicht mehr abreißen sollte.

VII. „Bundesreform im nationalen Sinne"

Von der Krimkriegskrise zur „Neuen Ära" (1855–1858)

Im Jahr 1854 war in der deutschen Presse unter dem Eindruck der Krimkriegskrise wiederholt an die deutsche Bundesversammlung appelliert worden, sich für die Interessen der Nation einzusetzen. Die Verhandlungen in Frankfurt hatten allerdings gezeigt, daß eine solche Richtung der Bundespolitik unter den gegebenen Macht- und Verfassungsstrukturen des Deutschen Bundes nicht realisierbar war. Es wurde klar, daß eine Politik zum Wohl und im Interesse Deutschlands nur dann mit Erfolg eingeleitet werden konnte, wenn der Staatenbund durch grundlegende Reformen in die Lage versetzt wurde, als legitimer Vertreter der Gesamtnation zu agieren. Von dieser Erkenntnis ausgehend, kam seit dem Frühjahr 1855 eine Bundesreformdebatte in Gang, welche in Anknüpfung an die Diskussionen von 1849 bis 1851 zu konkreten Vorschlägen für eine Umgestaltung und Ergänzung der Bundesverfassung führte.

Den Anstoß dazu gaben nicht die Regierungen, sondern die politische Opposition in den deutschen Landtagen, die sich auf diese Weise mit Nachdruck wieder in den politischen Prozeß einschaltete und dabei eine entschieden liberale und nationale Komponente in die Diskussion einbrachte, welcher sich fortan der Deutsche Bund und die Bundespolitik nicht mehr entziehen konnten. Den Auftakt setzte die württembergische Kammer der Abgeordneten, die sich als erstes deutsches Parlament unumwunden für die Nationalisierung der Bundespolitik aussprach. In einer am 12. März 1855 an den König gerichteten Adresse kritisierte sie die strikte Neutralitätspolitik des Bundes in der orientalischen Krise und forderte die Regierung auf, „bei der Bundesversammlung sowohl als bei den deutschen Einzelregierungen dafür zu wirken, daß in Verfolgung einer den nationalen Interessen Deutschlands entsprechenden Politik Oesterreich die allseitigste Unterstützung gewährt werde".[1]

In dieser Erklärung manifestierte sich ein Nationalismus, der im Widerspruch stand zu den bisherigen Grundsätzen der Bundespolitik, die traditionell auf Konfliktvermeidung und Deeskalation ausgerichtet war. Die Haltung des Bundes in der orientalischen Krise, seine zunächst von den Großmächten erzwungene Passivität, sein späteres Zurückschrecken vor Maßnahmen, die als Parteinahme im Krimkrieg hätten verstanden werden können, die von Preußen mit Unterstützung der Mittelstaaten durchgesetzte strikte Neutralität, das ängstliche Bestreben, nur ja nicht in den Krieg hineingezogen zu werden – all dies interpretierten die württembergischen Abgeordneten nicht als eine Politik zum Wohle Deutschlands, sondern im Gegenteil als eine Bedro-

---

[1] Verhandlungen der Württembergischen Kammer der Abgeordneten in den Jahren 1854 und 1855, Erster Beilagen-Band, Erste Abtheilung, S. 559 (Beilage 136).

hung des „Vaterlands". Das nationale Bewußtsein der liberalen und demokratischen Parlamentarier verlangte nicht nach klassischem diplomatischen Krisenmanagement, sondern nach aktiver, entschiedener und notfalls auch aggressiver nationaler Interessenpolitik.[2]

Der Deutsche Bund sah sich damit in eine politische Rolle gedrängt, die seinen konstitutionellen und militärischen Strukturen ebenso zuwiderlief wie seinem bisherigen Selbstverständnis. Bereits im Jahr 1854 hatten sich sowohl die Einzelstaaten wie auch die Bundesversammlung veranlaßt gesehen, wiederholt Bekenntnisse zur Verpflichtung des Bundes, das Wohl und die Interessen Deutschlands als Ganzes zu fördern, abzugeben. Das Jahr 1855 zeigte, welche konkreten Konsequenzen sich aus der Einlösung dieses Versprechens ergeben mußten. Um der nationalen Aufgabe gerecht zu werden, war nichts weniger als eine umfassende Reform des Bundes, seiner Verfassung und seiner Institutionen erforderlich. Dies machten die württembergischen Abgeordneten unmißverständlich klar. Nachdem ihre Adresse vom März 1855 zunächst keine große Resonanz gefunden hatte, griffen sie im Sommer 1855 erneut und mit noch größerem Nachdruck die nationale Frage auf. In einem am 13. Juli von vierzehn liberaldemokratischen Abgeordneten gestellten Antrag wurde die Regierung aufgefordert, sich nun endlich für das bei der Wiedererrichtung des Bundes 1850/51 gegebene Versprechen einer Bundesreform einzusetzen. Die Richtung, welche die Reform nach Auffassung der Abgeordneten zu nehmen hatte, lag darin, „das längst anerkannte und durch die neueren Erfahrungen immer dringender hervorgetretene Bedürfniß der Neugestaltung der öffentlich-rechtlichen Verhältnisse Deutschlands im Sinne der Einheit und der aktiven Theilnahme des deutschen Volkes an der Leitung seiner gemeinsamen Angelegenheiten" zu erfüllen.[3]

Noch bevor dieser Antrag am 20. August 1855 mit überwältigender Mehrheit angenommen wurde[4], war in der zweiten Kammer des Großherzogtums Hessen ein gleichlautender Antrag gestellt worden.[5] Es folgten in den nächsten Monaten ähnliche Anträge auf Bundesreformen in den Landtagen von Bayern, wo am 25. September 1855 von liberaler Seite die „Neugestaltung der deutschen Bundesverfassung" gefordert wurde[6], in Coburg, wo am

---

[2] Hier manifestierte sich – nebenbei bemerkt – eine Disposition der bürgerlichen Nationalbewegung, an die Bismarck während der „Einigungskriege" der 1860er Jahre und besonders im deutsch-französischen Krieg von 1870/71 mit großem Erfolg anknüpfen konnte.

[3] Verhandlungen der Württembergischen Kammer der Abgeordneten in den Jahren 1854 und 1855, Bd. 3, S. 1697, Druck in: QGDB III/2, S. 312.

[4] Verhandlungen der Württembergischen Kammer der Abgeordneten in den Jahren 1854 und 1855, Bd. 3, S. 2151–2156.

[5] Verhandlungen der zweiten Kammer der Landstände des Großherzogthums Hessen in den Jahren 1851/55, Beilagen, Bd. 14, Beilage Nr. 899 zum 260. Protokoll vom 30. Juli 1855; Druck in: QGDB III/2, Dok. 71, S. 313–319.

[6] Ebd., Dok. 73, S. 326.

22. Oktober der gemeinschaftliche Landtag von Coburg und Gotha den Herzog einstimmig aufforderte, „auf die seit lange [sic] verheißene weitere Ausbildung der deutschen Bundesverfassung mit Vertretung des deutschen Volkes für dessen wichtige Interessen und Errichtung eines Bundesgerichtshofes nach Kräften hinzuwirken"[7], in Sachsen-Weimar, wo am 5. November ein ähnlicher Antrag wie in Coburg gestellt, eine Beratung darüber aber mit Berufung auf die Geschäftsordnung verweigert wurde[8], und schließlich am 29. Januar 1856 in Baden, wo die zweite Kammer gleichfalls einstimmig die Regierung aufforderte, dafür zu sorgen,

„daß durch eine weitere Ausbildung der deutschen Bundesverfassung die Einheit und damit die Macht unseres großen Vaterlandes gestärkt und ihm diejenige Stellung wieder angebahnt werde, welche in der Bevölkerung, in der Geschichte und in der Bildungsstufe des Volkes ihre Berechtigung findet, und durch die materiellen Interessen des Handels und der Industrie dringend gefordert wird".[9]

Die Kammerabgeordneten beriefen sich bei ihren Anträgen auf die mehrfachen Versprechungen, die in den Revolutionsjahren 1848/49 sowie auch im Zuge der Wiedererrichtung des Deutschen Bundes von den Monarchen und Ministern gemacht worden waren. Sie beklagten, daß statt dessen nur der frühere Zustand wiederhergestellt und von der Bundesversammlung „weder im Innern für die Einheit der Nation" etwas getan worden, „noch in Fragen der äußern Angelegenheiten die Stellung Deutschlands" gewahrt worden sei.[10] Der Deutsche Bund habe nicht vermocht, so warf ihm der Abgeordnete Notter in der württembergischen Kammer vor, so zu handeln, „wie es für das Centralorgan der großen deutschen Nation wünschenswert ist", seine Beschlüsse hätten nicht „den Wünschen der deutschen Nation" entsprochen. Zwar hätten sich, fuhr Notter mit Blick auf die Auseinandersetzung mit Dänemark um Schleswig-Holstein fort, in der Bundesversammlung selbst sehr häufig Stimmen erhoben, „die mit der Nation Hand in Hand gingen", doch könnten diese „bei der gegenwärtigen Verfassung des Bundes" niemals die Mehrheit erlangen.[11] Schon in der Begründung des württembergischen Kammerantrags war argumentiert worden, daß sich angesichts der jüngsten Entwicklungen die nationale Verfassungsfrage stelle und es notwendig sei, „einen kräftigen Anstoß zu geben zu Betretung eines neuen Weges". Denn die Entwicklung seit 1815 habe den Beweis geliefert, daß der Deutsche Bund

---

[7] Ebd., Dok. 80, S. 362.
[8] Verhandlungen des am 26. October eröffneten und am 24. November 1855 geendigten außerordentlichen Landtags im Großherzogthume Sachsen-Weimar-Eisenach. Stenographische Protocolle, Protocoll der 3. Sitzung vom 5. November 1855 und der 11. Sitzung vom 14. November 1855, S. 7 bzw. 105–107.
[9] QGDB III/2, Dok. 98, S. 426.
[10] Ebd., Dok. 70 u. 71, S. 312 bzw. 314.
[11] Verhandlungen der Württembergischen Kammer der Abgeordneten in den Jahren 1854 und 1855, Bd. 3, S. 2152.

„in seiner dermaligen Verfassung nicht fähig sey, seine Aufgabe zu erfüllen, daß er statt einer Waffe *für* eine Waffe *gegen* die deutsche Nation, selbst gegen die ausgesprochene Absicht der Gründer des deutschen Bundes, geworden sey".[12]

Mit großer Emphase und teilweise überbordendem Pathos wurde in den Debatten das Fortleben des nationalen Gedankens hervorgehoben, der sich mit den bestehenden Verhältnissen keineswegs zufriedengeben könne. Der Abgeordnete Wiest, der in der württembergischen Kammer der Abgeordneten als Berichterstatter der staatsrechtlichen Kommission den Antrag auf Neugestaltung der öffentlich-rechtlichen Verhältnisse in Deutschland befürwortete, erinnerte an das nationale Einheitsstreben von 1848, das immer noch nicht erfüllt worden sei:

„Jener nationale Gedanke lebt im deutschen Volke fort, und muß fortleben, denn er berührt das Innerste einer Nation, das Werthvollste, was ein Volk besitzen kann, was es erst zu einem Volke macht. Mögen daher die Zeiten werden, wie sie wollen, dieser Gedanke wird in dem deutschen Volke nicht ersterben […]"[13]

Am intensivsten setzte sich die bayerische Kammer der Abgeordneten mit den nationalen Defiziten und der Bundesreformfrage auseinander. In einer großen Adreßdebatte stritten die Abgeordneten am 25. September 1855 darüber, auf welche Weise die Thronrede des Königs anläßlich der Kammereröffnung am 17. September zu beantworten sei.[14] Zum Auftakt der Debatte legte der liberale Abgeordnete Peter Ernst von Lassaulx, der 1848/49 der Nationalversammlung angehört hatte, einen Adreßentwurf vor, in dem „eine den Bedürfnissen der Zeit entsprechende Neugestaltung des deutschen Bundes"[15] verlangt wurde. Als „Grundbedingungen" der Reform hob der Entwurf die Schaffung eines unabhängigen obersten Bundesgerichts und die „Organisation und Einberufung einer nationalen Volksvertretung"[16] hervor, womit zwei Elemente wieder aufgegriffen wurden, die schon 1850/51 im Mittelpunkt der damals entwickelten Reformpläne gestanden hatten. Lassaulx erinnerte in der Begründung seines Antrags an diese Reformpläne und an die diversen Äußerungen Schwarzenbergs, Pfordtens und des württembergischen Königs aus jener Zeit, in denen öffentlich erklärt worden war, daß es nicht darum gehen könne, lediglich den alten Bund wieder zu errichten, sondern eine den „Bedürfnissen der Zeit"[17] entsprechende Neugestaltung vorzunehmen.

---

[12] Verhandlungen der Württembergischen Kammer der Abgeordneten in den Jahren 1854 und 1855, Erster Beilagen-Band, Zweite Abtheilung, S. 736.

[13] Ebd.

[14] Verhandlungen der Kammer der Abgeordneten des bayerischen Landtages vom Jahre 1855/56. Stenographische Berichte Nr. 1–32. Von der I. Sitzung am 17. September 1855 bis zur XXXII. Sitzung am 7. Februar 1856. Bd. 1, S. 12–23; die wichtigsten Passagen der Debatte sind ediert in: QGDB III/2, Dok. 73, S. 322–334 (danach im folgenden zitiert).

[15] Ebd., S. 326.

[16] Ebd.

[17] Ebd., S. 323 u. 324.

Von der Krimkriegskrise zur „Neuen Ära"   201

Die sehr konkreten Reformforderungen Lassaulx', die er selbst als „Ausdruck des nationalen Gesammtwillens"[18] bezeichnete, wurden kontrovers diskutiert, und die Kammermehrheit entschied sich schließlich dafür, der Adresse an den König eine wesentlich mildere Form zu geben. In der schließlich fast einstimmig verabschiedeten Adresse war weder vom Bundesgericht noch von nationaler Volksvertretung die Rede. Vielmehr wurde in diplomatisch gewundener Sprache erklärt, die Eintracht und Stärke Deutschlands sowie die gedeihliche Entwicklung des Bundes könnten nur dadurch gesichert werden,

„daß die schon lange sehnlichst erwartete und feierlichst verheißene Ausbildung der Bundesverfassung den Völkern Deutschlands die unschätzbare Wohlthat eines gesicherten Rechtszustandes gewährleiste, ihrer Stimme auch am Bunde, wo ihre wichtigsten Angelegenheiten beraten werden, Gehör verschaffe und Beachtung sichere".[19]

Die Entschärfung der Adresse war vor allem durch das persönliche Eingreifen von Ministerpräsident Pfordten in die Debatte bewirkt worden. Pfordten bekannte sich ausdrücklich zu der Notwendigkeit einer Bundesreform, führte aber aus, daß nach Auffassung der Regierung der gegenwärtige Zeitpunkt nicht geeignet sei, entsprechende Schritte zu tun. Vielmehr werde man dadurch die „Eintracht Deutschlands" in Gefahr bringen[20] – eine Einschätzung, die sich in der Folgezeit bewahrheiten sollte.

Die von den Kammern entfachte Diskussion über die nationale Frage und die Reform des Bundes ließ sich aber trotz der Bemühungen der Kabinette nicht eindämmen, sondern zog immer weitere Kreise. Dazu trug vor allem die deutsche Presse bei, die schon vor der bayerischen Landtagsdebatte das Thema aufgegriffen hatte. In vielen Zeitungen wurde an die Reformversprechen seit 1848 erinnert und die Notwendigkeit einer Umgestaltung der Bundesverfassung hervorgehoben. Auffallend war dabei, daß nicht nur die liberalen, sondern auch konservative und großdeutsch orientierte Blätter die Bundesreform als ein berechtigtes nationales Bedürfnis auffaßten.

Die proösterreichische Augsburger Allgemeine Zeitung lobte Anfang September in einem Artikel ihres Wiener Korrespondenten die österreichische Politik in der orientalischen Frage, weil sie den Interessen des „Gesammtvaterlandes" entspreche, und zog sogleich die Verbindung zur Innenpolitik:

„energische nationale Bestrebungen, die eigene Ehre und die heimischen Interessen gegen das Ausland zu wahren, sind in der Regel mit dem Drange verbunden, die Grundlagen der inneren Organisation gleichfalls im nationalen Geiste zu befestigen".

---
[18] Ebd., S. 326.
[19] Ebd., S. 334.
[20] Ebd., S. 332f.

Die von den süddeutschen Kammern angeregten Reformen hätten „allerorts im Volke Anklang gefunden", sie seien „auf ein thatsächliches, tief wurzelndes Bedürfniß gestoßen, das mit Parteigelüsten nichts zu schaffen hat". Angesichts dieser einhelligen Stimmung in Deutschland, so fuhr die Augsburger Allgemeine fort, könne es nur erwünscht sein,

> „wenn eine oder die andere der Bundesregierungen sich veranlaßt fände die Sache selbst in die Hand zu nehmen, und die Bewegung, so weit sie berechtigt ist, in regelmäßige Bahnen zu lenken".[21]

In einem sechs Wochen später veröffentlichten Artikel erkannte das Blatt die „innere Berechtigung" des Wunsches nach einer Bundesreform an und äußerte *„die* feste Zuversicht", daß nach Überwindung der aktuellen europäischen Krise „die innere Gestaltung Deutschlands eine Lösung finden wird, wie sie den heißen Wünschen der Nation entspricht".[22]

Selbst ausgesprochen konservative Organe wie die in Dresden erscheinende Freimüthige Sachsen-Zeitung, die von liberalen und demokratischen Reformen nichts wissen wollten, sprachen nun davon, der Bund müsse in die Lage versetzt werden, „große nationale Maßnahmen" durchzuführen und die Einheit Deutschlands voranzutreiben.[23]

Das allgemeine Bekenntnis zur Notwendigkeit einer nationalen Reformpolitik konnte aber nicht darüber hinwegtäuschen, daß über die konkreten Schritte und Ziele der vielbeschworenen „Neugestaltung" der deutschen Verhältnisse große Meinungsunterschiede bestanden. Die Gegensätze traten schon Anfang September in der Presse zutage, als sich norddeutsche, propreußische und süddeutsche, proösterreichische Organe einen regelrechten Pressekrieg lieferten, in dem unvereinbare nationale Konzepte aufeinanderprallten. Während norddeutsche Zeitungen im Hinblick auf die Kammerdebatten den Vorwurf erhoben, die verlangte Reform der Bundesverfassung diene nicht in erster Linie der deutschen Nation, sondern den Machtinteressen Österreichs, kritisierten süddeutsche und österreichische Blätter die Politik Preußens in der Krimkriegskrise, weil sie mit der Verweigerung der Unterstützung Österreichs den Interessen Deutschlands Schaden zugefügt habe.

Für erhebliches Aufsehen sorgte am 13. September 1855 ein Artikel in der Augsburger Postzeitung, in dem unter der Überschrift „Eine Stimme aus Oesterreich" der Kaiser als Garant der „politische[n] und commercielle[n] Einheit Deutschlands" dargestellt und damit der Eindruck erweckt wurde, Österreich strebe in der Tradition des Alten Reiches die alleinige Leitung der Bundesexekutive und damit letztendlich eine Restauration des habsburgi-

---

[21] Augsburger Allgemeine Zeitung Nr. 252 vom 9. September 1855, S. 4021 f.
[22] Augsburger Allgemeine Zeitung Nr. 295 vom 22. Oktober 1855, S. 4705 f., QGDB III/2, Dok. 81, S. 364–366.
[23] Freimüthige Sachsen-Zeitung Nr. 240 vom 17. Oktober 1855, S. 943, QGDB III/2, Dok. 77, S. 353.

schen Kaisertums an.²⁴ Die Unruhe, die dadurch nicht nur in Preußen, sondern auch bei den Mittelstaaten ausgelöst wurde, veranlaßte die Augsburger Postzeitung schon am 17. September zu einem gewundenen Dementi, das keine wirkliche Klarheit über die angeblichen Pläne Österreichs brachte.²⁵ Vielmehr wurde die Vermutung, Wien plane eine Bundesreforminitiative, durch weitere Presseveröffentlichungen genährt. In einem Artikel der Oesterreichischen Zeitung wurde Preußen die alleinige Schuld am Scheitern der Dresdener Konferenz zugewiesen und der anhaltende Reformstau auf „antediluvianische Vorstellungen von der Bestimmung des Bundes" zurückgeführt, welche angeblich in Berlin vorherrschten. Es sei angesichts der antinationalen Haltung in Preußen an Österreich, sich der nationalen Entwicklung Deutschlands anzunehmen:

> „Wenn heute Oesterreich in die Hände nähme, was Preußen den seinigen entschlüpfen ließ, wenn es die Zufriedenstellung der Nation anstrebte, wenn es Brot reichte statt dem Stein; es würde des vollen Dankes und Beifalles gewiß nicht entrathen. Da es die Interessen der Nation in würdiger Weise nach Außen vertritt, und was in der orientalischen Krisis Erhebendes in deutschem Namen geschehen, sein Werk gewesen ist, so würde die Nation ihm die friedliche Entwickelung ihres inneren Lebens gewiß vorzugsweise gerne verdanken."²⁶

Der bayerische Ministerpräsident Pfordten richtete Anfang Oktober 1855 eine förmliche Anfrage nach Wien, um Klarheit über die österreichischen Absichten zu erhalten.²⁷ Die österreichische Regierung bestritt in ihrer Antwort, für die Pressekampagne verantwortlich zu sein, räumte aber ein, daß die Bundesreformforderungen Anzeichen einer „weitverbreiteten Stimmung" seien, welcher sich Österreich nicht entziehen wolle. Die Bundesreformfrage sei nach wie vor offen, die Verfassung des Bundes sei „zeitgemässer Verbesserungen" fähig, und in der Fortentwicklung der Bundesverfassung liege das einzige Mittel, um „das gerechte Verlangen der Gutgesinnten nach Befestigung des Rechtszustandes in Deutschland und nach gesicherter Pflege der gemeinsamen Volksinteressen zu befriedigen". Zwar wolle Österreich derzeit nicht die Initiative zu einer Bundesreform ergreifen, sei aber bereit, darüber in vertrauliche Beratungen mit seinen Verbündeten einzutreten. Buol stellte jedoch unmißverständlich klar, daß eine Umgestaltung des Bundes „im Sinne der liberalen Doctrinen" und insbesondere die Einführung des „parlamentarischen Prinzip[s]" in die Bundesverfassung für Österreich nicht in Frage kam. Die „Zukunft des föderativen Systems in Deutschland"

---

²⁴ Augsburger Postzeitung, Beilage Nr. 207 vom 13. September 1855, S. 825, QGDB III/2, Dok. 72, S. 319–321.
²⁵ Augsburger Postzeitung Nr. 254 vom 17. September 1855, S. 1013; vgl. QGDB III/2, S. 321, Anm. 7.
²⁶ Oesterreichische Zeitung Nr. 358 vom 14. September 1855, Abend-Ausgabe, S. 1.
²⁷ Pfordten an Wich, München, 3. Oktober 1855, HStA München, Bayerische Gesandtschaft Bundestag, Nr. 36.

war für Wien nicht so sehr von Bundesreformen im nationalen und liberalen Sinne abhängig, sondern vom Verhalten des Bundes in der orientalischen Krise. Vordringlich war es deshalb, zu klären, „ob Deutschland sich für ein einheitliches Auftreten als Gesammtmacht entscheiden wolle".[28]

Die Ausführungen Buols machen deutlich, daß sich die Habsburgermonarchie immer noch schwer tat, die Bundesreformfrage unter dem nationaldeutschen Aspekt zu betrachten. Ganz ähnlich wie sein Vorgänger Schwarzenberg in den Jahren 1850/51 hielt Buol nichts davon, ein unabhängiges Bundesgericht und eine Volksvertretung bei der Bundesversammlung einzurichten und auf diese Weise die nationale Integration voranzutreiben. Statt dessen konzentrierte sich Österreich weiterhin darauf, die Bundesexekutive schlagkräftiger zu machen – sowohl nach innen zur Repression der nationalliberalen Bewegung als auch nach außen zur Unterstützung der österreichischen Großmachtinteressen, die kurzerhand als deutsche Nationalinteressen ausgegeben wurden. Österreich war ebenso wie Preußen, dem es zu Recht vorwarf, jegliche innere Entwicklung des Bundes zu hintertreiben, unfähig, eine genuin bundespolitische Perspektive einzunehmen und einer föderativen Nationsbildung zuzustimmen, die in der Frankfurter Bundesversammlung ihr Zentrum hatte. Auch Mitte der 1850er Jahre beurteilte die Wiener Regierung die Bundesreform immer noch ausschließlich danach, inwieweit sie den Interessen der Habsburgermonarchie entsprach und übersah dabei, daß sie ihren politischen Rückhalt in Deutschland auf Dauer nur dadurch sichern konnte, daß sie dem Deutschen Bund eine positive nationale Funktion zugestand. Erst 1863 sollte sich Österreich auf ein entsprechendes Reformkonzept, das von den Mittelstaaten schon seit 1850/51 befürwortet wurde, einlassen – zu einem Zeitpunkt, als die öffentliche Meinung in Deutschland den Deutschen Bund nahezu vollständig abgeschrieben hatte und sich immer eindeutiger zu einer kleindeutsch-preußischen Bundesstaatslösung bekannte.

Gewiß war 1855 der machtpolitische Gegensatz zwischen Österreich und Preußen ebenso dominant und ausgeprägt wie 1863, und von daher müssen die Realisierungschancen einer Bundesreform auch für diese Zeit sehr skeptisch beurteilt werden. Gleichwohl waren die Rahmenbedingungen 1855 in mehrfacher Hinsicht günstiger als 1863. Preußen war noch nicht – wie nach 1862 unter der Führung Bismarcks – fest entschlossen, Österreich notfalls mit Gewalt aus Deutschland hinauszudrängen. Die nationalen Hoffnungen der deutschen Öffentlichkeit richteten sich noch nicht in dem Maße auf ein liberales und fortschrittliches Preußen, wie nach 1858/59. Bei aller Kritik am Deutschen Bund bildete doch die Bundesversammlung in Frankfurt immer noch die Adresse, an die sich große Teile der Presse und der liberalen Landtagsopposition mit ihren Reformwünschen wandten. Eine nationale Vereins-

---

[28] Buol an Appony, Wien, 10. Oktober 1855, QGDB III/2, Dok. 74, S. 334–337, Zitate S. 335, 336, 337.

und Festbewegung existierte noch nicht, und die Regierungen waren weitgehend frei vom Druck der außerparlamentarischen nationalen Agitation der späteren Jahre. Das seit 1851 vorliegende Reformkonzept mit seinen Grundelementen Stärkung der Bundesexekutive, Volksvertretung und Bundesgericht wäre bei allen Unterschieden in Einzelfragen bei den Mittelstaaten und, wie die Reformakte des Deutschen Bundes von 1863 zeigte, bei entsprechendem Nachdruck von seiten Österreichs, auch bei den Kleinstaaten konsensbeziehungsweise durchsetzungsfähig gewesen.

Die Habsburgermonarchie war jedoch weder Anfang noch Mitte der 1850er Jahre bereit, als Organisator der föderativen Nation im Rahmen des Deutschen Bundes aufzutreten. Ob damit eine realistische und tragfähige historische Alternative ungenutzt blieb, läßt sich nicht beantworten. Offenkundig ist jedoch, daß Österreich davor zurückschreckte, sich an die Spitze einer nationalen Reform- und Integrationspolitik zu stellen, wie dies Preußen wenige Jahre später unter anderen Vorzeichen mit großem Erfolg tun sollte. Nicht nur wegen der preußischen Obstruktion im Bund, sondern auch wegen der österreichischen Zurückhaltung waren deshalb die Chancen zur Verwirklichung einer Bundesreform im nationalen Sinne von Anfang an sehr gering. Gleichwohl ist die seit 1855 geführte Debatte darüber in mehrfacher Hinsicht von großer Bedeutung. Sie lotete so gründlich wie nie zuvor das nationale Integrationspotential des Deutschen Bundes aus, das keineswegs durch die Bundesverfassung *a limine* als politische Option ausschied. Die Debatte zeigt ferner, welches Maß an öffentlichem Zuspruch eine föderative Nationsbildung im Rahmen des staatenbündischen Systems hätte finden können. Sie ermöglicht dadurch eine genauere Bestimmung der politischen Spielräume und Handlungsmöglichkeiten, die dazu geeignet sein kann, die Vorstellung von der historischen Folgerichtigkeit der nationalpolitischen Entwicklung in Deutschland hin zum kleindeutsch-preußischen Nationalstaat von 1871 zu relativieren. Ein tieferer Blick in die Bundesreformdebatte der 1850er Jahre kann somit die allgemeine These untermauern, daß der Deutsche Bund und die deutsche Nation keinen unter allen Umständen unlösbaren Gegensatz darstellten, sondern daß der Staatenbund von 1815 durchaus die aus verschiedenen Gründen nie konkret genutzte Möglichkeit bot, mindestens die nationale Integration zu fördern, wenn nicht gar die Nation Deutschland föderativ zu organisieren.

Ob überhaupt und unter welchen Voraussetzungen und Modalitäten es eventuell möglich sein würde, die Bundesverfassung so auszugestalten, daß sie dem verbreiteten Wunsch nach nationaler Einigkeit entsprach – dies war die Kernfrage, um die es bei der intensiven Auseinandersetzung über die Bundesreform ging, welche durch die Verlautbarungen in den Kammern und der Presse im Sommer 1855 ausgelöst wurde. Zwar sträubten sich anfangs die wichtigsten deutschen Regierungen gegen die Wiederaufnahme der Reformfrage, weil sie wie Preußen grundsätzlich gegen eine großdeutsche Bundesreform waren oder wie Österreich und Bayern den Zeitpunkt für ungeeignet hielten. Die skeptische Haltung der drei bedeutendsten Bundesmitglieder konnte indessen nicht verhindern, daß die Reformdiskussion im Herbst immer weitere Kreise zog. Wie stark der öffentliche Druck auf Regierungsseite und insbesondere auch am Sitz der Bundesversammlung in Frankfurt empfunden wurde, verdeutlicht ein Bericht des dänischen Bundestagsgesandten, der Anfang Oktober „ein Anwachsen der politischen Aufregung in Deutschland" konstatierte, das an die Zeit unmittelbar vor der Revolution von 1848 erinnere.[29]

Nicht zuletzt der *Genius loci* scheint dazu beigetragen zu haben, daß sich die Bundesversammlung, welche ja am selben Ort tagte, in dem sich nur wenige Jahre zuvor die deutsche Nationalversammlung an der Einigung Deutschlands versucht hatte, besonders angesprochen fühlte, den nationalen Reformwünschen wenigstens teilweise entgegenzukommen. Im Kreis der Bundestagsgesandten war im Herbst 1855 die Besorgnis über die weitere Entwicklung besonders groß. Es war denn auch einer der erfahrensten und einflußreichsten Bundestagsgesandten, der die Initiative ergriff und Vorschläge für eine Revision der Bundesverfassung machte, um der bedrohlichen Lage in Deutschland zu begegnen. Der sächsische Gesandte Nostitz sah die öffentliche Agitation in den Ständeversammlungen und der Presse wie sein dänischer Kollege als Vorbote einer erneuten Revolution an. In einer am 12. Oktober 1855 an seinen Vorgesetzten Beust übermittelten Denkschrift[30] legte Nostitz dar, daß die „democratische Agitation"[31], welche auf den Umsturz der politischen und ökonomischen Verhältnisse in Deutschland hinarbeite, durch eine reine Repressionspolitik auf Dauer nicht in Schach gehalten werden könne. Vielmehr müsse die Bundesverfassung reformiert werden, um die offenkundigen Mängel zu beheben und der Bundesversammlung nicht länger die Mittel zu verweigern, „sich dem Volke als eine nützliche, sein Wohl fördernde Institution zu zeigen".[32] Nostitz, der ein entschiedener Vertreter einer konservativen Regierungsweise und des monarchischen Prinzips war, vertrat die bemerkenswerte Ansicht, daß „ächt nationale und liberale Grundsätze" bei der Mehrzahl der deutschen Regierungen vorherrschten und sich in der deutschen Politik dann mit Sicherheit geltend machen würden, „wenn die Verfassung des Bundes einen Erfolg möglich machte".[33] Eine Modifikation der Bundesverfassung war nach Auffassung des sächsischen Gesandten eine vernünftige Forderung, weil dadurch der Bund in den Stand gesetzt würde, seiner Aufgabe besser als bisher zu genügen. Und diese Aufgabe konnte, so legte Nostitz dar, nicht länger darauf beschränkt werden, die äußere und innere Sicherheit sowie die Unabhängigkeit der Einzelstaaten zu

---

[29] Bernhard Ernst von Bülow an Staatsminister von Scheel, 9. Oktober 1855, Reichsarchiv Kopenhagen, Udenriksministeriets, Det tyske forbund, depêcher 1855–56, No. 80.
[30] Nostitz an Beust, Bericht mit Anlage (Denkschrift), Frankfurt, 12. Oktober 1855, Druck in: QGDB III/2, Dok. 75, S. 337–349.
[31] Ebd., S. 341.
[32] Ebd., S. 349.
[33] Ebd., S. 344.

gewährleisten. Die Aufgabe der Bundesversammlung war vielmehr eine nationale, bei der es um „das Heil, das Glück und die Größe des Vaterlandes"[34] ging.

Als konkrete Reformmaßnahmen schlug Nostitz vor, nun endlich ein Bundesgericht einzurichten beziehungsweise die darüber geführten Verhandlungen in der Bundesversammlung wieder aufzunehmen. Ferner empfahl er die Revision einiger Artikel der Bundesakte und der Wiener Schlußakte, um Mehrheitsbeschlüsse über die sogenannten gemeinnützigen Anordnungen zu ermöglichen und auf diese Weise den Weg für allgemeine, „das materielle Wohl Deutschlands fördernde"[35] Bundesgesetze zu ebnen. Ausführlich befaßte sich Nostitz auch mit der Frage einer Volksvertretung bei der Bundesversammlung. Er hielt sie für unvereinbar mit der bestehenden Bundesverfassung und glaubte, sie durch die angeregte Kompetenzerweiterung der Bundesversammlung überflüssig machen zu können. Gleichwohl wollte er eine Volksvertretung für die Zukunft nicht völlig ausschließen, und er hielt es deshalb für nötig, „die Bundesversammlung in eine solche Verfassung zu setzen, daß eine Volksvertretung neben ihr möglich wäre".[36]

Die Denkschrift Nostitz' spiegelt eine Auffassung von der politischen Situation in Deutschland wider, welche sich, nachdem man über einige Jahre hinweg die nationale Frage vergeblich zu verdrängen versucht hatte, seit 1855 bei vielen deutschen Regierungen endgültig durchsetzte. Ohne eine Reform des Bundes, so die immer weiter verbreitete Überzeugung, war es nur eine Frage der Zeit, bis „neue politische Stürme"[37] den Staatenbund hinwegfegen würden. Über das, was darauf folgen würde, erging man sich in düsteren Spekulationen, die von der Anarchie über die Republik bis hin zur Zerreißung Deutschlands in einem Krieg zwischen Österreich und Preußen reichten – alles Alternativen, welche aus der Sicht der Frankfurter Bundestagsgesandten wie auch ihrer jeweiligen Regierungen weder die Einheit noch das Wohl der Nation fördern, sondern im Gegenteil zur politischen und ökonomischen Spaltung Deutschlands führen mußten. Angesichts dessen fiel nun dem Bund die Aufgabe zu, die Einigkeit Deutschlands zu erhalten, seine innere Entwicklung voranzutreiben, für das Wohl des Volkes und das Heil des Vaterlandes zu sorgen. Nach vier Jahrzehnten knüpfte man damit wieder an Vorstellungen an, wie sie bei der Gründung des Bundes vielfach vertreten worden waren. Die „Nation" und das deutsche „Vaterland" wurden nun auch bei den regierenden Konservativen unwiderruflich zu positiven politischen Werten, mit welchen das Schicksal des Bundes unauflöslich verbunden war. Anders gewendet: Das Bundesinteresse und das Nationalinteresse, welche lange Zeit als unvereinbare Gegensätze begriffen worden waren, näher-

---

[34] Ebd., S. 342.
[35] Ebd., S. 347.
[36] Ebd., S. 348.
[37] Ebd., S. 349.

ten sich einander an, ja sie waren aus der Perspektive der Reformbefürworter in den Mittel- und Kleinstaaten letztlich identisch.

Unübersehbar bleibt jedoch, daß eine große Unsicherheit darüber bestand, durch welche praktischen Maßnahmen der Bund und die Nation zur Deckkung zu bringen wären. Welche Änderungen in der Bundesverfassung waren überhaupt möglich, um einerseits den Charakter des Staatenbundes zu bewahren und andererseits den Wünschen der Nation zu entsprechen? Waren Majoritätsbeschlüsse politisch durchsetzbar, welche Schranken sollte man einem Bundesgericht ziehen, konnte man die Schaffung einer Volksvertretung wagen, und wenn ja, wie konnte sichergestellt werden, daß aus ihr nicht eine zweite Paulskirche wurde? Jenseits all dieser inhaltlichen Fragen, die selbst unter den Reformbefürwortern sehr umstritten waren, gab es ein grundsätzliches Problem, das jeden Versuch einer Bundesreform von vornherein zu vereiteln drohte – die Machtfrage in Deutschland. Die Haltung der beiden deutschen Großmächte zum Bund einerseits und zu der jeweils anderen Macht andererseits war offenkundig nicht von nationalen Vorstellungen geprägt, sondern vom preußischen beziehungsweise österreichischen Machtinteresse. Daran sollten letztlich alle Anläufe zu einer föderativen Nationsbildung im Rahmen des Deutschen Bundes scheitern. Gleichwohl ist als ein bemerkenswertes, durch die Quellen in vielfacher Weise belegtes Resultat festzuhalten, daß es seit Mitte der 1850er Jahre anhaltende Bestrebungen von seiten des Bundes gab, die inneren und äußeren Interessen der Nation wahrzunehmen. Eine an den nationalen Bedürfnissen ausgerichtete Bundespolitik sollte die politische, ökonomische und legislative Einigung Deutschlands vorantreiben.

Es war der entschiedenste Vertreter dieses Konzepts, der sächsische Außenminister Beust, der im Herbst 1855 wiederum die Initiative ergriff. Er setzte sich über die Bedenken, welche in Wien und Berlin, aber auch in München, Stuttgart, Karlsruhe und Darmstadt gegen eine Wiederaufnahme der Debatte über die Reform der Bundesverfassung geäußert wurden, hinweg und sprach von der „Nothwendigkeit dieser Revision". Nicht so sehr die orientalische Krise erforderte nach Ansicht Beusts die Reform des Bundes, sondern die „inneren Verhältnisse" machten diese notwendig.

Als wichtige Elemente einer Reform, die den Erwartungen der deutschen Öffentlichkeit entgegenkommen werde, nannte Beust, der hier viel weiter ging als sein ängstlicher Bundestagsgesandter Nostitz, einmal mehr „die Gewährung einer Volksvertretung bei dem Bundestag" und „die Einsetzung eines kräftigen obersten Gerichtes". Beust hoffte, daß über diese Fragen erneut „eine *vorgängige* Berathung" einzelner Bundesregierungen stattfinden werde.[38] Er knüpfte damit an sein Reformkonzept von 1853/54 an, in dem die Mittelstaaten die zentrale Funktion eines Ausgleichsfaktors zwischen den beiden Großmächten spielten.

---

[38] Blittersdorff an Buol, Dresden, 14. Oktober 1855, HHStA Wien, PA V 21. Sachsen. Berichte 1855, fol. 622r–625, Zitate fol. 622r, 623r u. v, 624r.

Wenige Tage später wies Beust die österreichische Regierung noch einmal nachdrücklich auf die Notwendigkeit einer Bundesreform hin. Diese ergebe sich aus der „sich immer wiederholenden Collision der Bundesverfaßung mit den landständischen Vertretungen in den einzelnen Ländern" und „dem nicht geregelten und schwachen Rechtszustande". Dem könne nur auf zwei Arten abgeholfen werden: Entweder durch eine Vertretung der Kammern beim Bundestag, „wodurch alle wichtigen Debatten an dem Sitze des Bundestages concentrirt würden", oder durch ein „kräftiges Auftreten" des Bundestages „gegen die bedenklichen Kammerzustände in den einzelnen Ländern".[39]

Die „Wichtigkeit dieses Gegenstandes" veranlaßte Beust, sich am 19. Oktober direkt an die österreichische Regierung zu wenden.[40] Er kündigte eine ausführliche Darlegung zur Bundesreformfrage an und beschwor Österreich, sich aktiv für eine konstruktivere Rolle des Bundes in der deutschen Politik einzusetzen. Es ging dabei, so Beust, um „das allgemeine Wohl Deutschlands und die Stärkung der deutschen Regierungen", auf dem Spiel stand „die Zukunft des föderativen Sistems in Deutschland".[41] Um dieses zu erhalten, bedurfte es nach Auffassung des sächsischen Ministers nach außen hin eines „einheitlichen Auftreten[s] Deutschlands[s] als Gesammtmacht", und im Innern mußte der Bund seine „negirende u. abwehrende Haltung gegenüber der unvermeidlichen Entwickelung seiner eigenen Schöpfung" endlich aufgeben und statt dessen die konstitutionelle Entwicklung in Deutschland „leitend selbst in die Hand [...] nehmen".[42]

Beust machte hier auf ein grundlegendes politisches Strukturproblem in Deutschland aufmerksam, das seit der Gründung des Bundes ungelöst geblieben war und Anlaß zu zahlreichen Konflikten gegeben hatte: die Diskrepanz zwischen der einzelstaatlichen Verfassungsentwicklung und dem verfassungspolitischen Stillstand auf Bundesebene. Während in den meisten Einzelstaaten seit Jahrzehnten nach konstitutionellen Prinzipien, das heißt mit Beteiligung von gewählten Volksvertretern regiert wurde, hatte der Bund bislang die Übertragung „landständischer" Elemente auf die gesamtdeutsche Ebene stets zurückgewiesen. Dieser Zustand schien Beust nicht mehr haltbar, und er sah es als unbedingt notwendig an, zu erwägen, „ob es möglich & räthlich sei, die Landesvertretungen, durch eine beschränkte Beteiligung an den B.Angelegenheiten, dem B.Wesen zu befreunden".[43]

In sehr vorsichtigen Wendungen versuchte Beust, die noch nicht einmal in ihrer eigenen Monarchie konstitutionell regierende habsburgische Staatsfüh-

---
[39] Blittersdorff an Buol, Dresden, 17. Oktober 1855, QGDB III/2, Dok. 78, S. 354–356, Zitate S. 355f.
[40] Beust an Könneritz, Dresden, 19. Oktober 1855, QGDB III/2, Dok. 79, Zitat S. 357.
[41] Ebd., S. 358 u. 361.
[42] Ebd., S. 359 u. 361.
[43] Ebd., S. 359.

rung für die Idee einer Beteiligung von gewählten Abgeordneten an Bundesentscheidungen zu gewinnen. Er beteuerte dabei, daß die Autorität der Regierungen und der Bundesversammlung nicht geschmälert werden dürfe und daß es ganz unzulässig sei, das parlamentarische Prinzip der Bundesverfassung zugrunde zu legen. Auf der anderen Seite ließ Beust keinen Zweifel daran, daß die bestehenden Einrichtungen des Bundes unzureichend waren und dringend der Ergänzung bedurften. Neben dem Bundesgericht, auf das er in diesem Zusammenhang ausdrücklich verwies, gehörte dazu eben auch eine Regelung, welche den Widerspruch zwischen der Bundesverfassung und den Landesverfassungen beseitigte:

„Mit einem Worte, man wird sich der Aufgabe nicht entziehen können, den nöthigen Einklang zwischen B.Verfassung und Einzelverfassungen in der Weise herzustellen, daß der B.Organismus sich entweder *mit* den Landesvertretungen, oder *neben* denselben ungehindert bewegen kann."[44]

Das klang sehr vage und ließ sich sowohl im Sinne einer Beschneidung der bestehenden Rechte der einzelstaatlichen Kammern als auch im Sinne einer Einbindung der Landesparlamente in die Bundesgesetzgebung auslegen. Beust selbst favorisierte als Lösung offenbar die Verbindung beider Elemente und skizzierte in zwei großen Denkschriften von 1856 und 1857 eine entsprechende Revision der Landes- und Bundesverfassungen. Darauf wird weiter unten noch näher einzugehen sein. Wichtig für den politischen Prozeß im Herbst 1855 war zunächst einmal, daß Beust mit seinen Erörterungen die Reform der Bundesverfassung wieder auf die Agenda des Bundes wie auch der Einzelregierungen brachte. Die sich in der Folge entfaltende intensive Diskussion darüber verlief zwar nicht in dem Sinne, wie es der sächsische Außenminister gern gesehen hätte, sie hatte aber unmittelbare praktische Konsequenzen für die Bundespolitik.

Daß mit Beust nun einer der renommiertesten deutschen Regierungschefs die von den Landtagen und Teilen der Presse geforderte institutionelle Umgestaltung des Bundes zum Gegenstand von Regierungsverhandlungen machen wollte, führte im Oktober und November zu einer hektischen diplomatischen Betriebsamkeit zwischen den Regierungen. Obwohl etliche Minister im Grundsatz „eine Reform des Bundes für höchst wünschenswerth" hielten[45], überwog doch im Hinblick auf den Zeitpunkt eine sehr skeptische Einschätzung. Jede Umgestaltung der Bundesverfassung war abhängig von einer Verständigung zwischen Österreich und Preußen, und die Aussichten auf eine Einigung der beiden Großmächte über die Grundzüge einer Bundesreform waren nach den Erfahrungen der vergangenen Jahre äußerst gering. Durch die orientalische Krise war der Vorrat an bundespolitischen Gemein-

---

[44] Ebd., S. 360.
[45] Redern an Manteuffel, Dresden, 2. November 1855, über ein Gespräch mit dem weimarischen Minister von Watzdorf, QGDB III/2, Dok. 83, S. 373.

samkeiten zwischen Wien und Berlin zusätzlich verringert worden. Unter diesen Voraussetzungen hielten es viele der politisch Verantwortlichen für das beste, von der Revision der Bundesverfassung zumindest zum aktuellen Zeitpunkt die Finger zu lassen. Was die inhaltlichen Aspekte betraf, so rief die Schaffung eines Bundesgerichts noch die geringsten Bedenken hervor, während die angeregte Volksvertretung vielerorts als ein Schritt zur Parlamentarisierung des Bundes angesehen wurde, die aus Sicht der Monarchen und ihrer Regierungen völlig inakzeptabel war. „Mit aller Kraft", so hieß es, müsse „dem parlamentarischen Principe" entgegengetreten und verhütet werden, „daß solches in die Bundes-Verfassung eingeführt werde".[46]

Man schreckte davor zurück, auf die Kernforderung der deutschen Öffentlichkeit einzugehen und konkret über Möglichkeiten nachzudenken, auf welche Weise gewählte Abgeordnete an den Entscheidungen des Bundes beteiligt werden könnten. Doch war auf der anderen Seite die Auffassung weit verbreitet, daß es sich die Regierungen kaum leisten konnten, die Reformdiskussion völlig abzuwürgen und im bundespolitischen Stillstand zu verharren. Wenn man schon die „von dem ganzen gebildeten Deutschland"[47] geforderte Revision der Bundesverfassung nicht angehen konnte, so mußte man doch wenigstens im Rahmen der bestehenden Bundesordnung die nationale Kompetenz des Bundes demonstrieren, um der öffentlichen Aufregung entgegenzuwirken. Diesen Weg wollte der bayerische Ministerpräsident von der Pfordten gehen. Er leitete eine Initiative ein, welche zum Ausgangspunkt eines ganzen Bündels von praktischen Reformmaßnahmen wurde: Pfordten wies am 10. November 1855 den bayerischen Bundestagsgesandten Schrenk an, in vertraulichen Gesprächen mit seinen Frankfurter Kollegen die Möglichkeiten für „eine lebendigere Thätigkeit der Bundesversammlung" auszuloten. Er dachte dabei an „mancherlei Angelegenheiten von allgemein deutschem Interesse" und nannte im einzelnen die Harmonisierung des Heimat- und Niederlassungsrechts, die bundeseinheitliche „Organisation der Auswanderung", eine allgemeine deutsche Handelsgesetzgebung, „eine gemeinschaftliche Patentgesetzgebung, ein gemeinschaftlicher Musterschutz, gemeinschaftliche Bestimmungen über Messen und Jahrmärkte, über Hausirhandel u.dgl.", die Vereinheitlichung der Münz-, Maß- und Gewichtsverhältnisse und „eine allgemeine Gesetzgebung" über den Gerichtsstand und die Vollziehbarkeit rechtskräftiger Urteile.[48]

Dieses Programm einer nationalen Rechtsvereinheitlichung und wirtschaftspolitischen Integration ließ sich ohne eine Revision der Bundesverfassung auf dem Wege von „gemeinnützigen Anordnungen" durchsetzen, wozu allerdings die Zustimmung jedes einzelnen Bundesmitglieds erforderlich war. Ohne sich auf das gefährliche Feld einer Umgestaltung der Bundesgrund-

---

[46] Ebd.
[47] Ebd., S. 374.
[48] Pfordten an Schrenk, München, 10. November 1855, QGDB III/2, Dok. 86, S. 382–384, Zitate S. 382 u. 383.

gesetze begeben zu müssen, bot sich die Möglichkeit, nationale Integrationswünsche zu erfüllen. Hier schien ein Ausweg gefunden aus dem Dilemma, mit dem sich der Bund und die Einzelstaaten immer stärker konfrontiert sahen: Einerseits konnten sie die nationalen Reformforderungen nicht mehr länger ignorieren, andererseits aber wollten sie am bestehenden Staatenbund, der die Souveränität der Monarchen und die Unabhängigkeit der Einzelstaaten garantierte, festhalten. Mit der Aktivierung der Bundesversammlung im Bereich der legislativen und ökonomischen Integration Deutschlands konnte es möglicherweise gelingen, so hofften viele mittel- und kleinstaatliche Politiker, die Nation auf föderative Weise zu einigen und damit eine Alternative zum bundesstaatlichen Programm der liberalen Nationalbewegung zu eröffnen.

Zur gleichen Zeit, als die bayerische Regierung diese Belebung der Bundestätigkeit anregte, versuchte der badische Gesandte in Berlin Meysenbug, der im folgenden Jahr badischer Staats- und Außenminister werden sollte, das dahinterstehende politische Kalkül zu einem allgemeinen Reformkonzept zu erheben. In einer ausführlichen Denkschrift vom November 1855[49] setzte sich Meysenbug damit auseinander, „was denn zu reformieren sei, *aus welchen Gründen* und *in welcher Richtung*".[50] Er ging davon aus, daß der Staatenbund „die den historischen und rechtlichen Verhältnissen entsprechende Form" der politischen Organisation Deutschlands sei, und gelangte von daher zu dem Ergebnis, daß jeder Reformversuch an der „*bestehende[n] Grundlage des Staatenbundes*" festhalten und sich „*auf Befriedigung klar erkannter practischer Bedürfnisse*" beschränken müsse.[51]

„Indem man dies ausspricht, bekennt man sich zu der Absicht, einen andern Weg zu gehen, als diejenigen gewöhnlich thun, welche das Wort ‚Reform' in den Mund nehmen. Das Bauen im *Einzelnen* auf der gegebenen sicheren Grundlage, das eigentliche *Ausbauen* wird wohl zumeist darauf verzichten müssen, durch ihren Glanz bestechende Resultate zu improvisiren. Das Haus kann aber nach und nach wohnlicher werden und dem Bedürfnisse mehr genügen, als eine lediglich für die Wirkung nach Außen bestimmte Façade!"

Meysenbug verstand dieses wenig spektakuläre „Bauen im *Einzelnen*" nicht als ein Ausweichen vor der großen nationalen Frage, sondern er bekannte sich ausdrücklich zur nationalen Verantwortung des Bundes, dessen innere Entwicklung er nicht als abgeschlossen betrachtete:

„Es muß hier vorangestellt werden, daß ein großer Irrthum zu vermeiden ist, der Irrthum nämlich, als ob die dermalige Bundesversammlung die mögliche Verfassung des deutschen Bundes in sich abschlöße. Der deutsche Bund ist *mehr* als das eine Organ, welches er sich geschaffen und bisher benützt hat; er ist der ewige Verein der deut-

---

[49] Abgedruckt in: QGDB III/2, Dok. 92, S. 397–412.
[50] Ebd., S. 398.
[51] Ebd., S. 399; das folgende Zitat ebd.

schen Fürsten und freien Städte, welche auf den Trümmern des zusammengesunkenen Reiches den hohen Beruf aufnahmen, die nationale Einheit, die innere Kraft, die äußere Macht zu erhalten, zu pflegen, zu erweitern. An diese Quelle, durch Verträge umschlossen, muß man sich wenden, um Neues zu schöpfen."[52]

Eine vielversprechende bundesgesetzliche Handhabe, um nationale Reformen auf den Weg zu bringen, erblickte Meysenbug in Artikel 11 der Bundesakte, welcher den Einzelstaaten „das Recht der Bündnisse aller Art" garantierte[53], vorausgesetzt sie richteten sich nicht gegen die Sicherheit des Bundes oder einzelner Mitgliedsstaaten. Dieses sogenannte freie Unierungsrecht war nach Ansicht Meysenbugs bisher schon „das wirksamste Mittel" für eine „nationale Entwickelung" gewesen, und die erzielten Erfolge (insbesondere der Zollverein) kamen indirekt auch dem Bund zugute, denn: „sie haben den nationalen Sinn wach erhalten, und bereiten den Boden für eine große föderative Ausbildung". Jetzt kam es darauf an, das Unierungsrecht „in eine angemessene Verbindung mit dem Bunde" zu setzen, „damit dem Bunde endlich auch in der That zu Gute komme, was jetzt im Einzelnen zur Vorbereitung nationaler Entwickelung geschieht".[54] Durch die richtige Anwendung des Artikels 11 der Bundesakte könne, so glaubte Meysenbug, die föderative Einheit Deutschlands gestärkt und damit eine nationale Aufgabe erfüllt werden. Die innere Ausbildung des Bundes durch praktische legislative Maßnahmen war auf diese Weise nicht mehr nur ein Zweck, „sondern auch ein Mittel zu weiterer föderativer Entwickelung". Und noch einmal:

„In der Ausbildung gemeinsamer Einrichtungen (z. B. der Militair-Einrichtungen, der Befestigungen u.s.w.), in der Annäherung, wenn nicht Identifizierung der Verhältnisse der bürgerlichen Gesellschaft liegt wie die Bewährung so auch die Kraft der nationalen Idee. Diese gehoben und gestärkt durch die Regierungen selbst, wird sich in denselben immer mächtiger entfalten und dem Sinne für Zusammenhalten eine gesunde Nahrung zuführen."[55]

Das politische Leitbild, welches Meysenbug hier skizzierte, war das einer föderativ geeinten Nation, die auf dem „nationalen Sinne"[56] und dem nationalen Konsens der Einzelstaaten beruht. Der Bund ist in diesem Sinne ein „Collectivstaat"[57], der die Aufgabe hat, die innere Einheit und die äußere Machtstellung Deutschlands zu fördern. Beides sind nationale Zwecke, auf die Meysenbug insbesondere die Fürsten zu verpflichten versucht. Sie haben es in der Hand, so schließt er seine Denkschrift in beschwörendem Tonfall, durch ihre „reale Macht" wie durch ihre „föderative Gesinnung" die „nationalen Interessen" zur Geltung zu bringen, indem sie die „Förderung gemein-

---

[52] Ebd.
[53] QGDB I/1, Dok. 250, S. 1512.
[54] QGDB III/2, S. 403.
[55] Ebd., S. 410.
[56] Ebd., S. 411.
[57] Ebd., S. 408.

samen politischen Handelns" zu ihrer vordringlichen Aufgabe machen und auf diese Weise der politischen Bewegung eine Dynamik verleihen, welche die Zwänge der Frankfurter Bundesversammlung überwinden hilft.[58]

Der hier aufscheinende Zweifel, ob es der Bundesversammlung aus eigenem Antrieb gelingen konnte, die nationale Integration voranzutreiben, war angesichts der bisherigen Erfahrungen durchaus berechtigt. Dieses Problem wurde aber nicht als unüberwindbar angesehen. Es darf auch nicht überbewertet werden, denn die folgenden Jahre sollten zeigen, daß es durchaus möglich war, nationale Gesetze durch die Bundesversammlung und ihre Kommissionen herbeizuführen. Der entscheidende Punkt der Meysenbugschen Denkschrift war ein anderer: Sie stellte den Deutschen Bund mit großem Nachdruck auf den Boden der Nation. Sie konstatierte ohne Umschweife, daß es die „Aufgabe des Staatenbundes"[59] sei, für nationale Einrichtungen und die Ausbildung der bürgerlichen Gesellschaft zu sorgen. Sie skizzierte schließlich einen formalen Weg zur Wahrnehmung dieser Aufgabe, und sie formulierte inhaltliche Eckpunkte der angestrebten Reformen. Was Meysenbug projektierte, war die föderative Nation Deutschland – der Weg dazu war die „Durchführung der Gemeinsamkeit"[60] durch praktische Maßnahmen, welche konkrete Bedürfnisse der Nation und der bürgerlichen Gesellschaft befriedigten.

Gerade die Tatsache, daß die deutsche Verfassungsfrage, welche Beust in den Mittelpunkt seiner Reformüberlegungen stellte, bei Meysenbug weitgehend ausgeklammert wurde, ließ seinen Ansatz bei vielen deutschen Ministern attraktiv und praktikabel erscheinen. Der badische Minister Rüdt hielt eine „eigentliche ‚Bundesreform'", das heißt die Umgestaltung der Bundesverfassung für unausführbar, war aber sehr einverstanden mit den Darlegungen seines Gesandten Meysenbug. Rüdt befürwortete die von Bayern angeregten „gemeinnützigen Anordnungen".

„Auf diesem Wege würden die gemeinsamen Interessen der deutschen Nation wesentlich gefördert, ohne Zweifel die öffentliche Meinung, soweit sie überhaupt Berücksichtigung verdient, befriedigt, ein vermehrtes übereinstimmendes Zusammenwirken nach Innen und dadurch auch eine größere Machtstellung nach Außen erzielt werden."[61]

Auch andere Vertreter der mittel- und kleinstaatlichen Regierungen reagierten mit grundsätzlicher Zustimmung auf den bayerischen Vorschlag, die Bundesgesetzgebung zu intensivieren. Es sei leichter, so schrieb der württembergische Bundestagsgesandte Reinhard, den Mängeln der Bundesverfassung durch „eine größere Thätigkeit auf dem Felde gemeinnütziger Angelegenheiten" abzuhelfen, „als wenn man in die Fußstapfen der Dresdner

---
[58] Ebd., S. 412.
[59] Ebd., S. 403.
[60] Ebd.
[61] Rüdt an Marschall, Karlsruhe, 28. Dezember 1855, QGDB III/2, Dok. 96, Zitate S. 418f.

Conferenz treten und Aenderungen in der Form des Central-Organs des Deutschen Bundes anregen wollte".[62] Nur wenige Regierungen hatten eine Abneigung dagegen, sich der „Schwerfälligkeit einer generalisierenden Bundesgesetzgebung" anzuvertrauen[63], im allgemeinen sah man es als sachlich begründet und politisch opportun an, den Bund auf diese Weise aus seiner nationalpolitischen Lethargie zu reißen.

Selbst der preußische Bundestagsgesandte Bismarck, der jeglichen inneren Ausbau des Bundes zu blockieren versuchte, riet davon ab, „dem fast allseitig geteilten Streben nach Consolidation der deutschen Gesetzgebungen über jene gemeinnützigen Angelegenheiten" direkt entgegenzutreten. Man müsse, auch wenn es nicht dem preußischen Interesse entspreche, sich durch unkündbare Bundesbeschlüsse zu binden, formell auf die bayerischen Vorschläge eingehen. Deren Verwirklichung werde, so hoffte Bismarck, letztlich doch an Österreich scheitern, das weder in materieller noch in politischer Hinsicht in der Lage sei, sich einer allgemeinen deutschen Gesetzgebung anzuschließen.[64]

Diese Hoffnung sollte sich bald als trügerisch herausstellen, denn Österreich reagierte weitaus geschmeidiger, als es Bismarck und die Regierung in Berlin erwarteten. Dem neuen Präsidialgesandten Rechberg war als ein leitendes Prinzip für seine Tätigkeit in Frankfurt mit auf den Weg gegeben worden, daß es darauf ankomme, den Vorrang der Bundesgesetzgebung vor der Landesgesetzgebung durchzusetzen. Darin liege „die Gewähr für die Erhaltung nicht nur einer wahren Einigkeit, sondern auch einer nach allen Richtungen hin wohlbefestigten Rechtssicherheit in Deutschland".[65] Dies zielte einerseits darauf ab, die Bundesautorität gegenüber den einzelstaatlichen Kammern geltend zu machen und national-liberale Bestrebungen einzudämmen. Andererseits ging es aber auch um klare und den „Bedürfnissen der Gegenwart angepaßte Gesetze des Bundes"[66], und dazu gehörten nach österreichischer Auffassung unzweifelhaft die von Bayern genannten Gegenstände. Preußen sollte nicht länger ungestört damit fortfahren können, die „materiel-

---

[62] Reinhard an Linden, Frankfurt, 27. November 1855, HStA Stuttgart, E 65, Verzeichnis 57, Büschel 329.

[63] So der hamburgische Syndikus Merck an seinen lübeckischen Kollegen Elder, Hamburg, 10. Dezember 1855, QGDB III/2, Dok. 95, Zitat S. 417. In einem privaten Schreiben vom 2. Dezember 1855 an den hamburgischen Bundestagsgesandten Kirchenpauer hatte Merck die bayerische Initiative als „ein todtgeborenes Kind" bezeichnet, weil die für allgemeine Bundesgesetze erforderliche Einstimmigkeit in der Bundesversammlung nicht zu erlangen sei; auch sei zum Beispiel die „Leitung der Auswanderung durch Regierungsmaßregeln [...] völlig unpractisch"; Merck an Kirchenpauer, Hamburg, 2. Dezember 1855, StA Hamburg, 111–1 Senat, Cl. I, Lit. Sc, Nr. 2, Vol. 74c.

[64] Bismarck an Manteuffel, Frankfurt, 26. November 1855, QGDB III/2, Dok. 93, Zitate S. 414.

[65] Buol an Rechberg, Wien, 31. Oktober 1855 (Instruktion), QGDB III/2, Dok. 82, Zitat S. 371.

[66] Ebd.

len Interessen" durch Separatverträge mit einzelnen Bundesstaaten unter Ausschluß Österreichs und des Deutschen Bundes zu regeln. Die legislative und ökonomische Integration Deutschlands sollte vielmehr zur Bundessache gemacht werden. Sofern es nicht möglich sein sollte, die dazu erforderlichen Maßnahmen direkt „bei dem Bunde zu verhandeln", so könnten, schlug Rechberg seiner Regierung vor, die einigungswilligen Staaten in Separatverhandlungen gemeinnützige Vereinbarungen treffen und diese anschließend durch den Bund sanktionieren lassen.[67]

Ähnlich wie Nostitz in seiner Denkschrift vom Oktober 1855 dachte Rechberg daran, in der Bundesversammlung mit Stimmenmehrheit integrative Bundesbeschlüsse zu fassen, die nur für die zustimmenden Regierungen bindend waren. Aus preußischer Sicht war dies der Versuch, die zweite deutsche Großmacht in Frankfurt auf bundeswidrige Weise zu majorisieren, denn Beschlüsse über gemeinnützige Anordnungen bedurften nach den Bundesgrundgesetzen der Einstimmigkeit. An der Frage, ob man integrative Maßnahmen und Gesetze durch Mehrheitsbeschlüsse der Bundesversammlung herbeiführen dürfe oder ob man sie, falls die allseitige Zustimmung im Bund nicht zu erreichen war, der sogenannten freien Vereinbarung unter den Regierungen überlassen müsse, entspann sich in den folgenden Jahren ein Grundsatzkonflikt, der die Umsetzung des bayerischen Programms erheblich verzögerte und die allgemeine Einführung etlicher der vom Bund entworfenen Gesetze verhinderte. Allerdings geriet Preußen dabei in die Defensive, denn es wurde zunehmend schwieriger, der deutschen Öffentlichkeit zu vermitteln, warum sich die Berliner Regierung solchen Gesetzen widersetzte, die doch offenkundig den nationalen Bedürfnissen entsprachen. Es war sicherlich ein wichtiges Motiv der österreichischen Unterstützung der integrativen Bundesgesetzgebung seit 1855/56, daß sich auf diesem Feld eine Gelegenheit bot, Preußen in Verlegenheit zu bringen.

Zugleich gab es aber ein genuines Interesse der Habsburgermonarchie an allgemeinen Bundesgesetzen zur Vereinheitlichung des Rechts und der wirtschaftlichen Verhältnisse im Deutschen Bund. Hier war die Möglichkeit gegeben, den Kaiserstaat materiell mit dem übrigen Deutschland fest zu verbinden und einem weiteren Auseinanderdriften der sozioökonomischen Strukturen zwischen „Deutschland" und „Österreich" vorzubeugen. Die österreichische Regierung erkannte Mitte der 1850er Jahre, daß ihr Engagement für die innere Integration Deutschlands eine eminente politische Bedeutung hatte. Rechberg formulierte dies kurz und bündig:

„Oesterreichs Interesse ist es dagegen [im Unterschied zu Preußen, J. M.] den Bund in der öffentlichen Meinung zu heben und seine Autorität zu kräftigen."[68]

---

[67] Rechberg an Buol, Frankfurt, 5. Dezember 1855, QGDB III/2, Dok. 94, Zitat S. 416.
[68] Ebd.

Der Bundespräsidialgesandte und spätere Außenminister erkannte an, daß die Bundespolitik nationale Einigungswünsche erfüllen mußte, wenn sie auf positive öffentliche Resonanz stoßen wollte. Mit einer national integrierenden Bundesgesetzgebung hoffte Rechberg, Preußen in Schach halten, den deutschen Staatenbund konsolidieren und Österreichs Einfluß in Deutschland wahren und mehren zu können.

Der Weg, den die Bundespolitik auf diese Weise einschlug, führte in den nächsten Jahren zu einigen Erfolgen, die auch von der liberalen Nationalbewegung durchaus anerkannt wurden. Es war jedoch eine Illusion zu glauben, daß es der Bundesversammlung durch praktische Maßnahmen zur rechtlichen und wirtschaftlichen Integration Deutschlands gelingen könnte, die nationale Verfassungsfrage zu umgehen. Die Politik der kleinen Schritte, welche Reformen im Rahmen der bestehenden Bundesordnung anvisierte, war nützlich und brachte dem Bund hier und da einen Prestigegewinn. Dieser wurde jedoch weit übertroffen durch die Enttäuschung über die verfassungspolitische Immobilität im Deutschen Bund. So wichtig die vom Bund ausgehenden Anstöße zur inneren Nationsbildung durch einheitliche Gesetze auch waren, so unzureichend mußte die Bundespolitik bleiben, wenn sie weiterhin der Kernfrage auswich, wie denn die *politische* Einheit der Nation organisiert werden sollte. Dabei ging es um weit mehr als um die Wirtschaftsunion und die Einheit des Rechts, nämlich um die Konstituierung und Konstitutionalisierung Deutschlands als eine moderne, auf liberalen Prinzipien fußende Nation. Eine bürokratisch-technokratische Reformpolitik, welche von Regierungsvertretern ausgehandelt, in Bundeskommissionen und Sachverständigenräten beraten und schließlich von der immer noch jeglicher demokratisch-parlamentarischer Legitimierung entbehrenden Bundesversammlung abgesegnet wurde, war für den nationalen Einigungsprozeß unzulänglich.

Gerade die Parlamentarisierung Deutschlands, das heißt die Partizipation von frei gewählten Abgeordneten, war ja das zentrale Ziel der nationalen Öffentlichkeit. Dies galt auch für jenen Teil der Nationalbewegung, der eine föderative Lösung der deutschen Frage einer preußisch-zentralistischen Nationalstaatsgründung vorzog. Hier zeigen sich unterschiedliche Prioritäten in den Vorstellungen darüber, wie die föderative Nation zu gestalten sei. Für die Nationalbewegung bildete die Schaffung eines Nationalparlaments den Kernpunkt der Nationsbildung, auch einer föderativen. Die Diplomaten, die sich auf Bundesebene um föderative Fortschritte bemühten, wollten nach den Erfahrungen von 1850/51 das Problem der Volksvertretung ausklammern beziehungsweise aufschieben, weil sie keinen Weg sahen, die divergierenden Standpunkte und Interessen auszugleichen. Sie begaben sich damit aber in unlösbare Widersprüche, denn es wurde schon Mitte der 1850er Jahre unter dem Einfluß der wiederauflebenden öffentlichen Diskussion klar, daß der Staatenbund, wenn er sich zu einer föderativen Nation fortentwickeln wollte, nicht auf die Mitwirkung und Zustimmung einer allgemeinen Volksvertretung verzichten konnte. Eine Bundespolitik, die dem ausweichen und sich „nur" auf die sogenannten „materiellen Interessen" und „gemeinnützigen Anordnungen" konzentrieren wollte, war zum Scheitern verurteilt. Es war ein fundamentaler Irrtum, an dem insbesondere Österreich zu lange festhielt, nationsbildende Maßnahmen ohne die Beteiligung der Nation durchführen zu wollen. Nationale Integrationspolitik auf Bundesebene zu betreiben und dabei gleichzeitig jeglichen Versuch zu blockieren, der Nation eine nationale Verfassung und nationale Organe zu geben, war ein Widerspruch in sich.

Der Bundespolitik gelang es bis 1866 nicht, diesen Widerspruch aufzulösen. Beust und einigen anderen mittelstaatlichen Politikern, die immer wieder versuchten, im Rahmen der föderativ-staatenbündischen Ordnung eine umfassende politische Reform des Bundes einzuleiten, gelang es nicht, ein Konzept zu entwickeln, das sowohl bei den Regierungen als auch bei der Nationalbewegung auf grundsätzliche Zustimmung hoffen konnte. Was die deutschen Kabinette betraf, so hegten diese große Bedenken gegen den Aktivismus des sächsischen Ministers. Als Beust im Oktober 1855 einen neuen Anlauf zur Reform der Bundesverfassung unternahm, fand er zwar Beifall bei Herzog Ernst II. von Sachsen-Coburg und Gotha sowie dem sachsen-weimarischen Minister von Watzdorf, der mit der Reform „je eher, je lieber"[69] beginnen wollte. Die Regierungen der großen Mittelstaaten, auf deren Mitwirken Beust unbedingt angewiesen war, waren jedoch strikt dagegen, sich mit der Bundesverfassungsreform zu beschäftigen. Der hannoversche Minister Platen ließ dem preußischen König schon am 22. Oktober 1855 mitteilen, er hege „sehr wenig Sympathien" für die Schaffung einer Volksvertretung und eines Bundesgerichts und wolle sich auf entsprechende Verhandlungen nur einlassen, wenn Wien und Berlin sich einig seien.[70] Bayern und Württemberg waren ebenfalls gegen eine Fortführung der Reformdiskussion und vermuteten, Österreich habe diese durch ein gezielte Pressekampagne ausgelöst, um den Deutschen Bund in der orientalischen Krise auf seine Seite zu ziehen.[71] Der hessen-darmstädtische Minister von Dalwigk kritisierte sowohl den österreichischen Außenminister Graf Buol als auch den bayerischen Ministerpräsidenten von der Pfordten wegen „der von ihnen ausgehenden vollkommen unzeitigen Agitation" und äußerte die Befürchtung, Österreich beabsichtige mit Unterstützung Bayerns den Plan Schwarzenbergs, „das Stimmrecht am Bunde nur den deutschen Königreichen vorzubehalten", zu realisieren.[72] Dalwigks Auffassung, für die es in den Quellen

---

[69] Äußerung Watzdorfs in einem Gespräch mit dem sächsischen Gesandten; Carlowitz an Beust, 11. November 1855, QGDB III/2, Dok. 87, S. 385.
[70] Ysenburg an Friedrich Wilhelm IV., Hannover, 22. Oktober 1855, GStA Berlin, III. HA, Nr. 563, fol. 250–252, Zitat fol. 250f.
[71] Buol an Appony, 10. Oktober 1855; Manteuffel an Arnim, 4. November 1855; Seckendorff an Manteuffel, 19. November 1855, QGDB III/2, Dok. 74, 84 u. 89.
[72] Perponcher an Manteuffel, 8. November 1855, QGDB III/2, Dok. 85, S. 381.

keinerlei Anhaltspunkte gibt, zeigt, wie groß das Mißtrauen selbst unter befreundeten Regierungen beziehungsweise zwischen den Mittelstaaten war. Bayern war in der Bundesreformfrage keineswegs im Einvernehmen mit Österreich, im Gegenteil, Pfordten kritisierte die österreichische Regierung wegen der vielen, in den von ihr abhängigen Zeitungen erscheinenden Artikel über die Bundesreform, denn der Versuch einer Reform sei gegenwärtig „von größtem Nachtheile für Deutschland" und „unausführbar".[73]

Auch bei jenen, welche für die Einleitung einer Bundesreform waren, gab es kein einheitliches Handlungskonzept. Während Beust erneut mit dem Gedanken spielte, auf einer Konferenz der Mittelstaaten in Frankfurt „über die weitere Ausbildung der Bundesverfassung" zu beraten[74] – wogegen Österreich energisch intervenierte[75] –, argwöhnte Herzog Ernst II. von Sachsen-Coburg und Gotha, die königlichen Regierungen wollten „die Reform in ihr *Gegentheil* verkehren", indem sie sich die kleineren Staaten unterordneten und in einem Direktorium zusammen mit Österreich und Preußen die Macht in Deutschland ausübten. Das Konzept der Mittelstaaten, durch ein enges politisches Zusammenwirken das „Dritte Deutschland" als eine eigenständige Gruppe innerhalb des Deutschen Bundes zu organisieren, um auf diese Weise zwischen den Großmächten zu vermitteln und die „reindeutschen" Interessen und Bedürfnisse zur Geltung zu bringen, wurde von den kleineren deutschen Regierungen nicht als ein Beitrag zum Ausbau des Bundes in nationalföderativer Richtung verstanden, sondern ganz im Gegenteil als Ausdruck des mittelstaatlichen Dominanzstrebens. Die Mittelstaaten hatten aus kleinstaatlicher Perspektive die Absicht, die Kleinstaaten in ihre Abhängigkeit zu bringen und sich zum ausschlaggebenden Faktor im politischen Kräfteverhältnis Deutschlands aufzuschwingen. Das „System der Mittelstaaten", so glaubte man, kam weniger der Nation und dem Deutschen Bund als Gesamtmacht zugute als vielmehr dem partikularen Machtstreben der Königreiche, allen voran Bayerns und Sachsens.[76]

Für die kleineren Staaten war die „Trias" beziehungsweise die „Koalition" der Mittelstaaten keine wünschenswerte Option. Sie entsprach nach ihrer Auffassung nicht den nationalen Reformbedürfnissen, weil eine Kräftigung der Nation nach innen und außen nicht dadurch erreicht wurde, daß die Mittelstaaten eine Schiedsrichterfunktion zwischen Österreich und Preußen einnahmen. Eine solche Rolle, so vermutete man, würde dazu führen, daß die Mittelstaaten sich bei Konflikten zwischen den Großmächten nicht als Sachwalter des Nationalinteresses profilieren, sondern sich statt dessen auf die

---

[73] Berckheim an Rüdt, München, 24. November 1855, QGDB III/2, Dok. 91, S. 396.
[74] Gise an Pfordten, Dresden, 15. November 1855, HStA München, MA 24605, fol. 48.
[75] Buol an die österreichischen Gesandten in München, Hannover, Stuttgart, Karlsruhe, Kassel und Darmstadt, Wien, 16. Dezember 1855, QGDB III/2, Dok. 170, S. 799f.
[76] Vgl. den Bericht des oldenburgischen bzw. nassauischen Vertreters in Berlin Liebe an die Regierungen in Oldenburg und Wiesbaden, Berlin, 8. November 1855, StA Oldenburg, 31–13–19–85 X, fol. 490–493, hier fol. 491v und 493r (Zitat).

Seite derjenigen Macht schlagen würden, welche den mittelstaatlichen Ansprüchen am weitesten entgegenkam.

Die kleinstaatlichen Regierungen hatten von daher große Vorbehalte gegen „die Politik Bamberg"[77], welche Beust und Pfordten im Deutschen Bund versucht hatten und welche sie im Oktober 1855 während eines Aufenthalts in Paris dem Kaiser der Franzosen erläutert hatten, was in Wien und Berlin sowie an den kleinen deutschen Höfen Irritationen auslöste. Zur Vertretung der Interessen Deutschlands im Ausland waren, darin stimmten die Großmächte und die Kleinstaaten überein, nur Österreich und Preußen berufen, und auch bei der inneren Entwicklung des Deutschen Bundes sollten die beiden deutschen Vormächte den Ton angeben und nicht die Mittelstaaten. Die Bereitschaft, sich im Deutschen Bund der Führung der Großmächte oder, sofern es nicht zu umgehen war, auch nur einer von ihnen anzuvertrauen, war bei den Kleinstaaten sehr ausgeprägt. Demgegenüber hatten sie eine instinktive Abneigung dagegen, in einem „Dritten Deutschland" aufzugehen, das von den mittelstaatlichen Königreichen dominiert worden wäre. Die mittelstaatlichen Bundesreformideen nährten so bei den kleinen Staaten die Befürchtung, sie selbst würden, ohne daß davon die Nation einen großen Nutzen habe, zugunsten einer Machtsteigerung der Mittelstaaten politisch mediatisiert. An den Plänen, die von Sachsen und Bayern ausgingen, nahmen die Kleinstaaten kaum Anteil, zumal die mittelstaatlichen Reformpolitiker es nicht für nötig hielten, ihre Kollegen in den kleinen Fürstentümern und in den Stadtstaaten aktiv in den Diskussionsprozeß einzubeziehen.

Aber auch die Kleinstaaten selbst entwickelten, von ganz wenigen Ausnahmen abgesehen, keine eigenen Bundesreformvorstellungen. Die meisten fühlten sich aufgrund ihres geringen politischen Gewichts nicht berufen, umfassende Konzeptionen zur Lösung der deutschen Frage vorzulegen. In der gesamten Phase von 1850 bis 1866 gab es im Grunde nur drei Kleinstaaten, deren Regierungen mit eigenen Vorschlägen für eine Reform der Bundesverfassung hervortraten: Sachsen-Weimar, das schon 1850 auf der Dresdener Konferenz eine Reformdenkschrift vorgelegt hatte[78] und sich auch in den folgenden Jahren unter der Regierung Watzdorf immer wieder in die Diskussion einschaltete; Sachsen-Meiningen, dessen Herzog im Jahr 1859/60 einen Reformplan entwarf[79]; und schließlich Sachsen-Coburg und Gotha, dessen liberalgesinnter Herzog Ernst II. sich seit Mitte der 1850er Jahre energisch für Reformen der Bundesverfassung und eine national inspirierte Bundespolitik einsetzte[80].

---

[77] Ebd., fol. 492r.
[78] QGDB III/1, Dok. 12, S. 56–60.
[79] *Flöter*, Beust und die Reform des Deutschen Bundes, S. 250–252, 277; *Vogt*, Überlegungen zur Bundesreform aus der Sicht eines Thüringer Kleinstaats im Jahr 1860; siehe dazu unten Kap. VIII.
[80] Zur Rolle Ernsts II. in der deutschen Politik der 1850er und 1860er Jahre siehe: *Bachmann*, Ernst II.; *Bachmann* (Hg.), Herzog Ernst II.; *Scheeben*, Ernst II.; *Brütting*, Fürstlicher

Ernst II. war es auch, der im Herbst 1855 als erster deutscher Fürst auf die in der Presse und den Kammern geäußerten Bundesreformforderungen mit konkreten Plänen zur institutionellen Umgestaltung der Bundesverfassung reagierte. Er bezog dabei einen konsequent nationalen Standpunkt. Es ging ihm darum, so schrieb er im November 1855 an den Prinzregenten Friedrich von Baden, „der Nation eine bessere Zukunft zu sichern". Auch im Rahmen der bestehenden Ordnung in Deutschland und trotz des Dualismus der beiden deutschen Großmächte sei es möglich, so Ernst II., Reformen durchzuführen, „welche den Versprechungen und Hoffnungen von 1815 u[nd] 48 wenigstens theilweise entsprechen und als Abschlagszahlung an die Nation gelten könnten". Der Zeitpunkt dafür schien dem Herzog günstig, und er appellierte an Friedrich von Baden als Souverän des größten nichtköniglichen deutschen Staats, „die Sache einer Bundesreform im nationalen Sinne in die Hand zu nehmen" und „auf dem Wege einer nationalen und gesunden Politik voranzugehen".[81]

Konkrete Vorschläge zu einer solchen „Bundesreform im nationalen Sinne" machte Ernst II. in zwei von seinem Berater Karl Samwer entworfenen Denkschriften vom Ende des Jahres 1855 und vom April 1856.[82] Unter Berufung auf die öffentliche Meinung und die „Interessen der Nation"[83] forderte Ernst II. die Schaffung einer aus Delegierten der einzelstaatlichen Kammern bestehenden Volksvertretung sowie eines Bundesgerichts. Durch diese beiden Institutionen würden, so glaubte der Herzog, „die Wünsche der Nation befriedigt und wird die große Aufgabe erreicht werden, daß die Nation endlich einmal anfange, die Institutionen ihrer Gesammtverfassung zu achten und zu lieben".[84] Die Volksvertretung werde nicht nur „Beschlüsse von antinationaler Richtung" verhindern, sondern darüber hinaus die Bundesversammlung „auf moralischem Wege zwingen", sich den bislang vernachlässigten materiellen Interessen zuzuwenden:

„Die Bundesversammlung, aus getrennten Regierungen zusammengesetzt, hat in dieser Hinsicht eine negative Richtung, die Vertretung der Nation wird ebenso naturgemäß die Richtung zur Einheit haben."[85]

Im Hinblick auf die Zusammensetzung und die Kompetenzen der Volksvertretung machte Ernst II. detaillierte Vorschläge. Bei der Anzahl der aus den Einzelstaaten delegierten Volksvertreter orientierte er sich an der von Beust in seinem Dresdener „Specialbericht" von 1851 vorgeschlagenen Größenord-

---

Liberalismus und deutscher Nationalstaat; *Müller*, Monarchische Revolutionserfahrungen und ihre Folgen, S. 617–623; *Ernst II.*, Aus meinem Leben, Bd. 1 u. 2.

[81] Ernst II. an Prinzregent Friedrich von Baden, Coburg, 20. November 1855, QGDB III/2, Dok. 90, S. 394f.
[82] Ebd., Dok. 97 u. 100.
[83] Ebd., S. 422.
[84] Ebd., S. 425.
[85] Ebd., S. 422.

nung von etwa 100 Vertretern. Bei deren Verteilung auf die Einzelstaaten gab es allerdings einen charakteristischen Unterschied zwischen dem Vorschlag von Ernst II. und dem Entwurf von Beust. Nach dem coburgischen Entwurf sollten Österreich und Preußen je 26 und damit zusammen genau die Hälfte aller Abgeordnete entsenden, während auf die Mittelstaaten Bayern, Sachsen, Hannover, Württemberg, Baden, Kurhessen und Großherzogtum Hessen zusammen 28 und die übrigen Staaten zusammen 24 Delegierte entfielen. Im Beustschen Vorschlag von 1851 waren die Gewichte noch ganz anders verteilt gewesen. Hier mußten sich die Großmächte mit je 20 Vertretern begnügen, die Mittelstaaten kamen wie bei Ernst II. auf 28, während die übrigen Staaten mit 32 Abgeordneten (statt 24) erheblich günstiger gestellt gewesen wären.[86] Bei Beust hatte das „Dritte Deutschland" somit eine komfortable Mehrheit von 60 zu 40 Stimmen, bei Ernst II. herrschte indessen ein Patt zwischen den Großmächten und den übrigen Bundesgenossen.[87]

Bei der Festsetzung der Kompetenzen für die Volksvertretung wollte Ernst II. erheblich über das hinausgehen, was Beust 1851 gefordert hatte. Der sächsische Außenminister hatte vorgeschlagen, die Volksvertretung lediglich zur Beratung von allgemeinen Bundesgesetzen über gemeinnützige Anordnungen einzuberufen und die Verabschiedung solcher Gesetze von ihrer Zustimmung abhängig zu machen. Der coburgische Herzog faßte die Zuständigkeit der Volksvertretung wesentlich weiter: Ihre Zustimmung sollte zu allen Bundesbeschlüssen erforderlich sein, die 1. nach der Bundesakte im Plenum der Bundesversammlung gefaßt wurden (mit Ausnahme von Beschlüssen über Krieg und Frieden), die 2. in die Gesetzgebung eines Einzelstaats eingriffen und die 3. die Bundesausgaben und Matrikularbeiträge betrafen. Zusätzlich sollte die Volksvertretung das Petitionsrecht haben, „ein Recht welches von der Versammlung zur Erreichung einheitlicher oder gleichförmiger Institutionen im Gebiete der materiellen Interessen würde geltend gemacht werden können".[88]

Mit einer solchen Kompetenzbestimmung wäre der Volksvertretung ein relativ weiter Wirkungskreis eröffnet und die Bundesversammlung in nahezu allen inneren Angelegenheiten von einiger Bedeutung auf die Mitarbeit und Zustimmung der Abgeordneten angewiesen worden. Der Effekt wäre eine Art von Konstitutionalisierung der Bundespolitik gewesen, wobei der Bundesversammlung die Funktion einer von der parlamentarischen Zustimmung abhängigen Regierung zugedacht war.

---

[86] Ebd., S. 423; QGDB III/1, Dok. 82c, S. 461.

[87] Zu den letzteren gehörten mit dem Großherzogtum Luxemburg und dem Herzogtum Limburg sowie den Herzogtümern Holstein und Lauenburg mehrere Territorien, die ausländischen Monarchen unterstanden. Bei Luxemburg und Limburg, die einen Abgeordneten in die Volksvertretung entsenden sollten, konnten auch die Zeitgenossen kaum noch davon ausgehen, daß dieser deutsche Interessen vertreten würde. Die ‚reindeutschen' Staaten wären demzufolge nach dem Vorschlag Ernsts II. sogar in die Minderheit geraten.

[88] QGDB III/2, S. 424.

Hierbei stellte sich allerdings ein Problem, das Ernst II. irrtümlicherweise glaubte umgehen zu können. Dieses bestand darin, daß die Bundesversammlung in ihrer bestehenden Form keine handlungsfähige „Regierung" darstellte. Die Stimmenverteilung im Plenum und im Engeren Rat sowie die Tatsache, daß nach den Bundesgrundgesetzen alle Beschlüsse, welche organische Bundeseinrichtungen, die Rechte der Einzelstaaten und die gemeinnützigen Anordnungen betrafen, der Zustimmung aller Bundesglieder bedurften, ließen, wie die bisherigen Erfahrungen hinlänglich gezeigt hatten, eine Wahrnehmung allgemeiner Nationalinteressen durch die Bundesversammlung kaum zu. Wenn die coburgischen Denkschriften die Machtverteilung innerhalb des Deutschen Bundes und damit auch die Organisation der Bundesexekutive wegen der damit verbundenen, als unüberwindlich angesehenen Schwierigkeiten bewußt außen vor ließen, so ignorierten sie, daß die nationale Funktionsfähigkeit des Deutschen Bundes nicht allein und noch nicht einmal in erster Linie durch eine Volksvertretung und ein Bundesgericht garantiert werden konnte. So nützlich diese Einrichtungen für den nationalen Einigungsprozeß auch werden konnten, so unverzichtbar war es auf der anderen Seite für ein Gelingen der föderativen Nationsbildung, daß die Bundesversammlung in die Rolle einer dem deutschen Gesamtinteresse verpflichteten Quasi-Regierung hineinwuchs.

Wie bereits die Dresdener Konferenz gezeigt hatte, war es illusorisch, die Nationalisierung des Bundes ohne eine Neuregelung der Bundesexekutive und das heißt unter Ausklammerung der Machtfragen betreiben zu wollen. Die Frage der Organisation der Bundesverfassung war immer auch eine Frage der Machtverteilung in Deutschland, und eine Verschiebung der Gewichte war nach 1850 vor allem deshalb nicht möglich, weil große, mittlere und kleine Staaten in erster Linie ihren Status behaupten wollten und keine Regierung bereit war, Souveränitätseinbußen zugunsten eines anderen Staates oder des Bundes hinzunehmen. Die Geschichte der Bundesreformdebatte zeigte immer wieder, daß es auf Dauer nicht möglich war, etwas für die nationale Entwicklung zu tun und dabei die „Entscheidung der Machtfragen" der Zukunft zu überlassen, wie es Ernst II. ausdrückte.[89]

Der Herzog von Sachsen-Coburg und Gotha beabsichtigte, seinen Reformplan, der Ende 1855 verfaßt wurde, im Frühjahr 1856 offiziell der Bundesversammlung vorzulegen. Dazu kam es aber nicht, weil Ernst II. schon bei seinen Sondierungen unter den kleinstaatlichen Monarchen auf Bedenken stieß. Nun wollte er die Denkschrift zunächst an sämtliche Fürsten und die freien Städte schicken, und er hoffte, daß dann einer der größeren deutschen Staaten „oder wenigstens eine Vereinigung kleinerer" die Vorschläge an den Bund bringen werde.[90] Auch dieses Vorhaben ließ sich anscheinend nicht rea-

---
[89] QGDB III/2, S. 425.
[90] Vermerk von Samwer auf der Denkschrift von 1855 bzw. Schreiben Samwers an Ernst Stockmar, April 1856, LA Schleswig, Abt. 399.52, Nr. 90 u. Nr. 94; vgl. QGDB III/2, S. 420, Anm. 2.

lisieren, denn weder die Denkschrift von 1855 noch eine zweite, im April 1856 von Samwer verfaßte Denkschrift, welche ausführlich die Notwendigkeit eines Bundesgerichts begründete[91], findet sich in den Archiven der deutschen Regierungen. Der Vorstoß des Herzogs von Sachsen-Coburg und Gotha lief offenbar ins Leere: Die Kleinstaaten ließen sich nicht mobilisieren; die Großmächte waren nicht bereit, in Verhandlungen über Volksvertretung und Bundesgericht einzutreten; und die Mittelstaaten entwarfen, nachdem sie lange gezögert hatten, auf die Debatte über die Reform der Bundesverfassung einzugehen, schließlich eigene Pläne und Konzepte. Im übrigen konzentrierten sich die Regierungen und die Bundesversammlung im Winter 1855/56 und im Frühjahr 1856 vor allem darauf, die bayerische Initiative zu gemeinsamen Bundesgesetzen in der Bundesversammlung auf den Weg zu bringen. Dies geschah mit entsprechenden förmlichen Anträgen Bayerns am 21. Januar 1856, die das Heimatrecht, die Auswanderung und das Handelsrecht betrafen. Diese Anträge wurden an Bundeskommissionen überwiesen, die dann nach einigen Verzögerungen schließlich ihre Tätigkeit aufnahmen und in komplizierten Beratungen Entwürfe für einheitliche Bundesgesetze erarbeiteten.[92]

Die Aufmerksamkeit der deutschen Regierungen richtete sich im Winter 1855/56 zudem wieder stärker auf die orientalische Krise, deren Beendigung nach der russischen Niederlage bei Sebastopol am 23. September 1855 in greifbare Nähe gerückt schien. Der angestrebte europäische Friedensschluß war „die große Frage des Tages", und die diplomatischen Vorbereitungen dazu beschäftigten die Kabinette und auch die Bundesversammlung so sehr, daß alle übrigen Geschäfte in den Hintergrund traten, wie Rechberg Anfang Januar 1856 nach Wien berichtete.[93] Das innere Klima im Bund wurde erneut durch die Tatsache belastet, daß von einer einheitlichen Haltung Deutschlands im Hinblick auf die bevorstehenden Friedensverhandlungen keine Rede sein konnte. Zwischen Österreich und Preußen gab es weiterhin Unstimmigkeiten über die Haltung gegenüber Rußland und den Westmächten, die Bundesversammlung fühlte sich abermals von den Großmächten übergangen und aus dem außenpolitischen Prozeß ausgeschlossen, und Österreich war weiterhin der Auffassung, daß der Deutsche Bund ihm die gebührende Unterstützung versagte. Die von Preußen und einigen Mittelstaaten eingenommene Haltung lasse der Wiener Regierung keine andere Wahl, so urteilte Rechberg am 13. Januar 1856, als „unbekümmert um ihre deutschen Bundesgenossen, ihre Politik als Großmacht zu verfolgen".[94]

---

[91] QGDB III/2, Dok. 100, S. 432–439.
[92] Siehe dazu unten Teil B.
[93] Rechberg an Buol, Privatschreiben, Frankfurt, 9. Januar 1856, HHStA Wien, PA II 36. Korrespondenz Buol–Rechberg, fol. 7f.
[94] Rechberg an Buol, Frankfurt, 13. Januar 1856, HHStA Wien, PA II 35. Berichte 1856, fol. 35f., Zitat fol. 35r.

Es hatte somit den Anschein, als werde die Debatte über die Bundesreform abermals unter gegenseitigen Vorwürfen der Einzelstaaten begraben und schon das bloße Nachdenken über eine Entwicklung des Bundes „im nationalen Sinne" durch das Beharren auf Partikularinteressen und Großmachtambitionen blockiert. Damit allerdings wollte sich die deutsche Öffentlichkeit nicht zufriedengeben. Die zweite Kammer der badischen Ständeversammlung griff am 29. Januar 1856 die Bundesreformfrage wieder auf und verlangte unter Hinweis auf das „unbefriedigte Nationalgefühl" von der Regierung des Großherzogtums, sich für „eine weitere Ausbildung der Bundesverfassung" einzusetzen, damit die Einheit und die Macht des Vaterlandes gestärkt würden.[95] Die Augsburger Allgemeine Zeitung nahm die badische Adresse zum Anlaß für einen ausführlichen Artikel, in dem noch einmal die diversen Kammeranträge seit dem Sommer 1855 rekapituliert wurden.[96] Das Augsburger Organ ging zwar auf die inhaltlichen Forderungen der Abgeordneten nicht näher ein, schloß seinen Artikel aber mit einer düsteren Prophezeiung für den Fall, daß es nicht gelingen sollte, dem Bund eine nationale Funktion zu geben:

„Wenn die Bundesverfassung den Bund hindert für das was er selbst als ein großes deutsches Interesse erkannt, energisch und selbstthätig in die Schranken zu treten, wenn die Repräsentanten der Bundesregierungen in Frankfurt damit zufrieden sind eines schönen Morgens in den Zeitungen zu lesen was und wie man in Paris [auf der bevorstehenden Friedenskonferenz, J. M.] ohne Deutschland über Deutschlands Interessen beschlossen – nun, dann soll man uns wenigstens nicht mehr von einer Zukunft Deutschlands reden, denn diese Zukunft liegt alsdann lediglich dort, in der einzigen deutschen Macht [= Österreich, J. M.] die den Willen und die Kraft gezeigt hat für Deutschland zu handeln."[97]

Die badische Kammeradresse machte – wie bereits die Anträge des Jahres 1855 – deutlich, daß mit „gemeinnützigen Anordnungen" allein, so wünschenswert diese auch waren, die Bedürfnisse der Nation nicht befriedigt werden konnten. Die Belebung der Bundestätigkeit durch die bayerische Initiative vom November 1855, welche die Bundesversammlung zu Jahresbeginn 1856 zur Aufnahme von Verhandlungen über eine Reihe von rechtsvereinheitlichenden Maßnahmen veranlaßte, minderte den allgemeinen politischen Reformdruck nicht. Kein Geringerer als der ehemalige Präsident der deutschen Nationalversammlung von 1848/49, Heinrich von Gagern, machte mit großem Nachdruck öffentlich darauf aufmerksam, daß die Förderung der sogenannten materiellen Interessen im Rahmen der bestehenden Bundesordnung keinen Ersatz bieten konnte für die notwendige durchgreifende Umgestaltung der Bundesverfassung und der staatlichen Verhältnisse in Deutschland. In dem Anfang 1856 veröffentlichten ersten Band der Biographie seines Bru-

---

[95] Adresse der zweiten badischen Kammer, Karlsruhe, 29. Januar 1856, QGDB III/2, Dok. 98, S. 426f.
[96] Augsburger Allgemeine Zeitung Nr. 38 vom 7. Februar 1856, S. 593f.
[97] Ebd., S. 594.

ders Friedrich[98] vertrat Heinrich von Gagern unter Bezugnahme auf die badischen Kammerverhandlungen die Auffassung, es sei „eine Verläugnung jedes nationalen Standpunktes", wenn behauptet werde, man könne die Mängel der Bundesverfassung durch eine größere Tätigkeit der Bundesversammlung, eine Verbesserung der Geschäfts- und Exekutionsordnung und eine Verstärkung des Einflusses der „wirklich mächtigen Staaten" beheben.[99] Damit sei der Nation nicht geholfen, denn es werde die zentrale Frage umgangen, nämlich die „Reorganisation der Bundesgewalt oder Bundesreform", mit dem Ergebnis, daß man der Nation, „statt des Brodes, dessen sie bedürftig ist, harten Stein bietet".[100] Ganz energisch kritisierte hier Gagern die Regierungen, denen er vorwarf, „die nationalen Richtpunkte zu verrücken", indem sie versuchten, „die unerläßlichen Reformen als unnöthige und unmögliche; unbedeutende und ungenügende Reformen aber, oder auch nur Maßregeln, als ausreichende, berechtigte Forderungen befriedigende, darzustellen".[101]

Ziel der Reform mußte es nach Ansicht Gagerns vielmehr sein, die „nationale Existenz" zu sichern, und dazu bedurfte es einer Umgestaltung der Bundesverfassung und der staatlichen Verhältnisse, „der Beziehungen der einzelnen Deutschen Staaten unter sich". Daß ein solcher Versuch schon einmal gescheitert sei – hier spielte Gagern auf 1848/49 an –, sei kein Grund, neue Reformversuche zu unterlassen. Solche könnten nicht „mittelst der Bundesverfassung" erfolgen, sondern auf anderen Wegen, welche sich aus den Umständen und „durch Männer in der entsprechenden Stellung" ergeben würden. Entscheidend sei aber nicht der Weg, sondern das Ziel, „die richtige Erkenntniß der Bedingungen der nationalen Existenz". Als Grundbedingung der nationalen Existenz definierte Gagern die Schaffung „einer einheitlichen Centralgewalt für Deutschland", und Voraussetzung dafür waren ein partieller Souveränitätsverzicht der Einzelstaaten sowie „ein Compromiß unter den Großstaaten".

Gagern skizzierte hier eine Entwicklung, welche die Grenzen des Bundesrechts sprengte und, wie er selbst einräumte, „die formale Bundeseinheit eine Zeit lang stören" würde. Er projektierte einen nationalen Bundesstaat, der die in nationaler Hinsicht unzulängliche Bundesverfassung von 1815 hinter sich lassen würde. Der Weg dazu war ungewiß und riskant, aber sowohl die inneren Verhältnisse Deutschlands als auch die „Weltkrisis", welche die alten Allianzen zerstört und neue, unberechenbare Entwicklungen angebahnt habe, erforderten es nach der Überzeugung Gagerns, bald zu handeln und die Nation zu einigen. Die bestehende Bundesverfassung stellte für ihn nicht den Ansatzpunkt für die Ausbildung einer nationalen Verfassung, son-

---

[98] *von Gagern*, Das Leben des Generals Friedrich von Gagern; vgl. QGDB III/2, Dok. 99, S. 428–432.
[99] Ebd., S. 430.
[100] Ebd.
[101] Ebd., S. 431; die nachfolgenden Zitate ebd.

dern nur noch eine „Rückzugsstellung nach gescheitertem Einigungsversuche" dar.

Damit hatte Gagern das Problem der Bundesreform viel schärfer konturiert, als es selbst die liberalen Kammermehrheiten getan hatten. Die Umgestaltung der Bundesverfassung, daran ließ Gagern keinen Zweifel, mußte zur Beendigung des bisherigen Staatenbundes und seine Ablösung durch einen Nationalstaat führen. An diesem Nationalstaat und seiner starken, nach innen wie nach außen handlungsfähigen Regierung sollten beide deutschen Großmächte beteiligt sein. Ohne sich auf die damit verbundenen praktischen Schwierigkeiten einzulassen, richtete Gagern an Österreich und Preußen den Appell, sich auf eine neue, den nationalen Bedürfnissen entsprechende politische Ordnung in Deutschland zu einigen.

Die Reform des Bundes wurde hier verstanden als seine Beseitigung durch einen Konsens der deutschen Großmächte. Dieses Konzept wies Ähnlichkeiten mit den Vorstellungen des coburgischen Herzogs und mancher anderer kleinstaatlicher Politiker auf, und es stand in starkem Gegensatz zu dem, was seit 1850, ausgehend von der Münchener Übereinkunft, von mittelstaatlicher Seite immer wieder als Reformoption vorgebracht wurde. Insbesondere die vier mittelstaatlichen Königreiche setzten auf den Ausbau des Bundes im Rahmen einer modifizierten staatenbündischen Verfassung, in welcher der Antagonismus der Großmächte durch eine Stärkung des mittelstaatlichen Einflusses gemildert und die nationalen Wünsche durch eine Quasi-Konstitutionalisierung des Bundes befriedigt werden sollten. Die mittelstaatliche Reformperspektive zielte auf einen föderativen und nationalen Konsens ab, bei dem der Frankfurter Bundesversammlung eine entscheidende und aktiv gestaltende Rolle zufiel.

Ganz anders stellten sich die Kleinstaaten die Lösung der deutschen Frage vor. Ihr Vertrauen auf die Reformfähigkeit der Bundesversammlung war gering, und sie setzten deshalb vor allem auf eine Einigung zwischen Österreich und Preußen. Im Konsens der Großmächte sahen sie die Gewähr für eine gedeihliche Entwicklung der Nation. Sollte sich dieser bilaterale Konsens nicht herstellen lassen, so blieb nach kleinstaatlicher Auffassung auf Dauer nur die Herstellung einer neuen politischen Ordnung in Deutschland auf dem Wege des Konflikts übrig. Die Regierungen in Wien und Berlin sahen dies ganz ähnlich. Die weitere Entwicklung in Deutschland durfte ihrer Meinung nach nicht von der Bundesversammlung abhängig gemacht werden, in der Mehrheiten gegen eine oder auch beide Großmächte möglich waren. Die Entscheidung über das Schicksal der Nation wollten weder Österreich noch Preußen einer konstitutionalisierten Bundesversammlung überlassen, sondern in der eigenen Hand behalten. Und dabei gab es nur die Alternative, sich untereinander zu verständigen oder sich zu bekämpfen. Die Konsensoption skizzierte der österreichische Bundespräsidialgesandte Rechberg im Februar 1856 folgendermaßen:

„Oesterreich, mit Preußen einig, übt einen unwiderstehlichen Druck auf das übrige Deutschland. Es liegt auf der Hand, daß eine directe Verständigung mit Preußen in der Regel das zweckmäßigste und sicherste Mittel sein wird, um am Bunde etwas durchzuführen. Ein gemeinschaftliches Auftreten der beiden ersten deutschen Mächte gewährt überdies den Vortheil, jedes Uebergreifen unberechtigter Ansprüche der mittleren und kleinen Staaten hintanzuhalten."[102]

Die Konfliktoption hatte Rechbergs preußischer Kollege in Frankfurt, der ihm auch später als Leiter der preußischen Außenpolitik gegenüberstehen sollte, bereits 1853 in drastischen Formulierungen vorgezeichnet. In einem Brief an Gerlach schrieb Bismarck:

„Unsre Politik hat keinen andern Exercierplatz als Deutschland, schon unsrer geographischen Verwachsenheit wegen, und grade diesen glaubt Oestreich dringend auch für sich zu gebrauchen; für beide ist kein Platz nach den Ansprüchen, die Oe[streich] macht, also können wir uns auf die Dauer nicht vertragen. Wir athmen einer dem andern die Luft vor dem Munde fort, einer muß weichen oder vom andern ‚gewichen werden', bis dahin müssen wir Gegner sein [...]"[103]

Der Deutsche Bund, seine Verfassung und seine Organe erscheinen in der Konsens- wie in der Konfliktvariante lediglich als nachgeordnete Instanzen, die sich entweder dem gemeinsamen Willen der Großmächte unterwerfen oder aber zum Kampfplatz beziehungsweise zum Instrument des Kampfes der Großmächte werden. „Frankfurt ist nun einmal nicht der Centralpunkt deutscher Macht", und die Bundesversammlung kann „nicht als das Organ einer selbstständigen der Entwicklung fähigen politischen Macht" benutzt werden, konstatierte der ehemalige badische Bundestagsgesandte Blittersdorff Anfang 1856.[104] Der konservative Blittersdorff stellte hier ebenso wie der liberale Gagern die Problemlösungskapazität des Deutschen Bundes radikal in Frage, und sie taten dies just zu einem Zeitpunkt, als mit den Pariser Friedensverhandlungen die große europäische Krise beendet wurde. Die Aufmerksamkeit richtete sich nun wieder stärker auf die inneren Probleme Deutschlands, und dabei stellte sich die Frage des „Quid nunc?", wie es Franz von Roggenbach, der liberale Berater des badischen Großherzogs und spätere Außenminister, im Juni 1856 in einem privaten Brief an Karl Samwer ausdrückte. Roggenbach gab auch gleich die Antwort, daß mit der bisherigen nationalen Untätigkeit Schluß sein und nun mit „mehr Energie" auf eine neue Gestaltung der politischen Zustände in Deutschland hingearbeitet werden müsse. Roggenbach ließ aber offen, welche konkreten politischen Maßnahmen dabei zu ergreifen und welche organisatorischen Formen anzustre-

---

[102] Rechberg an Buol, Frankfurt, 28. Februar 1856, QGDB III/2, Dok. 171, S. 804.
[103] Bismarck an Leopold von Gerlach, 19./20. Dezember 1853, in: *Bismarck*, Gesammelte Werke, Bd. 14/1, S. 334.
[104] Blittersdorff an den österreichischen Unterstaatssekretär im Außenministerium von Werner, Frankfurt, 31. Januar 1856, GLA Karlsruhe, Großherzogliches Familienarchiv, Abt. 13, Korrespondenz Friedrichs I., Bd. 16.

ben seien. Statt dessen erging er sich in pathetischen Beschwörungen von der „Vertretung des nationalen Berufes und der providentiellen Aufgabe dieses Volkes", vom „Kampf durch Aufbauen des neuen markigen Sinnes", von „männlichen Thaten", die – und hier kam eine harte Bundeskritik ins Spiel – das Gegenteil von dem seien, was seit 1848 versucht worden war, nämlich „keine Misgeburten, welches auch deren Namen sey, Maibündniß oder Bundesreform, oder Frankfurter Verfassung".[105]

Die bundeskritischen Stimmen und Stimmungen hatten, so zeigen die zitierten Beispiele, durch die Krimkriegskrise einen erheblichen Auftrieb erhalten. Sie wurden nicht nur in privaten Schreiben und Gesprächen ausgetauscht, sondern durch die Presse und Publizistik sowie in den Länderparlamenten immer öfter auch öffentlich artikuliert. Für die größeren Mittelstaaten, welche die Erhaltung des Bundes als eine Gewähr für die Bewahrung ihres politischen Status ansahen, stellte dies eine große Herausforderung dar. Die starke Aufwallung nationaler Gefühle, welche sich hier und da schon mit der Hoffnung auf große, die Nation aus ihrer Misere befreiende Taten verband, setzte den Deutschen Bund unter einen starken Begründungs- und Handlungszwang. Diejenigen, welche auf Beibehaltung und föderative Ausbildung der bestehenden Bundesverfassung setzten, sahen sich veranlaßt, die Bundesreformdebatte wieder aufzunehmen, auch wenn etliche von ihnen den Zeitpunkt für ungünstig und die Erfolgschancen für gering hielten.

Die beiden wichtigsten mittelstaatlichen Politiker, Pfordten und Beust, verfaßten im Frühjahr 1856 unter dem Eindruck der weitverbreiteten Unzufriedenheit über den Zustand Deutschlands ausführliche Denkschriften, in denen sie erneut die Möglichkeiten zu einer Reform der Bundesverfassung ausloteten. Beide Minister plädierten in den fast gleichzeitig abgeschlossenen Denkschriften[106] für den Erhalt des Staatenbundes und die Abwehr aller bundesstaatlichen Bestrebungen. Auch waren sie sich einig in der positiven Bewertung der praktischen Reformmaßnahmen der Bundesversammlung auf dem Gebiet der sogenannten materiellen Interessen und der Rechtsvereinheitlichung. Unterschiedliche Schlußfolgerungen zogen Pfordten und Beust indessen im Hinblick auf das Kardinalproblem einer politischen Bundesreform, das darin bestand, die nationalen Reformwünsche zumindest teilweise zu erfüllen, ohne dabei die Souveränität der Einzelstaaten und die staatenbündische Ordnung als solche aufzugeben.

---

[105] Roggenbach an Samwer, Freiburg, 15. Juni [1856], LA Schleswig, Abt. 399.52, Nr. 75, fol. 85–90, Zitate fol. 86r.

[106] Pfordten übermittelte seine Denkschrift am 26. Juni 1856 an König Maximilian II., der ihn bereits zu Beginn des Jahres 1856 aufgefordert hatte, die Möglichkeiten einer Reform des Deutschen Bundes ausführlich zu erörtern. Beust schickte seine Ausarbeitung am 29. Juni 1856 an die sächsischen Gesandten in Wien und Frankfurt sowie an die Regierungen in Berlin, Hannover, Württemberg, Hessen-Darmstadt, Baden und Weimar; QGDB III/2, Dok. 101, S. 440, Anm. 1; Dok. 102, S. 454f., Anm. 1; HStA München, MA 1401; HStA Dresden, AM 928, fol. 91, 123–128.

Lag in dem Verlangen nach einer Bundesreform, so fragte der bayerische Minister Pfordten, „ein wirklich begründetes Bedürfniß der deutschen Nation"; und wie war es möglich, wenn man diese Frage bejahte, dieses Bedürfnis zu befriedigen?[107] Zur Beantwortung dieser Fragen legte Pfordten zunächst dar, daß es unter den gegebenen politischen Umständen in Deutschland und in Europa nicht möglich sei, den Deutschen Bund auf friedlichem Wege in einen Bundesstaat umzuwandeln. Die Hindernisse, die dem entgegenstünden, seien „nur durch gewaltsame Revolutionen oder lange dauernde Kriege der blutigsten Art" zu beseitigen, und eine solche Entwicklung könne „kein wahrer Patriot" wollen.[108] Damit, so Pfordten weiter, sei aber nicht gesagt, „daß eine weitere Ausbildung der Bundes-Verfassung innerhalb ihrer gegenwärtigen Grundprinzipien und auf deren Grundlage unmöglich sei".[109] Die Fortbildung und Entwicklung des Bundes sei schon zur Zeit seiner Gründung „als Aufgabe gedacht"[110] worden, und man werde an die bisher dazu unternommenen Versuche, auch wenn sie gescheitert seien, weiterhin anknüpfen müssen.

Das, was Pfordten nach diesem grundsätzlichen Bekenntnis zur Bundesreform an praktischen Maßnahmen ins Auge faßte, war jedoch enttäuschend und stellte im Grunde eine klare Absage an eine wirklich nationale Bundesentwicklung, wie sie von der Öffentlichkeit mehr und mehr verlangt wurde, dar. Pfordten schlug nämlich nur solche Maßnahmen vor, die am Kern der nationalen Forderungen und Bedürfnisse, nämlich der politischen Integration Deutschlands in Verbindung mit einer angemessenen parlamentarischen Partizipation des Volkes, vorbeigingen. Der bayerische Ministerpräsident regte an, das Herzogtum Limburg aus dem Bundesverband zu entlassen, um die häufige holländische Obstruktion in der Bundesversammlung zu beenden; weiterhin sollte die Stimmenverteilung in der Bundesversammlung stärker an die realen Machtverhältnisse der Einzelstaaten angepaßt werden, was Pfordten so interpretierte, daß Bayern künftig „formell und anerkannter Weise an der Spitze der Mittel- und Kleinstaaten stünde und die Aufgabe hätte, diesen dritten größeren Körper im Bunde zusammenzuhalten und durch ihn den Dualismus der beiden Großmächte zu vermitteln und auszugleichen"[111]; ferner plädierte Pfordten für die Bildung einer handlungsfähigen Bundesexekutive, in welcher nur die größeren Staaten, wozu natürlich Bayern gehörte, vertreten sein würden; die Einführung von Majoritätsbeschlüssen wollte Pfordten zunächst noch zurückstellen, weil diese die Selbständigkeit der Einzelregierungen beeinträchtigten, was für Bayern völlig inakzebtabel wäre:

---
[107] QGDB III/2, S. 441.
[108] Ebd., S. 447.
[109] Ebd.
[110] Ebd., S. 448.
[111] Ebd., S. 451.

„Lieber sollte die bayerische Regierung auf jede Fortbildung der Bundesverfassung verzichten, als diese ihre Selbstständigkeit aufgeben oder beschränken lassen, denn die Unterwerfung unter die Bundesbeschlüsse ist am Ende thatsächlich doch nur die Unterwerfung unter Oesterreich und Preußen und somit der Anfang zur Mediatisirung."[112]

Das Festhalten an der einzelstaatlichen Souveränität verlangte es nach Pfordten schließlich auch, am Grundsatz der formellen Instruktionseinholung vor Abstimmungen in der Bundesversammlung unbedingt festzuhalten. Eine aktive Einleitung von Bundesreformen, so resümierte Pfordten, lag nicht im Interesse der bayerischen Regierung, die Beseitigung der Mängel in der Bundesverfassung müsse man „dem unaufhaltsamen Gange der Zeit" beziehungsweise „der natürlichen Entwicklung" überlassen.[113] Bayerns Aufgabe bestehe darin, seine eigene staatliche Existenz, die vom Bund unabhängig sei, zu sichern und sein „National-Gefühl" zu kräftigen, „damit es, wenn früher oder später die unvermeidliche Crisis über den deutschen Bund hereinbricht, aus derselben als ein kräftiges Element der dann eintretenden Neugestaltung hervorgehe". Zwar werde Bayern an der gemeinnützigen Tätigkeit des Bundes teilnehmen, doch läge eine Änderung der Bundesverfassung nicht in seinem Interesse, weil dies nur zu einer Beschränkung seiner Selbständigkeit zugunsten der Großmächte „ohne Gewinn für die deutsche Nation im Ganzen" führe.[114]

Pfordten gab hier klar zu erkennen, daß er eine Umgestaltung der Bundesverfassung, welche die Schaffung neuer Bundesorgane mit erweiterten Kompetenzen beinhaltete, für nicht wünschenswert hielt. Weder aus der Sicht Bayerns noch aus derjenigen der deutschen Nation sei davon eine Verbesserung zu erwarten. Pfordten ging sogar soweit, dem Bund und der Bundesversammlung jegliche konkrete nationale Kompetenz und Problemlösungskapazität abzusprechen, und das Ende des Bundes schien ihm nur noch eine Frage der Zeit zu sein. Bis es so weit war, kam es nach Pfordtens Ansicht darauf an, die eigene Position zu stärken, um auch in der unvermeidlich sich vorbereitenden neuen Ordnung Deutschlands eine wichtige Rolle spielen zu können.

Ganz anders faßte der sächsische Minister Beust die Frage der Reform des Deutschen Bundes auf. In seiner Denkschrift vom Juni 1856, die, anders als die nur für den bayerischen König bestimmte Ausarbeitung Pfordtens, im Sommer und Herbst unter den größeren und mittleren Staaten des Bundes kursierte, gelangte Beust zu einer viel positiveren Einschätzung der Perspektiven einer aktiven Bundesreformpolitik als sein bayerischer Kollege. Auch Beust lehnte es ab, das monarchische Prinzip und die Souveränität der Einzelregierungen aufzugeben und den Staatenbund in einen Bundesstaat umzuwandeln. Er war aber andererseits davon überzeugt, daß es gelingen

---
[112] Ebd., S. 452.
[113] Ebd., S. 453.
[114] Ebd., S. 454.

könne, allgemeine nationale Interessen durch den Deutschen Bund wahrzunehmen und die Bundesverfassung so zu verbessern, daß sie sowohl den „inneren politischen Bedürfnissen" als auch der „nationalen Frage" nach außen hin gerecht werde.[115]

Zunächst setzte sich Beust mit der Frage auseinander, welche Stellung die Nation respektive der Deutsche Bund als das einzige legitime Organ des Gesamtvaterlandes nach außen hin, im Hinblick auf die europäische Politik einnehmen sollten. Er wies die während der Krimkriegskrise in der deutschen Öffentlichkeit erhobenen Forderungen nach der Schaffung einer obersten Bundesgewalt, welcher sich die Einzelstaaten unbedingt unterordnen sollten, scharf zurück. Dies seien utopische und revolutionäre Pläne, welche mit dem monarchischen Prinzip und der Souveränität der Einzelstaaten unvereinbar seien. Dergleichen „Einheitspläne" seien nichts anderes als eine Wiederaufnahme der Bestrebungen von 1848, und die Regierungen dürften es nicht zulassen, daß die „Gagern'schen Ideen" in der öffentlichen Meinung wieder die Oberhand gewännen und auf diese Weise die Regierungen und der Deutsche Bund mit dem nationalen Einheitsargument erneut unter Druck gesetzt und in die Defensive gedrängt würden. Vielmehr komme es darauf an, der in den Parlamenten und der Presse geführten Kampagne offensiv zu begegnen. Dies bedeutete zum einen, daß die Regierungen in den eigenen Organen „die sogenannte Berechtigung der Nation" auf das rechte Maß zurückführten und alle Bestrebungen entschieden zurückwiesen, welche im Widerspruch zu den „völkerrechtlich und vertragsmäßig bestehenden Verhältnissen" standen. Zum anderen aber, so fuhr Beust fort, durften die Regierungen nicht den Eindruck erwecken, als ob sie es auf „eine starre Stabilität in den deutschen Bundesverhältnissen" abgesehen hätten. Vielmehr müßten sie darüber „genaue Rechenschaft" geben, auf welche Weise die „als dringend erkannte Verbesserung" der bestehenden Bundesverfassung herbeigeführt werden könne.[116]

Beust plädierte sehr energisch dafür, die bisherigen Verdienste des Bundes, welcher in den europäischen Krisen, sei es 1830, 1848 oder 1854–1856, letztendlich stets den Frieden und den Zusammenhalt Deutschlands bewahrt habe, ins öffentliche Bewußtsein zu rücken. Um die vorherrschende Auffassung zu widerlegen, „daß der deutsche Bund mehr eine todte Form, als ein lebens- und entwicklungsfähiges Institut sei", sah es der sächsische Minister aber auch als notwendig an, die offenkundigen Mängel zu benennen und nach „Verbesserungsmitteln" zu suchen. Dabei konnte es sich, so stellte Beust klar, allerdings weniger um Veränderungen „an der Verfassung selbst" als um Änderungen in deren Handhabung handeln. Statt sich an dem unhaltbaren Projekt der Schaffung einer einheitlichen Bundesgewalt zu versuchen, sollten sich die Regierungen im Hinblick auf außenpolitische Angelegenheiten vielmehr darum bemühen, ihre Meinungsdifferenzen auszugleichen, „um dem

---
[115] Ebd., S. 456.
[116] Ebd., S. 458.

deutschen Volke dieselben nicht erkennbar werden zu lassen".[117] Dies zielte darauf ab, die Bundesversammlung stärker als bisher als ein Organ zum Ausgleich der einzelstaatlichen Machtinteressen zu nutzen und damit zu verhindern, daß sie zum Forum des politischen Kampfes der deutschen Regierungen untereinander wurde.

Was Beust hier im Hinblick auf das Verhältnis des Bundes zu den äußeren Nationalinteressen vorschlug, entsprach in keiner Weise den öffentlichen Wünschen. Die Institutionen des Bundes sollten nicht verändert beziehungsweise um nationale Komponenten ergänzt werden. Statt dessen empfahl Beust lediglich eine bessere Selbstdarstellung und Imagepflege des Bundes durch ein weniger konfrontatives und dafür stärker konsensuales diplomatisches Vorgehen der deutschen Regierungen auf Bundesebene. Sein Rezept für die bessere Wahrnehmung der nationalen Interessen durch den Bund erschöpfte sich in den vagen Vokabeln „Ausgleichung", „Hingebung", „Selbstverleugnung", „Entgegenkommen" und „Einigkeit".[118]

Konkreter wurde Beust bei der Frage der inneren Verhältnisse Deutschlands. Hier räumte er ganz unverhohlen ein, daß die Bundesverfassung „ihrer Bestimmung nicht genügt" habe. Der Bund habe es bisher weder vermocht, die „materiellen Interessen" zu befriedigen und zu verschmelzen, noch sei es ihm gelungen, die politischen Zustände in den einzelnen Staaten zu harmonisieren.[119] Was die materiellen Interessen betraf, so bekräftigte Beust einmal mehr, daß es „hohe Zeit" sei, die Bundesversammlung zum Zentrum von Vereinbarungen über allgemeine Gesetze zu machen und somit „die öffentliche Wohlfahrt" zu fördern.[120] Er verwies dabei auf die bayerische Initiative zur Herbeiführung gemeinnütziger Vereinbarungen, welche ja in den vergangenen Monaten zur Einleitung von entsprechenden Bundesverhandlungen geführt hatte, und betonte abermals eindringlich, welchen politischen Nutzen diese Reformprojekte hatten.

Hatte Beust in der ersten Hälfte seiner Denkschrift keine neuen Reformideen entworfen, sondern lediglich mit großem Nachdruck für eine intensive Nutzung der verfügbaren Instrumentarien des Bundes zu nationalen Zwecken plädiert, so skizzierte er im zweiten Teil ein politisches Reformprojekt, welches über den Rahmen der bisherigen Reformdiskussion hinausgriff. Um dauerhaft befriedigende innere politische Zustände zu schaffen, regte Beust an, das „Verfassungsleben in den einzelnen Ländern"[121] zu harmonisieren und es in Übereinstimmung mit der Bundesverfassung und der Bundesgewalt zu bringen. Beust kritisierte die lange Untätigkeit des Bundes beziehungsweise seine einseitig repressive Haltung in dieser Frage, welche dazu

---

[117] Ebd., S. 460 f.
[118] Ebd., S. 461 f.
[119] Ebd., S. 462.
[120] Ebd., S. 463.
[121] Ebd.

geführt hatte, daß ein Gegensatz zwischen der Bundesversammlung und den Ständekammern entstanden war. Dieser Zustand war unbefriedigend und entsprach nach Ansicht Beusts weder den Bedürfnissen der Regierungen noch denen der Landesvertretungen noch denen des Volkes. Um dem abzuhelfen, schlug Beust vor, der „Bund in seiner Gesammtheit" solle eine „Umformung" der Verfassungsverhältnisse in Deutschland bewirken mit dem Ziel, „die harmonische Gegenseitigkeit zwischen Bundes-Verfassung und Einzelverfassungen" herbeizuführen.[122]

Beust setzte hier den Hebel an einem Grundproblem der politischen Ordnung in Deutschland an. Die Dysfunktionalität zwischen der Bundesverfassung auf der einen und den einzelstaatlichen Verfassungen auf der anderen Seite, welche sich schon in den ersten Jahren des Bundes herausgebildet hatte, stellte eines der größten Hindernisse für die politische Integration des Deutschen Bundes zu einem wirklichen Föderativsystem dar. Es fehlten gewissermaßen die Schnittstellen für eine Verbindung der diversen Komponenten zu einem politischen Gesamtsystem. Die unterschiedlichen Prinzipien, nach denen die Bundesverfassung und die mannigfachen Einzelverfassungen organisiert waren, ließen ein funktionierendes föderatives Wechselspiel zwischen dem Bund und den Einzelstaaten nicht zu, und sie verhinderten auch, daß sich zwischen den Einzelstaaten eine gemeinsame Plattform für eine föderativ-nationale Politik herausbilden konnte. Das Nebeneinander von sehr unterschiedlichen Partikularverfassungen, die weder untereinander kompatibel noch im Hinblick auf die Bundesverfassung in ein geregeltes subsidiäres (und das heißt auch: partizipatorisches) Verhältnis gesetzt waren, hatte dazu geführt, daß die Bundesorgane und die einzelstaatlichen Kammern „gegen einander abwehrend verfuhren"[123], anstatt sich gemeinschaftlich den nationalen Interessen zu widmen.

Diese Konstellation war nach Beust eine der Ursachen der Revolution von 1848 gewesen, als „das constitutionelle System in den einzelnen Ländern [...] den Bund versenkte".[124] Zwar seien die „Uebertreibungen" von 1848 überwunden worden, doch sei in dem deutschen Verfassungsleben lediglich ein „Zustand der Erträglichkeit" erreicht. Um befriedigendere, den wahren Bedürfnissen besser entsprechende Verhältnisse herbeizuführen, sei es nötig, die „Störungen" des Systems zu beheben und „ein allgemeines und lebendiges" Interesse am deutschen Verfassungssystem hervorzurufen.[125] Beust stellte sofort klar, daß es ihm nicht darum ging, die bestehenden einzelstaatlichen Repräsentativverfassungen gewaltsam zu beseitigen. Seiner Überzeugung nach wurzelten das „constitutionelle System" und die Repräsentativverfassungen in der historischen Entwicklung, und die „ständische Controle"

---

[122] Ebd., S. 470.
[123] Ebd., S. 464.
[124] Ebd.
[125] Ebd., S. 465.

kam der „Gestaltung unseres modernen Staats- und Volkslebens" durch die Regierungen zugute.[126]

Dieses Bekenntnis zur konstitutionellen Regierungsweise vertrug sich jedoch schlecht mit den nachfolgenden Vorschlägen Beusts. Zunächst schlug er vor, die Landtage zu verkürzen. Dies sollte erreicht werden durch eine Beschneidung des Budgetrechts der Kammern, die künftig nicht mehr jährlich den Staatshaushalt genehmigen sollten, sondern nur noch „die zu einem einmal festgestellten Budget nothwendig werdenden Aenderungen".[127] Ferner sollte die Beratung von Gesetzentwürfen beschleunigt werden, indem die Detailverhandlungen vorzugsweise zwischen der Regierung und den Ausschüssen stattfinden und das Kammerplenum sich auf eine allgemeine Debatte über die so ausgehandelten Gesetzentwürfe beschränken sollte. Mit diesem Verfahren war nach Ansicht Beusts auch die Möglichkeit gegeben, daß verschiedene deutsche Staaten sich über gemeinsame Gesetze verständigten, indem nämlich die Kammerausschüsse, „nächst vorgängiger Verständigung der Regierungen", zusammenträten, um länderübergreifende Gesetze zu beraten und zu beschließen.[128] Beust führte diesen Gedanken nicht näher aus, doch sind die Bezüge zu den Diskussionen, die seit 1850 über die Beteiligung von Volksvertretern an einer länderübergreifenden Gesetzgebung geführt wurden, offenkundig. Für den sächsischen Minister war es legitim und notwendig, gewählte Abgeordnete aus den einzelstaatlichen Parlamenten zu einem in der Bundesverfassung bisher nicht vorgesehenen Gremium zusammenzuführen, welches Gesetze erarbeiten und beraten sollte, die nicht bloß partikulare, sondern föderative und nationalintegrative Ziele verfolgten.

Die Schmälerung der Rechte der Kammern, welche die Beustschen Vorschläge implizierten, sollte dadurch aufgewogen werden, daß die Geschäfte vereinfacht, die Regierungstätigkeit vermehrt und die frei werdenden Kräfte verstärkt der Förderung lokaler Angelegenheiten gewidmet würden. Darüber hinaus schuf die Vereinheitlichung der Partikularverfassungen auf der Grundlage seiner Vorschläge nach der Auffassung Beusts die Möglichkeit für „gleichmäßige" Einrichtungen auf Bundesebene. Neben der bereits angesprochenen Gesetzgebung hatte Beust vor allem die „Gewährung eines vollständigen Rechtsschutzes" durch die Einrichtung eines Bundesgerichts im Auge.[129] Ein solches Bundesgericht, so argumentierte Beust, war unerläßlich, doch es konnte nur dann mit Erfolg einen „beruhigenden Rechtszustand schaffen", wenn „eine gesunde Basis für den Gegenstand seiner Competenz gefunden wäre".[130] Diese Basis könne geschaffen werden durch die zuvor skizzierte Beschränkung und Vereinheitlichung der einzelstaatlichen Verfas-

---

[126] Ebd., S. 465f.
[127] Ebd., S. 467.
[128] Ebd., S. 468.
[129] Ebd., S. 469.
[130] Ebd.

sungen. Diese „Umformung", bekräftigte Beust abschließend, sei eine Aufgabe des Bundes „in seiner Gesammtheit", denn es gehe um „die deutschen Zustände in ihrer Allgemeinheit", nicht bloß um partikulare Einzelinteressen.[131] Das Ziel war es, im Bund und seiner Verfassung „Mittel zur Stärkung des deutschen Föderativ-Systems" zu finden, wie Beust Ende Mai 1856 in einem Gespräch mit dem österreichischen Gesandten in Dresden darlegte.[132]

Beust übermittelte seine Denkschrift am 29. Juni 1856 „als eine persönliche und private Mittheilung" an die Regierungen in Wien, Berlin, München, Stuttgart, Hannover, Karlsruhe, Darmstadt, Kassel und Weimar.[133] Mit seinem bayerischen Kollegen von der Pfordten traf sich Beust schon am 5. Juli in München, um über seine Vorschläge zu sprechen. Dabei brachte der sächsische Außenminister abermals die Idee von Ministerkonferenzen ins Spiel. Auf diesen sollten Maßnahmen zur Änderung der Einzelverfassungen vorbereitet werden, die dann von der Bundesversammlung einstimmig beschlossen und schließlich von den Einzelregierungen nach Verständigung mit den Kammern durchgeführt werden sollten. Pfordten bezweifelte, daß die beabsichtigte Revision der Einzelverfassungen auf verfassungsmäßigem Wege möglich sei, ließ sich aber auf eine nähere Erörterung der Beustschen Denkschrift nicht ein, weil er seinen bevorstehenden „dreimonatlichen Urlaub in Ruhe [...] genießen" wollte.[134] Gegenüber dem württembergischen Geschäftsträger in München hatte sich Pfordten schon einige Tage vor dem Besuch Beusts über die bundespolitischen Aktivitäten seines Kollegen mokiert: Beust sei „ein unruhiger Kopf [...], der nicht ertragen könne, daß man jetzt in Deutschland einen Augenblick Ruhe und Frieden habe, und der ewig von sich reden machen wolle".[135]

Die Resonanz auf die Denkschrift Beusts in den übrigen deutschen Hauptstädten war sehr zwiespältig. Der darmstädtische Minister Dalwigk, mit dem Beust persönlich befreundet war, bezeichnete gegenüber dem preußischen Gesandten Perponcher die Denkschrift als „eine hübsche litterarische Produktion", die „viel Wahres", aber „wenig Neues" enthalte und nur „geringen praktischen Werth" habe; allein die Idee des Bundesgerichts verdiene Beachtung.[136] Einen Monat später schien Dalwigk seine Meinung gänzlich geändert zu haben, denn in einem eigenhändigen Schreiben an Beust erklärte er seine

---

[131] Ebd.
[132] Metternich an Buol, Dresden, 26. Mai 1856, HHStA Wien, PA V 22. Berichte aus Dresden 1856, fol. 144 f., Zitat fol. 145.
[133] Privatschreiben Beusts an Graf Redern, Bose, Nostitz, Platen, Hügel, Dalwigk, Meysenbug und Watzdorf, Dresden, 29. Juni 1856, HStA Dresden, AM 928, fol. 91, 123–126.
[134] Degenfeld an Hügel, München, 6. Juli 1856, HStA Stuttgart, E 65, Verzeichnis 57, Büschel 329.
[135] Soden an Hügel, München, 27. Juni 1856, HStA Stuttgart, E 65, Verzeichnis 57, Büschel 329.
[136] Perponcher an Manteuffel, Darmstadt, 18. Juli 1856, GStA Berlin, III. HA, Nr. 146, fol. 191.

völlige Übereinstimmung mit der Denkschrift und den Willen seiner Regierung, sich den Reformbemühungen mit Freude anzuschließen. Zur Vorbereitung entsprechender Vorlagen regte auch Dalwigk „vertrauliche Ministerialberathungen" an, zu denen Beust die Initiative gebühre.[137]

Der kurhessische Minister v. Meyer erklärte sich mit Beusts Denkschrift „im Wesentlichen" einverstanden und hob gleichfalls hervor, daß vor allem die Schaffung eines Bundesgerichts wünschenswert sei.[138] Zurückhaltender war die Reaktion der württembergischen Regierung. Außenminister Hügel erklärte viele der von Beust aufgeworfenen Fragen im Rahmen der Bundesverfassung für unlösbar. Hügel wies jeglichen Eingriff in die Souveränität der Einzelstaaten zurück und zog daraus die Schlußfolgerung, daß man „ein für allemal von dem Gedanken einer Kräftigung des Deutschen Bundes mittelst Bildung einer Centralgewalt" Abschied nehmen müsse.[139] In *„politisch-nationaler* Beziehung" sei der Bund lediglich dazu berufen, „ein unauflösliches Band nach Aussen zu bilden", nicht aber dazu, „die Rolle einer in politischen Fragen activ auftretenden Europäischen Großmacht zu übernehmen". Der Bund müsse sich auf die von der Bundesverfassung vorgegebene Aufgabe der gemeinsamen Verteidigung beschränken, er sei von daher nur eine passive „vis inertia".[140] Die von Beust vorgeschlagene Revision der Einzelverfassungen erachtete Hügel für unausführbar, denn entsprechende Maßnahmen von seiten des Bundes würden auf entschiedenen Widerstand in den Kammern stoßen und statt zu einer Verbesserung der Zustände nur dazu führen, „neue Kraft und Nahrung den revolutionären Partheien in Deutschland [zu] verleihen".[141] Für praktikabel und erstrebenswert hielt Hügel nur die Förderung der materiellen Interessen durch übereinstimmende Gesetze und die Bildung eines obersten Bundesgerichts.

Wieder anders beurteilte die hannoversche Regierung die Beustschen Vorschläge. Außenminister Platen teilte Beust am 16. September 1856 in einem Privatschreiben mit, er stimme mit dessen Ideen „im ganzen" überein und seine Regierung werde es begrüßen, wenn Beust weitere Vorschläge über das zur Bundesreform einzuschlagende Verfahren machen und dabei insbesondere als nächsten Schritt Ministerkonferenzen anregen würde.[142] Gleichzeitig übermittelte Platen seinem sächsischen Kollegen ein Promemoria, in dem die Position Hannovers im einzelnen skizziert wurde.[143]

Im Unterschied zu Beust hielt die hannoversche Regierung die Schaffung einer Bundeszentralgewalt für ein dringendes Bedürfnis, weil die revolutio-

---

[137] Dalwigk an Beust, Darmstadt, 26. August 1856, QGDB III/2, Dok. 104, S. 472f.
[138] Meyer an Nostitz, Kassel, 8. August 1856, HStA Dresden, AM 928, fol. 132.
[139] Hügel an Beust, Stuttgart, 29. August 1856, QGDB III/2, Dok. 105, S. 473–478, Zitat S. 475.
[140] Ebd.
[141] Ebd., S. 476.
[142] Platen an Beust, Hannover, 16. September 1856, HStA Dresden, AM 928, fol. 150.
[143] Ebd., fol. 151–154; Druck: QGDB III/2, Dok. 107, S. 484–488.

nären Krisen der Vergangenheit gezeigt hätten, daß der Bund in seiner bestehenden Verfassung nicht in der Lage sei, „rasche und energische Schritte zu beschließen und zu leiten".[144] Hannover befürwortete deshalb ein Direktorium aus Österreich, Preußen und einem dritten, jährlich von den übrigen Bundesgliedern neu gewählten Mitglied, das ohne vorherige Instruktionseinholung die „ganze executive Gewalt der Bundesversammlung" ausübe.[145] Im Innern sollte der Bund durch eine gemeinsame Gesetzgebung die materiellen Interessen auf dem Gebiet des Handels, der Industrie, der Gewerbe und des Verkehrs fördern. Dagegen wurde bezweifelt, daß die vorgeschlagene Beschränkung der Rechte der Kammern auf verfassungsmäßigem Weg möglich sei. Die von Beust projektierte länderübergreifende Vereinigung von ständischen Ausschüssen zur Beratung von gemeinsamen Gesetzen fand Hannover bedenklich, weil eine solche Versammlung „in bewegten oder aufrührerischen Zeiten sehr gefährlich werden könnte".[146] Das Bundesgericht schließlich wollte Hannover nur akzeptieren, wenn dessen Kompetenzen auf die Befugnisse der bisherigen Austrägalinstanz begrenzt blieben.

Was die Inhalte der von Beust angeregten Reformen betraf, so herrschte – sieht man einmal vom Bundesgericht ab – bei den deutschen Ministern eine sehr skeptische bis ablehnende Haltung vor. Auf eine nationalföderative Entwicklung des Deutschen Bundes, wie sie seit der Krimkriegskrise in der deutschen Öffentlichkeit immer wieder gefordert wurde, wollte sich die Mehrzahl der Regierungen nicht einlassen. In ihren Rückäußerungen auf die Beustsche Denkschrift übergingen die Kollegen des sächsischen Ministers dessen doch sehr mit nationalen und föderativen Argumenten durchsetzte Motivierung seiner Anregungen fast völlig. Beust selbst war – nicht zuletzt wegen der Einwände von König Johann – inhaltlich weit hinter dem Reformprogramm der Dresdener Konferenz zurückgeblieben, seine Rhetorik hatte aber sehr stark die nationale Gesamtverantwortung des Bundes hervorgehoben. Damit drang er jedoch weder bei den mittelstaatlichen Regierungen noch bei den Kabinetten der beiden deutschen Großmächte durch. Nach der Überwindung der Krimkriegskrise, die durch den Pariser Frieden vom 30. März 1856 beendet worden war, schien der akute öffentliche Druck auf eine Bundesreform nachzulassen, und viele Regierungen sahen es als nicht mehr so dringlich an, den Bund mit den Wünschen und Bedürfnissen der „Nation" in Einklang zu bringen.

Nur wenige deutsche Monarchen und Minister waren mit Beust der Auffassung, daß gerade die Phase der relativen Ruhe nach den Aufregungen der Krimkriegszeit dazu genutzt werden müsse, um die Bundesreform voranzutreiben. Zu nennen ist hier neben dem Herzog von Sachsen-Coburg und Gotha in erster Linie der sachsen-weimarische Staatsminister von Watzdorf.

---

[144] Ebd., S. 485.
[145] Ebd.
[146] Ebd., S. 487.

Er prognostizierte, das „wieder erwachte Interesse an den allgemeinen deutschen Angelegenheiten [werde] in immer steigender Progression lebendiger werden". Dies sei eine potentiell gefährliche Entwicklung, denn die weitere Mißachtung des nationalen Interesses könne dazu führen, daß schließlich „diese oder jene Partei" die Gelegenheit ergreife, um „ihre verwerflichen Tendenzen zu verwirklichen". Deshalb sei es die Pflicht der deutschen Regierungen, „die Erledigung der Bundesfrage kräftig in die Hand zu nehmen" und eine „befriedigende Lösung" herbeizuführen.[147] Dies sei um so mehr geboten, als die Bundesverfassung die Krisen der letzten Jahre nicht etwa wegen ihrer „inneren Kraft", sondern nur aufgrund glücklicher Umstände überstanden habe. Daß der Bund nicht als selbständige Großmacht in den europäischen Fragen auftreten könne und die Lösung außenpolitischer Probleme „nur außerhalb des Bundes" möglich sei, sei ein gefährlicher Zustand, dessen Beseitigung wünschenswert sei. Entsprechende Bemühungen müßten nicht unbedingt zu Lasten des monarchischen Prinzips gehen, so Watzdorf, es gebe vielmehr durchaus Handlungsspielräume:

„Zwischen dem bestehenden und einem Einheitsstaat nach französischem oder russischem Vorbild liegt noch ein weites Feld für heilsame Entwickelungen."[148]

Nach Einschätzung Watzdorfs bestand jedoch zwischen der theoretischen Einsicht und ihrer praktischen Umsetzung in konkrete Reformschritte eine unüberbrückbare Kluft. Er riet davon ab, den Versuch einer Stärkung der Bundesgewalt zu unternehmen, weil kaum Hoffnung auf Erfolg bestünde. Ähnlich beurteilte Watzdorf die Vorschläge Beusts zur Revision der Landesverfassungen nach einheitlichen Bundesvorgaben. Die Verfassungszustände in den Einzelstaaten seien gewiß beklagenswert, doch sei es nicht zweckmäßig und auch nicht bundesrechtlich zulässig, wenn der Bund „aus eigener Machtvollkommenheit ein Schema für alle deutschen Verfassungen" vorgebe.[149] Eingriffe der Bundesversammlung in die Einzelverfassungen würden sehr wahrscheinlich nicht den gewünschten Erfolg haben, sondern im Gegenteil die Autorität der Regierungen untergraben, das Rechtsbewußtsein im Volk erschüttern, wahrscheinlich scharfe politische Auseinandersetzungen hervorrufen und damit vermutlich „das Uebel nur noch ärger machen".[150] Für praktisch durchführbar hielt Watzdorf wie die meisten seiner Kollegen lediglich die Einrichtung eines Bundesgerichts, welches „das einzige angemessene Mittel [sei], die vorhandenen Uebelstände zu beseitigen".[151] Schließlich sei auch auf dem Gebiet der materiellen Interessen durch die Tätigkeit des Bundes viel zu erreichen.

---
[147] Watzdorf an Beust, Schloss-Berga, 20. Oktober 1856, QGDB III/2, Dok. 108, Zitate S. 488f.
[148] Ebd., S. 490.
[149] Ebd., S. 493.
[150] Ebd., S. 494.
[151] Ebd., S. 495.

In diesem engen Rahmen, so Watzdorf, müsse sich die Veränderung der Bundesverfassung halten, doch müsse man andererseits „möglichst rasch an das Werk gehen" und die Zeit nutzen, um Erfolg zu haben. Er halte es deshalb für geboten, die beabsichtigten Veränderungen möglichst bald auf besonderen Konferenzen zu beraten und zu beschließen.

Von einer solchen raschen Einleitung der Bundesreform, wie sie neben Watzdorf auch die Minister von Hannover und Hessen-Darmstadt befürworteten, hielt indessen die Regierung des wichtigsten deutschen Mittelstaates nichts. Pfordten, der sich bereits im Sommer 1856 über die Beustsche Initiative verärgert gezeigt hatte, zögerte seine offizielle Antwort vier Monate hinaus und nahm erst Ende Oktober Stellung zu den Vorschlägen seines sächsischen Kollegen. Seine in diplomatische Floskeln gekleidete Antwort ließ durchblicken, daß er nicht an eine Realisierbarkeit der sächsischen Vorschläge glaubte. Pfordten hob „mancherlei Schwierigkeiten" hervor, denen die Durchführung begegnen würde, betonte die Grenzen der Einwirkung des Bundes auf das „innere Verfassungsleben der einzelnen Bundesstaaten", und ließ keine Neigung erkennen, in absehbarer Zeit in konkrete Verhandlungen über die Bundesreform einzutreten. Statt dessen bekundete er lediglich die Bereitschaft Bayerns, sich an weiteren vertraulichen Beratungen zu beteiligen, wenn Beust „durch die in Aussicht gestellte speziellere Darlegung seiner Vorschläge den weiteren Anlaß zu solcher Beratung gibt".[152]

Ohne die aktive Unterstützung und Mitwirkung Bayerns war natürlich an die Einleitung von Bundesreformen nicht zu denken. Die Haltung Pfordtens ließ einmal mehr befürchten, daß die allgemeine Einsicht, daß die Bundesverfassung den aktuellen politischen Verhältnissen nicht mehr entsprach und einer „zeitgemäßen" Reform in Richtung auf eine stärkere nationale Kompetenz des Bundes bedurfte, auf rein theoretische Erörterungen beschränkt bleiben und im diplomatischen Geplänkel versanden würde. Entscheidend für den weiteren Gang der Debatte war nun, wie sich die beiden deutschen Großmächte zur Frage der Bundesreform verhielten. Wiesen sie die Anregungen Beusts als undurchführbar oder unzeitig zurück, so war der Weg, den der sächsische Minister seit 1850 nahezu unermüdlich freizuschaufeln versuchte, abermals blockiert. Gaben sie hingegen zu erkennen, daß sie grundsätzlich zu Reformen bereit waren, so eröffneten sich neue Spielräume für die weitere Diskussion mit der Aussicht auf konkrete bundespolitische Optionen.

Um es vorwegzunehmen: Die Entwicklung seit dem Sommer und Herbst 1856 lief darauf hinaus, die Bundesreformfrage offen und in der Diskussion zu halten. Damit wurden, wenn auch unmittelbare Reformschritte weiterhin ausbleiben, wichtige Rahmenbedingungen für die weitere bundespolitische Entwicklung geschaffen. Zum einen war die Fortführung der Reformdiskus-

---
[152] Pfordten an Gise, München, 29. Oktober 1856, QGDB III/2, Dok. 109, S. 497–500, Zitate S. 499f.

sion ein öffentliches Eingeständnis der Tatsache, daß ein bloßes Verharren in der Reaktionspolitik der frühen fünfziger Jahre auf Dauer nicht ausreichend war, um die Existenz des Bundes zu sichern. Zum anderen hielt sich der Bund damit die Möglichkeit offen, seine Verfassung nationaler und föderativer als bisher zu gestalten. Keine deutsche Regierung reagierte auf die äußeren und inneren Herausforderungen mit dem „metternichschen" Rezept, das darin bestanden hatte, die Entwicklung des Bundes einzufrieren und mit harter Repression die nationalen und liberalen Tendenzen zu bekämpfen. Die Krimkriegskrise und die von ihr ausgelöste breite Diskussion über das Verhältnis des Deutschen Bundes zur Nation hatten endgültig klargemacht, daß das nach der gescheiterten Dresdener Konferenz für einige Jahre verdrängte Problem, vom Bund der Fürsten einen Weg zum Bund der Nation finden zu müssen, bald gelöst werden mußte, da andernfalls das Ende des Bundes nur noch eine Frage der Zeit war. In diesem Sinne markierte das Jahr 1856 nicht nur einen „point of no return", sondern auch einen Zeitpunkt, ab dem weitere bundespolitische Stagnation gleichbedeutend war mit dem fortschreitenden Verfall seines Ansehens und seiner Autorität.

Diese Erkenntnis gewann in den Jahren 1856 und 1857 auch bei der österreichischen Regierung an Boden. Das Kabinett in Wien war zwar noch weit entfernt davon, eigene Konzepte und Initiativen für eine Nationalisierung und Föderalisierung des Bundes zu entwickeln. Doch war die Reaktion auf die Denkschrift Beusts bemerkenswert positiv. Beust hatte seine Reformpläne bei einem Besuch in Wien persönlich mit Buol erörtert und war dabei auf ein sehr positives Echo gestoßen. Buol erklärte sich mit den Ansichten der sächsischen Regierung über die Bundesreform und die vorgeschlagenen Maßnahmen im wesentlichen einverstanden. Er bekannte sich zu dem Ziel, eine „zeitgemäße Ausbildung der Verfassung des deutschen Bundes" herbeizuführen, denn Österreich hege keinen lebhafteren Wunsch, „als zur Stärkung des deutschen Föderativbandes, und dadurch zur Erhöhung des Ansehens, der Sicherheit und Wohlfahrt des deutschen Bundeskörpers und aller seiner einzelnen Mitglieder beizutragen".[153] Buol sprach sich weiter dafür aus, zunächst eine „vorbereitende Verständigung" zwischen Österreich, Preußen und den größeren deutschen Höfen über die Reformziele und über die Form ihrer Beratung herbeizuführen. Ausdrücklich befürwortete er „die Abhaltung von Cabinets-Conferenzen"[154], an denen sämtliche Bundesregierungen teilnehmen und auf denen die Reformmaßnahmen vereinbart werden sollten. Die endgültige Entscheidung sollte dann die Bundesversammlung treffen. Dieser Plan, wäre er verwirklicht worden, hätte eine Neuauflage der Ministerkonferenzen bedeutet, wie sie 1850/51 in Dresden stattgefunden hatten. Österreich war 1856 bereit, sich abermals auf den Versuch einzulas-

---

[153] Buol an Hartig, Wien, 14. August 1856, QGDB III/2, Dok. 103, S. 471; vgl. auch Buol an Blittersdorff, Wien, 13. August 1856, HStA Dresden, AM 928, fol. 133f.
[154] QGDB III/2, S. 472.

sen, mit allen Bundesgliedern gemeinsam eine Reform der Bundesverfassung zu beraten und zu beschließen. Gewiß, inhaltlich konnte es dabei nach den Vorstellungen Wiens nur um eine konservative Reform zur Stärkung der Bundesautorität gehen. Gleichwohl war die österreichische Position insofern bemerkenswert, als sie davon ausging, daß es um die „gemeinsamen politischen Bedürfnisse Deutschlands"[155] gehe und daß der Bund in dieser Hinsicht Defizite habe, welche es zu beseitigen gelte.

War die Haltung Wiens zu dem Plan Beusts, die Bundesreform wieder anzugehen, ermutigend, so war die preußische Regierung wenig geneigt, sich darauf einzulassen. In einem Promemoria, das Ministerpräsident Manteuffel am 31. August 1856 an Beust sandte, wies Preußen nahezu alle Vorschläge des sächsischen Ministers als unpraktikabel zurück.[156] Sogar jene Reformelemente, die von allen übrigen Regierungen gutgeheißen wurden, zog die preußische Regierung in Zweifel. Was die Tätigkeit des Bundes auf dem Gebiet der materiellen Interessen betraf, so verwies Manteuffel auf das dabei zu beachtende Prinzip der freien Vereinbarung, welches in vielen Bereichen ein „unübersteigliches Hinderniß" für allgemeine Bundesbeschlüsse bilde. Die „innerste Natur der Verhältnisse", behauptete Manteuffel, stünde häufig einer wirksamen Tätigkeit des Bundes entgegen, denn die Verschiedenheit der Zustände und Bedürfnisse in den Einzelstaaten sei unvereinbar mit bundeseinheitlichen Regelungen.[157] Der Versuch, auf dem Gebiet der materiellen Angelegenheiten trotz divergierender einzelstaatlicher Bedürfnisse und Interessen dennoch gemeinsame Bundesgesetze zustandezubringen, verfehle seinen Zweck, denn statt der angestrebten Gemeinsamkeit würden nur die Unterschiede um so schärfer hervortreten und das Ansehen des Bundes weiter gemindert werden. Auch der von Beust vorgeschlagenen Harmonisierung der einzelstaatlichen Verfassungsverhältnisse gab die preußische Regierung keine Chance auf Verwirklichung. Einschränkungen der parlamentarischen Rechte auf verfassungsmäßigem Weg seien kaum durchzusetzen, zumal dann nicht, wenn der Anstoß dazu vom Bund ausginge. Daran könne schließlich auch die Einsetzung eines Bundesgerichts nichts ändern. Aus diesen Gründen riet Preußen von der Einleitung formeller Verhandlungen, „selbst nur unter den betheiligten Kabinetten", ab:

„Man möchte sonst leicht ohne Noth die öffentliche Meinung zu neuen Ansprüchen und Erwartungen aufregen, da in der Eröffnung von Verhandlungen unter den Regierungen sogleich das Anerkenntniß gefunden werden würde, daß ein mangelhafter Zustand vorhanden und Abhülfe Noth sei."[158]

---

[155] Ebd., S. 471.
[156] Manteuffel an Beust, Berlin, 31. August 1856, mit Anlage: Promemoria der preußischen Regierung zur Bundesreform, QGDB III/2, Dok. 106, S. 478–483.
[157] Ebd., S. 481.
[158] Ebd., S. 483.

Mit dieser abschließenden Warnung camouflierte Preußen nur oberflächlich seine heuchlerische Haltung in der Bundesreformfrage. Daß die Bundesverfassung mangelhaft und reformbedürftig war, wurde seit Jahren in der deutschen Öffentlichkeit diskutiert, und nicht die Einleitung von Reformberatungen, sondern die immer noch nicht überwundene bundespolitische Reformblockade, für die Preußen einen großen Teil der Verantwortung trug, war der Grund für die Unzufriedenheit in Deutschland. Die preußische Reaktion auf die Denkschrift Beusts zeigte deutlich, daß Preußen keinerlei Interesse daran hatte, den Bund zu stärken und ihm die Mittel zu geben, positive Resultate für die allgemeine nationale und föderative Entwicklung zu erzielen.

Beust machte seiner Empörung über die starre Haltung Preußens in einem Gespräch mit dem österreichischen Gesandten in Dresden Luft. Er beklagte sich, so schrieb Metternich nach Wien, über die Hartnäckigkeit, „mit welcher das preußische Cabinet jede Betheiligung an dem von ihm so eifrig bevorworteten Einigungs-Werke von sich weist. ‚Ja, ja, ja und zuletzt immer: Nein!' so bezeichnete Herr von Beust die Sprache des preußischen Pro Memoria's."[159] Daß selbst die „Jas" in der offiziellen preußischen Antwort nur diplomatische Kosmetik waren, stellte Bismarck nach dem Ende der Bundestagsferien Anfang November in Frankfurt unmißverständlich klar. Preußen, so erklärte Bismarck gegenüber dem bayerischen Gesandten Schrenk, habe nicht die mindeste Lust, auf die Vorschläge Beusts einzugehen „und den Bund in die Lage zu versetzen, in die inneren Verhältnisse Preussens mehr einzugreifen, als es bisher der Fall ist". Preußen wolle „Herr im Hause bleiben und dem Bunde keine größere Wirksamkeit einräumen, als ihm nach der Bundesacte gebühre". Deshalb sei er überzeugt, daß die Vorschläge Beusts keinerlei Aussicht auf Erfolg hätten.[160]

Mit dieser kategorischen Ablehnung aller Pläne, den Bund über die bestehenden Bundesgrundgesetze von 1815/20 hinaus weiterzuentwickeln, schien die Bundesreformdebatte wieder einmal in eine Sackgasse geraten zu sein, noch ehe überhaupt offizielle Verhandlungen eingesetzt hatten. Da die zwischen den Regierungen seit dem Sommer 1856 geführten Erörterungen der deutschen Öffentlichkeit verborgen geblieben waren und auch die schon im April 1856 von der Bundesversammlung beschlossene Einberufung einer Kommission zur Ausarbeitung eines allgemeinen deutschen Handelsgesetzbuchs bis zum Jahresende noch nicht zur tatsächlichen Eröffnung der Verhandlungen geführt hatte, mußte das Jahr 1856 wiederum als eine Zeit der bundespolitischen Stagnation erscheinen. Die als nationale Krise empfundene Phase von 1854/55 schien es nicht vermocht zu haben, den Bund aus seiner Untätigkeit im Hinblick auf die Interessen der Nation herauszureißen.

---

[159] Metternich an Buol, Dresden, 7. September 1856, HHStA Wien, PA V 22. Berichte aus Dresden.
[160] Schrenk an Pfordten, Frankfurt, 6. November 1856, QGDB III/2, Dok. 110, Zitate S. 502.

Das Stimmungsbild in großen Teilen der deutschen Öffentlichkeit illustriert ein Artikel der liberalen Weser-Zeitung, die zum Jahreswechsel 1856/57 eine deprimierende Bilanz der deutschen Zustände zog. Zwar hätten sich die Regierungen, so hieß es, im Laufe der letzten Jahre geradezu ostentativ um „die materielle Seite der nationalen Einigung" gekümmert, doch habe man andererseits „die politische Einigung als ein ideologisches Phantom" zurückgewiesen.[161] Im übrigen seien die unbestreitbaren Fortschritte bei der Vereinheitlichung des Post-, Münz-, Gewichts- und Zollwesens bezeichnenderweise außerhalb des Bundes erzielt worden:

„Diese einzigen Fortschritte, die Deutschland zur Einigung gemacht hat, – Deutschland, so weit es officiell eine Einheit ist, hat nichts mit ihnen zu schaffen; dem deutschen Bunde, der Bundesverfassung, dem Bundestage haben sie nichts zu danken; aus privaten Verträgen zwischen einzelnen deutschen Staaten sind sie hervorgegangen […] Es stellt sich danach die Sache des nationalen Fortschritts so: positiv gethan hat das einzige nationale Institut, das wir in Deutschland haben, für nationalen Fortschritt nichts; soweit in der fraglichen Richtung Fortschritte gemacht sind, sind sie ohne Bundesverfassung und Bundestag gemacht, und das endlich, was durch Bundesverfassung und Bundestag gethan ist, thut man am trefflichsten und – klügsten mit dem ausweichenden ‚the less said the better'."[162]

Diese unverblümte Kritik am nationalen Versagen des Bundes ist in mehrfacher Hinsicht bemerkenswert. Sie macht zunächst deutlich, daß sich die nationale und liberale Opposition mit der repressiven Pressepolitik, wie sie erst 1854 beschlossen worden war, nicht mundtot machen ließ. Der Artikel der Weser-Zeitung ist zudem ein deutlicher Beleg für die Vitalität des nationalen Paradigmas, das durch die Gegenrevolution von 1849/50 und die anschließende Phase der Reaktion keineswegs außer Kraft gesetzt worden war, sondern seit Mitte der fünfziger Jahre wieder mit großem Nachdruck und im Bewußtsein seiner historischen Berechtigung in die politische Debatte eingebracht wurde. Der Deutsche Bund wurde an dem gemessen, was er für die Entwicklung der deutschen Nation bewirkte, und dem konnten sich die Regierungen nicht mit dem bloßen Beharren auf dem monarchischen Prinzip, den Verträgen von 1815, der Solidarität der Fürsten und der Souveränität der Einzelstaaten entziehen. Dies waren Rückzugspositionen, welche sich auf Dauer nicht halten ließen. Für die Bundespolitik bedeutete dies, daß sie sich entweder die Interessen der Nation zu eigen machte und entsprechende Reformen einleitete, oder daß sie sich noch einige Jahre gegen die Einigung und Ausbildung der Nation stemmte, bis diese dann auf andere Weise, nämlich außerhalb des Bundes und gegen ihn, durchgesetzt wurde.

Es war diese Erkenntnis, welche Beust und andere mittelstaatliche Politiker veranlaßte, trotz der zurückhaltenden bis ablehnenden Reaktionen auf

---

[161] Weser-Zeitung Nr. 4063 vom 30. Dezember 1856, QGDB III/2, Dok. 111, S. 503–506, Zitate S. 504.
[162] Ebd., S. 505f.

die Reformvorschläge von 1856 ihre Anstrengungen für eine Bundesreform fortzusetzen. Beust selbst hatte schon in seiner Denkschrift vom Juni 1856 nähere Erläuterungen zur Verwirklichung seiner Vorschläge in Aussicht gestellt, und er war von mehreren seiner Kollegen zu einer entsprechenden Ausarbeitung aufgefordert worden. Er kam dem nach mit einer zweiten Denkschrift, die am 30. April 1857 abgeschlossen und am 22. Mai 1857 an die Regierungen der wichtigsten Bundesstaaten übermittelt wurde.[163]

Allerdings war schon zwei Monate zuvor die Bundesreformfrage von seiten der badischen Regierung wieder aufgegriffen worden. Der badische Außenminister Meysenbug hatte im August 1856 die Denkschrift Beusts zum Anlaß genommen, insbesondere die Frage eines Bundesgerichts zu prüfen. Er fand darin Unterstützung bei Großherzog Friedrich, der es für geboten hielt, „daß in dem Maße des Möglichen die Fortbildung der Bundeseinrichtungen thunlichst betrieben werde".[164] Der badische Bundestagsgesandte Marschall wurde angewiesen, ein Gutachten darüber zu erstatten, unter welchen Bedingungen die Einrichtung eines Bundesgerichts möglich sein würde. Marschall legte seinen Bericht am 16. Dezember 1856 vor, wobei er die ergebnislosen Verhandlungen in Dresden 1851 rekapitulierte und die Hoffnung aussprach, daß es nun endlich gelingen werde, „die Verfassung Deutschlands" durch ein Bundesgericht zu vervollständigen.[165]

Auf der Grundlage des Gutachtens von Marschall erstellte die badische Regierung eine umfassende Denkschrift, welche am 10. März 1857 an die Regierungen in Wien, Berlin, München, Stuttgart und Dresden verschickt sowie über den Bundestagsgesandten Marschall an alle in Frankfurt vertretenen Regierungen übermittelt wurde.[166] In seinem Anschreiben erinnerte Meysenbug an die Denkschrift Beusts vom Sommer 1856 und legte dar, daß die Errichtung eines Bundesgerichts nach der Auffassung Badens „eine der am meisten practischen Aufgaben" sei. Das Bundesgericht verletze nicht das Grundprinzip des Staatenbundes, und es sei geeignet, „Fortschritte im Sinne föderativer Einigung" zu bringen.[167] Mit der Denkschrift, so fuhr Meysenbug fort, hoffe Baden die baldige Stellung eines Antrags in der Bundesversammlung vorzubereiten und die Fassung eines Bundesbeschlusses zu ermöglichen.

Inhaltlich lehnten sich die badischen Vorschläge für die Kompetenz des Bundesgerichts an den Entwurf der 4. Kommission der Dresdener Konferenz vom 28. April 1851 an[168], wobei im Detail die Grenzen des Gerichts noch enger gezogen waren, als es der Dresdener Entwurf vorgesehen hatte. So sollte

---

[163] QGDB III/2, Dok. 115.
[164] Meysenbug an Marschall, Karlsruhe, 15. August 1856, GLA Karlsruhe, 48/1521.
[165] Marschall an Meysenbug, Frankfurt, 16. Dezember 1856, GLA Karlsruhe, 48/1521.
[166] Schreiben Meysenbugs mit Denkschrift „Die Errichtung eines Bundesgerichts betreffend", QGDB III/2, Dok. 112, S. 506–519.
[167] Ebd., S. 507.
[168] QGDB III/1, Dok. 86, S. 488–491.

nach dem badischen Vorschlag das Gericht nicht mehr selbst über seine Zuständigkeit entscheiden, sondern in jedem einzelnen Fall ein entsprechender Beschluß der Bundesversammlung erforderlich sein. Anders als in Dresden vorgesehen sollte das Gericht auch nicht über Streitigkeiten zwischen der Bundesversammlung und einzelstaatlichen Regierungen über sogenannte „jura singulorum" entscheiden, weil es sich dabei weniger um rechtliche als um politische Fragen handele. Ferner sollten weder Klagen von Privatpersonen wegen privatrechtlicher Forderungen gegen einen deutschen Souverän oder Staatsfiskus vor das Bundesgericht gezogen werden noch Beschwerden wegen verweigerter oder gehemmter Rechtspflege. Ganz deutlich ist in diesen Restriktionen das Bemühen der badischen Regierung zu erkennen, einen Einfluß des Bundesgerichts auf die Souveränität der Regierungen und Monarchen zu unterbinden.

Auf der anderen Seite enthielt die badische Denkschrift im Unterschied zur Dresdener Vorlage detaillierte Bestimmungen über die Zusammensetzung des Gerichts. Es sollte aus einem Präsidenten, vier ordentlichen und vier außerordentlichen Beisitzern bestehen. Alle Mitglieder sollten in geheimer Abstimmung in der Bundesversammlung gewählt werden. Die Unabhängigkeit der Bundesrichter sollte dadurch gewährleistet werden, daß sie auf Lebenszeit ernannt, angemessen besoldet, „jeder besondern Verpflichtung" gegen den Staat, dem sie angehörten, entbunden und auf die Bundesgrundgesetze vereidigt wurden.[169]

Mit diesen Bestimmungen hätte das Bundesgericht, selbst wenn seine Zuständigkeit von der jeweiligen Zustimmung der Bundesversammlung abhängig blieb, den Charakter einer Einrichtung gewonnen, die nicht partikularen Interessen, sondern dem übergeordneten Zweck bundesweiter Rechtspflege verpflichtet war. Auf föderative Weise gebildet, hätte das Bundesgericht eine nationale Aufgabe wahrgenommen.

Das Vorgehen Badens, ohne vorherige Konsultationen mit den anderen Mittelstaaten und den Regierungen in Wien und Berlin einen fertigen Plan für ein neues Bundesorgan vorzulegen, war ungewöhnlich. Österreich und Preußen zeigten sich von der unvorhergesehenen Initiative ebenso überrascht wie die königlichen Regierungen in München, Dresden, Hannover und Stuttgart, die Baden nicht als einen gleichwertigen Mittelstaat betrachteten und es deshalb schon aus Prestigegründen nicht gern sahen, daß der überdies als zu liberal und preußenfreundlich geltende Staat nun unversehens mit einem so weitreichenden Reformprojekt vorpreschte. Gleichwohl verlieh der badische Vorstoß, wenn er auch unterschwellige Ressentiments hervorrief, der Bundesreformdebatte neuen Schub, denn Form und Inhalt der Denkschrift vom März 1857 zwangen die übrigen deutschen Regierungen zu einer Stellungnahme, wie sie es denn mit dem Bundesgericht hielten.

---

[169] QGDB III/2, S. 518f.

Als erster reagierte Bismarck, und seine Haltung war, wie kaum anders zu erwarten, schroff ablehnend. Schon am 16. März 1857 übermittelte er die Denkschrift Badens an Manteuffel, wobei er darlegte, daß ein Eingehen auf die Vorschläge für Preußen nicht in Frage kommen könne. Bismarck kritisierte, daß die badische Regierung sich nicht vorher mit den Kabinetten in Wien und Berlin abgestimmt hatte. Was die materielle Seite betreffe, so enthalte die Denkschrift nichts Neues und es bestehe auch kein wirkliches Bedürfnis für ein Bundesgericht. Schließlich erinnerte der preußische Bundestagsgesandte seinen Ministerpräsidenten erneut daran, daß es nicht im Interesse Preußens liegen könne, „die Zahl der Bundesbehörden zu vermehren, in welchen Österreich den Vorsitz führt und zur Ausbildung von Einrichtungen beizutragen, bei denen unsere Mitwirkung nach Maaßgabe der Stimmzahl im engeren Rath unverhältnißmäßig beschränkt wird".[170]

Während der preußische Gesandte den Vorschlag Badens vor allem unter dem machtpolitischen Aspekt beurteilte, waren seine Kollegen in Frankfurt eher bereit, sich auf eine inhaltliche Erörterung des badischen Vorschlags einzulassen. Der Präsidialgesandte Rechberg äußerte sich erfreut über die Anregung, sich wieder mit dem Bundesgericht zu befassen, und auch etliche andere Gesandte, namentlich die von Sachsen, Hessen-Darmstadt, Mecklenburg und der thüringischen Staaten sprachen dem badischen Bundestagsgesandten ihre „freudige Anerkennung" aus und versicherten ihn der Unterstützung ihrer Regierungen. Die Gesandten Hannovers und Bayerns nahmen dagegen die Denkschrift eher zurückhaltend auf.[171]

In den folgenden Wochen wurde der badische Vorschlag von den Einzelregierungen intensiv geprüft, wobei Baden versuchte, durch seine Gesandten vor Ort die grundsätzliche Zustimmung der Kabinette zu seinem Plan zu erlangen. Sie wurden dabei unterstützt von Rechberg, der sich in Frankfurt und bei seiner Regierung in Wien nachdrücklich dafür einsetzte, das Bundesgericht bald einzusetzen. „Das Bundesgericht ist", so schrieb Rechberg an Buol, „ein so tief und allgemein gefühltes Bedürfniß, daß ganz Deutschland dessen Einsetzung mit Jubel begrüßen und wieder mit größerem Vertrauen der allmäligen besseren Gestaltung der Zustände entgegensehen würde."[172] Rechberg legte Buol nahe, den badischen Vorschlag aufzugreifen und einen entsprechenden Antrag in der Bundesversammlung einzubringen. Dem könne sich auch die preußische Regierung nicht offen widersetzen, „will sie sich nicht in der öffentlichen Meinung in Deutschland zu Grunde richten".[173] Aber auch dann, wenn der Antrag scheitere, würde sich Österreich die Sympathien „von ganz Deutschland erwerben, und es würde bei einem zweiten

---

[170] Bismarck an Manteuffel, Frankfurt, 16. März 1857, GStA Berlin, III. HA, Nr. 104, fol. 28f.
[171] Marschall an Meysenbug, Frankfurt, 19. März 1857, GLA Karlsruhe, 48/1521.
[172] Rechberg an Buol, Frankfurt, 22. April 1857, QGDB III/2, Dok. 114, S. 525.
[173] Ebd.

Versuch wohl kaum mehr eine Regierung in Deutschland sich finden, die es wagen dürfte, abermals Widerstand zu leisten".[174]

Rechberg empfahl hier ganz offen, die öffentliche Meinung zu mobilisieren, um Bundesreformen gegen den Widerstand einzelner Staaten durchzusetzen. Diese Strategie unterschied sich formal wie inhaltlich deutlich von dem bisherigen bundespolitischen Vorgehen Österreichs. Hatte es noch in der ersten Hälfte der 1850er Jahre einseitig auf eine Unterdrückung der liberalen Öffentlichkeit gesetzt und nach dem Scheitern der Dresdener Reformpläne das Interesse an weiteren Versuchen zur Umgestaltung der Bundesverfassung verloren, so schlug nun der Präsidialgesandte höchstpersönlich vor, eine substantielle Erweiterung der bestehenden Bundesordnung mit Unterstützung „der öffentlichen Meinung in Deutschland" einzuleiten. Im Jahr 1857 gewann somit in der österreichischen Regierung die Erkenntnis an Boden, daß eine Bundespolitik gegen die deutsche Öffentlichkeit auf Dauer nicht möglich war, sondern daß eine erfolgreiche Entwicklung des Bundes umgekehrt von der Zustimmung der Öffentlichkeit beziehungsweise – wie es bezeichnenderweise hieß – „Deutschlands" abhängig war. Und diese Zustimmung ließ sich nur durch eine Bundespolitik erreichen, die den Bedürfnissen und Interessen Deutschlands als Gesamtheit entsprach, einer Politik mithin, welche die seit Jahren öffentlich artikulierten Reformwünsche aufgriff und zumindest teilweise erfüllte.

Das Bundesgericht gehörte unzweifelhaft zu den Einrichtungen, welche von der Öffentlichkeit als eine notwendige Ergänzung des Bundessystems und als eine Quelle größerer Einheit in Deutschland angesehen wurden. Dies erkannte Rechberg an, doch ihm war darüber hinaus auch bewußt, daß die Schaffung eines Bundesgerichts nur der erste Schritt für weitere Reformen sein konnte. Diese mußten letztlich auch zu einer befriedigenden „Regelung der Verfassungsfrage"[175] führen, damit in Deutschland stabile Verhältnisse einträten. Abweichend von Beust, der dafür eingetreten war, die Harmonisierung der Verfassungsverhältnisse und die Schaffung des Bundesgerichts gleichzeitig anzugehen, plädierte Rechberg dafür, zunächst das seiner Meinung nach einfacher zu lösende Problem des Bundesgerichts in der von Baden vorgeschlagenen Form zu erledigen.

Ganz offenkundig hatten die Beustschen Vorschläge vom Sommer 1856 und die badische Denkschrift vom März 1857 Bewegung in die Bundesreformdebatte gebracht. Etliche Regierungen äußerten sich zustimmend und waren bereit, in konkrete Reformverhandlungen einzutreten. Die Präsidialmacht Österreich ließ erstmals seit 1850/51 wieder die Bereitschaft erkennen,

---

[174] Ebd. – Ähnlich hatte Rechberg schon in einem Schreiben an Buol vom 8. April 1857 argumentiert, wobei er noch zusätzlich darauf hingewiesen hatte, daß durch eine österreichische Reforminitiative auch die „Intriguen der Gothaer Partei gegen Oesterreich in Deutschland gelähmt" würden; HHStA Wien, PA II 37, fol. 408–410, Zitat fol. 409v.
[175] Rechberg an Buol, Frankfurt, 22. April 1857, QGDB III/2, Dok. 114, S. 524.

sich aktiv an die Spitze des Reformprozesses zu stellen, und sie ging dabei nicht mehr ausschließlich vom konservativen Prinzip der monarchischen Ordnung aus, sondern stellte zumindest in Ansätzen auch in Rechnung, daß die Bundesreform eine nationale Dimension hatte, welche die Interessen und das Wohl Deutschlands betraf, und zwar so, wie diese von der Öffentlichkeit verstanden wurden.

Es hätte demnach 1857 eine Chance zur tatsächlichen Einleitung von Reformen der Bundesverfassung bestanden, wenn nicht Preußen durch seine ablehnende Haltung die Umsetzung der verbreiteten Reformbereitschaft in greifbare Resultate verhindert hätte. Die offizielle Reaktion der preußischen Regierung auf den badischen Vorschlag, welche am 17. April 1857 erfolgte[176], ließ in kaum verklausulierter Form erkennen, daß Preußen nichts davon hielt, ein eigenständiges, unabhängiges Bundesgericht zu schaffen. In einem ausführlichen Promemoria wurden die badischen Vorschläge im Detail erörtert und dabei vielfache Bedenken gegen die projektierte Zusammensetzung und Kompetenz des Bundesgerichts vorgebracht. Hier sah die preußische Regierung etliche ungelöste Probleme, und sie kam von daher zu dem Schluß, daß es ratsam sei, „von der Einführung eines ständigen Bundesgerichts zu abstrahiren".[177]

Zwar ließen sich die Reformbefürworter, allen voran Beust, dadurch nicht davon abbringen, weiterhin auf den inneren Ausbau des Bundes zu dringen, doch führte die Ablehnung Preußens dazu, daß es im Jahr 1857 weder zu einer Reforminitiative in der Bundesversammlung kam noch zu einer deutschen Ministerialkonferenz, wie sie von Sachsen und einigen anderen Staaten angestrebt wurde. Statt dessen entspann sich abermals ein bitterer Reformstreit, bei dem nicht nur die gegensätzlichen Auffassungen darüber, was der Deutsche Bund als Gesamtorgan Deutschlands leisten könne und solle, aufeinanderprallten, sondern auch neue Ressentiments und Aversionen insbesondere zwischen den beiden Großmächten entstanden.

Im Frühjahr 1857 versuchte zunächst Beust, ermuntert von etlichen mittelstaatlichen Kollegen und von der Regierung in Wien, die Reformdiskussion voranzutreiben. Er arbeitete dazu gemäß seiner Ankündigung vom Vorjahr eine weitere Denkschrift aus, in der er seine Reformpläne noch einmal erläuterte und dabei zugleich die Gelegenheit wahrnahm, den badischen Vorschlag für ein Bundesgericht intensiv zu erörtern. Die Denkschrift wurde am 30. April 1857 abgeschlossen, aber erst am 22. Mai 1857 an die Regierungen von Österreich, Preußen, Bayern, Hannover, Württemberg, Baden, Kurhessen, Hessen-Darmstadt und Nassau sowie am 27. Mai 1857

---

[176] Manteuffel an Marschall, Berlin, 17. April 1857, Schreiben mit Anlage (Promemoria zum Bundesgericht), QGDB III/2, Dok. 113a und b, S. 519–524.
[177] Ebd., S. 522.

zusätzlich an die Regierung von Sachsen-Weimar übermittelt.[178] In seinen Anschreiben an die Kollegen beschwor Beust diese erneut, „die gegenwärtige, von dem Drucke äusserer und innerer brennenden Fragen glücklicherweise freie Zeit nicht unbenutzt" zu lassen und gemeinsame Reformberatungen einzuleiten.[179]

Wer in der Sache selbst, das heißt im Hinblick auf die Beustschen Reformideen des Vorjahrs, konkrete und substantielle Vorschläge erwartet hatte, wurde indessen enttäuscht. Beust ging nicht näher auf die Details der Bundesreform ein, sondern verwandte nahezu seine gesamte Energie darauf, seine Adressaten von der Notwendigkeit zu überzeugen, unverzüglich in Verhandlungen einzutreten. Er versuchte insbesondere die Einwände gegen die Abhaltung von Ministerkonferenzen zu zerstreuen. Schon der Zusammentritt einer Konferenz, so Beust, werde „einen Beweis von Sorgfalt für das öffentliche Interesse" liefern und als solcher von der Öffentlichkeit begrüßt werden.[180] Wenn die Regierungen den ernsthaften Willen bekundeten, gemeinsame Beschlüsse und Maßnahmen durchzuführen, welche „dem öffentlichen Wohle" dienten, dann könnten sie auf Zustimmung in der Öffentlichkeit, zumindest bei den „Vernünftigdenkenden", rechnen.[181] Die Besorgnis, daß eine Ministerkonferenz lediglich das öffentliche Mißtrauen erregen werde, wie dies etwa 1834 bei den Wiener Ministerialkonferenzen der Fall gewesen sei, suchte Beust mit dem Argument zu entkräften, daß das konstitutionelle System nun allgemein anerkannt sei und es nicht darum gehe, es zu beseitigen, sondern darum, seine Schwächen, die mittlerweile auch von der öffentlichen Meinung erkannt würden, zu beheben.

Nochmals plädierte Beust dafür, das von ihm im Sommer 1856 vorgelegte Reformpaket nicht aufzuschnüren und, wie die badische Regierung und der Bundespräsidialgesandte Rechberg vorgeschlagen hatten, Einzelprobleme wie das Bundesgericht separat zu lösen. Er beharrte darauf, daß die Harmonisierung der deutschen Verfassungsverhältnisse, die Gewährung bundesweiten Rechtsschutzes und die „Verschmelzung der materiellen Interessen" durch Bundesgesetze in einem inneren Zusammenhang stünden und deshalb auch gemeinsam beraten und gelöst werden müßten. Als „Berathungsmaterial" für die anvisierte Ministerkonferenz ergaben sich demnach im wesentlichen vier Punkte[182]:

1. Die Regierungen sollten eine Grundsatzerklärung zur Frage der Bundesreform abgeben, mit der öffentlich klargestellt wurde, daß keine deutsche Regierung „idealistische und verwerfliche Projekte" im geheimen unter-

---

[178] Denkschrift Beusts zur Bundesreform, Dresden, 30. April 1857, QGDB III/2, Dok. 115, S. 526–540. Zur Übermittlung an die oben genannten Regierungen vgl. die Schreiben Beusts vom 22. Mai 1857, HStA Dresden, AM 928, fol. 260–266.
[179] Beust an Bose, Dresden, 22. Mai 1857, QGDB III/2, Dok. 116, Zitat S. 541.
[180] QGDB III/2, S. 531.
[181] Ebd., S. 532f.
[182] Ebd., S. 536f.

stützte oder billigte. Dies richtete sich offenkundig gegen die Pläne, den Deutschen Bund durch einen kleindeutschen Bundesstaat unter preußischer Führung zu ersetzen. Preußen und die ihm nahestehenden kleineren mittel- und norddeutschen Staaten sollten durch ein klares Bekenntnis zum föderativen Staatenbund ein für allemal Abschied nehmen von den unionistisch-bundesstaatlichen Ideen, welche 1849/50 zur Spaltung Deutschlands geführt hatten. Statt dessen sollte der Bund seine Autorität durch die Regierungspresse der Einzelstaaten wie durch die Gesetzgebung durchsetzen, wobei Beust sogar erwog, eine besondere Bundeskommission einzurichten, welche die Aufgabe hätte, gegen „die hin und wieder gegen die Bundes-Autorität vorkommenden Ausschreitungen" in der Presse vorzugehen.

2. Zweiter Beratungsgegenstand der Ministerkonferenz sollten die materiellen Interessen sein, die „einer bundesmäßigen Berathung" überwiesen werden sollten.

3. Der dritte Gegenstand war „die Feststellung der herbeizuführenden Verfassungs-Modifikationen", die auf verfassungsmäßigem Wege durch eine Vereinbarung mit den Landesvertretungen umgesetzt werden sollten. Hier sei auch zu prüfen, so Beust, ob „gewisse Verfassungsbestimmungen", welche sich nicht mit den Bundesgrundgesetzen vertrügen, „von Bundeswegen zu beseitigen seien".

4. Schließlich sollte die Konferenz eine definitive Entscheidung für oder gegen die Einsetzung eines Bundesgerichts fällen. Beust sprach sich einmal mehr für dessen baldige Einrichtung aus, und er fügte seiner Denkschrift einige Bemerkungen zu dem von Baden vorgelegten Plan für das Bundesgericht bei.

Das von Beust skizzierte Programm hatte eine ausgeprägt konservative, teilweise reaktionäre Tendenz, die in der deutschen Öffentlichkeit, in der Presse und vor allem in den Landtagen, deren Rechte beschnitten werden sollten, auf energischen Widerstand stoßen mußte. Beust unterlag gewiß einer Fehleinschätzung, wenn er glaubte, die in Punkt 1 und 3 vorgesehenen Maßnahmen durchsetzen zu können, ohne einen Sturm des Protestes auszulösen, der in der Tat das Ansehen des Bundes weiter untergraben und die innere Stabilität in Deutschland eher gefährdet als gefördert haben würde. Vergleicht man seine Vorschläge mit dem, was 1851 in Dresden an Reformkonzepten entworfen wurde, so stellt sich die Frage, ob das, was Beust 1856 und 1857 zur Debatte stellte, überhaupt den Namen der Bundesreform verdient, oder ob es sich nicht um einen weiteren verzweifelten und aussichtslosen Versuch handelte, den unvermeidlichen Untergang einer unhaltbaren politischen Ordnung noch einige Jahre hinauszuschieben.

Dem könnte man entgegenhalten, daß es Beust gerade nicht darum ging, starr an der politischen Ordnung des Deutschen Bundes festzuhalten und einen reaktionären Abwehrwall gegen die konstitutionelle und nationale Entwicklung Deutschlands aufzurichten. Was er kompromißlos bekämpfte, war der Plan, in Deutschland einen Bundes- oder Einheitsstaat zu schaffen, der unweigerlich dazu führen mußte, die Souveränität der Einzelstaaten zu beseitigen, die Habsburgermonarchie von Deutschland abzutrennen und Preußen zur alleinigen Hegemonialmacht zu erheben. Dies war in den Augen des sächsischen Außenministers kein Gewinn für die deutsche Nation, sondern im Gegenteil ein gefährlicher Weg, der die Einheit, die Stabilität und den Frieden Deutschlands zerstören würde.[183]

Beust projektierte in seinen Denkschriften statt dessen die weitere innere Ausbildung des Deutschen Bundes auf föderativer Grundlage. Der Bund sollte sich zu seiner Gesamtverantwortung für Deutschland bekennen und durch das einige Handeln der Regierungen in der Bundesversammlung die nationale Integration fördern. Das Ziel war nicht der Nationalstaat mit einer über den Einzelstaaten stehenden Bundesregierung, sondern der ‚Nationalbund', in dem die Staaten einerseits ihre Eigenständigkeit bewahrten und andererseits gemeinschaftliche Organe und Einrichtungen schufen, die nationale Zwecke und Bedürfnisse erfüllten. Beust wollte sich gerade nicht damit abfinden, daß die Entwicklung des Bundes schon abgeschlossen sei. In seinen Denkschriften sprach er wieder und wieder seine Überzeugung aus, daß der Bund seine Möglichkeiten, für die „allgemeinen Bedürfnisse"[184] zu wirken, noch keineswegs ausgeschöpft habe. Er plädierte dafür, die politischen Gestaltungsspielräume zu nutzen, um „dem *berechtigten* Streben nach Einigung und Einheit" entgegenzukommen. Zwar räumte er ein, daß „das Wort ‚Bund' nicht zu den Zauberformeln [gehört], welche die öffentliche Meinung in Erhitzung bringen", aber damit sollte man sich nicht einfach abfinden:

„Wohl aber wäre mit Gewißheit zu hoffen, daß das Interesse am Bunde und die Achtung für denselben sich bedeutend steigern würden, wenn gemeinnützige Maßregeln so tiefgreifender Natur ihren Ausfluß in Frankfurt fänden und die öffentliche Meinung sich daran gewöhnte, den Quell derselben dort zu suchen."[185]

Um seine Pläne durchzusetzen, hoffte Beust immer noch darauf, eine feste Koalition der Mittelstaaten zu schmieden, die sich die Sache des Bundes zu eigen machte und gemeinschaftlich die Initiative zur Reform ergriff. Besonders bei seinem bayerischen Kollegen von der Pfordten warb er erneut eindringlich für diese Idee. „Nur in der Vereinigung der dritten Staatengruppe", ließ Beust vertraulich nach München mitteilen, könne das Mittel gefunden

---

[183] Zu ähnlichen Einschätzungen gelangt *Flöter*, Beust und die Reform des Deutschen Bundes, der sich ausführlich mit den Denkschriften Beusts von 1856 und 1857 auseinandersetzt, ebd., S. 176–214. Durch Flöters gründliche Untersuchungen können die Thesen von *Fuchs*, Die deutschen Mittelstaaten und die Bundesreform, als überholt gelten. Fuchs qualifizierte die ganze Bundesreformdiskussion als realitätsfernes Manöver ab, das darauf abgezielt habe, die nationale Entwicklung zu blockieren bzw. die Einheitsbewegung zu beschwichtigen, ohne ihr wirkliche nationale Fortschritte anzubieten; ebd., S. 91, 111, 122, 185 („Beschwichtigung der Einheitsbewegung" im Hinblick auf den Beustschen Reformplan von 1861).
[184] QGDB III/2, S. 529.
[185] Ebd.

werden, "Deutschland ohne revolutionäre oder kriegerische Erschütterungen eine kräftigere Gestaltung nach Innen und Außen zu geben". Bayern habe eine „Mission" zur Verwirklichung dieses Gedankens. Die dritte Gruppe lasse sich zwar nicht, wie die Erfahrungen der letzten Jahre gezeigt hätten, als eine „vertrags- oder verfassungsmäßige Organisation" konstituieren, sie sei aber „im Wege des gemeinsamen Handels" zu erreichen. Die öffentliche Meinung werde auf die „Ausbildung der Triasidee" positiv reagieren, wenn die Hoffnungen „auf eine der Einheitsidee mehr oder minder zusagende Bundesreform" ein für allemal zurückgewiesen würden.[186] Das „Dritte Deutschland", in dem natürlich die Mittelstaaten den Ton angaben, hatte, so sah es Beust, in materieller und politischer Hinsicht überwiegend gemeinsame Interessen. Diese Gemeinsamkeiten sollten politisch nutzbar gemacht werden für die Einleitung und Durchsetzung von Bundesreformen, welche allgemeine Bedürfnisse Deutschlands erfüllten.

Der Appell Beusts an Bayern, sich an die Spitze des Dritten Deutschlands für die Bundesreform einzusetzen, fiel jedoch in München auf unfruchtbaren Boden. Pfordten hatte sich, nachdem er 1854 kurzzeitig auf die Linie Beusts eingeschwenkt war, seit dem Ende der Krimkriegskrise immer mehr zu einem Gegner von genuin politischen Reformen des Bundes und seiner Verfassung entwickelt. Er hatte 1855/56 die Bundesverhandlungen über die Herbeiführung einheitlicher Gesetze über materielle Fragen initiiert, glaubte aber nicht an die Realisierbarkeit „organischer Veränderungen der bestehenden Bundes-Verfassung".[187] Jeder Versuch, neue Bundesorgane zu schaffen, so ließ er nach Dresden mitteilen, werde am Souveränitätsanspruch der Großmächte und an der Eifersucht der kleinen deutschen Fürsten scheitern. Auch Bayern könne nicht zugestehen, daß dem Bund ihm gegenüber eine größere Gewalt eingeräumt werde, als gegenüber Österreich und Preußen, denn dies bedeute die Mediatisierung.[188] Weit entfernt davon, seinen sächsischen Kollegen zu unterstützen, äußerte sich Pfordten verärgert über Beusts unablässige Versuche, die Frage der Bundesreform auf die politische Agenda zu bringen.[189]

Auf Ablehnung stieß die Denkschrift Beusts auch in Nassau, dessen Ministerpräsident Wittgenstein „jede Modifikation der Grundverfassung" des Bundes für gefährlich hielt und dazu riet, sich darauf zu konzentrieren, durch eine stärkere Aktivität des Bundes auf dem Gebiet der gemeinnützigen An-

---

[186] Beust an Bose, Dresden, 22. Mai 1857, QGDB III/2, S. 541 f.
[187] Bockelberg an Manteuffel, München, 3. Juni 1857, QGDB III/2, Dok. 118, Zitat S. 543.
[188] Bose an Beust, München, 30. April 1857, HStA Dresden, AM 928, fol. 218–222.
[189] Immer wieder brach bei Pfordten eine persönliche Animosität gegen seinen Nachfolger im sächsischen Außenministerium durch. Die Reformdenkschrift Beusts sei, so sagte er dem preußischen Gesandten in München, eine erneute Bestätigung dafür, „daß wenn es dem, diesem Minister bei seiner Regsamkeit zur anderen Natur gewordenen Bedürfniße zu politischer Thätigkeit an Stoff gebricht, derselbe nur zu leicht geneigt ist, sich solchen selbst zu schaffen". Bockelberg an Manteuffel, München, 3. Juni 1857, QGDB III/2, S. 544.

ordnungen zur „einheitlichen Entwickelung der deutschen Angelegenheiten" beizutragen.[190]

Mehr Zustimmung fand Beust bei den Ministern der übrigen Mittelstaaten. Baden war bereit, sich an der von Beust vorgeschlagenen Ministerkonferenz zu beteiligen[191], ebenso Hessen-Darmstadt[192], und auch der hannoversche Außenminister Platen signalisierte seine Zustimmung[193]. Sogar die Regierung in Wien sah in dem Programm Beusts „eine geeignete Grundlage" für Bundesreformberatungen und war nicht abgeneigt, sich an einer Ministerialkonferenz zu beteiligen, unter der Voraussetzung, daß das dort zu Verhandelnde gut vorbereitet würde und Preußen nicht auf seiner grundsätzlichen Ablehnung beharrte.[194]

Von einer Änderung der preußischen Position konnte allerdings keine Rede sein. Weit davon entfernt, in der Bundesreformfrage eine kooperative Haltung einzunehmen, rückte die preußische Regierung im Sommer 1857 die politischen Gegensätze zwischen den beiden deutschen Großmächten und die angebliche Benachteiligung des Hohernzollernstaates durch den Bund wieder sehr stark in den Vordergrund. Insbesondere Bismarck tat alles, um das politische Klima in der Bundesversammlung zu vergiften. Dazu war ihm jeder Anlaß recht. So stimmte er etwa gegen den österreichischen Antrag, zwei ehemalige Bundeskanzleibeamte finanziell zu unterstützen, um zu beweisen, wie Rechberg berichtete, „daß die kaiserliche Regierung unvermögend ist am Bunde Schutz zu gewähren, und daß man sich an Preußen und nicht an Oesterreich zu wenden habe, wenn man eines solchen theilhaftig werden will".[195] Die Frage über die Besatzung der Bundesfestung Rastatt, die seit dem Frühjahr 1857 die Bundesversammlung beschäftigte[196], gab Bismarck die willkommene Gelegenheit, die Gegensätze zuzuspitzen. Er erklärte dem Präsidialgesandten Rechberg offen, „daß er in Allen Fragen

---

[190] Wittgenstein an Beust, Wiesbaden, 13. Juni 1857, QGDB III/2, Dok. 120, S. 547–551, Zitat S. 548.

[191] Thumb an Hügel, Karlsruhe, 30. Mai 1857, QGDB III/2, Dok. 117, S. 542f.

[192] Dalwigk an Nostitz, Darmstadt, 2. Juni 1857, HStA Dresden, AM 928, fol. 298.

[193] Könneritz an Beust, Hannover, 15. Juni 1857, HStA Dresden, AM 928, fol. 287f.

[194] Buol an Metternich, Wien, 13. Mai 1857, QGDB III/2, Dok. 119, S. 545f., Zitat S. 545; Könneritz an Beust, Wien, 13. Juni 1857, HStA Dresden, AM 928, fol. 279–282, hier fol. 281.

[195] Rechberg an Buol, Frankfurt, 17. Juni 1857, HHStA Wien, PA II 37. Berichte 1857, fol. 661–666, Zitat fol. 664.

[196] Österreich war nicht ganz unschuldig daran, daß es wegen der Bundesfestung Rastatt zu einem erbitterten Streit in der Bundesversammlung kam, denn es hatte, ohne Preußen zu konsultieren, mit Baden einen Vertrag über die Besatzungsverhältnisse in Rastatt geschlossen, der eine Erhöhung des österreichischen Truppenkontingents in der Festung ermöglichte. Als Österreich und Baden in der Bundesversammlung beantragten, die zwischen ihnen vereinbarten Besatzungsverhältnisse zu genehmigen, lehnte Bismarck dies ab, weil er eine Stärkung des österreichischen Einflusses in Baden verhindern wollte. Zur Bundeskrise wurde die Angelegenheit dadurch, daß Bismarck sich vehement dagegen wehrte, die Frage durch einen Mehrheitsbeschluß entscheiden zu lassen. Zu den Einzelheiten der Rastatter Frage siehe neben *Meyer*, Bismacks Kampf, S. 389–405, vor allem *Sempell*, The Rastatt Dispute.

Oesterreich auf das Aeußerste entgegentreten werde". Sollte es nicht zu einer Verständigung kommen, bei der die Interessen Preußens berücksichtigt würden, so müsse es „zum entschiedenen Bruch kommen". Es sei ein „Lügen-System", wenn am Bund das Interesse Deutschlands als Vorwand gebraucht werde, um die Interessen des eigenen Landes durchzusetzen, und daran wolle Preußen sich nicht länger beteiligen.[197] Rechberg interpretierte diese Äußerungen als Indiz dafür, daß Preußen nicht an einer Kooperation mit Österreich und dem Bund interessiert sei, sondern es auf den offenen Kampf anlege, um seinerseits „längst gehegte ehrgeizige Pläne in Deutschland zu verwirklichen".[198]

Statt der von Beust und anderen angestrebten Aufnahme von Verhandlungen über substantielle Bundesreformen kam es somit im Sommer 1857 zu harten Konfrontationen, die nicht nur auf diplomatischem Weg ausgetragen wurden, sondern auf die Verhandlungen in der Bundesversammlung und ihren Ausschüssen übergriffen. Nicht das allgemeine Interesse Deutschlands beschäftigte die Regierungen in den deutschen Hauptstädten und ihre Vertreter in Frankfurt, sondern der Streit um partikulare Machtansprüche, Geschäftsordnungsfragen und nebensächliche Detailprobleme, die für das Wohl und die Entwicklung der Nation völlig belanglos waren.

Mit bloßer Obstruktion war indessen, das wurde Bismarck rasch klar, die Position Preußens in der Bundesversammlung auf Dauer nicht zu halten. Wenn Preußen in der Öffentlichkeit als derjenige Staat dastand, der jeden auch noch so kleinen Fortschritt in der deutschen Frage blockierte, bestand die Gefahr, daß es völlig isoliert wurde, während Österreich und die Mittelstaaten sich als verhinderte Wohltäter der Nation profilieren konnten. Schon im Sommer 1857 ergänzte deshalb Bismarck seine Konfrontationsstrategie durch das Bemühen, Österreich in der Bundesreformfrage in die Enge zu treiben. Er empfahl seiner Regierung, zum Schein auf die Beustschen Reformvorschläge einzugehen, dabei aber vor allem deutlich zu machen, daß die Reformblockade nicht durch Preußen verursacht werde, sondern von „den eigenthümlichen und von der Lage der übrigen Bundesstaaten wesentlich abweichenden Verhältnissen der oesterreichischen Monarchie" herrühre.[199]

Obwohl Bismarck wenig davon hielt, die Beustschen Vorschläge im Hinblick auf die Förderung der materiellen Interessen durch den Bund, die Revision der Verfassungen und die Bildung eines Bundesgerichts zu verwirklichen, riet er dazu, den sächsischen Minister zur weiteren Präzisierung

---

[197] Rechberg an Buol, 17. Juni 1857 (vertraulicher Bericht), QGDB III/2, Dok. 176, S. 817–820, Zitate, S. 818f.
[198] Rechberg an Buol, 17. Juni 1857 (Privatschreiben), QGDB III/2, Dok. 177, S. 821–823, Zitat S. 821.
[199] Bismarck an Manteuffel, Frankfurt, 1. Juli 1857, QGDB III/2, Dok. 123, S. 569–574, Zitat S. 572.

seines Programms zu ermuntern. Dabei, so glaubte Bismarck, würde sich herausstellen, daß viele der geplanten Reformen auf Österreich „unanwendbar" blieben. Die Bundesreform würde demnach „nicht zur Förderung der Einheit des Bundes, sondern zur Consolidierung der Ausbildung der einzelnen Theile nach divergirenden Richtungen hin dienen".[200] Die preußische Regierung sollte sich nach Auffassung Bismarcks bemühen, diesen Effekt offenzulegen und nach Kräften zu verstärken. Wenn es etwa zu Verhandlungen über allgemeine Pressebestimmungen und die Regulierung der Verfassungen komme, müsse Preußen „im Sinne der Vertheidigung ständischer Freiheiten und mit Bezugnahme auf Artikel 13 der Bundes-Acte so weite Ziele stecken, daß Oesterreich unmöglich darauf eingehen könnte".[201] Preußen hingegen sei in einer weit besseren Position, was liberale Reformen betreffe:

„Wir können in dieser Beziehung mehr aushalten, als selbst irgend einer der Mittelstaaten, geschweige denn Oesterreich, und der vorliegende Gegenstand eignet sich vielleicht besonders dazu, letztres durchblicken zu lassen, daß es sich hüten sollte, uns auf die Bahn eines liberalisirenden Werbens um die nationalen Sympathien Deutschlands herauszufordern, wie dieß in der abhängigen Presse täglich geschieht; denn es würde uns wenig Mühe kosten, Oesterreich auf diesem Gebiete in kurzer Zeit zu überflügeln, wenn wir wollten."[202]

Bismarck skizzierte hier die Möglichkeit einer nationalen Politik Preußens, welche ein wesentlich stärkeres Integrationspotential hatte, als es dem Deutschen Bund zur Verfügung stand. Herausgefordert durch das ständige Insistieren Beusts auf der Notwendigkeit von Bundesreformen und aufgeschreckt durch die sich abzeichnende Bereitschaft Österreichs, sich aktiv an entsprechenden Schritten zu beteiligen, begann Bismarck eine Gegenstrategie zu entwickeln, welche über den bisherigen Rahmen der politischen Auseinandersetzung zwischen Österreich und Preußen hinausgriff. Der Kampf um die Vorherrschaft in Deutschland könnte, so meinte Bismarck, in Zukunft nicht mehr nur mit den Mitteln des Bundesrechts und der zwischenstaatlichen Diplomatie ausgetragen werden, sondern auch mit dem offenen Appell an die nationalen und liberalen Wünsche der deutschen Öffentlichkeit. Beim „Werben um die nationalen Sympathien Deutschlands" konnte Österreich kaum mithalten, während Preußen nach Ansicht Bismarcks eine solche, vom bisher verfolgten konservativ-repressiven Kurs abweichende Politik aushalten konnte.

Die Regierung in Berlin war in dieser Hinsicht skeptisch und griff die Idee einer nationalen Politik Preußens nicht auf. Sie beschränkte sich darauf, die besonderen Verhältnisse Österreichs hervorzuheben, welche angeblich eine Bundesreform erschwerten. Dies führte in der zweiten Jahres-

---

[200] Ebd., S. 573.
[201] Ebd., S. 574.
[202] Ebd.

hälfte 1857 zu diplomatischen Auseinandersetzungen zwischen Wien und Berlin, welche zunehmend bitterer wurden und – wie es Bismarck vorausgesagt hatte – schließlich dazu führten, daß die Bundesreformdebatte ergebnislos blieb. Die preußische Regierung provozierte dabei Österreich immer wieder mit dem Vorwurf, Wien sei nicht in der Lage und willens, auf das gesamte von Beust entworfene Reformprogramm einzugehen. Mehrfach wies Manteuffel seinen Kollegen Buol darauf hin, daß in der Habsburgermonarchie im Gegensatz zu allen übrigen Bundesstaaten der Artikel 13 der Bundesakte immer noch nicht erfüllt sei. Damit, so legte der preußische Ministerpräsident nahe, verletze die Regierung in Wien die Obliegenheiten gegenüber dem eigenen Land, indem sie die politischen Bedürfnisse der Untertanen ignoriere, und sie handele überdies ihren Bundespflichten zuwider.[203]

Wenn Österreich, so Manteuffel weiter, sich vor allem für eine stärkere Tätigkeit des Bundes auf dem Gebiet der materiellen Interessen einsetze, so liege darin „eine Unterschätzung der Aufgabe des Bundes sowohl, als der Bedürfnisse und des Charakters des deutschen Volkes".[204] Solange sich Wien verfassungspolitischen Reformen verweigere und in der Bundesversammlung versuche, Preußen zu majorisieren, könne dieses sich nicht auf „die ausschließliche Förderung der materiellen Interessen" durch den Bund einlassen. Vielmehr werde Preußen darauf achten, „daß die Totalität der von dem Freih. v. Beust angeregten Fragen ungetheilt in Berathung genommen werde", wobei es sich vorbehalte, auch eigene Anträge „für eine Verstärkung der inneren und äußeren Sicherheit des Bundes" zu stellen.[205]

Österreich reagierte empört auf die preußischen Vorwürfe. Was die Verfassungsfrage betreffe, sei Wien sehr wohl bereit, seine Bundespflichten gemäß Artikel 13 der Bundesakte zu erfüllen, allerdings müsse man es – ebenso wie die preußische Regierung – ablehnen, die Entwicklung der inneren Verfassungszustände „in die Hände irgend einer Mehrheit der Bundesglieder zu legen".[206] Im übrigen habe Österreich sich in der Bundesversammlung stets bemüht, sich mit Preußen zu verständigen, während sich Preußen seit Jahren weigere, in Fragen „von gemeinsam deutschem Interesse" mit dem Kaiserstaat zusammenzuarbeiten.[207] Es widerspreche dem „Geist und Wesen der Bundesverfaßung", wenn das Berliner Kabinett nur solche Fragen in der Bundesversammlung behandeln wolle, worüber sich zuvor die Großmächte geeinigt hätten.[208]

---

[203] Manteuffel an Flemming, Berlin, 3. November 1857, QGDB III/2, Dok. 127, S. 583–591, hier S. 586.
[204] Ebd., S. 584.
[205] Ebd., S. 590.
[206] Buol an Koller, Wien, 26. November 1857, QGDB III/2, Dok. 128, S. 591–599, Zitat S. 594.
[207] Ebd., S. 595f.
[208] Ebd., S. 598.

Während sich die Regierungen in Wien und Berlin im Herbst und Winter 1857/58 einen monatelangen Notenkrieg lieferten, versuchte Bismarck in Frankfurt, seine Kollegen einzuschüchtern und auf diese Weise Sand in das Getriebe der Reformdebatte zu streuen. Er sprach sich entschieden gegen die Beustschen Vorschläge aus und versicherte, seine Regierung halte diese für undurchführbar. Für den Fall, daß Österreich „in irgend einer Weise Reformen in den Bundesverhältnissen" beantragen sollte, um dadurch die Sympathien der Öffentlichkeit zu gewinnen, drohte Bismarck damit, „daß die Preußische Regierung im volksthümlichen Sinne sich dadurch veranlaßt sehe, weiter gehende Anträge stellen zu lassen, was immerhin zu Verwicklungen und Mißstimmungen führen dürfte".[209]

Der preußische Bundesgesandte deutete hier an, daß Preußen die nationale Karte ausspielen könne, wenn es von Österreich beziehungsweise der Bundesversammlung herausgefordert würde. In ähnlichem Sinne machte Bismarck in Frankfurt nicht ohne Erfolg darauf aufmerksam, daß die Vorschläge Beusts zur Beschränkung der Presse und zur Beschneidung der landständischen Rechte die Popularität des Bundes in der Öffentlichkeit gerade *nicht* steigern würden. Der badische Gesandte teilte diese Ansicht und äußerte die Besorgnis, es könne versucht werden, die Karlsbader Beschlüsse wiederzubeleben.[210]

Wieder einmal wurden auf diese Weise die von Sachsen und Baden gemachten Vorschläge zerredet, die Bundesreform wurde nicht Gegenstand von Verhandlungen, sondern von gegenseitigen Vorwürfen und Verdächtigungen. Im Dezember 1857 erklärte Pfordten, der sich das Programm Beusts niemals zu eigen gemacht hatte, den Versuch zur Revision der Bundesverfassung für „gänzlich gescheitert".[211] Er wiederholte seine Auffassung, daß eine Bundesreform unmöglich sei, weil es den Regierungen beider Großmächte am „ernsten Willen" fehle, dabei mitzuwirken. Sowohl Wien als auch Berlin seien nicht wirklich an einer Bundesreform interessiert, und sie erklärten nur deshalb, dazu bereit zu sein, weil sie sicher seien, daß die jeweils andere Macht jeden konkreten Reformschritt blockieren würde. Pfordten sprach sich deshalb für ein Ende der Reformdebatte aus und empfahl einmal mehr, sich innerhalb der gegebenen Verhältnisse auf die Förderung der materiellen Interessen zu konzentrieren. Insbesondere warnte er davor, die anderen Reformprojekte an die Öffentlichkeit gelangen zu lassen. Wenn etwa der badische Vorschlag für ein Bundesgericht bekannt würde, so werde diese Idee von der Presse „alsbald zu einem dringenden unausweichlichen Bedürfniße des deutschen Volkes gestempelt werden".[212]

---

[209] Schrenk an Pfordten, Frankfurt, 3. November 1857, QGDB III/2, Dok. 126, Zitate S. 582.
[210] Bismarck an Manteuffel, Frankfurt, 4. November 1857, GStA Berlin, III. HA, Nr. 147, fol. 34f.
[211] Bose an Beust, München, 13. Dezember 1857, QGDB III/2, Dok. 129, S. 600.
[212] Ebd., S. 601.

In diesen und anderen Stellungnahmen wurde die Befürchtung deutlich, die Reformdiskussion könne außer Kontrolle geraten und zu Folgen führen, welche die innere Stabilität in Deutschland gefährdeten. Die Bundesreform war einerseits dazu geeignet, einen offenen Konflikt zwischen den beiden deutschen Großmächten hervorzurufen. Andererseits bestand die Gefahr einer öffentlichen Bewegung, welche in Anknüpfung an 1848/49 erneut eine Lösung der nationalen Frage gegen den Deutschen Bund proklamierte. Und schließlich ließen es die unterschwelligen Drohungen Bismarcks mit dem Bundesbruch und den sogenannten „volkstümlichen Anträgen" geraten erscheinen, Preußen in der Bundesreformfrage nicht zu sehr unter Druck zu setzen – zumindest dann nicht, wenn Österreich über kein schlüssiges Konzept für eine Bundesreform verfügte. Dies war 1857 im Unterschied zu 1863, als mit der Reformakte des Deutschen Bundes ein umfassendes Programm präsentiert wurde, nicht der Fall.

Unter diesen Voraussetzungen machte es keinen Sinn, eine Ministerialkonferenz zur Vorbereitung von Reformanträgen einzuberufen. Der wichtigste Mittelstaat Bayern hatte es von Anfang an abgelehnt, diesen Plan Beusts zu unterstützen, und die beiden deutschen Großmächte fanden schließlich Anfang 1858 ihre einzige Gemeinsamkeit in bezug auf die Reformfrage darin, daß es besser sei, die Diskussion über die Vorschläge Beusts nicht weiter fortzusetzen.[213] Damit verpufften die Reforminitiativen von 1856/57 weitgehend wirkungslos, und der Bund verharrte in seiner politischen Trägheit. Die realpolitischen Gegebenheiten in Deutschland – Pfordten sprach von der „Natur der Verhältniße"[214] – lähmten weiterhin die Tätigkeit der Bundesversammlung, die nicht in den Reformprozeß einbezogen wurde, sondern sich mit untergeordneten Routinefragen befaßte, während sie bei Gegenständen von nationaler Bedeutung – neben der Bundesreform gehörte dazu das 1857 wieder aufbrechende Schleswig-Holstein-Problem[215] – nicht wirklich handlungs- und entscheidungsfähig war.

Am Bund ging, so beklagte sich der oldenburgische Bundestagsgesandte Eisendecher zur Jahreswende 1857, immer noch alles „nicht allein langsam, sondern auch lahm", von den Bundesreformen hörte man „fast nichts", abgesehen von den Arbeiten der Kommission für das Handelsgesetzbuch, welche seit einem Jahr in Nürnberg tagte. Aber auch dort zeichnete sich noch kein Ergebnis ab, und Eisendecher hatte wenig Hoffnung auf einen Erfolg:

---

[213] Manteuffel an Flemming, Berlin, 21. Januar 1858, QGDB III/2, Dok. 130, S. 602–608; Buol an Metternich, Wien, 4. Februar 1858, QGDB III/2, Dok. 131, S. 609f.

[214] QGDB III/2, S. 600.

[215] Die Auseinandersetzung des Deutschen Bundes mit diesem Problem ist bislang noch nicht Gegenstand einer gründlichen Untersuchung geworden. Einen kurzen Überblick über die wichtigsten Ereignisse und die Reaktionen des Bundes gibt *Huber*, Deutsche Verfassungsgeschichte, Bd. 3, S. 449–473.

„Wird nicht die Abneigung Preussens gegen Alles was sich von *Bundeswegen* gestalten möchte, dieselbe bleiben wie bisher? – Auch Österreich hat nur seine allernächsten und keine allgemeine höhere Zwecke im Auge, so freigebig es auch mit schönen Redensarten sein mag [...] Es sind eben die schlechten Fugen und alten Wunden der invaliden Bundesverfassung, die bei jedem Zeit- und Witterungswechsel ziehen und schmerzen, und ich glaube nicht, daß die lebende Generation eine Besserung darin noch mitfeiern wird; – – wenn nicht – – Aber ich lasse mich wider meinen Willen verleiten, alte bekannte Dinge ohne Zweck und Nutzen zu wiederholen."[216]

Trotz der resignativen Stimmung, die vor allem in den Reihen der Bundestagsgesandten in Frankfurt verbreitet war, blieb die Bundesreformdebatte nicht völlig folgenlos, und sie war auch nicht definitiv beendet, wie sich bald herausstellen sollte. Bei allen Gegensätzen im einzelnen war doch klargeworden, daß eine wirkliche Bundesreform sich nicht auf isolierte Maßnahmen wie etwa das Bundesgericht oder auf bestimmte Aspekte wie die materiellen Interessen beschränken konnte. Eine Bundesreform, die diesen Namen verdiente und die in der deutschen Öffentlichkeit auf Zustimmung stoßen wollte, setzte ein Gesamtkonzept voraus, welches integrative legislative Maßnahmen (Bundesgesetzgebung) mit neuen Bundesinstitutionen (Bundesgericht, Bundesexekutive, „Volksvertretung") zu einem föderativen System verband, das die allgemeinen deutschen, nationalen Interessen effektiv wahrnahm. Entsprechende Konzepte wurden in den folgenden Jahren von verschiedenen Seiten entwickelt und mündeten 1863 in die „Reformakte des Deutschen Bundes".

Ein weiteres Ergebnis der Reformdiskussion bestand darin, daß die beiden deutschen Großmächte ihren Standpunkt zum Deutschen Bund und zu seiner weiteren Entwicklung deutlich markiert hatten. Die Präsidialmacht Österreich hatte begonnen, ihr jahrelanges Desinteresse an der Bundesreform hinter sich zu lassen und gab erstmals seit 1851 die grundsätzliche Bereitschaft zu erkennen, in konkrete Reformverhandlungen über die institutionelle Fortbildung des Bundes einzutreten. Auf der anderen Seite hatte Preußen klargestellt, daß es an einer solchen Entwicklung kein Interesse hatte und es vorzog, den Bund so zu belassen, wie er war. Darüber hinaus hatte die Regierung in Berlin anklingen lassen, daß sie, falls der Reformdruck von seiten der Mittelstaaten und Österreichs zu groß würde, mit Gegenanträgen reagieren könnte, welche Bismarck als „volkstümlich" bezeichnete. Dies bedeutete, daß die Bundesreform ganz offen in einen nationalen Kontext gestellt werden würde, was natürlich auch auf die Konzepte der Gegenseite erhebliche Rückwirkungen haben mußte.

Das geschärfte Bewußtsein der Regierungen von der Bedeutung des Faktors „Öffentlichkeit" bildete ein drittes wichtiges Resultat der Reformdebatte. Allen Kalkülen lag die Erwägung zugrunde, wie wichtig die öffentliche Meinung war, wie entscheidend sie für den Erfolg oder Mißerfolg der Bun-

---

[216] Eisendecher an den Großherzog von Oldenburg, Frankfurt, 29. Dezember 1857, StA Oldenburg, 38, Titel VI, Nr. 1.

desreform sein konnte. Beust und vielleicht auch Rechberg und Buol spekulierten darauf, ihre Pläne, die ja viel Reaktionäres enthielten, in der Phase relativer Ruhe, die auf die öffentliche Erregung während des Krimkriegs gefolgt war, leichter durchsetzen zu können. Bismarck begegnete dem mit der Drohung, durch den direkten Appell an die Öffentlichkeit das Vorhaben einer konservativen Bundesreform zu durchkreuzen und einen offenen Wettlauf um die Gunst der Nation zu initiieren.

Schließlich war – viertens – in der Öffentlichkeit der Ruf nach einer Umgestaltung der deutschen Verhältnisse auch in den Jahren 1856/57 nicht ganz verstummt. In der Presse war das Thema der Bundesreform von der ersten Seite weitgehend verschwunden, und auch die Landtage hatten sich damit nach dem Ende des Krimkriegs nicht weiter beschäftigt. Statt dessen wurde die Reform des Bundes zu einem intensiv erörterten Thema in der politischen Publizistik. Angefangen mit den bereits zitierten Äußerungen Heinrich von Gagerns in der Biographie seines Bruders Friedrich gab es seit dem Jahr 1856 eine Reihe von teilweise sehr ausführlichen Auseinandersetzungen mit der Bundesreform in politischen Broschüren, historisch-politischen Abhandlungen, Werken über die rechtspolitische Entwicklung Deutschlands sowie in Lexikonartikeln.

Gemeinsam war diesen Abhandlungen, die teils von konservativen, teils von liberalen Autoren verfaßt wurden, daß sie dem Bund nur dann eine Überlebenschance gaben, wenn es ihm gelang, eine nationale Funktion wahrzunehmen. Gagern hatte 1856 konstatiert, daß eine Umgestaltung der Bundesverfassung und der staatlichen Verhältnisse Deutschlands eine allgemein anerkannte Notwendigkeit „für die nationale Existenz" sei.[217] Von konservativer Seite gelangte der großherzoglich hessische Hofgerichtsrat Friedrich Noellner in einer 1857 veröffentlichten Schrift zu dem Ergebnis, es sei die Aufgabe der Bundesversammlung als „allein giltige Nationalvertretung Deutschlands" die gemeinschaftlichen Angelegenheiten des Vaterlandes zu regeln und insbesondere „dem nationalen Bedürfnisse legislativer Einheit zu entsprechen".[218] Hatte Noellner im wesentlichen die Gesetzgebungstätigkeit des Bundes im Auge, so entwarf der preußische Rechtsprofessor Carl von Kaltenborn in seinem im Sommer 1857 veröffentlichten zweibändigen Werk zur „Geschichte der Deutschen Bundesverhältnisse und Einheitsbestrebungen von 1806 bis 1856"[219] ein umfassendes Programm für eine Bundesreform auf nationaler Grundlage.

Kaltenborn ging davon aus, daß die deutsche Nation einen natürlichen „Drang nach politischer Einheitsgestaltung" habe.[220] Der Deutsche Bund müsse nach dem „historischen Princip der Nationaleigenthümlichkeit und

---

[217] QGDB III/2, S. 430f.
[218] *Noellner*, Die deutschen Einheitsbestrebungen im Sinne nationaler Gesetzgebung und Rechtspflege, S. VI, 81, 85.
[219] *Kaltenborn*, Geschichte der Deutschen Bundesverhältnisse und Einheitsbestrebungen. Die Ausführungen über die Bundesreform (Bd. 2, S. 277–301) sind ediert in QGDB III/2, Dok. 121, S. 552–561 und werden im folgenden danach zitiert.
[220] Ebd., S. 555.

der Nationalfreiheit" umgebildet werden.[221] Dazu sei es notwendig, die territorialen Strukturen zu vereinfachen und Deutschland in sechs „Kernstaaten" aufzuteilen. Diese sechs Staaten sollten das Direktorium des Bundes bilden, das das bisherige Plenum und den Engeren Rat ersetzen würde. Eine zentrale Aufgabe des Direktoriums sei es, unter Hinzuziehung von Sachverständigenkommissionen eine „Nationalgesetzgebung für ganz Deutschland zu Stande zu bringen".[222] Eine Volksvertretung sah der Plan Kaltenborns nicht vor, wohl aber ein Bundesgericht und eine Habeas-Corpus-Akte, in welcher der Bund „die allgemeinen Rechte der Deutschen" garantierte. Die landständische Organisation der Einzelstaaten sollte schließlich in den reindeutschen Staaten nach einheitlichen Kriterien (monarchisches Prinzip, Zweikammersystem) gestaltet werden.[223]

Kaltenborn ging es – wie Noellner – um eine konservative Nationsbildung, welche einerseits die Rechte der Fürsten wahrte, andererseits aber auch die nationale Einheit und bürgerliche Freiheit verbürgte. Die Fortbildung des Deutschen Bundes erschien ihnen als die einzige Möglichkeit, diese schwer zu vereinbarenden Ziele zu verwirklichen – in einem föderativen Nationalbund, der die staatliche Eigenständigkeit und Souveränität der Monarchen wahrte und dabei zugleich die allgemeinen Nationalinteressen befriedigte.

Die Idee einer konservativen Nationsbildung auf der Grundlage des Bundesrechts übte in diesen Jahren eine große Faszination auf jene aus, die eine Einigung der Nation herbeisehnten, aber vor der revolutionär-bundesstaatlichen Variante zurückschreckten. Den Fürstenbund zum Nationalbund zu machen, mit dem sich die Monarchen ebenso identifizieren konnten wie das Volk – dies war eine vielfach gehegte Vorstellung, die zuweilen seltsame Blüten trieb. So richtete etwa der württembergische Rechtskonsulent Pistorius im Herbst 1857 eine Schrift an die Regierungen in Stuttgart und Wien sowie an die Bundesversammlung, in welcher er eine umfassende Bundesreform mit Volksvertretung, Bundesgericht und einem Grundrechtekatalog forderte, dabei aber das monarchische Prinzip „in allen Theilen aufrecht erhalten" wissen wollte.[224]

Wenn auch die Regierungen und die Bundesversammlung es ablehnten, sich mit derlei Elaboraten zu befassen, so blieb doch das von konservativen Autoren ausgehende Drängen auf Bundesreformen nicht ohne Wirkung. Die Regierungen sahen sich um so mehr unter Handlungszwang gesetzt, als auch die sogenannte Gagernsche oder gothaische Partei sich wieder mehr zu regen

---

[221] Ebd., S. 557.
[222] Ebd., S. 560.
[223] Ebd.
[224] Reinhard an Hügel, Frankfurt, 4. November 1857, mit Beilage: „Die Reform des deutschen Bundes. Eine Stimme aus Süddeutschland, vom practischen Standpunct der Erfahrung und des positiv Bestehenden aufgefaßte Ansichten, im Gegensatz zu den herrschenden staatswissenschaftlichen Theorien von C. Pistorius, Rechtsconsulenten in Crailsheim 1857", HStA Stuttgart, E 65, Verzeichnis 57, Büschel 329.

begann, wie der dänische Bundestagsgesandte Bülow Ende 1857 nach Kopenhagen berichtete.[225] Die Politik der Reaktion und Repression, die auf Bundesebene immer relativ wenig Durchschlagskraft besessen hatte, ging nun auch in den meisten Einzelstaaten zu Ende. Reaktionäre Gesetzesverschärfungen ließen sich kaum noch durchsetzen, vielmehr bemühten sich viele konservative Kabinette, das Verhältnis zu den Kammern zu entspannen. Mit dem Jahr 1857 setzte zudem eine neue Phase der Mobilisierung und Organisierung des liberalen Bürgertums ein, das sich in den folgenden Jahren zu nationalen Verbänden zusammenschloß, welche offensiv die politische Nationsbildung Deutschlands postulierten.[226]

Alle diese Entwicklungen machten es den Regierungen trotz der anscheinend unüberwindlichen Hindernisse für eine Bundesreform unmöglich, das Thema endgültig fallenzulassen. Eben zu dem Zeitpunkt, als Österreich und Preußen die Reformdiskussion für beendet erklärten, im Februar 1858, begannen die Presse und die Landtage, sich erneut öffentlich mit dem Problem zu befassen. Mitverantwortlich dafür waren auch offiziöse Organe der Regierungen in Wien und Berlin, die ihre Auseinandersetzung über die Bundesreform seit Beginn des Jahres 1858 mit publizistischen Mitteln weiterführten. Das Kalkül der Regierungen bestand darin, den Kontrahenten in der deutschen Öffentlichkeit in ein schlechtes Licht zu rücken, indem man ihm die Verantwortung für den bundespolitischen Stillstand anlastete. Der Maßstab, an dem die Politik der jeweils anderen Seite gemessen wurde, war nicht mehr, wie früher, das Bundesrecht, sondern das Wohl der Nation, dessen Förderung sowohl Wien als auch Berlin für sich in Anspruch nahmen. Auf den Notenkrieg, der hinter den diplomatischen Kulissen geführt worden war, folgte nun im Frühjahr 1858 ein öffentlicher Pressekampf.

In diese Auseinandersetzung griffen sehr rasch liberale Blätter ein, die mit Verwunderung zur Kenntnis nahmen, daß nun auch in offiziellen Kreisen von der Notwendigkeit nationaler Einrichtungen und Gesetze geredet wurde. Karl Biedermann, ein prominenter Achtundvierziger, wies in der Weimarer Zeitung mit großer Genugtuung darauf hin, daß sich die offiziöse Frankfurter Postzeitung in einem Artikel aus Wien für die Schaffung einer Volksvertretung beim Bund ausgesprochen hatte:

„Damit wären wir also, nach gerade *zehnjähriger* Zwischenfrist, just wieder bei den Wünschen und Forderungen angelangt, womit das deutsche Volk *vor* 1848 und noch *beim Anfange* der Bewegung dieses Jahres sich trug: mit dem einen, bedeutsamen Unterschiede, daß, was damals nur als der Ausdruck einer *Partei*, wenn auch einer sehr starken, erschien und sein Echo lediglich in der oppositionellen Presse, höchstens in einigen liberal zusammengesetzten Kammern fand, hier von einem offiziösen Organe als der Gedanke, wenn nicht der östreichischen Regierung, so doch, wie man

---

[225] Bülow an Michelsen, Frankfurt, 19. Dezember 1857, Reichsarchiv Kopenhagen, Bestand Udenriksministeriets, Det tyske forbund, depêcher 1856–58.
[226] *Biefang*, Politisches Bürgertum in Deutschland 1857–1868.

annehmen darf, einzelner leitender Staatsmänner Wiens offen und entschieden verkündigt wird."

Dies sei, so Biedermann weiter, „ein bedeutsames Zeichen von der auch in den officiellen und diplomatischen Kreisen immer weiter um sich greifenden und sich immer mehr befestigenden Einsicht in die *Nothwendigkeit* einer einheitlichen Gesetzgebung für Deutschland".[227]

Einen Tag nach dem Artikel Biedermanns in der Weimarer Zeitung kam die Frage der Bundesreform – erstmals seit 1856 – wieder in einem deutschen Landtag zur Sprache. Den Anlaß dazu bildete die Budgetdebatte in der zweiten sächsischen Kammer, bei der es unter anderem um die Beiträge Sachsens zu den Ausgaben des Deutschen Bundes ging. Der Abgeordnete Robert Georgi, ehemaliger Finanzminister während der Revolutionszeit, glaubte bei dieser Gelegenheit die Fortschritte des Bundes bei der allgemeinen deutschen Gesetzgebung hervorheben zu müssen. Er verwies insbesondere auf die Nürnberger Handelsgesetzgebungskommission, die seit dem 15. Januar 1857 beriet und eben am Tag der sächsischen Kammerdebatte ihren in zweiter Lesung festgestellten Entwurf für ein Handelsgesetzbuch vorlegte. Georgi deutete an, daß in Zukunft noch weitere Bundesgesetzbücher entstehen könnten und meinte, daß auf diesem Weg „die Einigkeit Deutschlands, wenn auch nicht seine Einheit" erreicht werde.[228]

Die Rede Georgis löste bei einigen Abgeordneten heftige Reaktionen aus. Der Abgeordnete Riedel kritisierte, daß der vorgelegte Budgetentwurf eine Erhöhung der Zuweisungen an den Bund um 1000 Taler vorsah und fragte, ob dies gerechtfertigt sei angesichts seiner inneren und äußeren Politik. Während der Bund im Innern sein Augenmerk auf die Beschränkung der Rechte gerichtet habe, habe er es nach außen hin versäumt, die Rechte des deutschen Volkes zu schützen. Dies richtete sich gegen die zurückhaltende Politik des Bundes in der schleswig-holsteinischen Frage, welche den „dänischen Unterdrückungsgelüsten" nicht entschieden entgegengetreten sei:

„Nun möchte ich fragen, ist denn der Deutsche Bund etwa blos darum da, um die Rechte der Dynastien im Innern Deutschlands in Schutz zu nehmen, und die Rechte der Völker außer Acht zu lassen oder gar zu beschränken?"[229]

Sollte dies der Fall sein, so brauche man gar keine deutsche Zentralgewalt, meinte Riedel. Damit war die Debatte ins Grundsätzliche gewendet, indem nämlich die Frage nach der Legitimation und der politischen Funktion des Bundes aufgeworfen wurde. Das alte vormärzliche Verständnis war für die li-

---

[227] Weimarer Zeitung Nr. 40 vom. 17. Februar 1858, S. 157, hier zitiert nach QGDB III/2, Dok. 132, S. 611–614, Zitate S. 612 u. 614.

[228] Debatte in der zweiten sächsischen Kammer über die Bundesreform, in: Mitteilungen über die Verhandlungen des ordentlichen Landtags im Königreiche Sachsen während der Jahre 1857/58. Zweite Kammer. Erster Band. Dresden o.J., S. 569–582, ediert in: QGDB III/2, Dok. 133, S. 615–641 (danach zitiert), hier S. 615–617.

[229] Ebd., S. 618f.

beralen Kammerabgeordneten nicht akzeptabel, sie verlangten vielmehr, daß der Bund aktiv für die bürgerlichen und nationalen Rechte eintrat. Dazu gehörte als ein zentrales Element, daß der Bund das deutsche Volk nicht länger von der politischen Willensbildung auf Bundesebene ausschloß. Der Abgeordnete Jungnickel erinnerte daran, daß bereits 1850 im sächsischen Landtag ein Antrag auf Einrichtung einer allgemeinen deutschen Volksvertretung gestellt worden war. Dieser Antrag sei noch nicht erledigt, und die sächsische Regierung stehe immer noch in der Pflicht, sich beim Bund für seine Verwirklichung einzusetzen.[230]

Der sächsische Außenminister Beust sah sich durch die harsche Kritik am Bund veranlaßt, dessen äußere und innere Politik in einer langen Grundsatzrede zu verteidigen. Er rechtfertigte zunächst das Verhalten der Bundesversammlung in der schleswig-holsteinischen Frage, indem er auf die außenpolitischen und bundesrechtlichen Probleme verwies. Zugleich warb er dafür, Geduld zu haben und dem Bund die Lösung seiner schwierigen Aufgabe nicht durch Vorwürfe und überzogene Forderungen zu erschweren. Es sei vielmehr eine „patriotische Aufgabe" der Ständeversammlungen, die Regierungen bei dem Versuch zu unterstützen, im Deutschen Bund ein „einmütiges Handeln" in der schleswig-holsteinischen Frage herbeizuführen.[231]

Danach ging Beust ausführlich auf die innere Bundespolitik seit 1851 ein. Er verwies auf die Maßnahmen zur Belebung der Bundestätigkeit auf dem Gebiet der materiellen Interessen und der sogenannten „internationalen Gesetzgebung", das heißt der einheitlichen Bundesgesetze. Was die Volksvertretung am Deutschen Bund betraf, so stellte Beust klar, daß es dabei nicht um die Schaffung eines Parlaments gehen könne, welches bei der Verhandlung politischer Fragen und bei der Leitung der Bundesangelegenheiten mitwirke. Bei der seinerzeit auf der Dresdener Konferenz mit sächsischer Unterstützung erwogenen Einrichtung einer Volksvertretung sei von dem Grundsatz ausgegangen worden, daß die beabsichtigte Intensivierung der inneren Bundesgesetzgebung die Mitwirkung von ständischen Abgeordneten wünschenswert mache, weil dadurch „das Zustandekommen größerer bundesmäßiger Vereinigungen auf legislatorischem Gebiete und in Fragen materiellen Interesses vereinfacht und erleichtert werde".[232] Die Idee, ein repräsentatives deutsches Parlament zu berufen, sei hingegen mit der staatenbündischen Ordnung nicht vereinbar, und die Regierung müsse einen solchen Plan entschieden zurückweisen. Ein deutsches Parlament setze voraus, daß auch die Bundesversammlung zu einer effektiven Exekutivgewalt umgestaltet werde, und dies sei nach den Erfahrungen der vergangenen Jahre eine „Unmöglichkeit", weil weder die beiden Großmächte noch die übrigen Staaten bereit seien, sich einer Bundesexekutive zu unterwerfen. Eine Bundesgewalt, die

---

[230] Ebd., S. 619–621.
[231] Ebd., S. 622–624.
[232] Ebd., S. 628.

nur aus wenigen Mitgliedern bestünde, müsse zur Schwächung und Auflösung des monarchischen Systems führen, und sie sei ein Schritt zum republikanischen Bundesstaat, den keine deutsche Regierung wolle.

Die Darlegungen Beusts riefen teilweise energischen Widerspruch hervor. Sein eindringlicher Appell, die Verdienste des deutschen Staatenbundes von 1815 um den inneren und äußeren Frieden Deutschlands zu würdigen, fand keine Resonanz. Vielmehr warfen die liberalen und nationalgesinnten Abgeordneten dem Bund vor, nicht genug für die Erhaltung der deutschen Macht und Ehre zu tun. In Schleswig-Holstein trete der Bund dem „kleinen Inselstaat" Dänemark, der „dem großen deutschen Vaterlande" Teile entreißen wolle, nicht energisch entgegen.[233] Der Bundestag, so riefen mehrere Abgeordnete aus, möge es als eine seiner ersten Aufgaben ansehen, „dieses schöne deutsche Reich ungeschmälert und unverkürzt unsern Nachkommen zu überliefern", „die Ehre und Würde Deutschlands" zu wahren, Deutschland im Ausland „Achtung" und wenn nötig auch „Furcht" zu verschaffen.[234]

Die Debatte in der sächsischen Kammer zeigt, daß die Unzufriedenheit mit dem Deutschen Bund hinsichtlich der nationalen Stellung Deutschlands nach außen, welche während des Krimkriegs hervorgetreten war, sich nach etwa zwei Jahren relativer Ruhe wieder öffentlich zu äußern begann. Gleichzeitig mit dem nun wieder drängender verlangten nationalen Engagement des Bundes in der Außenpolitik kam in zuvor nicht gekannter Deutlichkeit die Forderung auf, dem Bund auch im Innern eine nationalpolitische Funktion zu geben. So lobenswert die Förderung der materiellen Interessen durch den Bund sei, so notwendig war es in den Augen der liberalen Abgeordneten, ihn auch für die politische Einigung zu mobilisieren. Der Abgeordnete Ritter sprach dies ganz offen an:

„Wir haben wiederholt in diesem Saale in Erwähnung bringen hören, der Deutsche Bund sei bestrebt, die *materiellen* Interessen der deutschen Völker zu fördern, und es werde das immer mehr geschehen; nun sollte ich doch meinen, der Deutsche Bund müßte zu der Ueberzeugung kommen, daß, wenn ihm allmählich gelungen sein wird, die deutschen materiellen Interessen zu vereinigen, er wohl dazu wird schreiten *müssen*, auch auf *politischem* Felde die deutschen Völker – um an Worte eines geehrten Sprechers vor mir anzuknüpfen, – wenn auch nicht zur Einheit, doch zur Einigkeit zu führen."[235]

Materielle Integration durch gemeinsame Gesetze allein, so stellten die Abgeordneten klar, konnte die Nation auf Dauer nicht zufriedenstellen. Es bedurfte dazu vielmehr einer Entwicklung des Deutschen Bundes hin zu einer politischen Organisation, welche die Mitwirkung des Volkes an den Geschicken der Nation sicherstellte. Um dies zu erreichen war eine Umgestaltung des Bundestages „nach freiern Grundsätzen" und insbesondere die Gewäh-

---

[233] Ebd., S. 632.
[234] Ebd., S. 633, 636, 637.
[235] Ebd., S. 636.

rung einer „Vertretung des deutschen Volkes" nach Ansicht der Abgeordneten unverzichtbar.[236]

Beust sah sich durch das Insistieren der Abgeordneten vor die politische „Gretchenfrage" gestellt, wie er selbst beziehungsweise der Deutsche Bund es denn mit der Nation hielten. Er ergriff am Ende der Debatte nochmals das Wort und versuchte einerseits nachzuweisen, daß der Bund auch bisher schon sehr wohl politische Leistungen für „Deutschlands Einheit" erbracht habe, so während der Rheinkrise 1840, während des Krieges gegen Dänemark 1849 und während des Krimkriegs. Auf der anderen Seite distanzierte er sich deutlich von der politischen Einheit im bundesstaatlichen Sinne, denn dieser Einheitsbegriff führte seiner Überzeugung nach in eine Richtung, der ein deutscher Minister nicht folgen konnte.[237]

Die sächsische Kammerdebatte und vor allem die Äußerungen Beusts erregten großes Aufsehen in der sächsischen sowie in der überregionalen Presse. Die liberale, aber keineswegs antimonarchische Sächsische Constitutionelle Zeitung widersprach in einem Artikel unter der vehementen Überschrift „Deutschland über Alles!" der Auffassung Beusts, daß ein deutscher Bundesstaat mit Volksvertretung mit dem monarchischen System unvereinbar sei. Der Verzicht auf gewisse Hoheitsrechte – den die Monarchen gegenüber ihren Landständen bereits seit langem geleistet hätten – zugunsten einer deutschen Zentralgewalt führe keineswegs zur Auflösung des monarchischen Prinzips. In Wahrheit kämpfe Beust „gegen die starke Executive mit Volksvertretung, und somit gegen die deutsche Einheit, nicht aus Anhänglichkeit an das monarchische System, sondern aus Anhänglichkeit an *die volle Souveränität* der deutschen Kleinstaaten". Anders als der Minister behaupte, sei es durchaus miteinander vereinbar, treu zur sächsischen Monarchie zu stehen und dabei gleichzeitig für die Einheit Deutschlands einzutreten. Es gebe Männer, die „nicht blos Sachsen, sondern vor allen Dingen Deutsche" seien, und als solche würden sie weiterhin mit allen gesetzlichen Mitteln für „ein starkes und einiges Deutschland" eintreten.[238]

Herbe Kritik an der Rede Beusts übte wenige Tage später auch der in Nürnberg erscheinende Korrespondent von und für Deutschland. Die Erklärung des Ministers, eine Bundesreform mit starker Zentralgewalt und Volksvertretung sei unmöglich, sei „der Bruch mit feierlichen Verheißungen, mit allen nationalen Hoffnungen, […] die Insolvenzerklärung der deutschen Politik".[239] Beust setze sich damit in Widerspruch zu den diversen öffentlichen Verlautbarungen so prominenter Männer wie Schwarzenberg, Pford-

---

[236] Ebd., S. 638.
[237] Ebd., S. 640f.
[238] Sächsische Constitutionelle Zeitung Nr. 47 vom 26. Februar 1858, S. 185, hier zitiert nach QGDB III/2, Dok. 134, S. 642–644.
[239] Korrespondent von und für Deutschland Nr. 115 vom 4. März 1858, Morgen-Blatt, zitiert nach QGDB III/2, Dok. 135, S. 645.

ten und König Wilhelm von Württemberg, die in den Jahren 1850/51 und 1855 die Umgestaltung des Bundes „als legitimes Ziel des nationalen Verlangens, als höchste Aufgabe der Bundespolitik" anerkannt hätten. Der Artikel, den möglicherweise der bayerische Kammerabgeordnete Peter Ernst von Lassaulx verfaßt hatte[240], schloß mit der Warnung: „die Unmöglichkeit der Bundesreform wäre zuletzt die Unmöglichkeit des *Bundes*".

Die Stimmen in der Presse und in den Landtagen sind in mehrfacher Hinsicht bemerkenswert. Zunächst lassen sie erkennen, daß die gemäßigte liberale Nationalbewegung immer noch darauf hoffte, die deutschen Regierungen und die Bundesversammlung würden durch eine umfassende Bundesreform nach nationalen Prinzipien die politische Einigung Deutschlands unter Beteiligung einer parlamentarischen Vertretung vorantreiben. Diese Erwartungshaltung verband sich mit der beinahe drohenden Mahnung, daß die Geduld des Volkes nahezu erschöpft sei und die Zeit für eine Bundesreform bald ablaufen werde. Nur wenn die Regierungen dem Verlangen des Volkes nachkämen und ihm eine Volksvertretung gewährten, könne „das Aeußerste" vermieden werden, sagte der württembergische Abgeordnete Fetzer in einer Kammerdebatte, die sich am 4. August 1858 in Stuttgart ebenfalls mit der Bundesreformfrage befaßte.[241] Die Stunde der Entscheidung über die nationale Frage, so hieß dies, stehe nahe bevor, und die Alternative sei: Bundesreform oder gewaltsame Beseitigung des Bundes.

Während die Mehrheit der Parlamentarier an den Bund appellierte, die unvermeidliche Entwicklung Deutschlands zur politischen Nation selbst einzuleiten, gab es vereinzelt schon Stimmen, die dazu aufriefen, dem Bund den Gehorsam aufzukündigen und ihm zu erklären, „daß er gar nicht zu Recht bestehe, daß er nur im Wege der Gewalt sich eingesetzt habe, daß er nur im Wege der Gewalt bestehe und auch im Wege der Gewalt fallen müsse".[242]

Es schien sich nun anzubahnen, was Beust in den Jahren 1856 und 1857 befürchtet hatte, daß nämlich eine weitere Verzögerung der Bundesreform bei neuerlich eintretenden Krisen dazu führen könnte, daß die Existenz des Deutschen Bundes grundsätzlich gefährdet würde. Schon das Wiederaufbrechen des schleswig-holsteinischen Problems seit dem Herbst 1857 genügte offenbar, um nationale Emotionen freizusetzen, welche die Regierungen in die Defensive drängten und den Bund vor die Alternative ‚Reform oder Untergang' stellten. Das „Dasein" der Nation selbst stand in Frage, formulierte der Erlanger Rechtsprofessor Karl Ludwig Aegidi in einem Beitrag für das

---

[240] Degenfeld an Hügel, München, 6. März 1858, HStA Stuttgart, E 65, Verzeichnis 57, Büschel 329; vgl. QGDB III/2, S. 647, Anm. 7.
[241] Verhandlungen der Württembergischen Kammer der Abgeordneten in den Jahren 1856 bis 1858. Bd. 3, Stuttgart 1858, S. 1655–1659, hier zitiert nach QGDB III/2, Dok. 137, S. 655.
[242] Der Abgeordnete Franz Hopf in der württembergischen Kammer der Abgeordneten, ebd., S. 657.

Deutsche Staats-Wörterbuch, welcher im Sommer 1858 publiziert wurde.[243] Unter den herrschenden Bedingungen des Deutschen Bundes war nach Auffassung Aegidis die nationale Existenz auf Dauer nicht möglich. Eine umfassende Bundesreform, „eine Reformation an Haupt und Gliedern", sei notwendig. Unterließen es die deutschen Fürsten und Regierungen, den Bund mit der Nation zu versöhnen, ihn „aus ureignem Geiste des deutschen Volkes" neu zu gestalten, dann sei der Bund unrettbar: Das Scheitern der Bundesreform bedeute – die Revolution.[244]

Lange bevor Kronprinz Wilhelm in Preußen die Regentschaft übernahm und in der Innen- wie auch Deutschlandpolitik Hoffnungen auf den Beginn einer liberalen „Neuen Ära" weckte, und lange bevor sich der deutsche Nationalverein konstituierte und die Einigung Deutschlands in Form eines kleindeutschen Bundesstaats propagierte, hatte sich somit in der deutschen Öffentlichkeit ein politischer Klärungsprozeß vollzogen, waren die nationalen Entwicklungsoptionen scharf herausgearbeitet worden. Dem Bund wurde noch eine Chance zur Versöhnung mit der Nation gegeben, aber gleichzeitig wurde ihm ein enger Zeitrahmen von wenigen Jahren gesetzt und offen ausgesprochen, daß seine Tage ohne eine baldige grundlegende Umgestaltung gezählt waren.

Die regierungsinterne Reformdiskussion und die erneut aufkommende öffentliche Beschäftigung mit dem Thema Bundesreform nahmen im Jahr 1858 eine gegensätzliche Richtung. Eben zu dem Zeitpunkt, als die Regierungen nach langem Streit die Reformdebatte für beendet erklärten, drängte die Öffentlichkeit auf einen baldigen Beginn von Reformverhandlungen. Die Voraussetzungen für eine „Bundesreform im nationalen Sinne", wie sie der coburgische Herzog Ernst II. 1855 angeregt hatte, waren aber nicht gegeben. Ganz im Gegenteil, die Reformdebatte seit dem Ende des Krimkriegs hatte zur Konfrontation zwischen Österreich und Preußen geführt, die sich gegenseitig verdächtigten, partikulare Vorteile zu Lasten der anderen deutschen Großmacht anzustreben.

Die Gegensätze zwischen Wien und Berlin wirkten auch auf die Bundesversammlung in Frankfurt ein, in der Bismarck keine Gelegenheit ausließ, um Streitigkeiten herbeizuführen und damit bundespolitische Fortschritte zu verhindern. Zum wiederholten Mal löste er im Frühjahr 1858 einen erbitterten Geschäftsordnungsstreit aus. Den Anlaß dazu bot ihm die seit 1853 beim Bund anhängige Frage, ob die Bundesversammlung den invaliden Offizieren der ehemaligen schleswig-holsteinischen Armee eine finanzielle Unterstützung gewähren solle. Als Hannover am 25. Februar 1858 in der Bundesversammlung erklärte, es wolle seinen Beitrag dazu in die Bundeskasse einzah-

---
[243] *Aegidi*, Art. „Deutscher Bund", in: Johann Caspar Bluntschli/Karl Brater (Hg.), Deutsches Staats-Wörterbuch. Bd. 3, Leipzig 1858, S. 1–97; hier zitiert nach QGDB III/2, Dok. 138, S. 663–667, Zitat S. 664.
[244] Ebd., S. 666.

len, wies die Mehrheit diese Erklärung als unzulässig zurück, wogegen Bismarck heftig protestierte. In den folgenden Wochen entbrannte daraufhin innerhalb der Bundesversammlung und zwischen den Regierungen ein derart heftiger Konflikt, daß jegliche konstruktive Tätigkeit des Bundes zum Erliegen kam.[245]

Statt über die innere Entwicklung des Bundes zu reden, waren die Bundestagsgesandten in Frankfurt und die Diplomaten an den größeren deutschen Höfen damit beschäftigt, gegenseitige Vorwürfe und Verdächtigungen auszutauschen. Offen wurde über den Machtkampf zwischen den Großmächten, den möglichen Bundesbruch, die Eventualität von militärischen Konflikten und revolutionären Erschütterungen gesprochen. Rechberg berichtete nach Wien, Bismarck gehe darauf aus, „den Bund zu Grunde zu richten", und in Berlin habe die ehemalige Radowitzsche Partei wieder einen „entscheidenden Einfluß" erlangt.[246] Gegenüber dem bayerischen Bundestagsgesandten Schrenk drohte Bismarck offen mit dem Austritt Preußens aus dem Bund, wenn Österreich weiter danach strebe, Preußen zu majorisieren.[247] Die Versuche einiger Bundestagsgesandter, Bismarck von seinem Konfrontationskurs abzubringen und ihn von den Vorteilen einer „bundesfreundliche[n] Politik" zu überzeugen, blieben wirkungslos. In dem Bund, wie er jetzt sei, entgegnete Bismarck, sei kein Platz für Preußen, „und noch weniger in dem Bunde, wie er nach der Meinung Vieler weiter auszubilden wäre". Der Bund könne nicht mehr sein als ein völkerrechtlicher Verein zum Schutz der deutschen Staaten gegen äußere Feinde und nach innen zum Schutz gegen die Revolution, ein Bündnis, in dem Preußen völlige Gleichberechtigung mit Österreich haben müsse.[248]

Bismarck legte seine Auffassungen über den weiteren Kurs der preußischen Politik in Deutschland im Frühjahr 1858 in einer umfassenden Denkschrift dar, dem sogenannten „Kleinen Buch", das an den Kronprinzen Wilhelm gerichtet war.[249] Darin plädierte er für eine grundlegende Änderung der preußischen Bundespolitik. Preußen sollte jede Entwicklung der Bundesgewalt, jede weitere Ausbildung des Bundes blockieren und sich bloß darauf beschränken, die unzweifelhaften Bundespflichten zu erfüllen. Statt sich auf Bundesreformen und integrative Maßnahmen der Bundesversammlung ein-

---

[245] Vgl. dazu ProtDBV 1858, § 89, S. 187–195, § 100, S. 219–222, § 118, S. 243f., § 133, S. 265f., § 158, 307, § 198, S. 402–405, § 213, S. 454–456; *Meyer*, Bismarcks Kampf, S. 407–414; QGDB III/2, S. 856f., Anm. 25.
[246] Rechberg an Buol, Frankfurt, 9. März 1858, QGDB III/2, Dok. 181, S. 834f.
[247] Hartig an Buol, München, 7. April 1858, QGDB III/2, Dok. 184, S. 870–873.
[248] Nostitz an Beust, Frankfurt, 9. Mai 1858, QGDB III/2, Dok. 187, S. 879–882, Zitate S. 880f.
[249] „Einige Bemerkungen über Preußens Stellung am Bunde", [Frankfurt,] im März 1858, Druck u. a. in: *Bismarck*, Gesammelte Werke, Bd. 2, Nr. 343, S. 302–322; *Poschinger* (Hg.), Preußen im Bundestag, Bd. 3, Nr. 224, S. 487–514; *Bismarck*, Werke in Auswahl, Bd. 2, Nr. 86, S. 204–231; im folgenden zitiert nach dem Abdruck in: QGDB III/2, Dok. 182, S. 836–868.

zulassen, müsse Preußen eine unabhängige Stellung in Deutschland gewinnen, bei der es weder auf Österreich noch auf die von diesem beherrschte Mehrheit im Bundespalais angewiesen sei:

„Preußen würde dadurch seinem deutschen Berufe keinesweges untreu werden, es würde sich nur von dem Druck losmachen, mit dem die Fiction seiner Gegner auf ihm lastet, daß ‚Bundestag' und ‚Deutschland' identische Begriffe seien, und daß Preußens deutsche Gesinnungen nach dem Maaße seiner Fügsamkeit unter die Majorität der Bundesversammlung zu beurtheilen sei[en]."[250]

Befreit von den Fesseln des Bundes, so die Schlußfolgerung Bismarcks, sei Preußen viel besser in der Lage, eine Politik zum Wohl Deutschlands zu betreiben. Die preußischen Interessen fielen nämlich mit denen der übrigen Bundesstaaten außer Österreich vollständig zusammen, nicht aber mit denen der Regierungen, „und es giebt nichts deutscheres als gerade die Entwickelung richtig verstandener preußischer Partikular-Interessen".[251]

Die Politik, die der preußische Bundestagsgesandte hier skizzierte, war eine glatte Antithese zum Konzept einer Bundesreform nach nationalen Prinzipien. Eine Bundesreform konnte nach den Darlegungen Bismarcks gar keinen nationalen Effekt haben, sondern sie diente lediglich den partikularen Interessen Österreichs und seiner mittelstaatlichen Partner. Umgekehrt postulierte er, daß das, was Preußen nützte, auch Deutschland zugute kam. Daß der Deutsche Bund und die Nation Gegensätze seien, Preußen und Deutschland hingegen weitgehend gleiche Interessen hätten – diese Anschauung empfahl Bismarck durch eine entsprechende Pressepolitik zu popularisieren. Er selbst ließ in diesem Sinne seit März 1858 über die preußische Preßstation in Frankfurt Artikel lancieren, die das nationale Versagen des Bundes kritisierten und als Alternative zum Deutschen Bund ein kleindeutsches Reich unter preußischer Führung zur Debatte stellten.[252] Im Frankfurter Journal etwa war am 22. April 1858 zu lesen, der Bund habe für Deutschland wenig oder gar keinen positiven Nutzen gehabt, und das, was für die Nation erreicht worden sei, wie der Zollverein, Wechsel- und Handelsgesetzgebung und Postverein, sei außerhalb des Bundes geschehen. Es sei an der Zeit, daß Preußen „sich rückhaltslos an die Spitze der nationalen Bewegung Deutschlands" stelle.[253] Ebenfalls im Frankfurter Journal wurde nur zwei Wochen später die Frage gestellt: „Wo finden wir Deutschland?" – und

---

[250] Ebd., S. 861.
[251] Ebd.
[252] Zur preußischen Pressepolitik in den fünfziger Jahren allgemein *Kohnen*, Pressepolitik des Deutschen Bundes, S. 135–140; *Wappler*, Regierung und Presse in Preußen; zu der preußischen Pressekampagne 1858 und der Rolle Bismarcks dabei: Rechberg an Buol, Frankfurt, 9. März 1858, QGDB III/2, Dok. 181, S. 835; Rechberg an Buol, Frankfurt, 14. April 1858, HHStA Wien, PA II 40, fol. 650–657; Nostitz an Beust, Frankfurt, 9. Mai 1858, QGDB III/2, Dok. 187, S. 879.
[253] Frankfurter Journal, Erste Beilage zu Nr. 100 vom 22. April 1858; der Artikel war ursprünglich in der deutschsprachigen Petersburger Zeitung erschienen.

die Anwort war: nicht im Deutschen Bund, der sich in der schleswig-holsteinischen Frage wieder einmal unfähig erwiesen habe, die nationalen Interessen wirksam zu vertreten, sondern hoffentlich und möglicherweise in einem „deutschen Reich [...] unter der geschichtlich entwickelten und berechtigten preußischen Hegemonie".254

In Wien und vor allem bei den Regierungen der Mittelstaaten war die Befürchtung groß, einflußreiche Kreise in Preußen seien darauf aus, die Bundesverfassung „in Stücke zu schlagen".255 Die offene Infragestellung des Bundes veranlaßte die bundestreuen Regierungen, über Gegenstrategien nachzudenken. Schon im Dezember 1857 hatten die Mittelstaaten erwogen, in Berlin offiziell Beschwerde gegen das Verhalten Bismarcks zu erheben, doch erschien dieser Schritt aussichtslos, weil Bismarck offensichtlich im Einklang mit seiner Regierung stand.256

Beust regte Ende Mai 1858 an, durch ein enges Zusammenhalten der Mittelstaaten das bundesfeindliche Verhalten Preußens zu parieren und zu versuchen, zwischen den beiden Großmächten zu vermitteln.257 Auch bemühte er sich, die Diskussion über „Bundesfragen" wieder in Gang zu bringen und schlug vor, zu diesem Zweck eine „feste Vereinbarung" zwischen den Mittelstaaten herbeizuführen. Darauf wollte aber Pfordten nicht eingehen, und auch Buol wandte sich gegen „die Bildung einer dritten Gruppe".258 Hannover hielt ebenfalls nichts von einer Neuauflage der mittelstaatlichen Koalition und warnte davor, Preußen in der Bundesversammlung zu majorisieren. Immerhin bekannte sich Außenminister Platen zu der Aufgabe, den Bund durch „Förderung aller gemeinschaftlichen Deutschen Interessen" sowie durch „Erweiterung der Nationalmacht" zu kräftigen.259

Darüber, welche konkreten Schritte in dieser Hinsicht zu unternehmen seien, herrschte indessen große Ratlosigkeit unter den mittelstaatlichen Regierungen. In der Bundesversammlung ging nichts voran, die Mittel der Diplomatie schienen ebenfalls erschöpft. Die einzige Möglichkeit, die von Preußen praktizierte Lähmung des Bundes zu überwinden, blieb der Appell an die Öffentlichkeit. Davor schreckten aber die meisten bundesfreundlichen Regierungen zurück, denn es war nicht einfach, öffentlich über die Lösung der nationalen Frage zu reden und dabei eine überzeugende Zukunftsperspektive für den Deutschen Bund zu entwerfen. Die von Preußen inspirierte Pressekampagne gegen den Bund und die Bundesversammlung schoß seit März 1858 aus allen publizistischen Rohren, und Beust selbst hatte den Kritikern des Bundes durch seine Rede in der sächsischen Kammer zusätzliche Munition geliefert.

---

254 Frankfurter Journal Nr. 114 u. 115 vom 6. u. 7. Mai 1858, QGDB III/2, Dok. 186, S. 875–879, Zitate S. 876 und 879.
255 Marschall an Meysenbug, Frankfurt, 12. Mai 1858, QGDB III/2, Dok. 188, S. 882.
256 Reinhard an Hügel, Frankfurt, 15. Dezember 1857, QGDB III/2, Dok. 179, S. 829–832.
257 Beust an Bose, Dresden, 31. Mai 1858, QGDB III/2, Dok. 189, S. 884f.
258 Bose an Beust, München, 11. Juli 1858, QGDB III/2, Dok. 192, S. 890.
259 Hohenthal an Beust, Berlin, 31. Mai 1858, QGDB III/2, Dok. 190, S. 885.

Dieser für das Ansehen des Bundes verheerenden Situation versuchte der sächsische Außenminister durch eine Artikelserie zu begegnen, die vom 2. bis 21. Juli 1858 im Dresdner Journal erschien.[260] Er rechtfertigte darin zunächst das in Sachsen kurz zuvor erlassene Verbot der Schrift „Die Politik der Zukunft vom preußischen Standpunkte", in welcher die Auflösung des Deutschen Bundes und die Aufteilung Deutschlands zwischen Österreich und Preußen entlang der Mainlinie verlangt worden war.[261] Derartige Forderungen riefen, so Beust, nicht nur Antipathien gegen den Bund hervor, sondern sie waren auch unvereinbar mit dem Bundesrecht, sie untergruben die Souveränität der Einzelstaaten, sie förderten letztlich „die Zwecke der Revolution".[262] Um die Angriffe der kleindeutschen, propreußischen und nationalen Presse gegen den Bund und seine Verfassung besser parieren zu können, stellte Beust die schon zuvor erwogene Idee der Schaffung eines offiziellen Bundespresseorgans in Frankfurt öffentlich zur Diskussion.

Dies war in mehrfacher Hinsicht ein bemerkenswerter Schritt. Er kam dem Eingeständnis gleich, daß der Deutsche Bund im öffentlichen politischen Wettbewerb um die Gunst der Nation stand, in dem er auf Dauer nicht bestehen konnte, wenn er sich lediglich auf das Bundesrecht und die Verträge von 1815/20 berief. Die aktive Beteiligung des Bundes am öffentlichen Diskurs über die nationale Frage war, so glaubte Beust, aber weniger ein Risiko als eine Chance. Sie eröffnete die Möglichkeit, der kleindeutsch-bundesstaatlichen Agitation entgegenzutreten und zu zeigen, daß der Bund die Interessen Deutschlands nicht vernachlässigte, sondern im föderativen Zusammenwirken der selbständigen Einzelstaaten das Wohl der Nation zu fördern bestrebt war – und daran von jenen Regierungen gehindert wurde, welche gerade nicht allgemein-deutsche, sondern partikulare Ziele verfolgten. In diesem Sinne legte Beust in den folgenden Artikeln dar, daß der Deutsche Bund die einzige legitime politische Ordnung war, welche den „nationalen Einheitsdrang" auf gesetzliche und friedliche Weise befriedigen könne.[263]

Um dies zu belegen, ging Beust näher auf die Fragen ein, die seit mehreren Monaten die Verhandlungen der Bundesversammlung beherrschten: das Schleswig-Holstein-Problem, das die deutsche Öffentlichkeit sehr beunruhigte, den Konflikt um die Garnisonsverhältnisse der Bundesfestung Rastatt sowie den von Bismarck auf die Spitze getriebenen Streit um die Geschäftsordnung und insbesondere die Zulässigkeit von Mehrheitsbeschlüssen. Der sächsische Minister zitierte dabei sehr ausführlich aus den – immer noch nicht öffentlichen –

---

[260] Dresdner Journal, Nr. 149, 151, 154, 157, 163 und 165 vom 2., 4., 8., 11., 18. und 21. Juli 1858, S. 709 f., 717 f., 731–733, 745–747, 775 f. und 787 f.; vgl. dazu *Flöter*, Beust und die Reform des Deutschen Bundes, S. 219–228.
[261] Die Politik der Zukunft vom preußischen Standpunkte, Berlin 1858.
[262] Dresdner Journal Nr. 149 vom 2. Juli 1858, S. 710.
[263] Ebd., Nr. 151 vom 4. Juli 1858, S. 717 (Zitat).

Protokollen der Bundesversammlung und den vertraulichen Ausschußberatungen. Die Schlußfolgerung, zu der Beust gelangte, war, daß nicht der Bund für den schwerfälligen Gang der deutschen Politik verantwortlich war, sondern jene Regierungen, welche aus egoistischen Motiven die Bundesversammlung daran hinderten, von ihren Gestaltungsmöglichkeiten Gebrauch zu machen. Jene, die den Bund am heftigsten kritisierten, hätten gleichzeitig am wenigsten dafür getan, ihn zu stärken:

„Man hat von anderer Seite so vielfach den Deutschen Bund getadelt und von Bundesreform gesprochen, daneben aber nur zu wenig darauf hingewirkt, daß die Bundesversammlung auf dem ihr ausschließlich angewiesenen Gebiete zu rechter Bethätigung ihrer Lebensfähigkeit gelange. Und während es gerade von der Seite her, wo am meisten von Bundesreform gesprochen wurde, bisher an wirklich praktischen und annehmbaren Vorschlägen für eine solche fehlte, sind wir vielmehr der Ansicht, daß der einzig mögliche und zugleich der sicherste Weg zur Besserung der Bundesverhältnisse darin zu suchen sei, wenn die Bundesgesetze immer häufiger und entschiedener zur Anwendung und Uebung kommen, wenn der Bundesversammlung, so weit sie verfassungsmäßig mit eigner gesetzgebender und vollziehender Gewalt ausgestattet ist, zu selbstständigem Gebrauche derselben Anlaß und Füglichkeit gegeben, und durch recht aufrichtige hingebende Mitwirkung aller Bundesglieder den Bundesinstitutionen Kraft und Leben eingehaucht wird."[264]

Zum Abschluß seiner Artikelserie appellierte Beust an die Presse, den Bund nicht länger zu bekämpfen, sondern die Öffentlichkeit über seine Zwecke und seine Bedeutung, aber auch über die Grenzen seiner Wirksamkeit aufzuklären. „Der Deutsche Bund", so resümierte Beust, „ist in der staatlichen Ordnung Deutschlands eine noch junge Institution. Er bedarf noch langer Zeit, um sich in das Rechtsbewußtsein der Nation einzuleben […]"[265]

Der sächsische Minister verschwieg dabei, daß der Bund in den ersten drei Jahrzehnten seiner Existenz nicht nur weitgehend untätig geblieben war, was die nationale Integration betraf, sondern daß er das Rechtsbewußtsein der Nation wiederholt mit Füßen getreten hatte. Und er übersah, daß die Öffentlichkeit auf eine rasche Lösung der nationalen Frage drängte und nicht mehr geduldig zuschauen wollte, wie der Bund Jahr um Jahr verstreichen ließ, ohne die deutsche Einheit entscheidend voranzubringen. Was not tat und vielfach gefordert wurde, war eine rasche und umfassende Bundesreform. Diese aber wurde 1858 ebensowenig eingeleitet wie 1855/56, und von der Realisierung des Dresdener Programms von 1851 schien man weiter denn je entfernt. In der Bundesversammlung wucherte der „Krebs der Zwietracht"[266], während außerhalb des Bundespalais immer ungeduldiger die Einigung Deutschlands gefordert wurde.

---

[264] Ebd., Nr. 157 vom 11. Juli 1858, S. 747.
[265] Ebd., Nr. 165 vom 21. Juli 1858, S. 788.
[266] Reinhard an Hügel, Frankfurt, 31. Dezember 1858, QGDB III/2, Dok. 194, S. 895–898, Zitat S. 897.

Das Jahr 1858 wurde auf diese Weise zu einer wichtigen Etappe auf dem Weg von einer Bundeskrise, die bislang immer wieder diplomatisch eingehegt werden konnte, zu einer nationalen Krise, die schließlich das gesamte Bundessystem sprengen sollte. In der sich seit 1859 dann voll entfaltenden deutschen Krise begnügten sich der Bund und die bundestreuen Regierungen jedoch nicht mit der Rolle des zum Untergang verdammten Opfers. Vielmehr mobilisierten sie in den folgenden Jahren noch einmal alle Kräfte, um eine Reform des Deutschen Bundes zustandezubringen, welche die Nation mit dem Bund versöhnen sollte. Am Ende dieses Prozesses stand der Versuch einer „Reform der Gesamtverfassung Deutschlands" auf dem Frankfurter Fürstentag vom August 1863, ein Versuch, der so nahe wie nie zuvor seit 1851 an einen erfolgreichen Abschluß der Bundesreform herankam – und dessen Scheitern dem Ansehen und der Autorität des Bundes einen irreparablen Schaden zufügte.

VIII. „Reform der Gesamtverfassung Deutschlands"

Von der „Neuen Ära" zum Frankfurter Fürstentag (1859–1863)

Das Jahr 1859 wurde zum „Epochenjahr"[1], in dem sich unter dem Einfluß des Italienischen Krieges die im Jahr zuvor entbrannten heftigen Auseinandersetzungen über die nationale Frage und die Rolle des Deutschen Bundes zuspitzten. Der Krieg, von dem die Präsidialmacht des Bundes direkt betroffen war, warf stärker noch als der weiter entfernte Krimkrieg wenige Jahre zuvor die Frage auf, wie die Interessen Deutschlands im Kontext der europäischen Mächte zu definieren waren. Ganz unmittelbar stellte sich auch die Frage der nationalen Sicherheit gegen eine mögliche Aggression von außen, wobei zunehmend in Zweifel gezogen wurde, ob das Instrumentarium des Deutschen Bundes beziehungsweise die Paragraphen der Bundeskriegsverfassung geeignet waren, den militärischen Schutz Deutschlands zu gewährleisten. Der Konflikt in Oberitalien legte schließlich offen, wie zerrüttet das Verhältnis zwischen Österreich und Preußen war, wie sehr der Antagonismus der beiden deutschen Großmächte die Sicherheit und Stabilität Deutschlands als Gesamtheit bedrohte. Von der sicherheitspolitischen Debatte war es zudem nur ein kleiner Schritt hin zur nationalpolitischen Frage: Riefen die kriegerischen Ereignisse unmittelbar jenseits der Bundesgrenzen große Befürchtungen für die militärische und außenpolitische Stellung Deutschlands in Europa hervor, so schürte die Nationalstaatsbildung in Italien in der deutschen Öffentlichkeit die Hoffnungen auf baldige und umfassende Fortschritte bei der nationalen Einigung Deutschlands.

Die Ereignisse in Oberitalien beschäftigten seit Beginn des Jahres 1859 die deutschen Regierungen, die Öffentlichkeit und die Bundesversammlung in Frankfurt. Mit dem Abschluß des französisch-sardinischen Bündnisses vom 10. Dezember 1858 war deutlich geworden, daß sich in Italien ein militärischer Konflikt anbahnte, in den die deutsche Präsidialmacht Österreich unmittelbar verwickelt sein würde. „Die große Frage des Tages" war, welche Haltung die deutschen Staaten und der Deutsche Bund im Fall eines Krieges

---

[1] *Brandt*, Deutsche Geschichte 1850–1870, S. 78. Ernst Rudolf Huber spricht gar vom „Entscheidungsjahr 1859", welches „das Ende der mit dem Wiener Kongreß eingeleiteten Epoche" markiere, bleibt aber eine schlüssige Erklärung schuldig, was denn nun definitiv entschieden wurde; vgl. *Huber*, Deutsche Verfassungsgeschichte, Bd. 3, S. 257–265, Zitate S. 257 u. 264. Im Jahr 1859 wurde weder das Schicksal des Deutschen Bundes besiegelt, noch wurde unwiderruflich jene Bahn betreten, welche wenige Jahre später zur Reichsgründung führen sollte. Es wurden indessen wichtige Weichenstellungen für die weitere bundespolitische Entwicklung vorgenommen, und insbesondere gewann das nationale Paradigma nun endgültig absolute Priorität im politischen Diskurs – gerade auch auf der Ebene des Deutschen Bundes.

in Italien einnehmen sollten.² In weiten Teilen der Öffentlichkeit, in einer Reihe von Parlamenten und von etlichen deutschen Einzelregierungen wurde die Meinung vertreten, daß Deutschland nicht neutral bleiben könne, wenn sich Frankreich aktiv in die italienischen Angelegenheiten einmische. Auf Regierungsseite sagte der bayerische Ministerpräsident von der Pfordten dem hannoverschen Gesandten Knesebeck schon Mitte Januar, dies sei eine Frage der nationalen Ehre und des politischen Interesses.³ Knesebeck berichtete seiner Regierung erleichtert, die Stimmung in München sei „in allen Kreisen entschieden deutschnational" und stehe im Einklang mit der allgemeinen öffentlichen Meinung.⁴ Gleichzeitig verdichtete sich unter den Bundestagsgesandten in Frankfurt die Überzeugung, daß Frankreich die italienische Nationalbewegung militärisch gegen Österreich unterstützen wolle.⁵
Vor dem Hintergrund der Erfahrungen von 1854, als die deutschen Großmächte den Deutschen Bund monatelang vom Krisenmanagement ferngehalten hatten, setzten sich seit Anfang 1859 mittelstaatliche Politiker dafür ein, den Bund auf den Fall eines Krieges in Italien vorzubereiten. Die „Neutralität Deutschlands", so schrieb die hannoversche Regierung nach München, wäre „eine für das Vaterland unheilvolle Politik", die „der Ehre des Deutschen Bundes und dem nationalen Gefühle" widerspräche. Der Bund müsse solidarisch mit Österreich sein und dies durch eine Erklärung bekunden, welche Österreich bei einem Angriff auf seine italienischen Besitzungen die militärische Hilfe des Bundes zusichere.⁶

Die Regierung von Hannover bezog sich dabei auf Artikel 47 der Wiener Schlußakte. Dieser gab dem Bund die Möglichkeit, einen Bundesstaat zu unterstützen, der in seinen nicht zum Bund gehörigen Landesteilen angegriffen oder bedroht wurde, sofern im Engeren Rat mit Stimmenmehrheit festgestellt worden war, daß eine Gefahr für das Bundesgebiet bestand. Der Artikel 47 war in den außenpolitischen Krisen der vergangenen Jahre schon mehrfach herangezogen worden, doch war die angestrebte Solidarität des Bundes gegenüber einer auswärtigen Bedrohung niemals wirklich erreicht worden. Statt dessen war der Artikel 47 zum Gegenstand unterschiedlicher Auslegungen und zum Mittel der Blockade geworden, mit dem die Großmächte gegenseitig ihre jeweiligen außenpolitischen Ambitionen torpedierten. Während des Krimkriegs waren die diversen Bundesbeschlüsse zwar unter anderem mit der Beistandspflicht des Artikels 47 motiviert worden, aber als Österreich im Januar 1855 verlangt hatte, das Bundesheer zu mobilisieren,

---

² Rüdt an Meysenbug, Wien, 25. Januar 1859, GLA Karlsruhe, 48/2973.
³ Knesebeck an König Georg V., München, 17. Januar 1859, HStA Hannover, Dep. 103, Bestand VIII, Nr. 286.
⁴ Knesebeck an König Georg V., München, 20. Januar 1859; Knesebeck an Platen, München, 6. Februar 1859 (Zitat), HStA Hannover, Dep. 103, Bestand VIII, Nr. 286.
⁵ Marschall an Meysenbug, Frankfurt, 16. Januar 1859, GLA Karlsruhe, 48/2973.
⁶ Platen an Knesebeck, Hannover, 2. Februar 1859, HStA Hannover, Dep. 103, Bestand VI, Nr. 433.

um seiner Politik gegenüber Rußland Nachdruck zu verleihen, hatten sich Preußen und mit ihm die Mehrheit der Bundesstaaten geweigert, diesem Antrag zu folgen. Österreich revanchierte sich dafür, indem es während des Konflikts um das unter preußischer Hoheit stehende abtrünnige Fürstentum Neuenburg in der Schweiz im Herbst und Winter 1856/57 nicht auf den Wunsch Berlins einging, die Bundeshilfe nach Artikel 47 zu gewähren.[7]

Beide Vorgänge zeigen, wie schwierig es war, auf der Grundlage der Bundesgrundgesetze eine konstruktive Bundespolitik zu betreiben und Übereinstimmung über die Haltung des Bundes in außenpolitischen Krisen herzustellen. Der Bund war offenkundig nicht in der Lage, die ihm zugewiesene Aufgabe als Vertreter der Gesamtinteressen Deutschlands zu erfüllen, und der Grund dafür war, daß es keinen Konsens darüber gab, worin denn das allgemeine Bundesinteresse beziehungsweise – wie es jetzt immer öfter hieß – das Interesse der Nation konkret bestand. Lag es – so wurde 1859 wie in den Krisen der Vorjahre gefragt – im Interesse des Bundes, seine Integrität jenseits seiner Grenzen zu verteidigen? Stellte ein Angriff auf die außerdeutschen Provinzen einer deutschen Großmacht gleichzeitig eine Bedrohung für den Deutschen Bund oder das „Vaterland" dar? Mußte Deutschland auf dem Balkan und in Italien, der Rhein am Po und an der Adria verteidigt werden? Oder verfolgten Österreich in den Donaufürstentümern und in Norditalien sowie Preußen in Neuenburg lediglich partikulare Interessen, die den Deutschen Bund und die deutsche Nation nichts angingen?

Die intensive Diskussion, die über diese Fragen öffentlich wie regierungsintern geführt wurde, spiegelt jenseits aller machtpolitischen Rivalitäten innerhalb des Deutschen Bundes auch wider, daß die Idee der Nation noch keineswegs zu einer bestimmten, klar definierten territorialen und staatlichen Ordnung verfestigt war. Die Nation Deutschland existierte ganz offenkundig, aber wo sie begann und wo sie aufhörte, war noch ganz unbestimmt. Diese Vagheit des Nationalen machte auch der Bundesversammlung zu schaffen, und sie befand sich damit in einer ähnlichen Situation wie 1848/49 die Paulskirche, die sehr heftige und kontroverse Debatten über die Grenzen der Nation und die Interessen Deutschlands geführt hatte.[8]

Was die Situation im Bund komplizierte und eine Lösung im Rahmen der bestehenden Bundesordnung nahezu unmöglich machte, war die Tatsache,

---

[7] Zum Neuenburger Konflikt siehe *Huber*, Deutsche Verfassungsgeschichte, Bd. 3, S. 247–253; *Bluhme*, Die preußische Politik in der Neuenburger Frage; *Bonjour*, Der Neuenburger Konflikt; *Weigand*, Österreich, die Westmächte und das europäische Staatensystem nach dem Krimkrieg, S. 111–123.

[8] Vgl. dazu *Wollstein*, Das „Großdeutschland" der Paulskirche; *Siemann*, Die deutsche Revolution von 1848/49, S. 146–157; *Doering-Manteuffel*, Die deutsche Frage und das europäische Staatensystem, S. 24–26; *Hein*, Die Revolution von 1848/49, S. 71–84; *Sheehan*, German History 1770–1866, S. 687: „Clear boundaries were difficult to draw at every point of the compass – Limburg in the west, Schleswig-Holstein in the north, Posen in the east, and the Tirol in the south all posed complex questions of national identity."

daß die Frankfurter Bundesversammlung trotz der immer stärker national getönten Rhetorik der Regierungen nicht das Forum einer föderativ-nationalen Konsenspolitik bildete, sondern den Schauplatz, auf dem die machtpolitischen Gegensätze der beiden deutschen Großmächte ausgetragen wurden.

Daran scheiterte, wie in den Jahren zuvor, nun auch 1859 der von den Mittelstaaten ausgehende Versuch, die Angelegenheit frühzeitig „auf den bundesmäßigen Weg"[9] zu bringen. Zwar betrachtete die österreichische Regierung Deutschland durch die Entwicklung in Italien „als Gesamtmacht gefährdet"[10] und bemühte sich deshalb schon im Januar in Berlin um eine Zusage für den Schutz seiner außerdeutschen Gebiete durch den Bund. Wien hielt aber einen formellen Antrag in der Bundesversammlung noch für verfrüht und wollte sich zuerst mit Preußen verständigen. Preußen stellte jedoch klar, daß es sich weder von Österreich noch vom Bund „drängen und drücken" lassen werde, sondern sich die Freiheit der Entscheidung als europäische Großmacht vorbehalte.[11] Außenminister Schleinitz ließ die Wiener Regierung wissen, daß diese nicht erwarten könne, „im voraus […] die Gewißheit eines gemeinsamen Auftretens Oesterreichs und Deutschlands" zu erlangen.[12] Eine Hilfeleistung nach Artikel 47 der Schlußakte kam für die Berliner Regierung nicht in Frage. Unter keinen Umständen, so teilte Schleinitz dem nassauischen Vertreter in Berlin mit, könne Preußen sich verpflichten, „schlechthin für die Oestreichische Politik in den außerdeutschen Händeln einzustehen". Preußen müsse ganz frei bleiben in seinen Entscheidungen und werde deshalb auch keinen Mehrheitsbeschluß nach Artikel 47 der Schlußakte akzeptieren. Damit war klar, daß Preußen seinen Großmachtstatus über das Bundesverhältnis stellte, welches, wie es der nassauische Diplomat formulierte, „in die zweite Linie" trat.[13]

Preußen wandte sich gegen die Implementierung des Artikels 47, weil es darin den Versuch erblickte, Preußen „unter die Bundesmajorität" zu stellen[14], was aus der Sicht Berlins gleichbedeutend damit war, es der Politik Österreichs dienstbar zu machen. Aber auch unter den mittleren und kleineren deutschen Staaten gab es keine Übereinstimmung darüber, wie der Deutsche Bund sich angesichts der italienischen Krise verhalten sollte. Als die hannoversche Regierung anregte, die Kabinette in München, Dresden und

---
[9] Knesebeck an Platen, München, 7. Februar 1859, über ein Gespräch mit Pfordten, HStA Hannover, Dep. 103, Bestand VIII, Nr. 286.
[10] Buol an Schönburg, Wien, 5. Februar 1859, GLA Karlsruhe, 48/2974.
[11] Marschall an Meysenbug, Berlin, 14. Februar 1859, über ein Gespräch mit Schleinitz, GLA Karlsruhe, 48/2974; vgl. die preußische Zirkulardepesche vom 12. Februar 1859, HHStA Wien, PA II 46. Deutscher Bund. Weisungen, Varia, fol. 20f.
[12] Schleinitz an Flemming, Berlin, 14. Februar 1859, HHStA Wien, PA II 46. Deutscher Bund. Weisungen, Varia 1859, fol. 19 u. 22, Zitat fol. 19v/22r.
[13] Liebe an Wittgenstein, Berlin, 28. Februar 1859, HStA Wiesbaden, Abt. 210, Nr. 10722.
[14] Usedom an Prinzregent Wilhelm, Frankfurt, 12. März 1859, GStA Berlin, I. HA, Rep. 75A, Nr. 183, fol. 9.

Hannover sollten einen Bundesbeschluß gemäß Artikel 47 vorbereiten und eine gemeinsame Erklärung an Preußen richten, lehnte Pfordten dies ab, weil er nicht für Österreich „die Castanien aus dem Feuer holen" wollte. Keineswegs, so der bayerische Ministerpräsident, dürfe man zulassen, daß der Bund wieder einmal nur zum Erfüllungsgehilfen der Politik Österreichs gemacht werde: Österreich, so sagte er, „möge sprechen und wir werden schon bereit seyn zu antworten, aber es muß seine Pläne und Absichten klar entwickeln und wir müssen unsere Bedingungen stellen können. Wenn der Deutsche Bund sich Oesterreichs annimmt, so muß der Bund auch in der Politik ein Wort mitzureden haben und seine Stimme beim Friedensschluß und den sonstigen Verhandlungen nicht überhört werden."[15]

Württemberg wollte sich erst gar nicht auf eine separate Vorverständigung der Mittelstaaten einlassen. Ein solches Vorgehen, so schrieb der württembergische Bundestagsgesandte Reinhard empört, sei „nicht Bundespolitik, sondern Cabinetspolitik!" Nur im Bunde „und in einer bundesverfassungsmäßigen Verständigung" könne „das Heil der einzelnen deutschen Staaten, wie das der Gesammtheit deutscher Nation" gefunden werden. Demnach müsse „aus dem Centrum des Deutschen Bundes" heraus eine Entscheidung über die Haltung des Bundes getroffen werden.[16] Die Absage an die herkömmliche Kabinettspolitik zugunsten einer nationalen Bundespolitik und die Zurückweisung der mittelstaatlichen Koalition als bundesverfassungswidrig rührte daher, daß Württemberg als Grenzstaat befürchten mußte, am stärksten von einem Krieg mit Frankreich betroffen zu sein. Man wollte es deshalb weder den Großmächten Österreich und Preußen noch den weiter nördlich und östlich gelegenen Mittelstaaten Bayern, Hannover und Sachsen überlassen, die deutschen Interessen zu definieren und setzte statt dessen auf eine eigenständige Rolle der Frankfurter Bundesversammlung.

Der Wunsch, den Bund zum Zentrum der deutschen Politik zu machen, war vor allem bei den kleineren Mittelstaaten und bei vielen Bundestagsgesandten stark ausgeprägt. Letztere waren schon im Februar 1859 zunehmend ungehalten über das diplomatische Geplänkel zwischen den Großmächten und wünschten, wie Rechberg nach Wien berichtete, „dringend, daß die Bundes-Versammlung ohne Zeitverlust sich offen ausspreche".[17] Eile schien nicht nur wegen der Situation in Italien geboten, sondern auch angesichts „der in Deutschland überall hervortretenden nationalen Stimmung", welche schon zu ersten Initiativen in den Kammern von Bayern und Nassau geführt

---

[15] Knesebeck an Platen, München, 7. Februar 1859, HStA Hannover, Dep. 103, Bestand VIII, Nr. 286.
[16] Reinhard an Hügel, Frankfurt, 11. Februar 1859, HStA Stuttgart, E 65, Verzeichnis 57, Büschel 337.
[17] Rechberg an Buol, Frankfurt, 23. Februar 1859, HHStA Wien, PA II 43, fol. 251–254, Zitat fol. 251r.

hatte.¹⁸ Die französischen Kriegsvorbereitungen, über die in der deutschen Presse ausführlich berichtet wurde, riefen in der Öffentlichkeit eine große Irritation über die passive Haltung des Deutschen Bundes hervor. Auch für etliche Regierungen war es vor diesem Hintergrund „völlig unnatürlich, daß Deutschland seine Bundesarmee nicht auf den Kriegsfuß" setzte und damit den Willen und die Bereitschaft zur Verteidigung der Nation gegen einen auswärtigen Angriff demonstrierte.¹⁹

Insbesondere die hannoversche Regierung setzte sich weiterhin nachdrücklich dafür ein, einen Bundesbeschluß gemäß Artikel 47 der Schlußakte zu fassen und das gesamte Bundesgebiet für bedroht zu erklären, falls die österreichischen Besitzungen in Italien angegriffen würden. Darüber hinaus verlangte Hannover mit Hinweis auf die französischen Rüstungen, das Bundesheer zu mobilisieren. Dies waren Anträge, die der weitverbreiteten öffentlichen Stimmung entgegenkamen, die aber andererseits die außenpolitischen Spannungen zu verschärfen drohten und überdies erheblichen innenpolitischen Sprengstoff bargen.

Weniger brisant mußte demgegenüber die von Baden ausgehende Anregung erscheinen, einige schon seit langem erkannte Mängel in den militärischen Einrichtungen des Bundes nun endlich zu beheben. In einer Denkschrift, die Ende Februar 1859 an die Regierungen in Wien, Berlin, München und Stuttgart übermittelt wurde, schlug die badische Regierung vor, durch die Bundesmilitärkommission eine Reihe von Maßnahmen „zur Vervollständigung der Vertheidigungs-Anstalten des deutschen Bundes" einleiten zu lassen. Im einzelnen ging es dabei um den Ausbau der Bundesfestungen, die Verstärkung der militärischen Ausrüstungen, die Bereitstellung von ausreichendem Proviant, die Herrichtung der Unterkünfte für die Besatzungen in den Festungen sowie die Abstellung von sonstigen Mängeln, die bei den Inspektionen zutage getreten waren.²⁰

Die badische Regierung bemühte sich, die militärtechnischen Aspekte in den Vordergrund zu rücken, wies aber auch darauf hin, daß die aktuelle Situation es besonders dringlich machte, zu handeln. Es ging, so wurde betont, um die „Sicherheit des Gesammtvaterlandes" und um die „Sicherung der höchsten Interessen des Bundes".²¹ Der Deutsche Bund, so erläuterte der badische Außenminister Meysenbug in einem Schreiben an den Gesandten in Wien, habe die Pflicht, für die Sicherheit Deutschlands zu sorgen. Die dazu erforderliche „Centralisirung der Militairverhältnisse" biete über den rein mi-

---

[18] Marschall an Meysenbug, Frankfurt, 11. Februar 1859, über entsprechende Besorgnisse des Herzogs von Nassau, GLA Karlsruhe, 48/2974.
[19] Platen an Knesebeck, Hannover, 27. Februar 1859, HStA Hannover, Dep. 103, Bestand VI, Nr. 433.
[20] Badische Denkschrift „Ueber die Räthlichkeit einer baldigen Vervollständigung der Vertheidigungs-Anstalten des deutschen Bundes" vom 15. Februar 1859; vgl. Meysenbug an Marschall, Karlsruhe, 21. Februar 1859, GLA Karlsruhe, 49/523.
[21] Ebd.

litärischen Aspekt hinaus aber auch „die Möglichkeit einer großartigen politischen Entwicklung" und schaffe die Voraussetzungen für „eine gemeinsame deutsche Politik". Meysenbug kam es dabei vor allem auf das solidarische Handeln der *Regierungen* an, die durch ihre föderative Einigkeit im Bund nicht nur den „Schutz der Gesammtheit" gewährleisten, sondern auch eine Abwehrfront gegen den immer lauter werdenden Ruf nach einem Nationalparlament und nach Gewährung „grundrechtlicher Concessionen" aufbauen sollten.[22]

Meysenbug, der sich schon seit Jahren für praktische Reformen im Rahmen der bestehenden Bundesverfassung einsetzte, hatte erkannt, daß ein abermaliges Versagen der deutschen Regierungen vor der Aufgabe, den Deutschen Bund zum Ort einer gemeinsamen deutschen Politik zu machen, der liberalen Nationalbewegung weiteren Auftrieb geben und den Fortbestand der monarchisch-staatenbündischen Ordnung noch stärker als bisher schon in Frage stellen würde. Die im Winter 1859 einsetzende und während des Frühjahrs immer weiter um sich greifende nationale Agitation, welche die deutsche Öffentlichkeit in eine fieberhafte Erregung versetzte, führte den konservativen Eliten vor Augen, daß die unveränderte Konservierung des Bundessystems nicht mehr lange möglich sein würde. Wenn der Bund sich nicht weiterentwickelte, dann würde er schon bald als Ganzes nicht mehr haltbar sein und durch einen nationalen Bundesstaat nach dem Muster der Paulskirche von 1848/49 oder nach dem Vorbild der kleindeutsch-preußischen Union von 1849/50 ersetzt werden.

Es ist bemerkenswert, daß schon am Beginn der italienischen Krise und somit lange bevor sich der deutsche Nationalverein konstituierte und sein kleindeutsch-bundesstaatliches Programm formulierte, bei den einzelstaatlichen Monarchen, Ministern und Diplomaten selbst Vorstellungen über die politische Organisation der Nation entstanden, welche eine über den Deutschen Bund hinausweisende politische Ordnung in Deutschland projektierten. Im einzelnen waren diese Ideen noch wenig konkret – dies blieb den seit der zweiten Jahreshälfte entwickelten Reformplänen vorbehalten –, aber sie basierten auf der Annahme, daß die Krise in Italien und ihre Rückwirkungen auf die deutschen Staaten möglicherweise, ja vielleicht sogar unvermeidlicherweise zu einer völligen Umgestaltung der Verhältnisse in Deutschland führen würden.

Der preußische Diplomat Guido von Usedom, der im März 1859 Bismarck als Bundestagsgesandter ersetzen sollte, legte schon Ende Januar in einem Privatbrief an Karl Samwer in Coburg dar, daß auf der Grundlage der bestehenden Bundesverfassung kein auswärtiger Krieg zu führen sein würde. Dies wäre nur dann möglich, wenn das ganze außerösterreichische Deutschland „militärisch wie politisch" unter Preußen vereinigt würde: „Das wäre dann

---

[22] Meysenbug an Rüdt, Karlsruhe, 26. Februar 1859, GLA Karlsruhe, 49/1694.

Von der „Neuen Ära" zum Frankfurter Fürstentag 283

ein Lebewohl für den Deutschen Bund" und der Anfang eines Deutschen Reiches unter preußischer Hegemonie. Dessen staatliche Entfaltung skizzierte Usedom folgendermaßen, wobei er die spätere Entwicklung ab 1866/71 ziemlich genau vorwegnahm:

„Die deutschen Staaten verlören dadurch eigentlich nur das, was sie nicht mehr haben: das Recht des Krieges und der hohen Politik. In den folgenden Jahren könnte man dann, weil Preußen die gebietende Macht wäre und das geschwächte Östreich nichts zu hindern vermöchte, deutsche Einigungsgesetze auch in andern Beziehungen erlassen: in Heimathsrecht, bürgerlichen und Gewerbsverhältnissen, Münze, Maaß u. Gewicht, Staatsdienst und was noch sonst unter den Menschen den Begriff des Gesammtstaats fördert ohne die Individualität einzelner Territorien zu stören."23

Dieser Katalog von Einigungsgesetzen entsprach dem, was der Deutsche Bund sich selbst seit 1851 als nationales Integrationsprogramm vorgenommen hatte, gegen dessen Ausführung Preußen aber in Frankfurt anhaltenden Widerstand leistete. Preußen beharrte auf der Klärung der Machtfrage in Deutschland zu seinen Gunsten, um dann die innere Nationsbildung zu seinen eigenen Konditionen und ohne Rücksicht auf die Bedürfnisse der anderen Großmacht voranzutreiben. Hier wurde, mit deutlichen Reminiszenzen an die Unionspläne von 1849/50, ein Gegenmodell zur föderativen Nationsbildung auf staatenbündischer Grundlage konzipiert.

Ähnliche Gedankenspiele gab es auch außerhalb Preußens. Der liberale Herzog Ernst II. von Coburg plädierte in einer Denkschrift vom Februar 1859 für die Umgestaltung des Bundes zu einer „Union" unter preußischer Leitung. Er appellierte an den preußischen König, „für eine bessere Ordnung der Dinge in Deutschland" zu sorgen. Es sei die Aufgabe Preußens, Deutschland auf dem Weg der „moralischen Eroberung" zur nationalen Einheit zu führen. Preußen solle sich deshalb mit der liberalen „Mittelpartei" verbinden und erklären, „daß es mit den Mitteln der Bundesverfassung überall Recht und Gesetz schützen und alle Handhaben derselben anwenden wolle, um die nationalen Interessen Deutschlands zu fördern".24 Immerhin nahm Ernst II. die Bundesverfassung noch als Ausgangspunkt für eine auf gesetzlichem Weg erfolgende Umgestaltung Deutschlands, die dieses zu nationaler Einheit führen sollte. Die Machtfrage ließ er dabei außen vor, indem er ignorierte, daß Österreich eine Überantwortung der nationalen Interessen an Preußen nicht kampflos hinnehmen konnte.

Obwohl es noch kein tragfähiges Konzept dafür gab, wie man eine nationale Politik Preußens initiieren konnte, ohne den Deutschen Bund einer Zerreißprobe und harten politischen, möglicherweise sogar militärischen Konflikten auszusetzen, wuchs seit 1859 unter einigen deutschen Regierungen die

---

23 Usedom an Samwer, Berlin, 27./31. Januar 1859, LA Schleswig, Abt. 399.52, Nr. 101.
24 Denkschrift Ernsts II. von Sachsen-Coburg und Gotha, Anfang Februar 1859, StA Coburg, LA A, Nr. 7187, fol. 9–20, Zitate fol. 15v, 17r, 18v, 19v.

Neigung, Preußen die Aufgabe der nationalen Einigung Deutschlands zuzuweisen. Die durch den Thronwechsel im Herbst 1858 geweckten Hoffnungen auf eine liberalere Politik Preußens verbanden sich dabei mit der Einsicht, daß gegen die wiedererstarkende Nationalbewegung in Deutschland nicht mehr lange regiert werden konnte. Das Reaktionssystem war nicht mehr zu halten und mußte, wie Ernst II. forderte, schleunigst aufgegeben werden.

Statt dessen sollten die nationalen Energien aufgenommen und zu positiven Ergebnissen geführt werden. Dem Deutschen Bund trauten dies etliche Regierungen nicht mehr zu, und sie richteten ihre Hoffnungen auf Preußen, das die Chancen einer nationalen Politik aber noch nicht zu erkennen schien, wie sich der Berater des badischen Großherzogs Friedrich, Franz von Roggenbach, beklagte:

„Von einem Erkennen der ungeheuren Stärkung, welche in einem Verwenden des nationalen Aufschwungs in Deutschland, für Preußen liegt, von einer Absicht sich auf moralische Kräfte zu stützen und von einem lebhaften Gefühle der Gefahr, welche in der Stellung des imperialistischen Frankreichs zu Deutschland liegt, ist in ganz Berlin keine Spur zu finden."[25]

Diese Äußerung Roggenbachs macht deutlich, wie eng verbunden die innere und die äußere Politik in der Situation von 1859 gesehen wurden. Von den meisten Regierungen und vom überwiegenden Teil der öffentlichen Meinung wurde erwartet, daß der Deutsche Bund eine gemeinsame Haltung zur italienischen Krise fand, daß Preußen den möglichen Angriff auf Österreich als eine nationale Bedrohung wahrnahm und die Mobilisierung des Bundes zum Schutz Österreichs und Deutschlands mittrug, daß Berlin, wie es Roggenbach ausdrückte, endlich aufhörte, „eine Stellung gegen Oestreich, statt gegen Frankreich" einzunehmen, daß es seine selbstsüchtige Politik aufgab zugunsten einer Politik für „die Deutsche Nation".[26]

Diese ihm angetragene Rolle wollte Preußen aber nicht ohne weiteres übernehmen. Die preußische Staatsführung war nicht bereit, sich für „specifisch Oesterreichische Interessen" in einen Krieg hineinziehen[27] und sich „durch Majorisirung ins Bundes-Schlepptau" nehmen zu lassen[28]. Für eine gemeinsame Bundespolitik gegenüber der Bedrohung von seiten der italienischen Nationalbewegung und Frankreichs oder gar, wie es in der Presse und auf Volksversammlungen gefordert wurde, für nationale Maßnahmen „gegen

---

[25] Roggenbach an Friedrich I. von Baden, Berlin, 3. März 1859, GLA Karlsruhe, Großherzogliches Familienarchiv, Abt. 13, Bd. 30, Nr. 7.
[26] Roggenbach an Friedrich I. von Baden, Berlin, 5. März 1859, GLA Karlsruhe, Großherzogliches Familienarchiv, Abt. 13, Bd. 30, Nr. 8.
[27] Instruktion des Prinzregenten Wilhelm für Generalleutnant von Willisen zu dessen Sendung nach Wien im Mai 1859, Druck in: *Angelow*, Von Wien nach Königgrätz, S. 406–408, Zitat S. 406.
[28] Usedom an Samwer, Frankfurt, 7. April 1859, LA Schleswig, Abt. 399.52, Nr. 101.

den Erbfeind jenseits des Rheins"²⁹ war Preußen nicht zu haben. Der Preis, den Berlin für seine Kooperation im Bund und damit indirekt auch für seine Mitwirkung an der nationalen Einigkeit Deutschlands nach außen hin verlangte, war sehr hoch: Der von Österreich nach dem Ausbruch des Krieges in Italien Ende April 1859 angestrebten Mobilisierung der Bundesarmee wollte Preußen zunächst nur unter der Voraussetzung zustimmen, daß dem preußischen Monarchen der Oberbefehl über die gesamte Bundesarmee übertragen wurde. Als ihm dies nach langen Verhandlungen mit Österreich schließlich Anfang Juli 1859 zugestanden wurde, schlug die preußische Regierung das Angebot aus und führte damit die seit mehreren Monaten auf Bundesebene und zwischen den Großmächten unternommenen diplomatischen Bemühungen ad absurdum. Preußen verlangte nunmehr die Teilung des Oberbefehls, um in Norddeutschland die unbeschränkte, vom Bund völlig unabhängige Militärgewalt ausüben zu können. Mit der Abgrenzung der militärischen Einflußsphären wäre zugleich die Voraussetzung für die politische Teilung Deutschlands entlang der Mainlinie geschaffen worden, die in preußischen Regierungskreisen als Option für den Fall angesehen wurde, daß sich Österreich weiterhin weigerte, Preußen im Bund eine vollkommen gleichberechtigte Stellung einzuräumen. Wenn es nicht gelänge, den „doppelhauptigen" Deutschen Bund durchzusetzen, schrieb Usedom an Samwer, werde Preußen sehr bald den Strick, der es an Österreich binde, zerreißen, damit den Bund zerstören und eine deutsche Einigungspolitik einleiten müssen, wobei die Mainlinie zunächst als „ein pis aller oder eine *Übergangs*formation" dienen könne.³⁰

Für eine gemeinsame, die Interessen des Deutschen Bundes als Gesamtheit betreffende Politik stand somit die preußische Regierung im Frühjahr und Sommer 1859 nicht zur Verfügung. Die Formulierung einer außenpolitischen Linie des Bundes angesichts der italienischen Krise wurde immer wieder verzögert, die Anwendung des Artikels 47 der Schlußakte blockiert und damit Österreich der Beistand des Bundes verweigert. Zwar faßte die Bundesversammlung, als Ende April 1859 der Krieg in Italien begann, mehrere Beschlüsse³¹, um den Bund in Verteidigungsbereitschaft zu setzen, doch wurde dabei immer wieder der rein defensive Charakter der getroffenen Maßnahmen betont. Sie sollten lediglich dem Schutz des Bundesgebietes dienen, ein Eingreifen außerhalb der Bundesgrenzen wurde ausgeschlossen. Preußen beharrte zudem darauf, daß ihm „die Initiative für die nothwendigen militärischen Maßnahmen überlassen" blieb³², während Österreich sich mit seiner

---
²⁹ Hügel an Thumb, Stuttgart, 14. März 1859, GLA Karlsruhe, Bestand 52, Nr. 79.
³⁰ Usedom an Samwer, Frankfurt, 7. April 1859, LA Schleswig, Abt. 399.52, Nr. 101.
³¹ Die Beschlüsse betrafen die Marschbereitschaft der Bundestruppen, die Aufstellung eines Observationskorps in Süddeutschland und die Einberufung der Kriegsbesatzungen in die Bundesfestungen; Abdruck der Beschlüsse bei *Huber* (Hg.), Dokumente, Bd. 2, S. 23–29.
³² Erklärung Usedoms in der Bundesversammlung am 19. Mai 1859, ProtDBV 1859, Separatprotokoll, § 2, S. 382c; *Huber* (Hg.), Dokumente, Bd. 2, S. 27f., Zitat S. 28.

Auffassung nicht durchsetzen konnte, daß mit seinen „Machtverhältnissen auch die Sicherheit des gesammten Bundes" zusammenhänge[33]. Als Österreich schließlich am 7. Juli 1859 in der Bundesversammlung die Mobilmachung des gesamten Bundesheers beantragte, war der Krieg in Italien schon zu Ungunsten der Habsburgermonarchie entschieden. Die Bundesversammlung brauchte über diesen Antrag gar nicht mehr zu entscheiden, da Österreich nach den militärischen Niederlagen von Ende Juni am 8. Juli einen Waffenstillstand und am 11. Juli den Vorfrieden von Villafranca mit Sardinien und Frankreich abschloß.

Aus der Sicht des Bundes als dem föderativen Band der deutschen Staaten wie auch aus der Perspektive der deutschen Nationalbewegung waren der Verlauf und das Resultat der Krise in Italien noch enttäuschender als die Entwicklung während des Krimkriegs. Beide Male hatte der Deutsche Bund es nicht vermocht, eine gemeinsame Außenpolitik zu formulieren. Weder auf der diplomatischen Bühne noch beim militärischen Krisenmanagement hatte die Bundesversammlung sich als Vertreterin der deutschen Interessen profilieren können. Wieder einmal war zutage getreten, daß die Partikularinteressen der Großmächte Vorrang hatten vor dem, was von vielen Seiten als nationales Bedürfnis angesehen wurde.

Anders als Mitte der fünfziger Jahre blieb es aber diesmal nicht bei der erneuten Bestätigung der Unfähigkeit des Bundes zu einem einigen Handeln in nationalen Fragen. Von einer Beruhigung der öffentlichen Erregung nach dem Ende der akuten Krise war nichts zu spüren. Vielmehr mobilisierte die Nationalbewegung nun alle Energien, um die deutschen Regierungen zur Schaffung der politischen Einheit Deutschlands zu veranlassen. Neben der Presse traten auch wieder die einzelstaatlichen Kammern mit Reformanträgen hervor. Bereits am 23. März 1859 hatte der liberalkatholische Abgeordnete Reichensperger im preußischen Haus der Abgeordneten einen Antrag auf die Bildung eines Bundesgerichts eingebracht.[34] Es folgte am 5. Mai 1859 in der württembergischen Kammer der Abgeordneten ein von Julius Hölder gestellter Antrag, der die Schaffung eines Nationalstaats und die Bildung einer Volksvertretung beim Deutschen Bund forderte.[35] Dieser Antrag wurde allerdings ebenso abgelehnt wie ein am 9. August 1859 in der bayerischen Kammer gestellter Antrag auf Bundesreform mit Volksvertretung.[36] Es war jedoch ein Irrtum, wenn die Regierenden daraus den Schluß zogen, die na-

---

[33] Vorlage Österreichs in der Bundesversammlung am 2. Mai 1859, ProtDBV 1859, § 154, S. 282–284; *Huber* (Hg.), Dokumente, Bd. 2, S. 25f., Zitat S. 26.

[34] Stenographische Berichte über die Verhandlungen des Preußischen Hauses der Abgeordneten 1859.

[35] Verhandlungen der Württembergischen Kammer der Abgeordneten in den Jahren 1859 bis 1861 (111. Sitzung); vgl. *Langewiesche*, Liberalismus und Demokratie in Württemberg, S. 286.

[36] Verhandlungen der Kammer der Abgeordneten des Bayerischen Landtages vom Jahre 1859. Stenographische Berichte.

tionale Agitation werde „sich im Sande verlaufen".[37] Ganz im Gegenteil nahm die nationale Aufbruchstimmung im Sommer und Herbst noch zu, und sie fand schließlich ihr organisatorisches Zentrum mit der Gründung des Deutschen Nationalvereins, die in offenkundigem Widerspruch zum Bundesvereinsbeschluß von 1854 stand.

Die Bundesversammlung war nicht in der Lage, die Etablierung des Nationalvereins und seine intensive öffentliche Propaganda für einen deutschen Nationalstaat zu unterbinden. Die Reaktion war am Ende ihrer Möglichkeiten angelangt. Zeichnete sich damit auch für den Deutschen Bund das Ende ab? Wenn es zutraf, daß, wie Beust sich während der italienischen Krise geäußert hatte, „die nationale Strömung" zu stark war, um ihr Widerstand zu leisten[38], war dann die Erhaltung der staatenbündischen Ordnung in Deutschland auf Dauer überhaupt noch möglich? Gab es angesichts der zunehmenden öffentlichen Agitation für den nationalen Bundesstaat überhaupt noch einen nationalen Handlungsspielraum des Deutschen Bundes? Und waren konkrete Konzepte zur Schaffung einer föderativen Nation vorstellbar, welche die Zustimmung der Regierungen wie der liberalen Nationalbewegung fanden? Konnte es einen Nationalbund geben, der die Souveränität der Monarchen, die Unabhängigkeit der Einzelstaaten, die Partizipation des Volkes und die Einheit der Nation gleichermaßen verbürgte, oder kam dies dem Versuch der Quadratur des Kreises gleich?

Alle diese Fragen wurden seit 1859 mit Nachdruck an den Deutschen Bund gestellt. Die nationale Elle war nun endgültig das Maß geworden, an dem er sich messen lassen mußte. Nicht nur im öffentlichen Diskurs, sondern auch auf bundespolitischer Ebene bestand die „Hauptfrage" darin, wie man zur „verfassungsmäßigen, wahrhaft deutschen Einheit" gelangen, wie man konstitutionelle Freiheit, deutsche Nationalität und Einheit verwirklichen könne.[39] Die Antworten, die darauf gegeben wurden, gingen über den Rahmen des Staatenbundes hinaus und stellten seine Existenz offen in Frage. Der Deutsche Bund hatte dagegen, weil die Politik der Repression nicht mehr durchsetzbar war, nur ein Mittel: durch Reformen seine nationale Brauchbarkeit zu erweisen und durch politische, wirtschaftliche und legislative Maßnahmen die Einheit Deutschlands zu fördern. Im offenen Wettbewerb mit alternativen Einheitskonzepten, die auf immer größere Resonanz stießen, mußte der Bund Formen finden, die nationale Einheit föderativ zu organisieren, wenn er seinen Untergang verhindern wollte.

---

[37] So der bayerische Ministerpräsident Schrenk nach einem Bericht des sächsischen Ministerresidenten Bose an Beust, München, 14. August 1859, HStA Dresden, AM 930, fol. 145–147, Zitat fol. 145v.
[38] Usedom an Prinzregent Wilhelm, Frankfurt, 27. April 1859, GStA Berlin, I. HA, Rep. 75A, Nr. 183, fol. 54–57, Zitat fol. 55.
[39] Frankfurter Nachrichten, Extrabeilage Nr. 34 vom 23. März 1859, S. 265.

Die Existenzbedrohung durch innere und äußere Konflikte war der Nährboden für die auffällige Spätblüte der Bundesreformdebatte in den Jahren ab 1859. Man könnte auch von einer verzweifelten Notreife sprechen, mit welcher der Bund darauf reagierte, daß ihm die Nationalbewegung das Wasser abgrub und Preußen begann, die Axt an den Stamm des alten Baumes von 1815 zu legen. Jedenfalls bemühten sich vor allem die mittelstaatlichen Regierungen in den letzten sieben Jahren des Bundes so intensiv wie nie zuvor darum, seine Verfassung durch mehr oder minder tiefgreifende Reformen in Einklang mit den Bedürfnissen der Nation zu setzen. Die Konzepte, welche dabei entwickelt wurden, waren sehr vielfältig und projektierten höchst unterschiedliche Umgestaltungen der politischen Verhältnisse in Deutschland. Das Spektrum reichte von kleineren Modifikationen und Ergänzungen der Bundesverfassung bis zur völligen Abschaffung des Bundes und seine Ersetzung durch einen nationalen Bundesstaat. Vor allem in den Jahren von 1859 bis 1861 trugen die von vielen Seiten gemachten und äußerst inkongruenten Vorschläge keineswegs zur Klärung der deutschlandpolitischen Optionen bei, sondern sie steigerten noch die Verwirrung darüber, wie es mit dem Bund und der Nation denn weitergehen sollte. Erst ab 1862 schälten sich die zwei Konzeptionen deutlicher heraus, welche dann in den letzten Jahren des Deutschen Bundes die politische Auseinandersetzung in Deutschland beherrschen sollten: Auf der einen Seite stand die großdeutsch-föderative Bundesordnung mit nationaler Ausrichtung und parlamentarischer Mitwirkung, wie sie aus dem Bund heraus und nun endlich mit entschiedener Unterstützung Österreichs entwickelt und zu einem konkreten Reformplan ausgearbeitet wurde. Diesem Modell, das 1863 auf dem Frankfurter Fürstentag zur Entscheidung gestellt wurde, stand das Modell eines kleindeutschen parlamentarischen Bundesstaates gegenüber, das seit 1859 von der liberalen Nationalbewegung wieder nachdrücklich propagiert und schließlich auch von Preußen adaptiert und im Kampf um die Vorherrschaft in Deutschland machtpolitisch instrumentalisiert wurde.

Während sich die Nationalbewegung schon im Laufe des Jahres 1859 im wesentlichen darüber klar wurde, daß die „Reform unserer Bundesverfassung" zu einer „Gesammtverfassung des Vaterlandes" mit einer deutschen Zentralregierung und einer deutschen Nationalversammlung führen sollte[40], dauerte es auf Bundesseite noch vier Jahre, ehe eine weitgehende Übereinstimmung über die Eckpunkte einer „Reform der Gesammtverfassung Deutschlands"[41] erzielt wurde. Bis es dazu kam, daß die Präsidialmacht Österreich mit dieser Formulierung eine Parole der liberalen Nationalbewegung aufgriff, hatte die Bundespolitik einen weiten und wirrenreichen Weg zurückzulegen.

---

[40] Vgl. dazu die Eisenacher Erklärungen vom 17. Juli und 14. August 1859 und die Hannoversche Erklärung vom 19. Juli 1859, Druck in: *Biefang* (Bearb.), Der Deutsche Nationalverein, S. 434–441, Zitat S. 435 u. 437.

[41] Österreichische Denkschrift über die Notwendigkeit einer Reform der deutschen Bundesverfassung vom 31. Juli 1863, in: *Huber* (Hg.), Dokumente, Bd. 2, S. 135–139, Zitat S. 138.

Auf den „Ruf nach Bundesreform"[42], der, ausgelöst durch das Versagen des Bundes in der italienischen Frage, seit dem Sommer 1859 immer lauter erschallte, reagierten die Minister und Diplomaten mit großer Unsicherheit. Der neue österreichische Präsidialgesandte in Frankfurt, Freiherr von Kübeck, verdächtigte die preußische Regierung, die Reformagitation zu schüren, um mit Hilfe der „Gotha'sche[n] und democratische[n] Partei" seine „hegemonischen Pläne" in Deutschland durchzusetzen.[43] Die Absicht einiger Mittelstaaten, „selbst die Frage der Bundesreform und insbesondere einer Volksvertretung am Bunde" in die Hand zu nehmen, um so der öffentlichen Agitation entgegenzutreten, stieß bei Österreich auf wenig Gegenliebe.[44] Zum einen war die Regierung in Wien zu dieser Zeit noch vollauf mit der Bewältigung der militärischen, außenpolitischen und innenpolitischen Folgen der Kriegsniederlage in Italien beschäftigt, zum anderen gab es bei der Führung der Habsburgermonarchie immer noch kein Konzept für eine Weiterentwicklung des Deutschen Bundes in nationaler und föderativer Richtung. Entsprechende Impulse von seiten der Präsidialmacht blieben weiterhin aus, und so sahen sich einmal mehr die bundestreuen Mittelstaaten vor die Aufgabe gestellt, die Reformdebatte aufzunehmen und voranzutreiben.

Doch auch die mittelstaatlichen Kabinette fanden im Sommer 1859 nicht zu einer einheitlichen Haltung im Hinblick auf die sehr heftige öffentliche Agitation und die daraus zu ziehenden Konsequenzen für die Bundespolitik. Der württembergische Außenminister Hügel, der als erster anregte, konkrete Bundesreformen einzuleiten, rief damit nicht nur bei Österreich, sondern auch bei seinen mittelstaatlichen Kollegen Skepsis und Bedenken hervor. Auf Hügels Anregung, bei einzelnen Fragen der Bundespolitik „Vertrauensmänner" aus den ständischen Vertretungen heranzuziehen[45], sowie den Vorschlag, ein Bundesgericht zu installieren, wollten sich weder der bayerische Ministerpräsident Schrenk noch der sächsische Außenminister Beust einlassen. Während Schrenk die Möglichkeit einer Bundesreform grundsätzlich bezweifelte und allenfalls eine Revision der Bundeskriegsverfassung für ausführbar hielt[46], sprach sich Beust dafür aus, zunächst Bundesmaßnahmen gegen die zahlreichen öffentlichen Versammlungen und die Presseagitation zu ergreifen. Zwar war er weiterhin der Auffassung, daß die zunehmende Bundeskritik auch „durch Aufklärung in der Presse selbst und durch aufrichtige Versuche der Regierungen zu Verbesserung der Bundesverfassung zu bekämpfen

---

[42] Deutsche Blätter, N. F. 3, S. 19, Artikel vom 26. Juli 1859.
[43] Kübeck an Rechberg, Frankfurt, 26. Juli 1859, HHStA Wien, PA II 44, fol. 180–182, Zitate fol. 180r.
[44] Kübeck an Rechberg, Frankfurt, 29. Juli 1859, HHStA Wien, PA II 44, fol. 190–194, Zitat fol. 191v.
[45] Ebd., fol. 193r.
[46] Bose an Beust, München, Berichte vom 14. und 17. August 1859, HStA Dresden, AM 930, fol. 145–147, 150 f.

sei", doch wollte er zuvor den drohenden „Umsturz der deutschen Bundesverfassung" durch repressive Maßnahmen abwehren.[47]

Ganz anders schätzte dagegen der hannoversche Außenminister Platen die Situation ein. Er war der Meinung, daß ein dringender Handlungsbedarf bestand, um das Ansehen und die Würde des Bundes zu retten. Administrative Maßregeln des Bundes gegen die Presse, wie sie Beust befürwortete, hielt Platen für unmöglich. Statt dessen plädierte er für „eine vernünftige Bundesreform", welche die Regierungen recht bald einleiten müßten:

„Es muß durchaus etwas geschehen, was den vernünftigen Deutschen mit diesem fast lächerlich gewordenen Institut wieder aussöhnt."[48]

Die Notwendigkeit baldigen Handelns war durchaus gegeben. Die Agitation für eine Reform der deutschen Verfassung ließ keineswegs nach, sondern sie breitete sich im Juli und August 1859 über ganz Deutschland aus. Immer stärker trat dabei der Gedanke in den Vordergrund, daß es die Aufgabe Preußens sei, eine nationale Politik zu betreiben und Deutschland zu einigen. Nachdem die Vossische Zeitung schon Ende Mai für eine preußische Führungsrolle in Deutschland eingetreten war und eine „Umbildung des Bundes" skizziert hatte, welche die Interessen Preußens mit denen der deutschen Nation in eins setzte[49], erfaßte die Hoffnung auf Preußen im Sommer auch zahlreiche mittel- und süddeutsche Blätter. Die Empörung über Preußens unsolidarische Haltung in der italienischen Krise, der Vorwurf, es habe mit seiner Beistandsverweigerung an Österreich „das Nationalgefühl von ganz Deutschland auf das Tiefste verletzt"[50], wurde bald überlagert von der Enttäuschung über die abermals demonstrierte nationale Unfähigkeit des Deutschen Bundes.

Mit der Parole „Recht muß doch Recht bleiben"[51], das heißt mit dem Beharren auf den Bundesgrundgesetzen kam man nicht mehr weiter. Dies wurde nicht nur in der Presse deutlich ausgesprochen, sondern auch von einer wachsenden Zahl von Regierungsvertretern. So schrieb der oldenburgische Bundestagsgesandte Eisendecher am 23. Juni 1859 seinem Großherzog, das Übel liege „in der Grundanlage *der Dinge*", vom Bund sei keine Besserung zu erwarten und es müsse „etwas Anderes" kommen. Es sei „rein unmöglich sich für die deutsche Bundesverfassung zu begeistern", auch in der „Trias" werde Deutschland sein Heil nicht finden. Bei aller berechtigten Kritik an Preußen und bei aller Unsicherheit über seinen zukünftigen Kurs bleibe „für den Deutschen Bund keine andere Aussicht, als auf Preußen *zu*

---

[47] Beust an Könneritz, Dresden, 5. August 1859, HStA Dresden, AM 930, fol. 93–99, Zitat fol. 98r u. 93v.
[48] Platen an Beust, Privatschreiben, Weissenhaus, 16. August 1859, HStA Dresden, AM 930, fol. 148f., Zitat fol. 148v.
[49] Königlich privilegirte Berlinische Zeitung Nr. 124 vom 29. Mai 1859, S. 1f.
[50] Norddeutscher Correspondent Nr. 167 vom 20. Juli 1859.
[51] Ebd.

warten", denn Preußen sei diejenige deutsche Macht, „die ein selbsteigenes Interesse dabei hat, die größtmögliche Summe unserer vernünftigen Bedürfnisse und Wünsche befriedigen zu helfen".[52]

Ähnlich beurteilte der coburgische Herzog Ernst II. die Lage. Preußen, so schrieb er an den Prinzregenten, hatte sich mit seiner Politik in Deutschland isoliert und den Bund in Frage gestellt. Aber gerade deshalb sei es jetzt an ihm, „eine neue Organisation des Bundes" vorzubereiten und so rasch wie möglich entsprechende Vorschläge in der Bundesversammlung einzubringen. Die Neuordnung müsse sowohl die bisherigen Mängel beseitigen, die sich aus der Stellung der Regierungen zueinander ergaben – dies konnte nur eine andere Machtverteilung bedeuten –, als auch zeigen, „daß es Preußen wirklich noch Ernst ist um Deutschland".[53]

Während hier schon Perspektiven eröffnet wurden, die den Boden des bestehenden Bundes verließen und ein preußisch dominiertes Deutschland projektierten, war man in den größeren Mittelstaaten entschlossen, am Bund festzuhalten. Zwar herrschte einige Konfusion darüber, welche bundespolitischen Schritte nach dem Ende des Italienischen Krieges zu unternehmen seien, aber ein Aufgeben der Wiener Ordnung von 1815 kam für Bayern, Sachsen, Hannover, Württemberg, Hessen-Darmstadt, Kurhessen und Nassau nicht in Frage. Diese Staaten sahen in der Bundesorganisation trotz aller Mängel weiterhin die Gewähr für die Einheit und den inneren Frieden Deutschlands. „Ohne Bund, so wenig er auch zu leisten vermöge, werde die Zerrissenheit eine unheilbare werden und man könne gar nicht absehen, was in einem solchen Fall aus Deutschland werden würde", äußerte sich Schrenk in einem Gespräch mit dem württembergischen Gesandten Graf Degenfeld.[54]

Den Verteidigern des Bundes stellte sich die Frage, welche Optionen es gab, um den Bund zu stabilisieren und ihm eine politische Perspektive zu eröffnen. Am Bund mußte Positives erreicht werden, aber schon im Vorhinein schien klar, daß – abgesehen vom Bundesgericht – alle auf dem Boden der Bundesverfassung möglichen Reformen die liberale Nationalbewegung nicht zufriedenstellen würden. Deren Kernforderung nach einer deutschen Verfassung mit Regierung und Parlament hielten die mittelstaatlichen Politiker für unvereinbar mit der föderativen Bundesordnung und dem monarchischen Prinzip.[55] Andererseits konnten es sich die Mittelstaaten nicht erlauben, bundespolitisch untätig zu bleiben, und zwar nicht nur wegen des öffentlichen

---

[52] Eisendecher an Großherzog Peter von Oldenburg, Frankfurt, 23. Juni 1859, StA Oldenburg, Bestand 38, Titel VI, Nr. 1.
[53] Ernst II. an Prinzregent Wilhelm, 17. Juli 1859, StA Coburg, LA A 7186, fol. 190-194, Zitate fol. 193r.
[54] Degenfeld an König Wilhelm I. von Württemberg, München, 19. Juli 1859, HStA Stuttgart, E 65, Verzeichnis 57, Büschel 337, Nr. 358.
[55] Beust an Hügel, Dresden, 9. August 1859, HStA Stuttgart, E 65, Verzeichnis 57, Büschel 329, Nr. 64.

Reformdrucks, sondern auch, weil die Gefahr bestand, daß sich Österreich und Preußen ansonsten über ihre Köpfe hinweg einigen und dabei vielleicht sogar die Bundesverfassung zum Nachteil der Mittelstaaten abändern würden.[56]

Aus dieser Beurteilung der politischen Situation heraus begaben sich die Mittelstaaten im Herbst 1859 wieder auf den Weg, den sie schon mehrfach betreten hatten. Sie versuchten durch enge diplomatische Abstimmung untereinander und durch gemeinsame Ministerkonferenzen Anträge vorzubereiten, durch welche auf der Grundlage des Bundesrechts gemeinnützige Anordnungen und Bundesgesetze herbeigeführt werden sollten. Dies war nicht der Weg der politischen Bundesreform im Sinne einer Änderung der Bundesverfassung und der Schaffung neuer Bundesorgane, sondern der Weg der praktischen Reformen durch legislative Integrationsmaßnahmen. Mit der Ausarbeitung gemeinsamer Gesetze sollte die Bundesversammlung zeigen, daß sie nicht untätig blieb, sondern durchaus für die Einigung der Nation wirkte. Hier schien sich das einzige Feld zu bieten, auf dem eine gewisse Aussicht bestand, Bundespolitik zu betreiben, die auf öffentliche Zustimmung stieß und das Urteil widerlegte, welches eine Berliner Flugschrift von 1859 so formulierte: „Der Deutsche Bund thut nichts, er versteht nichts, er kann nichts, er darf nichts, er kennt nur Unterlassungssünden."[57]

Die Initiative zur Bundesreform ging vor allem von den Regierungen Württembergs und Sachsens aus. Die Außenminister Hügel und Beust nutzten die Zeit der Bundestagsferien vom August bis Oktober 1859 dazu, durch intensive diplomatische Bemühungen insbesondere die bayerische Regierung für ein gemeinsames Vorgehen der Mittelstaaten zu gewinnen und konkrete bundespolitische Schritte für den Herbst vorzubereiten. Es konnte dabei, wie vor allem Hügel immer wieder betonte, nicht bloß um eine Abwehr der liberalen und demokratischen Agitation für einen deutschen Bundesstaat gehen. Erforderlich war auch ein klares Bekenntnis zur weiteren Entwicklung des Staatenbundes, „zur Ausbildung der guten Keime, die in der Bundesakte gelegt sind", wie es Dalwigk ausdrückte.[58] Der bundespolitische Stillstand sollte überwunden werden, wobei man aber am staatenbündischen Prinzip unbedingt festhalten wollte.

Die tragende Rolle bei den neuerlichen Reformbemühungen fiel einmal mehr den Mittelstaaten zu. Preußen stellte im Sommer 1859 wiederholt klar,

---

[56] Entsprechende Befürchtungen hatte der bayerische Bundestagsgesandte Pfordten Mitte Juni anläßlich der militärpolitischen Verhandlungen und Vorkehrungen des Bundes angesichts des Italienischen Krieges geäußert; vgl. Motive zu dem Entwurfe eines Vortrags des Militärausschusses in Frankfurt am Main, Pfordten, 12. Juni 1859, HStA München, Geh. Hausarchiv Maximilian II., 76/5/34.

[57] Der Deutsche Bund, die Verfassungskämpfe 1848 u. 49 und die Einigungsbestrebungen von 1859, Berlin 1859, S. 3.

[58] Dalwigk an Beust, Darmstadt, 16. September 1859, HStA Dresden, AM 930, fol. 254–257, Zitat fol. 254v.

daß es kein Interesse daran hatte, die Bundesverfassung auf der bestehenden Grundlage weiterzuentwickeln.[59] Statt dessen versuchte die Berliner Regierung die öffentliche Agitation für den nationalen Bundesstaat für ihre eigenen Interessen auszunutzen und als „Machtmittel" gegenüber Österreich und dem Deutschen Bund einzusetzen.[60] Österreich bekannte sich demgegenüber zwar zum „föderativen Prinzip", sah es aber vor allem als die Aufgabe der Mittelstaaten an, dieses in der Öffentlichkeit zu vertreten und Bundesreformanträge vorzubereiten und diese in der Bundesversammlung einzubringen.[61]

Angesichts dieser Konstellation blieb es dem sogenannten „Dritten Deutschland" überlassen, die Entwicklung des Bundes in föderativer und nationaler Richtung voranzutreiben. Ein weiteres – und, wie sich zeigen sollte, letztes – Mal in der Bundesgeschichte wurde auf die alte Idee der Trias zurückgegriffen. Sie schien das einzige Mittel zu sein, um „das dringende Bedürfniß von Reformen im Bunde" zu erfüllen und damit sowohl die Voraussetzungen für den Fortbestand des Deutschen Bundes wie auch für die Bewahrung der Stellung der mittleren und kleineren deutschen Staaten zu schaffen – gegen „die Agitation der democratischen u. liberalen Parthei" auf der einen und die Bestrebungen der (deutschen und außerdeutschen) Großmächte zur „Revision der Landkarte" auf der anderen Seite.[62]

Allenthalben wurde seit dem Sommer 1859 in den diplomatischen Kontakten der Mittelstaaten untereinander von der Trias gesprochen, aber einen Konsens darüber, was denn konkret darunter zu verstehen sei, gab es nicht. Viele mittel- und kleinstaatliche Politiker hielten die formelle Konstituierung einer dritten Staatengruppe innerhalb des Bundes für unrealistisch, teils wegen der zu erwartenden Opposition der Großmächte, teils wegen der Uneinigkeit der reindeutschen Staaten untereinander. Die kleineren Staaten befürchteten, in einem engeren Bund von den vier Königreichen an den Rand gedrückt zu werden, Bayern wiederum sträubte sich dagegen, offen an die Spitze des „Dritten Deutschland" zu treten. Anderseits gewann im Sommer 1859 bei manchen der Gedanke an Attraktivität, durch die Bildung eines engeren Verbandes der Mittel- und Kleinstaaten eine politische Organisation zu schaffen, die nicht vom Antagonismus der Großmächte Österreich und Preußen gelähmt und vor die Wahl zwischen Großdeutschland und Klein-

---

[59] Vgl. Beust an Savigny, Dresden, 25. August 1859, GStA Berlin, III. HA., Nr. 147, fol. 146–153, hier fol. 147r.
[60] Promemoria [Usedoms] betreffend die Beantwortung der Stettiner Petition wegen Reform des Deutschen Bundes, Kissingen, 29. August 1859, GStA Berlin, III. HA., Nr. 147, fol. 166–171, Zitat fol. 166r.
[61] Rechberg an Traun, Wien, 19. August 1959, HStA Dresden, AM 930, fol. 159–162, Zitat fol. 161r.
[62] Reigersberg an König Maximilian II., Stuttgart, 16. September 1859, HStA München, MA 482.

deutschland gestellt wurde.⁶³ Ein solcher engerer Bund, so die Hoffnung, wäre besser als die handlungsunfähige Bundesversammlung in der Lage, nationale Reformen einzuleiten.

Unter den mittelstaatlichen Politikern waren es Beust und Hügel, die sich für eine formelle Trias einsetzten und beharrlich darauf hinarbeiteten, die bayerische Regierung, der bei jeder Art von Triaspolitik naturgemäß die führende Rolle zufallen mußte, dafür zu gewinnen. König Maximilian II. und sein behäbiger, phantasieloser Ministerpräsident Schrenk zögerten lange, sich darauf einzulassen. Insbesondere Schrenk hielt es für unnütz und aussichtslos, sich mit Triasplänen zu beschäftigen, und er glaubte nicht daran, daß es dem „Dritten Deutschland" gelingen könnte, durch gemeinsames Handeln den bundespolitischen Stillstand zu überwinden. Schrenk hielt „eine Reform in der Grund*verfassung* des Bundes" für eine „Unmöglichkeit"; die „Verbesserung der Bundes*gesetze*" war nach seiner Auffassung „allein der Boden für eine Bundesreform".⁶⁴

Trotz ihrer großen Vorbehalte stimmte die bayerische Regierung aber schließlich doch einem Treffen der Minister von Bayern, Sachsen und Württemberg zu. Dabei spielte zum einen die Erwägung ein Rolle, daß Bayern die Leitung von Zusammenkünften der Mittel- und Kleinstaaten „nicht andern Händen überlassen" dürfe.⁶⁵ Zudem verfehlten der starke öffentliche Druck und die offenkundige Bereitschaft Preußens, diesen für seine eigenen Zwecke zu instrumentalisieren, nicht ihre Wirkung. König Maximilian II. jedenfalls hielt es Anfang September für geboten, den „Hegemonie-Gelüsten" Preußens entgegenzutreten, was nach seiner Meinung „nur durch den der Trias zu Grunde liegenden Gedanken" erreicht werden konnte. Er wies deshalb Schrenk an, zwischen den vier kleinen Königreichen sowie Baden, den beiden Hessen und Nassau eine Verständigung über Maßnahmen zur Abwehr der bundesfeindlichen Politik Preußens anzubahnen.⁶⁶

---

⁶³ Eine derartige Perspektive skizzierte im August 1859 Karl Friedrich Bollmann, ein Berater Ernsts II. von Sachsen-Coburg, in seiner Denkschrift „Ideen zu einem Reichsbunde". Danach sollten die mittleren und kleineren deutschen Staaten einen „Reichsbund" bilden, dessen Zweck es war, die Einigung Deutschlands anzubahnen. Vorgesehen waren ein Direktorium, das die diplomatische Vertretung sowie die Oberleitung des Militär- und Verkehrswesens übernehmen sollte. Ferner sollten ein Obertribunal und ein Reichsparlament geschaffen werden. Gegenüber dem Deutschen Bund sollte der Reichsbund durch einen einzigen Bundestagsgesandten vertreten werden; StA Coburg, LA A, Nr. 7187, fol. 78–90; zu Bollmann siehe *Biefang*, Politisches Bürgertum, S. 158, Anm. 13.

⁶⁴ Degenfeld an König Wilhelm I. von Württemberg, München, 13. September 1859, HStA Stuttgart, E 65, Verzeichnis 57, Büschel 329.

⁶⁵ Reigersberg an König Max II., Stuttgart, 16. September 1859, HStA München, MA 482; Reigersberg fährt fort: „[…] das Bedürfniß solcher Zusammenkünfte ist bei den meisten dieser Staaten vorhanden, u. wird dasselbe nicht von Bayern befriedigt, so gibt es geschäftige Männer genug, die dasselbe für ihre Zwecke auszubeuten wissen; sie sind daher zur Zeit mindestens ein nothwendiges Uebel, um alle Ideen u. Schritte der Mittel- u. Kleinstaaten in ihrer Geburt kennen zu lernen, u. sie zu lenken".

⁶⁶ Maximilian II. an Schrenk, Berchtesgaden, 4. September 1859, HStA München, MA 492.

Unter diesen Vorzeichen trafen am 19. September 1859 Beust und Hügel in München ein, wo sie bis zum 22. September mit Schrenk und dem bayerischen Bundestagsgesandten Pfordten konferierten.[67] Die Resultate der Besprechungen gingen weit über die ursprüngliche Intention der bayerischen Regierung hinaus. Die Absicht, das Treffen auf streng vertrauliche mündliche Beratungen „ohne Aufsehen und schriftliche Punctation"[68] zu beschränken, wurde von Beust und Hügel durchkreuzt. Sie waren mit konkreten Vorstellungen über die notwendigen bundespolitischen Schritte nach München gekommen und setzten die Abfassung mehrerer schriftlicher Vereinbarungen und Antragsentwürfe durch, welche über die bloße Abwehr bundesfeindlicher Bestrebungen zum Teil weit hinausgingen und auf eine „politische Reform des Deutschen Bundes"[69] abzielten.

Die Vereinbarungen[70] umfaßten im einzelnen:

1. einen Antrag A für eine Kollektiverklärung der Mittelstaaten in der Bundesversammlung. Darin wurden die „auf Umsturz der Bundesverfaßung gerichteten Bestrebungen" zurückgewiesen und eine „heilsame Verbeßerung und Ausbildung der Bundesverfaßung" zur Förderung von „Deutschlands Gesammtwohl" in Aussicht gestellt. Als erster Schritt dazu wurde eine Reform der Bundeskriegsverfassung beantragt, um die „Wehrkraft des Bundes" zu erhöhen.

2. eine Vereinbarung B der Mittelstaaten über eine enge Abstimmung und Kooperation in bundespolitischen Fragen. Dabei sollten insbesondere verfassungsmäßige Majoritätsbeschlüsse des Bundes mit den „zu Gebote stehenden Mitteln" zumindest in den Mittelstaaten umgesetzt werden, zum Beispiel bei der Verabschiedung und Einführung des in Arbeit befindlichen Allgemeinen deutschen Handelsgesetzbuchs. Ferner einigten sich die Mittelstaaten auf eine gemeinsame „Benützung der Presse", und sie vereinbarten, „von Zeit zu Zeit" Ministerkonferenzen durchzuführen, um die Ausführung der gefaßten Beschlüsse sicherzustellen.

3. zwei Beilagen zur Vereinbarung B, die von Beust verfaßt worden waren.[71] In Beilage I wurden die Perspektiven skizziert, die sich aus „einer Constituirung der deutschen Staaten ausserhalb Oesterreichs und Preussens zu einem engeren Verbande" ergeben konnten. Diese Idee, so hieß es, habe den Vortheil, „das Einzige zu sein, was bisher als correctiv [sic] für die Gothaer

---

[67] Zu den Münchener Beratungen siehe *Fuchs*, Die deutschen Mittelstaaten und die Bundesreform, S. 139 ff.; *Daerr*, Beust und die Bundesreformpläne 1859, S. 57–76; *Gruner*, Die Würzburger Konferenzen, S. 198–201; *Flöter*, Beust und die Reform des Deutschen Bundes, S. 220–226.

[68] Maximilian II. an Schrenk, Berchtesgaden, 4. September 1859, HStA München, MA 492.

[69] *Flöter*, Beust und die Reform des Deutschen Bundes, S. 221.

[70] HStA München, MA 492 (danach die folgenden Zitate); abgedruckt in: *Daerr*, Beust und die Bundesreformpläne 1859, S. 119–125.

[71] Auf der Beilage I findet sich der Vermerk: „Memoire von Beust"; HStA München, MA 492; vgl. dazu *Flöter*, Beust und die Reform des Deutschen Bundes, S. 222 f., Anm. 75.

Idee sich brauchbar erwiesen" habe. Sie finde Anklang in der Öffentlichkeit, weil sie eine „wesentliche Aenderung der bestehenden Zustände" verspreche. Die Bildung „einer organisirten dritten Gruppe" biete eine Garantie für den Fortbestand der Mittelstaaten und schaffe die Möglichkeit, deren Interessen mit dem „Interesse Gesammtdeutschlands" in Einklang zu bringen. Im „engeren Bund" sei es möglich, einen Ausgleich zwischen „den Ansprüchen der deutschen Nation" und denen der einzelnen Dynastien herzustellen. Im Bund der reindeutschen Staaten bleibe einerseits die Souveränität der Monarchen gewahrt, während andererseits „populäre Wünsche" viel eher befriedigt werden könnten, „als dieß in einem Großdeutschland, ja selbst in einem Kleindeutschland nach Gothaischem Muster möglich sein würde". Für die Gesetzgebung im engeren Bund werde es nützlich sein, eine „Vertretung der Einzelkammern" zu beteiligen. Die Ausführung dieses Plans, schloß das Memoire Beusts, sei möglich, wenn die Regierungen sich beharrlich dafür einsetzten und dafür sorgten, „daß das Volk Handlungen erkennt, welche ihm den Glauben an eine Zukunft fähige [sic] Umbildung gewähren". Ein wichtiges Element dabei war eine wirksame Pressepolitik und Öffentlichkeitsarbeit. Damit befaßte sich die Beilage II, in welcher der schon mehrfach zuvor von Beust gemachte Vorschlag zur Schaffung eines gemeinsamen Presseorgans in Frankfurt wieder aufgegriffen und ausgeführt wurde.

Beust war sehr zufrieden mit dem Ergebnis der Münchener Verhandlungen und glaubte, durch die schriftlichen Abmachungen „ein Programm für allmähliche gedeihliche Herstellung der einigen dritten Gruppe" fixiert zu haben.[72] Auch Hügel sah in der Vereinigung der Mittelstaaten das wichtigste, zukunftsweisende Element, weil sie ein Signal an die „deutsche Nation" geben könne, daß es den beteiligten Regierungen ernst sei mit der Einleitung von Bundesreformen und materiellen Verbesserungen.[73] Der württembergische Minister, dessen König die Münchener Verabredungen unverzüglich genehmigte, drängte darauf, noch vor dem Ablauf der Bundestagsferien Ende Oktober durch ein öffentliches Ministertreffen „das Vorhandensein des […] organisirten Vereins der Mittelstaaten" zu konstatieren und dabei auch schon eine Einigung „über einige von der öffentlichen Meinung vorzugsweise herbeigewünschte Anträge" zur Bundesreform herbeizuführen.[74]

Nach den Vorstellungen Hügels, die von Beust und Dalwigk geteilt wurden, sollte auf diese Weise die Trias gewissermaßen im Handstreich konstituiert und sogleich zum bundespolitischen Reformmotor gemacht werden. Für ein solches Vorgehen war jedoch weder die Regierung in München noch

---

[72] Beust an König Johann, München, 22. September 1859, HStA Dresden, AM 930, fol. 263f., Zitat fol. 263v.
[73] Bose an Beust, Stuttgart, 25. September 1859, HStA Dresden, AM 931, fol. 19–21, Zitat fol. 20r.
[74] Hügel an Schrenk, Stuttgart, 28. September 1859, HStA Dresden, AM 931, fol. 48–50, Zitate 48v u. 49r.

in Hannover zu gewinnen. In Hannover unterstützte zwar Außenminister Platen die Reformpläne, er konnte sich aber nicht gegen die konservative Fraktion im Ministerium und König Georg V. durchsetzen, die „jede Aenderung der Bundesverfassung" vermeiden wollten.[75] Die bayerische Regierung distanzierte sich unmittelbar nach Abschluß der Münchener Beratungen von einem Teil der schriftlich fixierten Verabredungen und machte insbesondere klar, daß sie sich auf eine offene Trias- und Bundesreformpolitik nicht einlassen wollte. König Maximilian II. hielt es für bedenklich, in der Bundesversammlung Reformanträge zu stellen, bevor man sich darüber klar geworden sei, „in welchen Punkten die Bundesverfassung einer Reform fähig und bedürftig ist". Was die Trias betraf, so befürchtete Maximilian, von den anderen Staaten „mißbraucht" und zu „Opfern" und dem „Aufgeben von Rechten" gedrängt zu werden. Insbesondere die von Beust projektierte gemeinsame parlamentarische Vertretung der dritten Staatengruppe sei für Bayern nicht akzeptabel, weil sie große Gefahren heraufbeschwöre: Durch „eine so entschiedene Lostrennung von ihnen" mache man sich die deutschen Großmächte zu Gegnern und verliere dadurch ihren bisherigen Schutz gegen die demokratischen Bestrebungen. Ohne diesen Schutz werde man möglicherweise „von der öffentlichen Meinung und deren Vertretern in den Kammern und in der Presse immer weiter zu demokratischen Bahnen hingedrängt". Für Bayern, dessen Existenz im Gegensatz zu manchen kleineren Staaten nicht bedroht sei, sei es mithin „unräthlich, sich in Verhältnisse einzulassen" welche die bisherigen Vorteile seiner äußeren und inneren Situation in Frage stellten.[76] Wenige Tage später machte König Maximilian II. noch die zusätzliche Sorge geltend, „ob nicht Preußen im Unmuthe über das Vorgehen der Mittelstaaten mit der Forderung eines allgemeinen deutschen Parlamentes hervortreten möchte".[77]

Angesichts dieser Haltung Bayerns gab es keine Chance zur Realisierung einer dritten Staatengruppe mit einheitlicher politischer Leitung und einem eigenen legislativen Organ innerhalb des Deutschen Bundes. Die bayerische Regierung strich die entsprechenden Formulierungen aus den Münchener Verabredungen und reduzierte diese damit auf eine bloße Absichtserklärung zum Erhalt des Bundes und die vage Ankündigung von Verbesserungen im Bereich der Bundeskriegsverfassung und der materiellen Interessen.[78] Dies bedeutete, wie es der bayerische Bundestagsgesandte Pfordten formulierte, den Verzicht auf „eine irgend wesentliche Reform des Bundes" und die Beschränkung auf „einen belebenden Vollzug der Bundesverfassung". In diese

---

[75] Platen an Beust, Hannover, 27. September 1859, HStA Dresden, AM 931, fol. 30 f., Zitat fol. 31v.

[76] Maximilian II. an Schrenk, Berchtesgaden, 25. September 1859, HStA München, MA 492.

[77] Antrag Schrenks vom 28. September 1859 mit der Antwort Maximilians II. vom 1. Oktober 1859, HStA München, MA 492.

[78] Weisung Maximilians II. an Schrenk, München 6. Oktober 1859, HStA München, MA 492.

Richtung sollten sich die Mittelstaaten „verständigen u. gemeinsam handeln", ohne eine formelle Trias zu bilden.[79]

Die „entschiedene Förderung der gemeinsamen Interessen Deutschlands durch belebende Thätigkeit des Bundes"[80] war das Programm, das man in München und auch in Wien favorisierte, wobei mit nationaler Rhetorik nicht gespart wurde: „Alles was wir wollen, was wir für möglich halten, was wir als den rechten Weg für die Bundesreform erkennen: das ist die Förderung der gemeinsamen Interessen der Nation, die Herstellung gemeinsamer Rechtsinstitutionen, die Entwickelung der nationalen Kräfte auf dem ganzen Bundesgebiet"[81], schrieb die Wiener Zeitung, das offizielle Organ der österreichischen Regierung[82]. Gewiß, das war ein deutliches Bekenntnis zur nationalen Aufgabe des Deutschen Bundes und eröffnete der Bundesversammlung ein weites Feld für eine rechtliche, ökonomische und militärische Integrationspolitik. Es war aber andererseits auch ein Ausweichen vor der zentralen nationalpolitischen Frage nach der politischen Organisation Deutschlands, wenn man Reformen der Bundesverfassung weiter zurückstellte oder sie gar für unmöglich erklärte. Damit mochte man ein wenig Zeit gewinnen, aber wenn es währenddessen wegen der Uneinigkeit in der Bundesversammlung nicht gelang, die Integrationsmaßnahmen sichtbar voranzutreiben, dann mußte die Bundesverfassung endgültig aussehen wie „ein an allen Ecken und Enden zerfetztes Hemd [...], was Deutschland, wie die Bettler vor ihrer Hütte, in Frankfurt ausgehängt hat".[83]

Nicht nur die deutsche Öffentlichkeit, sondern auch manche Regierungsvertreter sahen mithin dem Wiederzusammentritt des Bundestags nach dem Ende der sitzungsfreien Zeit nicht mit besonders großen Erwartungen entgegen. Die Skepsis war berechtigt, denn als die Sitzungen in Frankfurt am 20. Oktober 1859 wiederaufgenommen wurden, lag kein konkretes Bundesreformkonzept vor, wie es Beust, Hügel und Dalwigk erhofft hatten. Zwar stellte der bayerische Gesandte Pfordten sogleich den in München verabredeten Antrag, die Bundesmilitärkommission mit der Prüfung einer Reform der Bundeskriegsverfassung zu beauftragen[84], weitergehende Reformen kamen aber nicht zur Sprache, weder im Hinblick auf die Rechts- und Wirtschaftspolitik noch gar in bezug auf die Bundesverfassung als solche. Fürs erste waren, so schien es, die Bemühungen Bayerns erfolgreich gewesen, die Reformdebatte inhaltlich in einem ganz engen Rahmen zu halten und alle

---

[79] Pfordten an Hofrat Pfistermeister, Frankfurt, 2. Oktober 1859, HStA München, Geh. Hausarchiv Maximilian II., Nr. 76/2/27.
[80] Ebd.
[81] Der Artikel wurde im Dresdner Journal Nr. 229 vom 4. Oktober 1859 zitiert.
[82] Zur Wiener Zeitung siehe *Kohnen*, Pressepolitik des Deutschen Bundes, S. 153 f.
[83] Senator Albers an Syndikus Elder, Bremen, 5. Oktober 1859, StA Bremen, 2–M.3.b.3.b.3.b., Nr. 47.
[84] ProtDBV 1859, § 280, S. 734 f. Der Antrag wurde eingebracht von Bayern, Sachsen, Hannover, Württemberg, Großherzogtum Hessen und Nassau.

Pläne abzuwehren, welche die politische Organisation des Bundes selbst zum Gegenstand hatten.

Jedoch war der Druck auf den Bund und die Einzelregierungen zu stark, als daß sie es hätten dabei belassen können. Zwar hatten Sachsen, Württemberg und Hessen-Darmstadt sich nicht mit ihrer Forderung durchsetzen können, einen „Verein der Mittelstaaten" zu organisieren und ihn mit einer „Kollektivsouveränität" und einer gemeinsamen Kammervertretung auszustatten, um auf diese Weise nationale Fortschritte wenigstens in einem Teil des Bundesgebiets zu erzielen. Aber sie drängten weiterhin unablässig darauf, den Reformprozeß weiter auszudehnen. Einen Tag nach der Wiedereröffnung der Bundesversammlung wandte sich Beust an die bayerische Regierung und plädierte nachdrücklich dafür, gemäß den Münchener Verabredungen bald eine Ministerkonferenz einzuberufen. Neben den vier Königreichen sollten daran Baden, Kurhessen, Mecklenburg und Braunschweig teilnehmen. Gegenstand der Beratungen sollten das Bundesgericht, die Bundesgesetzgebung, die Gründung eines gemeinsamen Presseorgans und die Veröffentlichung der Bundesverhandlungen sein. Nach Ansicht von Beust war es „dringend geboten", auf diese Weise den Reformwillen der Mittelstaaten zu demonstrieren, um so die „öffentlichen Sympathien" zu gewinnen.[85]

Auch Hügel sprach sich für eine Ministerkonferenz aus, um „weitere Anträge am Bunde" zu besprechen.[86] Ähnlich äußerte sich Dalwigk, der den am 20. Oktober in der Bundesversammlung gestellten Antrag auf eine Revision der Bundeskriegsverfassung für wenig erfolgversprechend erachtete, „wenn nicht bedeutendere Anträge für Gesetzgebung u. Bundesgericht bald nachkämen".[87] Die badische Regierung, welche an den Münchener Verabredungen nicht beteiligt worden war, wollte nicht länger abwarten und stellte am 3. November in der Bundesversammlung den Antrag, die Beratungen über die Errichtung eines Bundesgerichts wiederaufzunehmen[88], was ihr von bayerischer Seite den Vorwurf eintrug, „nach Popularität zu haschen" und den übrigen Mittelstaaten den Rang ablaufen zu wollen[89]. Baden hatte sich zum eigenständigen Handeln entschlossen, weil es nach seiner Auffassung nicht mehr genügte, „die Entwicklungsfähigkeit des föderativen Systems" bloß anzukündigen. Wenn man davon ausging, daß der Bund lebensfähig sei, so dürfe nicht gezögert werden, sofort mit den

---

[85] Beust an Bose, Dresden, 21. Oktober 1859 bzw. 24. Oktober 1859, HStA Dresden, AM 932, fol. 2f. u 6f., Zitat fol. 6v.
[86] Reigersberg an König Maximilian II., Stuttgart, 24. Oktober 1859, HStA München, MA 492.
[87] Pfordten an Schrenk, Frankfurt, 27. Oktober 1859, HStA München, MA 492.
[88] ProtDBV 1859, § 305, S. 793–795, Beilage S. 807–814.
[89] Berckheim an Meysenbug, München, 1. November 1859, GLA Karlsruhe, 48/1523; Bose an Beust, München, 1. November 1859, HStA Dresden, AM 932, fol. 58f.

Reformen zu beginnen. Dabei müsse man sich einerseits strikt auf dem Boden des Bundesrechts halten, andererseits aber sowohl den Großmächten und der öffentlichen Meinung klarmachen, daß es bei den angestrebten Maßnahmen um „wirklich föderative und damit im gesetzlichen Sinne nationale [Ziele]" gehe.[90]

Die steigende Unruhe bei den mittelstaatlichen Regierungen, die die Bundesreform nicht mehr auf die lange Bank schieben wollten, war eine Reaktion auf die lebhafte Tätigkeit der deutschen Nationalbewegung, die im September und Oktober 1859 mit der Gründung des Nationalvereins und der Vorbereitung von nationalpolitisch aufgeladenen Schillerfeiern einen vorläufigen Höhepunkt erreichte.[91] Das Programm und die Tätigkeit des Nationalvereins stellten den Bund grundsätzlich in Frage, ebenso wie der nationale Enthusiasmus der Schillerfeste auf eine Einheit Deutschlands jenseits der bestehenden Bundesformen gerichtet war. Aber auch jene öffentlichen Organe, welche nicht die Beseitigung des Bundes, sondern seine Reform anstrebten, drängten nun darauf, rasch zu handeln. Der Antrag auf Revision der Bundeskriegsverfassung, urteilte die in Wien erscheinende Ost-Deutsche Post, sei ein „Lebenszeichen des Bundestages", der nun offenbar endlich „die Stimme des Volkes" zu hören beginne und dem „Ruf deutscher Nation nach einer Reform der Bundesinstitutionen" Folge leisten wolle. Es sei aber eine Täuschung, wenn die deutschen Regierungen glaubten, die „Nationalzwecke" im Rahmen der bestehenden Bundesverfassung verwirklichen zu können. Sie ignorierten damit „gänzlich diejenigen lauten, dringenden und gerechten Wünsche der Nation, für deren Befriedigung in der jetzigen Bundesakte gar keine Vorsorge getroffen ist". Die Bundesverfassung brauche „wesentliche Ergänzungen", der Bund könne nicht so bleiben, wie er sei, denn dann werde das Volk „auf irrigen, verzweifelten Wegen" nach einer Befriedigung der nationalen Bedürfnisse suchen.[92]

Die Furcht, daß die Bundesreformbewegung in unkontrollierbare Bahnen geraten könnte, war es schließlich, welche die bayerische Regierung dazu veranlaßte, dem Verlangen nach einer baldigen Ministerkonferenz nachzugeben. Wenn Bayern, wie König Maximilian II. forderte, „Herr der Situation" bleiben wollte[93], dann durfte es nicht länger passiv bleiben, auch wenn es die Umgestaltung der Bundesverfassung im Grunde für unmöglich hielt. Am 12. November gab die Regierung in München dem starken öffentlichen und diplomatischen Druck nach und lud die Regierungen von Sachsen, Württem-

---

[90] Meysenbug an Hügel, Karlsruhe, 18. Oktober 1859, HStA Dresden, AM 932, fol. 39–42, Zitate fol. 40v u. 41v.

[91] Zum Nationalverein siehe: *Biefang*, Politisches Bürgertum, S. 66f.; *Na'aman*, Der deutsche Nationalverein; zu den Schillerfeiern: *Schneider*, „Concordia soll ihr Name sein!"; *Noltenius*, Schiller als Führer und Heiland.

[92] Ost-Deutsche Post Nr. 278 vom 28. Oktober 1859.

[93] Maximilian II. an Schrenk, Vorder-Riss, 28. Oktober 1859, HStA München, MA 492.

berg, Kurhessen, Hessen-Darmstadt, Mecklenburg-Schwerin und Nassau[94] für den 23. November 1859 zu einer Ministerkonferenz nach Würzburg ein. Als Beratungsgegenstände nannte Schrenk in der Einladung 1. die Veröffentlichung der Bundestagsprotokolle, 2. die Gründung eines Bundespresseorgans, 3. die Schaffung eines Bundesgerichts, 4. die Förderung der bereits eingeleiteten Verhandlungen über das Heimatrecht, die gegenseitige Rechtshilfe und das Handelsgesetzbuch, 5. die Herbeiführung einer einheitlichen Gesetzgebung über das Zivil- und Kriminalrecht sowie die Zivil- und Kriminalprozeßordnung, 6. die Einführung gleicher Maße und Gewichte, 7. die Frage von eventuellen Bundesmaßnahmen gegen den Nationalverein, 8. die kurhessische Verfassungsangelegenheit und 9. „die bedenkliche Constellation der europäischen Angelegenheiten und deren mögliche Rückwirkung auf Deutschland".[95]

Dies war ein breites Tableau, bei dem die Reformprojekte mit Repressivmaßnahmen gegen die innere Opposition sowie mit außenpolitischen Themen verknüpft waren. Die von Schrenk genannten Punkte ergaben kein schlüssiges und entschiedenes Bundesreformprogramm, zumal die zwei wichtigsten Elemente einer Umgestaltung des Bundes überhaupt nicht erwähnt wurden, nämlich die Ausbildung einer handlungsfähigen Bundesexekutive und die Einrichtung einer Volksvertretung. Übrig blieben nur das Bundesgericht und „der große deutsche Gedanke einer gemeinsamen Gesetzgebung".[96] Die Harmonisierung des nationalen Rechts war in der Tat ein bedeutendes Projekt, dem der Bund in den letzten Jahren seines Bestehens einen Großteil seiner Reformenergie widmete.[97] Die Absicht, einheitliche Rechtszustände in Deutschland zu schaffen, konnte sowohl mit juristischen und ökonomischen Sachargumenten als auch mit allgemeinen nationalen Bedürfnissen motiviert werden. Die Rechtsvereinheitlichung bot somit die Möglichkeit zur nationalen Integration, sie war ein nicht unerheblicher Beitrag zur inneren Nationsbildung. Sie schien darüber hinaus in den Augen der deutschen Regierungen den Vorteil zu bieten, daß sie auf der Grundlage des bestehenden Bundesrechts durchführbar war und damit das Problem der politischen Verfassungsordnung Deutschlands nicht unmittelbar berührte. In-

---

[94] Diese Staaten hatten die Münchener Verabredungen gebilligt. Die Regierungen von Hannover und Baden wurden von der geplanten Konferenz lediglich in Kenntnis gesetzt und sollten ebenso wie Oldenburg und Braunschweig eingeladen werden, „wenn sie den Wunsch ausdrücken, zugezogen zu werden"; Bose an Beust, München, 12. November 1859, HStA Dresden, AM 932, fol. 100f. – Die Herzogtümer Sachsen-Meiningen und Sachsen-Altenburg wurden am 17. November 1859 nach Absprache mit Schrenk von Beust eingeladen und sagten ihre Teilnahme zu; Beust an Harbou und Larisch, Dresden, 17. November 1859, HStA Dresden, AM 932, fol. 116f.
[95] Schrenk an die Außenminister zu Dresden, Stuttgart, Kassel, Darmstadt, Schwerin und Wiesbaden, München, 12. November 1859, GLA Karlsruhe, 48/1523. – Zur Würzburger Konferenz und ihren Folgen siehe *Gruner*, Die Würzburger Konferenzen.
[96] Dalwigk an Beust, Darmstadt, 12. November 1859, HStA Dresden, AM 932, fol. 95–97, Zitat fol. 96r.
[97] Siehe dazu Teil B dieser Arbeit.

sofern war die forcierte Tätigkeit des Bundes auf dem Gebiet der gemeinsamen Gesetzgebung auch der Versuch, bundespolitische Erfolge zu erreichen, ohne die Bundesverfassung selbst zu verändern.

Es stellte sich allerdings schon bald heraus, daß die legislative Integration im Rahmen eines Staatenbundes nicht isoliert von den politischen Grundstrukturen betrieben werden konnte. Die Schaffung einheitlicher Gesetze in einer Konföderation bedarf der politischen Legitimation und kann auf Dauer ohne parlamentarische Partizipation nicht auskommen. Der Gedanke, man könne durch eine gemeinsame Rechts- und Wirtschaftspolitik die nationalen Einheitswünsche befriedigen und es im verfassungspolitischen Bereich bei den bestehenden Strukturen belassen, erwies sich rasch als eine Illusion. Schon den Reformplänen auf der Dresdener Konferenz 1851 hatte die Erkenntnis zugrunde gelegen, daß die ökonomische und rechtliche Integration durch Bundesgesetze nicht allein als gouvernemental-bürokratisches Projekt betrieben werden konnte, sondern der Mitwirkung von Volksvertretern bedurfte.

Die Bildung einer gesamtdeutschen Kammer von Abgeordneten als ein mitberatendes und mitbeschließendes Bundesorgan erschien jedoch vielen deutschen Regierungen im Jahr 1859 nach den Erfahrungen der vergangenen Jahre unmöglich. Die Befürworter einer Nationalvolksvertretung wie der Herzog von Sachsen-Coburg und Gotha beziehungsweise die Anhänger einer Delegiertenversammlung wie Beust und Hügel konnten sich selbst im klein- und mittelstaatlichen Lager nicht durchsetzen. Allerdings gab es unter den Mittelstaaten Überlegungen, die angestrebte bundeseinheitliche Wirtschafts- und Rechtspolitik mit der Schaffung neuer zentraler Bundesinstitutionen unterhalb der parlamentarischen Schwelle zu verknüpfen. So wurde im württembergischen Innenministerium unmittelbar vor der Würzburger Konferenz ein Plan entwickelt, der die Errichtung einer volkswirtschaftlichen Kommission beim Bundestag vorsah. Die Kommission sollte nicht aus Abgeordneten, sondern aus Beamten der Einzelstaaten sowie einer gleichen Zahl von Sachverständigen zum Beispiel aus dem „Handelsstande" bestehen. Die Aufgabe der Kommission sollte darin bestehen, der Bundesversammlung bei der „Wahrnehmung der volkswirtschaftlichen Interessen" als „Centralorgan" in „berathender Eigenschaft" zur Seite zu treten. Ihre Tätigkeit sollte „der Volkswohlfahrt" und „den öffentlichen Bedürfnissen" dienen sowie „dem allgemeinen Bedürfnisse der Bevölkerungen entsprechen".[98] Die Kommission war demnach konzipiert als ein mit sachverständigen Bürokraten besetztes Ersatzparlament für Wirtschaftsfragen beziehungsweise als eine Art „Bundeswirtschaftsrat".

---

[98] Gutachten des württembergischen Innenministeriums zur „Errichtung einer volkswirthschaftlichen Commission beim Bundestage", von Innenminister Linden am 11. November 1859 an Außenminister Hügel übermittelt, Abschrift im HStA Dresden, AM 932, fol. 361–366, Zitate fol. 361v u. 365r.

Der Plan zeigt, wie seit 1859 innerhalb einzelner Regierungen neue Überlegungen angestellt wurden, um auf der Grundlage des Bundesrechts den institutionellen Ausbau des Bundes mit dem Ziel einer stärkeren gesamtnationalen Kompetenz voranzutreiben. Die staatenbündische Ordnung sollte dabei gewahrt, das monarchische Prinzip nicht angetastet und die einzelstaatliche Souveränität nicht beeinträchtigt werden. Die projektierte partielle Zentralisierung von wichtigen Politikfeldern und die inhärente Nationalisierungstendenz waren indessen Elemente, die auf einen „Nationalbund" verwiesen, in dem für einzelstaatliche Partikularismen viel weniger Spielraum war als bisher. Die Frage war zum einen, ob sich eine solche föderative Gemeinsamkeit der deutschen Regierungen praktisch durchführen lassen würde. Nicht weniger fraglich war zum anderen, ob ein „Nationalbund" ohne die aktive Beteiligung des Volkes, das hieß unter Mitwirkung von gewählten Abgeordneten zumindest bei der inneren Bundespolitik überhaupt eine tragfähige politische Option darstellte.

Ungeachtet dieser Probleme wurde das Projekt der volkswirtschaftlichen Kommission von der württembergischen Regierung als Gegenstand der anstehenden Konferenz in Würzburg vorgeschlagen. Ferner regte Württemberg an, auch über eine gemeinsame Patentgesetzgebung zu beraten, während Sachsen als weitere Themen die Modifikation der Bundeskriegsverfassung, die dänisch-holsteinische Frage, die Regulierung der Verhältnisse der Privatbanken sowie den Handelsvertrag des Zollvereins mit Sardinien auf die Tagesordnung setzen ließ.[99]

Das Programm für die Würzburger Konferenz war somit außerordentlich breit, es ging aber, was die Frage der politischen Bundesreform betraf, nicht sehr tief. Letzteres kam der bayerischen Regierung durchaus entgegen, denn in München war man nur widerwillig auf die Konferenz eingegangen. Daß die Konferenz viel erreichen würde, schien auch deshalb zweifelhaft, weil mit Hannover und Baden zwei wichtige Mittelstaaten die Teilnahme verweigerten. Auch Braunschweig und Oldenburg ließen sich nicht zur Teilnahme bewegen. So blieb es bei den neun Staaten Bayern, Sachsen, Württemberg, Kurhessen, Hessen-Darmstadt, Mecklenburg-Schwerin, Nassau, Sachsen-Meiningen und Sachsen-Altenburg – eine heterogene Gruppe, in der zwei wichtige Mittelstaaten ebenso fehlten wie die überwiegende Zahl der Kleinstaaten.

Die Würzburger Konferenz dauerte vom 23.–26. November 1859, und ihre Ergebnisse waren, gemessen an den Reformerwartungen und -bedürfnissen der deutschen Öffentlichkeit wie auch mancher Regierungen, eher enttäuschend. Bei den insgesamt 16 Verhandlungsgegenständen kam es nur bei den politisch weniger brisanten Themen wie der Bundesgesetzgebung und den

---

[99] Hügel an Schrenk, Stuttgart, 14. November 1859, HStA München, MA 492; Zirkular Schrenks, München, 19. November 1859, HStA Dresden, AM 932, fol. 157.

militärischen Vorkehrungen des Bundes zu einer Einigung.[100] Definitiv beschlossen wurde die Einbringung beziehungsweise Vorbereitung von sieben Anträgen in der Bundesversammlung. Diese betrafen 1. die Veröffentlichung der Verhandlungen der Bundesversammlung, 2. die Förderung der Verhandlungen über das Heimatrecht, 3. die Herbeiführung eines gemeinsamen Zivil- und Kriminalrechts, 4. die Einführung gleicher Maße und Gewichte im Deutschen Bund, 5. die Schaffung eines gemeinsamen Patentrechts, 6. die Revision der Bundeskriegsverfassung und 7. den Schutz der Nord- und Ostseeküsten.

Abgesehen vom ersten Punkt, der seit Beginn der Bundesgeschichte schon mehrfach und ohne dauerhaften Erfolg aufgegriffen worden war, und den beiden militärpolitischen Anträgen betrafen die Vereinbarungen ausschließlich Maßnahmen der Bundesgesetzgebung auf dem Weg der „gemeinnützigen Anordnungen", welche nach dem geltenden Bundesrecht von der Bundesversammlung auf den Weg gebracht werden konnten, wobei allerdings „die freiwillige Vereinbarung unter den sämmtlichen Bundes-Gliedern" erforderlich war.[101] Bei den anderen Themen, welche die weitere Entwicklung des Bundes betrafen, konnte man sich nicht auf konkrete Vorschläge verständigen. Als einzige neue Bundesinstitution kam das Bundesgericht zur Sprache. Zwar herrschte Einverständnis darüber, daß ein Bundesgericht wünschenswert sei, doch gab es gravierende Meinungsunterschiede hinsichtlich seiner Kompetenzen. Während Sachsen, Württemberg, Hessen-Darmstadt und Sachsen-Meiningen dem Gericht die Zuständigkeit für Verfassungskonflikte geben wollten, waren die übrigen Regierungen, „namentlich Bayern, auf das Entschiedenste dagegen".[102] Völlig außen vor blieb das Reizthema „Volksvertretung", und auch von einer politischen Verbindung der Mittel- und Kleinstaaten in einer Trias war, jedenfalls in den offiziellen Verhandlungen, nicht die Rede.

Die Würzburger Konferenz wurde wegen ihrer sehr begrenzten Ergebnisse nicht der Ausgangspunkt eines starken Bundesreformschubes, wie es vor allem Beust, Hügel und Dalwigk gehofft hatten. Der bayerischen Regierung war es vorerst gelungen, die Reformdebatte, die im Spätsommer und Herbst 1859 auszuufern drohte, zu kanalisieren und sie auf ein Feld zu leiten, das im Rahmen der gegebenen Bundesverfassung beackert werden konnte. Die Früchte, die man dabei ernten konnte – einheitliche Bundesgesetze – hatten durchaus eine nationale Färbung, aber sie waren eben doch nur willkommene Beilagen, die den Appetit nach politischer Einigung der Nation nicht

---

[100] Zu den Konferenzergebnissen siehe die Berichte von Schrenk an König Maximilian II., Würzburg, 28. November 1859, HStA München, MA 492, und von Beust an König Johann von Sachsen, Würzburg, 30. November 1859, HStA Dresden, Gesandtschaft Wien, Nr. 129.
[101] Art. 64 WSA, *Huber* (Hg.), Dokumente, Bd. 1, S. 100.
[102] Beust an König Johann, Würzburg, 30. November 1859, HStA Dresden, Gesandtschaft Wien, Nr. 129.

stillen konnten. Immerhin hatte die Würzburger Konferenz die positive Folge, daß die Rechtsvereinheitlichung in den nachfolgenden Jahren auf breiter Front in Angriff genommen wurde. Und schließlich sollte von diesem Gebiet aus im Jahr 1862 erneut die Tür zu einer weitergehenden Umgestaltung des Bundes aufgestoßen werden. Zunächst aber gab die Würzburger Konferenz keine wesentlichen Anstöße zum inneren Ausbau des Bundes in Richtung einer föderativen Nation, mit der sich die Regierungen wie das Volk identifizieren konnten.

Vielmehr hatte die Konferenz für die Beziehungen der deutschen Staaten untereinander und im Hinblick auf das Verhältnis der Regierungen zur Öffentlichkeit eine eindeutig polarisierende Wirkung. Schon im Vorfeld war es, wie gezeigt, zu Differenzen zwischen den Mittelstaaten gekommen. Nach dem Ende der Verhandlungen erfolgten teilweise schroffe diplomatische Auseinandersetzungen zwischen den Konferenzbeteiligten und jenen Regierungen, die eine Teilnahme abgelehnt hatten. Die Regierung von Sachsen-Coburg und Gotha kritisierte das Vorgehen der Würzburger und äußerte die Befürchtung, „daß ein solcher Bund im Bunde nur noch zu größeren Spaltungen" führen werde.[103] Auch Sachsen-Weimar erblickte in den Münchener Verabredungen und der Würzburger Konferenz einen „Sonderbund [...], der, weit entfernt die deutsche Einheit zu fördern, derselben vielmehr neue Hindernisse in den Weg lege".[104] Der sächsische Gesandte Carlowitz berichtete, in Weimar behaupte man, „der Sache liege ein Gelüste der Mittelstaaten, die Kleinstaaten zu mediatisieren, zu Grunde".[105]

Die Bedeutung, welche der Würzburger Konferenz beigemessen wurde, ging auch in der Öffentlichkeit weit über die eher mageren unmittelbaren Ergebnisse hinaus. In der Presse sah man das Treffen als einen erneuten Beleg dafür an, daß der Gedanke der Trias „einen realen Boden" habe[106], wobei es sehr kontrovers beurteilt wurde, ob dies für den Deutschen Bund wie auch die Nation ein förderlicher oder schädlicher Umstand sei. Betrachteten die einen den „engere[n] Bund der Mittel- und Kleinstaaten" als ein verbindendes und vermittelndes Element, in welchem jenseits der Egoismen Österreichs und Preußens „die Idee des *einigen* und *einen* Deutschland" festgehalten wurde[107], so sahen die anderen in der Trias eine den Bund spaltende Separatkoalition, welche sowohl dem föderativen Prinzip als auch den nationalen Wünschen widerspreche. Das Preußische Wochenblatt warf den „Würzburgern" vor, sie versuchten durch Vorabsprachen die Mehrheit in der

---

[103] Seebach an Carlowitz, Gotha, 27. November 1859, StA Gotha, Staatsministerium Abt. Gotha, Dep. I, Loc. 5*b, Nr. 7, fol. 24.
[104] Carlowitz an Beust, Weimar, 28. November 1859, HStA Dresden, AM 932, fol. 216 f., Zitat fol. 216v.
[105] Carlowitz an Beust, Weimar, 4. Dezember 1859, HStA Dresden, AM 932, fol. 221 f., Zitat fol. 221v.
[106] Neue Würzburger Zeitung Nr. 326 vom 24. November 1859.
[107] Ebd.

Bundesversammlung und damit „die Entscheidung über Deutschland" zu erlangen, obwohl sie doch nur ein Viertel „des deutschen Landes und des deutschen Volkes" repräsentierten. Preußen könne sich nicht damit abfinden, auf diese Weise in den deutschen Angelegenheiten „annulliert" zu werden, und auch stehe es den Klein- und Mittelstaaten nicht zu, „den ihre Bedeutung weit überragenden Einfluß, den die Bundesverfassung ihnen gestattet hat, auf Kosten der Mehrheit des deutschen Volkes auszubeuten".[108]

Umgekehrt argumentierten die Verteidiger des „Dritten Deutschland", es sei im „Interesse der Nation", daß die Mittel- und Kleinstaaten im Bund einträchtig handelten, um in den nicht seltenen Fällen, wo die beiden Großmächte „durch ihre Sonderbelange als selbständige Großstaaten oder durch den Widerstreit unter sich aus der rechten Bahn weichen, ein ausgleichendes Gegengewicht im *nationalen* Sinne in die Wagschale zu legen". Mit diesem Ziel stand und fiel der Gedanke der Trias:

> „Daß es im nationalen Sinne d. h. zur Wahrung der Ehre, der Macht und der bürgerlichen Freiheit der Nation geschehe, davon hängt der Werth und die Wirksamkeit der Vereinigung der Mittel- und Kleinstaaten ab."[109]

In diesem nationalen Sinne wollte auch das Dresdner Journal, das offizielle Organ der sächsischen Regierung, die Bemühungen der Mittelstaaten verstanden wissen. Das Blatt wies den Vorwurf zurück, in Würzburg sei eine „Koalition" beziehungsweise ein „Sonderbund" geschmiedet worden. Die Bedeutung der Konferenzen dürfe nicht überschätzt werden, denn sie seien keineswegs der Ausgangspunkt „für große Reformbestrebungen in Bezug auf die Bundesform". Vielmehr gehe es den „Würzburgern" darum, auf der Grundlage der Bundesverfassung „nationale Bestrebungen" auf dem Gebiet der materiellen Interessen und des Rechts zu fördern. Die seit der Revolution von 1848 fehlende Eintracht der beiden deutschen Großmächte habe zu einem „nationale[n] Nothstand" geführt, und dies sei der Impuls für die Mittel- und Kleinstaaten, gemeinsam „ein antreibendes Element für die Bundesthätigkeit zu schaffen".[110]

In der Tat blieb der Handlungsrahmen der „Würzburger" auf die Einleitung von diversen Gesetzgebungsprojekten und die Reform der Bundeskriegsverfassung beschränkt. Alle weitergehenden, die politischen Institutionen des Bundes betreffenden Pläne, blieben außen vor. Nicht nur inhaltlich, sondern auch formal hielt sich das Vorgehen der Mittelstaaten akribisch an die Vorgaben der Bundesverfassung. In Würzburg wurden weder weitere regelmäßige Konferenzen vereinbart, noch gab es irgendeine formelle oder

---

[108] Zit. nach: Korrespondent von und für Deutschland Nr. 628 (Abend-Blatt) vom 7. Dezember 1859, S. 2602.
[109] Ebd., S. 2603.
[110] Dresdner Journal Nr. 283 vom 9. Dezember 1859, S. 1137 f.

auch nur informelle Institutionalisierung einer besonderen Gruppe innerhalb des Deutschen Bundes. Die bloße Tatsache der gemeinsamen Beratung und Vorbereitung einiger spezieller Anträge für die Bundesversammlung rechtfertigte es keineswegs, die Würzburger Konferenz als Manifestation einer organisierten Trias zu bewerten. Statt die Frage der politischen Reform der Bundesverfassung und der Bundesinstitutionen mit Nachdruck auf die Tagesordnung zu setzen, brachten die „Würzburger" lediglich diverse Anträge für sogenannte „gemeinnützige Anordnungen" zustande, die am 17. Dezember 1859 in der Bundesversammlung gestellt wurden.[111] Die Anträge wurden an die dafür zuständigen, schon seit längerem bestehenden Ausschüsse verwiesen, die in den folgenden Jahren darüber verhandelten, ohne letzten Endes zu Resultaten zu gelangen, welche die Zustimmung aller Bundesstaaten fanden. Die allgemeine Debatte über die Bundesreform, welche im Sommer 1859 infolge der Ereignisse in Italien so vehement aufgebrochen war, wurde von der Würzburger Konferenz nicht vorangebracht, sondern gebremst und auf ein Nebengeleis geschoben.

Nicht nur die deutsche Öffentlichkeit, in welcher der Nationalverein seit dem Herbst 1859 eine intensive nationalpolitische Agitation entfaltete, die auf eine politische Gestaltung Deutschlands jenseits des offenbar handlungsunfähigen Deutschen Bundes abzielte, sondern auch einige deutsche Regierungen waren über den völlig inadäquaten Umgang des Bundes mit der nationalen Frage sehr unzufrieden. Immer stärker kristallisierte sich seit 1859 in der deutschen Politik eine Gruppe national und liberal gesinnter Fürsten und Minister heraus, die sich anschickten, weitreichende Pläne zur Umgestaltung der politischen Ordnung in Deutschland zu entwerfen. Zu nennen sind hier vor allem die Staatsführungen von Sachsen-Coburg und Gotha, Sachsen-Weimar und Baden. Letzteres hatte sich nach der turbulenten Zeit von Revolution und Gegenrevolution in der Bundespolitik zunächst zurückgehalten, entwickelte sich aber ab 1857 zu einer treibenden Kraft in der Reformdebatte. Bereits 1852 hatte der liberal gesinnte Prinz Friedrich die Regentschaft für den regierungsunfähigen Erbgroßherzog Ludwig übernommen, und seit 1856 regierte er als Großherzog Friedrich I. das Land. Unter seiner Herrschaft entwickelte sich Baden in diesen Jahren zum „Experimentierfeld für alle neuen Ideen".[112] Parallel zur schrittweisen innenpolitischen Liberalisierung, die 1860 mit dem Übergang zur parlamentarischen Regierungsweise ihren vorläufigen Höhepunkt erreichte, entwickelte die badische Staatsführung ein eigenes Konzept zur Lösung der deutschen Frage. Der Spiritus rector dieser Politik war der Berater des Großherzogs, Franz von Roggenbach, der

---

[111] ProtDBV 1859, § 355, S. 888f.; zu der sich daraus ergebenden Tätigkeit der Bundesversammlung und der von ihr bestellten Kommissionen auf dem Gebiet der Rechtsvereinheitlichung siehe Teil B dieser Studie.

[112] *Gall*, Der Liberalismus als regierende Partei, S. XI.

1861 die Leitung des Außenministeriums übernehmen sollte.[113] Er entwarf im Sommer 1859 zusammen mit Friedrich I. auf dem Sommersitz des Großherzogs in Mainau einen umfassenden Bundesreformplan, der ein Alternativkonzept darstellte sowohl im Hinblick auf die von den größeren Mittelstaaten zu dieser Zeit erwogenen Schritte als auch in bezug auf die von Beust und anderen in den Jahren zuvor und danach vorgelegten politischen Projekte.

Der badische Plan[114] gab sich aus als Versuch zur „Reorganisation des Deutschen Bundes", bedeutete aber konkret dessen Ersetzung durch „einen ganz anderen staatsrechtlichen Zustand in Deutschland".[115] Roggenbach ging davon aus, daß der Deutsche Bund von 1815 seinem ursprünglichen Anspruch nach „zwar einen allgemeinen nationalen Zweck verfolgen sollte"[116], dies in der Realität aber an den Partikularinteressen vor allem der beiden Großmächte gescheitert war. Der Fehler lag dabei nach der Überzeugung Roggenbachs im System selbst, denn die bestehende Bundesordnung war nicht geeignet, die durchaus berechtigten Eigeninteressen der Einzelstaaten in Einklang zu bringen mit dem gemeinsamen deutschen Nationalinteresse. Die unterschiedlichen „Staatsnotwendigkeiten"[117] von Österreich und Preußen und die daraus resultierende machtpolitische Rivalität waren im Deutschen Bund nicht auszugleichen:

„Diese fehlerhafte, unwahre Grundlage, der unbundesmäßige Sinn der beiden Großmächte, ergab als Resultat notwendig die Unwirksamkeit der ganzen Maschinerie mit alleiniger Ausnahme der Fälle, wo die partikularen Interessen der einzelnen Kontrahenten zusammenstimmten."[118]

Die einzig erfolgversprechende Lösung des Problems bestand nach Roggenbach darin, die innere Ordnung Deutschlands auf eine Basis zu stellen, die sowohl den spezifischen Mächteinteressen Rechnung trug wie auch dem Verlangen nach nationaler Einigung. In Anlehnung an die Verfassungspläne der Frankfurter Paulskirche und des Dreikönigsbündnisses von 1849 entwarf Roggenbach ein „Bild des zukünftigen Staatszustandes Deutschlands"[119], das mit den bisherigen Verhältnissen kaum noch etwas zu tun hatte. Zunächst sollte Österreich mit Preußen einen Vertrag schließen, in dem die Habsbur-

---

[113] Zu Roggenbach siehe ebd., S. 71 f.; ferner: *Kürbs*, Die deutsche Politik Franz von Roggenbachs.
[114] „Ideen zu einem Versuche, eine Reorganisation des Deutschen Bundes durch Ausgleichung der Interessen der beteiligten Regierungen zu erreichen", Freiburg, Ende September/Anfang Oktober 1859, in: *Oncken* (Bearb.), Großherzog Friedrich I. von Baden und die deutsche Politik, Bd. 1, S. 116–153; Auszüge in: *Fenske* (Hg.), Der Weg zur Reichsgründung, S. 180–186.
[115] *Oncken* (Bearb.), Großherzog Friedrich I. von Baden und die deutsche Politik, Bd. 1, S. 125.
[116] Ebd., S. 119.
[117] Ebd., S. 125.
[118] Ebd., S. 119.
[119] Ebd., S. 127.

germonarchie ihren Austritt aus dem Bund erklärte und in die Gründung eines „neuen Bundes ohne Österreich"[120] einwilligte. Die bisherigen Bundespflichten sollten umgewandelt werden in die vertraglich fixierte Verpflichtung der gegenseitigen Garantie des Territorialbestandes zwischen Österreich und den übrigen Bundesgenossen sowie in eine Beistandspflicht bei einem feindlichen Angriff oder im Falle innerer Unruhen in der Habsburgermonarchie. In einem weiteren Vertrag sollten sich dann Preußen und die übrigen deutschen Staaten zu einem neuen Bund konstituieren, dessen Zweck es war, die äußere und innere Sicherheit Deutschlands zu erhalten und die „gemeinsamen nationalen und politischen Interessen der vereinigten Staaten" zu entwickeln und zu vertreten.[121] Die neue „Bundesgemeinschaft" sollte den Namen „Bund der vereinigten Staaten von Deutschland" tragen, und ihre innere Organisation sollte in einem ausführlichen „Bundesverfassungsstatut" niedergelegt sein.[122] Obwohl „Bund" genannt, war die neue Ordnung als ein kleindeutscher Bundesstaat mit eigenem Staatsoberhaupt (dem preußischen König), Regierung („Bundesminister"), Legislative („Staatenrat" als Vertretung der Einzelstaaten und vom Volk gewählter „Nationalrat"), Bundesgericht und Bundesheer konzipiert. Vorgesehen waren unter anderem eine „Bundesmünze", ein einheitliches Maß- und Gewichtssystem, eine „Bundesstrafgerichtsordnung", eine Bundesbürokratie mit eigener „Bundesdienstpragmatik" und weitere Bundesgesetze. Zu diesen integrativen Elementen, die den neuen Bund unzweifelhaft als Staat auswiesen, gab es starke föderative Gegengewichte. Den Einzelstaaten wurde in allen „von der Bundesverfassung nicht vorgesehenen Fällen"[123] ihre volle Souveränität garantiert. Institutionell sollte der starke Einfluß der Einzelstaaten durch den sowohl an der Gesetzgebung wie an der Exekutive beteiligten Staatenrat gewährleistet werden. Dieses Gremium, das an das Staatenhaus der Paulskirchenverfassung beziehungsweise der Erfurter Unionsverfassung anknüpfte, bildete die Vertretung der souveränen Fürsten, wobei auf Preußen lediglich 40 von 167 Stimmen entfallen sollten.[124]

Der Plan Roggenbachs ging weit über das hinaus, was bisher von seiten der Regierungen als Reform der Bundesverfassung diskutiert worden war. Er bedeutete die Beseitigung des bisherigen großdeutschen Staatenbundes und seine Ersetzung durch einen kleindeutschen Bundesstaat. Dies war eine Position, die zwar in der deutschen Öffentlichkeit immer größeren Anklang fand, bei den deutschen Regierungen aber nicht mehrheitsfähig war. Baden setzte sich mit seinem Projekt deutlich ab von den Reformbestrebungen der größe-

---

[120] Ebd., S. 129.
[121] Ebd., S. 130.
[122] Ebd., S. 134f., zum Folgenden ebd., S. 135–153.
[123] Ebd., S. 135.
[124] Ebd., S. 143f.; die Gesamtzahl von 167 stimmte mit der Erfurter Unionsverfassung vom 28. Mai 1849 überein, ebenso das preußische Kontingent. Leichte Abweichungen gab es bei der Gewichtung der übrigen Staaten.

ren Mittelstaaten, ganz zu schweigen von Österreich, für das ein freiwilliges Ausscheiden aus dem Deutschen Bund undenkbar war. Man wird die Realisierungschancen des Plans von daher sehr skeptisch einschätzen müssen, zumal auch bei der preußischen Regierung wenig Neigung bestand, sich auf einen derart liberalen und föderalistischen Bundesstaat einzulassen, wie er Roggenbach vorschwebte. Seinen Entwurf in die Realität zu überführen, so meinte der badische Politiker am Ende seiner Ausarbeitung, sei „Aufgabe der praktischen Politik, nicht dieser Blätter".[125]

An dieser Aufgabe versuchte sich die badische Diplomatie im Jahr 1859/60 intensiv, aber letzten Endes vergeblich. Zwar einigten sich im August 1860 die Monarchen von Baden, Sachsen-Weimar und Sachsen-Coburg und Gotha darauf, gemeinsam in der Bundesversammlung einen Antrag auf Einsetzung eines Ausschusses zu stellen, der die Frage prüfen sollte, ob und wie der Deutsche Bund in einen Bundesstaat umgewandelt werden könnte. Dieser Antrag unterblieb jedoch, weil es zuvor nötig erschien, unter den Klein- und Mittelstaaten beziehungsweise mit Preußen ein Einverständnis zu erzielen. Weder das eine noch das andere gelang, so daß der badische Plan nicht zu greifbaren Ergebnissen führte.[126] Wie so viele andere Pläne, die seit Beginn der fünfziger Jahre mit dem Ziel einer Bundesreform entworfen worden waren, erwiesen sich auch die „Ideen" Roggenbachs nicht als das „Ei des Kolumbus", denn sie waren auf einer Reihe von „Fiktionen" aufgebaut[127], auf Voraussetzungen, die sich nicht verwirklichen ließen.

Gleichwohl hatte der badische Reformplan eine wichtige Bedeutung für die weitere Entwicklung der deutschen Frage. Er stellte, wie Lothar Gall dargelegt hat, auf kleindeutscher Seite „die einzige ernst zu nehmende Alternative zu der dann von Bismarck entwickelten Lösung" dar und lehrt als solche die Probleme und Leistungen des Bismarckschen Wegs tiefer verstehen als eine von vornherein auf diesen Weg ausgerichtete Darstellung.[128] Auf der anderen Seite schärfte der badische Entwurf bei den übrigen deutschen Regierungen das reformpolitische Problembewußtsein. Konnte man noch von einer Reform des Bundes sprechen, wenn am Ende, wie es der badische Plan vorsah, die Annullierung der Ordnung von 1815 und die Schaffung eines den Zielen von 1849 ähnlichen Systems stand? Konnte man es sich andererseits leisten, die offenkundigen Defizite der Bundesverfassung – Mangel an einheitlicher Leitung, fehlende Volksrepräsentation, nationale Unzulänglichkeit – weiter in Kauf zu nehmen, weil ihre Behebung unmöglich erschien? Mußte man nicht statt dessen von der bisher praktizierten Politik des Verzögerns und diplomatischen Finassierens übergehen zu einer entschlossenen

---

[125] Ebd., S. 153.
[126] *Gall*, Der Liberalismus als regierende Partei, S. 147–149.
[127] *Oncken* (Bearb.), Großherzog Friedrich I. von Baden und die deutsche Politik, Bd. 1, Einleitung, S. 30f.
[128] *Gall*, Der Liberalismus als regierende Partei, S. 208f.

Bundesreformpolitik, die eine baldige Umgestaltung der Bundesverfassung in Aussicht stellte? War nicht die Zeit gekommen, nun endlich ein großes Bundesreformprojekt auf die Beine zu stellen und einen politischen Kraftakt zu unternehmen, um es zum erfolgreichen Abschluß zu führen? Drängte nicht die „Gewalt der Umstände" danach, die „foederative Einheit" im Deutschen Bund bald herzustellen?[129]

Der unaufhaltsam steigende Reformdruck führte somit seit Ende 1859 zu intensiven diplomatischen und bundespolitischen Bemühungen, die verfahrene Situation des Deutschen Bundes zu verbessern. Im Vordergrund stand dabei zunächst die Frage der äußeren Sicherheit Deutschlands, die durch die angeblichen Eroberungsgelüste Frankreichs unter Napoleon III. akut bedroht schien. Deutschland wurde dadurch, wie Heinrich von Gagern darlegte, zu einer „neuen Haltung und Gestaltung" gedrängt.[130] Dieser Meinung waren auch etliche Monarchen und Minister, die nach Wegen suchten, um den Bund nach außen hin zu stärken. Zwei Mittel boten sich dabei an: zum einen die Verbesserung der militärischen Einsatzfähigkeit des Bundes im technischen wie im politischen Sinn, zum anderen die Bildung einer handlungsfähigen Bundesexekutive, die in der Lage war, bei außenpolitischen Krisensituationen das politische und militärische Gewicht des Bundes für die nationalen Interessen Deutschlands einzusetzen.

Über den militärischen Reformbedarf wurde seit dem Herbst 1859 in der Bundesmilitärkommission verhandelt. Dabei traten sehr unterschiedliche Konzeptionen über die anzustrebenden Veränderungen in der Bundeskriegsverfassung zutage. Neben den technischen und logistischen Fragen, welche die einheitliche Ausrüstung, Ausbildung und Kommandostruktur vor allem der aus den Kontingenten mehrerer Staaten gebildeten Bundesarmeekorps 7 bis 10 betrafen, stellte sich als das Kardinalproblem die Frage des Oberbefehls heraus. Die geltenden Bestimmungen der Bundeskriegsverfassung, wonach ein „Oberfeldherr" des Bundesheers erst im Falle eines Krieges durch den Engeren Rat der Bundesversammlung gewählt werden sollte[131], hatten sich in der italienischen Krise von 1859 als ein Hemmschuh für die militärische Einsatzbereitschaft des Bundesheers und damit auch für die außenpoli-

---

[129] Reinhard an König Wilhelm I. von Württemberg, Frankfurt, 31. Dezember 1859, HStA Stuttgart, E 65, Verzeichnis 40, Büschel 8.

[130] Denkschrift über die Möglichkeit einer Verständigung zwischen Östreich und Preußen (Fragment), verfaßt von Heinrich von Gagern, 1860, GLA Karlsruhe, Großherzogliches Familienarchiv, Abt. 13, Korrespondenz Friedrichs I., Bd. 18, Nr. 11.

[131] Vgl. „Grundzüge der Kriegsverfassung des Deutschen Bundes" vom 9. April 1821, Art. XIII; „Nähere Bestimmungen der Kriegsverfassung des Deutschen Bundes" vom 12. April und 11. Juli 1822, § 45, in: *Huber* (Hg.), Dokumente, Bd. 1, S. 120 u. 123; zum Oberbefehl siehe: *Seier*, Der Oberbefehl im Bundesheer; *ders.*, Zur Frage der militärischen Exekutive in der Konzeption des Deutschen Bundes; *Angelow*, Von Wien nach Königgrätz, S. 45–47; zur Bundesmilitärverfassung allgemein: *Huber*, Deutsche Verfassungsgeschichte, Bd. 1, S. 609–614; *Gackenholz*, Das Heerwesen des Deutschen Bundes; *Wienhöfer*, Das Militärwesen des Deutschen Bundes; *Angelow*, Von Wien nach Königgrätz.

tische Handlungsfreiheit des Deutschen Bundes erwiesen. Preußen hatte sich zur Bundeshilfe für Österreich nur unter der Voraussetzung bereiterklärt, daß ihm selbst der Oberbefehl über die gesamten Bundestruppen erteilt würde.

Als die Mittelstaaten nach dem Ende des Krieges in Italien in der Bundesversammlung die Reform der Bundeskriegsverfassung beantragten, machte die preußische Regierung die Oberbefehlsfrage erneut zum zentralen Thema. Im Gegenzug zu den Mittelstaaten, die eine militärische Trias befürworteten und zu diesem Zweck die gemischten Bundesarmeekorps unter einem gemeinsamen Oberkommando vereinigen wollten, verlangte Preußen am 29. Februar 1860 in der Bundesversammlung, den Oberbefehl unter Preußen und Österreich in der Weise aufzuteilen, daß Berlin die Kommandogewalt über die nördlich der Mainlinie gelegenen Bundeskontingente und Wien den Oberbefehl über die südlich des Main gelegenen Truppen erhielt. Der Plan hatte nicht die Zusammenfassung der militärischen Kräfte des Bundes zum Ziel, sondern lief auf eine Aufteilung des militärischen und letztlich auch politischen Einflusses der beiden Großmächte in Deutschland hinaus. Dazu waren weder die Mittelstaaten bereit, die befürchteten, zu bloßen Vasallen der Großmächte degradiert zu werden, noch die Wiener Regierung, welche auf eine Teilung Deutschlands entlang der Mainlinie nicht eingehen wollte. An einen permanenten einheitlichen Oberbefehl über das gesamte Bundesheer war unter den gegebenen politischen Umständen überhaupt nicht zu denken. Es ist bezeichnend für die politische Paralyse des Bundes, daß keiner der diversen Anträge zur Reform der Bundeskriegsverfassung umgesetzt und auch kein Kompromiß zwischen den verschiedenen Konzepten gefunden werden konnte. Statt dessen stellte die Bundesmilitärkommission im April 1860 in ihrem Gutachten fest, daß die allgemeinen Bestimmungen der Bundeskriegsverfassung von 1821/22 „nicht revisionsbedürftig" seien.[132] Damit war nicht nur der Versuch gescheitert, das Bundesmilitärsystem „den Erfordernissen moderner Kriegführung anzupassen" und der veränderten sicherheitspolitischen Lage in Europa Rechnung zu tragen.[133] Der Bund hatte sich einmal mehr als unfähig erwiesen, seine organisatorischen und institutionellen Strukturen so zu gestalten, daß sie die Verfolgung nationaler Ziele ermöglichten.

Auf der allgemeinen politischen Ebene hatten die Ereignisse von 1859 gleichfalls gezeigt, daß der Deutsche Bund als Gesamtmacht kaum handlungsfähig war. Auch hier war eine positive Tätigkeit des Bundes nur möglich, wenn es gelang, ein einheitliches oder doch zumindest einiges Organ zur Vertretung und Ausführung der gemeinsamen Bundespolitik zu bilden. Der

---

[132] Zit. nach *Angelow*, Von Wien nach Königgrätz, S. 228; zu den vergeblichen Reformversuchen siehe auch *Hencke*, Die Heeresverfassung des Deutschen Bundes und die Reformpläne in den Sechzigerjahren.
[133] So das Resümee von *Angelow*, Von Wien nach Königgrätz, S. 230.

Deutsche Bund war, wie Heinrich von Gagern in seiner 1860 verfaßten „Diagnose des Bundesverhältnisses" feststellte, „keine aufrichtige Föderation"; selbst im Augenblick der äußeren Bedrohung gab es keine gleichartigen Interessen, der „föderative Wille" war machtlos gegen den Antagonismus Österreichs und Preußens. Dies war, so Gagern weiter, keineswegs die Absicht der Bundesgründer gewesen, vielmehr dokumentierten die aktuellen Ereignisse die „Entartung des Bundesverhältnisses von seinem ursprünglichen Charakter". Gagern sah dieses „reale Bundesverhältnis" als nicht reformierbar an und glaubte, daß die Verhandlungen zwischen den Einzelregierungen und auf Bundesebene allenfalls zu „Übergangsgestaltungen" führen könnten, während die unvermeidliche Neugestaltung Deutschlands im nationalen Sinne ganz andere Strukturen erforderte, als sie der Bund selbst bei gutem Willen der Beteiligten bieten konnte.[134]

Derartige Einschätzungen begannen seit 1859, wie gezeigt, einige deutsche Regierungen zu teilen, doch blieben diese bis 1866 eine kleine Minderheit. Die Mehrzahl der Staaten hielt weiterhin am Bund fest, und neben den größeren Mittelstaaten traten nun auch einige kleinere Bundesmitglieder, die bislang an der Bundesreformdebatte nicht aktiv teilgenommen hatten, mit Reformvorschlägen hervor. Im Februar 1860 wandte sich Herzog Bernhard von Sachsen-Meiningen an die sächsische Regierung und übermittelte Beust eine Denkschrift zur Bundesreform.[135] Ausgehend von der Bedrohung der „Machtstellung Deutschlands" durch die europäische Entwicklung schlug Meiningen vor, „unter Festhalten an den bestehenden Grundlagen des Bundes" eine Zentralgewalt des Deutschen Bundes zu schaffen. Diese sollte gebildet werden aus Österreich und Preußen sowie einem dritten Mitglied, welches von den übrigen Staaten aus der Gruppe der vier kleinen Königreiche für drei Jahre gewählt wurde. Der Zentralgewalt sollten „die auswärtigen Kriegs- und Militärsachen" übertragen werden, alle übrigen Bundesangelegenheiten sollten wie bisher bei der Bundesversammlung bleiben.[136]

Beust empfahl, das Mémoire sämtlichen deutschen Regierungen mitzuteilen „und späterhin einen entsprechenden Antrag in der Bundesversammlung stellen zu lassen".[137] Der Herzog von Meiningen wandte sich daraufhin im April 1860 persönlich an die Monarchen von Österreich und Preußen und bat sie, Verhandlungen mit dem Ziel der Herstellung einer Bundeszentralgewalt einzuleiten. Er verwies dabei auf „die allgemeine Stimme in Deutschland", welche eine größere Machtentfaltung des Bundes gegenüber dem Ausland

---

[134] Denkschrift über die Möglichkeit einer Verständigung zwischen Östreich und Preußen (Fragment), verfaßt von Heinrich von Gagern, 1860, GLA Karlsruhe, Großherzogliches Familienarchiv, Abt. 13, Korrespondenz Friedrichs I., Bd. 18, Nr. 11.
[135] Bernhard von Sachsen-Meiningen an Beust, Meiningen, 17. Februar 1860, HStA Dresden, AM 933, fol. 25; ebd. fol. 26–32 die Denkschrift.
[136] Ebd., fol. 27v, 28r, 30r.
[137] Beust an Bernhard von Sachsen-Meiningen, Dresden, 11. März 1860, HStA Dresden, AM 933, fol. 35–38, Zitat fol. 36v.

verlange und zu diesem Zweck vor allem einen Organismus begehre, „der es erleichtert, Entschlüsse rasch zu fassen und auszuführen". Aber auch aus innenpolitischen Gründen sei es wünschenswert, dem Bund eine starke Exekutive zu geben:

„Auch mit Rücksicht auf die in hohem Grade aufgeregten Verhältnisse in Deutschland selbst wäre es gar wünschenswerth, daß die Fürsten in patriotischem Sinn, und etwaige Opfer minder ängstlich wägend, ein solches Werk der Einigung vollbrächten. Es würde beruhigend auf die Gemüther wirken und manches drohende Unheil auch nach dieser Seite hin gnädig abwenden."[138]

In einem beigefügten kurzen Mémoire[139] wurden die Vorteile einer Bundeszentralgewalt für die „Einheit der deutschen Action"[140] hervorgehoben, die bei der bisherigen Organisation des Bundes nicht gegeben sei. Abweichend von der Februardenkschrift schlug Meiningen für die Zusammensetzung der Zentralgewalt neben einem dreiköpfigen Direktorium nun als alternatives Modell eine Exekutive von 17 Stimmen vor, in der alle Bundesmitglieder vertreten sein sollten, die beiden Großmächte mit jeweils fünf Stimmen aber die Mehrheit besaßen.

Zeitgleich mit der Initiative des Herzogs von Meiningen war die Bildung einer deutschen Zentralgewalt vom gemeinschaftlichen Landtag der Herzogtümer Coburg und Gotha verlangt worden. Im Unterschied zu dem Fürsten bestand für die Volksvertreter ein untrennbarer Zusammenhang zwischen der Zentralgewalt und einer gleichzeitig einzurichtenden „würdige[n] Gesammtvertretung der deutschen Nation". Die Hoffnungen der Abgeordneten richteten sich dabei weniger auf den Bund, der in einem entsprechenden Antrag „die Zumuthung einer Selbstvernichtung" sehen müsse, sondern vielmehr auf die deutschen Regierungen, deren heilige Pflicht es sei, „die nationale Aufgabe ihrer Lösung näher zu bringen". Dies war ein kaum verhüllter Appell zur Ersetzung der Bundesverfassung durch eine ganz neue Verfassung Deutschlands:

„Die politische Verfassung Deutschlands ist offenbar unbrauchbar für die Gewährleistung der Sicherheit und Unabhängigkeit der deutschen Staaten und hinderlich der freien Entwickelung des Wohlstandes ihrer Bevölkerungen."[141]

Der Antrag zeigt einmal mehr, wie sehr sich die politische Stimmung in Deutschland gegen den bestehenden Deutschen Bund kehrte, wie wenig man an seine Reformierbarkeit glaubte und wie drängend die umfassende Ände-

---

[138] Bernhard von Sachsen-Meiningen an Prinzregent Wilhelm von Preußen, Meiningen, 10. April 1860, GStA Berlin, III. HA, Nr. 118, fol. 20–22, Zitate fol. 20v u. 21r.
[139] Ebd., fol. 23–25.
[140] Ebd., fol. 24v.
[141] Verhandlungen des am 15. April 1857 einberufenen gemeinschaftlichen Landtags der Herzogthümer Coburg und Gotha, 22. Sitzung vom 20. Februar 1860, S. 171–173, Zitate S. 172 u. 173.

rung der deutschen Verfassungsverhältnisse erschien. „Das allgemeine Gefühl ist", so berichtete der oldenburgische Gesandte Eisendecher aus Frankfurt, „daß sich erschütternde Ereignisse vorbereiten."[142] Die deutschen Zustände wurden weithin als haltlos angesehen, nicht nur in der Öffentlichkeit, sondern auch in der Frankfurter Bundesversammlung, wo eine sehr unruhige, gespannte Atmosphäre herrschte und nicht wenige Gesandte sich lieber einen Bruch herbeiwünschten, als ein Andauern des bestehenden Zustands.[143]

Angesichts der wachsenden Unruhe in Deutschland und der verbreiteten Erwartung, daß größere Umwälzungen in der deutschen Frage bevorstanden, muß der meiningische Vorschlag, bloß eine Bundesexekutive zur Leitung der Militär- und Außenpolitik zu schaffen, alles übrige aber so zu belassen, wie es war, als ein völlig unzureichender Versuch erscheinen, die Probleme des Bundes zu lösen. Er ging zudem von der unrealistischen Voraussetzung aus, „daß alle deutschen Staaten, also auch Oesterreich und Preußen, sich zu *der* Resignation bestimmen, ihren Willen in Betracht der auswärtigen Politik und alles damit Zusammenhängenden den Bedürfnissen und dem Willen der Gesammtheit unterzuordnen".[144] Selbst wenn es hätte gelingen können, ein die Interessen beider Großmächte umfassendes allgemeines deutsches Interesse zu definieren, das von Österreich und Preußen unter teilweiser Aufgabe ihrer außenpolitischen Souveränität gemeinschaftlich und kooperativ wahrgenommen würde, wären damit die Fragen der politischen Legitimation des Bundes und der Partizipation des Volkes weiterhin ungelöst geblieben. Mit einer „stärkeren Einheit der exekutiven Mittel des Bundes" allein war die nationale Frage nicht zu lösen, und es muß bezweifelt werden, daß damit „etwas Bedeutendes" erreicht worden wäre, wie es der hannoversche Außenminister Platen glaubte, der im Mai 1860 in einer Denkschrift ebenfalls die Bildung einer Bundeszentralgewalt vorschlug, wobei er ausdrücklich darauf hinwies, es müsse dabei vermieden werden, daß die Zentralgewalt „die Gestalt einer Staatsgewalt mit einem Ministerium" bekomme, denn damit sei „der Zusatz eines Parlamentes und Minister-Verantwortlichkeit" eng verbunden.[145]

Die Auffassung, man könne den Deutschen Bund weiterhin als einen Bund der Regierungen führen und es bedürfe lediglich einer größeren Solidarität der Einzelstaaten, um der Bundespolitik kräftige Impulse zu geben, war seit 1859 endgültig überholt. Der Bund konnte nur dann eine politische Zukunft

---

[142] Eisendecher an das großherzogliche Staatsministerium, Frankfurt, 10. Mai 1860, StA Oldenburg, 31-15-13-81 III.
[143] Fritsch an Seebach, Frankfurt, 10. Mai 1860, StA Gotha, Staatsministerium, Dep. I, Loc. 5*f, Nr. 3, Vol. 2, fol. 50f.
[144] Denkschrift des Herzogs von Sachsen-Meiningen, 17. Februar 1860, HStA Dresden, AM 933, fol. 26–32, Zitat fol. 28r.
[145] „Mémoire, betreffend Bundes-Central-Gewalt für Zeiten der Gefahr und Ernennung von Corps-Kommandanten in Friedenszeiten" von Graf Platen, Mai 1860, HStA München, MA 493/1.

haben, wenn es gelang, ihn wirklich zur nationalen Interessenvertretung auszubauen und die gesellschaftlichen Kräfte an der politischen Gestaltung und Entwicklung Deutschlands aktiv zu beteiligen. In diese Richtung mußte eine Bundesreform gehen, wenn sie erfolgreich sein sollte. Mit isolierten Vorschlägen, die nur spezielle Einzelaspekte betrafen, war nichts zu erreichen, sondern, wenn überhaupt, nur mit einem umfassenden Reformkonzept, das die nationalen und partizipatorischen Bedürfnisse berücksichtigte. Obgleich eine solche Entwicklung angesichts der fortschreitenden politischen Polarisierung in Deutschland zunehmend als illusionär erscheinen mußte, unternahmen vor allem die größeren Mittelstaaten weiterhin den Versuch, einer großen Bundesreform den Weg zu ebnen und einen politischen Zustand in Deutschland zu erreichen, der die Interessen der Einzelstaaten ebenso befriedigte wie die Bedürfnisse der Nation und die Wünsche des Volkes.

Abermals waren es die Regierungen von Sachsen, Württemberg und Hessen-Darmstadt, die darauf drängten, den Reformprozeß in dieser Richtung voranzutreiben. Beust wandte sich im April und Mai 1860 wieder an die Regierung in München und schlug vor, die in Würzburg begonnenen Reformberatungen weiterzuführen. Am besten eigne sich dazu eine neue Ministerkonferenz, weil durch ein solches „demonstratives Auftreten der Mittelstaaten" auch öffentlich deutlich gemacht werde, daß die Mittelstaaten es mit der Bundesreform ernst meinten.[146] Beust wurde unterstützt von Hügel, der eine Ministerkonferenz ebenfalls für sehr wünschenswert und notwendig hielt, um eine Verständigung der Mittelstaaten über die Fortführung des Reformprozesses und dabei insbesondere über die noch nicht erledigten Vorhaben der Würzburger Konferenz vom November 1859 herbeizuführen.[147]

Es wiederholte sich in den folgenden Wochen und Monaten das diplomatische Gerangel, welches der Münchener und Würzburger Konferenz vom Herbst 1859 vorangegangen war. Während Sachsen, Württemberg und auch Meiningen für eine baldige Ministerkonferenz eintraten, sträubten sich der bayerische Ministerpräsident Schrenk und König Maximilian II. sowie der hannoversche Außenminister Platen dagegen. Die Skeptiker hielten ein erneutes öffentliches Auftreten der Mittelstaaten nicht für opportun angesichts der politischen Verhältnisse in Deutschland. Ganz im Gegensatz zu Beust erwartete Schrenk von einem demonstrativen Auftreten der Mittelstaaten keine positiven Impulse, sondern eher schädliche Auswirkungen auf das politische Klima in Deutschland. Es müsse alles vermieden werden, so Schrenk, was „den Riß vergrößern könnte, der die deutschen Staaten zu spalten droht".[148] Von Reformversuchen, die kaum zum Erfolg führen würden, müsse zur Zeit

---

[146] Beust an Bose, Dresden, 5. Mai 1860, HStA Dresden, Gesandtschaft München, Nr. 50.
[147] Hügel an Degenfeld, Stuttgart, 15. Mai 1860, HStA München, MA 493/1.
[148] Schrenk an Gise, München, 28. Mai 1860, HStA Dresden, AM 933, fol. 163–166, Zitat fol. 166r.

abgesehen werden, in der gegenwärtigen Krise komme es vor allem darauf an, „daß die Bundesverfassung unversehrt aufrecht erhalten werde".[149]

Wieder einmal wurde offenkundig, daß es zwischen Bayern und Sachsen in dieser Phase sehr unterschiedliche Auffassungen über die bundespolitischen Prioritäten sowie über das einzuschlagende Prozedere gab. Argumentierte Beust vor allem innenpolitisch, so richtete die bayerische Regierung ihr Augenmerk hauptsächlich auf die außenpolitische Konstellation. Die expansive Politik Napoleons, so legte Pfordten in einer Denkschrift Anfang Juni 1860 dar, erforderte eine einige Haltung von Österreich, Preußen und dem Deutschen Bund, um die Nation zu schützen und den Frieden zu erhalten. Um Preußen in das Boot einer gemeinsamen deutschen Außen- und Sicherheitspolitik zu holen, setzten die süddeutschen, an Frankreich grenzenden Staaten zunächst auf eine diplomatische Verständigung mit Berlin. Die Gelegenheit dazu schien sich auf dem Baden-Badener Fürstentreffen vom 16. bis 18. Juni 1860 zu bieten, bei dem die Monarchen der deutschen Mittelstaaten und etliche kleinstaatliche Souveräne mit dem Prinzregenten von Preußen eine gemeinsame bundespolitische Linie zu finden hofften. Erst wenn dieser Versuch fehlschlagen sollte, war es nach bayerischer Auffassung an der Zeit, „daß Bayern die Mittelstaaten um sich vereinigt, und auf Minister Conferenzen in München einen Grund zur weiteren Selbstvertheidigung im Anschlusse an Oestreich legt".[150]

Während Bayern darauf hoffte, durch das Treffen der Fürsten in Baden-Baden eine direkte Verständigung über die aktuelle und künftige Bundespolitik herbeizuführen, nutzte Preußen die Versammlung der Monarchen dazu, sich selbst als bundespolitische Führungsmacht zu profilieren. Die Nachricht, daß Prinzregent Wilhelm in Baden-Baden mit dem französischen Kaiser Napoleon zusammentreffen werde, elektrisierte etliche deutsche Monarchen, die nicht außen vor bleiben wollten, wenn Preußen und Bayern mit Frankreich verhandelten. Baden-Baden wurde somit zum Ziel „einer allgemeinen deutschen Fürstenwallfahrt"[151], an der sich die Könige von Bayern, Sachsen, Hannover und Württemberg, die Großherzöge von Hessen-Darmstadt, Baden und Sachsen-Weimar sowie die Herzöge von Nassau und Sachsen-Coburg und Gotha beteiligten. Erstmals war es Preußen gelungen, die wichtigsten Repräsentanten der Mittel- und Kleinstaaten außerhalb des Zollvereins und ohne die Beteiligung Österreichs zu einer Konferenz über allgemeine deutsche Fragen zusammenzubringen.

Der persönliche Kontakt und die intensiven Gespräche in Baden-Baden brachten jedoch keine bundespolitischen Fortschritte. Die sogenannten „Würzburger" konzentrierten sich auf die außen- und sicherheitspolitischen

---

[149] Ebd., fol. 165v.
[150] Denkschrift Pfordtens „Zur gegenwärtigen Lage", 6. Juni 1860, HStA München, Geh. Hausarchiv Maximilian II., Nr. 76/5/34.
[151] Geffcken an Smidt, Berlin, 15. Juni 1860, StA Bremen, 2–B.11.a.2.d.2.I.

Fragen. Sie schlugen eine Militärkonvention vor, welche „durch den Bund" zwischen Österreich und Preußen sowie den übrigen deutschen Staaten abgeschlossen werden sollte.[152] Kernpunkt der vorgeschlagenen Konvention war eine „Dreiteilung der gesammten Streitkräfte Deutschlands", die militärische Trias also, wobei die Teilarmeen unter österreichischem, preußischem beziehungsweise mittelstaatlichem Oberbefehl stehen sollten.[153] Davon abgesehen legten die Mittelstaaten in Baden-Baden keine weiteren Reformvorschläge vor. Ganz im Gegenteil setzten sie die liberalen Fürsten, allen voran den Herzog von Sachsen-Coburg und Gotha, massiv unter Druck und verlangten repressive Maßnahmen gegen den Nationalverein.

Der coburgische Herzog widersetzte sich dem energisch, und er wurde dabei unterstützt von den Großherzögen von Baden und Sachsen-Weimar sowie auch von Preußen, das von der kleindeutschen Agitation des Nationalvereins politisch profitierte und nicht daran interessiert war, dem Deutschen Bund die Mittel zu geben, sich effektiv dagegen zu wehren. Die drei liberalen Monarchen waren im übrigen nicht der Auffassung, daß man die Bundesreformfrage weiter aufschieben solle. Sie plädierten dafür, die Baden-Badener Zusammenkunft dazu zu nutzen, die „deutsche Frage wenigstens in ihren Hauptpunkten unter uns Fürsten zu erledigen", und dazu gehörte nach Ansicht Herzog Ernsts II. von Sachsen-Coburg und Gotha auch die Frage „wegen eines Parlaments".[154] Preußen war dabei eine führende Rolle zugedacht, es sollte zum Vorreiter der inneren Einigung Deutschlands werden. Zu diesem Zweck schlugen die liberalen Fürsten vor, die reindeutschen Staaten sollten gemeinsam mit Preußen der Habsburgermonarchie ein Schutz- und Trutzbündnis anbieten, welches den österreichischen Länderbesitz garantierte, Preußen „eine größere Machtstellung im alten Bunde" einräumte und den Kaiser von Österreich nötigte, „*wirkliche* zeitgemäße Reformen einzuführen und zu einem Frieden mit seinen Nationalitäten zu kommen".[155]

Eine solche Politik, die eine Wiederaufnahme der kleindeutschen Unionspolitik von 1849/50 bedeutet hätte, erschien der preußischen Führung jedoch zu gewagt. Der Prinzregent betonte, es gehe Preußen vor allem darum, die „Integrität Deutschlands" gegenüber dem Ausland zu wahren und zu zeigen, daß Preußens auswärtige Politik „das Gesammt-Interesse Deutschlands" im

---

[152] „Einige Notizen des Herzogs zu Nassau über die Zusammenkunft des Kaisers der Franzosen mit dem Prinzen von Preußen und einigen anderen deutschen Fürsten in Baden-Baden am 16./17./18. Juni 1860", HStA Wiesbaden, 130 II, Nr. 2123q, fol. 53–65; Antwort des Königs von Württemberg auf die Ansprache des Prinzregenten von Preußen, 18. Juni 1860, HStA München, MA 493/1; Unterredung des Königs von Bayern mit dem Prinzregenten von Preußen, 19. Juni 1860, ebd.
[153] „Memoire über die Bundes-Kriegsverfassung von Seiner Majestät dem Koenige von Bayern Seiner Majestät dem Koenige von Württemberg mitgetheilt", HStA München, MA 493/1.
[154] Diktat Herzog Ernsts II. über die Fürstenkonferenz zu Baden-Baden, 15. Juni 1860, StA Coburg, LA A, Nr. 7191, fol. 95f., Zitate Fol. 95v.
[155] Ebd., fol. 95r.

Auge habe; angesichts der „nationalen Aufgabe", Deutschland zu erhalten, strebe Preußen keineswegs danach, „das völkerrechtliche Band, welches die deutschen Staaten umfaßt", zu zerreißen. Eine Reform des Bundes könne nur unter Wahrung der Interessen aller Bundesglieder erstrebt werden, und der gegenwärtige Zeitpunkt sei dazu nicht geeignet. Vorrangig sei eine gemeinsame Haltung Deutschlands gegenüber dem Ausland, und zu diesem Zweck sei eine Verständigung zwischen Preußen und Österreich von höchster Wichtigkeit.[156]

Einmal mehr machte Preußen seinen Bundesgenossen klar, daß es nicht daran dachte, seine innere und äußere Bundespolitik nach den Vorstellungen auszurichten, welche von zahlreichen mittel- und kleinstaatlichen Regierungen in Denkschriften und Reformplänen formuliert wurden. Zwar hatte die preußische Staatsführung seit dem Debakel der Union von 1850 kein eigenes Konzept für die politische Gestaltung Deutschlands entwickelt, aber sie zog die daraus resultierende Stagnation im Bund auch zu Beginn des neuen Jahrzehnts allen Entwürfen vor, die von anderen Bundesmitgliedern erarbeitet wurden. Es blieb die unverrückbare Konstante der preußischen Politik, daß die innere Entwicklung Deutschlands nur dann vorangetrieben werden sollte, wenn zuvor die Machtverhältnisse zwischen Österreich und Preußen im Sinne einer stärkeren Stellung Preußens geklärt wurden.

Preußen enttäuschte mit dieser Haltung sowohl die bundestreuen, großdeutsch-föderalistisch orientierten „Würzburger" als auch die kleindeutschnationalstaatlich ausgerichteten liberalen Kräfte. Anstatt sich auf Bundesreformprogramme oder nationale Einigungsbestrebungen einzulassen, setzte die preußische Regierung auf den bilateralen diplomatischen Ausgleich mit Österreich. Zwar schlug Berlin noch nicht, wie es vom Nationalverein erhofft und von vielen deutschen Regierungen befürchtet wurde, einen kleindeutsch-nationalen Kurs gegen den Deutschen Bund ein; es war aber andererseits so wenig wie seit 1850 bereit, eine konstruktive Bundesreformpolitik mitzutragen.

Da auch Österreich immer noch zögerte, sich an die Spitze der Bundesreformbewegung zu stellen, blieb es dabei, daß die so dringend notwendige Änderung der politischen Verhältnisse in Deutschland nicht auf dem Boden und mit den Möglichkeiten des Deutschen Bundes vorangetrieben wurde. Die deutschen Großmächte waren nicht willens beziehungsweise nicht in der Lage, die nationalpolitischen Defizite durch eine föderative Weiterentwicklung des Deutschen Bundes wenigstens teilweise zu beheben. In den politischen Konzepten von Berlin und Wien hatte nicht eine kooperative Bundespolitik die Priorität, sondern die am eigenen Interesse orientierte Großmachtpolitik, bei der die jeweils andere Seite nicht Partner im föderativen Verbund, sondern Gegner und Rivale im innerdeutschen wie auch europäischen Machtgefüge war.

---

[156] Ansprache des Prinzregenten an die deutschen Fürsten, Baden-Baden, 18. Juni 1860, StA Coburg, LA A, Nr. 7191, fol. 110f.; Druck: *Huber* (Hg.), Dokumente, Bd. 2, S. 111f.

Angesichts dieser Situation konnte auch im Sommer 1860, so sehr die mittleren und kleineren Staaten drängten, kein Weg zu einer gemeinsamen bundespolitischen Initiative gefunden werden. Ganz im Gegenteil zeigte sich kurz nach dem bundespolitisch unergiebigen Baden-Badener Treffen, daß für Wien und Berlin die bilaterale (im Jargon der Zeit: dualistische), den Bund übergehende separate Verständigung der Großmächte dem multilateralen, föderativen Reformprozeß, der seinen Schwerpunkt in der Frankfurter Bundesversammlung gefunden hätte, vorgezogen wurde. Nicht am Main und im Kreis ihrer Bundesgenossen, sondern zwischen Eger und Elbe, in Teplitz, trafen sich Ende Juli 1860 die Monarchen von Österreich und Preußen, und die dort getroffenen Verabredungen betrafen im wesentlichen die Haltung der deutschen Großmächte gegenüber der von Frankreich ausgehenden Bedrohung des europäischen Status quo, während Bundesfragen kaum berührt wurden. In der Teplitzer Punktation vom 26. Juli 1860 einigten sich Österreich und Preußen darüber, allen äußeren Gefahren gemeinschaftlich entgegenzutreten. Was den Bund betraf, so wurde vereinbart, „alle Fragen von irgendeiner Wichtigkeit" erst dann an den Bundestag gelangen zu lassen, wenn zuvor eine Verständigung zwischen den Großmächten erzielt worden sei.[157] Dies sollte verhindern, daß die Bundesversammlung zum Forum von Konflikten zwischen Berlin und Wien wurde, hatte aber auch die Wirkung, den Bund politisch zu entmündigen. Von einer Reform des Bundes im Sinne der nationalen und liberalen Forderungen war in Teplitz keine Rede. Statt dessen dokumentierte die Teplitzer Punktation einmal mehr die unvereinbaren Macht- und Prestigeansprüche von Wien und Berlin, indem Preußen erneut seine alte Forderung nach dem Alternat im Bundespräsidium vorbrachte, was von Österreich zurückgewiesen wurde.

Während sich die Großmächte ohne die Einbeziehung ihrer Bundesgenossen über ihre Haltung zu den aktuellen europäischen Fragen verständigten, unternahmen die mittleren und kleineren Regierungen neue Anstrengungen, Bundesreformen vorzubereiten. Weniger denn je gab es dabei ein einheitliches Konzept, im Gegenteil, die Dissonanzen wurden nun selbst innerhalb des „reindeutschen" Lagers immer offenkundiger. Die vielfältigen Unstimmigkeiten, welche über die Ziele einer Bundesreform und über das weitere Vorgehen innerhalb der mittelstaatlichen Gruppe sowie zwischen dieser und den Kleinstaaten zutage traten, trugen dazu bei, daß die Bundesversammlung in den folgenden zwei Jahren zu keiner koordinierten Reformaktion in der Lage war.

Zunächst griffen die Mittelstaaten wieder die Militärfrage auf, und sie brachten auf einer Konferenz in Würzburg Anfang August 1860[158] den Entwurf einer Militärkonvention zustande. Diese sah vor, im Fall eines Krieges die gemischten Bundesarmeekorps 7, 8, 9 und 10 unter einen gemeinsamen

---

[157] *Huber* (Hg.), Dokumente, Bd. 2, S. 115.
[158] Vgl. dazu ausführlich *Gruner*, Die Würzburger Konferenzen, S. 227–238.

Oberbefehl zu stellen und auch die innere Organisation des Bundesheers zu vereinheitlichen.[159] Der Plan einer Dreiteilung der Bundesarmee in ein preußisches, österreichisches und „reindeutsches" Heer, der schon auf der ersten Würzburger Konferenz vom Herbst 1859 entwickelt worden war, ließ sich jedoch nicht durchsetzen. Die Verhandlungen, welche über die Revision der Bundeskriegsverfassung seit 1859 geführt wurden, kamen auch in der Folgezeit nicht vom Fleck, und so zerschlug sich in den Jahren von 1860 bis 1862 schließlich auch die Absicht, wenigstens im Bereich der Militärpolitik die Mängel der bisherigen Bundesverfassung zu beseitigen.[160] Es gelang nicht, die Militärorganisation des Bundes auf Grundlagen zu stellen, welche den sicherheitspolitischen Bedürfnissen einer nationalen Politik entsprachen. Nach dem Urteil Jürgen Angelows waren die militärischen Reformansätze seit 1859 „aussichtslose Fiktionen, da ihre Realisierbarkeit an ein Maß politischer Übereinstimmung innerhalb des Bundes geknüpft war, das der zur Entscheidung drängende preußisch-österreichische Dualismus nicht mehr zuließ".[161]

Neben den Verhandlungen über die Revision der Bundeskriegsverfassung gab es im Sommer 1860 wieder Bestrebungen, eine politische Reform des Bundes einzuleiten, aber auch hier geriet man im Herbst in eine Sackgasse, aus der es keinen Ausweg zu geben schien. Wenige Tage nach dem Baden-Badener Fürstentreffen konferierten Beust und Hügel in Dresden. Sie kamen überein, die zwischen den Fürsten gepflogenen Erörterungen in konkrete Vorschläge umzumünzen. Dazu gehörte auch die Frage einer Bundeszentralgewalt, die im Frühjahr von Sachsen-Meiningen angeregt und in Baden-Baden besprochen worden war. Beust und Hügel plädierten für die Einsetzung einer „temporairen Centralgewalt für außerordentliche Kriegszeiten", die aus den Regenten von Österreich und Preußen sowie einem durch Wahl bestimmten weiteren deutschen Fürsten bestehen sollte. Die genauen Modalitäten sollten durch „eine mündliche gemeinschaftliche Berathung sämmtlicher deutscher Regierungen", also durch eine allgemeine Ministerkonferenz festgelegt werden.[162]

Dieser Vorschlag stieß auf wenig Resonanz. Die bayerische Regierung erteilte dem Projekt einer Bundeszentralgewalt, wie es von Meiningen, Sachsen und Württemberg zur Diskussion gestellt wurde, eine klare Absage. „Eine Centralgewalt besteht ja; es ist eben die Bundesversammlung", schrieb Pfordten in einem Gutachten für den bayerischen König. Daß die Bundesversammlung wenig handlungsfähig sei, liege nicht an der „Teilnahme der vielen Staaten", sondern sei auf die Rivalität der Großmächte zurückzuführen.

---

[159] „Entwurf einer Convention für die Eintheilung, Führung und eventuell vorbereitende Aufstellung des 7ten, 8ten 9ten und 10ten Bundesarmeecorps bei einem ausbrechenden Kriege", Würzburg, 5. August 1860, HStA Wiesbaden, Abt. 210, Nr. 10928.
[160] *Gruner*, Die Würzburger Konferenzen, S. 238–253.
[161] *Angelow*, Von Wien nach Königsgrätz, S. 263.
[162] „Resultat der Besprechung zwischen den Ministern von Beust und von Hügel", Dresden, 26. Juni 1860, HStA Dresden, AM 933, fol. 347–350, Zitate fol. 349r und 349v.

„Sind aber die beiden Großstaaten einig, so kann die jetzige Bundesversammlung ebenso rasch handeln, wie eine kleinere Centralgewalt." Im übrigen sei die Bildung einer Zentralgewalt aus wenigen Staaten unausführbar, weil kein Bundesmitglied freiwillig auf die Beteiligung daran verzichten werde. Dies habe bereits die Dresdener Konferenz gezeigt. Die Schlußfolgerung Pfordtens ging dahin, man müsse auf eine institutionelle Reform des Bundes verzichten, da sie nicht realisierbar sei:

„Ich werde immer fester in der Ueberzeugung, daß organische Aenderungen des Bundes nicht möglich sind. Er muß bleiben, wie er ist, oder sich ganz auflösen. Nur darauf kann man hier wirken, daß Oestreich u. Preußen sich verständigen, und daß der Bund dann leistet, was seine jetzige Verfassung gestattet, und das kann bei gutem Willen viel seyn."[163]

Setzte Pfordten immerhin noch Hoffnungen in den „guten Willen" – der im übrigen ja auch eine Bundesreform ermöglicht haben würde –, so gewann andernorts eine fatalistische Haltung an Boden, die von diplomatischen Verhandlungen und Reformkonferenzen nichts mehr erwartete. „Kommt die Gefahr, dann findet sich die Einheit von selbst; vorher kommt doch nichts nach allen diesen Berathungen, welche nur zu Partheimanoeuvern und Bestrebungen benutzt werden."[164] Mit dieser Einschätzung reagierte der hamburgische Senator Merck auf den Plan des Herzogs von Meiningen.

Unter diesen Voraussetzungen war an einen Erfolg der sächsisch-württembergischen Initiative nicht zu denken. Vergeblich blieb auch der Versuch Beusts, die Bundesversammlung zu einer größeren Tätigkeit zu bewegen. Als er im Oktober 1860 daran erinnerte, daß die Reformanträge, die von den Münchener und Würzburger Konferenzen von 1859 ausgegangen waren, bisher noch nicht umgesetzt worden waren und vorschlug, bei der bevorstehenden Wiedereröffnung der Bundesversammlung einen gemeinschaftlichen Antrag der Regierungen auf rasche Aufnahme der entsprechenden Verhandlungen zu stellen, verweigerte sich Bayern diesem „Collectivschritt".[165] Auch Österreich war nach der Verständigung mit Preußen in Teplitz nicht daran gelegen, in der Bundesversammlung und ihren Ausschüssen Themen zu erörtern, die zu neuen Auseinandersetzungen zwischen den Großmächten führen mußten. Schon im August hatte sich Rechberg mißfällig über das Drängen Beusts geäußert, die unerledigten Bundesfragen zur Abstimmung zu bringen.[166]

Im Herbst 1860 schienen sich somit die Hoffnungen auf eine föderative Weiterentwicklung des Deutschen Bundes endgültig zu zerschlagen. Alle seit

---

[163] Pfordten an Hofrat Pfistermeister, Frankfurt, 20. Juli 1860, HStA München, Geh. Hausarchiv Maximilian II., 76/5/34.
[164] Merck an Curtius, Hamburg, 20. Juli 1860, Archiv der Hansestadt Lübeck, Altes Senatsarchiv, Deutscher Bund, B 40, Fasz. 4.
[165] Beust an Bose, Dresden, 13. Oktober 1860, Bose an Beust, München, 19. Oktober 1860, Schrenk an Gise, München, 12. November 1860, HStA Dresden, AM 935, fol. 1–8, 10–13, 26f.
[166] Schönburg an Maximilian II., Wien, 2. August 1860, HStA München, MA 493/1.

1850 unternommenen Reformversuche waren gescheitert, von den zahlreichen Vorschlägen zum Ausbau der Bundesverfassung hatte kein einziger die Zustimmung aller Bundesmitglieder gefunden. Das große Reformpaket von 1850 war sukzessive verkleinert worden, und 1860 blieb anscheinend nichts mehr übrig, was mit Aussicht auf Erfolg angegangen werden konnte. Von einer Volksvertretung beim Bund hatten die meisten Regierungen Abstand genommen; die Schaffung einer wirksamen Bundesexekutive fand nur noch wenige Befürworter; die Zoll- und Handelseinigung Deutschlands im Rahmen des Deutschen Bundes war schon seit Jahren kein Thema der Bundesversammlung mehr; die seit 1859 eingeleiteten Verhandlungen zur Revision der Bundeskriegsverfassung kamen nicht voran; die seit Jahren in diversen Bundesausschüssen geführten Verhandlungen über einheitliche Bundesgesetze hatten bislang nicht zu greifbaren Ergebnissen geführt. Immer noch war der Einfluß der Bundesversammlung auf die deutsche Innen- und Außenpolitik sehr gering, und die Tätigkeit des Bundes für die nationalen Belange entsprach nicht dem, was die nationale Bewegung immer drängender forderte.

Gleichwohl verschwand das Projekt einer föderativ-nationalen Weiterentwicklung des Deutschen Bundes nicht völlig aus der politischen Diskussion. Ein wesentlicher Grund dafür lag darin, daß die beiden Großmächte und vor allem auch Preußen noch nicht gewillt waren, das Bundesverhältnis zu beenden. So lange aber der tatsächliche Bundesbruch noch ausblieb und die Bundesversammlung in Frankfurt weiterbestand, so lange mußte mit dem Bund Politik gemacht werden – so ungenügend diese auch sein mochte. So wenig die Bundesversammlung bisher vermocht hatte, eine den Erfordernissen der Zeit entsprechende deutsche Politik zu betreiben, so unmöglich war es, sie auf Dauer vollständig aus dem politischen Prozeß auszuschließen. Als Vertretung aller deutschen Staaten konnte die Bundesversammlung nicht untätig und unbeteiligt bleiben, wenn über große nationale Fragen und Bedürfnisse verhandelt und entschieden wurde. Die politische Lethargie des Bundes, welche insbesondere die Großmächte für erstrebenswert hielten, um ungestört von der Mitsprache der kleinen und mittleren Staaten ihre Interessen zu verfolgen, ging nicht so weit, daß die Bundesversammlung völlig zum Verstummen gebracht worden wäre. Manche Regierungen und ihre Bundestagsgesandten ließen sich nicht abbringen von dem Versuch, in Frankfurt gemeinschaftliche Beschlüsse zum Wohle des Bundes und der Nation zustande zu bringen. Und immer wieder gab es Lebenszeichen der diversen Ausschüsse, die sich nach Jahren mehr oder minder kontinuierlicher Tätigkeit mit Vorschlägen und Entwürfen in der Bundesversammlung zurückmeldeten.

So wurde zu Jahresbeginn 1860 unvermittelt wieder die Schaffung eines Bundesgerichts auf die Tagesordnung gebracht. Im betreffenden Ausschuß, der schon seit 1851 bestand und bislang vergeblich versucht hatte, die Bildung eines Bundesgerichts in die Wege zu leiten, legte am 23. Januar der Referent von Linde den Entwurf eines Vortrags des Ausschusses für die Errichtung eines Bundesgerichts vor.[167] Der Entwurf stieß auf manche Bedenken und Widerstände, denen Linde durch eine Überarbeitung und erhebliche Kürzungen begegnen wollte. Eine neue Fassung, die bereits am 28. Februar fertiggestellt war, wurde dem Ausschuß am 27. Juni 1860 übermittelt. Darin stellte Linde fest, daß die Rechtseinheit im Bund auch ein Bundesgericht voraussetze. Linde faßte die Schaffung der Rechtseinheit als eine nationale Aufgabe auf, deren Zweckmäßigkeit und Ausführbarkeit auch im Rahmen des Bundes eindeutig bejaht wurde. Bei der Durchführung dieser Aufgabe konnte ein Bundesgericht, wie Linde darlegte, wertvolle Dienste leisten, indem es einerseits die bundesweite Rechtssicherheit herstellte und andererseits „als Gesetzcommission für Deutschland" bei der Rechtsvereinheitlichung selbst mitwirkte. In seinem Entwurf stellte Linde deshalb den Antrag, ein Bundesgericht zu bilden, das der Bundesversammlung „zur Vollführung der Gesetzgebungsarbeiten" beigegeben werde.[168]

Die Bundesversammlung wie auch die Einzelregierungen sahen sich dadurch veranlaßt, sich abermals mit dem Projekt eines Bundesgerichts zu beschäftigen. Der österreichische Außenminister Rechberg ließ der bayerischen Regierung mitteilen, Wien sei den Bestrebungen zur Bildung eines Bundesgerichts günstig gestimmt und werde weiteren Verhandlungen in der Bundesversammlung nicht entgegenstehen, sofern gewährleistet sei, daß dadurch nicht ein neuer „Zankapfel" in den Bundestag geworfen werde.[169] Auch die preußische Regierung erhob keine prinzipiellen Einwände gegen das Bundesgericht[170], ebenso erklärte sich Bayern mit der Errichtung eines Bundesgerichts grundsätzlich einverstanden[171]. Dies waren freilich ganz allgemeine Bekundungen, die der bundespolitischen Realität nicht standhielten. Die Verhandlungen über das Bundesgericht kamen in der Sache nicht voran.

Der Stillstand im Deutschen Bund und das offenkundige Scheitern der mittelstaatlichen Reformprojekte veranlaßten seit dem Sommer 1860 liberal gesinnte deutsche Regierungen, allen voran die von Baden, Sachsen-Coburg und Sachsen-Weimar, dazu, die Initiative zu einer radikalen Umgestaltung des Bundes zu ergreifen. Unter der Federführung von Roggenbach wurde ein Antrag für die Bundesversammlung vorbereitet, der die Bildung einer „ein-

---

[167] „Entwurf des Vortrages des Bundestags-Ausschusses für Errichtung eines Bundesgerichtes", BA Koblenz, Nachlaß Linde, FN 10/70 I, S. 37–218; zu diesem Entwurf und zur Diskussion über das Bundesgericht allgemein siehe *Müller-Kinet*, Die höchste Gerichtsbarkeit im deutschen Staatenbund, S. 214–218, und jetzt *Wyduckel*, Die Diskussion um die Errichtung eines Bundesgerichtes beim Deutschen Bund, hier S. 212.

[168] „Entwurf des Vortrages des Bundestags-Ausschusses für Errichtung eines Bundesgerichtes, die Herbeiführung einer gemeinschaftlichen Civil- und Criminal-Gesetzgebung für die deutschen Bundesstaaten betr.", Frankfurt, 27. Juni 1860, S. 4, 8 u. 10, BA Koblenz, DB 1/151.

[169] Rechberg an Schönburg, Wien, 23. August 1860, HStA München, MA 1537.

[170] Antrag des bayerischen Außenministeriums an Maximilian II., München, 15. November 1860, HStA München, MA 1537.

[171] Schrenk an Pfordten, München, 4. Dezember 1860, HStA München, Gesandtschaft Bundestag, Nr. 50.

heitlichen monarchischen Centralregierung" und einer „Representation der deutschen Nation in 2 Häusern" verlangte, um die offenkundigen Unzulänglichkeiten der bisherigen Bundesverfassung zu beheben.[172] Das Ziel war die Weiterentwicklung des Deutschen Bundes zu einer auf den Grundsätzen der Reichsverfassung von 1849 beruhenden „bundesstaatlichen Organisation".[173] „Die deutsche Entwicklung", so Roggenbach, „muß aus der Form des Staatenbundes, wie ihn die Bundesacte und Wiener Schlußacte begründet hat, zu der eines Bundesstaates fortschreiten."[174]

Dies ging weit über die Reformvorstellungen Beusts und anderer mittelstaatlicher Politiker hinaus, die zwar einen nationalen Bund, aber keinesfalls einen nationalen (kleindeutschen) Bundesstaat wollten. Während in den mittelstaatlichen Reformplänen die Reichsverfassung von 1849 immer ein negatives Schreckbild war und blieb, stellte Baden diese nun geradezu als ein Vorbild für die angestrebte Umgestaltung des Bundes hin. Unter dem Eindruck der Ereignisse von 1859 hatten sich somit innerhalb des Bundes zwei Reformmodelle herauskristallisiert, die beide eine Nationalisierung des Bundes projektierten, aber doch zu ganz unterschiedlichen Ordnungen führen würden: einmal einem großdeutschen, föderativen, kollektiv geleiteten National*bund*, und einmal zu einem kleindeutschen, mit Österreich nur völkerrechtlich verbundenen, von Preußen geleiteten National*staat*.

Die liberalen Regierungen machten sich das Programm des Nationalvereins zu eigen, den sie sehr zum Ärger der Ministerien der größeren Mittelstaaten und im eklatanten Widerspruch zu den Bundesbeschlüssen von 1854 protegierten. In der Tat lief das, was Baden und Sachsen-Coburg vorbereiteten, weniger auf eine Reform des Bundes hinaus, als auf eine Umwälzung der politischen Verhältnisse in Deutschland. Herzog Ernst II. jedenfalls bekannte in einem Schreiben an Großherzog Friedrich I. von Baden vom Dezember 1860, daß er wenig Hoffnung in eine Umgestaltung Deutschlands „auf dem Verhandlungsweg" setzte. Ihm kam es vor allem darauf an, im Bundestag die Initiative zu ergreifen, um ein nationales Zeichen zu setzen:

„Die große Revolution, welche von Süden und Osten über einen großen Theil von Deutschland sich verbreiten wird, die Revolution in den Gemüthern und Ansichten in Central-Europa, wird uns über alle Intriguen am alten Bundestag hinweghelfen."[175]

Der Plan, den Staatenbund in einen Bundesstaat umzuwandeln, ging davon aus, daß sich der nationale Druck von unten kanalisieren und politisch in-

---

[172] Antragsentwurf von Roggenbach, Beilage zum Schreiben Roggenbachs an Großherzog Friedrich I. vom 25. August 1860, vgl. auch Beilage zum Schreiben Großherzog Friedrichs I. an Herzog Ernst II., Schloß Mainau, 15. September 1860, GLA Karlsruhe, Großherzogliches Familienarchiv, Abt. 13, Korrespondenz Friedrichs I., Bd. 30, ad Nr. 23 sowie ebd. Bd. 13.
[173] Ebd.
[174] Erläuterungen zu dem Antragsentwurf von Roggenbach, ebd. Bd. 30.
[175] Ernst II. an Großherzog Friedrich I., Coburg, 5. Dezember 1860, GLA Karlsruhe, Großherzogliches Familienarchiv, Abt. 13, Korrespondenz Friedrichs I., Bd. 13, Nr. 16.

strumentalisieren ließ, und er basierte ferner darauf, daß Preußen sich an die Spitze des bundesstaatlichen Programms stellte. Für die Stellung des Deutschen Bundes war dies nicht nur inhaltlich sehr brisant, sondern die Entschlossenheit der liberalen Fürsten, ihr Programm in der Bundesversammlung zu präsentieren, mußte auch dazu führen, daß diese zum Forum einer Auseinandersetzung der Fürsten und Regierungen über die Zukunft des Bundes und der Nation wurde. Bisher war die Reformdebatte von den Regierungen auf der Ebene von diplomatischen Korrespondenzen und Konferenzen geführt worden, in die Bundesversammlung war keiner der vielen Pläne gelangt. Dies änderte sich seit 1859/60. Nachdem zunächst die Mittelstaaten im Herbst 1859 eine ganze Reihe von Einzelanträgen, welche die Verfassungsfrage umgingen, in der Bundesversammlung gestellt hatten, machten nun einige liberale Regierungen Anstalten, ihr kleindeutsch-bundesstaatliches Programm in Frankfurt vorzulegen. Zwar kam es dazu letztlich nicht, weil sich Preußen die Vorschläge Badens nicht zu eigen machen wollte. Doch die Möglichkeit, daß in Frankfurt von seiten einiger Regierungen die Umwandlung des Staatenbundes in einen Bundesstaat beantragt werden könnte, veranlaßte die größeren Mittelstaaten und schließlich auch Österreich dazu, die Konzeption eines föderativ-nationalen Bundes weiterzuverfolgen und zu versuchen, sie dann 1862/63 in einer großen Kraftanstrengung durchzusetzen.

Die Vorbereitungen dazu wurden im Jahr 1861 getroffen. Nach den fruchtlosen Diskussionen der beiden vorangegangenen Jahre schien nun die Bundesversammlung ihre politische Paralyse endlich überwinden zu können. Die Ausschußberatungen über die seit 1857 gestellten Reformanträge machten Fortschritte. Die im Juni 1860 eingesetzte „Sachverständigenkommission zur Ausarbeitung eines Gutachtens über Einführung gleichen Maßes und Gewichtes in den deutschen Bundesstaaten" legte am 30. April 1861 den Entwurf eines Maßsystems für Deutschland vor.[176] Im Sommer 1861 stimmte die Bundesversammlung dem von der „Kommission zur Ausarbeitung von Vorschlägen für eine allgemeine Gesetzgebung über den Gerichtsstand und über die Vollziehbarkeit rechtskräftiger Urteile in den deutschen Bundesstaaten" erarbeiteten Entwurf zu und forderte die Einzelregierungen auf, ihn als Gesetz anzunehmen.[177] Einen großen, auch die deutsche Öffentlichkeit beeindruckenden Erfolg konnte der Bund mit dem Allgemeinen Deutschen Handelsgesetzbuch verbuchen. Die Kommissionsberatungen darüber wurden am 12. März 1861 abgeschlossen, und schon am 31. Mai 1861 nahm die Bundesversammlung den Gesetzentwurf an.[178] Für zwei weitere der 1859 von den

---

[176] Gutachten über Einführung gleichen Maßes und Gewichtes in den deutschen Bundesstaaten. Ausgearbeitet von der durch die hohe deutsche Bundesversammlung hierzu berufenen Kommission, Frankfurt am Main 1861, 54 S., Separatdruck, BA Koblenz, DB 1/301; siehe unten Teil B, Kap. VII.
[177] ProtDBV 1861, § 220, S. 601–605, § 238, S. 644f.; siehe dazu unten Teil B, Kap. IV.
[178] ProtDBV 1861, § 151, S. 400–406; siehe unten Teil B, Kap. III.

„Würzburgern" gestellten Anträge zur Rechtsvereinheitlichung (Patentgesetzgebung, Zivilprozeßordnung) wurde im Lauf des Jahres endlich der Weg zur Aufnahme der Ausschußberatungen geebnet.[179]

Neue Hoffnungen schöpften die Befürworter einer Bundesreform auch aus den Entwicklungen in Österreich, wo mit dem Oktoberdiplom von 1860 und dem Februarpatent von 1861 nun endlich die Konstitutionalisierung der Habsburgermonarchie eingeleitet wurde. Durch den Übergang zum Verfassungsstaat mit Repräsentativorganen war eine wichtige Voraussetzung für die Reform des Deutschen Bundes geschaffen. Die Bundespräsidialmacht war jetzt verfassungspolitisch kompatibel mit den Plänen für die Bildung einer Bundesvolksvertretung aus gewählten Abgeordneten, die an der allgemeinen deutschen Gesetzgebung mitwirken sollten. Die Abwendung Wiens vom neoabsolutistischen System der fünfziger Jahre weckte die Erwartung, daß „das constitutionelle Oesterreich" die Reform der Bundesverfassung jetzt aktiv vorantreiben werde.[180] Schon im Januar 1861 wurde in der deutschen Presse über die angebliche Absicht des österreichischen Staatsministers Schmerling berichtet, die Bundesverfassung zu reformieren und dabei insbesondere eine Versammlung von Delegierten aus den deutschen Einzelparlamenten einzuberufen.[181] Die Meldung war gewiß verfrüht, denn es gab zu diesem Zeitpunkt bei der österreichischen Regierung noch keine konkreten Planungen in dieser Richtung. Gleichwohl deutete sich an, daß in Wien erstmals seit 1850/51 die Befürworter einer substantiellen Bundesreform an Einfluß gewannen. Dies war ein ermutigendes Zeichen für die mittelstaatlichen Reformpolitiker wie Beust, Hügel und Dalwigk, die nun hoffen konnten, daß Österreich sich ihre Pläne für eine großdeutsch-föderalistische Bundesreform im nationalen Sinne zu eigen machen und sie aktiv unterstützen werde.

Es dauerte allerdings noch einige Zeit, bevor Wien sich offen an die Spitze der Bundesreformbewegung stellte. Im Jahr 1861 gingen zunächst die Verfechter einer kleindeutsch-bundesstaatlichen Lösung in die Offensive. Die erste Jahreshälfte war erfüllt von Gerüchten um einen bevorstehenden Antrag von seiten Badens und anderer liberaler Regierungen zur Umwandlung des Bundes in einen Bundesstaat gemäß den Roggenbachschen Plänen von 1859/60. Dazu kam es letztlich nicht, weil es den liberalen Fürsten nicht gelang, Preußen für ihr Projekt zu gewinnen. Gleichwohl bewirkte die badische Initiative, daß nun auch in Preußen die Weichen für eine intensivere Auseinandersetzung mit dem Problem der Bundesreform gestellt wurden. Kein geringerer als Bismarck regte in einer Denkschrift für König Wilhelm I. vom Juli 1861 an, Preußen möge offiziell erklären, daß es die Bundesverfassung

---

[179] Siehe dazu unten Teil B, Kap. V und X.
[180] Bülow an Hall, Frankfurt, 3. Januar 1861, Reichsarchiv Kopenhagen, Udenriksministeriets, Det tyske forbund, depêcher 1860-62, No. 1.
[181] Augsburger Allgemeine Zeitung Nr. 26. vom 26. Januar 1861; vgl. König Maximilian II. an Schrenk, München, 29. Januar 1861, HStA München, MA 493/1.

„den Bedürfnissen der Bundesgenossen und der deutschen Nation nicht entsprechend" halte und entschlossen sei, am Bunde Vorschläge für eine Reform zu machen, „durch welche die Mitwirkung einer nationalen Vertretung in Aussicht genommen wird".[182] Dabei sollte Preußen einstweilen noch „die freie Einwilligung" seiner Mitverbündeten anstreben, gleichzeitig aber deutlich machen, daß es „den Gang der deutschen Entwicklung mit dem heutigen Bundestage" keineswegs für abgeschlossen hielt, sondern „ernstlich nach fortschreitender Reform desselben" strebte.[183] Bismarck ließ keinen Zweifel daran, daß nach seiner Auffassung die Bildung einer deutschen Nationalvertretung nur ohne die Beteiligung Österreichs ausführbar war. Sein Bundesreformverständnis lief demnach darauf hinaus, die Habsburgermonarchie von dem nationalen Integrationsprozeß auszuschließen. In diesem Punkt stimmte er mit den Forderungen des Nationalvereins ebenso überein wie mit den badischen Plänen, die wiederum an die Gagernschen Vorstellungen eines engeren und eines weiteren Bundes beziehungsweise das Radowitzsche Unionsmodell von 1849/50 anschlossen.

Dies war in keiner Weise mit dem vereinbar, was seit 1850/51 als Inhalt einer Bundesreform diskutiert worden war. Der auf der Dresdener Konferenz unternommene umfassende Bundesreformversuch war ja gerade die Antithese zu den kleindeutsch-bundesstaatlichen Projekten von 1848 bis 1850 gewesen, und die gesamte Bundesreformdiskussion der fünfziger Jahre war davon ausgegangen, daß es nur darum gehen könne, den bestehenden Staatenbund durch zusätzliche Einrichtungen wie eine Bundesexekutive, eine Bundesvolksvertretung und ein Bundesgericht sowie durch eine bundeseinheitliche Gesetzgebung in die Lage zu versetzen, die Belange der deutschen Nation wahrzunehmen. Wenn nun nach dem Italienischen Krieg von 1859 nicht nur der Nationalverein, sondern auch einige deutsche Regierungen und schließlich sogar Preußen davon ausgingen, daß ein politischer Fortschritt in Deutschland, daß nationale Einigung und Integration nur möglich waren, wenn Österreich davon ausgeschlossen blieb, dann stellte dies eine Kampfansage an die föderative Ordnung des Bundes und an jene dar, die glaubten, im Rahmen dieser Ordnung könne es möglich sein, die innere Nationsbildung in Deutschland voranzutreiben.

Neben der fortwährenden öffentlichen Agitation, welche sich in Zeitungen und Flugschriften, auf Versammlungen sowie in einer Reihe von deutschen Parlamenten entfaltete, zwangen die Haltung einiger deutscher Regierungen, die bereit waren, den Bund aufzugeben, und die Befürchtung, Preußen könne auf die Angebote des Nationalvereins und der liberalen Fürsten eingehen, die Anhänger einer großdeutschen föderativen Nation dazu, ihre Re-

---

[182] Denkschrift Bismarcks über die deutsche Frage, Baden-Baden, Mitte Juli 1861, in: *Bismarck*, Gesammelte Werke, Bd. 3, Nr. 234, Zitat S. 269; vgl. *Bismarck*, Werke in Auswahl, Bd. 2, S. 388.
[183] *Bismarck*, Gesammelte Werke, Bd. 3, Nr. 234, S. 269.

formbemühungen ebenfalls wieder aufzunehmen. Wieder war es der in dieser Sache unermüdliche sächsische Minister Beust, der den Anstoß dazu gab. Als er im September 1861 auf der Rückreise von seinem Urlaubsort Gastein über Wien und München fuhr, hatte er einen neuen Vorschlag im Gepäck. Um der „Zersetzung des Bundes" zu begegnen und die öffentliche Meinung günstiger zu stimmen, schlug Beust vor, die ständige Bundesversammlung in Frankfurt durch eine periodisch zusammentretende Ministerkonferenz zu ersetzen. Diese sollte im Wechsel von Österreich und Preußen geleitet werden und alternierend im Norden und im Süden Deutschlands tagen. Besondere Kommissionen sollten mit der Ausarbeitung von Bundesgesetzen beauftragt und dabei auch Delegierte der einzelstaatlichen Kammern beteiligt werden.[184]

Obwohl diese Anregungen in Wien und München eher reserviert aufgenommen wurden, machte sich Beust in den folgenden Wochen an die Ausarbeitung eines umfangreichen Bundesreformplans, in dem er seine Vorschläge präzisierte und zu einem systematischen Ganzen zusammenfügte. Am 15. Oktober 1861 schloß Beust sein Reformprojekt ab, und er legte ein Werk vor, das zwar in der Tradition der Bundesgrundgesetze stand, auf dieser Basis und in Fortführung der Dresdener Diskussionen von 1851 jedoch eine tiefgreifende Revision der Bundesverfassung ins Auge faßte. Die Vorlage Beusts bestand aus einem Entwurf für eine Reformakte sowie einer die Vorschläge motivierenden Denkschrift. Hinzu kam ein Nachtrag zur Denkschrift vom 20. November 1861, mit dem Beust den bis dahin eingegangenen Reaktionen auf sein Projekt Rechnung tragen wollte.[185]

Beusts Plan sah eine „wesentliche Änderung der organisatorischen Grundlagen des Deutschen Bundes" vor.[186] Das oberste Organ sollte die Bundesversammlung bleiben, deren Zusammensetzung der bisherigen Stimmenverteilung im Engeren Rat entsprechen sollte. Die Bundesversammlung sollte aber nicht mehr in Frankfurt und nicht mehr ständig tagen. Vorgesehen waren lediglich zwei Sitzungsperioden von maximal jeweils vier Wochen, die am 1. Mai und am 1. November beginnen sollten. Die Sitzungen sollten abwechselnd in einer norddeutschen und einer süddeutschen Stadt (etwa Hamburg und Regensburg) abgehalten werden, der Vorsitz sollte entsprechend zwischen Preußen und Österreich alternieren. Um die Beratungen und die Beschlußfassung der Bundesversammlung zu beschleunigen, schlug Beust

---
[184] Antrag von Schrenk an König Maximilian II., München, 25. September 1861, HStA München, MA 493/2; vgl. ebd. das Mémoire Beusts vom 17. September 1861.
[185] HStA Dresden, AM 936, fol. 55–82; die Dokumente sind gedruckt in: *Beust*, Aus drei Vierteljahrhunderten, Bd. 1, S. 279–302; *Ebeling*, Beust, Bd. 2, S. 3–23; sie wurden in der Augsburger Allgemeinen Zeitung, Beilage zu Nr. 347 vom 13. Dezember 1861, S. 5677–5682 veröffentlicht. Das Beustsche Projekt ist in der jüngst erschienenen Arbeit von *Flöter*, Beust und die Reform des Deutschen Bundes, einer gründlichen Analyse unterzogen worden (ebd. S. 332ff.); siehe ferner: *Thumann*, Beusts Plan zur Reform des Deutschen Bundes.
[186] So das Urteil von *Flöter*, Beust und die Reform des Deutschen Bundes, S. 332.

vor, die Frist für die Erteilung von Instruktionen an die Bundestagsgesandten auf drei Tage zu verkürzen.

Als neues legislatives Organ sollte neben die Bundesversammlung eine Abgeordnetenversammlung, gebildet aus „Repräsentanten der Landesvertretungen", treten. Gegenüber früheren Reformentwürfen sah der neue Plan Beusts vor, die Zahl der Abgeordneten mit 128 relativ klein zu halten. Dahinter stand die Überlegung, daß eine kleinere Versammlung ein geringeres Eigengewicht entwickeln werde als ein großes, 300 oder mehr Delegierte zählendes Gremium, das leicht in die Versuchung geraten könnte, sich als ein nationales Parlament zu gerieren. Die Bedeutung der Abgeordnetenversammlung wurde ferner dadurch eingeschränkt, daß sie nicht regelmäßig, sondern nur auf Geheiß der Bundesversammlung tagen sollte. Dabei sollte sie sich nur mit Gegenständen beschäftigen dürfen, „welche ihrer Berathung von Seite der Bundesversammlung unterstellt werden" – konkret dachte Beust hier vor allem an allgemeine Gesetze zur Rechtsvereinheitlichung im Deutschen Bund.

Zur Entscheidung von streitigen Rechtsfragen innerhalb des Bundes regte Beust abermals die Schaffung eines Bundesgerichts an, ohne allerdings näher auf Einzelheiten der Organisation und Kompetenz eines derartigen Gerichtshofs einzugehen.

Als dritte Säule der Reform schließlich brachte Beust die Bildung einer Bundesexekutivgewalt zur Sprache. Diese sollte bestehen aus dem Kaiser von Österreich, dem König von Preußen und einem dritten Bundesfürsten, „welcher in Vollmacht sämmtlicher übrigen Bundesstaaten handelt". Die Exekutivgewalt sollte mit ausgedehnten Vollmachten versehen werden, um in der Zeit zwischen den turnusgemäßen Bundesversammlungen die Beschlüsse auszuführen und vor allem auch bei außerordentlichen politischen Ereignissen kraftvoll im Sinne des Bundes handeln zu können.

In seiner ausführlichen Denkschrift, welche den Bundesreformentwurf motivierte und erläuterte, faßte Beust noch einmal die Argumente zusammen, mit denen er seit über einem Jahrzehnt für die föderative Einigung Deutschlands geworben hatte. Dabei ging Beust von zwei unumstößlichen Prämissen aus. Zum einen war für ihn jede Neugestaltung der deutschen Verhältnisse ausgeschlossen, „welche eine Auflösung des Bundesvertrags in sich schließt", denn dies würde nach seiner Überzeugung den „Umsturz" bedeuten, der dem „gemeinsamen Vaterlande" innere Kriege und die Einmischung des Auslandes bescheren würde. Zum zweiten hielt Beust energisch daran fest, daß der Deutsche Bund bei allen durchaus vorhandenen Mängeln und Versäumnissen keineswegs eine antinationale Einrichtung sei. Als föderative Ordnung bot er nach der Ansicht des sächsischen Außenministers durchaus die Möglichkeit, das nationale Bewußtsein zu stärken, die nationalen Interessen zu fördern und den Drang nach nationaler Einheit zu befriedigen. Der Bund galt Beust nach außen hin als Garant der nationalen Integrität, und die innere Harmonisierung war eine schon in den Bundesgrundgesetzen vorgesehene Aufgabe:

„In den Zeitabschnitt, der *ihm* [dem Bund] angehört, fällt keine Verminderung deutschen Gebiets, während *seines* Bestehens haben noch keine deutschen Heere gegen einander gekämpft, hat kein deutsches Land mit dem Ausland ein Bündniß gegen ein anderes deutsches Land geschlossen. Dagegen haben während des Bestehens des deutschen Bundes die verschiedenen Völker Deutschlands ihre geistigen und materiellen Interessen im steten Fortschritt genähert und verschmolzen, und wenn diese erfreuliche Erscheinung auch zum größten Theil auf Rechnung der allgemeinen culturgeschichtlichen Entwicklung der Zeit zu setzen ist, in welche das Bestehen des deutschen Bundes fällt, so mag doch nicht verkannt werden, daß diese Entwicklung in Deutschland schon bald nach der Begründung des Bundes ihren ersten Anfang nahm, daß sie in den Bundesgrundgesetzen vorgesehen war, und daß, wenn aus Ursachen, welche nicht der Beschaffenheit des Bundes an sich zur Last fielen, der Bund selbst in seinem Organ leider nicht als Leiter und Förderer jener Entwicklung zu erkennen war, gleichwol [sic] seine Verfassung nirgends ein nachhaltiges Hinderniß derselben gewesen ist."[187]

Beust ging so weit – und darin wäre ihm die deutsche Nationalbewegung gewiß nicht gefolgt –, die Bundesgründung 1815 zum Ausgangspunkt der nationalen Entwicklung Deutschlands zu machen:

„Der Drang nach nationaler Einheit, das Verlangen nach nationaler Macht in Deutschland sind allerdings älter als das seit drei Jahren vom Westen her gepredigte Nationalitätsprincip. Es hat dieses Streben keineswegs in den Programmen von 1848, ja nicht einmal in der Wartburg-Versammlung von 1817 seinen ersten Ausdruck gefunden; die Rede womit der kaiserlich österreichische Staatsminister Graf von Buol-Schauenstein im Jahre 1816 die Bundesversammlung eröffnete, verlieh demselben die unzweideutigste und umfassendste Weihe."[188]

Hier, so legte Beust den deutschen Regierungen nahe, begann die evolutionäre Entwicklung der Nation, und es waren die Versäumnisse des Bundes und der Einzelstaaten, diesen Prozeß aktiv voranzutreiben, die letztlich dazu geführt hatten, daß die deutschen Völker 1848 zum Mittel der Revolution gegriffen hatten, um die nationale Einheit herbeizuführen. Die Revolution – ob von unten oder von oben – konnte nur zur Spaltung Deutschlands und zum Bürgerkrieg führen; der einzige Weg, dies zur verhindern, lag für Beust darin, die deutschen Völker „mit dem Bunde zu befreunden"[189], indem die Regierungen und die Bundesversammlung unter Beteiligung von Abgeordneten des Volkes die nationalen Bedürfnisse aktiv förderten.

Die Denkschrift vom 15. Oktober 1861 war die letzte große Ausarbeitung Beusts zu einer umfassenden Bundesreform. Sie fand, wie im folgenden zu zeigen sein wird, eine überwiegend negative Resonanz. Gleichwohl bildete die Beustsche Initiative nicht den Endpunkt einer zehnjährigen fruchtlosen Reformdiskussion. Sie gab vielmehr den Auftakt zu einer Phase, in der die Reformanstrengungen erheblich intensiviert und schließlich zum wichtigsten

---
[187] *Ebeling*, Beust, Bd. 2, S. 7f.
[188] Ebd., S. 8f.
[189] Ebd., S. 10.

bundespolitischen Thema wurden. Nach jahrelangem Bohren des Brettes „Bundesreform" hatten Beust und seine Mitstreiter nun einen Punkt erreicht, an dem die beiden deutschen Großmächte sich veranlaßt sahen, von der bislang praktizierten dilatorischen Behandlung des Themas abzugehen und eine offensivere Haltung in der Frage der Umgestaltung der deutschen Verhältnisse einzunehmen. Die Bundesreformdiskussion gewann dadurch erheblich an Fahrt, und sie trug dazu bei, daß sich der Antagonismus der Großmächte schließlich so sehr verschärfte, daß am Ende nur eine militärische Lösung der Konflikte möglich schien.

Die regierungsinterne wie die öffentliche Debatte über die Vorschläge Beusts begann unmittelbar, nachdem Beust seine Denkschrift Ende Oktober an die Regierungen in Wien, München und Stuttgart gesandt hatte. Selbst bei den befreundeten Regierungen gab es allenthalben Vorbehalte sowohl gegen die Motivierung als auch gegen einzelne Vorschläge. König Wilhelm von Württemberg hielt die Initiative Beusts „für ein todtes Kind", da Preußen niemals darauf eingehen werde.[190] Die bayerische Regierung lehnte es ab, sich an der Stellung eines Reformantrags in der Bundesversammlung im Sinne der Beustschen Vorschläge zu beteiligen, weil ein solcher Antrag ohne vorherige Einigung der deutschen Großmächte aussichtslos sei und statt zur Konsolidierung des Bundes zu seiner Auflösung führen könne.[191] Schon einige Tage zuvor hatte die österreichische Regierung in ihrer ersten Reaktion grundsätzliche Einwände gegen das Projekt des sächsischen Ministers erhoben.[192] So kam für Wien ein turnusgemäßer Wechsel mit Berlin bei der Leitung der Bundesgeschäfte (Alternat) nicht in Frage, denn die Habsburgermonarchie könne nach der derzeitigen Situation nicht erwarten, bei der Aufgabe ihrer bisherigen Präsidialstellung ein entsprechendes Äquivalent im Sinne einer „politischen Consolidation des Bundes" gegenüber dem Ausland, das heißt eine Garantie der deutschen wie außerdeutschen Gebiete Österreichs durch den Bund zu erhalten.[193]

Die Reaktionen in Wien wie in den süddeutschen Mittelstaaten waren wenig verheißungsvoll, und die öffentliche Debatte über die Beustschen Vorschläge, die Anfang November einsetzte, war für die deutschen Minister alles andere als eine Ermutigung, sich in der Bundesreformfrage zu exponieren. Die liberale Presse war sich weitgehend einig über die „Unausführbarkeit", „Lückenhaftigkeit", „Unrichtigkeit" und „Unbrauchbarkeit" der Vorschläge und „das Ungenügende des der Nation Gebotenen".[194] Keines der Übel der

---

[190] HStA Stuttgart, E 9, Büschel 62.
[191] Antrag Schrenks an König Maximilian II. vom 28. Oktober mit Instruktion des Königs vom 16. November 1861, HStA München, MA 493/2.
[192] Rechberg an Werner, Wien, 5. November 1861, Schreiben mit Anlage: Einige allgemeine Bemerkungen den Dresdner Entwurf einer Reorganisation des deutschen Bundes betr., HStA Dresden, AM 936, fol. 168–182.
[193] Ebd., fol. 181r.
[194] Die Zeit Nr. 202 vom 26. November 1861, S. 2453–2456.

bestehenden Bundesverfassung werde beseitigt, statt dessen würden dem morschen System des Bundes nur neue Stützen gegeben.[195]

Damit hätte es, wie unzählige Male zuvor bei der Erörterung von Bundesreformplänen, sein Bewenden haben können, zumal der österreichische Außenminister Graf Rechberg am 30. November 1861 in einem Schreiben nach Dresden seiner Hoffnung Ausdruck gab, daß der Beustsche Reformplan nicht weiter verfolgt werde.[196] Die möglichst geräuschlose Beerdigung der sächsischen Initiative schien somit arrangiert, die neuesten Bundesreformideen befanden sich schon auf dem Weg zum Friedhof, als die preußische Regierung zum Entsetzen der nur vordergründig Trauernden dem Leichenwagen einen heftigen Stoß versetzte, der den Sarg mitten auf die Straße purzeln ließ. Sechs Wochen, nachdem ihr die sächsischen Vorschläge übermittelt worden waren[197], am 20. Dezember 1861, wies die preußische Regierung – wie zu erwarten gewesen war – den Plan Beusts zurück.[198] Außenminister Bernstorff ließ es dabei aber nicht bewenden, sondern konterte mit längeren Ausführungen über „die Bildung eines Bundesstaates *im* Staatenbunde" und „engere Vereinigungen" im Rahmen eines „weiteren Bundes", was von Österreich und den Mittelstaaten als eine Drohung mit der Wiederaufnahme der preußischen Unionspläne von 1849/50 interpretiert wurde.

Nicht nur Österreich beurteilte die Ausführungen Bernstorffs als „Radowitz Redivivus"[199], als eine „Provocation sonder Gleichen" und „ein unverhülltes Appelliren an die Revolution"[200]; auch die mittelstaatlichen Regierungen faßten sie als eine Kriegserklärung an Österreich, den Bund und die Selbständigkeit der Einzelstaaten auf. Es kam die Befürchtung auf, die Berliner Regierung könne sich unter dem Druck der liberalen Mehrheit im Landtag „zu einem agressiven [sic] Verfahren gegen ihre Bundesgenossen hinreissen lassen".[201] Wie zwölf Jahre zuvor schien wieder ein Angriff auf die staatenbündische Ordnung bevorzustehen, und wieder schien Preußen die li-

---

[195] Frankfurter Journal, Erste Beilage zu Nr. 328 vom 26. November 1861.
[196] Rechberg an Werner, Wien, 30. November 1861, HStA Dresden, AM 936, fol. 375f. – Aus Frankfurt berichtete am 28. November der oldenburgische Bundestagsgesandte, daß die Vorschläge Beusts am Rande der Bundesversammlung „nur sehr nebenher und nicht eben ernsthaft" besprochen wurden, da man sie für unrealistisch halte; Eisendecher an das Staatsministerium, Frankfurt, 28. November 1861, StA Oldenburg, 31-15-13, 95 I, fol. 126.
[197] Beust hatte seine Denkschrift am 11. November nach Berlin gesandt; Beust an Hohenthal, Dresden, 11. November 1861, GStA Berlin, I. HA, Rep. 81, Wien II, Nr. 284; der Nachtrag vom 20. November ging in Berlin am 5. Dezember ein, ebd.
[198] Bernstorff an Savigny, Berlin, 20. Dezember 1861, GStA Berlin, I. HA, Rep. 75A, Nr. 282, fol. 63–69.
[199] So der Bundespräsidialgesandte Kübeck an Rechberg, Frankfurt, 4. Januar 1862, Privatschreiben, HHStA Wien, PA II 53. Deutscher Bund. Berichte 1862 I-II, fol. 13f.
[200] Edelsheim an Roggenbach, Wien, 23. Januar 1862, GLA Karlsruhe, 48/1524.
[201] So der bayerische Außenminister Schrenk über entsprechende Äußerungen des württembergischen Königs in einem Antrag des Außenministeriums an den König, München, 5. Januar 1862, HStA München, MA 493/2.

berale Nationalbewegung benutzen zu wollen, um sein altes Ziel der Herausdrängung Österreichs aus Deutschland zu erreichen. Österreich und die Mittelstaaten entschlossen sich, dieser Gefahr durch einen demonstrative diplomatische Gemeinschaftsaktion zu begegnen. Kaiser Franz Joseph wandte sich persönlich an die mittelstaatlichen Monarchen, um sie für eine Vereinbarung „zum Schutze der deutschen Bundesverfassung und der Unabhängigkeit der deutschen Souveraine" zu gewinnen.[202] Ein entsprechendes vertrauliches Protokoll zwischen Österreich und Bayern wurde am 22. Januar 1862 aufgenommen.[203]

Das Protokoll enthielt eine scharfe Zurückweisung der preußischen Hegemonialbestrebungen und eine entschiedene Ablehnung „eines parlamentarischen deutschen Bundesstaates unter einheitlicher Leitung". Neu war, daß Österreich sich zum ersten Mal seit 1851 grundsätzlich dazu bereiterklärte, gegebenenfalls eine Ministerkonferenz einzuberufen, um über eine Bundesreform zu beraten, wobei als konkrete Punkte eine ständige Bundesexekutive, eine Delegiertenversammlung, ein Bundesgericht und die Ausdehnung des Bundesschutzes auf die nichtdeutschen Gebiete Österreichs und Preußens genannt wurden. Die Habsburgermonarchie bereitete sich offenkundig darauf vor, an die Spitze der föderativen Bundesreformbewegung zu treten und sich aktiv für das Programm einzusetzen, das seit über einem Jahrzehnt diskutiert wurde. Dabei spielte man in Wien nun auch mit dem Gedanken, die Bundesreform zu einer nationalen Frage zu machen, um Preußen zu übertrumpfen. So äußerte Rechberg im Gespräch mit dem badischen Gesandten Edelsheim, es läge nach Bernstorffs provozierender Note für Österreich nahe,

„den Handschuh aufzunehmen und zu versuchen, durch ein offenes und entschiedenes Gegenprogramm die Majorität der deutschen ‚Nation' auf seine Seite zu bringen; wenn die Kaiserl. Regierung noch Anstand nehme, dies zu thun, so sei es nur, weil dann der Bruch mit Preussen unvermeidlich und der Bürgerkrieg die nothwendige Folge sei."[204]

Vor dem offenen Appell an die Nation schreckte die Wiener Regierung noch zurück. Sie setzte aber alle diplomatischen Hebel in Bewegung, um die bundesfreundlichen Mittelstaaten zu einer demonstrativen Zurückweisung der preußischen Vorstellungen zu bewegen. Im letzten Artikel des österreichisch-bayerischen Protokolls wurde vereinbart, in Berlin gleichlautende Protestnoten übergeben zu lassen, in denen die von Bernstorff in seiner Note vom 20. Dezember formulierten kleindeutsch-unionistischen Ideen als unvereinbar mit dem Bestand des Bundes zurückgewiesen wurden. Die Regierungen von Sachsen, Hannover, Württemberg, beiden Hessen, Braun-

---

[202] Kaiser Franz Joseph an König Wilhelm von Württemberg, Wien, 22. Januar 1862, HStA Stuttgart, G 268, Büschel 24.
[203] HStA München, MA 493/2.
[204] Edelsheim an Roggenbach, Wien, 23. Januar 1862, GLA Karlsruhe, 48/1524.

schweig und Nassau wurden eingeladen, sich an dem gemeinsamen Schritt in Berlin zu beteiligen.[205] Mit Ausnahme Sachsens schlossen sich die genannten Regierungen binnen weniger Tage dem österreichisch-bayerischen Protokoll an[206], und am 2. Februar 1862 wurden in Berlin identische Noten überreicht. Beust war nicht bereit, die gleichlautende Note zu unterschreiben, da sie ihm inhaltlich unzulänglich erschien (so wurde das Bundesgericht nicht erwähnt) und er es überdies nicht für opportun hielt, Bernstorff die Gelegenheit zu geben, seine Äußerungen vom 20. Dezember 1861 zu relativieren. Sachsen richtete deshalb eine separate Note an die preußische Regierung, in der es sich gegen preußische Alleingänge in der deutschen Frage verwahrte und auf die Einleitung von gemeinsamen Beratungen über die Bundesreform drängte.[207]

In den identischen Noten Österreichs und seiner Verbündeten[208] wurde die Auffassung feierlich zurückgewiesen, der Deutsche Bund sei nur ein völkerrechtlicher Vertrag. Der Bund als „das alle Deutsche vereinigende National-Band" sei mehr als das, und die „Sicherheit und Einigkeit" Deutschlands seien in hohem Grade bedroht,

> „wenn Preußen auf das Bestreben zurückkommen wollte, einen Theil der Deutschen Staaten durch eine centralisirte Verfassung unter einem Oberhaupte zu einigen, während das Verhältniß zwischen diesem Theile und den übrigen Gliedern des Bundes auf dem Fuße bloßer Verträge, wie sie auch zwischen Völkern fremden Stammes geschlossen werden können, zu regeln wäre."[209]

Ein engerer Bundesstaat innerhalb des Bundes lasse sich durch den Artikel 11 der Bundesakte keineswegs rechtfertigen, er sei vielmehr unvereinbar mit dem Wesen und der Verfassung des Bundes, ja er bedeute geradezu dessen faktische Auflösung. Was Bernstorff in der Dezembernote ausgeführt habe, widerspreche der preußischen Politik bei der Gründung und in den Anfängen des Bundes, und es könne zu ähnlich unheilvollen Folgen führen wie „in einer früheren Epoche Bestrebungen desselben Characters". Eine Bundes*reform* könne nur von der „organischen Entwickelung" der bestehenden Bundesverfassung ausgehen, alles andere, so legte die Note nahe, bedeute den Bundes*bruch* und die Zerstörung Deutschlands.[210]

---

[205] HStA München, MA 493/2.
[206] Gleichlautende Protokolle wurden am 26. Januar 1862 zwischen Österreich und Württemberg, am 1. Februar zwischen Österreich und Hannover abgeschlossen, Nassau trat am 31. Januar bei; HStA Hannover, Dep. 103, Bestand VIII, Nr. 87; HStA Wiesbaden, 130 II/6469.
[207] Gise an König Maximilian II., Dresden, 1. Februar 1862, HStA München, MA 493/2.
[208] Bayern, Württemberg, Hannover, Hessen-Darmstadt und Nassau; Sachsen-Meiningen schloß sich der identischen Note am 12. Februar 1862 an; Telegramm Montgelas' an Schrenk, Berlin, 13. Februar 1861, HStA München, MA 493/2. Die Note wird im folgenden zitiert nach einer Abschrift der österreichischen Note: Karolyi an Bernstorff, Berlin, 2. Februar 1862, GStA Berlin, I. HA, Rep. 75A, Nr. 282, fol. 102–106.
[209] Ebd., fol. 103v–104r.
[210] Ebd., fol. 106r.

Die preußische Antwort auf die identischen Noten ließ dreizehn Tage auf sich warten, und sie war ebenso deutlich wie diese.[211] Preußen verwahrte sich heftig dagegen, daß seine frühere Politik negative Folgen für Deutschland gehabt hätte. Dafür seien vielmehr diejenigen Regierungen verantwortlich, die Preußens Bundesreformbestrebungen vereitelt hätten:

„Ihnen verdankt Deutschland die unveränderte Wiederherstellung der alten Bundesverfassung und damit einen dauernden Keim zu ähnlichen Wirren."

Nicht Preußen habe früher die Bundesreform verhindert, sondern seine Opponenten. Und nicht Preußen habe seine Bundesgenossen brüskiert und gefährliche Vorschläge gemacht, sondern die Verfasser der identischen Noten. Sie hätten ein Programm aufgestellt, das „eine weit größere Gefährdung des Bestandes des Bundes" darstelle, als die in der preußischen Note vom 20. Dezember 1861 angeregten „Reformen". Die „Unausführbarkeit" der Pläne der Gegenseite sei „unzweifelhaft", sie stünden „in vollkommenem Widerspruch" zum preußischen Standpunkt, Verhandlungen über „eine Reform auf solchen Grundlagen" seien „unthunlich".

Gleichzeitig mit der preußischen Antwort setzte in der deutschen Presse eine vehemente Diskussion über die identischen Noten ein, die nun bekannt wurden. In zahllosen Artikeln wurde die Auffassung geäußert, daß mit den Vorgängen seit Dezember 1861 ein wichtiger Schritt in der deutschen Frage erfolgt sei. Propreußische wie proösterreichisch-mittelstaatliche Blätter waren sich darin einig, daß es wie bisher nicht mehr lange weitergehen könne. Die Situation stehe auf „biegen oder brechen", titelten die großdeutschen Deutschen Blätter am 15. Februar 1862, und am gleichen Tag warf das ebenfalls am Sitz der Bundesversammlung erscheinende Frankfurter Journal Österreich und den Mittelstaaten vor, sie wollten den Bund für eine rücksichtslose antipreußische und antideutsche Politik mißbrauchen.[212] Allenthalben war vom möglichen Bundesbruch, vom Austritt Preußens aus dem Bund, vom eventuellen (Bürger-) Krieg, von der Revolution und von der Auflösung Deutschlands die Rede.

Die einzige Alternative zu diesem bedrohlichen Szenario war die Bundesreform auf der Grundlage der seit 1850 diskutierten Vorschläge, mithin die Ausbildung der föderativen Nation im Rahmen des bestehenden Staatenbundes. Ein weiteres Aufschieben dieser Reform schien den Anhängern des Bundes nicht mehr vertretbar, und neben Beust drängten nun auch die anderen mittelstaatlichen Regierungen Österreich dazu, ein entsprechendes Projekt unverzüglich auf den Weg zu bringen. Wien war außerstande, sich dem weiter zu entziehen und setzte sich im Sommer 1862 an die Spitze der Bundes-

---

[211] Im folgenden zitiert nach der Ausfertigung an die bayerische Regierung: Perponcher an Schrenk, München, 15. Februar 1862, HStA München, MA 493/2.
[212] Deutsche Blätter Nr. 7 vom 15. Februar 1862; Frankfurter Journal Nr. 46 vom 15. Februar 1862.

reformbewegung. Dabei wählte die Führung der Habsburgermonarchie zunächst aber nicht den von Beust vorgeschlagenen Weg einer allgemeinen Verfassungsreform durch eine Ministerkonferenz oder gar einen „Fürstentag". Statt dessen nahm man die schon seit einigen Jahren laufenden diversen Kommissionsverhandlungen über die bundesweite Rechtsvereinheitlichung zum Ausgangspunkt für eine Initiative in der Bundesversammlung.

Bei den Verhandlungen der vom Bund eingesetzten Kommissionen zur legislativen Harmonisierung hatte sich herausgestellt, daß selbst bei dem erfolgreichen Abschluß der Beratungen und einem Bundesbeschluß über die allgemeine Einführung neuer Bundesgesetze auf die parlamentarische Mitwirkung nicht verzichtet werden konnte. Keine Regierung war bereit, bei der Umsetzung eines entsprechenden Bundesbeschlusses die eigene Verfassung zu verletzen und ein in der Bundesversammlung beschlossenes Gesetz ohne Zustimmung des Landtags einzuführen. Dieses Verfahren war langwierig und umständlich, wie die Erfahrungen mit dem 1861 vom Bund beschlossenen Allgemeinen Deutschen Handelsgesetzbuch zeigten, das in jedem einzelnen Staat in den entsprechenden parlamentarischen Gremien separat verabschiedet werden mußte. Angesichts der Vielzahl der anderen noch anhängigen Bundesgesetzvorhaben lag es auf der Hand, daß die Rechtsvereinheitlichung erheblich beschleunigt werden könnte, wenn sie nicht mehr von den Einzelparlamenten, sondern von einer allgemeinen Vertretung auf Bundesebene genehmigt würde.

Diesen Gedanken einer Verknüpfung von Rechtsvereinheitlichung und Einführung einer dabei mitwirkenden allgemeinen „Volksvertretung" beim Deutschen Bund griff nun nach langem Drängen die Wiener Regierung endlich auf. Den konkreten Anlaß dazu bot der am 6. Februar 1862 gefaßte Bundesbeschluß zur Herbeiführung einer gemeinsamen deutschen Zivil- und Kriminalgesetzgebung. Der hessen-darmstädtische Minister Dalwigk schlug vor, bei dieser „nationalen Gesetzgebung" eine „Collectivvertretung des deutschen Volks resp. der deutschen Ständeversammlungen" zu beteiligen. Dies könne zwar das nationale Verlangen nach einer „Gesammtrepräsentation des deutschen Volks" nicht vollkommen zufriedenstellen, sei aber „vom Standpunkt der nationalen Interessen aus" durchaus ein Gewinn, indem auf diese Weise die Zusammengehörigkeit aller deutschen Volksstämme dokumentiert werde.[213]

Rechberg, dem Dalwigk seine Vorschläge übermittelt hatte, ließ sich von den Argumenten des hessischen Ministers überzeugen und warb seit März 1862 bei den übrigen Unterzeichnern der identischen Noten dafür, gemeinsam mit Österreich in der Bundesversammlung den Antrag zu stellen, die Einberufung einer Delegiertenversammlung zur Beratung der von den Bundeskommissionen vorbereiteten Gesetzentwürfe einzuleiten.[214] Die Abstim-

---

[213] Dalwigk an Roggenbach, Darmstadt, 19. Februar 1862, GLA Karlsruhe, 48/1524.
[214] Rechberg an Schönburg, Wien, 17. März 1862, HStA München, Gesandtschaft Wien, Nr. 1622/I.

mung darüber mit den Mittelstaaten nahm mehrere Monate in Anspruch, weil es unter den Regierungen noch etliche Bedenken und Eifersüchteleien gab, aber schließlich gelang es doch, fast alle wichtigen Mittelstaaten in das gemeinsame Boot zu bringen. Entscheidend war, daß die Wiener Regierung diesmal nachdrücklich für die Einleitung von Bundesreformen plädierte. Zusätzlicher Reformdruck wurde in der Presse und erneut in den einzelstaatlichen Parlamenten erzeugt. In der württembergischen Kammer der Abgeordneten wurde Ende Mai 1862 über mehrere Anträge zur Einigung Deutschlands debattiert, wobei die Schaffung einer „Volksvertretung" beziehungsweise die „Umwandlung der Bundesverfassung mit Nationalvertretung" verlangt wurden.[215] Vom 7.-9. Juni 1862 fand in Frankfurt eine Vorstandssitzung des Nationalvereins statt, auf der Vorbereitungen für einen allgemeinen deutschen Abgeordnetentag getroffen wurden[216] – ein Vorgang, den Rechberg als „den Versuch eines neuen *Vorparlaments*" betrachtete[217].

In fieberhafter Eile versuchte nun Rechberg, noch vor dem Beginn der Bundestagsferien Anfang August den geplanten Reformantrag in die Bundesversammlung zu bringen. Am 7. Juli fanden in Wien Besprechungen statt, zu denen Österreich die Mittelstaaten eingeladen hatte. Es nahmen daran die Gesandten von Bayern, Sachsen (auch für Sachsen-Meiningen), Hannover, Württemberg, Großherzogtum Hessen (auch für Nassau) und Kurhessen teil.[218] Gegenstand der Beratungen waren: 1. die Einberufung einer Delegiertenversammlung zur Begutachtung der in Vorbereitung befindlichen Gesetzentwürfe über die Zivilprozeßordnung und das Obligationenrecht; 2. die Teilnahme der Delegiertenversammlung an der Bundesgesetzgebung als organische Einrichtung; 3. die Einsetzung einer Bundesexekutive; 4. die Einsetzung eines Bundesgerichts.

Ausdrücklich wurde hervorgehoben, daß die Hinzuziehung ständischer Abgeordneter zu den aktuellen Gesetzgebungsprojekten die Vorstufe zur Schaffung einer „Delegirtenversammlung als organisches Institut" bilden sollte. Entsprechende Anträge sollten „in kurzer Frist" in die Bundesversammlung eingebracht und damit auch zur Kenntnis der Öffentlichkeit gebracht werden. Dadurch hoffte Österreich, Druck auf Preußen auszuüben, sich an den Reformberatungen zu beteiligen. Andererseits stellte der Referent für die deutschen Angelegenheiten im österreichischen Außenministerium, Biegeleben, klar, daß die Reformen auch dann in Angriff genommen werden müßten, wenn Preußen seine Mitwirkung verweigern sollte. Zumindest auf die „partielle Ausführung der Reformprojekte auf föderativer Basis" könne auch bei einer preußischen Ablehnung nicht verzichtet werden.

---

[215] Verhandlungen der Württembergischen Kammer der Abgeordneten in den Jahren 1862 bis 64. 1. Protokoll-Band, S. 109–117, ebd. 1. Beilagen-Band, 1. Abt., Beilage 21; Augsburger Allgemeine Zeitung, außerordentliche Beilage zu Nr. 143 vom 23. Mai 1862, S. 2390–2392.
[216] *Biefang* (Bearb.), Der Deutsche Nationalverein, S. 186f.
[217] Bray an Schrenk, Wien, 10. Juni 1862, HStA München, MA 504.
[218] Registratur über die vertraulichen Besprechungen über Vorschläge zur Reform der deutschen Bundesverfassung, Wien, 7. Juli 1862, HStA München, MA 494.

„Es scheine sich daher zu empfehlen, die verschiedenen Anträge so zu gestalten, daß sie zwar, ihrer Absicht und Anlage nach, stets auf den gesammten deutschen Bund berechnet wären und nirgends auf eine vorhergesehene Sonderstellung Preußens hindeuteten, aber doch, so weit immer möglich, unter Offenhaltung des Beitritts Preußens einstweilen innerhalb des Bereichs der zustimmenden Staaten zur praktischen Ausführung gebracht werden könnten. Eine permanente Exekutivbehörde des Bundes lasse sich allerdings ohne die Mitwirkung Preußens weder rechtlich noch faktisch begründen, und in diesem Punkte sei man daher auf Vorschläge beschränkt. Die Delegirtenversammlung dagegen, und selbst das Bundesgericht könnten provisorisch auch als gemeinschaftliche Institute einer Mehrzahl deutscher Regierungen kraft deren freien Vereinbarungsrechtes ins Leben treten."[219]

Die Habsburgermonarchie war nun, so machen diese Äußerungen klar, fest entschlossen, die Bundesreform voranzutreiben und sich davon auch nicht mehr durch die preußische Obstruktion abbringen zu lassen. Österreich machte sich ein Programm zu eigen, daß in seinen Grundzügen schon vor über einem Jahrzehnt formuliert, bislang aber von Wien niemals in seiner Gesamtheit akzeptiert worden war. Diese späte deutschlandpolitische Kehrtwende hatte sich seit dem außenpolitischen Desaster von 1859 vorbereitet, aber die energische Entschlossenheit, mit der die Präsidialmacht nun die Bundesreform zu forcieren versuchte, überraschte selbst die befreundeten Kabinette. Aus München wußte der preußische Gesandte nach Berlin zu berichten, daß Ministerpräsident Schrenk Österreich nur widerstrebend folgte.[220] Auch in Stuttgart, Hannover und Dresden gab es Vorbehalte gegen die Wiener Vorschläge.[221]

Gleichwohl war an eine Ablehnung der österreichischen Anträge nicht zu denken, am allerwenigsten bei den größeren Mittelstaaten, die sich seit über einem Jahrzehnt immer wieder öffentlich für genau jene Reformen ausgesprochen hatten. Auf einer zweiten Konferenz der Gesandten in Wien am 10. August 1862 wurde vereinbart, den von Österreich im Juli vorgelegten Antragsentwurf zur Bildung einer Delegiertenversammlung in die Bundesversammlung zu bringen. Im Hinblick auf das Bundesgericht einigte man sich auf Vorschlag Bayerns darauf, nicht den Wiener Entwurf vom Juli als Antrag einzubringen, sondern durch eine gemeinsame Erklärung den bestehenden Ausschuß für das Bundesgericht aufzufordern, die Verhandlungen zur Errichtung eines Bundesgerichts wieder aufzunehmen.[222] Auf der Basis dieser Übereinkunft wurden am 14. August 1862 in der letzten Sitzung des Bundestags vor den Ferien die beiden Anträge eingebracht und sofort an die betreffenden Bundesausschüsse verwiesen. Der preußische Gesandte distan-

---
[219] Ebd., Registratur vom 7. Juli 1862.
[220] Perponcher an Bernstorff, München, 25. Juli 1862, GStA Berlin, I. HA, Rep. 81, Wien II, Nr. 302[III].
[221] Siehe dazu *Flöter*, Beust und die Reform des Deutschen Bundes, S. 376–379.
[222] Registratur. Zweite vertrauliche Besprechung über Vorschläge zur Reform der deutschen Bundesverfassung, Wien, 10. August 1862, HStA München, MA 494.

zierte sich von dem österreichisch-mittelstaatlichen Coup mit der Erklärung, über eine Bundesreform könne nur mit Stimmeneinhelligkeit entschieden werden und das eingeschlagene Verfahren verstoße gegen den Geist der Bundesgrundgesetze.[223]

Mit den Anträgen vom 14. August 1862 wurde die Bundesversammlung zum Schauplatz des Ringens um die Bundesreform. Bevor der Kampf offen ausbrach, vergingen indessen noch einige Monate, denn es begannen die Bundesferien, die bis zum 9. Oktober 1862 andauerten. In der langen Sommerpause verlagerte sich der Streit über die Bundesreform deshalb in die Öffentlichkeit. Schon am 17. August 1862 warb das in Stuttgart erscheinende Deutsche Volksblatt für die Umsetzung der Reformanträge. Österreich, Bayern und Württemberg wurden gelobt für ihr Engagement in „den Lebensfragen der deutschen Nation", Preußen wegen seiner unhaltbaren „Sonderstellung" kritisiert. Wenn man in der deutschen Frage weiterkommen wolle, so das Deutsche Volksblatt, müsse man die Reformvorschläge unterstützen, die Alternative dazu sei nur der „Weg von 1848", der ins Verderben führen werde.[224]

Auf der anderen Seite wies die kleindeutsche Presse die Anträge vom 14. August als ungeeignet zurück. Die offiziöse Karlsruher Zeitung schrieb am 20. August, die Regierungen hätten sich mit ihren Anträgen lächerlich gemacht, hätten damit Hohn und Spott mit dem deutschen Volk getrieben. Besonders heftig wurde kritisiert, daß die beabsichtigte Delegiertenversammlung nur ein „Trugbild deutscher Volksvertretung" sei. Die großdeutsche Presse reagierte mit Empörung auf die „Schmähungen gegen verbündete Regierungen" und warf der Presse, der Regierung und dem Volk in Baden vor, sie seien bestrebt, ihr Land „auf den preußischen Isolirschemel" zu stellen.[225]

Baden nahm in der Tat eine sehr distanzierte Haltung gegenüber den von Österreich und den größeren Mittelstaaten vorgelegten Anträgen ein und blieb damit seiner seit über einem Jahrzehnt eingenommenen Position treu. In einem Zirkular an die badischen Gesandten legte der liberale Minister Roggenbach am 1. September 1862 ausführlich seine Bedenken dar. Im Hinblick auf das Delegiertenprojekt führte Roggenbach aus, daß dieses nicht geeignet sei, den beabsichtigten Zweck zu erfüllen. Ganz im Gegenteil würde durch die Annahme des diesbezüglichen Antrags „die Forderung der Nation, an ihrem allgemeinen politischen Geschicke durch gleichviel wie immer organisirte Vertreter aus ihrer Mitte mitzuwirken, nicht nur nicht befriedigt, sondern stillschweigend sogar beseitigt werden". Betrachtete die badische Regierung das Delegiertenprojekt nur als eine „Schein-Concession", die den

---

[223] ProtDBV 1862, § 273–274, S. 479–484.
[224] Die Reform des deutschen Bundes, in: Beilage zum Deutschen Volksblatt Nr. 189 vom 17. August 1862.
[225] Staats-Anzeiger für Württemberg Nr. 200 vom 24. August 1862, S. 1689.

Bund nicht wirklich reformiere[226], so sah die Regierung von Mecklenburg-Schwerin darin eine „mit der Grundlage und dem Fortbestand der gegenwärtigen Bundesverfassung" unvereinbare Institution[227]. Diese konträren Einschätzungen zeigen, wie weit man auf der Regierungsebene von einem auch nur annähernden Konsens über die Frage der Bundesreform entfernt war. Für die weitere Entwicklung vom Herbst 1862 bis zum Herbst 1863 sollte sich diese Uneinigkeit zwischen den Einzelstaaten, die sich keineswegs im preußisch-österreichischen Antagonismus erschöpfte, als ein unüberwindbares Hemmnis erweisen.

Nach der durch die Bundestagsferien begünstigten relativen Windstille während des Sommers 1862 führte die Bundesreformfrage seit dem Herbst zum offenen Kampf innerhalb und außerhalb der Bundesversammlung. Die Auseinandersetzung über das Delegiertenprojekt eskalierte zur Jahreswende 1862/63 derart, daß der Deutsche Bund auseinanderzubrechen drohte. Die inhaltlichen Gesichtspunkte der Reform traten dabei zunehmend in den Hintergrund. Als der Ausschuß zur Beratung der Reformanträge vom 14. August sich im November mehrheitlich für den vom bayerischen Bundestagsgesandten Pfordten in Anlehnung an die Beustschen Vorschläge von 1861 ausgearbeiteten Entwurf für die Delegiertenversammlung aussprach, läutete er einen über zwei Monate währenden Konflikt in der Bundesversammlung ein, bei dem beide Seiten, die Befürworter wie die Gegner des Delegiertenprojekts, den Bruch des Bundes in Kauf nahmen. Die Ausschußmehrheit stellte am 12. Dezember den Pfordtenschen Entwurf definitiv fest, worauf die Bundesversammlung am 18. Dezember beschloß, die Abstimmung über das Delegiertenprojekt am 22. Januar 1863 durchzuführen.[228]

Österreich hatte diesen Beschluß gegen den erbitterten Widerstand Preußens durchgesetzt. Rechberg wollte den Antrag keinesfalls zurückziehen, nicht zuletzt wegen der befürchteten negativen Auswirkungen in der deutschen Öffentlichkeit. Er ging sogar soweit, zu behaupten, die Delegiertenversammlung sei keine organische Bundeseinrichtung und könne deshalb im Falle einer preußischen Verweigerung auch lediglich aufgrund freiwilliger Vereinbarung einzelner Regierungen eingerichtet werden.[229] Dies war für den seit September amtierenden neuen preußischen Ministerpräsidenten Bismarck völlig inakzeptabel. Bismarck instruierte den preußischen Bundestagsgesandten von Usedom am 6. Dezember 1862 dahingehend, „es als eine verfassungsmäßige Unmöglichkeit [zu] behandeln, daß die Sache bis zur Abstimmung getrie-

---

[226] Zirkular Roggenbachs, zitiert nach der Ausfertigung an den großherzoglichen Ministerresidenten von Dusch in Stuttgart, Karlsruhe, 1. September 1862, GLA Karlsruhe, 49/2561, fol. 62–67, hier fol. 64r.
[227] Bülow an den Großherzog von Mecklenburg-Schwerin, Frankfurt, 1. Oktober 1862, LHA Schwerin, MfAA, Nr. 99.
[228] ProtDBV 1862, § 371, S. 591–616.
[229] Werther an Bismarck, Wien, 16. Dezember bzw. 24. Dezember 1862, GStA Berlin, I. HA, Rep. 75A, Nr. 284.

ben werden könne". Ein solches Verfahren müsse von Preußen als „Bundesbruch" aufgefaßt werden. In dem Usedom übermittelten Entwurf für sein Minoritätsvotum im Ausschuß hieß es, ein Majoritätsbeschluß über das Delegiertenprojekt sei „dem Charakter des Bundes, dem Geiste und Wortlaute der Bundesgesetze völlig zuwider". Dieses bundeswidrige Verfahren könne dazu führen, daß Preußen nicht mehr imstande sei, die Bundesversammlung weiterhin als legitimes Organ des Bundes anzuerkennen.[230] Dies bedeutete im Klartext: Sollte Österreich mit Hilfe der Mittelstaaten in der Bundesversammlung einen Mehrheitsbeschluß zur Bildung einer Delegiertenversammlung herbeiführen, so würde Preußen sich aus der Bundesversammlung zurückziehen.

Es stellt sich die Frage, ob Bismarck wirklich entschlossen war, seine Ankündigung wahr zu machen und aus dem Deutschen Bund auszutreten. Oder bestand sein Kalkül eher darin, durch eine „Druckpolitik" diejenigen Staaten einzuschüchtern, die das Risiko des Bundesbruchs nicht eingehen wollten? Die Forschung hat sich bislang kaum damit beschäftigt, welche Konsequenzen zu erwarten gewesen wären, wenn die Abstimmung am 22. Januar 1863 zur Annahme des Delegiertenprojekts geführt hätte. Die Aufmerksamkeit konzentrierte sich vielmehr auf die bilateralen diplomatischen Auseinandersetzungen zwischen den beiden deutschen Großmächten, die sich in den Gesprächen zwischen Bismarck und dem österreichischen Gesandten Karolyi im Dezember 1862 materialisierten. Die dabei von Bismarck ausgesprochene Drohung, die Interessen Preußens in Deutschland und Mitteleuropa notfalls mit Gewalt durchzusetzen, war, so urteilte Lothar Gall, einerseits ein „brutaler Vorgriff auf die Zukunft", hatte allerdings zu diesem Zeitpunkt vor allem das Ziel, Wien zum Abweichen vom Konfrontationskurs und zu Verhandlungen zu bringen.[231]

Die Forschung geht im allgemeinen davon aus, daß Bismarck 1862/63 noch nicht wirklich auf einen Krieg mit Österreich zusteuerte, sondern durch „wohldosiert[e]" Drohungen[232] die deutschlandpolitische Offensive Österreichs abzublocken und Preußens Spielraum wieder zu vergrößern trachtete. So wenig hier an dieser These gerüttelt werden soll, so evident erscheint es indessen, daß sie der Frage nach der preußischen Reaktion im Falle einer Abstimmungsniederlage in Frankfurt ausweicht. Diese Angelegenheit war für die deutsche Politik und das Problem der Bundesreform keineswegs von nachrangiger Bedeutung, wie gesagt worden ist.[233] Niemals zuvor in der Bundesgeschichte hatte es eine Kampfabstimmung über ein substantielles Reformprojekt gegeben, bei der sich die beiden deutschen Großmächte gegenüberstanden. Und niemals zuvor hatte eine Großmacht offen zu erkennen gegeben, den Bund bei einer Abstimmungsniederlage verlassen zu wollen.

---

[230] Bismarck an Usedom, Berlin, 6. Dezember 1862, GStA Berlin, I. HA, Rep. 75A, Nr. 284.
[231] *Gall*, Bismarck, S. 269.
[232] Ebd., S. 270.
[233] *Lutz*, Zwischen Habsburg und Preußen, S. 438.

Vieles spricht dafür, daß Bismarck diese Drohung ernst meinte. Er ließ sich von seinem Bundestagsgesandten Usedom nicht davon abbringen, sie am 13. Dezember 1862 im Bundestag auszusprechen. Als Usedom davon abriet, im preußischen Votum offen mit dem Rücktritt Preußens vom Bund zu drohen, weil er bezweifelte, daß sich die „Österreichisch-Würzburgische Majorität" davon abschrecken lasse[234], teilte ihm Bismarck mit, Preußen könne sich das Verfahren der Mehrheit „unter keinen Umständen gefallen lassen", weshalb es bei der vorliegenden Fassung des Votums bleiben solle.[235] Am Tag der Abgabe des Votums teilte Bismarck in einer Depesche nach Wien mit, es sei die Absicht des preußischen Königs, im Falle eines Mehrheitsbeschlusses zugunsten des Delegiertenprojekts „den diesseitigen Bundestagsgesandten ohne Substitution abzuberufen".[236]

In ähnlicher Weise äußerte sich Bismarck seit Mitte Dezember mehrfach sowohl in Gesprächen mit Botschaftern wie auch in Erlassen an die preußischen Diplomaten in Wien, Frankfurt und Karlsruhe.[237] Es kann angesichts dessen kaum ein Zweifel bestehen, daß der preußische Ministerpräsident fest entschlossen war, den Bundesreformstreit bei einer Majorisierung seiner Regierung zum Anlaß zu nehmen, Preußen aus dem „Netze der Bundesverträge" zu befreien.[238] In diesem Falle, so berichtete der oldenburgische Gesandte in Berlin an seine Regierung, sei Bismarck entschlossen, „einen neuen norddeutschen Bund" zu versuchen, „auf dem Wege der Güte oder der Gewalt".[239]

Die auf den 22. Januar 1863 angesetzte Abstimmung über das Projekt einer Delegiertenversammlung war demnach für den Deutschen Bund ein Datum, an dem über seine weitere Existenz entschieden wurde. Bei einer Genehmigung der Reformanträge stand der Austritt Preußens zu erwarten, was zu unabwägbaren Folgen für Deutschland führen mußte. Unterlagen Österreich und die übrigen Reformbefürworter, so war abermals ein wichtiger Reformansatz gescheitert und die Bundesversammlung hatte sich in der deutschen Öffentlichkeit erneut als unfähig erwiesen, die nationalen Integrations- und Partizipationsforderungen auch nur ansatzweise zu erfüllen.

Vor dem Hintergrund dieser Alternativen – Reform oder Stillstand, Kontinuität oder Zerfall des Bundes – entfalteten die Anhänger wie die Gegner

---

[234] Usedom an Bismarck, Frankfurt, 9. Dezember 1862, GStA Berlin, I. HA, Rep. 75A, Nr. 284.

[235] Bismarck an Usedom, Berlin, 11. Dezember 1862, GStA Berlin, I. HA, Rep. 75A, Nr. 284.

[236] Bismarck an Werther, Berlin, 13. Dezember 1862, GStA Berlin, I. HA, Rep. 81, Wien II, Nr. 302IV; *Bismarck*, Werke in Auswahl, Bd. 3, S. 37–39, Zitat S. 38; *Bismarck*, Gesammelte Werke, Bd. 4, S. 22–25; Die auswärtige Politik Preußens, Bd. 3, S. 114–118.

[237] *Bismarck*, Werke in Auswahl, Bd. 3, S. 35, 46, 53, 54.

[238] Denkschrift Bismarcks vom 25. Dezember 1862, *Bismarck*, Werke in Auswahl, Bd. 3, S. 47–51, Zitat S. 48; *Bismarck*, Gesammelte Werke, Bd. 4, S. 29 ff.

[239] Geffcken an Rössing, Berlin, 24. Dezember 1862, StA Oldenburg, 31-15-16-30 I, fol. 418.

der Reformanträge im Vorfeld der Abstimmung eine hektische Aktivität, um die Mehrheit der Stimmen im Engeren Rat der Bundesversammlung auf ihre Seite zu ziehen. Österreich konnte auf die Unterstützung von Bayern, Sachsen, Württemberg und Hessen-Darmstadt zählen, Preußen konnte sich auf die Ablehnung der Delegiertenversammlung durch die Stimmen der Niederlande (für Luxemburg), Dänemarks (für Holstein und Lauenburg), Badens und beider Mecklenburg verlassen. Schwankend waren Hannover und Kurhessen sowie die mittel- und norddeutschen Kleinstaaten der 12., 13., 15., 16 und 17. Kurie.

Während die Regierungen dieser Staaten seit Ende Dezember 1862 von beiden Seiten intensiv umworben und zum Teil auch unter erheblichen Druck gesetzt wurden, tat die öffentliche Debatte ein übriges, um die Spannung vor der Abstimmung auf die Spitze zu treiben. Großes Aufsehen erregte am 13. Januar 1863 ein Antrag in der kurhessischen Ständeversammlung, mit dem diese aufgefordert wurde, sich gegen das Delegiertenprojekt zu erklären, weil es nicht geeignet sei, „die Bedürfnisse der Nation zu befriedigen", sondern statt dessen vom „rechten Ziele und Wege" ablenke. Der richtige Weg sei vielmehr derjenige, den der deutsche Abgeordnetentag am 28./29. September 1862 in Weimar skizziert habe: die „bundesstaatliche Einheit Deutschlands", herbeigeführt durch die Einberufung eines frei gewählten deutschen Parlaments.[240]

Zwei Tage zuvor war in der offiziösen Karlsruher Zeitung ganz ähnlich argumentiert worden. Eine Delegiertenversammlung wurde dort als „politisch völlig werthlos" bezeichnet, aus ihr könne niemals „eine wirkliche und wirksame Vertretung der deutschen Nation" erwachsen. Eine Reform auf der Grundlage des bestehenden Bundes sei nicht geeignet, den nationalen Bedürfnissen zu entsprechen:

„Nur die Umwandlung des Staatenbundes in den parlamentarischen Bundesstaat bringt wirkliche Hilfe; wir vermögen in keinerlei Modifikation des Bundestags eine irgend genügende Reform zu erblicken."

Auf der anderen Seite wollte die Karlsruher Zeitung bei einer mehrheitlichen Zustimmung zum Delegiertenprojekt für Preußen keine Rechtfertigung sehen, den Bund zu verlassen. Die Zerreißung des Bundes, der „alle Glieder unseres Volkes zusammenhält", wurde als nationale „Katastrophe" angesehen.[241]

Auch die Augsburger Allgemeine Zeitung führte in einem langen Artikel wenige Tage vor der entscheidenden Abstimmung aus, daß ein Majoritätsvotum zugunsten der Delegiertenversammlung keinen berechtigten Anlaß zum

---

[240] Antrag des Abgeordneten Wippermann, Kassel, 13. Januar 1863, StA Marburg, 9a, Nr. 641, fol. 22f.; vgl. StA Marburg, 73, Nr. 475, Bd. 3.
[241] Karlsruher Zeitung Nr. 9 vom 11. Januar 1863, Leitartikel „Die Delegiertenversammlung".

Bundesbruch biete. Im Hinblick auf die politischen Perspektiven der Delegiertenversammlung kam die Allgemeine Zeitung indessen zu einer ganz anderen Einschätzung als die Karlsruher Zeitung. Formaljuristisch betrachtet sei die Delegiertenversammlung zwar nur ein Mittel für die Förderung der Rechtsvereinheitlichung, speziell des Obligationenrechts. In politischer Hinsicht aber sei die Delegiertenversammlung zugleich „Embryo einer Bundesvolksvertretung", beziehungsweise der „Keim zu einer organisch-repräsentativen Bundesinstitution". Man dürfe sich deshalb nicht in den „Sumpf der Stagnation" zurückführen lassen, sondern müsse „einen entschiedenen Schritt" weitergehen und baldmöglichst einen Antrag auf Schaffung einer Bundesvolksvertretung mit umfassenden legislativen Kompetenzen stellen.[242]

Auf diplomatischer Ebene wie im öffentlichen Diskurs waren die Positionen damit deutlich abgesteckt. Die eine Seite setzte auf die Reform auf der Grundlage der bestehenden Bundesverfassung mit dem Ziel, die föderative Ordnung des deutschen Staatenbundes mit den nationalen Integrationswünschen in Einklang zu bringen. Die andere Seite war überzeugt, daß die nationale Einigung nicht im Rahmen des Bundes erfolgen könne, sondern seine Umwandlung beziehungsweise Ersetzung durch einen einheitlichen Bundesstaat erfordere. Um noch einmal die Karlsruher Zeitung zu zitieren:

„Nur gegenüber einer einheitlichen Regierung sind parlamentarische Institutionen möglich; nur ein auf unmittelbarer Volkswahl beruhendes Parlament kann die Einigung des deutschen Volkes bewirken und erhalten; nur in unserer wahrhaften politischen Gesinnung, in einheitlicher Zentralgewalt und Parlament finden wir die Befriedigung des die ganze Nation beseelenden Dranges nach einer würdigeren Existenz."[243]

Dieses Szenario war für die habsburgische Monarchie trotz der eingeleiteten inneren Reformen weder akzeptabel noch praktikabel. Wien konnte seine Rolle in Deutschland nur im Rahmen des Deutschen Bundes behaupten und beharrte nicht zuletzt bis zum Ende deshalb auf seiner herausgehobenen Rolle als Präsidialmacht, weil es darin eine Garantie gegen kleindeutschpreußische Sonderbünde und bundesstaatliche Projekte erblickte. Preußen unter Ministerpräsident Bismarck war stärker denn je davon überzeugt, daß der Bund ihm unzumutbare Fesseln anlegte und daß die Entwicklung in Deutschland von der bestehenden Bundesverfassung abgehen müsse. Die Abstimmung am 22. Januar 1863 wurde somit zu einer Entscheidung darüber, ob mit der Reform auch das Ende des Deutschen Bundes eingeleitet, oder ob er um den Preis der politischen Stagnation in der bisherigen Form weiterbestehen würde.

Der Ausgang des Ringens blieb bis zuletzt ungewiß. Die Regierung von Hannover entschied sich erst wenige Tage vor dem anberaumten Termin da-

---

[242] Augsburger Allgemeine Zeitung Nr. 15 vom 15. Januar 1863, S. 229–231.
[243] Karlsruher Zeitung Nr. 9 vom 11. Januar 1863, Leitartikel „Die Delegiertenversammlung".

für, dem Antrag zuzustimmen, lehnte aber die Bildung der Delegiertenversammlung aufgrund eines bloßen Majoritätsbeschlusses ab.²⁴⁴ Bayern, dessen Bundestagsgesandter Pfordten den Majoritätsantrag entworfen hatte, wurde noch einmal schwankend, als König Maximilian II. meinte von dem Antrag abstehen zu müssen, wenn Preußen wirklich seinen Gesandten aus Frankfurt zurückberufen würde. Es bedurfte der vereinten Anstrengungen Pfordtens, Schrenks und Rechbergs, um den ängstlichen König wieder auf Kurs zu bringen.²⁴⁵

Auch in Württemberg bekam der Monarch kalte Füße. Während Außenminister Hügel zu den prononciertesten Befürwortern der Bundesreform gehörte und zusammen mit Dalwigk und Beust die Wiener Regierung seit Jahren gedrängt hatte, die Initiative zu ergreifen, hatte König Wilhelm, wie sein Kabinettschef Maucler zu berichten wußte, „in der bestimmten Voraussicht, daß aus der Sache nichts werden könnte, nur deshalb zu einem zustimmenden Votum sich herbeigelassen, um Sich nicht von den übrigen süddeutschen Staaten und Österreich zu trennen, u. nicht anscheinend Preussen Sich zu nähern".²⁴⁶

Kurhessen gelangte in letzter Minute zu dem Beschluß, gegen den Antrag, den es selbst ursprünglich mit eingebracht hatte, zu stimmen, und ließ sich davon auch nicht durch Rechberg abbringen, der nach Kassel telegrafierte, es sei nicht im geringsten zu besorgen, daß der preußische Gesandte von Sydow bei einem Majoritätsbeschluß aus der Bundesversammlung austreten werde.²⁴⁷

Es deutete sich somit in den letzten Tagen vor der Abstimmung vom 22. Januar 1863 an, daß die Entscheidung gegen die Reform ausfallen würde. In der Tat blieben Österreich und seine Anhänger mit sieben Stimmen in der Minderheit, während neun Stimmen im Engeren Rat gegen das Delegiertenprojekt votierten.²⁴⁸ Damit war zum einen der Anlauf zur wenn auch bescheidenen institutionellen Weiterentwicklung des Deutschen Bundes gescheitert, was als ein erneuter Beleg für die prinzipielle Reformunfähigkeit des Bundes angesehen werden konnte. Zugleich aber waren der offene Machtkampf zwischen Österreich und Preußen vertagt und die drohende Auflösung des Bundes vorerst vermieden worden.

---

²⁴⁴ Platen an Knesebeck, Hannover, 15. Januar 1863, mit einer ausführlichen Denkschrift: „Gründe der königlichen Regierung gegen das Gutachten der Majorität des Ausschusses über die Delegirten-Versammlung", HStA Hannover, Dep. 103, Bestand VI, Nr. 429.
²⁴⁵ Notiz König Maximilians II. über das Delegiertenprojekt, München, 15. Januar 1863, HStA München, Abt. III, Geh. Hausarchiv Maximilian II., 76/2/27 (3a/8/22a).
²⁴⁶ Maucler an Neurath, Privatschreiben, Nizza, 21. Januar 1863, HStA Stuttgart, Q3/11, 211.
²⁴⁷ Rechberg an Koch, Wien, 20. Januar 1863, StA Marburg, 9a, Nr. 641, fol. 28r.
²⁴⁸ ProtDBV 1863, § 31, S. 72–93; für den Antrag stimmten Österreich, Bayern, Sachsen, Hannover, Württemberg, Großherzogtum Hessen und die 16. Kurie (Liechtenstein, Reuß, Lippe, Waldeck, Hessen-Homburg); die Delegiertenversammlung wurde abgelehnt von Preußen, Baden, Kurhessen, Holstein, Luxemburg, beiden Mecklenburg, der 12. Kurie (sächsische Herzogtümer), der 15. Kurie (Oldenburg, Anhalt, Schwarzburg) und der 17. Kurie (freie Städte); die 13. Kurie (Braunschweig und Nassau) enthielt sich der Stimme.

Es stellte sich die Frage, wie es nun in der deutschen Politik weitergehen konnte. War eine „friedliche Reform" der Bundesverfassung nicht möglich, lag sie „gar nicht in der Natur der gegebenen Dinge", wie der oldenburgische Gesandte in resigniertem Ton an seine Regierung schrieb?[249] Konnte man überhaupt noch einen weiteren Reformversuch wagen, und wie konnte ein solcher überhaupt aussehen nach dem Fiasko, das man soeben mit dem eng begrenzten Delegiertenprojekt erlebt hatte? War die Idee der Delegiertenversammlung endgültig „abgethan", und gab es von jetzt an „nur noch den Ruf nach einem Parlamente", wie Pfordten mutmaßte?[250] Würde Preußen jetzt in die Offensive gehen und im Zusammenwirken mit dem Nationalverein auf eine kleindeutsch-bundesstaatliche Lösung der deutschen Frage zusteuern? Was war von der preußischen Erklärung bei der Abstimmung vom 22. Januar zu halten, „nur in einer Vertretung, welche nach Maßgabe der Bevölkerung jedes Bundesstaats aus letzterer durch unmittelbare Wahl hervorgehe, könne die deutsche Nation das berechtigte Organ ihrer Einwirkung auf die gemeinsamen Angelegenheiten finden"?[251]

Die Tatsache, daß Preußen sich erstmals in der Bundesversammlung offen für ein deutsches Parlament ausgesprochen hatte, war für Österreich und die Mittelstaaten keineswegs ein Grund, von ihren Reformplänen abzuweichen, sondern machte es in ihren Augen geradezu erforderlich, das Delegiertenprojekt weiterzuverfolgen, wenn sie nicht, wie Rechberg sich ausdrückte, „der preußischen Idee" das Feld überlassen wollten.[252] Die Absicht Bismarcks war es, so glaubte man allgemein, die kleindeutsch-unionistische Lösung von 1849/50 wiederzubeleben, die mit der Existenz des Deutschen Bundes als gesamtdeutscher Ordnung nicht vereinbar war. Da aber wegen des Verfassungskonflikts in Preußen zur Zeit eine gemeinsame nationale Politik von Bismarck und dem Nationalverein noch nicht für möglich gehalten wurde, glaubte die Wiener Regierung die Gelegenheit nutzen zu müssen, um die föderative Bundesreform voranzutreiben. Die Präsidialmacht des Deutschen Bundes bereitete deshalb im Frühjahr 1863 einen großen Coup vor, mit dem der Reformstau in einer spektakulären Aktion überwunden werden sollte.

Nur kurz hielt sich Rechberg mit dem Versuch auf, Bayern und die übrigen Mittelstaaten dafür zu gewinnen, die Delegiertenversammlung lediglich in denjenigen Staaten einzuführen, die am 22. Januar für den Reformantrag gestimmt hatten. Auf einen derartigen Bund im Bund wollten sich selbst die proösterreichischen Regierungen nicht einlassen, weil eine solche Politik eben jene konstitutionelle Spaltung Deutschlands herbeigeführt hätte, auf die

---

[249] Eisendecher an das Staatsministerium, Frankfurt, 22. Januar 1863, StA Oldenburg, 31-15-13-81 VI, fol. 11f., Zitat fol. 12.
[250] Pfordten an Pfistermeister, Frankfurt, 23. Januar 1863, HStA München, Geh. Hausarchiv Maximilian II., 76/2/27 (3a/8/16).
[251] ProtDBV 1863, § 31, S. 76.
[252] Graf Bray an König Maximilian II., Wien, 29. Januar 1863, HStA München, MA 494.

Preußen seit Jahren hinzuarbeiten schien. Einem Sonderbund unter österreichischer Führung wollte sich das „Dritte Deutschland" aber ebensowenig anvertrauen wie einem preußisch dominierten Kleindeutschland.

Österreich hatte in dieser Situation nur zwei Optionen: Es konnte die Bemühungen für eine Bundesreform vorerst aufgeben, wobei die Gefahr bestand, daß Preußen, wenn sich die Gelegenheit ergab, die Initiative in der deutschen Frage ergreifen könnte. Die Alternative dazu war, sich noch entschiedener als bisher an die Spitze der Bundesreformbewegung zu stellen, um mit einer großen Anstrengung die Stagnation zu überwinden und dem Bund neue stabile Grundlagen zu geben. Österreich entschied sich für die zweite Möglichkeit und arbeitete einen Plan aus, der sich kein geringeres Ziel setzte als „die Reform der Gesammtverfassung Deutschlands".[253] Diese sollte in der Form einer neuen Bundesakte erfolgen, mit der auf feierlichen Beschluß aller Bundesfürsten jene drei Hauptelemente nun endlich in die Bundesverfassung eingefügt werden sollten, über die man seit 1850 ergebnislos diskutiert hatte: die Bundesexekutive, die Volksvertretung und das Bundesgericht. Grundlage des Reformentwurfs, den der Referent für deutsche Angelegenheiten im österreichischen Außenministerium, von Biegeleben, ausarbeitete, war somit im allgemeinen das seit der Dresdener Konferenz produzierte „schätzbare Material"; im besonderen griff Biegeleben auf Vorschläge Julius Fröbels zurück, der seit 1861 mehrere Denkschriften mit föderativen Reformvorschlägen an die Wiener Regierung gerichtet hatte. Rückenwind für ihre Pläne erhoffte sich die Präsidialmacht auch von dem 1862 gegründeten großdeutschen Reformverein, der sich – mit allerdings begrenztem Erfolg – bemühte, der Agitation des Nationalvereins für einen kleindeutschen Bundesstaat die Idee einer gesamtdeutschen Föderativordnung entgegenzusetzen.

Bei der Vorbereitung des Reformplans verzichtete Österreich auf die Einbeziehung seiner Verbündeten. Wien setzte auf den Überraschungseffekt und wollte, wie die Constitutionelle Oesterreichische Zeitung am 7. August 1863 schrieb, die Behandlung der Bundesreform der „Verzettelungs- und Verschleppungsmaschine der Diplomatie entreißen und durch mündlichen Gedankenaustausch mit seinen Verbündeten rasch und auf kurzem Wege zum Ziele gelangen".[254] Somit war bei der Mehrzahl der Regierungen, die nicht vorab informiert wurden, wie auch bei der Öffentlichkeit das Erstaunen groß, als Kaiser Franz Joseph I. am 31. Juli 1863 die Monarchen beziehungsweise Regierungen der Bundesmitglieder nach Frankfurt am Main einlud, um dort über die „zeitgemäße Reorganisation des Bundes" zu bera-

---

[253] Österreichische Denkschrift über die Notwendigkeit einer Reform der deutschen Bundesverfassung, Wien, 31. Juli 1863, in: *Huber* (Hg.), Dokumente, Bd. 2, S. 135–139, hier S. 138.
[254] „Die kaiserliche Initiative", in: Constitutionelle Oesterreichische Zeitung Nr. 358 vom 7. August 1863, Morgenblatt.

ten.²⁵⁵ Der Einladung beigefügt war eine Denkschrift, in der die Gründe für die Reform und ihre Leitlinien dargelegt wurden.²⁵⁶ In schonungsloser Offenheit hieß es darin, die Bundesverträge von 1815 und 1820 seien „in ihren Fundamenten erschüttert", die deutschen Regierungen stünden nicht mehr in einem festen Vertragsverhältnis zusammen, sondern lebten nur noch nebeneinander her „im Vorgefühle naher Katastrophen", die Revolution warte auf ihre Stunde, der Zustand des Bundes sei „schlechthin chaotisch".²⁵⁷

Es ist bemerkenswert, daß die Bundespräsidialmacht nach jahrelangem öffentlichen Schweigen über die Verhältnisse im Deutschen Bund nun in einer Weise Kritik übte, die in ihrer Wortwahl an die Vorwürfe erinnerte, die im vergangenen Jahrzehnt von der liberalen und nationalen Opposition gegen den Bund erhoben worden waren. Wie die weiteren Ausführungen der Denkschrift zeigen, hatte die österreichische Bundespolitik mit der Vorbereitung des Fürstentags einen Quantensprung vollzogen. Der Kaiser, so hieß es, habe der Habsburgermonarchie zeitgemäße Institutionen verliehen, und er erkenne vollkommen an, „daß auch die deutsche Nation in ihrer Gesammtheit mit Recht eine Neugestaltung ihrer politischen Verfassung" erwarte.²⁵⁸ Eine derartige Stellungnahme zu den Rechten der deutschen Nation war ein Novum in der österreichischen Bundespolitik – vor wie nach 1848/50.

Die „politische Verfassung Deutschlands" konnte nach österreichischer Auffassung nur auf föderativer Grundlage gestaltet werden. Dies bedeutete, daß eine „einheitliche Spitze" und ein direkt gewähltes Parlament mit dem Bundesprinzip nicht vereinbar seien, denn sie gefährdeten die „Lebenskraft der Einzelstaaten".²⁵⁹ Der Bund dürfe kein Bundesstaat werden, sondern müsse als Bund der deutschen Staaten erhalten werden. Um als solcher den „Bedürfnissen unserer Epoche" zu entsprechen, müsse er als Bund der „Fürsten wie der Völker" mit erhöhter Wirksamkeit ausgestattet werden:

„Der Kaiser erblickt daher in der Kräftigung der Executivgewalt des Bundes und in der Berufung der constitutionellen Körperschaften der Einzelstaaten zur Theilnahme an der Bundesgesetzgebung zwei in gleichem Grade unabweisbare und sich zugleich gegenseitig bedingende Aufgaben."²⁶⁰

Der Versuch Österreichs, mit einer energischen Kraftanstrengung in einer Versammlung der deutschen Fürsten dem Bund eine neue Form und der Nation ein größeres Maß an Einheit zu geben, ist in der Forschung meist sehr

---

²⁵⁵ Einladung von Kaiser Franz Joseph I., Wien, 31. Juli 1863, hier Abschrift an König Wilhelm I., GStA Berlin, I. HA, Rep. 81, Wien II, Nr. 322¹.
²⁵⁶ Österreichische Denkschrift über die Notwendigkeit einer Reform der deutschen Bundesverfassung, Wien, 31. Juli 1863, in: *Huber* (Hg.), Dokumente, Bd. 2, S. 135–139.
²⁵⁷ Ebd., S. 135f.
²⁵⁸ Ebd., S. 136.
²⁵⁹ Ebd., S. 137.
²⁶⁰ Ebd.

skeptisch bewertet worden. Auch die neueste Untersuchung des Fürstentages gelangt zu dem Fazit, daß er „keine wirkliche Chance einer Lösung der deutschen Frage" geboten habe.[261] Wie so viele historische Urteile über den Deutschen Bund ist auch dieses zu einem nicht unerheblichen Teil eine „self-fulfilling prophecy" desjenigen, der die weitere historische Entwicklung kennt und aus dem Scheitern den Schluß zieht, die Sache sei von Anfang an aussichtslos gewesen. Die Zeitgenossen sahen dies keineswegs so. Als Österreich mit seiner Einladung und seinen Vorschlägen an die Öffentlichkeit trat, machte dies einen sensationellen Eindruck auf alle Beteiligten – die bundesfreundlichen wie die bundesfeindlichen Regierungen, die nationale Bewegung, die Kammerabgeordneten, die Journalisten und Publizisten, und nicht zuletzt die einfache Bevölkerung. Alle spürten, daß die bevorstehende Versammlung sämtlicher Bundesfürsten ein Ereignis von überragender Bedeutung war, das über den weiteren Verlauf der Dinge in Deutschland entscheiden würde.

Gewiß, in den diplomatischen und öffentlichen Reaktionen auf den österreichischen Vorstoß überwog die Skepsis, ob es den Fürsten gelingen könne, die Reformblockade zu überwinden. Nicht wenige deutsche Regierungen sahen auch diesen Versuch von vornherein als nutzlos an und befürchteten eine weitere Demütigung des Deutschen Bundes. Der bayerische Ministerpräsident Schrenk erklärte die Bundesreform für unnötig[262] und prophezeite beim Antritt seiner Reise nach Frankfurt, man werde in eine Sackgasse laufen[263]. Die erklärten Gegner Österreichs und des Deutschen Bundes begannen unverzüglich damit, das Unternehmen „Fürstentag" zu torpedieren. Der preußische König Wilhelm I. weigerte sich trotz einer persönlichen Einladung durch Kaiser Franz Joseph I., dem Ruf nach Frankfurt zu folgen, wobei Bismarck seinen schwankenden Monarchen mit der Drohung des Rücktritts auf dem Kurs der unnachgiebigen Ablehnung Preußens hielt.[264] Die kleindeutsche Presse warf Österreich vor, es schicke sich wie bereits 1815 und 1850 im Verein mit den ihm hörigen Fürsten abermals an, Deutschland die Einheit und Freiheit vorenthalten zu wollen.

Auf der anderen Seite gab es aber auch positive oder doch zumindest erwartungsfrohe Stimmen. Etliche Mitglieder der herrschenden Häuser wie der hessische Prinz Alexander zeigten sich „freudigst überrascht" von dem großen Entschluß des Kaisers. Österreich spiele „ein sehr hohes Spiel", der Fürstentag sei der letzte Einsatz, der geeignet erscheine, den Erhalt des Bundes und damit eines föderativen, nicht unter einseitiger preußischer Domi-

---

[261] *Wehner*, Die deutschen Mittelstaaten auf dem Frankfurter Fürstentag 1863, S. 421.
[262] Knesebeck an König Georg V. von Hannover, München, 11. August 1863, HStA Hannover, Dep. 103, Bestand VIII, Nr. 291.
[263] Landsberg an Bismarck, München, 9. August 1863, GStA Berlin, III. HA, Nr. 194, fol. 60f.
[264] *Gall*, Bismarck, S. 287f.

nanz stehenden Deutschland zu sichern.²⁶⁵ Die Wahl von Frankfurt als Versammlungsort hatte einen hohen symbolischen Wert. Frankfurt war nicht nur der Sitz der Bundesversammlung, sondern bildete als alte Wahl- und Krönungsstadt wie auch als Sitz der Nationalversammlung von 1848 den Schnittpunkt der drei Kräfte, welche bei der politischen Gestaltung Deutschlands unverzichtbar waren: der Reichstradition, der nationalen Idee und dem föderativen Prinzip. Der Fürstentag kann insofern als der Versuch gesehen werden, an einem Zentralort deutscher Geschichte Reich, Nation und Bund miteinander in Einklang zu bringen. Mit dem Fürstentag wurde der „lieu de mémoire" Frankfurt für kurze Zeit zu einem „lieu d'espérance".

Die Verhandlungen in Frankfurt waren kurz, kürzer als alle bisherigen großen Kongresse über die Gestaltung des Deutschen Bundes. Am 17. August 1863 eröffnete der Kaiser von Österreich – in Abwesenheit des preußischen Königs – die Versammlung „der Häupter der deutschen Nation"²⁶⁶, denen er nun auch die konkreten Reformvorschläge in Form einer 36 Artikel umfassenden „Reformakte des Deutschen Bundes" vorlegte.²⁶⁷ Die Ansprache des Kaisers sowie der Reformentwurf wurden gedruckt und schon zwei Tage später in der Frankfurter Postzeitung veröffentlicht – ein Novum in der Geschichte der Bundesreformbemühungen.²⁶⁸ Nach genau 15 Tagen wurden die Verhandlungen mit der Annahme der „Reformakte des Deutschen Bundes" am 1. September 1863 abgeschlossen.²⁶⁹ Was nun noch fehlte, um die „Reform der Gesammtverfassung Deutschlands"²⁷⁰ tatsächlich ins Leben treten zu lassen, war die Zustimmung Preußens, dessen Einwilligung die Voraussetzung für die Umsetzung der Reformakte bildete.

Inhaltlich bildete die Reformakte eine Zusammenfassung derjenigen Vorschläge, die seit 1850 als Kernpunkte einer Weiterentwicklung der Bundesverfassung diskutiert worden waren. Der Bundeszweck sollte um neue Auf-

---

²⁶⁵ Prinz Alexander von Hessen-Darmstadt an Dalwigk, Heiligenberg, 7. August 1863, StA Darmstadt, O 22, Kasten 26.
²⁶⁶ Von den Fürsten des Deutschen Bundes fehlten neben dem preußischen König lediglich der König von Dänemark, der Fürst von Reuß ältere Linie, der sich aber von Sachsen vertreten ließ, der todkranke Herzog von Anhalt-Bernburg sowie der Fürst von Lippe; der König der Niederlande ließ sich durch Prinz Heinrich vertreten; vgl. *Huber*, Deutsche Verfassungsgeschichte, Bd. 3, S. 423.
²⁶⁷ „Ansprache Seiner Kais. Königl. Apostolischen Majestät an die versammelten Fürsten", HHStA Wien, PA II 101. Deutscher Bund. Fürstenkongreß in Frankfurt 1863. Verschiedene Concepte und Materialien, fol. 39f., Metallographie; „Grundzüge einer Reformacte des deutschen Bundes", ebd., fol. 2–20.
²⁶⁸ Frankfurter Postzeitung, Extrabeilage zu Nr. 424 vom 19. August 1863.
²⁶⁹ Die endgültige „Reformakte" folgte im wesentlichen dem Entwurf Österreichs, doch waren einige wichtige Bestimmungen zugunsten der Mittelstaaten geändert worden. Zu den hier nicht zu erörternden Einzelheiten siehe *Wehner*, Die deutschen Mittelstaaten auf dem Frankfurter Fürstentag 1863, passim, *Srbik*, Deutsche Einheit, Bd. 4, S. 54–63, *Huber*, Deutsche Verfassungsgeschichte, Bd. 3, S. 421–426, *Flöter*, Beust und die Reform des Deutschen Bundes, S. 416–421.
²⁷⁰ *Huber* (Hg.), Dokumente, Bd. 2, S. 138.

gaben erweitert werden. Neben der Wahrung der äußeren Sicherheit und inneren Ordnung Deutschlands sollte der Bund nun auch zuständig sein für die „Förderung der Wohlfahrt der deutschen Nation und Vertretung ihrer gemeinsamen Anliegen" sowie für die „Einführung allgemeiner deutscher Gesetze und Einrichtungen".[271] Ganz neu waren diese Aufgaben nicht, denn schon bei der Gründung des Deutschen Bundes 1815 war davon ausgegangen worden, daß die Bundesversammlung ihre Tätigkeit dem Wohl der Nation und der inneren Einigung Deutschlands widmen werde. Aber erst jetzt war die Präsidialmacht Österreich bereit, dem nationalen Einigungsstreben ‚Verfassungsrang' einzuräumen. Aus diesem ostentativen Bekenntnis zum Bund als einer nationalen Einrichtung ergab sich die Schaffung neuer Bundesorgane, die gleichfalls schon in der Gründungsphase, im Vormärz, im Vorfeld der 1848er Revolution und seit 1850/51 immer wieder als notwendige Ergänzungen der Bundesverfassung thematisiert worden waren.

Der Deutsche Bund sollte nun endlich wirkungsvolle exekutive, legislative und judikative Organe erhalten und damit in einem viel stärkeren Maße als bisher staatliche Funktionen für Gesamtdeutschland übernehmen. Bei der Ausgestaltung dieser Organe ging die Reformakte aber teilweise über das hinaus, was bislang intendiert worden war. Man begnügte sich nicht mit einem sechsstimmigen *Direktorium* als Vollzugsbehörde, einer 302 Mitglieder zählenden *Versammlung der Bundesabgeordneten* als Gesetzgebungsorgan und einem obersten *Bundesgericht* bestehend aus einem Präsidenten, einem Vizepräsidenten, zwölf ordentlichen und zwölf außerordentlichen Beisitzern. Im Bestreben, den Regierungen und Monarchen die Kontrolle über den Bund zu sichern und den Spielraum des Direktoriums und insbesondere der Volksvertretung in Grenzen zu halten, sah die Bundesreformakte zwei weitere Gremien vor. Zum einen sollte, als Nachfolger des bisherigen Engeren Rates der Bundesversammlung, ein ständiger *Bundesrat* aus Bevollmächtigten der Einzelregierungen gebildet werden, dessen Zustimmung bei besonders wichtigen Entscheidungen – etwa bei der Ratifizierung von Verträgen mit auswärtigen Staaten oder bei der Entscheidung über Krieg und Frieden – erforderlich war. Über allem sollte schließlich eine *Fürstenversammlung* stehen, die regelmäßig zusammentrat und befugt war, „alle für das Gesammtvaterland wichtigen Angelegenheiten in den Kreis ihrer Berathungen [zu] ziehen"[272] – ein institutionalisierter Fürstentag mithin, dem das letzte Wort in allen Bundesangelegenheiten vorbehalten war.

War die Bundesverfassung bisher mit nur einem Verfassungsorgan – der Bundesversammlung – sehr rudimentär ausgebildet gewesen, so fiel die „Reformakte" nun ins andere Extrem. Fünf institutionell und personell getrennte Bundesorgane sollten künftig für das Wohl der Nation sorgen und

---

[271] Ebd., S. 142 f.
[272] Ebd., S. 150.

den schwerfälligen Gang der Dinge in Frankfurt überwinden. Es ist fraglich, ob auf diese Weise das Ziel zu erreichen war, dem Bund sowohl in der Exekutive wie in der Legislative eine größere Handlungsfähigkeit zu geben und ihn zu befähigen, die nationalen Bedürfnisse rasch und effizient zu erfüllen. Die Bestimmungen der „Reformakte" trieben das Prinzip der „checks and balances" auf die Spitze, indem weder bei der vollziehenden noch bei der gesetzgebenden Gewalt *einem* Organ die klare Priorität eingeräumt wurde. Statt dessen sollte durch gegenseitige Kontrollmechanismen, qualifizierte Mehrheiten und Vetorechte sichergestellt werden, daß kein Bundesorgan sich verselbständigen konnte. Es fällt leicht, die Komplexität und die konstitutionellen Halbheiten der „Reformakte" zu kritisieren. Gleichwohl wären mit ihrer Durchführung die bestehenden Unzulänglichkeiten der Bundesverfassung zum Teil beseitigt worden. Statt der Bundesversammlung, die weder in der Lage war, die nationale Gesetzgebung zügig und umfassend voranzutreiben, noch eine rasche und effiziente Umsetzung einmal gefaßter Beschlüsse gewährleisten konnte, wäre mit dem Direktorium eine kräftigere Exekutive und mit der Abgeordnetenversammlung ein auf breiter gesellschaftlicher Basis ruhendes legislatives Zentrum geschaffen worden.

Daß die „Reformakte" positive Elemente enthielt, erkannten selbst die über 300 deutschen Parlamentarier an, die sich – einem Aufruf des Nationalvereins folgend – zeitgleich mit den Fürsten in Frankfurt zum „Deutschen Abgeordnetentag" eingefunden hatten. Im Beschluß des Abgeordnetentages vom 21. August 1863 hieß es, man sei nicht in der Lage, sich zu dem österreichischen Entwurf „lediglich verneinend" zu verhalten. Zwar sei nur in der „bundesstaatlichen Einheit" nach dem Muster der Reichsverfassung von 1849 die volle Befriedigung der nationalen Bedürfnisse zu erhoffen, aber die Abgeordneten schlossen nicht aus, daß die „Reform des Bundes" zu einer wirklichen „nationalen Reform" führen könne, sofern die Fürsten zu „weiterem Entgegenkommen" bereit seien. Konkret dachten die Abgeordneten dabei an ein frei und unmittelbar gewähltes nationales Parlament. Diese Nationalversammlung, so hieß es weiter, könne dann den Reformentwurf prüfen und gegebenenfalls ihre Zustimmung geben.[273]

Ludwig Häusser, der den Beschluß begründete, erblickte in der Gleichzeitigkeit der Versammlungen der Fürsten und der Abgeordneten in Frankfurt eine „glückliche Fügung" und plädierte dafür, durch die „Mitwirkung" der Nationalversammlung bei der Verfassungsreform eine einvernehmliche Lö-

---

[273] Beschluß des Deutschen Abgeordnetentages vom 21. August 1863 und dessen Begründung durch Herrn Prof. Häusser aus Heidelberg. Frankfurt a. M. 1863, Separatdruck, HStA Hannover, Dep. 103, Bestand VIII, Nr. 89; gedruckt in: *Huber* (Hg.), Dokumente, Bd. 2, Nr. 106, S. 141, *Fenske* (Hg.), Der Weg zur Reichsgründung, S. 282f., sowie in: *Biefang* (Bearb.), Der Deutsche Nationalverein, S. 258f., Anm. 4.

sung der deutschen Frage herbeizuführen.[274] Die deutschen liberalen Abgeordneten bekannten sich zum Prinzip der Vereinbarung zwischen Volk und Fürsten und zum Weg der Reform, der zwar zu einer völlig neuen Gestaltung der deutschen Verfassung führen, seinen Ausgang aber vom bestehenden Staatenbund nehmen sollte. Eine „gedeihliche Lösung der nationalen Reform"[275], so wurde ausdrücklich betont, konnte nicht einseitig erfolgen, sondern nur im Zusammenwirken *aller* deutscher Regierungen *und* der gewählten Vertreter des deutschen Volkes.

Realpolitisch betrachtet waren für eine solche gemeinsame Reformanstrengung wichtige Voraussetzungen einfach nicht gegeben. Preußen hatte sich erst gar nicht bereitgefunden, am Fürstentag teilzunehmen, und dies erleichterte es mancher in Frankfurt vertretenen Regierung, der Reformakte zuzustimmen, weil man davon ausgehen konnte, daß diese von Berlin zurückgewiesen und damit der ganze Reformversuch vereitelt werden würde. Die Verhandlungen in Frankfurt gestalteten sich teilweise sehr schwierig, und einige Bundesstaaten, allen voran Baden, stimmten der Reformakte nur mit Vorbehalten und der stillschweigenden Hoffnung zu, daß sie letztendlich doch nicht umgesetzt würde. Die persönliche Teilnahme der Fürsten war keineswegs ein Garant für allgemeine Einigkeit, sie führte aber immerhin dazu, daß am Ende die Reformakte gemeinsam verabschiedet wurde, ein Erfolg, der aber dadurch zunichte gemacht wurde, daß Preußen abseits stand.

Auf der anderen Seite erscheint es verfehlt, die Reformakte als einen historisch illegitimen oder inadäquaten Versuch zur Lösung der deutschen Frage zu verwerfen. Die Weiterentwicklung des Deutschen Bundes, der sich ja nun auch ausdrücklich zu seiner nationalen Aufgabe und Verantwortung bekannte, war kein der deutschen politischen und staatlichen Tradition fremdes Element. Ganz im Gegenteil hätte sie weit eher als der auf militärischem Wege erzwungene nationale Bundesstaat dem bisherigen föderativen Gang der deutschen Geschichte entsprochen, einem föderativen Gang, der nicht erst seit 1815 oder 1850 eine nationalintegrative Komponente hatte. Zugespitzt gesagt: Die nationale Bundesreform scheiterte 1863 ebensowenig wie 1850 und 1815 an der unbedingten Opposition der nationalen Bewegung,

---

[274] Begründung des Beschlusses des Deutschen Abgeordnetentages vom 21. Januar 1863, HStA Hannover, Dep. 103, Bestand VIII, Nr. 89, S. 15. – Im Gegensatz zu der hier vorgetragenen Sichtweise beurteilt Andreas Biefang den Beschluß des Abgeordnetentags als ein „diplomatisches Meisterstück" in dem Sinne, daß damit eine „‚kleindeutsche' Verteidigungslinie" gegen die österreichischen Bundesreformpläne gezogen worden sei; der Abgeordnetentag habe die Beschlüsse des Fürstentags nur „scheinbar" nicht verworfen, um die Position der Kleindeutschen in Süddeutschland zu stützen; *Biefang*, Politisches Bürgertum, S. 284f., 287. Dies scheint mir eine Überpointierung zu sein, vor allem angesichts der Tatsache, die Biefang selbst ausführlich thematisiert, daß der Nationalverein 1863 in eine Krise geriet, weil sich gegen die Befürworter einer kleindeutsch-preußischen Lösung nicht unerheblicher Widerstand regte; vgl. ebd., S. 288–297, hier bes. 295.

[275] Beschluß des Deutschen Abgeordnetentages vom 21. August 1863, in: *Huber* (Hg.), Dokumente, Bd. 2, S. 141.

sondern an der machtpolitischen Rivalität der beiden größten Partikularstaaten im Deutschen Bund, die eben nicht föderativ dachten und handelten, sondern hegemonial.

Am 1. September 1863 wurde der Fürstentag mit der Feststellung der Bundesreformakte beendet.[276] Die Bundesreformakte wurde mit einer Kollektivnote der Fürsten an den preußischen König gesandt und schon wenige Tage später in der Presse veröffentlicht.[277] Unverzüglich setzte eine intensive öffentliche Auseinandersetzung mit der Reformakte ein, die keineswegs so eindeutig negativ verlief, wie das die Forschung bisher nahegelegt hat. Neben harscher Kritik, die die Beschlüsse der Fürsten als ungeeignet verwarf, gab es auch zustimmende und optimistische Stimmen, vor allem in den süddeutschen und österreichischen Organen. Mancherorts wurden die Fürsten bei ihrer Rückkehr aus Frankfurt sogar enthusiastisch gefeiert, wie etwa in München, wo beim Empfang des bayerischen Königs eine begeisterte Menge neben der bayerischen Flagge und dem Reichsadler die schwarz-rot-goldene Trikolore schwenkte. Allgemein war man in Münchner Regierungskreisen der Ansicht, der Fürstentag sei ein erster Schritt zur Reform gewesen, und der eingeschlagene Weg könne nun nicht mehr verlassen werden.[278]

Die Entscheidung darüber, ob dieser Weg in der Tat weiter beschritten wurde, lag indessen nicht bei den Teilnehmern des Fürstentages und auch nicht bei den Protagonisten der deutschen Nationalbewegung, sondern bei der preußischen Regierung, von deren Zustimmung allein es abhing, ob die Bundesreform nach den Frankfurter Vorgaben durchgeführt werden würde. Preußen reagierte bemerkenswert rasch. Anders als in früheren Jahren verzichtete Berlin darauf, die Diskussion hinauszuzögern und schließlich im diplomatischen Treibsand versinken zu lassen. Schon am 15. September 1863 lag das Gutachten des preußischen Staatsministeriums über die Reformakte vor.[279] Auf dieser Grundlage erfolgte am 22. September die Antwort König Wilhelms an Kaiser Franz Joseph.[280]

Preußen lehnte, wie nach seiner bisherigen Haltung in der Bundesreformfrage kaum anders zu erwarten war, die Bundesreformakte rundheraus ab. Es hieß, Preußen könne den Entwurf nicht als „Grundlage einer neuen Bundes-

---

[276] Protokoll der zu Frankfurt a/M am 1ten September 1863 von Vormittag 10 bis 1 Uhr abgehaltenen zehnten Sitzung der Fürstenconferenz, Metallographie, HHStA Wien, PA II 101. Deutscher Bund. Fürstenkongreß in Frankfurt 1863. Originalprotocolle, fol. 482–552.

[277] So in der Frankfurter Postzeitung, Extrabeilage zu Nr. 455 vom 5. September 1863, und in der Wiener Zeitung Nr. 206 vom 8. September 1863, S. 643–646.

[278] Berckheim an Roggenbach, München, 8. September 1863, GLA Karlsruhe, 48/1527.

[279] Bericht des preußischen Staatsministeriums an König Wilhelm I., Berlin, 15. September 1863, GStA Berlin, I. HA, Rep. 81, Wien II, Nr. 322¹ (Abschrift), Druck in Auszügen bei *Huber* (Hg.), Dokumente, Bd. 2, Nr. 109, S. 154–157.

[280] Wilhelm I. an Franz Joseph I., Berlin, 22. September 1863, GStA Berlin, I. HA, Rep. 81, Wien II, Nr. 322¹; ebd. die folgenden Zitate. Das Schreiben ist gedruckt in: *Huber* (Hg.), Dokumente, Bd. 2, Nr. 110, S. 157f.

Verfassung" akzeptieren. Einer Erweiterung der Zwecke und Kompetenzen des Deutschen Bundes wollte Preußen nur dann zustimmen, wenn dabei „das Gewicht Preußens im Bunde" und „die Gesammt-Interessen der deutschen Nation" in vollem Maße berücksichtigt würden. Ohne auf die Einzelheiten der Reformakte näher einzugehen, stellten König Wilhelm und Bismarck drei *Vorbedingungen* auf, die erfüllt werden müßten, bevor sich Preußen überhaupt auf eine Reform der Bundesverträge einlassen wollte: 1. Ein Vetorecht Preußens und Österreichs gegen jeden Bundeskrieg, der nicht zur Abwehr eines Angriffes auf das Bundesgebiet unternommen wurde; 2. die volle Gleichberechtigung Preußens mit Österreich im Vorsitz und in der Leitung der Bundesangelegenheiten; 3. eine direkt gewählte Volksvertretung mit größeren Befugnissen, als die Reformakte es vorsah.[281]

Ähnlich wie bereits 1851 auf der Dresdener Konferenz wollte sich Preußen auf Verhandlungen nur dann einlassen, wenn wichtige Bestandteile der Verhandlungsergebnisses schon im Vorhinein zu seinen Gunsten verabredet würden. Diese Haltung war anti-föderativ und obstruktiv, schloß Kompromisse im bundesfreundlichen Sinne aus und war im Grunde nur darauf berechnet, jeglichen Reformfortschritt im Deutschen Bund zu blockieren, der nicht die preußischen Maximalforderungen erfüllte. Die von Bismarck schon in seiner Frankfurter Gesandtenzeit befürwortete und seit seiner Übernahme des Ministerpräsidentenamtes unnachgiebig praktizierte Blockadepolitik blieb indessen nicht bei der bloßen Zurückweisung stehen, sondern nahm nun immer deutlicher offensive Züge an. Schon im Januar hatte Preußen in der entscheidenden Abstimmung über das Delegiertenprojekt den Gedanken einer Nationalversammlung erstmals offen auf Bundesebene ins Spiel gebracht. Dies war damals noch als bloßes Ablenkungsmanöver und leere Drohung des preußischen Konfliktministers angesehen worden. Als nun Bismarck in Reaktion auf das Reformangebot der übrigen deutschen Fürsten ein gewähltes Parlament als Vorbedingung einer Bundesreform bezeichnete und damit eine Forderung des Abgeordnetentages und des Nationalvereins übernahm, wuchs im bundestreuen Lager die Befürchtung, daß Bismarck vielleicht doch den Versuch wagen könnte, im Verein mit der kleindeutschen Nationalbewegung den Deutschen Bund zu zerstören und einen kleindeutschen Bundesstaat an seine Stelle zu setzen.

Bei der nationalen Opposition wich im Laufe des Herbstes 1863 die differenzierte Haltung, welche im August der Abgeordnetentag zum Fürstentag eingenommen hatte, einer entschiedenen Ablehnung. Am 16. Oktober stellte der Nationalverein in einer Resolution fest, daß die Reformakte „in keiner Weise den Ansprüchen der Nation auf Einheit und Freiheit" genüge.[282] Im Gegenteil, sie gefährde die freiheitliche Entwicklung und die konstitionel-

---

[281] Ebd., S. 158.
[282] *Huber* (Hg.), Dokumente, Bd. 2, Nr. 112, S. 160; vgl. *Biefang* (Bearb.), Der Deutsche Nationalverein, S. 268 f., ebd. auch die folgenden Zitate.

len Grundlagen der Einzelstaaten. Sie lasse alle Gebrechen der deutschen Verfassungszustände „unter neuen Namen und Formen" bestehen. Von daher sei die Reformakte „von der Nationalpartei mit aller Entschiedenheit zu *bekämpfen*". Mit dieser Absage an die österreichischen Reformpläne war indessen keine einseitige Festlegung des Nationalvereins auf die preußische Seite verbunden. Die von Preußen gemachten Gegenvorschläge, so hieß es in der Resolution, seien „nicht minder unzureichend [...], wenn sie von einer solchen Regierung überhaupt ernst gemeint sein könnten". Mit diesen Ausführungen und dem demonstrativen Bekenntnis zur Reichsverfassung von 1849 wurde klar, daß es für eine gemeinsame nationale Politik von Preußen und dem Nationalverein im Herbst 1863 noch keine ausreichende Basis gab.

Im Gegensatz zum Nationalverein beurteilte der großdeutsche Reformverein den Fürstentag als „eine patriotische That" und die Bundesreformakte als „eine geeignete Grundlage für die Entwicklung der Verfassung Deutschlands zu festerer Einheit und größerer Freiheit".[283] Der Reformverein empfahl weiter, die Opposition gegen die Reformakte durch ein „Entgegenkommen" zu überwinden, sprach sich aber gleichzeitig dafür aus, auch bei noch nicht erzielter vollständiger Einigung die Reform „innerhalb der Grenzen des bestehenden Rechtes" durchzuführen. Konkret wurde verlangt, alsbald die Abgeordneten jener Staaten einzuberufen, die der Reformakte zugestimmt hatten, was bedeutete, die Delegiertenversammlung ohne preußische Beteiligung ins Leben zu rufen. Damit verbunden war die Hoffnung, die so gebildete Versammlung der Bundesabgeordneten zum Motor der weiteren Reformentwicklung zu machen.

Es wird deutlich, daß es bei der Reformdiskussion weder auf diplomatischer noch auf öffentlicher Ebene eine gemeinsame Grundlage gab, von der aus die Entwicklung der deutschen Verfassungsverhältnisse im Zusammenwirken aller Regierungen und Parteien vorangetrieben werden konnte. Vielmehr traten im Herbst 1863 die unterschiedlichen Positionen, Strategien und Interessen in der deutschen Frage klar und deutlich zutage. Wer sich jetzt, bei der unmißverständlichen Ablehnung der Gegenseite, anschickte, seine Pläne durchzusetzen, mußte mit energischer Gegenwehr rechnen, die unweigerlich zum Zerbrechen des Deutschen Bundes führen würde. Preußen war zu einer entscheidenden Aktion in der deutschen Frage noch nicht in der Lage, weil es im Innern in heftigen Auseinandersetzungen mit der Fortschrittspartei stand und ihm auch in der äußeren Politik der große symbolträchtige Konflikt fehlte, der sich für die Durchführung einer nationalen Politik im kleindeutschen Sinne instrumentalisieren ließ. Österreich mußte ebenfalls erkennen, daß es seine Bundespolitik nicht gegen Preußen durchsetzen konnte, weil ihm dazu der Rückhalt bei den übrigen Regierungen fehlte, die für einen sol-

---

[283] Programm der Großdeutschen Versammlung zu Frankfurt a. M. vom 28. October 1863, Separatdruck, GStA Berlin, III. HA, Nr. 188, fol. 151, Druck in: *Huber* (Hg.), Dokumente, Bd. 2, Nr. 113, S. 160f., Zitate S. 160.

chen riskanten Kurs nicht zu haben waren. Als die Wiener Regierung im Oktober und November 1863 dafür warb, die Reformakte auch ohne preußische Zustimmung und Beteiligung umzusetzen, handelte sie sich eine Reihe von Absagen ein. Die norddeutschen Staaten waren keineswegs gewillt, sich mit Preußen um der österreichischen Ambitionen willen völlig zu verfeinden[284]; die thüringischen Regierungen waren der Auffassung, Österreich komme es mehr auf eine Koalition gegen Preußen als auf die Bundesreform an[285]; und auch die süddeutschen Mittelstaaten waren nicht bereit, Österreich zu folgen und den Bundesbruch und einen „Bruderkrieg" in Deutschland zu riskieren.

Wie schwach die österreichische Position geworden war, zeigte die Nürnberger Ministerkonferenz vom 23./24. Oktober 1863, zu der sich auf Drängen Wiens die Teilnehmer des Fürstentags einfinden sollten, um über das weitere Vorgehen zu beraten. An der Konferenz nahmen neben Österreich nur die sogenannten „Würzburger", das heißt Bayern, Sachsen, Hannover, Württemberg, Hessen-Darmstadt und Nassau (Kurhessen fehlte) sowie zwei thüringische Staaten (Sachsen-Coburg, Sachsen-Meiningen) und das kleine Fürstentum Schaumburg-Lippe teil.[286] Etliche Regierungen hatten es abgelehnt, der Einladung Rechbergs nach Nürnberg Folge zu leisten. Sie wollten sich nicht „Schritt für Schritt von Österreich auf dem bisherigen Wege noch weiter locken" lassen, um nicht die Spannungen zwischen den Großmächten zu verschärfen; Preußen, so argumentierten sie, habe die Reform definitiv abgelehnt, und weitere Verhandlungen hätten demnach keinen Sinn mehr.[287]

In Nürnberg wurde zunächst über die Frage beraten, ob die von Preußen am 22. September gestellten Bedingungen für ein Eingehen auf die Bundesreform (Veto Preußens; Gleichberechtigung Preußens im Bundesvorsitz; direkt gewählte Volksvertretung) annehmbar seien. Österreich und die Mittelstaaten lehnten es ab, auf die preußischen Vorschläge einzugehen, denn diese würden nicht zur Reform des Bundes, sondern zu seiner „*völligen Auflösung*" führen.[288] Die Vertreter der sächsischen Herzogtümer und Schaumburg-Lippes waren hingegen geneigt, auf einzelne der preußischen Forderungen einzugehen, was von Rechberg zurückgewiesen wurde. Uneinigkeit gab

---

[284] Vgl. Geffcken an Curtius, Berlin, 20. Oktober 1863, Privatbrief, Archiv der Hansestadt Lübeck, Altes Senatsarchiv, Deutscher Bund, B 91.
[285] Ludwig Graf Beust an Watzdorf, Berlin, 22. Oktober 1863, HStA Weimar, C 2403p, fol. 179f.
[286] Vgl. *Huber*, Deutsche Verfassungsgeschichte, Bd. 3, S. 434.
[287] Sydow an Bismarck, Frankfurt, 22. Oktober 1863, GStA Berlin, III. HA, Nr. 198, fol. 77, über entsprechende Äußerungen des lübeckischen Syndikus Elder; Wentzel an Bismarck, Frankfurt, 21. Oktober 1863, ebd., fol. 51f., über ein Gespräch mit dem Frankfurter Bürgermeister Müller; selbst Schrenk hatte die Fahrt nach Nürnberg nur „sehr ungern" angetreten, weil ihm „jede weitere Beteiligung an den Österreichischen Reformbestrebungen [...] entschieden unangenehm" war; Perponcher an Bismarck, München, 22. Oktober 1863, ebd., fol. 108f.
[288] Bericht Platens an König Georg V., Nürnberg, 24. Oktober 1863, HStA Hannover, Dep. 103, Bestand VIII, Nr. 291; danach auch das Folgende.

es auch über die Form, in welcher Preußen geantwortet werden solle. Der bayerische Ministerpräsident Schrenk schlug vor, dies in identischen Noten zu tun, um die Gemeinsamkeit zu betonen und „eine Verschiedenheit in den Motiven" nicht erkennen zu lassen. Beust, Hügel und Dalwigk waren damit einverstanden, und auch Wittgenstein stimmte für Nassau diesem Verfahren zu, wenn die Mehrheit es wolle. Platen hingegen sprach sich ebenso wie die Minister von Sachsen-Coburg, Sachsen-Meiningen und Schaumburg-Lippe gegen identische Noten aus. Der hannoversche Minister wehrte sich in der lebhaften Debatte darüber so hartnäckig gegen identische Antwortnoten, daß man schließlich davon Abstand nahm und es jeder Regierung überließ, selbständig ihre Antwort an Preußen zu formulieren.

Als dritten Punkt der Beratungen warf Rechberg die Frage auf, ob man bei einer preußischen Ablehnung der Reformakte die Reform nicht auch ohne Preußen in Angriff nehmen solle, um auf diese Weise Druck auf Berlin auszuüben. Gegen diesen Vorschlag legten mit Ausnahme von Beust und Hügel alle anwesenden Minister entschiedenen Widerspruch ein. Rechberg gelang es nicht, die Mittelstaaten für eine partielle Durchführung der Reformakte zu gewinnen, und so wurden die Verhandlungen in Nürnberg in der Aussicht beendet, daß die Bundesreformakte „ohne praktische Folgen zu bleiben drohe", wie es Rechberg bedauernd formulierte.[289]

Dies war dann auch in der Tat das Resultat der großen Reforminitiative Österreichs. Die Wiener Regierung hatte nach der Nürnberger Konferenz kein Mittel mehr in der Hand, um Preußen unter Reformdruck zu setzen. Sie wies in ihrem am 30. Oktober 1863 nach Berlin gerichteten Erlaß die preußischen Vorbedingungen für Verhandlungen über eine Bundesreform zurück und begründete dies damit, daß die Forderungen mit den Grundlagen der Bundesverfassung nicht zu vereinbaren seien. Statt einer föderativen Entwicklung begünstigten sie vielmehr den „Separatismus", den „Dualismus" und den „Unitarismus".[290] Österreich lehnte es ab, diesen Weg zu beschreiten und beharrte auf der Bundesreformakte, aber nach Lage der Dinge blieb ihm nichts anderes übrig, als an Preußen zu appellieren, seine Bedingungen fallenzulassen und an der „gemeinsamen Aufgabe" der Bundesreform mitzuwirken.[291]

Preußen ging darauf erwartungsgemäß nicht ein. Bismarck hielt an den sogenannten „Präjudizialpunkten" fest und stellte Österreich vor die Alternative, entweder im Zusammenwirken mit Preußen die bestehende Bundesverfassung aufrechtzuerhalten oder im Verein mit den Mittelstaaten und gegen Preußen die Bundesreform weiterzuverfolgen. Da Österreich für letzteres,

---
[289] Ebd.
[290] Rechberg an Karolyi, Wien, 30. Oktober 1863, GStA Berlin, I. HA, Rep. 75A, Nr. 289, fol. 104–119 (Erlaß und Memorandum), hier fol. 118v; teilweiser Abdruck in: *Huber* (Hg.), Dokumente, Bd. 2, Nr. 114, S. 161–164.
[291] GStA Berlin, I. HA, Rep. 75A, Nr. 289, fol. 105v.

wie die Nürnberger Konferenz gezeigt hatte, nicht den Rückhalt besaß, mußte es seine Reformpläne aufgeben. Der Versuch einer Bundesreform auf der Grundlage der bestehenden Bundesverfassung und nach föderativen Prinzipien im großdeutschen Rahmen war gescheitert, und zwar endgültig. In den folgenden knapp drei Jahren bis zum Bundesbruch im Sommer 1866 gab es keinen ernsthaften Versuch mehr, die Verfassung des Deutschen Bundes weiterzuentwickeln und im Rahmen der Ordnung von 1815 den Staatenbund mit der nationalen Idee in Einklang zu bringen. Der „Nationalbund" war im Herbst 1863 an das Ende seiner Möglichkeiten gelangt, er blieb ein unerfülltes Projekt, dem Österreich spät, aber mit großem Einsatz, seine Unterstützung gegeben hatte. Was folgte, war eine zweijährige Phase der Agonie und das Warten auf den „großen Knall", den Bismarck dann seit dem Frühjahr 1866 gezielt vorbereitete und in Szene setzte.

IX. „Eine neue lebensfähige Schöpfung"

Das Ende des Deutschen Bundes (1863–1866)

Von der Reform der Bundesverfassung, die in den Jahren zuvor so intensiv diskutiert und beraten wurde, ist seit Ende 1863 in den Quellen nur noch selten die Rede. Im Zentrum der diplomatischen Korrespondenzen stand nun nicht mehr die Frage, wie es gelingen könnte, den Deutschen Bund im national-föderativen Sinne umzugestalten. Statt dessen beschäftigten sich die deutschen Regierungen zunehmend mit den Entwicklungen, welche die innere Ordnung wie auch die äußere Stellung Deutschlands zu erschüttern drohten. Zum Kristallisationspunkt der deutschen Politik wurde seit Ende 1863 die schleswig-holsteinische Frage, welche bis 1866 einen großen Teil der Aufmerksamkeit von Regierungen, Bundesversammlung und Öffentlichkeit absorbierte.

Der komplizierte Konflikt um Schleswig-Holstein, der schon 1848/49 den nationalen Einigungsversuch der Paulskirche erheblich belastet und in den 1850er Jahren die Bundesversammlung mehrfach beschäftigt hatte, spitzte sich 1863 erneut zu, als die dänische Regierung Schritte unternahm, die auf eine staatsrechtliche Trennung Holsteins von Schleswig und die Einbeziehung des letzteren in den dänischen Gesamtstaat hinausliefen.[1] Dies rief sofort die deutsche Nationalbewegung auf den Plan, die im dänischen Anspruch auf die Elbherzogtümer von jeher einen Angriff auf die Rechte und Interessen der deutschen Nation erblickt hatte und nunmehr befürchten mußte, daß deutsche Gebiete preisgegeben würden. Auch die Bundesversammlung sah im dänischen Vorgehen einen Verstoß gegen das Bundesrecht und drohte schon im Sommer 1863 eine Bundesexekution in Holstein für den Fall an, daß Dänemark damit fortfuhr, einseitig die bestehende verfassungs- und bundesrechtliche Stellung des Herzogtums zu verändern. Eine europäische Dimension bekam der Konflikt dadurch, daß die beiden deutschen Großmächte in scharfer Form gegen die dänische Politik protestierten und auf der Einhaltung der Londoner Protokolle von 1852 bestanden.

Als die dänische Regierung erkennen ließ, daß sie sich in ihrer Behandlung der Elbherzogtümer weder dem Votum der Bundesversammlung noch den Forderungen der beiden deutschen Großmächte unterwerfen wollte, kam es zur Eskalation des Streites. Auf die dänische Drohung, eine eventuelle Bundesexekution in Holstein als kriegerischen Akt zu betrachten und das Herzogtum vom Deutschen Bund zu trennen, reagierte die Bundesversammlung am 1. Oktober 1863 mit dem Beschluß, die Bundesexekution gegen Hol-

---

[1] Den besten Überblick über die verworrenen Entwicklungen in der Schleswig-Holstein-Frage bietet immer noch *Huber*, Deutsche Verfassungsgeschichte, Bd. 3, S. 450–515.

stein-Lauenburg einzuleiten. Mit der Durchführung wurden die Regierungen von Österreich, Preußen, Sachsen und Hannover beauftragt.²

Zusätzlich kompliziert wurde die Situation durch den Thronwechsel in Dänemark.³ Nach dem Tod König Friedrichs VII. am 15. November 1863 trat Prinz Christian von Schleswig-Holstein-Sonderburg-Glücksburg am 16. November die Regierung an. Er ließ sich auch zum Herzog von Schleswig, Holstein und Lauenburg ausrufen und handelte dabei im Einklang mit dem Londoner Protokoll vom 8. Mai 1852, das ihm die Erbfolge zugesichert hatte. Allerdings hatte der Deutsche Bund diese Regelung nie anerkannt. Als nun die Erbfolge des dänischen Prinzen vom Haus Augustenburg bestritten und der augustenburgische Erbprinz ebenfalls am 16. November bekanntgab, als Herzog Friedrich VIII. die Regierung in Schleswig und Holstein anzutreten⁴, geriet der Deutsche Bund unter großen öffentlichen Druck, sich für den ‚deutschen' Fürsten einzusetzen und die dänischen Ansprüche auf Schleswig-Holstein zurückzuweisen. Die nationaldeutsche Bewegung in den Herzogtümern entfachte eine intensive Propaganda für den liberalen Augustenburger und wurde dabei unterstützt von der gesamten deutschen Nationalbewegung, die sich im Nationalverein, der Presse und den Landtagen vehement dafür einsetzte, die Elbherzogtümer der Kontrolle Dänemarks ganz zu entwinden und sie als eigenen neuen Staat in den Deutschen Bund aufzunehmen. Die Aussicht auf die Bildung eines neuen deutschen Mittelstaats unter der Führung eines liberalen Fürsten beflügelte auch die liberalen Monarchen wie Herzog Ernst II. von Sachsen-Coburg und Gotha und Großherzog Friedrich I. von Baden, die innerhalb wie außerhalb des Deutschen Bundes alle Hebel der Diplomatie und Propaganda in Bewegung setzten, um die augustenburgische Thronfolge durchzusetzen. Auch Bayern, Sachsen, Württemberg und Hessen-Darmstadt unterstützten diese Politik. Mit einem selbständigen Schleswig-Holstein unter der Herrschaft eines deutschen Fürsten hofften sie das Gewicht der reindeutschen Bundesstaaten zu verstärken. Gerade diese Perspektive war es aber, welche die beiden deutschen Großmächte Österreich und Preußen dazu veranlaßte, der augustenburgischen Lösung eher reserviert gegenüberzustehen und statt dessen auf der Einhaltung der Londoner Protokolle durch Dänemark zu bestehen.

Es bildeten sich auf diese Weise im Hinblick auf das weitere Schicksal Schleswig-Holsteins ganz unterschiedliche Motivlagen heraus, die sich teilweise berührten, hier und da auch überschnitten, die aber letzten Endes keinen gemeinsamen Zielpunkt besaßen. Was den Deutschen Bund betrifft, so erwies sich die Auseinandersetzung um die Elbherzogtümer sehr rasch als ein Problem von nationaler Dimension. Die Bundesversammlung sah sich von seiten etlicher Bundesstaaten wie auch von seiten der nationalen Bewe-

---

² ProtDBV 1863, § 228, S. 443; Druck in: *Huber* (Hg.), Dokumente, Bd. 2, Nr. 131, S. 182 f.
³ Zum Folgenden *Huber*, Deutsche Verfassungsgeschichte, Bd. 3, S. 459–463.
⁴ *Huber* (Hg.), Dokumente, Bd. 2, Nr. 132, S. 184.

gung unter Druck gesetzt, für Schleswig-Holstein eine nationale Lösung zu finden. Gelang ihr dies, so würde ihr dies als ein großes Verdienst um die Sache der Nation und der deutschen Einheit angerechnet werden. Umgekehrt mußte das Prestige des Bundes ins Bodenlose sinken, wenn er sich gegen Dänemark nicht durchsetzen und ein als deutsch betrachtetes Territorium und seine Bevölkerung einem ausländischen König überlassen würde. Nachdem die innere Bundesreform soeben kläglich gescheitert war, konnte sich der Bund eine Niederlage im Streit um Schleswig-Holstein nicht mehr leisten, weil in diesem Fall der Beweis erbracht worden wäre, daß weder die inneren noch die äußeren Interessen der deutschen Nation sich bei der Frankfurter Bundesversammlung in guten Händen befanden. Gelang es aber, aus Schleswig-Holstein einen deutschen Staat unter deutscher Herrschaft zu machen, dann war auch das ramponierte Ansehen des Bundes zumindest für eine Weile wieder hergestellt, und es bot sich möglicherweise die Chance, mit dem großen nationalen Erfolg im Rücken auch die innere Reform voranzutreiben.

Die Handlungsfähigkeit des Bundes in der schleswig-holsteinischen Frage war jedoch sehr eingeschränkt. Neben den Fesseln, welche die umständlichen Verfahrensregeln und die begrenzten Entscheidungskompetenzen der Frankfurter Gesandten der Bundesversammlung auferlegten, verhinderte die mangelnde Einigkeit der deutschen Regierungen über das Vorgehen und die Ziele einen wirklich entschlossenen und effektiven nationalen Kurs des Deutschen Bundes. Österreich und Preußen waren nicht gewillt, dem Bund die Initiative und Direktive in der Schleswig-Holstein-Frage zu überlassen. Für sie war nicht die bundes- oder nationalpolitische Perspektive maßgebend, sondern das eigene Großmachtinteresse. Wien und Berlin fanden deshalb nach den Irritationen, die der Fürstentag verursacht hatte, seit dem Herbst 1863 im Konflikt um Schleswig-Holstein wieder einen gemeinsamen Nenner, der sie über die nächsten zwei Jahre hinweg kooperieren ließ mit dem Ergebnis, daß weder der Deutsche Bund als Gesamtmacht noch die Nationalbewegung die Verfügung über die Elbherzogtümer erlangten, sondern die beiden deutschen Großmächte. Zum Instrument der Nationsbildung wurde Schleswig-Holstein dann nicht in der Hand des Bundes oder des Volkes, sondern in der Hand Bismarcks, der 1866 einen Streit um die Verwaltung der Herzogtümer provozierte, um den Deutschen Bund zu sprengen und an seine Stelle eine „neue lebensfähige Schöpfung" zu setzen, wie es der von Preußen am 9. April 1866 in der Bundesversammlung gestellte Antrag formulierte.[5]

Bevor diese letzte Szene des letzten Aktes mit dem scheinbar unausweichlichen Ende des Deutschen Bundes beleuchtet wird, soll aber im folgenden das Augenmerk noch einmal auf die dunkle Phase von 1863 bis 1866 gerichtet werden, um zu zeigen, in welcher Weise der Bund in diesen Jahren tätig

---

[5] ProtDBV 1866, § 90, S. 102 f.; *Huber* (Hg.), Dokumente, Bd. 2, S. 223–225, Zitat S. 224.

war, welche Hoffnungen und Absichten sich mit der Bundespolitik gerade in dieser Krisenzeit noch verbanden. Der Deutsche Bund gab sich angesichts der gescheiterten Bundesreform, der bedrohlichen Entwicklung im Norden Deutschlands und der Abneigung der Großmächte gegen eine eigenständige Politik der Bundesversammlung nicht auf, und er wurde auch von vielen noch nicht aufgegeben. Ganz im Gegenteil wurde er für etliche Regierungen und teilweise sogar für die deutsche Öffentlichkeit zum Fokus der Bemühungen, in Schleswig-Holstein die Interessen Deutschlands zur Geltung zu bringen.

Mit der am 1. Oktober 1863 beschlossenen Bundesexekution gegen Dänemark in Holstein und Lauenburg setzte die Bundesversammlung ein deutliches Zeichen, daß sie gewillt war, in den Elbherzogtümern die Rechte der Gesamtheit gegen ein abtrünniges Bundesmitglied durchzusetzen. Das Ziel der Exekution war es, die diversen Bundesbeschlüsse über die Verfassungsverhältnisse in Holstein und Lauenburg, die von Dänemark mißachtet wurden, zur Geltung zu bringen. Zu diesem Zweck sollten zwei Bundeskommissare im Auftrag des Deutschen Bundes die Verwaltung der Herzogtümer übernehmen, wobei ihnen eine Truppe von 6000 Mann zur Verfügung gestellt wurde, um eventuellen Widerstand zu brechen.[6] Am 7. Dezember 1863 ordnete die Bundesversammlung den Vollzug der Exekution an, worauf am 23. Dezember 1863 das aus sächsischen und hannoveranischen Truppen bestehende Exekutionskorps in Holstein und Lauenburg einrückte und die Bundeskommissare eine ihnen unterstellte neue Landesregierung einsetzten.[7]

Der Deutsche Bund schien damit das Heft in der Hand zu halten, und dies lag ganz im Interesse der überwiegenden Mehrheit der deutschen Regierungen. König Maximilian II. von Bayern etwa ließ, was ganz ungewöhnlich war, ein Handschreiben an seinen Außenminister Schrenk in der Presse veröffentlichen, in dem die Kompetenz des Bundes für die Wahrung der Rechte Deutschlands hervorgehoben wurde. Das Ziel müsse *„bei dem Bunde* und *durch den Bund"* angestrebt werden, hieß es.[8] Auch Beust setzte sich sehr dafür ein, daß der Bund in Schleswig-Holstein energisch voranschritt. Dies sei nötig „um seiner eigenen Erhaltung willen", da ihm ansonsten die öffentliche Erregung in Deutschland über den Kopf wachsen könne.[9]

Von den beiden deutschen Großmächten wollte sich der Bund in seiner Schleswig-Holstein-Politik nicht aufhalten lassen, und mehrfach wurden Österreich und Preußen in der Bundesversammlung bei den Abstimmungen über die Bundesexekution majorisiert.[10] Damit hatte allerdings die Bundes-

---

[6] *Huber* (Hg.), Dokumente, Bd. 2, Nr. 131, S. 182f.
[7] *Huber*, Deutsche Verfassungsgeschichte, Bd. 3, S. 465–468.
[8] Maximilian II. an Schrenk, München, 17. Dezember 1863, veröffentlicht am 18. Dezember 1863, HStA Hannover, Dep. 103, Bestand VIII, Nr. 291.
[9] Knesebeck an König Georg VI., München, 22. Dezember 1863, HStA Hannover, Dep. 103, Bestand VIII, Nr. 291.
[10] *Huber*, Deutsche Verfassungsgeschichte, Bd. 3, S. 469–471.

versammlung ihre Möglichkeiten überreizt. Wien und Berlin nahmen es nicht hin, daß der Bund sich über ihre Vorstellungen im Hinblick auf die Behandlung der Probleme in Schleswig-Holstein hinwegsetzte und erklärten am 14. Januar 1864 in der Bundesversammlung, eigenständig und ohne Rücksicht auf anderslautende Beschlüsse des Deutschen Bundes ihre Politik in den Elbherzogtümern und gegenüber Dänemark zu verfolgen.[11]

Die offen bekundete Absicht Österreichs und Preußens, die Bundesbeschlüsse zu ignorieren, rief bei den übrigen Regierungen und vor allem in der deutschen Öffentlichkeit große Empörung hervor. Der Zentralausschuß des deutschen Abgeordnetentags warf den Großmächten „Rechtsbruch" vor und bezichtigte sie einer verwerflichen Politik, die nicht im Sinne des Bundes und Deutschlands sei.[12] Das preußische Abgeordnetenhaus legte in einer Resolution Verwahrung gegen das Vorgehen der Regierung ein, die sich dadurch vom Deutschen Bund und der Mehrzahl der deutschen Regierungen trenne, der „Deutschen Sache" schade und den „Bürgerkrieg" in Deutschland herausfordere.[13]

In der württembergischen Kammer der Abgeordneten wurde die Politik Österreichs und Preußens als „bundeswidrig" kritisiert und die eigene Regierung aufgefordert, „im Einverständniß mit den mittleren und kleineren Staaten Deutschlands Alles auf[zu]bieten, daß vom Deutschen Bunde die Rechte des Herzogs und des Volkes von Schleswig-Holstein ohne längeren Verzug anerkannt und mit allen Mitteln durchgeführt werden". Die Rechte Deutschlands, der Herzogtümer und die eigene Selbständigkeit der deutschen Mittel- und Kleinstaaten könnten nur durch ein „festes Bündniß" derselben und durch die Berufung einer „gemeinsamen Volksvertretung der so verbündeten Staaten" gesichert werden.[14] Für die württembergischen Abgeordneten war der Schleswig-Holstein-Konflikt eine nationale Frage, die in die Kompetenz des Deutschen Bundes fiel. Nach ihrer Meinung konnte der Bund das Problem aber nur dann lösen, wenn er eine umfassende Bundesreform durchführte, welche die Mittel- und Kleinstaaten in einer politischen, militärischen und parlamentarischen Föderation vereinigte. Diese Konzeption war nach den Enttäuschungen über die gescheiterte Bundesreform des Vorjahres und die Mißachtung des Bundes in der Schleswig-Holstein-Frage durch die beiden Großmächte verständlich, aber sie war vollkommen realitätsfern. Einen rein-deutschen Sonderbund der mittleren und kleineren Staaten, der sich anschickte, die inneren und äußeren Probleme Deutschlands eigenständig zu behandeln, würden Österreich und Preußen niemals dulden.[15]

---

[11] ProtDBV 1864, § 32, S. 39; *Huber* (Hg.), Dokumente, Bd. 2, Nr. 141, S. 193.
[12] Aufruf vom 24. Januar 1864, *Huber* (Hg.), Dokumente, Bd. 2, Nr. 145, S. 196 f.
[13] Resolution vom 22. Januar 1864, *Huber* (Hg.), Dokumente, Bd. 2, Nr. 144, S. 196.
[14] Eingabe der Abgeordnetenkammer an König Wilhelm I. von Württemberg, Stuttgart, 3. März 1864, HStA Stuttgart, E 33, Büschel 1145.
[15] Vgl. dazu den Bericht Hügels an König Wilhelm I. über die Forderungen der Abgeordnetenkammer, Stuttgart, 28. März 1864, HStA Stuttgart, E 33, Büschel 1145.

Die Regierungen der Mittelstaaten lehnten es ab, den aussichtslosen Versuch zu unternehmen, die Bundesreformfrage mit dem Konflikt um die Elbherzogtümer zu verbinden. Sie bemühten sich statt dessen darum, den Deutschen Bund in Schleswig-Holstein im Spiel zu halten, um nicht den Großmächten die Entscheidung über das Schicksal der Herzogtümer allein zu überlassen. So kam es in der ersten Jahreshälfte 1864 zu der in der Bundesgeschichte bisher einmaligen Situation, daß die Mehrheit der Bundesversammlung sich offen gegen die beiden Großmächte stellte und jede Seite wiederholt die Maßnahmen der anderen Seite als rechtswidrig, unzulässig oder inakzeptabel zurückwies. Die Bundesversammlung pochte dabei auf das Bundesrecht, Österreich und Preußen beriefen sich auf das europäische Völkerrecht und die internationalen Verträge über den Status der Elbherzogtümer. Die Triebfeder der den Bund überspielenden Großmachtpolitik war Bismarck, dem es gelang, die Machtinteressen Preußens „europäisch einzukleiden", während Österreich sich diesem Kurs anschließen mußte, wenn es nicht in den Sog der nationalen Bewegung in Deutschland geraten und zudem die von ihm selbst mitunterzeichneten europäischen Verträge brechen wollte.[16]

Erwartungsgemäß setzten sich die Großmächte mit ihrer Politik in Schleswig-Holstein durch. Österreichische und preußische Truppen besetzten nach einem von Dänemark ignorierten Ultimatum Holstein und Schleswig, ohne zuvor die Zustimmung des Bundes einzuholen. Mit dieser sogenannten „Pfandbesetzung", die Anfang Februar 1864 abgeschlossen wurde, begann der militärische Konflikt zwischen Dänemark und den beiden deutschen Großmächten. Es war keine Bundesexekution gegen ein abtrünniges Bundesmitglied, auch kein Bundeskrieg gegen eine auswärtige Macht, sondern ein traditioneller Krieg zwischen drei europäischen Staaten. Dieser Krieg hatte zwar starke nationalpolitische Unterströmungen, aber er war keineswegs ein nationaler Einigungskrieg, denn die Nationalbewegung war weder bei den militärischen noch bei den politischen Entscheidungen beteiligt. Als der Krieg nach dem militärischen Sieg Österreichs und Preußens mit dem Vorfrieden vom 1. August 1864 beziehungsweise dem Wiener Frieden vom 30. Oktober 1864 beendet wurde, hatten weder der Deutsche Bund noch die Nationalbewegung ihre Ziele erreicht. Aus Schleswig-Holstein wurde kein neuer Bundesstaat unter einem souveränen Fürsten gebildet, und ebensowenig wurden die Herzogtümer mit der deutschen Nation vereinigt; vielmehr wurden sie unter die Verwaltung Österreichs und Preußens gestellt, die bereits in der Schönbrunner Konvention vom 24. August 1864 die spätere Annexion Schleswigs und Holstein-Lauenburgs durch Preußen in Aussicht nahmen.

Trotz des bilateralen Vorgehens der Großmächte bemühte sich der Bund weiterhin, das Bundesinteresse in der Schleswig-Holstein-Frage zur Gel-

---

[16] *Doering-Manteuffel*, Die deutsche Frage, S. 40f.

tung zu bringen. Er nahm offiziell teil an der von Großbritannien einberufenen Konferenz zur Lösung des Konflikts, die vom 25. April bis zum 25. Juni 1864 in London tagte.[17] Der Bund wurde vertreten durch den sächsischen Außenminister Beust, der mit dieser Mission dem Deutschen Bund zu einem prestigeträchtigen Auftritt auf der Bühne der europäischen Diplomatie verhalf, und auf den sich zudem vorübergehend große Hoffnungen der deutschen Nationalbewegung richteten.[18] Aber Beust konnte in London das Ziel des Bundes, die Elbherzogtümer nach der Loslösung von Dänemark zu einem souveränen deutschen Staat unter der Herrschaft des Erbprinzen von Augustenburg zu vereinigen, nicht erreichen. Die Londoner Konferenz zeigte einmal mehr, daß der Deutsche Bund außen- wie innenpolitisch nicht durchsetzungsfähig war, wenn die beiden Großmächte sich separat verständigten und eine eigenständige Politik verfolgten.

Österreich und Preußen neutralisierten den Bund in seiner Wirksamkeit nach außen hin, und sie verhinderten dadurch, daß er sich zum Sachwalter nationaler Interessen machen konnte, wie es durchaus in der Absicht etlicher deutscher Regierungen lag. Parallel dazu waren sich die Großmächte jetzt darin einig, jeden Ansatz zu einer Wiederbelebung der Bundesreformdebatte im Keim zu ersticken. Dies mußte der nimmermüde Reforminitiator Beust erfahren, als er aus London zurückkehrte und in seinen Berichten an die Bundesversammlung versuchte, eine Verbindung zwischen der Lösung des Konflikts um Schleswig-Holstein und der inneren Weiterentwicklung des Bundes herzustellen. Der sächsische Minister führte aus, daß seine Stellung als Bevollmächtigter des Bundes in London stärker gewesen wäre, wenn der Deutsche Bund über eine Volksvertretung verfügt hätte, die seiner Sache einen populären Rückhalt geben würde. Mit einer parlamentarischen Vertretung am Bund stehe zugleich die Bildung einer effektiven Bundesexekutivgewalt in Verbindung. Daß Beust seine Auffassungen über die Notwendigkeit einer entsprechenden Bundesreform in seinem Abschlußbericht über die Londoner Konferenz an die Bundesversammlung niederlegte[19], rief nicht nur bei Bismarck und Rechberg scharfe Kritik hervor, sondern empörte auch mittelstaatliche Kollegen wie den bayerischen Minister Schrenk, der es „unerträglich" fand, daß Beust in der Bundesreformfrage keine Ruhe gab[20].

Unerträglich oder doch zumindest merkwürdig mußte es nicht nur die Kabinette in Wien und Berlin, sondern auch die mittel- und kleinstaatlichen Re-

---

[17] *Huber*, Deutsche Verfassungsgeschichte, Bd. 3, S. 478f.; die Protokolle der Londoner Konferenz sind gedruckt in: ProtDBV 1864, Beilage zu § 188, S. 253–363.

[18] Zur Londoner Mission Beusts siehe ausführlich *Flöter*, Beust und die Reform des Deutschen Bundes, S. 448–456.

[19] Ebd., S. 454f.; vgl. Beust an Lindenau, Dresden, 23. August 1864, HStA Dresden, AM 897, fol. 55r–62r, bes. 60v–62r.

[20] Arnim an Bismarck, München, 7. Juli 1864, GStA Berlin, III. HA, Nr. 154, fol. 84r, zit. nach *Flöter*, Beust und die Reform des Deutschen Bundes, S. 456, Anm. 118.

gierungen anmuten, daß Beust für seinen Einsatz auf der Londoner Konferenz von der nationalen Bewegung in Deutschland geradezu enthusiastisch gefeiert wurde. Bei seiner Rückkehr nach Sachsen bereiteten ihm begeisterte Menschenmassen in Leipzig und Dresden einen feierlichen Empfang. In Dresden wurde zu Beusts Ehren ein Festabend veranstaltet, wobei der Minister als „Vertreter des großen deutschen Gesammtvaterlandes", als „Vorkämpfer" und „mannhafter Vertheidiger deutschen Rechts und deutscher Ehre" gepriesen wurde. Ein Redner hob besonders hervor, daß der Deutsche Bund mit der Mission Beusts zum ersten Mal seine Stimme bei einer wichtigen nationalen Frage erhoben habe, und knüpfte daran die Erwartung, daß Deutschland mit dem großen „moralische[n] Gewinn", den Beust ihm verschafft habe, nun „in rascher Entwickelung seinen innern staatlichen Ausbau vollenden" werde.[21]

Es ist bemerkenswert, wie hier, wenn auch nur für kurze Zeit, ein konservativer deutscher Minister als Repräsentant der Nation und des Volkes gefeiert wurde.[22] Der Vorgang zeigt, welch immenses Mobilisierungs- und Integrationspotential die äußere Nationsbildung in Deutschland entwickeln konnte. Nationale Begeisterung ließ sich gegebenenfalls auch auf Politiker projizieren, die vom Boden der alten Ordnung aus für deutsche Interessen eintraten. Beust machte 1864 die überraschende Erfahrung, daß man nicht liberal und demokratisch gesinnt sein mußte, um den Beifall der nationalen Bewegung zu finden; Bismarck sollte von dieser Tatsache in den folgenden Jahren profitieren, als er, was Beust und den mittelstaatlichen Ministern durch die österreichisch-preußische Obstruktion verwehrt blieb, die Schleswig-Holstein-Frage mit der konstitutionellen Neuordnung Deutschlands verband.

Was 1866 gegen den Deutschen Bund möglich war, hätte sich 1864 auch mit dem Bund durchführen lassen, vorausgesetzt, die beiden deutschen Großmächte hätten ihre Schleswig-Holstein-Politik auf dem Boden des Bundesrechts und der föderativen Einigkeit mit der Bundesmehrheit betrieben. Es ist nicht abwegig anzunehmen, daß die nationale Euphorie bei einem entschlossenen und einvernehmlichen Vorgehen der Bundesversammlung für den Bund als Vertreter deutscher Interessen hätte mobilisiert werden können, wobei allerdings mit der Abwehr der äußeren Bedrohung durch Dänemark zugleich eine konkrete innere Reformperspektive hätte gegeben werden müssen. Dies verlangten Vertreter der Nationalbewegung und Abgeordnete verschiedener deutscher Landtage; dies erkannten Beust und mit ihm einige andere mittel- und kleinstaatliche Politiker; und eben dies war auch Bismarck bewußt, der alle Hebel in Bewegung setzte, um dem Bund einen nationalen

---

[21] Dresdner Journal Nr. 159 vom 12. Juli 1864, S. 663f.
[22] Vgl. dazu den Aufruf eines in Leipzig gebildeten Komitees, welches zu Spenden aufforderte, um Beust ein „nationales Ehrengeschenk" – das ehemals der Familie Beust gehörende Rittergut Zöpel bei Leipzig – zu machen; GStA Berlin, III. HA, Nr. 762, fol. 146f.; *Flöter*, Beust und die Reform des Deutschen Bundes, S. 453, Anm. 103.

Prestigegewinn und eine Reformperspektive zu verweigern, wobei er relativ leichtes Spiel mit Österreich hatte, dem es vor der nationalen Welle, die aus Schleswig-Holstein über ganz Deutschland zu schwappen drohte, schaudern mußte. Auf dieser Welle zu reiten traute sich Bismarck bekanntlich zu, und er stellte dafür seit 1864 die Weichen, indem er zunächst den Deutschen Bund und dann Österreich aus dem Nationsbildungsprozeß ausschaltete. Das war eine bewußte und aus preußischem Machtinteresse erwachsene Entscheidung, keinesfalls aber eine absolute historische Notwendigkeit, um aus der vermeintlichen Sackgasse des Deutschen Bundes herauszukommen. Gerade die Ereignisse in und um Schleswig-Holstein können als ein Beleg für die These gelten, daß vom Boden des Bundes aus ein Weg in die nationale Zukunft hätte führen können, unter gänzlich anderen Bedingungen freilich, als sie Preußen und wohl auch Österreich für zumutbar hielten.

Eine unerläßliche, wenn auch nicht hinreichende Voraussetzung dafür, die Großmächte auf den Weg des föderativen Bundesausbaus im nationalen Sinne zu führen, war die Einheit des sogenannten „Dritten Deutschland". Aber gerade diese war seit 1850/51 trotz vielfacher Versuche auf Dauer nicht herzustellen gewesen. Neue Versuche, wenigstens die Mittelstaaten auf eine gemeinsame bundes- und nationalpolitische Linie zu bringen, wurden im Verlauf der Schleswig-Holstein-Krise in den Jahren 1864/65 wiederholt unternommen, wobei vor allem Beust immer wieder die Initiative ergriff. Seine Hoffnungen setzte er auf Pfordten, der im Herbst 1864 anstelle des reformfeindlichen Schrenk wieder das Amt des bayerischen Ministerpräsidenten übernahm. Doch Pfordten hatte im Grunde in der deutschen Frage schon resigniert und sah den Niedergang des Bundes als von der „Vorsehung" gewollt an, vor der man sich beugen müsse.[23] Gleichwohl war Pfordten bereit, Hand anzulegen, um den „Bundeskarren" wieder in Gang zu bringen. In seiner Weisung an die bayerischen Gesandten vom 12. Dezember 1864, die Anfang Januar 1865 auch veröffentlicht wurde, betonte er, es sei die Aufgabe Bayerns, bayerische und deutsche Politik zu machen. Bayern müsse auf die Einigung Österreichs und Preußens hinwirken, „auf dem Boden des Bundesrechtes, auf eine wahrhaft föderative Einigung, nicht auf einen dualistischen Bund der Macht gegen das Recht".[24] Die Politik Preußens brandmarkte er als den Versuch, Österreich Deutschland zu entfremden und die Mittelstaaten zu mediatisieren. Dies würde „das Ende eines politischen Zusammenhanges der gesammten deutschen Nation, also finis Germaniae im vollen Sinne" bedeuten.[25] Die Alternative dazu war eine Politik der Erhaltung und Entwicklung des Deutschen Bundes:

---

[23] Pfordten an Dalwigk, Frankfurt, 15. September 1864, Privatschreiben, HStA Darmstadt, O 22, Kasten 30.
[24] Pfordten an sämtliche bayerischen Gesandtschaften, München, 12. Dezember 1864, HStA München, MA 507; veröffentlicht in: Europe Nr. 10 vom 10. Januar 1865.
[25] Ebd.

„Aber nicht bloß auf Erhaltung, sondern soviel [wie] möglich auf Entwicklung des Deutschen Bundes soll Bayern hinwirken, und dabei den Gedanken einer entsprechenden Volksvertretung am Bunde festhalten, so schwierig auch die Ausführung seyn mag. Bei Verfolgung dieses föderativen Zieles muß Bayern zunächst auf Oesterreich zu wirken suchen, dessen Abweichung vom Bunde eine Verirrung ist, von der es bereits selbst zurückzukommen scheint.
Als die natürlichen Bundesgenossen Bayerns aber erscheinen die Mittelstaaten, zumal die mittel- und süddeutschen, und es wird sofort danach gestrebt werden müssen, diese wieder zu gemeinschaftlichem Handeln mit Bayern zu vereinigen. Gleiches Interesse der Selbsterhaltung und gleiche Pflicht gegen das Gesammtvaterland verbindet sie."[26]

Pfordten kam hier wieder auf den Triasgedanken zurück, der aber nun, unter dem Eindruck der Ereignisse in Schleswig-Holstein, eine starke nationalpolitische Motivation erhielt. In einer auf den 16. Dezember 1864 datierten „Skizze" über einen mittelstaatlichen Einigungsversuch[27] wurde die Einigung des „Dritten Deutschland" als im „Interesse Deutschlands" liegend bezeichnet.[28] Zwar sei es noch nicht an der Zeit, die Triasidee „formell als eine Art Bundesreform verwirklichen zu wollen".[29] Aber über folgende Punkte müsse eine Verständigung unter den Mittelstaaten erzielt werden: 1. die gemeinschaftliche Behandlung aller wichtigen Fragen am Bund; 2. periodische Ministerkonferenzen; 3. Anerkennung des Augustenburger Erbprinzen als souveräner Herzog von Holstein und Schleswig; 4. militärische Vereinbarungen über die Bewaffnung, Ausrüstung und Kommandostrukturen des 7., 8. und 9. Bundesarmeekorps, um diesen den Charakter einer einheitlichen Armee zu geben; 5. Reform des Deutschen Bundes mit Volksvertretung, eventuell auch ohne Österreich und Preußen; 6. gemeinschaftliche Gesetzgebung über Maß- und Gewichtssystem, Patente, Freizügigkeit und dergleichen auch ohne die beiden Großmächte.

Die Einigung der Mittelstaaten auf diesen Grundlagen verstand Pfordten als einen Beitrag zur nationalen Einigung. Gelang es, das „Dritte Deutschland" oder zumindest große Teile davon auf der Grundlage des skizzierten Programms zusammenzuführen, „so repräsentirt die Einigung doch eine Bevölkerung von 11 Millionen, und dann wird man sie nicht mißachten können, und wenn es dann zur Aufnahme der Verhandlungen über Bundesreform kommt, wird das schon lebendig Gewordene auch formell zur Geltung kommen können".[30] Allerdings wollte Pfordten seine Vorschläge nur als Andeutungen verstanden wissen, für „bindende Uebereinkünfte" sah er die Zeit noch nicht gekommen.[31]

---

[26] Ebd.
[27] „Skizze zur Berathung mit Baron Beust eventuell mit Großh. Hessen und Würtemberg und Nassau", München, 16. Dezember 1864, HStA München, MA 506, fol. 2–5.
[28] Ebd., fol. 2r.
[29] Ebd., fol. 2v.
[30] Ebd., fol. 4r-v.
[31] Ebd., fol. 5v.

Die Ausführungen Pfordtens machen einmal mehr das Dilemma der mittelstaatlichen Reformdiskussion deutlich. Theoretisch waren sich führende mittelstaatliche Politiker im klaren darüber, was geschehen müsse, um den Deutschen Bund zu stärken und seinen inneren Ausbau voranzutreiben. Vor konkreten Schritten zur Realisierung der Reformprogramme scheute man aber immer wieder zurück, weil die aktuelle politische Situation für nicht geeignet erachtet wurde. Auf diese Weise waren seit 1850 nahezu unaufhörlich die Notwendigkeit von Reformen betont und mehr oder weniger umfassende Programme zur Umgestaltung des Deutschen Bundes formuliert worden. Hin und wieder hatte man sich sogar auf Verhandlungen über die gemachten Vorschläge eingelassen – ein greifbares Ergebnis war bei keinem einzigen der Projekte zum Ausbau der Bundesverfassung erzielt worden. Die gleiche Resultatlosigkeit kennzeichnete nun auch die unter schwierigen äußeren Bedingungen und gegen den Willen beider deutscher Großmächte von Pfordten und vor allem wieder von Beust aufgenommene Reformdebatte, die mehr als je zuvor den Charakter bloßen Wunschdenkens statt tatsächlichen Handelns hatte.

Beust benutzte im Herbst 1864 wie schon des öfteren in den vergangenen Jahren das Dresdner Journal als Sprachrohr, um seinen Reformwillen zu bekunden. In einem Artikel vom 12. Oktober 1864 wurde behauptet, die „deutsch-föderative" Idee habe feste Wurzeln gefaßt, und es war von einer „nationale[n] Entwicklung" die Rede, die nicht allein den Großmächten überlassen werden dürfe.[32] In der Perspektive, den Deutschen Bund durch eine gemeinsame Politik der Mittelstaaten in föderativ-nationaler Richtung auszubauen, waren sich Beust und Pfordten einig, aber es gelang ihnen trotz intensiver Erörterungen, die sie beide Ende Dezember 1864 mit ihren mittelstaatlichen Kollegen führten, nicht, die mittelstaatliche Koalition von 1859 wiederzubeleben. Seit Jahresbeginn 1865 entwickelten sich bei den Mittelstaaten nicht nur unterschiedliche Auffassungen über die Behandlung der Probleme in Schleswig-Holstein, sondern es wurde auch offenkundig, daß neben Sachsen, Bayern und Hessen-Darmstadt keine weiteren Mittelstaaten bereit waren, den Konflikt um die Elbherzogtümer zum Auslöser eines neuen Bundesreformprozesses zu machen.

Die Uneinigkeit des „Dritten Deutschland" wie auch des Deutschen Bundes insgesamt wurde offenkundig, als am 6. April 1865 in der Bundesversammlung über den von Bayern, Sachsen und Hessen-Darmstadt gestellten Antrag verhandelt wurde, den Augustenburger Prinzen als legitimen Thronfolger in Holstein und Lauenburg anzuerkennen. Zwar kam bei der Abstimmung eine Mehrheit von 9 zu 6 Stimmen zustande, aber sowohl die Großmächte als auch die Mittelstaaten votierten unterschiedlich: Österreich, Bayern, Sachsen, Württemberg, Baden, Hessen-Darmstadt sowie die 12,. 13 und 16. Kurie waren für den Antrag, Preußen, Hannover, Kurhessen, Meck-

---

[32] Dresdner Journal Nr. 238 vom 12. Oktober 1864, S. 299; vgl. *Flöter*, Beust und die Reform des Deutschen Bundes, S. 458.

lenburg sowie die 15. und 17. Kurie erklärten sich dagegen.[33] Dieser Bundesbeschluß war ein Desaster für das Ansehen des Deutschen Bundes in der Öffentlichkeit. Er demonstrierte, daß die beiden Führungsmächte, die im Vorjahr in der Schleswig-Holstein-Frage kooperiert hatten, wieder gegensätzliche Interessen verfolgten. Im Hinblick auf das übrige Deutschland war der Beschluß ein erneuter Beweis für die Unfähigkeit der kleinen und mittleren Staaten, eine gemeinsame deutschlandpolitische Linie zu finden und diese auch gegen den Widerstand Österreichs und Preußens durchzusetzen. Der Deutsche Bund zerfiel wieder in zwei Lager, von denen eines von Wien, das andere von Berlin aus geführt wurde, und die sich in der ‚Bundeshauptstadt' Frankfurt offen bekämpften, anstatt sich für das Wohl des Bundes wie der Nation in ihrer Gesamtheit einzusetzen.

Daß der Deutsche Bund weder als föderativer Staatenbund funktionierte noch als nationales Band die allgemeinen Interessen Deutschlands zu vertreten in der Lage war, war bereits in den europäischen Krisen von 1854/56 (Krimkrieg) und 1859 (Italienischer Krieg) deutlich geworden. Als dieses föderative und nationale Defizit des Bundes im Konflikt um Schleswig-Holstein, das nicht als fremdes, sondern als deutsches Land angesehen wurde, abermals in aller Deutlichkeit zutage trat, verlor der Bund im Laufe des Jahres 1865 endgültig seine Legitimation als politische Ordnung in Deutschland.

Wie sehr der Bund diskreditiert war, zeigt eine Debatte im gemeinschaftlichen Landtag der Herzogtümer Coburg und Gotha, die am 5. April 1865 begann, einen Tag vor der strittigen Abstimmung in der Bundesversammlung über die augustenburgische Erbfolge. Den Anlaß dazu boten die Beratungen über eine Vorlage der herzoglichen Regierung, welche mit den übrigen sächsischen Herzogtümern übereingekommen war, das Gehalt des gemeinsamen Bundestagsandten der 12. Kurie von 8000 auf 10000 Gulden jährlich zu erhöhen, was für Sachsen-Coburg und Gotha einen zusätzlichen Betrag von 253 Taler 29 Groschen bedeutet hätte. Gegen den Antrag auf die Bewilligung dieser Summe erhoben mehrere Abgeordnete Einwände, die sie jedoch bezeichnenderweise nicht mit finanziellen Erwägungen begründeten, sondern mit politischen Argumenten.[34]

Der Abgeordnete Muther, ein Mitglied der Finanzkommission des Landtags, die sich mehrheitlich für die Erhöhung des Gehalts des Bundestagsgesandten aussprach, lehnte dies ab, „weil keine zwingende Nothwendigkeit vorliege, für ein Institut" – gemeint ist der Deutsche Bund beziehungsweise die Frankfurter Bundesversammlung –, „dessen Beseitigung von der ganzen deutschen Nation gewünscht werde, neue Ausgaben zu machen". Der Abgeordnete Stötzer stimmte ebenfalls gegen die Gehaltserhöhung, „weil er die

---

[33] ProtDBV 1865, § 74, S. 92 ff.; *Huber*, Deutsche Verfassungsgeschichte, Bd. 3, S. 497.
[34] Verhandlungen des gemeinschaftlichen Landtags der Herzogthümer Coburg und Gotha 1865–1868, Sitzung vom 5. April 1865, S. 14 f.

Möglichkeit nicht anerkennen konnte, daß der diesseitige Bundestagsgesandte in der Lage sein werde, auf staatliche Entwickelung des Gesammtvaterlandes oder auch nur auf specielles Wohlergehen unseres kleinen Landes hinzuwirken". Noch deutlicher wurde der Abgeordnete Schwerdt, der die Gehaltserhöhung ausdrücklich nicht etwa aus Gründen der Ersparnis ablehnte, sondern „lediglich deshalb, damit unser Land das Zeugniß ablege, daß es nicht gewillt sei, das Leben des Bundestags zu fristen, welcher mit einem morschen Stamme zu vergleichen sei, dem auch jede schwache Stütze entzogen werden müsse". Der Abgeordnete Schmidt sprach ebenfalls die Hoffnung aus, der Landtag werde die Gehaltszulage „und damit eine indirecte Unterstützung des Bundestages, welcher sich nach der Stimme des Volkes und der Fürsten überlebt habe", verweigern.

Der Absicht dieser Abgeordneten, die Besoldungsfrage zu einer politischen Demonstration gegen den Deutschen Bund zu benutzen, trat der Staatsminister Richard Camillo von Seebach mit dem Hinweis auf die Bundespflichten Sachsen-Coburg und Gothas entgegen, wobei er von einigen Abgeordneten unterstützt wurde. Der Abgeordnete Ewald hob hervor, „daß der Bundestag das letzte Band sei, welches die deutschen Staaten zusammenhalte", und der Abgeordnete Morschutt räumte zwar ein, daß „dem Bundestag eine schaffende Gewalt abgehe, glaubte aber, daß derselbe auf so lange, als der nationale Einheitsdrang particularistische Hindernisse nicht zu überwinden vermöge, das wesentlichste Förderungsmittel für die deutsche Einheit biete, indem er das beste Abschreckungsmittel für den Particularismus sei". In der namentlichen Abstimmung setzten sich jedoch die Gegner einer Gehaltserhöhung für den Bundestagsgesandten mit 11 zu 8 Stimmen durch.

Die Angelegenheit kam zwei Monate später erneut im Landtag zur Sprache[35], weil die Regierung in einem herzoglichen Erlaß vom 2. Juni 1865 die Abgeordneten aufforderte, der Gehaltserhöhung doch noch zuzustimmen. Begründet wurde dies mit der „verfassungsmäßigen Verpflichtung" des Landes, den Bundestag zu beschicken und dem Gesandten ein „standesgemäßes Auskommen" zu gewähren. Auch hätten die übrigen sächsischen Regierungen die Erhöhung bewilligt, so daß Sachsen-Coburg und Gotha bei einer Ablehnung „in eine höchst unerwünschte Lage gerathen müßte". In der anschließenden Debatte richtete der Abgeordnete Streit, der in der Sitzung vom 5. April nicht anwesend gewesen war, scharfe Angriffe gegen den Deutschen Bund. Streit lehnte es ab, „auch nur einen Pfennig aus irgend einem practischen Grunde für den Bundestag zu verwilligen", denn dieser habe „seine vollständige Unfähigkeit bewiesen, für die Rechte und Interessen des deutschen Volkes einzustehen", ja er habe im Gegenteil diese Interessen geschädigt und beeinträchtigt.

---

[35] Verhandlungen des gemeinschaftlichen Landtags der Herzogthümer Coburg und Gotha 1865–1868, Sitzung vom 20. Juni 1865, S. 55–58.

„Unter diesen Umständen", so Streit, „könne es nach seiner Meinung kein Volksvertreter in ganz Deutschland vor sich selbst rechtfertigen, für den Bundestag nur irgend eine Verwilligung zu machen, und zwar um so weniger als der Bundestag, wenn man sich auf ganz strengen Rechtsstandpunkt stelle, überhaupt nicht zu Recht bestehe."

Zwar widersprach die Mehrzahl der Abgeordneten diesen extremen Ansichten Streits, doch selbst Staatsminister von Seebach unterließ es, die Politik des Deutschen Bundes zu verteidigen. Er wies vielmehr darauf hin, „daß in der Bewilligung der Gehaltserhöhung für den Bundestagsgesandten keine Anerkennung der ersprießlichen Thätigkeit des Bundestags an sich enthalten sei und daß man die Mißliebigkeit des Instituts der Person nicht entgelten lassen dürfe".

Das „Institut" Deutscher Bund war wegen seines anhaltenden Mißerfolgs bei der Lösung der großen Fragen der inneren und äußeren Politik 1865 auf dem Tiefpunkt seines Ansehens angelangt. Die Bundesversammlung war auch im weiteren Verlauf nicht in der Lage, bei der Regelung der Verhältnisse in den seit dem Ende des Krieges gegen Dänemark unter der gemeinschaftlichen Verwaltung von Österreich und Preußen stehenden Elbherzogtümern einen nennenswerten Einfluß zu erlangen. Die beiden Großmächte bestimmten weiterhin den Gang der Dinge. Zwar wurde ihre Allianz mit der Zeit brüchig, weil sie über den künftigen Status von Schleswig-Holstein unterschiedlicher Meinung waren, aber es gelang ihnen zumindest 1865 immer wieder, Kompromisse zu finden. Um die wiederholten Friktionen zu beseitigen, einigten sich Österreich und Preußen in der Gasteiner Konvention vom 14. August 1865 darauf, die Herrschaft in den Elbherzogtümern so aufzuteilen, daß Schleswig unter alleinige preußische und Holstein unter österreichische Verwaltung gestellt wurde.[36]

Die deutsche Öffentlichkeit reagierte auf diese Übereinkunft mit empörten Protesten, denn die administrative Teilung Schleswig-Holstein widersprach nicht nur dem historischen Prinzip der Unteilbarkeit der Herzogtümer, für das man in den Krieg gegen Dänemark gezogen war, sondern sie ließ auch Befürchtungen aufkommen, daß die Großmächte weder das Selbstbestimmungsrecht noch die augustenburgische Thronfolge in Schleswig-Holstein respektierten und statt dessen das Land wie eine Kriegsbeute behandelten und unter sich aufteilten. Die nationalen Organisationen verurteilten unisono das Vorgehen der Großmächte. Der Nationalverein prangerte die „Vergewaltigung [Schleswig-Holsteins] durch deutsche Bundesgenossen" an, der Abgeordnetentag, der sich Ende September 1865 erneut in Frankfurt zusammenfand, sprach von einem „Rechtsbruch" gegen die Nation und die höheren Interessen Deutschlands, und sogar der großdeutsche Reformverein kritisierte den Gasteiner Vertrag als eine schwerwiegende Verletzung des Rechts Schleswig-Holsteins auf Selbständigkeit und Unabhängigkeit.[37]

---

[36] *Huber*, Deutsche Verfassungsgeschichte, Bd. 3, S. 503–506.
[37] Ebd., S. 508.

Auch in der Bundesversammlung regte sich Widerstand gegen die österreichisch-preußische Politik. Bayern, Sachsen und Hessen-Darmstadt stellten schon vor dem Abschluß der Gasteiner Konvention am 27. Juli 1865 in Frankfurt den Antrag, die beiden Großmächte durch einen förmlichen Bundesbeschluß zu einer Stellungnahme über ihre Absichten in Schleswig-Holstein aufzufordern. Insbesondere sollten Wien und Berlin erklären, ob sie bereit seien, in den Herzogtümern eine frei gewählte Volksvertretung herbeizuführen. Ferner ersuchte der Antrag die Großmächte, auf die Aufnahme Schleswigs in den Deutschen Bund hinzuwirken.[38] Österreich und Preußen antworteten darauf ausweichend, und es gelang ihnen, die definitive Behandlung des Antrags über die Bundesferien bis in den November 1865 hinein zu verschleppen. Als die antragstellenden Regierungen auf der Abstimmung über den Antrag beharrten und ihn sogar noch in der Weise verschärften, daß die Großmächte von der Bundesversammlung ersucht werden sollten, die schleswig-holsteinische Volksvertretung bald wählen zu lassen und die Aufnahme Schleswigs in den Bund zu erwirken, setzten Österreich und Preußen es mit der knappen Mehrheit von 8 zu 7 Stimmen durch, daß der Antrag an den Ausschuß für die holstein-lauenburgische Angelegenheit, in dem sie die Mehrheit hatten, verwiesen und damit auf die lange Bank geschoben wurde.[39] Die Paralyse des Bundestags wurde auch diesmal wieder dadurch begünstigt, daß die deutschen Mittel- und Kleinstaaten keine einheitliche Position einnahmen. Die Würzburger „Koalition" von 1859 war definitiv am Ende – und damit auch die Hoffnung auf eine Bundesreform, bei der das „Dritte Deutschland" ein starkes, ausgleichendes Element bildete, das die allgemeinen deutschen Interessen zum Tragen brachte und den Gegensatz der Großmächte überwand.

Das Jahr 1865 war für den Deutschen Bund ein *annus horribilis* geworden. In einem langen Bericht über die Tätigkeit der Bundesversammlung, den er am 20. Januar 1866 an die Regierung in Karlsruhe richtete, urteilte der badische Bundestagsgesandte Robert von Mohl, es sei in der Geschichte einer großen Nation selten ein solcher „Marasmus" vorgekommen, wie er gegenwärtig auf dem Bund und seinen Organen laste.[40] In der schleswig-holsteinischen Frage sei der Bund ohnmächtig gewesen und seine Tätigkeit von den Großmächten lahmgelegt worden:

„Auf diese Weise blieb denn die wichtige Angelegenheit, welche ganz Deutschland, Regierungen und Bevölkerung, auf's Tiefste aufgeregt hatte, und welche immer als eine Probe betrachtet worden war, ob der Deutsche Bund noch irgend eine politische Bedeutung habe, vollkommen in der Schwebe und ohne daß der Bund den mindesten Einfluß auf ihre Erledigung im Sinne seines Rechtes und seines Interesses hätte üben dürfen."[41]

---

[38] ProtDBV 1865, § 148, S. 355; *Huber*, Deutsche Verfassungsgeschichte, Bd. 3, S. 507.
[39] Ebd.; ProtDBV 1865, § 186, S. 441–443, § 205, S. 475–479.
[40] Mohl an Edelsheim, Frankfurt, 20. Januar 1866, GLA Karlsruhe, 233/9361.
[41] Ebd.

In der allgemeinen europäischen Politik habe der Bund, so fuhr Mohl fort, keine Rolle gespielt. Frankfurt sei nicht, "was es doch unter anderen Umständen sein könnte und fast müßte, ein Mittelpunkt höherer Politik", sondern bleibe an den wichtigen Fragen unbeteiligt.[42] In der inneren Politik sei im vergangenen Jahr ebenfalls "beim Bunde nichts geschehen".[43] Bei der Reorganisation der Bundesverfassung sei man nicht vorwärts gekommen, was nicht erstaunen könne bei der "inneren Schwäche" Österreichs, der "unbegreiflichen Politik" Preußens, der "Zerfahrenheit" der Mittelstaaten und dem "Mangel einer verständigen und einheitlichen öffentlichen Meinung in Deutschland". Abgesehen von der Verfassungsfrage seien auch die wichtigsten "Verkehrsangelegenheiten" wie die Handelsverträge mit Frankreich und Italien "ganz außerhalb der Bundesaction" geregelt worden. Ein Mangel an Tatkraft habe sich ferner im Hinblick auf die Bundesbeschlüsse über das Presse- und Vereinswesen gezeigt, die früher eine Hauptstütze der gesetzlichen Ordnung gewesen seien, die im Laufe des Jahres aber von einigen Staaten eigenständig aufgehoben worden seien. Über die diversen Projekte einer einheitlichen Bundesgesetzgebung sei zwar häufig in der Bundesversammlung verhandelt worden, aber auch hier habe die Energie und der Wille gefehlt, wirklich etwas zu erreichen:

„Nichts wird fest in die Hand genommen, nichts zu einem, zuweilen sehr leicht zu bewerkstelligenden, Abschlusse gebracht; man läßt die Dinge sich so hinschleppen, wie sie eben wollen und können."[44]

Lediglich auf dem Gebiet des Kriegswesens und der militärischen Sicherheit habe der Deutsche Bund im Jahr 1865 einiges geleistet, gleichwohl sei noch lange nicht alles Wünschenswerte und Mögliche erreicht.

Die Ursache für diesen desolaten Zustand sah Mohl darin, daß der Grundgedanke des Bundes als bloß völkerrechtlicher Verein den Bedürfnissen der Nation nicht entspreche. Dies stelle an sich schon ein schwer lösbares Problem dar, das noch durch den Dualismus Österreichs und Preußens verschärft werde. Schließlich habe auch die Bundesversammlung selbst durch ihre apathische Haltung und die Neigung, alle wichtigen Gegenstände an Ausschüsse zu verweisen, wo sie dann versandeten, zum politischen Stillstand beigetragen.

Um eine Änderung dieser Zustände zu bewirken war nach der Auffassung Mohls „eine Umgestaltung der ganzen Bundesverfassung" erforderlich.

„Nur wenn die hauptsächlichsten Mitglieder nicht mehr das Leben des Bundes zum Gegenstand ihrer gegenseitigen Eifersucht machen und es lieber systematisch lähmen, als einander einen Vortheil aus demselben gönnen, ist an eine eigene Thätigkeit des Bundes zu denken. Nur dann, wenn die Anschauungen und Bedürfnisse der übrigen

---

[42] Ebd.
[43] Ebd.
[44] Ebd.

deutschen Länder nicht mehr dem eigenen Staatsbewußtsein der beiden großen Mächte und deren besondern Bedürfnissen von vorn herein nachstehen müßten, ist die Gründung und Handhabung nationaler Institutionen denkbar. Nur wenn ein populärer Factor Fragen mit Macht zur Sprache bringen kann, welche im Kreise der Regierungen weder Ursprung noch Vorliebe finden, ist eine Berücksichtigung von Wünschen aus der Mitte der Nation zu erwarten und kann dann für den Bund und für sein Organ wieder allmählig Achtung und Vertrauen gewonnen werden."⁴⁵

Aber, so die resignative Feststellung Mohls, in allen diesen Beziehungen seien Änderungen „utopische Wünsche gegenüber den realen Verhältnissen". Eine Veränderung in der politischen Ordnung Deutschlands konnte demnach, so die düstere Prophezeiung, nur aus einer „inneren oder äußeren Katastrophe" hervorgehen, also auf revolutionärem oder kriegerischem Wege, und diese zu beschreiten sei weder wünschenswert, noch seien die Folgen berechenbar. Aus all dem zog Mohl den Schluß, daß es nur darum gehen könne, untergeordneten Übeln abzuhelfen. Die Bundespolitik sollte danach streben, „gemeinnützige und nationale Einrichtungen" zustande zu bringen, und zwar durch die Vereinheitlichung des Post- und Telegraphenwesens, eine „Centralleitung" der Eisenbahnen und allgemeine Gesetzbücher. Schließlich schlug Mohl vor, der Bundesversammlung wieder mehr „Leben" zu geben durch eine straffere Führung der Verhandlungen und die Beschleunigung der Ausschußverhandlungen.

Daß es auf diesem Weg gelingen könnte, den Deutschen Bund zu stabilisieren und ihn noch für eine Weile am Leben zu erhalten, war eine vage Hoffnung, die sich im Frühjahr 1866 als illusorisch erwies. Preußen traf seit Ende Februar/Anfang März konkrete Vorbereitungen zur militärischen Lösung der deutschen Frage, und den Anlaß dazu lieferte der Konflikt um Schleswig-Holstein.⁴⁶ Als Österreich es zuließ, daß die pro-augustenburgische Bewegung in Holstein weiterhin für ein unabhängiges Schleswig-Holstein agitierte, warf Bismarck der Regierung in Wien vor, revolutionäre und antipreußische Bestrebungen zu dulden und damit das Abkommen von Gastein zu verletzen. Österreich lehnte es aber ab, gegen den Erbprinzen vorzugehen, und so sah Preußen die gemeinsame Politik der Großmächte in Schleswig-Holstein als beendet an. Bismarck hatte nun freie Hand, um das schon länger angestrebte Ziel der Annexion beider Herzogtümer in Angriff zu nehmen. Da vorherzusehen war, daß der Deutsche Bund sich der „Verpreußung von Land und Volk in beiden Herzogthümern"⁴⁷ widersetzen und die Position Österreichs unterstützen würde, entschloß sich Bismarck, den Bund durch eine Reforminitiative unter Druck zu setzen, welche Preußen die Sympathien und den Rückhalt der nationalen Bewegung sichern sollte.

---

⁴⁵ Ebd.
⁴⁶ Vgl. zum Folgenden *Huber*, Deutsche Verfassungsgeschichte, Bd. 3, S. 513–515.
⁴⁷ Zur Krise des Augenblicks, in: Neuer Bayerischer Kurier für Stadt und Land Nr. 65 vom 7. März 1866, S. 441 f., Zitat S. 442.

Was Bismarck am 24. März 1866 in einem Erlaß an die preußischen Gesandten bei den deutschen Regierungen ankündigte[48], war jedoch keine Reform der Bundesverfassung in dem Sinne, wie sie seit 1850 diskutiert worden war. Die „Reform", die Bismarck propagierte, bestand nicht in einer föderativen Weiterentwicklung des bestehenden Bundes, sondern sie setzte das Ende der bisherigen Bundesordnung und das Ausscheiden Österreichs aus dem deutschen Staatenverbund voraus. Die aktuelle Politik der Bundesversammlung und Österreichs wurde als preußenfeindlich dargestellt, wobei die Frage geflissentlich übergangen wurde, welche Macht den Beschlüssen des Bundes und seinen grundgesetzlichen Prinzipien zuwiderhandelte.

Die geforderte, den „realen Verhältnissen Rechnung tragende Reform des Bundes" lief darauf hinaus, eine völlig neue Ordnung in Deutschland zu schaffen, in der die Machtfrage zugunsten Preußens entschieden wurde. Kurzerhand wurden die Interessen Preußens und Deutschlands für identisch erklärt, das Schicksal Preußens, so hieß es, werde das Schicksal Deutschlands nach sich ziehen. Die Nation wurde hier gegen den Bund und Österreich in Stellung gebracht, und dem Bund wurde jegliches Vermögen, das nationale Interesse zu fördern, abgesprochen. Die „Sicherheit der nationalen Unabhängigkeit" konnte nach den Ausführungen Bismarcks nur gefunden werden „auf dem Boden der deutschen Nationalität und in einer Kräftigung der Bande", die Preußen mit den übrigen deutschen Staaten verbanden.

Weder die Zeitgenossen noch das Gros der Historiker haben in diesen Darlegungen den „Geist einer echten Bundesreform, die den Deutschen Bund nicht in Frage stellte"[49], ausmachen können. Die preußische ,Bundesreformpolitik', die mit dem Antrag vom 9. April 1866 zur Bildung eines frei gewählten Parlaments in die Bundesversammlung hineingetragen wurde[50], war nicht, „auch nicht in Teilen, konstruktiv, sondern rein destruktiv gemeint"[51]. In dem Antrag, den der preußische Bundestagsgesandte Savigny einbrachte, war zwar

---

[48] Zirkulardepesche Bismarcks an die preußischen Gesandten, Berlin, 24. März 1866, in: *Bismarck*, Gesammelte Werke, Bd. 5, Nr. 275, S. 416–419; ders., Werke in Auswahl, Bd. 3, S. 668–670 (Auszug); *Huber* (Hg.), Dokumente, Bd. 2, Nr. 161, S. 221 f. (Auszug).

[49] So die These von *Kaernbach*, Bismarcks Konzepte zur Reform des Deutschen Bundes, S. 215.

[50] ProtDBV 1866, § 90, S. 99–103; *Huber* (Hg.), Dokumente, Bd. 2, Nr. 163, S. 223–225.

[51] So das Urteil von *Gall*, Bismarck, S. 352, über den Reformantrag vom 9. April 1866, siehe dazu weiter unten. *Pflanze*, Bismarck. Der Reichsgründer, hält die „Bundesreformvorschläge" Bismarcks für kaum der Erwähnung wert und stellt Bismarcks Politik im Frühjahr 1866 als die gewaltsame Durchsetzung des preußischen Hegemonieanspruchs in Deutschland dar. *Lutz*, Zwischen Habsburg und Preußen, S. 457, interpretiert den preußischen Reformvorstoß als „nationale Werbung bei den kleindeutsch-liberalen Teilen der Öffentlichkeit und Druck auf die Mittel- und Kleinstaaten". Nach *Nipperdey*, Deutsche Geschichte 1800–1866, S. 778 f., setzte Bismarck die Bundesreform als Mittel ein, „um die bisherige Organisation Deutschlands überhaupt aufzusprengen". *Biefang*, Politisches Bürgertum, S. 388, sieht in den Reformvorschlägen „keine Abkehr von den Kriegsplänen" Bismarcks, sondern deren Ergänzung. Ähnlich argumentiert *Doering-Manteuffel*, Die deutsche Frage, S. 44, der den preußischen Reformantrag als „das innerdeutsche Pendant zum italienischen Vertrag" bewertet.

von einer „Neugestaltung der Bundesverfassung" die Rede, die „auf dem Grunde und innerhalb des Rahmens des alten Bundes" erfolgen solle[52], aber die anvisierte „neue lebensfähige Schöpfung"[53] sollte unter den preußischen Bedingungen von 1863 entstehen: Preußen beantragte die Einberufung eines „aus directen Wahlen und allgemeinem Stimmrecht der ganzen Nation" hervorgehenden Parlaments, das über die Bundesreform beraten sollte.[54]

In der Bundesversammlung gab es kaum jemanden, der den preußischen Antrag als einen aufrichtigen Versuch zur Reform des Deutschen Bundes auffaßte. In den Berichten der Gesandten an ihre Regierungen war die Rede von einem „ungeheuerlichen Antrag"[55], von preußischer „Dreistigkeit"[56], von Irrationalität[57]. Die nahezu einhellige Meinung ging dahin, daß es Bismarck mit seinem Vorstoß nicht darum ging, den Bund zu erhalten und zu reformieren. Er erschien vielmehr als ein Mittel, um den Bundesbruch vorzubereiten, auf den Preußen nun immer offener zusteuerte und wobei es auch vor einem bundeswidrigen Krieg gegen Österreich offenbar nicht mehr zurückschreckte.

Daß es Bismarck nicht um die Reformierung, sondern um die Revolutionierung Deutschlands mit kriegerischen Mitteln ging, wurde von den anderen Regierungen klar erkannt.[58] Die meisten, vor allem in Süddeutschland, glaubten indessen nicht, daß es dem preußischen Ministerpräsidenten ernst war mit der Schaffung eines frei gewählten deutschen Parlaments. Diese Forderung sei, urteilte der bayerische Ministerpräsident Pfordten, nur ein Versuch, die übrigen Regierungen und Österreich „in Verlegenheit zu setzen und zugleich die Demokratie zu ködern".[59] Pfordten regte deshalb an, den preußischen Antrag in der Bundesversammlung ganz ernsthaft und „geschäftsmäßig" zu behandeln, um Bismarck zu zwingen, „sein Programm völlig zu demaskiren".[60] In diesem Sinne setzte es Pfordten dann auch durch, den preußischen Antrag nicht einfach mit der Mehrheit der Bundesversammlung zu verwerfen, wie es Österreich zunächst wünschte, sondern ihn an

---

[52] *Huber* (Hg.), Dokumente, Bd. 2, S. 223 u. 224.
[53] Ebd., S. 224.
[54] ProtDBV 1866, § 90, S. 103.
[55] Wickede an das Außenministerium von Mecklenburg-Schwerin, Frankfurt, 9. April 1866, LHA Schwerin, MfAA, Nr. 100, 98.
[56] Eisendecher an Seebach, Frankfurt, 9. April 1866, StA Gotha, Staatsministerium, Dep. I, Loc. 5*f, Nr. 3, Vol. 5, fol. 36f., Zitat fol. 37.
[57] Promemoria Mohls, Frankfurt, 9. April 1866, GLA Karlsruhe, 49/433, fol. 164–166, hier fol. 164.
[58] Vgl. dazu den Bericht von Ompteda an König Georg V. von Hannover, München, 10. April 1866, über entsprechende Äußerungen Pfordtens, HStA Hannover, Dep. 103, Bestand VIII, Nr. 294. – Auch in Stuttgarter Regierungskreisen bewertete man den Antrag vom 9. April 1866 als „Appellation an die Revolution"; Reigersberg an König Ludwig II., Stuttgart, 10. April 1866, HStA München, MA 496.
[59] Ompteda an König Georg V. von Hannover, München, 10. April 1866, HStA Hannover, Dep. 103, Bestand VIII, Nr. 294.
[60] Ebd.

einen besonderen Ausschuß zu verweisen, in dem über die preußischen Vorschläge beraten werden sollte. In dem am 26. April 1866 gewählten neunköpfigen Ausschuß hatten die Gegner Preußens eine deutliche Mehrheit, und so schien gewährleistet, daß es der Bundesversammlung gelingen würde, den preußischen Revolutionierungsversuch abzublocken.[61]

Diese Strategie des Deutschen Bundes, die in der Vergangenheit so häufig mit Erfolg gegen mißliebige Anträge angewandt worden war, versagte im Frühjahr 1866, und dafür waren vor allem zwei Gründe verantwortlich. Zum einen erwies sich die vor allem bei den süddeutschen Regierungen verbreitete Auffassung als unzutreffend, daß die Bismarckschen Vorschläge nicht wirklich ernst gemeint seien und letztlich nur darauf zielten, den Bund unter Druck zu setzen. Die mehrheitliche Meinung, der Antrag vom 9. April sei nur ein verzweifelter „Coup", war eine Fehleinschätzung. Richtiger lagen jene, die wie der hamburgische Bundestagsgesandte Krüger davor warnten, Bismarck zu unterschätzen und seine Vorschläge zur Bundesreform für eine bloße Farce zu halten. Der Antrag sei vielmehr lange vorbereitet und wohlkalkuliert, er bilde „ein Stück des Bismarck'schen Programms", ja er sei „dessen eigentlicher Kern". Dieses Programm bestehe in der baldigen militärischen Lösung der deutschen Frage zu Preußens Gunsten, und der Reformantrag sei ein „Kriegsmanifest", mit dem die Zustimmung der national bewegten Massen zum Krieg gegen Österreich und damit gegen die bestehende Bundesordnung gewonnen werden solle.[62]

Der zweite Grund dafür, daß das Kalkül der Bundestagsmehrheit nicht aufging, bestand darin, daß Preußen längst entschlossen war, sich durch das gewohnte bundesmäßige Verfahren bei der Behandlung seines Antrags nicht mehr aufhalten zu lassen. Die militärischen und politischen Vorbereitungen Berlins liefen seit Ende Februar darauf hinaus, binnen weniger Monate den Entscheidungskampf mit Österreich um die Vorherrschaft in Deutschland herbeizuführen. Wenn die Bundesversammlung darauf mit den üblichen prozeduralen Maßnahmen reagierte, dann mußte das, was in den Frankfurter Gremien verhandelt wurde, angesichts der eskalierenden Spannungen zwischen den beiden Großmächten irrelevant bleiben. Die seit April 1866 in der Bundesversammlung geführten Verhandlungen über Bundesreformen spielten sich, resümiert Ernst Rudolf Huber zutreffend, „weit entfernt vom wirklichen Kern der Entscheidungen ab".[63]

Allerdings gab es zum Verhalten des Deutschen Bundes gegenüber der preußischen Politik, sowohl im Hinblick auf die Schleswig-Holstein-Frage als auch in bezug auf die Bundesreform, wohl kaum eine Alternative. Die

---

[61] ProtDBV 1866, § 104 u. 113, S. 114–121 u. 129. Mitglieder des Ausschusses waren die Gesandten von Österreich, Preußen, Bayern, Sachsen, Hannover, Württemberg, Baden, Großherzogtum Hessen und der sächsischen Herzogtümer.
[62] Krüger an Curtius, Frankfurt, 13. April 1866, Archiv der Hansestadt Lübeck, Altes Senatsarchiv, Deutscher Bund, B 15, Fasz. 3, fol. 23–27, Zitate fol. 23v u. 25 v.
[63] *Huber*, Deutsche Verfassungsgeschichte, Bd. 3, S. 519.

Bundesversammlung mußte am „gesetzlichen Weg" festhalten[64], sie hatte keine andere Wahl, als zu versuchen, die Unmöglichkeit der preußischen Politik „sachlich zu beweisen"[65]. Der Bruch des Bundes war unvermeidlich, als sich herausstellte, daß sich Preußen weder von den Regularien der Bundesgrundgesetze noch von den Argumenten der Mehrheit seiner Bundesgenossen davon abbringen ließ, seinen politischen Kurs in Deutschland fortzusetzen.

Die Position des Bundes gegenüber Preußen wurde zusätzlich dadurch erschwert, daß es nicht gelang, dem preußischen Reformantrag ein glaubwürdiges Alternativprogramm entgegenzusetzen. Auf einer von Bayern einberufenen Ministerkonferenz, zu der sich am 22. und 23. April 1866 in Augsburg die Regierungschefs von Bayern, Sachsen, Württemberg, Hessen-Darmstadt, Baden, Nassau, Sachsen-Weimar, Sachsen-Coburg und Gotha sowie Sachsen-Meiningen einfanden, schlug Beust vor, ein „Gegenprojekt" auszuarbeiten; der badische Minister Edelsheim verlangte sogar, die Mittelstaaten sollten bei einem Scheitern des preußischen Vorschlags „einen engeren Bund der Mittelstaaten mit Parlament" bilden, um damit als dritte Gruppe neben die beiden Großmächte zu treten. Aber weder Beust noch Edelsheim fanden Gehör. Statt konkreter Maßnahmen wurde lediglich vereinbart, von Preußen detaillierte Vorschläge für die beantragte Bundesreform zu verlangen und nach Vorlage dieser Vorschläge eine weitere Ministerkonferenz abzuhalten. Bis dahin, so wurde verabredet, solle sich keine Regierung auf Verabredungen und Erklärungen bezüglich der Bundesreform einlassen.[66]

Die norddeutschen Staaten, auch Hannover, waren zu der Augsburger Konferenz gar nicht eingeladen worden, was Pfordten damit begründete, daß sie „in wesentlichen Fragen auf allzu abweichendem Standpunkte" stünden.[67] Das „Dritte Deutschland" fand somit auch in der letzten, entscheidenden Auseinandersetzung über die Bundesreform nicht zu einer einheitlichen Position. Zu der alten Befürchtung der größeren Mittelstaaten, Bayern könne die sogenannte „Trias" dazu benutzen, sich selbst über die anderen Mittelstaaten zu erheben, kam nun eine starke Entfremdung zwischen den nord- und süddeutschen Staaten hinzu. Sehr verärgert waren die norddeutschen Regierungen darüber, daß am 26. April 1866 bei der Bildung des Ausschusses zur Beratung des preußischen Reformantrags neben Preußen mit Hannover nur ein weiterer norddeutscher Staat berücksichtigt wurde, während die süddeutschen Regierungen sich – wie in Augsburg abgesprochen – zusammen mit Österreich die klare Mehrheit gesichert hatten.[68]

---

[64] Großherzog Friedrich I. von Baden an Edelsheim, Karlsruhe, 14. April 1866, GLA Karlsruhe, 69 (Nachlaß v. Edelsheim), Fasz. 428, Nr. 9.
[65] So der württembergische Minister Varnbüler, berichtet von Ompteda an König Georg V. von Hannover, München, 15. April 1866, HStA Hannover, Dep. 103, Bestand VIII, Nr. 294.
[66] Kurze Aufzeichnung über die Verhandlungen der Minister-Conferenz zu Augsburg am 22ten und 23ten April 1866, München, 24. April 1866, HStA München, MA 496.
[67] Pfordten an Schrenk, München, 26. April 1866, HStA München, MA 496.
[68] Wickede an Oertzen, Frankfurt, 26. April 1866, LHA Schwerin, MfAA, Nr. 100.

Gerade in Norddeutschland zog das Vorgehen der Bundesversammlung im Hinblick auf den preußischen Antrag auch in der Öffentlichkeit massive Kritik auf sich. Die Verweisung des Antrags an einen Ausschuß wurde im „Beobachter an der Elbe" mit ätzendem Spott kommentiert. Es zeige sich, daß die „alte Staatsmaschine in Frankfurt am Main" immer noch „im Zeichen des *Krebses*" arbeite. Die Frage des deutschen Parlaments sei zu wichtig, um sie dilatorisch zu behandeln. Gerade das aber sei die Intention der Bundesversammlung:

„Der Orkus des ‚*Ausschusses*' vertagt die Frage *ad calendas graecas*, und es folgt hieraus, daß die Nation zu dem ‚Bundestag' wenig Vertrauen haben darf."[69]

Die offizielle und offiziöse preußische Presse machte sich dieses Defizit an Vertrauen in den Deutschen Bund in den folgenden Wochen und Monaten zunutze, indem sie immer wieder hervorhob, welch großen Gewinn für die Nation die Bildung eines deutschen Parlaments bedeute. Daß die Bundesversammlung dem Vorschlag zur Einrichtung dieses nationalen Instituts offenbar wieder nur mit hinhaltendem Widerstand begegnen wollte, erschien als ein neuer Beleg für die Unvereinbarkeit der Wiener Ordnung von 1815 mit dem nationalen Fortschritt.

Auf dieser Klaviatur spielte auch die weitere preußische Bundespolitik. Das Ansinnen des Bundestagsausschusses an Preußen, einen detaillierten Plan über die Einzelheiten der beantragten Bundesreform vorzulegen, wies Bismarck zurück. Die Aufgabe des Ausschusses sei es nicht, eine Reformvorlage für das später einzuberufende Parlament zu erstellen, sondern die Berichterstattung darüber,

„ob von bundeswegen die Einberufung einer aus directen Wahlen hervorgehenden Volksvertretung zur Berathung der Bundesreform zu beschließen sei oder nicht. Unsere Vorschläge für die Reformvorlage werden wir unsern Bundesgenossen erst dann vorlegen, wenn der Zusammentritt des *Parlaments* zu einem bestimmten Termin gesichert ist."[70]

Mit dieser Forderung wurde die Bundesversammlung in eine nahezu ausweglose Lage gebracht. Beharrte sie darauf, daß Preußen zunächst seine Vorschläge präzisieren müsse, bevor über die Bildung des Parlaments entschieden werden könne, dann setzte sie sich dem naheliegenden Verdacht aus, die Angelegenheit verschleppen und das Nationalparlament letztlich verhindern zu wollen. Ging sie aber darauf ein, das Parlament einzuberufen, ohne zu wissen, was der weitere Inhalt der Reform sein würde, dann ließ sie sich auf ein unkalkulierbares Wagnis ein, das bereits 1848 binnen kurzer Zeit zur gänzlichen Ausschaltung des Bundes aus dem politischen Prozeß und zur kleindeutsch-preußischen Reichsgründung geführt hatte.

---

[69] Extraabdruck aus dem „Beobachter an der Elbe" vom 26. April 1866, HStA München, MA 496.
[70] Bismarck an Wentzel, Berlin, 27. April 1866, HStA Wiesbaden, 210/11389.

Als die Beratungen des Neunerausschusses am 11. Mai 1866 nach mehrmaligen, durch die Abwesenheit des preußischen Gesandten Savigny bedingten Verzögerungen endlich begannen, stellte der zum Referenten bestimmte bayerische Bundestagsgesandte Schrenk den Antrag, die preußische Regierung zu ersuchen, die im Antrag vom 9. April in Aussicht gestellten weiteren Vorlagen für die Bundesreform „baldmöglichst" auf den Tisch zu legen.[71]

Auf diesen von den übrigen Ausschußmitgliedern befürworteten Antrag reagierte Savigny zwar nicht mit der Vorlage eines ausgearbeiteten Reformprojekts, aber immerhin war er bereit, einige Grundprinzipien der angestrebten Neuordnung darzulegen. Danach sollte die periodisch einzuberufende Nationalvertretung für die Bundesgesetzgebung zuständig sein. Im einzelnen sollte sich ihre Kompetenz auf die im Artikel 64 der Wiener Schlußakte genannten „gemeinnützigen Anordnungen" erstrecken, die bisher in Bundeskommissionen behandelt worden waren, also das Münz-, Maß- und Gewichtswesen, die Zivilprozeßordnung, die Patentgesetzgebung, das Wechselrecht usw. Die ebenfalls bereits in Bundeskommissionen beratene Ausführung des Artikels 18 der Bundesakte (Freizügigkeit, allgemeines deutsches Heimatrecht, Auswanderung) sollte gleichfalls von der Nationalvertretung übernommen werden. Ferner sollte das Parlament künftig auch für die einheitliche Gesetzgebung auf dem Gebiet des Handels- und Zollwesens, des Verkehrswesens, des Post- und Telegraphenwesens zuständig sein. Als weitere Reformen verlangte Preußen Vorkehrungen für den Schutz des deutschen Handels und der deutschen Schiffahrt im Ausland, und zwar durch die Einrichtung konsularischer Vertretungen für Gesamtdeutschland. Schließlich sollten eine deutsche Kriegsmarine gegründet und die Bundeskriegsverfassung derart revidiert werden, daß eine „Consolidirung der vorhandenen militärischen Kräfte der Nation" erreicht wurde. Im Hinblick auf die Bildung der Nationalvertretung sprach sich Preußen für direkte und allgemeine Wahlen aus und forderte, dazu „sofort ein Wahlgesetz ad hoc unter den Regierungen zu vereinbaren".[72]

Dies waren weitgehende und die bisherigen Strukturen im Bund erheblich modifizierende Vorschläge, die eine Reihe von ungeklärten Fragen aufwarfen. Der preußische Gesandte war jedoch nicht in der Lage, nähere Erläuterungen zu geben. Er ließ es auch auf Nachfrage von mehreren Seiten hin im Unklaren, wie das künftige Verhältnis zwischen der Bundesversammlung und der Nationalvertretung geregelt sein sollte. Savigny behauptete ferner, keine Anhalts-

---

[71] Vortrag des am 26. April 1866 gewählten Ausschusses, die Reform der Bundesverfassung betreffend, verteilt am 9. Juli 1866, BA Koblenz, DB 1/75; zur Ausschußsitzung vom 11. Mai siehe ferner die Berichte: Schrenk an König Ludwig II., Frankfurt, 11. Mai 1866, HStA München, MA 496; Heimbruch an Platen, Frankfurt, 11. Mai 1866, HStA Hannover, Dep. 103, Bestand VIII, Nr. 200.

[72] Schriftliche Aufzeichnung der von dem Königlich Preußischen Gesandten in der Ausschuß-Sitzung vom 11. Mai gemachten vertraulichen Mittheilung, HStA München, Gesandtschaft Bundestag, Nr. 38.

punkte über die Absichten seiner Regierung bei der Durchführung der Reform geben zu können und zog sich statt dessen auf die Floskel zurück, daß es „mit Ernst und gutem Willen" gelingen werde, eine Form zu finden.[73]

Daß sich Preußen angesichts des Drängens des Ausschusses standhaft weigerte, seinen Reformplan zu präzisieren, macht einmal mehr deutlich, daß es Berlin gar nicht um eine Reform des Deutschen Bundes auf der Grundlage der bestehenden Ordnung ging. Statt sich in der Bundesversammlung auf konkrete Verhandlungen einzulassen, setzte Preußen den Bund und die übrigen deutschen Regierungen mit der populären Forderung des frei gewählten Nationalparlaments lediglich unter Druck. Angesichts der preußischen Haltung kamen die Reformverhandlungen naturgemäß nicht voran, und dies wurde in der deutschen Öffentlichkeit als ein erneuter Beleg für die Unreformierbarkeit des Bundes gewertet.

Während der Reformausschuß somit auf der Stelle trat, eskalierten die Spannungen zwischen den deutschen Staaten immer weiter. Neben Preußen und Österreich trafen nun auch die Mittelstaaten Bayern, Württemberg und Sachsen Vorbereitungen zur Mobilisierung ihrer Armeen. Um die Situation zu entschärfen, vereinbarten die süddeutschen Mittelstaaten, die sich am 13. und 14. Mai 1866 erneut zu einer Konferenz in Bamberg zusammenfanden, den Deutschen Bund einzuschalten und durch einen Bundesbeschluß die Rücknahme der Rüstungsmaßnahmen zu erwirken.[74] Daraufhin faßte der Bundestag am 24. Mai den einstimmigen Beschluß, alle Bundesglieder zu ersuchen, in der nächsten Sitzung eine Erklärung darüber abzugeben, unter welchen Voraussetzungen sie bereit seien, ihre Streitkräfte zu demobilisieren.[75] Statt zur Entspannung führte dieser Beschluß aber zum Aufbau weiterer Spannungen, denn die von Österreich und Preußen am 1. Juni in der Bundesversammlung abgegebenen Erklärungen waren keineswegs geeignet, die aufgeheizte Situation zu beruhigen. Österreich erklärte sich zur Demobilisierung unter der Voraussetzung bereit, daß ihm Sicherheit geboten würde gegen „einen Angriff von Seiten Preußens" sowohl auf eigenes Gebiet als auch in Holstein und auf das Gebiet der Bundesgenossen. In Deutschland regiere „nicht eine Politik der Gewalt, sondern Recht und Vertrag", die Schleswig-Holstein-Frage könne nicht nach den „einseitigen Ansprüchen Preußens" gelöst werden, sondern „nach Recht und Gesetz des Deutschen Bundes und im Einklange mit dem Landesrechte der Herzogthümer".[76] Österreich entfernte sich damit endgültig von den internationalen Verträgen über Schleswig-Holstein und auch von den bilateralen Abmachungen mit Preußen von 1864 und

---

[73] Schrenk an König Ludwig II., Frankfurt, 11. Mai 1866, HStA München, MA 496.
[74] Kurze Mitteilung über die am 13ten und 14ten Mai 1866 zu Bamberg gepflogenen Minister-Berathungen, HStA München, MA 496.
[75] ProtDBV 1866, § 141, S. 172; *Huber* (Hg.), Dokumente, Bd. 2, S. 227.
[76] ProtDBV 1866, § 149, S. 182 f.; *Huber* (Hg.), Dokumente, Bd. 2, S. 227 f.

1865. Dies war eine „Kampfansage" an Preußen[77], das sich seit Beginn der Krise in Schleswig-Holstein beharrlich gegen eine bundesrechtliche Regelung des Konflikts gewandt hatte.

Preußen beantwortete diese Stellungnahme seinerseits mit der kaum verklausulierten Drohung, den Bundesboden zu verlassen. Seine eigene Mobilmachung sei lediglich eine Reaktion auf die gegen Preußen gerichteten Rüstungen Österreichs und Sachsens gewesen. Preußen könne seine Streitkräfte nur dann wieder auf den Friedensfuß zurücksetzen, wenn der Bund Österreich und Sachsen veranlasse, ihre „bedrohenden Rüstungen" zurückzunehmen und dadurch Preußen die Gewähr erhalte, vor „Beeinträchtigungen des Bundesfriedens" sicher zu sein.

„Wenn der Bund zu Gewährung solcher Bürgschaften nicht im Stande ist, und wenn seine Mitglieder sich der Einführung der Reformen versagen, durch welche die Wiederkehr der bedauerlichen Zustände der Gegenwart verhütet werden könne, so wird die Königliche Regierung daraus den Schluß ziehen müssen, daß der Bund in seiner gegenwärtigen Gestalt seiner Aufgabe nicht gewachsen sei, und seine obersten Zwecke nicht erfülle, und sie wird ihren weiteren Entschließungen diese rechtliche Überzeugung zu Grunde zu legen haben."[78]

Dieser Ankündigung der bundesrechtlich nicht zulässigen einseitigen Lossagung vom Deutschen Bund ließ die preußische Regierung binnen weniger Tage Taten folgen. Am 5. Juni 1866 gab Bismarck den Befehl zum Einmarsch preußischer Truppen in das Herzogtum Holstein, was damit begründet wurde, daß Preußen nach der Abkehr Österreichs vom Gasteiner Abkommen nur durch die militärische Intervention seine Rechte in Holstein wahren könne. Österreich protestierte am 9. Juni in der Bundesversammlung gegen die preußische Besetzung Holsteins, die ein „Act der Selbsthülfe" sei.[79] Die Durchsetzung von Ansprüchen gegen andere Bundesglieder mit militärischen Mitteln war nach den Bundesgrundgesetzen verboten, da sich alle Bundesmitglieder verpflichtet hatten, Streitigkeiten nicht „mit Gewalt zu verfolgen, sondern sie bey der Bundesversammlung anzubringen".[80] Griff ein Staat dennoch zur „Selbsthilfe" und waren demzufolge „Thätlichkeiten" zwischen Bundesgliedern zu befürchten, dann war nach Artikel 19 der Wiener Schlußakte die Bundesversammlung berufen, „Maßregeln" dagegen zu ergreifen.[81]

Aufgrund dieser Bestimmungen wurden der Bund und mit ihm die deutschen Einzelstaaten in den drohenden Krieg zwischen den beiden Großmächten hineingezogen. Bundesrechtlich gesehen gab es für die Bundesversammlung keine andere Möglichkeit, als dem von Österreich am 11. Juni

---

[77] *Huber*, Deutsche Verfassungsgeschichte, Bd. 3, S. 531.
[78] ProtDBV 1866, § 149, S. 183; *Huber* (Hg.), Dokumente, Bd. 2, S. 229f.
[79] ProtDBV 1866, § 161, S. 198; *Huber* (Hg.), Dokumente, Bd. 2, S. 233.
[80] Art. 11 der Bundesakte, QGDB I/1, S. 1512.
[81] *Huber* (Hg.), Dokumente, Bd. 1, S. 93.

gestellten Antrag[82], das Bundesheer gegen Preußen zu mobilisieren, zuzustimmen. Noch bevor über diesen Antrag beraten und beschlossen werden konnte, hatte die preußische Regierung am 10. Juni ein Programm über die „Grundzüge zu einer neuen Bundesverfassung" an die deutschen Regierungen geschickt.[83] Dieses Programm war kein Vorschlag zur Reform des bestehenden Deutschen Bundes, sondern ein Plan für die Bildung eines neuen Bundes für den Fall, daß „die bisherigen Bundesverhältnisse sich lösen sollten".[84]

Das in zehn Artikel gefaßte Papier als das „letzte Bundesreformprogramm Bismarcks" zu deklarieren, das den Weg zu einer Verständigung mit Österreich immer noch offen gelassen habe[85], erscheint kaum vertretbar. Der preußische Vorschlag setzte das Ende des bisherigen Deutschen Bundes voraus, schloß Österreich definitiv aus der neu zu schaffenden Ordnung aus und lief auf einen preußisch dominierten kleindeutschen Bundesstaat hinaus. Nach Artikel I sollten weder die österreichischen noch die niederländischen Landesteile dem Bundesgebiet angehören; die gesetzgebende Gewalt sollte dem Bundestag und der nach dem Reichswahlgesetz von 1849 zu wählenden Nationalvertretung übertragen werden, wobei eine „Umgestaltung" des Bundestags mit dem Parlament vereinbart werden sollte; die exekutive Gewalt, das Recht Krieg zu erklären und Frieden sowie Bündnisse und Verträge zu schließen sollte einer „Bundesgewalt" zustehen, über deren Bildung und Zusammensetzung sich das Papier ausschwieg, in der aber nach dem Ausscheiden Österreichs naturgemäß der preußische Einfluß dominieren mußte; in der Nord- und Ostsee war die Errichtung einer Kriegsmarine unter preußischem Oberbefehl vorgesehen, das Landheer des Bundes sollte in eine Nord- und eine Südarmee aufgeteilt werden, die von Preußen beziehungsweise Bayern befehligt würden.[86]

Die konstitutionellen, politischen und militärischen Strukturen des von Preußen geforderten neuen Bundes wären vollkommen andere gewesen als im bestehenden Deutschen Bund, dessen Organe, die Bundesversammlung und der mit der Reformfrage befaßte Neunerausschuß, bei der Umgestaltung der Verhältnisse in Deutschland nach dem Willen Bismarcks auch gar keine Rolle mehr spielen sollten. Für den Deutschen Bund, die in ihm vertretenen Einzelregierungen und dabei ganz besonders Österreich eröffnete der preußische Vorschlag keine Reformperspektive, weil er das bisherige Bundesrecht als Verhandlungsbasis ausschloß. Was Bismarck vorlegte, war ein Ultimatum

---

[82] ProtDBV 1866, § 164, S. 202; *Huber* (Hg.), Dokumente, Bd. 2, S. 237f.
[83] ProtDBV 1866, Beilage zu § 170, S. 220–222; *Huber* (Hg.), Dokumente, Bd. 2, S. 234–236.
[84] Runderlaß von Bismarck an die preußischen Gesandten bei den deutschen Regierungen, Berlin, 10. Juni 1866, in: *Bismarck*, Gesammelte Werke, Bd. 5, Nr. 383, S. 534–536; *Huber* (Hg.), Dokumente, Bd. 2, S. 233f.
[85] So *Kaernbach*, Bismarcks Konzepte zur Reform des Deutschen Bundes, S. 236.
[86] *Huber* (Hg.), Dokumente, Bd. 2, S. 234–236.

beziehungsweise ein Diktat: Der Deutsche Bund und Österreich konnten es annehmen, sich damit selbst aufgeben und Preußen die Hegemonie in Deutschland überlassen – oder sie konnten sich auf die von Preußen seit Monaten vorbereitete kriegerische Auseinandersetzung über die zukünftige politische Ordnung einlassen, wobei ihnen immer noch die Hoffnung blieb, den Sieg davonzutragen.

Die nächsten Schritte waren somit weitgehend vorprogrammiert: Österreich und der Bund ignorierten die „zehn Artikel" Preußens, die der Bundesversammlung zunächst noch nicht einmal offiziell übermittelt wurden, und bereiteten statt dessen die Entscheidung des Bundes über die Mobilisierung des Bundesheers vor. Preußen wiederum erklärte am 12. Juni – nicht in der Bundesversammlung, sondern in Telegrammen an einige wenige Regierungen –, der Beschluß zur Mobilisierung werde die Auflösung des Bundesverhältnisses bedeuten.[87] Preußen war zu diesem Zeitpunkt fest zum Austritt aus dem Bund entschlossen und wollte diesen Schritt auch dann tun, wenn der österreichische Antrag auf Mobilmachung der Bundesarmee nicht die Mehrheit erhielt.[88]

Der Bruch wurde in der Bundestagssitzung vom 14. Juni 1866 vollzogen. Nachdem die Mehrheit der Bundesversammlung beschlossen hatte, die Mobilmachung von vier Bundesarmeekorps anzuordnen, gab der preußische Gesandte Savigny zu Protokoll, seine Regierung betrachte den Bundesvertrag als „gebrochen" und „nicht mehr verbindlich". Mit dem „Erlöschen des bisherigen Bundes" seien aber nicht die „nationalen Grundlagen", auf denen der Bund aufgebaut gewesen sei, zerstört worden. Vielmehr halte Preußen an diesen Grundlagen und der „Einheit der deutschen Nation" fest und sehe es als eine Pflicht der deutschen Staaten an, für die nationale Einheit den angemessenen Ausdruck zu finden. Als Leitlinie für die in Aussicht gestellte, „den Zeitverhältnissen entsprechende Einigung" legte Savigny nun der Bundesversammlung die „Grundzüge" vor, welche schon am 10. Juni an die Regierungen gesandt worden waren. Diese sollten die Basis für einen „neuen Bund" bieten, den Preußen mit denjenigen deutschen Regierungen schließen wollte, welche dazu bereit waren.[89] Mit dieser Erklärung Preußens waren auch weitere Verhandlungen des Neunerausschusses über den preußischen Reformantrag vom 9. April 1866 hinfällig geworden. Der Ausschuß selbst stellte am 9. Juli 1866 in seinem Bericht in der Bundesversammlung fest, daß er nach dem preußischen Bundesaustritt nicht mehr in der Lage gewesen sei, mit sei-

---
[87] *Huber*, Deutsche Verfassungsgeschichte, Bd. 3, S. 540 mit Anm. 35.
[88] Bismarck an Savigny, Berlin, 14. Juni 1866, GStA Berlin, I. HA, Rep. 75A, Nr. 275, fol. 126r: „Auch wenn der österreichische Antrag nicht die Mehrheit erhält, erklären Sie den Bundes-Vertrag für hinfällig in Folge der Situation in der die Glieder seit drei Monat [sic] gegen einander in Waffen. Hinterlassen Sie dann das Reform-Project in Form letztwilliger Erklärung und als künftige Basis [des] neuen Bundes."
[89] ProtDBV 1866, § 170, S. 214 f.; *Huber* (Hg.), Dokumente, Bd. 2, S. 240 f.

ner Tätigkeit fortzufahren.⁹⁰ Die Geschichte der Bundesreformversuche war damit zu Ende.

Mit der Sitzung vom 14. Juni 1866 waren aber nicht nur weitere Reformberatungen vereitelt worden. Der Deutsche Bund insgesamt war zerbrochen. Für Preußen existierte der Bund nicht mehr, in Berlin herrschte, wie Bismarck an Savigny telegrafierte, „allgemeine Freude über Erlösung vom Bund".⁹¹ Zwar erklärte die Bundesversammlung den preußischen Austritt aus dem Bund für unzulässig⁹², aber den Gang der Dinge konnten die in Frankfurt gefaßten Beschlüsse und Maßregeln nicht mehr ändern. Formal endete die Geschichte des Deutschen Bundes mit einer von der Mehrheit beschlossenen und durchgeführten Bundesexekution gegen ein die Bundesgrundgesetze mißachtendes Mitglied. Der Substanz nach waren die militärischen Auseinandersetzungen, die am 16. Juni 1866 mit der Besetzung Kurhessens durch preußische Truppen begannen, ein Krieg der beiden deutschen Großmächte um die Vorherrschaft in Deutschland. Auf der Seite Österreichs und des Bundes kämpften dabei letztlich nur dreizehn Bundesmitglieder, während achtzehn Regierungen dem Bund die Gefolgschaft versagten und sich auf die Seite Preußens schlugen.⁹³ Mit dem militärischen Sieg Preußens am 3. Juli 1866 in Königgrätz war das Schicksal des Deutschen Bundes endgültig besiegelt. Im Vorfrieden von Nikolsburg stimmte die unterlegene Habsburgermonarchie am 26. Juli 1866 der Auflösung des Deutschen Bundes und einer neuen Gestaltung Deutschlands ohne österreichische Beteiligung zu.⁹⁴ Einen Monat später, am 23. August 1866, bestätigte der Friedensvertrag von Prag das völkerrechtliche Ende des Deutschen Bundes und die Schaffung einer neuen Ordnung: des Norddeutschen Bundes.⁹⁵

Die Bundesversammlung bestand offiziell bis zum 24. August 1866. An diesem Tag hielt sie in Augsburg, wohin sie am 14. Juli verlegt worden war, ihre letzte Sitzung ab. Nur noch neun deutsche Regierungen waren durch ihre Gesandten vertreten. Diese stellten fest, daß der Deutsche Bund als aufgelöst zu betrachten sei und beendeten damit die Tätigkeit der Bundesversammlung.⁹⁶

---

⁹⁰ Vortrag des am 26. April 1866 gewählten Ausschusses, die Reform der Bundesverfassung betreffend, verteilt am 9. Juli 1866, BA Koblenz, DB 1/75.
⁹¹ Bismarck an Savigny, Berlin, 14. Juni 1866, 8.30 Uhr abends, chiffriertes Telegramm, GStA Berlin, I. HA, Rep. 75A, Nr. 275, fol. 131r.
⁹² ProtDBV 1866, § 172, S. 225; *Huber* (Hg.), Dokumente, Bd. 2, S. 242.
⁹³ *Huber*, Deutsche Verfassungsgeschichte, Bd. 3, S. 558.
⁹⁴ *Huber* (Hg.), Dokumente, Bd. 2, S. 247–249, hier Artikel II, S. 248.
⁹⁵ Ebd., S. 249–252, hier S. 250.
⁹⁶ ProtDBV 1866, § 261, S. 441; *Huber*, Deutsche Verfassungsgeschichte, Bd. 3, S. 576.

Teil B
Nationales Recht

I. „Dem nationalen Bedürfnisse legislativer Einheit zu entsprechen"

Die Rechtsvereinheitlichung als Element der Integration im Deutschen Bund

Dem Deutschen Bund gelang es bis 1866 nicht, seine Verfassung so auszubauen, daß sie den nationalen Bedürfnissen und Ansprüchen genügte. Er fand keine Form, in der Deutschland auf föderative Weise vereint werden konnte. Die Forschung hat daraus im allgemeinen den Schluß gezogen, der Deutsche Bund habe für die Ausbildung der deutschen Nation nichts getan. Dabei wird allerdings übersehen, daß die Bundesversammlung erhebliche Anstrengungen zur inneren Vereinheitlichung unternommen hat und diese Tätigkeit ausdrücklich mit dem Ziel der nationalen Integration begründet wurde. Nationsbildung erschöpft sich nicht in der Nationalstaatsgründung, sie ist ein umfassenderer Prozeß, der zeitlich und inhaltlich weit über die Ziehung von äußeren Grenzen, die Gebung einer Staatsverfassung und die Schaffung von politischen Organen hinausgeht. Innere Nationsbildung setzt ein, lange bevor die politische Einheit zustande kommt, und sie geht weiter, lange nachdem das nationale Staatsgebilde sich konstituiert hat. Dieser Sachverhalt ist in der historischen Forschung, die sich mit der Bildung von Nationen und Nationalstaaten beschäftigt, durchaus bekannt. Um so erstaunlicher ist es, daß im konkreten Fall des deutschen Einigungsprozesses im 19. Jahrhundert den Faktoren nationaler Integration jenseits der Politik bislang kaum Beachtung geschenkt wurde. Nur die von wirtschaftspolitischen Maßnahmen, allen voran vom Deutschen Zollverein, ausgehenden Impulse für die Nationsbildung sind näher untersucht worden, wobei auch hier der Deutsche Bund in einem sehr negativen Licht erscheint.

Mit dem außerordentlich weiten Feld der Integration durch Rechtsvereinheitlichung während der Epoche des Deutschen Bundes haben sich Allgemeinhistoriker bisher nicht befaßt. Auch die wenigen einschlägigen Studien und Ergebnisse von Rechtshistorikern wurden kaum zur Kenntnis genommen. Was speziell den Deutschen Bund betrifft, so ist das reichhaltige Material, das in den Protokollen der Bundesversammlung, aber auch in den Akten der Einzelstaaten vorliegt, nur ansatzweise und punktuell erschlossen. Umfassende historische Untersuchungen über die Harmonisierung des deutschen Rechtswesens durch den Bund und die dabei leitenden nationsbildenden Motive existieren nicht. Im folgenden wird der Versuch unternommen, dieses Defizit zumindest teilweise zu beheben, indem eine breite Palette von rechtsvereinheitlichenden Projekten auf Bundesebene in Augenschein genommen wird.

Daß die Schaffung einheitlicher Rechtsnormen für ein bestimmtes Territorium integrierend wirkt, daß nicht selten sogar erst die Setzung von Recht ein

Gebiet als Einheit konstituiert und diese als Rechtskreis von anderen abgrenzbar macht, ist ein von der historischen Forschung vielfach belegter Vorgang. Die markantesten Beispiele dafür sind das Römische Recht[1] und, seit der Wende zur Neuzeit, die Entwicklung des modernen Staatsrechts in den verschiedenen europäischen Staaten. Gerade in der Frühen Neuzeit wurde das Recht zu einem bewußt eingesetzten Mittel der Territorialstaatsbildung. Die umfassende Tendenz zur Verrechtlichung, die Ausbildung und Durchsetzung eines allgemeinen öffentlichen Rechts, die Kodifikation von Recht waren entscheidende Faktoren bei der Durchsetzung des modernen Territorialstaatsprinzips.[2] Im 19. Jahrhundert erreichte diese Entwicklung eine neue Qualität, indem nicht mehr nur die Einheit von Recht und Staat, sondern zunehmend auch die Einheit von Recht und Nation angestrebt wurde. Das Recht wurde zum Instrument nationaler Identitätsstiftung, Integration und zuweilen auch Expansion, wie das Beispiel des revolutionären und napoleonischen Frankreich zeigt.[3]

Während in Deutschland in der ersten Hälfte des 19. Jahrhunderts die Einzelstaaten auf dem Wege der bürokratischen Reform von oben den Prozeß der inneren Rechtsvereinheitlichung energisch vorantrieben[4], ohne ihn vollständig abschließen zu können, wurde parallel dazu auch der Anspruch auf eine nationale Rechtseinheit formuliert. Nachdem schon gegen Ende des 18. Jahrhunderts hier und da der Wunsch nach einem „in ganz Deutschland" einheitlichen Recht[5] ausgesprochen worden war, mehrten sich zu Beginn des 19. Jahrhunderts die Stimmen für die allgemeine Rechtsvereinheitlichung. Einen entscheidenden Anstoß dazu gab die französische „expansion révolutionnaire". Diese beinhaltete ja auch einen Export des neuen Rechtssystems Frankreichs, das eine große Herausforderung für die deutschen Staaten darstellte, die während der napoleonischen Zeit in den Einflußbereich Frankreichs gerieten. Im Rheinbund löste die von Napoleon verlangte Übernahme des französischen Rechts eine nationalpolitische Debatte aus, die sich vor allem daran entzündete, ob der Code Napoléon als ein ausländisches Gesetzbuch mit dem deutschen „Nationalcharakter" beziehungsweise der „Nationalehre"

---

[1] Vgl. dazu *Liebs*, Römisches Recht; *Stein*, Römisches Recht und Europa.

[2] Vgl. dazu für Deutschland *Duchhardt*, Deutsche Verfassungsgeschichte 1495–1806; Deutsche Verwaltungsgeschichte, Bd. 1.

[3] *Godechot*, Les institutions de la France sous la Révolution et l'Empire; vgl. für Deutschland: *Fehrenbach*, Traditionale Gesellschaft und revolutionäres Recht; *Schubert*, Französisches Recht in Deutschland; *Dipper/Schieder/Schulze* (Hg.), Napoleonische Herrschaft in Deutschland und Italien.

[4] Besonders intensiv erforscht ist dieser Vorgang für das Herzogtum Nassau: *Treichel*, Der Primat der Bürokratie; vgl. allgemein *Demel*, Vom aufgeklärten Reformstaat zum bürokratischen Staatsabsolutismus, bes. Kap. I.2 und II.3; zu Hessen-Darmstadt siehe: *Schulz*, Herrschaft durch Verwaltung, bes. S. 75–168.

[5] So Johann Stephan Pütter 1784 in den Göttingischen Anzeigen anläßlich der Veröffentlichung des ersten Teils des Entwurfs des Allgemeinen preußischen Landrechts; zitiert nach *Getz*, Die deutsche Rechtseinheit, S. 14, Anm. 7.

Die Rechtsvereinheitlichung als Element der Integration 393

zu vereinbaren sei.⁶ Nicht wenige modernisierungswillige Rheinbundjuristen bejahten dies und sahen im Code Napoléon, wie Franz von Lassaulx es formulierte, das von allen Deutschen „so lang ersehnte Nationalband der Gleichförmigkeit ihrer Rechtsverhältnisse".⁷ Aber auch die Gegner einer Übernahme des französischen Rechts bedienten sich nationaler Argumente, indem sie nachzuweisen versuchten, daß der Code Napoléon weder der „politischen, sittlichen und kirchlichen Lage der teutschen Staaten" noch dem „Geist der Nation" entspreche.⁸

Eines der nachhaltigsten Ergebnisse der Debatte über den Code Napoléon bestand darin, daß der Gedanke einer nationalen Vereinheitlichung und Kodifikation des Rechts immer mehr Anhänger gewann. Die während der Befreiungskriege geweckte Hoffnung auf eine politische Einigung der deutschen Nation gab dieser Idee zusätzlichen Auftrieb. Als nach dem Zusammenbruch der napoleonischen Herrschaft die politische Neuordnung Deutschlands anstand, wurde die Herstellung der nationalen Rechtseinheit von mehren Seiten angemahnt. So veröffentlichte der renommierte Heidelberger Rechtsprofessor Anton Friedrich Justus Thibaut am 19. Juni 1814, kurz vor der Eröffnung des Wiener Kongresses, eine Flugschrift mit dem Titel „Über die Notwendigkeit eines allgemeinen bürgerlichen Rechtes für Deutschland", in der er die Kodifizierung des Rechts in einem nationalen Gesetzbuch verlangte.⁹

Obgleich Thibaut damit innerhalb der Rechtswissenschaft sofort auf den energischen Widerstand der tonangebenden ‚historischen Schule' stieß, die die allgemeine Kodifikation des Rechts als einen mechanischen, der ‚natürlichen' und ‚organischen' Entwicklung des Rechtslebens feindlichen Akt kritisierte¹⁰, wurde das Projekt eines deutschen Nationalgesetzbuchs von mehreren deutschen Regierungen während der Verhandlungen auf dem Wiener Kongreß vorgebracht. Der Bremer Kongreßbevollmächtigte Johann Smidt, der schon in einer Denkschrift von 1813 ein allgemeines Zivilgesetzbuch, ein Kriminalgesetzbuch und ein Handelsgesetzbuch als wünschenswerte Bestandteile einer Neuorganisation Deutschlands bezeichnet hatte¹¹, setzte sich auf dem Wiener Kongreß für die Schaffung eines „allgemeinen deutschen Nationalgesetzbuchs" ein¹². Dazu kam es bekanntlich nicht, weder auf dem Wiener Kongreß noch in dem nachfolgenden halben Jahrhundert, was aber nicht bedeutet, daß die nationale Rechtsvereinheitlichung bis zur Gründung

---

⁶ Vgl. *Fehrenbach*, Traditionale Gesellschaft und revolutionäres Recht, S. 70–78; ausführlich zu den nationalpatriotischen Debatten in der Rheinbundpublizistik: *Schuck*, Rheinbundpatriotismus und politische Öffentlichkeit.
⁷ *Fehrenbach*, Traditionale Gesellschaft, S. 76.
⁸ Ebd., S. 72.
⁹ *Thibaut*, Über die Notwendigkeit eines allgemeinen bürgerlichen Rechtes für Deutschland.
¹⁰ Vgl. dazu *Stern* (Hg.), Thibaut und Savigny; *Getz*, Die deutsche Rechtseinheit, S. 14–16.
¹¹ *Johann Smidt*, Allgemeine Ideen über die Organisation Deutschlands, in: QGDB I/1, Dok. 11, S. 71.
¹² Instruktion des Bremer Senats für Smidt, 17. August 1814, in: QGDB I/1, Dok. 62, S. 394.

des Norddeutschen Bundes 1867 beziehungsweise des Deutschen Reiches 1870/71 keinerlei Fortschritte gemacht hätte. Gewiß, eingelöst wurde der nationale Anspruch auf Rechtseinheit erst nach 1871, als mit Hilfe des Reichstages binnen weniger Jahre ein umfassendes rechtspolitisches Reformprogramm durchgesetzt wurde.[13] Jedoch wurde die Rechtsvereinheitlichung in Deutschland bereits lange vor der Reichsgründung eingeleitet. Relativ bekannt ist das rechtsvereinheitlichende Potential des Deutschen Zollvereins, der seit den 1830er Jahren vor allem auf dem Gebiet des Handels- und Wirtschaftsrechts diverse Harmonisierungserfolge zu verzeichnen hatte.[14] Nur geringe Aufmerksamkeit hat demgegenüber die rechtspolitische Tätigkeit des Deutschen Bundes gefunden. Lediglich in rechtshistorischen Abhandlungen wird der Bund in die Tradition der Rechtsvereinheitlichung in Deutschland eingeordnet[15], während die allgemeine historische Forschung von den vielfachen Anstrengungen, die innerhalb der Bundesversammlung und ihrer Ausschüsse zur Vereinheitlichung des Rechts in Deutschland unternommen wurden, bislang fast überhaupt keine Notiz genommen hat.

Die Folge davon ist, daß ein großer und zunehmend bedeutender Bereich der Bundespolitik außerhalb des historischen Blickfeldes geblieben ist. Insbesondere auf dem Gebiet der Zivilgesetzgebung entfaltete der Deutsche Bund eine intensive und weit verzweigte, zum Teil erfolgreiche Tätigkeit[16], die bei einer Beurteilung seiner historischen Leistungen nicht vernachlässigt werden sollte. Daß die von der Bundesversammlung betriebenen diversen rechtspolitischen Projekte von etlichen deutschen Regierungen, ihren Bundestagsgesandten und Sachverständigen bewußt als Mittel zur nationalen Integration eingesetzt wurden, verleiht der Politik der Rechtsvereinheitlichung eine besondere Dimension, deren Berücksichtigung ein neues Licht auf das Verhältnis des Deutschen Bundes zur deutschen Nation werfen kann. Mit den Initiativen zur Rechtsvereinheitlichung reagierte der Deutsche Bund, wie zu zeigen sein wird, insbesondere in seiner letzten Phase von 1850 bis 1866 auf vielfach in der deutschen Öffentlichkeit und von Berufs- und Interessenverbänden geäußerte Wünsche. Das Bemühen um die Schaffung einheitlicher Rechtsnormen im Gebiet des Deutschen Bundes diente somit einerseits

---

[13] Vgl. dazu *Huber*, Deutsche Verfassungsgeschichte, Bd. 3, S. 973–988; *Eisenhardt*, Deutsche Rechtsgeschichte, S. 375–378.

[14] *Wadle*, Der Zollverein und die deutsche Rechtseinheit; *Hahn*, Geschichte des Deutschen Zollvereins; *Schönert-Röhlk*, Aufgaben des Zollvereins.

[15] *Getz*, Die deutsche Rechtseinheit; *Laufs*, Rechtsentwicklungen in Deutschland, S. 192–232, bes. S. 220–232; *Schlosser*, Grundzüge der Neueren Privatrechtsgeschichte, S. 145–152; *Eisenhardt*, Deutsche Rechtsgeschichte, S. 372–375. Aus der Perspektive eines Einzelstaates behandelt dieses Thema *Mayer*, Württembergs Beitrag zu den rechtsvereinheitlichenden Bemühungen des Deutschen Bundes. – Nach Abschluß des Manuskripts erschien die rechtshistorische Dissertation von *Claudia Schöler*, Deutsche Rechtseinheit. Partikulare und nationale Gesetzgebung (1780–1866), die den rechtsvereinheitlichenden Maßnahmen des Deutschen Bundes ein zwanzigseitiges Kapitel widmet.

[16] Siehe dazu den Überblick von *Laufke*, Der Deutsche Bund und die Zivilgesetzgebung.

dazu, die Nachteile der Rechtszersplitterung in Deutschland zu beseitigen und eine bundesweite Rechtsgleichheit und Rechtssicherheit zu gewährleisten; andererseits war es motiviert durch die Absicht, den hohen nationalen „Integrationswert"[17] der Rechtsvereinheitlichung für den Deutschen Bund zu reklamieren, auf diese Weise sein Ansehen in der deutschen Öffentlichkeit zu stärken und der Agitation für den nationalen Bundesstaat durch eine den Nationalbedürfnissen dienliche Bundespolitik entgegenzuwirken.

Schon in der Gründungsphase des Deutschen Bundes und während der ersten Jahre seines Bestehens war die rechtliche Vereinheitlichung Deutschlands als eine wichtige Aufgabe des Deutschen Bundes angesehen worden. Zwar hatte er als Bund von „souverainen Fürsten und freyen Städte[n] Deutschlands"[18] keine unmittelbare bundesweite Gesetzgebungskompetenz, doch war vorgesehen, durch vom Bunde vermittelte freiwillige Vereinbarungen sogenannte „gemeinnützige Anordnungen" herbeizuführen.[19] Als Gegenstand derartiger gemeinsamer Regelungen wurden in der Bundesakte vom 8. Juni 1815 genannt: die „möglichst übereinstimmende" bürgerliche Gleichstellung der Juden (Art. 16), die „Abfassung gleichförmiger Verfügungen über die Preßfreyheit und die Sicherstellung der Rechte der Schriftsteller und Verleger gegen den Nachdruck" (Art. 18d), einheitliche Regelungen „wegen des Handels und Verkehrs [...] so wie wegen der Schiffahrt" (Art. 19).[20]

Allerdings verzichtete der Deutsche Bund im Vormärz fast völlig auf die Wahrnehmung dieser Kompetenzen. Dabei hatte in den ersten Jahren des Deutschen Bundes allgemeine Übereinstimmung darüber geherrscht, daß die Erfüllung des Artikels 19 „einen der Hauptgegenstände"[21] der Tätigkeit der Bundesversammlung bilden solle. Diese Auffassung fand noch auf der Wie-

---

[17] *Mößle*, Rechtsvereinheitlichung als Gegenstand der Verfassungspolitik im Deutschen Bund, S. 669.
[18] Art. 1 DBA, in: QGDB I/1, Dok. 250, S. 1508.
[19] Art. 6 DBA, Art. 64 WSA, in: ebd. Dok. 250, S. 1510; *Huber* (Hg.), Dokumente, Bd. 1, S. 100. – Zum Bundesrecht, insbesondere den gesetzgeberischen Kompetenzen siehe *Huber*, Deutsche Verfassungsgeschichte, Bd. 1, S. 583–674; *Klüber*, Öffentliches Recht des Teutschen Bundes und der Bundesstaaten, S. 132–159; *Zoepfl*, Grundsätze des gemeinen deutschen Staatsrechts, Bd. 1, S. 270–458, bes. S. 356–378; *Zachariä*, Deutsches Staats- und Bundesrecht, Bd. 2, S. 607–834; eine kurze Zusammenfassung bei *Mayer*, Württembergs Beitrag, S. 1–6. – Zu den zahlreichen im 19. Jahrhundert verfaßten „Kompendien des Bundesstaatsrechts" siehe *Stolleis*, Geschichte des öffentlichen Rechts in Deutschland, Bd. 2, S. 81–96, 324–330.
[20] QGDB I/1, Dok. 250, S. 1515–1517. – Hinzuweisen ist überdies darauf, daß die Bundesakte selbst einige unmittelbar geltende, für alle Bundesstaaten bindende Rechtsgarantien aussprach. Dies betraf die sogenannten, ehemals reichsunmittelbaren Standesherren, denen die Bundesakte „in allen Bundesstaaten einen gleichförmig bleibenden Rechts-Zustand" garantierte (Art. 14 DBA), ferner die Pensionsregelung für die ehemaligen Angehörigen der 1803 säkularisierten geistlichen und weltlichen Orden und Stifte (Art. 15 DBA), die Rechte und Ansprüche des Fürstlichen Hauses Thurn und Taxis aus dem Postprivileg (Art. 17 DBA), und schließlich die Freizügigkeit der Untertanen innerhalb des Deutschen Bundes (Art. 18a-d DBA); vgl. ebd., S. 1513–1517.
[21] Erklärung des österreichischen Präsidialgesandten in der Bundestagssitzung vom 22. Juni 1820, ProtDBV 1820, § 25, S. 43.

ner Ministerialkonferenz von 1820 die Zustimmung aller deutschen Regierungen und motivierte das österreichische Kabinett dazu, unmittelbar nach Beendigung der Wiener Beratungen in der Bundesversammlung den Antrag zu stellen, eine Kommission einzusetzen, „welcher die nähere Bearbeitung der auf den freien Handel Bezug habenden Gegenstände zu übertragen wäre".[22] Sämtliche Bundestagsgesandten stimmten dem Antrag zu und wählten unverzüglich eine fünfköpfige Kommission, bestehend aus den Gesandten von Österreich, Preußen, Bayern, Dänemark und Hamburg, doch blieb dieses seither als „Kommission für die Erfüllung des Artikels 19 der Bundesakte" bezeichnete Gremium weitgehend untätig.

Somit blieben die Möglichkeiten, die der Artikel 19 und darüber hinaus das Mittel der „gemeinnützigen Anordnungen" für eine bundesweite Integration auf den Gebieten des Wirtschafts-, Zivil- und Kriminalrechts eröffneten, bis zur Revolution von 1848/49 nahezu ungenutzt, obwohl es besonders in der Frühphase des Deutschen Bundes und auch in den dreißiger und vierziger Jahren immer wieder Anstöße dazu gab. Diese gingen vor allem von der deutschen Öffentlichkeit aus, die in den ersten Jahren des Bundes in der noch nicht geknebelten Presse ihre Hoffnungen auf eine nationalintegrative Politik der Bundesversammlung zum Ausdruck brachte. Ferner wandten sich des öfteren Einzelpersonen mit konkreten Vorschlägen zur Rechtsvereinheitlichung an die Bundesversammlung. Und schließlich gab es auch hin und wieder Anträge von deutschen Regierungen, die aber ebensowenig wie die öffentlichen Erwartungen und privaten Initiativen zur Einleitung von Verhandlungen durch die Bundesversammlung und ihre Ausschüsse führten. Die einzige Ausnahme davon bildete der Schutz des literarischen Eigentums gegen den unerlaubten Nachdruck, der in der Bundesakte (Art. 18d) als Aufgabe des Bundes aufgeführt war und mit dem sich die Bundesversammlung seit 1818 über Jahrzehnte hinweg mit durchaus beachtlichen Teilerfolgen beschäftigte.

Insgesamt gesehen beschränkte der Deutsche Bund, anstatt das gesamte Spektrum der ihm durch die Bundesakte und die Wiener Schlußakte bereitgestellten politischen Handlungsmöglichkeiten auszunutzen, im Vormärz seine Tätigkeit im wesentlichen auf die unmittelbaren Bundeszwecke, nämlich „die Erhaltung der äußeren und inneren Sicherheit Deutschlands und der Unabhängigkeit und Unverletzbarkeit der einzelnen deutschen Staaten"[23], was seit den Karlsbader Beschlüssen von 1819 in erster Linie auf die Unterdrückung aller liberalen und nationalen Bestrebungen hinauslief. Durch diese einseitige, von der Bundesakte nicht zwingend vorgegebene Ausrichtung der Bundespolitik auf die Sicherung der monarchischen Souveränität gegen die konstitutionellen Partizipationsansprüche der Landtage einerseits und die

---

[22] Antrag vom 3. August 1820, ProtDBV 1820, § 98, S. 228f.
[23] Art. 2 DBA, in: QGDB I/1, Dok. 250, S. 1508; vgl. Art. 1 WSA, in: *Huber* (Hg.), Dokumente, Bd. 1, Nr. 31, S. 91.

nationale Einheitsbewegung andererseits verspielte der Bund nicht nur jeglichen Kredit in der deutschen Öffentlichkeit, sondern begab sich auch der Chance, durch innere Reformen seine Legitimität und Akzeptanz zu erhöhen. Als „föderatives Band", wie es der Erste Pariser Frieden vom 30. Mai 1814 verheißen hatte[24], trat der Deutsche Bund, abgesehen von seiner völkerrechtlichen Stellung im europäischen Mächtesystem, im Innern Deutschlands ganz überwiegend in der negativen Form des repressiven Polizeistaats in Erscheinung, nicht aber als aktiver Förderer der wenn auch nicht politischen, so doch wenigstens wirtschaftlichen und rechtlichen Einigung Deutschlands.

Dies änderte sich erst nach der Revolution von 1848/49, die für über zwei Jahre zur Beendigung der Tätigkeit der Bundesversammlung geführt hatte. Als die deutschen Staaten nach dem Scheitern der Frankfurter Paulskirche den Deutschen Bund wieder reaktivierten, und nachdem es gelungen war, das preußische Unionsprojekt zu vereiteln und statt dessen dem Deutschen Bund in seiner vormärzlichen Verfassung wieder allgemeine Anerkennung zu verschaffen, war mit der Rückkehr zur staatenbündischen Ordnung von 1815 keine allgemeine Restauration verbunden. Dafür gab es eine ganze Reihe von Ursachen, die in der faktischen und nicht mehr gänzlich reversiblen Entwicklung des Rechts und der allgemeinen Durchsetzung des Konstitutionalismus in den Einzelstaaten begründet waren. Neben diesen Veränderungen der normativen und institutionellen Voraussetzungen hatte die Revolutionszeit aber auch einen nicht minder bedeutsamen Wandel im Denken und Bewußtsein der gegen- und nachrevolutionären politischen Eliten bewirkt. Den großen Erwartungen, die durch die Revolution geweckt, in der Gesellschaft verbreitet und im kollektiven Gedächtnis der Zeitgenossen verankert worden waren, konnten sich die Regierenden nicht mehr entziehen, und sie erkannten, daß es mit der bloßen Wiedererrichtung der vorrevolutionären Reformblockaden nicht getan war.[25]

Die in der Revolution erfolgte Etablierung der Kategorie der ‚Nation' als einer zentralen Konstante des politischen Diskurses und Bezugspunkt politischen Handelns erwies sich als irreversibel. Gewiß hatten schon zuvor die Begriffe Nation, Vaterland und Einheit bei verschiedenen Gelegenheiten das Reden und Denken der regierenden Eliten stark beeinflußt, so etwa während des „nationsbildenden Erlebnisses"[26] der Befreiungskriege 1813–1815 und in der anschließenden Frühphase des Deutschen Bundes 1815–1818/20[27] sowie in der durch die Rheinkrise ausgelösten patriotischen Aufwallung der frühen 1840er Jahre[28]. Dies waren indessen nur vorübergehende Erscheinungen ge-

---

[24] „Les Etats de l'Allemagne seront indépendans et unis par un lien fédératif" (Art. 6), Druck in: QGDB I/1, Dok. 27, S. 158.
[25] *Langewiesche*, Wirkungen des ‚Scheiterns', S. 9f.
[26] *Dann*, Nation und Nationalismus in Deutschland 1770–1990, S. 67.
[27] Vgl. dazu *Seier*, Der Bundestag und die deutsche Einheit 1816–1818; *Luys*, Die Anfänge der deutschen Nationalbewegung 1815 bis 1819; viele einschlägige Quellen dazu jetzt in: QGDB I/1.
[28] Vgl. dazu *Veit-Brause*, Die deutsch-französische Krise von 1840; *Billinger*, They Sing the Best Songs Badly; *Gruner*, The German Confederation and the Rhine Crisis of 1840.

wesen, die zwar für die Ausbreitung des nationalen Diskurses im Vormärz erhebliche Bedeutung hatten, aber nicht zu konkreten nationalpolitischen Reformschritten auf Bundesebene führten.

Nach 1848/49 hatte sich demgegenüber die Situation grundlegend geändert. Der konkrete nationale Bezugsrahmen, den die Politik in der Revolution und durch die Revolution gewonnen hatte, blieb auch nach dem Fehlschlagen der deutschen Nationalstaatsgründung und der Reanimierung des lockeren Staatenbundes von 1815 als Orientierungsgröße erhalten. Bei einem Teil der konservativen Eliten, die sich in der Gegenrevolution behauptet hatten und seither die liberale Nationalbewegung einzudämmen versuchten, veränderten sich nun zunehmend die politischen Konzepte. Ihre Politik mußte sich jetzt nicht mehr nur mit einer nationalen Zukunftsidee auseinandersetzen, sondern wurde gemessen an dem realen Nationalstaatsmodell von 1848/49, das nach seinem Scheitern die „Leuchtkraft eines Ideals"[29] behielt. Die Reichsverfassung vom 28. März 1849 blieb auch für die gegenrevolutionären deutschen Regierungen, die ihre Annahme und Umsetzung verhindert hatten und statt des parlamentarischen Bundesstaates die Reaktivierung des Staatenbundes durchgesetzt hatten, eine ständige Herausforderung. Die Bundespolitik der 1850er Jahre unterlag, bewußt oder unbewußt, ständig dem Vergleich mit dem Integrationspotential der Verfassung von 1849.[30] Indem diese im Hinblick auf die Rechtsvereinheitlichung der Reichsgewalt die Aufgabe zugewiesen hatte, durch ihre Gesetzgebung „die Rechtseinheit im deutschen Volke zu begründen"[31], war ein rechts- und nationalpolitischer Anspruch formuliert worden, an dem die Integrationsbemühungen des Deutschen Bundes gemessen werden konnten.

Angesichts dessen gewannen nicht wenige konservative Minister die Erkenntnis, daß eine Strategie der bloßen Repression der Utopie der Nation, die 1848 eine konkrete Gestalt angenommen hatte, auf Dauer nicht Herr werden konnte. Aus diesem Grund wollten sie es nicht dabei bewenden lassen, daß die Bundesversammlung seit dem Sommer 1851 auf Initiative der beiden Großmächte Österreich und Preußen energisch die Rücknahme von revolutionären Errungenschaften in den Verfassungen und Gesetzen der Einzelstaaten betrieb sowie Maßnahmen zur Knebelung der oppositionellen Presse und zur Einschränkung der Vereins- und Versammlungsfreiheit ergriff. Parallel dazu wurde auf diplomatischer Ebene und am Sitz der Bundesversammlung in Frankfurt selbst eine Debatte über eine den nationalen Bedürfnissen entgegenkommende Reform der Verfassung des Deutschen

---

[29] *Wehler*, Deutsche Gesellschaftsgeschichte, Bd. 2, S. 779.
[30] Die Vorbildwirkung der Paulskirchenverfassung im späteren deutschen Rechtsleben ist jüngst von *Kühne*, Die Reichsverfassung der Paulskirche, ausführlich untersucht worden, wobei allerdings der Einfluß der Verfassung von 1849 auf die Bundespolitik der 1850er Jahre nicht thematisiert wurde.
[31] Artikel 64 der Frankfurter Reichsverfassung, Druck in: *Huber* (Hg.), Dokumente, Bd. 1, S. 381.

Bundes geführt und gleichzeitig eine konkrete Reformpolitik zur Schaffung einheitlicher nationaler Rechtsnormen eingeleitet.

Was den zuletzt genannten Bereich betrifft, so wurde nun das bislang ungenutzte Instrumentarium, das die Bundesgrundgesetze für eine gesamtdeutsche gesetzgeberische Tätigkeit der Bundesversammlung bereitstellten, in einer Reihe von Fällen angewendet, um die Rechtseinheit in Deutschland voranzutreiben. Bemerkenswert ist, daß es dabei gelang, trotz der erheblichen sachlichen Probleme, die die Harmonisierung der großen Vielfalt unterschiedlicher Rechtsnormen in den deutschen Staaten aufwarf, und trotz der machtpolitischen Interessengegensätze innerhalb des Bundes, die eine Einigung über einzelne Sachfragen zusätzlich erschwerten, im Laufe der Zeit manche Erfolge zu erzielen.

Für diese Entwicklung gab es mehrere Voraussetzungen und Bedingungsfaktoren. Zum einen trug die Politik der Rechtsvereinheitlichung einem objektiv vorhandenen, immer stärker werdenden Regelungsbedarf Rechnung, denn die unterschiedlichen Rechtsnormen in Deutschland stellten ein erhebliches Hindernis für die wirtschaftliche Entwicklung dar. In der Presse häuften sich die Klagen über die Nachteile des legislativen Partikularismus in Deutschland, und bei der Bundesversammlung gingen in den fünfziger und sechziger Jahren zahlreiche Eingaben von Einzelpersonen und Verbänden ein, die ein bundeseinheitliches Rechtswesen forderten und dazu auch konkrete Vorschläge machten.

Zum anderen hatte das Streben nach Vereinheitlichung des Rechts wie alle Reformprojekte dieser Zeit eine enorme politische Dimension.[32] Weit über die Reihen der liberalen Nationalbewegung hinaus galt die Rechtsvereinheitlichung als ein berechtigtes nationales Anliegen. Der konservative, das monarchische Prinzip befürwortende hessen-darmstädtische Hofgerichtsrat Friedrich Noellner vertrat in der programmatischen Schrift „Die deutschen Einheitsbestrebungen im Sinne nationaler Gesetzgebung und Rechtspflege" von 1857 die Auffassung, „daß es die wichtigste Aufgabe der deutschen Regierungen, insbesondere der Bundesversammlung sei, dem nationalen Be-

---

[32] Dies stellte schon Franz Laufke fest, der 1961 die erste und bislang einzige systematische Untersuchung der Rechtsvereinheitlichung im Deutschen Bund vorlegte: *Laufke*, Der Deutsche Bund und die Zivilgesetzgebung; allerdings betont Laufke weniger die nationale Stoßrichtung der Rechtsvereinheitlichung als vielmehr die Intention, den Deutschen Bund gegen die Nationalbewegung zu stärken und auf diese Weise seinen Bestand gegen die kleindeutschen Pläne zu sichern. Auch Wilhelm Mößle sieht die Rechtsvereinheitlichung in erster Linie als eine Strategie zur „politischen Krisenbewältigung" und zur „Konsolidierung des Deutschen Staatenbundes"; *Mößle*, Rechtsvereinheitlichung als Gegenstand der Verfassungspolitik im Deutschen Bund, S. 670 u. 685. Beide Autoren heben im übrigen die Erfolgslosigkeit der Bemühungen des Bundes hervor und fragen weder nach den unmittelbaren Nachwirkungen, noch ordnen sie die Bundespolitik in die allgemeine rechtspolitische Entwicklung in Deutschland ein. *Laufs*, Rechtsentwicklungen in Deutschland, bewertet die aus dem „föderalistischen Geist des Deutschen Bundes" entstandenen allgemeinen Gesetze wie das Handelsgesetzbuch als „die Vorläufer deutscher Rechtseinheit" (S. 200).

dürfnisse legislativer Einheit zu entsprechen".[33] Bereits im Jahr zuvor hatte der ehemalige preußische Justizminister und prominente Zivilrechtler Wilhelm Bornemann[34] eine „gemeinsame deutsche Gesetzgebung" als ein anzustrebendes Ziel bezeichnet, das sich aus historischen, sachlichen und nationalpsychologischen Gründen ergebe: „Das Rechtsbewußtsein und das Bedürfniß drängen in allen deutschen Staaten und Stämmen, in denen wirkliches Leben ist, nach diesem Ziele." Zum Vorkämpfer der Rechtseinigung sollte Preußen werden, dessen „Beruf" es sei, den anderen deutschen Staaten bei der Herbeiführung „eines vollendeteren gemeinsamen Rechtsbandes voranzugehen".[35] „Dem wohlbegründeten Streben der deutschen Volksstämme nach größerer Rechtseinheit"[36], das seit den 1850er Jahren von den deutschen Rechtswissenschaftlern immer wieder öffentlich proklamiert wurde, konnten sich die Regierungen nicht mehr entziehen. Die Förderung „nationaler Gesetzgebung"[37] wurde zu einem Thema, mit dem sich die Außen-, Justiz- und Innenministerien der Einzelstaaten intensiv beschäftigten.

Das Organ zur Beratung und Umsetzung der von den einzelstaatlichen Regierungen in Vorschlag gebrachten diversen Maßregeln zur Rechtsvereinheitlichung in Deutschland war die deutsche Bundesversammlung, der damit ein außerordentlich umfangreiches, nicht nur die rechtlichen Materien im engeren Sinne, sondern auch die wirtschaftlichen, sozialen und kulturellen Verhältnisse berührendes Betätigungsfeld eröffnet wurde.

Ein erster Vorstoß zur bundesweiten Harmonisierung des Rechts wurde auf der Dresdener Konferenz unternommen, die sich neben der Reform der Bundesverfassung auch die Vereinheitlichung des Rechts in Deutschland zum Ziel gesetzt hatte. Nach der Auffassung der 3. Kommission der Konferenz sollte auf dem Wege der „Bundesgesetzgebung" eine Einigung erzielt werden über ein allgemeines Handels- und Seerecht, ein einheitliches Münz-, Maß- und Gewichtssystem, allgemeine Vorschriften über den Schutz von Erfindungen sowie über die Zulassung von Versicherungsunternehmen im Bundesgebiet.[38] Dieser Katalog wurde in den folgenden Jahren noch erheblich erweitert. Von verschiedenen deutschen Regierungen wurde beantragt, das Heimat- und

---

[33] *Noellner*, Die deutschen Einheitsbestrebungen im Sinne nationaler Gesetzgebung und Rechtspflege, S. VI.
[34] Friedrich Wilhelm Ludwig Bornemann (1798–1864) war 1848 kurzzeitig Justizminister gewesen und amtierte vom Juli 1848 bis 1864 als 2. Präsident am Berliner Obertribunal. Ab 1860 saß er als Kronsyndikus im Herrenhaus. Der liberale Jurist war in den 1840er Jahren an der Vorbereitung der deutschen Wechselordnung beteiligt gewesen und leitete von 1861 bis 1864 die preußische Kommission zur Revision des Zivilprozeßrechts. Vgl. ADB, Bd. 3, S. 173 f.
[35] *Bornemann*, Die Rechtsentwickelung in Deutschland, S. 82 f.
[36] Bericht der württembergischen Ministerien der Justiz und des Auswärtigen an den König, Stuttgart, 17. Mai 1861, HStA Stuttgart, E 33, Büschel 1147, Nr. 32.
[37] *Noellner*, Die deutschen Einheitsbestrebungen im Sinne nationaler Gesetzgebung und Rechtspflege, S. 81.
[38] Bericht der dritten Commission an die Hohe Ministerial-Conferenz, Dresden, 25. April 1851, QGDB III/1, Dok. 83, S. 467.

Auswanderungsrecht, den Schutz gegen unerlaubten Nachdruck, das Zivilprozeßrecht, das Konkurs- und Schuldrecht bundesgesetzlich zu regeln.

Die bundesverfassungsmäßige Grundlage für diese Tätigkeit bildeten Artikel 6 der Deutschen Bundesakte und Artikel 64 der Wiener Schlußakte, die es als Aufgabe des Bundes definierten, sogenannte „gemeinnützige Anordnungen" durch „freiwillige Vereinbarungen unter den sämmtlichen Bundes-Gliedern zu bewirken".[39] Diese im Vormärz nur hin und wieder geltend gemachte Bundeskompetenz diente seit 1851 als Legitimation für eine Vielzahl von bisher wenig beachteten Versuchen zur bundeseinheitlichen Rechtsschöpfung. Es war dies eine in ihren Motiven und Intentionen *praktische* Reform- und Integrationspolitik, die von manchen Historikern als Paradigma staatenbündischer Integrationsbestrebungen angesehen wurde.[40]

Bei dem Versuch, den Einigungsprozeß voranzutreiben, sahen sich die im Deutschen Bund vereinigten Staaten mit einer Fülle komplizierter juristischer Detailfragen konfrontiert; es stellte sich ferner das Grundproblem föderalistischer Ordnungen, eine befriedigende Abgrenzung zwischen der Souveränität der Einzelstaaten und der Souveränität des Gesamtbundes zu finden; schließlich ließ sich die Integrationspolitik nicht rein rechtlich begründen, der Ausbau des Föderativsystems evozierte vielmehr von Beginn an die Frage nach dem politischen Ziel und versetzte somit die Befürworter der Rechtsvereinheitlichung im Deutschen Bund in die Notwendigkeit, in Auseinandersetzung mit dem Modell des Nationalstaats ihre ‚Vision' einer gesamtdeutschen Ordnung zu konkretisieren. Wie diese verschiedenen Aspekte der legislativen Integrationspolitik des Deutschen Bundes konkret zum Tragen kamen, soll im folgenden anhand der diversen seit 1851 eingeleiteten Einzelmaßnahmen erläutert werden. Dabei wird deutlich werden, daß die einzelnen Gegenstände, denen die rechtsvereinheitlichende Tätigkeit der Bundesversammlung gewidmet war, nicht erst nach 1850 neu „entdeckt" wurden, sondern bereits im Vormärz – allerdings erfolg- und folgenlos – behandelt worden waren. Aus diesem Grund werden auch die vormärzlichen Verhandlungen berücksichtigt, um die einzelnen Maßnahmen im Zusammenhang ihrer Entwicklung von 1815 bis 1866 darzustellen. Dies ist unerläßlich, um die Möglichkeiten, Erfolge und Grenzen der nationalen Integration durch Rechtsvereinheitlichung im Rahmen des Deutschen Bundes exakt bestimmen und einordnen zu können.

---

[39] *Huber* (Hg.), Dokumente zur deutschen Verfassungsgeschichte, Bd. 1, S. 86 u. 100 (Zitat).
[40] Vgl. dazu *Kraehe*, Practical Politics in the German Confederation; *ders.*, A History of the German Confederation, 1850–1866, passim; *ders.*, The United Nations in the Light of the Experiences of the German Confederation, 1815–1866; *Spencer*, Thoughts on the German Confederation 1815–1866.

II. „Eine Verschmelzung der materiellen Interessen"

Versuche zur wirtschaftlichen Integration des Deutschen Bundes

Die wirtschaftliche Einigung Deutschlands war von Anfang an eine Zielperspektive des Deutschen Bundes. Um diese zu erreichen, war es erforderlich, die rechtlichen Rahmenbedingungen im Hinblick auf das Handels-, Zoll- und Verkehrswesen bundesweit zu vereinheitlichen. Bereits auf dem Wiener Kongreß bildete die angestrebte gemeinsame und einheitliche Regelung dieser Fragen eines der wenigen Themen, die nicht kontrovers diskutiert, sondern als selbstverständlich unter Beteiligung und Vermittlung des Bundes zu lösende Aufgaben angesehen wurden. Wilhelm von Humboldt schlug in seinen „Gedanken über die künftige Verfassung Deutschlands" vor, zur Förderung der deutschen Handelseinheit einen „umfassenden Handelsvertrag" abzuschließen beziehungsweise die Handelspolitik durch „eine gemeinschaftliche Deutsche Handels- und Finanzbehörde" zu koordinieren.[1] Sein Kollege Johann Gottfried Hoffmann, der ebenso wie Humboldt Mitglied der preußischen Delegation auf dem Wiener Kongreß war, formulierte in seinen „Ideen, die Bildung des deutschen Reichs betreffend" vom 12. Januar 1814 die Zielvorstellung:

„In Rücksicht der innern Verhältniße soll vorzüglich beachtet werden, was Einheit in die Nation bringt. Namentlich Freiheit des Verkehrs, Einheit des Münzfußes, der Maaße und Gewichte, Allgemeinheit der Bildungsmittel und Beförderung der Mittheilungen."[2]

Die Verabschiedung des betreffenden Artikels 19 der Bundesakte war demgemäß auch unumstritten. Die Absicht, auf diesem Gebiet tätig zu werden, wurde nach der Eröffnung der Bundesversammlung im November 1816 mehrfach ausgesprochen. Seit 1817 befaßten sich mehrere Bundeskommissionen mit handels-, zoll- und verkehrspolitischen Fragen, doch führten diese Verhandlungen ebensowenig zum Erfolg wie der auf der Wiener Ministerialkonferenz von 1819/20 unternommene Versuch, die wirtschaftliche Integration des Deutschen Bundes voranzutreiben.[3]

Die auf Bundesebene geführten Beratungen über eine handels- und zollpolitische Einigung Deutschlands, in die sich seit 1819 der von Friedrich List geleitete „Deutsche Handels- und Gewerbsverein", einer der ersten allgemei-

---

[1] QGDB I/1, Dok. 12, S. 88.
[2] QGDB I/1, Dok. 17, S. 104. Zu Hoffmann ebd., S. 98, Anm. 1. – Für den Hinweis auf diese Quellen bin ich meinem Frankfurter Kollegen *Eckhardt Treichel* verpflichtet, der neben der von ihm bearbeiteten Edition eine Darstellung zur Entstehung und Frühgeschichte des Deutschen Bundes vorbereitet, in der auch die Fragen der Rechtsvereinheitlichung und Gesetzeskodifikation durch die Bundesversammlung thematisiert werden sollen.
[3] *Ilse*, Geschichte der deutschen Bundesversammlung, Bd. 1, S. 189–214, 407–457.

nen deutschen wirtschaftlichen Interessenverbände, einschaltete[4], wurden 1821 abgebrochen. Verantwortlich dafür waren nicht nur das einzelstaatliche Souveränitätsstreben und die Abneigung Österreichs gegen eine stärkere wirtschaftliche Integration. Wenn Metternich auf der Wiener Konferenz am 11. Mai 1820 die Überzeugung aussprach, daß ein allgemeines deutsches Handelssystem und eine die gesamten Bundesstaaten umfassende Handelsgesetzgebung nur als unrealisierbare „fromme Wünsche" zu betrachten seien[5], so war dies auch eine Folge der großen wirtschaftlichen Strukturunterschiede innerhalb Deutschlands und der daraus sich ergebenden sehr unterschiedlichen handelspolitischen Interessen und Bedürfnisse.[6]

Angesichts der unüberwindlichen politischen und sachlichen Hindernisse für eine ökonomische Integration im Rahmen des Deutschen Bundes verlagerte sich das Streben nach Vereinheitlichung der Handels-, Zoll- und Verkehrsverhältnisse auf die regionale Ebene. Hier wurden bereits in den zwanziger Jahren in den diversen süd-, mittel- und norddeutschen Zollunionen, dann aber vor allem im Deutschen Zollverein von 1834 beachtliche Teilerfolge erreicht. Insbesondere der von Preußen dominierte Zollverein stellte sich aber längerfristig gesehen nicht als eine Basis für die allgemeine, das gesamte Bundesgebiet umfassende Handelseinigung heraus, sondern wirkte im Gegenteil als ein Hemmnis für eine Einigung auf Bundesebene. Preußen hielt beharrlich an seiner kleindeutschen, Österreich ausschließenden Ausrichtung fest und brachte den Zollverein in den 1850er und 1860er Jahren gegen die vom Deutschen Bund wiederaufgenommene Politik der allgemeinen deutschen Handelseinigung in Stellung.[7]

Dagegen wandten sich vor allem die süddeutschen Mittelstaaten, die sich zwar schon im Vormärz dem Zollverein anschlossen und von ihm wirtschaftlich enorm profitierten, die aber gleichwohl das Ziel einer allgemeinen, das gesamte Bundesgebiet umfassenden Handelseinheit nie aus dem Auge verloren. In den frühen 1830er Jahren war erfolglos vorgeschlagen worden, die wirtschaftliche Einigung Deutschlands im Rahmen des Deutschen Bundes voranzutreiben.[8] Aber selbst begrenzte Anträge auf bundesweite Handelserleichterungen, wie sie Hannover 1832 in der Bundesversammlung stellte, waren nicht durchsetzbar gewesen.[9]

Nach 1848 wurde dann die Schaffung der wirtschaftlichen Einheit in Deutschland endgültig zu einer nationalpolitischen Frage, die für den Deut-

---

[4] Vgl. dazu *Hahn*, Geschichte des Deutschen Zollvereins, S. 28–32; *Lutz*, Zwischen Habsburg und Preußen, S. 73–75; *Olshausen*, Friedrich List und der Deutsche Handels- und Gewerbsverein; *Mayer*, Württembergs Beitrag, S. 90–92.
[5] *Ilse* (Hg.), Protokolle der deutschen Ministerial-Conferenzen, S. 300.
[6] *Hahn*, Geschichte des Deutschen Zollvereins, S. 18.
[7] Vgl. dazu *Hahn*, Mitteleuropäische oder kleindeutsche Wirtschaftsordnung.
[8] *Philipp August von Amsberg*, Über die Einigung der Handels-Interessen Deutschlands, Braunschweig 1831, QGDB II/1, Dok. 14, S. 77–90.
[9] QGDB II/1, Dok. 15, 16, 17 und 18, S. 91–122.

schen Bund eine existentielle Bedeutung erlangte. Die Frankfurter Paulskirche und die von ihr eingesetzte provisorische Reichszentralgewalt hatten es als eine ihrer wichtigsten Aufgaben angesehen, „einen einheitlichen, den Erfordernissen der Zeit entsprechenden Handlungsrahmen nationaler Wirtschafts- und Sozialpolitik"[10] zu schaffen, waren an der Verwirklichung dieses Ziels aber wegen der ökonomischen Strukturunterschiede und Interessengegensätze gescheitert. Die Revolution hatte jedoch dazu geführt, daß die wirtschaftliche Integration der Nation, die zuvor nicht im Zentrum der politischen Diskussionen und Aktionen gestanden hatte, nunmehr zu einem der Schwerpunkte des politischen Prozesses wurde, dem sich in den 1850er und 1860er Jahren nicht nur die frühen Interessenverbände, sondern auch die Regierungen mit großer Intensität widmeten.

Gewiß war die stärkere Hinwendung der Regierungen zu wirtschaftlichen Fragen zum Teil auch dadurch motiviert, daß man hoffte, durch ökonomische Reformen die enttäuschten politischen Hoffnungen von 1848 zu kompensieren. Das liberale Bürgertum selbst richtete ja nach dem Scheitern seiner politischen Partizipationsansprüche seine Aufmerksamkeit sehr stark auf den wirtschaftlichen Bereich. Gustav Mevissen etwa äußerte im Januar 1851 die Ansicht, daß angesichts „der totalen Ohnmacht [...] in den politischen Fragen [...] die materiellen Interessen die einzige Stelle bilden, von wo aus eine bessere Zukunft sich zu gestalten vermag".[11]

Das bürgerliche Interesse an einer Verbesserung der ökonomischen Rahmenbedingungen kam somit dem Wunsch der nachrevolutionären Regime entgegen, die gesellschaftlichen Energien von der Verfassungspolitik weg auf das – wie manche vielleicht glauben mochten – weniger brisante Feld der Wirtschaft hinzulenken.

Auf nahezu allen Bereichen des Wirtschaftslebens und der Wirtschaftsverfassung bestand ein immenser Regelungs- und Vereinheitlichungsbedarf. Weder waren das Zoll-, Handels- und Verkehrswesen im Gebiet des Deutschen Bundes vereinheitlicht, noch gab es ein gemeinsames deutsches Wirtschaftsrecht, noch waren die Münz-, Maß- und Gewichtssysteme kompatibel. Der Versuch, in diesen Fragen bundeseinheitliche Bestimmungen herbeizuführen, warf vielfältige rechtliche, wirtschaftliche und politische Probleme auf. Es mußten dabei mehrere Dutzend unterschiedliche Rechtsordnungen mit einer unübersehbaren Fülle von Einzelbestimmungen in einer Weise in Einklang gebracht werden, die sowohl den einzelstaatlichen Interessen wie auch den Erfordernissen des gesamtdeutschen Wirtschaftsraums entsprach. Die gesetzliche Harmonisierung mußte darüber hinaus auf die unterschiedlichen wirtschaftlichen Strukturen in den deutschen Staaten und Regionen Rücksicht nehmen. Es galt den agrarischen Bedürfnissen ebenso Rechnung zu tra-

---

[10] *Hahn*, Die sozioökonomische Ordnung der Nation, S. 371.
[11] Mevissen an Mallinckrodt, 27. Januar 1851, in: *Hansen*, Gustav von Mevissen, Bd. 1, S. 616; vgl. *Wehler*, Deutsche Gesellschaftsgeschichte, Bd. 3, S. 92.

gen wie den industriellen, den kleingewerblichen wie den kommerziellen, denen der Produzenten wie denen der Konsumenten. Schließlich hatten die wirtschaftlichen Fragen eine eminent politische Dimension, zum einen weil die Entstehung eines nationalen Wirtschaftsraums von der liberalen Bewegung als wichtiger Teilaspekt der politischen Einigung Deutschlands gesehen wurde, zum anderen, weil Österreich und Preußen mit Hilfe der wirtschaftlichen Organisation Deutschlands ihre politischen Führungsansprüche durchzusetzen versuchten.[12]

Die Auseinandersetzung zwischen den Großmächten um die wirtschaftspolitische Führungsrolle in Deutschland ist intensiv erforscht worden. Hingegen wurden die Initiativen des Deutschen Bundes zur wirtschaftlichen Vereinheitlichung Deutschlands bislang vernachlässigt, obwohl es auf diesem Gebiet mit dem Allgemeinen Deutschen Handelsgesetzbuch von 1861 zu einer tatsächlichen Reform kam. Neben den bundesweiten Rechtskodifizierungen, die ab 1855 eingeleitet wurden, wurde im Deutschen Bund seit 1851 über eine allgemeine deutsche Zoll- und Handelseinigung beraten. Der Vorschlag dazu ging von den Regierungen Sachsens und Bayerns aus, die zur Dresdener Konferenz umfangreiche Denkschriften zur Frage der sogenannten „materiellen Interessen" und ihrer Vereinheitlichung im Deutschen Bund vorlegten.[13] Die Motive zu diesem Anstoß waren vielfältig. Die Mittelstaaten reagierten damit zum einen auf die von Österreich im Jahr 1849 ausgelöste Debatte über die künftige wirtschaftliche Organisation Deutschlands beziehungsweise Mitteleuropas. Mit dem von Karl Ludwig von Bruck entworfenen Projekt einer alle deutschen Staaten und die gesamte Habsburgermonarchie umfassenden Zoll- und Handelsunion[14] hatte Österreich dem preußisch dominierten Zollverein eine Alternative entgegengestellt, die von vielen deutschen Regierungen aus politischen Gründen begrüßt wurde, andererseits aber gravierende handelspolitische Probleme aufwarf.[15] Die größeren Mittelstaaten, vor allem Bayern, Sachsen und Württemberg, erblickten in dem Plan Österreichs eine Möglichkeit, ihre handelspolitische Abhängigkeit von Preußen zu vermindern, waren aber andererseits wegen ihrer fiskalischen Interessen auf den Fortbestand des Zollvereins angewiesen. Um in dem einsetzen-

---

[12] So die vielfach angefochtene, aber meines Erachtens nicht grundsätzlich zurückzuweisende These von *Böhme*, Deutschlands Weg zur Großmacht; vgl. auch *Franz*, Der Entscheidungskampf um die wirtschaftspolitische Führung Deutschlands.
[13] Bayerische „Denkschrift, die Zoll- und Handelsverhältnisse Deutschlands betreffend", Dresden, 31. Dezember 1850; „Denkschrift der Königlich Sächsischen Regierung, die wünschenswerthe Berücksichtigung der materiellen, besonders der Zoll- und Handelsfragen bei der Dresdener Konferenz sämmtlicher deutschen Regierungen betreffend", Dresden, 1. Januar 1851, QGDB III/1, Dok. 19 u. 20. – Zu den handelspolitischen Bemühungen der Dresdener Konferenz siehe *Hahn*, Die Dresdener Konferenz – Chance eines handelspolitischen Neubeginns in Deutschland?
[14] Vgl. dazu *Böhme*, Deutschlands Weg, S. 19–30; *Charmatz*, Minister Freiherr von Bruck.
[15] *Hahn*, Mitteleuropäische oder kleindeutsche Wirtschaftsordnung in der Epoche des Deutschen Bundes, S. 202f.

den Kampf um die wirtschaftspolitische Führung Deutschlands nicht zum
bloßen Spielball der Großmächte zu werden, versuchten sie, den Deutschen
Bund zum Vermittler einer handels- und zollpolitischen Einigung in Deutschland zu machen. Sie beriefen sich dabei auf die handels- und verkehrspolitischen Kompetenzen, welche nach Artikel 19 der Bundesakte[16] dem Deutschen
Bund zustanden, aber im Vormärz niemals konkret in Anspruch genommen
worden waren. Über die aktuellen handels- und machtpolitischen Auseinandersetzungen weit hinausgehend, erschien etlichen mittelstaatlichen Politikern die Geltendmachung dieser Befugnisse nunmehr aus grundsätzlichen nationalökonomischen und nationalpolitischen Erwägungen heraus dringend
notwendig.

Der wirtschaftliche Partikularismus Deutschlands wurde jetzt auch von
den Regierungen zunehmend als ein Hindernis für die gewerbliche und industrielle Entwicklung, den Binnen- und Außenhandel und die Verkehrsinfrastruktur empfunden. Die bayerische Regierung beklagte in ihrer Denkschrift
vom 30. Dezember 1850 die Vielfalt der Zollsysteme in Deutschland, die eine
Belästigung darstelle, den Mangel an innerdeutschen Verkehrsverbindungen,
den Rückstand der deutschen Industrie gegenüber dem Ausland und die negativen Folgen, die sich daraus ergaben, „daß eine *deutsche* Handelspolitik
nicht existirt".[17] Auch die sächsische Regierung warnte vor der „materiellen
Zerrissenheit"[18] Deutschlands und hob die Notwendigkeit hervor, die ökonomischen Gegensätze zwischen Ackerbau, Industrie und Handel, Zunftzwang und Gewerbefreiheit, Freihandel und Protektionismus, Nord- und
Süddeutschland zu überwinden und auf der Dresdener Konferenz damit zu
beginnen, „die endliche vollständige Vereinigung aller deutschen Staaten zu
einem Zoll- und Handelsgebiete mit gleicher Gesetzgebung in Zoll- und
Handelssachen, übereinstimmenden Einrichtungen sämmtlicher Verkehrsinstitute und völlig freiem innerem Verkehr"[19] herbeizuführen.

Sowohl die bayerische als auch die sächsische Regierung betonten den engen Zusammenhang der wirtschaftlichen mit den politischen Fragen. Sie beklagten die bisherige wirtschaftspolitische Untätigkeit des Deutschen Bundes, die dem Ansehen der Bundesversammlung geschadet habe. Der Bund
habe die materiellen Lebensbedürfnisse des Volkes vernachlässigt und darüber hinaus die handelspolitische Zersplitterung Deutschlands begünstigt.
Dem gelte es nun abzuhelfen, da auf diese Weise sowohl den wirtschaftlichen
Notwendigkeiten Genüge getan wie auch die politische Legitimität des Deutschen Bundes erhöht werde:

---

[16] „Die Bundesglieder behalten sich vor bey der ersten Zusammenkunft der Bundesversammlung in Frankfurth wegen des Handels und Verkehrs zwischen den verschiedenen Bundesstaaten, so wie wegen der Schiffahrt nach Anleitung der auf dem Kongreß zu Wien angenommenen Grundsätze in Berathung zu treten." Zit. nach QGDB I/1, S. 1517.
[17] QGDB III/1, Dok. 19, S. 94 f.
[18] QGDB III/1, Dok. 20, S. 105.
[19] Ebd., S. 113.

„Das politische Selbstgefühl des deutschen Staatenbundes geht Hand in Hand mit der Entwicklung der Volkswirtschaft, und die nur in der nationalen Gesammtheit zu vollem Aufschwung gelangenden materiellen Interessen sind es, welche ein unauflösliches Band unter den verschiedenen deutschen Staaten zu knüpfen vermögen. Die Bestimmungen über die politische Einigung Deutschlands, über die Reconstituirung des deutschen Bundes werden daher schnell um so festere Wurzel fassen, bei ihrem Erscheinen um so freudiger von allen deutschen Stämmen begrüßt werden, wenn dieselben zugleich mit den wesentlichsten Grundlagen der commerziellen Einigung in Verbindung gebracht und als *ein Ganzes* mit denselben verschmolzen werden."[20]

Es ist bemerkenswert, wie vorbehaltlos hier die wirtschaftliche Einigung Deutschlands zum legitimen Ziel des Staatenbundes erklärt wird. Dem Bund wird ausdrücklich die Aufgabe gestellt, die ökonomische Nationsbildung voranzutreiben. Noch stärker und eindeutiger als bei der Frage der Volksvertretung legten sich die mittelstaatlichen Regierungen in der Wirtschaftspolitik auf einen die nationalen Interessen und Bedürfnisse aktiv unterstützenden Kurs des Deutschen Bundes fest. Dies wurde ihnen gewiß dadurch erleichtert, daß nach ihrer Auffassung von den „materiellen Interessen" keine unmittelbare politische Gefahr für die bestehende Ordnung ausging. Man glaubte im Gegenteil gerade durch die Förderung der wirtschaftlichen Einigung das Ansehen des Bundes zu kräftigen, und unterschwellig gab es wohl auch die Hoffnung, durch die ökonomische „Machtentwicklung der deutschen Nation"[21] vor allem nach außen hin die Energien der Nationalbewegung von den innenpolitischen Freiheits- und Einheitsforderungen abzulenken.

Ein weiteres Moment verdient Beachtung: Die wirtschaftspolitischen Konzeptionen der sächsischen, bayerischen und anderer mittelstaatlicher Regierungen setzten auf den Deutschen Bund als Mediator einer ökonomischen Einigung Deutschlands. Dies bedeutete keineswegs, daß der Deutsche Zollverein in Frage gestellt wurde, dessen positive Auswirkungen auch in Süddeutschland anerkannt wurden. Die bayerische Regierung war aber der Auffassung, daß der Zollverein weder bei seiner bisherigen Organisation stehen bleiben könne noch als ein gegen die wirtschaftliche Integration Deutschlands einschließlich Österreichs gerichtetes Instrument benutzt werden dürfe. Er sollte vielmehr die Grundlage bilden für eine „erweiterte Union", die schließlich das „ganze Deutschland" in einer allgemeinen Zoll- und Handelseinheit verschmelzen sollte.[22] Aus dieser Perspektive erschien der Zollverein lediglich als eine „Teillösung"[23], die eine gewichtige Rolle in den vom Deutschen Bund zu koordinierenden Verhandlungen über eine handels- und

---

[20] Ebd., S. 95.
[21] Ebd.
[22] Ebd., S. 95 u. 97 f.
[23] Vgl. *Hahn*, Geschichte des Deutschen Zollvereins, S. 19.

wirtschaftspolitische Einigung für das gesamte Bundesgebiet spielen mußte, aber keineswegs als machtpolitischer Hebel für ein preußisch dominiertes Kleindeutschland eingesetzt werden sollte.

Die Vorschläge der bayerischen und sächsischen Regierung bildeten die Grundlage für die Beratungen der 3. Kommission der Dresdener Konferenz, die unter bayerischem Vorsitz über die „materiellen Interessen" verhandelte. In der ersten Kommissionssitzung am 8. Januar 1851[24] bekundete auch die österreichische Regierung ihre Auffassung, daß „eine Verschmelzung der materiellen Interessen mehr als alles Andere geeignet seyn dürfte, die bisher vergebens erstrebte politische Einigung herbei zu führen"[25]. Die Zoll- und Handelseinigung zwischen Österreich und Deutschland wurde von Schwarzenberg gar zur „Staatsmaxime"[26] erklärt. Österreich befürwortete die von Sachsen und Bayern vorgeschlagene Einschaltung des Deutschen Bundes und wandte sich gegen das Bestreben, „die materiellen Fragen fernerhin dem Bunde und dadurch unserem Einflusse zu entfremden".[27] Diese Bemerkung richtete sich gegen Preußen, das in der bayerisch-sächsischen Initiative den seinen Interessen widersprechenden Versuch erblickte, „das gesammte Gebiet der materiellen Interessen Deutschlands in den Kreis der Bundes-Angelegenheiten zu ziehen".[28] Die preußische Regierung wollte sich „hinsichtlich der materiellen Interessen die möglichste Freiheit der Stellung bewahren" und dem Deutschen Bund nur solche Materien zur Regelung überlassen, bei denen die in Preußen bestehenden gesetzlichen Bestimmungen zu allgemeinen Bundesgesetzen erhoben oder die „als im Interesse Preußens liegend und seiner Stellung sowohl an sich als im Zollverein ungefährlich anerkannt" werden könnten.[29]

Im Hinblick auf die Handels- und Wirtschaftspolitik standen für Österreich und Preußen – ähnlich wie bei ihren Vorstellungen über die politische Organisation Deutschlands – die jeweils eigenen machtpolitischen Interessen im Vordergrund, nicht aber gesamtdeutsche oder gar ‚nationale' Bedürfnisse. Aus diesem Grund waren die Chancen, auf der Dresdener Konferenz zu konkreten Ergebnissen über die materiellen Interessen zu gelangen, eher gering.[30] Gleichwohl bemühte sich die 3. Kommission der Konferenz intensiv um die Ausarbeitung eines Vertrags über einheitliche Handels-, Verkehrs-

---

[24] „Protokoll über die erste Sitzung der dritten Commission", Dresden, 8. Januar 1851, Beilage zum Bericht von der Pfordtens an König Maximilian II., Dresden, 9. Januar 1851, HStA München, MA 1196.

[25] „Erwiderung Oesterreichs auf die Vorschläge von Baiern und Sachsen die Zoll- und Handels-Einigungs-Frage betreffend", Dresden, 8. Januar 1851, QGDB III/1, Dok. 32.

[26] Schwarzenberg an Buol, Wien, 31. Januar 1851, QGDB III/1, Dok. 44, S. 178.

[27] Ebd., S. 179.

[28] Preußische Denkschrift über die deutsche Zoll- und Handelseinigung, Berlin, 2. Februar 1851, QGDB III/1, Dok. 45, S. 186.

[29] Ebd.

[30] Vgl. *Hahn*, Die Dresdener Konferenz, S. 238.

und Zollbestimmungen, um auf diese Weise die angestrebte vollständige Handels- und Zollunion vorzubereiten.[31] Bis zum 9. März 1851 hatte die Kommission einen ersten Entwurf erstellt[32], der nach einer weiteren Überarbeitung am 25. April 1851 zusammen mit dem Abschlußbericht der 3. Kommission als „Revidirter Entwurf einer Uebereinkunft zwischen den deutschen Bundesstaaten zur Beförderung des Handels und Verkehrs" der Konferenz vorgelegt wurde[33]. Darin wurde unter Berufung auf Artikel 19 der Bundesakte und Artikel 65 der Wiener Schlußakte die Absicht ausgesprochen, die „vertragsmäßige Vereinigung von ganz Deutschland, wenn auch unter Ausschluß einzelner Städte, Freihäfen und kleiner Bezirke, zu einem einzigen Handels- und Zollgebiete, mit völlig freiem Verkehre im Innern und zweckmäßigen, die allgemeine Wohlfahrt fördernden Handels- und Zollgesetzen, herbeizuführen".[34] Um diesem Ziel näherzukommen, sah die 21 Artikel umfassende Übereinkunft zahlreiche Handels-, Zoll- und Verkehrserleichterungen im Gebiet des Deutschen Bundes einschließlich der „außerdeutschen Gebietstheile Oesterreichs und Preußens"[35] vor.

Im einzelnen sollten bis auf wenige Ausnahmen sämtliche Ein-, Aus- und Durchfuhrbeschränkungen abgeschafft, die Zollsätze vereinheitlicht, einige Zölle und Gebühren ganz beseitigt, der Schmuggel unterbunden, die Benutzung der Verkehrswege allen deutschen Staaten unter gleichen Bedingungen gestattet, die Besteuerung der Handels- und Gewerbetreibenden vereinheitlicht, die Stabilität der Währungssysteme gesichert und gegenseitige konsularische Unterstützung deutscher Geschäftsleute im Ausland gewährt werden. Die Bundesversammlung sollte die „Oberaufsicht" darüber führen, daß die eingegangenen Verpflichtungen von allen Bundesstaaten erfüllt wurden.[36] Schließlich sah das Abkommen vor, im Januar 1858 in Frankfurt Bevollmächtigte der Bundesstaaten zu Verhandlungen über die vollständige Handels- und Zolleinigung Deutschlands einzuberufen.[37]

Der Entwurf stellt den ersten Versuch dar, die handelspolitischen Kompetenzen des Deutschen Bundes über Einzelmaßnahmen hinaus in einem umfassenden Projekt zur Geltung zu bringen. Über die vorgesehenen konkreten Handels-, Zoll- und Verkehrserleichterungen hinaus sollte er den ersten Schritt auf dem Weg zur ökonomischen Einigung Deutschlands bilden. Zwar fand der Entwurf wie auch die übrigen Dresdener Reformvorlagen letztendlich nicht die Zustimmung aller Regierungen und wurde lediglich der

---

[31] QGDB III/1, Dok. 32, S. 146.
[32] „Entwurf einer Uebereinkunft zwischen den deutschen Bundesstaaten zur Beförderung des Handels und Verkehrs", Dresden, 9. März 1851, BA Koblenz, DB 1/508, gedruckte Beilage zum Protokoll der 6. Plenarsitzung der Dresdener Konferenz vom 15. März 1851.
[33] QGDB III/1, Dok. 83a u. b.
[34] QGDB III/1, Dok. 83b, S. 468.
[35] Art. 19, ebd., S. 478.
[36] Art. 17, ebd., S. 477.
[37] Art. 18, ebd., S. 478.

Bundesversammlung zur weiteren Beratung überwiesen, doch waren die Dresdener Verhandlungen keineswegs völlig wirkungslos. Die Auffassung, der Deutsche Bund habe die Aufgabe, die wirtschaftliche Integration voranzutreiben, gewann in der Folgezeit sowohl bei den Regierungen als auch in der Öffentlichkeit zunehmend an Boden. Selbst die preußische Regierung, die der Bundesversammlung keinen Einfluß auf die „materiellen Interessen" zugestehen wollte, vermochte sich in den 1850er und 1860er Jahren, anders als im Vormärz, der wirtschaftspolitischen Kooperation auf Bundesebene nicht völlig zu entziehen. Diese Kooperation beschränkte sich allerdings auf die Mitte der fünfziger Jahre initiierten Maßnahmen zur Rechtsvereinheitlichung (Handelsrecht, Patentschutz, Konkursrecht, Wechselordnung usw.), berührte aber nicht die Handels- und Zollpolitik als solche. Hier lag eine Grenze der Gestaltungskraft des Deutschen Bundes, dem es nicht mehr gelang, die wirtschaftspolitische Führungsrolle Preußens und des von ihm dominierten Zollvereins zu durchbrechen. Begünstigt durch das wachsende wirtschaftliche Gefälle zwischen den Zollvereinsstaaten und der Habsburgermonarchie war Preußen in der Lage, die Schaffung einer allgemeinen deutschen beziehungsweise mitteleuropäischen Zoll- und Handelsunion immer weiter hinauszuschieben und statt dessen durch die Aufnahme des norddeutschen Steuervereins (1854) in den Zollverein den kleindeutschen Wirtschaftsraum auszubauen und die Kluft zwischen diesem und Österreich durch eine konsequente Freihandelspolitik zu vergrößern.[38]

In diesem „Entscheidungskampf"[39] um die wirtschaftliche Führung in Deutschland und Mitteleuropa spielte der Deutsche Bund keine Rolle, seine handelspolitischen Bemühungen schliefen schon nach wenigen Monaten ein. Die Bundesversammlung setzte am 10. Juli 1851 einen handelspolitischen Ausschuß „zur Prüfung und Bearbeitung" der Vorschläge der 3. Kommission der Dresdener Konferenz ein[40], der unverzüglich seine Tätigkeit aufnahm und bereits am 9. August einen ersten Bericht vorlegte[41]. Darin wurde vorgeschlagen, Sachverständige zu den Beratungen über das Handels- und Verkehrsabkommen beizuziehen und auch die übrigen bereits in Dresden zu Bundesaufgaben erklärten „materiellen Interessen" wie das Handelsrecht, die Münz-, Maß- und Gewichtsvereinheitlichung, Patentschutz und Urheberrecht sowie das Versicherungswesen „durch technische Commissarien sobald als thunlich"[42] bearbeiten zu lassen. Die Sachverständigenkommission für das Handels- und Verkehrsabkommen trat am 16. Oktober 1851 in Frankfurt zusammen und legte wenig später einen überarbeiteten Entwurf

---

[38] Vgl. dazu *Hahn*, Mitteleuropäische oder kleindeutsche Wirtschaftsordnung, S. 201–214; *ders.*, Geschichte des Deutschen Zollvereins, S. 140 ff.
[39] *Franz*, Der Entscheidungskampf um die wirtschaftspolitische Führung Deutschlands.
[40] ProtDBV 1851, § 76, S. 164 f.
[41] Ebd., § 112, S. 235–248.
[42] Ebd., S. 246.

vor, der am 7. November den Regierungen mit der Aufforderung übermittelt wurde, sich binnen vier Wochen darüber zu erklären. Dem leisteten aber nur Württemberg und Bremen Folge, so daß die Tätigkeit des handelspolitischen Ausschusses zum Jahresende 1851 zum Stillstand kam.[43] Die im Herbst 1851 durch Preußen ausgelöste Zollvereinskrise[44] machte die Möglichkeit einer handels- und zollpolitischen Einigung im und durch den Deutschen Bund zunichte. Der handelspolitische Ausschuß der Bundesversammlung blieb zwar formell bestehen, wurde aber erst im Jahr 1856 wieder tätig, als Bayern den Antrag stellte, ein allgemeines deutsches Handelsgesetzbuch auszuarbeiten. Diese Aufgabe erfüllte der handelspolitische Ausschuß mit Erfolg, während das ihm ursprünglich gesteckte Ziel, den Weg zur wirtschaftlichen Einigung Deutschlands zu ebnen, bis 1866 nicht verwirklicht werden konnte.

---

[43] ProtDBV 1851, § 210, S. 472–474, § 270, S. 672 f.; ProtDBV 1852, § 6, S. 15.
[44] Siehe dazu *Hahn*, Der Deutsche Zollverein, S. 140–151; *Böhme*, Deutschlands Weg zur Großmacht, S. 35–50; *Roloff*, Die Zollvereinskrise 1850–1853.

III. „Eine der Nation würdige Deutsche That"

Das Allgemeine Deutsche Handelsgesetzbuch

Die Kodifizierung des Handelsrechts in einem bundeseinheitlichen Gesetzbuch wurde schon im Vormärz wiederholt in den Landtagen von Bayern und Baden gefordert.[1] Aber erst auf der Dresdener Konferenz von 1850/51 kam das Projekt eines allgemeinen deutschen Handelsgesetzbuches auf die Tagesordnung des Deutschen Bundes. Die 3. Kommission der Konferenz, die über die materiellen Interessen beriet, sah die Herbeiführung eines allgemeinen Handels- und Seerechts als eine „im allgemeinen Interesse" liegende, möglichst bald in Angriff zu nehmende Aufgabe der Bundesgesetzgebung an.[2] Es dauerte allerdings noch weitere fünf Jahre, bis die Bundesversammlung die Beratungen über diesen Gegenstand eröffnete. Unter dem Eindruck der im Zusammenhang mit der Krimkriegskrise aufgeflammten öffentlichen Diskussion über die Reform des Deutschen Bundes schlug die bayerische Regierung im November 1855 vor, in der Bundesversammlung Verhandlungen über „mancherlei Angelegenheiten von allgemein deutschem Interesse" einzuleiten.[3] Im einzelnen wurde vorgeschlagen, 1. die Gesetze über „Heimath und Ansässigkeitsmachung innerhalb des gesammten Bundes mehr in Einklang" zu bringen, 2. eine bundeseinheitliche „Organisation der Auswanderung" herbeizuführen, 3. eine allgemeine deutsche Handelsgesetzgebung, ein einheitliches Patentrecht und gemeinschaftliche Bestimmungen über Messen und Jahrmärkte zu vereinbaren, 4. die Münz-, Maß- und Gewichtsverhältnisse zu vereinheitlichen, 5. „über den Gerichtsstand und über die Vollziehbarkeit rechtskräftiger Urtheile eine allgemeine Gesetzgebung" zu schaffen.

Obwohl die bayerische Initiative bei einigen Regierungen auf Vorbehalte stieß – Preußen sollte darauf nach Ansicht Bismarcks nur „formell" eingehen und das erhoffte Scheitern Österreich in die Schuhe schieben[4], Hamburg beharrte auf dem Prinzip der freien Vereinbarung und lehnte Majoritätsbe-

---

[1] *Getz*, Die deutsche Rechtseinheit, S. 44–47; *Mayer*, Württembergs Beitrag, S. 93; *Goldschmidt*, Handbuch des Handelsrechts, Bd. 1/1, S. 94. Dieses Werk bietet bis heute (!) die ausführlichste Darstellung der Entstehung des Allgemeinen Deutschen Handelsgesetzbuchs (S. 94–182). Weitere wichtige Literatur: *ders.*, Der Abschluß und die Einführung des allgemeinen Deutschen Handelsgesetzbuchs; *Kraehe*, Practical Politics in the German Confederation; *Rumpler*, Das „Allgemeine Deutsche Handelsgesetzbuch"; *Schnelle*, Bremen und die Entstehung des Allgemeinen Deutschen Handelsgesetzbuches.

[2] Bericht der dritten Commission an die Hohe Ministerial-Conferenz, Dresden, 25. April 1851, QGDB III/1, Dok. 83a, S. 467.

[3] Pfordten an Schrenk, München, 10. November 1855, QGDB III/2, Dok. 86, S. 383; siehe oben S. 211.

[4] Bismarck an Manteuffel, Frankfurt, 26. November 1855, QGDB III/2, Dok. 93, S. 414.

schlüsse „in allen auf Handel und Schiffahrt bezüglichen Angelegenheiten" ab[5] –, stellte Bayern am 21. Februar 1856 in der Bundesversammlung drei Anträge, um über die von ihm vorgeschlagenen Gegenstände Verhandlungen einzuleiten. Der erste Antrag betraf die Herbeiführung von einheitlichen Bestimmungen über die Ansässigkeitsmachung und die Heimatverhältnisse und wurde an den bereits seit 1852 bestehenden entsprechenden Ausschuß überwiesen.[6] Der zweite Antrag bezweckte die bundeseinheitliche Regelung des Auswanderungsrechts, und es wurde beschlossen, dafür einen eigenen Ausschuß einzusetzen.[7] Der dritte Antrag schlug vor, eine „Commission von Sachverständigen und Rechtsgelehrten" mit dem Auftrag einzusetzen, den Entwurf eines allgemeinen deutschen Handelsgesetzbuches auszuarbeiten, um auf diese Weise die bei dem „unermeßliche[n] Einfluß, welchen Handel und Industrie auf das Leben der Völker gewonnen haben", die so wünschenswerte „möglichst große Vereinigung unter allen Mitgliedern des Bundes" zustandezubringen.[8]

Der Antrag für das Handelsgesetzbuch wurde zunächst dem handelspolitischen Ausschuß überwiesen, auf dessen Votum hin die Bundesversammlung am 17. April 1856 die Einberufung einer Kommission zur Ausarbeitung eines allgemeinen Handelsgesetzbuchs für die deutschen Bundesstaaten beschloß.[9] Die Eröffnung der Kommissionsberatungen zögerte sich wegen der widerstrebenden Haltung der preußischen Regierung und ihres Bundestagsgesandten Bismarck gegen eine handelspolitische Bundesgesetzgebung bis zum 15. Januar 1857 hinaus. Preußen setzte durch, daß für das Handelsgesetzbuch uneingeschränkt das Prinzip der freien Vereinbarung nach Artikel 64 der Wiener Schlußakte galt und daß die Kommission nicht am Sitz der Bundesversammlung in Frankfurt, sondern in Nürnberg tagte. Zudem wurde ein von der preußischen Regierung vorgelegter Entwurf zur Grundlage der Verhandlungen angenommen.[10]

Trotz der widerstrebenden Haltung Preußens gegen integrationspolitische Fortschritte auf bundesrechtlichem Wege und der daraus resultierenden wiederholten Versuche Bismarcks, die Arbeit der Kommission für die Handelsgesetzgebung zu behindern, konnte das Projekt binnen relativ kurzer Zeit zu einem erfolgreichen Abschluß geführt werden. Die Kommission führte von 1857 bis 1861 insgesamt 589 Sitzungen durch, zunächst in Nürnberg (15. Ja-

---

[5] Merck an Elder, Hamburg, 10. Dezember 1855, QGDB III/2, Dok. 95, S. 417.
[6] ProtDBV 1856, § 69, S. 226.
[7] Ebd., § 70, S. 222.
[8] Ebd., § 71, S. 228.
[9] Ebd., § 116 u. 141, S. 282–284 u. 319.
[10] *Kraehe*, Practical Politics in the German Confederation; *Rumpler*, Das „Allgemeine Deutsche Handelsgesetzbuch", S. 224; unter den älteren Darstellungen vor allem *Meyer*, Bismarcks Kampf mit Österreich am Bundestag zu Frankfurt, S. 312–320. Zum preußischen Entwurf und seiner Entstehung siehe *Schubert* (Hg.), Entwurf eines Handelsgesetzbuchs für die Preußischen Staaten.

nuar 1857 bis 3. März 1858), wo innerhalb eines Jahres die ersten drei Bücher des Handelsgesetzbuches beraten wurden, dann in Hamburg (26. April 1858 bis 22. August 1860), wo das 5. Buch über das Seerecht ausgearbeitet wurde, und schließlich wieder in Nürnberg (20. November 1860 bis 12. März 1861), wo die abschließende dritte Lesung des gesamten, 911 Artikel umfassenden Entwurfs des Allgemeinen Deutschen Handelsgesetzbuchs erfolgte.[11] Am 8. Mai 1861 brachte der handelspolitische Ausschuß den Entwurf in der Bundesversammlung ein, wobei er den Wunsch nach baldiger Inkraftsetzung des Entwurfs „in allen Bundesstaaten" aussprach und dies ausdrücklich mit dem Bedürfnis begründete, „für die weitere Entwicklung der Rechtseinheit in der deutschen Nation eine Grundlage zu gewinnen".[12] Die Bundesversammlung nahm den Entwurf am 31. Mai 1861 an und forderte die einzelnen Regierungen auf, das Handelsgesetzbuch in ihren Staaten einzuführen.[13] Dem leisteten bis 1866 alle Mitglieder des Bundes mit Ausnahme von Schaumburg-Lippe sowie Dänemark für Holstein und Lauenburg und die Niederlande für Luxemburg und Limburg Folge. Die Regierungen entsprachen damit, wie es ein gemeinsamer Bericht der württembergischen Minister für Justiz und Äußeres im Mai 1861 formulierte, „dem wohlbegründeten Streben der deutschen Volksstämme nach größerer Rechtseinheit"[14], einem Streben, das zu eben dieser Zeit energischen Ausdruck fand in den Resolutionen des ersten allgemeinen Deutschen Handelstags in Heidelberg, der unter anderem die rasche Einführung des Handelsgesetzbuchs verlangte[15].

Mit dem Handelsgesetzbuch wurde nicht nur die rechtliche Integration des Deutschen Bundes vorangetrieben, sondern auch in allgemeinpolitischer Hinsicht die Handlungsfähigkeit des Bundes in einer Frage des nationalen Interesses demonstriert. Dies wurde in den Verhandlungen diverser deutscher Landtage von Abgeordneten unterschiedlichster politischer Couleur lobend anerkannt. Im preußischen Abgeordnetenhaus, in dem im Mai 1861 die Einführung des Handelsgesetzbuches zur Debatte stand, lobte der Führer der katholischen Fraktion, Peter Franz Reichensperger, die Kodifikation als einen nationalpolitischen Fortschritt, dem weitere rechtsvereinheitlichende Maßnahmen folgen müßten:

„Gewiß ist es aber auch, daß nicht bei dem stehen geblieben werden kann, was heute die Regierung uns bietet, sondern daß der Gedanke festgehalten werden muß, auch die Einheit des Rechtsverfahrens in allen bürgerlichen Rechtssachen, und soweit es nur immer möglich ist, auch die Einheit des materiellen Civilrechts anzustreben. Meine

---

[11] *Goldschmidt*, Handbuch des Handelsrechts, Bd. 1/1, S. 135–155; Druck des Entwurfs in: ProtDBV 1861, Beilage zu § 132, 16. Sitzung vom 8. Mai 1861, S. 215–380; Protokolle der Commission zur Berathung eines allgemeinen deutschen Handelsgesetz-Buches.
[12] ProtDBV 1861, § 132, S. 191–207, Zitat S. 203.
[13] Ebd., § 151, S. 400–406.
[14] Bericht des Justizministeriums und des Außenministeriums an den König, Stuttgart, 17. Mai 1861, HStA Stuttgart, E 33, Büschel 1147, Nr. 32.
[15] Vgl. *Goldschmidt*, Handbuch des Handelsrechts, Bd. 1/1, S. 177–179.

Herren! Es ist das nicht ein Bedürfniß des bürgerlichen Rechtslebens der Nation, sondern es ist das auch ein *politisches* Bedürfniß, – es würde damit eine große politische That gethan sein, wenn in dieser Weise fortgeschritten würde, um die allerdings viel zu lockeren Bande, welche das Deutsche Volk zusammenhalten, in einem so wichtigen und wesentlichen Punkte zu verstärken."[16]

Reichenspergers Rede schloß mit dem Satz, daß „die Einheit des Rechtes für Deutschland ein wichtigeres Besitzthum, ein größeres Gut" sei als jede einseitige Verbesserung.[17]

In ähnlichem Tenor pries der liberale Abgeordnete Carl Georg Christoph Beseler „das große Werk der Deutschen Handelsgesetzgebung" als ein Anzeichen dafür,

„daß nicht bloß das Technische der Gesetzgebung, die Kunst an sich fortgeschritten ist, sondern daß der große Gedanke mehr und mehr sich Bahn gebrochen hat, das letzte Ziel unserer Gesetzgebung sei nur dann zu erreichen, das wahrhaft nationale Bedürfniß nur dann zu erfüllen, wenn in Deutschland die Gesetzgebung eine nationale, eine einheitliche wird".

Das Handelsgesetzbuch sei „eine der Nation würdige Deutsche That", weil sie die partikulare Zersplitterung des Rechts aufhalte und durch die Schaffung eines gemeinsamen Rechts für Deutschland „den legislativen Fortschritt mit dem nationalen" vereinige. Wie Reichensperger sprach sich Beseler für eine weitere Fortbildung der Rechtseinheit aus. Zwar sei die Gesetzgebung eine politische Frage, auf die er nicht näher eingehen wolle, aber für die Rechtsprechung könne „schon unter der jetzigen Form der Deutschen Verfassung etwas erreicht werden", nämlich ein „Deutscher Gerichtshof für das gemeinsame Deutsche Handels- und Wechselrecht".[18]

Selbst der Justizminister von Bernuth sprach von den gemeinsamen deutschen Interessen und dankte der Nürnberger Kommission, die sich um das Vaterland verdient gemacht habe, was mit Bravorufen quittiert wurde.[19] Das Abgeordnetenhaus nahm das Handelsgesetzbuch, ohne in die Einzelheiten einzugehen, einstimmig an.[20] Im preußischen Herrenhaus, das am 1. Juni 1861 seine Zustimmung zum Handelsgesetzbuch erklärte, betonten mehrere Redner die politische Bedeutung des Gesetzeswerks. Dieses sei, so hieß es in der Rede des Berichterstatters Bornemann, ein großer Fortschritt, der „das Bedürfniß einer großen Nation" befriedige.[21] Als einige Abgeordnete Einwände gegen einzelne Bestimmungen des Entwurfs erhoben und eine Prü-

---

[16] Rede des Abgeordneten Reichensperger in der 60. Sitzung vom 31. Mai 1861, in: *Schubert* (Hg.), Verhandlungen über die Entwürfe eines Allgemeinen Deutschen Handelsgesetzbuches, S. 593 f., Hervorhebung im Original.
[17] Ebd.
[18] Ebd., S. 599 f.
[19] Ebd., S. 595.
[20] Ebd., S. 604.
[21] Ebd., S. 652.

fung beziehungsweise Änderung von Teilen des Entwurfs verlangten, forderte der Abgeordnete Theodor Brüggemann seine Kollegen auf, um des übergeordneten Zweckes willen, „einen Schritt weiter zu thun in den Bestrebungen der Einigung Deutschlands", alle Bedenken zurückzustellen.

„Damit werden Sie den Begriff *Deutsche Nation* einen wesentlichen Schritt weiter zur Wahrheit und Verwirklichung führen. Politische Grenzen sind äußere, nicht streng trennende; der innere Kern aber nationaler Einigkeit, das innere Wesen der Einheit liegt in der Gleichheit des geistigen Lebens, in dem Bewußtsein, übereinstimmenden Gesetzen unterworfen zu sein".[22]

Die Vertreter der Regierung, Handelsminister von der Heydt und Regierungskommissar Heimsöth, der den Entwurf mit ausgearbeitet hatte, setzten sich ebenfalls für die Annahme en bloc ein, wobei Heimsöth hervorhob, daß Preußen den „Beruf" habe, mit gutem Beispiel voranzugehen und dadurch den übrigen deutschen Staaten zu zeigen, „daß das schon so lange vorbereitete und in Deutschland ersehnte Werk wirklich zu Stande zu bringen sei".[23]

In ähnlicher Weise wie im preußischen Landtag wurde auch in der badischen Kammer im Februar und Mai 1862 die nationalpolitische Bedeutung des Handelsgesetzbuches hervorgehoben. Als der badische Regierungsrat Julius Jolly am 24. Februar 1862 im Landtag über den Gesetzentwurf referierte, pries er diesen als ein „Nationalwerk", das „den Fortschritt von der Schärfe der Erkenntniß zu der thatfähigen Energie des Willens" dokumentiere.[24] Auch die liberalen Abgeordneten in der badischen zweiten Kammer lobten „die rühmlichen patriotischen Bestrebungen von Seiten der deutschen Regierungen". Das Handelsgesetzbuch erschien ihnen „als ein wirklicher und erheblicher Gewinn", dessen Einführung „nicht allein in rechtlicher, sondern auch in nationaler Hinsicht als ein Vortheil erscheint, der uns über die Vernachlässigung der politischen und gesetzlichen Vorbedingungen, so hoch wir sie auch schätzen, doch einigermaßen trösten kann".[25]

Auf der anderen Seite setzten sich die badischen Abgeordneten in der Debatte intensiv mit dem grundsätzlichen Problem auseinander, auf welche Weise und mit welcher Legitimation Bundesgesetze herbeizuführen seien. Dieser Aspekt war im preußischen Landtag nur am Rande berührt worden. In der badischen zweiten Kammer hingegen verband sich die grundsätzliche Zustimmung zum Entwurf mit einer teilweise heftigen Kritik an der Art und Weise, wie das Handelsgesetzbuch zustandegekommen war. Im Kommissi-

---

[22] Ebd., S. 661 f.
[23] Ebd., S. 664.
[24] Kommissionsbericht über die Einführung des allgemeinen deutschen Handelsgesetzbuchs im Großherzogthum [Baden]. Erstattet von Regierungsrath Dr. Jolly, Beilage Nr. 233 zum Protokoll der 8. Sitzung vom 24. Februar 1862, S. Zitate S. 2, 6 u. 7.
[25] Commissions-Bericht über das Einführungsgesetz zum allgemeinen deutschen Handelsgesetzbuch. Erstattet von dem Abgeordneten Kusel, Beilage zum Protokoll der 49. öffentlichen Sitzung der II. [badischen] Kammer vom 15. Mai 1862, Zitate S. 4.

onsbericht über das Einführungsgesetz zum Handelsgesetzbuch, den der Abgeordnete Kusel am 15. Mai 1862 in der zweiten Kammer erstattete, wurde die „Verkürzung der constitutionellen Rechte"[26] beklagt, die darin bestand, daß das Gesetzbuch ohne Mitwirkung der Volksvertretungen erarbeitet worden war und den Landtagen lediglich zur Zustimmung vorgelegt wurde. Die Absicht des Bundes, allgemeine deutsche Gesetze zu schaffen, wurde zwar begrüßt, nicht aber der eingeschlagene Weg. Vielmehr sei „eine vollständig befriedigende Lösung dieser Aufgabe nur in der politischen Einheit Deutschlands" zu finden:

„Nur dann, wenn dieses Ziel erreicht sein wird – und wir glauben, daß diese Zeit nicht allzufern ist – können die Gesetze für ganz Deutschland in ganz richtiger und verfassungsmäßiger Weise zu Stande kommen."[27]

Über die entscheidende Frage, wie sich die gewählten Volksvertreter in dieser Situation verhalten sollten, gab es – zumindest in der badischen Kammer – sehr unterschiedliche Ansichten. Ein Kommissionsmitglied war dafür, man solle „überhaupt die Erlassung gemeinsamer Gesetze beruhen lassen", solange die politische Einheit nicht erreicht sei; zwei andere Abgeordnete sprachen sich „wenn auch mit Widerstreben – für die Beibehaltung des seitherigen Verfahrens" aus, das heißt die Ausarbeitung von Gesetzentwürfen durch Bundeskommissionen und die nachträgliche Zustimmung der Landtage; die Mehrheit der Kommission schlug vor, die gemeinsame Gesetzgebung nicht zu blockieren, aber darauf hinzuwirken, „die Rechte des deutschen Volkes in Bezug auf die Mitberathung zu sichern, auch schon vor der vollständigen politischen Einigung, wie wir sie anstreben".[28] Dies bedeutete konkret, daß für die allgemeine deutsche Gesetzgebung ein allgemeines „deutsches Parlament"[29] eingerichtet werden sollte.

Die Debatte im badischen Landtag läßt exemplarisch die Möglichkeiten und Grenzen der Politik der Rechtsvereinheitlichung im Deutschen Bund erkennen. Gemeinsame Gesetze wurden von den Regierungen und von den liberalen Abgeordneten als nationalpolitischer Fortschritt begrüßt, waren aber kein Ersatz für die politische Einheit Deutschlands. Sie kamen dem Wunsch nach nationaler Einigung entgegen, ließen andererseits aber auch die nationalen Integrations- und Partizipationsdefizite deutlich hervortreten. Legislative Integration allein konnte im Deutschen Bund die Frage nach Ziel, Form und Inhalt der angestrebten politischen Union nicht beantworten, dazu bedurfte es des institutionellen Ausbaus des Föderativsystems, seiner konstitutionellen Legitimierung und der gesellschaftlichen Mitwirkung.

Konnte demnach die durch Bundeskommissionen betriebene Politik der partiellen Rechtsvereinheitlichung keinen vollgültigen Ersatz für die von li-

---

[26] Ebd., S. 2.
[27] Ebd.
[28] Ebd.
[29] Ebd., S. 3.

beraler Seite geforderte Politik der nationalstaatlichen Einigung bieten, so leistete sie doch in längerfristiger Perspektive einen erheblichen Beitrag zur legislativen Nationsbildung. Das vom Staatenbund geschaffene Allgemeine Deutsche Handelsgesetzbuch überlebte den Deutschen Bund um mehrere Jahrzehnte und blieb im 1871 gegründeten nationalen Bundesstaat bis 1897 in Kraft, in Österreich galt es sogar bis 1918.[30] Dies ist ein Beleg dafür, daß der Deutsche Bund sehr wohl in der Lage war, nationale Gesetze zu erarbeiten, die den Anforderungen moderner Staaten in politischer wie in ökonomischer Hinsicht entsprachen.

*

Im Zuge der Verhandlungen über das Handelsgesetzbuch wurde auch die weitere Vereinheitlichung des Wechselrechts vorangetrieben. Zur Harmonisierung der 59 verschiedenen Wechselrechte, die noch 1844 im Deutschen Bund bestanden[31], hatten sich die deutschen Staaten 1847 auf eine Allgemeine Deutsche Wechselordnung verständigt, doch war diese nicht in allen Bundesstaaten in Kraft getreten.[32] Am 2. März 1854 beantragte die sächsische Regierung in der Bundesversammlung, durch allgemeine Bestimmungen die „Gleichförmigkeit" des Wechselrechts in ganz Deutschland zu sichern.[33] Die Bundesversammlung setzte daraufhin eine Kommission ein, die in Leipzig ihre Beratungen über die Fortentwicklung des Wechselrechts aufnahm. Die Verhandlungen zogen sich über mehrere Jahre hin und führten zunächst zu keiner Einigung. Aus diesem Grund wurde am 19. Februar 1857 die in Nürnberg tagende Kommission für das Handelsgesetzbuch beauftragt, über die „Lösung der bezüglich der Wechselordnung entstandenen Controversen" zu beraten.[34] Eine Subkommission erarbeitete bis März 1858 entsprechende Vorschläge, die am 15. April 1858 zum Bundesbeschluß erhoben wurden.[35] Es dauerte weitere drei Jahre, ehe die Nürnberger Kommission am 14. März 1861 ein Gutachten zur einheitlichen Handhabung des Wechselrechts vorlegte. Die Vorschläge wurden am 13. April 1861 von der Bundesversammlung angenommen und den Einzelregierungen zur Annahme empfohlen. Bis 1865 wurden die ergänzenden Bestimmungen zur Wechselordnung in den meisten deutschen Staaten umgesetzt.[36]

---

[30] *Rumpler*, Das „Allgemeine Deutsche Handelsgesetzbuch", S. 219.
[31] *Goldschmidt*, Handbuch des Handelsrechts, Bd. 1/1, S. 94, Anm. 1.
[32] Ebd., S. 98-119.
[33] ProtDBV 1854, § 62, S. 108f.
[34] ProtDBV 1857, § 96, S. 179-181.
[35] ProtDBV 1858, § 131 u. 175, S. 263f. u. 354-357.
[36] ProtDBV 1861, § 95, S. 136-138; ProtDBV 1865, § 167, S. 380-382.

IV. „Auch eine Einheitsfrage"

Das Gesetz über die gegenseitige Rechtshilfe

Bereits im Jahr 1851 war auf der Dresdener Konferenz vorgeschlagen worden, den Grundsatz der gegenseitigen Rechtshilfe und der Vollziehbarkeit richterlicher Urteile in allen deutschen Bundesstaaten anzuwenden und dazu ein Bundesgesetz zu erlassen.[1] Im Herbst 1855 kam die bayerische Regierung auf diesen Vorschlag zurück und regte an, beim Bund Verhandlungen über eine allgemeine Gesetzgebung über den Gerichtsstand und die Vollziehbarkeit von Urteilen einzuleiten.[2] Einen förmlichen Antrag dazu stellte Bayern in der Bundestagssitzung vom 5. Februar 1857.[3] Motiviert wurde diese Initiative mit den nachteiligen Folgen der mangelnden Rechtssicherheit für Handel und Verkehr in den deutschen Bundesstaaten. Die bayerische Regierung hob insbesondere die Probleme hervor, die sich bei der Geltendmachung von finanziellen Forderungen ergaben, wenn Gläubiger und Schuldner verschiedenen Staaten angehörten, deren unterschiedliche gesetzliche Bestimmungen über den Gerichtsstand und über den Vollzug von rechtskräftigen Urteilen die Rechtsverfolgung erschwerten.

Die Bundesversammlung nahm den bayerischen Antrag am 12. März 1857 an und beauftragte die seit Jahresbeginn in Nürnberg tagende Handelsgesetzgebungskommission, einen entsprechenden Gesetzentwurf auszuarbeiten.[4] Die Nürnberger Kommission übertrug diese Aufgabe einer Subkommission, die alsbald ihre Verhandlungen aufnahm. Die Beratungen über das Rechtshilfegesetz, das auch in der Presse durchaus als eine wichtige „Einheitsfrage" beurteilt wurde[5], gestalteten sich äußerst schwierig und langwierig, weil eine Fülle von bereits bestehenden, teilweise sehr unterschiedlichen Rechtsnormen miteinander in Einklang gebracht werden mußte: Es gab zum einen die diversen einzelstaatlichen Gesetze über den Gerichtsstand und die Vollstreckung von Urteilen; ferner waren die zwischen vielen deutschen Staaten schon früher abgeschlossen bilateralen Verträge über die Rechtshilfe zu beachten; Baden hatte über die gegenseitige Rechtshilfe schon im Jahr 1846 ein Abkommen mit Frankreich getroffen; eine besondere Situation bestand darüber hinaus in den linksrheinischen Provinzen von Preußen, Bayern und

---

[1] „Rechtskräftige Urtheile der Gerichte deutscher Bundesländer sollen in allen deutschen Bundesstaaten gleich wirksam und vollziehbar sein. Das Nähere wird durch ein Bundesgesetz bestimmt werden." Bericht der 2. Konferenzkommission, Dresden, 25. April 1851, QGDB III/1, Dok. 82a, S. 438.
[2] Pfordten an Schrenk, München, 10. November 1855, QGDB III/2, Dok. 86, S. 384.
[3] ProtDBV 1857, § 59, S. 81 f.
[4] ProtDBV 1857, § 129, S. 225–227.
[5] Artikel „Auch eine Einheitsfrage" in der Frankfurter Postzeitung vom 20. Juli 1859.

Hessen-Darmstadt, wo seit der napoleonischen Zeit der französische *Code de procédure civile* in Kraft war. Zu diesen bestehenden Gesetzen kamen einige Vorlagen und Entwürfe hinzu, die zu Beginn der Kommissionsberatungen eingereicht wurden: Die preußische Regierung legte je einen Entwurf zu einem Gesetz über den Gerichtsstand und zu einem Gesetz über die Vollstreckung gerichtlicher Erkenntnisse vor; der sächsische Geheime Justizrat Dr. Krug reichte zwei Schriften mit dem Titel „Das Internationalrecht der Deutschen" (Leipzig 1851) beziehungsweise „Die Sächsischen Staatsverträge" (Leipzig 1856) ein; und schließlich zog die Kommission auch noch den vom Reichsjustizministerium am 22. Februar 1849 der Nationalversammlung vorgelegten „Entwurf zu einem Reichsgesetze, betreffend die Vollstreckung der Urtheile deutscher Gerichte in sämmtlichen Einzelstaaten Deutschlands" heran.[6]

Auf der Grundlage dieser Materialien erarbeitete die Subkommission einen Gesetzentwurf, der vom 11. Februar bis 11. März 1861 in der Handelsgesetzgebungskommission abschließend beraten und am 25. Juli 1861 vom handelspolitischen Ausschuß der Bundesversammlung vorgelegt wurde.[7] Die Bundesversammlung stimmte dem Entwurf bereits am 8. August 1861 zu und forderte die Einzelregierungen auf, sich über die Annahme des Gesetzes zu erklären.[8] Bis Ende 1862 gaben immerhin 28 Staaten ihre Zustimmung zum Rechtshilfegesetz, es folgten 1863 und 1865 noch zwei weitere Regierungen, und im Königreich Sachsen erfolgte 1865 sogar die Publikation des Gesetzes über die Rechtshilfe.[9] Definitiv abgelehnt hatten das Gesetz nur die Niederlande für Luxemburg und Limburg[10], während von den wichtigeren Staaten lediglich Österreich und Hannover Bedenken gegen die Einführung des Gesetzes hatten und weitere Verhandlungen darüber für erforderlich hielten. Eine endgültige Entscheidung über das Rechtshilfegesetz kam deshalb auf Bundesebene bis 1866 nicht zustande.

---

[6] Verhandlungen der Commission zur Berathung eines allgemeinen Deutschen Handelsgesetzbuches, die in den deutschen Bundesstaaten in bürgerlichen Rechtsstreitigkeiten gegenseitig zu gewährende Rechtshülfe betreffend. Nürnberg 1861 [Separatdruck], S. 1 f.; HStA München, Gesandtschaft Bundestag, Nr. 581; BA Koblenz, DB 1/151,4.

[7] ProtDBV 1861, § 220, S. 601–605; Druck des Entwurfs ebd. S. 613–624. Der Entwurf wurde auch separat gedruckt unter dem Titel: Gesetzentwurf, die in den deutschen Bundesstaaten in bürgerlichen Rechtsstreitigkeiten gegenseitig zu gewährende Rechtshülfe betreffend, Nürnberg 1861 (BA Koblenz, DB 1/151,4).

[8] ProtDBV 1861, § 238, S. 644 f.

[9] ProtDBV 1862, § 22, S. 26, § 40, S. 46, § 56, S. 58 f., § 119, S. 189, § 126, S. 197, § 247, S. 416 f., § 276, S. 485, § 291, S. 508, § 317, S. 528 f., § 331, S. 552, § 356, S. 576; ProtDBV 1863, § 19, S. 28; ProtDBV 1865, § 161, S. 377, § 178, S. 397.

[10] ProtDBV 1862, § 317, S. 528 f.

V. „Ein Werk wirklich national-deutscher Rechtsbildung"

Die Allgemeine Deutsche Zivilprozeßordnung

Die Herbeiführung einer einheitlichen Zivil- und Kriminalgesetzgebung im Deutschen Bund, die in den 1850er und 1860er Jahren in Angriff genommen wurde, war, wie so viele andere Fragen der Rechtsvereinheitlichung, bereits in der Entstehungs- und Frühphase des Deutschen Bundes angeregt worden. Schon in Hardenbergs 41 Artikeln vom Juli 1814 war es als eine der Aufgaben der künftigen Bundesversammlung angegeben worden, „ein allgemeines Gesetzbuch" zu schaffen.[1] Die österreichische Regierung stimmte diesem Ziel ebenso zu wie den übrigen von Hardenberg als Bundesaufgaben definierten Maßnahmen wie der Vereinheitlichung des Münz-, Zoll-, Post- und Handelswesens.[2] Mehrfach wurde im Vorfeld des Wiener Kongresses ausgesprochen, daß dies Aufgaben von nationaler Bedeutung seien, „wodurch die Einheit der teutschen Nation enger befestigt wird".[3] Im Hinblick auf das öffentliche Recht sowie die Zivil- und Kriminalgesetzgebung brachte diesen Zusammenhang besonders deutlich die Instruktion des Bremer Senats vom 17. August 1814 für den Bevollmächtigten der Stadt beim Wiener Kongreß, Johann Smidt, zum Ausdruck. Darin hieß es, die „Verfassung eines allgemeinen deutschen Nationalgesetzbuchs sowohl für das jus publicum germanicum, als für Civil- und Criminalrecht" sei ein empfehlenswertes Ziel bei der anstehenden Reorganisation Deutschlands.[4]

Diese Absicht ging allerdings vielen deutschen Regierungen, insbesondere den süddeutschen Mittelstaaten, zu weit, denn ein derartiges „Nationalgesetzbuch" hätte in der Situation von 1814/15 nicht nur die Beseitigung einer unübersehbaren Zahl von traditionellen Landes- und Provinzialrechten bedeutet, sondern vor allem die politische Souveränität der deutschen Monarchen erheblich beeinträchtigt. Anders als die sogenannten materiellen Interessen des Handels und Verkehrs, die weniger tief in die einzelstaatlichen Gesetze eingriffen, wurde deshalb die Harmonisierung des Zivil- und Kriminalrechts nicht als Bundesaufgabe in der Bundesakte vom 8. Juni 1815 erwähnt. Die Kompetenz des Bundes, in dieser Angelegenheit tätig zu werden, ließ sich lediglich aus Artikel 6 der Bundesakte und insbesondere Artikel 64 der Wiener Schlußakte betreffend die „gemeinnützigen Anordnungen" ablei-

---

[1] Hardenbergs „Entwurf der Grundlagen der Deutschen Bundesverfassung" in 41 Artikeln (1. und 2. Fassung), Juli 1814, QGDB I/1, Dok. 31 u. 34, S. 189 u. S. 205.
[2] Vgl. Spiegels „Entwurf einer deutschen Reichsbundesurkunde" vom Oktober 1814, QGDB I/1, Dok. 55, S. 320.
[3] Frank über Hardenbergs „Entwurf der Grundlagen der deutschen Bundesverfassung" in 41 Artikeln, QGDB I/1, Dok. 56, S. 343.
[4] QGDB I/1, Dok. 62, S. 394.

ten. Von dieser Möglichkeit wurde jedoch während des gesamten Vormärz kein Gebrauch gemacht. Erst am 10. Mai 1848, eine Woche vor der Eröffnung der Nationalversammlung in der Frankfurter Paulskirche, stellte in der Bundesversammlung, die seit der Märzrevolution und der Auswechslung etlicher Bundestagsgesandter eine liberale Reformpolitik betrieb, der holsteinische Gesandte einen Antrag zur „Beratung und Ausarbeitung eines Vorentwurfs zu einem bürgerlichen und peinlichen Gesetzbuch für Deutschland", welcher dem künftigen „Reichsparlament" vorgelegt werden solle.[5] Zur Begründung wurde angeführt, die Kammern verschiedener deutscher Bundesstaaten hätten schon mehrfach die Abfassung eines gemeinsamen Zivil- und Kriminalgesetzbuchs verlangt. Es sei nun allseitig anerkannt, daß „die Einheit des Rechts" eines der wirksamsten Mittel „zu größerer Einigung unseres deutschen Vaterlandes" sei. Deshalb sei es an der Zeit, diese „patriotische Idee" nun in die Praxis umzusetzen.[6]

Die Bundesversammlung setzte eine Kommission zur Begutachtung des holsteinischen Antrags ein, die in ihrem Vortrag feststellte, die beantragte gemeinsame Zivil- und Kriminalgesetzgebung sei „ein wesentliches Bedürfniß", dessen Erfüllung zunächst aus politischen Gründen anzustreben sei: „Die Einheit Deutschlands in politischer Beziehung setzt auch die Einheit des Rechtszustandes voraus". Daneben sei die Vereinheitlichung des Rechts auch aus praktischen Gründen wünschenswert, denn die Zersplitterung der Rechtsverhältnisse in Deutschland führe zu erheblichen Nachteilen für den innerdeutschen Handel und Verkehr.[7] Zur Erstattung dieses den holsteinischen Antrag uneingeschränkt befürwortenden Kommissionsvortrags in der Bundesversammlung kam es aber wegen der bald erfolgenden Einstellung der Bundestätigkeit nicht mehr, so daß die Initiative zur Vereinheitlichung der Zivil- und Kriminalgesetzgebung keine weiteren Folgen hatte.

Sie macht aber immerhin deutlich, daß die Bundesversammlung, sofern der politische Wille dazu vorhanden war, durchaus in der Lage war, nationale Gesetzgebungsvorhaben einzuleiten. Das oft wiederholte Argument, der Deutsche Bund sei aufgrund seiner staatenbündischen Struktur und Verfassung grundsätzlich nicht in der Lage beziehungsweise nicht befugt gewesen, nationale Einrichtungen und Gesetze zu schaffen, erscheint wenig stichhaltig angesichts der Entwicklung im Frühjahr 1848, als die Bundesversammlung selbst „eine Revision der Bundesverfassung auf wahrhaft zeitgemäßer und nationaler Grundlage" einleitete.[8] Gewiß handelte die Bundesversammlung in der revolutionären Situation von 1848 unter einem besonderen Druck,

---

[5] ProtDBV 1848, § 459, S. 574.
[6] Ebd.
[7] Undatierter Vortragsentwurf, BA Koblenz, DB 1/151,1, fol. 2–3.
[8] Vgl. den Bericht des Ausschusses über die Lage des Deutschen Bundes, erstattet von dem badischen Gesandten Blittersdorff, vom 8. März 1848, in: ProtDBV 1848, § 133, S. 228–231, Zitat S. 231; Druck: *Fenske* (Hg.), Quellen zur deutschen Revolution 1848–1849, Nr. 14, S. 58–62.

doch blieb das Bekenntnis zu den nationalen Bedürfnissen nicht auf den revolutionären Ausnahmezustand beschränkt, wie unter anderem auch die weitere Debatte über die Rechtsvereinheitlichung im allgemeinen und das Zivil- und Kriminalrecht im besonderen belegt.

Nach der allgemeinen Wiederanerkennung der Bundesversammlung im Jahr 1851 kam die Vereinheitlichung des deutschen Zivilrechts erneut auf die Tagesordnung. In seiner 24. Sitzung vom 30. September 1851 befaßte sich der Bundestag mit einer Eingabe des nassauischen Hofgerichtsrats Friedrich August Freiherr Preuschen von und zu Liebenstein, der am 29. Juni 1851 36 Exemplare einer bereits 1848 in Leipzig veröffentlichten Schrift unter dem Titel „Entwurf zu einem allgemein deutschen Civilgesetzbuche nebst Motiven" mit der Bitte eingereicht hatte, diese an die deutschen Regierungen zu verteilen und „dahin wirken zu wollen, daß dem Bedürfnisse der deutschen Nation, zu möglichster Einheit in der Gesetzgebung zu gelangen, allseitige Anerkennung und baldige Befriedigung zu Theil werde". Die Bundesversammlung leitete zwar die Schrift an die Einzelregierungen weiter, pflog darüber aber keine weiteren Verhandlungen, sondern behielt sich lediglich vor, „darauf zu passender Zeit zurückzukommen".[9]

Es sollte allerdings weitere acht Jahre dauern, bis die Bundesversammlung die Schaffung einer einheitlichen deutschen Zivil- und Kriminalgesetzgebung tatsächlich in Angriff nahm. Der Anstoß dazu ging von den Regierungen von Bayern, Sachsen, Württemberg, Kurhessen, Großherzogtum Hessen, Sachsen-Meiningen, Sachsen-Altenburg, Nassau, Mecklenburg-Schwerin und Mecklenburg-Strelitz aus, die am 17. Dezember 1859 in der Bundesversammlung einen entsprechenden Antrag stellten.[10] Der Antrag wurde am 5. Januar 1860 dem Ausschuß für das Bundesgericht überwiesen, der die Beratungen darüber aufnahm.[11] Der mit der Berichterstattung beauftragte liechtensteinische Bundestagsgesandte von Linde legte bereits am 23. Januar einen Vortragsentwurf vor, den er bis zum 28. Februar stark überarbeitete und kürzte, und der am 27. Juni 1860 in gedruckter Form an die Ausschußmitglieder verteilt wurde.[12]

Der renommierte Staatsrechtler Justin Timotheus Balthasar Freiherr von Linde stand als Berater der österreichischen Bundespräsidialgesandtschaft gewiß nicht im Verdacht nationalrevolutionärer Gesinnungen. Schon 1855 hatte er in dem von ihm herausgegebenen „Archiv für das öffentliche Recht

---

[9] ProtDBV 1851, § 170, S. 403 f.; BA Koblenz, DB 1/151,1, fol. 19 f.
[10] ProtDBV 1859, § 355, S. 888 f.; vgl. *Laufke*, Der Deutsche Bund und die Zivilgesetzgebung, S. 14–18.
[11] ProtDBV 1860, § 15, S. 13 f.
[12] Entwurf des Vortrages des Bundestags-Ausschusses für Errichtung eines Bundesgerichtes, Frankfurt am Main, 23. Januar 1860, BA Koblenz, Nachlaß Linde, FN 10/70 I, S. 37–218; Entwurf des Vortrages des Bundestags-Ausschusses für Errichtung eines Bundesgerichtes, die Herbeiführung einer gemeinschaftlichen Civil- und Criminal-Gesetzgebung für die deutschen Bundesstaaten betr., Frankfurt am Main, 28. Februar 1860, BA Koblenz, DB 1/151,5.

des deutschen Bundes" die „Berechtigung zur selbstständigen Entwickelung der Bundesverfassung" konstatiert.[13] In seinem Vortragsentwurf zur Frage der Zivil- und Kriminalgesetzgebung stellte Linde bemerkenswerte Grundsatzüberlegungen zur Politik der Rechtsvereinheitlichung durch den Deutschen Bund an. Es sei, so hieß es, eine „ausgesprochene Pflicht" der Bundesversammlung, „für die Förderung der nationalen Interessen und des nationalen Lebens zu sorgen".[14] Es bestehe kein Zweifel mehr, daß eine einheitliche Gesetzgebung in Deutschland wünschenswert und notwendig sei, „daß ein *gemeinsames* Recht ein *Bedürfniß* für die *Nation* sey".[15] Linde bediente sich hier nicht nur wie selbstverständlich einer nationalen Rhetorik, sondern er postulierte für den Deutschen Bund die Aufgabe und Pflicht, zur inneren Nationsbildung aktiv beizutragen.

Zwar stießen die Ausführungen Lindes im Ausschuß auf Widerspruch, weil sie, wie der bayerische Bundestagsgesandte Pfordten schrieb, sich „etwas zuviel in allgemeinen Redensarten, wie sie in den Zeitungen über diese Frage vorkommen", aufhielten und „die Schwierigkeiten der Sache" nicht genug hervorhoben.[16] Doch behielt der von Pfordten selbst überarbeitete Ausschußentwurf, der am 12. August 1861 in der Bundesversammlung eingebracht wurde, die allgemeine Begründung des Lindeschen Gutachtens im wesentlichen bei. Es hieß, der Antrag auf Herbeiführung einer gemeinschaftlichen Zivil- und Kriminalgesetzgebung betreffe „eine der wichtigsten Zeitfragen" und finde seine Veranlassung „in den Wünschen deutscher Länder" sowie „in dem nationalen Begehren nach Verwirklichung deutscher Einigung auf dem Gebiete der Gesetzgebung".

„Innere, bleibende Einheit wird leichter erreicht werden, wenn man zu gemeinsamen einheitlichen bürgerlichen und Strafgesetzen zu gelangen im Stande ist. [...] Darum ist die staatsrechtliche und politische Notwendigkeit, auf der *Grundlage der deutschen Bundesverfassung* eine wahre *innere* Einheit in Deutschland herzustellen, wohl niemals durch die Zeitereignisse entschiedener gefordert worden, als in der Gegenwart."

Die zu schaffenden Gesetze bildeten ein Werk „wirklich national-deutscher Rechtsbildung durch die Bundesversammlung", mit dem „den billigen Wünschen der deutschen Bevölkerung" entsprochen und das nationale „Streben nach Einheit des Rechtes" auf bundesverfassungsmäßigem Weg und in bundesgesetzlichen Formen befriedigt werde.[17]

---

[13] *Linde*, Deutschlands bundesverfassungsmäßige Stellung zur orientalischen Angelegenheit und Berechtigung zur selbstständigen Entwickelung der Bundesverfassung.

[14] Entwurf des Vortrages des Bundestags-Ausschusses für Errichtung eines Bundesgerichtes, die Herbeiführung einer gemeinschaftlichen Civil- und Criminal-Gesetzgebung für die deutschen Bundesstaaten betr., S. 2, BA Koblenz, DB 1/151,5.

[15] Ebd. S. 6.

[16] Pfordten an König Maximilian II., Frankfurt, 8. August 1860, HStA München, MA 1538.

[17] ProtDBV 1861, § 248, S. 655–669, Zitate S. 656, 658 f.

Nachdem der Ausschuß für das Bundesgericht auf diese Weise die allgemeinen politischen Gründe für eine Harmonisierung der Zivil- und Kriminalgesetzgebung dargelegt hatte, begutachtete er ausführlich die sachlichen Probleme, die dabei zu bewältigen waren. Der Ausschuß kam zu dem Ergebnis, daß es angesichts der Komplexität der Materie ratsam sei, nicht das gesamte Zivil- und Kriminalrecht auf einmal zu bearbeiten, sondern sich zunächst auf einige spezielle Aspekte zu beschränken. Er stellte deshalb den Antrag, die Ausarbeitung einer Zivilprozeßordnung in Angriff zu nehmen und zu diesem Zweck eine Kommission in Hannover einzuberufen. Eine weitere Kommission sollte in Dresden zusammentreten, um über ein allgemeines Gesetz über die Rechtsgeschäfte und Schuldverhältnisse (Obligationenrecht) zu beraten.

Das Ausschußgutachten macht deutlich, daß die Rechtsvereinheitlichung eine über ihre sachlichen Aspekte weit hinausreichende allgemeinpolitische Bedeutung hatte. So legte Österreich großen Wert darauf, „mit dem übrigen Deutschland, namentlich auch durch die hier in Frage stehenden gemeinsamen Rechtsinstitutionen, in möglichst enge Verbindung zu treten, um dadurch den kleindeutschen Bestrebungen zu begegnen und sich nicht aus Deutschland verdrängen zu lassen".[18] Preußen dagegen lehnte die Aktivitäten des Bundes auf diesem Gebiet ab, weil es keine Integrationserfolge durch die Bundesversammlung zulassen wollte und statt dessen den Weg separater Verträge der einzelnen Staaten untereinander bevorzugte. Die Mittelstaaten sprachen sich indessen für den bundesmäßigen Weg aus, weil sie darin ein Gegenmittel gegen die ihrer Auffassung nach verderbliche Politik Preußens erblickten, die darauf gerichtet sei, „durch den Bund nie etwas Nützliches, von der Nation Ersehntes zu Stande kommen zu lassen, und ihn in der öffentlichen Meinung gänzlich zu discreditiren".[19]

Hinzu kam ein weiteres, über die machtpolitischen Interessen hinausweisendes Motiv. Dieses ging darauf zurück, daß sich in vielen deutschen Regierungen zunehmend die Erkenntnis durchsetzte, daß der gesellschaftliche, ökonomische und politische Druck zur inneren Nationsbildung ständig anwuchs und der Deutsche Bund nicht nur jegliches öffentliche Ansehen, sondern auch seine politische Handlungsfähigkeit aufs Spiel setzte, wenn er dem Streben nach Einheit ausschließlich mit Ablehnung begegnete. Statt dessen sollte sich auch die Bundesversammlung am Nationsbildungsprozeß beteiligen, um die Legitimität des Staatenbundes zu stärken und gleichzeitig der Agitation für eine politische Einheit im nationalstaatlichen Rahmen den Wind aus den Segeln zu nehmen. Der hannoversche Außenminister Platen formulierte dies in einem Bericht an König Georg V. vom 3. Januar 1862 anläßlich der bevorstehenden Bundestagsverhandlungen über die Anträge des Ausschusses für das Bundesgericht folgendermaßen:

---

[18] Platen an König Georg V. von Hannover, 3. Januar 1862, HStA Hannover, Dep. 103, Bestand VIII, Nr. 172.
[19] Ebd.

„Durch die deutschen Länder und Vol[k]sstämme geht nun einmal unverkennbar der Zug nach engerem Aneinanderschluß auf dem naterillen [sic] Gebiete; man trete ihnen *hier* nicht entgegen und man wird dadurch den Wühlern für *politische* Einheit eine mächtige Waffe aus den Händen nehmen."[20]

An diesen Darlegungen, denen viele ähnliche Äußerungen vor allem von mittelstaatlichen Politikern entsprechen, ist zweierlei bemerkenswert. Zum einen wurde ausgesprochen, daß die nationale Einigung zumindest auf materiellem Gebiet vom Deutschen Bund kaum noch aufgehalten werden konnte, das heißt mit anderen Worten: die fortschreitende innere Nationsbildung wurde als politisches Faktum anerkannt. Zum zweiten zogen viele leitende Politiker daraus die Konsequenz, sich diesem Prozeß nicht mehr grundsätzlich entgegenzustemmen, sondern ihn zumindest teilweise aktiv zu unterstützen. Dahinter stand das Kalkül, durch die Förderung der nationalen Integration auf dem Gebiet der materiellen Interessen und der Rechtsvereinheitlichung die politische Konstituierung der Nation verhindern zu können.

Gegen diese Strategie erhob sich innerhalb der Regierungen durchaus Widerspruch. Konservative Politiker wie der hannoversche Minister Wilhelm von Borries machten im Zusammenhang mit dem Antrag auf Vereinheitlichung der Zivil- und Kriminalgesetzgebung geltend, daß eine Harmonisierung der Gesetze nicht nur große sachliche Schwierigkeiten verursache, sondern auch aus politischen Gründen sehr bedenklich sei. Eine einheitliche Gesetzgebung, so Borries, sei kein Gegenmittel, sondern geradezu ein Hebel zur politischen Einheit beziehungsweise „die Brücke zur Centralgewalt und zum Reichsparlament"[21], und zwar deshalb, weil die Rechtsvereinheitlichung der Mitwirkung der Ständeversammlungen bedürfe, welche aber bei über dreißig Einzelstaaten zur Illusion werde, sofern nicht die Gesetze en bloc angenommen würden. Damit sei aber nicht zu rechnen, und deshalb trete, je mehr man auf dem Wege der Bundesgesetzgebung fortschreite, die Notwendigkeit einer Nationalvertretung hervor:

„Das ist die nothwendige Consequenz solcher einheitlichen Gesetzgebungen, welche auch zu einheitlichen Behörden für ganz Deutschland, Reichsgerichtshöfen, Centralpatentbehörde u. s. w. führen, Institutionen, welche ich mit der Selbstständigkeit der einzelnen deutschen Regierungen unvereinbar halte."[22]

Indem die Rechtsvereinheitlichung zur Nationsbildung beitrug, so die Schlußfolgerung von Borries, war sie eine Etappe auf dem Weg zur politischen Einheit der Nation:

---

[20] Ebd.
[21] Gutachten Borries' zum Antrag des Ausschusses für das Bundesgericht auf Einsetzung einer Bundeskommission zur Ausarbeitung einer allgemeinen deutschen Zivilprozeßordnung, Hannover, 25. September 1861, HStA Hannover, Dep. 103, Bestand VIII, Nr. 172.
[22] Ebd.

„Nur erst eine einheitliche Gesetzgebung über ganz Deutschland, dann wird sich die einheitliche Spitze schon von selbst finden."[23]

Diese Auffassung wurde durch die Entwicklungen der deutschen Politik vor allem in den 1860er Jahren bestätigt. Streng konservative, antiliberale und antinationale Politiker wie Borries erkannten klarer als ihre gemäßigteren Kollegen, daß der Deutsche Bund sich mit seinen nationalintegrativen Initiativen auf einen politischen Prozeß einließ, den er auf Dauer nicht kontrollieren konnte. Im Vormärz wäre dies vielleicht noch möglich gewesen, aber nach der Revolution von 1848/49, die mit der Reichsverfassung der nationalen Bewegung in Deutschland ein über das Scheitern hinaus wirksames Referenzmodell für einen parlamentarischen nationalen Verfassungsstaat geliefert hatte, wurde die Bundespolitik an diesem Vorbild gemessen. Reformen des Bundes, zumal auf dem Gebiet der Rechtsvereinheitlichung, stießen in der deutschen Öffentlichkeit auf ein positives Echo, ließen aber gleichzeitig den Ruf nach einer parlamentarischen Beteiligung am nationalen Reformwerk aufkommen. Daß die Reformen, selbst wenn sie nicht unmittelbar das Problem der politischen Verfassung Deutschlands beziehungsweise des Deutschen Bundes betrafen, sondern ‚lediglich' materielle und rechtliche Sachfragen lösen wollten, nicht rein aus bürokratisch-ministeriellen Verhandlungen, diplomatischen Vereinbarungen und Beschlüssen der Bundesversammlung hervorgehen konnten, daß vielmehr eine Beteiligung von Volksvertretern unerläßlich war, erkannten auch die deutschen Regierungen. Die Folge davon war, daß im Sommer 1862 die Politik der Rechtsvereinheitlichung mit dem Plan zur Einberufung einer Versammlung von Delegierten der deutschen Ständeversammlungen verbunden wurde. Mit dem am 14. August 1862 in der Bundesversammlung eingebrachten Antrag Österreichs und der Mittelstaaten, eine Delegiertenversammlung an der Bundesgesetzgebung zu beteiligen, wobei zunächst an die Zivilprozeßordnung und das Obligationenrecht gedacht war[24], trafen die beiden Reformstränge – Bundesverfassungsreform und Rechtsvereinheitlichung –, die seit Mitte der 1850er Jahre bewußt voneinander getrennt worden waren, wieder zusammen. Es hatte sich erwiesen, daß die deutsche Einheit nicht teilbar war in materielle, rechtliche und politische Aspekte. Mit anderen Worten: Indem Maßnahmen zur Rechtsvereinheitlichung nationsbildend wirkten, hatten sie, auch wenn sie vordergründig nur Sachfragen betrafen, immer auch national*politische* Implikationen.

Auf diese Tatsache wies die preußische Regierung hin, als die Bundesversammlung sich am 6. Februar 1862 mit den Anträgen des Ausschusses für das Bundesgericht vom 12. August 1861 befaßte.[25] Während sich die Mehrheit der Bundesstaaten für die Kommissionsanträge aussprach, stellte der preußi-

---

[23] Ebd.
[24] ProtDBV 1862, § 273, S. 479–484.
[25] ProtDBV 1862, § 58, S. 59–68.

sche Bundestagsgesandte von Usedom das Vorhaben der Harmonisierung des Zivil- und Kriminalrechts grundsätzlich in Frage. Preußen sprach dem Bund die Kompetenz ab, auf diesem Gebiet überhaupt tätig zu werden. Es handele sich dabei keineswegs, wie die Mehrheit behaupte, lediglich um sogenannte „gemeinnützige Anordnungen" nach Artikel 64 der Wiener Schlußakte. Zum einen dürfe man nicht „die gesammte Rechtssphäre der Nation" mit dem Namen „gemeinnützige Anordnung" belegen, zum anderen stehe es dem Bund nicht zu, durch technische Kommissionen Gesetze ausarbeiten und diese durch Mehrheitsbeschluß durchsetzen zu lassen, wenn dadurch in die legislativen Befugnisse der einzelstaatlichen Kammern eingegriffen werde. Vor allem fehle „in der gegenwärtigen Gestaltung des Bundes die Vertretung durch entsprechende legislative Faktoren, welche in keiner Weise durch den Zusammentritt technischer Fach- und Specialcommissäre ersetzt werden kann. Erst wenn die Bundesorganisation eine gesetzgeberischen Zwecken genügende Reform erfähre [sic], würden auch die einer allgemeinen deutschen Gesetzgebung sich entgegenstellenden Schwierigkeiten eine leichtere Lösung finden."[26]

Preußen beharrte hier, wie auch bei den übrigen Bundesinitiativen zur Rechtsvereinheitlichung darauf, daß eine allgemeine Gesetzgebungskompetenz dem Staatenbund nicht zustehe, zumindest solange nicht, wie die Bundesverfassung nicht mit konstitutionellen, das heißt die Beteiligung des Volkes gewährleistenden legislativen Organen ausgestattet sei. Dies bedeutete, daß der Weg von praktischen Reformen im Rechtswesen, den die Mittelstaaten seit Mitte der 1850er Jahre statt der als unrealisierbar erscheinenden allgemeinen Bundesverfassungsreform favorisierten, aus preußischer Sicht legitimerweise erst nach Durchführung einer Verfassungsreform, die Preußen indessen blockierte, eingeschlagen werden konnte.

Sieht man einmal von der Doppelbödigkeit der preußischen Politik ab, die ihre grundsätzliche Ablehnung bundespolitischer Fortschritte mit formalrechtlicher Prinzipienreiterei zu kaschieren versuchte, so stellte die preußische Argumentation durchaus einen problematischen Punkt der vom Bund betriebenen Politik zur Rechtsvereinheitlichung in Deutschland heraus. Lag diese auf der einen Seite grundsätzlich im nationalen Interesse, so war doch andererseits nicht zu übersehen, daß das vom Bund gewählte Verfahren, die nationale Rechtsschöpfung ausschließlich in die Hände der von den Regierungen abgeordneten Sachverständigen zu legen, mit der in fast allen deutschen Staaten praktizierten konstitutionellen Regierungsweise unvereinbar war. Das Unbehagen darüber äußerte sich nicht nur in den deutschen Landtagen, sondern erfaßte seit 1859 zunehmend auch die deutschen Regierungen und ebnete schließlich den Weg zur Verknüpfung der Politik der Rechtsvereinheitlichung mit den Bestrebungen zur Einführung einer Volksvertretung beim Deutschen Bund.

---

[26] Ebd., S. 60f.

Die preußische Haltung in der Sitzung vom 6. Februar 1862 führte zur Spaltung der Bundesversammlung. Da Preußen erklärte, eine Bundeskommission zur Harmonisierung des Zivil- und Kriminalrechts nicht anzuerkennen und sich dagegen verwahrte, eine solche etwa durch Mehrheitsbeschluß einzusetzen, sprachen sich neben dem Gesandten für Luxemburg und Limburg auch die Vertreter von Sachsen-Weimar, Sachsen-Altenburg, Oldenburg, Anhalt, Schwarzburg-Sondershausen und Schaumburg-Lippe gegen die Anträge des Bundesgerichtsausschusses aus. Gleichwohl wurden diese mit der Mehrheit der übrigen Stimmen angenommen. Ferner wurde beschlossen, sich bei der wünschenswerten gemeinsamen Zivil- und Kriminalgesetzgebung zunächst auf einige Teile des Zivilrechts und hier insbesondere das Verfahren in zivilen Rechtsstreitigkeiten zu beschränken, zu diesem Zweck eine Kommission für die Erarbeitung einer Zivilprozeßordnung nach Hannover einzuberufen, eine weitere Kommission für das Obligationenrecht in Aussicht zu nehmen und die Regierungen zu ersuchen, sich für die Entsendung von Sachverständigen zu den Kommissionen zu erklären.

Am 17. Juli 1862 erfolgte die Einsetzung der Bundeskommission zur Ausarbeitung einer Allgemeinen Deutschen Zivilprozeßordnung.[27] Damit waren nun endlich konkrete Schritte zur Realisierung eines Projekts eingeleitet, für das sich schon 1833 der kurhessische Justizrat Karl Windemuth in einer Eingabe an den sächsischen Bundestagsgesandten vergeblich eingesetzt hatte.[28] Bei der Eröffnung der Kommissionsverhandlungen am 15. September 1862 in Hannover wies der hannoversche Justizminister von Bar ausdrücklich auf den „Wunsch der deutschen Nation nach gemeinsamen Einrichtungen" hin.[29] Die Kommission, an der sich anfänglich Vertreter von Österreich, Bayern, Württemberg, Hessen-Darmstadt, Baden, Mecklenburg-Schwerin, Nassau, Sachsen-Meiningen und Frankfurt[30], ab 20. November 1862 auch Kurhessen[31] sowie während der 2. Lesung ab Februar 1865 Bevollmächtigte Dänemarks beteiligten, einigte sich zu Beginn ihrer Beratungen darauf, die hannoversche Zivilprozeßordnung als „Leitfaden" zu benutzen.[32] Auf dieser Grundlage wurde in 248 Sitzungen bis zum 25. Juli 1864 der Entwurf einer Zivilprozeßordnung in erster Lesung vollendet. Die Kommission übergab diesen Entwurf am 9. September 1864 der Bundesversammlung und bat diese darum,

---

[27] ProtDBV 1862, § 243, S. 412–414.
[28] Windemuth an die sächsische Bundestagsgesandtschaft, Witzenhausen, 1. Juni 1833, HStA Dresden, Sächsische Bundestagsgesandtschaft, Nr. 189.
[29] Protokolle der Deutschen Zivilprozeßkommission, HStA Hannover, Hann. 26a, Nr. 667, S. 2. Vgl. auch die Neuedition der Protokolle von *Schubert*: Protocolle der Commission zur Berathung einer allgemeinen Civilprozeßordnung für die deutschen Bundesstaaten, 18 Bde.
[30] ProtDBV 1862, § 289, S. 507f.
[31] ProtDBV 1862, § 365, S. 588.
[32] Zu den von der Kommission benutzten Materialien siehe ausführlich *Schubert*, Die Entstehung des Entwurfs einer allgemeinen Civilprozeßordnung für die deutschen Bundesstaaten, S. XIV–XVII.

dahin zu wirken, daß die bisher nicht beteiligten Regierungen sich an den weiteren Beratungen beteiligten.[33] Dieser Appell blieb jedoch ergebnislos, so daß die Kommission in unveränderter Besetzung am 15. Januar 1865 die zweite Lesung des Entwurfs begann, die am 24. März 1866 abgeschlossen wurde.[34]

In insgesamt 374 Sitzungen war ein 689 Paragraphen umfassender Entwurf für eine Allgemeine Deutsche Zivilprozeßordnung[35] erarbeitet worden, der zusammen mit den Kommissionsprotokollen am 30. April 1866 der Bundesversammlung übergeben wurde. Die Vorlagen wurden am 19. Mai 1866 dem Ausschuß für die Errichtung eines Bundesgerichts überwiesen, der am 21. Juni 1866, als die Kriegshandlungen zwischen dem Deutschen Bund und Preußen schon seit einigen Tagen andauerten, beantragte, den Entwurf den deutschen Regierungen mit der Bitte mitzuteilen, sich darüber zu erklären, ob sie ihn annehmen wollten. Der Antrag wurde in der dezimierten Bundesversammlung, in der Preußen und seine Verbündeten nicht mehr vertreten waren, mit 11 Stimmen angenommen[36], doch hatte dieser Beschluß keine reale politische Bedeutung mehr.

Der Versuch des Deutschen Bundes, ein allgemeines deutsches Zivilprozeßrecht zu schaffen, war damit gescheitert. Jedoch war die jahrelange Arbeit der Kommission nicht völlig nutzlos gewesen, denn die beteiligten Sachverständigen hatten wichtige Resultate erzielt, die zwar nicht mehr als eine gemeinnützige Anordnung des Deutschen Bundes in Kraft treten konnten, die aber eine Vorarbeit darstellten, auf welche bei der Rechtsvereinheitlichung im Norddeutschen Bund und im Deutschen Reich zurückgegriffen wurde. Die Verhandlungen über eine Zivilprozeßordnung, die im Sommer 1866 im Deutschen Bund abgebrochen worden waren, wurden im Norddeutschen Bund im Winter 1867/68 weitergeführt.[37] Die dazu vom Bundesrat des Norddeutschen Bundes am 2. Oktober 1867 eingesetzte Kommission erarbeitete vom 3. Januar 1868 bis zum 20. Juli 1870 den „Entwurf einer Civilprozeß-Ordnung für den Norddeutschen Bund". Der Kommission des Norddeutschen Bundes gehörten mit dem ehemaligen hannoverschen Oberjustizrat Adolf Wilhelm Leonhardt, der am 5. Dezember 1867 preußischer Justizminister geworden war[38], dem sächsischen Appellationsgerichtsrat Christian

---

[33] ProtDBV 1864, § 245, S. 515 f.
[34] ProtDBV 1864, § 89, S. 99.
[35] Entwurf einer allgemeinen Civilproceßordnung für die deutschen Bundesstaaten, Beilage zu § 181 des Protokolls der 27. Sitzung der Deutschen Bundesversammlung vom 21. Juni 1866, ProtDBV 1866, S. 247–362; auch in: Protocolle der Commission zur Berathung einer allgemeinen Civilprozeßordnung für die deutschen Bundesstaaten, Bd. 18.
[36] ProtDBV 1866, § 188, S. 243 f.
[37] Vgl. dazu *Schubert*, Die Entstehung des Entwurfs einer Civilprozeßordnung für den Norddeutschen Bund; Protokolle der Kommission zur Ausarbeitung des Entwurfs einer Civilprozeßordnung für die Staaten des Norddeutschen Bundes.
[38] Zur Biographie Leonhardts siehe *Schubert*, Entstehung und Quellen der Civilprozeßordnung von 1877, Halbbd. 1, S. 9; ADB, Bd. 8, S. 301–307; NDB, Bd. 14, S. 253 f.

Theodor Tauchnitz, dem hessen-darmstädtischen Generalstaatsprokurator Joseph Franz Eduard Seitz und dem mecklenburgischen Ministerialrat Julius von Amsberg vier ehemalige Mitglieder der Kommission des Deutschen Bundes von 1862 bis 1866 an. Der Entwurf des Norddeutschen Bundes wurde von Leonhardt 1870/71 überarbeitet und im Sommer 1871 als „Entwurf einer Deutschen Civilprozeßordnung" veröffentlicht. Letzterer diente als Grundlage für die Beratungen einer vom Bundesrat am 8. Mai 1871 berufenen, unter dem Vorsitz von Leonhardt stehenden Kommission zur Feststellung einer Deutschen Zivilprozeßordnung. Der von dieser Kommission festgestellte neue Entwurf wurde 1874 in das Gesetzgebungsverfahren eingebracht und nach der Annahme durch Reichstag und Bundesrat am 30. Januar 1877 als deutsche Zivilprozeßordnung in Kraft gesetzt.[39]

Viele Bestimmungen der Zivilprozeßordnung von 1877 stimmten mit entsprechenden Paragraphen des Bundesentwurfs von 1866 überein.[40] Somit erfüllte sich teilweise die in der Schlußsitzung der Bundeskommission für die Zivilprozeßordnung am 24. März 1866 vom hannoverschen Oberjustizrat Leonhardt geäußerte Erwartung, daß der Entwurf „mindestens die Grundlage für alle künftigen deutschen Prozeßgesetze bilden" werde.[41] Mit dem Bemühen zur Schaffung einer allgemeinen deutschen Zivilprozeßordnung leistete der Deutsche Bund einen positiven Beitrag zur nationalen Rechtsentwicklung in Deutschland.

---

[39] Vgl. dazu die Quellensammlung von *Schubert*, Entstehung und Quellen der Civilprozeßordnung von 1877, insbes. Halbbd. 1, S. 1–36; *Huber*, Deutsche Verfassungsgeschichte, Bd. 3, S. 977–979.

[40] Vgl. die Konkordanz bei *Schubert*, Entstehung und Quellen der Civilprozeßordnung von 1877, Halbbd. 2, S. 1047–1065.

[41] Protokolle der Deutschen Zivilprozeßkommission, HStA Hannover, Hann. 26a, Nr. 667i.

VI. „Eine Wohlthat und ein Bedürfniß"

Das Gesetz über die Rechtsgeschäfte und Schuldverhältnisse

Die Herbeiführung eines bundeseinheitlichen Gesetzes über die Rechtsgeschäfte und Schuldverhältnisse (Obligationenrecht) war 1854 auf der Bamberger Konferenz von Württemberg angeregt worden. Im Zusammenhang mit der von den Mittelstaaten seit 1859 geforderten Vereinheitlichung der Zivil- und Kriminalgesetzgebung wurde die Harmonisierung des Obligationenrechts in den Katalog der Bundesgesetzgebungsprojekte aufgenommen.[1] Konkrete Schritte zur Durchführung dieses Projekts wurden seit 1861 eingeleitet. Als der Ausschuß für das Bundesgericht am 12. August 1861 in der Bundesversammlung für die Herbeiführung einer gemeinschaftlichen Zivil- und Kriminalgesetzgebung plädierte, stellte er unter anderem den Antrag, eine Bundeskommission mit der Ausarbeitung eines Gesetzes über die Rechtsgeschäfte und Schuldverhältnisse zu beauftragen. Begründet wurde dieser Antrag damit, daß ein gemeinsames Obligationenrecht eine notwendige Ergänzung des gemeinsamen Handels- und Wechselrechtes sei, über das sich der Bund erst vor wenigen Monaten verständigt hatte. Die Vereinheitlichung des Obligationenrechts sei, so hieß es weiter, nicht nur für den Handelsverkehr in Deutschland von Bedeutung, sondern davon profitiere auch „der gemeine privatrechtliche Verkehr des täglichen Lebens". Dieser habe so sehr seinen lokalen Charakter verloren, „daß ein allgemeines deutsches Gesetz über Rechtsgeschäfte und Schuldverhältnisse als eine Wohlthat und als ein Bedürfniß zu betrachten ist".[2]

Gegen die Aufnahme von Verhandlungen über das Obligationenrecht gab es allerdings große Widerstände, vor allem bei Preußen, aber auch bei einer Reihe von weiteren Staaten. Aus diesem Grund verzögerte sich der Zusammentritt der beantragten Bundeskommission bis 1863. Im Bundesbeschluß vom 6. Februar 1862 war die Einsetzung einer entsprechenden Fachmännerkommission lediglich in Aussicht genommen worden.[3] Erst als am 30. Oktober 1862 der Ausschuß für das Bundesgericht erneut die Einberufung der Kommission empfahl[4], setzte die Bundesversammlung schließlich am 13. November 1862 eine Fachmännerkommission zur Ausarbeitung des Entwurfs eines allgemeinen Gesetzes über die Rechtsgeschäfte und Schuldverhältnisse

---

[1] Vgl. *Laufke*, Der Deutsche Bund und die Zivilgesetzgebung, S. 15f.; *Hedemann*, Der Dresdner Entwurf von 1866.
[2] ProtDBV 1861, § 248, S. 661.
[3] ProtDBV 1862, § 58, S. 61.
[4] ProtDBV 1862, § 321, S. 532–534.

Das Gesetz über die Rechtsgeschäfte und Schuldverhältnisse 433

ein⁵. Obwohl sich Preußen, Oldenburg, Anhalt, Schwarzburg, Sachsen-Weimar, Sachsen-Coburg und Gotha, Reuß jüngere Linie sowie Waldeck gegen die Kommission erklärten und auch Sachsen-Altenburg daran nur teilnehmen wollte, sofern Österreich und Preußen übereinstimmten, nahm die Kommission am 7. Januar 1863 in Dresden ihre Arbeit auf. Es beteiligten sich daran lediglich Vertreter von Österreich, Bayern, Sachsen, Hannover, Württemberg, Großherzogtum Hessen, Frankfurt, Mecklenburg, Nassau und Sachsen-Meiningen.⁶

Nach einem Jahr, am 6. März 1864, legte die Kommission den in erster Lesung vollendeten Entwurf des Allgemeinen Teils des Gesetzes über die Schuldverhältnisse vor.⁷ Der gesamte Gesetzentwurf wurde in erster Lesung im Juni 1865 abgeschlossen, die zweite Lesung begann am 1. Oktober 1865 und konnte im Frühjahr 1866 beendet werden. Die Kommission übermittelte am 7. Juni 1866 ihren 1045 Artikel umfassenden Entwurf an die Bundesversammlung, die ihn am 17. Juni an den Ausschuß für das Bundesgericht überwies.⁸ Der Ausschußvorsitzende, der bayerische Bundestagsgesandte Schrenk, hielt jedoch die Weiterbearbeitung der Angelegenheit für aussichtslos angesichts der Spaltung der Bundesversammlung und verfügte im Einvernehmen mit seinen Kollegen am 22. Juni 1866, „die Akten einstweilen und bis der Verlauf der Ereignisse die Möglichkeit eines Erfolges von desfallsigen Einleitungen hoffen läßt, im Archive zu reponiren".⁹

Wenn auch die langwierigen und mühsamen Verhandlungen über das Obligationenrecht sich als „ein Schlag ins Wasser"¹⁰ erwiesen, so hatten doch die dadurch ausgelösten Wellen durchaus Nachwirkungen. Der Dresdener Entwurf diente nicht nur als Vorbild für das schweizerische Obligationenrecht von 1881, sondern bildete auch die Grundlage für den schuldrechtlichen Teil des Bürgerlichen Gesetzbuches von 1896. Als die Bearbeitung des Bürgerlichen Gesetzbuches 1874 aufgenommen wurde¹¹, wurde die Redaktion des Zweiten Buches über das „Recht der Schuldverhältnisse" dem württembergischen Obertribunaldirektor Franz Philipp von Kübel übertragen, der wegen einer Erkrankung später von dem preußischen Landgerichtsrat Struckmann ersetzt wurde. Beide waren in der Zeit des Deutschen Bundes an den kodifikatorischen Tätigkeit der Bundeskommissionen beteiligt gewesen. Kü-

---

⁵ ProtDBV 1862, § 332, S. 552–554.
⁶ ProtDBV 1863, § 16, S. 25.
⁷ ProtDBV 1864, § 93, S. 141.
⁸ ProtDBV 1865, § 115, S. 305 f.; ProtDBV 1866, § 162, S. 201; der gedruckte Entwurf befindet sich in den Akten im BA Koblenz, DB 1/151,6: Entwurf eines für die deutschen Bundesstaaten gemeinsamen Gesetzes über Schuldverhältnisse. Dresden 1866; vgl. ferner die Protocolle der Commission zur Ausarbeitung eines Allgemeinen Deutschen Obligationenrechts. Dresden 1863–1866, BA Koblenz, DB 1/151, jetzt in der Neuedition von *Schubert*, Bd. 6, S. 1–205.
⁹ Aktennotiz Schrenks vom 22. Juni 1866, BA Koblenz, DB 1/151,6.
¹⁰ *Hedemann*, Der Dresdener Entwurf von 1866, S. 32.
¹¹ Siehe dazu *Huber*, Deutsche Verfassungsgeschichte, Bd. 4, S. 272–278.

bel hatte die württembergische Regierung in der Kommission für das Obligationenrecht vertreten, während Struckmann, damals noch hannoverscher Obergerichtsassessor, als Sekretär der Kommission für die Zivilprozeßordnung fungiert hatte. Der von Struckmann im Jahr 1881 vorgelegte Entwurf lehnte sich eng an den Dresdener Entwurf von 1866 an, der auf diese Weise zum Ausgangspunkt der 1881 aufgenommenen Verhandlungen in der Reichskommission für das Bürgerliche Gesetzbuch wurde. Auf diese Weise diente der Dresdener Entwurf formal als „Trittbrett" der Reichskodifikation, in der das „Erbe von Dresden" auch inhaltlich in etlichen Passagen des Bürgerlichen Gesetzbuches, der „größte[n] rechtspolitische[n] Leistung der Zeit"[12], nachweisbar ist.[13]

---

[12] *Nipperdey*, Deutsche Geschichte 1866–1918, Bd. 2, S. 193.
[13] *Hedemann*, Der Dresdener Entwurf von 1866, S. 40–46, Zitate S. 44 u. 46; vgl. *Schubert*, Die Entstehung eines allgemeinen deutschen Gesetzes über Schuldverhältnisse, S. XXIV.

VII. „Ein Gegenstand von dringender Nothwendigkeit"

Die Einführung gleicher Münzen, Maße und Gewichte

Die schon in der Entstehungs- und Frühphase des Deutschen Bundes mehrfach zur Bundesaufgabe erklärte Harmonisierung der höchst unterschiedlichen Münz-, Maß- und Gewichtssysteme in Deutschland[1] war bis zu den 1850er Jahren noch nicht eingeleitet worden, obwohl es an Aufforderungen dazu bereits im Vormärz nicht gefehlt hatte.[2] Erstmals war dieses Thema am 17. Mai 1821 in der Bundesversammlung zur Sprache gekommen, als der württembergische Bundestagsgesandte Karl August Freiherr von Wangenheim über eine schon am 25. November 1817 bei der Bundesversammlung eingegangene Eingabe des Fürstlich Waldeckischen Hof- und Landrentmeisters Waldeck referierte. In seiner Schrift hatte Waldeck den in der Presse ausgesprochenen Wunsch nach Einführung eines allgemeinen deutschen Münzfußes durch die Bundesversammlung geprüft. Waldeck stellte zwar fest, daß die vielen unterschiedlichen Münzsysteme „der deutschen Einheit sehr auffallend im Wege" stünden und „daher jetzt mit Recht der deutsche Patriot auf seine ehrenwerte Bundestags Versammlung auch bey diesem wichtigen Gegenstand deutscher Einheit" blicke, kam aber schließlich zu dem Ergebnis, daß die „so wünschenswerte Einheit im Münzwesen" angesichts der vielen damit verbundenen Schwierigkeiten und Nachteile wohl nicht zu erlangen sei. Gleichwohl stellte Wangenheim den Antrag, die Abhandlung Waldecks der Kommission für die Erfüllung des Artikels 19 der Bundesakte mitzuteilen und darüber hinaus den Wunsch auszusprechen, „daß es einer oder der andern Bundesregierung gefällig seyn möge, den Antrag auf ein vorläufiges Bundesgesetz zu machen, durch welches Schrot und Korn der im Bereiche des Bundes circulirenden Münzen und die Höhe des Schlagschatzes zu bestimmen sey".[3]

Die Bundesversammlung faßte einstimmig einen entsprechenden Beschluß, der aber ohne Folgen blieb. Wenige Tage später, am 20. Mai 1821, erstattete Wangenheim einen weiteren Vortrag über die von Carl Murhard verfaßte Schrift „Theorie des Geldes und der Münze", die der Bundesversammlung gleichfalls bereits im Oktober 1817 überreicht worden war. Wangenheim teilte die von Murhard ausgesprochene Hoffnung, es werde gelingen, „die Verwir-

---

[1] Zu den frühen Initiativen siehe Steins Gutachten vom 3. Januar 1814 sowie Johann Gottfried Hoffmanns „Ideen, die Bildung des deutschen Reichs betreffend" vom 12. Januar 1814, in: QGDB I/1, Dok. 15, S. 95; Dok. 17, S. 104.

[2] Einen kurzen Überblick über die Bestrebungen zur Währungsvereinheitlichung in der Zeit des Deutschen Bundes gibt neuerdings *Gerhard*, Vom Leipziger Fuß zur Reichsgoldwährung, S. 273–282.

[3] ProtDBV 1821, § 126, S. 373.

rung, in welcher sich das Münzwesen in unserm gemeinsamen Vaterlande befinde", zu beseitigen. Die Schrift wurde an die Bibliothek der Bundesversammlung abgegeben, damit die zur Erfüllung des Artikels 19 der Bundesakte eingesetzte Kommission bei ihren Verhandlungen davon Gebrauch machen konnte[4], was aber nicht geschah.

In den folgenden beiden Jahren gingen weitere Schriften über das Münzwesen und das Maßsystem bei der Bundesversammlung ein. Am 28. Januar 1822 übergab der badische Münzrat J. G. Dieze zwei von ihm verfaßte Schriften, deren erste bereits 1817 veröffentlicht worden war und „Vorschläge zu der Gründung einer dauerhaften Münzverfassung in den deutschen Bundesstaaten" enthielt.[5] Der Vorsitzende der Reklamationskommission, der bayerische Gesandte Johann Adam Freiherr von Aretin, sah keine Veranlassung, auf die Vorschläge näher einzugehen, da dafür „gegenwärtig der Zeitpunkt nicht gekommen" sei, und so überwies die Bundesversammlung auch diese Schriften lediglich an die Kommission für die Erfüllung des Artikels 19 der Bundesakte.[6] Ebenso wurde verfahren mit zwei weiteren Schriften, die ein gewisser G. H. Buse im Juli 1822 beziehungsweise im Juli 1823 der Bundesversammlung übersandte, und in denen er für die Einführung eines allgemeinen Maßsystems in Deutschland und die Anwendung der Dezimalbruchrechnung bei Münzen, Maßen und Gewichten plädierte.[7] In den folgenden Jahren machte weder die Kommission für die Erfüllung des Artikels 19 der Bundesakte Anstalten, auf der Grundlage der ihr übermittelten Materialien Beratungen einzuleiten, noch folgten die deutschen Regierungen der Aufforderung der Bundesversammlung, Anträge zu diesbezüglichen Verhandlungen zu stellen.

Erst im Jahr 1834 unternahm eine deutsche Regierung einen offiziellen Vorstoß zur Vereinheitlichung der Münz-, Maß- und Gewichtssysteme durch den Deutschen Bund. Auf der Wiener Ministerialkonferenz legte die sächsische Regierung am 30. April 1834 einen entsprechenden Antrag vor.[8]

---

[4] ProtDBV 1821, § 138, S. 388.
[5] Geschichtliche Darstellung des alten und neuen deutschen Münzwesens, und Vorschläge zu der Gründung einer dauerhaften Münzverfassung in den deutschen Bundesstaaten. Weimar 1817; die zweite Schrift trug den Titel: Vertheidigung gegen die im 7ten Heft der allgemeinen Literaturzeitung v. J. 1818 (Halle und Leipzig) S. 625–640 aufgenommene Critik der im J. 1817 in das 3te Stük des IX. Bandes der Nemesis eingerükten, und darnach noch besonders im Verlage des G. S. pr. Landes-Industrie-Comtoirs zu Weimar abgedruckten Schrift Geschichtliche Darstellung des alten und neuen teutschen Münzwesens, und Vorschläge zu der Gründung einer dauerhaften Münzverfassung in den teutschen Bundesstaaten. Nebst einem Anhang von J. G. Dieze Großherz. Badischem Münzrath. Mannheim 1822; die Schrift von 1822 liegt in der Akte im BA Koblenz, DB 1/300; vgl. ProtDBV 1822, § 61, S. 182 f.
[6] ProtDBV 1822, § 61, S. 183.
[7] ProtDBV 1822, § 188, S. 688 f.; ProtDBV 1823, § 123, S. 446 f.
[8] HStA München, MA 1107. Beilage zum Protokoll der 7. Sitzung der Wiener Ministerialkonferenz. – Der Antrag ist datiert auf den 29. April 1834, jetzt ediert in: QGDB II/1, Dok. 86, S. 518–520, Zitate S. 519.

Darin hieß es, die Herstellung eines allgemeinen deutschen Münz-, Maß- und Gewichtssystems sei ein „hochwichtiges allgemeines Nationalbedürfniß", und es sei dem „wahren deutschen Nationalwohle" und den Erwartungen der deutschen Öffentlichkeit angemessen, wenn die vor allem zur Aufrechterhaltung der Ruhe und Ordnung einberufene Konferenz sich darüber hinaus auch mit Fragen des materiellen Wohls beschäftige, weil diese „allgemeine Nationalsache Deutschlands sind, von den einzelnen Regierungen isolirt nicht realisirt werden, sondern ihre Verwirklichung nur durch den gesammten Bund erwarten können". Dem sächsischen Wunsch, daß die Wiener Konferenz sich „wenigstens über den Haupt-Grundsatz" eines allgemeinen deutschen Münz-, Maß- und Gewichtssystems einige und dessen Ausführung „in möglichst kurzer Zeitfrist" an die Bundesversammlung verweise, wurde jedoch nicht entsprochen, denn die Konferenzbevollmächtigten kamen in der von Metternich geleiteten Sitzung zu der Ansicht, der Antrag falle in das Gebiet der gemeinnützigen Anordnungen und sei deshalb kein Gegenstand der Wiener Konferenz, sondern müsse in der Bundesversammlung selbst eingebracht werden.[9] Die sächsische Regierung verzichtete jedoch darauf, ihre Initiative in der Bundesversammlung zu wiederholen, weil die schroffe Art und Weise, wie der Antrag von den in Wien versammelten Regierungschefs abgeschmettert worden war, einen Erfolg in der Bundesversammlung nicht erwarten ließ.

Da der Weg über den Deutschen Bund offenbar wenig aussichtsreich war, griffen einige deutsche Regierungen zum Mittel bi- und multilateraler Verträge, um wenigstens in Teilen Deutschlands zu einheitlichen Regelungen zu gelangen. So wurde am 25. August 1837 in München eine Münzkonvention zwischen Bayern, Württemberg, Baden, Hessen-Darmstadt, Nassau und Frankfurt abgeschlossen[10], der 1838 die Dresdner Münzkonvention der Zollvereinsstaaten folgte, die einen festen Wechselkurs zwischen dem preußischen Taler und dem süddeutschen Gulden festsetzte und darüber hinaus die Ausgabe einer gemeinsamen Vereinsmünze vorsah[11].

Während somit insbesondere im Zollverein die Harmonisierung der Münz- und Gewichtssysteme in den 1830er Jahren große Fortschritte machte, kam es auf Bundesebene bis 1848 nicht zu konkreten Schritten. Die Bundesversammlung befaßte sich lediglich noch zweimal mit Eingaben von Privatpersonen zur Harmonisierung von Münze, Maßen und Gewichten: Im Jahre 1841 reichte der kurhessische Kaufmann W. E. H. Weibezahn eine Schrift mit einem selbst entworfenen Dezimalsystem ein. Immerhin stellte die Reklamationskommission in ihrem Vortrag darüber fest,

---

[9] Auszug aus dem Protokoll der Konferenzsitzung vom 30. April 1834, BA Koblenz, DB 1/301.
[10] HStA München, Gesandtschaft Bundestag, Nr. 560.
[11] *Rittmann*, Deutsche Geldgeschichte, S. 534–544; *Sprenger*, Währungswesen und Währungspolitik in Deutschland, S. 43–50.

„daß die Annahme eines gemeinschaftlichen, für alle Bundesstaaten geltenden Münzfußes und die Einführung gleichen Maaßes und Gewichtes zu den größten Wohlthaten zu zählen seyn würde, welche dem Handel und Verkehr unsers gemeinsamen Deutschen Vaterlandes zu Theil werden könnten".[12]

Trotz dieser positiven Stellungnahme, in der zum erstenmal von Bundesseite die nationale Bedeutung der Münz-, Maß- und Gewichtsvereinheitlichung ausdrücklich anerkannt wurde, blieb die Bundesversammlung in der Angelegenheit weiterhin untätig. Daran änderte sich auch nichts, als seit 1847 der Leipziger Kaufmann August Lanzac den Bund mehrfach drängte, die Beratungen darüber aufzunehmen. Am 30. September 1847 übermittelte Lanzac der Bundesversammlung in 80 Exemplaren einen „Entwurf zu einem reinen Decimal-Systeme für Teutschland. (Teutonia.) Bearbeitet von August Lanzac, Kaufmann und Buchhalter der interimistischen Handels- und Industrie-Anstalt zu Leipzig. 1847".[13] Die Schrift wurde zwar an die deutschen Regierungen verteilt, auch wurde die Eingabe Lanzacs am 24. Februar 1848 an die Kommission für die Ausführung von Artikel 19 der Bundesakte überwiesen[14], doch hatte es damit abermals sein Bewenden. Lanzac gab jedoch nicht auf, sondern übermittelte seinen Entwurf nach der Auflösung des Bundes am 20. Juli 1848 dem soeben gebildeten Reichsministerium.[15] Doch kamen weder dieses noch die Frankfurter Nationalversammlung in der kurzen Zeit ihres Bestehens und wegen der Fülle der anstehenden Probleme dazu, die Ausarbeitung einer deutschen Münz-, Maß- und Gewichtsordnung in Angriff zu nehmen.

Kurz nach der allgemeinen Wiederanerkennung des Deutschen Bundes im Mai 1851 wandte sich August Lanzac erneut an die Bundesversammlung, um an seine Eingabe von 1847 zu erinnern. Er legte einige weitere Exemplare seines Entwurfs bei und gab der Hoffnung Ausdruck, sein Plan werde nun endlich ausgeführt. Die Bundesversammlung ließ die Schrift Lanzacs verteilen und übergab am 30. Juli 1851 die Akten dem kurz zuvor gebildeten handelspolitischen Ausschuß[16], der ja bereits durch den Abschlußbericht der dritten Dresdener Konferenzkommission vom 25. April 1851 aufgefordert war, die „Herbeiführung eines möglichst gleichmäßigen Münz-, Maß- und Gewichtssystems" vorzubereiten[17].

Der handelspolitische Ausschuß bemühte sich zwar im Sommer und Herbst 1851, die ihm übertragenen Aufgaben anzugehen, doch gerieten die Verhandlungen zur Jahreswende 1851/52 ins Stocken. Neben den anderen Dresdener Vorlagen zur Regelung der „materiellen Interessen" und der Ver-

---

[12] ProtDBV 1841, § 297, S. 552; ProtDBV 1842, § 27, S. 52f., Zitat S. 53.
[13] BA Koblenz, DB 1/300.
[14] ProtDBV 1848, § 99, S. 166–168.
[15] BA Koblenz, DB 1/300.
[16] ProtDBV 1851, § 94, S. 198–200.
[17] QGDB III/1, Dok. 83, S. 467.

einheitlichung des Rechts blieb auch die Angelegenheit der Harmonisierung von Münzen, Maßen und Gewichten jahrelang liegen, obwohl gerade auf diesem Gebiet die Notwendigkeit, zu einer Regelung zu kommen, aufgrund der nationalen und internationalen ökonomischen Entwicklung ständig zunahm.

Hinzu kam, daß sich auch in der deutschen Öffentlichkeit das Bewußtsein dafür schärfte, daß das monetäre Durcheinander in Deutschland ein Spiegelbild seiner politischen Zerrissenheit war. Als Mitte der 1850er Jahre die allgemeine Debatte um Bundesreformen und einheitliche Bundesgesetze wiederauflebte, machte der Münchener Punsch in einem satirischen Gedicht auf den Zusammenhang von legislativer, ökonomischer und politischer Spaltung in Deutschland aufmerksam:

Ein Portmonnaie, wie man es jetzt auf einer Reise durch Deutschland braucht.

Reist ein Deutscher durch sein Vaterland,
braucht er Gelder allerhand,
und um sie zu überschauen,
muß er sich ein Täschchen bauen,
das so viele Fächer hält,
als sein Deutschland Länder zählt.
Denn man muß mit Schleiz-Papieren
sich in Waldeck schon geniren,
und in Schäume-Lippeburg
kommt man nicht mit Reuß'schen durch.
Ja nicht einmal Schwarzburg hat
eine Münz mit Rudolstadt.
Darum schiebt nur nichts daneben,
und laßt hoch die Einheit leben![18]

Unter den deutschen Regierungen bemühte sich Mitte der 1850er Jahre vor allem die bayerische, das Thema wieder in die Bundesversammlung zu bringen. In der Instruktion Pfordtens an den Bundestagsgesandten Schrenk vom 10. November 1855, in der dieser angewiesen wurde, zu sondieren, ob die anderen Regierungen bereit seien, auf Bundesebene über „gemeinnützige Angelegenheiten" zu verhandeln, wurden unter den dazu geeigneten Punkten auch die Münz-, Maß- und Gewichtsverhältnisse aufgeführt.[19] Zu einem entsprechenden Antrag in der Bundesversammlung und zur Einleitung von Verhandlungen kam es aber in den nächsten Jahren noch nicht.

Statt dessen wurde außerhalb der Bundesversammlung über Teilaspekte verhandelt. So einigten sich am 7. November 1856 die Regierungen von Hamburg, Hannover, Oldenburg, Braunschweig, Schaumburg-Lippe und Bremen über die Einführung eines gemeinsamen Gewichtssystems auf der

---
[18] Hier zitiert nach dem Abdruck in: Der Volksbote für Lübeck und die Grenznachbarn, 8. Jahrgang, Nr. 7 vom 23. Januar 1856, S. 28.
[19] QGDB III/2, Dok. 86, S. 384.

Grundlage des preußischen Zollpfundes zu 500 Gramm.[20] Zur Harmonisierung der unterschiedlichen Währungen und Münzfüße nahmen Österreich und die mit ihm in einer Zollunion verbundenen Staaten Liechtenstein und Parma im November 1854 Verhandlungen mit dem Deutschen Zollverein auf. Grundlage dieser Verhandlungen war aber nicht das Bundesrecht, sondern der Zoll- und Handelsvertrag von 1853, in dem Österreich und der Zollverein die Vereinheitlichung des Münzwesens ins Auge gefaßt hatten. Die am 18. November 1854 eröffnete Wiener Münzkonferenz führte am 4. Januar 1857 zum Abschluß einer Münzkonvention, durch die ein „Deutscher Münzverein" mit einem einheitlichen Münzfuß von 30 Vereinstalern (= 45 Gulden) pro 500 Gramm Feinsilber (Zollpfund) begründet wurde.[21] Damit waren auf dem Gebiet des Münzwesens die Möglichkeiten der Annäherung der unterschiedlichen Währungen zunächst erschöpft. Weder die deutschen Regierungen noch die Bundesversammlung unternahmen in den folgenden Jahren den Versuch, eine wirkliche Währungseinheit in Deutschland herbeizuführen. Der handelspolitische Ausschuß der Bundesversammlung hielt weitere Verhandlungen darüber für aussichtslos. Dies zeigt sein Gutachten zu einer am 28. Februar 1860 an die Bundesversammlung gelangten Eingabe des Baumwollwarenfabrikanten Johann Georg Gresser aus Lindau. Gresser kritisierte in seiner Schrift den Münzvertrag von 1857 als ungenügend, weil die meisten in Deutschland bestehenden Münzen immer noch nicht miteinander übereinstimmten. Er schlug deshalb vor, eine einheitliche deutsche Münze auf der Grundlage des Dezimalsystems einzuführen. Als Währungseinheit war der Taler zu 100 Kreuzer beziehungsweise 1000 Heller vorgesehen. Der Feingehalt der Gold- und Silbermünzen sollte auf der Grundlage eines einheitlichen deutschen Pfundes festgesetzt werden. In seinem Gutachten dazu führte der handelspolitische Ausschuß aus, es sei zweifelhaft, daß die deutschen Regierungen, welche erst kürzlich den Münzvertrag zu Wien abgeschlossen hätten, geneigt seien, „sich auf etwas Weiteres und insonderheit auf die vorliegenden Vorschläge einzulassen". Der Ausschuß wollte deshalb nur dann entsprechende Verhandlungen beantragen, „wenn die Veranlassung hierzu von einer der höchsten Bundesregierungen ausgehen sollte".[22]

---

[20] Gesetz-Sammlung für das Königreich Hannover. Jahrgang 1857. I. Abt., Nr. 30, S. 141–144; StA Hamburg, 132-5/10, Hamburgische Residentur Wien, B. 4, Bd. 3, Jahr 1858.
[21] Vgl. HHStA Wien, PA II 85. Deutscher Bund. Verhandlungen über eine allgemeine Münzkonvention 1853–1856; *Aubin/Zorn* (Hg.), Handbuch der deutschen Wirtschafts- und Sozialgeschichte, Bd. 2, S. 937 u. 939; *Henning*, Deutsche Wirtschafts- und Sozialgeschichte im 19. Jahrhundert, S. 591; *Rittmann*, Deutsche Geldgeschichte, S. 713–739; *Sprenger*, Währungswesen und Währungspolitik in Deutschland, S. 50–53; *ders.*, Harmonisierungsbestrebungen im Geldwesen der deutschen Staaten zwischen Wiener Kongreß und Reichsgründung, S. 130–132; *Witthöft*, Die Münzordnungen und das Grundgewicht im Deutschen Reich; *Gerhard*, Vom Leipziger Fuß zur Reichsgoldwährung, S. 278 f.
[22] ProtDBV 1860, § 102, S. 193 f.

Von Regierungsseite gab es jedoch bis zum Ende des Deutschen Bundes 1866 keine Anstöße mehr zur weiteren Vereinheitlichung des Münzwesens. In der deutschen Öffentlichkeit hingegen mehrten sich in dieser Zeit die Stimmen für eine gesamtdeutsche Einheitswährung. Die Ständeversammlung des Herzogtums Nassau beschloß am 20. April 1861, die Regierung zu ersuchen, auf die Einführung der „Mark" à 10 Groschen beziehungsweise 100 Pfennigen als Rechnungs- und Münzeinheit in ganz Deutschland hinzuwirken.[23] Diese Maßnahme, so wurde argumentiert, sei „ein weiterer Schritt zur Einigung deutscher Zustände", und Deutschland trete damit auch als ein „homogenes Glied in die europäischen Münzsysteme ein".[24]

Fast zur gleichen Zeit forderte der erste Allgemeine Deutsche Handelstag in Heidelberg die Einführung eines dezimalen Münz-, Maß- und Gewichtssystems in Deutschland, wobei als Münzeinheit ebenfalls die Mark als Rechnungsmünze vorgeschlagen wurde.[25] Schließlich wandte sich auch August Lanzac im Jahr 1866 nochmals an die Bundesversammlung, indem er einen Entwurf für eine einheitliche nationale Münze vorlegte.[26] Der handelspolitische Ausschuß nahm dazu am 1. Februar 1866 Stellung und erklärte, es bestehe zur Zeit kein Anlaß, auf den Vorschlag einzugehen:

„Das, was unter den thatsächlichen Umständen in Betreff einer größeren Einheit des Münzwesens in Deutschland, mühsam genug, zu erreichen war, ist durch die Münzconvention vom Jahre 1857 erlangt worden."[27]

Wie so viele andere „nationale" Institutionen wurde folglich auch die Mark als allgemeine deutsche Währung erst im Deutschen Kaiserreich von 1871 eingeführt.[28]

Blieb der Deutsche Bund im Hinblick auf das Münzwesen erheblich hinter den wirtschaftlichen Erfordernissen und den Erwartungen von Verbänden, Parlamentariern und Publizisten zurück, so waren seine Bemühungen um die Maß- und Gewichtseinheit wesentlich intensiver. Konkrete Verhandlungen dazu wurden im Jahr 1860 aufgenommen. Am 23. Februar 1860 beantragten Bayern, Sachsen, Württemberg, Kurhessen, Großherzogtum Hessen, Sachsen-Meiningen, Sachsen-Altenburg und Nassau in der Bundesversammlung die Einführung eines einheitlichen Maß- und Gewichtssystems im Deutschen Bund. Motiviert wurde dieser Antrag damit, daß auf dem Gebiet des Maß-

---

[23] Verhandlungen der Stände-Versammlung des Herzogthums Nassau vom Jahr 1861, 9. Sitzung, 20. April 1861, S. 155–157; die Mark sollte einem Drittel des preußischen Talers bzw. einem halben österreichischen Gulden entsprechen.
[24] Ebd., S. 156f.
[25] BA Koblenz, DB 1/301; Verhandlungen des ersten deutschen Handelstags zu Heidelberg vom 13. bis 18. Mai 1861. Berlin 1861.
[26] ProtDBV 1866, § 12, S. 8.
[27] ProtDBV 1866, § 32, S. 23–25, Zitat S. 24.
[28] Vgl. dazu *Rittmann*, Deutsche Geldgeschichte, S. 761–794; *Sprenger*, Währungswesen und Währungspolitik in Deutschland, S. 58–62.

systems das Bedürfnis nach übereinstimmenden Normen immer größer werde, was sich zum Beispiel darin zeige, „daß zu technischen Zwecken und in der Literatur die Gewohnheit um sich greift, statt der Landesmaße sich eines in weiten Kreisen bekannten Maßstabes, des *Métre*, zu bedienen".[29]

Der handelspolitische Ausschuß gab am 8. Juni 1860 sein Gutachten über den Antrag ab und stellte darin einige grundsätzliche Überlegungen zur Rechtsvereinheitlichung in Deutschland an.[30] Zunächst stellte der Ausschuß fest, daß nach Artikel 19 der Bundesakte und Artikel 64 und 65 der Wiener Schlußakte nicht nur kein Zweifel an der Kompetenz der Bundesversammlung zur Behandlung der Angelegenheit bestehe, sondern – insbesondere aus Artikel 19 der Bundesakte – „eher eine Verpflichtung"[31] dazu abgeleitet werden könne. Zur Sache selbst hieß es, „die Einheit des deutschen Münz-, Maß- und Gewichts-Systems [sei] an und für sich nützlich und wünschenswerth". In diesem Zusammenhang berief sich der Ausschuß auf die öffentliche Meinung, in der dieser Gegenstand einen hohen Stellenwert auch unter dem Aspekt der politischen Einheit habe:

„Ueberhaupt aber gibt es kaum einen Wunsch, der von der öffentlichen Meinung mehr begünstigt zu seyn scheint, als eben der nach Einheit des deutschen Münz-, Maß- und Gewichts-Systems. Es haben sich freilich sehr verschiedene Ansichten über das hinsichtlich des einen oder anderen Gegenstandes zu wählende System geltend gemacht, auch hat es nicht an Darlegung der mannigfachen Schwierigkeiten gefehlt; aber kaum möchte irgend eine directe Opposition gegen die Idee der Einheit des Systems öffentlich aufgetaucht seyn, und gar oft hat man es als einen sehr fühlbaren und nachtheiligen Mangel der politischen Institutionen Deutschlands hingestellt, daß es an dieser Einheit fehle, welche so wesentlich zur Förderung der materiellen Interessen anderer Großstaaten gereiche."[32]

Auf der anderen Seite ging der Ausschuß auf die möglichen Hindernisse ein, die sich aus der „Vorliebe für das Gewohnte und Hergebrachte" bei dem Versuch der Durchführung des Projekts ergeben könnten. Um den Konflikt zwischen dem „Wunsch nach deutscher Einheit" und dem „Wunsche nach Beibehaltung partikularer Institutionen" zu lösen, war es nach Auffassung des Ausschusses erforderlich, „den Nutzen der beabsichtigten Einheit in Maß und Gewicht in klares Licht zu stellen". Dies wiederum setzte voraus, daß festgestellt wurde, wie „das projectirte neue System" denn aussehen sollte. Zu diesem Zweck sollte die Bundesversammlung sich zunächst „durch ein Gutachten von Fachmännern eine sichere Grundlage für Beurtheilung sowohl über die Nützlichkeit und Opportunität, als über das, bejahenden Fal-

---

[29] ProtDBV 1860, § 72, Sitzung vom 23. Februar 1860, S. 113f., Zitat S. 114; vgl. dazu und zum Folgenden auch *Elsner*, Die Frage gesamtdeutscher Gesetze am Deutschen Bund 1859–1866, S. 8–11.
[30] ProtDBV 1860, § 158, S. 230–234.
[31] Ebd., S. 231.
[32] ProtDBV 1860, § 158, S. 232; ebd. auch die nachfolgenden Zitate.

les, anzunehmende System und die zu Einführung eines solchen zweckmäßigsten Maßregeln"³³ verschaffen. Demgegenüber erschien es dem Ausschuß „durchaus nicht gerechtfertigt", wenn die Bundesversammlung sich der Beratung des Antrags und damit „einer ihr durch die Grundgesetze des Bundes zugewiesenen Aufgabe entziehen" wollte. Die bisher von einzelnen deutschen Regierungen geschlossenen Verträge über Münz-, Maß- und Gewichtsangelegenheiten machten die Tätigkeit der Bundesversammlung keineswegs entbehrlich, denn „Einheit ist nur durch Verhandlungen Aller anzustreben", das heißt „durch eine Vereinbarung im Schooße der Bundesversammlung". Aus diesen Gründen stellte der handelspolitische Ausschuß den Antrag, eine Kommission von Sachverständigen zur Ausarbeitung eines Gutachtens über die Einführung gleicher Maße und Gewichte in allen Bundesstaaten einzusetzen und die einzelnen Regierungen zu ersuchen, dazu Kommissare abzuordnen.³⁴

Allerdings unterstützten nicht alle Ausschußmitglieder dieses Mehrheitsvotum, das die Münz-, Maß- und Gewichtsvereinheitlichung als eine in den Grundgesetzen des Bundes begründete Aufgabe des Deutschen Bundes definierte und die Bundesversammlung zu einer aktiven, die partikularen Widerstände überwindenden Politik aufforderte. Eine Minderheit im Ausschuß lehnte die Einberufung einer Bundeskommission ab und wollte zunächst die Erklärungen der einzelnen Regierungen über den Antrag einholen lassen. Die hinter diesem Vorschlag stehenden Motive kamen in der Sitzung der Bundesversammlung vom 28. Juni 1860³⁵, in der über den Mehrheitsantrag abgestimmt werden sollte, zur Sprache. Besonders die preußische Regierung war der Ansicht, der Ausschußantrag auf Einberufung einer Fachmännerkommission sei „verfrüht", solange „die Bedürfnißfrage"³⁶ von seiten der Regierungen noch nicht entschieden sei. Aus preußischer Sicht bestand weder im Hinblick auf das Gewichtssystem noch auf das Maßwesen ein unabweisbares Bedürfnis nach einer normierenden Tätigkeit der Bundesversammlung für das gesamte Gebiet des Deutschen Bundes. Was das Gewichtssystem betreffe, so sei das Ziel einer Vereinheitlichung „in einem großen Theile Deutschlands bereits erreicht"³⁷, weil das preußische Zollpfund à 500 Gramm³⁸ nicht nur in den Zollvereinsstaaten, sondern in nahezu allen Bundesstaaten im „praktischen Gebrauch" stehe:

„Es wird behauptet werden dürfen, daß in Betreff eines deutschen Gewichtssystems bis jetzt bereits etwas Großes erreicht worden und eine Aufgabe, deren Lösung noch vor zwei Decennien kaum in Aussicht genommen werden konnte, als nahezu erledigt

---

³³ Ebd., S. 233; ebd. die nachfolgenden Zitate.
³⁴ Ebd., S. 234.
³⁵ ProtDBV 1860, § 172, S. 248–254.
³⁶ Ebd., S. 251.
³⁷ Ebd., S. 249; ebd. auch die folgenden Zitate.
³⁸ Das Zollpfund war 1839 im Zollverein eingeführt und seither in vielen deutschen Staaten als Landesgewichtseinheit übernommen worden; vgl. *Witthöft*, Handbuch der historischen Metrologie, Bd. 2, S. 593–595; *Hocquet*, Harmonisierung von Maßen und Gewichten, S. 118.

anzusehen ist. Handel und Gewerbebetrieb haben sich mit dem neuen Systeme bereits vollständig befreundet, und die Gewohnheiten des Volkes beginnen ebenfalls schon sich demselben anzubequemen und zu folgen."

Die preußische Regierung äußerte die Erwartung, daß auch die noch nicht beteiligten deutschen Regierungen sich diesem System bald anschließen würden. In diesem Sinne erklärte sich Preußen „mit einem die allseitige Einführung des Zollpfundes als Einheit des Landesgewichtes empfehlenden Beschlusse der hohen Bundesversammlung im Voraus einverstanden."[39]

Auch im Hinblick auf das Maßwesen war nach preußischer Auffassung kein unmittelbarer Handlungsbedarf für die Bundesversammlung gegeben. Preußen bezweifelte, ob es überhaupt „ein practisches und reelles Bedürfniß für ein gleichmäßiges Maßsystem"[40] gebe, was angesichts der kaum überschaubaren Vielfalt der in den deutschen Einzelstaaten benutzten unterschiedlichen Maßeinheiten wenig überzeugend war. Das Argument, es sei wegen der angeblich untergeordneten Bedeutung der Hohl-, Flächen- und Längenmaße im internationalen Handel vorzuziehen, es bei dem Bestehenden zu belassen und auf eine Vereinheitlichung zu verzichten, war von der Sache her so grotesk, daß es nur als vorgeschoben betrachtet werden kann, um den Deutschen Bund an integrationspolitischen Fortschritten zu hindern. Die Bundesversammlung sollte nach dem Willen Preußens nicht in die Lage versetzt werden, allgemeine, von der nationalen Öffentlichkeit als einheitsstiftende Maßnahmen begrüßte Gesetze und Rechtsnormen zu schaffen. Indem Preußen entsprechende Initiativen zu blockieren versuchte, sollten der Deutsche Bund als „nationales Band" delegitimiert, die preußischen Interessen in der Bundesversammlung gegen die Majorisierungsversuche Österreichs und der Mittelstaaten verteidigt und die ökonomische Vormachtstellung Preußens im Zollverein gesichert werden.

In der Bundesversammlung fand die Haltung Berlins wenig Verständnis. Neben Preußen sprachen sich lediglich Braunschweig, Reuß jüngere Linie und Lippe gegen den Antrag des handelspolitischen Ausschusses zur Einsetzung der Sachverständigenkommission aus. Die Regierung von Sachsen-Weimar knüpfte ihre Zustimmung zu dem Antrag an die Bedingung, daß auch ein vorbereitender Beschluß über diese „gemeinnützige Anordnung" nur einstimmig gefaßt werden könne, während der mecklenburgische Gesandte sich zwar mit dem Antrag einverstanden erklärte, aber vor weiteren Verhandlungen noch den Regierungen Gelegenheit geben wollte, „sich über die Zweckmäßigkeit und das Bedürfniß der durch diesen Antrag befürworteten gemeinnützigen Anordnung im Allgemeinen auszusprechen".[41] Alle übrigen Regierungen stimmten dem Antrag des handelspolitischen Ausschusses auf Einsetzung einer Kommission von Sachverständigen zur Ausar-

---
[39] ProtDBV 1860, S. 250.
[40] Ebd.
[41] Ebd., S. 253.

beitung eines Gutachtens über die Einführung gleicher Maße und Gewichte in allen Bundesstaaten ohne Vorbehalte zu.

Mit dieser Maßnahme befand sich die Bundesversammlung im Einklang mit der öffentlichen Meinung, die schon seit längerem für die Maß- und Gewichtsvereinheitlichung in Deutschland eintrat. Darüber hinaus fand die Initiative der Bundesversammlung den Beifall von Kaufleuten, Unternehmern und Angehörigen der technischen Berufe. Diese schalteten sich im Frühjahr und Sommer 1860 in die Debatte ein. Sie taten dies zum Teil aus eigenem Antrieb und als private Individuen, wie der Maschinenfabrikant Oscar Henschel aus Kassel, einer der größten deutschen Lokomotivhersteller. Henschel nahm einen Artikel in der Frankfurter Postzeitung vom 25. Mai 1860 über die bevorstehende Einsetzung einer Bundeskommission[42] zum Anlaß, der Bundesversammlung eine Schrift seines Großvaters, des kurhessischen Oberbergrats L. A. Henschel unter dem Titel „Das bequemste Maas- und Gewichtssystem, gegründet auf den natürlichen Schritt des Menschen" (1855)[43] mit der Bitte einzusenden, „dem Streben des Verfassers [...] zur Einführung eines übereinstimmenden wirklich praktischen Maßes und Gewichtes im deutschen Vaterlande nach Kräften beizutragen, ihre Beachtung zuwenden zu wollen".[44]

Von Regierungsseite veranlaßt war eine am 26. Juli 1860 der Bundesversammlung vom Gesandten Hannovers überreichte Druckschrift des hannoverschen Architekten- und Ingenieurvereins, in der ein einheitliches Maßsystem für Deutschland auf der Grundlage des Meters und der Dezimalteilung vorgeschlagen wurde.[45] Die Regierung von Schaumburg-Lippe plädierte hingegen für das Duodezimalsystem (Zwölfteilung) und übermittelte dem handelspolitischen Ausschuß zu diesem Zweck eine bereits 1849 veröffentlichte Schrift des kurhessischen Professors Carl Heinrich Wilhelm Breithaupt.[46]

Nach einer durch die Bundestagsferien bedingten Unterbrechung der Verhandlungen berief die Bundesversammlung am 22. November 1860 die Kommission für die Einführung gleicher Maße und Gewichte für den 10. Januar nach Frankfurt ein[47] – ungeachtet der ablehnenden Haltung Preußens, das

---

[42] Frankfurter Postzeitung Nr. 250 vom 25. Mai 1860.

[43] *L. A. Henschel*, Das bequemste Maas- und Gewichtssystem, gegründet auf den natürlichen Schritt des Menschen. Nach Analogie des metrischen Systems und im Zusammenhange mit demselben, Kassel 1855.

[44] ProtDBV 1860, § 179, S. 330f.; vgl. BA Koblenz, DB 1/300.

[45] Einheitliches Maßsystem für Deutschland. Bearbeitet vom Vorstande des Architecten- und Ingenieur-Vereins für das Königreich Hannover. Als Manuscript gedruckt. Hannover, im Julius 1860; BA Koblenz, DB 1/301; vgl. ProtDBV 1860, § 199.

[46] *Carl Heinrich Wilhelm Breithaupt*, Das Duodecimalsystem, vorgeschlagen für Münze, Maß und Gewicht in Deutschland, nebst Nachweisung, daß mit Duodecimalzahlen leichter und schneller zu rechnen sei, als mit Dezimalzahlen, Kassel 1849; vgl. Schreiben des schaumburg-lippeschen Gesandten Strauß an den handelspolitischen Ausschuß, Frankfurt, 6. Juli 1860, BA Koblenz, DB 1/300.

[47] ProtDBV 1860, § 248, S. 618–621.

schon am 27. Oktober 1860 erklärte hatte, sich an der Sachverständigenkommission nicht zu beteiligen[48]. An den Kommissionsverhandlungen, die am 12. Januar 1861 in Frankfurt eröffnet wurden, nahmen Bevollmächtigte der Regierungen von Österreich, Bayern, Sachsen, Hannover, Württemberg, Baden, Großherzogtum Hessen, Oldenburg, Lübeck, Bremen und Hamburg teil.[49] Die Kommission tagte im Thurn und Taxis'schen Palais unter dem Vorsitz des österreichischen Bevollmächtigten Andreas Ritter von Ettingshausen und einigte sich relativ rasch auf einen Entwurf für eine allgemeine deutsche Maß- und Gewichtsordnung. Schon in der ersten Sitzung wurde das Meter einstimmig und ohne Vorbehalt zum Längenmaß bestimmt[50], und in der zweiten Sitzung wurde ebenso einstimmig die Übernahme der in Frankreich üblichen Bezeichnungen für die Längeneinheiten (Meter, Decimeter, Centimeter, Millimeter) beschlossen[51]. Die Arbeiten gingen zügig voran, und nach insgesamt 25 Sitzungen konnte die Kommission am 30. April 1861 ihr Gutachten einschließlich eines Entwurfs für eine Maß- und Gewichtsordnung abschließen.[52]

In der Einleitung ihres Gutachtens führte die Kommission aus, daß die Harmonisierung von Maßen und Gewichten in Deutschland „ein Gegenstand von dringender Nothwendigkeit"[53] sei. Der Grund dafür sei die rasche Entwicklung und Ausbreitung von Industrie, Handel und Verkehr innerhalb Deutschlands, aber auch die zunehmende industrielle und kommerzielle Verflechtung mit außerdeutschen Staaten. Hervorgehoben wurde auch der Kontrast zwischen den inneren Verhältnissen in Deutschland und anderen Staaten:

„Das gesetzliche Maßwesen anderer Staaten, denen Deutschland ebenbürtig ist, läßt sich auf ein paar Blattseiten vollständig darstellen. In Deutschland müssen ganze Bücher geschrieben werden, um alles in dieser Sache Geltende zu vereinigen. In Deutschland kann man vielerwärts nicht 10 oder 20 Meilen weit reisen, ohne anderes Fußmaß, eine andere Elle, ein anderes Feldmaß, Getränk- und Fruchtmaß anzutreffen. Größen und Namen sind verschieden, in der Eintheilung herrscht die bunteste, grundsatzloseste Mannichfaltigkeit. Unter einer und derselben Benennung werden die allerverschiedensten Dinge verstanden."[54]

---

[48] ProtDBV 1860, § 220, S. 374f.
[49] Protokolle der von der hohen deutschen Bundesversammlung vermöge Beschlusses vom 28. Juni 1860 einberufenen Commission zur Ausarbeitung eines Gutachtens über Einführung gleichen Maßes und Gewichtes in den deutschen Bundesstaaten, handschriftliches Original im BA Koblenz, DB 1/301, auch separat gedruckt, ebd., S. 3f.
[50] Ebd., S. 4–6 (gedruckte Fassung).
[51] Ebd., S. 9f.
[52] Gutachten über Einführung gleichen Maßes und Gewichtes in den deutschen Bundesstaaten. Ausgearbeitet von der durch die hohe deutsche Bundesversammlung hierzu berufenen Kommission. Frankfurt am Main 1861, 54 S., Separatdruck, BA Koblenz, DB 1/301; handschriftliches Original vom 30. April 1861 ebd.; abgedruckt auch in: ProtDBV 1861, Beilage zu § 183, 22. Sitzung vom 27. Juni 1861, S. 479–570 (im folgenden danach zitiert).
[53] Ebd., S. 480.
[54] Ebd., S. 481.

Diese Zustände wirkten auf den innerdeutschen Handel wie eine „drückende Fessel"[55] und verursachten große Nachteile in der wirtschaftlichen Entwicklung Deutschlands vor allem auch im Hinblick auf das Ausland.

Nach der Kritik der bestehenden chaotischen Verhältnisse wandte sich das Gutachten der Frage zu, welche Einheit als Grundlage des neuen Maßsystems in Deutschland zu wählen sei. Die Kommission kam zu dem Ergebnis, daß sich keines der in Deutschland verwendeten Maße dazu eigne, da sie unpraktisch, irrational und mit ausländischen Maßen nicht kompatibel seien. Somit bleibe nichts anderes übrig, als sich einem außerdeutschen System anzuschließen, wobei die Wahl zwischen dem englischen und dem französischen System bestehe. Das englische System wurde von der Kommission verworfen, zum einen, weil es „einige sonderbare Unregelmäßigkeiten"[56] aufweise, zum anderen, weil sein Fortbestand angesichts der in England seit Mitte der 1850er Jahre aufgekommenen Bestrebungen zur Einführung des Dezimalsystems nicht gesichert sei[57]. Demnach blieb als Grundlage eines neuen deutschen Maßsystems nur das Meter übrig.

Das metrische, dezimale Maß- und Gewichtssystem war in Frankreich während der Revolutionszeit in den 1790er Jahren entwickelt und eingeführt worden, erlangte aber auch in Frankreich erst 1840 allgemeine Verbindlichkeit.[58] Außer in Frankreich und seinen afrikanischen Kolonien (1843) war das metrische System in den Niederlanden, Belgien und Luxemburg (1816), Griechenland (1836), Sardinien (1850), den österreichischen Provinzen Lombardei und Venedig, Spanien (1856/59), Portugal (1860/62), Mexiko, Guatemala, Costa Rica, Granada, Venezuela, Ecuador und Chile gesetzlich eingeführt worden; es wurde außerdem in den französischen und italienischen Kantonen der Schweiz angewendet; seine Einführung wurde ferner in Großbritannien und Rußland erwogen.[59]

In Deutschland waren Teile des metrischen Systems beziehungsweise auf diesem basierende Einheiten schon seit längerem in Gebrauch, so vor allem die Gewichtseinheiten Zentner, Pfund und Gramm in der Rheinschiffahrt, im

---

[55] Ebd.
[56] Ebd., S. 489.
[57] Diese Bestrebungen gingen zurück auf die infolge der Pariser Weltausstellung von 1855 gegründete „Internationale Gesellschaft zur Erlangung eines gleichförmigen Dezimalsystems für Maße, Gewichte und Münzen", die eine einflußreiche Zweiggesellschaft in Großbritannien unterhielt. Vgl. ebd. S. 490; *Geyer*, One Language for the World, S. 63; *Hocquet*, Harmonisierung von Maßen und Gewichten, S. 120; *Witthöft*, Der Staat und die Unifikation der Maße und Gewichte in Deutschland, S. 58 f.
[58] *Tulard/Fayard/Fierro*, Histoire et dictionnaire de la Révolution française, S. 1106 f.; *Hocquet/Garnier* (Eds.), Genèse et diffusion du système métrique; *Trapp*, Kleines Handbuch der Maße, S. 30–32.
[59] Vgl. die Zusammenstellung im Gutachten vom 30. April 1861, ProtDBV 1861, S. 490–492. In England wurde die Anwendung des metrischen Systems neben den bestehenden Maßen und Gewichten durch die Parlamentsakte vom 29. Juli 1864 erlaubt; vgl. den Artikel in der Frankfurter Postzeitung vom 29. Oktober 1864.

Zollverein, im Eisenbahn-, Post- und Münzwesen sowie in der Pharmazie.[60] In der wissenschaftlichen Literatur, im Ingenieurwesen und in den polytechnischen Schulen Deutschlands wurde nach den Erkenntnissen der Bundeskommission gleichfalls bereits „großentheils nach Metermaß construirt und gerechnet", die Schuhmacher und Schneider nahmen ihre Maße in Zentimetern, „und die deutsche Modistin kann – da sie nach Pariser Schnittzeichnungen arbeitet, auf welchen die Maße in Centimeter angegeben sind – nicht ohne das Meter auskommen".[61] Im deutschen Münzwesen hatte das metrische System ebenfalls Berücksichtigung gefunden, indem nach dem Wiener Münzvertrag vom 4. Januar 1857 das Münzpfund auf 500 Gramm festgesetzt und die Größe der sogenannten Vereinsmünzen in Millimetern gemessen wurden.[62]

All dies bewog die Kommission für das Maß- und Gewichtswesen im Gebiet des Deutschen Bundes die Einführung des metrischen Systems und der Dezimalteilung vorzuschlagen. In einer dem Kommissionsgutachten beigefügten Übersicht[63], die praktisch einen Entwurf für eine deutsche Maß- und Gewichtsordnung bildete, wurde das in Frankreich geltende Meter zur Grundlage des Systems festgesetzt, von dem sämtliche Längen-, Flächen-, Raum- und Körpermaße abzuleiten waren. Als Basismaßeinheiten galten das Meter, das Liter und das Pfund à 500 Gramm. Daß man als Rechnungsgröße für das Gewicht nicht das Kilogramm, sondern das Pfund beziehungsweise den Zentner wählte, lag daran, daß diese Einheiten schon seit langem im Zollvereinsgebiet und darüber hinaus als Gewichtseinheiten angewandt wurden und ihre Kompatibilität mit dem metrischen System gewährleistet war. Nur wenige der alten Bezeichnungen sollten neben den neuen Maßen noch bestehen dürfen – so etwa die Ruthe, die Meile, das Klafter und einige andere –, doch wurden sie als „glatte" Teile beziehungsweise Vielfache der metrischen Grundeinheiten definiert.

Der Entwurf der Bundeskommission stellte eine beachtliche Modernisierungsleistung dar, indem er radikal mit den herkömmlichen Maß- und Gewichtsverhältnissen in den deutschen Staaten brach und ein fremdes System mit neuen Einheiten und Bezeichnungen an seine Stelle setzte. Er war ein großer Fortschritt für den deutschen Binnenmarkt, weil er das herrschende Maß- und Gewichtschaos beseitigte und damit den wachsenden Personen- und Warenverkehr von lästigen, zeitraubenden und kostenintensiven Umrechnungsprozeduren befreite. Darüber hinaus trug der Entwurf auch der zunehmenden internationalen Verflechtung von Industrie, Handel, Verkehr und Wissenschaft Rechnung und schuf eine wichtige Voraussetzung für die Einbindung Deutschlands in die entstehende Weltwirtschaft. Schließlich ent-

---

[60] *Hocquet*, Harmonisierung von Maßen und Gewichten, S. 117–121; *Witthöft*, Der Staat und die Unifikation der Maße und Gewichte in Deutschland.
[61] Gutachten vom 30. April 1861, ProtDBV 1861, S. 492.
[62] Ebd., S. 492 bzw. 516.
[63] Uebersicht des für Deutschland vorgeschlagenen Maß- und Gewichtssystemes, ebd., S. 520f.

sprach die Vorlage der Bundeskommission, was diese in ihrem Bericht ausdrücklich hervorhob, den schon seit einiger Zeit von wichtigen deutschen Berufsverbänden gemachten Vorschlägen: Für das metrische System hatten sich in den vergangenen Jahren die Versammlung der Bau- und Maschinentechniker sämtlicher deutscher Eisenbahnverwaltungen in Wien (Mai 1857), der Architekten- und Ingenieurverein von Hannover (Juli 1860), die Versammlung deutscher Architekten und Ingenieure in Frankfurt (September 1860), die Versammlung deutscher Land- und Forstwirte in Heidelberg (September 1860) und die Generalversammlung des sächsischen Ingenieurvereins in Leipzig (Dezember 1860) ausgesprochen.[64] Kurz nach der Fertigstellung des Gutachtens der Bundeskommission plädierte auch der erste allgemeine Deutsche Handelstag auf seiner Gründungsversammlung im Mai 1861 in Heidelberg für das dezimale und metrische System.[65]

In den Verlautbarungen der Berufs- und Interessenverbände wurde die Maß- und Gewichtsvereinheitlichung immer auch als ein Werk der nationalen Einigung charakterisiert, auf das die Bevölkerung einen Anspruch habe. Die deutschen Land- und Forstwirte formulierten dies unmißverständlich:

„Das Bedürfniß von einheitlichen Institutionen im Gesammt Vaterlande wird täglich stärker gefühlt. Es besteht daher die schönste Aufgabe der deutschen Regierungen darin, diesem gerechten Verlangen der Bevölkerung auf dem Wege der gesetzlichen Reform zu entsprechen."[66]

Das Gutachten der Kommission wurde am 27. Juni 1861 der Bundesversammlung überreicht[67], die darüber am 18. Juli 1861 abstimmte. Mit Ausnahme der Vertreter von Preußen, Schwarzburg-Sondershausen und Reuß jüngere Linie stimmten alle Bundestagsgesandten den Ausschußanträgen zu. Daraufhin wurde das Gutachten an die Einzelregierungen mit der Maßgabe übermittelt, zu erklären, ob sie bereit seien, das von der Kommission empfohlene System in ihren Staaten einzuführen.[68] Es dauerte dann allerdings über drei Jahre, bis alle Regierungen ihre Stellungnahmen zu dem Entwurf in der Bundesversammlung abgegeben hatten.[69] Bis zum Dezember 1863 er-

---

[64] Gutachten vom 30. April 1861, ProtDBV 1861, S. 494.
[65] Bericht über die Beratungen in der Vorkommission für den allgemeinen deutschen Handelstag (Zeitungsausschnitt), in: BA Koblenz, DB 1/301; zum Handelstag „als nationalpolitische Organisation" siehe jetzt *Biefang*, Politisches Bürgertum in Deutschland, S. 207–220.
[66] Eingabe des Präsidiums der 21. Versammlung deutscher Land- und Forstwirte an den bayerischen Staatsrat, Heidelberg, 20. Januar 1861, HStA München, MA 1998.
[67] ProtDBV 1861, § 183, S. 461–465.
[68] ProtDBV 1861, § 212, S. 594–596.
[69] In der Fachöffentlichkeit rief dieser Verzug große Unzufriedenheit hervor. Auf der Versammlung der deutschen Architekten und Ingenieure in Hannover im September 1862 klagte Karl Karmarsch (1803–1879), der Direktor der polytechnischen Schule in Hannover und Bevollmächtigte der hannoverschen Regierung in den Bundeskommissionen für die Maß- und Gewichtsvereinheitlichung von 1861 und 1865, über den langsamen Fortgang bei der beabsichtigten Einführung des metrischen Systems in Deutschland. „Einer warte auf den Andern,

klärten sich sämtliche Regierungen mit Ausnahme von Preußen grundsätzlich zur Einführung des metrischen Systems bereit.[70] Nachdem schließlich auch Preußen seine Haltung revidiert und am 20. Oktober 1864 in der Bundesversammlung zu Protokoll gegeben hatte, „zur Einführung eines Maßsystems auf einer dem Meter gleichen Einheit" bereit zu sein und sich auch an entsprechenden kommissarischen Verhandlungen auf Bundesebene beteiligen zu wollen[71], war der Weg frei für die Einberufung einer neuen Fachmännerkommission. Diese wurde am 27. April 1865 eingesetzt und erhielt den Auftrag, auf der Basis des Gutachtens von 1861 eine Maß- und Gewichtsordnung „definitiv zu formuliren und in einer zur Publication geeigneten Weise zu redigiren".[72]

In den Kommissionsverhandlungen, die am 20. Juli 1865 in Frankfurt begannen[73], zeigte sich abermals, daß die Maß- und Gewichtsvereinheitlichung nicht nur eine technische und wirtschaftliche Bedeutung hatte, sondern auch mit nationalpolitischen Motiven verbunden war. Als sich in den Beratungen der Sachverständigenkommission im Herbst 1865 harte, den Erfolg der Kommission zeitweise gefährdende Auseinandersetzungen wegen der Frage ergaben, ob neben dem Meter und seinen Ableitungen auch noch andere Längenmaße wie der Fuß oder die Meile geduldet werden sollten, redete der hannoversche Bevollmächtigte seinen Kollegen scharf ins Gewissen. Er führte aus,

„daß die Aufgabe der Commission, eine Einigung über das Maß- und Gewichtswesen zu erzielen, nur gelöst werden könne, wenn von den einzelnen Bevollmächtigten soweit als möglich nachgegeben werde. Man dürfe nicht aus dem Auge verlieren, daß man vor der Alternative stehe, entweder abweichende Ansichten aufzugeben, oder das ganze Werk scheitern zu machen. Er halte es für absolut nothwendig, daß von dieser Commission etwas zu Stande gebracht werde, und glaube nicht des Näheren darthun zu sollen, welche verderblichen moralischen und politischen Folgen das Scheitern dieses Einigungsversuches nach sich ziehen würde."[74]

Der Kommission gelang es, in den strittigen Fragen einen Kompromiß zu erzielen und bis zum 1. Dezember 1865 den „Entwurf einer deutschen Maß-

---

meinte der Redner, und darüber komme es denn zu nichts. Er empfahl den Architekten, für eine beschleunigte Einführung dadurch zu wirken, daß sie in ihren Bestellungen und Veröffentlichungen sich immer des Metermaßes bedienten." Zeitungsausschnitt im BA Koblenz, DB 1/301.

[70] Vgl. ProtDBV 1861, § 219, S. 601; § 280, S. 709; § 315, S. 767; ProtDBV 1862, § 5, S. 3f.; § 24, S. 27; § 44, S. 47f.; § 70, S. 91f.; § 172, S. 247; § 200, S. 305f.; § 231, S. 393; § 249, S. 417; § 259, S. 466f.; § 353, S. 574f.; ProtDBV 1863, § 7, S. 4; § 120, S. 202; § 172, S. 173; § 186, S. 374; § 299, S. 601f.

[71] ProtDBV 1864, § 257, S. 523f.

[72] ProtDBV 1865, § 80, S. 192.

[73] An der Kommission beteiligten sich Sachverständige aus Österreich, Preußen, Bayern, Sachsen, Hannover, Württemberg, Baden, Kurhessen, Großherzogtum Hessen, Mecklenburg-Schwerin, Oldenburg, Lübeck, Bremen und Hamburg. Die Kommission führte vom 25. Juli bis 12. August bzw. 7. November bis 1. Dezember 1865 32 Sitzungen durch. Vgl. Protokolle der Commission für Einführung gleichen Maßes und Gewichtes in den deutschen Bundesstaaten. Frankfurt am Main [1865], Separatdruck, in: BA Koblenz, DB 1/301.

[74] Ebd., 22. Sitzung vom 14. November 1865, S. 100.

und Gewichtsordnung" abzuschließen, der auf der Grundlage des Meters ein konsequent dezimalisches Maß- und Gewichtssystem feststellte.[75] Die Bundesversammlung nahm am 22. Februar 1866 die Maß- und Gewichtsordnung einstimmig an und übermittelte sie den Regierungen mit der Maßgabe, sich „baldthunlichst" über ihre Annahme zu äußern.[76] Bis zum 14. Juni 1866 zeigten 16 Regierungen in der Bundesversammlung ihre Bereitschaft an, die Maß- und Gewichtsordnung einzuführen[77], doch kam es wegen der Auflösung des Bundes im Sommer 1866 nicht mehr zur bundesweiten Bestätigung der Reform. Die Akten im Bundesarchiv schließen mit dem lakonischen Vermerk: „Die Verhandlungen hierüber sind durch die Ereignisse im J. 1866 unvollendet geblieben."[78]

Gleichwohl kann man nicht von einem Scheitern der Bemühungen des Bundes in dieser Frage sprechen. Die Vorarbeiten der Bundeskommission blieben nicht ungenutzt, denn die neue Maß- und Gewichtsordnung des Norddeutschen Bundes vom 17. August 1868 übernahm fast unverändert den Entwurf des Deutschen Bundes von 1866 und berief sich auch in ihrer allgemeinen Begründung auf die Gutachten der Frankfurter Kommissionen von 1861 und 1865, welche die Vorteile des metrischen Systems „ausführlich und erschöpfend" erörtert hätten.[79] Der vom Deutschen Bund ausgearbeitete Entwurf wurde auf diese Weise in seinen wesentlichen Grundzügen posthum eingeführt und bildete die Grundlage des modernen deutschen Maß- und Gewichtssystems, denn die Norddeutsche Maß- und Gewichtsordnung wurde durch das Reichsgesetz vom 16. April 1871 zum 1. Januar 1872 im gesamten Deutschen Reich eingeführt.[80] Vier Jahre später, am 1. Januar 1876, übernahm auch Österreich das metrische Maßsystem. Damit wurde nur wenige Jahre, nachdem die politische Verbindung Österreichs mit dem übrigen Deutschland gekappt worden war, die (groß-)deutsche Maß- und Gewichtseinheit verwirklicht. Sie war eine Hinterlassenschaft des Deutschen Bundes, der es nicht vermocht hatte, Deutschland politisch als föderative Nation zu organisieren, der aber in dieser für das wirtschaftliche und soziale Leben eminent wichtigen Angelegenheit eine einheitliche Lösung für das gesamte Bundesgebiet gefunden hatte.

---

[75] Druck des Entwurfs in: ProtDBV 1865, Anlage zu § 37, S. 35–39.
[76] ProtDBV 1866, § 55, S. 54.
[77] Österreich, Sachsen, Baden, Großherzogtum Hessen, Mecklenburg-Schwerin und Mecklenburg-Strelitz, Sachsen-Altenburg, Sachsen-Coburg und Gotha, Sachsen-Meiningen, Nassau, Reuß jüngere Linie, Schaumburg-Lippe, Lippe, Liechtenstein, Frankfurt und Bremen; Schwarzburg-Sondershausen machte seine Zustimmung von der preußischen Entscheidung abhängig; ProtDBV 1866, § 67, S. 80; § 73, S. 84; § 79, S. 86; § 101, S. 111 f.; § 109, S. 126; § 118, S. 133; § 127, S. 152; § 155, S. 191; § 168, S. 206.
[78] Registraturnotiz, BA Koblenz, DB 1/301.
[79] Maß- und Gewichtsordnung für den Norddeutschen Bund vom 17. August 1868, in: Archiv des Norddeutschen Bundes, Bd. 2, S. 335–345, Zitat S. 335.
[80] *Trapp*, Kleines Handbuch der Maße, S. 32 f.; Reichs-Gesetzblatt 1871, S. 63.

VIII. „Im Interesse der Menschheit, der deutschen Einheit und der Wissenschaft"

Allgemeine deutsche Pharmakopöe und Medizinalgewicht

Schon 1834 war erstmals die Frage einer bundeseinheitlichen Regelung über die Beschaffenheit und Zusammensetzung der Arzneimittel sowie die Normierung des Medizinalgewichts erörtert worden. Der Anstoß dazu ging von der Versammlung deutscher Naturforscher in Stuttgart aus, die im Frühjahr 1834 eine von dem renommierten Bonner Professor Johann Christian Friedrich Harleß[1] verfaßte Schrift mit dem Titel „Die Errichtung einer allgemeinen deutschen Pharmacopoe; nach ihrem Bedürfnis, ihrer Wichtigkeit und ihren Vortheilen" an die Wiener Ministerialkonferenz richtete und im September 1834 die württembergische Regierung aufforderte, sich im Deutschen Bund für die Verwirklichung des Vorschlags einzusetzen.[2] Zu einer Aufnahme von Beratungen auf Bundesebene kam es jedoch nicht, und so dauerte es weitere zwanzig Jahre, bis das Thema erstmals in der Bundesversammlung zur Sprache kam. Der Anstoß dazu kam wiederum aus dem Umkreis der „Gesellschaft deutscher Naturforscher und Ärzte". Auf ihrer 31. Versammlung, die im September 1854 in Göttingen stattfand, legte der fürstlich waldeckische Hofrat Dr. Karl Theodor Menke aus Pyrmont[3] eine von ihm verfaßte Druckschrift vor, die unter anderem den Antrag enthielt, eine Kommission zur Ausarbeitung eines Deutschen Arzneibuchs, einer „Pharmacopoea germanica" einzusetzen. In einer allgemeinen Pharmakopöe „für das ganze deutsche Vaterland" sah Menke eine Aufgabe, „die nicht blos ein historisches, rein wissenschaftliches Interesse gewährt, sondern tief in die heiligsten Angelegenheiten der Gegenwart, des bürgerlichen Lebens und unseres Berufes in demselben hineingreift".[4]

Menke, der in seinem Antrag die Gesellschaft der Naturforscher und Ärzte aufforderte, entsprechende Gesuche an die Medizinalbehörden und Regierungen sämtlicher deutscher Staaten zu richten, wandte sich am 13. De-

---

[1] Johann Christian Friedrich Harleß (1773–1853), seit 1818 Professor der Pathologie und Therapie in Bonn, veröffentlichte zahlreiche Schriften zur Geschichte der Medizin und zur Seuchengeschichte. Vgl. NDB, Bd. 7, S. 681 f.

[2] HStA Hannover, Dep. 103, Bestand VI, Nr. 3579.

[3] Zu Menke siehe Deutsches Biographisches Archiv, Fiche 827, S. 67 f.

[4] Drei Anfo[r]derungen an die Gesellschaft deutscher Naturforscher und Aerzte, und deren Begründung. Vorgetragen in der zweiten allgemeinen Sitzung der 31. Versammlung deutscher Naturforscher und Aerzte in Göttingen, am 20. September 1854, vom Dr. Karl Theodor Menke, fürstlich waldeckschen Geheime-Hofrathe, Leibarzte, Kreisphysikus und Brunnenarzte zu Pyrmont etc. etc. Hannover, Hahn'sche Hofbuchhandlung 1854 [Druckschrift, 16 Seiten], in: BA Koblenz, DB 1/327, Zitat S. 7.

zember 1854 selbst direkt an den Deutschen Bund, indem er sechs Exemplare seiner Druckschrift übersandte und die Bundesversammlung ersuchte, „im Interesse der Menschheit, der deutschen Einheit und der Wissenschaft", die Schaffung und Einführung einer allgemeinen deutschen Pharmakopöe baldmöglichst in Angriff zu nehmen, um „das zehnköpfige Ungeheuer[5], das an der deutschen Einheit, auch in der politischen Wissenschaft, bisher, und so lange schon, zu der Regierungen, der höchsten Medicinalbehörden und aller Aerzte Schmach und der Kranken Unheil, nagte, zu vernichten".[6]

Die Eingabe Menkes spiegelt in besonders eindringlicher Weise wider, wie sich bei den Maßnahmen zur Rechtsvereinheitlichung innerhalb des Deutschen Bundes rechtspolitische Argumente und berufsspezifische Interessen mit allgemeinem bürgerlichen Fortschrittsdenken und nationalem Pathos verbanden. Der Antrag des waldeckischen Hofrats belegt eindeutig, daß Rechtsvereinheitlichung als nationales Einigungswerk verstanden wurde. Bemerkenswert ist ferner, daß der Adressat dieser und zahlreicher anderer Eingaben von privaten Individuen und Verbänden bis in die 1860er Jahre hinein die deutsche Bundesversammlung war, der man als Gesamtvertretung der deutschen Regierungen die Aufgabe der nationalen Einigung zuwies.

Als zusätzliches, von Menke nicht besonders betontes Argument für die Rechtsvereinheitlichung wurde der immer dichter werdende innerdeutsche Verkehr angeführt. „Dieser Verkehr", so hieß es in einer am 30. Januar 1855 von dem nassauischen Apotheker Bertrand an die Bundesversammlung gerichteten Eingabe, „muß unter der mächtigen u. immer weiter verbreiteten Herrschaft des Dampfes auf Wasser- u. Eisen-Straßen sehr bald die Bewohner Teutschlands zu einer großen Familie vereinigt haben". Aus diesem Grund unterstützte Bertrand die Initiative Menkes zur Einführung einer für ganz Deutschland gültigen einheitlichen Pharmakopöe. Er wies darauf hin, daß der deutsche Apothekerverein darüber schon auf seinen Generalversammlungen beraten habe und regte an, die Pharmakopöe durch eine Kommission auf der Grundlage eines Entwurfs des Apothekervereins ausarbeiten zu lassen.[7]

Die Bundesversammlung fand allerdings „zur Zeit keinen Anlaß", auf die Gesuche einzugehen. Sie folgte der Ansicht der Reklamationskommission, daß sich der Gegenstand zwar grundsätzlich dazu eigne, auf dem Wege einer „gemeinnützigen Anordnung" erledigt zu werden, hielt aber Privatpersonen nicht für berufen, „die Bundesversammlung zu solchen Anordnungen aufzufordern", und verwies darauf, daß es Sache der Regierungen sei, entspre-

---

[5] Gemeint sind die zehn verschiedenen, im Gebiet des Deutschen Bundes geltenden Landespharmakopöen für Österreich, Preußen, Bayern, Württemberg, Hannover, Baden, Hessen, Hamburg und Schleswig-Holstein; vgl. „Drei Anforderungen …" (wie vorige Anm.), S. 8.
[6] Eingabe Menkes an die Bundesversammlung, Pyrmont, 13. Dezember 1854, BA Koblenz, DB 1/327.
[7] Eingabe des Apothekers Bertrand aus Langen-Schwalbach in Nassau an die Bundesversammlung, Langen-Schwalbach, 30. Januar 1855, in: BA Koblenz, DB 1/327.

chende Anträge zu stellen.⁸ Die Eingaben Menkes und Bertrands wurden zu den Akten gelegt, im Fall von Bertrand wurde der Vorgang noch nicht einmal in das offizielle Protokoll der Bundesversammlung aufgenommen, sondern von der Reklamationskommission lediglich vertraulich angezeigt.⁹

Es dauerte nahezu weitere acht Jahre, bevor die Angelegenheit auf Bundesebene erneut zur Sprache kam. In der Zwischenzeit drängten die Apothekervereine mehrfach auf eine bundeseinheitliche Regelung. So beschloß der deutsche Apothekerverein im September 1858, alles aufzubieten, um die Regierungen zur Einführung eines allgemeinen deutschen Medizinalgewichts zu veranlassen.¹⁰ Der württembergische Apothekerverein äußerte auf seiner Generalversammlung am 28. August 1861 ebenfalls die Auffassung, daß es eine der wichtigsten und dringlichsten Aufgaben sei, eine Vereinbarung über ein einheitliches Medizinalgewicht und eine gleichmäßige Beschaffenheit der Arzneistoffe herbeizuführen.¹¹ Auf der Generalversammlung der nord- und süddeutschen Apothekervereine, die im Jahr 1861 in Coburg stattfand, wurde schließlich die Einsetzung einer Sachverständigenkommission beschlossen, die auf der Grundlage der Prinzipien, welche schon 1856 vom norddeutschen Apothekerverein niedergelegt worden waren, einen Entwurf für eine allgemeine deutsche Pharmakopöe ausarbeiten sollte. Dieser Kommission gehörten neben nord- und süddeutschen auch österreichische Experten an.¹²

Den intensiven Bemühungen von seiten der Apothekervereine konnte sich schließlich der Deutsche Bund nicht länger entziehen. Am 6. November 1862 beantragte die württembergische Regierung, die schon 1834 von den deutschen Naturforschern angesprochen worden war, in der Bundesversammlung Verhandlungen „zur Herbeiführung einer für die deutschen Bundesstaaten gemeinsamen Pharmakopöe, sowie eines einheitlichen Medicinalgewichtes" einzuleiten.¹³ Abgesehen von den sachlichen Notwendigkeiten einer Vereinheitlichung motivierte der württembergische Außenminister Hügel in seiner Instruktion an den Bundestagsgesandten Reinhard die Initiative mit allgemeinen politischen Argumenten:

„Man wird somit bald in der Lage sein, ein entschiedenes Resultat der Einigung gegenüber den obwaltenden Sonderbestrebungen aufweisen zu können, und ein solches Resultat wird in der öffentlichen Meinung um so entschiedener wirken, wenn dabei hinsichtlich der sachlichen Behandlung selbst jede erforderliche Rücksicht beobachtet worden ist."¹⁴

---

⁸ ProtDBV 1855, § 27, S. 103.
⁹ Registraturnotiz, BA Koblenz, DB 1/327.
¹⁰ Ebd.
¹¹ Zeitungsausschnitt, Stuttgart, August 1861, BA Koblenz, DB 1/327.
¹² ProtDBV 1866, § 84, S. 89.
¹³ ProtDBV 1862, § 326, S. 542f.
¹⁴ Hügel an Reinhard, Stuttgart, 1. November 1862, HStA Hannover, Dep. 103, Bestand VI, Nr. 3579.

Die Angelegenheit wurde jedoch abermals verzögert, weil der zuständige handelspolitische Ausschuß erst am 21. März 1866 seinen Bericht erstattete, worin er die Einsetzung einer Fachmännerkommission zur Ausarbeitung eines Entwurfes einer allgemeinen Pharmakopöe vorschlug.[15] Der Ausschuß bezog sich dabei auf die Eingaben von Menke und Bertrand von 1854/55, die Verhandlungen der Apothekervereine und insbesondere auf den von der Kommission der Apothekervereine inzwischen vorgelegten Entwurf einer „Pharmacopoea Germaniae". Dieser Entwurf war von Apothekern aus Preußen, Hannover, Sachsen-Weimar, Bayern, Württemberg und Österreich[16] seit April 1863 in Coburg beraten und am 31. Oktober 1865 der Bundesversammlung vom Direktorium des allgemeinen deutschen Apothekervereins mit der bitte um Prüfung überreicht worden[17].

Zur Einberufung einer Bundeskommission kam es jedoch 1866 nicht mehr. Die preußische Regierung lehnte es ab, sich daran zu beteiligen, da „der Versuch einer legislatorischen Einigung auf diesem Gebiete von vornherein als fruchtlos betrachtet werden müßte". Statt dessen sollte nach preußischer Auffassung die Schaffung einer einheitlichen Pharmakopöe „den Vereinbarungen zwischen einzelnen Bundesregierungen" überlassen bleiben.[18] Bei der überwiegenden Mehrheit der Regierungen fand diese Ansicht keine Zustimmung, denn von April bis Juni 1866 erklärten sich mit Ausnahme von Mecklenburg, Sachsen-Altenburg, Lippe und den Niederlanden alle Staaten für die Berufung einer Bundeskommission.[19] Diese konnte allerdings wegen der Auflösung des Deutschen Bundes im Juni/Juli 1866 nicht mehr zusammentreten.

Der Versuch, eine allgemeine deutsche Pharmakopöe und ein einheitliches Medizinalgewicht in Deutschland herbeizuführen, war damit gescheitert. Auch in diesem Bereich blieb die Bundesgesetzgebung hinter der sich in den 1850er und 1860er Jahren in den Einzelstaaten weiterentwickelnden Landesgesetzgebung zurück. Während Staaten wie Preußen (1863) und Hannover (1864) mit neuen, modernen Pharmakopöen den wissenschaftlichen, medizinischen und ökonomischen Anforderungen der Zeit entsprachen, und während auf der anderen Seite bereits über eine internationale Harmonisierung

---

[15] ProtDBV 1866, § 84, S. 88–92.

[16] Die Mitglieder der Kommission wechselten mehrfach. Am Ende ihrer Beratungen gehörten ihr folgende Personen an: für den norddeutschen Apothekerverein Dr. Berg (Berlin), Danckwortt (Magdeburg), Hildebrand (Hannover), Dr. Mirus (Jena); für den süddeutschen Apothekerverein Pettenkofer (München), Dr. Rieckher (Marbach), Wolfrum (Augsburg); für den österreichischen Apothekerverein: Dr. Daubrawa (Mährisch-Neustadt), Dr. von Würth (Wien); vgl. ProtDBV 1866, § 84, S. 89.

[17] Eingabe des Direktoriums des allgemeinen deutschen Apothekervereins, Dr. L. F. Bley und Dr. Th. Rieckher, an die Bundesversammlung, Bernburg und Marbach, 31. Oktober 1865, BA Koblenz, DB 1/327; vgl. ProtDBV 1865, § 206, S. 480.

[18] Minderheitsvotum des preußischen Mitglieds im handelspolitischen Ausschuß, ProtDBV 1866, § 84, S. 92.

[19] ProtDBV 1866, § 105, S. 121–123, § 108, S. 125f., § 119, S. 133.

der Pharmakopöen und der Medizinalgewichte diskutiert wurde[20], gelang es dem Deutschen Bund nicht, eine rechtspolitische Maßnahme erfolgreich voranzutreiben, die auch als ein Beitrag zur nationalen Integration gelten konnte.

Auf der anderen Seite blieben die Anregungen der 1850er und 1860er Jahre, ein allgemeines Deutsches Arzneibuch zu erarbeiten und die daraufhin eingeleiteten Vorberatungen auf Bundesebene nicht völlig ungenutzt. Wie bei etlichen anderen Maßnahmen der Rechtsvereinheitlichung kam es auch in dieser Frage schon wenige Jahre nach dem Ende des Deutschen Bundes zu einer einheitlichen Lösung. 1872 wurde eine „Pharmacopoea Germanica" für das Gebiet des Deutschen Reiches in Kraft gesetzt.[21] Abermals erfolgte die Durchsetzung des nationalen Rechts im neuen preußisch-deutschen Kaiserreich auf der Grundlage von Planungen aus der Zeit des alten Deutschen Bundes.

Die Geschichte der „Pharmacopoea Germanica" demonstriert einmal mehr, daß es im Deutschen Bund – zumindest in der Phase nach der Revolution von 1848/49 – weder am Bewußtsein von der Notwendigkeit der inneren Nationsbildung mangelte noch an Bestrebungen, diese praktisch voranzutreiben. Was fehlte war der politische Wille vor allem auf preußischer Seite, durch den Bund nationalpolitische Fortschritte zu bewirken. Der Prozeß der inneren Nationsbildung wurde deshalb auf allen Gebieten, in denen die Bundesversammlung durch eine aktive Politik daran teilnehmen wollte, so lange blockiert, wie der Deutsche Bund als politische Ordnung in Deutschland existierte. Nachdem es gelungen war, das staatenbündische System zu beseitigen, wurde im preußisch dominierten Kleindeutschland die Reformblockade aufgegeben, und binnen weniger Jahre mündete der lange aufgestaute legislative Nationsbildungsprozeß in eine Flut von allgemeinen Reichsgesetzen, die materiell den Plänen aus der Zeit des Deutschen Bundes weitgehend entsprachen.

---

[20] Auf der Tagesordnung des im September 1865 in Braunschweig stattfindenden Kongresses der pharmazeutischen Vereine standen unter anderem folgende Fragen: „Wie ist eine Einheit in den Vorschriften der Pharmakopöen für galenische Präparate allmälig zu ermöglichen?" – „Ist es wünschenswerth, überall in den Apotheken das metrische Gewichtssystem einzuführen, und wie wäre dies am einfachsten zu erreichen?"; vgl. Zeitungsausschnitt, BA Koblenz, DB 1/327.

[21] Reichs-Gesetzblatt 1872, S. 172.

IX. „Für die geistigen Interessen der deutschen Nation"

Nachdruckschutz und Urheberrecht

Im Gegensatz zu den übrigen rechtsvereinheitlichenden Maßnahmen, die vom Deutschen Bund erst nach 1850 konkret in Angriff genommen wurden, befaßte sich die Bundesversammlung schon im Vormärz intensiv mit dem Schutz der Urheberrechte von Schriftstellern und Künstlern. In mehreren Schritten gelang es, innerhalb des deutschen Bundesgebietes eine Vereinheitlichung der entsprechenden rechtlichen Bestimmungen herbeizuführen, womit die Grundlage für eine allgemeine deutsche Gesetzgebung zum Schutz literarischer Werke gegen den unerlaubten Nachdruck geschaffen wurde.[1]

Für die vergleichsweise frühe und erfolgreiche Tätigkeit der Bundesversammlung auf diesem Gebiet gab es mehrere Gründe. Diese waren: 1. der offensichtliche Regelungsbedarf infolge der Ausweitung des deutschen Buchmarkts; 2. der öffentliche und lobbyistische Druck von Schriftstellern, Verlegern, Buchhändlern und Interessenverbänden; 3. die Einsicht der größeren deutschen Staaten, insbesondere auch Preußens, in die Notwendigkeit einer staatenübergreifenden Regelung; 4. die Tatsache, daß es bei dem Schutz gegen den Nachdruck nicht um hoheitliche, die Souveränität der Einzelstaaten berührende Rechte, sondern um private Eigentumsrechte ging.

Während der Frühen Neuzeit und besonders im 18. Jahrhundert waren die literarische Produktion sowie das Verlags- und Buchhandelswesen außerordentlich expandiert.[2] Parallel zur Entstehung eines großen Buchmarktes war im 18. Jahrhundert das Konzept des schützenswerten geistigen Eigentums entwickelt worden[3], und viele deutsche Staaten hatten begonnen, die Rechte von Autoren durch Privilegien zu schützen. In der zweiten Hälfte des 18. Jahrhunderts waren dann, veranlaßt durch die Eingaben von Buchhändlern und Verlegern, in einigen Staaten wie Preußen und Hannover allgemeine Nachdruckverbote erlassen worden. Überdies kam es bereits zu zwischen-

---

[1] Zur allgemeinen Entwicklung des Urheberrechts in Deutschland siehe *Windisch*, Art. „Urheberrecht", in: Handwörterbuch zur deutschen Rechtsgeschichte, Bd. 5, Sp. 571–574; *Bappert*, Wege zum Urheberrrecht; *Gieseke*, Vom Privileg zum Urheberrecht; *Dittrich* (Hg.), Woher kommt das Urheberrecht?; *Wadle* (Hg.), Historische Studien zum Urheberrecht in Europa.

[2] Zur Entwicklung der deutschen Literatur sowie des Buch- und Verlagswesens im 18. Jahrhundert siehe: Hansers Sozialgeschichte der deutschen Literatur vom 16. Jahrhundert bis zur Gegenwart, Bd. 3 u. 4; Geschichte der deutschen Literatur, Bd. 6 u. 7; *Wittmann*, Geschichte des deutschen Buchhandels, S. 111–199; *Goldfriedrich*, Geschichte des Deutschen Buchhandels, Bd. 3 u. 4; *Raabe*, Bücherlust und Lesefreuden, S. 21–88.

[3] *Bülow*, Buchmarkt und Autoreneigentum; zum Folgenden *Gieseke*, Vom Privileg zum Urheberrecht, S. 115–185.

staatlichen Vereinbarungen über die gegenseitige Beachtung der Nachdruckverbote, und schließlich wurde sogar auf Reichsebene versucht, ein allgemeines Verbot des unerlaubten Nachdrucks herbeizuführen, um die ausufernde Praxis des Nachdrucks der ein immer breiteres Lesepublikum findenden deutschen Literatur und hier vor allem der besonders lukrativen „Klassiker" einzudämmen. Nach der Auflösung des Alten Reiches war an eine gesamtdeutsche Lösung des Nachdruckproblems nicht zu denken, und so blieb es bis 1815 und darüber hinaus bei einzelnen, von Staat zu Staat verschiedenen und angesichts der nationsweiten Ausdehnung des Buchmarkts weitgehend unwirksamen Bestimmungen. Selbst in Preußen, das seine innere Gesetzgebung energisch modernisierte, hielt man zunächst noch an der herkömmlichen Praxis der Privilegienerteilung für einzelne Fälle fest. Der „langsame Abschied vom Privileg" verzögerte hier wie andernorts die Herausbildung eines allgemeinen gesetzlichen Schutzes des Urheberrechts.[4]

Wie dringend ein umfassender Schutz gegen den Nachdruck insbesondere von seiten des Buchhandels gewünscht wurde, zeigte sich, als sich im Zuge der 1814 einsetzenden politischen Neuordnung Deutschlands eine von 81 deutschen Buchhändlern auf der Leipziger Ostermesse 1814 gewählte Deputation am 1. November 1814 mit einer Eingabe an den Wiener Kongreß wandte, um „ein in ganz Deutschland gültiges Gesetz gegen den Büchernachdruck zu erbitten".[5] Im Januar[6] und Mai 1815 machten die Buchhändler abermals auf ihr Anliegen aufmerksam. Ihr Deputierter Friedrich Justin Bertuch appellierte noch unmittelbar vor Abschluß der Verhandlungen an die deutschen Fürsten, die Sache der deutschen Literatur als „wichtige vaterländische Angelegenheit" zu behandeln und die Eigentumsrechte der Schriftsteller, Buchhändler und Verleger durch eine allgemeine bundesgesetzliche Regelung zu schützen:

---

[4] Vgl. *Wadle*, Der langsame Abschied vom Privileg; *ders.*, Privilegienpraxis in Preußen.

[5] Denkschrift über den Büchernachdruck; zugleich Bittschrift um Bewürkung eines teutschen Reichsgesetzes gegen denselben. Den Erlauchten, bei dem Congreß zu Wien versammelten Gesandten teutscher Staaten ehrerbietigst überreicht im Namen teutscher Buchhändler, BA Koblenz, DB 1/303, Zitat S. 1; abgedruckt in: *Klüber* (Hg.), Acten des Wiener Congresses, Bd. 4, S. 3–21, ebd. S. 21–26 eine „Nachschrift zu vorstehender Denkschrift, nebst Anzeige eines neuen Mittels wieder den Büchernachdruck", sowie S. 26f. das Anschreiben der Deputierten Johann Georg Cotta und Friedrich Justin Bertuch an den Wiener Kongreß vom 1. November 1814. – Die Denkschrift war von August von Kotzebue verfaßt worden und wurde auch veröffentlicht unter dem Titel: Denkschrift über den Büchernachdruck, zugleich Bittschrift um Bewürkung eines teutschen Reichsgesetzes gegen denselben, an den Congress zu Wien. Leipzig 1814; vgl. *Goldfriedrich*, Geschichte des Deutschen Buchhandels, Bd. 4, S. 64–69; *Gieseke*, Vom Privileg zum Urheberrecht, S. 204; *Wittmann*, Geschichte des deutschen Buchhandels, S. 206.

[6] Eingabe der Deputierten des deutschen Buchhandels Cotta und Bertuch an den Wiener Kongreß, Wien, 27. Januar 1815, dazu die auf der Leipziger Ostermesse 1814 ausgestellte Vollmacht von 81 Buchhändlern, die nachträglich noch ein Buchhändler aus Halle als 82. unterzeichnete, BA Koblenz, DB 1/303; Druck in: *Klüber* (Hg.), Acten des Wiener Congresses, Bd. 4, S. 28–35; vgl. ProtDBV 1818, § 159, S. 360 (Vortrag Berg).

„Daß diese so höchst wünschenswerthe Sicherstellung des literarischen Eigenthums für den neuen teutschen Staatenbund im *Ganzen* gesetzliche Kraft erhalten möge, damit nicht die daraus entspringenden wohlthätigen allgemeinen Resultate durch einseitige Verordnungen in den verschiedenen Staaten Teutschlands entkräftet und erschwert würden, das ist zugleich ein dringendes Anliegen, welches der Unterzeichnete der wohlwollenden Fürsorge von Ew. Excellenzen ehrfurchtsvoll hiemit zu empfehlen wagt."[7]

Bei den diplomatischen Vertretern der deutschen Mächte, die 1814/15 in Wien über die Gründung des Deutschen Bundes verhandelten, liefen die Buchhändler und Schriftsteller offene Türen ein, denn in nahezu allen Vorentwürfen zur Reorganisation Deutschlands war der Schutz gegen den Nachdruck als eine Aufgabe der zu schaffenden Bundesversammlung eigens erwähnt.[8] Auf diese Weise gelangte das gewiß nicht unwichtige, aber angesichts des Gesamtkomplexes des im Staatenbund regelungsbedürftigen öffentlichen und zivilen Rechts doch eher nachrangige Einzelproblem des Nachdruckschutzes in die Bundesakte von 1815. In deren „Besonderen Bestimmungen" wurde in Artikel 18d „die Sicherstellung der Rechte der Schriftsteller und Verleger gegen den Nachdruck" als eine Aufgabe des Deutschen Bundes definiert, welcher die Bundesversammlung „bey ihrer ersten Zusammenkunft mit Abfassung gleichförmiger Verfügungen" nachkommen sollte.[9]

Tatsächlich leitete die Bundesversammlung frühzeitig Verhandlungen zur Umsetzung des Artikels 18d ein, indem sie am 26. März 1817 den Gesandten der 15. Kurie (Oldenburg, Anhalt und Schwarzburg), Günther Heinrich von Berg[10], beauftragte, die in den deutschen Staaten bestehenden Bestimmungen über die Pressefreiheit und den Büchernachdruck zu sammeln und darüber der Bundesversammlung einen Vortrag zu erstatten.[11] Von Berg referierte am 22. Juni 1818 in der Bundesversammlung über den Nachdruck und stellte den Antrag, eine Kommission zur Ausarbeitung eines Gutachtens über die Abfassung gleichförmiger Verfügungen zur Sicherstellung der Schriftsteller und Verleger gegen den Nachdruck einzusetzen.[12] Die Kommission wurde sogleich gebildet, und zu ihren Mitgliedern wurden von Berg sowie der hanno-

---

[7] Schreiben von Carl Bertuch an die Bevollmächtigten der deutschen Fürsten und freien Städte, Wien, 27. Mai 1815, Druck: *Klüber* (Hg.), Acten des Wiener Congresses, Bd. 4, S. 35 f., ebd., S. 35 falsche Datierung im Kopfregest (27. März 1815).

[8] So in den „41 Artikeln" Hardenbergs (2. Fassung) vom Juli 1814 und in den österreichischen Vorlagen vom Oktober 1814; vgl. QGDB I/1, Dok. 34, S. 204; Dok. 56, S. 344; vgl. auch *Mayer*, Württembergs Beitrag, S. 18 f.

[9] Art. 18 DBA, in: QGDB I/1, Dok. 250, S. 1517.

[10] Vgl. ADB, Bd. 2, S. 363 f.; *Sellmann*, Günther Heinrich von Berg; *Hundt*, Die mindermächtigen deutschen Staaten auf dem Wiener Kongreß, S. 173–179.

[11] ProtDBV 1817, § 125, S. 200. Vgl. dazu und zum Folgenden auch *Goldfriedrich*, Geschichte des Deutschen Buchhandels, Bd. 4, S. 88–132; *Gieseke*, Vom Privileg zum Urheberrecht, S. 206–210, 223–236, 242–245.

[12] ProtDBV 1818, § 159, S. 360–370.

versche Bundestagsgesandte Georg Friedrich von Martens und der badische Gesandte Karl Christian Freiherr von Berckheim gewählt.[13]

Am 11. Februar 1819 legte die Kommission der Bundesversammlung ihr Gutachten sowie einen „Entwurf einer Verordnung zur Sicherstellung der Rechte der Schriftsteller und Verleger gegen den Nachdruck" vor.[14] Danach sollte jede ohne Einwilligung des Urhebers erfolgende „Vervielfältigung der in den Staaten des deutschen Bundes erschienenen Druckschriften, musikalischen Werke, Landcharten und topographischen Zeichnungen" unter Strafe gestellt werden. Die Schutzfrist wurde über die Lebenszeit des Verfassers hinaus auf zehn beziehungsweise, wenn der Autor sein Werk selbst verlegt hatte, auf fünfzehn Jahre nach seinem Tod festgesetzt. Verstöße gegen den Nachdruckschutz sollten mit Konfiskation der nachgedruckten Exemplare und einer Geldbuße bis zu 1000 Reichstaler bestraft werden; überdies wurde der Nachdrucker zu einem Schadensersatz in Höhe des regulären Verkaufspreises von 500 Exemplaren des Originalwerks verpflichtet.[15]

Der Entwurf ist in mehrfacher Hinsicht bemerkenswert. Wenn er auch nicht voll den Forderungen der deutschen Buchhändler entsprach[16], so ging er doch inhaltlich wesentlich über die in den meisten deutschen Einzelstaaten geltenden Bestimmungen hinaus. Er bedeutete zudem eine Abkehr von der noch weit verbreiteten Praxis, individuelle Privilegien gegen den Nachdruck zu erteilen. Das generelle Nachdruckverbot für alle gedruckten geistigen Erzeugnisse, die einheitliche Schutzfrist und die konkreten Strafandrohungen waren Elemente eines modernen Urheberrechts, das bis dahin nur in ganz wenigen deutschen Staaten ansatzweise entwickelt war. Die vorgesehene Einführung des Entwurfs als bindende Verordnung in allen Bundesstaaten hätte somit den mangelhaften beziehungsweise teilweise noch gar nicht vorhandenen einzelstaatlichen Nachdruckschutz durch eine neue, vom Bund ausgehende Rechtsschöpfung ersetzt. Dieses Verfahren, das einen nicht zu übersehenden Eingriff in die einzelstaatliche Gesetzgebung und damit in die Souveränität der Monarchen und ihrer Regierungen implizierte, stieß in den Jahren 1818/19 zumindest innerhalb der Bundesversammlung nicht auf Bedenken. Daran zeigt sich, daß der Spielraum für den inneren Ausbau des Deutschen Bundes in den ersten Jahren seines Bestehens durchaus erheblich

---

[13] Ebd., S. 370. Zu Martens und Berckheim siehe NDB, Bd. 2, S. 66–67, Bd. 16, S. 269–271.

[14] ProtDBV 1819, § 23, S. 52 u. 54–62; handschriftliche Fassung des Entwurfs im BA Koblenz, DB 1/303.

[15] Art. 1, 2 und 21 des Entwurfs, ProtDBV 1819, S. 59 und 62.

[16] So wurde vor allem die Verlängerung der Schutzfrist auf „wenigstens dreißig Jahre" beantragt; vgl.: Ehrerbietigstes Gutachten über den, von den Herren Bundestags-Gesandten v. Martens, v. Berckheim und v. Berg übergebenen, Entwurf einer Verordnung zur Sicherstellung der Rechte der Schriftsteller und Verleger gegen den Nachdruck. Von dem Wahlausschusse der Teutschen Buchhändler. Leipziger Oster-Messe, 1819 [Druck], an die Bundesversammlung eingereicht von Franz Varrentrap aus Frankfurt am Main, Eingang: 8. Juni 1819, BA Koblenz, DB 1/303.

war. Die Integration des Staatenbundes durch eine Harmonisierung der Gesetze und Einrichtungen wurde zu dieser Zeit nicht für unmöglich, sondern im Gegenteil für wünschenswert und durchführbar gehalten. Daß der Bund sich um die innere Einheit des „Vaterlandes" beziehungsweise der „Nation" zu bemühen hatte, war eine von vielen deutschen Regierungen geteilte und oft zum Ausdruck gebrachte Auffassung.

Im Hinblick auf den Nachdruckschutz glaubte die Bundesversammlung am 11. Februar 1819, bald eine dem Kommissionsentwurf entsprechende bundesweite Regelung herbeiführen zu können. Jedenfalls wurde ohne weitere Diskussion beschlossen, die Instruktionen der Regierungen zu der Vorlage einzuholen, „damit auf den Grund derselben ein gemeinsamer, dem Zwecke der im 18. Artikel der Bundesacte enthaltenen Bestimmung entsprechender Beschluß gefaßt werden könne".[17] Zu diesen Erklärungen kam es jedoch nicht, weil infolge der wenig später erfolgenden Ermordung Kotzebues die Reformpolitik im Deutschen Bund abgebrochen und statt dessen mit den Karlsbader Beschlüssen eine reaktionäre Wende eingeleitet wurde, die auch die Verhandlungen über den Nachdruckschutz beeinflußte.

Auf der Wiener Ministerialkonferenz von 1820 legte der österreichische Staatskanzler Metternich eine umfangreiche Denkschrift sowie einen Gesetzentwurf vor, mit denen die bisherigen Bemühungen um einen bundeseinheitlichen Schutz des Nachdrucks konterkariert wurden.[18] Metternich stellte einen Zusammenhang zwischen der Pressefreiheit und dem Urheberrecht her, indem er den „Schutz gegen den Büchernachdruck in Deutschland nur in so fern" gewähren wollte, „als das Princip der Präventivbeschränkungen der Presse zum allgemeinen und bleibenden erhoben wird".[19] Ein und dieselbe Behörde sollte die Kontrolle der Presse und den Schutz des „literarischen Privat-Eigenthums" übernehmen[20], um zu gewährleisten, „daß die zu beschließenden Anordnungen gegen den Nachdruck mit den gegen die Mißbräuche der Preßfreiheit erlassenen Bundes-Beschlüssen in möglichst genauen wechselseitigen Zusammenhang gesetzt, und die kräftige Ausführung dieser letzteren durch jene verbürgt werden möchten".[21]

---

[17] ProtDBV 1819, § 23, S. 67.

[18] Denkschrift über die in Betreff des Büchernachdrucks, der Sicherstellung des literarischen Privat-Eigenthums, und der Organisation des deutschen Buchhandels zu ergreifenden Maßregeln; Entwurf eines Gesetzes, die Feststellung der literarischen Eigenthums-Rechte in Deutschland, und die hierzu erforderliche Organisation des deutschen Buchhandels betreffend, Druck in: *Ilse* (Hg.), Protokolle der deutschen Ministerial-Conferenzen, S. 366–385 (danach zitiert); *ders.*, Geschichte der deutschen Bundesversammlung, Bd. 2, S. 568–586; *Brockhaus*, Metternich's Plan einer staatlichen Organisation des deutschen Buchhandels, S. 95–112. Vgl. dazu *Goldfriedrich*, Geschichte des Deutschen Buchhandels, Bd. 4, S. 129–131; *Gieseke*, Vom Privileg zum Urheberschutz, S. 223–227.

[19] *Ilse* (Hg.), Protokolle der deutschen Ministerial-Conferenzen, S. 377.

[20] Ebd., S. 369.

[21] Ebd., S. 370.

Der Nachdruckschutz sollte demnach dazu dienen, die Autoren und Buchhändler zu disziplinieren und die deutsche Literatur, wie sich Metternich ausdrückte, „den Bundeszwecken gemäß" zu organisieren.[22] Nach dem beigefügten Gesetzentwurf[23] war vorgesehen, den gesamten deutschen Buchhandel einer vom Bund eingesetzten Zentralbehörde zu unterstellen. Nur diejenigen Buchhändler, die in eine von der Zentralbehörde geführte Matrikel aufgenommen wurden, sollten in den Genuß der vom Bund zu erlassenden Bestimmungen zum Schutz gegen den Nachdruck kommen. Dies bedeutete, daß nur noch staatlich kontrollierte Buchhändler und von der Zensur freigegebene Bücher vor unerlaubten Nachdrucken geschützt werden sollten, dies allerdings in einem den Wünschen der Buchhändler vollauf entsprechenden Ausmaß: Der Metternichsche Plan[24] schlug nämlich über die bisherigen Entwürfe weit hinausgehend vor, die Werke aller vor 1790 verstorbenen Verfasser zum Nachdruck freizugeben, während für alle nach 1790 erschienenen Werke eine bundeseinheitliche Schutzfrist von 30 Jahren nach dem Tod des Autors gelten sollte.

Über die Vorschläge Metternichs wurde aber auf der Wiener Ministerialkonferenz nicht weiter beraten, sondern lediglich beschlossen, sie an die Regierungen zu übermitteln, um sich darüber vertraulich zu verständigen, bevor die Sache „förmlich an den Bundestag gebracht wird".[25] Entsprechende Instruktionen der Regierungen sollten zunächst dem Bundespräsidialgesandten oder in vertraulichen Sitzungen des Bundestags mitgeteilt werden. Obwohl der Wiener Beschluß am 27. Juli 1820 der Bundesversammlung übermittelt wurde[26], kam keine einzige Regierung der Aufforderung zur Stellungnahme nach. Statt dessen kam die Bundesversammlung am 28. März 1822 auf den Kommissionsentwurf von 1819 zurück und forderte die Regierungen auf, nun endlich ihre Erklärungen dazu abzugeben.[27] Darauf reagierten jedoch zunächst nur die Regierungen von Württemberg, Kurhessen und der freien Städte.[28] In der am 26. Juni 1823 auf Antrag Österreichs durchgeführten Abstimmung über den Entwurf äußerten sich zusätzlich die Gesandten von Preußen, Bayern, Sachsen, Baden, Hessen-Darmstadt, den Niederlanden, der großherzoglich und herzoglich sächsischen Häuser (12. Kurie) und

---

[22] Ebd., S. 377.
[23] Ebd., S. 379–385, hier S. 379–382.
[24] Verfasser der Denkschrift war vermutlich der ultrakonservative Staatsphilosoph Adam Müller (1779–1829), der österreichischer Generalkonsul in Leipzig war; vgl. *Brockhaus*, Metternich's Plan einer staatlichen Organisation des deutschen Buchhandels, S. 113–115.
[25] *Ilse* (Hg.), Protokolle der deutschen Ministerial-Conferenzen, S. 363.
[26] Zusammenstellung der besondern Gegenstände, welche in Folge der letzten Wiener Ministerial-Conferenzen zur weiteren Berathung an den Bundestag zu bringen sind, mit näherer Bezeichnung des verschiedenen Standtpunctes derselben; vom Bundespräsidialgesandten in der vertraulichen Bundestagssitzung vom 27. Juli 1820 vorgelegt, ProtDBV 1820, S. 213–216, hier S. 215.
[27] ProtDBV 1822, § 91, S. 235f.
[28] ProtDBV 1823, § 13, S. 29–41; § 28, S. 59f.; § 70, S. 128–134.

der 16. Kurie.[29] Mit einer Ausnahme waren alle genannten Regierungen grundsätzlich mit dem von der Kommission gewählten, von Artikel 18d der Bundesakte vorgegebenen Weg der „gleichförmigen Verfügung" einverstanden. Sie wünschten zwar etliche inhaltliche und redaktionelle Änderungen des vorgelegten Entwurfs, stellten aber den Modus, den Nachdruckschutz durch ein verbindliches, unmittelbar wirkendes Bundesgesetz zu regeln, nicht in Frage.

Lediglich die bayerische Regierung lehnte das geplante Bundesgesetz aus prinzipiellen Gründen ab. In einer vertraulich mitgeteilten, nicht ins allgemeine Protokoll aufgenommenen, sondern separat gedruckten und an die Regierungen verteilten Erklärung[30] wurde der vorgelegte Entwurf verworfen, weil er tief in die Polizeigewalt sowie die Zivil- und Strafgesetzgebung, mithin in die Souveränität der Einzelstaaten eingreife. Statt eines „eigentlichen Bundesgesetzes"[31], das mit den Landesgesetzen kollidiere und überdies „theoretische Streitfragen"[32] über das Wesen des Bundes aufwerfe, solle gemäß Artikel 64 der Wiener Schlußakte eine „freiwillige Vereinbarung" über die Erteilung von *Privilegien* gegen den Nachdruck getroffen werden. Ein von Bayern beigefügter Entwurf für eine „Punctation zur Abschliessung einer Uebereinkunft über den Büchernachdruck" sah vor, daß jeder Schriftsteller oder Verleger bei seiner Landesregierung ein auf zehn, in Ausnahmefällen zwanzig Jahre befristetes persönliches Privileg beantragen sollte, das im Falle der Erteilung in allen übrigen Staaten anerkannt werden sollte.[33]

Das bayerische Votum bedeutete in zweifacher Hinsicht eine Abkehr von dem bisher eingeschlagenen Weg zur Ausführung des Artikels 18d der Bundesakte. Inhaltlich vollzog die vorgeschlagene Punktation eine Rückwendung vom allgemeinen Urheberrecht zum traditionellen Privilegienwesen, und formal sah sie statt einer einheitlichen bundesgesetzlichen Regelung eine bloße zwischenstaatliche Vereinbarung über gewisse Grundzüge vor. Dies wurde von mehreren Gesandten in der Bundesversammlung kritisiert. Die Regierungen von Oldenburg, Anhalt, Schwarzburg und der freien Städte ließen erklären, sie hätten „ein allgemeines Gesetz gegen den Büchernachdruck" vorgezogen. Auch der Gesandte für Braunschweig und Nassau äußerte die Hoffnung, daß die Bundesversammlung nicht bei der vorgeschlagenen Übereinkunft stehenbleiben, sondern den Gegenstand einer „legislatorischen Vervollständigung" unterziehen werde. Die meisten Regierungen waren angesichts der Abneigung Bayerns gegen ein Bundesgesetz zwar bereit, auf eine freiwillige Vereinbarung über den Schutz gegen den Nachdruck einzugehen,

---

[29] ProtDBV 1823, § 112, S. 359–373.
[30] ProtDBV 1823, Beilage zu § 112, 18. Sitzung vom 26. Juni 1823, S. 385–387.
[31] Ebd., S. 386.
[32] Ebd., S. 385.
[33] Ebd., S. 387.

verlangten aber etliche Modifikationen in den als nicht ausreichend erachteten Bestimmungen des bayerischen Entwurfs.³⁴

Der Einspruch Bayerns gegen den Entwurf der Bundeskommission von 1819 brachte, zusammen mit der 1823 endgültig durchgesetzten reaktionären Wende der Bundespolitik, die Verhandlungen über den Nachdruckschutz für mehrere Jahre zum Erliegen.³⁵ Den deutschen Schriftstellern blieb in dieser Situation nichts anderes übrig, als sich mit den lückenhaften Nachdruckbestimmungen der Einzelstaaten zu begnügen. Einzelne Autoren, Verleger und Buchhändler wandten sich darüber hinaus direkt an die Bundesversammlung und erbaten von dieser Privilegien zum Schutz ihrer Werke gegen den Nachdruck.

Der erste und bekannteste derartige Fall war das am 24. März 1825 in der Bundesversammlung behandelte Gesuch des sachsen-weimarischen Staatsministers Johann Wolfgang von Goethe, ihm für die neue Gesamtausgabe seiner Werke ein Privileg zu erteilen und ihn dadurch „gegen Nachdruck in allen Bundesstaaten"³⁶ zu sichern. Die Bundesversammlung lehnte zwar den Wunsch nach einem individuellen Bundesprivileg ab, doch kamen sämtliche Gesandte überein, sich bei ihren jeweiligen Regierungen für die Verleihung eines entsprechenden einzelstaatlichen Privilegs für Goethe einzusetzen.³⁷

Dies war geradezu das Gegenteil eines allgemeinen Nachdruckschutzes, denn es handelte sich hierbei nicht um einen allgemeinen, jedermann verbürgten Rechtsanspruch, sondern um ein klassisches Privileg, das einem einzelnen für seine besonderen Verdienste um die deutsche Literatur eingeräumt wurde. Als solches war es ein Akt der Willkür, wie der Fall des Leipziger Buchhändlers Julius A. Baumgärtner zeigte, der sich 1826 gleichfalls mit der Bitte um einen bundesweiten Nachdruckschutz für eine von ihm verlegte „Allgemeine Encyclopädie der gesammten Land- und Hauswirthschaft der Deutschen" an die Bundesversammlung wandte, von dieser aber beschieden wurde, daß, während bei Goethe die Privilegienerteilung aus Gründen der „Nationalehre" und als Ausdruck der „Dankbarkeit des Deutschen Vaterlandes" erfolgt sei, es in seinem Falle „an Motiven gleichen, oder auch nur entfernt ähnlichen Gewichts, gänzlich fehle".³⁸

---

³⁴ Vgl. die Erklärungen der Bundestagsgesandten in den Sitzungen vom 3. Juni, 10. Juni, 8. Juli und 22. Juli 1824, BA Koblenz, DB 1/303. Die Erklärungen wurden verlesen und lediglich *loco dictaturae* gedruckt, erschienen also nicht im offiziellen Protokoll der Bundesversammlung.

³⁵ Zu den fruchtlosen Verhandlungen über den Entwurf siehe jetzt auch *Wadle*, Das Scheitern des Frankfurter Urheberrechtsentwurfes von 1819.

³⁶ Eingabe Goethes an die Bundesversammlung, Weimar, [11.] Januar 1825, BA Koblenz, DB 1/309; zum gesamten Vorgang siehe: *Unseld*, Goethe und seine Verleger, S. 514–528, ebd. S. 520–522 Abdruck der Eingabe Goethes; *Fröbe*, Die Privilegierung der Ausgabe „letzter Hand" Goethes sämtlicher Werke; *Fischer*, Die Nation und der Bundestag, S. 523–525.

³⁷ ProtDBV 1825, § 38, S. 63–66, Zitat S. 63.

³⁸ ProtDBV 1827, § 24, S. 67–69, Zitat S. 69.

Ähnlich wie die Werke von Goethe kamen später noch die Werke von Schiller (1838)[39], Jean Paul (1840)[40], Wieland (1841)[41] und Herder (1842)[42] in den Genuß eines privilegierten Nachdruckschutzes. Diese vom Deutschen Bund vermittelten beziehungsweise bewirkten Privilegien für besonders herausragende Schriftsteller wurden 1856 noch einmal bis zum 9. November 1867 verlängert.[43]

Während somit das Zeitalter der Privilegien im Bereich des Nachdruckschutzes noch über das Ende des Deutschen Bundes hinausreichte, fiel auf der anderen Seite der Beginn des modernen Urheberrechts ebenfalls in die Zeit des Bundes. Nachdem die frühen Ansätze zu einer bundesweiten Rechtsschöpfung im Jahrzehnt der Reformblockade von 1819 bis 1829 abgebrochen worden waren, gelang es dem Deutschen Bund in den 1830er und 1840er Jahren, Mindestanforderungen für den Schutz des Urheberrechts in den deutschen Staaten zu vereinbaren. Die Initiative dazu ging von Preußen aus, daß am 20. August 1829 in der Bundesversammlung beantragte, die 1823 unterbrochenen Verhandlungen über den Nachdruckschutz wieder aufzunehmen und darüber hinaus bereits sofort einen Bundesbeschluß über die gesetzliche Gleichstellung von allen Angehörigen deutscher Staaten mit den jeweiligen Landesuntertanen zu fassen.[44] Dieser Beschluß kam, nachdem schließlich auch die lange zögernde österreichische Regierung zugestimmt hatte, am 6. September 1832 zustande. Seither war gewährleistet, daß „die Herausgeber, Verleger und Schriftsteller eines Bundesstaates sich in jedem andern Bundesstaate des dort gesetzlich bestehenden Schutzes gegen den Nachdruck zu erfreuen" hatten.[45]

Mit dem Beschluß von 1832 war eine allgemein anerkannte Rechtssicherheit innerhalb des Deutschen Bundes erreicht, aber noch kein gleichartiger und ausreichender Schutz des Urheberrechts. Die preußische Regierung wies am 5. September 1833 in der Bundesversammlung auf die „Unzulänglichkeit" der bestehenden gesetzlichen Bestimmungen in den deutschen Einzelstaaten hin und regte an, die Gesetzgebung bundesweit „in Uebereinstimmung mit den Fortschritten der Zeit zu bringen". Zu diesem Zweck appellierte der preußische Bundestagsgesandte von Nagler an die Bundesver-

---

[39] ProtDBV 1838, § 153, S. 387; § 361, S. 1011f.
[40] ProtDBV 1840, § 278, S. 468.
[41] ProtDBV 1841, § 46, S. 66f.
[42] ProtDBV 1842, § 218, S. 339f.
[43] ProtDBV 1856, § 130, S. 307–311, § 296, S. 701; siehe dazu die Akten im BA Koblenz, DB 1/309.
[44] ProtDBV 1829, § 148, S. 628–630. Preußen hatte bereits mit 32 deutschen Staaten Abkommen darüber abgeschlossen, daß die Untertanen des einen Staates im jeweils anderen Staat den gleichen gesetzlichen Schutz ihrer Rechte als Schriftsteller und Verleger genossen wie die einheimischen Bürger; vgl. ebd., S. 629; BA Koblenz, DB 1/303; *Gieseke*, Vom Privileg zum Urheberrecht, S. 230.
[45] ProtDBV 1832, § 361, S. 1176f.

sammlung, entsprechende Vorschläge „zu einem *vollständigen, in sämmtlichen Bundesstaaten zur Anwendung zu bringenden Gesetze*" zu erarbeiten.[46]

Die preußische Regierung hatte einen eigenen Entwurf für ein solches „definitives Gesetz" erstellt, den Nagler seinem badischen Kollegen Blittersdorff übermittelte, der als Berichterstatter der mit der Fortentwicklung des Urheberrechts beauftragten Bundeskommission fungierte.[47] Der preußische Gesetzentwurf war in zweifacher Hinsicht sehr bemerkenswert. Er ging inhaltlich „weit über den zeitgenössischen Standard"[48] des Nachdruckschutzes hinaus und regelte detailliert den gesetzlichen Schutz des Urheberrechts an Manuskripten, Druckschriften, dramatischen und musikalischen Werken (Aufführungsrecht), graphischen Erzeugnissen und Kunstwerken. In formaler Hinsicht war der preußische Entwurf als ein allgemeines Gesetz für das Gebiet des Deutschen Bundes konzipiert. Ein solches, von der Bundesversammlung zu beschließendes Bundesgesetz hätte die Möglichkeit geboten, die große Vielfalt der einzelstaatlichen Regelungen über den Nachdruck und das Urheberrecht mit einem Schlag zu harmonisieren. Blittersdorff und die badische Regierung sahen diesen Vorteil durchaus, kamen aber zu dem Schluß, daß jeder Versuch zu einem „eigentlichen Bundesgesetz" nicht nur unrealistisch, sondern auch „formell nicht zulässig" sei, weil ein solches Gesetz „in jedem einzelnen Lande nur nach Maasgabe der Landesverfassung zustande kommen kann".[49]

Da die Bundesversammlung keine unmittelbare Gesetzgebungskompetenz für das gesamte Bundesgebiet besaß und die Vereinheitlichung des Rechts nach den Bestimmungen der Bundesgrundgesetze nur auf dem Weg einer freiwilligen Vereinbarung der einzelstaatlichen Regierungen, die dabei auch noch die konstitutionellen Rechte ihrer Landtage zu berücksichtigen hatten, herbeigeführt werden konnte, bot der preußische Vorschlag zu einem Bundesurheberrechtsgesetz keine Aussicht auf Erfolg. Die badische Regierung setzte sich deshalb dafür ein, die angestrebte Harmonisierung des Urheberrechts durch einen Bundesbeschluß über gemeinsame Grundsätze für die einzelstaatliche Gesetzgebung herbeizuführen. In diesem Sinne formulierte Blittersdorff einen Entwurf für einen Bundesbeschluß, der im Gegensatz zum preußischen Gesetzentwurf sehr knapp gehalten war und nur einen sehr groben Rahmen für „die möglichste Gleichförmigkeit" der Gesetze und Verordnungen über den Schutz der Urheberrechte absteckte.[50]

---

[46] ProtDBV 1833, § 392, S. 781 f.
[47] Vgl. dazu *Wadle*, Die Berliner „Grundzüge", S. 681–688: Abdruck des preußischen Entwurfs: „Grundzüge zu einem Gesetzentwurfe über den Schutz des Eigenthumsrechtes auf Geistesprodukte gegen unbefugte Vervielfältigung in den Staaten des deutschen Bundes". Zitat ebd., S. 681.
[48] Ebd., S. 678.
[49] Stellungnahme des badischen Innenministeriums vom 7. Januar 1834, Zit. ebd., S. 676.
[50] Ebd., S. 693.

Während in der Bundeskommission über den badischen Plan und das weitere Vorgehen beraten wurde, wurde noch von einer anderen Seite der Wunsch nach einer allgemeinen Regelung des Nachdruckschutzes vorgebracht. Der Anstoß dazu ging von den deutschen Buchhändlern aus, die seit 1825 im Börsenverein der deutschen Buchhändler organisiert waren.[51] Im Vorfeld der Wiener Ministerialkonferenz von 1834 verfaßten zwei Frankfurter Buchhändler den „Entwurf eines Regulativs für den literarischen Rechtszustand in Deutschland". Dieser Entwurf wurde der Wiener Konferenz übermittelt und veranlaßte die Regierungen, sich erneut der Frage des Nachdruckschutzes zuzuwenden. Vor allem die sächsische Regierung, die wegen der wirtschaftlichen Bedeutung des Leipziger Buch- und Verlagswesens ein besonders starkes Interesse an einer bundeseinheitlichen Regelung hatte, setzte sich dafür ein, den Entwurf der Frankfurter Buchhändler zu prüfen. Zu diesem Zweck wurde der Börsenverein aufgefordert, ein entsprechendes Gutachten zu erstellen. Das Gutachten unter dem Titel „Vorschläge zur Feststellung des literarischen Rechtszustandes in den Staaten des deutschen Bundes" wurde im September 1834 vorgelegt und enthielt eine ausführliche Begründung des literarischen und künstlerischen Urheberrechts sowie einen sechzig Paragraphen umfassenden Gesetzentwurf zu dessen Sicherstellung. Der Entwurf postulierte ein allgemeines und umfassendes, über die noch vielerorts geübte Privilegienpraxis und das reine Nachdruckverbot weit hinausgehendes Urheberrecht der Schriftsteller und Künstler. Dieses Recht sei, so hieß es, ein „ursprüngliches" und als solches in der Bundesakte anerkannt, es gehe nun darum, es in allgemeine gesetzliche Normen zu fassen. Konkret wurde vorgeschlagen, das Urheberrecht auf alle literarischen, musikalischen und künstlerischen Werke auszudehnen, den unerlaubten Nachdruck bei Strafe zu verbieten, die Schutzfrist auf dreißig Jahre nach dem Tod des Urhebers festzusetzen und bei Urheberrechtsstreitigkeiten Sachverständigen-Schiedsgerichte einzuberufen.[52]

Die detaillierten Vorschläge des Börsenvereins zur Schaffung eines modernen Urheberrechtsgesetzes für Deutschland gingen zwar vielen Staaten zu weit, hatten aber auf die weiteren Verhandlungen im Deutschen Bund durchaus einen gewissen Einfluß. Bereits auf der Wiener Ministerialkonferenz hatten die Regierungen in Artikel 36 der am 12. Juni 1834 beschlossenen Sechzig Artikel vereinbart, den Nachdruck im gesamten Bundesgebiet zu verbieten und das schriftstellerische Eigentum nach gleichförmigen Grundsätzen zu schützen.[53] Auf Antrag des österreichischen Präsidialgesandten wurde der Artikel 36 am 2. April 1835 einstimmig zum Bundesbeschluß erhoben.[54] Was den

---
[51] Zum Börsenverein und seiner Rolle bei der Entstehung des Urheberrechts ausführlich *Goldfriedrich*, Geschichte des Deutschen Buchhandels, Bd. 4, S. 133–184, 324–337; *Frommann*, Geschichte des Börsenvereins der Deutschen Buchhändler.
[52] Vgl. *Goldfriedrich*, Geschichte des Deutschen Buchhandels, Bd. 4, S. 175–179.
[53] QGDB II/1, S. 566; *Huber* (Hg.), Dokumente, Bd. 1, S. 143.
[54] ProtDBV 1835, § 140, S. 270.

ersten Teil des Beschlusses, das allgemeine Verbot des Nachdrucks, betraf, so wurde damit jedoch lediglich ein in der großen Mehrheit der Einzelstaaten bereits bestehender Rechtszustand nachträglich bundesrechtlich bekräftigt, wie die auf den Beschluß vom 2. April 1835 eingehenden Erklärungen zeigen.[55]

Die entsprechenden Landesgesetze enthielten jedoch sehr unterschiedliche Bestimmungen insbesondere hinsichtlich der Schutzfrist, so daß von einer bundesweiten Rechtseinheit noch keine Rede sein konnte. Um diese herbeizuführen und damit eine allgemeine Rechtssicherheit zu schaffen, regten mehrere Regierungen in der Bundesversammlung die Harmonisierung der Nachdruckgesetzgebung durch gleichförmige Verfügungen der Bundesversammlung an. Preußen forderte am 25. Juni 1835 eine Vereinbarung über die Modalitäten „zur wirksamen Ausführung des Nachdruckverbots" und schlug eine allgemeine Schutzfrist von mindestens 15 Jahren nach dem Tod des Verfassers vor.[56] Auch die sächsische Regierung, die bereits am 29. Januar 1835 die Vorschläge des Börsenvereins offiziell der Bundesversammlung mitgeteilt und ihre Berücksichtigung empfohlen hatte[57], wies am 13. August 1835 in der Bundesversammlung darauf hin, daß das beschlossene Nachdruckverbot nur dann wirksam sein könne, wenn zugleich durch einen Bundesbeschluß bestimmt werde, was unter dem Begriff des Nachdrucks zu verstehen sei, auf welche Gegenstände des Buch- und Kunsthandels sich das Verbot erstrecke, für wie lange der Schutz gewährt werden solle, wie der Buchhandel zu organisieren sei und welche Formalitäten zu beobachten seien, um zu verhindern, daß anonym verfaßte „schädliche Schriften" vor dem Nachdruck geschützt würden.[58] Die württembergische Regierung stellte wenig später, am 3. September 1835, den Antrag auf eine nähere Erläuterung des Bundesbeschlusses vom 2. April 1835, um zu klären, ob die Bundesversammlung beabsichtige, „gleichförmige Verfügungen" beziehungsweise allgemeine Grundsätze über den Nachdruckschutz zu erlassen oder ob die Ausführung des Beschlusses allein den Regierungen auf dem Weg der Landesgesetzgebung überlassen bleiben solle.[59]

Über den württembergischen Antrag erstattete der Bundespräsidialgesandte im Namen der Bundeskommission für den Nachdruck in der Sitzung vom 5. November 1835 einen ausführlichen Bericht.[60] Nach einem Überblick über die seit 1818 über diesen Gegenstand geführten Verhandlungen kam Münch-Bellinghausen zu dem Ergebnis, daß zwar der Bund die Aufgabe habe, den Schutz des schriftstellerischen Eigentums gegen den Nachdruck zu gewähr-

---

[55] ProtDBV 1835, § 200, S. 452; § 224, S. 478–480; § 260, S. 541–543; § 293, S. 594–596; § 317, S. 637.
[56] ProtDBV 1835, § 224, S. 478.
[57] ProtDBV 1835, § 60, S. 99–101.
[58] ProtDBV 1835, § 293, S. 595.
[59] ProtDBV 1835, § 345, S. 687f.; vgl. dazu *Mayer*, Württembergs Beitrag, S. 45f.
[60] ProtDBV 1835, § 448, S. 945–954.

leisten, daß es aber, wie die bisherigen Verhandlungen gezeigt hätten, vergeblich sei, dies in Form „gleichförmiger Verfügungen" des Bundes zu tun. Überdies seien derartige, in allen Bundesstaaten unmittelbar anzuwendende Verfügungen auch gar nicht erforderlich, sondern es genüge, sich über einige Hauptgrundsätze zu verständigen, „die in ganz Deutschland gleiche Geltung hätten, und im Wege der Landesgesetzgebung zur Anwendung gebracht würden".[61]

Damit war der 1819 eingeschlagene Weg, die Rechtseinheit unmittelbar durch eine Bundesverordnung herbeizuführen, endgültig verlassen worden. Eine eigenständige Bundesgesetzgebung erschien den deutschen Regierungen als ein zu tiefer Eingriff in die einzelstaatliche Souveränität. Der Deutsche Bund sollte nicht verbindliche, das einzelstaatliche Recht übersteigende Rechtsnormen schaffen, sondern sich auf allgemeine Grundsätze für die Gesetzgebung seiner Gliedstaaten beschränken.

Die Kommission versäumte es nicht, ihrem Bericht eine Beschlußvorlage beizufügen, wonach „alle Werke der Wissenschaft" sowie „alle Werke der Kunst", welche mechanisch vervielfältigt werden konnten, für einen Zeitraum von zehn Jahren nach dem Erscheinen gegen den unerlaubten Nachdruck geschützt werden sollten.[62] Damit blieb die Vorlage inhaltlich erheblich hinter dem Entwurf von 1819, den Bedürfnissen von Autoren, Verlegern und Buchhändlern, den Vorschlägen des Börsenvereins sowie den Wünschen etlicher Regierungen zurück. Vor allem die preußische Regierung setzte sich für ein moderneres Urheberrecht ein, das neben literarischen und wissenschaftlichen Werken auch Reden und Manuskripte sowie Werke der bildenden Kunst gegen unerlaubte Vervielfältigung schützte, den Urheberschutz auf Theateraufführungen und musikalische Darbietungen erweiterte und eine wesentlich längere Schutzfrist vorsah.[63] In ihrer Abstimmung über den Beschlußentwurf von 1835, die am 1. September 1836 erfolgte, nahm die preußische Regierung den Vorschlag der Kommission zwar im Grundsatz an, forderte aber die Ausdehnung der Schutzfrist auf fünfzehn Jahre nach dem Tod des Urhebers und begründete dies in einer ausführlichen, der Bundesversammlung übergebenen Denkschrift.[64]

Zusätzlich kompliziert wurden die Verhandlungen dadurch, daß die preußische Regierung, während noch am Bundestag und zwischen den Einzelstaaten intensiv beraten wurde, am 11. Juni 1837 ein neues Gesetz zum Schutz des Urheberrechts erließ, das eine generelle Schutzfrist von dreißig Jahren nach dem Tod des Autors festsetzte.[65] Das Gesetz wurde zunächst je-

---

[61] Ebd., S. 953.
[62] ProtDBV 1835, § 449, S. 954 mit Beilage, S. 1053–1067, insbes. S. 1066.
[63] Siehe dazu und zur Rolle Preußens bei der Vorbereitung des Bundesbeschlusses von 1837 über den Nachdruck: *Wadle*, Der Bundesbeschluß vom 9. November 1837 gegen den Nachdruck; *Gieseke*, Vom Privileg zum Urheberrecht, S. 233–241.
[64] ProtDBV 1836, § 254, S. 593f. u. S. 607–623.
[65] Gesetz zum Schutze des Eigenthums an Werken der Wissenschaft und Kunst gegen Nachdruck und Nachbildung, in: Gesetz-Sammlung für die Königlich Preußischen Staaten, Nr. 22

doch nicht publiziert, da die preußische Regierung hoffte, die dem Gesetz zugrunde liegenden Prinzipien auch auf Bundesebene durchzusetzen. Sie brachte deshalb ihr Gesetz am 13. Juli 1837 zur Kenntnis der Bundesversammlung, wobei der preußische Gesandte hervorhob, daß dieses Gesetz „nicht bloß bei einigen Hauptbestimmungen" stehenbleibe, sondern vielmehr eine „erschöpfende Regulirung der Gesetzgebung über den Nachdruck und die ihm analogen Gegenstände" bewirke. Es sei der Wunsch Preußens, daß auch seitens der Bundesversammlung eine entsprechende Erledigung der Angelegenheit „für den Umfang des Bundesgebietes baldmöglichst erfolge".[66]

Die Bundesversammlung ging auf diese weitergehenden preußischen Vorschläge jedoch nicht ein und gelangte infolgedessen lediglich zu einem „Minimalkonsens"[67], der auf dem überarbeiteten Kommissionsentwurf von 1835 beruhte und am 9. November 1837 als Bundesbeschluß über „gleichförmige Verfügungen gegen den Nachdruck" angenommen wurde.[68] Der Beschluß verbot den unerlaubten Nachdruck von literarischen Erzeugnissen aller Art und von Werken der Kunst und setzte die Frist für den Schutz des Urheberrechts auf zehn Jahre vom Zeitpunkt der Erstveröffentlichung fest. Auf Antrag konnte darüber hinaus der Nachdruckschutz für große und kostspielige wissenschaftliche und künstlerische Werke auf maximal zwanzig Jahre ausgedehnt werden.

Den Anforderungen eines modernen Urheberrechts genügte der Bundesbeschluß von 1837 nicht. Er blieb im Grunde noch dem herkömmlichen Privilegiendenken verhaftet, indem er einerseits der Masse der Autoren den Nachdruckschutz noch nicht einmal während ihrer gesamten Lebenszeit gewährte, während andererseits für einige wenige Schriftsteller und Werke ein besonderer Schutz ermöglicht wurde, der sich im Fall von Schiller auf über sechzig Jahre nach dem Tod des Dichters erstreckte.

Die Gründe dafür, daß der Bundesbeschluß von 1837 nur einen sehr eingeschränkten Nachdruckschutz im Deutschen Bund einführte, lagen zum einen darin, daß noch in vielen deutschen Einzelstaaten das Bedürfnis eines modernen Urheberrechts nicht vorbehaltlos anerkannt wurde. Daneben gab es aber auch allgemeine politische Motive, die eine Einigung innerhalb des Deutschen Bundes erschwerten. Einige Staaten wie etwa Bayern hatten Bedenken gegen allgemeine Bundesbeschlüsse zur Rechtsvereinheitlichung, weil sie dadurch ihre einzelstaatliche Souveränität bedroht sahen. Entschei-

---

vom 18. Dezember 1837, S. 165–171; vgl. *Hitzig*, Das Königl. Preußische Gesetz vom 11. Juni 1837; *Wadle*, Das preußische Urheberrechtsgesetz von 1837, S. 93–98; *ders.*, Der Bundesbeschluß vom 9. November 1837 gegen den Nachdruck, S. 200–203; *Gieseke*, Vom Privileg zum Urheberrecht, S. 234, 237–241.

[66] ProtDBV 1837, § 223, S. 534–545, Zitate S. 534.
[67] *Gieseke*, Vom Privileg zum Urheberrecht, S. 235.
[68] ProtDBV 1837, Separatprotokoll S. 846a–h; Abdruck des Beschlusses auch bei *Wadle*, Der Bundesbeschluß vom 9. November 1837 gegen den Nachdruck, S. 230–232; *Gieseke*, Vom Privileg zum Urheberrecht, S. 236 (Auszug).

dend für das unbefriedigende Ergebnis von 1837 war aber die Haltung Österreichs, das sich weniger aus sachlichen, denn aus politischen Gründen einem konsequenteren Nachdruckschutz durch den Deutschen Bund verweigerte. Die Präsidialmacht befürchtete die Beeinträchtigung ihrer Stellung im Deutschen Bund, wenn sie den von Preußen ausgehenden Modernisierungsvorschlägen nachgab: „Seine Gegenwehr galt weniger den Berliner Vorstellungen als solchen als der Tatsache, daß sie von Preußen ausgingen."[69] So sah es jedenfalls der preußische Bundestagsgesandte Schöler[70], der in der Zurückweisung der Vorschläge seiner Regierung einen Beleg für die Absicht Österreichs erblickte, „in Bundesangelegenheiten selbst nichts Erhebliches und Heilsames zu thun, aber um jeden Preis und durch jedes Mittel zu bewirken, daß auch von keiner anderen Seite und namentlich nicht von Preußen mit Erfolg für Bundeszwecke etwas geschehe". Österreich verlange, daß Preußen ihm „unbedingt und blindlings" folge und reagiere mit „Nichtachtung und Rücksichtslosigkeit [...], sobald Preußen einmal, sey es auch nur in einer der Politik durchaus fremden Angelegenheit, zu einer besseren Würdigung des Zustandes von Deutschland einiger Maßen Folge giebt".[71]

Was den Schutz des Urheberrechts betraf, so blieb allerdings der Bund nicht bei den rudimentären Bestimmungen des Beschlusses von 1837 stehen. Es gelang in den 1840er Jahren, den Urheberschutz im Sinne der preußischen Vorschläge der 1830er Jahre beträchtlich zu erweitern. Mit dem Bundesbeschluß vom 22. April 1841 wurde auch die Aufführung von dramatischen und musikalischen Werken, so lange sie noch nicht veröffentlicht worden waren, von der Zustimmung des Autors abhängig gemacht. Die Schutzfrist belief sich auf zehn Jahre nach der Erstaufführung.[72] Im Jahr 1842 begannen in der Bundesversammlung, wie bereits 1837 vereinbart, Verhandlungen zur Erweiterung des Bundesbeschlusses gegen den Nachdruck.[73] Die preußische Regierung hob dabei die „Unzulänglichkeit" des Beschlusses hervor und verwies auf die inzwischen in mehreren deutschen Staaten wie Sachsen-Weimar (1839), Bayern (1840) und Braunschweig (1842) erlassenen neuen Gesetze, durch welche die Schutzfrist in Analogie zur preußischen Regelung auf dreißig Jahre nach dem Tod des Urhebers ausgedehnt worden war. Da überdies „die öffentliche Stimme in allen Theilen des Bundesgebiets das Bedürfniß eines die Grenzen des Bundesbeschlusses vom 9. November 1837 überschreitenden Bundesbeschlusses auf überzeugende Weise geltend gemacht"

---

[69] *Wadle*, Der Bundesbeschluß vom 9. November 1837 gegen den Nachdruck, S. 232.
[70] Reinhold Otto Friedrich August von Schöler (1772–1840), preußischer Bundestagsgesandter von August 1835 bis Oktober 1840; ADB, Bd. 32, S. 214f.
[71] Bericht Schölers vom 30. Juni 1837, zitiert nach *Wadle*, Der Bundesbeschluß vom 9. November 1837 gegen den Nachdruck, S. 205.
[72] ProtDBV 1841, § 130, S. 234f.; vgl. die Akten im BA Koblenz, DB 1/308; *Wadle*, Die Anfänge des Aufführungsrechts in Preußen und im Deutschen Bund.
[73] 15. Sitzung der Bundesversammlung vom 30. Juni 1842, ProtDBV 1842, § 174, S. 274–277; die nachfolgenden Zitate ebd., S. 275.

habe, sei eine „Revision" des Bundesbeschlusses erforderlich, wobei besonders drei Punkte zu beachten seien:

„1) *die nähere Bezeichnung des zu schützenden Objects,* 2) *die Erweiterung der Dauer des zu gewährenden Schutzes, und* 3) *die nähere Bestimmung der civil- und strafrechtlichen Folgen der verbotenen Rechtsverletzung.*"

Dieses Mal fanden die Vorschläge Preußens in der Bundesversammlung ein weitgehend positives Echo. Einem von der Kommission für den Nachdruck am 20. Juli 1843 vorgelegten Beschlußentwurf[74] stimmten alle Regierungen zu, und so konnte am 19. Juni 1845 ein neuer Bundesbeschluß gefaßt werden, der den Beschluß von 1837 erheblich erweiterte und ein allgemeines Urheberrecht in Deutschland begründete, das in seinen wesentlichen Zügen bis 1934 gelten sollte.[75] Im einzelnen wurde bestimmt, daß die Schutzfrist gegen den Nachdruck „innerhalb des ganzen deutschen Bundesgebiets" dreißig Jahre nach dem Tod des Autors dauern sollte, daß bei anonymen, posthumen und von Institutionen (Akademien, Universitäten) veröffentlichten Werken eine Schutzfrist von dreißig Jahren vom Erscheinungsjahr an gelten sollte, daß von dem Nachdrucker eine Entschädigung im Wert von bis zu 1000 Exemplaren des Originalwerks, in besonders schweren Fällen sogar noch darüber, zu leisten war, daß ferner der unbefugte Nachdruck mit Geldbußen bis zu 1000 Gulden zu ahnden war.[76]

Mit dem Bundesbeschluß von 1845 hatte der Deutsche Bund dreißig Jahre nach seiner Gründung den in der Bundesakte verheißenen einheitlichen Schutz gegen den Nachdruck im wesentlichen durchgesetzt. Damit war viel erreicht, doch blieb noch einiges zu tun, um ein umfassendes, auch internationalen Anforderungen entsprechendes modernes Urheberrecht auszubilden. Auf die trotz der vormärzlichen Beschlüsse noch bestehenden Desiderate wurde die Bundesversammlung schon in den frühen 1850er Jahren von einigen Regierungen und von Berufsverbänden aufmerksam gemacht.[77] Die dadurch ausgelösten erneuten Verhandlungen innerhalb der Bundesversammlung führten zu Detailverbesserungen der bestehenden Beschlüsse und mündeten darüber hinaus in den 1860er Jahren in den Versuch, ein allgemeines Bundesgesetz zum Schutz des geistigen Eigentums herbeizuführen.

Die nachmärzliche Diskussion über das Urheberrecht wurde durch eine Initiative der französischen Regierung ausgelöst, die am 28. Oktober 1852 in einer Note ihres Gesandten bei der Bundesversammlung an den Bundesprä-

---

[74] ProtDBV 1843, § 226, S. 507–522.
[75] *Gieseke,* Vom Privileg zum Urheberrecht, S. 244.
[76] ProtDBV 1845, § 228, S. 538 f.
[77] Einen Überblick über den zu Beginn der 1850er Jahre bestehenden Rechtszustand im Deutschen Bund gibt die 1852 veröffentlichte Untersuchung von *Jolly,* Die Lehre vom Nachdruck, nach den Beschlüssen des Deutschen Bundes dargestellt. – Jolly wurde 1863 als badischer Bevollmächtigter in die Bundeskommission zur Ausarbeitung eines Entwurfs für ein Urheberrechtsgesetz entsandt.

sidialgesandten den Wunsch äußerte, mit dem Deutschen Bund eine Übereinkunft zum gegenseitigen Schutz des künstlerischen, literarischen und musikalischen Eigentums zu schließen.[78] Der Bund wurde hier angesprochen als Vertreter der nationalen kulturellen Interessen, was ihn zunächst zu überfordern schien, denn in seiner Antwort versprach das Bundespräsidium lediglich, der Angelegenheit die gebührende Aufmerksamkeit zu widmen und zu gegebener Zeit die erforderlichen Schritte einzuleiten.[79]

Wenig später wurde die Bundesversammlung erneut aufgefordert, sich „als Vertreterin des gesammten Vaterlandes" für ein „internationales Schutzrecht gegen Nachdruck" einzusetzen, und zwar vom Verein der deutschen Musikalienhändler, der dabei auf die bereits von mehreren deutschen Einzelstaaten mit Frankreich abgeschlossenen Verträge zum Schutz des geistigen Eigentums verwies.[80] Die Bundesversammlung lehnte es jedoch ab, auf die Angelegenheit näher einzugehen und begründete dies damit, daß erst „nach vollständiger Regelung" der Nachdruckgesetzgebung innerhalb des Bundesgebietes Verträge des Deutschen Bundes mit außerdeutschen Staaten abgeschlossen werden könnten.[81]

Der Verein der deutschen Musikalienhändler wandte sich im Frühjahr 1853 mit einer weiteren Eingabe an die Bundesversammlung.[82] Darin wurde die unterschiedliche Auslegung der Bundesbeschlüsse von 1837 und 1845 durch die deutschen Gerichte beklagt und die Bundesversammlung ersucht, eine „authentische Erläuterung"[83] des Beschlusses von 1845 im Hinblick auf die dreißigjährige Schutzfrist gegen den Nachdruck zu erlassen. Veranlaßt war die Eingabe durch die Entscheidungen hessen-darmstädtischer Gerichte in einem von der Leipziger Buch- und Musikalienhandlung Breitkopf und Härtel im Jahr 1847 gegen den Offenbacher Musikalienhändler Johann André angestrengten Prozeß. Dabei ging es vor allem um die Werke Beethovens, die André nach Auffassung der Kläger unberechtigt nachdruckte und zu niedrigen Preisen verkaufte. Die hessischen Gerichte hatten die Klage jedoch abgewiesen und sich darauf berufen, daß nach Artikel 2 des Bundesbeschlusses von 1837 und nach Paragraph 1 des Bundesbeschlusses von 1845 lediglich die in den letzten zwanzig Jahren vor 1837 erschienenen Werke des 1827 verstor-

---

[78] Tallenay an Thun, 28. Oktober 1852, BA Koblenz, DB 1/306, Druck in: ProtDBV 1853, § 34, S. 122 (7. Sitzung vom 24. Februar 1853).
[79] Thun an Tallenay, 6. November 1852, ebd., S. 122f.
[80] Ein Beispiel dafür war der am 20. Oktober 1851 zwischen Hannover und Frankreich abgeschlossene Vertrag zum Schutz des literarischen und künstlerischen Eigentums; Gesetz-Sammlung für das Königreich Hannover 1852, I. Abt., Nr. 4: königliches Patent vom 21. Februar 1852, ebd., S. 10–15 der Vertragstext.
[81] ProtDBV 1853, § 206, S. 644–657 (23. Sitzung vom 21. Juli 1853).
[82] Die Eingabe war ursprünglich an die sächsische Regierung gerichtet, wurde aber unter dem Datum des 9. April 1853 auch direkt an die Bundesversammlung gesandt; Druck in: ProtDBV 1854, § 44, S. 72–76.
[83] Ebd., S. 76.

benen Beethoven gegen den Nachdruck geschützt seien, und dies auch nur auf zehn Jahre von 1837 an gerechnet. Die Kläger wandten dagegen ein, daß diese Auslegung der im Bundesbeschluß von 1845 garantierten allgemeinen, vom Tod des Urhebers an gerechneten dreißigjährigen Schutzfrist widerspreche. Sie verwiesen überdies auf die Gesetzgebung und Rechtsprechung in anderen Bundesstaaten, die den Bundesbeschluß ebenfalls in dem von ihnen angegebenen Sinne interpretierten. Die dreißigjährige Dauer des Rechtsschutzes sollten nach Auffassung der Musikalienhändler „alle Angehörigen der deutschen Bundesstaaten von deutschen Gerichten beanspruchen können", die „traurige Rechtsungleichheit" sollte beseitigt werden.[84]

Dieser Ansicht schloß sich die sächsische Regierung an. Ihr Gesandter beantragte am 4. August 1853 in der Bundesversammlung, durch eine ergänzende Bestimmung eine verbindliche Auslegung der Beschlüsse, insbesondere des ersten, die Länge der Schutzfrist betreffenden Paragraphen des Beschlusses von 1845 sicherzustellen.[85] Begründet wurde der Antrag damit, daß die Wirkung des Bundesbeschlusses durch die uneinheitliche Rechtsprechung beeinträchtigt werde.

„Dieser Uebelstand", so hieß es, „ist um so fühlbarer, da ohnedieß die in den einzelnen Bundesstaaten bestehende Gesetzgebung wider den Nachdruck, sowie sich dieselbe theils schon vor dem Erlasse jenes Bundesbeschlusses, theils auf der Grundlage desselben ausgebildet hat, eine ansehnliche, bei dem föderativen Charakter der Bundesgesetzgebung nicht ganz zu beseitigende Verschiedenheit darbietet."[86]

Damit war das grundsätzliche Problem angesprochen, daß Rechtsprechung und Gesetzgebung der deutschen Einzelstaaten in ihrer eigenständigen Entwicklung die angestrebte Harmonisierung des Rechts in Deutschland konterkarierten. Dies war eine unvermeidliche Folge der Entscheidung, statt unmittelbar wirksamer Bundesgesetze nur allgemeine Grundsätze zu beschließen und deren Ausführung den Einzelstaaten zu überlassen. Eine wirkliche Rechtseinheit im Deutschen Bund konnte es demnach nur geben, wenn ein allgemeines, von der Bundesversammlung beschlossenes Gesetz unmittelbar wirksame Rechtsnormen festlegte, die von den Landesbehörden bei ihren administrativen und richterlichen Entscheidungen angewendet wurden. Dem stand allerdings das zeitgenössische Föderalismusverständnis entgegen, das an der Souveränität der Gliedstaaten im Staatenbund festhielt und die auch nur partielle Aufgabe von Hoheitsrechten zugunsten des obersten Bundesorgans kategorisch ablehnte.

Wie ausgeprägt das einzelstaatliche Souveränitätsdenken war, zeigen die Verhandlungen über den sächsischen Antrag, der ja nicht ein einheitliches Bundesgesetz, sondern nur eine „Gleichmäßigkeit der Anwendung"[87] der bis-

---

[84] Zitate ebd., S. 75.
[85] ProtDBV 1853, § 224, S. 691–694.
[86] Ebd., S. 692.
[87] Ebd.

herigen Bundesbeschlüsse über den Nachdruck bezweckte. Der am 4. August 1853 eingesetzte Ausschuß zur Begutachtung des sächsischen Antrags erstattete am 9. Februar 1854 einen ausführlichen Bericht.[88] Darin schloß er sich inhaltlich voll und ganz der Argumentation der Musikalienhändler und der sächsischen Regierung an. Lediglich ein Ausschußmitglied, vermutlich der Gesandte des Großherzogtums Hessen, dessen Gerichte von den Musikalienhändlern kritisiert worden waren, verteidigte die umstrittene Rechtsauslegung und wollte die dreißigjährige Schutzfrist nur den nach 1817 erschienenen Werken zugestehen. Die beiden anderen Mitglieder des Ausschusses, die Gesandten von Sachsen und der 15. Stimme, schlossen sich dagegen der Argumentation der Musikalienhändler an und kamen zu dem Ergebnis, daß, obwohl „der Sinn und die Fassung des § 1 des Bundesbeschlusses vom 19. Juni 1845 nicht eigentlich als undeutlich und zweifelhaft erscheinen dürften"[89], es angesichts der abweichenden Auffassungen einzelner Gerichte ratsam erscheine, eine authentische Interpretation des Bundesbeschlusses von 1845 im Sinne des sächsischen Antrags zu geben. Der Antrag des Ausschusses ging demnach dahin, zu erklären, daß der Nachdruckschutz auch für jene Werke, die vor 1837 entstanden waren, allgemein für dreißig Jahre nach dem Tod des Urhebers gewährt werden sollte, und daß ferner von den bereits vorhandenen, infolge abweichender einzelstaatlicher Gesetze und richterlicher Urteile zugelassenen Nachdrucken kein dem Bundesbeschluß von 1845 widerstreitender Gebrauch mehr gemacht werden solle.

Bei der Abstimmung über diese Anträge, die am 1. Juni 1854 stattfand[90], zeigte sich ein breit gefächertes Meinungsspektrum, das für eine Beschlußfassung keine Grundlage bot. Den Ausschußanträgen traten die Gesandten von Preußen, Sachsen, Württemberg, Kurhessen, Dänemark, der großherzoglich und herzoglich sächsischen Häuser, Braunschweig, Oldenburg, Anhalt, Schwarzburg, Reuß, Schaumburg-Lippe, Lippe, Waldeck, Hessen-Homburg und der freien Städte bei. Auch der niederländische Gesandte stimmte am 22. Juni 1854 den Anträgen der Majorität des Ausschusses zu, regte aber an, die bisher schon erfolgten Nachdrucke „als in gutem Glauben verfertigt zu betrachten" und ihre Urheber nicht zu belangen, sondern nur „Maßregeln gegen zukünftigen Mißbrauch zu ergreifen".[91]

Gegen die Anträge erklärten sich Hannover, Großherzogtum Hessen, Nassau, Mecklenburg-Schwerin und Mecklenburg-Strelitz sowie Bayern, das sich in der speziellen Frage dem Minderheitsvotum anschloß, aber gleichzeitig dafür plädierte, die von der Majorität des Ausschusses beantragte allgemeine Ausdehnung der Schutzfrist auf dreißig Jahre durch einen neuen Bundesbeschluß festzustellen. Auch Baden hielt die Ansicht der Minorität des

---

[88] ProtDBV 1854, § 44, S. 72–86.
[89] Ebd., S. 83.
[90] ProtDBV 1854, § 169, S. 450–456.
[91] ProtDBV 1854, § 190, S. 559.

Ausschusses im Hinblick auf die Auslegung des Beschlusses von 1845 für die richtige, war jedoch prinzipiell dagegen, in bezug auf die Werke ein und desselben Verfassers nach verschiedenen Grundsätzen zu verfahren und regte deshalb einen entsprechenden Zusatz zu dem Bundesbeschluß von 1845 an.

Österreich schließlich hielt die Interpretation der Mehrheit des Ausschusses für unzutreffend und den Nachdruck von Werken, die vor 1817 erschienen waren, generell für erlaubt. In einem der Bundesversammlung vorgelegten ausführlichen Gutachten[92] führte die österreichische Regierung aus, daß durch eine dem Wortlaut und dem Geiste der Bundesbeschlüsse zuwiderlaufende „nachträgliche Interpretation" eben jene privaten Rechte und jenes Privateigentum (der Nachdrucker!) verletzt würden, die zuvor vom gleichen Gesetzgeber garantiert worden seien. Der Beschluß von 1845 habe keine über den Beschluß von 1837 hinausreichende rückwirkende Kraft, weshalb keine weiteren Schritte im Sinne der Ausschußanträge erforderlich seien. Diesem Votum schloß sich die Regierung von Liechtenstein an.

Angesichts der konträren Rechtsauffassungen war an eine Einigung über den sächsischen Antrag auf eine authentische Interpretation des Bundesbeschlusses von 1845 nicht zu denken. Der dem Ausschuß gegebene Auftrag, auf der Grundlage der Abstimmungen einen Beschlußentwurf vorzulegen, konnte nur dazu führen, auf eine einheitliche Auslegung zu verzichten. Die unüberwindbaren Gegensätze veranlaßten denn auch den Ausschuß, in seinem über neun Monate nach der Abstimmung am 12. April 1855 erstatteten Vortrag zu beantragen, auf eine authentische Interpretation zu verzichten und die Auslegung des Artikels 1 des Bundesbeschlusses von 1845 den einzelnen Regierungen zu überlassen.[93] Dies kam, wie der Ausschuß selbst einräumte, einer Kapitulation vor der Aufgabe der Rechtsvereinheitlichung gleich:

„Es hat sich nach diesen verschiedenen Auffassungen nur um so mehr herausgestellt, daß der Rechtszustand hinsichtlich des Schutzes der literarischen und artistischen Erzeugnisse innerhalb des Gebietes des Deutschen Bundes nicht anders als ein ungleichmäßiger seyn kann, und daß daher die Absicht der Bundesbeschlüsse von 1837 und 1845 in der That nicht erreicht worden ist."[94]

Die unterschiedlichen Auffassungen hinsichtlich der Rolle des Bundes bei dem Schutz des Urheberrechts, von denen hier die Rede war, fanden in den Ausschußverhandlungen selbst ihren Ausdruck, denn auch dieses Mal gab es innerhalb des Ausschusses keine einheitliche Meinung. Ein Mitglied des Ausschusses, und zwar sehr wahrscheinlich der sächsische Bundestagsgesandte Nostitz, vertrat die Ansicht, daß es zur authentischen Interpretation des

---

[92] Gutachten der Kaiserlich-Oesterreichischen Regierung über Interpretation der den Nachdruck betreffenden Bundesbeschlüsse vom 9. November 1837 und 19. Juni 1845, Druck in: ProtDBV 1854, Beilage 1 zu § 169, S. 507–514.
[93] ProtDBV 1855, § 145, S. 386–391.
[94] Ebd., S. 386.

Bundesbeschlusses von 1845 nicht der Einstimmigkeit bedürfe und schlug vor, einen Majoritätsbeschluß im Sinne des sächsischen Antrags zu fassen. Begründet wurde dies damit, daß es sich bei dem Beschluß von 1845 nicht um eine Einstimmigkeit verlangende Abänderung einer bestehenden bundesgrundgesetzlichen Bestimmung, sondern nur um „die Ausführung einer in der Bundesacte enthaltenen allgemeinen Zusicherung"[95] handle. Der Beschluß von 1845 sei zwar einstimmig gefaßt worden, doch sei dies keineswegs erforderlich gewesen. Wäre diese allgemeine Einigung nicht gelungen, „dann würde die Bundesversammlung, um der ihr im Artikel 18 der Bundesacte auferlegten Pflicht zu genügen, die Angelegenheit nach den Vorschriften der Bundesacte und daher durch Majoritätsbeschluß zu erledigen gehabt haben".[96]

Dieses Votum hatte weit über die konkrete Frage des Nachdruckschutzes hinausreichende Konsequenzen. Es warf die grundsätzliche, niemals eindeutig geklärte Frage auf, ob der Deutsche Bund befugt war, durch Mehrheitsbeschlüsse allgemeine, für alle Einzelstaaten verbindliche gesetzliche Regelungen zu treffen. Diese Frage bildete nicht nur ein sehr umstrittenes verfassungsrechtliches, sondern ein ungemein brisantes politisches Problem, denn es ging dabei um das Verhältnis zwischen der Souveränität des Bundes als Gesamtmacht und der Souveränität der Einzelstaaten. Die deutschen Regierungen lehnten fast einhellig ein direktes administratives, legislatives oder auch judikatives Durchgreifen der Bundesorgane bis in die Einzelstaaten hinein strikt ab. Deren Hoheitsrechte sollten nicht durch Bundesgesetze eingeschränkt oder gar überlagert werden. Hinzu kam, daß die preußische Regierung es nach 1850 zum Axiom ihrer Bundespolitik machte hatte, keine Majoritätsbeschlüsse in der Bundesversammlung zu akzeptieren, welche die innere Gesetzgebung Preußens betrafen.

Das von einer einzelnen Regierung vorgebrachte Plädoyer für einen Mehrheitsbeschluß zur authentischen Auslegung des Bundesbeschlusses von 1845 hinterließ in der Bundesversammlung keinen Eindruck. Sämtliche Gesandten traten am 24. Mai 1855 den Anträgen der Mehrheit des Ausschusses bei, verzichteten auf eine Klarstellung beziehungsweise Ergänzung der vormärzlichen Beschlüsse über den Schutz gegen den Nachdruck und überließen es den einzelnen Regierungen, wie sie den Beschluß von 1845 auslegten und anwendeten.[97]

Damit wurde nicht nur die bestehende Rechtsunsicherheit förmlich bestätigt, sondern darüber hinaus auch der Versuch vereitelt, eine Diskussion über die grundsätzlichen Modalitäten der Bundesgesetzgebung zu eröffnen. Die Auseinandersetzung darüber war aber im Grunde nur verschoben worden, denn es handelte sich dabei um eine Frage, die „früher oder später einer prin-

---

[95] Ebd., S. 389.
[96] Ebd., S. 390.
[97] ProtDBV 1855, § 186, S. 470–472.

cipiellen Entscheidung zu unterwerfen seyn wird", da neben dem Urheberrecht noch manche andere, „auf eine zeitgemäße Ausbildung des Bundesrechts abzweckende Vorschläge" anhängig seien.[98]

Anstatt aber die Grundsatzfrage zu klären, befaßte die Bundesversammlung sich in den folgenden Jahren wiederholt mit Detailfragen des Urheberrechts und gelangte auf diese Weise zu mehreren Beschlüssen, die eine weitere Vereinheitlichung des Nachdruckschutzes bewirkten. Zunächst stellte Preußen am 8. November 1855 in der Bundesversammlung den Antrag, den Schutz musikalischer und dramatischer Werke gegen die unbefugte Aufführung auszudehnen. Nach dem Bundesbeschluß vom 22. April 1841 waren lediglich diejenigen Werke, die nicht im Druck erschienen waren, vom Zeitpunkt der Uraufführung an zehn Jahre lang gegen die unerlaubte Aufführung geschützt.[99] Die preußische Regierung regte an, diesen Schutz in Zukunft auch denjenigen dramatischen und musikalischen Werken zu gewähren, die durch den Druck veröffentlicht wurden.[100]

Zur Behandlung dieses Antrags wurde ein Ausschuß eingesetzt, in den am 15. November 1855 die Gesandten von Preußen, Sachsen und der 15. Kurie gewählt wurden.[101] Der Ausschuß erstattete in der Bundestagssitzung vom 3. Januar 1856 seinen Bericht, in dem er die preußische Initiative grundsätzlich befürwortete, zunächst aber beantragte, bei den Regierungen Auskünfte über die diesbezüglichen Landesgesetze einzuholen, um eine Grundlage für die Beratungen zu gewinnen.[102] Im weiteren Verlauf der Verhandlungen ging der Ausschuß selbst erheblich über den ursprünglichen preußischen Antrag hinaus. In seinem Gutachten vom 6. November 1856 verlangte er, den Schutz musikalischer und dramatischer Werke gegen die unbefugte Aufführung, der nach dem Bundesbeschluß von 1841 auf zehn Jahre nach der Uraufführung befristet war, auf zehn Jahre nach dem Tod des Urhebers auszudehnen.[103] Die Bundesversammlung folgte dem Ausschußantrag und beschloß am 12. März 1857 einstimmig, die Autoren von musikalischen und dramatischen Werken während ihrer gesamten Lebenszeit und darüber hinaus ihre Erben bis zehn Jahre nach dem Tod des Autors gegen unberechtigte Aufführungen zu schützen.[104]

Ebenfalls auf preußische Anregung hatte die Bundesversammlung bereits am 6. November 1856 beschlossen, die Beschlüsse von 1837 und 1845 auch auf diejenigen Autoren anzuwenden, die vor dem 9. November 1837 verstorben waren und deren Werke noch im gesamten Bundesgebiet durch Privilegien oder Gesetze gegen den Nachdruck geschützt waren.[105] Dies betraf die „Klassiker" Goethe, Schiller, Herder, Wieland und Jean Paul, denen damit ein

---
[98] Ebd., S. 471.
[99] ProtDBV 1841, § 131, S. 235.
[100] ProtDBV 1855, § 297, S. 945 f.
[101] ProtDBV 1855, § 318, S. 970.
[102] ProtDBV 1856, § 9, S. 8–10.
[103] Ausschußgutachten vom 6. November 1856, ProtDBV 1856, § 297, S. 702–706.
[104] ProtDBV 1857, § 131, S. 227 f.
[105] ProtDBV 1856, § 296, S. 701.

bundesweiter einheitlicher Nachdruckschutz bis zum 9. November 1867 gewährt wurde.

Erfolglos blieb demgegenüber ein Vorstoß von sechzehn Zeitungsredaktionen, die im Dezember 1855 in einer Eingabe an die Bundesversammlung darüber klagten, daß durch den in der deutschen Presse weit verbreiteten Nachdruck von telegraphischen Depeschen das „journalistische Eigentum" beeinträchtigt werde.[106] Die Bundesversammlung wurde deshalb ersucht, die Bundesbeschlüsse von 1837 und 1845 auch auf telegraphische Depeschen auszudehnen. Die Mehrzahl der deutschen Regierungen lehnte dies jedoch ab, weil es sich bei telegraphischen Depeschen weder um literarische noch künstlerische Erzeugnisse handele.[107]

Die diversen Eingaben machten deutlich, daß nur eine umfassende gesetzliche Regelung zum Schutz des geistigen Eigentums geeignet war, eine allgemeine Rechtssicherheit herbeizuführen. Diese Auffassung gewann auch in der Bundesversammlung während der Verhandlungen über die genannten Einzelaspekte zunehmend an Boden. Der am 15. November 1855 zur Begutachtung des preußischen Antrags auf Erweiterung des Bundesbeschlusses von 1841 zum Schutz musikalischer und dramatischer Werke gegen unbefugte Aufführung eingesetzte Ausschuß befürwortete in seinem Bericht vom 10. April 1856 die beantragte Novellierung, die „eine allgemeine seyn und nicht bloß dem einen oder anderen Autor" zugute kommen würde. Der Ausschuß war dafür, „eher etwas Mehr denn etwas Weniger zu thun, als gerade nöthig wäre" und verwies überdies auf die Bemühungen des Börsenvereins der deutschen Buchhändler zur Vereinheitlichung des Nachdruckrechts.[108]

Der Börsenverein war seit den 1830er Jahren mehrfach mit Initiativen zum Schutz des literarischen Urheberrechts in Deutschland hervorgetreten[109], doch waren seine Vorschläge für ein einheitliches Bundesgesetz mit umfas-

---

[106] Eingabe von 16 Zeitungsredaktionen an die Bundesversammlung, Dezember 1855, BA Koblenz, DB 1/310; ProtDBV 1855, § 344, S. 1040; ProtDBV 1856, § 64, S. 97–102. Vgl. dazu *Wadle*, Der Schutz telegraphischer Depeschen.
[107] ProtDBV 1856, § 190, S. 461–463; § 209, S. 527; § 220, S. 546; § 229, S. 579; § 252, S. 637f.; § 276, S. 674f.; § 312, S. 741f.; ProtDBV 1857, § 27, S. 28; § 39, S. 39f.; § 87, S. 174; § 156, S. 301; vgl. die Akten im BA Koblenz, DB 1/310.
[108] ProtDBV 1856, § 130, S. 307 (13. Sitzung vom 10. April 1856).
[109] Neben den 1834 im Anschluß an die Wiener Ministerialkonferenz entworfenen „Vorschlägen zur Feststellung des literarischen Rechtszustandes in den Staaten des deutschen Bundes" (siehe oben S. 467) ist noch besonders eine am 5. Oktober 1841 an die sächsische Regierung gerichtete und Anfang 1842 veröffentlichte Denkschrift zu erwähnen, mit der erneut auf die „Nothwendigkeit rascher und gleichförmiger Regulirung des literarischen Rechtszustandes in Deutschland" hingewiesen und die sächsische Regierung aufgefordert wurde, sich für entsprechende Bundesbeschlüsse einzusetzen, „die alle besonderen Gesetze darüber in den einzelnen Bundesstaaten entbehrlich machen". Vgl.: Die Denkschrift des Börsenvereins der deutschen Buchhändler vom 5. October 1841, im Auszuge mitgeteilt und mit einigen Erläuterungen versehen von Fr. J. Frommann, in: Beilage Nr. 6 u. 7 zur Allgemeinen Preß-Zeitung vom 21. und 25. Januar 1842, Sp. 65–72, 81–88, Zitate Sp. 65 u. 88, hier benutzt nach dem Exemplar im BA Koblenz, DB 1/307, fol. 1033–1066.

senden Schutzbestimmungen von der Bundesversammlung nicht aufgegriffen worden. Seit 1854 nahm sich der Börsenverein erneut des Themas an, und er setzte sich im folgenden Jahrzehnt, unterstützt von der sächsischen Regierung, nachhaltig für ein allgemeines deutsches Urheberrechtsgesetz ein.

Den ersten Anlaß dazu bot die erstmals 1851/52 erörterte Frage einer internationalen Vereinbarung über den Nachdruckschutz zwischen Deutschland und Frankreich. Da sich die Bundesversammlung nicht in der Lage gesehen hatte, auf ein entsprechendes Angebot der französischen Regierung einzugehen, hatten seither die Regierungen von Hannover, Braunschweig, Hessen-Homburg, Hessen-Darmstadt, Nassau, Reuß, Sachsen-Weimar, Oldenburg, Schwarzburg-Sondershausen und Baden separate Verträge mit Frankreich über den Schutz des literarischen Eigentums abgeschlossen. Daneben bestand schon seit 1846 ein entsprechender Vertrag zwischen England und Preußen, dem inzwischen Sachsen sowie einige andere deutsche Staaten beigetreten waren.[110]

Der Börsenverein, der sich 1854 auf seiner Generalversammlung mit den Problemen des internationalen Urheberrechtsschutzes befaßte, wies in zwei zu Jahresbeginn 1855 an die sächsische Regierung gerichteten Denkschriften auf die nachteiligen Folgen dieser Verträge hin:

„Durch diese einzeln abgeschlossenen Verträge ist nicht allein die mühsam gewonnene, auf den bundesgesetzlichen Bestimmungen beruhende Grundlage eines gleichartigen literarischen Rechtszustandes in Deutschland noch mehr als dies bereits durch die daneben fortbestehende Verschiedenartigkeit der territorialen Gesetzgebungen geschehen ist, erschüttert; sondern diese Verschiedenartigkeit durch den ungleichen Inhalt dieser Verträge selbst, welche eben diese Territorialgesetzgebungen zu Grunde gelegt haben, und namentlich durch die ungleichen Ausführungsbestimmungen in den elf genannten Staaten wesentlich gesteigert worden. Hierzu tritt nun noch die den stärksten Einfluß übende Ungleichheit der Verhältnisse, in welchen der deutsche Buchhandel zu dem französischen steht, und die durch so vereinzelte Verträge nicht gehoben, sondern nur zum größten Nachtheile Deutschlands vermehrt wird."[111]

Neben der negativen Wirkung, welche von den Einzelverträgen auf die „Einheit der Gesetzgebung"[112] in Deutschland ausging, kritisierte der Börsenverein vor allem die wirtschaftlichen Nachteile, die den deutschen Buchhändlern aus den Verträgen erwuchsen:

„Dem französischen Buchhandel wird kein Vortheil entzogen, denn er hat deutsche Schriften und Musikalien nicht nachgedruckt, kaum Übersetzungen aus dem Deutschen geliefert; dagegen erhält er den Vortheil, daß mit Aufstellung eines internationa-

---

[110] Vgl. dazu: Denkschriften über den internationalen Rechtsschutz gegen Nachdruck zwischen Deutschland, Frankreich und England auf den Beschluß der Hauptversammlung des Börsenvereins der deutschen Buchhändler vom 14. Mai 1854 berathen und abgefaßt von dem dazu statutenmäßig erwählten Ausschusse. Als Manuscript gedruckt für die Mitglieder des Börsenvereins. Leipzig [1855], in: BA Koblenz, DB 1/307, fol. 1006ff., hier S. 7 u. 29.

[111] Ebd., S. 6–25: Denkschrift. Die Verträge mit Frankreich zum internationalen Schutze gegen Nachdruck betreffend. Leipzig, 23. Januar 1855, Zitat S. 7.

[112] Ebd., S. 17.

len Schutzrechtes der ihm manchen Eintrag thuende Nebenbuhler, der deutsche Buchhandel, soweit er sich mit Vervielfältigung und Bearbeitung französischer Werke beschäftigte, plötzlich beseitigt ist, ja in Ländern, wie Oestreich, Preußen, Braunschweig, Weimar selbst in Rücksicht auf Übersetzungen."[113]

Bedeutsam für die innerdeutsche Rechtsvereinheitlichung war vor allem, daß der Börsenverein es zur Verteidigung der wirtschaftlichen Interessen des deutschen Buchhandels gegenüber ausländischen Konkurrenten als unerläßlich ansah, an den Bundesbeschlüssen von 1832, 1837 und 1845 „als der bisher einzigen gemeinsamen deutschen Gesetzgebung" festzuhalten, das Auseinanderdriften der einzelstaatlichen Gesetzgebungen zu verhindern und den internationalen Schutz durch ein „geordnetes Rechtsverhältniß" Frankreichs „mit dem gesammten Deutschland" herbeizuführen.[114] Nicht nur die innerdeutschen, sondern auch die internationalen Verhältnisse erforderten eine gemeinsame deutsche Gesetzgebung:

„Die deutsche Literatur und Kunst ist nicht in Territorien gespalten; der ihr gewordene Schutz Deutschlands muß daher auch von Deutschland, und nicht von einzelnen Bundesstaaten gewährt, gefördert, erweitert werden. Dies ist ganz nur möglich durch den deutschen Bund. Möchte dies eben so bald ausgeführt werden, als die Nothwendigkeit leicht zu erkennen ist."[115]

In diesem Sinne forderte der Börsenverein am 23. und 30. Januar 1855 die sächsische Regierung auf, sich für einen „alle deutschen Territorien bindenden Bundesbeschluß" zur Regelung des internationalen Schutzes gegen den Nachdruck einzusetzen.[116]

Die Initiative des Börsenvereins fand eine günstige Resonanz, denn das sächsische Innenministerium hatte bereits kurz zuvor, am 2. Oktober 1854, veranlaßt durch wiederholte Eingaben von Verlegern sowie von seiten des Vereins der deutschen Musikalienhändler, dem Börsenverein mitgeteilt, daß die Regierung nicht abgeneigt sei, „bei der Bundesversammlung entsprechende Anträge auf eine durchgreifende Abänderung und Vervollständigung der Nachdrucks-Gesetzgebung zu stellen".[117] Um eine Grundlage für die einzuleitenden Verhandlungen zu gewinnen, forderte das Innenministerium den Börsenverein auf, „bestimmte Vorschläge für die Formulirung der Grundsätze" eines bundeseinheitlichen Urheberrechts vorzulegen.[118]

---

[113] Ebd., S. 11.
[114] Ebd., S. 21.
[115] Ebd., S. 22.
[116] Der Vorstand des Börsenvereins der deutschen Buchhändler an die sächsische Staatsregierung, Stuttgart, Gotha, Leipzig, 30. Januar 1855, ebd., S. 3 f.; vgl. die Denkschrift „Der Vertrag mit England", Stuttgart, Gotha, Leipzig, 23. Januar 1855, ebd., S. 32.
[117] Entwurf eines Gesetzes für Deutschland zum Schutze des Eigenthums an Werken der Wissenschaft und Kunst gegen Nachdruck und Nachbildung, nebst Motiven. (Als Manuskript gedruckt.) Berlin, im Juli 1857 [künftig: Entwurf Juli 1857], in: BA Koblenz, DB 1/307, fol. 37, S. 1–172, Zitat ebd. S. 3.
[118] Ebd.

Auf diese Weise wurde die Diskussion über das Urheberrecht, die sich bisher auf diverse Einzelaspekte konzentriert hatte, endgültig auf die Ebene einer allgemeinen bundesgesetzlichen Regelung verlagert. Der Börsenverein benutzte die Aufforderung des sächsischen Innenministeriums sogleich als „höchst willkommenen Anlaß"[119], um sich entschieden für ein umfassendes Bundesurheberrechtsgesetz einzusetzen. Er ließ unverzüglich den Leipziger Anwalt Volkmann eine Übersicht über die bestehenden gesetzlichen Regelungen innerhalb und außerhalb Deutschlands ausarbeiten.[120] Ferner berief der Börsenverein einen Ausschuß von Buchhändlern und Verlegern[121], der vom 18.–24. November 1855 in Leipzig tagte und seinerseits beschloß, eine Kommission von Rechtsgelehrten mit der Ausarbeitung eines Entwurfs eines „Deutschen Gesetzes zum Schutze des Eigenthums an Werken der Wissenschaft und Kunst gegen Nachdruck und Nachbildung"[122] zu beauftragen.

In die Kommission wurden die drei Berliner Juristen Ludwig Eduard Heydemann, Franz Hinschius und Ludwig Peter Moritz von Roenne berufen.[123] Die Kommission arbeitete nach intensiven Vorbereitungen, bei denen auch Sachverständige aus dem Bereich der Kunst herangezogen wurden, vom 6. Dezember bis zum 26. Juni 1857 einen 74 Paragraphen umfassenden Gesetzentwurf aus und legte diesen im Juli 1857 dem Börsenverein vor.[124] Dieser wiederum ließ den Entwurf von dem 1855 eingesetzten Ausschuß einer Schlußberatung unterziehen, die vom 15.–21. Oktober 1857 in Berlin unter „lebhaftester persönlicher Betheiligung" der beiden sächsischen Beamten Weinlig und von Witzleben stattfand.[125] Der endgültige Entwurf wurde

---

[119] Ebd.
[120] Zusammenstellung der gesetzlichen Bestimmungen über das Urheber- und Verlagsrecht. Aus den Bundesbeschlüssen, den Deutschen Territorialgesetzgebungen und den Französischen und Englischen Gesetzen, im Auftrag des Börsen-Vereins der Deutschen Buchhändler bearbeitet von Anwalt A. W. Volkmann. Leipzig 1855 [Druck].
[121] Die Mitglieder des Ausschusses waren Heinrich Brockhaus (Leipzig), Wilhelm Engelmann (Leipzig), Friedrich Frommann (Jena), Dr. Härtel (Leipzig), Salomon Hirzel (Leipzig), Franz Lechner (Wien), Rudolph Oldenbourg (München), Bernhard Perthes (Gotha), Georg Reimer (Berlin), Moritz Veit (Berlin), Eduard Vieweg (Braunschweig), Volkmann als Protokollführer und der Börsenarchivar Anton Winter.
[122] Entwurf Juli 1857 (wie oben Anm. 117), S. 5.
[123] *Wadle*, Der Frankfurter Entwurf, S. 37.
[124] Entwurf Juli 1857 (wie oben Anm. 117).
[125] Christian Albert Weinlig (1812–1873) war 1849 kurze Zeit sächsischer Innenminister gewesen und fungierte nach der Revolution als Geheimer Rat und Direktor im sächsischen Innenministerium. Auf der Dresdner Konferenz gehörte Weinlig der Sachverständigenkommission zur Ausarbeitung der „Übereinkunft der deutschen Bundesstaaten zur Beförderung des Handels und Verkehrs" an. 1861 war er sächsischer Bevollmächtigter in der Bundeskommission zur Ausarbeitung eines Gutachtens über Einführung gleichen Maßes und Gewichtes in den deutschen Bundesstaaten, und 1862/63 wirkte er als sächsischer Sachverständiger an der Kommission zur Ausarbeitung eines Gutachtens über die Einführung gleichförmiger Regelungen für den Patentschutz mit. – Witzleben war im April/Mai 1864 sächsischer Vertreter in der Sachverständigenkommission zur Ausarbeitung eines Gesetzentwurfs zum Schutz des Urheberrechts.

am 27. Dezember 1857 festgestellt, und es wurde der Beschluß gefaßt, ihn der sächsischen Regierung mit der Bitte zu übermitteln, auf seiner Grundlage die „in Aussicht gestellten entsprechenden Anträge auf eine durchgreifende Abänderung und Vervollständigung der Nachdrucks-Gesetzgebung bei der Deutschen Bundes-Versammlung zu stellen".[126]

Neben dem Börsenverein befaßten sich seit Mitte der 1850er Jahre auch die neu entstehenden Interessenverbände der bildenden Künstler mit dem Urheberrecht. Die im Anschluß an das erste Deutsche Künstlerfest in Bingen 1856 gegründete Deutsche Kunstgenossenschaft setzte sogleich eine Kommission ein, die sich mit den materiellen Interessen und hier vor allem mit dem Schutz des geistigen Eigentums der Künstler beschäftigte. Nachdem auf den allgemeinen Künstlerversammlungen ab 1858 mehrere diesbezügliche Gesetzentwürfe vorgelegt wurden, beauftragte die Kunstgenossenschaft den an der Berliner Universität lehrenden Juristen Friedrich Julius Kühns, „eine für die Kunstgenossenschaft des gesammten Vaterlandes gemeingültige Fassung auszuarbeiten".[127] Diese Arbeit wurde 1861 der Künstlerversammlung in Köln vorgelegt[128], nach nochmaliger Überarbeitung 1862 definitiv beschlossen, 1864 als Gesetzentwurf veröffentlicht[129] und 1865 der Bundesversammlung übermittelt[130].

Der Deutsche Bund reagierte auf die von Schriftstellern, Buchhändlern und Künstlern seit Mitte der 1850er Jahre vermehrt geäußerten Wünsche nach einer umfassenden Regelung des Urheberrechts erst im Jahr 1862 mit der Einleitung von entsprechenden Verhandlungen.[131] Am 23. Januar 1862 stellte die sächsische Regierung in der Bundesversammlung den Antrag, eine

---

[126] Entwurf eines Gesetzes für Deutschland zum Schutze des Urheberrechts an Werken der Literatur und Kunst gegen Nachdruck, sowie gegen unbefugte Nachbildung und Aufführung, nebst Motiven. Seitens des Börsen-Vereins der deutschen Buchhändler und der Deputirten des Buchhandels zu Leipzig der Königl. Sächsischen Staats-Regierung überreicht. (Als Manuskript gedruckt.) Berlin, 27. Dezember 1857 [künftig: Entwurf Dezember 1857], BA Koblenz, DB 1/307, fol. 36, S. 1–40, Zitat S. 4.

[127] Pro Memoria der Frankfurter Kunstgenossenschaft betreffend einige Paragraphen des Entwurfes eines gemeinsamen Gesetzes zum Schutze der Urheberrechte an literarischen Erzeugnissen und Werken der Kunst, wie er von der durch Beschluss des Hohen Bundes einberufenen Commission am 10. December 1863 nach zweiter Lesung angenommen worden war. Von Ed. von der Launitz. Frankfurt am Main 1864 [Druck]; BA Koblenz, DB 1/307, fol. 360, S. 1–14, Zitat S. 4.

[128] Der Rechtsschutz an Werken der bildenden Künste. Eine Denkschrift im Namen der Deutschen Kunstgenossenschaft von Dr. Friedrich Julius Kühns, Docent in der jurist. Facultät der Berliner Friedr.-Wilhelms-Universität. Berlin 1861 [Druck], BA Koblenz, DB 1/307, fol. 356, S. 1–53.

[129] Gesetzentwurf der deutschen Kunstgenossenschaft betreffend das Recht des Urhebers an Werken der bildenden Künste nebst einer Denkschrift von Dr. Friedrich Julius Kühns, Docenten in der juristischen Facultät der Berliner Friedrich-Wilhelms-Universität. Berlin 1864 [Druck], BA Koblenz, DB 1/307, fol. 357, S. 1–54.

[130] Eingabe des Hauptvorstands der Deutschen Kunstgenossenschaft, Kiel, 19. Juli 1865, BA Koblenz, DB 1/307, fol. 351–362.

[131] Einen kurzen Überblick über diese Verhandlungen und ihre Vorgeschichte seit 1854 gab 1865 bereits *Mandry*, Der Entwurf eines gemeinsamen deutschen Nachdrucksgesetzes, S. 105–112; vgl. jetzt dazu Wadle, Der Frankfurter Entwurf.

Sachverständigenkommission zu beauftragen, auf der Grundlage des vom Börsenverein vorgelegten Entwurfs einen Gesetzentwurf für ein „allgemeines deutsches Gesetz gegen den Nachdruck" auszuarbeiten.[132] Der Antrag wurde damit motiviert, daß die Bundesbeschlüsse von 1837 und 1845 nur allgemeine Grundsätze über das Nachdruckverbot und die Schutzfrist festgestellt hätten, alles übrige aber der einzelstaatlichen Gesetzgebung überlassen hätten, die in der Praxis „einen sehr verschiedenen Gang"[133] genommen und zu sehr unterschiedlichen Bestimmungen geführt habe. Eine gleichförmige gesetzliche Regelung gehöre aber „zu den Lebensfragen des deutschen Buchhandels".[134]

Die Gesandten von Bayern und Württemberg gaben sofort das Einverständnis ihrer Regierungen mit dem sächsischen Antrag zu Protokoll, und so wurde beschlossen, einen Ausschuß mit der Begutachtung der Vorschläge zu beauftragen. Zu Mitgliedern des Ausschusses wurden am 30. Januar 1862 die Gesandten von Österreich, Bayern, Sachsen, Württemberg und der 15. Stimme gewählt. Bei dieser Gelegenheit erklärte Preußen, sich an den Verhandlungen nicht zu beteiligen und sprach sich grundsätzlich gegen „eine fernere Behandlung dieser Angelegenheit am Bunde" aus, weil der Artikel 18d der Bundesakte durch den Bundesbeschluß vom 9. November 1837 bereits erledigt sei. Indem die Bundesversammlung in diesem und den anderen einschlägigen Beschlüssen nur allgemeine Grundsätze aufgestellt, „eine eigentliche Bundesgesetzgebung" aber abgelehnt habe, habe sie selbst die Gesetzgebung gegen den Nachdruck den einzelnen deutschen Regierungen überlassen. Die preußische Regierung, so hieß es, werde sich auch fernerhin ihre Unabhängigkeit erhalten, „da sie weder in dieser speciellen Angelegenheit, noch im Allgemeinen, wie dieß von ihr auch bei anderen Verhandlungen am Bunde neuerdings mehrfach ausgesprochen worden ist, der hohen Bundesversammlung eine legislatorische Initiative zugestehen kann".[135]

Mit der preußischen Weigerung, an Bundesverhandlungen über ein allgemeines deutsches Gesetz gegen den Nachdruck teilzunehmen, waren die Erfolgsaussichten für das Vorhaben von vornherein gering. Ein derartiges „Gesetz" hätte, selbst wenn es zustande gekommen wäre, lediglich den Charakter einer freiwilligen Übereinkunft eines Teils der Bundesmitglieder haben können, sein Geltungsbereich wäre durch die Nichtbeteiligung Preußens erheblich eingeschränkt und dadurch das Ziel einer bundesweit einheitlichen Regelung des Urheberrechts verfehlt worden.

Gleichwohl ließ sich die Mehrheit der Bundesversammlung nicht davon abbringen, die Verhandlungen über ein Bundesgesetz gegen den Nachdruck

---

[132] ProtDBV 1862, § 29, S. 31.
[133] Ebd.
[134] Ebd., S. 32.
[135] ProtDBV 1862, § 50, S. 53 f.

voranzutreiben. Die österreichische Regierung legte der Bundesversammlung am 8. März 1862 einen Entwurf für ein Gesetz gegen den Nachdruck beziehungsweise die Nachbildung von Werken der Literatur und Kunst vor, der in ihrem Auftrag von Juristen und Fachleuten ausgearbeitet worden war. Dieser Entwurf sollte neben dem Entwurf des Börsenvereins die Grundlage der Verhandlungen der zu berufenden Bundeskommission bilden.[136] Die Vorschläge Österreichs stimmten inhaltlich in vielen Punkten mit dem sächsischen Projekt überein. Beide Entwürfe entsprachen den Erfordernissen eines modernen, umfassenden Urheberrechtsschutzes, indem sie ein ausschließliches Urheberrecht von Schriftstellern und Künstlern für ihre Werke festsetzten. Demnach war es verboten, Druckschriften, Manuskripte und Vorträge nachzudrucken, geographische, topographische, naturwissenschaftliche, architektonische und ähnliche Zeichnungen ohne Genehmigung zu vervielfältigen, musikalische Kompositionen ohne Erlaubnis des Urhebers zu bearbeiten, bildliche Darstellungen, Gemälde und Skulpturen zu kopieren oder nachzubilden, dramatische und musikalische Werke ohne Genehmigung des Urhebers öffentlich aufzuführen. Der Schutz des Urheberrechts wurde einheitlich auf dreißig Jahre nach dem Tod des Urhebers befristet, Verletzungen des Urheberrechts sollten mit Konfiskation, Geldbuße und Entschädigung geahndet werden. Zur Sicherung des Urheberrechts war die Schaffung einer in Leipzig zu führenden zentralen „deutschen Eintragsrolle" für literarische und künstlerische Erzeugnisse vorgesehen. Das Gesetz zum Schutze des Urheberrechts sollte im ganzen deutschen Bundesgebiet gleichzeitig eingeführt werden und an die Stelle der bestehenden Bundesbeschlüsse zum Schutz der literarischen und künstlerischen Werke sowie „der betreffenden deutschen Landesgesetze, welche dadurch außer Kraft gesetzt werden", treten.[137]

Die letztgenannte Bestimmung bedeutete, daß der Schutz des Urheberrechts nicht nur inhaltlich, sondern auch formal durch ein unmittelbares, allgemeines Bundesgesetz herbeigeführt werden sollte. Dazu bekannte sich neben den Mittelstaaten wie Sachsen, Bayern und Württemberg nun auch nachdrücklich die österreichische Regierung. Ihr Gesandter wies in der Bundesversammlung am 8. März 1862 auf die Unterschiedlichkeit der Partikulargesetzgebung hin, die den „gesteigerten Anforderungen der Neuzeit" nicht genüge und bekundete die Absicht, ein für ganz Deutschland gültiges allgemeines Gesetz zu schaffen, was als ein Schritt zugunsten der „geistigen Interessen der deutschen Nation" bezeichnet wurde.[138]

---

[136] Beide Entwürfe sind abgedruckt als Beilagen zu § 251 des Protokolls der 29. Sitzung der Bundesversammlung vom 24. Juli 1862, ProtDBV 1862, S. 437–451: Entwurf eines Gesetzes für Deutschland zum Schutze des Urheberrechtes an Werken der Literatur und Kunst gegen Nachdruck, sowie gegen unbefugte Nachbildung und Aufführung (Börsenverein), S. 453–464: Entwurf eines Gesetzes zum Schutze der Autorrechte an Werken der Literatur und Kunst (Österreich).
[137] ProtDBV 1862, S. 449 bzw. 464.
[138] ProtDBV 1862, § 81, S. 103 f.

Im Namen des am 30. Januar 1862 gewählten Ausschusses erstattete am 24. Juli 1862 der württembergische Gesandte Reinhard in der Bundesversammlung seinen Vortrag über den sächsischen Antrag.[139] Der Rückblick auf die bisherigen Bundesbeschlüsse zum Schutz des geistigen Eigentums führte Reinhard zu der Auffassung, die Bundesversammlung habe schon zuvor eine ihr nach den Bundesgrundgesetzen zustehende „legislatorische Initiative" ausgeübt.[140] Demnach könne es keinen begründeten Einwand gegen eine weitere Tätigkeit der Bundesversammlung auf dem Gebiet des Urheberrechtsschutzes geben.

Nach dieser grundsätzlichen Bejahung der Bundeskompetenz wandte sich der Ausschußbericht der Frage zu, ob ein allgemeines Bedürfnis für die weitere „gleichförmige Entwicklung der Landesgesetzgebungen" vorliege. Auch diese Frage wurde positiv beantwortet. Weil der Bund bisher nur allgemeine Grundsätze vorgegeben, deren Anwendung aber den Einzelstaaten überlassen habe, sei die Partikulargesetzgebung sehr unterschiedlich ausgebildet, was zu großen Nachteilen für den Buch- und Kunsthandel sowie für die literarische und künstlerische Tätigkeit im allgemeinen führe. Ein „gemeinsames Interesse" bestehe aber auch auf Seite der Regierungen, und zwar gegenüber dem Ausland, weil die Produkte schriftstellerischer und künstlerischer Tätigkeit „Gegenstände internationalen Handelsverkehrs" seien.[141] Der Ausschuß wies hier auf das französische Angebot von 1852 hin, mit dem Deutschen Bund ein Abkommen zum gegenseitigen Schutz des Urheberrechts zu schließen. Ein bundeseinheitliches Urheberrecht war demnach einerseits erforderlich, um die innere Rechtseinheit und Rechtssicherheit zu begründen; diese schuf andererseits die Voraussetzung dafür, daß der Deutsche Bund die handelspolitischen Interessen Deutschlands gegenüber dem Ausland wahrnehmen konnte.

Die zweite Frage, die sich der Ausschuß stellte, war, in welcher Form die als notwendig erkannte „gleichförmige gesetzliche Regelung der Nachdrucksfrage" herzustellen wäre.[142] Er schloß sich der sächsischen Auffassung an, daß nur durch ein „allgemeines deutsches Gesetz [...] die Gleichförmigkeit der Gesetzgebung und Praxis auf dem ganzen Bundesgebiete" sichergestellt werden könne.[143] Im Hinblick auf den Nachdruckschutz sei überdies die Gefahr gering, daß durch ein Bundesgesetz die Interessen einzelner Staaten verletzt würden, denn dabei würden spezielle Lokalverhältnisse, Stammeseigentümlichkeiten und Gewohnheitsrechte kaum berührt. Im Gegenteil:

„Urheberrechte an Erzeugnissen schriftstellerischer und künstlerischer Thätigkeit können überall entstehen, wo der schöpferische deutsche Geist thätig ist; deren Si-

---

[139] ProtDBV 1862, § 251, S. 419–429.
[140] Ebd., S. 425.
[141] Ebd., S. 426.
[142] Ebd., S. 427.
[143] Ebd.

cherstellung liegt also insofern im gleichmäßigen Interesse aller Bundesstaaten; die auf Verwerthung besagter Erzeugnisse beruhenden Industriezweige mögen zur Zeit in den verschiedenen Territorien einen verschiedenen Aufschwung genommen haben, diese Verschiedenartigkeit kann aber unter dem Einflusse gleicher Gesetze jeden Tag eine andere Wendung nehmen oder sich je mehr und mehr ausgleichen; die bestehenden Etablissements des Buch- und Kunsthandels verlangen gleichmäßig eine gemeinsame speciellere Gesetzgebung; das Interesse des consumirenden Publikums ist überall dasselbe und das Interesse der Bundesstaaten gegenüber dem Auslande ist oder sollte ein gemeinsames solidarisches sein."[144]

Diese Ausführungen des Ausschusses lassen erkennen, daß es innerhalb der Bundesversammlung ein ausgeprägtes Bewußtsein von nationalen Gemeinsamkeiten und Interessen gab. Die schon lange anerkannte geistige und kulturelle Einheit Deutschlands verband sich in der Nachdruckfrage mit allgemeinen deutschen handels- und rechtspolitischen Interessen, den überall gleichen Bedürfnissen der Produzenten und Konsumenten von literarischen und künstlerischen Erzeugnissen sowie der Forderung nach einer einheitlichen, solidarischen Vertretung dieser Interessen durch den Deutschen Bund gegenüber dem Ausland. Die Bundesgesetzgebung war somit ein Instrument der nationalen Integration nach innen wie nach außen.

Als den Weg, um zu einem Bundesgesetz über das Urheberrecht zu gelangen, empfahl der Ausschuß die schon bei diversen anderen Projekten zur Rechtsvereinheitlichung praktizierte Einsetzung einer Sachverständigenkommission zur Ausarbeitung eines Gesetzentwurfs. Über einen entsprechenden Antrag des Ausschusses wurde allerdings erst nach den Sommerferien der Bundesversammlung in der Sitzung vom 16. Oktober 1862 abgestimmt.[145] Gegen die Stimmen Preußens und der Niederlande sowie bei Enthaltung der noch nicht instruierten Gesandten von Kurhessen, Dänemark und der 15. Kurie beschloß die Mehrheit die vom Ausschuß beantragte Einsetzung einer Sachverständigenkommission. Der Zusammentritt der Sachverständigenkommission und die Aufnahme der Beratungen erfolgten jedoch erst über ein Jahr später. Nachdem die Bundesversammlung am 16. Juli 1863 beschlossen hatte, die Kommission zum 26. Oktober 1863 in Frankfurt einzuberufen[146], nahmen die Sachverständigen von Österreich, Bayern, Sachsen, Hannover, Württemberg, Baden, Großherzogtum Hessen und Frankfurt[147] am 27. Oktober die Verhandlungen über ein allgemeines deutsches Gesetz zum Schutz des Urheberrechts auf. Bis zum 10. Dezember war die Beratung des Gesetzentwurfs in zweiter Lesung abgeschlossen, und die Kommission vertagte sich bis zum 25. April 1864.

---

[144] Ebd., S. 428.
[145] ProtDBV 1862, § 304, S. 515–517.
[146] ProtDBV 1863, § 180, S. 365–367.
[147] Hinzu kam am 17. November 1863 nachträglich noch ein kurhessischer Sachverständiger.

An diesem Tag traten die Sachverständigen wieder zur dritten Lesung zusammen, die am 19. Mai 1864 beendet wurde.[148]

Der von der Kommission erarbeitete, 56 Paragraphen umfassende Entwurf[149] wich im Aufbau und etlichen Details von den 1862 von Sachsen und Österreich eingereichten Vorlagen ab[150], deren wesentliche Grundzüge waren aber übernommen worden. Er hielt das ausschließliche Recht des Urhebers zur Vervielfältigung oder Aufführung seines Werkes fest, verbot den Nachdruck beziehungsweise die Nachbildung von literarischen Erzeugnissen, musikalischen Werken und Werken der bildenden Kunst sowie die unbefugte Aufführung dramatischer und musikalischer Werke, legte die Schutzfrist auf dreißig Jahre nach dem Tod des Urhebers fest und bedrohte die Zuwiderhandlung mit Konfiskation, Schadensersatz und Geldbuße. Das Gesetz sollte sich auf das Gebiet des Deutschen Bundes sowie die nicht zum Bund gehörigen Provinzen derjenigen Bundesstaaten, die das Gesetz annahmen, erstrecken. Der Vorrang des Bundesrechts vor den bisherigen landesgesetzlichen Regelungen wurde insbesondere im Hinblick auf die Schutzfrist bekräftigt[151], zudem sollte das Bundesgesetz hinsichtlich der Aufführungen auch „auf alle älteren Werke angewendet werden, gleichgültig, ob dieß eine Ausdehnung oder eine Beschränkung des Schutzes bewirkt"[152]. Bei literarischen Werken war eine Übergangsregelung vorgesehen: Waren Werke, die nach dem neuen Bundesgesetz noch dem Urheberschutz unterlagen, nach den bisher in einzelnen Staaten geltenden Gesetzen schon zum Nachdruck freigegeben worden, so durften die vorhandenen Nachdrucke, sofern sie bei den Behörden angezeigt und registriert wurden, weiter verkauft werden. Schließlich sollten erteilte Privilegien für das Gebiet des betreffenden Staates in Kraft bleiben.

Der Entwurf wurde zusammen mit dem Schlußbericht der Sachverständigenkommission am 9. Juni 1864 an den Ausschuß für die Regelung der Nachdruckfrage überwiesen[153], dessen Referent Reinhard am 1. September 1864

---

[148] Protokolle der von der hohen deutschen Bundesversammlung durch Beschluß vom 16. Juli 1863 einberufenen Commission zur Ausarbeitung des Entwurfes eines für sämmtliche deutsche Bundesstaaten gemeinsamen Gesetzes zum Schutze des Urheberrechts an Werken der Literatur und Kunst gegen Nachdruck, sowie gegen unbefugte Nachbildung und Aufführung. Frankfurt am Main [1864], gedruckte Fassung im BA Koblenz, DB 1/307, ebd. auch die handschriftliche Fassung; Ndr. in: Archiv für Urheber-, Film-, Funk- und Theaterrecht 120, 1992, S. 177–299 u. Archiv für Urheber-, Film-, Funk- und Theaterrecht 121, 1993, S. 71–291.

[149] Entwurf eines Gesetzes zum Schutze der Urheberrechte an literarischen Erzeugnissen und Werken der Kunst, BA Koblenz, DB 1/307, abgedruckt im ProtDBV 1864, Beilage 2 zu § 238, S. 491–501 (danach im folgenden zitiert).

[150] Zu den Abweichungen und ihrer sachlichen Begründung siehe den Bericht der Commission zur Ausarbeitung eines Gesetzentwurfes zum Schutze der Urheberrechte an literarischen Erzeugnissen und Werken der Kunst vom 19. Mai 1864, BA Koblenz, DB 1/307, abgedruckt in: ProtDBV 1864, Beilage 3 zu § 238, S. 502–509.

[151] Art. 55: „Die auf Landesgesetzen beruhenden längeren Schutzfristen sind nicht mehr anwendbar." Ebd., S. 501.

[152] Ebd.

[153] ProtDBV 1864, § 163, S. 216.

sein Gutachten erstattete[154]. Dieses Gutachten zeigt auf exemplarische Weise die Bedenken, Unsicherheiten und Schwierigkeiten auf, die den Versuch einer Bundesgesetzgebung nicht nur in der Frage des Urheberrechts, sondern auch bei den anderen von Bundesausschüssen und Sachverständigenkommissionen beratenen rechtspolitischen Integrationsmaßnahmen begleiteten. Zwar standen nach Auffassung des Ausschusses einer Einigung über das Urheberrecht „keine erheblichen particularen Interessen im Wege"[155], dennoch gab es Zweifel an der Bereitschaft der Regierungen, den Entwurf wirklich anzunehmen:

„Es kann sonach der Gesetzentwurf, welcher sich nach dem Dafürhalten des Ausschusses eben so durch Gründlichkeit der Erwägung als durch sachgemäße Gestaltung, bei welcher sich die Commission wesentlich von praktischen Gesichtspunkten hat leiten lassen, auszeichnet, nur im Allgemeinen zur Annahme empfohlen werden. Im Uebrigen aber dürfte derselbe lediglich mit dem Ansuchen zur Kenntniß der höchsten und hohen Regierungen zu bringen sein, sich darüber äußern zu wollen, ob oder etwa unter welchen Abänderungen sie geneigt wären, ihm beizutreten und ihn zur gesetzlichen Geltung zu bringen."[156]

Obwohl über das Urheberrecht nunmehr schon seit fast drei Jahren verhandelt worden war und ein umfassender Gesetzentwurf fertig vorlag, ging der Ausschuß offensichtlich von einem weiteren Diskussionsbedarf aus, denn er schlug vor, für den „Meinungsaustausch" über den Entwurf „einen Zeitraum von längerer Dauer" anzusetzen, bevor die Abstimmung in der Bundesversammlung erfolgte.[157]

Parallel zu den Verhandlungen im Ausschuß und in der Bundesversammlung befaßte sich auch der Börsenverein der deutschen Buchhändler mit dem Gesetzentwurf der Sachverständigenkommission. Ein Ausschuß des Börsenvereins beriet über den Entwurf bereits am 10. und 11. August 1864 und erstellte ein Gutachten, das am 27. September 1864, noch vor der Abstimmung in der Bundesversammlung, vorgelegt wurde.[158] Das Gutachten stellte eine vernichtende Kritik des Kommissionsentwurfs dar, der, so hieß es einleitend, den Boden des vom Börsenverein 1857 vorgelegten Entwurfs verlasse und zu der willkürlichen und prinzipienlosen Form der früheren Nachdruckverbote zurückkehre, anstatt ein positives Urheberrecht zu begründen. Zu nicht weniger als 29 der 56 Paragraphen des Entwurfs wurden Änderungsvorschläge gemacht, die auf eine Präzisierung und Ausweitung der urheberrechtlichen

---

[154] ProtDBV 1864, § 238, S. 453–456.
[155] Ebd., S. 454.
[156] Ebd.
[157] Ebd.
[158] Bericht des Ausschusses des Börsenvereins der deutschen Buchhändler über den von der Commission der hohen deutschen Bundesversammlung ausgearbeiteten Entwurf eines Gesetzes zum Schutze der Urheberrechte an literarischen Erzeugnissen und Werken der Kunst. Erstattet auf Grund der Ausschußverhandlungen zu Nürnberg am 10. und 11. August 1864, Berlin und Leipzig, 27. September 1864 [Druck], BA Koblenz, DB 1/307, fol. 283–287; HStA München, MA 1867.

Bestimmungen im Sinne des Entwurfs des Börsenvereins hinausliefen. Besonderen Wert legte der Börsenverein auf die Einrichtung von sogenannten Sachverständigenvereinen, die als Gutachter in Urheberrechtsprozessen herangezogen werden sollten, und auf die Führung einer zentralen deutschen Eintragsrolle für literarische und künstlerische Werke in Leipzig. Beide Einrichtungen waren nach Auffassung des Börsenvereins unentbehrlich, um dem Gesetz die notwendige Wirksamkeit zu geben. Im Entwurf der Bundeskommission war auf sie verzichtet worden, da einige Regierungen darin einen unzulässigen Eingriff in ihre Hoheitsrechte erblickten. Sie waren nicht bereit, Buchhändlern und Verlegern eine bundesgesetzlich garantierte Beteiligung an der Gerichtsbarkeit einzuräumen, noch wollten sie ein zentrales Register zulassen, das den Charakter einer eigenständigen Bundesbehörde haben würde. Gerade die von den Einzelstaaten befürchtete Zentralisierung erschien indessen dem Börsenverein als ein geeignetes Mittel, um bei der „Zerrissenheit Deutschlands"[159] eine allgemein anerkannte Rechtsquelle für den bundesweiten Urheberschutz zu schaffen. Auf der anderen Seite kritisierte der Börsenverein das Prinzip des Kommissionsentwurfs, die einzelstaatliche Gesetzgebung und Rechtsprechung in keinem Fall durch allgemeine Bestimmungen außer Kraft zu setzen, da dies die gerichtliche Durchsetzung von Urheberrechten erschwere.[160]

Scheinbar unbeeindruckt von der Kritik des Börsenvereins beschloß die Bundesversammlung am 6. Oktober 1864, den Entwurf der Sachverständigen den Regierungen mit der Bitte zur Kenntnis zu bringen, ihre Erklärung darüber bis zum Jahresende abzugeben.[161] Diese Frist wurde aber von keiner Regierung eingehalten. Überdies waren lediglich Baden, Sachsen-Meiningen, Reuß ältere Linie, Lippe, Hessen-Homburg, Oldenburg, Großherzogtum Hessen und Frankfurt bereit, den Entwurf in der vorliegenden Form und ohne wesentliche Modifikationen einzuführen.[162]

Sachsen, das den Anstoß zur bundesgesetzlichen Regelung des Urheberrechts gegeben hatte, war zwar grundsätzlich gewillt, den Entwurf anzunehmen, allerdings unter der Voraussetzung, daß über zwei in dem Entwurf nicht berücksichtigte sächsische Forderungen noch eine Verständigung erzielt werde.[163] Dies betraf 1. die Einrichtung von Sachverständigenvereinen, die aus Schriftstellern und Buchhändlern bestehen und in Gerichtsverfahren über Urheberrechtsverletzungen Gutachten abgeben sollten, und 2. die Einführung einer deutschen Eintragsrolle, in der alle Druckschriften und Kunstwerke registriert werden sollten. Die sächsische Regierung hielt es für erfor-

---

[159] Ebd., S. 9.
[160] Ebd., S. 9f.
[161] ProtDBV 1864, § 253, S. 520f.
[162] ProtDBV 1865, § 12, S. 17; § 41, S. 39; § 47, S. 54; § 52, S. 59; § 56, S. 63; ProtDBV 1866, § 46, S. 44.
[163] ProtDBV 1865, § 21, S. 25f.

derlich, zur Verständigung über diese beiden Punkte nochmals eine Konferenz von Vertretern der zur Annahme des Entwurfs bereiten Staaten einzuberufen. Dabei sollten dann auch noch die weiteren vom Börsenverein der deutschen Buchhändler gewünschten Änderungen berücksichtigt werden. Diesem Votum schloß sich die Regierung von Sachsen-Coburg und Gotha an, und auch Mecklenburg-Schwerin und Mecklenburg-Strelitz sowie Nassau hielten es für nötig, noch einmal über die vom Börsenverein vorgeschlagenen Modifikationen zu verhandeln.[164] Württemberg äußerte sich noch zurückhaltender, indem es lediglich erklären ließ, zu weiteren Verhandlungen über die von Sachsen erwähnten Punkte bereit zu sein, sich dabei aber vorbehalte, auch seinerseits noch Änderungsanträge zu stellen.[165]

Gegen die abermalige Eröffnung von Verhandlungen über den Gesetzentwurf legte jedoch die österreichische Regierung Widerspruch ein. Ihr Gesandter erklärte am 13. Juli 1865 in der Bundesversammlung, Wien sei bereit, den Entwurf als Gesetz einzuführen, unter der Voraussetzung, daß er in zwei Punkten ergänzt werde, um ihn in Einklang zu bringen mit dem Vertrag über den gegenseitigen Nachdruckschutz, der am 2. August 1862 zwischen Frankreich und den Zollvereinsstaaten abgeschlossen worden war. Weitergehende inhaltliche Änderungen, wie sie von Sachsen beantragt worden waren, lehnte Österreich ab und forderte die übrigen Regierungen auf, „die Einführung des Gesetzes, wie es dermalen im Entwurfe vorliegt, in ihren Staaten zu bewerkstelligen".[166] Begründet wurde dies damit, daß der Entwurf gründlich diskutiert worden sei, schon einmal abgelehnte Anträge auch fernerhin keine Annahme finden würden, die „Erreichung eines gemeinsamen Gesetzes stets einige Opfer in Beziehung auf partikuläre Ansichten und Wünsche" erfordere, ein rascher Abschluß nötig sei und deshalb auf „die Stellung bloßer Verbesserungsanträge, welche nur Sache subjectiver Anschauungen sind", verzichtet werden sollte.[167]

Neben dem Bestreben, die schon so lange schwebende Angelegenheit bald zu einem positiven Abschluß zu bringen und damit die Handlungsfähigkeit des Bundes zu demonstrieren, hatte die österreichische Regierung auch inhaltliche Gründe, bei dem ausgehandelten Gesetzentwurf stehenzubleiben. Die von Sachsen geforderte Einrichtung einer deutschen Eintragsrolle für literarische und künstlerische Werke wurde verworfen als eine zu zentralistische Maßnahme, die den Verhältnissen in den außerdeutschen Provinzen Österreichs nicht gerecht werde. Auf Ablehnung stießen auch die Sachverständigenvereine, da sie „die Freiheit des Handelns" der Regierungen beeinträchtigen würden.[168]

---

[164] ProtDBV 1865, § 41, S. 39; § 56, S. 63; § 62, S. 75.
[165] ProtDBV 1865, § 70, S. 88.
[166] ProtDBV 1865, § 134, S. 344–346, Zitat S. 345.
[167] Ebd.
[168] Ebd.

Das österreichische Votum zeigt einmal mehr die Grenze der legislativen Tätigkeit der Bundesversammlung auf, die nach Auffassung der Regierungen der meisten Groß- und Mittelstaaten unter keinen Umständen überschritten werden durfte. Föderative Gemeinsamkeit war nur herzustellen durch die vertragliche Vereinbarung souveräner Einzelstaaten, keineswegs aber durch die Abtretung von legislativen, exekutiven und judikativen Befugnissen der Einzelstaaten an die Bundesversammlung oder neue Bundesbehörden. Es sollte weder neue, zentrale Bundeseinrichtungen mit einem von den Landesbehörden unabhängigen bundesweiten Wirkungskreis geben, noch sollten die von den Bundeskommissionen erarbeiteten Gesetzentwürfe als allgemeine, unmittelbar wirksame Bundesgesetze in Kraft treten. Die Harmonisierung des Rechts sollte nur auf dem Weg der einzelstaatlichen Gesetzgebung durchgeführt werden.

Dieses Grundprinzip, von dem im Deutschen Bund niemals abgewichen wurde, lag auch dem Umgang Bayerns mit dem Gesetzentwurf über das Urheberrecht zugrunde. Am 20. Juli 1865 überreichte der bayerische Gesandte der Bundesversammlung einen Abdruck des am 28. Juni 1865 erlassenen bayerischen Urheberrechtsgesetzes[169], mit dem der Frankfurter Kommissionsentwurf mit einigen Modifikationen, „welche durch die mit Frankreich abgeschlossene Literarconvention nothwendig geworden sind", in Bayern eingeführt worden war.[170] Was auf den ersten Blick wie eine besonders bundestreue Maßnahme aussah, war in Wirklichkeit das genaue Gegenteil davon, denn Bayern setzte damit nicht nur einen von der Gesamtheit des Bundes noch gar nicht gebilligten Entwurf einseitig und ohne Vorabstimmung mit den übrigen Bundesmitgliedern in Kraft, sondern es tat dies auch aus dem Beweggrund, mit einem Landesgesetz dem Bundesgesetz zuvorzukommen und somit seine legislative Unabhängigkeit zu demonstrieren. Die Erklärung der bayerischen Regierung in der Bundesversammlung wurde nämlich absichtlich bis zum Juli 1865 zurückgehalten, „weil zuvor die Vollendung des in Ausarbeitung befindlichen bayerischen Gesetzentwurfes über den Schutz der Urheberrechte und dessen Uebergabe an den Landtag beziehungsweise seine Erhebung zum Gesetze abgewartet werden wollte", wie der bayerische Minister von der Pfordten an König Ludwig II. schrieb. Erst nachdem dies geschehen war, beeilte sich die bayerische Regierung, ihre Erklärung im Bundestag abzugeben, denn, so stellte Pfordten etwas verschämt fest, Bayern habe sich immerhin bei der Einbringung des sächsischen Antrags für ein allgemeines deutsches Nach-

---

[169] Gesetz zum Schutze der Urheberrechte an literarischen Erzeugnissen und Werken der Kunst, in: Gesetz-Blatt für das Königreich Bayern, Nr. 10 vom 30. Juni 1865, Sp. 65–102; vgl. dazu den Kommentar von *Mandry*, Das Urheberrecht an literarischen Erzeugnissen und Werken der Kunst.

[170] ProtDBV 1865, § 141, S. 352. – Der Vertrag über den gegenseitigen Schutz des Urheberrechts zwischen Bayern und Frankreich war am 24. März 1865 abgeschlossen worden; Druck in: Regierungs-Blatt für das Königreich Bayern, Nr. 28 vom 20. Juni 1865, Sp. 589–613.

druckgesetz „mit in den Vordergrund gestellt und den fraglichen Antrag am Bunde lebhaft befürwortet".[171]

Schon die Erklärungen und die Vorgehensweise derjenigen Regierungen, die in der Bundesversammlung überhaupt eine Stellungnahme zum Gesetzentwurf der Sachverständigenkommission abgaben, ließen erkennen, daß eine allgemeine, einheitliche Einführung des Entwurfs nicht zu erwarten stand. Die inhaltlichen Meinungsverschiedenheiten waren zum Teil beträchtlich, die Kompromißfähigkeit reichte auch nach dreijährigen intensiven Verhandlungen nicht aus, um einen Abschluß auf der Basis des Kommissionsentwurfs herbeizuführen, und insgesamt war der politische Wille, das Bundesgesetz zum Schutz des Urheberrechts nun zügig einzuführen, selbst bei den Initiatoren des Gesetzes nur schwach ausgeprägt.

Bis zum Februar 1866 äußerten sich in der Bundesversammlung nur fünfzehn Regierungen zu dem Gesetzentwurf, so daß diese sich veranlaßt sah, die übrigen Regierungen aufzufordern, ihre Erklärungen abzugeben.[172] Der preußische Gesandte gab darauf unverzüglich zu Protokoll, daß seine Regierung es auch fernerhin ablehne, sich mit der Angelegenheit überhaupt zu befassen. Sieben andere Regierungen gaben in den folgenden Wochen ihre Erklärungen in der Bundesversammlung ab, wobei sich die Uneinheitlichkeit der Auffassungen ein weiteres Mal bestätigte. Während Sachsen-Altenburg[173], Schwarzburg-Sondershausen[174], Schaumburg-Lippe[175] und Liechtenstein[176] keine inhaltlichen Vorbehalte gegen den Gesetzentwurf hatten und grundsätzlich bereit waren ihn einzuführen, sofern sich auch die anderen Bundesstaaten – vor allem Preußen und Sachsen – dazu verstanden, hielten Braunschweig[177], Schwarzburg-Rudolstadt[178] und Reuß jüngere Linie[179] weitere Verhandlungen im Sinne der Vorschläge Sachsens und des Börsenvereins für erforderlich.

Mit der Erklärung Liechtensteins am 21. April 1866 brachen die Verhandlungen auf Bundesebene ab. Der Versuch, ein allgemeines Bundesgesetz zum Schutz des Urheberrechts zustande zu bringen, führte nicht zum Erfolg. Der Deutsche Bund, der dem Schutz literarischer Erzeugnisse gegen den unerlaubten Nachdruck schon zur Zeit seiner Gründung große Aufmerksamkeit gewidmet hatte und dem es im Laufe des Vormärz gelungen war, bedeutende Grundlagen für die Entwicklung eines modernen Urheberrechts zu legen,

---

[171] Antrag des Staatsministeriums des Königlichen Hauses und des Äußeren an König Ludwig II., München, 4. Juli 1865, HStA München, MA 1867.
[172] ProtDBV 1866, § 47, S. 48–50.
[173] ProtDBV 1866, § 58, S. 57.
[174] ProtDBV 1866, § 58, S. 58.
[175] ProtDBV 1866, § 68, S. 80.
[176] ProtDBV 1866, § 102, S. 112.
[177] ProtDBV 1866, § 58, S. 57 f.
[178] ProtDBV 1866, § 58, S. 58.
[179] ProtDBV 1866, § 74, S. 84.

versagte letzten Endes vor den Herausforderungen, einen bundeseinheitlichen Schutz des geistigen Eigentums zu gewährleisten und eine allgemeine Rechtssicherheit für den rasch expandierenden innerdeutschen beziehungsweise internationalen Buch- und Kunstmarkt zu schaffen. Die Bundesversammlung vermochte nicht, die von einigen Regierungen gewonnene Einsicht in die Notwendigkeit einer systematischen und umfassenden ‚gesamtstaatlichen' Urheberrechtsgesetzgebung, die das herkömmliche Privilegienwesen und die bloßen Nachdruckverbote endgültig hinter sich ließ, auf dem Weg der Bundesgesetzgebung umzusetzen.

Auf der anderen Seite jedoch verschloß sich die Bundesversammlung nicht völlig den Entwicklungen eines sich rasant verdichtenden nationalen Wirtschafts- und Kommunikationsraums. Unter dem seit Mitte der 1850er Jahre ständig zunehmenden Druck der Öffentlichkeit und der national orientierten und organisierten Berufs- und Interessenverbände[180] unternahm sie den Versuch, die erforderlichen rechtlichen Rahmenbedingungen für die weitere Entfaltung der modernen Wirtschaftsgesellschaft zu schaffen. Obwohl aufs Ganze gesehen letzten Endes die partikularistischen Tendenzen die Oberhand behielten, gab es im einzelnen aber viele Anzeichen und Belege dafür, daß sich auch konservative Regierungen und Diplomaten dem Denken in nationalen beziehungsweise gesamtdeutschen Kategorien nicht mehr entziehen konnten. Jedenfalls erachteten viele Regierungen es als wünschenswert, daß „durch ganz Deutschland *gleiche* Gesetze gelten", wie es der württembergische Bundestagsgesandte 1856 anläßlich der Verhandlungen über den Schutz

---

[180] Neben dem Börsenverein wandten sich insbesondere von 1864 bis 1866 noch weitere Verbände und Einrichtungen direkt an den Deutschen Bund, um eine Ausgestaltung des Urheberrechts entsprechend ihren Bedürfnissen zu erreichen. Schon während der Kommissionsverhandlungen im Frühjahr 1864 hatten sich die Düsseldorfer Kunstakademie, das Düsseldorfer Lokalkomitee der deutschen Kunstgenossenschaft, die Frankfurter Kunstgenossenschaft und 95 bildende Künstler aus Berlin in Eingaben dafür eingesetzt, daß auch die Werke der bildenden Kunst urheberrechtlich geschützt werden sollten. Am 19. Juli 1865 übermittelte der Hauptvorstand der deutschen Kunstgenossenschaft der Bundesversammlung seine Wünsche und Anträge bezüglich des Kommissionsentwurfs von 1864, und am 20. August 1865 faßte der Deutsche Schriftstellertag in Leipzig Beschlüsse zum Urheberrecht, die der Bundesversammlung am 4. März 1866 in Form einer „Denkschrift über das geistige Eigentum" überreicht wurden. Vgl. Eingabe der königlichen Kunstakademie an die Nachdruckkommission der Bundesversammlung, Düsseldorf, 9. April 1864; Eingabe des Lokalkomitees der deutschen Kunstgenossenschaft an die Bundeskommission, Düsseldorf 1864; Eingabe von 95 Berliner Künstlern an die Bundeskommission, Berlin, 10. April 1864; Pro Memoria der Frankfurter Kunstgenossenschaft betreffend einige Paragraphen des Entwurfes eines gemeinsamen Gesetzes zum Schutze der Urheberrechte an literarischen Erzeugnissen und Werken der Kunst, wie er von der durch Beschluss des Hohen Bundes einberufenen Commission am 10. December 1863 nach zweiter Lesung angenommen worden war. Von Ed. von der Launitz. Frankfurt am Main 1864 [Druck]; Hauptvorstand der deutschen Kunstgenossenschaft an die Bundesversammlung, Kiel, 19. Juli 1865; Denkschrift über das geistige Eigenthum. Nach Beschluß des deutschen Schriftstellertages vom 20. August 1865 veröffentlicht. Leipzig 1866 [Druck]; alle in: BA Koblenz, DB 1/307, fol. 351–362, 992, 994, 1009–1018; ProtDBV 1865, § 169, S. 383; ProtDBV 1866, § 69, S. 80.

musikalischer und dramatischer Werke gegen die unbefugte Aufführung in der Bundesversammlung formulierte.[181]

Den Verhandlungen für ein allgemeines deutsches Urheberrechtsgesetz, die in den 1850er und 1860er Jahren auf Bundesebene geführt wurden, lagen bereits jene sachlichen und (rechts-)politischen Motive zugrunde, mit denen wenige Jahre nach dem Ende des Deutschen Bundes im Norddeutschen Bund und im Deutschen Reich die nationalintegrative Gesetzgebungstätigkeit begründet wurde. Die Verhandlungen im Deutschen Bund und der Frankfurter Entwurf von 1864 stellen überdies auch deshalb eine wichtige Etappe auf dem Weg zur nationalen Rechtseinheit dar, weil sich von ihnen inhaltliche und personelle Kontinuitäten in die nachfolgende Zeit ziehen lassen. So war es 1868 erneut die sächsische Regierung, die durch ihren Vertreter im Bundesrat des Norddeutschen Bundes, Albert Weinlig, den Anstoß zur Einleitung von Verhandlungen über ein Urheberrechtsgesetz gab.[182] Diese Verhandlungen führten zum deutschen Urheberrechtsgesetz vom 11. Juni 1870[183], mit dem nur wenige Jahre nach dem Ende des Deutschen Bundes jenes Projekt abgeschlossen werden konnte, mit dem sich die Bundesversammlung über lange Zeit hinweg so intensiv wie vergeblich beschäftigt hatte.

---

[181] ProtDBV 1856, § 82, S. 156 (6. Sitzung vom 12. Februar 1856).
[182] *Wadle*, Der Frankfurter Entwurf, S. 37, Anm. 13.
[183] Gesetz betreffend das Urheberrecht an Schriftwerken, Abbildungen, musikalischen Compositionen und dramatischen Werken vom 11. Juni 1870, in: Reichs-Gesetzblatt 1870, S. 339ff.

X. „Fortschritt der deutschen Einheit"

Das Patentrecht

Anders als die bereits geschilderten rechtspolitischen Materien tauchte die Frage der einheitlichen Regelung des Patentrechts durch den Deutschen Bund im Vormärz weder in den Verhandlungen der Bundesversammlung und ihrer Ausschüsse auf, noch gab es diesbezügliche Initiativen von seiten der Regierungen. Ein Grund dafür war, daß die Herausbildung eines modernen Patentwesens in Deutschland erst nach 1815 langsam einsetzte. Bis zur Jahrhundertmitte wurde nur in wenigen Einzelstaaten ein klar geregelter gesetzlicher Erfindungsschutz eingeführt.[1] Ähnlich wie in der Frage des literarischen Urheberrechts hielten auch beim Erfindungsschutz die Regierungen noch lange an ihrer Abneigung gegen ein allgemeines Gesetz fest und gaben weiterhin der Erteilung von Privilegien den Vorzug. Ein wesentliches Motiv dafür war die Absicht der Monarchen, Regierungen und Bürokratien, ein Rechtsinstrument in der Hand zu behalten, das die Entscheidung über Gewährung oder Verweigerung rechtlichen Schutzes letztlich ihrem eigenen Ermessen überließ – anstatt es einzutauschen gegen ein einklagbares, allen Bürgern zustehendes Recht. Als im Jahr 1820 in der Habsburgermonarchie der Erfindungsschutz vereinheitlicht wurde, begründete die Regierung die Beibehaltung des Privilegiensystems damit, daß es „keineswegs eine Rechtspflicht des Staates" sei, „eine Erfindung als Privateigenthum zu schützen, sondern es ist vielmehr die Verleihung ausschließlicher Rechte als ein rein politischer Akt der Staatsverwaltung zu betrachten".[2]

Während somit auf der einen Seite das Privileg als ein politisches Prärogativ der Monarchen gegen das allgemeine, der Willkür der Regierungen entzogene bürgerliche Zivilrecht verteidigt wurde, leisteten auf der anderen Seite auch bürgerlich-liberale Kräfte der Ausbildung eines modernen Patentrechts lange Zeit Widerstand. Dies lag daran, daß der staatliche Schutz von Erfindungen im Zeitalter des Freihandels von vielen liberalen Nationalökonomen und wirtschaftsliberalen Regierungen als ein volkswirtschaftliches, weil die freie Handels- und Gewerbetätigkeit behinderndes Übel bekämpft

---

[1] Zur Entwicklung des Patentwesens in Deutschland siehe allgemein *Wadle*, Art. „Patent, gewerblich", in: Handwörterbuch zur deutschen Rechtsgeschichte, Bd. 3, Sp. 1533–1539; *Müller*, Die Entwicklung des Erfindungsschutzes; *Wehr*, Die Anfänge des Patentwesens in Deutschland; *Treue*, Die Entwicklung des Patentwesens; *Heggen*, Erfindungsschutz und Industrialisierung in Preußen. – Einen knappen Überblick über die Bestrebungen des Bundes zur Patentgesetzgebung bietet *Laufke*, Der Deutsche Bund und die Zivilgesetzgebung, S. 24–27.

[2] Zitiert nach *Dölemeyer*, Erfinderprivilegien und Patentgesetzgebung am Beispiel der Habsburgermonarchie, S. 326.

wurde.³ Unter diesen ungünstigen Voraussetzungen dauerte es schon auf der Ebene der Einzelstaaten relativ lange, bis sich die Auffassung durchsetzte, daß eine umfassende gesetzliche Regelung des Patentwesens erforderlich war. Dies war auch ein wesentlicher Grund für die fast völlige Abstinenz der Bundesversammlung auf diesem Gebiet, die erst nach 1850 aufgegeben werden sollte.

Während des gesamten Vormärz gab es nur einige schwache und ineffiziente Ansätze zu einer staatenübergreifenden Regelung des Schutzes von Erfindungen. Sie gingen aus vom Deutschen Zollverein, in dem schon bald nach seiner Gründung 1834 zutage trat, daß aufgrund der unterschiedlichen Bestimmungen in den Mitgliedsstaaten, deren Schutzgarantien jeweils nur bis an die Landesgrenze reichten, eine große Rechtsunsicherheit besonders für die industriellen Produzenten bestand. Um wenigstens eine gegenseitige Anerkennung der Patente zu gewährleisten, einigten sich die Zollvereinsstaaten nach schwierigen Verhandlungen auf der Fünften Generalkonferenz des Zollvereins am 21. September 1842 auf eine „Übereinkunft wegen Erteilung von Erfindungspatenten und Privilegien".⁴ In der Praxis hatte das Abkommen aber kaum positive Auswirkungen, denn die in ihm formulierten Grundsätze entsprachen weder den Erfordernissen eines modernen Patentschutzes, noch wurden sie in den Vereinsstaaten allgemein und gleichmäßig umgesetzt.⁵

Angesichts dieser unbefriedigenden Situation mehrten sich um 1840 die Stimmen, die ein einheitliches Patentgesetz forderten, mit dem der einzelstaatliche Wirrwarr beendet werden sollte. In Sachsen, das eine Vorreiterrolle in der deutschen Industrialisierung spielte, veröffentlichte der Chefredakteur des Gewerbe-Blatts für das Königreich Sachsen, Friedrich Georg Wieck, im Jahr 1839 seine Schrift „Grundsätze des Patentwesens", in der er „die dringende Nothwendigkeit einer allgemeinen Patentgesetzgebung für Deutschland" darlegte.⁶ Im gleichen Jahr befaßte sich auch die „Hamburgische Gesellschaft zur Beförderung der Künste und nützlichen Gewerbe" intensiv mit der Frage des Patentrechts. Eine von ihr eingesetzte Kommission legte einen Bericht über „die Grundsätze einer für ganz Deutschland gleichförmigen Patentgesetzgebung" vor.⁷ Berichterstatter war der Rechtsanwalt Gustav Heinrich

---

³ *Beier*, Gewerbefreiheit und Patentschutz, S. 200; zu den theoretischen, rechtlichen und wirtschaftspolitischen Auseinandersetzungen über das Patentwesen, auf die hier nicht näher eingegangen werden kann, siehe vor allem *Machlup/Penrose*, The Patent Controversy, und *Machlup*, Die wirtschaftlichen Grundlagen des Patentrechts.

⁴ Druck in: *Heß*, Die Vorarbeiten zum deutschen Patentgesetz, S. 99–101.

⁵ Vgl. *Wehr*, Die Anfänge des Patentwesens in Deutschland, S. 80–83; *Heggen*, Erfindungsschutz und Industrialisierung in Preußen, S. 42–47; *Wadle*, Der Zollverein und die deutsche Rechtseinheit, S. 118–122.

⁶ *Wieck*, Grundsätze des Patentwesens; vgl. dazu *Naumann*, Gewerbeprivilegien, S. 57 f. u. 69.

⁷ Commissionsbericht über die zweckmäßigsten Mittel zum Schutze der Erfindungen, und über die Grundsätze einer für ganz Deutschland gleichförmigen Patentgesetzgebung. Berichterstatter: Herr Dr. Kirchenpauer, in: Nachrichten von dem Bestande, den Verhandlungen und

Kirchenpauer, der 1843 Hamburger Senator wurde und von 1851 bis 1858 als Gesandter der Hansestadt bei der Deutschen Bundesversammlung fungierte.[8]

In seinem Bericht begründete Kirchenpauer zunächst allgemein die Notwendigkeit des Patentwesens, um sich anschließend mit der Frage zu befassen, in welcher Weise eine Vereinheitlichung herbeigeführt werden könne. Für die wünschenswerte Harmonisierung boten sich drei Wege an: 1. ein Bundespatentgesetz mit gemeinschaftlicher Oberbehörde und Kasse in Frankfurt; 2. eine Vereinigung mehrerer deutscher Staaten (etwa im Rahmen des Zollvereins) mit gemeinsamer Oberbehörde und Kasse; 3. eine Vereinigung mehrerer deutscher Staaten zu gegenseitiger Anerkennung der einzelstaatlichen Patente.

Kirchenpauer favorisierte die erste Variante, weil sie nach seiner Auffassung die größte Wirksamkeit und die wenigsten Schwierigkeiten bei der Durchsetzung des Patentschutzes bot. Demnach sollte eine unter der Leitung des Bundestages stehende zentrale Bundespatentbehörde in Frankfurt eingerichtet werden, die gegen eine einheitliche, in die Bundespatentkasse fließende Gebühr bundesweit gültige Patente erteilen sollte. Daneben sollte es den einzelstaatlichen Patentbehörden weiterhin überlassen bleiben, Patente für ihr Hoheitsgebiet zu geben.

„Die Anordnung einer solchen Behörde für die vielen Länder des deutschen Bundes", so Kirchenpauers optimistische Einschätzung „wird so wenig unmöglich sein, als die Installirung des gemeinschaftlichen patent-office für die Staaten der nordamericanischen Union es war, und ein noch näher liegendes Muster werden die Einrichtungen abgeben, die schon seit Jahren in den verschiedenen Ländern der Oesterreichischen Monarchie bestehen."[9]

Die Tatsache, daß Kirchenpauer hier die moderne bundesstaatliche Ordnung der USA einerseits und die zunehmend überholte, nur mühsam integrierte Ordnung der Habsburgermonarchie als Beleg für die Möglichkeit einer bundeseinheitlichen Regelung heranzieht, macht deutlich, daß der Hamburger Rechtsanwalt vornehmlich die administrativ-organisatorischen Aspekte der Patentgesetzgebung im Auge hatte, nicht aber die politischen Dimensionen, welche die Schaffung einer neuen Bundesinstitution mit unmittelbaren bundesweiten Kompetenzen haben mußte. Hier stellte sich zum einen die Frage nach der Souveränität der Einzelstaaten und zum anderen die Frage nach dem Maß an nationaler Integration. Daß eine durch ein Bundesgesetz her-

---

Preisfragen der Hamburgischen Gesellschaft zur Beförderung der Künste und nützlichen Gewerbe. 43. Stück, Neue Folge 1. Stück. Hamburg 1839, S. 27–40.

[8] *Melle*, Gustav Heinrich Kirchenpauer.

[9] Commissionsbericht über die zweckmäßigsten Mittel zum Schutze der Erfindungen … (wie oben Anm. 7), S. 38 f. – Das österreichische Patentwesen war mit dem Gesetz vom 31. März 1832 in der Weise vereinheitlicht worden, daß die von den Provinzialregierungen erteilten Patente der als Kontrollbehörde fungierenden Hofkammer in Wien mitgeteilt und von dieser ins Generalpatentregister eingetragen wurden.

beigeführte nationale Rechtseinheit immer auch die politische Einheitsdiskussion berührte, wurde in dem Bericht Kirchenpauers nicht reflektiert. Ihm ging es vor allem um praktische und nützliche Verbesserungen und um die Möglichkeiten, wie diese erreicht werden konnten. Allerdings war sich Kirchenpauer im klaren darüber, daß eine entsprechende Initiative sorgfältig vorbereitet werden mußte. Eine gemeinschaftliche Eingabe von deutschen Gewerbevereinen erschien ihm aussichtslos, da die Bundesversammlung sie entweder gar nicht beachten oder lediglich zu den Akten legen würde. Vielmehr sollten sich die Gewerbevereine an ihre jeweiligen Regierungen wenden, um diese zu diplomatischen Schritten auf Bundesebene zu bewegen.

Der Bericht Kirchenpauers hatte aber keine praktischen Folgen, denn weder der hamburgische Senat noch eine andere deutsche Regierung brachten während des Vormärz das Thema des Patentschutzes auf die Tagesordnung der Bundesversammlung. Diese fand lediglich ein einziges Mal Veranlassung, sich mit dem Schutz von Erfindungen zu befassen. Bei dieser Gelegenheit zeigte sich, daß im Deutschen Bund weder ein Bewußtsein von den Erfordernissen eines modernen Patentschutzes vorhanden war, noch die Notwendigkeit anerkannt wurde, diesbezüglich bundeseinheitliche Regelungen zu treffen: In der Bundestagssitzung vom 6. Februar 1840 kam ein Gesuch der Frankfurter Firma Dresler und Rost-Fingerlin zum Schutz ihrer Erzeugnisse gegen die unerlaubte Nachbildung zur Verhandlung.[10] Die Firma führte aus, daß ihre unter beträchtlichem Kapitaleinsatz entwickelten Produkte – verzierte Schriften und künstlerische Ornamente – von anderen deutschen Schriftgießereien einfach nachgeahmt wurden. Um dies in Zukunft zu verhindern, hatte die Firma sich zunächst an den Senat der Stadt Frankfurt gewandt und diesen gebeten, gestützt auf den Bundesbeschluß vom 9. November 1837 gegen den Nachdruck und die Nachbildung künstlerischer Erzeugnisse, eine entsprechende Verfügung zu erlassen.

Der Senat war dazu nicht bereit, weil eine „interpretatorische Anwendung des Bundesbeschlusses vom 9. November 1837 auf die Schriftgießerei" nur von der Bundesversammlung ausgehen könne.[11] Aus diesem Grund beantragte die Firma Dresler und Rost-Fingerlin nun, die Bundesversammlung möge förmlich beschließen, den Bundesbeschluß von 1837 auch auf „typographische Erzeugnisse jeder Art" anzuwenden.[12] Die Kommission zur Aufstellung gleichförmiger Verfügungen gegen den Nachdruck erkannte zwar das Bedürfnis der Firma nach dem Schutz ihrer Produkte an, sah aber keinen Anlaß, „in eine casuistische Aufzählung der denkbaren Gattungen von Kunsterzeugnissen einzugehen"[13] und eine den speziellen Wünschen einzel-

---

[10] ProtDBV 1840, § 28, S. 22–25. – Die Eingabe datierte vom 12. Dezember 1839.
[11] Ebd., S. 23.
[12] Ebd., S. 24.
[13] Ebd., S. 24f.

ner Firmen entsprechende „authentische Erläuterung"¹⁴ des Bundesbeschlusses vom 9. November 1837 zu geben. Es sollte vielmehr den einzelnen Regierungen überlassen bleiben, jeweils zu entscheiden, ob der Bundesbeschluß anzuwenden sei. Überdies bleibe den Produzenten, sofern die Anwendung des Beschlusses auf ihre Erzeugnisse abgelehnt werde, „noch immer der Weg specieller Privilegiengesuche"¹⁵ übrig.

Die Angelegenheit ist nicht nur ein Beispiel dafür, wie sich die einzelstaatlichen Regierungen und die Bundesversammlung gegenseitig die Verantwortung zuschoben und damit eine praktische Lösung verhinderten, sondern sie demonstriert über den Einzelfall hinaus die grundsätzlichen Defizite der Bundespolitik auf rechts- und wirtschaftspolitischem Gebiet. Die Bundesversammlung hatte noch kein Bewußtsein von der Notwendigkeit und den Möglichkeiten einer bundesweiten Rechtsvereinheitlichung entwickelt, sie lehnte es in der Regel ab, entsprechende Verhandlungen einzuleiten, und selbst in den wenigen Fällen, in denen gemeinschaftliche Regelungen auf Bundesebene zustande kamen, orientierte sich das Handeln des Bundes nicht am Konzept einer allgemeinen, den Bedürfnissen der dynamischen ökonomischen und sozialen Entwicklung entsprechenden nationalen Rechtsschöpfung, sondern blieb vielmehr dem herkömmlichen Denken des in speziellen Fällen zu gewährenden Rechtsprivilegs verhaftet.

Diese Grundhaltung begann sich erst nach 1850 zu ändern, zunächst bei den Regierungen der deutschen Einzelstaaten und dann mit einiger Verzögerung auch auf Bundesebene. Wie für die materiellen Interessen insgesamt, so gilt auch für das Patentwesen, daß der Deutsche Bund konkrete Schritte zu einer bundeseinheitlichen Regelung erst unter dem Eindruck der industriellen und politischen „Deutschen Doppelrevolution"¹⁶ von 1845/49 einleitete. Einerseits traten nun angesichts der rasanten ökonomischen Entwicklung die Nachteile der bestehenden Situation immer krasser hervor. Speziell im Hinblick auf den Erfindungsschutz wirkten sich daneben sowohl die intensiven Debatten von Juristen und Nationalökonomen über das Patentwesen als auch die fortschreitende legislative Normierung des Erfindungsschutzes in den USA, England und Frankreich auf die innerdeutsche Diskussion aus. Schließlich schufen wie in vielen anderen Bereichen die Erfahrungen der Revolution von 1848/49 einen Begründungs- bzw. Handlungsbedarf auch in der Frage des Patentwesens, denn die Reichsverfassung vom 28. März 1849 hatte in § 40 die Erteilung von Erfindungspatenten als ausschließliche Reichskompetenz reklamiert¹⁷ und damit das Patentrecht als nationale Aufgabe definiert.

Auf der Dresdener Konferenz kam 1850/51 die Frage einer gemeinschaftlichen Regelung des Patentwesens erstmals auf der Ebene des Bundes zur

---

¹⁴ Ebd., S. 25.
¹⁵ Ebd.
¹⁶ *Wehler*, Deutsche Gesellschaftsgeschichte, Bd. 2, S. 585 ff.
¹⁷ *Huber* (Hg.), Dokumente, Bd. 1, S. 379.

Sprache.[18] Den Anstoß dazu gaben zwei an die Konferenz gerichtete Denkschriften der bayerischen und sächsischen Regierung über die deutschen Zoll- und Handelsverhältnisse. Darin wurde unter anderem auch vorgeschlagen, das Patentwesen bundeseinheitlich zu regeln.[19] Die bayerische Regierung beantragte, „eine gemeinsame gleichförmige Gesetzgebung" zum Schutz der Erfindungspatente, Muster- und Fabrikzeichen herbeizuführen[20], während Sachsen die Einrichtung einer ständigen Bundeskommission vorschlug, die über die Harmonisierung der „die allgemeinen Verhältnisse des Handels, des Verkehrs und der Produktion betreffenden Gesetzgebung", wozu auch das Patentwesen gezählt wurde, beraten sollte[21].

Die Denkschriften bildeten die Grundlage der Beratungen der 3. Kommission der Dresdener Konferenz, die sich mit den „materiellen Interessen", das heißt dem Handels-, Zoll- und Verkehrswesen befaßte. Die Kommission ließ von hinzugezogenen Sachverständigen den „Entwurf einer Uebereinkunft zwischen den deutschen Bundesstaaten zur Beförderung des Handels und Verkehrs" ausarbeiten, der am 9. März 1851 vorgelegt und in revidierter Form dem Abschlußbericht der 3. Kommission vom 25. April 1851 beigelegt wurde.[22] Der Entwurf sah eine Reihe von Handels-, Zoll- und Verkehrserleichterungen vor, ging aber auf das Patentrecht nicht ein. Die 3. Kommission sprach sich jedoch in ihrem Bericht an die Plenarversammlung der Konferenz dafür aus, die Harmonisierung des Patentrechts an die Bundesgesetzgebung zu verweisen und schlug dazu die baldige Einberufung einer technischen Kommission vor.[23] Der am 10. Juli 1851 eingesetzte handelspolitische Ausschuß, dem die Vorlagen der 3. Kommission zur weiteren Bearbeitung überwiesen wurden, bemühte sich zwar, die in Dresden erörterten Materien voranzutreiben, doch kamen seine Verhandlungen wegen der im Herbst 1851 ausgelösten Zollvereinskrise und der dadurch verschärften wirtschaftspolitischen Gegensätze innerhalb des Deutschen Bundes zum Erliegen.

Hinzu kam, daß die von einzelnen Regierungen als wünschenswert und notwendig erkannte einheitliche Regelung des Patentwesens noch keineswegs allgemeine Anerkennung gefunden hatte. Während die vom handelspolitischen Ausschuß beauftragten Sachverständigen eine bundesgesetzliche Initiative zur Vereinheitlichung des Patentschutzes befürworteten, reagierte die Bundesversammlung auf die von Individuen ausgehenden Bitten um den Schutz ihrer Erfindungen weiterhin ablehnend. Sie berief sich dabei auf die

---

[18] Einen knappen Abriß der Verhandlungen des Deutschen Bundes ab 1851 über das Patentwesen bietet *Laufke*, Der Deutsche Bund und die Zivilgesetzgebung, S. 24–27.
[19] Bayerische Denkschrift über die deutschen Zoll- und Handelsverhältnisse, Dresden, 31. Dezember 1850, in: QGDB III/1, Dok. 19, S. 100; sächsische Denkschrift über die Zoll- und Handelsfragen, Dresden, 1. Januar 1851, in: ebd., Dok. 20, S. 114.
[20] Ebd., Dok. 19, S. 100.
[21] Ebd., Dok. 20, S. 114.
[22] Vgl. QGDB III/1, Dok. 65 u. 83a und 83b.
[23] Ebd., S. 467.

von ihr „bisher befolgten Grundsätze", wonach „die Ertheilung von Erfindungspatenten lediglich als eine zu dem Geschäftskreis der innern Verwaltung der einzelnen Bundesstaaten gehörige Angelegenheit betrachtet worden ist".[24]

Mit dieser Haltung setzte sich die Bundesversammlung in einen eklatanten Gegensatz zu der nicht nur bei einzelnen Regierungen, sondern auch in der deutschen Öffentlichkeit vorherrschenden Ansicht, daß angesichts der immer engeren wirtschaftlichen Verflechtung nur eine bundeseinheitliche Regelung geeignet sei, einen wirksamen Schutz von Erfindungen zu gewährleisten. Denn, so fragte die Deutsche Vierteljahrsschrift in einem Mitte 1851 veröffentlichten Artikel,

„… was hilft es heute noch, daß einzelne Staaten Erfindungspatente ertheilen, während die andern dieselben verweigern? Es ist gar nicht möglich ohne eine gemeinsame Gesetzgebung etwas an die Ertheilung der besten Erfindung zu wagen, weil ein Vorrecht von Oesterreich und Preußen durch die Nichtbewilligung eines kleinen deutschen Staates vereitelt werden kann."[25]

Ungeachtet dessen blieb die Bundesversammlung in der Frage des Patentschutzes weiterhin untätig. Daran änderte auch eine abermalige Initiative der sächsischen Regierung nichts, die am 12. Januar 1852[26] der Bundesversammlung den „Entwurf eines Patentgesetzes für die deutschen Bundes-Staaten"[27] vorlegte, der von dem sächsischen Sachverständigen in der vom handelspolitischen Ausschuß im Oktober 1851 einberufenen Kommission zur Überarbeitung des Dresdener Entwurfs einer „Übereinkunft zwischen den deutschen Bundesstaaten zur Beförderung des Handels und Verkehrs"[28], Dr. Albert Weinlig[29], ausge-

---

[24] Gutachten der Reklamationskommission zum Gesuch des Ingenieurs Georg Schulze aus Berlin um Erteilung eines Patents „für ganz Deutschland" für die von ihm erfundene „Luftkraft-Maschine", erstattet in der Bundestagssitzung vom 31. Dezember 1851; ProtDBV 1851, § 287, S. 718 f. - Mit der gleichen Begründung lehnte die Bundesversammlung in den 1850er und 1860er Jahren eine ganze Reihe von Gesuchen um Patentschutz ab; vgl. ProtDBV 1854, § 67, S. 126 f.; ProtDBV 1855, § 265, S. 858 f.; ProtDBV 1856, § 307, S. 726 f.; ProtDBV 1858, § 252, S. 625 f.; § 405, S. 1063 f.; ProtDBV 1859, § 108, S. 213–215; ProtDBV 1860, § 132, S. 262; § 242, S. 612 f.; § 243, S. 613 f.; ProtDBV 1861, § 249, S. 669 f.; § 288, S. 717; § 308, S. 760; ProtDBV 1862, § 66, S. 82; ProtDBV 1865, § 64, S. 76 f.
[25] Der alte und der neue Bundestag, in: Deutsche Vierteljahrsschrift 1851, Heft 3, S. 273–309, hier S. 302; auch in: QGDB III/2, Dok. 2, Zitat S. 32.
[26] ProtDBV 1852, § 10, S. 132 f.
[27] BA Koblenz, DB 1/323.
[28] Die Kommission tagte vom 16.–21. Oktober 1851 in Frankfurt; ProtDBV 1851, § 210, S. 473.
[29] Weinlig hatte sich schon im Vormärz als einer der führenden Wirtschaftsförderer in Sachsen profiliert. In der Patentdebatte war er 1843 mit einer Abhandlung „Über Erfindungspatente" im „Archiv für politische Ökonomie" hervorgetreten, in der er die bestehenden Verhältnisse kritisiert und Grundsätze für ein allgemeines deutsches Patentgesetz formuliert hatte. Während der Dresdener Konferenz gehörte er zur Sachverständigenkommission, die vom 5. Februar bis zum 25. April 1851 den Entwurf zu einem Abkommen über das Handels- und Verkehrswesen erarbeitete. Weinlig gehörte ferner der 1862 einberufenen Bundeskommission zur Ausarbeitung eines Gutachtens über die Einführung gemeinsamer Normen hinsichtlich der Patentgesetzgebung in den deutschen Bundesstaaten an (siehe unten); ProtDBV 1863, § 237, S. 454. - Zu Weinlig siehe *Bräuer*, Albert Christian Weinlig; *Naumann*, Gewerbeprivilegien, S. 60 f.

arbeitet worden war. Der Entwurf sah die Einrichtung eines „unmittelbar unter der Bundesversammlung" stehenden „Patentamt[s] der deutschen Bundesstaaten" vor, das bundesweite Patente erteilen, ein zentrales Patentregister führen und ein monatlich erscheinendes „Deutsches Patent-Journal" herausgeben sollte. Die Mitglieder des Patentamts sollten von der Bundesversammlung, die auch den Sitz der neuen Behörde bestimmen und ihren Etat festsetzen sollte, ernannt und besoldet werden. Das Patentamt war somit konzipiert als eine eigenständige Bundesbehörde, die im Hinblick auf das Patentwesen eine unmittelbare Zuständigkeit und Anordnungsbefugnis hatte. Die Verwaltungs- und Justizbehörden der Einzelstaaten waren angewiesen, den „Requisitionen des Patentamtes in Patentsachen Folge zu leisten".[30] Dies hieß in verwaltungstechnischer Hinsicht, daß die Landesbehörden als ausführende Unterbehörden des Patentamtes fungieren sollten. Politisch brisant war dies insofern, als damit die Souveränität der einzelstaatlichen Regierungen im Hinblick auf die innere Verwaltung und Gesetzgebung eingeschränkt, die Landesbehörden vom Bund aus „mediatisiert" worden wären.

Auf diese politischen Aspekte ging Weinlig in der Begründung seines Entwurfs aber nicht ein. Ähnlich wie Kirchenpauer dreizehn Jahre zuvor beschränkte er sich auf die sachlichen Gründe für ein Bundespatentgesetz. Für ein solches Gesetz sprachen aus seiner Sicht das Vorbild der anderen Industriestaaten, die Wünsche der Industriellen und die durch die bestehende Situation in Deutschland verursachten hohen Kosten zur Sicherung des Erfindungsschutzes sowie die Schwierigkeiten bei der Rechtsverfolgung. Dem daraus entstehenden Bedürfnis könne nicht durch zwischenstaatliche Verträge wie etwa das Zollvereinsabkommen von 1842 entsprochen werden, denn:

„So dankenswerth diese Fortschritte sind, haben sie doch dem eigentlichen Bedürfnisse nicht abgeholfen, da nicht blos gemeinschaftliche Grundsätze Noth thun, sondern vielmehr eine, alle Staaten des deutschen Bundes umfassende, als Bundessache dastehende u. die Einwirkung der einzelnen Staaten völlig absorbirende Einrichtung zu Ertheilung von *Bundes-Patenten*."[31]

Der Entwurf Weinligs, den die sächsische Regierung nicht als fertige Vorlage zu einem Bundesbeschluß, sondern lediglich als „schätzbares Material" für das noch zu erarbeitende Bundesgesetz verstanden wissen wollte[32], wurde an den handelspolitischen Ausschuß überwiesen, dessen Vorsitzender, der Bundespräsidialgesandte Graf Thun, den hamburgischen Bundestagsgesandten Kirchenpauer mit der Berichterstattung darüber beauftragte. Dieses Gutachten wurde aber nie erstattet, obwohl sich Kirchenpauer Anfang Februar 1852 von dem Hamburger Senatsadvokaten Soetbeer seine Ausarbeitung von 1839

---

[30] Entwurf eines Patentgesetzes für die deutschen Bundes-Staaten, § 5, 29, 30, 46, 49, BA Koblenz, DB 1/323.
[31] Ebd.
[32] Nostitz an Thun, Frankfurt, 27. Februar 1852, BA Koblenz, DB 1/323.

sowie weitere einschlägige Literatur über den Patentschutz zuschicken ließ. Auch hatte Soetbeer im Auftrag Kirchenpauers in den Protokollen der Hamburger Kommerzdeputation nach Verhandlungen über das Patentwesen nachgeforscht, war dabei aber nicht fündig geworden. Gleichwohl versicherte Soetbeer, die Kommerzdeputation werde gegen ein Bundespatentgesetz nichts einzuwenden haben, sondern „vielmehr einen *solchen* Fortschritt der deutschen Einheit nur willkommen heißen".[33] Warum Kirchenpauer, der sich ja bereits 1839 für ein Bundespatentgesetz zur Schaffung einer zentralen Bundespatentbehörde ausgesprochen hatte, unter diesen Voraussetzungen keinen Bericht erstattete, sondern die Sache liegenließ, ist aus den Akten nicht zu ersehen.[34]

Mit der Erfolglosigkeit der sächsischen Initiative von 1852 wurde jedenfalls die einheitliche Regelung des Patentrechts auf lange Zeit vertagt. Auch als der sächsische Bundestagsgesandte Nostitz und der bayerische Regierungschef Pfordten im Herbst 1855 fast zeitgleich eine gemeinnützige Anordnung des Bundes über das Patentwesen beziehungsweise „eine gemeinschaftliche Patentgesetzgebung" durch den Bund anregten[35], blieb dies ohne Folgen. Weiterhin beantwortete die Bundesversammlung die gelegentlich an sie gerichteten Gesuche von Individuen auf Patenterteilung mit dem lapidaren Hinweis, daß dies „zu dem Geschäftskreise der Bundesversammlung nicht gehöre" und verwies die Bittsteller an die Einzelregierungen.[36]

Erst im Jahr 1860, zu einem Zeitpunkt, als in der Presse und den Verlautbarungen der Interessenverbände die Verbesserung des Patentschutzes mehrfach öffentlich angemahnt wurde[37], nahm die Bundesversammlung konkrete

---

[33] Soetbeer an Kirchenpauer, Hamburg, 2. Februar 1852, BA Koblenz, DB 1/323.

[34] Der Entwurf Weinligs und die übrigen dazugehörigen Unterlagen lagen bis zum Januar 1853 in der hamburgischen Gesandtschaftskanzlei in Frankfurt, von wo sie an Bismarck, der Einsicht in die Akten verlangt hatte, übermittelt wurden. Bismarck schickte sie einige Zeit später an den Bundesregistrator Leutheusser zurück, der nicht wußte, was mit den Akten weiter zu geschehen habe und sie offenbar nicht an Kirchenpauer weiterleitete, sondern in der Bundeskanzlei reponierte. Vgl. Registraturnotiz von Leutheusser, Frankfurt, 19. April 1853, BA Frankurt, DB 1/323.

[35] Denkschrift Nostitz' vom 12. Oktober 1855 bzw. Instruktion Pfordtens an den Bundestagsgesandten Schrenk vom 10. November 1855, QGDB III/2, Dok. 75, S. 346f.; Dok. 86, S. 383f.

[36] Vortrag der Reklamationskommission auf das Gesuch von G. Braumüller aus Düsseldorf vom 26. Februar 1856 zur Erlangung eines Patents „auf eine angeblich neue Methode, dem Torfe durch die chemische Zersetzung die Härte und Festigkeit des Holzes und der Steinkohle zu geben, die Brennkraft zu vermehren und aus demselben zuletzt auch durch Verkohlung Mineralöl und Leuchtgas zu erzeugen"; ProtDBV 1856, § 105, S. 270f. – In diesem Fall kann man die Haltung der Bundesversammlung wohl kaum beklagen, denn weder dem Erfinder Braumüller noch der modernen Heiz- und Beleuchtungstechnik dürfte durch die Verweigerung des Patents ein großer Schaden entstanden sein.

[37] Vgl. die Artikel in der Frankfurter Postzeitung vom 28. und 29. Februar 1860 über den Mangel eines Gesetzes zum Schutz der Fabrikzeichen und die diesbezüglichen Verhandlungen des preußischen Handelstages zu Berlin.

Verhandlungen über das Patentwesen auf.³⁸ Der Anstoß dazu ging wiederum von den Mittelstaaten aus, die auf der ersten Würzburger Konferenz vom 23.–27. November 1859 eine entsprechende Initiative verabredet hatten. Am 26. Juli 1860 stellten die Regierungen von Bayern, Sachsen, Württemberg, Großherzogtum Hessen, Sachsen-Meiningen, Sachsen-Altenburg, Nassau und Mecklenburg-Schwerin in der Bundesversammlung den Antrag, die 1852 eingestellten Verhandlungen wiederaufzunehmen.³⁹ Die sächsische Regierung legte dazu einen mit der Weinligschen Ausarbeitung von 1852 im wesentlichen übereinstimmenden Entwurf vor, der als Grundlage der Verhandlungen dienen sollte.⁴⁰ Antrag und Entwurf wurden dem handelspolitischen Ausschuß zur Berichterstattung überwiesen, die jedoch erst nach über einem Jahr, am 1. August 1861 erfolgte.

In der Zwischenzeit hatte die württembergische Regierung, die mit dem sächsischen Entwurf nicht in allen Punkten einverstanden war, den deutschen Regierungen und den Mitgliedern des handelspolitischen Ausschusses einen eigenen Entwurf übermittelt.⁴¹ Der Unterschied zur sächsischen Vorlage bestand im wesentlichen darin, daß Württemberg den Landesbehörden die Kompetenz zur Ausstellung von Patenten belassen und somit neben den Bundespatenten auch weiterhin Patente auf einzelstaatlicher Ebene gestatten wollte.⁴² Auf diese Weise wären die Landesbehörden nicht zu bloßen Ausführungsorganen des Bundespatentamts geworden, sondern hätten eine eigenständige administrative Funktion behalten. Eine solche Lösung kam zwar dem Souveränitätsdenken der Einzelregierungen entgegen, war aber für die Mehrzahl der mittleren und kleinen deutschen Staaten wenig sachgerecht, da Landespatente für das Territorium von Staaten wie Hamburg, Lippe und Waldeck, aber auch in größeren, über intensive Handelsbeziehungen verfügende Staaten wie etwa Hessen-Darmstadt oder Sachsen wenig Sinn machten.

Ansonsten kam der württembergische Entwurf dem sächsischen sehr nahe. In seiner Motivierung verbanden sich nationalpolitische mit nationalökonomischen Aspekten. Im einleitenden Satz wurden die Bestrebungen zur

---

³⁸ Einen kurzen Überblick über die Verhandlungen geben *Wehr*, Die Anfänge des Patentwesens in Deutschland, S. 84–86, und *Laufke*, Der Deutsche Bund und die Zivilgesetzgebung, S. 25–27.
³⁹ ProtDBV 1860, § 197, S. 354.
⁴⁰ Entwurf eines Patentgesetzes für die deutschen Bundesstaaten, BA Koblenz, DB 1/323.
⁴¹ Entwurf eines Gesetzes, betreffend die Erfindungs- und Einführungspatente in den deutschen Bundesstaaten, Druck, 46 Seiten, HStA Stuttgart, E 65, Verzeichnis 40, Büschel 73, sowie im BA Koblenz, DB 1/323. Der württembergische Außenminister Hügel sandte den Entwurf am 27. Oktober 1860 an den Gesandten in Wien und an den Bundestagsgesandten Reinhard, der ihn am 8. Dezember 1860 an die Gesandten von Österreich, Preußen, Bayern, Sachsen, Hannover und der sächsischen Häuser weiterleitete; Hügel an Ow, Stuttgart, 27. Oktober 1860, HStA Stuttgart, E 70b, Büschel 54/12; Hügel an Reinhard, Stuttgart, 27. Oktober 1860, HStA Stuttgart, E 65, Verzeichnis 40, Büschel 73; Zirkularnote Reinhards an die Mitglieder des handelspolitischen Ausschusses, 8. Dezember 1860, BA Koblenz, DB 1/323.
⁴² Art. 22 des württembergischen Entwurfs.

wirtschaftlichen Einigung Deutschlands als begründete Maßnahmen definiert, mit denen man „dem Drange des deutschen Volkes nach einer mehr einheitlichen Ordnung seiner Verhältnisse"[43] entgegenkomme. Indem die Rechtsvereinheitlichung als ein den Einheitswünschen des Volkes entsprechendes Werk dargestellt wurde, erhielt sie eine über den rechtlichen Aspekt hinausgehende politische Dimension. Des weiteren wurde die wirtschaftliche und rechtliche Einigung mit nationalökonomischen Motiven begründet. Ein einheitliches deutsches Patentrecht sei ein wichtiges „Förderungsmittel"[44] für die „deutsche Industrie", der man durch den vom Bund garantierten Schutz von Erfindungen „zum ersten Mal durch ein Gesetz den Rückhalt und das Bewußtseyn der Gemeinsamkeit gewähren"[45] könne. Um diesen Zweck zu erreichen, schlug der Entwurf die Schaffung eines Bundespatentamts mit mindestens fünf ständigen, aus der Bundeskasse besoldeten Mitgliedern vor. Das Bundespatentamt sollte als eigenständige, lediglich der Aufsicht der Bundesversammlung unterliegende Behörde bundesweit gültige Patente ausstellen können und in seiner Geschäftstätigkeit mit den Gerichts- und Verwaltungsbehörden der Einzelstaaten in unmittelbarem Verkehr stehen.[46]

Der handelspolitische Ausschuß machte sich aber weder den sächsischen noch den württembergischen Vorschlag zu eigen. In seinem Bericht vom 1. August 1861[47] negierte er einerseits die Notwendigkeit einer „einheitlichen Leitung des Patentwesens"[48] durch den Deutschen Bund und hob andererseits hervor, die Einsetzung einer Bundespatentbehörde und eines einheitlichen Bundespatentrechts seien angesichts der Vielfalt der gewerblichen und gewerberechtlichen Verhältnisse in Deutschland praktisch „kaum ausführbar"[49]. Die Mehrheit der Kommission sprach sich deshalb lediglich dafür aus, eine Sachverständigenkommission zu beauftragen, ein Gutachten über gemeinsame Grundsätze, welche die Regierungen bei der Ausstellung von Patenten zu befolgen hätten, auszuarbeiten. Mit diesem Antrag, der von der Bundesversammlung gegen die Stimme Preußens, das die Beratung des Patentwesens durch eine Bundeskommission grundsätzlich ablehnte[50], nach weiteren vier Monaten am 5. Dezember 1861 angenommen wurde[51], war eine Vorentscheidung *gegen* die Einrichtung einer zentralen Bundespatentbehörde gefallen.

---

[43] Ebd., Vorwort, S. 1.
[44] Ebd., S. 2.
[45] Ebd., S. 3.
[46] Ebd., Art. 31–34.
[47] ProtDBV 1861, § 229, S. 629–633.
[48] Ebd., S. 631.
[49] Ebd., S. 632.
[50] Vgl. die Erklärungen des preußischen Bundestagsgesandten in der Sitzung vom 1. August und vom 5. Dezember 1861; ProtDBV 1861, § 229 u. 309, S. 633–635 u. 761. – Zur preußischen Haltung siehe auch *Heß*, Die Vorarbeiten zum deutschen Patentgesetz, S. 33–37.
[51] ProtDBV 1861, § 309, S. 761–763.

Nachdem mehrere Regierungen erklärt hatten, sich an der Kommission beteiligen zu wollen[52], berief die Bundesversammlung am 24. Juli 1862 eine Sachverständigenkommission „zur Ausarbeitung eines Gutachtens über Einführung gleichbleibender Normen hinsichtlich der Patentgesetzgebung in den deutschen Bundesstaaten" ein und setzte den Beginn der Verhandlungen auf den 24. November 1862 fest.[53] Die Verhandlungen wurden am 25. November 1862 im Thurn und Taxis'schen Palais in Frankfurt eröffnet.[54]

Ohne sich auf die sächsischen und württembergischen Entwürfe zu einem Bundespatentgesetz näher einzulassen, erarbeitete die Kommission in elf Sitzungen vom 25. November bis 15. Dezember 1862 zwei Entwürfe für Vereinbarungen über die Grundsätze, die bei der Ausstellung von Patenten von den Einzelregierungen befolgt werden sollten, beziehungsweise über die Form, in welcher die gegenseitige Geltung der Patente gewährleistet werden konnte. Danach vertagte sich die Kommission, um dem Referenten Dr. Weinlig die Möglichkeit zu geben, ein die Vereinbarungsentwürfe begründendes Gutachten zu verfassen. Das Gutachten lag im März 1863 vor und wurde anschließend in dreizehn Kommissionssitzungen vom 20. April bis 16. Mai 1863 zusammen mit den Vereinbarungsentwürfen einer abschließenden Beratung unterzogen. Am 26. Mai 1863 zeigte der Kommissionsvorsitzende Höchsmann dem Präsidium der Bundesversammlung den Abschluß der Arbeiten an und legte das Gutachten und die beiden Entwürfe über den Patentschutz und die gegenseitige Geltung der Patente vor.[55]

In dem Gutachten, das der handelspolitische Ausschuß am 8. Oktober 1863 in der Bundesversammlung einbrachte[56], äußerte die Kommission die Auffassung, ein Schutz von Erfindungen durch Patente sei „national-ökonomisch" gerechtfertigt, und es sei ein anerkanntes Bedürfnis, „eine Gemeinsamkeit der in den deutschen Bundesstaaten aufzustellenden Vorschriften über das Patentwesen" herbeizuführen.[57] Bei der Prüfung der Frage, ob diese

---

[52] Bayern (5. 12. 1861; 4. 1. 1862); Österreich (5. 12. 1861; 9. 1. 1862); Sachsen (5. 12. 1861); Württemberg und Hessen-Darmstadt (23. 1. 1862); Hannover (5. 12. 1861; 19. 5. 1862); ProtDBV 1861, § 309, S. 761 f.; ProtDBV 1862, § 3, S. 3; § 16, S. 21; § 31, S. 33; § 169, S. 245.

[53] ProtDBV 1862, § 253, S. 432–434.

[54] Zirkular des Präsidialgesandten Kübeck an die Mitglieder des handelspolitischen Ausschusses, 24. November 1862, sowie die Protokolle der von der hohen deutschen Bundesversammlung durch Beschluß vom 24. Juli 1862 einberufenen Commission zur Ausarbeitung eines Gutachtens über Einführung gleichheitlicher Normen hinsichtlich der Patentgesetzgebung in den deutschen Bundesstaaten. Frankfurt am Main, gedruckt in der Bundesdruckerei; BA Koblenz, DB 1/323.

[55] Höchsmann an das Präsidium der Bundesversammlung, 26. Mai 1863, BA Koblenz, DB 1/323.

[56] Gutachten der von der hohen deutschen Bundesversammlung durch Beschluß vom 24. Juli 1862 einberufenen Commission von Fachmännern, die gemeinsame Regelung der zum Schutze von Erfindungen aufzustellenden Vorschriften betreffend. Frankfurt, 16. Mai 1863, Druck, BA Koblenz, DB 1/323, abgedruckt auch in: ProtDBV 1863, § 237, S. 452–499.

[57] Ebd., S. 455.

Übereinstimmung durch gleichförmige Normen für die einzelstaatliche Patentgesetzgebung oder, wie es die Entwürfe Sachsens und Württembergs forderten, durch ein Bundespatentgesetz und eine zentrale Bundespatentbehörde herbeigeführt werden solle, gelangte die Mehrheit der Kommission zu der Auffassung, daß unmittelbare Bundespatente nicht zulässig seien. Die Übertragung des Rechts zur Patenterteilung an eine Bundesbehörde stelle, so hieß es, für den einzelnen Staat „eine nicht wohl zulässige theilweise Entäußerung eines Hoheitsrechtes" dar.[58] Überdies seien, selbst wenn man die Zweifel, „ob die Errichtung derartiger Executivbehörden überhaupt im Sinne der Bundesverfassung liege"[59], beiseite lasse, die Schwierigkeiten der praktischen Ausführung zu groß. Ferner sei zu bedenken, daß „man sich jetzt nach allen Seiten hin in einem Entwicklungsstadium der Verfassungs- und Verkehrsverhältnisse befinde, welches der Einführung neuer Organismen für Specialzwecke nicht günstig sei".[60] Schließlich lasse es die aktuelle kontroverse Diskussion um das Patentrecht, deren Folgen nicht zu übersehen seien, nicht ratsam erscheinen, jetzt eine Bundesgesetzgebung über diesen umstrittenen Gegenstand einzuleiten.

Die Kommission empfahl deshalb, lediglich allgemeine Grundsätze für die Patenterteilung aufzustellen und die von den diesen Grundsätzen beitretenden Staaten ausgestellten Patente „unter gewissen Voraussetzungen"[61] gegenseitig anzuerkennen. Die Kommission hob besonders hervor, daß auf diesem Wege die Hoheitsrechte der Einzelstaaten nicht über Gebühr eingeschränkt wurden, denn zwar müßten die Entscheidungen fremder Behörden respektiert und ausgeführt werden, aber das vorgeschlagene Prozedere gehe kaum über das hinaus, was in anderen Abkommen über gegenseitige Rechtshilfe zugestanden werde.

Die Vorschläge der Kommission bezweckten somit nicht ein allgemeines Bundesgesetz zur Schaffung eines Bundespatentamts, mit dem selbst nach Einschätzung des handelspolitischen Ausschusses das Problem des Patentwesens „am einfachsten"[62] zu lösen gewesen wäre, das aber gegen den Widerstand der Regierungen nicht durchzusetzen war, sondern die Gründung eines „Patentvereins" auf freiwilliger Basis. Immerhin war nach dem Entwurf der „Vereinbarung über gegenseitige Geltung der Patente" die Möglichkeit gegeben, neben den jeweiligen Landespatenten sogenannte „Vereinspatente" auszustellen. Diese wurden zwar von den jeweiligen Landespatentbehörden erteilt, mußten aber den übrigen Vereinsstaaten mitgeteilt und von diesen bekanntgemacht werden.[63]

---

[58] Ebd., S. 478.
[59] Ebd., S. 478f.
[60] Ebd., S. 479.
[61] Ebd.
[62] Ebd., S. 484.
[63] Ebd., S. 497 (Vereinbarung über gegenseitige Geltung der Patente, Art. II und IV).

Auf Antrag des handelspolitischen Ausschusses, der die Annahme der von den Sachverständigen entworfenen Vereinbarungen befürwortete, beschloß die Bundesversammlung am 8. Oktober 1863 gegen die Stimme Preußens, die Vorlagen der Sachverständigenkommission an die Regierungen mit dem Ersuchen zu übermitteln, sich darüber zu äußern, ob sie geneigt seien, den Entwürfen beizutreten.[64] Zur Annahme der Vereinbarungen erklärten sich aber lediglich Hannover (am 22. Oktober 1863)[65], Bayern (am 22. Dezember 1863)[66], Württemberg (am 22. Januar 1864)[67], Frankfurt (am 21. April 1864)[68] und Österreich (am 27. April 1865)[69] bereit. Ablehnend äußerten sich die Gesandten von Mecklenburg-Schwerin und Mecklenburg-Strelitz, Lübeck, Preußen – das der Meinung war, „daß im Hinblick auf den gegenwärtigen Standpunkt der Industrie es der durch das Patent bezweckten Anregung des Erfindungsgeistes überhaupt nicht mehr bedarf"[70] –, Waldeck, Baden, Niederlande für Luxemburg und Limburg, Sachsen-Weimar, Bremen, Sachsen-Meiningen, Sachsen-Altenburg, Sachsen-Coburg und Gotha, Hamburg, Braunschweig und Reuß jüngere Linie.[71] Die übrigen 13 Regierungen gaben überhaupt keine Erklärung ab, darunter Sachsen, dessen Vorschläge im handelspolitischen Ausschuß und der Sachverständigenkommission keine Berücksichtigung gefunden hatten.[72] Eine am 21. März 1866 von der Bundesversammlung an die säumigen Regierungen gerichtete Aufforderung, ihre Erklärungen zu den seit 1863 vorliegenden Vereinbarungsentwürfen abzugeben[73], blieb erfolglos. Damit war die Bundesinitiative zur Vereinheitlichung des Patentwesens in Deutschland gescheitert.

Ein wirksamer Schutz von Erfindungen innerhalb des Deutschen Bundes blieb ein Desiderat, denn weder die bestehenden Regelungen innerhalb des Zollvereins noch die von einigen deutschen Regierungen getroffenen zwischenstaatlichen Vereinbarungen über Nebenaspekte des Warenschutzes[74] konnten eine einheitliche Patentgesetzgebung ersetzen. Darauf wiesen ge-

---

[64] ProtDBV 1863, § 237, S. 486.
[65] ProtDBV 1863, § 245, S. 512.
[66] ProtDBV 1863, § 304, S. 606.
[67] ProtDBV 1864, § 41, S. 58.
[68] ProtDBV 1864, § 139, S. 192 f.
[69] ProtDBV 1865, § 77, S. 175 f.
[70] ProtDBV 1863, § 320, S. 621 f. (Sitzung vom 31. Dezember 1863).
[71] ProtDBV 1863, § 304, S. 606 f.; § 315, S. 619; ProtDBV 1864, § 24, S. 27; § 35, S. 42–45; § 109, S. 153; § 123, S. 171 f.; § 146, S. 198; § 156, S. 212; § 180, S. 245.
[72] *Laufke*, Der Deutsche Bund und die Zivilgesetzgebung, S. 27, vermutet, daß die sächsische Regierung verärgert war über die Ignorierung ihrer Vorschläge.
[73] ProtDBV 1866, § 85, S. 92–94.
[74] Hannover, Preußen und Württemberg kamen im Januar 1863 überein, „bis auf weiteres ihre Untertanen gegenseitig in dem gesetzlichen Schutz der Warenbezeichnungen gleichzustellen". Dem Abkommen trat wenig später auch Baden bei. Vgl. Platen an Heimbruch, Hannover, 21. Januar 1863, sowie Ministerialerklärungen Hannovers und Badens vom 25. und 30. März 1863, HStA Hannover, Dep. 103, Bestand VI, Nr. 4164.

rade in den 1860er Jahren viele Gewerbevereine, der deutsche Handelstag, der Juristentag, die einzelstaatlichen Kammern und die Presse immer wieder hin.[75] Die bisherigen Regelungen konnten nicht mehr genügen, wie der Düsseldorfer „Technische Verein für das Eisenhüttenwesen" in einer Eingabe an die Bundesversammlung im März 1864 schrieb, und zwar deshalb nicht,

„weil unsere industrielle Richtung in der neuen Zeit das deutsche Bundesgebiet mehr und mehr als ein einheitliches Gebiet erscheinen läßt, wo der Verkehr die Landesgrenzen nicht mehr berücksichtigen und der Industrielle in seinen Geschäften und Geschäftsverbindungen nicht mehr als der Staatsbürger seines Geburtslandes, sondern als einer großen volkswirthschaftlichen Gemeinschaft angehörig sich fühlen mag".[76]

Mit anderen Worten: Die Ausbildung einer deutschen Nationalökonomie erforderte die Schaffung einer nationalen Gesetzgebung, und beides zusammen trug zur inneren Nationsbildung bei. In diesem Sinne wurde auch das Patentwesen zu einer Frage von allgemeiner nationaler Bedeutung:

„Eine gemeinschaftliche Patentgesetzgebung wäre ein neues Glied in der Reihe derjenigen Maßregeln, welche zur immer innigeren Verschmelzung der materiellen Interessen unserer Nation führen. Möge es einer Hohen Bundes-Versammlung in ihren Bestrebungen gelingen dieses schöne Ziel zu erreichen und der deutschen Nation die Vortheile zuzuwenden, welche im Hinblick auf den gegenwärtigen Standpunkt der Industrie die Verleihung von Patenten darbietet."[77]

Diesen Erwartungen wurde der Deutsche Bund nicht gerecht. Gleichwohl zeigen auch die Verhandlungen über das Patentwesen, daß sich bei einigen deutschen Regierungen nach 1850 die Erkenntnis durchzusetzen begann, daß eine einheitliche bundesgesetzliche Regelung des Erfindungsschutzes eine wichtige rechts- und nationalpolitische Aufgabe darstellte, von deren Lösung durch die Bundesversammlung einerseits die deutsche Wirtschaft und andererseits der Deutsche Bund als Wahrer der nationalen Gesamtinteressen profitieren würden.

Die Einführung eines modernen Patentschutzes blieb, wie viele andere rechtsvereinheitlichende Maßnahmen, der Reichsgesetzgebung der 1870er Jahre vorbehalten. Mit dem Reichspatentgesetz vom 25. Mai 1877[78] wurden die bis dahin noch bestehenden 29 unterschiedlichen einzelstaatlichen Pa-

---

[75] Zu dieser sogenannten „Propatentbewegung", die vor allem vom 1856 gegründeten „Verein deutscher Ingenieure" sowie von Werner von Siemens gefördert wurde, siehe *Treue*, Die Entwicklung des Patentwesens, S. 173–177; *Heggen*, Zur Vorgeschichte des Reichspatentgesetzes von 1877, S. 324f.; *Boch*, Das Patentgesetz von 1877, S. 75.
[76] Eingabe des Technischen Vereins für das Eisenhüttenwesen an die Bundesversammlung mit einer Denkschrift über das Patentwesen, Düsseldorf, 20. März 1864, BA Koblenz, DB 1/323.
[77] Ebd.
[78] Reichs-Gesetzblatt 1877, S. 501–510; vgl. dazu *Wehr*, Die Anfänge des Patentwesens in Deutschland, S. 87–92; *Heß*, Die Vorarbeiten zum deutschen Patentgesetz, S. 78–95; *Treue*, Die Entwicklung des Patentwesens, S. 178f.; *Heggen*, Zur Vorgeschichte des Reichspatentgesetzes von 1877, S. 326f.; *Boch*, Das Patentgesetz von 1877.

tentrechte beseitigt und der Schutz der Erfindungen im Deutschen Reich auf eine einheitliche gesetzliche Grundlage gestellt. Dabei wurden mit dem Reichspatentamt, der Neuheitsprüfung, dem Anmelde- und Erteilungsverfahren, dem Publizitätsprinzip und der Schutzfrist jene zentralen Elemente eines modernen Patentrechts eingeführt, die bereits in manchen Entwürfen und Diskussionen der 1850er und 1860er Jahre im Rahmen des Deutschen Bundes als notwendig und wünschenswert herausgestellt worden waren. Das Deutsche Reich von 1871 schuf die Rechtseinheit, aber es knüpfte mit seinen legislativen Verhandlungen und den daraus entstehenden Gesetzen an eine rechtspolitische Entwicklung an, die im Deutschen Bund ihren Ursprung hatte.

XI. „Das Recht jedes Deutschen"

Heimatrecht und Auswanderungsgesetzgebung

In jüngerer Zeit hat die deutsche und internationale Forschung in verstärktem Maße der Tatsache ihre Aufmerksamkeit gewidmet, daß die rechtliche Definition von Staatsangehörigkeit und Bürgerrecht, die Regulierung von Paßwesen und Heimatberechtigung, die Handhabung der Migrations- und Ausländerpolitik ein wichtiges Element des modernen Staats- bzw. Nationsbildungsprozesses gewesen ist.[1] Dabei richtet sich der Blick vornehmlich darauf, in welcher Weise die rechtliche Normierung und die administrative Durchsetzung der Bestimmungen über die Angehörigkeit zu einem Staat zur Konsolidierung der jungen Nationalstaaten und – vor allem in Deutschland – der diversen Partikularstaaten beigetragen haben. In diesem Sinne hat die neuere Forschung herausgearbeitet, daß das seit der Französischen Revolution entwickelte moderne Staatsbürgerrecht eine beachtliche staatliche beziehungsweise nationale Homogenisierungswirkung entfaltete und daß die im Laufe des 19. Jahrhunderts erfolgende Ausbildung eines neuen Staatsangehörigkeitsrechts eine „Schlüsselinstitution des Nationalstaats" war, indem sie einerseits die rechtliche Abschließung einer im (nationalen) Staat organisierten Gesellschaft gegenüber anderen bewirkte, während sie andererseits zugleich Bestandteil und Formelement einer historisch gewachsenen nationalen Identität war.[2] Mit anderen Worten: Die Regulierung der Staatsangehörigkeit wirkte staats- und nationsbildend nach innen und nach außen.

Bedingt durch das Axiom, wonach die Staatsangehörigkeit den Staat voraussetzt[3], und die Tatsache, daß der Erwerb und die Ausübung von staatsbürgerlichen, Heimat- und Untertanenrechten nur in einem festen staatlichen Rahmen erfolgen konnten, konzentrierten sich die bisherigen Untersuchungen über diese Gegenstände auf die rechtspolitischen Entwicklungen in klar abgegrenzten staatlichen Gebilden – den Nationalstaaten sowie – vor allem in Deutschland – den Einzelstaaten. Nur wenig Beachtung fanden demgegenüber die staatenübergreifenden Bestrebungen zur Homogenisierung des Staatsangehörigkeits- und Heimatrechts, die in Deutschland vom Deutschen Bund unternommen wurden. Wenn von Nations- und Staatsbildung durch Staatsbürgerschaft und Staatsangehörigkeit die Rede ist, richtet sich der Blick

---

[1] Vgl. dazu *Brubaker*, Citizenship and Nationhood in France and Germany; *Fahrmeir*, Citizens and Aliens; *ders.*, Paßwesen und Staatsbildung.

[2] *Gosewinkel*, Staatsbürgerschaft und Staatsangehörigkeit, Zitat S. 551; zur Entwicklung seit dem 19. Jahrhundert *ders.*, Einbürgern und Ausschließen.

[3] *Grawert*, Staat und Staatsangehörigkeit, S. 21; die Studie von Grawert ist grundlegend für die Ausbildung des modernen Staatsangehörigkeitsrechts in Deutschland; vgl. auch *ders.*, Art. „Staatsangehörigkeit".

fast ausschließlich auf die zentralisierende Nationsbildung im Nationalstaat und auf die partikularistische Staatsbildung im Einzelstaat. Übersehen wird dabei in der Regel, daß in Deutschland bereits mit der Konstituierung des Deutschen Bundes 1815/16 ein politischer Prozeß einsetzte, der durch eine föderale, national integrierende Rechtsvereinheitlichung die Probleme zu lösen versuchte, die sich aus den von Staat zu Staat unterschiedlichen Verhältnissen im Status der Einwohner ergaben. Es war dies zugegebenermaßen ein langwieriger, häufig unterbrochener und am Ende weitgehend ergebnisloser Prozeß, der auf den ersten Blick lediglich ein weiteres Mal die Unfähigkeit des Deutschen Bundes zur nationalen Integration zu dokumentieren scheint. Sieht man indessen genauer hin, so zeigt sich, daß die Bundesversammlung einen erstaunlich weitgehenden Normierungswillen entwickelte und konkrete, zukunftsweisende Vorschläge zur bundesweiten Vereinheitlichung des Staatsangehörigkeits- und Heimatrechts entwarf, deren Umsetzung nicht an der Frankfurter Versammlung scheiterte, sondern am Widerstand einiger weniger deutscher Regierungen.

Die Ausgangsposition für eine entsprechende rechtsvereinheitlichende Politik des Deutschen Bundes war relativ ungünstig. Als Bund von souveränen Einzelstaaten, deren Regierungen die alleinige politische, administrative und rechtliche Autorität über ihre jeweilige Bevölkerung hatten, verfügte der Deutsche Bund nicht über ein gemeinsames Bundes-Bürgerrecht. Man war nicht Bürger des Deutschen Bundes mit allgemein anerkannten politischen, sozialen und ökonomischen Rechten und Pflichten, sondern preußischer, bayerischer oder fürstlich waldeckischer Staatsbürger beziehungsweise Untertan. Die Angehörigkeits- und Statusregeln der einzelstaatlichen Verfassungen und Gesetze stellten eine „nach Inhalt, Funktion und Bezeichnung" verwirrende Vielfalt ohne einen gemeinsamen Nenner dar.[4] Demzufolge herrschte ein buntes Durcheinander von unterschiedlichen einzelstaatlichen Bestimmungen über die Staatsbürgerschaft und die Staatsangehörigkeit, das Heimatrecht und die Aufenthaltsbestimmungen, die Ein- und Ausreisemodalitäten. Es gab weder einheitliche Regularien für das Verlassen eines Staates, sei es, um sich in einem anderen deutschen Staat niederzulassen, sei es, um in außerdeutsche Gebiete auszuwandern, noch allgemein praktizierte Modalitäten für die Aufnahme von Angehörigen deutscher Staaten in einem anderen deutschen Staat oder den Umgang mit mobilen Bevölkerungsgruppen und Individuen wie zum Beispiel den wandernden Handwerkern, Vagabunden oder etwa politischen Exulanten.

Je mehr nun nach 1815 im Zuge der voranschreitenden ökonomischen Verflechtung, der Ausweitung des Handels und der durch die Erfindung der Eisenbahn anwachsenden Verkehrsströme die innerdeutsche grenzüberschreitende Mobilität zunahm, um so deutlicher zeigten sich die administrativen, recht-

---

[4] Vgl. dazu *Grawert*, Staat und Staatsangehörigkeit, S. 174–193, Zitat S. 175.

lichen und ökonomischen Nachteile der höchst unterschiedlichen und häufig unvereinbaren gesetzlichen Bestimmungen der Einzelstaaten über das Staatsbürger-, Heimat- und Auswanderungsrecht. Wenn ein Angehöriger eines deutschen Staates sein Heimatland verließ, um sich zeitweise oder auf Dauer in einem anderen deutschen Staat niederzulassen und dort seinem Gewerbe nachzugehen, so waren damit erhebliche bürokratische Prozeduren und häufig auch beträchtliche finanzielle Aufwendungen verbunden.

In der Deutschen Bundesakte von 1815 waren immerhin einige Grundsätze formuliert worden, die darauf abzielten, die innerdeutsche Freizügigkeit herzustellen sowie die rechtliche Gleichbehandlung der „Unterthanen der deutschen Bundesstaaten"[5] zu gewährleisten. Nach Artikel 18 der Bundesakte wurden insbesondere folgende Rechte garantiert: Jeder Angehörige eines deutschen Bundesstaates durfte Grundeigentum auch außerhalb des eigenen Landes erwerben und besitzen, und zwar zu den gleichen Bedingungen wie die Einheimischen; jedem war es erlaubt, sein eigenes Land zu verlassen und sich in einem anderen Staat niederzulassen, unter der Voraussetzung allerdings, daß der andere Staat zur Aufnahme des neuen Untertans bereit war; es war grundsätzlich zulässig, in fremde „Civil und Militärdienste" zu treten, sofern keine Militärdienstpflicht gegenüber dem Heimatland bestand; schließlich verzichteten die deutschen Regierungen auf die Erhebung einer Abzugssteuer bei der Verlagerung des Wohnsitzes und des Vermögens in einen anderen Mitgliedsstaat des Deutschen Bundes.

Diese Bestimmungen, die durch ihre Aufnahme in die Bundesakte bundesgrundgesetzlichen Charakter gewannen, stellten gewiß eine nicht zu vernachlässigende Erleichterung dar, sie blieben jedoch erheblich hinter den Erfordernissen der wirtschaftlichen und sozialen Entwicklung zurück. Sie regelten nur wenige Aspekte und ließen, wie die weitere Entwicklung zeigte, viele Einzelfragen, die sich bei der innerdeutschen Migration ergeben konnten, unberücksichtigt. Darüber hinaus gewährten sie insbesondere keine allgemeine Freizügigkeit, indem sie das *jus emigrationis* an die Genehmigung der Regierung des betreffendes Zielstaates knüpften. Die Freizügigkeit war also allenfalls eine konditionelle, keine grundrechtlich verbürgte.

Der entscheidende Grund für diese Beschränkungen lag darin, daß mit den Bestimmungen des Artikels 18 der Bundesakte keine allgemeinen, unveräußerlichen Grundrechte deutscher Bürger geschaffen wurden, sondern lediglich ein von allen deutschen Regierungen anerkannter Rahmen für die gegenseitige Gleichbehandlung von Untertanen, die ihren Wohnsitz und ihr Gewerbe von einem Staat in den anderen verlegen wollten. Diese begrenzte Intention des Artikels 18 war bedingt durch die Tatsache, daß der Deutsche Bund nicht als ein Bundesstaat mit gemeinsamen Untertanen beziehungsweise Staatsbürgern konzipiert war, sondern als ein Staatenbund, dessen einzelne Mitglieder die uneingeschränkte Hoheit über ihre Einwohnerschaft behielten.

---

[5] Art. 18 DBA, QGDB I/1, S. 1516.

Die durch die einzelstaatliche Souveränität gesetzten Grenzen schränkten den Spielraum für die rechtsvereinheitlichenden Anstrengungen des Deutschen Bundes auf dem Gebiet des Staatsangehörigkeits-, Heimat- und Auswanderungsrechts erheblich ein. Die Bundesversammlung verzichtete zunächst darauf, die Vereinheitlichung des Rechts auf dem Wege einer allgemeinen Bundesgesetzgebung herbeiführen zu wollen. Angestrebt wurde statt dessen eine durch die Bundesversammlung vermittelte Einigung über bestimmte Grundsätze, nach denen die Gesetzgebung und administrative Praxis der Einzelstaaten verfahren sollten. Das Ziel war, wie bei fast allen rechtspolitischen Initiativen des Bundes, in der politischen und administrativen Praxis auftretende Probleme durch die gegenseitige ‚rechtliche Meistbegünstigung' der Mitgliedsstaaten des Deutschen Bundes zu lösen.

Wegen dieser Voraussetzungen, die sich aus dem staatenbündischen Charakter des Deutschen Bundes ergaben, wurde die Bundesversammlung während des Vormärz in den Fragen des Staatsbürger-, Staatsangehörigkeits-, Heimat- und Auswanderungsrechts nicht aus einem allgemeinen und umfassenden Anspruch auf bundesweite Rechtsnormierung tätig, sondern sie befaßte sich damit nur anläßlich konkreter Einzelfälle, die von einem Mitgliedsstaat oder von Privatpersonen an die Frankfurter Versammlung herangetragen wurden. Die Rolle der Bundesversammlung wurde demnach weniger in dem Sinne einer aus eigenem Antrieb handelnden rechtsschöpferischen Instanz von nationaler Bedeutung verstanden, als vielmehr in dem Sinne einer Agentur zur Vermittlung allgemein anerkannter Übereinkünfte über bestimmte rechtliche Grundsätze.

Daß dem so war, hatte allerdings nicht nur damit zu tun, daß der Staatenbund sich mit einer einheitlichen und unmittelbaren Bundesgesetzgebung grundsätzlich schwer tat. Es war zu einem erheblichen Grad auch durch die Komplexität der Materie bedingt, daß der Bund sich in Fragen der Staatsangehörigkeit, des Bürgerrechts, der Heimatgesetze und der Auswanderungsbestimmungen nicht an eine einheitliche Nationalgesetzgebung heranwagte, wie sie etwa auf dem Gebiet des Nachdruckschutzes schon im Vormärz und im Hinblick auf die großen Zivilrechtskodifikationen nach 1850 angestrebt wurde. Das Staatsangehörigkeits- und Heimatrecht war ja noch nicht einmal in den deutschen Einzelstaaten durchgängig modernisiert und vereinheitlicht worden. In vielen Staaten galten unterschiedliche Regelungen für Stadt und Land oder für alte und neue Provinzen, traditionales und modernes Recht standen häufig nebeneinander. Der Schaffung eines „Bundesindigenats", das heißt eines unmittelbaren, bundesweit gleichförmigen Angehörigkeitsverhältnisses aller Bundeseinwohner zum Deutschen Bund[6], standen demnach

---

[6] Vgl. dazu *Grawert*, Staat und Staatsangehörigkeit, S. 193–195, wo unter diesem Begriff einzelne Individualschutzrechtspositionen der Bundesakte und der Wiener Schlußakte zusammengefaßt werden; allerdings begründete dieses sehr rudimentäre „Bundesindigenat" keine unmittelbare, auf den Bund als Staatswesen bezogene „Bundesangehörigkeit" wie etwa das Indigenat des Norddeutschen Bundes von 1867, sondern bot allenfalls die Möglichkeit einer

nicht nur allgemeine politische Gründe entgegen, sondern auch die kaum zu überwindenden sachlichen Schwierigkeiten einer Harmonisierung der Vielzahl von einzelstaatlichen gesetzlichen Bestimmungen.

Mit Fragen des Heimatrechts beschäftigte sich die Bundesversammlung erstmals konkret im Jahr 1819. Den Anstoß dazu gab ein Antrag der Regierungen der sächsischen Herzogtümer, eine allgemeine Übereinkunft über die gegenseitige Übernahme der sogenannten Vaganten[7] zu treffen. Die gängige Praxis bei der Behandlung der als „heimatlos" geltenden Vaganten bestand immer noch darin, sie einfach von einem Staat in den Nachbarstaat abzuschieben. Die Folge dieser Praxis war, daß die nirgendwo gern gesehenen Vaganten ständig hin- und hergeschoben wurden, was nicht nur für die Vaganten selbst große Härten mit sich brachte, sondern auch oft zu Friktionen zwischen den beteiligten Regierungen führte. Um diesen rechtlosen Zustand zu beenden, hatten die süddeutschen Staaten Bayern, Württemberg und Baden in den vergangenen Jahren bereits zwischenstaatliche Konventionen zur gegenseitigen Aufnahme der Vaganten abgeschlossen. Die sächsischen Regierungen regten nun an, auf Bundesebene eine entsprechende, „die Reciprocität sichernde Vereinigung" herbeizuführen, die „eine gleichförmige Behandlung" des Vagantenproblems sichern sollte, das im Zuge der Pauperisierung breiter Bevölkerungsschichten im Laufe des Vormärz immer größere Ausmaße annahm.[8] Zur Berichterstattung über diesen Antrag wurde am 30. Juni 1820 eine Kommission eingesetzt, der die Bundestagsgesandten von Österreich, Bayern und Württemberg angehörten.[9] Offenbar aber blieb die Kommission völlig untätig, denn weder in den einschlägigen Akten[10] noch in den Protokollen der Bundesversammlung findet sich – abgesehen von der Erneuerung der Kommission 1824[11] – ein Hinweis auf weitere Verhandlungen in der Sache.[12]

Erst im Jahr 1838 wandte sich die Bundesversammlung einer mit dem Vagantenproblem verwandten Angelegenheit zu. Die Initiative dazu ging von den Regierungen der Kleinstaaten Reuß ältere Linie und Waldeck aus, in deren Auftrag der Bundestagsgesandte der 16. Kurie am 10. Mai 1838 den Antrag stellte, eine Bundeskommission einzusetzen, um „allgemeine für

---

schrittweisen Annäherung an eine ‚Staatsangehörigkeit' des Deutschen Bundes. – Zum Indigenat des Norddeutschen Bundes und dessen Weiterentwicklung im Deutschen Reich siehe *Grawert*, Staat und Staatsangehörigkeit, S. 199–212; *Kletke*, Das Norddeutsche Bundes-Indigenat.

[7] Ursprünglich eine Bezeichnung für die im Mittelalter umherziehenden Studenten und stellenlosen Kleriker, dient der Begriff in neuerer Zeit als Sammelname für die heimatlose, umherstreifende Bevölkerung wie Bettler, Arbeitslose, Vagabunden, Zigeuner usw.; vgl. *von Hippel*, Armut, Unterschichten, Randgruppen, S. 32; *Küther*, Menschen auf der Straße.

[8] ProtDBV 1819, § 118, S. 379. – Zur „Gesellschaftskrise des ‚Pauperismus' im Vormärz" siehe *Wehler*, Deutsche Gesellschaftsgeschichte, Bd. 2, S. 281–296.

[9] ProtDBV 1820, § 36, S. 54f.

[10] BA Koblenz, DB 1/171.

[11] ProtDBV 1824, § 76, S. 160.

[12] Daß die Angelegenheit einfach liegenblieb, bestätigt ein Vortrag der Reklamationskommission des Bundestags vom 15. Juni 1838; vgl. ProtDBV 1838, § 147, S. 365f.

ganz Deutschland geltende Normen" bezüglich der Heimatlosigkeit herbeizuführen.[13] Den Anlaß dazu boten die immer wieder bei der Bundesversammlung eingehenden Eingaben von Privatpersonen, die sich darüber beschwerten, daß ihnen von einer deutschen Regierung der Aufenthalt in ihrem Staatsgebiet untersagt worden war. Dabei handelte es sich nicht nur um tatsächlich „heimatlose" Vaganten und „verdächtige Landstreicher", wie die Reklamationskommission der Bundesversammlung in ihrem schon am 15. Juni 1838 erstatteten Gutachten bestätigte, sondern häufig auch um völlig unbescholtene Personen, denen es aber nicht gelungen war, einen „Heimatschein"[14] von der zuständigen Regierung zu erlangen, weil sie bestimmte formale Bedingungen nicht erfüllten. Ohne die Gewährung des Heimatrechts, das als solches nicht automatisch eine Staatsangehörigkeit beziehungsweise Staatsbürgerschaft, sondern lediglich eine Berechtigung zum Aufenthalt und zur Erwerbstätigkeit sowie den Anspruch auf Armenhilfe durch die jeweilige Gemeinde begründete[15], war eine sozial und ökonomisch gesicherte private Existenz in Deutschland nicht möglich. Heimatlosigkeit war gleichbedeutend mit individueller Rechtlosigkeit, sozialem Abstieg und wirtschaftlicher Misere. „Das Schicksal eines solchen Heimathlosen ist beklagenswerth und" – so die bemerkenswerte Feststellung der Reklamationskommission – „scheint mit den Bundesgesetzen nicht im Einklange zu stehen."[16]

Damit wurde im Grundsatz anerkannt, daß es allgemeine, die verschiedenen Landesgesetze überwölbende bundesrechtliche Grundlagen für die Handhabung des Heimatrechts gab. Die Konsequenz daraus wäre gewesen, durch die Bundesversammlung „ein gleichförmiges Heimathsgesetz" für alle Staaten des Deutschen Bundes herbeizuführen. Doch so wünschenswert der Reklamationskommission eine bundeseinheitliche Regelung auch erschien, so wenig realistisch war es, eine solche Vereinheitlichung zustandezubringen, denn die Frage des Heimatrechts griff zu tief in die einzelstaatliche Gesetzgebung, die lokalen Verhältnisse, das gewerbliche Leben, die Landesverfassungen und die zwischenstaatlichen Verträge ein. Die Kommission empfahl deshalb, auf eine allgemeine Regulierung des Heimatrechts zu verzichten und sich lediglich darauf zu beschränken, willkürliche Ausweisungen aufgrund angeblicher Heimatlosigkeit künftig zu unterbinden. Darüber hinaus sollten sich die Regierungen auch hinsichtlich der Vaganten auf einige „durch die Menschenliebe gebotene" Grundsätze einigen, „damit nicht alte und kranke Personen, Wöchnerinnen und kleine Kinder auf den

---

[13] ProtDBV 1838, § 100, S. 283f.
[14] Zum System der Heimatscheine siehe ausführlich *Fahrmeir*, Citizens and Aliens, passim.
[15] Zum Begriff des Heimatrechts und seiner sehr unterschiedlichen inhaltlichen Bestimmung in den verschiedenen deutschen Staaten siehe *Grawert*, Staat und Staatsangehörigkeit, S. 134–143, 177f.
[16] ProtDBV 1838, § 147, S. 364.

Schub gesetzt [= abgeschoben] und dem Elende und der Verzweiflung Preis gegeben werden".[17]

Die Bundesversammlung schloß sich einstimmig den Vorschlägen der Reklamationskommission an, indem sie die Regierungen ersuchte, zu erklären, ob sie geneigt seien, sich über „einfache Grundsätze" hinsichtlich der Heimatverhältnisse zu einigen. Die eingehenden Erklärungen sollten an die 1820 zur Behandlung der Vagantenfrage eingesetzte Kommission zur weiteren Bearbeitung überwiesen werden.[18]

Der weitere Fortgang der Angelegenheit zeigte indessen einmal mehr, daß die Mühlen des Deutschen Bundes selbst dann, wenn nur wenig Korn eingefüllt wurde, sehr schwer in Gang zu setzen waren, immer wieder zum Stillstand kamen und am Ende kein greifbares Resultat erbrachten. Es dauerte zunächst über ein Jahr, bis alle Mitgliedsstaaten ihre Erklärungen zu dem Bundesbeschluß vom 15. Juni 1838 abgegeben hatten.[19] Mit Ausnahme des dänischen Gesandten, der noch nicht mit Instruktionen versehen war[20], äußerten sich alle Regierungen zustimmend zu dem Vorhaben, gemeinsame Grundsätze hinsichtlich der Heimatverhältnisse zu beschließen. Eine entsprechende Übereinkunft wurde allgemein als ein Bedürfnis empfunden. Die Regierungen von Mecklenburg-Schwerin und Mecklenburg-Strelitz bezeichneten die Feststellung allgemeiner, für ganz Deutschland gültiger heimatrechtlicher Normen sogar als ein „wahres Nationalbedürfnis".[21] Mehrere andere Regierungen sprachen den Wunsch aus, es nicht bei einfachen, in der administrativen Praxis gegenseitig zu beachtenden Grundsätzen zu belassen, sondern durch die Herbeiführung „allgemeiner bundesgesetzlicher Bestimmungen" eine Angelegenheit zu regeln, die „von sehr bedeutendem und allgemeinem Interesse für die Gesammtheit des Bundes und für jeden Deutschen ist".[22]

Die Erkenntnis von der Notwendigkeit einer Rechtsvereinheitlichung war die eine Sache. Eine andere Sache war die praktische Umsetzung dieser Erkenntnis. Die damit am 30. September 1839 offiziell beauftragte, bereits seit 1820 bestehende und am 15. Juni 1838 ergänzte[23] Bundeskommission scheint aus nicht näher zu bestimmenden Gründen sechs Jahre lang völlig untätig geblieben zu sein. Zwar wurde sie am 17. Februar 1842 von drei auf fünf Mit-

---

[17] Ebd., S. 366.
[18] Ebd.
[19] ProtDBV 1838, § 203, S. 697f.; § 215, S. 709; § 225, S. 723f.; § 287, S. 842f.; § 303, S. 856; § 325, S. 883f.; § 337, S. 896; § 378, S. 1040; ProtDBV 1839, § 29, S. 86; § 59, S. 125; § 122, S. 322; § 141, S. 369; § 295, S. 869; § 310, S. 902f.
[20] Ebd., S. 903.
[21] ProtDBV 1839, § 29, S. 86.
[22] Erklärung des Gesandten der 15. Kurie (Oldenburg, Anhalt, Schwarzburg) vom 29. November 1838, ProtDBV 1838, § 378, S. 1040; vgl. auch die Erklärung der Niederlande, ProtDBV 1838, § 215, S. 709.
[23] ProtDBV 1838, § 11, S. 375.

Heimatrecht und Auswanderungsgesetzgebung

glieder aufgestockt[24], doch bedurfte es einer Aufforderung der Bundesversammlung am 20. Februar 1845[25], um die Kommission schließlich zur Berichterstattung zu bewegen. Den Anlaß für die erneute Beschäftigung der Bundesversammlung mit dem Heimatrecht bildete ein bemerkenswerter Einzelfall, der im Jahr 1844 an die Reklamationskommission gelangt war. Dieser Fall soll im folgenden ausführlicher dargestellt werden, weil er auf paradigmatische Weise einerseits die individuelle Rechtsunsicherheit von heimatlosen Personen und die damit verbundenen sozialen und wirtschaftlichen Probleme deutlich macht, während er andererseits zeigt, wie die gesellschaftlichen und wirtschaftlichen Realitäten den Deutschen Bund zur rechtsvereinheitlichenden Tätigkeit drängten.

Am 28. September 1844 und 10. Februar 1845 hatte ein gewisser Johann Heinrich Ludwig Hanemann Eingaben an die Bundesversammlung gerichtet.[26] Darin schilderte er die verzweifelte Lage, in die er dadurch geraten war, daß ihm weder sein Geburtsland Hannover, noch die Städte Hamburg und Altona, in welchen er zeitweilig gewohnt und gearbeitet hatte, eine Heimatberechtigung ausstellen wollten. Infolgedessen war Hanemann in keinem der genannten Gebiete der Aufenthalt gestattet. Überdies weigerten sich die betreffenden Behörden, ihm einen Reisepaß auszustellen. Statt dessen wurde er „seit 1842 stets aus einem jener drei Gebiete in's andere, unter steigenden Strafandrohungen für den Fall der Wiederbetretung, verwiesen, überall, wo man seiner habhaft werden können, nach harten Bestrafungen über die Grenze gebracht und als Folge davon seit jener Zeit fast ununterbrochen aus einem Gefängniß in's andere geworfen".[27]

Durch die Hilfe eines Hamburger Anwalts war es Hanemann schließlich gelungen, nach Frankfurt am Main auszureisen, um dort der Bundesversammlung eine von eben diesem Anwalt verfaßte Bittschrift zu übergeben. Darin wurde die Bundesversammlung ersucht, Hanemann eine Heimat in einem der drei Gebiete zu ermitteln und ihm, bis die Entscheidung gefallen war, einen einstweiligen Aufenthaltsort zuzuweisen, an dem ihm nicht die Verhaftung drohte. Im einzelnen wurde in der Bittschrift dargelegt, wie Hanemann durch eine Verkettung von unglücklichen Umständen, persönlichen Verfehlungen und behördlicher Willkür in seine unangenehme Lage geraten war.

Hanemann war am 12. Februar 1803 in Hoya im Königreich Hannover geboren worden, wo sein Vater, ein Infanteriesoldat, zu dieser Zeit mit seinem Regiment stationiert war. Wenig später waren das Regiment und damit auch

---

[24] ProtDBV 1842, § 61, S. 95 f.
[25] ProtDBV 1845, § 80, S. 174.
[26] ProtDBV 1845, § 15, S. 41 f.; § 75, S. 165; der Fall Hanemann wird kurz referiert bei *Fahrmeir*, Citizens and Aliens, S. 33, und bei *Evans*, Tales from the German Underworld, S. 96.
[27] Vortrag der Reklamationskommission in der 7. Sitzung des Bundestags vom 20. Februar 1845, ProtDBV 1845, § 80, S. 170–174, hier S. 171.

die Familie Hanemann von Hoya abgezogen. Im Jahr 1819 hatte sich die Familie in Wunstorf „dauernd niedergelassen" und dort das Heimatrecht erworben.[28] Noch im gleichen Jahr war der junge Hanemann nach Hamburg gegangen, wo er als Bäckergeselle arbeitete. Von 1824 bis 1830 hatte er in Hannover seinen Militärdienst abgeleistet. Ende 1832 war ihm in Hannover ein Wanderbuch als Bäckergeselle ausgestellt worden, doch schon zuvor war Hanemann wieder nach Hamburg gegangen. Dort versuchte er im Sommer 1832, sich beruflich durch die Übernahme eines Kommissionsgeschäfts sowie privat durch eine Eheschließung, die allerdings nicht zustande kam, dauerhaft zu etablieren. Hanemann beantragte das Hamburger Bürgerrecht und legte dazu – aus welchen Gründen auch immer – nicht seine eigenen Papiere, sondern die seines soeben verstorbenen Bruders Carl Friedrich August Hanemann vor. Der Betrug wurde bald entdeckt, und der Senat entzog Hanemann am 29. August 1832 das im Juni erteilte Bürgerrecht, wies ihn aus der Stadt und verbot ihm bei Strafe das Wiederbetreten hamburgischen Territoriums.

Hanemann ging nach Altona, das zum Herzogtum Holstein-Lauenburg gehörte, und erlangte dort im März 1833 das Bürgerrecht, wobei er diesmal seine eigenen Papiere vorlegte. Die nächsten sieben Jahre führte er in Altona mit einer kurzen Unterbrechung 1838, als er nach Portugal reiste, ein Wein-Kommissionsgeschäft. Aufgrund seiner geschäftlichen Verbindungen war das Betreten Hamburgs jedoch unvermeidlich, und Hanemann wurde bereits im März 1833 zweimal verhaftet, durch „ein Paar Ohrfeigen von hoher Hand"[29] bestraft und nach Altona abgeschoben. Die Dinge schienen indessen abermals eine gute Wendung zu nehmen, denn auf Intervention des Grafen Blücher-Altona erlaubte am 7. Mai 1833 der Hamburger Senat Hanemann wieder den Aufenthalt in der Stadt, doch war es ihm nicht gestattet, dort zu übernachten. Dieses Arrangement funktionierte bis 1840, ehe Hanemann selbst durch sein unkluges Verhalten die Fundamente seiner bürgerlichen Existenz zerstörte. Nachdem er unter Alkoholeinfluß und, wie er beteuerte, „aus gerechter Eifersucht" seine Verlobte in Hamburg – ob es noch die gleiche war wie 1832 bleibt unklar – mißhandelt und ihr, angeblich „lediglich zur bessern Verwahrung"[30], Geld weggenommen hatte, wurde er Anfang 1840 in Hamburg verhaftet und an die Behörden in Altona ausgeliefert. Zusätzlich informierten die Hamburger Behörden ihre Kollegen in Altona über die Vorfälle von 1832, was dazu führte, daß Hanemann nun auch das Altonaer Bürgerrecht als „erschlichen" entzogen und er des Landes verwiesen wurde. Damit war Hanemann endgültig heimatlos geworden, denn weder die Regierung von Hannover noch die von Hamburg und Holstein-Lauenburg waren bereit, ihm das Heimatrecht zu gewähren oder einen Paß auszustellen.

---

[28] Bericht des hannoverschen Innenministers von der Wisch an Außenminister Falcke, Hannover, 7. Oktober 1845, HStA Hannover, Dep. 103, Bestand VI, Nr. 3962.
[29] Ebd.
[30] ProtDBV 1845, § 80, S. 172.

Die Reklamationskommission der Bundesversammlung nahm den Fall Hanemann zum Anlaß für einige grundsätzliche Erwägungen über das Heimatrecht. Formal handelte es sich um eine Streitigkeit zwischen Regierungen, die nach Artikel 11 der Bundesakte und Artikel 30 der Wiener Schlußakte durch Vermittlung der Bundesversammlung auf gütlichem Wege beizulegen oder, falls dies mißlang, durch eine Austrägalinstanz zu entscheiden war. Die Kommission schlug deshalb vor, diesen wie auch bereits frühere Fälle auf dem Weg einer gütlichen, unmittelbaren Verständigung zwischen den beteiligten Regierungen zu lösen. Dies schien der Kommission auch deshalb geboten, weil es immer noch an einer allgemeinen Vereinbarung über die gegenseitige Übernahme von Vaganten und Heimatlosen fehlte und mithin über die Bestimmungen der Bundesgrundgesetze hinaus keine speziellen bundesrechtlichen Grundlagen für ein Eingreifen des Bundes bestanden.

Aber die Kommission ließ es nicht bei dem bloßen Versuch einer Vermittlung bewenden. Da eine Entscheidung über das Heimatrecht Hanemanns nicht in kurzer Zeit zu erwarten stand, hielt es die Kommission für nötig, zumindest eine provisorische Entscheidung über das vorläufige Aufenthaltsrecht Hanemanns zu treffen, um diesen

„als unbezweifelten Angehörigen eines deutschen Bundesstaats, selbst wenn er ein Verbrecher seyn sollte, in seiner gegenwärtigen, höchst bedauernswürdigen, schutz- und heimathlosen Lage nicht zu belassen".[31]

Dies war eine bemerkenswerte Begründung, denn sie kam einer faktischen Anerkennung eines allgemeinen, schutzwürdigen Rechtes von Personen gleich, die im Gebiet des Deutschen Bundes lebten. Die Argumentation der Reklamationskommission zeigt, daß selbst die kümmerlichen Bestimmungen der Bundesgrundgesetze zum Ausgangspunkt für allgemeine rechtspolitische Erörterungen sowie den Versuch einer bundesweiten Rechtsschöpfung werden konnten. Wie in manchen anderen Materien der Rechtspolitik gaben auch bei der Frage des Heimat- und Staatsbürgerrechts konkrete Einzelfälle und spezielle juristische Probleme den Anstoß, sich auf Bundesebene über allgemeine, die Grenzen der Einzelstaaten überschreitende Rechte von *Deutschen* und Maßnahmen zu ihrer Durchsetzung Gedanken zu machen. Die geographische Mobilität innerhalb des Bundesgebietes, die zunehmende Verdichtung des Binnenverkehrs, die Intensivierung der Kommunikationsströme sowie die wachsende wirtschaftliche Verflechtung über die Grenzen der Einzelstaaten hinweg schufen einen offensichtlichen Bedarf zur bundeseinheitlichen Rechtsnormierung. Diese erhielt darüber hinaus einen zusätzlichen Impetus durch die Ausstrahlung des nationalen Diskurses, der seinen Einfluß auch auf diejenigen nicht verfehlte, die den nationalen Bundesstaat ablehnten und statt dessen den Bund der „souverainen Fürsten und freien Städte"[32] erhalten woll-

---
[31] Ebd., S. 173.
[32] Präambel und Art. 1 DBA bzw. WSA.

ten. Auch sie sprachen immer wieder aus, daß es „nationale Bedürfnisse" gebe, für deren Befriedigung der Deutsche Bund zu sorgen habe. Die Rechtspolitik erschien ihnen als ein Feld, auf dem dies einerseits besonders nötig sei, während hier andererseits auch die bestehende politische Ordnung durch vereinheitlichende Maßnahmen nicht unmittelbar bedroht schien. Auf diese Weise sickerte das Denken in nationalen Dimensionen in die rechtspolitischen Diskussionen innerhalb der Bundesversammlung ein.

Der Fall Hanemann bietet dafür ein besonders aufschlußreiches Beispiel, denn die Reklamationskommission beschränkte sich nicht darauf, den Fall an die betroffenen Regierungen mit der Bitte um eine gütliche Einigung weiterzuleiten, sondern sie stellte eine eigene rechtliche Würdigung an, die über den vorliegenden Einzelfall hinausgehend ein neues, auf den Deutschen Bund als Gesamtheit bezogenes Rechtsverständnis erkennen ließ. Sie stützte sich dabei auf die Bestimmungen der Bundesakte, die sie als quasi-grundrechtliche Garantie gegen die völlige Heimatlosigkeit interpretierte. Da nach Artikel 18b der Bundesakte die freiwillige Übersiedlung von einem Bundesstaat in den anderen nur bei der vorher zugesagten Bereitschaft zur Aufnahme durch den Zielstaat gestattet war, folgerte die Kommission, sei es um so weniger statthaft, eine unfreiwillige Ausweisung in einen anderen Bundesstaat vorzunehmen, ohne sich vorher zu versichern, daß dieser zur Aufnahme bereit war. Nach dieser Auslegung begründete der Artikel 18 der Bundesakte ein Grundrecht auf Heimat für alle Angehörigen der Mitgliedsstaaten des Deutschen Bundes, das ihnen von den Regierungen nicht genommen werden durfte:

„Denn bei Angehörigen des Deutschen Bundes, nachdem sie in einem bestimmten Bundesstaate als Unterthanen einmal angenommen worden sind, kann eine Landesverweisung aus demselben, selbst als Strafe für begangene Verbrechen, ohne vorhergegangene Ermittlung eines andern legalen Aufenthaltsortes, wegen nothwendiger Vermeidung eines schutz- und heimathlosen Zustandes unmöglich zulässig erscheinen."[33]

Indem die Reklamationskommission unter Berufung auf die Bundesakte einen unverletzbaren Rechtsanspruch auf Heimat für alle *Angehörigen des Deutschen Bundes* als gegeben ansah, kam sie faktisch der Formulierung eines allgemeinen, unmittelbar auf den Bundesgrundgesetzen fußenden, durch die Gesetze und administrativen Akte der Einzelstaaten nicht zu beeinträchtigenden Bundesheimatrechtes nahe. So rudimentär dieses zunächst auch war, so bemerkenswert ist es doch auf der anderen Seite, daß die Reklamationskommission in ihrer Argumentation, ausgehend von der Bundesakte, den staatenbündischen Rahmen verließ und die Souveränität der einzelstaatlichen Regierungen über ihre Untertanen in einer für deren bürgerliche Existenz in rechtlicher, sozialer und wirtschaftlicher Hinsicht entscheidenden Frage durch

---

[33] ProtDBV 1845, § 80, S. 173.

das Postulat einer jedem Deutschen aufgrund seiner Bundeszugehörigkeit garantierten Rechtsposition einschränkte. Da man, wie die Erfahrung gezeigt hatte, als Hannoveraner, Hamburger oder auch Bayer nicht gegen den Verlust seines Bürgerrechts und seiner Heimat geschützt war, unternahm es der Deutsche Bund, alle Deutschen vor einem heimatlosen Zustand zu bewahren.

Der Fall Hanemann gewann auf diese Weise eine grundlegende Bedeutung für die innerhalb des Bundes geführte Diskussion über das Bürger- und Heimatrecht. Er bildete den Anlaß für eine über die ursprüngliche Intention des Artikels 18 der Bundesakte weit hinausgehende Auslegung im Sinne einer Sicherung des individuellen Rechtsschutzes gegen Heimatlosigkeit und die damit verbundenen nachteiligen Folgen. Darüber hinaus gab das Schicksal des auf Abwege geratenen Bäckergesellen aus Hoya den Anstoß zur Wiederaufnahme der bereits 1839 beschlossenen Verhandlungen des Bundes über allgemeine Normen gegen die Heimatlosigkeit. Aufgrund des Vortrags der Reklamationskommission wurde die Kommission zur Begutachtung einer Übereinkunft über die Heimatverhältnisse von der Bundesversammlung aufgefordert, ihren Bericht bald zu erstatten.[34] Bevor auf diese Verhandlungen und ihre Ergebnisse eingegangen wird, soll im folgenden zunächst der weitere Fortgang der Hanemannschen Angelegenheit dargestellt werden.

Auf den am 20. Februar 1845 gestellten Antrag der Reklamationskommission, die dänische Regierung zu ersuchen, Hanemann bis zur Entscheidung über sein Heimatrecht den Aufenthalt in Altona zu gestatten, reagierte die Regierung in Kopenhagen ablehnend. In einer am 2. Mai 1845 in der Bundesversammlung abgegebenen längeren Erklärung[35] rekapitulierte der dänische Bundestagsgesandte zunächst den Hergang der Ereignisse, die zur Ausweisung Hanemanns aus Altona geführt hatten. Er brachte dabei einige Details zur Kenntnis der Bundesversammlung, die keinen Zweifel daran ließen, daß Hanemann durch eigenes Verschulden in seine schwierige Lage geraten war. Hanemann war offenbar nicht nur in Hamburg, sondern auch in Altona wiederholt straffällig geworden. Durch eine 1839 in Altona gegen ihn eingeleitete gerichtliche Untersuchung war ermittelt worden, daß er sich als Heiratsschwindler und Konkursbetrüger betätigt hatte: Er hatte „mehreren unverheiratheten, von ihm für wohlhabend gehaltenen, oder ihm als solche von Anderen nachgewiesenen Frauenzimmern, unter falschen Vorspiegelungen eigener Wohlhabenheit, ungefähr gleichzeitig Heirathsanträge gemacht, alsdann auf Kosten derselben eine Zeitlang gelebt und ihnen Geld oder sonstige Gegenstände von Werth abzulocken versucht und zum Theil auch erlangt"; er hatte ferner versucht, seine Gläubiger zu betrügen, indem er „wegen angeblicher Unfähigkeit" zur Zahlung seiner Schulden beim Altonaer Magistratsgericht darum nachgesucht hatte, seine Schulden durch Güterabtretung zu begleichen, wobei er aber falsche Angaben sowohl über die Höhe der

---
[34] ProtDBV 1845, § 80, S. 174.
[35] ProtDBV 1845, § 156, S. 391–395.

Schulden als auch über „seine abzutretenden Effecten" gemacht hatte.[36] Zur gleichen Zeit, als diese Verfehlungen aufgedeckt wurden, erfuhr der Altonaer Magistrat von Hanemanns wiederholter Delinquenz in Hamburg. Die Untersuchung wurde daraufhin ausgeweitet und förderte „so viele gravirende Umstände hinsichtlich der Erschleichung des Bürgerrechts in Altona und betrügerischen Verkehrs" zutage, daß Hanemann am 27. Januar 1840 zu einer dreißigtägigen Gefängnisstrafe verurteilt wurde. Gleichzeitig wurde ihm das Altonaer Bürgerrecht entzogen, und Hanemann wurde nach Verbüßung seiner Haft am 18. Oktober 1840 aus der Stadt ausgewiesen.

Damit begann eine vierjährige Phase des Hin- und Herschiebens von Hanemann zwischen Altona und Hamburg. In beiden Städten wurde Hanemann nicht geduldet. Mehrmals wurde er von den Behörden ergriffen, bestraft und über die Grenze geschafft. Hamburg wandte sich deshalb im November 1843 direkt an das dänische Außenministerium in Kopenhagen und verlangte, daß Hanemann in Altona verbleiben sollte. Dies wurde jedoch mit der Begründung abgelehnt, daß Hanemann „nach Maaßgabe der hiesigen Landesgesetze" in Altona nicht heimatberechtigt sei.[37] Diese Auffassung vertrat die dänische Regierung auch gegenüber der Bundesversammlung, die davon ausgegangen war, daß Hanemann durch die Verleihung des Stadtbürgerrechts in Altona auch die Untertanen- und Heimatrechte erworben habe. Dem sei aber nicht so, erklärte der dänische Bundestagsgesandte, denn zum Erwerb des Heimatrechts sei in Holstein, sofern es nicht durch die Geburt oder das Heimatrecht der Eltern begründet werde, ein ununterbrochener Aufenthalt von mindestens fünfzehn Jahren in derselben Kommune erforderlich. Dies sei aber bei Hanemann nicht der Fall, und somit handele es sich bei ihm „nur um die Ausweisung eines fremden, der Commüne nach den Landesgesetzen nicht angehörigen Individuums".[38] Es habe demnach auch nach Artikel 18 der Bundesakte keine Verpflichtung bestanden, vor der Ausweisung eine andere Heimat für Hanemann zu ermitteln, zumal durch dessen Papiere seine „Geburtsheimath" im Königreich Hannover außer Zweifel stehe. Aus diesen Gründen, so schloß die Erklärung, könne die dänische Regierung dem Wunsch der Bundesversammlung zur Aufnahme Hanemanns in Altona nicht entsprechen.

Auch Hamburg verweigerte wenig später die einstweilige Aufnahme Hanemanns und übergab der Bundesversammlung „eine kurze actenmäßige Darstellung der Verhältnisse", aus denen nach Ansicht des Senats hervorging, daß die Hansestadt „keinerlei Verpflichtungen" gegenüber Hanemann habe.[39] Die Regierung von Hannover äußerte sich überhaupt nicht zu der Angelegenheit.

---

[36] Ebd., S. 392. Das Folgende ebd.
[37] Ebd., S. 393.
[38] Ebd., S. 394.
[39] ProtDBV 1845, § 233, S. 545 (21. Sitzung vom 19. Juni 1845).

Die Reklamationskommission reagierte auf diesen Mißerfolg ihrer Anträge vom Februar 1845 am 24. Juli mit einem erneuten Vortrag.[40] Darin bekräftigte sie ihre Auffassung „daß nach dem Geiste der Bundesgesetzgebung ein Deutscher so wenig rechtlos als heimathlos seyn könnte". Die Kommission räumte zwar ein, daß für diesen Grundsatz bislang noch keine ausdrückliche Bestimmung existiere, war aber der Ansicht, daß dieses Prinzip bei den eingeleiteten Verhandlungen zur Feststellung allgemeiner Normen für das Heimatrecht „allgemein angenommen und anerkannt werden wird".[41] In Vorwegnahme eines entsprechenden Bundesbeschlusses befand die Kommission:

„Bei Anwendung dieses Grundsatzes auf den Reclamanten wird demselben eine Heimath im Königreich Hannover, im Herzogthum Holstein, oder in der freien Stadt Hamburg zustehen."[42]

Um diesem Ziel näherzukommen, unternahm die Kommission abermals eine rechtliche Prüfung des Falles Hanemann, wobei sie vor allem die dänische Argumentation, daß der Supplikant niemals das Heimatrecht in Altona besessen habe, zu widerlegen versuchte. Die Kommission war der Auffassung, daß die Aufnahme Hanemanns ins Altonaer Bürgerrecht, durch die er seine frühere Heimat verloren habe, sehr wohl ein Heimatrecht begründe. Durch die Aufnahme in einem Lande höre in der Regel der Anspruch auf das andere auf, sofern dieser nicht ausdrücklich durch Ausstellung eines Heimatscheins gewahrt werde. Der spätere Entzug des Bürgerrechts könne sich nur auf die bürgerlichen Rechte, nicht aber auf das Heimatrecht beziehen, da eine derartige Bestrafung nicht nur das straffällige Individuum, sondern auch eine andere deutsche Regierung träfe und ihre Rechte beeinträchtige.[43]

Die Ausführungen der Reklamationskommission standen inhaltlich auf schwachen Füßen, denn sie basierten nicht auf anerkannten Rechtsnormen. Sie ließen vielmehr erkennen, daß es einerseits auf der einzelstaatlichen Ebene an schlüssigen gesetzlichen Grundlagen mangelte, welche die Fragen der Staatsangehörigkeit, der Bürgerrechte und des Heimatrechts ohne innere Widersprüche regelten, und daß es andererseits auch auf der „internationalen" Ebene, das heißt zwischen den im Deutschen Bund zusammengeschlossenen Einzelstaaten, keine allgemein anerkannten Grundsätze für den Umgang mit heimatrechtlichen Problemfällen gab. Das individuelle Schicksal Johann Hanemanns deckte auf diese Weise die Defizite der Partikulargesetzgebungen ebenso auf wie die der Bundesgesetzgebung. Es gab den Anlaß dafür, daß sich die Bundesversammlung mit den allgemeinen, grundlegenden Rechten der *Deutschen* innerhalb des Deutschen Bundes beschäftigte. Die von Bundesseite betriebenen Erörterungen darüber, wie diese aus dem „Geist" der

---

[40] ProtDBV 1845, § 286, S. 681–686.
[41] Ebd., S. 682.
[42] Ebd.
[43] Ebd., S. 684.

Bundesgrundgesetze abgeleiteten Rechte zu sichern seien, berührten unvermeidlicherweise auch die einzelstaatlichen Gesetze und deren Handhabung. Dies war ein äußerst kritischer Vorgang, denn er warf sofort die Frage auf, ob und inwieweit der Bund berechtigt war, in die inneren Angelegenheiten der souveränen deutschen Staaten beziehungsweise der dem Deutschen Bund angehörenden, zum Teil außerdeutschen Regierungen einzugreifen. Die dänische Regierung protestierte denn auch energisch dagegen, daß die Reklamationskommission sich angemaßt hatte, die dänischen Gesetze über das Heimatrecht und die Versorgung von Ausländern „ihrer Diskussion zu unterziehen".[44] Die Auslegung und Anwendung dieser Gesetze obliege der Königlichen Regierung, die „für die Königlichen Staaten nicht weniger ihre internationalen, als ihre inneren Verhältnisse allein und ausschließlich zu wahren" habe.[45] Dies gelte jedenfalls solange, als nicht die Kompetenz der Bundesversammlung zur Regelung einer Streitfrage zwischen einzelnen Regierungen durch ein Austrägalverfahren nach Artikel 30 der Wiener Schlußakte festgestellt sei. Eine vorausgehende „Rechtsbegutachtung" durch die Bundesversammlung, wie sie in dem Gutachten der Reklamationskommission vorgenommen werde, sei unter keinen Umständen zulässig.[46]

Die Haltung der dänischen Regierung ließ der Reklamationskommission keine andere Wahl, als den von ihr unternommenen Versuch einer gütlichen Einigung über das Heimatrecht Hanemanns aufzugeben und statt dessen die Kompetenz der Bundesversammlung zu begründen und die Einleitung eines förmlichen Austrägalverfahrens zur „bundesverfassungsmäßigen Vermittlung" zu beantragen.[47] Sie berief sich dazu in ihrem Vortrag vom 4. September 1845 auf Artikel 11 und 12 der Bundesakte sowie die Artikel 21, 29 und 30 der Wiener Schlußakte, wonach die Bundesversammlung verpflichtet war, im Falle von Justizverweigerung gegenüber Privatpersonen eine richterliche Entscheidung durch eine Austrägalinstanz herbeizuführen. Die Kommission gab sich aber nicht mit der Begründung der formalen Kompetenz des Bundes zur Behandlung des vorliegenden Falles zufrieden, sondern legte in sehr energischer Weise dar, daß auch in der Sache selbst ein Eingreifen des Bundes nicht nur zulässig, sondern notwendig war. Zwar enthielten die Bundesgesetze keine speziellen Bestimmungen hinsichtlich der Heimatverhältnisse der Untertanen deutscher Bundesstaaten, doch ergab sich nach Auffassung der Kommission die Bundeskompetenz aus „allgemeinen bundesgesetzlichen Bestimmungen". Diese garantierten, „daß kein Deutscher rechtlos sey" beziehungsweise „daß kein Deutscher wegen Beeinträchtigung persönlicher oder Eigenthums-Rechte den Rechtsweg vor dem competenten Richter zu betreten behindert seyn könne". Weil das Recht auf Heimat aber

---

[44] Ebd., S. 685.
[45] Ebd.
[46] Ebd., S. 686.
[47] ProtDBV 1845, § 352, S. 834–837, Zitat S. 836.

„unstreitig zu den unschätzbarsten und wichtigsten" Rechten gehöre, müsse das, was im allgemeinen von dem Rechtszustande gelte, auch auf die Heimatrechte Anwendung finden.[48]

Neben dieser gewissermaßen ‚grundrechtlichen' Motivierung der Bundeskompetenz lieferte die Reklamationskommission auch eine ‚staatsrechtliche' Begründung. Die Tatsache, daß die Heimatverhältnisse Gegenstand der Landesgesetzgebung seien, so hieß es, schließe ein Eingreifen des Bundes nicht aus, denn sobald die Frage über das Heimatrecht einer Person zum Streitfall zwischen verschiedenen Regierungen werde, erhielte sie eine „internationale Seite".[49] Damit liege sie nicht mehr allein in der „Machtvollkommenheit" einer oder mehrerer Einzelregierungen. Dies war eine klare Zurückweisung des Partikularismus der Einzelstaaten, die ihren Souveränitätsanspruch über das zulässige Maß ausdehnten, indem sie ihre Interessen ohne Rücksicht auf grundlegende Rechte ihrer Untertanen und die föderalen Verpflichtungen gegenüber dem Deutschen Bund durchzusetzen versuchten.

Die Argumentation der Reklamationskommission fand die fast einhellige Zustimmung der Bundesversammlung, denn mit Ausnahme der Vertreter Dänemarks und Hannovers traten alle Bundestagsgesandten den Anträgen der Kommission bei. Es wurde beschlossen, eine besondere Kommission mit der bundesverfassungsmäßigen Vermittlung im Fall Hanemann zu beauftragen sowie die dänische Regierung zu ersuchen, Hanemann „den einstweiligen Aufenthalt in Altona bis zur ausgemachten Sache und ohne alle Consequenz zu gestatten".[50] In welcher Weise die neue Bundeskommission, in die die Gesandten von Preußen, Baden und Mecklenburg gewählt wurden, tätig wurde, ist aus den Protokollen der Bundesversammlung nicht ersichtlich. Die Lösung des Falles Hanemann scheint sich weiter verzögert zu haben, denn Hanemann richtete am 8. Januar und am 9. April 1846 zwei weitere Eingaben an die Bundesversammlung, in denen er um eine baldige Entscheidung zur Beendigung seines heimatlosen Zustandes nachsuchte.[51] Immerhin erklärte sich die dänische Regierung am 8. Januar 1846 bereit, dem Wunsch der Bundesversammlung nachzukommen und Hanemann „einstweilige Aufnahme in Altona bis zur definitiven Erledigung der Sache zuzugestehen".[52] Auf diese Weise wurde der heimatlose Zustand, der zu wiederholten Ausweisungen und Bestrafungen geführt hatte, beendet und Hanemann das Schicksal eines rechtlosen Vaganten erspart. Die Aufenthaltsgenehmigung in Altona war für Hanemann um so wichtiger, als er schon im Sommer 1845 nach sechsmonatigem Aufenthalt aus Frankfurt ausgewiesen worden war, weil er

---

[48] Zitate ebd., S. 835.
[49] Ebd., S. 836.
[50] Ebd., S. 837.
[51] ProtDBV 1846, § 28, S. 34; § 119, S. 27.
[52] ProtDBV 1846, § 11, S. 14f.

sich ohne regelmäßige Beschäftigung in der Stadt „herumgetrieben" und überdies auch „Anlaß zu polizeilichen Beschwerden" gegeben hatte.[53]

Ab April 1846 verliert sich die Spur Hanemanns in den Akten, doch gewann seine Petition an die Deutsche Bundesversammlung über den speziellen Einzelfall hinausgehend eine allgemeine und grundsätzliche Bedeutung für das Problem des Heimatrechts und der Staatsangehörigkeit im Deutschen Bund. Die Angelegenheit Hanemann lieferte den Anstoß für die Aktivierung der bereits 1820 gewählten Bundeskommission, die nun endlich ihrem 1839 erteilten Auftrag nachkam, ein Gutachten über die Einführung allgemeiner, im ganzen Bundesgebiet geltender Grundsätze für das Heimatrecht zu erstatten. Am 15. Januar 1846 legte die Kommission der Bundesversammlung einen neun Artikel umfassenden „Vereinbarungsentwurf" zur einheitlichen Handhabung des Heimatrechts vor.[54] In ihrer Erläuterung des Entwurfs betonte die Kommission, daß es nicht darum gehe, in die Landesgesetzgebung über den Erwerb der Untertanenrechte einzugreifen, da diese „als reine innere Landesangelegenheit lediglich den Bundesregierungen" zustehe.[55] Der Entwurf schlage vielmehr in Anlehnung an die bereits zwischen mehreren deutschen Staaten abgeschlossenen Verträge über die Heimatverhältnisse nur „Normen und Anhaltspuncte" zur Lösung von Streitfällen zwischen verschiedenen Regierungen über die Staatsangehörigkeit von einzelnen Personen vor.

Dies war allerdings eine Untertreibung, denn tatsächlich liefen die Bestimmungen des Entwurfs darauf hinaus, Heimatlosigkeit im Gebiet des Deutschen Bundes grundsätzlich zu vermeiden. Dies sollte zum einen dadurch erreicht werden, daß keine Person von einem Mitgliedsstaat des Bundes in einen anderen ausgewiesen werden durfte, sofern nicht zuvor zweifelsfrei festgestellt worden war, daß sie dem Staat, in den sie ausgewiesen werden sollte, nach den in der vorliegenden Vereinbarung enthaltenen Grundsätzen als Untertan angehörte.[56] Praktisch hätte dies bedeutet, daß die Entstehung von Heimatlosigkeit durch Ausweisung, wie im Fall von Hanemann, künftig ausgeschlossen worden wäre. Der Entwurf ging aber noch weiter, denn er unterband nicht nur die bisherige, allein dem Ermessen der einzelstaatlichen Behörden überlassene Abschiebepraxis, sondern er stellte zusätzlich einen umfassenden Katalog von Regularien für den Erwerb beziehungsweise Besitz des Untertanen- und damit des Heimat- und Aufenthaltsrechts auf, der für alle Staaten des Deutschen Bundes verbindlich gemacht werden sollte. Indem dieser Katalog die Kriterien festlegte, nach denen das Heimatrecht erworben und gegen willkürlichen Entzug geschützt werden konnte, griff er nicht unerheblich in die einzelstaatliche Gesetzgebung ein.

---

[53] ProtDBV 1845, § 331, S. 790.
[54] ProtDBV 1846, § 27, S. 31–34 (Kommissionsvortrag) sowie S. 39–41 (Vereinbarungsentwurf).
[55] Ebd., S. 33.
[56] Art. III. des Vereinbarungsentwurfs, ebd., S. 40.

Dies wird deutlich, wenn man die Bestimmungen der Vereinbarung im einzelnen in den Blick nimmt. Insbesondere der umfangreiche erste Artikel[57] enthält eine Reihe von Bestimmungen, die den Spielraum der Einzelstaaten stark einschränkten. In ihrer Gesamtheit hatten sie grundrechtsähnlichen Charakter, indem sie die Bedingungen für den Erwerb des Heimatrechts fixierten und die Entstehung von Heimatlosigkeit künftig ausschlossen. Das Heimatrecht beziehungsweise die Staatsangehörigkeit und damit den Schutz vor Ausweisung besaßen beziehungsweise erhielten danach:
1. all jene, die über eine gültige, „die Unterthaneneigenschaft ausdrücklich bestätigende Urkunde" wie zum Beispiel einen Heimatschein oder einen Reisepaß verfügten;
2. diejenigen, die „durch ausdrückliche Aufnahme, oder durch Geburt das Unterthanenrecht des betreffenden Staats erlangt haben" und seither aus diesem Verhältnis nicht durch den Übertritt in eine andere Staatsangehörigkeit ausgetreten waren;
3. alle Personen, die in einem Staat mindestens zehn Jahre lang eine „eigene Wirthschaft", das heißt ein selbständiges Gewerbe betrieben;
4. Ehefrauen, Witwen, geschiedene und verlassene Frauen, sofern ihre Männer Staatsangehörige waren;
5. eheliche und uneheliche Kinder.

Die zuletzt genannte Bestimmung wurde noch dadurch präzisiert, daß eheliche Kinder automatisch die Staatsangehörigkeit ihres Vaters, uneheliche die ihrer Mutter besaßen. Darüber hinaus wollte die Vereinbarung sicherstellen, daß Heimatlosigkeit nicht mehr vererbt werden konnte: Eheliche Nachkommen heimatloser Väter und uneheliche Nachkommen heimatloser Mütter erlangten mit der Geburt das Untertanenrecht des Staates, in dem sie geboren wurden.

Diese Bestimmungen gingen in einigen Punkten weit über die in den Einzelstaaten bestehenden verfassungsrechtlichen und gesetzlichen Grundlagen für den Erwerb der Staatsangehörigkeit hinaus. Insbesondere die Forderung nach konsequenter Anwendung des Territorialprinzips (*ius soli*) für Nachkommen von heimatlosen Eltern stand im direkten Widerspruch zum geltenden Verfassungsrecht einiger Staaten wie etwa Württemberg und Großherzogtum Hessen, in denen das Staatsbürgerrecht beziehungsweise Indigenat nur dann durch Geburt erworben wurde, wenn auch die Eltern dieses Recht bereits besaßen (*ius sanguinis*).[58] Auch das Ziel, alle Deutschen vor Heimatlosigkeit zu bewahren und ein bundesweit anerkanntes Verfahren durchzusetzen, das den Entzug der Staatsangehörigkeit nur dann zuließ, wenn gleichzeitig die Aufnahme durch einen anderen Bundesstaat sichergestellt war, wies weit über das Partikularrecht der Einzelstaaten hinaus.

---
[57] Ebd., S. 39f.
[58] Verfassung des Königreichs Württemberg von 1819, § 19; Verfassung des Großherzogtums Hessen von 1820, Art. 13; *Huber* (Hg.), Dokumente, Bd. 1, S. 190, 223.

Insgesamt gesehen stellte der Vereinbarungsentwurf von 1846 in rechtshistorischer Hinsicht eine erstaunlich moderne und zukunftsweisende Leistung dar. Er unternahm den Versuch, der gesamten deutschen Bevölkerung einen gesicherten staatsbürgerlichen Status zu verschaffen. In seinen Bestimmungen zeichneten sich die Konturen eines allgemeinen Grundrechts auf Heimat beziehungsweise Staatsangehörigkeit ab, das zwar formal nicht ein „allgemeines deutsches Bürgerrecht" darstellte, wie es der 2. Deutsche Germanistentag 1847 in Lübeck forderte und wie es 1849 die Paulskirchenverfassung in § 132 garantierte[59], das aber inhaltlich über den einzelstaatlichen Partikularismus hinauswies, indem es allen Deutschen gewisse staatsbürgerliche Rechte sichern wollte. Aus dieser Perspektive gesehen scheint der Deutsche Bund denn doch nicht ausschließlich ein „Gegenmodell" zur späteren (Grund-) Rechtsentwicklung in Deutschland gewesen zu sein.[60] Seine Versuche, unter den Bedingungen des Staatenbundes eine Vereinheitlichung des Rechts herbeizuführen, lassen sich im Hinblick auf die intendierte, wenn auch zugegebenermaßen nicht realisierte materielle Rechtsschöpfung durchaus in die Tradition der im 19. Jahrhundert unternommenen Bestrebungen zur nationalen Unifizierung, Normierung und Kodifizierung der Rechte der Deutschen einordnen.

Im Hinblick auf das Heimatrecht schien jedenfalls schon vor der Revolution von 1848 ein Erfolg der rechtsvereinheitlichenden Tätigkeit des Deutschen Bundes in greifbare Nähe gerückt. Der von der Kommission vorgelegte Vereinbarungsentwurf stieß bei fast allen Mitgliedsstaaten des Bundes auf eine positive Resonanz, und das, obwohl einige seiner Bestimmungen, wie der dänische Bundestagsgesandte am 12. Juni 1846 in der Bundesversammlung erklärte, Einrichtungen voraussetzten, die noch nicht in allen Einzelstaaten vorhanden waren. Der Gesandte fuhr fort:

„Es liegt jedoch in der Natur der Sache, daß, wenn jede Bundesregierung ausschließlich die im eigenen Lande zur Zeit bestehende Gesetzgebung und vorhandenen Einrichtungen als maaßgebend betrachten wollte, eine Vereinbarung nicht zu Stande kommen könnte, und wie durch die Bestimmungen des Entwurfs der Fortbildung der innern Landesgesetzgebung keine Fesseln angelegt werden, so dürften auch Sachgründe nicht entgegenstehen, eventuell die erforderlichen näheren Bestimmungen im Wege der Gesetzgebung zu treffen."[61]

Die etwa durch die Vereinbarung erforderlich werdenden Änderungen in der Landesgesetzgebung fielen angesichts der Vorteile der bundesweiten Regelung, durch die nach Auffassung des Frankfurter Senats „einem längst vorhandenen vaterländischen Bedürfniß"[62] abgeholfen wurde, nicht ins Gewicht. Angeführt von Preußen, das als erstes Bundesmitglied schon am 19. Februar

---

[59] Vgl. dazu *Kühne*, Die Reichsverfassung der Paulskirche, S. 204–208.
[60] Vgl. *Grawert*, Staat und Staatsangehörigkeit, S. 194f.; dem zustimmend *Kühne*, Die Reichsverfassung der Paulskirche, S. 205.
[61] ProtDBV 1846, § 161, S. 345.
[62] Ebd., S. 347.

1846 seine Zustimmung zu der Vereinbarung erklärte[63], gaben bis zum 21. Januar 1847 die Regierungen von insgesamt 34 Staaten positive Stellungnahmen zu dem Vereinbarungsentwurf ab.[64] Die von einigen Regierungen vorgebrachten Änderungswünsche betrafen überwiegend redaktionelle Modifikationen und bildeten kein unüberwindbares Hindernis für eine Einigung über den Entwurf. Daß dieser dennoch nicht von der Bundesversammlung angenommen wurde, hing lediglich an der Haltung von Österreich und Württemberg, die sich zu der Vorlage nicht äußerten und damit den weiteren Fortgang und den erfolgreichen Abschluß der Verhandlungen blockierten. Wie so oft, vereitelte auch diesmal das Erfordernis der Einstimmigkeit die Verabschiedung und Implementierung einer lange vorbereiteten, von der Mehrzahl der Regierungen befürworteten, als eine „große Wohlthat" für das gesamte „Vaterland"[65] angesehenen Maßnahme zur Rechtsvereinheitlichung im Deutschen Bund.

Nach der Revolution von 1848/49, in der im Rahmen der Reichsverfassung vom 28. März 1849 und eines Heimatgesetzentwurfs vom 2. Dezember 1848 der Versuch unternommen worden war, ein einheitliches Reichsbürger- und Heimatrecht auszubilden[66], knüpfte die wiederhergestellte Bundesversammlung an die vormärzlichen Verhandlungen über die Normierung des Heimatrechts in Deutschland an. Den Anstoß dazu gab die badische Regierung, die am 11. November 1852 an den Entwurf von 1846 erinnerte und sich dafür aussprach, die Beratungen wiederaufzunehmen, um eine Einigung über „die Hauptgrundsätze zur Ordnung der Heimathsverhältnisse" herbeizuführen und auf diese Weise eine „Lücke in der Bundesgesetzgebung" zu schließen, die dazu führen könne, daß „Mancher sich in Bezug auf seine Heimathsverhältnisse in Deutschland in einem rechtlosen Zustande befinden würde".[67] Die Bundesversammlung beauftragte unverzüglich einen Ausschuß, in den die Gesandten von Österreich, Preußen, Hannover, Baden und Mecklenburg gewählt wurden, mit der Ausarbeitung von Vorschlägen über allgemeine, für ganz Deutschland gültige Normen hinsichtlich der Heimatverhältnisse.

Am 10. März 1853 erstattete der hannoversche Bundestagsgesandte Bothmer im Namen des Ausschusses in der Bundesversammlung seinen Vortrag.[68] Bothmer legte dar, daß der Ausschuß zunächst erwogen habe, die noch nicht abgeschlossene Abstimmung über den Vereinbarungsentwurf von 1846 fortzusetzen beziehungsweise auf der Grundlage der bereits erfolgten Abstimmungen eine Überarbeitung des Entwurfs vorzunehmen und diesen

---

[63] ProtDBV 1846, § 65, S. 124.
[64] ProtDBV 1846, § 76, S. 157; § 103, S. 194f.; § 115, S. 221f.; § 124, S. 234f.; § 135, S. 264f.; § 161, S. 343–347; § 172, S. 386; § 194, S. 497f.; § 206, S. 525–527; § 270, S. 723; § 290, S. 766f.; ProtDBV 1847, § 26, S. 60.
[65] Erklärung des hamburgischen Senats in der Bundesversammlung am 2. April 1846; ProtDBV 1846, § 103, S. 194.
[66] Vgl. dazu *Kühne*, Die Reichsverfassung der Paulskirche, S. 205–211.
[67] ProtDBV 1852, § 270, S. 1219–1221, Zitate ebd., S. 1219, 1220.
[68] ProtDBV 1853, § 58, S. 220–222.

dann der Bundesversammlung von neuem zur Abstimmung vorzulegen. Der Ausschuß entschied sich allerdings gegen dieses Verfahren, weil er zu der Auffassung gelangte, es sei besser, auf die seit 1847 eingetretenen Veränderungen in der Sachlage Rücksicht zu nehmen. Die neue Situation bestand darin, daß am 15. Juli 1851 auf Initiative von Preußen die Regierungen von siebzehn deutschen Staaten in Gotha einen Vertrag über die gegenseitige Verpflichtung zur Übernahme von Auszuweisenden abgeschlossen hatten, dem bis Anfang 1853 noch acht weitere Staaten beigetreten waren.

Der Gothaer Vertrag[69] hatte das Ziel, durch die Einführung von detaillierten Regularien die bislang bei der Übernahme von Auszuweisenden und Heimatlosen zwischen den Einzelstaaten entstehenden Schwierigkeiten zu beseitigen und ein von allen Vertragspartnern akzeptiertes rechtliches Verfahren einzuführen. Darüber hinaus sollte der Vertrag dazu dienen, „ein allgemeines deutsches Heimathsrecht vorzubereiten".[70] Trotz dieser Absichtserklärung unterschied sich der Gothaer Vertrag formal und inhaltlich erheblich von dem Vereinbarungsentwurf von 1846. In formaler Hinsicht handelte es sich um einen ohne die Vermittlung und Einwirkung der Bundesversammlung abgeschlossenen Vertrag zwischen mehreren souveränen deutschen Staaten. Sein Geltungsbereich erstreckte sich nur auf einen Teil des Bundesgebiets, und seine Bestimmungen hatten keinen bundesrechtlichen, sondern lediglich zwischenstaatlichen Charakter. Der mit dem Gothaer Vertrag eingeschlagene Weg zur Rechtsvereinheitlichung war der gleiche, der auf dem Gebiet der Zoll- und Handelseinigung mit den Zollvereinsverträgen der 1830er Jahre eingeschlagen worden war.

Auch im Hinblick auf die inhaltlichen Bestimmungen und die Intention verfolgte der Gothaer Vertrag einen anderen Ansatz als der Kommissionsentwurf von 1846. Nicht der Gedanke des Schutzes des Individuums vor Heimatlosigkeit und willkürlicher Ausweisung stand im Vordergrund, sondern die Absicht, die immer wieder auftretenden Auseinandersetzungen zwischen den Behörden verschiedener deutscher Staaten bei der Ausweisung von „lästigen Person[en]"[71] zu regulieren. Auf diese Weise sollten administrative Friktionen vermieden werden, die häufig dadurch entstanden, daß ein Staat versuchte, sich unerwünschter Personen auf Kosten seiner Nachbarn zu entledigen. Das von der Bundeskommission 1846 angeführte Motiv des individuellen Rechtsschutzes trat demgegenüber in den Hintergrund. Bezeichnend für den Unterschied zwischen dem Bundesentwurf und dem Gothaer Vertrag ist der Umgang mit dem Geburtsrecht. Während der Kommissionsentwurf eindeutige Festlegungen über die Erlangung der Staatsangehörigkeit durch Geburt traf, begründete nach dem Gothaer Vertrag die Geburt in einem bestimmten Staat nur dann eine Verpflichtung zur Übernahme, wenn andere

---

[69] Abgedruckt in: ProtDBV 1853, Beilage 1 zu § 58, S. 229–233.
[70] Ebd., S. 229 (Präambel des Vertrags).
[71] Ebd., S. 231 (§ 7 des Gothaer Vertrags).

Bedingungen für das Aufenthaltsrecht wie etwa ein mindestens fünfjähriger Aufenthalt oder eine Verheiratung nicht vorlagen.[72]

Der Ausschuß der Bundesversammlung war sich bewußt, daß der Gothaer Vertrag noch nicht alles enthielt, was zur Sicherung des Heimatrechts wünschenswert war.[73] Er empfahl dennoch, auf eine Weiterbearbeitung des Entwurfs von 1846 vorerst zu verzichten und statt dessen die zwölf dem Gothaer Vertrag noch nicht beigetretenen Staaten zu ersuchen, sich darüber zu erklären, ob und unter welchen Bedingungen sie bereit seien, sich dem Vertrag anzuschließen. Wenn es auf diese Weise gelingen sollte, dem Vertrag „Gültigkeit für ganz Deutschland"[74] zu verschaffen, wäre nach Auffassung des Ausschusses eine gute Basis vorhanden, um auf dem Wege der Revision des Vertrags eine weitergehende bundesrechtliche Ausgestaltung des Heimatrechts anzuvisieren. Immerhin, so das Argument des Ausschusses, verbiete der Vertrag wie der Entwurf von 1846 die willkürliche Ausweisung, indem er die Verpflichtung des ausweisenden Staats festschreibe, die betreffende Person bis zur Klärung des zukünftigen Aufenthaltsrechts in seinem Gebiet zu behalten. Damit sei einer der „Hauptpuncte"[75], um die es gehe, erfüllt.

Daß der Ausschuß den eben skizzierten Weg zur weiteren Behandlung der Frage des Heimatrechts empfahl, war ohne Zweifel ein Eingeständnis der Tatsache, daß der Spielraum für eine bundesrechtliche Regelung durch den Gothaer Vertrag eingeschränkt worden war. Er hatte neues zwischenstaatliches Recht geschaffen, das die Bundesversammlung bei ihren Bemühungen um die Rechtsvereinheitlichung weder ignorieren noch ohne die Zustimmung aller Vertragspartner revidieren konnte. Der Gothaer Vertrag ist ein Beispiel dafür, wie das lange Zögern des Deutschen Bundes, die Vereinheitlichung des Rechts in Angriff zu nehmen, und sein Unvermögen, einmal eingeleitete Verhandlungen zügig zum Abschluß zu bringen, dazu führten, daß einzelne Staaten untereinander Verträge und Konventionen eingingen, die spezielle Materien lediglich für einen Teil des Bundesgebiets regelten, auf diese Weise einer allgemeinen Einigung auf Bundesebene vorgriffen und sie möglicherweise sogar erschwerten. Von preußischer Seite wurde insbesondere seit den 1850er Jahren das Instrument der Separatverträge über rechtliche, militärische und wirtschaftliche Fragen auch gezielt dazu eingesetzt, um die unifikatorische Tätigkeit des Deutschen Bundes zu blockieren oder zu behindern. Hinsichtlich des Heimatrechts bewirkte je-

---

[72] Ebd., S. 230 (§ 2 des Gothaer Vertrags).
[73] In das Protokoll der Bundesversammlung mit dem Ausschußbericht hat sich an dieser Stelle ein sinnentstellender Fehler eingeschlichen. Wörtlich heißt es dort: „Der Gothaer Vertrag enthält anscheinend noch Alles, was in dieser Hinsicht wünschenswerth seyn möchte; er enthält aber den Anfang eines geordneten Zustandes, der unter Bundesstaaten nicht entbehrt werden kann"; ProtDBV 1853, S. 222. – Die Satzkonstruktion und der inhaltliche Kontext der Aussage weisen aber darauf hin, daß es statt „noch Alles" richtig heißen muß: „noch *nicht* Alles".
[74] ProtDBV 1853, S. 222.
[75] Ebd., S. 221.

denfalls der Gothaer Vertrag, ob gewollt oder nicht, eine weitere erhebliche Verzögerung für die von der Bundesversammlung angestrebte bundesweite Lösung. Abgesehen davon, daß die Beratungen über eine umfassende Regelung einmal mehr verschoben wurden, kam es letztendlich noch nicht einmal zu der Übernahme des Gothaer Vertrags durch alle Mitgliedsstaaten des Deutschen Bundes, die ja die Voraussetzung für weitere Schritte bilden sollte.

Die gemäß dem Vorschlag des Ausschusses für das Heimatrecht von der Bundesversammlung an die Einzelstaaten ergehende Aufforderung, sich binnen zwei Monaten darüber zu äußern, ob sie bereit seien, dem Gothaer Vertrag beizutreten, hatte nicht den gewünschten Erfolg. Zwar zeigten in den Jahren 1853/54 die Regierungen von Württemberg, Hamburg, Baden und Schaumburg-Lippe ihren bereits vollzogenen Beitritt zum Gothaer Vertrag an[76], auch erklärten Hessen-Homburg, Frankfurt, Dänemark und die Niederlande für Luxemburg ihre Bereitschaft dazu[77]. Dänemark machte jedoch seine Zustimmung vom Beitritt aller Mitgliedsstaaten des Deutschen Bundes abhängig und verlangte überdies, daß der Gothaer Vertrag, mit entsprechenden redaktionellen Veränderungen versehen, „durch förmlichen Beschluß zum Bundesgesetze erhoben werde".[78] Auch die badische Regierung wollte zunächst nur unter der Voraussetzung beitreten, daß die Bestimmungen des Gothaer Vertrags zu einem für sämtliche Staaten verbindlichen Bundesbeschluß erhoben würden, wodurch die Übereinkunft „den Charakter eines freien, beliebig kündbaren Vertrags" zwischen einzelnen Regierungen verloren hätte.[79] Schon wenig später ließ aber die badische Regierung diese Bedingung fallen, weil sie zu der Überzeugung gelangt war, daß eine Vereinbarung des Deutschen Bundes über allgemeine, für ganz Deutschland gültige Normen bezüglich der Heimatverhältnisse vorerst nicht zu erreichen war. Baden erklärte am 9. Februar 1854 seinen Beitritt zum Gothaer Vertrag, ohne jedoch „hierbei die Hoffnung auf das spätere Zustandekommen eines Bundesbeschlusses über diesen Gegenstand aufzugeben".[80]

Daß die von Dänemark und Baden gewünschte Umwandlung des Gothaer Vertrags in einen allgemeinen Bundesbeschluß scheiterte, lag vor allem an der Haltung Österreichs, das nicht bereit war, dem Vertrag beizutreten. In einer entsprechenden Erklärung des kaiserlichen Präsidialgesandten vom 10. November 1853 wurde dies zum einen damit begründet, daß die österreichische Regierung zunächst die bereits eingeleitete Revision ihrer inneren Gesetzgebung über die Heimatverhältnisse abschließen wollte; zum anderen wollte

---

[76] ProtDBV 1853, § 201, S. 627; § 300, S. 901; ProtDBV 1854, § 33, S. 55f.; § 161, S. 444.
[77] ProtDBV 1853, § 126, S. 361f.; § 177, S. 591; ProtDBV 1854, § 4, S. 3f.; § 191, S. 559f.
[78] ProtDBV 1854, § 4, S. 3 (12. Januar 1854).
[79] ProtDBV 1853, § 261, S. 841f. (3. November 1853).
[80] ProtDBV 1854, § 33, S. 55f.

man in Wien abwarten, welche Vorschläge bei der im Gothaer Vertrag für das Jahr 1854 angekündigten Revision der Übereinkunft gemacht würden.[81]

Damit war, ohne daß eine inhaltliche Auseinandersetzung mit den Bestimmungen des Gothaer Vertrags von seiten der österreichischen Regierung erfolgt wäre, die weitere Bearbeitung der Angelegenheit durch den Deutschen Bund zunächst einmal vertagt. Die Haltung Österreichs, der sich Liechtenstein anschloß[82], bedeutete einen herben Rückschlag für die Bemühungen der Bundesversammlung zur Rechtsvereinheitlichung in Deutschland. Sie war, was das Materielle betraf, nur schwer nachzuvollziehen, denn die Bestimmungen des Gothaer Vertrags waren kaum dazu geeignet, den Spielraum der einzelstaatlichen Gesetzgebung über die Heimatverhältnisse und Untertanenrechte einzuschränken. Auch in formaler Beziehung erscheint es nicht erforderlich, die rechtspolitische Tätigkeit des Deutschen Bundes von der durch Separatverträge einzelner Bundesglieder vorangetriebenen Rechtsentwicklung abhängig zu machen. Dies kam einer Aufgabe der durch die Bundesgrundgesetze gegebenen allgemeinen Kompetenz des Deutschen Bundes zum inneren Ausbau des Staatenbundes gleich. Die österreichische Regierung hatte offensichtlich noch nicht, wie viele ihrer mittelstaatlichen Partner, die Überzeugung gewonnen, daß es für das Ansehen, wenn nicht gar für den Bestand des Deutschen Bundes insbesondere nach der Revolution von 1848/49 von entscheidender Bedeutung geworden war, eine selbstbewußte Vorreiterrolle bei der inneren Vereinheitlichung Deutschlands zu übernehmen.

Nur eine einzige Regierung begründete ihre Ablehnung des Gothaer Vertrags mit inhaltlichen Argumenten. Es war dies der Senat von Lübeck, der in einer längeren Erklärung vom 9. Februar 1854 eine Reihe von materiellen Einwänden vorbrachte.[83] Das Votum Lübecks ist insofern bemerkenswert, als es, ausgehend von einigen Detailbestimmungen des Gothaer Vertrags, die Tatsache zu Bewußtsein bringt, daß der Vertrag einerseits nur einen Einzelaspekt der komplexen Rechtsverhältnisse des Individuums in Beziehung zum Staat regulieren wollte, und daß er dies andererseits versuchte, ohne ausreichend zu berücksichtigen, daß das Bürgerrecht, die Staatsangehörigkeit, das Heimatrecht und die Untertanschaft in den verschiedenen deutschen Staaten nach sehr unterschiedlichen Kriterien definiert wurden. Solange es aber dem Belieben der einzelstaatlichen Gesetzgebung überlassen blieb, die entsprechenden Rechtsverhältnisse zu definieren, mußte, so argumentierte Lübeck, die Ausführung des Gothaer Vertrags zu Ungerechtigkeiten führen. Als Beleg dafür wurde angeführt, daß nach den lübeckischen

---

[81] ProtDBV 1853, § 272, S. 855f.
[82] ProtDBV 1854, § 33, S. 56. – Der niederländische Gesandte erklärt am 3. August 1854, daß seine Regierung für das Herzogtum Limburg den Beitritt zum Gothaer Vertrag ebenfalls verweigern müsse; ProtDBV 1854, § 241, S. 744.
[83] ProtDBV 1854, § 33, S. 56–58.

Gesetzen jeder, der in der Hansestadt „eine bürgerliche Nahrung" betriebe oder sich verheiraten wollte, zum Erwerb des Lübecker Bürgerrechts, das heißt zur Erlangung der lübeckischen Staatsangehörigkeit für sich und seine Angehörigen verpflichtet war. Da indessen in den meisten deutschen Staaten weder durch das bloße Ausüben eines bürgerlichen Gewerbes noch durch die Eheschließung das Recht auf Staatsangehörigkeit erworben werde, sah Lübeck sich durch den Anschluß an den Gothaer Vertrag „im höchsten Grade benachtheiligt", sofern nicht in dem Vertrag selbst exakt bestimmt wurde, wer als Angehöriger der einzelnen vertragsschließenden Staaten „im Sinne des Vertrages" angesehen werden solle.[84]

Hier wurde ein grundsätzliches Problem angesprochen, dem die Bundesversammlung in ihren bisherigen Verhandlungen ausgewichen war – aus gutem Grund, denn die rechtlichen Voraussetzungen für den Erwerb des Bürger- und Heimatrechts beziehungsweise der Staatsangehörigkeit waren so unterschiedlich, daß eine allgemeine, im ganzen Bundesgebiet anerkannte Norm unerreichbar schien, wie schon 1838 die Reklamationskommission der Bundesversammlung festgestellt hatte. Immerhin hatte sich der Vereinbarungsentwurf von 1846 an eine Normierung der Kriterien für die Staatsangehörigkeit herangewagt. Das Schicksal des Gothaer Vertrags, dem trotz einer Anfang 1857 auf Antrag Bayerns wiederholten Aufforderung der Bundesversammlung zum Beitritt Österreich, Dänemark, Lübeck und Liechtenstein weiterhin fernblieben[85], zeigte, daß es erforderlich war, den 1846 eingeschlagenen Weg wieder aufzunehmen, wenn es gelingen sollte, im Gebiet des Deutschen Bundes allgemeine Bestimmungen über das Heimatrecht und die Staatsangehörigkeit durchzusetzen.

Einen Versuch dazu unternahm 1855/56 die bayerische Regierung, die auf die durch den Krimkrieg ausgelöste öffentliche Diskussion über die Notwendigkeit einer Bundesreform im November 1855 mit dem Plan reagierte, durch „eine lebendigere Thätigkeit der Bundesversammlung" bundesgesetzliche Regelungen über „mancherlei Angelegenheiten von allgemein deutschem Interesse" herbeizuführen, auf diese Weise die weitere Ausbildung der Bundesverfassung voranzutreiben und gleichzeitig der politischen Reformagitation den Wind aus den Segeln zu nehmen.[86] Zu den Gegenständen, die für eine „Regelung durch den Bund"[87] besonders geeignet erschienen, gehörten nach bayerischer Auffassung die Gesetze über Heimatrecht und Ansässigmachung, deren große Verschiedenheit innerhalb der Staaten des Deutschen Bundes erhebliche „Belästigungen für die Unterthanen" und „Schwierigkeiten für die Regierungen" verursachte. Eine Beseitigung dieser Übelstände sei zwar durch

---

[84] Ebd., S. 56.
[85] ProtDBV 1857, § 6, S. 6f.; § 61, S. 82f.; § 262, S. 562.
[86] Instruktion Pfordtens an Schrenk, München, 10. November 1855, in: QGDB III/2, Dok. 86, Zitate S. 382f. – Siehe dazu oben Teil A, Kap. VII.
[87] Ebd., S. 383.

den Gothaer Vertrag eingeleitet worden, doch sei es zu wünschen, dessen Bestimmungen in „ganz Deutschland" Geltung zu verschaffen und darüber hinaus die Heimatrechtsgesetze innerhalb des Deutschen Bundes „mehr in Einklang" zu bringen.[88]

Als weiteren regelungsbedürftigen Gegenstand bezeichnete der bayerische Ministerpräsident die Auswanderung aus Deutschland, die dem Vaterland besonders in den letzten Jahren viele Kräfte entzogen habe,

> „ohne sie auswärts irgendwie für das Vaterland nutzbringend zu erhalten. Eine Organisation der Auswanderung dürfte im allgemeinen Interesse liegen und zwar auch der Auswanderer selbst. Es käme darauf an, die Auswanderung nach Gegenden zu leiten, wo die Auswanderer nicht der Speculation oder dem Zufalle preisgegeben wären, sondern Aussicht auf eine sichere Existenz gewännen, wo sie ferner die Möglichkeit hätten, ihr Deutschthum zu bewahren und mit dem Vaterlande in politischer und commerzieller Beziehung zu bleiben, welche für beide Theile von Vortheil sein müßte."[89]

Diese Darlegungen sind in mehrfacher Hinsicht bemerkenswert. Sie zeigen zum einen, daß nicht nur bei den Anhängern der Nationalbewegung und den Verfechtern des Nationalstaats, sondern auch bei den Vertretern der deutschen Regierungen die Vorstellung von Deutschland als einer Einheit existierte, die sowohl nach innen wie nach außen der gesetzlichen Harmonisierung bedurfte. Für Pfordten und etliche seiner Kollegen war es unstreitig, daß es allgemein deutsche Interessen gab, daß diese Interessen durch den Deutschen Bund wahrzunehmen waren und daß es eine wichtige Aufgabe der Bundesversammlung war, Deutschland im Innern zu vereinheitlichen sowie nach außen die allgemeinen Interessen des Vaterlandes wie auch die individuellen Interessen seiner Bewohner zu vertreten. Heimat- und Auswanderungsrecht werden hier ganz deutlich als wichtige Aspekte der inneren und äußeren Nationsbildung erkennbar. Die von Pfordten vorgeschlagenen Reformen waren dazu geeignet, der Angehörigkeit von den Bewohnern der Staaten des Deutschen Bundes eine auf „Deutschland" als Einheit bezogene, von anderen Nationen durch ihr „Deutschtum" klar unterscheidbare Dimension zu geben.

Die Instruktion Pfordtens und die dadurch ausgelösten Beratungen auf Bundesebene bieten ferner einen Beleg dafür, daß die seit 1848 intensivierte Diskussion über das Verhältnis Deutschlands zu anderen Nationen im allgemeinen und die Frage der Auswanderung beziehungsweise der Stellung der Deutschen im Ausland im besonderen an der Bundesversammlung keineswegs vorbeiging. Der Deutsche Bund wandte sich damit einer Angelegenheit zu, die zu den in der deutschen Öffentlichkeit am intensivsten diskutierten Zeitfragen gehörte. Die deutsche Auswanderung und damit eng verbunden die Errichtung deutscher Siedlungskolonien in Übersee bildete seit Beginn

---
[88] Ebd.
[89] Ebd.

der 1840er Jahre ein unter sozialen, ökonomischen und nationalpolitischen Aspekten ausgiebig erörtertes Thema, mit dem sich die Presse und Publizistik, die Parlamente und Regierungen der Einzelstaaten, die wirtschaftlichen Interessenverbände und die zahlreichen neugegründeten Auswanderungsvereine befaßten.[90] Die deutsche Auswanderung wurde als „Deutsche Nationalsache" deklariert[91], und es war bereits die Rede vom „weltgeschichtlichen Beruf des Deutschen Volks"[92] zur Verbreitung seines Handels, seiner Wissenschaft und seiner christlichen Bildung über die Welt. Es wurden zahlreiche Kolonisationsprojekte entworfen, und in Denkschriften, Presseartikeln, Broschüren, Reiseberichten und sogar in literarischen Werken entfalteten sich Kolonialphantasien mit großer Breitenwirkung.[93] Besonders intensiv wurde erörtert, welche Länder sich am besten für die Aufnahme deutscher Auswanderer eigneten, wie der Schutz der Auswanderer zu gewährleisten sei und was zu tun sei, um die Auswanderer in die Lage zu versetzen, ihre „Nationalität" beziehungsweise ihr „Deutschthum" zu erhalten.[94]

Ihren vorläufigen Höhepunkt erreichte die Debatte im Revolutionsjahr 1848.[95] Der 1847 gegründete „Nationalverein für deutsche Auswanderung" wandte sich zunächst noch an die Bundesversammlung, die er am 18. April 1848 in einer Eingabe zur Förderung seiner „nationalen Zwecke" aufforderte. Die Bundesversammlung ging darauf nicht ein, doch immerhin sprachen mehrere Gesandte die Hoffnung aus, „daß bei der Neugestaltung der deutschen Verhältnisse die wichtige Frage der Auswanderung als Nationalangelegenheit werde behandelt werden".[96] Wenig später wurde die Frankfurter Nationalversammlung in der vom Nationalverein herausgegebenen Zeitschrift „Der deutsche Auswanderer" dazu aufgefordert, in bezug auf die Auswanderung „eine richtige nationale Politik" einzuschlagen, eigene Kolonien zu erwerben und dadurch zur Kräftigung des deutschen Nationalgefühls beizutragen.[97] Nach dem Willen einer Minderheit im Verfassungsausschuß der Paulskirche sollte die Auswanderung unter den Schutz des Staates gestellt

---

[90] Vgl. *von Senger und Etterlin*, Neu-Deutschland in Nordamerika; *Walker*, Germany and the Emigration.

[91] So der preußische Konsul in Bremen, Delius, im Jahr 1841; zitiert nach *Senger und Etterlin*, Neu-Deutschland in Nordamerika, S. 43.

[92] *Karl Sieveking*, Die Deutsche Antipoden-Kolonie. Hamburg, November 1841, in: *Gründer* (Hg.), „... und da und dort ein junges Deutschland gründen", S. 32–35, Zitat S. 34.

[93] Dazu ausführlich die Studie von *Zantop*, Colonial Fantasies, in der die Autorin anhand der Analyse von über 900 dokumentarischen Texten, Reiseberichten, literarischen und wissenschaftlichen Werken die immense kulturelle, soziale und politische Bedeutung aufzeigt, welche die Faszination mit der „Neuen Welt" in Deutschland seit dem Ende des 18. Jahrhunderts erlangte; vgl. auch: *Fenske*, Imperialistische Tendenzen in Deutschland vor 1866.

[94] Die Belege dafür sind Legion; vgl. etwa *Gründer* (Hg.), „... da und dort ein junges Deutschland gründen", S. 33, 39–42; *Senger und Etterlin*, Neu-Deutschland in Nordamerika, S. 53.

[95] Vgl. dazu *Kuckhoff*, Die Auswanderungsdiskussion während der Revolution von 1848/49.

[96] *Leibbrandt/Dickmann* (Hg.), Auswanderungsakten, S. 2f.; ProtDBV 1848, § 474, S. 586f.

[97] *Gründer* (Hg.), „... da und dort ein junges Deutschland gründen", S. 46.

werden, denn die „Würde einer großen Nation" erfordere es, den deutschen Auswanderern einen ausgedehnten Schutz zu gewähren:

„Nicht bloß, daß sie geschützt werden gegen die Sclaverei, welche oft das Ziel der Wanderung war, sondern der Schutz muß dahin gehen, daß sie durch die Fürsorge des Mutterlandes in Länder geführt werden, wo sie nicht bloß das irdische Leben fristen, sondern auch ihre geistigen Kräfte entwickeln können, wo sie zusammen wohnen können, wo deutsche Sprache und deutscher Geist sich erhält."[98]

Auf diese Argumente sollte der Deutsche Bund, wie unten gezeigt werden wird, wenige Jahre später bei seinen Bestrebungen zur Organisation der Auswanderung zurückkommen.

Im gesamten Vormärz hatte sich die Bundesversammlung mit der Frage der Auswanderung nicht befaßt, obwohl es dazu schon ganz zu Beginn ihrer Tätigkeit einen Anstoß gegeben hatte. Am 12. Juni 1817 hatte der niederländische Bundestagsgesandte Hans Christoph von Gagern, der sich schon lange mit den Problemen der deutschen Auswanderer beschäftigte, dem Bundestag eine Denkschrift vorgelegt, in der er eine Reihe von Maßnahmen zur Organisation des Auswanderungswesens vorschlug.[99] Der Bundestag ging darauf jedoch nicht näher ein, sondern beschloß lediglich, „den Gegenstand der Aufmerksamkeit der Regierungen zu empfehlen".[100] Zwei Jahre später versuchte Gagern, der inzwischen von seinem Posten in Frankfurt abberufen worden war, die Bundesversammlung erneut für die Frage der Auswanderung zu interessieren. Er ließ am 15. Juli 1819 durch den bayerischen Bundestagsgesandten Johann Adam von Aretin die von Moritz von Fürstenwärther verfaßte ausführliche Schrift „Der Deutsche in Nord-Amerika" vorlegen, in der Fürstenwärther über seine 1817/18 im Auftrag Gagerns unternommene Reise in die Vereinigten Staaten berichtete.[101]

Fürstenwärther hatte die Lage der deutschen Auswanderer in den USA und die Bedingungen für ihre Ansiedlung eingehend untersucht und leitete daraus Vorschläge für die staatliche Unterstützung von Auswanderern zum Beispiel beim Landerwerb ab. Gagern erstrebte eine Umsetzung dieser Vorschläge auf Bundesebene und regte an, die deutsche Auswanderungsfürsorge durch einen Bundesbeschluß zu regeln. Doch auch diese Initiative des

---

[98] Rede des Abgeordneten Friedrich Schulz vom 20. Juli 1848 in der Nationalversammlung, in: ebd., S. 52–54, Zitat S. 53; vgl. *Wigard* (Hg.), Stenographischer Bericht über die Verhandlungen der deutschen constituirenden Nationalversammlung zu Frankfurt a. M., Bd. 2, S. 1058.
[99] ProtDBV 1817, § 229, S. 465 f.; *Gagern*, Fernerer Versuch, Politische Ideen zu berichtigen. Bd. 3: Der Deutschen Auswanderung; ders., Mein Antheil an der Politik, Bd. 3, S. 145–156; *Rößler*, Zwischen Revolution und Reaktion. Ein Lebensbild des Reichsfreiherrn Hans Christoph von Gagern, S. 215–217; *Senger und Etterlin*, Neu-Deutschland in Nordamerika, S. 24 f.
[100] ProtDBV 1817, § 229, S. 466.
[101] *von Fürstenwärther*, Der Deutsche in Nord-Amerika. Stuttgart 1818; vgl. dazu *Senger und Etterlin*, Neu-Deutschland in Nordamerika, S. 25–29.

„Avantgardisten den Deutschen Bundes"¹⁰², die Auswanderungsfrage als eine das „gesammte deutsche Vaterland" betreffende Angelegenheit zur „Bundessache" zu machen und den Deutschen Bund aus Gründen der „Menschlichkeit" und wegen seiner „Pflicht für Nationalehre"¹⁰³ zu einer aktiven Auswandererschutzpolitik zu veranlassen, hatte keinen Erfolg. Die Bundesversammlung nahm die Schrift Fürstenwärthers lediglich als „schätzbares Material" an und empfahl sie der Aufmerksamkeit der Regierungen, denen es überlassen blieb, entsprechende Maßnahmen einzuleiten.¹⁰⁴

Im weiteren Verlauf des Vormärz spielte die Frage der Auswanderung in der Bundesversammlung keine Rolle mehr. Auswanderungspolitik blieb eine Angelegenheit der Einzelregierungen, die sich damit aber nur zögerlich befaßten. Zwar wurde in einigen Staaten schon relativ früh die Auswanderungsfreiheit gesetzlich garantiert (Preußen 1818, Hessen-Darmstadt 1821, Sachsen 1831), doch kamen Auswandererschutzgesetze erst ab 1847 sowie verstärkt in den Jahren 1852–1854 zustande, als die Auswanderungszahlen ihren Höhepunkt erreichten.¹⁰⁵

Die infolge der gescheiterten Revolution von 1848/49 kräftig ansteigende Emigration aus Deutschland scheint neben der seit 1848/49 intensivierten Kolonialagitation das auslösende Moment dafür gewesen zu sein, daß sich der Deutsche Bund nun endlich mit dem Problem der Auswanderung auseinanderzusetzen begann. Die erste Gelegenheit dazu bot die Dresdener Konferenz von 1850/51, auf der im Zuge der allgemeinen Bundesreformdiskussion auch die Frage der Auswanderung und eine diesbezügliche regulierende Tätigkeit des Bundes mehrfach zur Sprache kamen. So hatte die preußische Regierung in einer ausführlichen Denkschrift über die deutsche Zoll- und Handelseinigung vom 2. Februar 1851 das Auswanderungswesen als eine potentielle Bundesangelegenheit bezeichnet.¹⁰⁶ Die 2. Kommission der Dresdener Konferenz nahm in dem ihrem Abschlußbericht vom 25. April 1851 beigefügten Vereinbarungsentwurf über die Kompetenzen der Bundesorgane die Bestimmung auf:

„Die Auswanderungsangelegenheit steht unter dem Schutze und der Fürsorge des deutschen Bundes. Die Organe des Bundes werden sich mit einer Regelung derselben im Gesammtinteresse Deutschlands beschäftigen."¹⁰⁷

Mit dieser Formulierung knüpfte der Kommissionsbericht beinahe wörtlich an den in der Paulskirche gestellten Antrag von 1848 an. Zu einer entsprechenden Tätigkeit der Bundesversammlung kam es aber nicht, weil infolge

---

¹⁰² *Rößler*, Zwischen Revolution und Reaktion, S. 187.
¹⁰³ Zitate aus dem vom bayerischen Gesandten Aretin im Bundestag referierten Begleitschreiben Gagerns zu der von ihm eingereichten Schrift Fürstenwärthers; ProtDBV 1819, § 148, S. 453–455, Zitate S. 453 f.; vgl. *Gagern*, Mein Antheil an der Politik, Bd. 3, S. 154 f.
¹⁰⁴ ProtDBV 1819, § 148, S. 455.
¹⁰⁵ *Senger und Etterlin*, Neu-Deutschland in Nordamerika, S. 115–124.
¹⁰⁶ GStA Berlin, III. HA, Nr. 88, fol. 93–96, hier fol. 95v; vgl. QGDB III/1, Dok. 45, S. 187.
¹⁰⁷ QGDB III/1, Dok. 82, S. 436.

des Scheiterns der Dresdener Konferenz der Kommissionsvorschlag lediglich als „schätzbares Material" zu den Akten gelegt wurde. Trotz der großen Bedeutung der Auswanderungsangelegenheit, die in der ersten Hälfte der 1850er Jahre durch eine bis dahin unerreichte Massenemigration immer deutlicher vor Augen geführt wurde[108], griff der Bund das Thema erst zu Beginn des Jahres 1856 infolge der Vorschläge Bayerns zur bundeseinheitlichen Regelung des Heimat- und Auswanderungsrechts wieder auf.

Die bayerische Regierung stellte am 21. Februar 1856 in der Bundesversammlung einen förmlichen Antrag auf Einleitung von Beratungen über eine „Ausgleichung" der höchst unterschiedlichen gesetzlichen Bestimmungen über die Heimatverhältnisse und die Ansässigmachung sowie über „gemeinschaftliche Maßregeln" zur Organisation der Auswanderung.[109] In der Begründung des Antrags zum Heimatrecht hieß es, die bisherigen Bemühungen des Bundes in dieser Angelegenheit und auch der Gothaer Vertrag von 1851 hätten noch nicht zu einem „vollständigen Ergebnisse" geführt, so daß es „fortwährend Schwierigkeiten für die Regierungen und Belästigungen für die Unterthanen" gebe.[110] Der Antrag zum Auswanderungsrecht wurde damit motiviert, daß eine einheitliche Organisation der Auswanderung im allgemeinen wie im individuellen Interesse liege. Es komme darauf an, die Auswanderer in Gegenden zu leiten, wo sie nicht der „Speculation" ausgesetzt seien, sondern Aussicht auf eine sichere Existenz hätten, wo sie die Möglichkeit hätten, ihr Deutschtum zu bewahren und mit dem Vaterlande in Verbindung zu bleiben. Als geeignete Zielgebiete wurden in erster Linie die Donauländer – Ungarn, die europäische Türkei, die Donaufürstentümer – und in zweiter Linie Nordamerika und Gebiete in Mittel- und Südamerika wie zum Beispiel *Rio Grande* genannt. Bei den zu vereinbarenden gemeinsamen Maßregeln sollten vor allem folgende Punkte ins Auge gefaßt werden:

„a) die Vorbedingungen, von welchen die Erlaubnis zur Auswanderung abhängig ist;
b) die Einrichtung dafür, daß unerlaubten und heimlichen Auswanderungen aus einem Staate durch die Regierungen aller übrigen Bundesstaaten gemeinschaftlich und in gleicher Weise entgegengetreten würde;
c) die Fürsorge für die Auswanderer an Einschiffungsorten;
d) die Hinleitung der Auswanderung nach geeigneten Ländern, in welchen die Auswanderer eine sichere Existenz finden und für ihre Nationalität und den Zusammenhang mit Deutschland nicht verloren gehen; endlich
e) die Aufstellung von diplomatischen oder consularischen Agenten in jenen Ländern, bei denen die Auswanderer Rath, Schutz und Vertretung finden könnten."[111]

---

[108] Allein 1854 wanderten 239000 Menschen aus Deutschland aus; vgl. *Siemann*, Vom Staatenbund zum Nationalstaat, S. 92.
[109] ProtDBV 1856, § 69 u. 70, S. 226–228.
[110] Ebd., S. 226.
[111] Ebd., S. 227.

Die Bundesversammlung beschloß, den Antrag zum Heimatrecht dem bereits am 11. November 1852 eingesetzten Ausschuß für die Heimatverhältnisse zuzuweisen, während der Antrag zum Auswanderungswesen einem eigenen Ausschuß übertragen wurde, in den am 28. Februar 1856 die Gesandten von Österreich, Preußen, Bayern, Württemberg und den freien Städten gewählt wurden.[112] Beide Ausschüsse nahmen unverzüglich ihre Arbeit auf und versuchten, einen Weg durch das Dickicht der einzelstaatlichen Gesetzgebung zu bahnen, doch wurden sie dabei von den sachlichen Schwierigkeiten und den einzelstaatlichen Partikularinteressen gebremst, die ein rasches Voranschreiten der Ausschußarbeiten verzögerten und schließlich verhinderten, daß die gestellten Aufgaben im letzten Jahrzehnt des Deutschen Bundes zu Ende gebracht werden konnten. Wenn sie auch ohne abschließenden Erfolg blieben, so geben die Verhandlungen des Bundes über das Heimat- und Auswanderungsrecht doch wichtige Einblicke in das Verständnis von Nation und Nationalität. Sie werden im folgenden – getrennt nach den beiden Materien – in ihrem weiteren Verlauf bis in die 1860er Jahre rekapituliert.

1. Der Ausschuß für Heimatverhältnisse und Ansässigmachung 1856–1866

a) Die Bundesversammlung und der Gothaer Vertrag

Der bereits seit 1852 tätige, mit der Feststellung allgemeiner, für ganz Deutschland gültiger Normen bezüglich der Heimatverhältnisse und der Ansässigmachung beauftragte Ausschuß reagierte auf den ihm am 21. Februar 1856 überwiesenen Antrag Bayerns schon am 3. April 1856 mit einem vom badischen Gesandten Marschall erstatteten Vortrag.[113] Marschall berichtete zunächst, daß es immer noch nicht gelungen sei, alle Mitgliedsstaaten des Deutschen Bundes zum Beitritt zum Gothaer Vertrag von 1851 zu bewegen. Er schlug vor, die Verhandlungen darüber wieder aufzunehmen und dem bayerischen Antrag auf Feststellung allgemeiner Bestimmungen über die Heimatverhältnisse durch die Ausdehnung des Gothaer Vertrags auf ganz Deutschland zu entsprechen. Nach Auffassung Marschalls bestand begründete Hoffnung für eine baldige Erreichung dieses Ziels, da die Verhandlungen schon weit fortgeschritten seien und die wenigen noch abseits stehenden Regierungen den Beitritt nicht grundsätzlich abgelehnt hätten, sondern zuerst das Ergebnis der Revision des Gothaer Vertrags hätten abwarten wollen, die im Juli 1854 vorgenommen worden war.[114] Der Ausschuß stellte deshalb den

---

[112] ProtDBV 1856, § 84, S. 241.
[113] ProtDBV 1856, § 118, S. 285–287.
[114] Das Schlußprotokoll der am 25. Juli 1854 in Eisenach von 28 deutschen Staaten beschlossenen Revision des Gothaer Vertrags ist abgedruckt in: ProtDBV 1856, Beilage zu § 118, S. 291–294.

Antrag, die Regierungen von Österreich, Dänemark, Niederlande, Liechtenstein und Lübeck zu ersuchen, sich darüber zu äußern, ob sie dem revidierten Gothaer Vertrag nunmehr beitreten wollten. Erst wenn dies der Fall war, sollten Beratungen darüber aufgenommen werden, welchen Modifikationen der Vertrag zu unterwerfen sei, um ihn aufgrund von Artikel 64 der Wiener Schlußakte mit einem formellen Bundesbeschluß „zu einer Vereinbarung unter sämmtlichen Bundesgliedern" zu erheben.[115]

Die Bundesversammlung folgte diesem Antrag des Ausschusses und blieb damit weiterhin bei dem schon seit 1852 verfolgten Prozedere, die bundesweite Vereinheitlichung des Heimatrechts durch die Umwandlung des Gothaer Vertrags in einen Bundesbeschluß zu versuchen. Dieser Weg führte jedoch auch in den folgenden Jahren nicht zum gewünschten Erfolg. Bis zum Jahresbeginn 1857 hatte noch keine der betroffenen Regierungen ihre rückständige Erklärung zum Gothaer Vertrag abgegeben, so daß die Bundesversammlung auf Antrag Bayerns am 8. Januar 1857 eine erneute Aufforderung dazu ergehen ließ.[116] Am 5. Februar gaben daraufhin die Niederlande zu Protokoll, daß sie für das Herzogtum Limburg dem Gothaer Vertrag nicht beitreten wollten, und auch Lübeck bekräftigte noch einmal seine Weigerung, sich dem Vertrag anzuschließen.[117] Dänemark blieb bei seiner bereits 1854 abgegebenen Erklärung, dem Vertrag nur dann beitreten zu wollen, wenn sämtliche Mitglieder des Bundes ihm zustimmen würden.[118]

Diese Bedingung trat zunächst nicht ein, denn neben Lübeck und Liechtenstein sah sich auch die Bundespräsidialmacht Österreich nicht in der Lage, dem Gothaer Vertrag beizutreten, weil die bereits 1853 angekündigte gesetzliche Regelung des Heimat- und Staatsangehörigkeitsrechts in der Habsburgermonarchie immer noch nicht abgeschlossen war. Infolgedessen blieben die Verhandlungen über die Umwandlung des Gothaer Vertrags in allgemeines Bundesrecht für weitere drei Jahre liegen. Erst im Jahr 1860 kam wieder Bewegung in die Angelegenheit. Zunächst erklärte am 17. März 1860 der Senat von Lübeck, daß er trotz einiger immer noch vorhandener Bedenken nunmehr beschlossen habe, dem Gothaer Vertrag vom 1. Mai 1860 an beizutreten.[119] Damit fehlte, abgesehen von den Niederlanden, nur noch die Zustimmung von Liechtenstein und Österreich, um den Gothaer Vertrag zu einer in allen deutschen Staaten anerkannten Übereinkunft zu machen. Der Weg dazu schien frei, als die österreichische Regierung am 15. November 1860, also viereinhalb Jahre nach der Wiederaufnahme der Verhandlungen über das Heimatrecht, in der Bundesversammlung bekanntgab, daß ihre inneren Verhältnisse nun geordnet seien und die kaiserliche Regierung bereit

---

[115] ProtDBV 1856, S. 287.
[116] ProtDBV 1857, § 6, S. 6f.
[117] ProtDBV 1857, § 61, S. 83f.
[118] ProtDBV 1857, § 262, S. 562 (16. Juli 1857).
[119] ProtDBV 1860, § 99, S. 144.

sei, dem 1858 erneut revidierten Gothaer Vertrag beziehungsweise „einem im Sinne jener Verabredungen zu fassenden Bundesbeschlusse" zuzustimmen.[120] Österreich machte seinen Beitritt allerdings von einer Reihe von Modifikationen in den Detailbestimmungen des Gothaer Vertrags abhängig, so daß weitere Verhandlungen erforderlich wurden. Liechtenstein schloß sich am 21. Februar 1861 der österreichischen Erklärung an.[121]

Nachdem damit mit Ausnahme der Niederlande für Limburg sämtliche Regierungen ihre grundsätzliche Bereitschaft erklärt hatten, den Gothaer Vertrag anzunehmen, sah der seit 1852 mit der Angelegenheit befaßte Bundesausschuß die Zeit gekommen, einen Bundesbeschluß zur Überführung der Gothaer Vertragsbestimmungen in allgemeines Bundesrecht vorzubereiten. Dieses Vorhaben, das nun in greifbare Nähe gerückt schien, führte jedoch zur Spaltung innerhalb des Ausschusses und der Bundesversammlung und bewirkte das Gegenteil dessen, was von der großen Mehrheit der deutschen Staaten seit langen Jahren erstrebt worden war: Statt weiterer Fortschritte auf dem Gebiet der Rechtsvereinheitlichung durch eine von der Bundesversammlung vermittelte partielle Harmonisierung des Heimatrechts kam es zum Stillstand der gesetzgeberischen Tätigkeit des Bundes in dieser Angelegenheit.

Verantwortlich dafür war die preußische Regierung, die das von der Ausschußmehrheit am 27. Juni 1861[122] in der Bundesversammlung beantragte Verfahren für die weiteren Verhandlungen ablehnte. Die Mehrheit des Ausschusses schlug nämlich vor, am Sitz der Bundesversammlung in Frankfurt eine Konferenz einzuberufen, zu der sämtliche Regierungen Kommissare abschicken sollten. Die Aufgabe dieser Konferenz sollte es sein, die Bestimmungen des schon mehrfach revidierten Gothaer Vertrages unter Berücksichtigung der von einigen Staaten verlangten Modifikationen „in ein geordnetes Ganzes zusammenzufassen und das Ergebniß der Bundesversammlung zur definitiven Schlußfassung vorzutragen".[123] Auf diese Weise wäre die Weiterentwicklung des Gothaer Vertrags, die bisher lediglich den vertragschließenden souveränen Regierungen der Einzelstaaten oblegen hatte, der Bundesversammlung als Gesamtmacht übertragen worden. Aus einem jederzeit einseitig kündbaren „Verein" wäre, wie der Ausschuß unmißverständlich darlegte, eine „allgemein verbindliche, nicht beliebig kündbare [bundesrechtliche] Norm"[124] geworden.

Ebenso deutlich machte der preußische Bundestagsgesandte Usedom in seinem Minderheitsvotum klar, daß für seine Regierung eine solche „Umwandlung des Gothaer Vertrages in einen Bundesbeschluß [...] in keiner

---

[120] ProtDBV 1860, § 237, S. 505–507, Zitat S. 505.
[121] ProtDBV 1861, § 54, S. 81.
[122] ProtDBV 1861, § 184, S. 465–474.
[123] Ebd., S. 471.
[124] Ebd., S. 470.

Hinsicht wünschenswerth" sei.[125] Zur Begründung rekapitulierte Usedom die vormärzlichen Verhandlungen der Bundesversammlung über das Heimatrecht, die dreißig Jahre lang ohne Erfolg geblieben waren. Erst als Ende 1850 die preußische Regierung die Angelegenheit „in die Hand genommen" habe, sei auf dem Wege „der freien Vereinbarung" binnen acht Monaten der Gothaer Vertrag zustandegekommen, „welcher nunmehr fast sämmtliche deutschen Bundesstaaten vereinigt".[126] Das Heimatrecht lieferte somit nach preußischer Auffassung ein weiteres Beispiel dafür, daß der Deutsche Bund wegen seiner schwerfälligen Entscheidungsmechanismen und insbesondere wegen der Notwendigkeit von einstimmigen Beschlüssen vor der Aufgabe, die innere Einheit Deutschlands voranzutreiben, kläglich versagt hatte. Statt bei der rechtlichen Einigung Deutschlands auf den Deutschen Bund zu setzen, favorisierte Preußen den Weg über multilaterale Verträge, die – wie der Deutsche Zollverein von 1834, der Deutsche Postverein von 1850 oder der Wiener Münzverein von 1857 – außerhalb der Bundesversammlung und ohne ihre Mitwirkung zwischen den souveränen deutschen Einzelstaaten abgeschlossen wurden.

Das preußische Argument, daß der Deutsche Bund immer wieder seine Unfähigkeit zur Wahrnehmung der materiellen und rechtlichen Interessen der Nation bewiesen hatte, ist in der Tat nicht von der Hand zu weisen. Zumal im Vormärz, aber hin und wieder auch nach 1850, waren einige Maßnahmen zur Rechtsvereinheitlichung nicht am preußischen Widerstand, sondern an der zögerlichen und unentschlossenen Haltung Österreichs gescheitert. Wenn Preußen dann schließlich die Sache selbst „in die Hand" nahm und sich außerhalb der Bundesversammlung mit den einigungsbereiten Regierungen über Verträge zur Rechtsvereinheitlichung verständigte, war ihm deshalb kaum ein berechtigter Vorwurf zu machen.

Dieses war jedoch nur die halbe Wahrheit, denn die preußische Vertragspolitik war keineswegs allein dadurch motiviert, das Ausbleiben von bundesgesetzlichen Regelungen zu kompensieren, sondern sie hatte, vor allem seit Beginn der 1850er Jahre, einen ausgesprochen offensiven Charakter, indem sie darauf abzielte, Maßnahmen des Bundes zuvorzukommen, rechtspolitische Erfolge des Bundes zu erschweren oder ganz zu verhindern. Die rechtsvereinheitlichende Tätigkeit der Bundesversammlung wurde in zunehmendem Maße überschattet und in ihrem Gang wie in ihren Zielen bestimmt von der machtpolitischen Konfrontation zwischen einem auf seine Vormachtstellung in Deutschland pochenden Österreich und einem nach vollkommener Parität strebenden Preußen, das die deutsche Bundesversammlung als ein Instrument der Wiener Regierung zur Domestizierung Preußens ansah.

Um dem zu begegnen, war es erforderlich, so das maßgeblich von Bismarck entwickelte Dogma der preußischen Bundespolitik, jegliche Fortentwicklung des Bundesrechts zu verhindern, eine Einwirkung von Bundesgesetzen in die

---
[125] Ebd., S. 471.
[126] Ebd., S. 472.

preußische Gesetzgebung abzuwehren und integrationspolitische Erfolge zu hintertreiben, die geeignet waren, das Ansehen des Deutschen Bundes in der Öffentlichkeit zu verbessern und damit die Lebenskraft des als Fessel einer preußischen Interessenpolitik angesehenen Staatenbundes zu stärken.

Vor diesem Hintergrund muß auch die preußische Haltung in der Frage des Gothaer Vertrags und des Heimatrechts gesehen werden. In dem Bestreben, den Vertrag von der Einwirkung und Kontrolle der Bundesversammlung freizuhalten, bemühte sich der preußische Gesandte zu beweisen, „daß der Gegenstand überhaupt sich nicht für dauernde Festsetzungen und mithin auch nicht für einen Bundesbeschluß eignet".[127] Der Gothaer Vertrag sei, so hieß es, nicht darauf gerichtet, „*dauernde* Bedürfnisse […] auf unbeschränkte Zeit" zu regeln, sondern darauf, „den nach den Umständen und Zeiten *wechselnden* Bedürfnissen der Verwaltung gerecht zu werden".[128] Das durch den Vertrag begründete Recht müsse ein bewegliches sein, es bedürfe je nach den praktischen Erfahrungen und den Erfordernissen der inneren Landesgesetzgebungen „einer fortdauernden Weiterbildung, Ergänzung und Abänderung".[129] Diese „Natur des Vertrages" stehe der Absicht entgegen, „ihn in einen Bundesbeschluß zu verwandeln und ihn dadurch zu einem festen, unveränderlichen Rechte zu machen".[130] Demzufolge lehnte es die preußische Regierung ab, sich an einer Umarbeitung des Vertrags durch eine vom Bund berufene Kommission zu beteiligen und schlug statt dessen vor, es jeder einzelnen Regierung zu überlassen, dem Gothaer Vertrag auf dem durch den Vertrag selbst vorgesehenen Weg beizutreten.

Die Mehrheit des Ausschusses wies diese Auffassung zurück. Zum einen habe die Bundesversammlung mit der Einleitung von Verhandlungen zur Herstellung allgemeiner Normen über die Heimatverhältnisse, das heißt mit der Vorbereitung einer „freiwilligen Vereinbarung" über einen „gemeinnützigen Gegenstand", nicht nur ein ihr zustehendes Recht geübt, sondern „eine ihr durch Artikel 64 der Schlußacte auferlegte Obliegenheit erfüllt".[131] Zum anderen schließe eine gemeinnützige Anordnung nach Artikel 64 natürlich die Ergänzung, Abänderung und Fortbildung des entsprechenden Bundesbeschlusses nicht aus, was im übrigen im vorliegenden Fall auch dadurch gewährleistet werde, daß der Ausschuß in seinem Gutachten eine zeitliche Befristung der Vereinbarung und ihre regelmäßige Revision vorgeschlagen habe.

Die preußische Haltung erschien demnach im Hinblick auf die materiellen und formellen Aspekte der Angelegenheit wenig überzeugend. Die Weigerung, den Gothaer Vertrag, an den sich schon 34 der 38 Mitgliedstaaten des Deutschen Bundes hielten, durch die Vermittlung der Bundesversammlung

---

[127] Ebd., S. 473.
[128] Ebd., S. 472.
[129] Ebd.
[130] Ebd., S. 473.
[131] Ebd.

in allgemeines Bundesrecht zu verwandeln, diente nicht der Sache, sondern dem partikularistischen Interesse Preußens, sich selbst freie Hand in der deutschen Politik zu bewahren und den Bund als Motor der Integration lahmzulegen. Mit anderen Worten: eine Verständigung auf Bundesebene über das Heimatrecht wurde nicht aus rechtspolitischen, sondern aus machtpolitischen Gründen blockiert.

Obwohl die preußische Strategie in ihrer offiziellen inhaltlichen Motivierung auf schwachen Füßen stand, war sie dennoch erfolgreich. Zwar beschloß die Bundesversammlung, dem Votum der Ausschußmehrheit zu folgen und binnen drei Wochen über den Antrag zur Einberufung einer Konferenz nach Frankfurt abzustimmen[132], auch sprach sich bei dieser Abstimmung am 25. Juli 1861 die große Mehrheit der Regierungen für die Anträge aus, wobei die badische Regierung noch einmal das grundsätzliche Ziel hervorhob, „jedem Deutschen die nothwendigen Bedingungen eines geordneten Rechtsgenusses zu gewähren, unter welchen der in der Bundesacte nicht erwähnte Anspruch auf Zuweisung zu einem bestimmten Staatsverbande wohl in vorderster Reihe aufgeführt zu werden verdiente".[133] Gegen die Stimmen von Preußen, Sachsen-Weimar, Sachsen-Coburg und Gotha, Braunschweig, Oldenburg, Anhalt-Dessau-Köthen, Schwarzburg-Sondershausen und der freien Städte wurde beschlossen, die Regierungen zur Absendung vom Kommissaren nach Frankfurt aufzufordern, um auf einer Konferenz die Umwandlung des Gothaer Vertrags in einen Bundesbeschluß vorzubereiten.[134]

Damit waren die Möglichkeiten der Bundesversammlung erschöpft, und die langjährigen Bemühungen zur bundesweiten Vereinheitlichung des Umgangs mit Auszuweisenden stießen endgültig an eine unüberwindliche Barriere. Auf den Bundesbeschluß vom 25. Juli 1861 reagierten lediglich die Regierungen von Württemberg, Sachsen, Österreich, Bayern und Hannover, die ihre Bereitschaft zur Absendung eines Kommissars zur Frankfurter Konferenz erklärten[135], während Baden am 12. Dezember 1861 dies für „zwecklos" erklärte und die Niederlande sich die Entscheidung vorbehielten[136]. Da alle übrigen Regierungen den Bundesbeschluß vom 25. Juli 1861 schweigend übergingen, war der Versuch, den Gothaer Vertrag in allgemeines Bundesrecht umzuwandeln und auf diese Weise wenigstens einige Teilaspekte des Heimatrechts einheitlich zu regeln, endgültig gescheitert. Die Bundesversammlung beschäftigte sich bis zu ihrer Auflösung 1866 nicht mehr mit der Angelegenheit.

---

[132] Ebd., S. 474.
[133] ProtDBV 1861, § 222, S. 607–612, Zitat S. 608.
[134] Ebd., S. 612.
[135] ProtDBV 1861, § 278, S. 692; § 321, S. 773; ProtDBV 1862, § 60, S. 71; § 160, S. 232; § 199, S. 305.
[136] ProtDBV 1861, § 314, S. 766.

b) Die Vereinheitlichung der Ansässigmachung (Staatsangehörigkeit)

Die in dem bayerischen Antrag vom Februar 1856 angeregten Verhandlungen über gleichförmige Bestimmungen über die Ansässigmachung wurden auf Vorschlag des mit der Angelegenheit beauftragten Ausschusses getrennt von der Frage der Heimatverhältnisse und des Gothaer Vertrags geführt.[137] Dies wurde damit begründet, daß es bei den Verhandlungen über die Heimatverhältnisse nur um die Übernahme Auszuweisender gehe, also darum, die Heimatverhältnisse „relativ, d.h. in Beziehung der Bundesstaaten zu einander, nicht aber in ihren Vorbedingungen und Wirkungen bezüglich zum einzelnen Staate selbst zu regeln". Bei der Frage der Ansässigmachung handele es sich demgegenüber darum, „eine Gleichförmigkeit in den gesetzlichen Bestimmungen über Staatsangehörigkeit und Ansässigmachung in ganz Deutschland herbeizuführen"[138], das heißt, um die Setzung von Rechtsnormen, die in die innere Gesetzgebung und administrative Praxis der Einzelstaaten unmittelbar eingriffen.

Dies war eine viel brisantere Angelegenheit als die Vereinbarung über den gegenseitigen Umgang mit Auszuweisenden, und der Ausschuß selbst konnte eine gewisse Skepsis über die Realisierbarkeit des Projekts kaum unterdrücken. Der Antrag Bayerns könne, so hieß es,

„wie Alles, was zur Erzielung einer größeren Uebereinstimmung in den Institutionen der einzelnen Bundesstaaten und folgeweise zur Befriedigung der deutschen Nation und zur Förderung ihrer gemeinsamen Interessen dient, nur der vollen Unterstützung dieser hohen Versammlung begegnen".[139]

Um aber überhaupt ermessen zu können, inwiefern und auf welchem Wege über das Recht zur förmlichen Niederlassung und des ständigen Aufenthalts in einer Gemeinde, über dessen Vorbedingungen und Wirkungen sowie über das Verhältnis des Rechts zur Ansässigmachung zum Staats- und Gemeindebürgerrecht eine Gleichförmigkeit im Deutschen Bund herzustellen sei, sei es zunächst erforderlich, sich einen Überblick über die entsprechenden Gesetze und Verordnungen in allen Mitgliedsstaaten des Bundes zu verschaffen. Die Regierungen wurden demnach aufgefordert, die erforderlichen Auskünfte an die Bundesversammlung ergehen zu lassen.

Die weitere Bearbeitung der Angelegenheit verzögerte sich jedoch erheblich, weil einige Regierungen es unterließen, die in ihren Staaten geltenden gesetzlichen Bestimmungen über die Ansässigmachung an die Bundesversammlung mitzuteilen und damit die Vorbedingung für eine Aufnahme der Ausschußberatungen nicht erfüllt wurde. Fast zwei Jahre nach dem entspre-

---
[137] ProtDBV 1856, § 118, S. 286.
[138] ProtDBV 1856, § 119, S. 288.
[139] Ebd.

chenden Bundesbeschluß gab der Ausschuß für die Heimatverhältnisse am
11. Februar 1858 in der Bundesversammlung zu Protokoll, daß Österreich,
Kurhessen und Liechtenstein mit den erbetenen Auskünften immer noch im
Rückstand waren. Die Wiener Regierung begründete dies damit, daß ihre eigene gesetzgeberische Tätigkeit noch im Gange sei, stellte aber die Mitteilung
ihrer Verordnungen über die Ansässigmachung „alsogleich" nach dem Abschluß des Gesetzgebungsverfahrens in Aussicht.[140]

Doch scheinen die vom Bund angeforderten Auskünfte auch in der Folgezeit nicht eingegangen zu sein, denn es dauerte abermals fast zwei Jahre,
bevor das Thema in der Bundesversammlung erneut zur Sprache gebracht
wurde. Der Anstoß dazu ging von den Staaten der sogenannten „Würzburger Koalition" aus, die sich auf der ersten Würzburger Konferenz vom
24.–27. November 1859 über eine Reihe von Bundesreformanträgen verständigt hatten, die in den folgenden Wochen und Monaten in die Bundesversammlung gebracht wurden. Am 17. Dezember 1859 erinnerten die Regierungen von Bayern, Sachsen, Württemberg, Kurhessen, Großherzogtum
Hessen, Sachsen-Meiningen, Sachsen-Altenburg, Nassau sowie Mecklenburg-Schwerin und Mecklenburg-Strelitz an die im April 1856 eingeleiteten,
seither aber nicht vorangekommenen Verhandlungen über gleichförmige
Bestimmungen zur Ansässigmachung. Sie stellten den Antrag, „in Anbetracht des hohen allseitigen Interesses" zur Förderung dieser Angelegenheit
den betreffenden Ausschuß zu beauftragen, die ihm gestellte Aufgabe „nunmehr ohne weiteres Zuwarten zu lösen".[141]

Die Bundesversammlung wußte mit diesem Antrag offenbar wenig anzufangen, denn sie verwies ihn ohne weitere Diskussion an den Ausschuß
zur Erarbeitung gleichförmiger Bestimmungen über die Ansässigmachung.
Die scheinbar unüberwindlichen Probleme, die bei den gleichzeitig geführten Verhandlungen über die Umwandlung des Gothaer Vertrags in einen
Bundesbeschluß aufgetaucht waren, ließen es als aussichtslos erscheinen,
auf dem Gebiet der Ansässigmachung, die das partikularstaatliche Recht
im Hinblick auf Staatsangehörigkeit, Bürgerrecht, Freizügigkeit, Niederlassung und Gewerbebetrieb betraf, zu einer bundesrechtlichen Einigung
zu gelangen. Dies war die angesichts der Verhältnisse wohl nicht zu widerlegende Auffassung des Ausschusses, der bis 1866 in der Angelegenheit
der Ansässigmachung keinen einzigen Bericht mehr in der Bundesversammlung erstattete und damit das 1856 ihm zugewiesene Projekt einfach liegenließ.

Die Gründe dafür werden aus einem Entwurf des Ausschußreferenten
Marschall für ein Gutachten ersichtlich, den der badische Gesandte nach seiner Abberufung aus Frankfurt am 4. Juli 1861 „bei den Acten zurückgelas-

---

[140] ProtDBV 1858, § 69, S. 160 f.
[141] ProtDBV 1859, § 354, S. 888.

sen" hatte.¹⁴² Mit den darin niedergelegten „Bemerkungen" wollte Marschall zunächst nur die Beratungen des Ausschusses über die ihm übertragene Angelegenheit vorbereiten. Er gab dazu einen Überblick über die in den Einzelstaaten bestehenden Gesetze zur Ansässigmachung und stellte dabei große Unterschiede zwischen den Staaten, ja selbst zwischen verschiedenen Provinzen ein und desselben Staates fest.¹⁴³ Marschall hob hervor, daß die Verschiedenheit der Partikulargesetzgebungen nicht nur einzelne untergeordnete Aspekte, sondern die Grundlagen betreffe: Schon der Begriff der Ansässigmachung samt ihrer Vorbedingungen und Wirkungen sowie ihr Verhältnis zum Staats- und Gemeindebürgerrecht werde verschieden aufgefaßt, so daß ein Versuch der Vereinheitlichung auf unüberwindliche Schwierigkeiten stoße. Die Frage, ob es möglich sei, eine Vereinbarung zustandezubringen, „wodurch das Recht jedes Deutschen auf Ansäßigmachung im Bundesgebiete nach gemeinsamen Grundsätzen geregelt, und so die Freizügigkeit im Innern Deutschlands gefördert wird", mußte nach Ansicht Marschalls verneint werden.¹⁴⁴ Selbst eine Vereinbarung auf Bundesebene über bestimmte allgemeine Grundsätze zur Vereinheitlichung der Partikulargesetzgebung schien Marschall nicht erreichbar, denn dies erfordere umfassende innere Reformen in den Einzelstaaten vor allem auch auf dem Gebiet der Gewerbegesetzgebung. Mit einer solchen weitgehenden Verpflichtung der einzelstaatlichen Regierungen zu inneren Reformen nach einheitlichen, vom Deutschen Bund vorgegebenen Prinzipien war aber nach aller Erfahrung nicht zu rechnen. Dem standen der einzelstaatliche Souveränitätsanspruch, die sehr unterschiedlichen ökonomischen und sozialen Strukturen sowie verfassungsrechtliche Bedenken wegen der erforderlichen Mitwirkung der Landesparlamente gegenüber.

Die einzige Möglichkeit, zur Ausgleichung der Unterschiede zu gelangen, bestand nach Marschall darin, durch separate Verträge zwischen einzelnen Bundesstaaten eine gegenseitige Respektierung der jeweiligen einzelstaatlichen Gesetze zu erreichen. Dieser Vorschlag kam einer Kapitulation des Deutschen Bundes vor dem Partikularismus der Einzelstaaten gleich. Die große nationale Aufgabe, „das Recht jedes Deutschen" im gesamten Bundesgebiet sowie „die Freizügigkeit im Innern Deutschlands" bundesrechtlich zu sichern, war unter den gegebenen Verhältnissen unausführbar. Der badische Bundestagsgesandte, dessen Regierung sich seit Mitte der 1850er Jahre in der Bundesversammlung wiederholt und nachdrücklich für eine allgemeine bundesrechtliche Regelung des Heimat- und Ansässigkeitsrechts ausgesprochen hatte, mußte resigniert feststellen:

„Bei dieser Sachlage weiß Referent keine Anträge zu stellen, welche als geeignet erscheinen, eine Vereinbarung über gemeinsame Grundsätze wegen Ansäßigmachung

---

¹⁴² BA Koblenz, DB 1/171, Fasz. 3, fol. 42-50, Zitat: Vermerk auf der ersten Seite des Entwurfs (fol. 42r).
¹⁴³ Ebd., fol. 42-45.
¹⁴⁴ Ebd., fol. 48.

herbeizuführen, und müßte demnach, ohne dem bessern Ermessen verehrlichen Ausschusses irgend vorgreifen zu wollen, aus den oben entwickelten Gründen beantragen, diesen Gegenstand zur Zeit auf sich beruhen zu lassen."[145]

Abermals hatte sich ein sinnvolles rechtspolitisches Reformprojekt von nationaler Bedeutung im Dickicht der Partikularinteressen und höchst unterschiedlichen einzelstaatlichen Strukturen festgelaufen.

2. Der Ausschuß zur Organisation der Auswanderung 1856–1866

Der Ausschuß zur Organisation der Auswanderung nahm seine Tätigkeit wie derjenige für das Heimatrecht und die Ansässigmachung ebenfalls unverzüglich auf. Am 3. April 1856 erstattete der bayerische Bundestagsgesandte Schrenk im Namen des Ausschusses seinen ersten Vortrag.[146] Darin begründete er zunächst die formale Kompetenz der Bundesversammlung zur Behandlung der Auswanderungsfrage, indem er sie als eine gemeinnützige Angelegenheit gemäß Artikel 64 der Wiener Schlußakte charakterisierte. In materieller Hinsicht betonte Schrenk die „Zweckmäßigkeit und Ausführbarkeit" des Antrags, der durch die Organisation der Auswanderung sowohl „das Interesse des Mutterlandes, als das der Auswanderer" zu wahren und zu fördern suche:

„ersteres durch Erhaltung der Nationalität der Auswanderer und ihrer Verbindung mit Deutschland; letztes, indem die Auswanderung in günstig gelegene Gegenden geleitet, und dortselbst den Auswanderern noch Vorsorge zugewendet werden soll".[147]

Die Auswanderung wird hier ohne Umschweife verstanden als eine Frage von nationaler Bedeutung, der sich der Deutsche Bund im Interesse seiner Bewohner sowie von Deutschland im allgemeinen anzunehmen habe. Wie bei keiner anderen Angelegenheit, mit der sich die Bundesversammlung nach 1850 beschäftigte, wurde in den Verhandlungen über die Auswanderung unbefangen und scheinbar selbstverständlich mit den Begriffen *Deutschland*, *Vater-* beziehungsweise *Mutterland*, *Nation* und *Nationalität* argumentiert. Das *Ausland* bezeichnete hier nicht das innerdeutsche Ausland, dem Johann Hanemann in den 1830er und 1840er Jahren in Hamburg und Altona begegnet war, sondern es bildete den Komplementärbegriff zu *Deutschland*, dessen Bewohner durch eine gemeinsame, vom Deutschen Bund zu schützende Nationalität miteinander verbunden waren. Dies ist besonders bemerkenswert insofern, als die Bundesversammlung hier die Existenz von deutscher Nation und Nationalität als gegeben voraussetzte und daraus das Recht und die Pflicht zur legislativen, administrativen und diplomatischen Tätigkeit zu-

---

[145] Ebd., fol. 50.
[146] ProtDBV 1856, § 115, S. 281 f.
[147] Ebd., S. 282.

gunsten von Deutschen ableitete, ohne daß zuvor die deutsche Staatsangehörigkeit rechtlich fixiert worden wäre. Die von der Bundesversammlung ins Auge gefaßten Maßnahmen zur Organisation der Auswanderung schufen sich im *Auswanderer aus Deutschland* gewissermaßen erst ihr eigenes Objekt, und sie leisteten auf diese Weise indirekt einen Beitrag zur Definition des Status eines Deutschen beziehungsweise eines Angehörigen des Deutschen Bundes. Die Auswanderungsfrage wurde dadurch in der nachmärzlichen Zeit zu einem bislang kaum beachteten Baustein der nationalen Identitäts- und Bewußtseinsbildung innerhalb des Deutschen Bundes. In der Bundesversammlung wurde im Zuge der Beratungen über die Organisation der Auswanderung ein eindeutig nationaler Diskurs geführt, der die Zusammengehörigkeit der Deutschen und die nationale Verantwortung des Deutschen Bundes betonte.

Die Verhandlungen des Auswanderungsausschusses kamen zunächst nur schleppend in Gang, erreichten aber im Jahr 1858 einen bemerkenswerten Höhepunkt in mehreren intensiven Debatten.[148] Den Auftakt dazu gab ein sehr umfangreicher Vortrag des Ausschusses für die Organisation der Auswanderung vom 1. Juli 1858.[149] Der Referent, der bayerische Gesandte Schrenk, berichtete, daß bis auf zwei Regierungen, „in deren Gebieten Auswanderungen wohl seltner vorkommen"[150], alle Mitgliedsstaaten des Bundes der 1856 ergangenen Aufforderung nachgekommen waren, ihre Gesetze und Verordnungen über die Auswanderung mitzuteilen. Auf der Grundlage dieses Materials hatte der Ausschuß einen detaillierten Bericht erstellt, der das gesamte Spektrum der mit der Auswanderung verbundenen Probleme ausgiebig erörterte und in einen Vereinbarungsentwurf mündete, der zwar nicht das Auswanderungswesen insgesamt, aber doch eine Reihe von Einzelfragen in allen deutschen Staaten gleichförmig regeln sollte.

Der Ausschußbericht ist insofern besonders bemerkenswert, als er die Frage der Auswanderung im Kontext der darüber seit den 1840er Jahren geführten öffentlichen Debatte sowie der bisher unternommenen privaten und staatlichen Aktivitäten diskutierte. Der Ausschuß erinnerte an das schon im Vormärz aufkommende „Gefühl", daß es im Interesse des einzelnen wie der Gesamtheit liege,

„den Strom der Auswanderung nach bestimmten Grundsätzen zu lenken, hierdurch den Auswanderern ihr Unternehmen zu erleichtern, sie dabei zu unterstützen und zu schützen, gleichzeitig aber auch dahin zu wirken, daß die in fremden Weltheilen sich niederlassenden Deutschen sich dortselbst concentriren, ihre Nationalität bewahren und mit dem ursprünglichen Vaterlande in Verbindung und Verkehr bleiben".[151]

---

[148] Einen kurzen Überblick über diese Verhandlungen geben *Leibbrandt/Dickmann* (Hg.), Auswanderungsakten, S. 4–17.
[149] ProtDBV 1858, § 289, S. 702–724.
[150] Ebd., S. 702.
[151] Ebd., S. 706.

Der Ausschuß verwies ferner auf die besonders intensive Kolonialagitation in den Jahren 1847 bis 1849[152], die ausführliche Berichterstattung in der Presse, die Besprechung der Auswanderungsfragen in öffentlichen Versammlungen, die im „Nationalverein für deutsche Auswanderung und Ansiedlung" (1847–1850)[153] kulminierende Bildung von Auswanderungsvereinen[154], die Frankfurter Grundrechte von 1848, welche die Auswanderung „dem Schutze und der Fürsorge des Reiches" unterstellten[155], das von der Frankfurter Nationalversammlung am 16. März 1849 verabschiedete Auswanderungsgesetz[156], die vielen Kolonisationspläne sowie die in jüngster Zeit ansteigenden Auswanderungszahlen.

Vor diesem Hintergrund beschäftigte sich der Ausschuß dann eingehend mit den verschiedenen Maßnahmen, die bei der angestrebten Organisation der Auswanderung durch den Deutschen Bund in Betracht kamen. Er folgte dabei den im bayerischen Antrag von 1856 angesprochenen fünf Punkten.

Im Hinblick auf, erstens, die Vorbedingungen der Auswanderung war der Ausschuß der Meinung, daß die entsprechenden einzelstaatlichen Gesetze dazu bereits zweckmäßige und auf den richtigen Prinzipien wie etwa dem der grundsätzlichen Auswanderungsfreiheit beruhende Einrichtungen geschaffen hätten, so daß es keiner weiteren Maßnahmen des Deutschen Bundes bedürfe.

Der zweite Punkt betraf die Vorkehrungen gegen heimliche und unrechtmäßige Auswanderungen, etwa von Militärpflichtigen, Soldaten, Kriminellen oder Personen mit ansteckenden Krankheiten, sowie die eigenmächtige Auswanderung von „nicht gehörig legitimirten"[157], das heißt nicht mit einer förmlichen Auswanderungserlaubnis und einem Reisepaß versehenen Personen. Der Ausschuß war der Ansicht, daß die bestehenden einzelstaatlichen Bestimmungen noch nicht genügten, um eigenmächtige Auswanderungen zu verhindern und befürwortete deshalb „eine Vereinbarung zu gemeinsamen weitergehenden Maßregeln".[158] Im einzelnen wurde vorgeschlagen, die Polizeibehörden zu einer systematischen Kontrolle der Auswanderer zu veranlassen, die Auswanderungsagenten zur Prüfung der Reisepapiere der Auswanderer sowie zur Führung eines Auswandererregisters zu verpflichten sowie die Erlaubnis zur Einschiffung der Auswanderer an die ordnungsgemäße Visierung ihrer Papiere durch die in den deutschen Seehäfen angestellten Konsuln zu knüpfen.

---

[152] Vgl. dazu *Kuckhoff*, Die Auswanderungsdiskussion während der Revolution 1848/49.
[153] Vgl. dazu *Senger und Etterlin*, Neu-Deutschland in Nordamerika, S. 97–104.
[154] Vgl. dazu *Bretting/Bickelmann*, Auswanderungsagenturen und Auswanderungsvereine, S. 91 ff.
[155] Artikel 6 der Grundrechte des deutschen Volkes vom 27. Dezember 1848 bzw. § 136 der Reichsverfassung vom 28. März 1849; vgl. *Huber* (Hg.), Dokumente, Bd. 1, S. 390.
[156] Vgl. dazu *Kuckhoff*, Die Auswanderungsdiskussion während der Revolution von 1848/49, S. 125–130.
[157] ProtDBV 1858, § 289, S. 708.
[158] Ebd.

Der Ausschuß befaßte sich drittens mit der Frage, wie die „Fürsorge für die Auswanderer am Einschiffungsorte"[159] zu gewährleisten sei. Dabei ging es darum, die Auswanderer vor Übervorteilungen durch unseriöse Agenten, Schiffahrtsgesellschaften und Geschäftemacher zu schützen. Dies sollte einerseits dadurch erreicht werden, daß nur obrigkeitlich konzessionierte Auswanderungsagenten zugelassen wurden; andererseits sollten die diplomatischen und konsularischen Vertreter der deutschen Regierungen in den Hafenstädten angewiesen werden, den deutschen Auswanderern Beistand zu leisten und generell dem Auswanderungswesen besondere Aufmerksamkeit zuzuwenden.

Um den Schutz der Auswanderer in den Zielländern zu verbessern, sollten, wie im fünften Punkt vorgeschlagen wurde, die diplomatischen und konsularischen Vertreter der deutschen Staaten im Ausland angewiesen werden, „allen Angehörigen deutscher Bundesstaaten" Fürsorge und Unterstützung zu gewähren. Überdies sollte ihnen „die Förderung der Interessen der deutschen Auswanderer im Allgemeinen zur besonderen Aufgabe" gemacht werden.[160] Über diesen bereits im Jahr 1846 im nassauischen Landtag gemachten Vorschlag[161] hinausgehend gab der Ausschuß zu erwägen, daß es erforderlich werden könnte, von seiten des Deutschen Bundes „gemeinschaftliche Agenten" in den bevorzugten Auswanderungsländern anzustellen und diesen besondere Beamte beizugeben, die ihre Tätigkeit „ausschließlich den Angelegenheiten deutscher Einwanderer zu widmen hätten".[162]

Das Hauptaugenmerk des Ausschusses galt dem vierten in dem bayerischen Antrag von 1856 angesprochenen Punkt, nämlich den zu ergreifenden gemeinschaftlichen Maßregeln zur „Hinleitung der Auswanderung nach geeigneten Ländern, in welchen die Auswanderer eine sichere Existenz finden und für ihre Nationalität und den Zusammenhang mit Deutschland nicht verloren gehen".[163] Diesem Aspekt, der in der öffentlichen Debatte und den zahlreichen Kolonisationsprojekten eine herausragende Rolle spielte, war fast die Hälfte des gesamten Ausschußberichtes gewidmet.

Die Erhaltung der deutschen Nationalität der Auswanderer in ihrer neuen Heimat, die Bewahrung des „Deutschtums" und die Aufrechterhaltung der Verbindung zum Mutterland war ein von den Auswanderervereinen nachhaltig propagiertes Anliegen, das schon seit dem Ende der 1840er Jahre in zunehmendem Maße Anklang bei den Regierungen gefunden hatte. Im Zuge der sich entfaltenden Kolonialphantasien gewann die sogenannte „Neu-Deutschland-Idee" selbst bei einem Monarchen wie Ludwig I. von Bayern

---

[159] Ebd., S. 711.
[160] Ebd., S. 723.
[161] Vgl. *Senger und Etterlin*, Neu-Deutschland in Nordamerika, S. 118f.; *Struck*, Auswanderung aus dem Herzogtum Nassau, S. 36. – Zu einer ähnlichen Debatte im badischen Landtag 1841 vgl. *Fenske*, Imperialistische Tendenzen Deutschlands vor 1866, S. 353f.
[162] ProtDBV 1858, § 289, S. 722.
[163] Ebd., S. 706.

Anklang. Ludwig gab in den Jahren 1847 und 1848 mehrfach seinem lebhaften Wunsch Ausdruck, daß die „deutsche Volksthümlichkeit" bei den deutschen Amerikaauswanderern bewahrt bleibe, daß „Teutsch die Teutschen bleiben und ihre Nachkommen, ein teutsches Volk in Nordamerika lebe".[164]

Zehn Jahre später ging auch der Bundesausschuß ganz selbstverständlich davon aus, daß die Erhaltung der deutschen Nationalität im Ausland „für die Auswanderer selbst wie für Deutschland von der höchsten Bedeutung" sei.[165] Eine darauf gerichtete Tätigkeit der Bundesversammlung erschien als eine völlig legitime Aufgabe. Obwohl es keine unmittelbare Bundes-Staatsangehörigkeit gab, ging der Bund offenbar davon aus, daß es *Bundesangehörige* gab, deren Interessen als *Deutsche* er gegenüber anderen Nationen und Nationalitäten zu schützen hatte. Um Anhaltspunkte dafür zu gewinnen, wie der Bund diese selbstgestellte Aufgabe in der Auswanderungspolitik am besten erfüllen konnte, stellte der Ausschuß eine ausführliche Erörterung darüber an, in welche Gebiete der Strom der deutschen Auswanderer zu lenken sei, um ihr „Wohlergehen" sicherzustellen.

Dabei richtete sich der Blick zunächst auf Ungarn und die unteren Donauländer, die schon 1842 von Friedrich List als Aufnahmegebiete für deutsche Auswanderer propagiert worden waren.[166] Diese Gebiete boten nach Ansicht des Ausschusses den Vorteil, daß sie noch verhältnismäßig wenig bevölkert und deshalb geeignet waren, den auswanderungswilligen Deutschen eine neue Heimat „ganz nahe und unter verwandten und befreundeten Bewohnern zu verschaffen".[167] Der Ausschuß griff damit einen 1849 von dem österreichischen Bevollmächtigten bei der provisorischen Reichszentralgewalt dem Reichshandelsministerium mitgeteilten Plan auf, der die für Deutschland segensreiche Folge habe, „daß Tausende seiner Söhne dem Vaterlande erhalten werden".[168] Eine konkrete Empfehlung zur Förderung der Auswanderung nach Ungarn machte der Ausschuß allerdings nicht, weil es erst die von der österreichischen Regierung in Aussicht gestellte gesetzliche Normierung der Einwanderungsvorschriften abzuwarten gelte.

Im Hinblick auf die unter türkischer Herrschaft stehenden Donauländer Walachei und Moldau riet der Ausschuß davon ab, „die Auswanderung in jene Gegenden zu leiten"[169], solange nicht die in Aussicht gestellte Gleichberechtigung der Christen in den Provinzen des Osmanischen Reiches tatsächlich in Wirksamkeit getreten sei.

Anschließend wandte sich der Ausschuß den überseeischen Auswanderungsländern zu, welche die überwältigende Mehrheit der deutschen Aus-

---
[164] Vgl. *Senger und Etterlin*, Neu-Deutschland in Nordamerika, S. 119f.
[165] ProtDBV 1858, § 289, S. 713.
[166] Vgl. *Fenske*, Imperialistische Tendenzen Deutschlands vor 1866, S. 349.
[167] ProtDBV 1858, § 289, S. 713.
[168] Ebd.
[169] Ebd., S. 714.

wanderer aufnahmen. Allein vier Fünftel der Auswanderer gingen in die USA, wo sie nach den Erkenntnissen des Ausschusses in der Regel keine großen Schwierigkeiten hatten, „eine sichere Existenz zu gründen".[170] Während von der materiellen Seite her somit keine Bedenken gegen die Auswanderung nach Nordamerika bestanden, entsprach es in ideeller Hinsicht nicht dem deutschen Interesse, die Auswanderung in die USA zu fördern. Denn, so der Ausschuß, die angestrebte „Bewahrung der Nationalität der Auswanderer und ihres Zusammenhanges mit Deutschland", die Erhaltung von „deutsche[r] Sprache und Sitte mindestens in den ersten Generationen"[171] sei angesichts der ausgeprägten angloamerikanischen Nationalität und des von ihr ausgehenden Assimilierungsdrucks kaum zu verwirklichen. Die „selbständige Entwicklung deutscher Elemente" sei wohl leichter „in minder entwickelten und von einem weniger thatkräftigen Menschenschlage bewohnten überseeischen Ländern" zu erreichen.[172]

Gemeint waren damit die Länder Zentral- und Südamerikas, denen der Ausschuß besondere Aufmerksamkeit widmete. Insbesondere Südamerika war seit Beginn der 1850er Jahre in der deutschen Öffentlichkeit zu einem bevorzugten Gegenstand kolonialer Phantasien geworden. Einen wichtigen Anstoß dazu hatte die 1851 erschienene, von Hermann Klencke verfaßte Biographie Alexander von Humboldts gegeben, in der Humboldt der breiten Öffentlichkeit als „deutscher Columbus" präsentiert wurde.[173] Die nach der Revolution von 1848 energisch einsetzende Popularisierung naturwissenschaftlicher Erkenntnisse und Forschungen bot einerseits die Möglichkeit, in scheinbar unpolitischer Form „rationale Weltsicht, Autoritätskritik und intellektuellen Widerstand gegen die Reaktion" zu praktizieren.[174] Das Beispiel Humboldts zeigt andererseits, daß nicht nur die Geisteswissenschaft und hier vor allem die Geschichte ein wichtiges „Element des nationalen Zusammenschlusses" bildeten[175], sondern daß auch die Naturwissenschaft zur Legitimation nationalpolitischer Bestrebungen herangezogen wurde.

In der Auswanderungsfrage schlug sich dies in der gesteigerten Aufmerksamkeit nieder, die Südamerika als Zielgebiet deutscher Auswanderung und Objekt von Kolonialplänen zuteil wurde. Besonders bemerkenswert ist dabei die zeitliche Parallelität, mit der dieser nationalpolitisch motivierte Diskurs in der deutschen Öffentlichkeit und der Bundesversammlung geführt wurde. Zum gleichen Zeitpunkt, als Julius Fröbel in seiner Schrift „Die deutsche Auswanderung und ihre culturhistorische Bedeutung" die La Plata-Staaten

---

[170] Ebd.
[171] Ebd.
[172] Ebd., S. 715.
[173] *Hermann Klencke*, Alexander von Humboldt. Ein biographisches Denkmal, Leipzig 1851; vgl. *Zantop*, Colonial Fantasies, S. 166–172.
[174] Vgl. dazu *Daum*, Wissenschaftspopularisierung im 19. Jahrhundert; *ders.*, Naturwissenschaften und Öffentlichkeit in der deutschen Gesellschaft, Zitat ebd., S. 84.
[175] *Schnabel*, Deutsche Geschichte im neunzehnten Jahrhundert, Bd. 3, S. 143.

und Südbrasilien als geeignete Gebiete für ein vom „deutschen Geist" beherrschtes Neu-Deutschland und die „selbständige Entwicklung des Deutschamerikanertums" ins Spiel brachte[176], wandte sich der Bundesausschuß für die Auswanderung ebenfalls dieser Region zu. Dem Ausschuß erschienen wie Fröbel die La Plata-Staaten und die südlichen Provinzen Brasiliens sowie Chile besonders geeignet für die Ansiedlung von Deutschen. Er stützte sich dabei auf eine Eingabe des in Dresden residierenden Generalkonsuls des Freistaates von Buenos Aires, von Mensch, die dem Ausschuß am 21. Februar 1857 von der sächsischen Bundestagsgesandtschaft übermittelt worden war. Von Mensch hob in seiner Eingabe als besondere Vorzüge der genannten Staaten das milde Klima, die Fruchtbarkeit des Bodens, den Reichtum an schiffbaren Gewässern und die wohlwollende Gesinnung der einheimischen spanischstämmigen Bevölkerung hervor. Darüber hinaus herrsche insbesondere in Buenos Aires „bürgerliche Ordnung", und die Gesetze des Landes gewährten den Einwanderern große Freiheiten und Rechte. Die Folge von all dem sei,

„daß sich fremde Niederlassungen deßhalb naturgemäß entwickeln können, was einen erwähnenswerthen Vorzug gegenüber der Auswanderung nach den Vereinigten Staaten Nordamerika's bilde, da hier der Deutsche durch zwingende äußere und innere Einflüsse national untergehen müsse".[177]

Der Ausschuß vertraute indessen nicht blind den positiven Schilderungen, mit denen sich neben von Mensch mehrere andere südamerikanische Konsuln und Auswanderungsagenten an die deutschen Regierungen gewandt hatten[178], sondern er überprüfte sie sorgfältig anhand anderer Quellen wie den Jahresberichten deutscher Auswandererschutzvereine und Auswanderungsgesellschaften, der Reiseberichte des Abenteuerschriftstellers Friedrich Gerstäcker[179], der 1849 eine vom Reichshandelsministerium bezuschußte Weltreise unternommen hatte, um den Zustand der deutschen Ansiedlungen in Übersee sowie geeignete Auswanderungsgebiete zu erkunden[180], sowie der Berichte in

---

[176] *Fröbel*, Die deutsche Auswanderung, S. 87 ff.; vgl. *Fenske*, Imperialistische Tendenzen Deutschlands vor 1866, S. 352.
[177] ProtDBV 1858, § 289, S. 717.
[178] Siehe dazu allgemein *Schöberl*, Amerikanische Einwandererwerbung in Deutschland 1845–1914.
[179] Friedrich Gerstäcker (1816–1872) war 1837 nach Nordamerika ausgewandert, wo er sich bis zu seiner Rückkehr nach Deutschland 1843 mit einer ganzen Reihe von Tätigkeiten durchschlug. Von 1849 bis 1852 unternahm er eine Weltreise, die ihn nach Südamerika, Kalifornien, Hawaii und Australien führte. Auf späteren Reisen besuchte er erneut Südamerika (1860/61), Ägypten und Abessinien (1862) sowie Nord- und Mittelamerika (1867/68). Nachdem er 1844 ein Reisetagebuch veröffentlicht hatte („Streif- und Jagdzüge durch die Vereinigten Staaten"), verarbeitete er in der Folgezeit seine Erlebnisse in zahlreichen populären Romanen und Erzählungen; vgl. *Wilpert* (Hg.), Lexikon der Weltliteratur, Bd. 1, S. 526 f.
[180] Vgl. dazu *Moltmann*, Überseeische Siedlungen und weltpolitische Spekulationen: Friedrich Gerstäcker und die Frankfurter Zentralgewalt 1849; *Senger und Etterlin*, Neu-Deutschland in Nordamerika, S. 156–159.

der Augsburger Allgemeinen Zeitung über die Verhältnisse in Südamerika. In diesen Quellen wurden, wie der Ausschuß feststellte, auch die „Schattenseiten" hervorgehoben, die die deutschen Auswanderer in Südamerika erwarteten: die „schwankenden politischen Verhältnisse", die Armut und Rohheit der Bevölkerung, die kriegerische Gesinnung von Indianerstämmen, der Mangel an Verkehrswegen im Landesinnern und der Umstand, daß zum Beispiel die chilenische Regierung angeblich weder die Religionsfreiheit noch den Gebrauch der Muttersprache in den Schulen garantiere.[181] Nach Abwägung aller Argumente gelangte der Ausschuß dennoch zu dem vorsichtigen Schluß, daß die südamerikanischen Staaten, vorzugsweise die La Plata-Region, die brasilianische Provinz Rio Grande und Chile Gebiete enthielten, „die sich für Deutsche zur Einwanderung eignen und in welchen deutsche Niederlassungen eine selbstständige Bedeutung gewinnen könnten".[182] Vor einer endgültigen Entscheidung darüber, ob die Auswanderung in die genannten Gebiete zu fördern sei, müßten aber noch genauere Erkundigungen eingezogen werden. Zu diesem Zweck regte der Ausschuß an, die Regierungen der deutschen Staaten zu ersuchen, von ihren konsularischen und diplomatischen Vertretern in den entsprechenden Ländern Berichte über die Bedingungen vor Ort anzufordern und diese dem Ausschuß zu weiterer Begutachtung zu übermitteln.

Der Überblick des Ausschusses über die Ziele der deutschen Auswanderer wurde komplettiert durch einige Bemerkungen zu den deutschen Niederlassungen in Surinam, Kanada und Australien. Eine Förderung der Auswanderung in die beiden letztgenannten Territorien wurde nicht in Betracht gezogen,

„weil in einer unter brittischer Herrschaft stehenden Colonie von selbstständigem Aufblühen deutscher Ansiedlungen unter Bewahrung der ursprünglichen Nationalität nicht wird die Rede seyn können".[183]

Sah der Ausschuß somit noch keine ausreichende Grundlage für eine Entscheidung darüber gegeben, wohin die deutsche Auswanderung zu lenken sei, so sprach er sich andererseits bereits deutlich über die anzuwendenden Mittel aus. Er war der Auffassung, daß jeder Versuch eines direkten Eingreifens in die Auswanderung und einer offiziellen Leitung derselben vergeblich sein werde, denn die Auswanderer selbst seien bestrebt, ihr Auswanderungsziel frei zu wählen und sich in ihrer neuen Heimat jeder Einwirkung vom Mutterland zu entziehen. Sie hätten häufig wenig Interesse für das Mutterland und ihre Landsleute und ließen sich „in ihrem Thun und Lassen fast ausschließlich durch egoistische Beweggründe" bestimmen.[184] Man müsse sich deshalb darauf beschränken, auf indirektem Wege auf die Auswanderer ein-

---

[181] ProtDBV 1858, § 289, S. 718f.
[182] Ebd., S. 719.
[183] Ebd., S. 720.
[184] Ebd., S. 721.

zuwirken und sie zu veranlassen, „freiwillig die gewünschte Richtung einzuschlagen und dem beabsichtigten Zwecke zu dienen".[185] Als geeignete Maßnahmen schlug der Ausschuß vor, die Auswanderer über die möglichen Zielorte aufzuklären, ihnen Reiseerleichterungen in bestimmte Gebiete zu gewähren, sie am Zielort durch diplomatische und konsularische Vertreter zu unterstützen sowie beim Grunderwerb in der neuen Heimat behilflich zu sein. Wo bereits wie in Nordamerika größere deutsche Ansiedlungen existierten, sollte die Einrichtung von Schulen und Kirchen gefördert werden,

„um so deren geistige Bedürfnisse zu befriedigen, für Bewahrung heimathlicher Sitten zu wirken und Elemente höherer Bildung und fortschreitender Entwicklung der fast nur aus Landwirthen, Gewerbtreibenden und Arbeitern bestehenden Masse der Auswanderer beizugesellen".[186]

Aus den Ausführungen des Ausschusses wird deutlich, daß die Auswanderungsfrage sehr stark unter dem Aspekt der nationalen Zusammengehörigkeit der Deutschen gesehen wurde. Wie selbstverständlich ging der Ausschuß von einer distinkten Nationalität der Deutschen aus, die es im Ausland zu bewahren und zu fördern gelte. Das Auswanderungswesen wurde unstreitig als eine nationale Angelegenheit verstanden, für die eine gesamtdeutsche Regelungskompetenz durch den Deutschen Bund in Anspruch genommen wurde. Indem der Ausschuß für die Auswanderung dafür plädierte, die Bundesversammlung zur Garantin deutscher Nationalidentität und deutscher Nationalinteressen im überseeischen Ausland zu machen, reklamierte er für den Deutschen Bund eine aktive Rolle bei der Stiftung eines die Partikularstaaten übergreifenden allgemeinen deutschen Nationalbewußtseins. Die Vorschläge für eine einheitliche administrative, polizeiliche und konsularische Handhabung der bei der Auswanderung auftretenden praktischen Probleme bildeten darüber hinaus einen Schritt zur Rechtsvereinheitlichung im Deutschen Bund.

Die Bundesversammlung beschloß am 1. Juli 1858, über die Anträge des Ausschusses für die Auswanderung in acht Wochen abzustimmen.[187] Tatsächlich fand die Abstimmung jedoch erst am Jahresende in der Sitzung vom 23. Dezember 1858 statt. Eine Woche zuvor, am 16. Dezember 1858, hatte bereits die königlich sächsische Regierung in der Bundesversammlung eine lange Erklärung über den Ausschußbericht abgegeben und zusätzlich eine Denkschrift vorgelegt.[188] Die sächsischen Ausführungen sind insofern von besonderem Interesse, als sie einen eindrucksvollen Beleg dafür geben, wie sehr der nationale Diskurs auch die einzelstaatlichen Überlegungen und Verlautbarungen zur Auswanderungsfrage prägte.

---

[185] Ebd.
[186] Ebd.
[187] Ebd., S. 724.
[188] ProtDBV 1858, § 477, S. 1183–1188, sowie Beilage S. 1195–1201.

Die Organisation der Auswanderung war nach Ansicht der sächsischen Regierung eine das „Gesammtinteresse des Bundes" und die „Nationalwohlfahrt" betreffende Angelegenheit.[189] Die zu ergreifenden Maßnahmen sollten nicht allein der „Wahrung öffentlicher Regierungszwecke" dienen, sondern auch der „Förderung der Gesammtwohlfahrt". Eine unentbehrliche Voraussetzung für eine befriedigende Regelung war nach sächsischer Auffassung überdies, daß das „öffentliche Vertrauen" gewonnen wurde.[190] An diesem Punkt setzte auch die sächsische Kritik an den Anträgen des Bundesausschusses an. Indem dieser vor allem eine Ergänzung und Verschärfung der polizeilichen Kontrollmaßnahmen gegen unbefugte Auswanderungen vorgeschlagen habe, sei in der öffentlichen Meinung der Eindruck entstanden, als ziele die Bundesversammlung bei der Organisation der Auswanderung in erster Linie auf eine Effektivierung der Regierungskontrolle und damit auf eine Schmälerung der gesetzlich garantierten Auswanderungsfreiheit ab. Um dieser Interpretation zu begegnen und um zu verhindern, daß die Öffentlichkeit gegen den Bund aufgebracht werde, hielt es die sächsische Regierung für angebracht, die polizeiliche Kontrolle der Auswanderer nicht zu verschärfen und sie wie bisher den Einzelstaaten zu überlassen.

Statt einer stärkeren Überwachung der Auswanderungswilligen sollte der zu fassende Bundesbeschluß die „eigentliche Fürsorge für die Auswanderer"[191] in den Mittelpunkt rücken. Da jedoch der Deutsche Bund nicht in dem Maße wie etwa Großbritannien oder andere seefahrende, über Kolonien verfügende Nationen den Auswanderern wirtschaftliche Unterstützung gewähren könne, solle er darauf hinwirken, die Tätigkeit der zahlreichen privaten Auswanderungsvereine zu fördern und zu erleichtern.

Im Hinblick auf die Unterstützung der Auswanderer in ihrer neuen Heimat galt es nach Meinung Sachsens schnell zu handeln und nicht, wie vom Ausschuß empfohlen, erst noch weitere Informationen abzuwarten. Insbesondere für Nordamerika und die La Plata-Staaten lägen genügend Erkenntnisse darüber vor, daß dort günstige Bedingungen herrschten

„für ein möglichst ungemischtes Zusammenwohnen der in diese Gegenden einwandernden Deutschen – worauf es bei der Sicherstellung ihres nationales Zusammenhanges unter sich und indirect mit Deutschland hauptsächlich abgesehen seyn muß".[192]

Eine Förderung der Auswanderung in diese Länder durch Beratung und Fürsorge vor Ort sei unverzüglich einzuleiten. Dazu genüge es nicht, die häufig ehrenamtlichen, unbesoldeten und einer wirksamen Kontrolle entzogenen Agenten und Konsuln der deutschen Einzelstaaten zur Unterstützung der Auswanderer anzuweisen. Es bedürfe vielmehr einer „einheitlichen Wirk-

---

[189] Ebd., S. 1184.
[190] Ebd.
[191] Ebd., S. 1185.
[192] Ebd., S. 1186.

samkeit" der Beamten, die nur dadurch zu erreichen sei, daß der Bund selbst „qualificirte Agenten"[193] in Nordamerika und den La Plata-Staaten bestelle. Dies solle im Einverständnis mit den dort bestehenden Staatsgewalten erfolgen, um den „Bundesbeamten" einen völkerrechtlich geschützten Status als legitimierte Vertreter des Deutschen Bundes zu geben. Die Aufgabe der Bundesbeamten sollte es sein, die „bei der Ansiedlung und Einbürgerung der dort einwandernden Deutschen in Betracht kommenden Interessen" zu wahren und damit zugleich indirekt die „heimathliche Industrie" zu fördern.[194]

Die bundesrechtliche Grundlage für diesen sächsischen Antrag bildete Artikel 50 der Wiener Schlußakte, der der Bundesversammlung das Recht gab, „wenn es nöthig befunden werden sollte, im Nahmen des Bundes Gesandte an fremde Mächte abzuordnen".[195] Dieses aktive Gesandtschaftsrecht des Deutschen Bundes war in den Beratungen der Wiener Ministerialkonferenz vom Jahr 1820 in dem Sinne interpretiert worden, daß es nicht zur Einrichtung von ständigen Gesandtschaften bei auswärtigen Regierungen führen, sondern „bloß in außerordentlichen Fällen" ausgeübt werden sollte.[196] Diese Auslegung stand der Ernennung von Bundesbeamten, die auf Dauer bei ausländischen Regierungen akkreditiert waren, entgegen, doch vertrat die sächsische Regierung den Standpunkt, daß die von ihr beantragte Maßnahme dem „Geiste der Bundes-Grundgesetze"[197] nicht zuwiderlaufe, zumal die Auswanderungsangelegenheit eine besondere Bedeutung habe wegen „des moralischen Eindruckes, in so fern damit die verfassungsmäßige Wirksamkeit des Bundes nach einer bisher noch nicht verfolgten Seite seiner Rechtssphäre hin wirkend sich darstellt".[198]

Die Ausweitung der Bundestätigkeit auf bisher nicht bearbeitete rechtspolitische Gegenstände von nationalem Interesse wurde damit als eine sich aus dem Geist der Bundesgrundgesetze ergebende Aufgabe definiert. In der „Belebung der Bundesverhältnisse" durch „gemeinnützige Anordnungen" erblickte die sächsische Regierung eine Chance, eine im öffentlichen Interesse liegende Politik „zum Segen des gemeinsamen Vaterlandes" einzuleiten. Dazu bedurfte es nach Meinung Sachsens nicht einmal „organischer", das heißt die bestehenden Bundesgesetze modifizierender und mit dem „Grundcharakter des Bundes" unvereinbarer Veränderungen, sondern nur „des einträchtigen Zusammenwirkens der Bundesregierungen".[199] Der staatenbündische Charakter des Deutschen Bundes war aus dieser Perspektive keineswegs ein Hin-

---

[193] Ebd., S. 1187.
[194] Ebd.
[195] *Huber* (Hg.), Dokumente, Bd. 1, S. 98.
[196] Protokoll der Wiener Konferenz vom 15. Mai 1820, in: *Aegidi* (Hg.), Schluss-Acte, S. 339; *Ilse* (Hg.), Protokolle, S. 326; vgl. *Huber*, Deutsche Verfassungsgeschichte, Bd. 1, S. 605.
[197] ProtDBV 1858, § 477, S. 1187.
[198] Ebd., S. 1188.
[199] Ebd.

dernis für integrationspolitische, die „vaterländischen" Interessen und die nationale Einheit fördernde Bemühungen der Bundesversammlung. Sofern der politische Wille vorhanden war, boten sich dem Deutschen Bund selbst auf der Grundlage seiner föderativen Verfassungsstruktur viele Möglichkeiten zu einer positiven Tätigkeit zum Wohle Deutschlands.

Die sächsische Regierung nahm die Frage der Auswanderung zum Anlaß, für eine systematische Bestandsaufnahme all jener Materien zu werben, die sich für allgemeine Vereinbarungen unter Vermittlung der Bundesversammlung eigneten. Sie regte an, eine ständige Bundeskommission einzusetzen und diese zu beauftragen, die entsprechenden Materialien zu sammeln und zu prüfen, welche für eine Behandlung durch die Bundesversammlung in Betracht kamen. Das Ziel war es, auf diese Weise „unter grundsätzlicher Fernhaltung aller organischen Aenderungen eine zeitgemäße, auf die Verhältnisse des obersten Bundesorgans nach Innen und Außen belebend einwirkende Fortbildung des Bundesrechts zu ermöglichen".[200]

Die von der sächsischen Regierung zur Untermauerung ihrer Argumente beigefügte Denkschrift war in einem auffallend nationalen Tonfall gehalten. Wie selbstverständlich war hier von der Auswanderung als einer „nationalen Angelegenheit"[201] die Rede, welche die politischen und volkswirtschaftlichen Verhältnisse von „Deutschland als Gesammtheit"[202] berühre. Das „nationale Gefühl" und das „nationale Bedürfniß" erforderten es, daß eine einheitliche Vertretung der deutschen Bundesstaaten im Ausland zustandekomme. Es wurde beklagt, daß im Gegensatz zu anderen Nationen der „Deutsche Bund als imponirende Gesammtheit" nicht auftrete, daß mithin „eine Nation, die vierzig Millionen Seelen zählt", nirgends als solche repräsentiert sei, während andere Konföderationen wie die Schweiz überall als Gesamtheit vertreten seien. Das Ausland kenne als Handelspartner weder den Deutschen Bund noch den Zollverein als Ganzes, sondern lediglich „Hanse towns" und kaum Österreich und Preußen, „die gewöhnlich ihren Platz hinter Haiti und den Sandwichinseln erhalten".

Auf die Bundespolitik in der Auswanderungsfrage hatte die sächsische Initiative keinen direkten Einfluß. In der 41. Sitzung der Bundesversammlung vom 23. Dezember 1858 fand die formelle Abstimmung über die Anträge des Ausschusses für die Auswanderung statt. Dabei stellte sich heraus, daß die Angelegenheit noch keineswegs beschlußreif war, denn die vorgeschlagenen Maßnahmen zur Organisation der Auswanderung wurden von keiner Regierung in allen Punkten gebilligt. Während viele Vorschläge auf Zustimmung stießen, wurden etliche andere als ergänzungs- beziehungsweise abänderungsbedürftig angesehen. Gravierender noch als die Detailkritik, welche die unterschiedliche einzelstaatliche Gesetzgebung und die häufig voneinander

---

[200] Ebd.
[201] Ebd., S. 1195.
[202] Ebd., S. 1197.

abweichenden Interessen – etwa zwischen den süddeutschen Binnenländern und den als Auswanderungshäfen fungierenden Küstenstaaten Hamburg und Bremen – hinsichtlich der Auswanderung widerspiegelte, war das Desinteresse der beiden deutschen Großmächte an einer allgemeinen Regelung der Auswanderung.

Österreich stimmte zwar einigen Anträgen des Ausschusses zu, lehnte es jedoch ab, die Auswanderung nach Übersee zu fördern, „da innerhalb des eigenen Gebietes noch Raum genug zur Ausbreitung der Bevölkerung und zu fremder Einwanderung sich vorfindet".[203] Im Unterschied zu den meisten deutschen Staaten war die Habsburgermonarchie nach der Achtundvierziger Revolution kein Auswanderungsland. Nach dem Sieg der Gegenrevolution war in Österreich, anders als in vielen kleineren deutschen Staaten, in denen die Revolution viel nachhaltigere Spuren hinterlassen hatte, keine besondere Veranlassung gegeben, die Auswanderung als ein Sicherheitsventil zur Minderung des innenpolitischen Drucks zu benutzen. Auch blieb die demographische, soziale und ökonomische Entwicklung der Habsburgermonarchie merklich hinter derjenigen von ‚Kleindeutschland' zurück, so daß hiervon keine besondere Schubkraft für die Auswanderung ausging. Die Wiener Regierung selbst sah das Land als unterbevölkert an und richtete ihre Bemühungen nicht auf eine Unterstützung der Auswanderungswilligen, sondern vielmehr auf eine innere Kolonisation durch die Forcierung der Ansiedlung insbesondere in den südöstlichen Provinzen der Monarchie. Die vom Deutschen Bund geplante Organisation der überseeischen Auswanderung entsprach daher ebensowenig den Bedürfnissen Österreichs wie die damit verbundene nationalpolitische Rhetorik den Beifall Wiens finden konnte.

Preußen lehnte die Organisation der Auswanderung durch die Bundesversammlung grundsätzlich ab. Nachdem Bismarck wie auch die Gesandten von Kurhessen und Dänemark bei der Abstimmung vom 23. Dezember 1858 wegen fehlender Instruktion noch keine Erklärung abgegeben hatte, teilte er schließlich am 2. Juli 1859 das negative Votum seiner Regierung mit. Dies wurde damit begründet, daß die vorgeschlagenen Maßnahmen zum Schutz der Auswanderer vor unseriösen Auswanderungsagenten und Reedern nur durch die Kooperation der Regierungen der Einschiffungshäfen zu erreichen sei, die, so wurde implizit unterstellt, nicht durch den Deutschen Bund erzwungen werden konnte. Der Absicht, den deutschen Auswanderern in ihren Zielgebieten die Fürsorge des Deutschen Bundes angedeihen zu lassen, stellte die preußische Regierung ihre Auffassung gegenüber, daß von offiziellen, systematischen Einwirkungen Abstand zu nehmen und statt dessen „auf diesem Gebiete dem freien Verkehr und der selbstständigen Entwicklung Raum zu gewähren sey".[204]

---

[203] ProtDBV 1858, § 491, S. 1217.
[204] ProtDBV 1859, § 222, S. 433.

Einmal mehr blockierte die preußische Regierung mit ihrer Ablehnung die Verhandlungen über eine rechtsvereinheitlichende Maßnahme der Bundesversammlung. Mit der Erklärung des preußischen Bundestagsgesandten vom 2. Juli 1859 kamen die 1856 eingeleiteten Beratungen über die Organisation der deutschen Auswanderung zum Erliegen. Der Ausschuß für die Auswanderung stellte seine Tätigkeit ein, und bis 1866 kam die Frage der Auswanderung in der Bundesversammlung nicht mehr zur Sprache.

Schlußbetrachtung:

Möglichkeiten und Grenzen einer nationalen Bundespolitik

Der Deutsche Bund ist historisch gescheitert. Er hat es in dem halben Jahrhundert seines Bestehens nicht vermocht, sich als bestimmender Akteur im Prozeß der deutschen Nationsbildung zu etablieren. Die Nation wurde ohne und gegen den Bund organisiert, in einer Form, die mit der staatenbündischen Ordnung von 1815 unvereinbar war. Die Nachwelt und das Gros der historischen Forschung haben daraus die Schlußfolgerung abgeleitet, daß der Deutsche Bund und die deutsche Nation keinen gemeinsamen Nenner hatten und somit gewissermaßen ‚von Natur aus' in einen scharfen, nicht auszugleichenden Konflikt geraten mußten. In letzter Konsequenz führt eine solche Betrachtungsweise zu dem Urteil, daß die deutsche Nation sich nicht ausbilden konnte, solange der Bund bestand.

Die vorstehenden Untersuchungen lassen erhebliche Zweifel daran aufkommen, ob der Deutsche Bund der geschichtlichen Entwicklung Deutschlands zur Nation grundsätzlich und ausschließlich im Weg gestanden habe. Die Analyse der Bundesreformbestrebungen sowie der praktischen Bundespolitik ergibt vielmehr, daß der Bund nicht ausschließlich als eine immobile, an Veränderungen und Neuerungen desinteressierte Einrichtung betrachtet werden kann, die nur danach strebte, die nationale und liberale Entwicklung in Deutschland zu blockieren. Das Resümee Golo Manns in seiner Deutschen Geschichte des 19. und 20. Jahrhunderts, das hier für viele ähnliche Auffassungen stehen mag, der Deutsche Bund sei „geschichtlich ungeeignet" gewesen, weil er nur „als Verhinderer, nicht als Beweger" habe wirken können[1], greift zu kurz.

Der negative Mythos vom Deutschen Bund als einer historisch verfehlten und zum Scheitern bestimmten politischen Ordnung hat den historischen Blick auf dieses in föderativer wie nationaler Hinsicht gewiß unfertige, jedoch entwicklungsfähige Gebilde verstellt. Es gab in der Bundesgeschichte durchaus ernstgemeinte Ansätze zu einem inneren Ausbau des Bundes – im Rahmen der bestehenden Bundesverfassung natürlich, aber mit dem erklärten Ziel, dem Bund eine stärkere nationale Bedeutung zu geben, ihn zur anerkannten Vertretung der Gesamtinteressen Deutschlands zu machen, wie es vor allem am Ende der Bundesgeschichte immer wieder postuliert wurde. Diese Ansätze verdienten es, wissenschaftlich untersucht zu werden, denn die Herausarbeitung der Motive, die dabei maßgebend waren, die genaue Analyse der Inhalte der diversen Reformprojekte, ihre Einordnung in den

---

[1] Vgl. *Mann*, Deutsche Geschichte des 19. und 20. Jahrhunderts, S. 119.

umfassenderen inneren Nationsbildungsprozeß, die mannigfaltigen Einwirkungen der Bundespolitik auf die einzelstaatliche, die allgemeine deutsche und nicht zuletzt auf die europäische Politik, schließlich auch die im Zeichen der Bundesreformdebatte geführte intensive öffentliche Diskussion über die Zukunft Deutschlands können unser Bild von dem Weg, den Deutschland vom Alten Reich zum neuen Deutschen Reich nahm, in vielen Aspekten differenzieren. Die Bundesgeschichte taugt nicht für Sensationen, die unser bisheriges Urteil auf den Kopf stellen, aber sie hält doch so manche Überraschung parat und eröffnet neue Einblicke in die nationalpolitischen Handlungsoptionen, Vorstellungen, Alternativentwürfe und nicht zuletzt die Vergeblichkeiten und Illusionen.

Es ging dabei nicht darum, den Negativmythos des Deutschen Bundes gewissermaßen umzukehren und den Bund nun als Wegbereiter der nationalen Einheit hinzustellen. Die Ordnung von 1815 hatte gravierende Defizite gerade auch im Hinblick auf die deutsche Nationsbildung. Dies haben auch die vorstehenden Untersuchungen immer wieder gezeigt. Sie haben aber darüber hinaus ergeben, daß der Deutsche Bund durch seine Politik auf den Prozeß der deutschen Nationsbildung erheblich einwirken konnte – im negativen wie im positiven Sinne. Der neue Blick, für den hier geworben wird, besteht darin, das Verhältnis zwischen Bund und Nation nicht ausschließlich als ein oppositionelles, antagonistisches, prinzipiell unvereinbares anzusehen. Der Deutsche Bund war keine glatte Antithese zur Nation, er stellte sich der nationalen Einigung nicht immer und grundsätzlich in den Weg. Die Frankfurter Bundesversammlung wurde vielmehr seit 1815 immer wieder in den nationalen Diskurs einbezogen, und sie versuchte dabei in vielen Fällen – freilich ohne den Boden des Bundesrechts zu verlassen – eine konstruktive Rolle zu spielen. Vor allem die Repräsentanten der mittleren und kleinen Staaten Deutschlands unternahmen wiederholt den Versuch, dem Bund eine nationale Funktion zu geben, ihn als nationale Kraft zu profilieren. Vieles davon wurde nur halbherzig oder zu spät angegangen, und fast alle größeren Reformvorhaben scheiterten letztlich an der Unvereinbarkeit der einzelstaatlichen Interessen oder der machtpolitischen Rivalität der Großmächte Österreich und Preußen. Gleichwohl spielte der Deutsche Bund eine wichtige, bisher übersehene oder zu gering eingeschätzte Rolle im Prozeß der inneren Nationsbildung Deutschlands.

Die vorstehenden Untersuchungen haben ferner gezeigt, daß der Deutsche Bund keine Abweichung vom ‚normalen' Gang der deutschen Geschichte darstellte. Ganz abgesehen davon, daß die Vorstellung einer historischen Normalität oder Logik keine wissenschaftliche Kategorie ist, sondern ein subjektiv geprägtes Sinnstiftungsangebot darstellt, ist die gängige Auffassung, mit der Bundesgründung von 1815 sei die Entwicklung Deutschlands in eine Sackgasse und damit vom ‚eigentlichen' Weg abgelenkt worden, nicht haltbar. In vieler Hinsicht knüpfte die Bundesordnung an die Traditionen des Alten Reiches an, ohne dabei die Revolutionierung der europäischen

Staatenwelt rückgängig machen zu wollen. Der Deutsche Bund stand nicht im Gegensatz zur deutschen politischen und konstitutionellen Tradition. Er war vielmehr eine Fortsetzung des deutschen Föderalismus, der bis dahin immer staatenbündisch und nicht bundesstaatlich eingefaßt worden war. Daß der Bund am Ende den nationalen Forderungen nicht gerecht wurde, bedeutet nicht, daß er von Anfang an ein zum Scheitern bestimmter historischer Irrweg gewesen ist.

Überzogen erscheint ferner die Ansicht, der Deutsche Bund und die deutsche Nation seien prinzipiell unvereinbar gewesen. Die Ordnung von 1815 war nicht von vornherein als ein Abwehrmechanismus gegen die nationale Einigung Deutschlands etabliert worden. Die Integration der Nation auf dem Boden des Bundesrechts war vielmehr eine Aufgabe, die von der Mehrzahl der Regierungen bei der Konstituierung der Bundesversammlung als ein Schwerpunkt ihrer künftigen Tätigkeit betrachtet wurde. Gerade die Bundestagsgesandten gingen davon aus, daß in gemeinsamer Beratung in der Bundesversammlung Maßnahmen zur stärkeren nationalen Einigung eingeleitet werden könnten – und zwar in wirtschaftlicher und rechtlicher, aber auch in verfassungspolitischer Hinsicht. Die Harmonisierung der immer noch sehr disparaten inneren Verhältnisse in Deutschland wurde von Bundesseite immer wieder angestrebt, der Bund unternahm vielfache Anstrengungen zur wirtschaftlichen und rechtlichen Vereinheitlichung.

Gerade in den letzten fünfzehn Jahren ihres Bestehens brachte die Bundesversammlung eine Reihe von Gesetzesprojekten auf den Weg, die darauf abzielten, bundeseinheitliche Normen herbeizuführen und den nationalen Interessen zu dienen. Eines dieser Vorhaben, das Allgemeine Deutsche Handelsgesetzbuch, konnte 1861 verabschiedet und bis 1866 in fast allen Bundesstaaten eingeführt werden. Die von Bundeskommissionen erarbeitete moderne Maß- und Gewichtsordnung für den Deutschen Bund wurde noch kurz vor der Auflösung des Bundes 1866 einstimmig angenommen und wenig später im Norddeutschen Bund und im Deutschen Reich nahezu unverändert in Kraft gesetzt. Die Bundesentwürfe für eine Zivilprozeßordnung, ein Gesetz über die Rechtsgeschäfte und Schuldverhältnisse, ein Urheberrechtsgesetz und ein Patentgesetz stellten wichtige Grundlagen für die entsprechenden Reichsgesetze nach 1870/71 dar. Sehr intensiv hatte sich der Deutsche Bund überdies mit den Fragen des Heimatrechts, der Staatsangehörigkeit und der Auswanderung beschäftigt, wobei er Positionen entwickelte, die auf gesamtnationale Regelungen dieser Fragen hinzielten. Insgesamt bildeten diese Arbeiten, auch die unabgeschlossenen und im Bundesrahmen nicht durchsetzbaren, einen reichhaltigen Fundus, der bereits etliche Bausteine der nationalen Rechtseinheit, wie sie wenig später verwirklicht wurde, enthielt.

Auf verfassungspolitischem Gebiet strebten vor allem die Mittelstaaten, denen sich Österreich erst ganz am Ende, in den 1860er Jahren anschloß, eine Reform an, die darauf abzielte, dem Bund eine gemeinsame Exekutive, ein gesamtdeutsches Parlament und eine oberste Instanz zur Rechtsprechung zu geben. Nach außen hin trat der Deutsche Bund wiederholt als Vertreter des nationalen Interesses auf, wenn andere europäische Mächte die Rechte und Grenzen Deutschlands zu bedrohen schienen. In solchen Krisensituationen gelang es dem Bund hin und wieder sogar – wenn auch nur für kurze Zeit – die Zustimmung der nationalen Bewegung für seine Politik zu gewinnen. Richtig ist aber auch, daß die Enttäuschung um so größer war, wenn sich ein ums andere Mal herausstellte, daß der Deutsche Bund aus den verschiedensten Gründen dann doch nicht in der Lage war, im europäischen Konzert der Großmächte eine eigenständige und respektierte Rolle einzunehmen.

Ein weiteres Ergebnis der vorstehenden Untersuchungen besteht darin, daß die Bundespolitik in ihrer chronologischen Dimension differenzierter als bisher betrachtet werden muß. Die reaktionäre Unterdrückungspolitik stand nicht während der gesamten Zeit des Bundes gleichermaßen im Vordergrund. Nach dem Scheitern der Revolution von 1848/49 kehrte der Bund nicht wieder zur Immobilität der vormärzlichen Epoche zurück. Die innere Reform wurde nun zu einem Schwerpunkt der Bundespolitik. Das Ziel war, die bestehende staatenbündische Ordnung zu erhalten, die Legitimität des Deutschen Bundes zu erhöhen, sein Ansehen im deutschen Volk zu kräftigen, die „Bedürfnisse der Nation" zumindest teilweise zu befriedigen und auf diese Weise eine evolutionäre Entwicklung der politischen Verhältnisse in Deutschland zu ermöglichen. In diesem Sinne war die Bundespolitik gegenrevolutionäre Politik, aber zur Bekämpfung der Revolution suchte die Bundesversammlung ihr Heil nicht nur in der Reaktion, sondern auch in der Reform. Daß diese Reform nur dann Aussicht auf Erfolg haben konnte, wenn sie den nationalen Wünschen und Erwartungen wenigstens in Teilen entsprach, lag auf der Hand. Bundesreformpolitik mußte von daher auch ein Stück nationale Einigungspolitik sein, um wirksam zu werden. In diesem Sinne entwickelten viele deutsche Minister, häufig angetrieben von ihren Bundestagsgesandten, ein neues Verständnis von der inneren Bundespolitik. Auch hier wiederum gelang es indessen nicht oder nur in sehr begrenztem, den Forderungen der Nationalbewegung nicht entsprechendem Maße, tatsächliche Erfolge zu erzielen.

Nicht allein von nationalpolitischer Seite sah sich der Deutsche Bund nach 1848/50 unter verstärkten Legitimationsdruck gesetzt. Eine zusätzliche Herausforderung für die Bundespolitik erwuchs nun auch aus dem wachsenden ökonomischen und rechtlichen Regelungsbedarf, der durch die industrielle Dynamik, die kommerzielle Verflechtung, die Ausweitung der Märkte und die Verdichtung der Kommunikation geschaffen wurde. Ganz unabhängig von der Frage der politischen Organisation Deutschlands als Staatenbund oder Bundesstaat entstand hier für die Bundesversammlung der Zwang, sich mit der legislativen Integration des Deutschen Bundes zu beschäftigen. Dieser Zwang wurde noch bedeutend verstärkt durch die Tatsache, daß mit dem Modell des nationalen Bundesstaats eine konkrete Alternative auch für die Konstituierung Deutschlands als Wirtschafts-, Kommunikations- und Rechtseinheit bereitstand. Gedrängt von einzelnen Regierungen, der überregionalen Presse, den Landtagen, den sich formierenden berufsständischen Vertretungen und frühen Interessenverbänden brachte die Bundesversammlung in den 1850er und 1860er Jahren eine Reihe von Gesetzesvorhaben auf den Weg, die darauf abzielten, die Binnenintegration zu fördern. Die unifikatorischen Maßnahmen wurden breit diskutiert und sehr sorgfältig vorbereitet, vieles wurde trotz großer Widerstände bis zur Beschlußreife vorangetrieben – wirklich umgesetzt werden konnte aber nur Weniges. Auch hier klaffte am Ende eine große Lücke zwischen Anspruch und Wirklichkeit, und die Enttäuschung darüber war groß, daß der Deutsche Bund nicht die politische Kraft fand, nationale Gesetze zu beschließen, über deren sachliche Notwendigkeit keinerlei Dissens bestand.

Wenn auch der Erfolg unbefriedigend war, so hat doch der Deutsche Bund vor allem in seiner letzten Phase von 1850 bis 1866 auf vielfältige Weise versucht, die Einigung und Modernisierung Deutschlands voranzutreiben. Er strebte den föderativen Ausbau des Staatenbundes an, wobei mehrere Motive sich verschränkten: Die legitimatorische Basis sollte gestärkt werden, um einer Wiederholung revolutionärer Versuche vorzubeugen; sachliche Notwendigkeiten und wirtschaftliche Entwicklungen legten eine stärkere Integration nahe; der sich ausprägende Antagonismus der deutschen Großmächte sollte im föderativen Rahmen des Bundes eingehegt werden, um eine Spaltung Deutschlands mit ihren unkalkulierbaren Folgen zu verhindern; Deutschland sollte auf europäischer Ebene mit einer einheitlichen, die deutschen Nationalinteressen vertretenden Stimme sprechen.

Am Ende scheiterte die Bundesreformpolitik, die versuchte, dem revolutionären Konzept der Nationsbildung, wie es 1848/49 angewandt worden war, sowie dem hegemonialen Einigungsversuch Preußens, der 1849/50 noch mißlang, aber 1866/71 erfolgreich sein sollte, eine Alternative in Form einer nationalen Fortbildung des Bundes entgegenzusetzen. Der Hauptgrund dafür lag nicht in einer konstitutionellen oder politischen Anomalie des Bundes, sondern darin, daß die beiden deutschen Großmächte Österreich und Preußen nicht bereit beziehungsweise nicht in der Lage waren, ihre Interessen dem nationalen Gesamtinteresse unterzuordnen. Keine dieser beiden Mächte wollte sich im Rivalitätskampf um die Hegemonie in Deutschland in einem föderativen Nationalbund mediatisieren lassen. Preußen war nach der Revolution von 1848/49 nicht mehr gewillt, den Vorrang der Habsburgermonarchie in Deutschland anzuerkennen und verlangte die volle Parität mit Österreich auf Bundesebene. Da die Regierung in Wien dies verweigerte, setzte Preußen alles daran, dem Bund, in dem es sich in der Minorität sah, eine gestaltende Tätigkeit zu erschweren. Eine nationale Politik kam für Preußen seit 1848/49 nur noch im kleindeutschen Rahmen in Frage. Für Österreich warf der Prozeß der deutschen Nationsbildung, der ja unweigerlich mit einer stärkeren Zentralisierung und der Schaffung nationaler Institutionen, allen voran einem Nationalparlament verbunden sein mußte, unlösbare Probleme auf. Bundespolitisch stellte sich vor allem die Frage, wie ein reformierter Bund als Gehäuse einer deutschen Föderativnation mit den über Deutschland weit hinausreichenden Interessen des habsburgischen Vielvölkerstaates in Einklang zu bringen war. Eine nationale Politik der Wiener Regierung mußte zwangsläufig zur existentiellen Bedrohung für die Monarchie werden, in der sich nationalistische Tendenzen der nichtdeutschen Ethnien spätestens seit 1848 immer stärker bemerkbar machten. Von daher könnte man argumentieren, daß nicht so sehr eine Zerstörung des Deutschen Bundes als vielmehr die Aufteilung der Habsburgermonarchie oder ihre gänzliche Verdrängung aus Deutschland eine Voraussetzung für die deutsche Nationsbildung dargestellt hat.

Eine nationale Bundespolitik stieß immer wieder an machtpolitische Grenzen. Dennoch gab es Chancen für eine Fortbildung des Deutschen Bundes in Richtung einer „föderativen Nation". Dieser Begriff ist keine zeitgenössische Formulierung des 19. Jahrhunderts, sondern ein seit einigen Jahren von der historischen Forschung entwickeltes Konzept, das der Vorstellung entgegengesetzt wurde, daß nationales Denken und nationale Bestrebungen ihr einzig legitimes Ziel immer im modernen Nationalstaat finden müßten. Nationale Einheit war aber vor 1871 auch in politischen Ordnungen vorstellbar, die nicht bundesstaatlich verfaßt waren. Staatenbünde wie das Alte Reich oder auch der Deutsche Bund waren durchaus in der Lage, nationale Funktionen zu erfüllen, ohne deshalb Staat im modernen Sinne zu werden. Vorstellungen von einer föderativ geeinten Nation, in der sich eine Vielzahl von Staaten unter dem gemeinsamen Dach eines ‚Reiches' oder eines ‚Bundes' zusammenfanden, bildeten seit der Frühen Neuzeit einen breiten Strang des nationalen Denkens in Deutschland, dessen Auswirkungen sich auch im ersten deutschen Nationalstaat, dem preußisch-deutschen Kaiserreich, noch deutlich erkennen lassen.

In den Debatten über die Reform des Deutschen Bundes traten föderative Nationsvorstellungen so häufig auf, daß es gerechtfertigt erschien, die „föderative Nation" zu einem Leitbegriff der Untersuchung zu machen. Die vielen Ansätze und Projekte zu Reformen auf Bundesebene, seien es die verfassungspolitischen, die wirtschaftspolitischen oder die rechtspolitischen, wurden häufig, nach 1848/49 regelmäßig, mit dem Argument gerechtfertigt, es würden dadurch nationale Bedürfnisse erfüllt. Die Vorstellung, auf der Grundlage des bestehenden Bundes neue Institutionen und Gesetze einzuführen, die einerseits der Einheit der Nation zugute kamen und andererseits ihren praktischen Bedürfnissen entsprachen, gewann seit der Wiederherstellung des Bundes im Jahr 1850/51 in den Regierungen zahlreicher Mittel- und Kleinstaaten viele Anhänger. Und in der Presse sowie in den Debatten der Landtage, die sich vor allem während der großen politischen Krisen wie dem Krimkrieg, dem Italienischen Krieg und dem Schleswig-Holstein-Konflikt, intensiv mit der nationalen Frage auseinandersetzten, wurden die deutschen

Fürsten und Minister wiederholt aufgefordert, für eine nationale Bundespolitik zu sorgen und in Frankfurt auf Reformen zu drängen.

Gerade hier wurden aber die Grenzen einer nationalföderativen Entwicklung aus dem Bund heraus sehr deutlich erkennbar. Denn die Reformbefürworter in der Bundesversammlung und bei den deutschen Regierungen definierten den nationalen Föderalismus vor allem als einen Föderalismus der Staaten, bei dem die Partizipation der „Volksnation" stark in den Hintergrund trat. Selbst die eifrigsten Bundesreformer wie etwa Beust oder Dalwigk konnten sich nie dazu durchringen, ein autonomes und starkes Nationalparlament zu fordern, das den Fürsten und Regierungen auf annähernd gleicher Augenhöhe entgegengetreten wäre. Hier lag eine entscheidende Schwäche aller Bundesreformpläne, die es verhinderte, daß der Bund und seine Repräsentanten eine Verbindung mit jenen Kräften in der deutschen Nationalbewegung eingehen konnten, die eine föderative Lösung der deutschen Frage der kleindeutsch-preußisch-zentralistischen Variante vorgezogen hätten. Die Bundesreform scheiterte insofern auch daran, daß sie nur sehr wenig Rückhalt unterhalb der gouvernementalen beziehungsweise ministeriellen Ebene fand. Die Geschichte der Bundesreformbestrebungen bestätigt insofern, daß eine erfolgreiche Nationsbildung nur mit der Zustimmung der Mehrheit der politisch berechtigten beziehungsweise relevanten Bevölkerung erfolgen kann. Diese war aber nur dann zu gewinnen, wenn man dem Volk das gab, was seit 1789 als der Inbegriff der Nation galt: die effektive politische Teilhabe. Der Deutsche Bund ging diesen großen Schritt nicht; er machte aber viele kleine, zögerliche Schritte in Richtung einer nationalen Politik.

Anhang

1. Die Mitglieder des Deutschen Bundes 1860

Stimme im Engeren Rat	Bundesstaaten	Bevölkerung
1	1) Kaisertum Österreich	9 482 227
2	2) Königreich Preußen	7 999 829*
3	3) Königreich Sachsen	1 200 000
4	4) Königreich Bayern	3 566 000
5	5) Königreich Hannover	1 305 351
6	6) Königreich Württemberg	1 395 462
7	7) Kurfürstentum Hessen-Kassel	567 868
8	8) Großherzogtum Baden	1 000 000
9	9) Großherzogtum Hessen-Darmstadt	619 500
10	10) Herzogtümer Holstein und Lauenburg	360 000
11	11) Großherzogtum Luxemburg und Herzogtum Limburg	253 583
12	12) Sachsen-Weimar	201 000
	13) Sachsen-Coburg und Gotha	111 600
	14) Sachsen-Meiningen	115 009
	15) Sachsen-Altenburg	98 200
13	16) Braunschweig	209 600
	17) Nassau	302 769
14	18) Mecklenburg-Schwerin	358 000
	19) Mecklenburg-Strelitz	71 769
15	20) Oldenburg	220 718
	21) Anhalt-Dessau und Köthen	85 401**
	22) Anhalt-Bernburg	37 046
	23) Fürstentum Schwarzburg-Sondershausen	45 117
	24) Fürstentum Schwarzburg-Rudolstadt	53 937

Stimme im Engeren Rat	Bundesstaaten	Bevölkerung
16	25) Liechtenstein	5 546
	26) Reuß ältere Linie	22 255
	27) Reuß jüngere Linie	52 205
	28) Schaumburg-Lippe	21 000
	29) Lippe	70 732
	30) Waldeck	51 877
	31) Hessen-Homburg	20 000
17	32) Lübeck	40 650
	33) Frankfurt	47 850
	34) Bremen	48 500
	35) Hamburg	129 800
	Summe	30 164 392

* Einschließlich der seit 1849 zur preußischen Krone gehörenden Fürstentümer Hohenzollern-Hechingen und Hohenzollern-Sigmaringen, die in der Matrikel von 1860 noch separat aufgeführt sind.

** Das Herzogtum Anhalt-Köthen fiel 1853 an die Linie Anhalt-Dessau, das 1863 auch noch Anhalt-Bernburg erwarb und somit ein einheitliches Herzogtum Anhalt bildete.

Quelle: Matrikel des Deutschen Bundes vom 26. Januar 1860, ProtDBV 1860, Beilage 2 zu § 39, S. 58; *Huber*, Deutsche Verfassungsgeschichte, Bd. 1, S. 583–585.

2. Die Bundestagsgesandten 1850/51–1866

Österreich
10.05.1850–20.01.1853: Friedrich Graf von Thun-Hohenstein
03.02.1853–03.03.1855: Anton Freiherr Prokesch von Osten
03.03.1855–03.06.1859: Johann Bernhard Graf von Rechberg und Rothenlöwen
20.06.1859–24.08.1866: Alois Freiherr Kübeck von Kübau

Preußen
14.05.1851–23.08.1851: Theodor Heinrich Rochus Graf von Rochow
27.08.1851–24.02.1859: Otto von Bismarck
03.03.1859–18.12.1862: Guido von Usedom
08.01.1863–07.04.1864: Rudolf von Sydow
14.04.1864–14.06.1866: Karl Friedrich von Savigny

Bayern
02.09.1850–06.12.1851: Karl August Anton Aloys Josef Ritter von Xylander
06.12.1851–14.04.1859: Karl Ignaz Freiherr von Schrenk von Notzing
13.05.1859–17.12.1864: Ludwig Freiherr von der Pfordten
17.05.1864–08.09.1864: Wolfgang Freiherr von Thüngen (interimistisch)
08.09.1864–17.12.1864: Ludwig Freiherr von der Pfordten
17.12.1864–24.08.1866: Karl Ignaz Freiherr von Schrenk von Notzing

Sachsen
09.05.1850–16.06.1864: Julius Gottlob von Nostitz und Jänckendorf
16.06.1864–24.08.1866: Carl Gustav Adolph von Bose

Hannover
10.05.1850–14.05.1851: Johann Hermann Detmold
30.05.1851–31.12.1851: Eduard August Freiherr von Schele zu Schelenburg
31.12.1851–23.06.1853: Carl Friedrich Ernst August von Bothmer
23.06.1853–27.04.1854: Karl von Jacobi
27.04.1854–10.04.1856: Eduard Graf von Kielmannsegge
10.04.1856–24.08.1866: Gottlieb Ernst August von Heimbruch

Württemberg
02.09.1850–15.12.1865: Hugo Ludwig Freiherr von Reinhard
21.12.1865–24.08.1866: Joseph Freiherr von Linden

Kurhessen
05.12.1850–24.05.1855: Friedrich Heinrich Freiherr von Trott zu Solz
24.05.1855–13.02.1858: Philipp Freiherr von Dörnberg
15.07.1858–13.04.1861: Conrad Abée
13.04.1861–26.04.1866: Georg von Hesberg
26.04.1866–24.08.1866: Sigmund Friedrich Freiherr von Meyer

Baden
02.05.1851–06.06.1861: August Freiherr Marschall von Bieberstein
04.07.1861–24.08.1866: Robert von Mohl

Großherzogtum Hessen
02.09.1850–10.10.1861: Joseph Freiherr von Münch-Bellinghausen
07.11.1861–24.08.1866: Arnold von Biegeleben

Dänemark (für Holstein und Lauenburg)
10.05.1850–30.10.1862: Bernhard Ernst von Bülow
30.10.1862–28.11.1863: Ulysses Freiherr von Dirckinck-Holmfeld
(Durch Bundesbeschluß vom 28.11.1863 wurde die dänische Stimme suspendiert)

Niederlande (für Luxemburg und Limburg)
27.01.1842–24.08.1866: Friedrich Heinrich Wilhelm von Scherff

Sachsen-Weimar, Sachsen-Coburg und Gotha, Sachsen-Meiningen, Sachsen-Altenburg (12. Kurie)
15.10.1840–14.07.1864: Carl Friedrich Christian Wilhelm Freiherr von Fritsch
14.07.1864–24.08.1866: Karl Olivier von Beaulieu-Marconnay

Braunschweig und Nassau (13. Kurie)
10.05.1851–03.08.1862: Emil August Victor Freiherr von Dungern
23.10.1862–08.04.1866: Wilhelm Freiherr von Breidbach-Bürresheim

Mecklenburg-Schwerin und Meckenburg-Strelitz (14. Kurie)
02.09.1850–01.07.1858: Jasper Joachim Bernhard Wilhelm von Oertzen auf Leppin
01.07.1858–07.01.1864: Bernhard Friedrich Ferdinand Karl von Bülow
07.01.1864–24.08.1866: Otto von Wickede

Oldenburg, Anhalt, Schwarzburg (15. Kurie)
30.05.1851–24.08.1866: Wilhelm von Eisendecher

Liechtenstein (16. Kurie)
02.09.1850–24.08.1866: Justin Timotheus Balthasar Freiherr von Linde

Reuß ältere Linie (16. Kurie)
10.05.1851–18.05.1861: Adolph Freiherr von Holzhausen
05.12.1861–24.08.1866: Linde (wie Liechtenstein)

Reuß jüngere Linie (16. Kurie)
10.05.1851–18.05.1861: Adolph Freiherr von Holzhausen
21.11.1861–14.07.1864: Fritsch (wie 12. Kurie)
14.07.1864–24.08.1866: Beaulieu-Marconnay (wie 12. Kurie)

Lippe (16. Kurie)
30.05.1851–18.05.1861: Adolph Freiherr von Holzhausen
05.12.1861–24.08.1866: Linde (wie Liechtenstein)

Schaumburg-Lippe (16. Kurie)
14.05.1851–24.08.1866: Victor Friedrich von Strauß

Waldeck (16. Kurie)
13.06.1851–18.05.1861: Adolph Freiherr von Holzhausen
23.01.1862–24.08.1866: Mohl (wie Baden)

Hessen-Homburg (16. Kurie)
13.06.1851–18.05.1861: Adolph Freiherr von Holzhausen
21.11.1861–14.07.1864: Fritsch (wie 12. Kurie)
14.07.1864–13.01.1866: Beaulieu-Marconnay (wie 12. Kurie)
13.01.1866–24.08.1866: Linde (wie Liechtenstein)

Frankfurt (17. Kurie)
10.05.1851–17.01.1861: Eduard Ludwig von Harnier
17.01.1861–24.08.1866: Samuel Gottlieb Müller

Hamburg (17. Kurie)
30.05.1851–31.10.1851: Edward Banks
30.10.1851–   1861: Gustav Heinrich Kirchenpauer
      1861–   1863: vakant
07.01.1864–12.03.1864: Alfred Rücker
12.03.1864–24.08.1866: Daniel Christian Friedrich Krüger

Bremen (17. Kurie)
30.05.1851–07.05.1857: Johann Smidt
22.10.1857–   1863: Georg Wilhelm Albers
      1863–   1864: vakant
05.01.1864–24.08.1866: Daniel Christian Friedrich Krüger

Lübeck (17. Kurie)
10.05.1851–22.03.1855: Heinrich Brehmer
22.03.1855–24.08.1866: Peter Ludwig Elder

3. Wichtige Ausschüsse und Kommissionen der Bundesversammlung 1851–1866

Ausschüsse

Ausschuß zur Veröffentlichung der Protokolle des Bundestags
Einsetzung: 21. Juni 1851
Mitglieder: Die Gesandten von Württemberg, Baden und der 16. Stimme

Politischer Ausschuß
Einsetzung: 8. Juli 1851
Mitglieder: Die Gesandten von Österreich, Preußen, Bayern, Sachsen, Hannover, Baden, Großherzogtum Hessen
Stellvertreter: Die Gesandten von Württemberg und der 15. Stimme

Handelspolitischer Ausschuß
Einsetzung: 8. Juli 1851
Mitglieder: Die Gesandten von Österreich, Preußen, Bayern, Hannover, Württemberg, der großherzoglich und herzoglich sächsischen Häuser und der freien Städte
Stellvertreter: Die Gesandten von Sachsen und Dänemark für Holstein und Lauenburg

Ausschuß für die Einsetzung eines obersten Bundesgerichts
Einsetzung: 8. Juli 1851
Mitglieder: Die Gesandten von Österreich, Hannover, Großherzogtum Hessen, Braunschweig und Nassau und Mecklenburg
Stellvertreter: Die Gesandten von Liechtenstein und den freien Städten

Ausschuß für die Revision der Geschäftsordnung der Bundesversammlung
Einsetzung: 8. Juli 1851
Mitglieder: Die Gesandten von Preußen, Baden und der 15. Stimme
Stellvertreter: Der Gesandte von Braunschweig und Nassau

Ausschuß in Militärangelegenheiten
Einsetzung: 17. Juli 1851
Mitglieder: Die Gesandten von Österreich, Preußen, Bayern, Sachsen, Hannover, Württemberg, Großherzogtum Hessen

Ausschuß zur Wahrung der inneren Sicherheit und Ordnung im Deutschen Bund (Reaktionsausschuß)
Einsetzung: 23. August 1851
Mitglieder: Die Gesandten von Österreich, Preußen, Bayern, Sachsen, Großherzogtum Hessen
Stellvertreter: Der Gesandte von Mecklenburg

Ausschuß zur Bearbeitung eines Bundespressegesetzes (Fachmännerausschuß)
Einsetzung: 20. September 1851
Mitglieder: Österreich: Sektionsrat Eduard von Lackenbacher
                Preußen: Regierungsrat Karl Ludwig Zitelmann
                Sachsen: Hofrat Ernst Gotthelf Gersdorf
                Großherzogtum Hessen: Ministerialrat Friedrich von Bechthold

Ausschuß zur Errichtung einer Zentralbundespolizeibehörde
Einsetzung: 11. Oktober 1851
Mitglieder: Die Gesandten von Österreich, Preußen, Sachsen, Kurhessen, Mecklenburg
Stellvertreter: Der Gesandte von Bayern

Ausschuß zur Ausarbeitung von Vorschlägen über allgemeine für ganz Deutschland gültige Normen in Betreff der Heimatverhältnisse
Einsetzung: 11. November 1852
Mitglieder: Die Gesandten von Österreich, Preußen, Hannover, Baden, Mecklenburg
Stellvertreter: Die Gesandten von Bayern und den großherzoglich und herzoglich sächsischen Häusern

Ausschuß zur Begutachtung des sächsischen Antrags auf authentische Interpretation des Bundesbeschlusses vom 19. Juni 1845 in betreff des Schutzes von Werken der Wissenschaft und Kunst gegen Nachdruck und unbefugte Nachbildung
Einsetzung: 4. August 1853
Mitglieder: Die Gesandten von Sachsen, Großherzogtum Hessen und der 15. Stimme
Stellvertreter: Der Gesandte von Preußen

Ausschuß zur Prüfung des sächsischen Antrags betreffend Artikel 2 der allgemeinen deutschen Wechselordnung
Einsetzung: 2. März 1854
Mitglieder: Die Gesandten von Bayern, Sachsen und den freien Städten
Stellvertreter: Der Gesandte von Baden

Ausschuß zur Begutachtung des preußischen Antrags wegen des Schutzes musikalischer und dramatischer Werke gegen unbefugte Aufführung
Einsetzung: 8. November 1855
Mitglieder: Die Gesandten von Preußen, Sachsen, 15. Stimme
Stellvertreter: Der Gesandte von Baden

Ausschuß zur Begutachtung des bayerischen Antrags über Auswanderung
Einsetzung: 21. Februar 1856
Mitglieder: Die Gesandten von Österreich, Preußen, Bayern, Württemberg und den freien Städten
Stellvertreter: Der Gesandte von Baden

Ausschuß zur Begutachtung des von der sächsischen Regierung eingebrachten Antrags auf speziellere Regelung der Nachdrucksfrage durch ein allgemeines deutsches Gesetz gegen den Nachdruck
Einsetzung: 30. Januar 1862
Mitglieder: Die Gesandten Österreich, Bayern, Sachsen, Württemberg und der 15. Stimme
Stellvertreter: Die Gesandten von Baden und Liechtenstein

Kommissionen

Sachverständigenkommission zur Bearbeitung des Dresdener Entwurfs einer „Übereinkunft der deutschen Bundesstaaten zur Beförderung des Handels und Verkehrs"

Einberufung: Durch den handelspolitischen Ausschuß im Oktober 1851
Dauer: 16.–21. Oktober 1851
Tagungsort: Frankfurt
Mitglieder: Preußen
Dr. von Hermann; Nell; Delbrück
Sachsen
Christian Albert Weinlig; Klenze; Sigel; Hack; Wendt
Hamburg
Heinrich Geffcken

Sachverständigenkommission zur Ausarbeitung des Entwurfes eines allgemeinen Handelsgesetzbuchs für die deutschen Bundesstaaten

Einsetzung: 17. April 1856
Dauer: 15. Januar 1857–12. März 1861
Tagungsort: Nürnberg (15.1.1857–3.3.1858); Hamburg (26.4.1858–22.8.1860); Nürnberg (20.11.1860–12.3.1861)
Mitglieder: Österreich
Franz Ritter von Raule, Handelsgerichtspräsident in Wien; *Schindler*, Sektionsrat im Handelsministerium; *Cäsar Benoni von Clanisberg*, Oberlandesgerichtsrat in Triest (2. Bevollmächtigter ab 26.3.1858); *Ritter von Sartorio*, Bankier in Triest (ab 15.4.1858 als Fachmann für das Seerecht)
Preußen
Wilhelm August Bischoff, Geheimer Oberjustizrat, nach dessen Tod: *Johann Heinrich Heimsöth*, Geheimer Oberjustizrat und Senatspräsident am Appellationsgericht zu Köln; *Heinrich Eduard Pape*, Geheimer Justizrat und Vortragender Rat im Justizministerium in Berlin; *Robert Warschauer*, Kommerzienrat aus Berlin, kaufmännischer Sachverständiger; *von Ruffer*, Kommerzienrat aus Breslau, kaufmännischer Sachverständiger; *Rahm*, Kommerzienrat aus Stettin, kaufmännischer Sachverständiger; *Albrecht*, Navigationsschuldirektor in Danzig, Sachverständiger für das Seerecht; *Schnell*, Kommerzienrat aus Königsberg, kaufmännischer Sachverständiger; *Heinrich Behrend* aus Danzig, kaufmännischer Sachverständiger

Bayern
Georg Karl Seuffert, Direktor des Nürnberger Kreis- und Stadtgerichts und des Handels- und Appellationsgerichts in Nürnberg, später Appellationsgerichtsrat in Passau; *Christian Merk*, Kaufmann und 1. Vorstand des Handelsstandes zu Nürnberg, kaufmännischer Sachverständiger; am 22.10.57 ersetzt durch: *Johann Benedict Zahn*, Kaufmann in Nürnberg und Handelsgerichtsassessor, kaufmännischer Sachverständiger; am 3.12.57 ersetzt durch: *Johann Kirchdörffer*, Kaufmann in Nürnberg und Handelsgerichtsassessor, kaufmännischer Sachverständiger; *Theodor Sander*, Fabrikant und Assessor des Handelsgerichts zu Augsburg, kaufmännischer Sachverständiger
Sachsen
Robert Georgi, Staatsminister a. D.; *Christian Theodor Tauchnitz*, Appellationsgerichtsrat in Leipzig
Hannover
Johann Heinrich Thöl, Professor der Rechte in Göttingen; am 31.1.1861 ersetzt durch: *Adolf Wilhelm Leonhardt*, Oberjustizrat
Württemberg
Carl Friedrich Wilhelm von Gerber, Professor und Kanzler der Universität Tübingen; *Adolf von Goppelt*, Staatsrat und Vorstand der Handelskammer in Heilbronn, kaufmännischer Sachverständiger
Baden
Ammann, Ministerialrat im Justizministerium
Kurhessen
Schuppius, Obergerichtsrat; *Gleim*, Oberappellationsgerichtsrat
Großherzogtum Hessen
Moritz Wilhelm August Breidenbach, Oberstudiendirektor; am 20.5.1857 ersetzt durch: *Heinrich Franck*, Ministerialrat; *Carl Röder*, Kaufmann in Mainz, 2. Bevollmächtigter
Oldenburg
Florentin Theodor Schmidt, Generalkonsul zu Hamburg, 10.12.1857–24.5.1860; *Föhring*, Advokat aus Hamburg, ab 27.1.1859 als zweiter Bevollmächtigter; ersetzt ab 24.5.1860 den verstorbenen ersten Bevollmächtigten Schmidt
Braunschweig
Jacob Peter Eduard Trieps, Obergerichtsrat, ab 20.5.1857
Nassau
Ferdinand Vollpracht, Präsident des Finanzkollegiums
Sachsen-Weimar, Sachsen-Meiningen, Sachsen-Altenburg, Sachsen-Coburg und Gotha, Anhalt-Dessau
Friedrich von Hahn, Professor der Rechte an der Universität Jena

Mecklenburg-Schwerin
Mann, Senator und Syndikus aus Rostock
Lübeck
Eduard Haltermann, Richter in Lübeck; *Carl Wilhelm Asher*, Advokat in Hamburg, ab 29.4.1858 als Bevollmächtigter bei der Seerechtskonferenz in Hamburg
Bremen
Heinrich Gerhard Heineken, Senator und Präsident des Handelsgerichts; *Ernst Ferdinand Gabain*, Ältermann, Mitglied des Handelsgerichts; *Engelbert Klugkist*, Kaufmann, ab 20.5.1858 als Sachverständiger für das Seerecht; *Weinhagen*, Senator
Hamburg
Halle, ehemaliger Präsident des Handelsgerichts; am 23.4.1857 ersetzt durch: *Nicolaus Ferdinand Haller*, Senator; am 28.1.1858 ersetzt durch: *Carl Trummer*, Advokat; *Carl Friedrich Petersen*, Senator, ab 7.10.1858; am 19.5.1859 ersetzt durch: *Johannes Georg Andreas Versmann*, Präses des Handelsgerichts; am 5.1.1860 ersetzt durch: *L. Oppenheimer*, Oberappellationsrat in Lübeck; *Jacob Peter Eduard Trieps*, Obergerichtsrat, ab 22.11.1860; *Adolph de Chapeaurouge*, ab 12.2.1857 als kaufmännischer Sachverständiger; *Adam Jacob Hertz*, ab 22.4.1858 als kaufmännischer Sachverständiger für das Seerecht; *Nicolaus Hudtwalker*, Versicherungsmakler, ab 22.4.1858 als kaufmännischer Sachverständiger für das Seerecht; *Lorenz Göde*, Schiffskapitän
Frankfurt
Samuel Gottlieb Müller, Senator
Erster Sekretär und Protokollführer der Konferenz
Johann Lutz, bayerischer Bezirksgerichtsrat in Nürnberg

Kommission zur Ausarbeitung von Vorschlägen für eine allgemeine Gesetzgebung über den Gerichtsstand und über die Vollziehbarkeit rechtskräftiger Urteile in den deutschen Bundesstaaten (Subkommission der Kommission zur Ausarbeitung des Entwurfes eines allgemeinen Handelsgesetzbuchs für die deutschen Bundesstaaten)
Einberufung: 12. März 1857
Dauer: 1857–1861
Tagungsort: Nürnberg
Mitglieder: Österreich
Franz Ritter von Raule, Handelsgerichtspräsident in Wien
Preußen
Wilhelm August Bischoff, Geheimer Oberjustizrat; im Juli 1857 ersetzt durch: *Johann Heinrich Heimsöth*, geheimer Oberjustizrat und Senatspräsident am Appellationsgericht in Köln

Bayern und Nassau
Georg Karl Seuffert, Appellationsgerichtsrat in Passau
Sachsen
Christian Theodor Tauchnitz, Appellationsrat in Leipzig
Baden
Ammann, Ministerialrat
Frankfurt
Samuel Gottlieb Müller, Senator

Sachverständigenkommission (I) zur Ausarbeitung eines Gutachtens über Einführung gleichen Maßes und Gewichtes in den deutschen Bundesstaaten

Einsetzung: 28. Juni 1860
Dauer: 12. Januar 1861–30. April 1861
Tagungsort: Frankfurt
Mitglieder: Österreich
Andreas Ritter von Ettingshausen, Professor der Physik und Direktor des physikalischen Instituts an der Universität Wien
Bayern
Philipp Jolly, Professor der Physik an der Universität München
Sachsen
Julius Ambrosius Hülße, Direktor der polytechnischen Schule in Dresden
Hannover
Karl Karmarsch, Direktor der polytechnischen Schule in Hannover; *Johann Carl Hermann Rasch*, Stadtdirektor von Hannover
Württemberg
Ferdinand von Steinbeis, Direktor der württembergischen Zentralstelle für Gewerbe und Handel
Baden und Nassau
Maximilian Becker, Baurat an der badischen Oberdirektion des Wasser- und Straßenbaues in Karlsruhe
Großherzogtum Hessen
Christian Leonhard Philipp Eckhardt, Geheimer Rat, Direktor der Staatsschuldentilgungskasse und Präsident des Gewerbevereins
Oldenburg
Ernst Friedrich Otto Lasius, Oberbaurat und Mitglied der Finanzkammer zu Oldenburg
Lübeck, Bremen, Hamburg
Georg Repsold, Mitinhaber der Firma A. und G. Repsold, Produzent astronomischer, physikalischer und sonstiger wissenschaftlicher Instrumente, Justizbeamter in Hamburg

Sachverständigenkommission (II) für Einführung gleichen Maßes und Gewichtes in den deutschen Bundesstaaten

Einsetzung: 22. Juni 1865
Dauer: 25. Juli–12. August 1865; 7. November–1. Dezember 1865
Tagungsort: Frankfurt
Mitglieder   Österreich
Andreas Ritter von Ettingshausen, Professor der Physik und Direktor des physikalischen Instituts an der Universität Wien
Preußen
Hermann Windhorn, Geheimer Regierungsrat; Prof. Dr. *Heinrich Gustav von Magnus*, Geheimer Regierungsrat
Bayern
Philipp Jolly, Professor der Physik an der Universität München
Sachsen
Julius Ambrosius Hülße, Direktor der polytechnischen Schule in Dresden, Geheimer Regierungsrat; *Christian Albert Weinlig*, Direktor im Innenministerium, ab 4.11.1865
Hannover
Karl Karmarsch, Direktor der polytechnischen Schule in Hannover; *Johann Carl Hermann Rasch*, Stadtdirektor von Hannover
Württemberg
Ferdinand von Steinbeis, Direktor der württembergischen Zentralstelle für Gewerbe und Handel
Baden, Nassau
Rudolf Dietz, Geheimer Referendär; *Ludwig Turban*, Ministerialrat (Stellvertreter); *Maximilian Becker*, Baurat an der badischen Oberdirektion des Wasser- und Straßenbaues in Karlsruhe
Großherzogtum Hessen
Christian Leonhard Philipp Eckhardt, Geheimer Rat, Direktor der Staatsschuldentilgungskasse und Präsident des Gewerbevereins
Mecklenburg-Schwerin
Prof. Dr. *Stegmann* (Kurhessen); *Dippe*, Ministerialrat
Oldenburg
Ernst Friedrich Otto Lasius, Oberbaudirektor
Lübeck, Bremen, Hamburg
Georg Repsold, Mitinhaber der Firma A. und G. Repsold, Produzent astronomischer, physikalischer und sonstiger wissenschaftlicher Instrumente, Justizbeamter in Hamburg
Kurhessen
Prof. Dr. *Stegmann*

Sachverständigenkommission zur Ausarbeitung eines Gutachtens über Einführung gleichbleibender Normen hinsichtlich der Patentgesetzgebung in den deutschen Bundesstaaten

Einsetzung: 5. Dezember 1861/24. Juli 1862
Dauer: 25. November 1862–16. Mai 1863
Tagungsort: Frankfurt
Mitglieder: Österreich
Richard Höchsmann, Sektionsrat
Bayern
Adolph von Cetto, Ministerialassessor im Staatsministerium des Handels und der öffentlichen Arbeiten
Sachsen
Christian Albert Weinlig, Geheimer Rat, Direktor im Innenministerium
Hannover
Georg Heinrich Leonhard Schow, Regierungsrat im Innenministerium
Württemberg
Friedrich von Bitzer, Oberregierungsrat
Großherzogtum Hessen
Christian Leonhard Philipp Eckhardt, Geheimer Rat
Kurhessen
Heinrich Eduard von Stiernberg, Staatsrat

Sachverständigenkommission zur Ausarbeitung des Entwurfs einer allgemeinen deutschen Zivilprozeßordnung

Einsetzung: 6. Februar 1862
Dauer: 15. September 1862–25. Juli 1864 (1. Lesung), 17. Februar 1865–24. März 1866 (2. Lesung)
Tagungsort: Hannover
Mitglieder: Österreich
Franz Theobald Freiherr von Rizy, Sektionschef im Justizministerium
Bayern
Eduard von Bomhard, Oberstaatsanwalt; *Daniel Friedrich von Pixis*, Oberappellationsgerichtsrat
Sachsen
Christian Theodor Tauchnitz, Appellationsgerichtsrat in Leipzig
Hannover
Adolf Wilhelm Leonhardt, Oberjustizrat, 1862–1865; *Georg Rudolph Peterssen*, Obergerichtsassessor, 1863–1865 Protokollführer der Kommission, ab 1865 Nachfolger von Leonhardt als hannoverscher Bevollmächtigter

Württemberg
Emil Freiherr von Holzschuher, Obertribunalrat in Stuttgart; *Carl Freiherr von Sternenfels*, Obertribunalrat in Stuttgart
Baden
Carl Wilhelm von Stösser, Hofgerichtsrat in Karlsruhe
Großherzogtum Hessen
Joseph Franz Eduard Seitz, Generalstaatsprokurator in Mainz
Nassau
Wilhelm Winter, Hofgerichtsdirektor in Dillenburg
Mecklenburg-Schwerin
Julius von Amsberg, Kanzleirat im Justizministerium; *Hermann von Scheve*, Geheimer Ministerialrat im Justizministerium
Frankfurt
Gustav Eduard Nestle, Senator und Appellationsgerichtsrat
Kurhessen
Georg Ludwig von Büff, Oberappellationsgerichtsrat, ab 20. November 1862
Sachsen-Meiningen
Albrecht, Oberstaatsanwalt in Hildburghausen; *Liebmann*, Appellationsgerichtspräsident
Dänemark (für Holstein und Lauenburg)
Heinrich Rudolph Brinkmann, Professor; *Alexander Friedrich Wilhelm Preusser*, Präsident des Appellationsgerichts Flensburg
Sekretär
Georg Rudolph Peterssen, Obergerichtsassessor (Hannover)
J. Struckmann, Obergerichtsassessor (Hannover)

Sachverständigenkommission zur Ausarbeitung eines allgemeinen Gesetzes über die Rechtsgeschäfte und Schuldverhältnisse (Obligationenrecht)

Einsetzung: 13. November 1862
Dauer: 7. Januar 1863–7. Juni 1866
Tagungsort: Dresden
Mitglieder: Österreich
Franz Ritter von Raule, Präsident des Wiener Handelsgerichts
Bayern und Nassau
Rudolph von Metz, Direktor des Appellationsgerichts in Eichstätt
Sachsen und Sachsen-Meiningen
Eduard Siebenhaar, Oberappellationsgerichtsrat in Dresden
Hannover
Georg Gustav Lüder, Obergerichtsdirektor in Verden

Anhang 587

<u>Württemberg</u>
Franz Philipp von Kübel, Obertribunalrat in Stuttgart
<u>Großherzogtum Hessen</u>
Wilhelm Müller, Direktor des Oberappellationsgerichts in Darmstadt
<u>Frankfurt</u>
Philipp Friedrich Gwinner, Senator, Syndikus und Bürgermeister
<u>Mecklenburg</u>
Victor von Meiboom, Professor an der Universität Rostock
<u>Erster Sekretär</u>
Bernhard Francke, Gerichtsrat (Sachsen)

Sachverständigenkommission zur Ausarbeitung eines Gesetzentwurfs zum Schutze des Urheberrechts an literarischen Erzeugnissen und Werken der Kunst

Einsetzung: 16. Juli 1863
Dauer: 27. Oktober 1863–10. Dezember 1863; 25. April 1864–19. Mai 1864
Tagungsort: Frankfurt
Mitglieder: <u>Österreich</u>
Johann Vesque von Püttlingen, Hof- und Ministerialrat im Außenministerium
<u>Bayern</u>
Ludwig Weis, Ministerialrat im Justizministerium
<u>Sachsen</u>
August Otto Krug, Geheimer Justizrat, bis 21.4.1864; *von Witzleben*, Regierungsrat, ab 25.4.1864
<u>Hannover</u>
Georg Heinrich Leonhard Schow, Regierungsrat im Innenministerium
<u>Württemberg</u>
Konrad Kölle, Regierungsrat im Innenministerium
<u>Baden</u>
Julius August Isaak Jolly, Ministerialrat im Innenministerium
<u>Großherzogtum Hessen</u>
Heinrich Franck, Ministerialrat im Justizministerium
<u>Frankfurt</u>
von Oven, Senator, ab 30.10.1863
<u>Kurhessen</u>
Martin, Oberappellationsgerichtsrat, ab 17.11.1863
<u>Protokollführer</u>
Rudolph von Schweitzer (Frankfurt)

4. Zeittafel

1850	2. September	Wiedereröffnung der Bundesversammlung in Frankfurt am Main
	12. Oktober	Vertrag von Bregenz: Österreich, Bayern und Württemberg verpflichten sich zur Aufrechterhaltung des Deutschen Bundes und zur Durchsetzung seiner Beschlüsse
	1. November	Beginn der Bundesintervention in Kurhessen
	29. November	Olmützer Punktation
	23. Dezember	Eröffnung der Dresdener Konferenz
1851	14. Mai	Wiedereintritt Preußens in die Bundesversammlung
	15. Mai	Abschluß der Dresdener Konferenz
	23. August	Aufhebung der Grundrechte; Reaktionsbeschluß
	27. August	Eintritt Bismarcks in die Bundesversammlung
	7. September	Zollvertrag zwischen Preußen und Hannover
	3. Oktober	Einsetzung des Reaktionsausschusses
	4. November	Aufhebung der Verfassungen von 1848 in Anhalt-Dessau und Anhalt-Köthen
	18. November	Thronwechsel in Hannover: Georg V. folgt Ernst August
1852	4. Januar	Beginn der Wiener Zollkonferenz
	16. Februar	Bundesbeschluß über die Auflösung der deutschen Flotte
	6. März	Entsendung eines Bundeskommissars nach Bremen zur Durchsetzung der Verfassungsrevision
	5. April	Tod Schwarzenbergs
	6. April	Darmstädter Koalition der Mittelstaaten
	13. April	Aufhebung der Verfassung von 1831 in Kurhessen
	24. April	Thronwechsel in Baden: Prinz Friedrich übernimmt die Regentschaft
	April–September	Berliner Generalzollkonferenz
	3. Mai	Neues „Staatsgrundgesetz" für die Herzogtümer Coburg und Gotha
	8. Mai	Zweites Londoner Protokoll
	16./17. August	Verfassungsrevision in Waldeck
	5. Oktober	Verfassungsrevision in Frankfurt
1853	19. Februar	Handelsvertrag zwischen Österreich und Preußen
	15. März	Verfassungsrevision im Fürstentum Lippe
	4. April	Erneuerung der Zollvereinsverträge
	7. Mai	Gesetz zur Umwandlung der preußischen Ersten Kammer in das Herrenhaus

Anhang 589

1853	4. Oktober	Türkische Kriegserklärung an Rußland: Beginn des Krimkriegs
1854	21. Februar	Abschluß der Verfassungsrevision in Bremen
	28. März	Eintritt Englands und Frankreichs in den Krimkrieg
	20. April	Österreichisch-preußisches Schutz- und Trutzbündnis
	25.–30. Mai	Bamberger Konferenz der Mittelstaaten
	16. Juni	Revision der Geschäftsordnung der Bundesversammlung
	6. Juli	Bundespressebeschluß
	13. Juli	Bundesbeschluß über das Vereins- und Versammlungswesen
	24. Juli	Beitritt des Deutschen Bundes zum Bündnis vom 20. April 1854
	1. August	Verfassungsrevision in Hannover
	10. August	Thronwechsel in Sachsen: Johann folgt Friedrich August II.
	2. Dezember	Antirussisches Bündnis zwischen England, Frankreich und Österreich
	9. Dezember	Bundesbeschluß über den Krimkrieg: Der Deutsche Bund beschließt, Österreich bei einem Angriff Rußlands auf die Donaufürstentümer beizustehen
1855	4. Januar	Revision der Bundeskriegsverfassung
	15. März	Beginn der erfolglosen Wiener Friedenskonferenz zur Beendigung des Krimkriegs (Ende: 4. Juni 1855)
1856	30. März	Friede von Paris: Beendigung des Krimkriegs
	17. April	Einberufung einer Bundeskommission zur Ausarbeitung eines allgemeinen deutschen Handelsgesetzbuchs
	7. November	Norddeutsche Gewichtskonvention (Hamburg, Hannover, Oldenburg, Braunschweig, Schaumburg-Lippe, Bremen)
	27. November	Verfassungsrevision in Luxemburg
1857	4. Januar	Wiener Münzvertrag zwischen Österreich, Liechtenstein und dem Zollverein: Gründung des „Deutschen Münzvereins"
1858	2. August	Bundesbeschluß über Schleswig-Holstein: Androhung einer Bundesexekution gegen Dänemark
	9. Oktober	Thronwechsel in Preußen: Prinz Wilhelm übernimmt die Regentschaft
1859	29. April	Beginn des österreichisch-italienischen Krieges

1859	7. Juli	Österreich beantragt die Mobilisierung des Bundesheeres
	11. Juli	Vorfriede von Villafranca
	16. September	Gründung des Deutschen Nationalvereins
1859	10. November	Friede von Zürich: Ende des Krieges zwischen Österreich, Frankreich und Sardinien
	24.–27. Nov.	Erste Würzburger Konferenz der Mittelstaaten
1860	16.–18. Juni	Fürstentreffen in Baden-Baden
	20. Juli–5. Aug.	Zweite Würzburger Konferenz der Mittelstaaten
	26. Juli	Teplitzer Punktation
	20. Oktober	Verfassungsrevision in Österreich (Oktoberdiplom)
1861	26. Februar	Verfassungsrevision in Österreich (Februarpatent)
	22. Mai	Dritte Würzburger Konferenz der Mittelstaaten
	31. Mai	Verabschiedung des Allgemeinen Deutschen Handelsgesetzbuches
	15. Oktober	Bundesreformplan von Beust
1862	2. Februar	Identische Noten von Österreich und den Mittelstaaten: Protest gegen die preußischen Unionspläne
	2. August	Handelsvertrag zwischen Preußen und Frankreich
	7.–10. August	Wiener Konferenz von Vertretern Österreichs und der Mittelstaaten
	14. August	Antrag Österreichs und der Mittelstaaten auf Berufung einer Delegiertenversammlung zur Beratung von Bundesgesetzen und auf Einsetzung eines Bundesgerichts
	24. September	Berufung Bismarcks zum preußischen Ministerpräsidenten
	28. Oktober	Gründung des großdeutschen Reformvereins
1863	22. Januar	Der Bundestag lehnt die Einberufung einer Delegiertenversammlung mit 9 zu 7 Stimmen ab
	16. August	Beginn des Frankfurter Fürstentags
	21./22. August	Deutscher Abgeordnetentag in Frankfurt
	1. September	Ende des Fürstentags; Verabschiedung einer „Reformakte des Deutschen Bundes"
	22. September	Preußen lehnt die „Reformakte des Deutschen Bundes" ab und schlägt statt dessen eine direkt gewählte Nationalvertretung vor
	1. Oktober	Der Bundestag beschließt die Bundesexekution gegen Dänemark in Holstein und Lauenburg
	23./24. Oktober	Nürnberger Ministerkonferenz
	23. Dezember	Beginn der Bundesexekution gegen Holstein
1864	25. Apr.–25. Juni	Londoner Konferenz zur Beendigung des deutsch-dänischen Krieges

1864	30. Oktober	Wiener Frieden zwischen Österreich, Preußen und Dänemark
1865	14. August	Gasteiner Konvention
1866	8. April	Preußisch-italienisches Bündnis gegen Österreich
	9. April	Preußischer Antrag auf Bundesreform
	5. Juni	Bismarck ordnet den Einmarsch preußischer Truppen in Holstein an
	10. Juni	Preußisches Programm über die „Grundzüge zu einer neuen Bundesverfassung"
	14. Juni	Der Bundestag beschließt die Mobilisierung des Bundesheeres gegen Preußen; Preußen erklärt den Bundesvertrag für erloschen
	16. Juni	Preußische Truppen besetzen Kurhessen
	3. Juli	Schlacht von Königgrätz
	14. Juli	Die Bundesversammlung verlegt ihren Sitz nach Augsburg
	26. Juli	Vorfriede von Nikolsburg
	23. August	Prager Friede: Auflösung des Deutschen Bundes
	24. August	Letzte Sitzung des Bundestags in Augsburg

Verzeichnis der Abkürzungen und Siglen

Abt.	Abteilung
ADB	Allgemeine Deutsche Biographie
Anm.	Anmerkung
Art.	Artikel
Aufl.	Auflage
BA	Bundesarchiv
Bd.	Band
Bearb.	Bearbeiter
DBA	Deutsche Bundesakte
Dep.	Depositum
ders.	derselbe
Dok.	Dokument
ebd.	ebendort
f.; ff.	folgende
Fasz.	Faszikel
fol.	folio
GHA	Geheimes Hausarchiv
GLA	Generallandesarchiv
GStA	Geheimes Staatsarchiv
HHStA	Haus-, Hof- und Staatsarchiv
Hg.	Herausgeber
HStA	Hauptstaatsarchiv
LA	Landesarchiv
LHA	Landeshauptarchiv
Loc.	Locat
NDB	Neue Deutsche Biographie
Ndr.	Nachdruck
NL	Nachlaß
ProtDBV	Protokolle der Deutschen Bundesversammlung
QGDB	Quellen zur Geschichte des Deutschen Bundes
Rep.	Repositur
Rh.	Reihe
StA	Staatsarchiv
T.	Teil
vgl.	vergleiche
Vol.	Volumen; Volume
WSA	Wiener Schlußakte

Quellen und Literatur

1. Ungedruckte Quellen

Geheimes Staatsarchiv Preußischer Kulturbesitz Berlin
I. Hauptabteilung
  Rep. 75A: Preußische Gesandtschaft am Bundestag 1816–1866, Nr. 183, 275, 282, 284, 289, 575, 1196
  Rep. 81: Gesandtschaft zu Wien, Wien I, Nr. 186^{I}; Wien II, Nr. 284, 302^{III}, 302^{IV}, 322^{I}
III. Hauptabteilung: Preußisches Ministerium des Auswärtigen, Nr. 88, 96, 97, 104, 116, 117, 118, 146, 147, 154, 188, 194, 198, 563, 762, 781

Staatsarchiv Bremen
Bestand 2–B.5.a.7, Vol. 3
Bestand 2–B.11.a.2.d.2.I
Bestand 2–M.3.b.3.b.3.b

Bayerisches Staatsarchiv Coburg
Bestand LA A, Nr. 7168, 7169, 7170, 7186, 7187, 7191

Hessisches Staatsarchiv Darmstadt
Bestand O 22: Nachlaß Dalwigk, Kasten 26, 30

Sächsisches Hauptstaatsarchiv Dresden
Bestand Außenministerium (AM), Nr. 897, 911, 913, 923, 926, 928, 930, 931, 932, 933, 934, 935, 936, 974
Bestand Sächsische Bundestagsgesandtschaft, Nr. 189
Bestand Sächsische Gesandtschaft München, Nr. 50
Bestand Sächsische Gesandtschaft Wien, Nr. 129

Thüringisches Staatsarchiv Gotha
Bestand Staatsministerium, Abt. Gotha, Dep. I, Loc. 5*a, Nr. 11; Loc. 5*b, Nr. 7; Loc. 5*f, Nr. 3, Vol. 2; Loc. 5*f, Nr. 3, Vol. 5

Staatsarchiv der Freien und Hansestadt Hamburg
Bestand 111-1: Senat, Cl. I, Lit Sc, Nr. 2, Vol. 74c; Lit Sd, Nr. 2, Vol. 4b
Bestand 132-5/5: Gesandtschaft Bundestag II, d 5
Bestand 132-5/10: Hamburgische Residentur Wien, B. 4, Bd. 3, Jahr 1858

Niedersächsisches Hauptstaatsarchiv Hannover
Hann. 26a: Justizministerium, Nr. 517, 667, 667i
Dep. 103: Akten des ehemaligen Hannoverschen Königshauses
  Bestand VI: Akten der hannoverschen Gesandtschaften, insbesondere zu Frankfurt, Nr. 287, 400, 401, 429, 433, 2241, 3579, 3962, 4042, 4061, 4164
  Bestand VIII: Kabinettsakten Auswärtige Politik, Nr. 87, 89, 172, 200, 286, 291, 294, 374

Badisches Generallandesarchiv Karlsruhe
Abt. 48: Haus- und Staatsarchiv III. Staatssachen, Nr. 1479, 1521, 1523, 1524, 1527, 1594, 1601, 2648, 2651, 2973, 2974
Abt. 49: Haus- und Staatsarchiv IV. Gesandtschaften, Nr. 38, 428, 430, 433, 523, 1694, 2561

Abt. 52: Politische Nachlässe, Nachlaß Meysenbug, Nr. 79
Abt. 69: Hinterlegte Privatarchive, Nachlaß Edelsheim, Fasz. 428
Abt. 233: Staatsministerium, Nr. 9361
Großherzogliches Familienarchiv, Abt. 13, Korrespondenz Friedrichs I., Bd. 8, Bd. 13, Bd. 16, Bd. 18, Bd. 30

Bundesarchiv Koblenz
Bestand DB 1: Bundeskanzleidirektion, Nr. 70, 75, 151, 164, 165, 171, 300, 301, 303–310, 323, 326, 327, 334, 448, 508
Bestand Nachlaß Linde, FN 10/70 I

Reichsarchiv Kopenhagen
Bestand Udenriksministeriets, Det tyske forbund, depêcher 1851–52, 1855–56, 1856–58, 1860–62

Archiv der Hansestadt Lübeck
Altes Senatsarchiv, Bestand Deutscher Bund, B 15, B 29, B 40, B 91

Hessisches Staatsarchiv Marburg
Bestand 9a: Ministerium der Auswärtigen Angelegenheiten, Nr. 641
Bestand 73: Hessische Landstände, Nr. 475.

Bayerisches Hauptstaatsarchiv München
Bestand Ministerium des Äußeren (MA), Nr. 307, 469, 470, 482, 492, 493/1, 493/2, 494, 496, 504, 506, 507, 580, 581, 582, 586, 1107, 1196, 1399, 1401, 1403, 1406, 1537, 1538, 1867, 1998, 24605
Bestand Bayerische Gesandtschaft Bundestag, Nr. 36, 38, 50, 160, 267, 268, 560, 581
Bestand Bayerische Gesandtschaft Wien, Nr. 1622/I
Bestand Geheimes Hausarchiv Maximilian II., Nr. 3a/8/16, 3a/8/22a, 76/2/27, 76/5/34
Bestand Nachlaß von der Pfordten, Nr. 53

Niedersächsisches Staatsarchiv Oldenburg
Bestand 31–13: Großherzogliche Kabinettsregistratur. Akten betreffend das Herzogtum Oldenburg 1830–1858, Fach 12, Nr. 34a I, Nr. 34a II; Fach 19, Nr. 85 B, Nr. 85 X
Bestand 31–15: Großherzogliche Kabinettsregistratur. Akten betreffend das Herzogtum Oldenburg 1859–1869, Fach 13, Nr. 81 III, Nr. 81 VI, Nr. 95 I; Fach 16, Nr. 30 I
Bestand 38: Hof- und Privatkanzlei, Titel VI: Deutsche Bundes- und Reichsangelegenheiten, Nr. 1

Landesarchiv Schleswig
Abt. 399.52: Samwer-Archiv, Nr. 75, 90, 94, 101

Landeshauptarchiv Schwerin
Bestand Ministerium für Auswärtige Angelegenheiten (MfAA), Nr. 99, 100
Bestand Mecklenburgische Gesandtschaft, Nr. 176b

Hauptstaatsarchiv Stuttgart
Bestand E 9: Ministerium der Auswärtigen Angelegenheiten (1806–1872), Büschel 61, 62
Bestand E 14: Königliches Kabinett II (1805–1918), Büschel 845
Bestand E 33: Königlicher Geheimer Rat II (1806–1912), Büschel 1145, 1147
Bestand E 36: Ministerium der Auswärtigen Angelegenheiten I (1806–1873)
    Verzeichnis F: Zoll- und Handelssachen, Büschel 80
Bestand E 65: Deutscher Bund (1815–1889)
    Verzeichnis 40: Schreiben und Berichte der württembergischen Gesandten; Erlasse an dieselben, Büschel 8, 60, 66, 73
    Verzeichnis 57: Ministerialakten; Bundesakten, Büschel 155, 249, 293, 314, 325, 329, 337
Bestand E 70b: Württembergische Gesandtschaft Wien, Büschel 54/12, 56

Bestand E 73: Gesandtschaftsakten
   Verzeichnis 61: Gesandtschaft München, Büschel 32
Bestand G 268: Württembergisches Hausarchiv König Wilhelm I. (1781–1864), Büschel 24
Bestand Q 3/11: Familienarchiv Neurath, Büschel 86, 89, 91, 96, 211

Thüringisches Hauptstaatsarchiv Weimar
Bestand C: Gemeinschaftliche Ernestinische Bundestagsgesandtschaft, Nr. 2403p

Österreichisches Staatsarchiv Wien, Abt. Haus-, Hof- und Staatsarchiv
Bestand Bundespräsidialgesandtschaft Frankfurt, Nr. 18, 22, 23
Bestand Politisches Archiv des Ministeriums des Äußeren (PA)
   Abt. II: Deutscher Bund 1849–1870, Nr. 21, 23, 30, 35, 36, 37, 40, 43, 44, 46, 53, 85, 92, 101
   Abt. III: Gesandtschaft Berlin 1848–1918, Nr. 44
   Abt. IV: Gesandtschaft München 1848–1918, Nr. 21, 22, 23
   Abt. V: Gesandtschaft Dresden 1848–1918, Nr. 17, 20, 21, 22, 60

Hessisches Hauptstaatsarchiv Wiesbaden
Abt. 210: Staatsministerium, Nr. 10722, 10928, 11389
Abt. 130 II: Herzoglich-Nassauisches Hausarchiv, Nr. 2123n, 2123q, 6469

2. Gedruckte Quellen

Acta Borussica. Neue Folge. 1. Reihe: Die Protokolle des Preußischen Staatsministeriums 1817–1934/38, hg. v. der Berlin-Brandenburgischen Akademie der Wissenschaften unter der Leitung v. *Jürgen Kocka* u. *Wolfgang Neugebauer*. Bd. 5: 10. November 1858 bis 28. Dezember 1866. Bearb. v. *Rainer Paetau*, Hildesheim 2001.
Aegidi, Karl Ludwig, Art. „Deutscher Bund", in: Johann Caspar Bluntschli/Karl Brater (Hg.), Deutsches Staats-Wörterbuch. Bd. 3, Leipzig 1858, S. 1–97.
Aegidi, Ludwig Karl (Hg.), Die Schluss-Acte der Wiener Ministerial-Conferenzen zur Ausbildung und Befestigung des deutschen Bundes. Urkunden, Geschichte und Commentar. Abt. 1, Lieferung 1–2: Die Urkunden, Berlin 1860.
Aktenstücke zur orientalischen Frage. Nebst chronologischer Übersicht. Zusammengestellt von *Julius von Jasmund*. Bd. 1–3, Berlin 1855–1859.
Archiv des Norddeutschen Bundes und des Zollvereins. Jahrbuch für Staatsrecht, Verwaltung und Diplomatie des Norddeutschen Bundes und des Zollvereins. Redigiert v. A. *Koller*. Bd. 2, Berlin 1869.
Augsburger Postzeitung, Augsburg 1855.
(Augsburger) Allgemeine Zeitung, Augsburg 1854, 1855, 1856, 1858, 1861, 1862, 1863.
Baums, Theodor (Hg.), Entwurf eines allgemeinen Handelsgesetzbuches für Deutschland (1848/49). Text und Materialien, Heidelberg 1982 (= Abhandlungen aus dem gesamten Bürgerlichen Recht, Handelsrecht und Wirtschaftsrecht, H. 54).
Biefang, Andreas (Bearb.), Der Deutsche Nationalverein 1859–1867. Vorstands- und Ausschußprotokolle, Düsseldorf 1995.
Bismarck, Otto Fürst von, Die gesammelten Werke. 15 Bde, Berlin 1924–1935.
Bismarck, Otto von, Werke in Auswahl. 8 Bde. Jahrhundertausgabe zum 23. September 1862. Hg. v. Gustav Adolf Rein, Wilhelm Schüßler, Alfred Milatz u. Rudolf Buchner, Darmstadt 1962, Ndr. Darmstadt 2001.
[Blittersdorff, Friedrich Landolin Karl Freiherr von,] Einiges aus der Mappe des Freiherrn von Blittersdorff, vormaligen Großherzoglich Badischen Staatsministers und Bundestagsgesandten, Mainz 1849.

Commissionsbericht über die zweckmäßigsten Mittel zum Schutze der Erfindungen, und über die Grundsätze einer für ganz Deutschland gleichförmigen Patentgesetzgebung. Berichterstatter: Herr Dr. *Kirchenpauer*, in: Nachrichten von dem Bestande, den Verhandlungen und Preisfragen der Hamburgischen Gesellschaft zur Beförderung der Künste und nützlichen Gewerbe. 43. Stück, Neue Folge 1. Stück, Hamburg 1839, S. 27–40.
Constitutionelle Oesterreichische Zeitung, Wien 1863.

Denkschrift über den Büchernachdruck, zugleich Bittschrift um Bewürkung eines teutschen Reichsgesetzes gegen denselben, an den Congress zu Wien, Leipzig 1814.
Deutsche Allgemeine Zeitung, Leipzig 1854.
Deutsche Blätter. Ein Sprechsaal für gebildete Vaterlandsfreunde, N. F. 3, Frankfurt am Main 1859, 1862.
Der Deutsche Bund, die Verfassungskämpfe 1848 u. 49 und die Einigungsbestrebungen von 1859. Vom Verfasser der Schrift: Oesterreich keine „Deutsche" Großmacht! Berlin 1859.
Deutsche Vierteljahrsschrift 1851.
Deutsches Volksblatt, Stuttgart 1862.
Deutschland und die orientalische Frage. Von V. S., Nürnberg 1855.
Deutschland unter dem Einfluß der Westmächte, Frankfurt am Main 1854.
Deutschlands Aufgabe in der orientalischen Verwickelung von einem ehemaligen deutschen Minister, München 1854.
Deutschlands und Österreichs Beruf bei der gegenwärtigen Weltlage. Von einem deutschen Staatsmann, Augsburg 1854.
Dieze, J. G., Geschichtliche Darstellung des alten und neuen deutschen Münzwesens, und Vorschläge zu der Gründung einer dauerhaften Münzverfassung in den deutschen Bundesstaaten, Weimar 1817.
[*Dieze, J. G.,*] Vertheidigung gegen die im 7ten Heft der allgemeinen Literaturzeitung v. J. 1818 (Halle und Leipzig) S. 625–640 aufgenommene Critik der im J. 1817 in das 3te Stük des IX. Bandes der Nemesis eingerükten, und darnach noch besonders im Verlage des G. S. pr. Landes-Industrie-Comtoirs zu Weimar abgedruckten Schrift Geschichtliche Darstellung des alten und neuen teutschen Münzwesens, und Vorschläge zu der Gründung einer dauerhaften Münzverfassung in den teutschen Bundesstaaten. Nebst einem Anhang von J. G. Dieze Großherz. badischem Münzrath, Mannheim 1822.
Diezel, Gustav, Die Bildung einer nationalen Partei in Deutschland, eine Notwendigkeit in der jetzigen Krisis Europas, Gotha 1855.
[*Diezel, Gustav,*] Deutschland und die abendländische Civilisation, Stuttgart 1852.
Diezel, Gustav, Rußland, Deutschland und die östliche Frage, Stuttgart 1853.
Dokumente aus geheimen Archiven. Bd. 5: Die Polizeikonferenzen deutscher Staaten 1851–1866. Präliminardokumente, Protokolle und Anlagen. Eingel. u. bearb. v. *Friedrich Beck* u. *Walter Schmidt*, Weimar 1993 (= Veröffentlichungen des Brandenburgischen Landeshauptarchivs Potsdam, Bd. 27).
Dokumente zur Deutschlandpolitik. Deutsche Einheit. Sonderedition aus den Akten des Bundeskanzleramtes 1989/90. Bearb. v. *Hanns Jürgen Küsters* u. *Daniel Hofmann*, München 1998.
Dresdner Journal, Dresden 1858, 1859, 1864.
Droß, Elisabeth (Hg.), Quellen zur Ära Metternich, Darmstadt 1999 (= Ausgewählte Quellen zur deutschen Geschichte der Neuzeit, Freiherr vom Stein-Gedächtnisausgabe, Bd. 23a).

Europa-Archiv. Zeitschrift für internationale Politik. Begründet v. *Wilhelm Cornides*. 44. Jahrgang, 1989, Dokumente.

Fenske, Hans (Hg.), Quellen zur deutschen Revolution 1848–1849, Darmstadt 1996 (= Ausgewählte Quellen zur deutschen Geschichte der Neuzeit, Freiherr vom Stein-Gedächtnisausgabe, Bd. 24).

Fenske, Hans (Hg.), Der Weg zur Reichsgründung 1850–1870, Darmstadt 1977 (= Quellen zum politischen Denken der Deutschen im 19. und 20. Jahrhundert, Freiherr vom Stein-Gedächtnisausgabe, Bd. 5).
Frankfurter Journal, Frankfurt am Main 1858, 1861, 1862.
Frankfurter Nachrichten. Extrabeilage zum Intelligenz-Blatt der freien Stadt Frankfurt für Tagesneuigkeiten, Politik, Literatur, Kunst, Theater und Gemeinnütziges, Frankfurt 1859.
Frankfurter Postzeitung, Frankfurt 1859, 1860, 1863, 1864.
Freimüthige Sachsen-Zeitung, Dresden 1855.

Gesetz-Blatt für das Königreich Bayern 1865.
Gesetz-Sammlung für die Königlichen Preußischen Staaten 1837, Berlin o.J.
Gesetz-Sammlung für das Königreich Hannover 1852, 1857, Hannover o.J.
Gründer, Horst (Hg.), „… da und dort ein junges Deutschland gründen". Rassismus, Kolonien und kolonialer Gedanke vom 16. bis zum 20. Jahrhundert, München 1999.

Hannoversche Volkszeitung, Hannover 1851.
Huber, Ernst Rudolf (Hg.), Dokumente zur deutschen Verfassungsgeschichte. Bd. 1 u. 2, Stuttgart 1978/³1986.
Humboldt, Wilhelm von, Werke in fünf Bänden, hg. v. Andreas Flitner u. Klaus Giel, Darmstadt ³1980–1982.

Ilse, L[eopold] Fr[iedrich] (Hg.), Protokolle der deutschen Ministerial-Conferenzen, gehalten zu Wien in den Jahren 1819 und 1820, Frankfurt am Main 1860.

Karlsruher Zeitung, Karlsruhe 1863.
Kasseler Zeitung, Kassel 1854.
Klüber, Johann Ludwig (Hg.), Acten des Wiener Congresses in den Jahren 1814 und 1815. 9 Bde., Erlangen 1815–1819, Ndr. Osnabrück 1966.
Klüber, Johann Ludwig, Öffentliches Recht des Teutschen Bundes und der Bundesstaaten, Frankfurt am Main ⁴1840 (1. Aufl. 1817).
Königlich privilegirte Berlinische Zeitung von Staats- und gelehrten Sachen, Berlin 1859.
Korrespondent von und für Deutschland, Nürnberg 1858, 1859.
Leibbrandt, Georg/Dickmann, Fritz (Hg.), Auswanderungsakten des Deutschen Bundestags (1817–1866) und der Frankfurter Reichsministerien (1848/49), Stuttgart 1932 (= Schriften des Deutschen Auslands-Instituts Stuttgart, Reihe C: Dokumente des Auslandsdeutschtums, Bd. 3).

Metternich, Denkschrift über den Deutschen Bund vom 10. November 1855, in: Historische Zeitschrift 58, 1887, S. 381–384.
Mittheilungen über die Verhandlungen des ordentlichen Landtags im Königreiche Sachsen während der Jahre 1850 und 1851, Dresden o.J.
Mitteilungen über die Verhandlungen des ordentlichen Landtags im Königreiche Sachsen während der Jahre 1857/58. Zweite Kammer. Erster Band, Dresden o.J.

Neue Münchener Zeitung, München 1854.
Neue Würzburger Zeitung, Würzburg 1859.
Neuer Bayerischer Kurier für Stadt und Land, München 1866.
Norddeutscher Correspondent, Schwerin 1859.

Oesterreichische Zeitung, Wien 1855.
Oncken, Hermann (Bearb.), Großherzog Friedrich I. von Baden und die deutsche Politik von 1854–1871. Briefwechsel, Denkschriften, Tagebücher. 2 Bde., Berlin 1927 (= Deutsche Geschichtsquellen des 19. Jahrhunderts, Bd. 22).
Ost-Deutsche Post, Wien 1859.

Die Politik der Zukunft vom preußischen Standpunkte, Berlin 1858.
Die auswärtige Politik Preußens 1858–1871. 10 Bde., Oldenburg 1933–1939.
Poschinger, Heinrich Ritter von (Hg.), Preußen im Bundestag 1851 bis 1859. Documente der K. Preuß. Bundestags-Gesandtschaft. 4 Bde., Leipzig 1882–1885.
Poschinger, Heinrich Ritter von (Hg.), Preußens auswärtige Politik 1850–1858. Unveröffentlichte Dokumente aus dem Nachlasse des Ministerpräsidenten Otto Freiherrn von Manteuffel. 3 Bde., Berlin 1902.
Protocolle der Commission zur Ausarbeitung eines allgemeinen deutschen Obligationenrechtes. Eingeleitet und neu hg. v. *Werner Schubert*. 6 Bde., Frankfurt am Main 1984 (Ndr. der Ausgabe Dresden 1863–1866).
Protocolle der Commission zur Berathung einer allgemeinen Civilprozeßordnung für die deutschen Bundesstaaten. Eingeleitet und neu hg. v. *Werner Schubert*. 18 Bde., Frankfurt am Main 1985 (Ndr. der Ausgabe Hannover 1862–1866).
Protokolle der Commission zur Berathung eines allgemeinen deutschen Handelsgesetz-Buches. Eingeleitet und neu hg. v. *Werner Schubert*. 11 Bde., Frankfurt am Main 1984 (Ndr. der Ausgaben Nürnberg 1857–1861 bzw. 1858–1863).
Protokolle der Deutschen Bundesversammlung 1816–1866.
Protokolle der Kommission zur Ausarbeitung des Entwurfs einer Civilprozeßordnung für die Staaten des Norddeutschen Bundes. Eingeleitet und neu hg. v. *Werner Schubert*. 5 Bde., Frankfurt am Main 1985 (Ndr. der Ausgabe Berlin 1868–1870).
Pufendorf, Samuel Freiherr von, De statu imperii germanici (1667), hg. v. Harry Breßlau, Berlin 1922.
Quellen zur Geschichte des Deutschen Bundes. Für die Historische Kommission bei der Bayerischen Akademie der Wissenschaften hg. v. *Lothar Gall*. Abt. I: Quellen zur Entstehung und Frühgeschichte des Deutschen Bundes 1813–1820. Bd. 1: Die Entstehung des Deutschen Bundes 1813–1815. Bearb. v. *Eckhardt Treichel*, München 2000. – Abt. II: Quellen zur Geschichte des Deutschen Bundes 1830–1848. Bd. 1: Reformpläne und Repressionspolitik 1830–1834. Bearb. v. *Ralf Zerback*, München 2003. – Abt. III: Quellen zur Geschichte des Deutschen Bundes 1850–1866. Bd. 1: Die Dresdener Konferenz und die Wiederherstellung des Deutschen Bundes 1850/51. Bearb. v. *Jürgen Müller*, München 1996. Bd. 2: Der Deutsche Bund zwischen Reaktion und Reform 1851–1858. Bearb. v. *Jürgen Müller*, München 1998.
Radowitz, Joseph von, Gesammelte Schriften. Bd. 3, Berlin 1853.
Regierungs-Blatt für das Königreich Bayern 1865.
Regierungs-Blatt für das Königreich Württemberg 1856.
Reichs-Gesetzblatt 1870, 1871, 1872, 1875, 1877, Berlin o. J.
Sächsische Constitutionelle Zeitung, Dresden 1858.
Schubert, Werner, Entstehung und Quellen der Civilprozeßordnung von 1877. 2 Halbbde., Frankfurt am Main 1987 (= Ius commune, Sonderhefte, Studien zur Europäischen Rechtsgeschichte, 34).
Schubert, Werner (Hg.), Entwurf eines Handelsgesetzbuchs für die Preußischen Staaten und Protokolle über die Berathungen mit kaufmännischen Sachverständigen und praktischen Juristen (1856), Frankfurt am Main 1986 (Ndr. der Ausgabe Berlin 1856).
Schubert, Werner (Hg.), Verhandlungen über die Entwürfe eines Allgemeinen Deutschen Handelsgesetzbuches und eines Einführungs-Gesetzes zu demselben in beiden Häusern des preußischen Landtages im Jahre 1861, Frankfurt am Main 1986, Ndr. der Ausgabe Berlin 1861.
Siemann, Wolfram (Hg.), Der „Polizeiverein" deutscher Staaten. Eine Dokumentation zur Überwachung der Öffentlichkeit nach der Revolution von 1848/49. Tübingen 1983 (= Studien und Texte zur Sozialgeschichte der Literatur, Bd. 9).

Srbik, Heinrich von (Hg.), Quellen zur deutschen Politik Österreichs 1859 bis 1866. 5 Bde., Oldenburg 1934–1938.
Staats-Anzeiger für Württemberg, Stuttgart 1862, 1864.
Stenographische Berichte über die Verhandlungen des Preußischen Hauses der Abgeordneten, Berlin 1859.
Verhandlungen der Commission zur Berathung eines allgemeinen Deutschen Handelsgesetzbuches, die in den deutschen Bundesstaaten in bürgerlichen Rechtsstreitigkeiten gegenseitig zu gewährende Rechtshülfe betreffend, Nürnberg 1861.
Verhandlungen des ersten deutschen Handelstags zu Heidelberg vom 13. bis 18. Mai 1861, Berlin 1861.
Verhandlungen der Kammer der Abgeordneten des Bayerischen Landtages vom Jahre 1855/56. Stenographische Berichte.
Verhandlungen der Kammer der Abgeordneten des Bayerischen Landtages vom Jahre 1859. Stenographische Berichte.
Verhandlungen der zweiten Kammer der Landstände des Großherzogtums Hessen in den Jahren 1851/55. Beilagen. Bd. 14., Darmstadt 1855.
Verhandlungen des am 15. April 1857 einberufenen gemeinschaftlichen Landtags der Herzogthümer Coburg und Gotha.
Verhandlungen des gemeinschaftlichen Landtags der Herzogthümer Coburg und Gotha 1865–1868.
Verhandlungen des am 26. October eröffneten und am 24. November 1855 geendigten außerordentlichen Landtags im Großherzogthume Sachsen-Weimar-Eisenach. Stenographische Protocolle.
Verhandlungen der Stände-Versammlung des Großherzogtums Baden in den Jahren 1850 und 1851.
Verhandlungen der Stände-Versammlung des Herzogthums Nassau vom Jahr 1861, Wiesbaden [1861].
Verhandlungen der Württembergischen Kammer der Abgeordneten im Jahre 1851. Bd. 1, Stuttgart 1851.
Verhandlungen der Württembergischen Kammer der Abgeordneten in den Jahren 1851–1853. Bd. 6, Stuttgart 1853.
Verhandlungen der Württembergischen Kammer der Abgeordneten in den Jahren 1854 und 1855. Bd. 3, Stuttgart 1855.
Verhandlungen der Württembergischen Kammer der Abgeordneten in den Jahren 1854 und 1855 als Fortsetzung des Landtags von 1851–53. Erster Beilagen-Band. Erste Abtheilung, Stuttgart 1855.
Verhandlungen der Württembergischen Kammer der Abgeordneten in den Jahren 1856 bis 1858. Bd. 3: Protokolle 60 bis 83, Stuttgart 1858.
Verhandlungen der Württembergischen Kammer der Abgeordneten in den Jahren 1859 bis 1861. Protokolle, Stuttgart 1861.
Verhandlungen der Württembergischen Kammer der Abgeordneten in den Jahren 1862 bis 64. 1. Protokollband; 1. Beilagen-Band, Stuttgart 1864.
Der Volksbote für Lübeck und die Grenznachbarn, 8. Jahrgang, Nr. 7 vom 23. Januar 1856.
Weimarer Zeitung, Weimar 1858.
Weser-Zeitung, Bremen 1850, 1851, 1854, 1856.
Wiener Lloyd, Wien 1854.
Wiener Zeitung, Wien 1863.
Wigard, Franz (Hg.), Stenographischer Bericht über die Verhandlungen der deutschen constituirenden Nationalversammlung zu Frankfurt a. M. Bd. 1–9 sowie Registerbd., Frankfurt am Main 1848–1850.

Die Zeit, Frankfurt am Main 1861.
Zusammenstellung der gesetzlichen Bestimmungen über das Urheber- und Verlagsrecht. Aus den Bundesbeschlüssen, den Deutschen Territorialgesetzgebungen und den Französischen und Englischen Gesetzen, im Auftrag des Börsen-Vereins der Deutschen Buchhändler bearbeitet von Anwalt *A. W. Volkmann*, Leipzig 1855.

3. Literatur

Allgemeine Deutsche Biographie, hg. durch die Historische Commission bei der Königl. Akademie der Wissenschaften. 56 Bde. München 1875-1912, Ndr. Berlin 1967.
Albrecht, Curt, Die Triaspolitik des Freiherrn Karl August von Wangenheim, Stuttgart 1914 (= Darstellungen aus der Württembergischen Geschichte, Bd. 14).
Alter, Peter, Nationalismus, Frankfurt am Main 1985.
Anderson, Benedict, Die Erfindung der Nation. Zur Karriere eines erfolgreichen Konzepts, Frankfurt am Main 1996.
Angelow, Jürgen, Der Deutsche Bund, Darmstadt 2003.
Angelow, Jürgen, Von Wien nach Königgrätz. Die Sicherheitspolitik des Deutschen Bundes im europäischen Gleichgewicht 1815-1866, München 1996 (= Beiträge zur Militärgeschichte, Bd. 52).
Angermeier, Heinz, Nationales Denken und Reichstradition am Ende des alten Reiches, in: Wilhelm Brauneder (Hg.), Heiliges Römisches Reich und moderne Staatlichkeit, Frankfurt am Main 1993, S. 169-186 (= Rechtshistorische Reihe, Bd. 112).
Angermeier, Heinz, Deutschland zwischen Reichstradition und Nationalstaat. Verfassungsrechtliche Konzeptionen und nationales Denken zwischen 1801 und 1815, in: Zeitschrift der Savigny-Stiftung für Rechtsgeschichte, Germanistische Abteilung 107, 1990, S. 19-101.
Aretin, Karl Otmar Freiherr von, Der Triasgedanke in Bayern nach 1815, in: Herbert Schindler (Hg.), Bayerische Symphonie. Bd. 1, München 1967, S. 404-414.
Aubin, Hermann/Zorn, Wolfgang (Hg.), Handbuch der deutschen Wirtschafts- und Sozialgeschichte. Bd. 2: Das 19. und 20. Jahrhundert, Stuttgart 1976.
Bachmann, Harald, Ernst II., Herzog von Sachsen-Coburg und Gotha, in: Fränkische Lebensbilder. Bd. 5, Würzburg 1973, S. 253-281.
Bachmann, Harald u. a. (Hg.), Herzog Ernst II. von Sachsen-Coburg und Gotha 1818-1893 und seine Zeit, Coburg 1993.
Bappert, Walter, Wege zum Urheberrecht. Die geschichtliche Entwicklung des Urheberrechtsgedankens, Frankfurt am Main 1962.
Baumgart, Winfried, The Crimean War 1853-1856, London 1999.
Baumgart, Winfried, Europäisches Konzert und nationale Bewegung. Internationale Beziehungen 1830-1878, Paderborn 1999 (= Handbuch der Geschichte der Internationalen Beziehungen, Bd. 6).
Baumgart, Winfried, Die deutschen Mittelstaaten und der Krimkrieg 1853-1856, in: Winfried Dotzauer/Wolfgang Kleiber/Michael Matheus/Karl-Heinz Spieß (Hg.), Landesgeschichte und Reichsgeschichte. Festschrift für Alois Gerlich zum 70. Geburtstag, Stuttgart 1995, S. 357-389 (= Geschichtliche Landeskunde, Bd. 42).
Baumgart, Winfried, Österreich und Preußen im Krimkrieg. Neue Forschungsergebnisse aufgrund der österreichischen Akten, in: Oswald Hauser (Hg.), Vorträge und Studien zur preußisch-deutschen Geschichte, Köln 1983, S. 45-70 (= Neue Forschungen zur brandenburg-preußischen Geschichte, Bd. 2).
Beier, Friedrich-Karl, Gewerbefreiheit und Patentschutz. Zur Entwicklung des Patentrechts im 19. Jahrhundert, in: Helmut Coing/Walter Wilhelm (Hg.), Wissenschaft und Kodifi-

kation im 19. Jahrhundert. Bd. 4: Eigentum und industrielle Entwicklung, Wettbewerbsordnung und Wettbewerbsrecht, Frankfurt am Main 1979, S. 183-205 (= Studien zur Rechtswissenschaft des neunzehnten Jahrhunderts, Bd. 4).

Berlepsch, Friedrich Ludwig von, Über die Notwendigkeit der Anordnung eines teutschen Reichs- und Bundesgerichts, Kassel 1815.

Bernay, Arnold, Reichstradition und Nationalstaatsgedanke (1789-1815), in: Historische Zeitschrift 140, 1929, S. 57-86.

Beust, Friedrich Ferdinand Graf von, Aus drei Vierteljahrhunderten. Erinnerungen und Aufzeichnungen. 2 Bde., Stuttgart 1887.

Biebusch, Werner, Revolution und Staatsstreich. Verfassungskämpfe in Bremen 1848 bis 1854, Bremen ²1974 (Veröffentlichungen aus dem Archiv der Hansestadt Bremen, Bd. 40).

Biefang, Andreas, Politisches Bürgertum in Deutschland 1857-1868. Nationale Organisationen und Eliten, Düsseldorf 1994 (= Beiträge zur Geschichte des Parlamentarismus und der politischen Parteien, Bd. 102).

Billinger, Robert D. Jr., They Sing the Best Songs Badly: Metternich, Frederick William IV, and the German Confederation during the War Scare of 1840-41, in: Helmut Rumpler (Hg.), Deutscher Bund und deutsche Frage 1815-1866. Europäische Ordnung, deutsche Politik und gesellschaftlicher Wandel im Zeitalter der bürgerlich-nationalen Emanzipation, Wien 1990, S. 94-113 (= Wiener Beiträge zur Geschichte der Neuzeit, Bd. 16/17).

Bluhme, Erwin von, Die preußische Politik in der Neuenburger Frage (1856-1857). Ein Beitrag zur Geschichte Friedrich Wilhelms IV., Hamburg 1930.

Boch, Rudolf, Das Patentgesetz von 1877 - Entstehung und wirtschaftliche Bedeutung, in: ders. (Hg.), Patentschutz und Innovation in Geschichte und Gegenwart, Frankfurt am Main 1999, S. 71-84 (= Studien zur Technik-, Wirtschafts- und Sozialgeschichte, Bd. 11).

Böhme, Helmut, Deutschlands Weg zur Großmacht. Studien zum Verhältnis von Wirtschaft und Staat während der Reichsgründungszeit 1848-1881, Köln ²1972.

Boldt, Hans, Die Reichsverfassung vom 28. März 1849. Zur Bestimmung ihres Standorts in der deutschen Verfassungsgeschichte, in: Patrick Bahners/Gerd Roellecke (Hg.), 1848 - Die Erfahrung der Freiheit, Heidelberg 1998, S. 49-69 (= Motive - Texte - Materialien, Bd. 83).

Bonjour, Edgar, Der Neuenburger Konflikt 1856/57. Untersuchungen und Dokumente, Basel 1957.

Bornemann, Wilhelm, Die Rechtsentwickelung in Deutschland und deren Zukunft, mit besonderer Hinsicht auf Preußen, Berlin 1856.

Borries, Kurt, Preußen im Krimkrieg (1853-1856), Stuttgart 1930.

Bräuer, Karl, Albert Christian Weinlig. 9. April 1812 bis 19. Januar 1873. Ein deutscher Volkswirt und Staatsmann des 19. Jahrhunderts, in: Erich Dittrich (Hg.), Lebensbilder sächsischer Wirtschaftsführer, Leipzig 1941, S. 363-421 (= Sächsische Lebensbilder, Bd. 3).

Brandenburg, Erich, Die Reichsgründung. 2 Bde., Leipzig 1916.

Brandt, Harm-Hinrich, Deutsche Geschichte 1850-1870. Entscheidung über die Nation, Stuttgart 1999.

Breithaupt, Carl Heinrich Wilhelm, Das Duodecimalsystem, vorgeschlagen für Münze, Maß und Gewicht in Deutschland, nebst Nachweisung, daß mit Duodecimalzahlen leichter und schneller zu rechnen sei, als mit Decimalzahlen, Kassel 1849.

Bretting, Agnes/Bickelmann, Hartmut, Auswanderungsagenturen und Auswanderungsvereine im 19. und 20. Jahrhundert, Stuttgart 1991 (= Von Deutschland nach Amerika. Zur Sozialgeschichte der Auswanderung im 19. und 20. Jahrhundert, Bd. 4).

Bringmann, Tobias C., Handbuch der Diplomatie 1815-1963, München 2001.

Brockhaus, Heinrich Eduard, Metternich's Plan einer staatlichen Organisation des deutschen Buchhandels, in: Archiv für Geschichte des deutschen Buchhandels 1, 1878, S. 91-119.

Brubaker, Rogers, Citizenship and Nationhood in France and Germany. Cambridge, Mass. 1992; dt. Ausgabe: Staats-Buerger: Deutschland und Frankreich im historischen Vergleich, Hamburg 1994.

Brütting, Rolf, Fürstlicher Liberalismus und deutscher Nationalstaat – Herzog Ernst II. von Sachsen-Coburg und Gotha und der „Coburger Kreis" im letzten Jahrzehnt des Deutschen Bundes 1857–1866, in: Jahrbuch der Coburger Landesstiftung 36, 1991, S. 19–219.

Bülow, Michael, Buchmarkt und Autoreneigentum. Die Entwicklung des Urhebergedankens im 18. Jahrhundert, Wiesbaden 1990 (= Buchwissenschaftliche Beiträge aus dem Deutschen Bucharchiv München, Bd. 30).

Burg, Peter, Die deutsche Trias in Idee und Wirklichkeit. Vom alten Reich zum Deutschen Zollverein. Stuttgart 1989.

Burg, Peter, Die Triaspolitik im Deutschen Bund. Das Problem einer partnerschaftlichen Mitwirkung und eigenständigen Entwicklung des Dritten Deutschland, in: Helmut Rumpler (Hg.), Deutscher Bund und deutsche Frage 1815–1866. Europäische Ordnung, deutsche Politik und gesellschaftlicher Wandel im Zeitalter der bürgerlich-nationalen Emanzipation, Wien 1990, S. 136–161 (= Wiener Beiträge zur Geschichte der Neuzeit, Bd. 16/17).

Burgdorf, Wolfgang, Reichskonstitution und Nation. Verfassungsreformkonzeptionen und das Heilige Römische Reich Deutscher Nation im politischen Schrifttum von 1648 bis 1806, Mainz 1998.

Burgdorf, Wolfgang, „Reichsnationalismus" gegen „Territorialnationalismus": Phasen der Intensivierung des nationalen Bewußtseins in Deutschland seit dem Siebenjährigen Krieg, in: Dieter Langewiesche/Georg Schmidt (Hg.), Föderative Nation. Deutschlandkonzepte von der Reformation bis zum Ersten Weltkrieg, München 1999, S. 157–189.

Charmatz, Richard, Minister Freiherr von Bruck, der Vorkämpfer Mitteleuropas. Sein Lebensgang und seine Denkschriften, Leipzig 1916.

Daerr, Martin, Beust und die Bundesreformpläne der deutschen Mittelstaaten im Jahre 1859, in: Neues Archiv für Sächsische Geschichte und Altertumskunde 52, 1931, S. 42–118.

Dann, Otto, Nation und Nationalismus in Deutschland 1770–1990, München 1993.

Dann, Otto, Die Tradition des Reiches in der frühen deutschen Nationalbewegung, in: Reinhard Elze/Pierangelo Schiera (Hg.), Italia e Germania. Immagini, modelli, miti fra due popoli nell'Ottocento: il Medioevo. – Das Mittelalter. Ansichten, Stereotypen und Mythen zweier Völker im neunzehnten Jahrhundert: Deutschland und Italien, Bologna 1988, S. 65–82 (= Annali dell' Istituto storico italo-germanico in Trento, contributi, 1).

Dann, Otto, Der deutsche Weg zum Nationalstaat im Lichte des Föderalismus-Problems, in: Oliver Janz/Pierangelo Schiera/Hannes Siegrist (Hg.), Zentralismus und Föderalismus im 19. und 20. Jahrhundert. Deutschland und Italien im Vergleich, Berlin 2000, S. 51–68 (= Schriften des Italienisch-Deutschen Historischen Instituts in Trient, Bd. 15).

Daum, Andreas, Naturwissenschaften und Öffentlichkeit in der deutschen Gesellschaft. Zu den Anfängen einer Populärwissenschaft nach der Revolution von 1848, in: Historische Zeitschrift 267, 1998, S. 57–90.

Daum, Andreas, Wissenschaftspopularisierung im 19. Jahrhundert. Bürgerliche Kultur, naturwissenschaftliche Bildung und die deutsche Öffentlichkeit 1848–1914, München 1998.

Demel, Walter, Vom aufgeklärten Reformstaat zum bürokratischen Staatsabsolutismus, München 1993 (= Enzyklopädie deutscher Geschichte, Bd. 23).

Deutsch, Karl W., Nationalism and Social Communication. An Inquiry into the Foundations of Nationality, Cambridge, Mass. 1953.

Deutsch, Karl W./Foltz, William Jay (Hg.), Nation-Building, New York 1963.

Deutsche Verwaltungsgeschichte, hg. v. *Kurt G. A. Jeserich*, *Hans Pohl* u. *Georg Christoph von Unruh*. Bd. 1: Vom Spätmittelalter bis zum Ende des Reiches. Bd. 2: Vom Reichsdeputationshauptschluß bis zur Auflösung des Deutschen Bundes, Stuttgart 1983.

Deutsches Biographisches Archiv. Bearb. v. *Willi Gorzny*. 1447 Fiches, München 1982–1985.

Dipper, Christof/Schieder, Wolfgang/Schulze, Reiner (Hg.), Napoleonische Herrschaft in Deutschland und Italien – Verwaltung und Justiz, Berlin 1995 (= Schriften zur Europäischen Rechts- und Verfassungsgeschichte, Bd. 16).

Dittrich, Erich, Albert Weinlig, in: Lebensbilder sächsischer Wirtschaftsführer, Leipzig 1941 (= Sächsische Lebensbilder, 3), S. 368f.

Dittrich, Robert (Hg.), Woher kommt das Urheberrecht und wohin geht es? Wurzeln, geschichtlicher Ursprung, geistesgeschichtlicher Hintergrund und Zukunft des Urheberrechts, Wien 1988 (= Österreichische Zeitschrift für gewerblichen Rechtsschutz, Urheberrecht und Musterschutz, Bd. 7).

Doeberl, Michael, Bayern und das Preußische Unionsprojekt, München 1926 (= Bayern und Deutschland, Bd. 3).

Dölemeyer, Barbara, Erfinderprivilegien und Patentgesetzgebung am Beispiel der Habsburgermonarchie, in: Barbara Dölemeyer/Heinz Mohnhaupt (Hg.), Das Privileg im europäischen Vergleich. Bd. 1, Frankfurt am Main 1997, S. 309–333 (= Ius commune, Sonderhefte: Studien zur Europäischen Rechtsgeschichte, 93).

Doering-Manteuffel, Anselm, Die deutsche Frage und das europäische Staatensystem 1815–1871, München 1993 (= Enzyklopädie deutscher Geschichte, Bd. 15).

Duchhardt, Heinz, Deutsche Verfassungsgeschichte 1495–1806, Stuttgart 1991.

Duchhardt, Heinz/Kunz, Andreas (Hg.), Reich oder Nation? Mitteleuropa 1780–1815, Mainz 1998 (= Veröffentlichungen des Instituts für Europäische Geschichte Mainz, Abt. Universalgeschichte, Beih. 46).

Dupuis, Charles, La Confédération germanique et la S. D. N., Paris 1931.

Ebeling, Friedrich Wilhelm, Friedrich Ferdinand Graf von Beust. Sein Leben und sein vornehmlich staatsmännisches Wirken. 2 Bde., Leipzig 1870.

Echternkamp, Jörg, Der Aufstieg des deutschen Nationalismus (1770–1840), Frankfurt am Main 1998.

Eckhart, Franz, Die deutsche Frage und der Krimkrieg, Berlin 1931 (= Osteuropäische Forschungen, N. F. Bd. 9).

Eisenhardt, Ulrich, Deutsche Rechtsgeschichte, München ²1995.

Elsner, Hans, Die Frage gesamtdeutscher Gesetze am Deutschen Bund 1859–1866, Diss. phil. (Masch.) Wien 1932.

Ensthaler, Gabriele, Aspekte des Deutschen Bundes im Vormärz (1840–1848) unter besonderer Berücksichtigung des österreichischen Standpunkts. Diplomarbeit am Institut für Geschichte der Universität Salzburg (Masch.) Salzburg 1977.

Ernst II. Herzog von Sachsen-Coburg-Gotha, Aus meinem Leben und aus meiner Zeit. 3 Bde., Berlin 1878–1889.

Evans, Richard J., Tales from the German Underworld: Crime and Punishment in the Nineteenth Century, New Haven 1998.

Fahrmeir, Andreas, Citizens and Aliens: Foreigners and the Law in Britain and the German States, 1789–1870, Oxford 2000.

Fahrmeir, Andreas, Paßwesen und Staatsbildung im Deutschland des 19. Jahrhunderts, in: Historische Zeitschrift 271, 2000, 57–91.

Fehrenbach, Elisabeth, Nation, in: dies., Politischer Umbruch und gesellschaftliche Bewegung. Ausgewählte Aufsätze zur Geschichte Frankreichs und Deutschlands im 19. Jahrhundert, hg. v. Hans-Werner Hahn u. Jürgen Müller, München 1997, S. 269–294.

Fehrenbach, Elisabeth, Traditionale Gesellschaft und revolutionäres Recht. Die Einführung des Code Napoléon in den Rheinbundstaaten, Göttingen ³1983 (= Kritische Studien zur Geschichtswissenschaft, Bd. 13).

Fehrenbach, Elisabeth, Verfassungsstaat und Nationsbildung 1815–1871, München 1992 (= Enzyklopädie deutscher Geschichte, Bd. 22).

Fellner, Fritz, Perspektiven für eine historiographische Neubewertung des Deutschen Bundes, in: Helmut Rumpler (Hg.), Deutscher Bund und deutsche Frage 1815–1866. Europäische Ordnung, deutsche Politik und gesellschaftlicher Wandel im Zeitalter der bürgerlich-nationalen Emanzipation, Wien 1990, S. 21–30 (= Wiener Beiträge zur Geschichte der Neuzeit, Bd. 16/17).

Fenske, Hans, Imperialistische Tendenzen in Deutschland vor 1866. Auswanderung, überseeische Bestrebungen, Weltmachtträume, in: Historisches Jahrbuch 97/98, 1978, S. 336–383.

Fischer, Karl, Die Nation und der Bundestag. Ein Beitrag zur deutschen Geschichte, Leipzig 1880.

Flöter, Jonas, Beust und die Reform des Deutschen Bundes 1850–1866. Sächsisch-mittelstaatliche Koalitionspolitik im Kontext der deutschen Frage, Köln 2001 (= Geschichte und Politik in Sachsen, Bd. 16).

Flöter, Jonas, Beust – Watzdorf – Bismarck. Mittelstaatliche Bundesreform, liberales Kleindeutschland oder preußischer Expansionismus, in: Werner Greiling/Hans-Werner Hahn (Hg.), Bismarck in Thüringen. Politik und Erinnerungskultur in kleinstaatlicher Perspektive, Rudolstadt 2004, S. 67–92.

Flöter, Jonas, Föderalismus als nationales Bedürfnis. Beusts Konzeptionen zur Reform des Deutschen Bundes 1849/50–1857, in: Neues Archiv für sächsische Geschichte 70, 1999, S. 105–138.

Flöter, Jonas/Wartenberg, Günther (Hg.), Die Dresdener Konferenz 1850/51. Föderalisierung des Deutschen Bundes versus Machtinteressen der Einzelstaaten, Leipzig 2002 (= Schriftenreihe zur sächsischen Landesgeschichte, Bd. 4).

Franz, Eugen, Der Entscheidungskampf um die wirtschaftspolitische Führung Deutschlands (1856–1867), München 1933, Ndr. Aalen 1973 (= Schriftenreihe zur bayerischen Landesgeschichte, Bd. 12).

Friedjung, Heinrich, Der Krimkrieg und die österreichische Politik, Stuttgart 1907.

Friedjung, Heinrich, Österreich von 1848 bis 1860. Bd. 1, Stuttgart 1908.

Fröbe, Heinz, Die Privilegierung der Ausgabe „letzter Hand" Goethes sämtlicher Werke. Ein rechtsgeschichtlicher Beitrag zur Goetheforschung und zur Entwicklung des literarischen Urheberrechts, in: Archiv für Geschichte des Buchwesens 2, 1960, S. 187–229.

Fröbel, Julius, Die deutsche Auswanderung und ihre culturhistorische Bedeutung. Fünfzehn Briefe an den Herausgeber der Allgemeinen Auswanderer-Zeitung, Leipzig 1858.

Frommann, Friedrich J., Geschichte des Börsenvereins der Deutschen Buchhändler, Leipzig 1875.

Fuchs, Walther Peter, Die deutschen Mittelstaaten und die Bundesreform 1853–1860, Berlin 1934 (= Historische Studien, H. 256).

Fürstenwärther, Moritz von, Der Deutsche in Nord-Amerika, Stuttgart 1818.

Gackenholz, Hermann, Das Heerwesen des Deutschen Bundes (1815–1866), in: Karl Linnebach (Hg.), Deutsche Heeresgeschichte, Hamburg 1935, S. 278–295.

Gagern, Hans Christoph Freiherr von, Mein Antheil an der Politik. 4 Bde., Stuttgart 1823–1833.

Gagern, Hans Christoph Freiherr von, Ferner Versuch, politische Ideen zu berichtigen. Bd. 3: Der Deutschen Auswanderung, Frankfurt am Main 1817.

Gagern, Heinrich von, Das Leben des Generals Friedrich von Gagern. Bd. 1, Leipzig 1856.

Gall, Lothar, Bismarck. Der weiße Revolutionär, Frankfurt am Main 1980.

Gall, Lothar, Der Deutsche Bund als Institution und Epoche der deutschen Geschichte, in: Dieter Albrecht/Karl Otmar Freiherr von Aretin/Winfried Schulze (Hg.), Europa im Umbruch 1750–1850, München 1995, S. 257–266.

Gall, Lothar, Europa auf dem Weg in die Moderne 1850–1890, München ³1997.

Gall, Lothar, Der Liberalismus als regierende Partei. Das Großherzogtum Baden zwischen Restauration und Reichsgründung, Wiesbaden 1968 (= Veröffentlichungen des Instituts für Europäische Geschichte Mainz, Abt. Universalgeschichte, Bd. 47).

Gellner, Ernest, Nationalismus. Kultur und Macht, Berlin 1999.

Gerhard, Hans-Jürgen, Vom Leipziger Fuß zur Reichsgoldwährung. Der lange Weg zur „deutschen Währungsunion" von 1871/76, in: Reiner Cunz (Hg.), Währungsunionen. Beiträge zur Geschichte überregionaler Münz- und Geldpolitik, Hamburg 2002, S. 249–290 (= Numismatische Studien, H. 15).

Geschichte der deutschen Literatur. Von den Anfängen bis zur Gegenwart. Bd. 6: *Sven Aage Jørgensen/Klaus Bohnen/Per Øhrgaard*, Aufklärung, Sturm und Drang, Frühe Klassik (1740–1789). – Bd. 7: *Gerhard Schulz*, Die deutsche Literatur zwischen Französischer Revolution und Restauration (1789–1830), München 1990/1995.

Getz, Heinrich, Die deutsche Rechtseinheit im 19. Jahrhundert als rechtspolitisches Problem, Bonn 1966 (= Bonner rechtswissenschaftliche Abhandlungen, Bd. 70).

Geyer, Martin H., One Language for the World. The Metric System, International Coinage, Gold Standard, and the Rise of Internationalism, 1850–1900, in: ders./Johannes Paulmann (Hg.), The Mechanics of Internationalism. Culture, Society, and Politics from the 1840s to the First World War, Oxford 2000, S. 55–92.

Gieseke, Ludwig, Vom Privileg zum Urheberrecht. Die Entwicklung des Urheberrechts in Deutschland bis 1845, Göttingen 1995.

Glaser, Hubert, Zwischen Großmächten und Mittelstaaten. Über einige Konstanten der deutschen Politik Bayerns in der Ära von der Pfordten, in: Heinrich Lutz/Helmut Rumpler (Hg.), Österreich und die deutsche Frage im 19. und 20. Jahrhundert. Probleme der politisch-staatlichen und soziokulturellen Differenzierung im deutschen Mitteleuropa, München/Wien 1982, S. 140–188 (= Wiener Beiträge zur Geschichte der Neuzeit, Bd. 9).

Godechot, Jacques, Les institutions de la France sous la Révolution et l'Empire, Paris ³1985.

Goldfriedrich, Johann, Geschichte des Deutschen Buchhandels vom Beginn der klassischen Litteraturperiode bis zum Beginn der Fremdherrschaft (1740–1804), Leipzig 1909 (= Geschichte des Deutschen Buchhandels, Bd. 3).

Goldfriedrich, Johann, Geschichte des Deutschen Buchhandels vom Beginn der Fremdherrschaft bis zur Reform des Börsenvereins im neuen Deutschen Reiche (1805–1889), Leipzig 1913 (= Geschichte des Deutschen Buchhandels, Bd. 4).

Goldschmidt, Levin, Der Abschluß und die Einführung des allgemeinen Deutschen Handelsgesetzbuchs, in: Zeitschrift für das gesammte Handelsrecht 5, 1862, S. 204–227, 515–584; 6, 1863, S. 41–64, 388–412.

Goldschmidt, Levin, Handbuch des Handelsrechts. 2 Bde., Erlangen 1864.

Gosewinkel, Dieter, Einbürgern und Ausschließen. Die Nationalisierung der Staatsangehörigkeit vom Deutschen Bund bis zur Bundesrepublik Deutschland, Göttingen 2001 (= Kritische Studien zur Geschichtswissenschaft, Bd. 150).

Gosewinkel, Dieter, Staatsbürgerschaft und Staatsangehörigkeit, in: Geschichte und Gesellschaft 21, 1995, S. 533–556.

Grawert, Rolf, Art. „Staatsangehörigkeit", in: Handwörterbuch zur deutschen Rechtsgeschichte. Bd. 4, Berlin 1990, Sp. 1800–1807.

Grawert, Rolf, Staat und Staatsangehörigkeit. Verfassungsgeschichtliche Untersuchung zur Entstehung der Staatsangehörigkeit, Berlin 1973 (= Schriften zur Verfassungsgeschichte, Bd. 17).

Gruner, Wolf D., Der Deutsche Bund – Modell für eine Zwischenlösung? [1982], in: ders., Deutschland mitten in Europa. Aspekte und Perspektiven der deutschen Frage in Geschichte und Gegenwart, Hamburg 1992, S. 45-69 (= Beiträge zur deutschen und europäischen Geschichte, Bd. 5).
Gruner, Wolf D., Die deutschen Einzelstaaten und der Deutsche Bund, in: Andreas Kraus (Hg.), Land und Reich, Stamm und Nation. Probleme und Perspektiven bayerischer Geschichte. Festgabe für Max Spindler zum 90. Geburtstag. Bd. 3: Vom Vormärz bis zur Gegenwart, München 1984, S. 19-36.
Gruner, Wolf D., Die deutsche Frage. Ein Problem der europäischen Geschichte seit 1800, München 1985.
Gruner, Wolf D., The German Confederation and the Rhine Crisis of 1840, in: The Consortium on Revolutionary Europe 1750-1850. 17th Proceedings 1987, Athens (Georgia) 1987, S. 535-560.
Gruner, Wolf D., Die Verfassungsordnung des Deutschen Bundes – Modell für die Wiedervereinigung?, in: Politik und Kultur 13/4, 1986, S. 64-92.
Gruner, Wolf D., Die Würzburger Konferenzen der Mittelstaaten in den Jahren 1859-1861 und die Bestrebungen zur Reform des Deutschen Bundes, in: Zeitschrift für bayerische Landesgeschichte 36, 1973, S. 181-253.

Hahn, Hans-Werner, Die Dresdener Konferenz – Chance eines handelspolitischen Neubeginns in Deutschland?, in: Jonas Flöter/Günther Wartenberg (Hg.), Die Dresdener Konferenz 1850/51. Föderalisierung des Deutschen Bundes versus Machtinteressen der Einzelstaaten, Leipzig 2002, S. 219-238 (= Schriftenreihe zur sächsischen Landesgeschichte, Bd. 4).
Hahn, Hans-Werner, Geschichte des Deutschen Zollvereins, Göttingen 1984.
Hahn, Hans-Werner, Mitteleuropäische oder kleindeutsche Wirtschaftsordnung in der Epoche des Deutschen Bundes, in: Helmut Rumpler (Hg.), Deutscher Bund und deutsche Frage 1815-1866. Europäische Ordnung, deutsche Politik und gesellschaftlicher Wandel im Zeitalter der bürgerlich-nationalen Emanzipation, Wien 1990, S. 186-214 (= Wiener Beiträge zur Geschichte der Neuzeit, Bd. 16/17).
Hahn, Hans-Werner, Die sozioökonomische Ordnung der Nation, in: Christof Dipper/Ulrich Speck (Hg.), 1848. Revolution in Deutschland, Frankfurt am Main 1998, S. 366-380.
Handzik, Helmut, Der Deutsche Bund. Ein Modell für die Regelung der innerdeutschen Beziehungen, in: Europa-Archiv 23, 1968, S. 793-802.
Hansen, Joseph, Gustav von Mevissen. Ein rheinisches Lebensbild 1815-1899. 2 Bde., Berlin 1906.
Hansers Sozialgeschichte der deutschen Literatur vom 16. Jahrhundert bis zur Gegenwart. Bd. 3: *Rolf Grimminger* (Hg.), Deutsche Aufklärung bis zur Französischen Revolution (1680-1789). – Bd. 4: *Gert Ueding* (Hg.), Klassik und Romantik: Deutsche Literatur im Zeitalter der Französischen Revolution (1789-1815), München 1984/1987.
Hassel, Paul, Joseph Maria v. Radowitz. Bd. 1: 1797-1848, Berlin 1905.
Hedemann, Justus Wilhelm, Der Dresdner Entwurf von 1866. Ein Schritt auf dem Wege zur deutschen Rechtseinheit, Berlin 1935.
Heeren, A[rnold] H[ermann] L[udwig], Der Deutsche Bund in seinen Verhältnissen zu dem Europäischen Staatensystem; bey Eröffnung des Bundestags dargestellt, Göttingen 1816.
Heeren, A[rnold] H[ermann] L[udwig], Historische Werke. Bd. 2, Göttingen 1821.
Heggen, Alfred, Erfindungsschutz und Industrialisierung in Preußen 1793-1877, Göttingen 1975 (= Studien zu Naturwissenschaft, Technik und Wirtschaft im Neunzehnten Jahrhundert, Bd. 5).
Heggen, Alfred, Zur Vorgeschichte des Reichspatentgesetzes von 1877, in: Gewerblicher Rechtsschutz und Urheberrecht 79, 1977, S. 322-327.
Hein, Dieter, Die Revolution von 1848/49, München 1998.

Hencke, Ulrich, Die Heeresverfassung des Deutschen Bundes und die Reformpläne in den Sechzigerjahren. Ein Beitrag zur Verfassungsgeschichte des neunzehnten Jahrhunderts, Tübingen 1955.

Henning, Friedrich-Wilhelm, Deutsche Wirtschafts- und Sozialgeschichte im 19. Jahrhundert, Paderborn 1996.

Henschel, L. A., Das bequemste Maas- und Gewichtssystem gegründet auf den natürlichen Schritt des Menschen. Nach Analogie des metrischen Systems und im Zusammenhange mit demselben, Kassel 1855.

Heß, Guido, Die Vorarbeiten zum deutschen Patentgesetz vom 25. Mai 1877, Diss. jur. Frankfurt am Main 1966.

Hettling, Manfred/Nolte, Paul (Hg.), Nation und Gesellschaft in Deutschland. Historische Essays, München 1996.

Hippel, Wolfgang von, Armut, Unterschichten, Randgruppen in der Frühen Neuzeit, München 1995 (= Enzyklopädie deutscher Geschichte, Bd. 34).

Hippel, Wolfgang von, Friedrich Landolin Karl von Blittersdorff 1792–1861. Ein Beitrag zur badischen Landtags- und Bundespolitik im Vormärz, Stuttgart 1967 (= Veröffentlichungen der Kommission für geschichtliche Landeskunde in Baden-Württemberg, Rh. B: Forschungen, Bd. 38).

Hitzig, Julius Eduard, Das Königl. Preußische Gesetz vom 11. Juni 1837 zum Schutze des Eigentums an Werken der Wissenschaft und Kunst gegen Nachdruck und Nachbildung, Berlin 1839, Ndr. in: Archiv für Urheber-, Film, Funk- und Theaterrecht 107, 1988, S. 163–226 (danach zitiert).

Höbelt, Lothar, Österreich und die deutsche Revolution, Wien 1998.

Hobsbawm, Eric J., Nationen und Nationalismus. Mythos und Realität seit 1780, Frankfurt am Main 1991.

Hocquet, Jean-Claude, Harmonisierung von Maßen und Gewichten als Mittel zur Integrierung in Deutschland im 19. Jahrhundert, in: Eckart Schremmer (Hg.), Wirtschaftliche und soziale Integration in historischer Sicht, Stuttgart 1996, S. 110–123 (= Vierteljahrschrift für Sozial- und Wirtschaftsgeschichte, Beihefte, Nr. 128).

Hocquet, Jean-Claude/Garnier, Bernard (Hg.), Genèse et diffusion du système métrique. Actes du colloque La Naissance du système métrique (Paris, oct. 1989), Caen 1990.

Holldack, Heinz Georg, Untersuchungen zur Geschichte der Reaktion in Sachsen 1849–1855, Berlin 1931, Ndr. Vaduz 1965.

Huber, Ernst Rudolf, Deutsche Verfassungsgeschichte seit 1789. Bd. 1: Reform und Restauration 1789 bis 1830, Stuttgart/Berlin/Köln ²1990. – Bd. 2: Der Kampf um Einheit und Freiheit 1830 bis 1850, Stuttgart/Berlin/Köln/Mainz ³1988. – Bd. 3: Bismarck und das Reich, Stuttgart ³1988. – Bd. 4: Struktur und Krisen des Kaiserreichs, Stuttgart ²1982.

Hundt, Michael, Die mindermächtigen deutschen Staaten auf dem Wiener Kongreß, Mainz 1995 (= Veröffentlichungen des Instituts für Europäische Geschichte, Abt. Universalgeschichte, Bd. 164).

Husen, Werner, Hannovers Politik während des Krimkrieges, Emsdetten 1936.

Ilse, L[eopold] Fr[iedrich], Geschichte der deutschen Bundesversammlung, insbesondere ihres Verhaltens zu den deutschen National-Interessen. 3 Bde., Marburg 1861/62.

Jansen, Christian, Einheit, Macht und Freiheit. Die Paulskirchenlinke in der deutschen Politik in der nachrevolutionären Epoche (1849–1871), Düsseldorf 1999.

Jolly, Julius, Die Lehre vom Nachdruck, nach den Beschlüssen des Deutschen Bundes dargestellt, in: Beilageheft zum Archiv für die civilistische Praxis 35, 1852, Ndr. in: Archiv für Urheber-, Film-, Funk- und Theaterrecht 111, 1989, S. 101–246, Archiv für Urheber-, Film-, Funk- und Theaterrecht 112, 1990, S. 167–259 (danach zitiert).

Jugler, Ferdinand, Entstehungsgeschichte, Bereich und Organisation der richterlichen Gewalt des früheren Deutschen Bundes, Diss. Marburg 1904.

Kaernbach, Andreas, Bismarcks Konzepte zur Reform des Deutschen Bundes, Göttingen 1991 (= Schriftenreihe der Historischen Kommission bei der Bayerischen Akademie der Wissenschaften, Bd. 41).

Kaltenborn, Carl von, Geschichte der deutschen Bundesverhältnisse und Einheitsbestrebungen von 1806 bis 1856 unter Berücksichtigung der Entwickelung der Landesverfassungen. 2 Bde., Berlin 1857.

Klencke, Hermann, Alexander von Humboldt. Ein biographisches Denkmal, Leipzig 1851.

Klenke, Dietmar, Nationalkriegerisches Gemeinschaftsideal als politische Religion. Zum Vereinsnationalismus der Sänger, Schützen und Turner am Vorabend der Einigungskriege, in: Historische Zeitschrift 260, 1995, S. 395-448.

Kletke, G. M., Das Norddeutsche Bundes-Indigenat in seinen rechtlichen Konsequenzen: Freizügigkeit (persönliche, gewerbliche, militärische), Erwerb und Verlust der Bundes- und Staatsangehörigkeit, Unterstützungs-Wohnsitz und Gewährung der Rechtshülfe, Berlin 1871.

Kohnen, Richard, Pressepolitik des Deutschen Bundes. Methoden staatlicher Pressepolitik nach der Revolution von 1848, Tübingen 1995 (= Studien und Texte zur Sozialgeschichte der Literatur, Bd. 50).

Kraehe, Enno E., A History of the German Confederation, 1850-1866, PhD Minneapolis 1948.

Kraehe, Enno E., Practical Politics in the German Confederation. Bismarck and the Commercial Code, in: The Journal of Modern History 25, 1953, S. 13-24.

Kraehe, Enno E., The United Nations in the Light of the Experiences of the German Confederation, 1815-1866, in: The South Atlantic Quarterly 49, 1950, S. 138-149.

Kretschmann, Carsten, Bismarck und das deutsch-österreichische Problem, in: Mitteilungen des Instituts für österreichische Geschichtsforschung 111, 2003, S. 429-444.

Krüger, Michael, Körperkultur und Nationsbildung. Die Geschichte des Turnens in der Reichsgründungsära. Eine Detailstudie über die Deutschen, Schorndorf 1996.

Krüger, Peter, Auf der Suche nach Deutschland – Ein historischer Streifzug ins Ungewisse, in: ders. (Hg.), Deutschland, deutscher Staat, deutsche Nation. Historische Erkundungen eines Spannungsverhältnisses, Marburg 1993, S. 41-69.

Krusemarck, Götz, Württemberg und der Krimkrieg, Diss. phil. Kiel 1931.

Kuckhoff, Michael, Die Auswanderungsdiskussion während der Revolution 1848/49, in: Günter Moltmann (Hg.), Deutsche Amerikaauswanderung im 19. Jahrhundert. Sozialgeschichtliche Beiträge, Stuttgart 1976, S. 102-146 (= Amerikastudien, Bd. 44).

Kühne, Jörg-Detlef, Die Reichsverfassung der Paulskirche. Vorbild und Verwirklichung im späteren deutschen Rechtsleben, Frankfurt am Main 1985, Neuwied ²1998.

Kürbs, Heiner, Die deutsche Politik Franz von Roggenbachs und seiner Freunde in den Jahren 1859-1876. Ein Beitrag zur Geschichte des Liberalismus, Diss. phil. (Masch.) Marburg 1956.

Küsters, Hanns Jürgen, Entscheidung für die deutsche Einheit. Einführung in die Edition, in: Dokumente zur Deutschlandpolitik. Deutsche Einheit. Sonderedition aus den Akten des Bundeskanzleramtes 1989/90. Bearb. v. Hanns Jürgen Küsters u. Daniel Hofmann, München 1998, S. 21-236.

Küther, Carsten, Menschen auf der Straße. Vagierende Unterschichten in Bayern, Franken und Schwaben in der zweiten Hälfte des 18. Jahrhunderts, Göttingen 1983.

Lang, R., The Germanic Confederation and a European Confederation today, in: The South Atlantic Quarterly 45, 1946, S. 434-442.

Langewiesche, Dieter, Deutschland und Österreich: Nationswerdung und Staatsbildung in Mitteleuropa im 19. Jahrhundert, in: ders., Nation, Nationalismus, Nationalstaat in

Deutschland und Europa. München 2000, S. 172–189, zuerst erschienen in: Geschichte in Wissenschaft und Unterricht 42, 1991, S. 754–766.

Langewiesche, Dieter, Liberalismus und Demokratie in Württemberg zwischen Revolution und Reichsgründung, Düsseldorf 1974 (= Beiträge zur Geschichte des Parlamentarismus und der politischen Parteien, Bd. 52).

Langewiesche, Dieter, Nation, Nationalismus, Nationalstaat: Forschungsstand und Forschungsperspektiven, in: Neue politische Literatur 40, 1995, S. 190–236.

Langewiesche, Dieter, Nation, Nationalismus, Nationalstaat in Deutschland und Europa, München 2000.

Langewiesche, Dieter, ‚Nation', ‚Nationalismus', ‚Nationalstaat' in der europäischen Geschichte seit dem Mittelalter – Versuch einer Bilanz, in: ders., Nation, Nationalismus, Nationalstaat in Deutschland und Europa. München 2000, S. 14–34, zuerst erschienen in: ders./Georg Schmidt (Hg.), Föderative Nation. Deutschlandkonzepte von der Reformation bis zum Ersten Weltkrieg. München 2000, S. 9–30.

Langewiesche, Dieter, Föderativer Nationalismus als Erbe der deutschen Reichsnation: Über Föderalismus und Zentralismus in der deutschen Nationalgeschichte, in: ders., Nation, Nationalismus, Nationalstaat in Deutschland und Europa. München 2000, S. 55–79, zuerst erschienen in: ders./Georg Schmidt (Hg.), Föderative Nation. Deutschlandkonzepte von der Reformation bis zum Ersten Weltkrieg, München 2000, S. 215–242.

Langewiesche, Dieter, Kulturelle Nationsbildung im Deutschland des 19. Jahrhunderts, in: ders., Nation, Nationalismus, Nationalstaat in Deutschland und Europa. München 2000, S. 82–102, zuerst erschienen in: Manfred Hettling/Paul Nolte (Hg.), Nation und Gesellschaft in Deutschland. Historische Essays, München 1996, S. 47–64.

Langewiesche, Dieter, Reich, Nation und Staat in der jüngeren deutschen Geschichte, in: ders., Nation, Nationalismus, Nationalstaat in Deutschland und Europa. München 2000, S. 190–216, zuerst erschienen in: Historische Zeitschrift 254, 1992, S. 341–381.

Langewiesche, Dieter, „Revolution von oben"? Krieg und Nationalstaatsgründung in Deutschland, in: ders. (Hg.), Revolution und Krieg, Paderborn 1989, S. 117–133.

Langewiesche, Dieter, Was heißt ‚Erfindung der Nation'? Nationalgeschichte als Artefakt – oder Geschichtsdeutung als Machtkampf, in: Historische Zeitschrift 277, 2003, 593–617.

Langewiesche, Dieter, Vom Wert historischer Erfahrung in einer Zusammenbruchsgesellschaft: Deutschland im 19. und 20. Jahrhundert, in: Berliner Journal für Soziologie 9, 1999, S. 303–311.

Langewiesche, Dieter, Wirkungen des ‚Scheiterns'. Überlegungen zu einer Wirkungsgeschichte der europäischen Revolutionen von 1848, in: ders. (Hg.), Die Revolutionen von 1848 in der europäischen Geschichte. Ergebnisse und Nachwirkungen. Beiträge des Symposions in der Paulskirche vom 21. bis 23. Juni 1998, München 1999, S. 5–21 (= Historische Zeitschrift, Beihefte N. F., Bd. 29).

Langewiesche, Dieter/Schmidt, Georg (Hg.), Föderative Nation. Deutschlandkonzepte von der Reformation bis zum Ersten Weltkrieg, München 1999.

Laufke, Franz, Der Deutsche Bund und die Zivilgesetzgebung, in: Paul Mikat (Hg.), Festschrift der rechts- und staatswissenschaftlichen Fakultät der Julius-Maximilian-Universität Würzburg zum 75. Geburtstag von Hermann Nottarp, Karlsruhe 1961, S. 1–57.

Laufs, Adolf, Rechtsentwicklungen in Deutschland, Berlin ⁵1996.

Liebs, Detlef, Römisches Recht. Ein Studienbuch, Göttingen ⁴1993.

Linde, Justin Timotheus Balthasar von, Deutschlands bundesverfassungsmäßige Stellung zur orientalischen Angelegenheit und Berechtigung zur selbstständigen Entwickelung der Bundesverfassung, in: ders., Archiv für das öffentliche Recht des deutschen Bundes. Bd. 1. Heft 3, Gießen 1855.

Lutz, Heinrich, Zwischen Habsburg und Preußen. Deutschland 1815–1866, Berlin 1998.

Luys, Karin, Die Anfänge der deutschen Nationalbewegung von 1815 bis 1819, Münster 1992.

Machlup, Fritz, Die wirtschaftlichen Grundlagen des Patentrechts, Weinheim 1962.

Machlup, Fritz/Penrose, Edith T., The Patent Controversy in the 19th Century, in: Journal of Economic History 10, 1950, S. 1-29.

Mandry, Gustav, Der Entwurf eines gemeinsamen deutschen Nachdrucksgesetzes, in: Kritische Vierteljahrsschrift für Gesetzgebung und Rechtswissenschaft 7, 1865, S. 1-55, 241-274, 567-609, Ndr. in: Archiv für Urheber-, Film-, Funk- und Theaterrecht 128, 1995, S. 101-206, Archiv für Urheber-, Film-, Funk- und Theaterrecht 129, 1995, S. 83-102 (danach zitiert).

Mandry, Gustav, Das Urheberrecht an literarischen Erzeugnissen und Werken der Kunst. Ein Kommentar zu dem k. bayerischen Gesetze vom 28. Juni 1865, Erlangen 1867.

Mann, Golo, Deutsche Geschichte des 19. und 20. Jahrhunderts, Frankfurt am Main 1958.

Mayer, Gabriele, Württembergs Beitrag zu den rechtsvereinheitlichenden Bemühungen des Deutschen Bundes auf dem Gebiete des Privatrechts (1815-1847), Diss. jur. München 1974.

Meinecke, Friedrich, Radowitz und die deutsche Revolution, Berlin 1913.

Meisner, Heinrich Otto, Die Protokolle des Deutschen Bundestages von 1816-1866. Eine quellenkundliche Untersuchung, in: Archivalische Zeitschrift 47, 1951, S. 1-22.

Melle, Werner von, Gustav Heinrich Kirchenpauer. Ein Lebens- und Zeitbild, Hamburg 1888.

Menke, Karl Theodor, Drei Anforderungen an die Gesellschaft deutscher Naturforscher und Aerzte, und deren Begründung. Vorgetragen in der zweiten allgemeinen Sitzung der 31. Versammlung deutscher Naturforscher und Aerzte in Göttingen, am 20. September 1854, Hannover 1854.

Meyer, Arnold Oskar, Bismarcks Kampf mit Österreich am Bundestag zu Frankfurt (1851-59), Berlin 1927.

Mößle, Wilhelm, Bayern auf den Dresdener Konferenzen 1850/51. Politische, staatsrechtliche und ideologische Aspekte einer gescheiterten Verfassungsrevision, Berlin 1972.

Mößle, Wilhelm, Rechtsvereinheitlichung als Gegenstand der Verfassungspolitik im Deutschen Bund, in: Meinhard Heinze/Jochem Schmitt (Hg.), Festschrift für Wolfgang Gitter zum 65. Geburtstag am 30. Mai 1995, Wiesbaden 1995, S. 669-688.

Mohl, Robert von, Die Geschichte und Literatur der Staatswissenschaften. Bd. 2, Erlangen 1856.

Moltmann, Günter, Überseeische Siedlungen und weltpolitische Spekulationen: Friedrich Gerstäcker und die Frankfurter Zentralgewalt 1849, in: Alexander Fischer/Günter Moltmann/Klaus Schwabe (Hg.), Rußland - Deutschland - Amerika. Festschrift für Fritz T. Epstein zum 80. Geburtstag, Wiesbaden 1978, S. 56-72.

Müller, Alfred, Die Entwicklung des Erfindungsschutzes und seiner Gesetzgebung in Deutschland, München 1898.

Müller, Harald, Deutscher Bund und deutsche Nationalbewegung, in: Historische Zeitschrift 248, 1989, S. 51-78.

Müller, Jürgen, „... das dringendste Bedürfniß für Deutschland". Die neue Bundesexekutive und ihre Kompetenzen, in: Jonas Flöter/Günther Wartenberg (Hg.), Die Dresdner Konferenz 1850/51. Föderalisierung des Deutschen Bundes versus Machtinteressen der Einzelstaaten, Leipzig 2002, S. 161-175 (= Schriftenreihe zur sächsischen Landesgeschichte, Bd. 4).

Müller, Jürgen, Bismarck und der Deutsche Bund, Friedrichsruh 2000 (= Friedrichsruher Beiträge, Bd. 11).

Müller, Jürgen, Vom Dreikönigsbündnis zum Vierkönigsbündnis. Sachsen und die Erfurter Union 1849/50, in: Gunther Mai (Hg.), Die Erfurter Union und das Erfurter Unionsparlament 1850, Köln 2000, S. 137-164.

Müller, Jürgen, „Humor ist Demagog!" Politischer Karneval in Frankfurt 1850–1863, in: Archiv für Frankfurts Geschichte und Kunst 64, 1998, S. 229–246.

Müller, Jürgen, Monarchische Revolutionserfahrungen und ihre Folgen, in: Hans-Werner Hahn/Werner Greiling (Hg.), Die Revolution von 1848/49 in Thüringen. Aktionsräume – Handlungsebenen – Wirkungen, Rudolstadt 1998, S. 607–629.

Müller, Jürgen, Reform statt Revolution. Die bundespolitischen Konzepte Beusts 1850/51, in: Neues Archiv für sächsische Geschichte 66, 1995, S. 209–248.

Müller-Kinet, Hartmut, Die höchste Gerichtsbarkeit im deutschen Staatenbund 1806–1866, Frankfurt am Main 1975 (= Europäische Hochschulschriften, Reihe III, Bd. 59).

Na'aman, Shlomo, Der deutsche Nationalverein. Die politische Konstituierung des deutschen Bürgertums 1859–1867, Düsseldorf 1987 (= Beiträge zur Geschichte des Parlamentarismus und der politischen Parteien, Bd. 81).

Naumann, Friedrich, Gewerbeprivilegien und Erfinderschutz im Königreich Sachsen bis zum Jahre 1877, in: Rudolf Boch (Hg.), Patentschutz und Innovation in Geschichte und Gegenwart, Frankfurt am Main 1999, S. 51–69 (= Studien zur Technik-, Wirtschafts- und Sozialgeschichte, Bd. 11).

Neue Deutsche Biographie, hg. v. der Bayerischen Akademie der Wissenschaften. Bd. 1–20, Berlin 1953–2001.

Neuhaus, Helmut, Das Reich in der Frühen Neuzeit, München 1997 (= Enzyklopädie deutscher Geschichte, Bd. 42).

Nipperdey, Thomas, Deutsche Geschichte 1800–1866. Bürgerwelt und starker Staat, München 1983.

Nipperdey, Thomas, Deutsche Geschichte 1866–1918. Bd. 1: Arbeitswelt und Bürgergeist, München 1990. Bd. 2: Machtstaat vor der Demokratie, München 1992.

Nipperdey, Thomas, Der Föderalismus in der deutschen Geschichte, in: ders., Nachdenken über die deutsche Geschichte. Essays, München 1986, S. 60–109.

Nipperdey, Thomas, Der deutsche Föderalismus zwischen 1815 und 1866 im Rückblick, in: Andreas Kraus (Hg.), Land und Reich, Stamm und Nation. Probleme und Perspektiven bayerischer Geschichte. Festgabe für Max Spindler zum 90. Geburtstag. Bd. 3: Vom Vormärz bis zur Gegenwart, München 1984, S. 1–18.

Noellner, Friedrich, Die deutschen Einheitsbestrebungen im Sinne nationaler Gesetzgebung und Rechtspflege, Leipzig 1857.

Noltenius, Rainer, Schiller als Führer und Heiland. Das Schillerfest 1859 als nationaler Traum von der Geburt des zweiten deutschen Kaiserreiches, in: Dieter Düding/Peter Friedemann/Paul Münch (Hg.), Öffentliche Festkultur. Politische Feste in Deutschland von der Aufklärung bis zum Ersten Weltkrieg, Reinbek 1988, S. 237–258.

Olshausen, Hans-Peter, Friedrich List und der Deutsche Handels- und Gewerbsverein, Jena 1935.

Pflanze, Otto, Bismarck. Bd. 1: Der Reichsgründer. Bd. 2: Der Reichskanzler, München 1997/98.

Piereth, Wolfgang, Propaganda im 19. Jahrhundert. Die Anfänge aktiver staatlicher Pressepolitik in Deutschland (1800–1871), in: Ute Daniel/Wolfram Siemann (Hg.), Propaganda. Meinungskampf, Verführung und politische Sinnstiftung (1789–1989), Frankfurt am Main 1994, S. 21–43.

Pollmann, Karl Erich, Parlamentarismus im Norddeutschen Bund 1867–1870, Düsseldorf 1985.

Raabe, Paul, Bücherlust und Lesefreuden. Beiträge zur Geschichte des Buchwesens im 18. und frühen 19. Jahrhundert, Stuttgart 1984.

Real, Willy, Von Bemühungen um die Errichtung eines Bundesgerichts zur Zeit des Wiener Kongresses, in: Zeitschrift für die Geschichte des Oberrheins, N. F. 49, 1935, S. 214–228.

Rittmann, Herbert, Deutsche Geldgeschichte 1484-1914, München 1975.
Rochau, August Ludwig von, Grundsätze der Realpolitik, angewendet auf die staatlichen Zustände Deutschlands, Stuttgart 1853.
Rößler, Hellmuth, Zwischen Revolution und Reaktion. Ein Lebensbild des Reichsfreiherrn Hans Christoph von Gagern 1766-1852, Göttingen 1958 (= Veröffentlichungen der Historischen Kommission für Nassau, Bd. 14).
Roloff, Barbara, Die Zollvereinskrise 1850-1853, in: Archiv für Hessische Geschichte und Altertumskunde N. F. 20, 1938, S. 293-363, N. F. 21, 1940, S. 1-61.
Rumpler, Helmut, Das „Allgemeine Deutsche Handelsgesetzbuch" als Element der Bundesreform im Vorfeld der Krise von 1866, in: ders. (Hg.), Deutscher Bund und deutsche Frage 1815-1866. Europäische Ordnung, deutsche Politik und gesellschaftlicher Wandel im Zeitalter der bürgerlich-nationalen Emanzipation, Wien 1990, S. 215-234 (= Wiener Beiträge zur Geschichte der Neuzeit, Bd. 16/17).
Rumpler, Helmut (Hg.), Deutscher Bund und deutsche Frage 1815-1866. Europäische Ordnung, deutsche Politik und gesellschaftlicher Wandel im Zeitalter der bürgerlich-nationalen Emanzipation, Wien 1990 (= Wiener Beiträge zur Geschichte der Neuzeit, Bd. 16/17).
Rumpler, Helmut, Eine Chance für Mitteleuropa. Bürgerliche Emanzipation und Staatsverfall in der Habsburgermonarchie. Österreichische Geschichte 1804-1914, Wien 1997.
Rumpler, Helmut, Die deutsche Politik des Freiherrn von Beust 1848 bis 1850. Zur Problematik mittelstaatlicher Reformpolitik im Zeitalter der Paulskirche, Wien 1972.
Rumpler, Helmut, Einleitung, in: ders. (Hg.), Deutscher Bund und deutsche Frage 1815-1866. Europäische Ordnung, deutsche Politik und gesellschaftlicher Wandel im Zeitalter der bürgerlich-nationalen Emanzipation, Wien 1990, S. 9-19 (= Wiener Beiträge zur Geschichte der Neuzeit, Bd. 16/17).
Rumpler, Helmut, Föderalismus als Problem der deutschen Verfassungsgeschichte des 19. Jahrhunderts (1815-1871), in: Der Staat 16, 1977, S. 215-228.

Scheeben, Elisabeth, Ernst II., Herzog von Sachsen-Coburg und Gotha. Studien zu Biographie und Weltbild eines liberalen deutschen Bundesfürsten in der Reichsgründungszeit, Frankfurt am Main 1987.
Schilling, Heinz, Reichs-Staat und frühneuzeitliche Nation der Deutschen oder teilmodernisiertes Reichssystem. Überlegungen zu Charakter und Aktualität des Alten Reiches, in: Historische Zeitschrift 272, 2001, S. 377-395.
Schlosser, Hans, Grundzüge der Neueren Privatrechtsgeschichte. Ein Studienbuch, Heidelberg [8]1996.
Schmidt, Georg, Deutschland am Beginn der Neuzeit: Reichs-Staat und Kulturnation?, in: Christine Roll (Hg.), Recht und Reich im Zeitalter der Reformation. Festschrift für Horst Rabe, Frankfurt am Main 1996, S. 1-30.
Schmidt, Georg, Geschichte des Alten Reiches. Staat und Nation in der Frühen Neuzeit 1495-1806, München 1999.
Schnabel, Franz, Deutsche Geschichte im neunzehnten Jahrhundert. 4 Bde., Freiburg i. Br. 1929-1937, Ndr. München 1987.
Schnabel, Franz, Das Problem Bismarck, in: ders., Abhandlungen und Vorträge 1914-1965, hg. v. Heinrich Lutz, Freiburg 1970, S. 196-216.
Schneider, Ute, „Concordia soll ihr Name sein!" Die Schillerfeiern 1859 in Köln, in: Geschichte in Köln 38, 1995, S. 67-80.
Schnelle, Albert, Bremen und die Entstehung des Allgemeinen Deutschen Handelsgesetzbuches (1856-1864), Bremen 1992.
Schöberl, Ingrid, Amerikanische Einwandererwerbung in Deutschland 1845-1914, Stuttgart 1990 (Von Deutschland nach Amerika. Zur Sozialgeschichte der Auswanderung im 19. und 20. Jahrhundert, Bd. 6).

Schöler, Claudia, Deutsche Rechtseinheit. Partikulare und nationale Gesetzgebung (1780–1866), Köln/Weimar/Wien 2004 (= Forschungen zur deutschen Rechtsgeschichte, Bd. 22).

Schönert-Röhlk, Frauke, Aufgaben des Zollvereins, in: Kurt G. A. Jeserich/Hans Pohl/Georg Christoph von Unruh (Hg.), Deutsche Verwaltungsgeschichte. Bd. 2: Vom Reichsdeputationshauptschluß bis zur Auflösung des Deutschen Bundes, Stuttgart 1983, S. 286–300.

Schoeps, Hans Julius, Von Olmütz nach Dresden 1850/51. Ein Beitrag zur Geschichte der Reformen am Deutschen Bund, Köln/Berlin 1972.

Schroeder, Paul W., Austria, Great Britain, and the Crimean War. The Destruction of the European Concert, Ithaca/London 1972.

Schroeder, Paul W., Europe and the German Confederation in the 1860s, in: Helmut Rumpler (Hg.), Deutscher Bund und deutsche Frage 1815–1866. Europäische Ordnung, deutsche Politik und gesellschaftlicher Wandel im Zeitalter der bürgerlich-nationalen Emanzipation, Wien 1990, S. 281–291 (= Wiener Beiträge zur Geschichte der Neuzeit, Bd. 16/17).

Schroeder, Paul W., The 19th-Century International System: Changes in the Structure, in: World Politics 39, 1986, S. 1–26.

Schroeder, Paul W., The Transformation of European Politics 1763–1848, Oxford 1994.

Schubert, Werner, Die Entstehung des Entwurfs einer allgemeinen Civilprozeßordnung für die deutschen Bundesstaaten, in: Protocolle der Commission zur Berathung einer allgemeinen Civilprozeßordnung für die deutschen Bundesstaaten. Eingeleitet und neu hg. v. Werner Schubert. 18 Bde., Frankfurt am Main 1985, Bd. 1, S. XI–XXX.

Schubert, Werner, Die Entstehung des Entwurfs einer Civilprozeßordnung für den Norddeutschen Bund, in: Protokolle der Kommission zur Ausarbeitung des Entwurfs einer Civilprozeßordnung für die Staaten des Norddeutschen Bundes. Eingeleitet und neu hg. v. Werner Schubert. 5 Bde., Frankfurt am Main 1985, Bd. 1, S. XI–XXIV.

Schubert, Werner, Die Entstehung eines allgemeinen deutschen Gesetzes über Schuldverhältnisse (Dresdner Entwurf), in: Protocolle der Commission zur Ausarbeitung eines allgemeinen deutschen Obligationenrechtes. Eingeleitet und neu hg. v. Werner Schubert. 6 Bde., Frankfurt am Main 1984, Bd. 1, S. XIII–XXVI.

Schubert, Werner, Quellen und Entstehung eines Allgemeinen Deutschen Handelsgesetzbuches, in: Protokolle der Commission zur Berathung eines allgemeinen deutschen Handelsgesetz-Buches. Eingeleitet und neu hg. v. Werner Schubert. 11 Bde., Frankfurt am Main 1984, Bd. 1, S. IX–XXIII.

Schubert, Werner, Französisches Recht in Deutschland zu Beginn des 19. Jahrhunderts. Zivilrecht, Gerichtsverfassungsrecht und Zivilprozeßrecht, Köln 1977.

Schuck, Gerhard, Rheinbundpatriotismus und politische Öffentlichkeit zwischen Aufklärung und Frühliberalismus. Kontinuitätsdenken und Diskontinuitätserfahrung in den Staatsrechts- und Verfassungsdebatten der Rheinbundpublizistik, Stuttgart 1994 (= Frankfurter Historische Abhandlungen, Bd. 36).

Schulz, Andreas, Herrschaft durch Verwaltung. Die Rheinbundreformen in Hessen-Darmstadt unter Napoleon (1803–1815), Stuttgart 1991 (= Frankfurter Historische Abhandlungen, Bd. 33).

Schulz, Andreas, Vormundschaft und Protektion. Eliten und Bürger in Bremen 1750–1880, München 2002 (= Stadt und Bürgertum, Bd. 13).

Schulze, Hagen, Staat und Nation in der europäischen Geschichte, München ²1995.

Schulze, Hagen, Der Weg zum Nationalstaat. Die deutsche Nationalbewegung vom 18. Jahrhundert bis zur Reichsgründung, München 1985.

Seier, Hellmut, Der Bundestag und die deutsche Einheit 1816–1818. Bemerkungen zum Zeithintergrund des Wartburgfestes, in: Klaus Malettke (Hg.), 175 Jahre Wartburgfest 18. Oktober 1817–18. Oktober 1992. Studien zur politischen Bedeutung und zum Hintergrund der Wartburgfeier, Heidelberg 1992, S. 61–119 (= Quellen und Darstellungen zur Geschichte der deutschen Einheitsbewegung im neunzehnten und zwanzigsten Jahrhundert, Bd. 14).

Seier, Hellmut, Der Deutsche Bund als Forschungsproblem 1815–1960, in: Helmut Rumpler (Hg.), Deutscher Bund und deutsche Frage 1815–1866. Europäische Ordnung, deutsche Politik und gesellschaftlicher Wandel im Zeitalter der bürgerlich-nationalen Emanzipation, Wien 1990, S. 31–58 (= Wiener Beiträge zur Geschichte der Neuzeit, Bd. 16/17).

Seier, Hellmut, Zur Frage der militärischen Exekutive in der Konzeption des Deutschen Bundes, in: Johannes Kunisch (Hg.), Staatsverfassung und Heeresverfassung in der europäischen Geschichte der frühen Neuzeit, Berlin 1986, S. 397–445 (= Historische Forschungen, Bd. 28).

Seier, Hellmut, Liberalismus und Bürgertum in Mitteleuropa 1850–1880. Forschung und Literatur seit 1970, in: Lothar Gall (Hg.), Bürgertum und bürgerlich-liberale Bewegung in Mitteleuropa seit dem 18. Jahrhundert, München 1997, S. 131–229 (= Historische Zeitschrift, Sonderheft 17).

Seier, Hellmut, Der Oberbefehl im Bundesheer. Zur Entstehung der deutschen Bundeskriegsverfassung 1817–1822, in: Militärgeschichtliche Mitteilungen 21, 1977, S. 7–33.

Sellmann, Martin, Günther Heinrich von Berg 1765–1843. Ein Württemberger als Beamter und Staatsmann in Diensten niedersächsischer Staaten zur Zeit der Aufklärung und Restauration, Oldenburg 1982.

Sempell, Charlotte, The Rastatt Dispute 1857–58. New Lights on Bismarck's Policy at the Federal Diet, in: Journal of Central European Affairs 11, 1951, 397–406.

Semper, M., Deutscher Bund und Völkerbund als Organisationen zur Friedenssicherung, Diss. jur. Göttingen 1936.

Senger und Etterlin, Stefan von, Neu-Deutschland in Nordamerika. Massenauswanderung, nationale Gruppenansiedlungen und liberale Kolonialbewegung 1815–1860, Baden-Baden 1991.

Senner, Martin, Preußens Strategie und Politik im Krimkrieg und im italienischen Krieg, in: Michael Gehler/Rainer Schmidt/Harm-Hinrich Brandt/Rolf Steininger (Hg.), Ungleiche Partner? Österreich und Deutschland in ihrer gegenseitigen Wahrnehmung. Historische Analysen und Vergleiche aus dem 19. und 20. Jahrhundert, Stuttgart 1996, S. 173–200 (= Historische Mitteilungen, Beih. 15).

Sheehan, James J., German History 1770–1866, Oxford 1989.

Sheehan, James J., What is German History? Reflections on the Role of the Nation in German Historiography, in: The Journal of Modern History 53, 1981, S. 1–23.

Siemann, Wolfram, „Deutschlands Ruhe, Sicherheit und Ordnung". Die Anfänge der politischen Polizei 1806–1866, Tübingen 1985 (= Studien und Texte zur Sozialgeschichte der Literatur, Bd. 14).

Siemann, Wolfram, Gesellschaft im Aufbruch. Deutschland 1849–1871, Frankfurt am Main 1990.

Siemann, Wolfram, Die deutsche Revolution von 1848/49, Frankfurt am Main 1985.

Siemann, Wolfram, Vom Staatenbund zum Nationalstaat. Deutschland 1806–1871, München 1995.

Siemann, Wolfram, Wandel der Politik – Wandel der Staatsgewalt. Der Deutsche Bund in der Spannung zwischen „Gesammt-Macht" und „völkerrechtlichem Verein", in: Helmut Rumpler (Hg.), Deutscher Bund und deutsche Frage 1815–1866. Europäische Ordnung, deutsche Politik und gesellschaftlicher Wandel im Zeitalter der bürgerlich-nationalen Emanzipation, Wien 1990, S. 59–73 (= Wiener Beiträge zur Geschichte der Neuzeit, Bd. 16/17).

Simon, Michael, Die Außenpolitik Hessen-Darmstadts während des Krimkrieges. Unter besonderer Berücksichtigung der mittelstaatlichen Beziehungen zu England und Frankreich, Frankfurt am Main 1977.
Sondhaus, Lawrence, Schwarzenberg, Austria, and the German Question 1848-1851, in: The International History Review 13, 1991, S. 1-20.
Spangenberg, Ilse, Hessen-Darmstadt und der Deutsche Bund 1815-1848, Darmstadt 1969.
Spencer, Robert, Thoughts on the German Confederation 1815-1866, in: The Canadian Historical Association. Report of the Annual Meeting, Ottawa 1962, S. 68-81.
Sprenger, Bernd, Harmonisierungsbestrebungen im Geldwesen der deutschen Staaten zwischen Wiener Kongreß und Reichsgründung, in: Eckart Schremmer (Hg.), Geld und Währung vom 16. Jahrhundert bis zur Gegenwart, Stuttgart 1993, S. 121-142 (= Vierteljahrschrift für Sozial- und Wirtschaftsgeschichte, Beihefte, Nr. 106).
Sprenger, Bernd, Währungswesen und Währungspolitik in Deutschland von 1834 bis 1875, Köln 1981 (= Kölner Vorträge und Abhandlungen zur Sozial- und Wirtschaftsgeschichte, H. 33).
Srbik, Heinrich Ritter von, Deutsche Einheit. Idee und Wirklichkeit vom Heiligen Reich bis Königgrätz. 4 Bde., München 1935.
Stein, Peter G., Römisches Recht und Europa. Die Geschichte einer Rechtskultur, Frankfurt am Main 1996.
Steinhoff, Peter, Preußen und die deutsche Frage 1848-1850, Berlin 1999.
Stern, Jacques (Hg.), Thibaut und Savigny. Ein programmatischer Rechtsstreit auf Grund ihrer Schriften, Berlin 1914, Ndr. Darmstadt 1959.
Stolleis, Michael, Geschichte des öffentlichen Rechts in Deutschland. Bd. 2: Staatsrechtslehre und Verwaltungswissenschaft 1800-1914, München 1992.
Straube, Harald, Sachsens Rolle im Krimkrieg, Diss. phil. (Masch.) Erlangen 1952.
Struck, Wolf-Heino, Die Auswanderung aus dem Herzogtum Nassau (1806-1866). Ein Kapitel der modernen politischen und sozialen Entwicklung, Wiesbaden 1966 (= Geschichtliche Landeskunde, Bd. 4).
Sybel, Heinrich von, Die Begründung des Deutschen Reiches durch Wilhelm I. 7 Bde., München 1889-1894.

Thibaut, Anton Friedrich Justus, Über die Notwendigkeit eines allgemeinen bürgerlichen Rechtes für Deutschland, Heidelberg 1814.
Thöl, Heinrich, Zur Geschichte des Entwurfes eines allgemeinen deutschen Handelsgesetzbuches, Göttingen 1861.
Thöl, Heinrich, Das Handelsrecht in Verbindung mit dem allgemeinen deutschen Handelsgesetzbuch dargestellt [= Bd. 1], Göttingen ⁴1862. - Bd. 2: Das Wechselrecht, Göttingen ²1865.
Thumann, Hans-Heinz, Beust Plan zur Reform des Deutschen Bundes vom 15. Oktober 1861, in: Neues Archiv für Sächsische Geschichte 46, 1925, S. 46-77.
Tocqueville, Alexis de, Der alte Staat und die Revolution, München 1978.
Trapp, Wolfgang, Kleines Handbuch der Maße, Zahlen, Gewichte und der Zeitrechnung, Stuttgart ³1998.
Treichel, Eckhardt, Der Primat der Bürokratie. Bürokratischer Staat und bürokratische Elite im Herzogtum Nassau 1806-1866, Stuttgart 1991 (= Frankfurter Historische Abhandlungen, Bd. 31).
Treitschke, Heinrich von, Bundesstaat und Einheitsstaat [1864], in: ders., Historische und politische Aufsätze. Bd. 2: Die Einheitsbestrebungen zertheilter Völker, Leipzig ⁶1903, S. 77-241.
[*Treitschke, Heinrich von,*] Heinrich von Treitschkes Briefe, hg. v. Max Cornicelius. Bd. 1-3, Leipzig 1912-1920.

Treue, Wilhelm, Die Entwicklung des Patentwesens im 19. Jahrhundert in Preußen und im Deutschen Reich, in: Helmut Coing/Walter Wilhelm (Hg.), Wissenschaft und Kodifikation im 19. Jahrhundert. Bd. 4: Eigentum und industrielle Entwicklung, Wettbewerbsordnung und Wettbewerbsrecht, Frankfurt am Main 1979, S. 163–182 (= Studien zur Rechtswissenschaft des neunzehnten Jahrhunderts, Bd. 4).

Tulard, Jean/Fayard, Jean-François/Fierro, Alfred, Histoire et dictionnaire de la Révolution française 1789–1799, Paris 1987.

Unckel, Bernhard, Österreichs Politik im Krimkrieg. Studien zur Politik der Donaumonarchie in den Jahren 1852–1856, Lübeck 1969 (= Historische Studien, H. 410).

Unckel, Bernhard, Österreichs Politik im Krimkrieg und im italienischen Krieg 1854–1859, in: Michael Gehler/Rainer Schmidt/Harm-Hinrich Brandt/Rolf Steininger (Hg.), Ungleiche Partner? Österreich und Deutschland in ihrer gegenseitigen Wahrnehmung. Historische Analysen und Vergleiche aus dem 19. und 20. Jahrhundert, Stuttgart 1996, S. 201–221 (= Historische Mitteilungen, Beih. 15).

Unseld, Siegfried, Goethe und seine Verleger. 2., rev. Aufl. Frankfurt am Main 1993.

Veit-Brause, Irmline, Die deutsch-französische Krise von 1840. Studien zur deutschen Einheitsbewegung, Phil. Diss. (Masch.) Köln 1967.

Vogt, Martin, Überlegungen zur Bundesreform aus der Sicht eines Thüringer Kleinstaats im Jahr 1860, in: Darstellungen und Quellen zur Geschichte der deutschen Einheitsbewegung im neunzehnten und zwanzigsten Jahrhundert. Im Auftrage der Gesellschaft für Burschenschaftliche Geschichtsforschung hg. v. Christian Probst in Verbindung mit Bernhard Diestelkamp, Alexander Scharff u. Kurt Stephenson. Bd. 9, Heidelberg 1974, S. 213–231.

Wadle, Elmar, Der langsame Abschied vom Privileg: Das Beispiel des Urheberrechts, in: Barbara Dölemeyer/Heinz Mohnhaupt (Hg.), Das Privileg im europäischen Vergleich. Bd. 1, Frankfurt am Main 1997, S. 377–399 (= Ius commune, Sonderhefte: Studien zur Europäischen Rechtsgeschichte, 93).

Wadle, Elmar, Die Anfänge des Aufführungsrechts in Preußen und im Deutschen Bund, in: Festschrift für Alfons Kraft zum 70. Geburtstag, Neuwied 1998, S. 645–663.

Wadle, Elmar, Der Bundesbeschluß vom 9. November 1837 gegen den Nachdruck. Das Ergebnis einer Kontroverse aus preußischer Sicht, in: Zeitschrift der Savigny-Stiftung für Rechtsgeschichte, Germanistische Abteilung 106, 1989, S. 189–238.

Wadle, Elmar, Der Frankfurter Entwurf eines deutschen Urheberrechtsgesetzes von 1864 – Eine Einführung zum Nachdruck, in: Archiv für Urheber-, Film-, Funk- und Theaterrecht 120, 1992, S. 33–55.

Wadle, Elmar, Die Berliner „Grundzüge" eines Gesetzentwurfes zum Urheberschutz. Ein gescheiterter Versuch im Deutschen Bund (1833/34), in: Werner Ogris/Walter H. Rechberger (Hg.), Gedächtnisschrift Herbert Hofmeister, Wien 1996, S. 673–693.

Wadle, Elmar, Art. „Patent, gewerblich", in: Handwörterbuch zur deutschen Rechtsgeschichte, hg. v. Adalbert Erler u. Ekkehard Kaufmann unter philologischer Mitarbeit v. Ruth Schmidt-Wiegand. Mitbegründet v. Wolfgang Stammler. Redaktion: Dieter Werkmüller. Bd. 3, Berlin 1984, Sp. 1533–1539.

Wadle, Elmar, Privilegienpraxis in Preußen: Privilegien zum Schutz gegen den Nachdruck 1815–1837, in: Barbara Dölemeyer/Heinz Mohnhaupt (Hg.), Das Privileg im europäischen Vergleich. Bd. 2, Frankfurt am Main 1999, S. 335–362 (= Ius commune, Sonderhefte: Studien zur Europäischen Rechtsgeschichte, 125).

Wadle, Elmar, Das Scheitern des Frankfurter Urheberrechtsentwurfes von 1819. Näheres zur Haltung einzelner deutscher Bundesstaaten, in: Archiv für Urheber-, Film-, Funk- und Theaterrecht 138, 1999, S. 153–181.

Wadle, Elmar, Der Schutz telegraphischer Depeschen. Eine urheberrechtliche Episode in der Spätzeit des Deutschen Bundes, in: Archiv für Urheber-, Film-, Funk- und Theaterrecht 131, 1996, S. 95–114.

Wadle, Elmar, Staatenbund oder Bundesstaat? Ein Versuch über die alte Frage nach den föderalen Strukturen in der deutschen Verfassungsgeschichte zwischen 1815 und 1866, in: Wilhelm Brauneder (Hg.), Staatliche Vereinigung: Fördernde und hemmende Elemente in der deutschen Geschichte, Berlin 1998, S. 137–170 (= Der Staat, Beiheft 12).

Wadle, Elmar (Hg.), Historische Studien zum Urheberrecht in Europa. Entwicklungslinien und Grundfragen, Berlin 1993 (= Schriften zur Europäischen Rechts- und Verfassungsgeschichte, Bd. 10).

Wadle, Elmar, Das preußische Urheberrechtsgesetz von 1837 im Spiegel seiner Vorgeschichte, in: Robert Dittrich (Hg.), Woher kommt das Urheberrecht und wohin geht es? Wurzeln, geschichtlicher Ursprung, geistesgeschichtlicher Hintergrund und Zukunft des Urheberrechts, Wien 1988, S. 55–98 (= Österreichische Schriftenreihe zum gewerblichen Rechtsschutz, Urheber- und Medienrecht, Bd. 7).

Wadle, Elmar, Der Zollverein und die deutsche Rechtseinheit, in: Zeitschrift der Savigny-Stiftung für Rechtsgeschichte, Germanistische Abteilung 102, 1985, S. 99–129.

Walker, Mack, Germany and the Emigration 1816–1885, Cambridge, Mass. 1964.

Wappler, Kurt, Regierung und Presse in Preußen. Geschichte der amtlichen preußischen Pressestellen 1848–1862, Diss. Phil. Leipzig 1935.

Weber, Eberhard, Die Mainzer Zentraluntersuchungskommission, Karlsruhe 1970.

Wehler, Hans-Ulrich, Deutsche Gesellschaftsgeschichte. Bd. 2: Von der Reformära bis zur industriellen und politischen „Deutschen Doppelrevolution" 1815–1845/49. Bd. 3: Von der „Deutschen Doppelrevolution" bis zum Beginn des Ersten Weltkrieges 1849–1914, München 1987/1995.

Wehner, Norbert, Die deutschen Mittelstaaten auf dem Frankfurter Fürstentag 1863, Frankfurt am Main 1993.

Wehr, Johann, Die Anfänge des Patentwesens in Deutschland, München 1936.

Weigand, Katharina, Österreich, die Westmächte und das europäische Staatensystem nach dem Krimkrieg (1856–1859), Husum 1997 (= Historische Studien, Bd. 445).

Weiskirchner, Josef, Die Dresdener Konferenzen 1850/51, Phil. Diss. (Masch.) Wien 1928.

Werner, Friedrich, Die Zollvereinspolitik der deutschen Mittelstaaten im Frühjahr 1852. Die Darmstädter Konferenz, Frankfurt am Main 1934.

Wieck, Friedrich Georg, Grundsätze des Patentwesens. Wichtigkeit der Erfindungs- und Einführungspatente für die Industrie und die dringende Nothwendigkeit einer allgemeinen Patentgesetzgebung für Deutschland, Chemnitz 1839.

Wienhöfer, Elmar, Das Militärwesen des Deutschen Bundes und das Ringen zwischen Österreich und Preußen um die Vorherrschaft in Deutschland 1815–1866, Osnabrück 1973 (= Studien zur Militärgeschichte, Militärwissenschaft und Konfliktforschung, Bd. 1).

Wilpert, Gero von (Hg.), Lexikon der Weltliteratur. 4 Bde., Stuttgart ³1988, Taschenbuchausgabe München 1997.

Windisch, E., Art. „Urheberrecht", in: Handwörterbuch zur deutschen Rechtsgeschichte, hg. v. Adalbert Erler u. Ekkehard Kaufmann unter philologischer Mitarbeit v. Ruth Schmidt-Wiegand. Mitbegründet v. Wolfgang Stammler. Redaktion: Dieter Werkmüller. Bd. 5, Berlin 1998, Sp. 571–574.

Winkler, Heinrich August (Hg.), Nationalismus, Königstein 1978.

Witthöft, Harald (Hg.), Handbuch der historischen Metrologie. Bd. 1–4, St. Katharinen 1991–1994.

Witthöft, Harald, Die Münzordnungen und das Grundgewicht im Deutschen Reich vom 16. Jahrhundert bis zur Gegenwart, in: Eckart Schremmer (Hg.), Geld und Währung vom 16. Jahrhundert bis zur Gegenwart, Stuttgart 1993, S. 45–68 (= Vierteljahrschrift für Sozial- und Wirtschaftsgeschichte, Beihefte, Nr. 106).

Witthöft, Harald, Der Staat und die Unifikation der Maße und Gewichte in Deutschland im späten 18. und im 19. Jahrhundert, in: Jean-Claude Hocquet (Hg.), Acta Metrologiae Historicae III. Der Staat und das Messen und Wiegen, St. Katharinen 1992.

Wittmann, Reinhard, Geschichte des deutschen Buchhandels. Ein Überblick. München 1991.

Wollstein, Günter, Das „Großdeutschland" der Paulskirche. Nationale Ziele in der bürgerlichen Revolution 1848/49, Düsseldorf 1977.

Wyduckel, Dieter, Die Diskussion um die Einführung eines Bundesgerichtes beim Deutschen Bund, in: Jonas Flöter/Günther Wartenberg (Hg.), Die Dresdener Konferenz 1850/51. Föderalisierung des Deutschen Bundes versus Machtinteressen der Einzelstaaten, Leipzig 2002, S. 193–217 (= Schriftenreihe zur sächsischen Landesgeschichte, Bd. 4).

Zachariä, Heinrich Albert, Deutsches Staats- und Bundesrecht. 2 Bde., Göttingen ²1853/54 (1. Aufl. 1841–1845).

Zantop, Susanne, Colonial Fantasies. Conquest, Family, and Nation in Precolonial Germany, 1770–1870, Durham, N. C. 1997.

Zoepfl, Heinrich, Grundsätze des gemeinen deutschen Staatsrechts, mit besonderer Rücksicht auf das Allgemeine Staatsrecht und auf die neuesten Zeitverhältnisse. 2 Bde., Leipzig ⁵1863, Ndr. Frankfurt am Main 1975 (1. Aufl. Heidelberg 1841 unter dem Titel: Grundzüge des allgemeinen und deutschen Staatsrechts).

Zwiedineck-Südenhorst, Hans von, Deutsche Geschichte von der Auflösung des alten Reichs bis zur Errichtung des neuen Kaiserreiches (1806–1871). Bd. 3, Stuttgart 1905.

Register

Das Register wurde erstellt unter Mitwirkung von Jennifer Stähle. Nicht aufgenommen wurden die Begriffe »Deutscher Bund«, »Deutschland«, »Bundestag« und »Bundesversammlung«, weil diese nahezu permanent vorkommen.

Abée, Conrad 575
Abessinien 557
Abgeordnetentag 338, 344, 353 f., 356, 365, 374
Adolf, Herzog von Nassau 70
Aegidi, Karl Ludwig 268 f.
Ägypten 557
Albers, Georg Wilhelm 298, 576
Albrecht, preuß. Sachverständiger 580
Albrecht, meining. Sachverständiger 586
Alexander, Prinz von Hessen-Darmstadt 350 f.
Allgemeiner Deutscher Arbeiterverein 132
Altona 519 f., 523 ff., 527, 551
Alternat 320, 329, 332 → Parität
Ammann, bad. Ministerialrat 581, 583
Amsberg, Julius von 431, 586
André, Johann 473
Anhalt 87, 108, 346, 429, 433, 459, 463, 475
Anhalt-Bernburg 127, 351
Anhalt-Dessau 180
Anhalt-Dessau-Köthen 127, 547
Apothekerverein, deutscher 453–455
Appony, Rudolph Graf von 181 f., 193 f., 204, 218
Aprilbündnis, Aprilvertrag → Schutz- und Trutzbündnis
Arbeitervereine 122 f., 126–130, 132
Aretin, Johann Adam Freiherr von 436, 539 f.
Arnim-Heinrichsdorff, Heinrich Friedrich Graf von 100, 102, 122 f., 218, 367
Arzneibuch, Deutsches 452–456
Asher, Carl Wilhelm 582
Augsburg 381, 388, 455
Augsburger Allgemeine Zeitung 89, 166, 177 f., 182 f., 201 f., 225, 344 f., 558
Augsburger Konferenz (1866) 381
Augsburger Postzeitung 202 f.

Ausnahmegesetze 42, 81 f., 94, 142
Austrägalinstanz/-ordnung/-verfahren 36, 238, 521, 526
Australien 557 f.
Auswanderung, Auswanderungsrecht 65, 186, 211, 224, 383, 401, 412 f., 512–564

Baden 48, 66, 81 f., 94, 108 f., 111, 119, 125, 127, 133, 135 ff., 156 f., 176, 181, 187, 199, 221 f., 229, 245–249, 251, 254, 258, 281, 294, 299, 301, 303, 307, 309 f., 317 f., 324–327, 340, 344, 346, 354, 371, 380 f., 412, 419, 429, 437, 446, 450 f., 453, 462, 475, 480, 487, 490, 509, 516, 527, 531, 534, 547
Baden-Baden 317 f., 321
Baden-Badener Fürstentreffen (1860) 317 f., 320 f.
Balkan 175, 278
Bamberg 156, 176, 181–187, 384
Bamberger Konferenz (1854) 176, 181–187, 220, 432
Bamberger Konferenz (1866) 384
Banks, Edward 58, 576
Bar, Carl Ludwig von 429
Bassermann, Friedrich Daniel 49
Baumgärtner, Julius A. 464
Bayern 45, 47 f., 53 f., 57, 81, 86 f., 93, 96, 105–109, 111, 119, 127, 131, 133, 140 f., 146, 151, 155–159, 163, 165, 181, 186 f., 198, 205, 215, 218 ff., 222, 224, 230 f., 240, 247, 249, 253, 259, 280, 291, 293 f., 297 f., 300, 304, 317, 322, 324, 334 f., 338–340, 344, 346 f., 362, 369–371, 375, 380 f., 384, 386, 396, 405, 408, 411–413, 419, 423, 429, 433, 437, 441, 446, 450, 453, 455, 462–464, 470 f., 475, 484 f., 487, 492, 505, 507, 509, 516, 536, 541–543, 547–549

Beaulieu-Marconnay, Karl Olivier von 575 f.
Bechthold, Friedrich von 112
Becker, Maximilian 583 f.
Beethoven, Ludwig van 473 f.
Befreiungskriege 35, 90, 167, 393, 397
Behrend, Heinrich 580
Belgien 128, 178, 447
Benoni von Clanisberg, Cäsar 580
Beobachter an der Elbe 382
Berckheim, Christian Friedrich Gustav Freiherr von 195, 219, 299, 355, 460
Berg, Carl Heinrich Ernst Freiherr von 74
Berg, Dr. 455
Berg, Günther Heinrich von 459 f.
Berlin 47, 76, 85 f., 102, 105 f., 148, 156 f., 161 f., 170–173, 175, 180–184, 194, 203, 208, 211 f., 215, 218, 220, 227, 229, 236, 245 ff., 257 f., 260, 263, 269 f., 272, 278 f., 281, 284 f., 312, 317, 319 f., 332–335, 339, 343, 354 f., 359, 363, 365, 367, 372, 375, 380, 384, 388, 444, 455, 482, 494, 502, 504
Bernhard, Herzog von Sachsen-Meiningen 313 f.
Bernstorff, Albrecht Graf von 136, 180, 333 ff., 339
Bernuth, August von 415
Bertrand, Apotheker 453–455
Bertuch, Carl 459
Bertuch, Friedrich Justin 458
Beseler, Carl Georg Christoph 415
Beust, Friedrich Ferdinand Freiherr von 54, 64 f., 67, 77 f., 95, 104 ff., 109, 133, 156–159, 163 ff., 168–172, 181, 185, 192, 194 f., 206, 208 ff., 214, 218–222, 229, 231–245, 248–259, 261, 265–268, 270–274, 287, 289–299, 301 f., 304 f., 308, 313, 316 f., 321 f., 325, 327, 329–333, 335 ff., 346, 358 f., 364, 367–371, 381, 570
Biedermann, Friedrich Karl 263 f.
Biegeleben, Arnold von 575
Biegeleben, Ludwig Freiherr von 137 f., 338, 348
Bingen 483
Bischoff, Wilhelm August 580, 582
Bismarck, Otto von 21 f., 61, 83, 90, 105 f., 108, 112 f., 129 f., 141, 148–151, 198, 204, 215, 228, 243, 247, 254–261, 270–273, 282, 310, 327 f., 341 ff., 345, 347, 350, 356, 358 ff., 363, 366–369, 377–380, 382, 385–388, 412 f., 504, 545, 563, 574

Bitzer, Friedrich von 585
Bley, Ludwig Franz 455
Blittersdorff, Friedrich Landolin Karl Freiherr von 38 f., 42 f., 208 f., 228, 241, 422, 466
Blücher-Altona, Graf 520
Bockelberg, Heinrich Friedrich Philipp von 253
Börsenverein der deutschen Buchhändler 467–469, 479–485, 489–491, 493 f.
Bollmann, Karl Friedrich 294
Bomhard, Eduard von 585
Bonn 452
Bornemann, Friedrich Wilhelm Ludwig 400, 415
Borries, Wilhelm Friedich Otto Graf von 426 f.
Bose, Carl Gustav Adolph von 106, 236, 250, 253, 258, 272, 287, 289, 296, 299, 301, 316, 322, 574
Bothmer, Carl Friedrich Ernst August von 85, 111, 122, 154 f., 531, 574
Brandenburg, Erich 21
Brasilien 557
Braumüller, G. 504
Braunschweig, Herzogtum 84, 134, 299, 301, 303, 334 f., 346, 439, 444, 456, 463, 471, 475, 480 ff., 493, 509, 547
Bray-Steinburg, Otto Graf von 338, 347
Brehmer, Heinrich 21, 76, 576
Breidbach-Bürresheim, Wilhelm Freiherr von 575
Breidenbach, Moritz Wilhelm August 581
Breithaupt, Carl Heinrich Wilhelm 445
Bremen 48, 88, 96 f., 127, 411, 439, 446, 450 f., 509, 538, 563
Brinkmann, Heinrich Rudolph 586
Brockhaus, Heinrich 455
Bruck, Karl Ludwig von 59, 405
Brüggemann, Theodor 416
Büff, Georg Ludwig von 586
Buenos Aires 557
Bülow, Bernhard Ernst von 64, 76, 206, 263, 327, 575
Bülow, Bernhard Friedrich Ferdinand Karl von 575
Bülow, Hans Adolf Karl von 57, 341
bürgerliche Freiheit 143, 262, 306
Bürgerliches Gesetzbuch 433 f.

Bürgerrecht 512–514, 520, 522–525, 529f., 535f., 548–551
Bundesakte 28, 33–35, 37, 43, 46, 53, 60, 66, 75, 97, 106, 149, 166, 191, 207, 222, 243, 292, 300, 325, 348, 395f., 421, 467, 472, 477, 514, 547
- Art. 1 395, 521
- Art. 2 169
- Art. 6 28, 65, 395, 401, 421
- Art. 10 34
- Art. 11 213, 335, 521, 526
- Art. 12 526
- Art. 13 256f.
- Art. 14 81, 395
- Art. 15 81, 395
- Art. 16 395
- Art. 17 81, 395
- Art. 18 28, 135, 383, 395f., 459, 461, 463, 477, 484, 514, 522–524
- Art. 19 28, 396, 402, 406, 409, 435f., 438, 442

Bundesausschüsse 26, 75, 80
- Auslieferung gemeiner Verbrecher 140f.
- Auswanderung 413, 542, 551–564
- Bundesgericht 79, 81, 84–86, 323f., 339, 423–425, 427–430, 432f.
- Bundespolizeibehörde 106, 110
- Geschäftsordnung 79, 81
- handelspolitischer Ausschuß 79, 81, 84, 86–88, 410f., 413f., 420, 438, 440–445, 455, 501–503, 505–509
- Heimatrecht 413, 531–534, 542–551
- Nachdruck 484, 486–489
- orientalische Angelegenheiten 183
- politischer Ausschuß 79, 81–84, 86, 95, 97f., 111f., 114f., 117, 121f., 124–126, 128–130, 132–139
- Pressegesetz 111f.
- Reaktionsausschuß 96f.
- Redaktionsausschuß 150f.
- Revisionsausschuß 47f., 51

Bundesbeschlüsse 42, 56, 79
- 06.09.1832 465, 481
- 15.01.1835 126
- 02.04.1835 467f.
- 18.08.1836 140–142
- 09.11.1837 470–473, 476, 478f., 481, 484, 499f.
- 15.06.1838 518
- 03.12.1840 126
- 22.04.1841 471, 478f.
- 19.06.1845 472–479, 481, 484
- 03.03.1848 97f.
- 10.03.1848 44, 47
- 30.03.1848 48
- 02.04.1848 81, 77
- 07.04.1848 48, 149f.
- 08.07.1851 79
- 23.08.1851 83, 95f., 98f., 144
- 30.09.1851 101
- 07.11.1851 150f.
- 05.08.1852 116
- 26.01.1854 139–142
- 06.07.1854 117, 132, 134–139
- 13.07.1854 131–134, 136–139, 287
- 24.07.1854 184
- 09.12.1854 193
- 06.11.1856 478
- 12.03.1857 478
- 15.04.1858 418
- 13.04.1861 418
- 25.07.1861 547
- 05.12.1861 506
- 06.02.1862 337, 429, 432
- 18.12.1862 341
- 01.10.1863 361, 364
- 08.10.1863 509
- 06.10.1864 490
- 06.04.1865 371f.
- 24.05.1866 384

Bundesexekution
- gegen Holstein 361f., 364, 366
- gegen Preußen 388

Bundesexekutive 27, 35, 47, 51, 56f., 60f., 67, 79, 92, 111, 152, 202, 204f., 223, 230, 238, 260, 265f., 274, 301, 311, 314f., 323, 328, 330, 334, 338f., 348f., 353, 367 → Bundeszentralgewalt

Bundesfeldherr 194, 285, 311f.
Bundesgebiet 73, 77f., 277, 285, 386
Bundesgericht 27, 34–37, 39, 54, 56, 60f., 67, 75, 84–86, 88, 104, 111, 152, 199–201, 204f., 207f., 210f., 218, 221, 223f., 235–239, 242, 245–251, 255, 258, 260, 262, 286, 289, 291, 299, 301, 304, 309, 323f., 328, 330, 334f., 338f., 348, 352

Bundesgesetze, Bundesgesetzgebung 22, 33f., 38, 46, 54, 61, 63, 65, 73, 78, 88, 94, 111, 116, 136, 214–217, 224, 260, 265, 292, 299, 301–304, 306, 323, 328f., 337f., 349, 370, 376, 383, 391–564

Bundesgrundgesetze, Bundesrecht 26, 34, 37, 39, 44, 49, 75, 77f., 80, 82, 93f., 99, 106, 116, 124, 130, 135, 153, 162, 175f., 183, 211f., 216, 223, 226, 243, 246, 251, 263, 273, 278, 290, 292, 300f., 303f., 329-331, 340, 361, 366, 368f., 381, 385, 388, 399, 443, 466, 486, 521, 526, 561 → Bundesakte → Wiener Schlußakte
Bundesindigenat 515f.
Bundesintervention 101, 144
Bundeskommissar(e) 81, 93, 96f., 103, 105, 107, 364
Bundeskommissionen 26, 39, 96
- für die Erfüllung des Artikels 19 der Bundesakte 436, 438
- Handelsgesetzbuch 243, 259, 264, 413, 415, 418-420
- Heimatrecht 518f., 523, 528
- Maß- und Gewichtsvereinheitlichung 443-451
- Nachdruckschutz 459-464, 466-469, 472, 487-490, 499f.
- Obligationenrecht 425, 429, 432-434
- Patentrecht 506-509
- Presse 251
- Reklamationskommission 437f., 453f., 502, 504, 517-519, 521-523, 525-527, 536
- Wechselrecht 418
- Zivilprozeßordnung 425, 429-431, 434
Bundeskompetenz(en) 26f., 53, 56, 63, 79, 88, 94, 110, 135f., 149, 401, 428, 442, 526f., 535, 551
Bundeskriegsverfassung 79, 155, 276, 289, 295, 297-300, 303f., 306, 311f., 321, 323, 383
Bundesmilitärkommission 281, 298, 311f.
Bundesplenum 44, 56f., 109, 222f., 262
Bundespolizeibehörde 78, 93, 101-111
Bundespresseorgan 273, 296, 299, 301
Bundesreform 21-23, 26-29, 33, 36-49, 51, 53-56, 58-60, 62, 66-74, 76, 78-83, 88, 90, 92, 113, 135, 146f., 152-156, 158-160, 163, 167f., 171, 178, 185-189, 191f., 195-198, 200-214, 218-221, 223-227, 229-271, 274f., 282, 286, 288-290, 292-301, 303f., 306-311, 313, 316, 318-323, 325-361, 363-371, 375, 377-388, 412, 427f., 536, 540, 565-571
Bundesschiedsgericht 36

Bundesstaat 15f., 22, 37, 39, 44, 46f., 49-51, 53f., 57-59, 61, 69, 77f., 94, 131, 179, 191, 204, 226, 229-231, 251, 266f., 269, 282, 287f., 292f., 309f., 325-328, 333-335, 344, 347-349, 353f., 356, 386, 395, 398, 418, 514
Bundestagssitzungen
- 26.06.1823 462f.
- 06.02.1840 499
- 08.07.1851 79, 92, 94, 97
- 16.07.1851 98
- 17.07.1851 93, 99
- 16.08.1851 95
- 23.08.1851 95, 99
- 30.09.1851 423
- 11.10.1851 105f., 108
- 20.12.1851 140
- 31.12.1851 502
- 05.08.1852 114, 116
- 14.04.1853 123, 129
- 04.08.1853 117, 125
- 10.11.1853 161f., 171
- 24.11.1853 117
- 08.12.1853 127, 130
- 27.04.1854 130
- 18.05.1854 117
- 13.07.1854 131
- 03.02.1856 478
- 21.02.1856 413, 541f.
- 17.04.1856 413
- 01.07.1858 552-559
- 16.12.1858 559-563
- 23.12.1858 559, 562f.
- 02.07.1859 563f.
- 17.12.1859 423, 549
- 28.06.1860 443
- 16.05.1861 133
- 31.05.1861 414
- 18.07.1861 449
- 06.02.1862 427-429
- 10.07.1862 135
- 14.08.1862 339f., 427
- 16.10.1862 487
- 13.12.1862 343
- 22.01.1863 341-343, 345-347
- 26.01.1865 138
- 06.04.1865 371f.
- 22.02.1866 451
- 09.04.1866 363, 378
- 01.06.1866 384
- 09.06.1866 385

- 11.06.1866 385f.
- 14.06.1866 387f.
Bundesverfassung 16, 22, 26f., 34, 37, 41–45, 47–49, 53–56, 60–63, 66, 68, 70f., 73, 75, 81f., 116, 146, 152, 158, 166, 168, 170f., 179, 182, 189, 197–199, 201–203, 205–212, 214, 218–221, 223–227, 229–235, 237, 239–244, 248f., 253, 257f., 260f., 272, 282f., 288–295, 297f., 300, 302, 304, 306f., 309–311, 314, 317, 321–323, 325, 327, 329, 334–336, 338, 341, 345, 347f., 351–353, 355–357, 359–361, 371, 376, 378f., 386, 391, 422, 424, 427f., 508, 565
Bundesvolksvertretung 27, 35, 37, 45f., 54, 56, 59–66, 73–75, 81, 83, 88, 92, 104, 111, 152, 189, 199–201, 204f., 207f., 210f., 217f., 221–224, 260, 262f., 265, 267f., 274, 286, 289, 301f., 304, 323, 327f., 337f., 340, 345, 348, 352f., 356, 358, 367, 370, 428
Bundeszentralgewalt 237f., 313–315, 321f. → Bundesexekutive
Bundeszwecke 35, 46, 99, 104, 149, 166, 186, 193, 351f., 396
Buol-Schauenstein, Johann Rudolf Graf von 33f., 63, 85, 123, 165, 171, 174, 180–183, 189, 193f., 203f., 208f., 215f., 218f., 224, 228, 236, 241, 243, 247f., 254f., 257, 259, 261, 270–272, 279f., 331, 408
Buse, G. H. 436

Canitz und Dallwitz, Karl Wilhelm Ernst Freiherr von 44f.
Carlowitz-Oberschöna, Ernst Maximilian von 168, 218, 305
Cetto, Adolph von 585
Chapeaurouge, Adolph de 582
Chile 447, 557f.
Christian, Prinz von Schleswig-Holstein-Sonderburg-Glücksburg 362
Coburg 132, 198f., 282f., 314, 372, 454f.
Code Napoléon 392f.
Code de procédure civile 420
Columbus, Christoph 556
Constitutionelle Oesterreichische Zeitung 348
Costa Rica 447
Cotta, Johann Georg 458
Curtius, Theodor C. 76, 322, 358, 380

Dänemark, Königreich 87, 127, 131, 199, 266f., 344, 351, 361–368, 374, 396, 414, 429, 475, 487, 527, 534, 536, 543, 563
Dahlmann, Friedrich Christoph 49
Dalwigk zu Lichtenfels, Carl Friedrich Reinhard Freiherr von 170f., 175, 218, 236f., 254, 292, 296, 298f., 301, 304, 327, 337, 346, 351, 359, 369, 570
Danckwortt, Wilhelm 455
Darmstadt 156f., 208, 236
Darmstädter Konferenz (1852) 157
Daubrawa, Ferdinand 455
DDR 19
Degenfeld-Schomberg, Ferdinand Christoph Graf von 163ff., 236, 268, 291, 294, 316
Delbrück, Rudolf 580
Delegierte, Delegiertenversammlung 46, 63, 65f., 73, 75, 221f., 235, 238, 296f., 302, 327, 329f., 334, 337–347, 356f., 427
Delius, preuß. Konsul 538
Demokratie, demokratische Bewegung/ Partei 102, 106, 164, 206, 289, 293, 297, 379
Detmold, Johann Hermann 574
Deutsch-Posen 77 → Posen
Deutsche Allgemeine Zeitung 178
Deutsche Blätter 336
Deutsche Kunstgenossenschaft 483, 494
Deutsche Vierteljahrsschrift 72–74, 144, 152, 502
Deutscher Handels- und Gewerbsverein 402f.
Deutscher Schriftstellertag 494
Deutsches Künstlerfest (1856) 483
Deutsches Volksblatt 340
Dezimalsystem 436–438, 440f., 445–451 → metrisches System
Dietz, Rudolf 584
Dieze, J. G. 436
Diezel, Gustav 190
Dippe, mecklenburg. Sachverständiger 584
Dirckinck-Holmfeld, Ulysses Freiherr von 575
Direktorium 238, 262, 314, 352f.
Dönhoff, August Heinrich Hermann Graf von 41, 45
Dörnberg, Philipp Freiherr von 575
Dreikönigsbündnis (1849) 308
Dresden 40, 45, 47, 54, 57f., 63, 67, 69ff., 78f., 81–85, 87, 92, 103, 105f., 153f., 158, 164, 171, 202, 241, 243, 245f., 251, 253,

279, 321, 333, 339, 368, 410, 425, 433 f., 501, 557
Dresdener Konferenz (1848) 40, 45, 47
Dresdener Konferenz (1850/51) 23, 53, 55–71, 74, 76, 78 f., 81–87, 90–93, 95 f., 99, 111, 113, 121 f., 124, 144, 147 f., 152, 154, 156, 158, 160, 171, 185 f., 203, 214 f., 220, 223, 238, 241, 245 f., 251, 265, 302, 322, 328, 348, 400, 405 f., 408–410, 412, 419, 438, 500 f., 540 f.
Dresdner Journal 273 f., 306, 371
Dresler und Rost-Fingerlin, Firma 499
Drittes Deutschland 155, 189, 219 f., 222, 252 f., 272, 293 f., 296 f., 306, 348, 369–371, 375, 381 → Trias
Droysen, Johann Gustav 49
Dualismus 16, 22, 76, 154 f., 158, 160, 162, 221, 230, 321, 359, 376
Düsseldorf 504
Dungern, Emil August Victor Freiherr von 70, 575
Dusch, Ferdinand Freiherr von 38, 341

Eckhardt, Christian Leonhard Philipp 583–585
Ecuador 447
Edelsheim, Ludwig Freiherr von 333 f., 375, 381
Einheit/Einigung, nationale, deutsche 15–18, 20, 22–24, 41, 46, 54, 57, 60, 64, 66, 143, 148, 166 f., 174, 198 f., 202, 207, 213, 225, 248, 252, 264, 267–269, 274, 276, 286 f., 290, 292, 300, 304 f., 311, 318, 330, 344, 352, 373, 387, 397, 405, 407, 416 f., 421 f., 424, 426 f., 435, 441 f., 487, 504, 506, 537 → nationale Einheit
Einzelregierungen, Einzelstaaten 35 f., 42, 44, 46–50, 55, 58, 63 f., 67, 69, 74, 78, 80, 82, 84, 93–98, 100, 102–110, 112–117, 120 f., 124, 128–132, 134–137, 139, 142, 144, 146, 153, 159 f., 164, 196, 198, 209, 212 f., 223, 225, 230, 232, 234, 236 f., 239 f., 242, 252, 262 f., 341, 349, 352, 357, 392, 512 f., 550
Eisenach 542
Eisenbahn 377, 448 f., 453
Eisendecher, Wilhelm von 74, 81, 167 f., 181, 259 f., 290 f., 315, 333, 347, 379, 575
Elder, Peter Ludwig 215, 298, 358, 413, 576
Emma, Fürstregentin zu Waldeck und Pyrmont 144

Engelmann, Wilhelm 482
engerer Bund 294–296, 305, 328, 333, 339, 347 f., 381
Engerer Rat 39, 44, 56, 83, 108, 223, 247, 262, 277, 311, 329, 344, 346, 352
England 128, 172, 178, 447, 480 f., 500 → Großbritannien
Ernst II., Herzog von Sachsen-Coburg und Gotha 132, 182, 189 f., 218–223, 269, 283 f., 291, 294, 318, 325, 362
Ettingshausen, Andreas Ritter von 446, 583 f.
Europa, europäische Politik, europäisches Mächtesystem 18 f., 33, 55, 90, 134, 148, 158–167, 169–172, 177–179, 182–184, 188, 190, 194, 230, 232, 276, 312 f., 320, 361, 366 f., 372
Ewald, Wilhelm 373

Falcke, Georg Friedrich Freiherr von 520
Februarpatent (1861) 327
Fetzer, Karl August Friedrich 268
Fischer, Karl 15
Flemming, Albert Georg Friedrich Graf 257, 259, 279
Föderalismus, Föderation 15, 17 f., 21 f., 24–26, 28, 47, 166, 313, 365
föderative(r) Nation(alismus) 24–26, 35, 77 f., 89, 91 f., 113, 124, 147, 152, 155, 166 f., 174, 185, 204 f., 208, 212–214, 217, 219, 223, 234, 238, 243, 245, 252, 283, 287, 300, 305, 311, 323, 326, 328, 336, 354, 361, 369, 371, 451, 570 f.
föderativ, föderatives Prinzip/System 20 f., 27–29, 33–35, 37, 46, 49, 63, 77 f., 146 f., 154, 158 f., 165, 209, 236, 252, 260, 282, 288, 293, 305, 328, 345, 351, 360, 401
Föhring, oldenburg. Sachverständiger 581
Fortschrittspartei 357
Franck, Heinrich 581, 587
Francke, Bernhard 587
Frank, Franz Anton Freiherr von 421
Frankfurt am Main 44–48, 50 f., 76, 85, 87, 97, 100 f., 107, 109, 127 ff., 132, 138, 144, 147–151, 153, 157, 161, 163 f., 173 f., 181 f., 187, 197, 204, 206, 215 f., 219, 225, 228 f., 243, 245, 247, 252, 255, 258, 260, 269 ff., 273, 276 f., 283, 289, 296, 298, 315, 323, 326, 329, 333, 338, 342 f., 346, 348, 350 f., 353–355, 372, 374–376, 382, 388, 398, 406, 409 f., 413, 429, 433, 437, 445 f.,

449 ff., 460, 487, 490, 498 f., 502, 504, 507, 509, 519, 527, 534, 539, 544, 547, 570
Frankfurter Journal 271, 336
Frankfurter Postzeitung 263, 351, 445, 504
Frankreich 41, 43, 128, 160, 172, 178, 277, 280, 284, 286, 311, 317, 320, 376, 392, 419, 446 ff., 473, 480 f., 491 f., 500
Frantz, Constantin 17
Franz Joseph I., Kaiser von Österreich 334, 348 ff., 355
Französische Revolution 23, 35, 392, 512
freie Städte 86, 108, 462 f., 475, 542
Freiheit, bürgerliche 143, 262, 306
Freimüthige Sachsen-Zeitung 202
Freizügigkeit 28, 65, 370, 383, 395, 514, 549 f.
Friedrich I., Prinzregent/Großherzog von Baden 181 f., 221, 245, 284, 307 f., 325, 362, 381
Friedrich Franz II., Großherzog von Mecklenburg-Schwerin 57
Friedrich VII., König von Dänemark 362
Friedrich VIII., Herzog von Schleswig und Holstein 362
Friedrich Wilhelm IV., König von Preußen 47, 191, 218
Fritsch, Carl Friedrich Christian Wilhelm Freiherr von 95, 109, 151, 315, 575 f.
Fröbel, Julius 348, 556 f.
Frommann, Friedrich 482
Fünfzigerausschuß (1848) 51
Fürstentag 275, 288, 349–359, 363
Fürstenversammlung 352
Fürstenwärther, Moritz von 539 f.

Gabain, Ernst Ferdinand 582
Gagern, Friedrich von 12, 226, 261
Gagern, Hans Christoph von 539 f.
Gagern, Heinrich von 12, 225–228, 261, 311, 313
Gagern, Max von 49
Galen, Ferdinand Graf von 109
Gastein 329, 377
Gasteiner Konvention (1865) 374 f., 377, 385
Geffcken, Heinrich 317, 343, 358, 580
Gegenrevolution 59, 80, 91, 101, 196, 244, 398
gemeinnützige Anordnungen/Maßregeln/Vereinbarungen 28, 65 f., 140, 207, 211, 214–216, 218, 222 f., 225, 233, 252–254, 292, 304, 307, 377, 383, 395 f., 401, 421, 428, 430, 437, 439, 444, 453, 504, 561
Georg V., König von Hannover 154, 193, 277, 297, 350, 358, 364, 379, 381, 425
Georgi, Robert 264, 581
Gerber, Carl Friedrich Wilhelm von 581
Gerlach, Leopold von 228
Germanistentag 530
Gersdorf, Ernst Gotthelf 112 f.
Gerstäcker, Friedrich 557
Gervinus, Georg Gottfried 49
Geschäftsordnung der Bundesversammlung 42, 226, 269 f., 273
Gesellschaft deutscher Naturforscher und Ärzte 452
Gise, Maximilian Freiherr von 105, 219, 240, 316, 322, 335
Gleichberechtigung 58, 61, 94, 270, 285, 356, 358 → Parität
gleichförmige Bestimmungen/Verfügungen 28, 115 f., 459, 463, 468–470, 549
Gleichgewicht, internationales/der Mächte 90, 160, 177 f.
Göde, Lorenz 582
Goethe, Johann Wolfgang von 464 f., 478
Goppelt, Adolf von 581
Gotha 314, 372, 482, 532
Gothaer Vertrag (1851) 532–537, 541–547, 549
Graffen, Carl von 147
Granada 447
Gresser, Johann Georg 440
Griechenland 447
Großbritannien 160, 367, 447, 560
Großdeutschland, großdeutsch 18, 22, 288, 293, 296, 309, 319, 325, 327 f., 348, 357, 360
Großmächte, Großstaaten 55, 58, 61 f., 68, 70, 74, 76, 78–80, 82 f., 91, 93–95, 97 f., 101, 103–108, 110–113, 122 f., 137 f., 146, 148 f., 151 f., 154–163, 165, 168, 170–183, 188 f., 192–197, 208, 210, 220–222, 224, 227 f., 230 f., 238, 240, 249, 253 f., 257–260, 265, 270, 272, 276 f., 279 f., 285 f., 293, 297, 300, 306, 308, 312, 314 f., 319–323, 332, 342, 361 f., 364–369, 371, 374 f., 380 f., 385, 388, 398, 405 f.
Grundrechte 80, 93, 99 f., 262, 282, 514, 522, 529 f., 553
Guatemala 447
Gwinner, Philipp Friedrich 587

Habeas-Corpus-Akte 262
Hack, sächs. Sachverständiger 580
Härtel, Dr. 482
Häusser, Ludwig 353
Hahn, Friedrich von 581
Haiti 562
Hall, Karl Christian 327
Halle, hamburg. Sachverständiger 582
Haller, Nicolaus Ferdinand 582
Haltermann, Eduard 582
Hamburg 87, 97, 101, 127, 329, 396, 412, 414, 439, 446, 450, 453, 505, 509, 519 f., 523 ff., 534, 551, 563
Handelsgesetzbuch 259, 264, 295, 326, 337, 393, 405, 411–420
Handelspolitik, Handelsrecht, Handelswesen 28, 46, 53, 56, 78, 84, 86–88, 147 f., 150, 186, 189, 211, 224, 238, 243, 259, 271, 383, 394–396, 400, 402–421, 501
Handelstag, Deutscher 414, 441, 449, 510
Handels- und Gewerbsverein, Deutscher 402 f.
Hanemann, Carl Friedrich August 520
Hanemann, Johann Heinrich Ludwig 519–528, 551
Hannover 48, 53 f., 81 f., 84 ff., 93, 95, 97, 105, 108, 111, 120, 122 f., 125, 127, 143, 147 f., 155, 157 f., 165, 168, 171, 173, 176, 187, 222, 229, 236 ff., 240, 246 f., 249, 269, 272, 277, 280 f., 291, 297 f., 301, 303, 317, 334 f., 338 f., 344 ff., 358, 362, 371, 380 f., 403, 420, 425, 429, 433, 439, 445 f., 449 f., 453, 455, 457, 473, 475, 480, 487, 505, 507, 509, 519, 524 f., 527, 531, 547
Hannoversche Volkszeitung 89
Harbou, Adolph von 301
Hardenberg, Karl August Freiherr von 421, 459
Harleß, Johann Christian Friedrich 452
Harnier, Eduard Ludwig von 58, 576
Hartig, Edmund Graf von 241, 270
Hawaii 557
Hegemonie 61, 148, 160, 252, 272, 289, 294, 334, 387
Heidelberg 414, 441, 449
Heiliges Römisches Reich deutscher Nation 16 f., 23 f. → Reich, Altes
Heimatrecht 65, 211, 224, 283, 301, 304, 383, 400, 412 f., 512–564

Heimbruch, Gottlieb Ernst August von 383, 574
Heimsöth, Johann Heinrich 416, 580, 582
Heineken, Heinrich Gerhard 582
Henschel, Oscar 445
Henschel, L. A. 445
Herder, Johann Gottfried 465, 478
Hermann, Dr. von 580
Hertz, Adam Jacob 582
Hesberg, Georg von 575
Hessen 84, 87, 96, 114, 132, 140, 198, 222, 294, 298, 334, 338, 346, 380, 423, 433, 441, 446, 450 f., 453, 475, 487, 490, 505, 529, 549
Hessen-Darmstadt 45, 81 f., 119, 125, 127, 132 f., 156 f., 176, 187, 229, 240, 247, 249, 254, 291, 299, 301, 303 f., 316 f., 335, 344, 358, 362, 371, 375, 381, 420, 429, 437, 462, 480, 505, 507, 540
Hessen-Homburg 127, 180, 346, 475, 480, 490, 534
Heydemann, Ludwig Eduard 482
Heydt, August Freiherr von der 416
Hildebrand 455
Hinckeldey, Karl Ludwig Friedrich von 102
Hinschius, Franz 482
Hirzel, Salomon 482
Höchsmann, Richard 507, 585
Hölder, Julius 286
Hoffmann, Johann Gottfried 402, 435
Hohenthal-Knauthain, Karl Adolf Graf von 272, 333
Holstein 101, 222, 344, 346, 361 f., 364, 366, 370 f., 374, 377, 384 f., 414, 524 f.
→ Schleswig-Holstein
Holstein-Lauenburg 361 f., 366, 520
Holzhausen, Adolph Freiherr von 576
Holzschuher, Emil Freiherr von 586
Hopf, Franz 143, 268
Hoya 519 f., 523
Hudtwalker, Nicolaus 582
Hügel, Karl Eugen Freiherr von 133, 137, 236 f., 254, 262, 268, 272, 274, 280, 285, 289, 291 f., 294 ff., 298 ff., 302 ff., 316, 321, 327, 346, 359, 365, 454, 505
Hülße, Julius Ambrosius 583 f.
Humboldt, Alexander von 556
Humboldt, Wilhelm von 34, 402

Ilse, Leopold 25
Industrie, deutsche 128, 199, 238, 406, 506, 509f.
Inn- und Knyphausen → Knyphausen
Interessenverbände 28, 152, 394, 403f., 445, 449, 452–455, 457, 467–469, 472f., 469–484, 489–491, 494, 504, 538
Italien 152, 168, 276–282, 285f., 289, 307, 312, 376
Italienischer Krieg 23, 152, 168, 276–282, 284–287, 289–291, 311f., 328, 372
ius sanguinis 529
ius soli 529

Jacobi, Karl von 574
Jean Paul 465, 478
Jena 455, 482
Johann, König von Sachsen 238, 296, 304
Jolly, Julius August Isaak 416, 472, 587
Jolly, Philipp 583f.
Jordan, Sylvester 49
Juden 395
Julirevolution 141
Jungnickel, Adolf Moritz 265
jura singulorum 246
Juristentag 510

Kalifornien 557
Kaltenborn, Carl Freiherr von 261f.
Kanada 558
Karlsbader Beschlüsse 98, 118, 258, 396, 461
Karlsruhe 208, 236, 343, 375
Karlsruher Zeitung 340, 344f.
Karmarsch, Karl 449, 583f.
Karolyi, Alois Graf von 335, 342, 359
Kassel 236, 346, 445
Kasseler Zeitung 166f., 188
Kielmannsegge, Eduard Graf von 193, 574
Kirchdörffer, Johann 581
Kirchenpauer, Gustav Heinrich 109, 174, 215, 497ff., 503f., 576
Kladderadatsch 90
kleindeutsch, Kleindeutschland 22, 24, 26, 28, 53, 61, 69, 86, 204f., 251, 269, 271, 273, 282, 293f., 296, 309f., 318f., 325–328, 334, 345, 347f., 350, 356f., 382, 386, 403, 408, 425, 456
Kleinstaaten 55, 57f., 68, 70, 107, 109, 111–113, 119, 127f., 146, 152–155, 160, 162, 167f., 176, 179, 182, 188f., 192, 194, 205, 208, 219f., 224, 227, 230, 267, 293f., 303–306, 310, 313, 317, 319f., 344, 365, 367f., 375
Klencke, Hermann 556
Klenze, sächs. Sachverständiger 580
Klugkist, Engelbert 582
Knesebeck, Ernst Julius Georg von dem 164, 169, 277, 279ff., 346, 350, 364
Knyphausen, Carl Wilhelm Georg Graf zu Inn- und 112, 168
Koalition (der Mittelstaaten) 157–159, 163, 165, 170, 189, 219, 252, 272, 280, 296, 299, 306, 371
Koch, Philipp 346
Kölle, Konrad 587
Köln 483
Königgrätz 388
Könneritz, Rudolph von 104, 133, 156, 170, 172, 209, 254, 290
Kohl, Helmut 19
Koller, August Freiherr von 257
Konkursrecht 401, 410
Konstitutionalismus 397
Kopenhagen 263, 523f.
Korrespondent von und für Deutschland 120, 267
Kotzebue, August von 458, 461
Kreuzzeitung 120
Kriegsmarine 383, 386
Krim 194
Krimkrieg 152, 160–197, 202, 229, 232, 238, 241, 253, 261, 266f., 269, 276f., 286, 372, 412, 536 → orientalische Frage/Krise
Kroatien 74
Krüger, Daniel Christian Friedrich 380, 576
Krug, August Otto 420, 587
Kübeck von Kübau, Alois Freiherr 135f., 138, 289, 333, 574
Kübel, Franz Philipp von 433f., 587
Kuefstein, Franz Seraphicus Graf von 165, 171, 181
Kühns, Friedrich Julius 483
Künstlerfest, Deutsches (1856) 483
Küstenschutz 304
Kunstgenossenschaft, Deutsche 483, 494
Kurhessen 101, 106, 127, 156f., 176, 187, 222, 249, 291, 299, 301, 303, 338, 344, 346, 371, 388, 423, 429, 441, 450, 462, 475, 487, 549, 563
Kusel, Rudolf 416f.

Lackenbacher, Eduard von 112
Landsberg, Freiherr von 350
Landtage, Landstände 26, 36, 46, 54, 63, 66, 70f., 75, 113, 125, 142, 196–202, 204, 206, 209f., 215, 221, 227, 229, 234–238, 251, 258, 261–268, 277, 286, 289, 297, 337f., 362, 368, 396, 414–417, 422, 426, 428, 466, 510, 538
– Baden 66, 199, 225f., 412, 416f.
– Bayern 198, 200f., 280f., 286, 412
– Großherzogtum Hessen 198
– Kurhessen 344
– Nassau 280f., 441, 554
– Preußen 286, 365, 414–416
– Sachsen 66, 264–267, 272
– Sachsen-Coburg und Gotha 198f., 314, 372–374
– Sachsen-Weimar 199
– Württemberg 99f., 119f., 143, 191, 197–200, 268, 286, 338, 365
Langenau, Ferdinand Freiherr von 144
Langen-Schwalbach 453
Lanzac, August 438, 441
La Plata-Staaten 556, 558, 560
Larisch, Karl August Alfred von 301
Lasius, Ernst Friedrich Otto 583f.
Lassaulx, Franz von 393
Lassaulx, Peter Ernst von 200f., 268,
Lauenburg 222, 344, 362, 364, 371, 414 → Holstein-Lauenburg
Lechner, Franz 482
Leipzig 103ff., 107, 132, 368, 418, 420, 423, 438, 449, 462, 482, 485, 490, 494
Lenthe, Ernst August von 164, 168f., 173, 180, 185, 187
Leonhardt, Adolf Wilhelm 430f., 581, 585
Lerchenfeld auf Köfering und Schönberg, Max Graf von und zu 160, 183f.
Leutheusser, Johann Daniel 504
Liberalismus, liberale Bewegung, liberale Partei 16, 20f., 26, 28, 37f., 44, 48–50, 63, 66, 71, 76, 131, 146, 189f., 196, 244, 256, 263, 283, 293, 333f., 404f.
Liebe, Friedrich August Gottlob 175f., 194, 219, 279
Liebmann, meining. Sachverständiger 586
Liechtenstein 127, 180, 346, 440, 451, 476, 493, 535f., 543f., 549
Limburg 127, 131, 222, 230, 278, 414, 420, 429, 535, 543f.
Lindau 440

Linde, Justin Timotheus Balthasar Freiherr von 323f., 423f., 575f.
Linden, Joseph Freiherr von 108, 157f., 187, 215, 302, 574
Lippe 127, 346, 351, 444, 451, 455, 475, 490, 505
List, Friedrich 402, 555
Lombardei 447
London 367
Londoner Konferenz (1864) 367f.
Londoner Protokolle 361f.
Ludwig, Erbgroßherzog von Baden 307
Ludwig I., König von Bayern 554f.
Ludwig II., König von Bayern 379, 383f., 492f.
Lübeck 127, 141, 446, 450, 509, 530, 535f., 543
Lüder, Georg Gustav 586
Lutz, Johann 582
Luxemburg 97, 108, 127, 222, 344, 346, 414, 420, 429, 447, 534

Mährisch-Neustadt 455
Magdeburg 455
Magnus, Heinrich Gustav von 584
Mainau 308
Majorität, Majorisierung, Majoritätsbeschlüsse 116, 130, 148–150, 207f., 216, 230, 257, 270–273, 279, 284, 295, 342–344, 346, 364, 412f., 428f., 444, 477
Mallinckrodt, Gustav 404
Malzen, Konrad Adolf Freiherr von 184
Mann, mecklenburg. Sachverständiger 582
Manteuffel, Otto Theodor Freiherr von 61, 67, 83, 86, 91f., 100, 102f., 108, 112, 122f., 149f., 165, 171, 180, 182, 210, 215, 218, 236, 242, 247, 249, 253, 255, 257ff., 412
Marbach 455
Marschall von Bieberstein, August Freiherr 81, 83f., 94, 97, 104, 109, 214, 245, 247, 249, 272, 277, 279, 281, 542, 549f., 575
Martens, Georg Friedrich von 460
Martin, kurhess. Sachverständiger 587
Maß- und Gewichtsvereinheitlichung 56, 73, 87f., 211, 244, 283, 301, 304, 309, 326, 370, 383, 400, 402, 404, 410, 412, 435–451

materielle Interessen 39, 56, 63, 67, 79, 86–88, 147f., 199, 215f., 218, 221f., 225, 229, 233, 237–239, 242, 250f., 253, 255, 257f., 260, 265f., 297, 306, 331, 404f., 407f., 410, 412, 421, 426, 438, 442, 500f., 510
Maucler, Friedrich Wilhelm Emil Paul Freiherr von 346
Maximilian II., König von Bayern 57, 82f., 106, 117, 165, 183, 229, 293ff., 297–300, 304, 316, 322, 324, 327, 329, 332, 335, 346f., 364, 408, 424
Mecklenburg 84f., 106, 140, 247, 299, 344, 346, 371f., 433, 455, 527, 531
Mecklenburg-Schwerin 127, 301, 303, 341, 423, 429, 450f., 475, 491, 505, 509, 518, 549
Mecklenburg-Strelitz 127, 423, 451, 475, 491, 509, 518, 549
Mediatisierte 34, 81
Mediatisierung 57, 70, 106, 109, 146, 168, 231, 253, 305
Meiboom, Victor von 587
Meiningen 313f., 316, 321f. → Sachsen-Meiningen
Menke, Karl Theodor 452–455
Mensch, Konsul 557
Menschenrechte 100
Merck, Karl Hermann 109, 147, 174, 193, 215, 322, 413
Merk, Christian 581
metrisches System 446–451 → Dezimalsystem
Metternich-Winneburg, Clemens Wenzel Nepomuk Lothar Fürst von 22, 37f., 236, 243, 254, 259, 403, 437, 461f.
Metz, Rudolph von 586
Mevissen, Gustav 404
Mexiko 447
Meyer, Siegmund Friedrich Freiherr von 187, 237, 575
Meysenbug, Wilhelm Freiherr Rivalier von 64, 67, 77, 94, 146, 157, 173f., 212ff., 236, 245, 247, 272, 277, 279, 281f., 299f.
Militär, Militärpflicht, Militärverfassung, Militärwesen 28, 39, 46, 73, 79, 93, 100f., 155, 213, 281f., 285f., 311f., 318, 320f., 370, 376, 383, 386
Ministerkonferenz(en) 155–158, 163–165, 169–171, 176, 179, 181f., 185–187, 219, 236f., 241, 249–251, 254, 259, 292, 295f., 299–301, 316f., 321, 329, 334, 337, 358, 370, 381, 384
Mirus, Dr. 455
Mittelamerika 541, 556
Mitteleuropa 17, 19, 53, 59, 69, 167, 325, 342, 405, 410
Mittelstaaten 36, 53–55, 57, 59, 61f., 68, 70, 74, 76, 78, 88, 94f., 104, 107f., 111–113, 125, 127f., 146f., 149, 151–160, 162–171, 173–177, 179–189, 192, 194f., 197, 203–205, 208, 218–220, 222, 224, 227, 229f., 238, 240, 246, 252–256, 260, 272, 277, 279f., 288f., 291–300, 302–306, 308, 310, 312f., 316–320, 325f., 332–334, 336, 338–340, 342, 347, 358f., 365–371, 375f., 381, 384, 403, 405, 421, 425–428, 432, 444, 505
Mohl, Moriz 143
Mohl, Robert von 67, 135, 375ff., 379, 575f.
Moldau 555
Monarchie, monarchische Autorität/Ordnung, monarchisches Prinzip 16, 43, 45f., 64, 74, 78, 80f., 91, 93f., 100, 206, 231f., 239, 244, 249, 262, 266f., 291, 303, 399
Montgelas, Ludwig Graf von 335
Morschutt, coburg. Abgeordneter 373
Müller, Adam 462
Müller, Samuel Gottlieb 358, 576, 582f.
Müller, Wilhelm 587
Münch-Bellinghausen, Joachim Eduard Graf von 38, 468
Münch-Bellinghausen, Joseph Freiherr von 81, 125, 575
München 53, 106f., 158, 163, 208, 236, 245f., 252f., 277, 279, 281, 295f., 298, 303, 316f., 329, 332, 339, 355, 437, 455, 482
Münchener Konferenz bzw. Verabredungen (1859) 295–299, 305, 316, 322
Münchener Übereinkunft (1850) 65, 227 → Vierkönigsbündnis
Münchhausen, Alexander Freiherr von 75, 95, 98, 105, 108
Münzverein, Deutscher 440
Münzwesen 56, 73, 87f., 155, 211, 244, 283, 309, 383, 400, 402, 404, 410, 412, 421, 435–451
Murhard, Carl 435
Muther, coburg. Abgeordneter 372

Nachdruckschutz 28, 395f., 401, 457–495
Nagler, Carl Ferdinand Friedrich von 465f.
Napoleon Bonaparte 90, 392
Napoleon III. 311, 317
Nassau, Herzogtum 45, 84, 127, 157, 176, 187, 249, 253, 280, 291, 294, 298, 301, 303, 317, 335, 338, 346, 358f., 381, 423, 429, 433, 437, 441, 451, 453, 463, 475, 480, 491, 505, 549
Nation, deutsche 15, 18, 20–27, 33, 35, 39, 43, 45f., 51, 53, 55, 62, 67, 71–76, 80, 90, 133f., 142f., 158, 166, 170–172, 177f., 188, 190, 192, 194–197, 199f., 202f., 205, 207f., 213f., 217–221, 226f., 230–232, 238, 241, 244, 252, 255, 261–263, 266–269, 271, 273f., 278, 280–282, 284, 287f., 290, 292, 296, 300, 304–306, 317, 326, 328, 331, 334, 340, 345, 347, 349, 351f., 356, 361, 363, 368f., 372, 374, 377–379, 382f., 387, 391–394, 397f., 402f., 407, 414–416, 424–429, 510, 539, 542, 548, 551, 562, 565–571
Nationalbewegung 20f., 26, 37f., 42, 47, 49–51, 54, 61, 63, 65, 71, 90, 131, 146, 189–191, 212, 217f., 268, 271, 282, 284, 286–288, 291, 300, 323, 331, 334, 350, 354–356, 361–363, 366–368, 377, 397–399, 407, 427, 537
Nationalbund 33, 252, 262, 287, 303, 325, 360, 569
nationale Bedürfnisse, Interessen, Wünsche 20, 23, 25f., 35, 41, 43, 53, 55f., 58, 60, 62, 67–69, 72, 75f., 78, 88, 90, 115, 143, 150, 152, 155, 160, 162, 166f., 169f., 173–179, 182, 184f., 188–199, 201–204, 207f., 213f., 216f., 219–221, 223, 225, 227, 232–234, 238f., 243f., 249, 252, 255, 260–262, 272, 278, 283, 286, 288, 298, 300–302, 305f., 308f., 311, 315f., 323, 328, 330f., 337, 344, 353, 356, 361, 363f., 367f., 374–376, 378, 391, 395, 398, 408, 412, 414f., 423f., 428f., 437, 485, 487, 510, 518, 522, 530, 537, 548, 551, 559, 561f., 565, 568, 570
nationale Einheit, Einigkeit, Einigung, Integration 23–26, 35, 37, 39, 41–43, 50, 57, 64, 71, 78, 80, 89, 134, 143, 148, 152f., 159f., 166, 170f., 174, 186, 191, 199f., 204f., 212–214, 217, 244, 252, 262, 273f., 283–287, 292, 301f., 308, 319, 328, 330f., 343, 345, 363, 370, 387, 391–397, 399–402, 416–418, 426f., 449, 452f., 456, 461, 487, 498, 504, 513, 562, 566f.
→ Einheit, nationale
Nationalgefühl 38, 225, 231, 277, 290, 538
Nationalgesetzgebung 73, 92, 262, 393, 399f., 421, 515
Nationalität, deutsche 33, 46, 188, 287, 378, 538, 542, 551f., 554–556, 558f.
Nationalparlament 64, 282, 330, 382, 384 → Parlament → National(volks)vertretung
Nationalrepräsentation 59, 63, 325, 337
Nationalstaat 16, 18–21, 24, 26f., 205, 217, 227, 252, 286f., 325, 391, 398, 401, 512f., 537
Nationalverein 131–134, 269, 282, 287, 300f., 307, 318f., 325, 328, 338, 347f., 353, 356f., 362, 374
Nationalverein für deutsche Auswanderung (1847) 538, 553
Nationalversammlung 45, 48, 50–52, 64f., 200, 206, 225, 288, 351, 353, 356, 422, 438, 538, 553
National(volks)vertretung 54f., 65, 261, 302, 314, 328, 338, 344, 383, 386, 426
Nationsbildung 15, 21–25, 27, 29, 63, 65, 204f., 208, 217, 223, 262f., 283, 301, 328, 363, 368f., 391, 397, 407, 418, 424–427, 456, 510, 512f., 537, 565–571
Nell, preuß. Sachverständiger 580
Nestle, Gustav Eduard 586
Neue Ära 269
Neue Münchener Zeitung 173
Neuenburg 278
Neurath, Constantin Justus Franz Freiherr von 57, 62, 95, 97, 108, 111, 147, 156ff., 163ff., 168, 171, 174, 176, 184ff., 346
Neutralität 161f., 166, 168f., 171, 173–175, 179, 197, 277
Niederlande 87, 127, 344, 351, 414, 420, 447, 455, 462, 487, 509, 534, 543f., 547
Nikolsburg 388
Noellner, Friedrich 261f., 399
Nordamerika 128, 539, 541, 555–560
Norddeutscher Bund 65, 343, 388, 394, 430f., 451, 495
Norddeutschland 382, 406
Nostitz und Jänckendorf, Julius Gottlob von 77, 81ff., 95, 98, 104, 138, 147f., 206ff., 216, 236f., 254, 270f., 476, 503f., 574

Notter, Friedrich 199
Nürnberg 107, 120, 259, 267, 358 f., 413 f., 418 f.
Nürnberger Konferenz (1863) 358–360

Obligationenrecht 186, 338, 345, 401, 425, 427, 429, 432–434
Öffentlichkeit, öffentliche Meinung 23, 25–28, 35 f., 41 f., 44, 57, 60, 70 f., 75 f., 78, 88–90, 113, 136, 146, 148, 150–153, 157, 160, 162, 167 f., 173, 176, 182, 187 f., 195, 204, 211, 214, 216 f., 221, 225, 230, 232, 238, 242–244, 247–253, 255 f., 258, 260 f., 263, 269, 272–274, 276 f., 281 f., 284, 289, 293, 296–298, 300, 303, 305, 307, 309, 314, 326, 328 f., 332, 338, 340 f., 343 f., 348, 350, 355, 361, 364 f., 372, 374, 376, 382, 384, 394–397, 410, 412, 425, 427, 437, 439, 441 f., 444 f., 454, 471, 494, 502, 553, 556, 560
Oertzen auf Leppin, Jasper Joachim Bernhard Wilhelm von 84, 180, 381, 575
Österreich 16, 21, 38 f., 41, 44, 47 f., 53–62, 67, 69, 73–76, 78–82, 84–88, 90–93, 96–101, 103, 105–107, 111–114, 116, 119, 122–124, 128, 131, 133 f., 136, 138, 140, 143, 146–151, 154, 156–159, 161 f., 164–168, 171–177, 179 ff., 183 f., 186, 188–195, 197, 202–205, 207, 209 f., 215–220, 222, 224 f., 227 f., 231, 238, 241, 246–249, 253–260, 263, 269–271, 273, 276–280, 283–286, 288–290, 292 f., 295, 305, 308–310, 312 f., 315, 317–322, 325–330, 332–344, 346–352, 356–360, 362–367, 369–372, 374–381, 384–388, 396, 398, 403, 405, 407–410, 412, 418, 420, 425, 427, 429, 433, 440, 444, 446, 450 f., 453, 455, 462, 471, 476, 481, 484 f., 487 f., 491, 502, 505, 507, 509, 516, 531, 534–536, 542–545, 547, 549, 562 f., 567, 569
Oesterreichische Zeitung 203
Oettingen-Wallerstein, Ludwig Fürst zu 190 f.
Oktoberdiplom (1860) 327
Oldenbourg, Rudolph 482
Oldenburg 87, 108, 131, 141, 148, 301, 303, 346, 429, 433, 439, 446, 450, 459, 463, 475, 480, 490, 547
Ompteda, von, hannov. Geschäftsträger in München 379, 381

Oppenheimer, L. 582
organische Bundeseinrichtung(en) 106, 109, 223, 338, 341
orientalische Frage/Krise 161–197, 201, 203 f., 210, 218, 224 → Krimkrieg
Ost-Deutsche Post 300
Oven, Emil von 587
Ow, Joseph Edmund Max Christoph Freiherr von 168, 505

Pape, Heinrich Eduard 580
Paris 220, 225
Pariser Frieden (1814) 35, 397
Pariser Frieden (1856) 238
Parität 61, 67, 148, 545 → Alternat → Gleichberechtigung
Parlament, Parlamentarisierung 39, 45, 54, 59, 62, 65 f., 211, 217, 265, 288, 291, 297, 302, 315, 318, 344 f., 347, 349, 353, 356, 378 f., 382, 383, 386, 417, 427 → Nationalparlament
Parma 440
Partikularismus/partikulare Interessen 16, 22, 35, 39, 42, 46, 68, 73 f., 77, 125, 146 f., 153, 159, 170, 174 f., 177, 179, 185, 187, 192, 219, 225, 271, 286, 303, 308, 373, 399, 406, 494, 527, 529 f., 542, 547, 550 f.
Patentrecht/-schutz 56, 65, 87 f., 211, 303 f., 327, 370, 383, 400, 410, 412, 496–511
Paulskirche 52–54, 65, 70, 88, 93, 117, 191, 208, 278, 282, 308, 361, 397, 404, 422, 538, 540
Pelkhoven, Max Freiherr von 83, 165, 171
Perponcher-Sedlnitzky, Wilhelm Ludwig Heinrich Arend Graf von 136, 182, 218, 236, 336, 339, 358
Perthes, Bernhard 482
Peter, Großherzog von Oldenburg 291
Petersen, Carl Friedrich 582
Peterssen, Georg Rudolph 585, 586
Pettenkofer, Max von 455
Pfistermeister, Franz Seraph von 298, 322, 347
Pfordten, Ludwig Freiherr von der 53–57, 95, 97, 105 f., 108, 117, 133 f., 136, 156, 158–161, 163 ff., 176 f., 182–187, 192, 194, 200 f., 203, 211, 218 ff., 229 ff., 236, 240, 243, 252 f., 258 f., 263, 267 f., 272, 277, 279 f., 292, 295, 297 ff., 317, 321 f., 324, 341, 346 f., 369 ff., 379, 381, 408, 412, 424, 439, 492, 504, 536 f., 574

Pharmakopöe, Pharmazie 448, 452–456
Pistorius, C. 262
Pixis, Daniel Friedrich von 585
Platen-Hallermund, Adolf Graf von 218, 236 f., 254, 272, 277, 279 ff., 290, 297, 315 f., 346, 358 f., 383, 425
politische Verbrecher 140–142
Polizei 78, 93, 101–111
Polizeikonferenzen (1851) 105, 110
Polizeiverein 110
Portugal 447, 520
Posen 278
Postverein 271
Postwesen 244, 377, 383, 395, 421, 448
Prag 388
Prager Frieden (1866) 388
Presse, Pressefreiheit, Presserecht 23, 26, 28, 63, 66, 70 f., 78, 81, 83, 91, 93, 97–99, 111–121, 124, 130–132, 134–139, 142, 144, 152, 157 f., 164, 172, 182, 185, 188, 196 f., 201–203, 206, 210, 221, 229, 232, 244, 251, 256, 258, 261, 263, 267 f., 272 f., 281, 284, 286, 289 f., 295–297, 305, 327, 332 f., 336, 338, 350, 355, 362, 364, 376, 382, 395 f., 398 f., 419, 459, 461, 479, 510, 538, 553 → Zensur
Preuschen von und zu Liebig, Friedrich August Freiherr 423
Preußen 16, 21 f., 34, 39, 41, 44, 47 f., 53, 55 f., 58, 60 ff., 67, 69, 75–82, 84, 86, 88, 90–93, 96–101, 103, 105–107, 111–113, 115–117, 119 f., 122–125, 128–131, 133 f., 136, 138, 140 f., 143, 146–151, 154, 156–168, 172–175, 177, 179–181, 183 f., 186, 188–195, 202–205, 207, 210, 216 f., 219 f., 222, 224, 227 f., 231, 238, 241–243, 246 f., 249, 251–260, 269–273, 276, 278–280, 282–285, 288, 290–295, 297, 305 f., 308–310, 312 f., 315, 317–323, 325–330, 332–336, 338–348, 350 f., 354–359, 362–367, 369–372, 374–388, 396, 398, 400, 403, 405, 408–413, 419, 425, 428–430, 432 f., 444 f., 449 f., 453, 455, 457 f., 462, 465, 468–473, 475, 477 f., 480 f., 484, 487, 493, 502, 505 f., 509, 527, 530–532, 540, 542, 545, 547, 562 f., 569
Preußer, Alexander Friedrich Wilhelm 586
Preußisches Wochenblatt 305
Prokesch von Osten, Anton Freiherr 59, 67, 85, 102 f., 110, 123 ff., 144, 174, 180, 193, 574

Protokolle der Bundesversammlung 149–151, 274, 299, 301, 304
Pütter, Johann Stephan 392
Pyrmont 452

Radowitz, Joseph Maria von 38–40, 44 f., 61, 333
Rahm, preuß. Sachverständiger 580
Rasch, Johann Carl Hermann 583 f.
Rastatt 254, 273
Raule, Franz Ritter von 580, 582, 586
Reaktion, Repression 22, 26, 37 f., 43, 60, 62, 67, 71, 76, 78–83, 89–146, 164 f., 241, 244, 251, 263, 284, 287, 290
Rechberg und Rothenlöwen, Johann Bernhard Graf von 135 f., 215 ff., 224, 227 f., 247 f., 250, 254 f., 261, 270 f., 280, 289, 293, 322, 324, 332 ff., 337 f., 341, 346 f., 358 f., 367, 574
Rechtseinheit, Rechtsvereinheitlichung 22 f., 26, 28, 35, 39, 64 f., 75, 86–88, 136, 186, 211 f., 216 f., 225, 229, 261, 283, 292, 301–305, 324, 326 f., 330, 337, 345, 391–564, 567
Rechtshilfe, Rechtsschutz 65, 75, 115, 235, 250, 326, 412, 419 f.
Redern, Heinrich Alexander Graf von 210, 236
Reedtz-Todt, Tage Freiherr 76
Reformakte des Deutschen Bundes (1863) 205, 259 f., 351–359
Reformverein 348, 357, 374
Regensburg 329
Reich, Altes 16 f., 20, 23, 35, 166 f., 188, 202, 458
Reich, Deutsches 23–25, 54, 65 f., 272, 283, 394, 430 f., 441, 451, 456, 495, 510 f.
Reichensperger, August 286
Reichensperger, Peter Franz 414 f.
Reichsgerichte 36 f.
Reichsgründung 17, 22–25, 90, 394
Reichshofrat 36
Reichskammergericht 36
Reichstag 54, 394, 431
Reichsverfassung (1849) 65, 325, 353, 357, 398, 427, 500, 530 f.
Reichsverweser 52
Reichszentralgewalt (1848) 52, 404, 555
Reigersberg, August Lothar Graf von 293 f., 299, 379
Reimer, Georg 482

Reinhard, Hugo Ludwig Freiherr von 78, 81, 95 ff., 111, 133, 137, 147, 174, 214 f., 262, 272, 274, 280, 311, 454, 486, 488, 505, 574
Reklamationskommission 437 f., 453 f., 502, 504, 517–519, 521–523, 525–527, 536
Repsold, Georg 583 f.
Republik 43, 266
Restauration 22, 26, 53
Reuß 127, 180, 346, 475, 480
Reuß ältere Linie 490, 516
Reuß jüngere Linie 433, 444, 449, 451, 493, 509
Revisionsausschuß (1848) 47 f., 51
Revolution 61 f., 77 f., 91, 96, 154, 173, 206, 269, 273, 325, 331, 333, 349
Revolution (1848/49) 23, 26 f., 38, 40–53, 55, 69 f., 80, 85, 99, 111, 142, 146, 153, 199, 206, 234, 306, 331, 336, 352, 396–398, 404, 422, 427, 456, 500, 530 f., 535, 538, 540, 556
Revolutionspartei, Umsturzpartei 100, 102 f., 123, 237
Rheinbund, Rheinbundzeit 36, 392 f.
Rheinkrise (1840) 267, 397
Rieckher, Th. 455
Riedel, sächs. Abgeordneter 264
Rio Grande 541, 558
Ritter, sächs. Abgeordneter 266
Rizy, Franz Theobald Freiherr von 585
Rochow, Theodor Heinrich Rochus Graf von 81, 86, 90, 574
Röder, Carl 581
Römisches Recht 392
Roenne, Ludwig Peter Moritz von 482
Rössing, Peter Friedrich Ludwig von 193, 343
Roggenbach, Franz von 195, 228 f., 284, 307–310, 324 f., 333 f., 337, 340 f., 355
Rücker, Alfred 193, 576
Rüdt von Collenberg, Ludwig Freiherr 64, 67, 77, 83 f., 93, 97, 104, 109, 146, 157, 171, 174, 187, 195, 214, 219, 277, 282
Ruffer, von, preuß. Sachverständiger 580
Rußland 61, 160 f., 175, 184, 190, 224, 278, 447

Sachsen 48, 53 f., 57, 62, 66, 81 f., 90, 93, 96, 104 ff., 114, 119, 127, 133 f., 138 f., 155, 157, 176, 181, 187, 219 f., 222, 247, 249, 258, 264, 267, 273, 280, 291 f., 294, 298 ff., 303 f., 316 f., 321, 334 f., 338, 346, 351, 358, 362, 368, 371, 375, 380 f., 384 f., 405, 408, 420, 423, 433, 441, 446, 450, 462, 475, 478, 484 f., 487 f., 490 f., 493, 497, 501 f., 505, 507 ff., 540, 547, 560 f.
Sachsen-Altenburg 109, 127, 301, 303, 423, 429, 433, 441, 451, 455, 493, 505, 509, 549
Sachsen-Coburg und Gotha 119, 127, 132 ff., 179, 189, 199, 218 ff., 223 f., 238, 302, 305, 307, 310, 317 f., 324 f., 358 f., 372 f., 381, 433, 451, 491, 509, 547
Sachsen-Meiningen 87, 109, 127, 220, 301, 303 f., 313, 321, 335, 338, 358 f., 381, 423, 429, 433, 441, 451, 490, 505, 509, 549
Sachsen-Weimar 109, 111, 127 f., 141, 199, 220, 250, 305, 307, 310, 317 f., 324, 381, 429, 433, 444, 455, 471, 480, 547
Sächsische Constitutionelle Zeitung 88 f., 91, 144, 267
Säkularisierung 395
Samwer, Karl Friedrich Luzian 195, 221, 223 f., 228 f., 282–285
Sander, Theodor 581
Sandwichinseln 562
Sardinien 286, 303, 447
Sartorio, Ritter von 580
Savigny, Karl Friedrich von 165, 293, 333, 378, 383, 387 f., 574
Sayn-Wittgenstein-Berleburg, August Ludwig Prinz zu 182, 187, 253 f., 279, 359
Schaumburg-Lippe 127, 148, 358 f., 414, 429, 439, 445, 451, 475, 493, 534
Scheel, von, dän. Staatsminister 206
Schele zu Schelenburg, Eduard August Freiherr von 75, 81 f., 84, 95, 98, 105, 111 f., 122–125, 574
Scherff, Friedrich Heinrich Wilhelm von 575
Scheve, Hermann von 586
Schiffahrtswesen 28, 73, 395, 413
Schiller, Friedrich 465, 470, 478
Schillerfeiern 300
Schindler, österr. Sachverständiger 580
Schleinitz, Alexander Freiherr von 279
Schleswig 361 f., 366, 370, 374 f.
Schleswig-Holstein 152, 168, 199, 266, 278, 361–367, 369–372, 374 f., 377, 384 f., 453
Schleswig-Holstein-Frage 23, 152, 168, 199, 259, 264–266, 268, 272 f., 303, 361–372, 374 f., 377, 380, 384 f.
Schmerling, Anton von 49, 59, 327

Schmidt, Florentin Theodor 581
Schmidt, coburg. Abgeordneter 373
Schnell, preuß. Sachverständiger 580
Schöler, Reinhold Otto Friedrich August von 471
Schönbrunner Konvention (1864) 366
Schönburg-Hartenstein, Alexander Fürst von 279, 324, 337
Schow, Georg Heinrich Leonhard 585, 587
Schrenk von Notzing, Karl Ignaz Freiherr von 117, 124, 130, 136, 161, 183, 211, 243, 258, 270, 287, 289, 291, 294–297, 299 ff., 303 f., 316, 322, 324, 327, 329, 332 f., 335 f., 338, 346, 350, 358 f., 364, 367, 369, 381, 383 f., 412, 433, 439, 504, 536, 551 f., 574
Schriftstellertag, Deutscher 494
Schuldrecht → Obligationenrecht
Schulz, Friedrich 539
Schuppius, kurhess. Sachverständiger 581
Schutz- und Trutzbündnis (1854) 175 f., 178, 180–184, 193
Schwarzburg 87, 108, 346, 433, 463, 475
Schwarzburg-Rudolstadt 127, 439, 493
Schwarzburg-Sondershausen 180, 429, 449, 451, 480, 493, 547
Schwarzenberg, Felix Fürst zu 59 f., 62 f., 67, 75 f., 84 f., 91 f., 96, 101 ff., 106, 109 f., 144, 148 f., 167, 200, 204, 218, 267, 408
Schweitzer, Rudolph von 587
Schweiz 128 f., 278, 447, 562
Schwerdt, Georg Heinrich 373
Sebastopol 224
Sechzig Artikel (1834) 36, 467
Seckendorff, Theodor Franz Christian Graf von 191, 218
Seebach, Camillo Richard von 151, 305, 373 f., 379
Seeger, Adolf 191
Seerecht 87, 400, 412, 414
Seitz, Joseph Franz Eduard 431, 586
Seuffert, Georg Karl 581, 583
Sicherheit, äußere 35, 41, 73, 162, 165 f., 169, 193, 276–278, 281, 285 f., 309, 311, 317, 320, 352, 396
Sicherheit, innere 35, 79 f., 82, 92 f., 100 f., 103, 122, 129, 137, 140 f., 165, 309, 396
Siebenhaar, Eduard 586
Siebzehnerausschuß (1848) 44, 46–50
Siemens, Werner von 510
Sigel, sächs. Sachverständiger 580

Smidt, Johann 21, 58, 97, 109, 317, 393, 421, 576
Soden, Oskar Freiherr von 236
Soetbeer, hamburg. Advokat 503 f.
Souveränität der Einzelstaaten 36, 42, 46, 50, 57 f., 70, 78, 84, 94, 101, 105–110, 124, 128, 130, 158 f., 167, 177, 212, 223, 226, 229–232, 237, 244, 246, 252 f., 267, 273, 287, 303, 309, 315, 333 f., 396, 401, 403, 457, 463, 469 f., 474, 477, 491 f., 498, 503, 505, 507, 513–515, 522, 526 f., 550
Souveränität, monarchische 39, 45 f., 55, 74, 119, 168, 212, 246, 262, 287, 296, 396, 421, 460
Spanien 447
Staatenbund 16 f., 19, 21 f., 27 f., 33–35, 37, 39 f., 47, 49–51, 53 f., 57–59, 61, 66 f., 69, 71, 77, 94, 131, 177, 191 f., 196, 205, 207 f., 212, 214, 217 f., 227, 229, 231, 245, 251, 265 f., 282 f., 287, 292, 302 f., 309, 325 f., 328, 333, 336, 344 f., 349, 354, 360, 372, 398, 407, 418, 425, 428, 456, 459, 461, 474, 514 f., 522, 530, 535, 546, 565
Staatsangehörigkeit 512–516, 525, 528–530, 532, 535 f., 548–552
Standesherren 395 → Mediatisierte
Stegmann, kurhess. Sachverständiger 584
Stein, Heinrich Friedrich Karl Reichsfreiherr vom und zum 435
Steinbeis, Ferdinand von 583 f.
Sternenfels, Carl Freiherr von 586
Steuerverein, norddeutscher 86, 148, 410
Stierenberg, Heinrich Eduard von 585
Stockhausen, August Wilhelm Ernst von 173
Stockmar, Ernst 223
Stösser, Carl Wilhelm von 586
Stötzer, coburg. Abgeordneter 372
Strauß, Victor Friedrich von 575
Streit, Fedor 373 f.
Struckmann, preuß. Landgerichtsrat 433 f.
Struckmann, J. 586
Stüve, Bertram von 54
Stuttgart 158, 208, 236, 245 f., 262, 268, 281, 332, 339 f., 452
Südamerika 541, 556, 558
Süddeutschland 285, 354, 379, 406 f.
Südosteuropa 161
Süskind, Eduard 100
Surinam 558
Sydow, Rudolf von 346, 358, 574

Tauchnitz, Christian Theodor 430f., 581, 583, 585
Telegraphie 377, 383, 479
Teplitz 320, 322
Teplitzer Punktation (1860) 320, 322
Thibaut, Anton Friedrich Justus 393
Thöl, Johann Heinrich 581
Thüngen, Wolfgang Freiherr von 574
Thumb von Neuburg, Otto Freiherr 254, 285
Thun-Hohenstein, Friedrich Graf von 75f., 79, 81f., 84f., 100f., 105f., 150, 503, 574
Tirol 278
Tocqueville, Alexis de 23
Traun, österr. Diplomat 293
Treitschke, Heinrich von 9, 15f.
Trias 22, 155, 189, 219, 253, 290, 293f., 296–298, 304–307, 312, 318, 370, 381 → Drittes Deutschland
Trieps, Jacob Peter Eduard 581f.
Trott zu Solz, Friedrich Heinrich Freiherr von 110, 575
Trummer, Carl 582
Türkei 160, 541
Turban, Ludwig Carl Friedrich 584

Uhland, Ludwig 90
Ungarn 541, 555
Union, Unionspolitik 53f., 57, 59, 61, 85f., 163, 173, 251, 282f., 309, 318f., 328, 333f., 347, 397
Urheberrecht 87f., 410, 457–495
USA 498, 500, 539, 556
Usedom, Karl Georg Ludwig Guido Graf von 136, 279, 282–285, 287, 341 ff., 428, 544f., 574

Vaganten 516–518, 521
Varrentrap, Franz 460
Veit, Moritz 482
Venezuela 447
Verein der deutschen Musikalienhändler 473–475, 481
Vereine, Vereinsbewegung, Vereinswesen 70, 78, 111, 121–139, 152, 164, 185, 287, 376, 398
Vereinte Nationen 18
Verfassung, Altes Reich 35
Verfassung, deutsche 41, 48–52, 73
Verfassung, Deutscher Bund → Bundesverfassung

Verfassung, einzelstaatliche/landständische 34f., 45f., 64, 73, 78, 80, 82, 93–96, 120, 132, 209f., 233–237, 239f., 242, 251, 255f., 301
Verfassung, Reich (1849) 65, 325, 353, 357, 398, 427, 500, 530f.
Verfassungsausschuß (1848) 51, 538
Verfassungskonflikte 36, 98–100
Verfassungsrevision 80, 93–96, 255
– in Bremen 96f.
– Kurhessen 301
Verger, Ferdinand Freiherr von 171
Verkehrswesen 28, 53f., 56, 86–88, 238, 383, 395, 402–411, 421, 453, 501
Versammlung deutscher Naturforscher (1834) 452, 454
Versammlungsrecht 78, 121–131, 398
Versmann, Johannes Georg Andreas 582
Vesque von Püttlingen, Johann 587
Vierkönigsbündnis 53–55, 59f.
Vieweg, Eduard 482
Villafranca 286
Völkerbund 18
Volkmann, Alfred Wilhelm 482
Volksvertretung beim Deutschen Bund → Bundesvolksvertretung
volkswirtschaftliche Kommission 302f.
Vollpracht, Ferdinand 581
Vorfriede von Nikolsburg 388
Vormärz 25–28, 33, 35, 37f., 41–43, 55f., 66f., 70f., 78, 80, 121, 128, 144f., 190, 352, 395f., 398, 401, 403, 406, 410, 412, 422, 427, 435, 457, 493, 496f., 499, 515f., 539f.
Vorparlament 48f., 51, 338
Vossische Zeitung 290

Walachei 555
Wahlen, Wahlrecht 46, 48, 383, 386
Waldeck 97, 143, 346, 433, 439, 505, 516
Wangenheim, Karl August Freiherr von 435
Warschauer, Robert 580
Watzdorf, Christian Bernhard von 94f., 109, 168, 210, 218, 220, 236, 238ff., 358
Wechmar, Rudolf Hermann Freiherr von 109
Wechselrecht, Wechselordnung 46, 271, 383, 410, 415, 418
Weibezahn, W. E. H. S. 437

Weimar 229, 236, 305, 344, 481
Weimarer Zeitung 263f.
Weinhagen, brem. Sachverständiger 582
Weinlig, Christian Albert 482, 495, 502–504, 507, 580, 584f.
Weis, Ludwig 587
Welcker, Karl Theodor 51
Wendt, sächs. Sachverständiger 580
Wentzel, Otto von 358, 382
Werner, Joseph Freiherr von 332f.
Werther, Karl Anton Philipp Freiherr von 341
Weser-Zeitung 89, 188, 244
Wich, Johann Friedrich Ludwig von 203
Wickede, Otto von 379, 381, 575
Wieck, Friedrich Georg 497
Wieland, Christoph Martin 465, 478
Wien 36, 39, 47, 60, 75, 84f., 100, 104ff., 133, 147, 156, 160ff., 170ff., 175, 180–184, 189, 194, 203f., 208, 211, 218, 220, 224, 227, 229, 236, 241ff., 245ff., 249, 254, 257f., 262ff., 270, 272, 279ff., 284, 289, 298, 300, 319f., 324, 327, 329, 332, 334, 336, 338f., 342f., 345, 348, 358, 363, 365, 367, 372, 375, 377, 406, 437, 440, 449, 455, 459, 482, 491, 498, 505, 535, 563, 569
Wiener Besprechungen (1862) 338f.
Wiener Frieden (1864) 366
Wiener Kongreß (1815) 15, 18, 34, 36f., 393, 402, 421, 458f.
Wiener Lloyd 167
Wiener Ministerialkonferenz (1819/20) 395f., 402f., 461f., 561
Wiener Ministerialkonferenz (1834) 36f., 250, 436f., 452, 467, 479
Wiener Münzkonferenz (1854–1857) 440
Wiener Ordnung 19, 49, 53, 291, 382
Wiener Schlußakte 28, 37, 53, 60, 106, 166, 176, 207, 325, 396
– Art. 1 521
– Art. 19 385
– Art. 21 526
– Art. 29 526
– Art. 30 521, 526
– Art. 47 277–281, 285
– Art. 50 561
– Art. 53 130
– Art. 64 28, 65, 130, 383, 395, 401, 413, 421, 428, 442, 463, 543, 546, 551
– Art. 65 116, 409, 442

Wiener Zeitung 298
Wiest, Andreas Alois 200
Wilhelm I., Prinz/Kronprinz/Prinzregent/König von Preußen 60, 269f., 279, 284, 287, 291, 314, 317, 327, 355f.
Wilhelm I., König von Württemberg 57, 62f., 78, 149, 179, 184f., 268, 291, 294, 311, 332, 334, 346, 365
Willisen, Karl Wilhelm von 284
Windemuth, Karl 429
Windhorn, Hermann 584
Winter, Anton 482
Winter, Wilhelm 586
Wippermann, Carl Ferdinand Liborius von der Wipper, gen. 344
wirtschaftliche Einigung 22, 26, 28, 46, 61, 86–88, 147, 211f., 216f., 302, 402–411, 447f., 506, 568f.
Wisch, Johann von der 520
Wittgenstein → Sayn-Wittgenstein-Berleburg
Witzleben, von, sächs. Regierungsrat 482, 587
Wolfrum 455
Würth, Ignaz von 455
Württemberg 45, 53, 57, 62, 81, 86f., 93, 97, 99, 108, 111, 119f., 127f., 133f., 136, 139, 142f., 155, 157, 165, 176, 179, 182, 187, 218, 222, 229, 249, 268, 280, 291f., 294, 298–301, 303f., 316f., 321, 332, 334f., 338, 340, 344, 346, 358, 362, 371, 380f., 384, 405, 411, 423, 429, 432f., 437, 441, 446, 450, 453, 455, 462, 475, 484f., 487, 491, 505, 507–509, 516, 529, 531, 542, 547
Würzburg 107, 301, 303, 306, 316, 320
Würzburger Konferenz (1859) 301–307, 316, 321f., 505, 549
Würzburger Konferenz (1860) 320f.
Wunstorf 520

Xylander, Karl August Anton Aloys Josef Ritter von 81ff., 95, 97, 105f., 108, 574

Ysenburg und Büdingen, Gustav Prinz zu 124, 171, 180, 218

Zahn, Johann Benedict 581
Zensur 39, 42, 81, 97f., 111, 114, 118, 461f. → Presse
Zentralbehörde für politische Untersuchungen (1833) 107f.

Zentraluntersuchungskommission (1819) 107
Zeschau, Heinrich Anton von 54
Zitelmann, Karl Ludwig 112, 114, 116
Zivilprozeßordnung 301, 327, 338, 383, 401, 421–431
Zivilrecht 301, 304, 337, 393f., 396, 414, 421–432

Zollunion, Zolleinigung, Zollwesen 46, 53, 56, 59, 73, 86–88, 147f., 150, 156f., 323, 383, 402–411, 421, 501, 540
Zollverein, Deutscher 39, 61, 74, 86, 147f., 154, 157, 213, 271, 303, 317, 391, 394, 403, 405, 407f., 410f., 437, 440, 443f., 448, 491, 497f., 501, 503, 509, 562
Zwierzina, Ferdinand Rudolf Ritter von 165

Schriftenreihe der Historischen Kommission bei der Bayerischen Akademie der Wissenschaften

70 Christian Hesse
Amtsträger der Fürsten im spätmittelalterlichen Reich
Die Funktionseliten der lokalen Verwaltung in Bayern-Landshut, Hessen, Sachsen und Württemberg 1350-1515
2005. Ca. 960 Seiten mit 8 Tab., 3 Grafiken und 13 Karten, kartoniert
ISBN 3-525-36063-0

69 Markus Friedrich
Die Grenzen der Vernunft
Theologie, Philosophie und gelehrte Konflikte des Helmstedter Hofmannstreits und seiner Wirkungen auf das Luthertum um 1600
2004. 440 Seiten mit 1 Tab., kartoniert
ISBN 3-525-36062-2

68 Gabriele Annas
Hoftag – Gemeiner Tag – Reichstag
Studien zur strukturellen Entwicklung deutscher Reichsversammlungen des späten Mittelalters (1349–1471)
2004. 1116 Seiten in 2 Teilbänden mit CD-ROM: Verzeichnis der Besucher deutscher Reichsversammlungen des späten MA (1349 bis 1471), kartoniert. ISBN 3-525-36061-4

67 Gerrit Walther
Abt Balthasars Mission
Politische Mentalitäten, Gegenreformation und eine Adelsverschwörung im Hochstift Fulda
2002. 745 Seiten, kartoniert
ISBN 3-525-36060-6

66 Esteban Mauerer
Südwestdeutscher Reichsadel im 17. und 18. Jahrhundert
Geld, Reputation, Karriere: Das Haus Fürstenberg
2001. 456 Seiten, kartoniert
ISBN 3-525-36059-2

65 Merith Niehuss
Familie, Frau und Gesellschaft
Studien zur Strukturgeschichte der Familie in Westdeutschland 1945-1960
2001. 425 Seiten mit 64 Tab., 22 Grafiken und 6 Abb., kartoniert. ISBN 3-525-36058-4

64 Reinhard Stauber
Der Zentralstaat an seinen Grenzen
Administrative Integration, Herrschaftswechsel und politische Kultur im südlichen Alpenraum 1750-1820
2001. 584 Seiten mit 8 Karten und 4 Tab., kartoniert. ISBN 3-525-36057-6

63 Wilfried Rudloff
Die Wohlfahrtsstadt
Kommunale Ernährungs-, Fürsorge- und Wohnungspolitik am Beispiel Münchens 1910-1933
1998. 2 Teilbände: 568 Seiten / VI, 499 Seiten mit 35 Tab., 6 Graphiken und 1 Schaubild, kartoniert. ISBN 3-525-36056-8

Vandenhoeck & Ruprecht

Schriftenreihe der Historischen Kommission bei der Bayerischen Akademie der Wissenschaften

62 Jutta Seitz
Die landständische Verordnung in Bayern im Übergang von der altständischen Repräsentation zum modernen Staat
1999. 346 Seiten, kartoniert
ISBN 3-525-36055-X

61 Dietmar Heil
Die Reichspolitik Bayerns unter der Regierung Herzog Albrechts V. (1550-1579)
1998. 685 Seiten, kartoniert
ISBN 3-525-36054-1

60 Thomas Hertfelder
Franz Schnabel und die deutsche Geschichtswissenschaft
Geschichtsschreibung zwischen Historismus und Kulturkritik (1910-1945)
Zwei Teilbände. 1998. Zus. VI, 835 Seiten mit 1 Frontispiz, kartoniert. ISBN 3-525-36053-3

59 Ralf Forsbach
Alfred von Kiderlen-Wächter (1852-1912)
Ein Diplomatenleben im Kaiserreich
1997. 2 Teilbände. 1. Teilband: 410 Seiten; 2. Teilband: VI, 411-835 Seiten, kartoniert
ISBN 3-525-36052-5

58 Andreas Edel
Der Kaiser und Kurpfalz
Eine Studie zu den Grundelementen politischen Handelns bei Maximilian II
(1564-1576). 1997. 520 Seiten, kartoniert
ISBN 3-525-36051-7

57 Thomas Brockmann
Die Konzilsfrage in den Flug- und Streitschriften des deutschen Sprachraumes 1518-1563
1999. 762 Seiten mit 7 Abb. und 17 Graphiken, kartoniert
ISBN 3-525-36050-9

56 Stefanie Schüler-Springorum
Die jüdische Minderheit in Königsberg/Preußen 1871-1945
1996. 422 Seiten mit 38 Tab. im Anhang, kartoniert
ISBN 3-525-36049-5

55 Josef Leeb
Wahlrecht und Wahlen zur Zweiten Kammer der bayerischen Ständeversammlung im Vormärz (1818-1845)
1996. 2 Teilbände. 856 Seiten mit 116 Tab., kartoniert
ISBN 3-525-36048-7

54 Hans-Liudger Dienel
Ingenieure zwischen Hochschule und Industrie
Kältetechnik in Deutschland und Amerika, 1870-1930
1995. 647 Seiten mit 15 Abb., 21 Tab., kartoniert. ISBN 3-525-36047-9

V&R
Vandenhoeck & Ruprecht